Das Nichtanwendungsgesetz als Instrument der Steuerpolitik

Bochumer Schriften zum Steuerrecht

Herausgegeben von Roman Seer

BAND 32

PETER LANG

Jendrik Suck

Das Nichtanwendungsgesetz als Instrument der Steuerpolitik

PETER LANG

Bibliografische Information der Deutschen Nationalbibliothek
Die Deutsche Nationalbibliothek verzeichnet diese Publikation in der Deutschen Nationalbibliografie; detaillierte bibliografische Daten sind im Internet über http://dnb.d-nb.de abrufbar.

Zugl.: Bochum, Univ., Diss., 2017

Abbildung auf dem Umschlag: Siegel der Universität Bochum.
Abdruck mit freundlicher der Universität Bochum.

D 294
ISBN-Print: 978-3-631-75880-9
ISBN-Ebook: 978-3-631-75946-2
ISBN-Epub: 978-3-631-75947-9
ISBN-Mobi: 978-3-631-75948-6
DOI: 10.3726/b14276

Peter Lang – Berlin • Bern • Bruxelles • New York •
Oxford • Warszawa • Wien

Diese Publikation wurde begutachtet.

www.peterlang.com

Das Nichtanwendungsgesetz als Instrument der Steuerpolitik

Inauguraldissertation

zur Erlangung des akademischen Grades eines Doktors
der Rechte

durch die Juristische Fakultät der Ruhr-Universität
Bochum

vorgelegt von Jendrik Suck aus Dortmund

Dekan der Juristischen Fakultät der Ruhr-Universität Bochum:
Prof. Dr. Stefan Huster

Erstberichterstatter: Prof. Dr. Roman Seer

Zweitberichterstatter:
Richter am BFH Prof. Dr. Matthias Loose

Tag der mündlichen Prüfung: 25. Oktober 2017

„Wenn es nicht notwendig ist, ein Gesetz zu erlassen,
dann ist es notwendig, kein Gesetz zu erlassen."

Charles-Louis de Montesquieu[1]

„Drei berichtigende Worte des Gesetzgebers und ganze
Bibliotheken werden zu Makulatur."

Julius Hermann von Kirchmann[2]

„Über uns Parlamentariern ist der blaue Himmel."

Franz-Josef Holzenkamp MdB[3]

1 P. M. Magazin 12/2012, 100.

2 Die Werthlosigkeit der Jurisprudenz als Wissenschaft, Berlin 1848, 23.

3 Connemann, BT-Plenarprotokoll 18/26, 2031.

Inhaltsverzeichnis

Vorwort

Die vorliegende Arbeit wurde im Wintersemester 2016/2017 von der Juristischen Fakultät der Ruhr-Universität Bochum zum Promotionsverfahren zugelassen.

Redaktionsschluss der vorliegenden Druckfassung ist der 31. 03. 2016. Sie enthält die bis zu diesem Zeitpunkt ergangene Rechtsprechung, im BGBl verkündete Nichtanwendungsgesetze und Literatur.

Die Erstellung dieser Arbeit wäre ohne die Hilfe verschiedener Personen nicht möglich gewesen.

Zuvorderst zu nennen ist mein Doktorvater Prof. Dr. Roman Seer. Als ich mit ihm über die Thematik der Nichtanwendungsgesetze als mögliches Dissertationsthema gesprochen habe, hat er sofort seine Bereitschaft zur Betreuung der Arbeit erklärt. Für diese Bereitschaft und die weitere Unterstützung des Dissertationsvorhabens danke ich sehr herzlich. Ebenso danke ich ihm für die Aufnahme und Veröffentlichung dieser Arbeit in der von ihm herausgegebenen Reihe der Bochumer Schriften zum Steuerrecht.

Herrn Richter am BFH Prof. Dr. Matthias Loose habe ich für die zügige Erstellung des Zweitgutachtens zu danken. Ebenso verdanke ich ihm meine erste wissenschaftliche Publikation mit einem gemeinsamen Aufsatz über „Die Bindungswirkung des § 10a GewStG im Rahmen von Gesellschafterwechseln bei Personengesellschaften", der in der Finanzrundschau (FR) 2008, 864 veröffentlicht worden ist.

Herrn Vorsitzenden Richter am BFH a. D. Prof. Dr. Heinz-Jürgen Pezzer möchte ich erwähnen, weil er mit seinem Aufsatz „Finanzgerichtsbarkeit im gewaltengeteilten Verfassungsstaat" in Deutsches Steuerrecht (DStR) 2004, 525 bei mir das Interesse für die Frage geweckt hat, wie die Finanzverwaltung und der Gesetzgeber auf die Judikatur des BFH reagieren. Damit hat er mir, ohne es zu wissen, den Weg zu meinem Dissertationsthema gewiesen.

Herrn Ministerialrat Wilhelm Friedrich Rehrmann habe ich zu danken, weil er mir während meiner Referendariatsstage im Ministerium der Finanzen des Landes Nordrhein-Westfalen einen Einblick ermöglicht hat, welche Fragen für die Finanzverwaltung wesentlich sind, wenn diese über die allgemeine Anwendbarkeit der BFH-Rechtsprechung zu entscheiden hat.

Herr Leitender Regierungsdirektor a. D. Hans Brunswig ist ebenfalls zu nennen. Er hat es mir in seiner Eigenschaft als Vorsteher des Finanzamtes Dortmund-Ost durch die Gewährung einer Teilzeittätigkeit ermöglicht, ein Studium der Rechtswissenschaften aufnehmen zu können. Dies war in Anbetracht der

Gemengelage in der Finanzverwaltung des Landes Nordrhein-Westfalen keine Selbstverständlichkeit. Umso mehr weiß ich dies zu schätzen und ohne das rechtswissenschaftliche Studium wäre diese Arbeit keine Realität.

Der Konrad-Adenauer-Stiftung e. V. bin ich zu Dank verpflichtet, da sie mich durch die Gewährung eines Stipendiums in der Zeit meines Studiums und in der Zeit der Promotion ideell und finanziell unterstützt hat.

Jan-Marcel Drossel danke ich für manch kurzweiliges Gespräch während des Verfassens der Arbeit im Zentralen Rechtswissenschaftlichen Seminar der Ruhr-Universität Bochum und für seine inhaltlichen Anmerkungen zu meinem Promotionsthema.

Dr. Lars Lubisch verdient Erwähnung. Neben inhaltlichen Anmerkungen zur vorliegenden Arbeit haben wir gemeinsam unser juristisches Studium an der Ruhr-Universität Bochum absolviert und sind auch darüber hinaus stets in Kontakt geblieben.

Dortmund, im Februar 2018
Jendrik Suck

Abkürzungsverzeichnis

2. StÄndG 1973	Zweites Steueränderungsgesetz 1973
a. A.	andere Auffassung
ABl. EU	Amtsblatt der Europäischen Union
Abs.	Absatz
AcP	Archiv für die civilistische Praxis (Zeitschrift)
a. D.	außer Dienst
AEAO	Anwendungserlass zur Abgabenordnung
AEUV	Vertrag über die Arbeitsweise der Europäischen Union
a. F.	alte Fassung
AIFM-StAnpG	Gesetz zur Anpassung des Investmentsteuergesetzes und anderer Gesetze an das AIFM-Umsetzungsgesetz (AIFM-Steuer-Anpassungsgesetz)
AktG	Aktiengesetz
AltEinkG	Gesetz zur Neuordnung der einkommensteuerrechtlichen Behandlung von Altervorsorgeaufwendungen und Altersbezügen (Alterseinkünftegesetz)
AmtshilfeRLUmsG	Gesetz zur Umsetzung der Amtshilferichtlinie sowie zur Änderung steuerlicher Vorschriften (Amtshilferichtlinie- Umsetzungsgesetz)
Anl.	Anlage
Anm.	Anmerkung
AO	Abgabenordnung
AOÄG	Gesetz zur Änderung der Reichsabgabenordnung und anderer Gesetze
AöR	Archiv des öffentlichen Rechts (Zeitschrift)
Apr.	April
Art.	Artikel
AStG	Gesetz über die Besteuerung bei Auslandsbeziehungen (Außensteuergesetz)
Aufl.	Auflage
Aug.	August
AuR	Arbeit und Recht (Zeitschrift)
Az.	Aktenzeichen
BAB	Bundesautobahn

BAG	Bundesarbeitsgericht
BAGE	Sammlung der Entscheidungen des Bundesarbeitsgerichts
BauGB	Baugesetzbuch
BB	Betriebs-Berater (Zeitschrift)
Bd.	Band
BeitrRLUmsG	Gesetz zur Umsetzung der Beitreibungsrichtlinie sowie zur Änderung steuerlicher Vorschriften (Beitreibungsrichtlinie- Umsetzungsgesetz)
BewG	Bewertungsgesetz
BFH	Bundesfinanzhof
BFHE	Sammlung der Entscheidungen des Bundesfinanzhofs (Zeitschrift)
BFH/NV	Sammlung amtlich nicht veröffentlichter Entscheidungen des Bundesfinanzhofs (Zeitschrift)
BGB	Bürgerliches Gesetzbuch
BGBl	Bundesgesetzblatt
BGH	Bundesgerichtshof
BGHZ	Entscheidungen des Bundesgerichtshofes in Zivilsachen (Zeitschrift)
BHO	Bundeshaushaltsordnung
BilMoG	Gesetz zur Modernisierung des Bilanzrechts (Bilanzrechtsmodernisierungsgesetz)
BiRiLiG	Gesetz zur Durchführung der Vierten, Siebenten und Achten Richtlinie des Rates der Europäischen Gemeinschaften zur Koordinierung des Gesellschaftsrechts (Bilanzrichtlinien-Gesetz)
BMAS	Bundesministerium für Arbeit und Soziales
BMF	Bundesministerium der Finanzen
BMF-Schreiben	Schreiben des Bundesministers der Finanzen
BMJ	Bundesministerium der Justiz
BMJV	Bundesministerium der Justiz und für Verbraucherschutz
BR	Bundesrat
BRAGO	Bundesgebührenordnung für Rechtsanwälte
BRD	Bundesrepublik Deutschland
BR-Drs.	Bundesrats-Drucksache
BR-Plenarprotokoll	Bundesrat Plenarprotokoll
BRH	Bundesrechnungshof

BSG	Bundessozialgericht
BSGE	Sammlung der Entscheidungen des Bundessozialgerichts
bspw.	beispielsweise
BStBl	Bundessteuerblatt
BT	Bundestag
BT-Drs.	Bundestags-Drucksache
BT-Plenarprotokoll	Deutscher Bundestag Plenarprotokoll
BVerfG	Bundesverfassungsgericht
BVerfGE	Sammlung der Entscheidungen des Bundesverfassungsgerichts
BVerfGG	Bundesverfassungsgerichtsgesetz
BVerwG	Bundesverwaltungsgericht
BVerwGE	Sammlung der Entscheidungen des Bundesverwaltungsgerichts (Zeitschrift)
BW	Baden-Württemberg
BY	Bayern
BZBl	Bundeszollblatt
bzgl.	bezüglich
bzw.	beziehungsweise
ca.	circa
CDU	Christlich Demokratische Union Deutschlands
CSU	Christlich-Soziale Union in Bayern e. V.
DB	Der Betrieb (Zeitschrift)
DBA	Abkommen zur Vermeidung der Doppelbesteuerung
ders.	Derselbe
Dez.	Dezember
d. h.	das heißt
dies.	Dieselbe
diesbzgl.	diesbezüglichen
DM	Deutsche Mark
DÖV	Die öffentliche Verwaltung (Zeitschrift)
DRiZ	Deutsche Richterzeitung (Zeitschrift)
DStJG	Deutsche Steuerjuristische Gesellschaft e. V.
DStR	Deutsches Steuerrecht (Zeitschrift)
DStR KR	Deutsches Steuerrecht Kammer-Report (Zeitschrift)
DStRE	Deutsches Steuerrecht – Entscheidungsdienst (Zeitschrift)

DStZ	Deutsche Steuer-Zeitung (Zeitschrift)
DStZ/A	Deutsche Steuer-Zeitung/Ausgabe A (Zeitschrift)
DVBl	Deutsches Verwaltungsblatt (Zeitschrift)
DWS	Deutsches wissenschaftliches Institut der Steuerberater
EDV	Elektronische Datenverarbeitung
EGMR	Europäischer Gerichtshof für Menschenrechte
EFG	Entscheidungen der Finanzgerichte (Zeitschrift)
EG	Europäische Gemeinschaft
EGAHiG	EG-Amtshilfe-Gesetz
EGAO 1977	Einführungsgesetz zur Abgabenordnung
Einf.	Einführung
EMRK	Konvention zum Schutz der Menschenrechte und Grundfreiheiten (Europäische Menschenrechtskonvention)
ErbStG	Erbschaft- und Schenkungsteuergesetz
ErbStR	Erbschaftsteuer-Richtlinien
ESt	Einkommensteuer
EStDV	Einkommensteuer-Durchführungsverordnung
EStG	Einkommensteuergesetz
EStR	Einkommensteuer-Richtlinien
EStRG	Gesetz zur Reform der Einkommensteuer, des Familienlastungsausgleichs und der Sparförderung (Einkommensteuerreformgesetz)
EU	Europäische Union
EUAHiG	EU-Amtshilfegesetz
EuGH	Europäischer Gerichtshof
EU-Kommission	Europäische Kommission
EURLUmsG	Gesetz zur Umsetzung von EU-Richtlinien in nationales Steuerrecht und zur Änderung weiterer Vorschriften (Richtlinien-Umsetzungsgesetz)
EUV	Vertrag über die Europäische Union
f	folgende
FA	Finanzamt
Feb.	Februar
FDP	Freie Demokratische Partei
ff	fortfolgende
FG	Finanzgericht
FGO	Finanzgerichtsordnung

FGO-ÄnderungsG	Gesetz zur Änderung der Finanzgerichtsordnung und anderer Gesetze (FGO-Änderungsgesetz)
Fifo	First in, first out
FinMin.	Finanzministerium
FMStG	Finanzmarktstabilisierungsgesetz
Fn.	Fußnote
FR	Finanzrundschau (Zeitschrift)
FS	Festschrift
FVG	Gesetz über die Finanzverwaltung
GDL	Gewerkschaft der Lokomotivführer
gem.	gemäß
GemEntBG	Gesetz zur Entbürokratisierung des Gemeinnützigkeitsrechts (Gemeinnützigkeitsentbürokratisierungsgesetz)
GemSOGB	Gemeinsame Senat der Obersten Gerichtshöfe des Bundes
GewSt	Gewerbesteuer
GewStDV	Gewerbesteuer-Durchführungsverordnung
GewStG	Gewerbesteuergesetz
GewStR	Gewerbesteuer-Richtlinien
GG	Grundgesetz
ggf.	gegebenenfalls
GGO	Gemeinsame Geschäftsordnung der Bundesministerien
ggü.	gegenüber
GmbH	Gesellschaft mit beschränkter Haftung
GmbHG	Gesetz betreffend die Gesellschaften mit beschränkter Haftung
GmbHR	GmbHRundschau (Zeitschrift)
GO-BR	Geschäftsordnung des Bundesrates
GO-BReg	Geschäftsordnung der Bundesregierung
GO-BT	Geschäftsordnung des Deutschen Bundestages
grds.	grundsätzlich
GrS	Großer Senat
GrSt	Grundsteuer
GrStG	Grundsteuergesetz
GV. NRW.	Gesetz- und Verordnungsblatt für das Land Nordrhein-Westfalen
HBeglG 2004	Haushaltsbegleitgesetz 2004

HFR	Höchstrichterliche Finanzrechtsprechung (Zeitschrift)
HGB	Handelsgesetzbuch
h. M.	herrschende Meinung
HS	Halbsatz
Hrsg.	Herausgeber
i. d. F.	in der Fassung
i. H. v.	in Höhe von
InsO	Insolvenzordnung
insb.	insbesondere
insg.	insgesamt
i. S. d.	im Sinne des
i. S. v.	im Sinne von
i. V. m.	in Verbindung mit
Jan.	Januar
JbFStR	Jahrbuch der Fachanwälte für Steuerrecht
JStG	Jahressteuergesetz
Jura	Juristische Ausbildung (Zeitschrift)
Jul.	Juli
juris	Juristisches Informationssystem für die Bundesrepublik Deutschland
JuS	Juristische Schulung (Zeitschrift)
JZ	Juristen Zeitung (Zeitschrift)
KAG	Kommunalabgabengesetz
Kfz	Kraftfahrzeug
KG	Kommanditgesellschaft
KGaA	Kommanditgesellschaft auf Aktien
KÖSDI	Kölner Steuerdialog (Zeitschrift)
KSt	Körperschaftsteuer
KStG	Körperschaftsteuergesetz
KStR	Körperschaftsteuer-Richtlinien
lit.	Buchstabe
LG	Landgericht
Lifo	Last in, first out
LSt	Lohnsteuer
LStR	Lohnsteuer-Richtlinien
m. w. N.	mit weiteren Nachweisen
MdB	Mitglied des Deutschen Bundestages
MdBR	Mitglied des Bundesrates

MdL	Mitglied des Landtages
Mio.	Million
MoMiG	Gesetz zur Modernisierung des GmbH-Rechts und zur Bekämpfung von Missbräuchen
Mrd.	Milliarde
Mrz.	März
MünchKommGmbHG	Münchener Kommentar zum Gesetz betreffend die Gesellschaften mit beschränkter Haftung
ND	Niedersachsen
NJW	Neue Juristische Wochenschrift (Zeitschrift)
Nov.	November
Nr.	Nummer
NRW	Nordrhein-Westfalen
NVwZ	Neue Zeitschrift für Verwaltungsrecht (Zeitschrift)
NW	Nordrhein-Westfalen
NWB	Neue Wirtschaftsbriefe (Zeitschrift)
NZA	Neue Zeitschrift für Arbeitsrecht (Zeitschrift)
OECD	Organisation für wirtschaftliche Zusammenarbeit und Entwicklung
OECD-MA	Organisation für wirtschaftliche Zusammenarbeit und Entwicklung-Musterabkommen
öErbStG	österreichisches Erbschaft- und Schenkungsteuergesetz
öKStG	österreichisches Körperschaftsteuergesetz
ÖStZ	Österreichische Steuerzeitung (Zeitschrift)
OFD	Oberfinanzdirektion
OFH	Oberster Finanzgerichtshof
o. g.	oben genannte
Okt.	Oktober
OLG	Oberlandesgericht
OVG	Oberverwaltungsgericht
p. a.	per annum
ParlStG	Gesetz über die Rechtsverhältnisse der Parlamentarischen Staatssekretäre
P. M. Magazin	Peter Moosleitners Magazin (Zeitschrift)
RAO	Reichsabgabenordnung
Rdvfg.	Rundverfügung
RegE	Regierungsentwurf
RFH	Reichsfinanzhof

RFHG	Gesetz über die Errichtung eines Reichsfinanzhofs und über die Reichsaufsicht für Zölle und Steuern
RG	Reichsgericht
RGBl	Reichsgesetzblatt
rkr.	rechtskräftig
Rn.	Randnummer
Rs.	Rechtspruch
RSprEinhG	Gesetz zur Wahrung der Einheitlichkeit der Rechtsprechung der obersten Gerichtshöfe des Bundes
RStBl	Reichsteuerblatt
RZBl	Reichszollblatt
S.	Seite
Sep.	September
SEStEG	Gesetz über steuerliche Begleitmaßnahmen zur Einführung der Europäischen Gesellschaft und zur Änderung weiterer steuerrechtlicher Vorschriften
SGB II	Sozialgesetzbuch Zweites Buch (Grundsicherung für Arbeitssuchende)
SGB XII	Sozialgesetzbuch Zwölftes Buch (Sozialhilfe)
SGG	Sozialgerichtsgesetz
sog.	sogenannte
SPD	Sozialdemokratische Partei Deutschlands
ST	Sachsen-Anhalt
StÄndG 1960	Gesetz zur Änderung des Einkommensteuergesetzes, des Körperschaftsteuergesetzes, des Gewerbesteuergesetzes und des Wohnungsbau-Prämiengesetzes (Steueränderungsgesetz 1960)
StÄndG 1961	Gesetz zur Änderung des Einkommensteuergesetzes, des Körperschaftsteuergesetzes, des Gewerbesteuergesetzes, des Bewertungsgesetzes, des Vermögensteuergesetzes, des Steuersäumnisgesetzes, der Reichsabgabenordnung, des Steueranpassungsgesetzes, des Gesetzes zur Förderung der Wirtschaft von Berlin (West) und anderer Gesetze (Steueränderungsgesetz 1961)
StÄndG 1992	Gesetz zur Entlastung der Familien und zur Verbesserung der Rahmenbedingungen für Investitionen und Arbeitsplätze (Steueränderungsgesetz 1992)

StÄndG 2001	Gesetz zur Änderung steuerlicher Vorschriften (Steueränderungsgesetz 2001)
StÄndG 2003	Zweites Gesetz zur Änderung steuerlicher Vorschriften (Steueränderungsgesetz 2003)
StÄndG 2015	Steueränderungsgesetz 2015
StandOG	Gesetz zur Verbesserung der steuerlichen Bedingungen zur Sicherung des Wirtschaftsstandorts Deutschland im Europäischen Binnenmarkt (Standortsicherungsgesetz)
StAnpG	Steueranpassungsgesetz
StBereinG 1986	Steuerbereinigungsgesetz 1986
StBereinG 1999	Gesetz zur Bereinigung von steuerlichen Vorschriften (Steuerbereinigungsgesetz 1999)
StBerG	Steuerberatungsgesetz
Stbg	Die Steuerberatung (Zeitschrift)
StbJb	Steuerberater-Jahrbuch
StEK	Steuererlasse in Karteiform
StEntlG 1984	Gesetz zur Stärkung der Wettbewerbsfähigkeit der Wirtschaft und zur Einschränkung von steuerlichen Vorteilen (Steuerentlastungsgesetz 1984)
StEntlG 1999/2000/2002	Steuerentlastungsgesetz 1999/2000/2002
StEuglG	Gesetz zur Umrechnung und Glättung steuerlicher Euro-Beträge (Steuer-Euroglättungsgesetz)
SteuStud	Steuer und Studium (Zeitschrift)
StGB	Strafgesetzbuch
StMBG	Gesetz zur Bekämpfung des Missbrauchs und der Bereinigung des Steuerrechts (Missbrauchsbekämpfungs- und Steuerbereinigungsgesetz)
Stpfl.	Steuerpflichtiger
StPO	Strafprozessordnung
StReformG 1990	Steuerreformgesetz 1990
StSenkG	Gesetz zur Senkung der Steuersätze und zur Reform der Unternehmensbesteuerung (Steuersenkungsgesetz)
StuW	Steuer und Wirtschaft (Zeitschrift)
StVergAbG	Gesetz zum Abbau von Steuervergünstigungen und Ausnahmeregelungen (Steuervergünstigungsabbaugesetz)
StW	Die Steuerwarte (Zeitschrift)

Tz.	Textziffer
u. a.	unter anderem
Ubg	Die Unternehmensbesteuerung (Zeitschrift)
UmwStG	Umwandlungssteuergesetz
Unterabs.	Unterabsatz
UntStFG	Gesetz zur Fortentwicklung des Unternehmenssteuerrechts (Unternehmenssteuerfortentwicklungsgesetz)
UR	Umsatzsteuer-Rundschau (Zeitschrift)
USt	Umsatzsteuer
UStAE	Umsatzsteuer-Anwendungserlass
UStG	Umsatzsteuergesetz
UStR	Umsatzsteuer-Richtlinien
u. U.	unter Umständen
Var.	Variante
VerkehrStÄndG	Gesetz zur Änderung des Versicherungsteuergesetzes und des Kraftfahrzeugsteuergesetzes (Verkehrsteueränderungsgesetz)
VersR	Versicherungsrecht (Zeitschrift)
VersSt	Versicherungsteuer
VersStG	Versicherungsteuergesetz
Vfg.	Verfügung
VfGH	Verfassungsgerichtshof (Österreich)
Vgl.	vergleiche
v. H.	vom Hundert
VSt	Vermögensteuer
VVDStRL	Veröffentlichungen der Vereinigung der Deutschen Staatsrechtslehrer
VwGG	Verwaltungsgerichtshofgesetz (Österreich)
VwGH	Verwaltungsgerichtshof (Österreich)
VwGO	Verwaltungsgerichtsordnung
WM	Wertpapier-Mitteilungen (Zeitschrift)
WoBauFG	Gesetz zur steuerlichen Förderung des Wohnungsbaus und zur Ergänzung des Steuerreformgesetzes 1990 (Wohnungsbauförderungsgesetz)
WP	Wahlperiode
z. B.	zum Beispiel
ZGR	Zeitschrift für Unternehmens- und Gesellschaftsrecht (Zeitschrift)

ZIP	Zeitschrift für Wirtschaftsrecht (Zeitschrift)
ZKF	Zeitschrift für Kommunalfinanzen (Zeitschrift)
ZPO	Zivilprozessordnung
ZRP	Zeitschrift für Rechtspolitik (Zeitschrift)

Einleitung

A. Problemaufriss

Die drei vorgenannten Zitate von *Montesquieu*, von *von Kirchmann* und von *Holzenkamp* verdeutlichen das Spannungsverhältnis, in welchem sich die nachfolgende Untersuchung bewegt.

Die vorliegende Untersuchung ist eine Folge der in Art. 20 Abs. 2 Satz 2 GG normierten Gewaltenteilung und der in Art. 20 Abs. 3 GG normierten Gewaltenbindung und den sich daraus ergebenen checks and balances zwischen Legislative, Exekutive und Judikative. Ohne die Gewaltenteilung wären keine Nichtanwendungsgesetze denkbar. Sie sorgt dafür, dass das Verhältnis zwischen Legislative und Judikative kein statisches, sondern ein dynamisches ist. Der Erlass eines Gesetzes durch die Legislative hat im Zeitablauf immer auch ein Tätigwerden der Judikative zur Folge, die über das von der Legislative erlassene Gesetz zu befinden hat und dieses durch ihre Entscheidungen auslegt[4]. Diese Rechtsprechung der Judikative kann die Legislative wiederum zum Anlass nehmen, ihr Gesetz zu verwerfen, zu ergänzen oder zu ändern. Bildlich gesprochen befinden sich Legislative und Judikative in einem dauerhaften Wettlauf, wie es schon Hase und Igel waren[5]. Aber auch die Exekutive hat gleich in dreifacher Hinsicht ihren festen Platz in diesem Kreislauf und so ein hohes Machtpotential inne, das sie aktiv ausübt: Sie sorgt in Gestalt der Finanzverwaltung zunächst für den Vollzug der durch die Legislative erlassenen Gesetze. Im Weiteren ist sie als Finanzverwaltung Beklagte im finanzgerichtlichen Verfahren. Zuletzt hat die Finanzverwaltung nach dem finanzgerichtlichen Verfahren darüber zu entscheiden, ob die Rechtsprechung über den entschiedenen Einzelfall hinaus in vergleichbaren Fällen allgemein angewendet werden soll. Mit Blick auf die

---

4 Kirchhof, FS Lang, 451 (461) beschreibt die Gewaltenteilung zwischen Legislative und Judikative mit folgenden Worten: „Der Gesetzgeber spricht das erste Wort. Er „verkündet" im Wort „laut" des Gesetzes die allgemeine, in die Zukunft vorgreifende Regel. Doch wenn das Gesetz verkündet ist, der Gesetzgeber seine Regeln aus der Hand gegeben hat, [...] wird der Rechtsstaat dadurch nicht sprachlos. Er bietet dem Bürger vielmehr eine eigene, die recht „sprechende" Gewalt an, die mit dem Bürger über das ihn betreffende Gesetz spricht."

5 Vgl. zum Bild von Hase und Igel in Bezug auf das Verhältnis von Stpfl. zur Legislative die abweichende Meinung des Richters am BVerfG Steinberger zu BVerfG vom 14. 05. 1986, 2 BvL 2/83, BVerfGE 72, 276 (278).

Nichtanwendungsgesetzgebung geht ihre Rolle oftmals sogar soweit, dass sie in Ausübung der Initiativrechte der Bundesregierung und des Bundesrats aus Art. 76 Abs. 1 GG in vielen Fällen der Initiator für eine Gesetzgebungstätigkeit der Legislative ist. Man kann daher die These aufstellen, dass ein Nichtanwendungsgesetz das Ergebnis eines dialektischen Diskurs- und Dialogprozesses der Gewalten ist. Die Zulässigkeit der Nichtanwendungsgesetzgebung einer verfassungsrechtlichen Untersuchung zu unterziehen, ist daher evident.

Wenn die Tätigkeit des Gesetzgebers die Nichtanwendung der BFH-Rechtsprechung zur Folge hat, spricht man von einem sog. Nichtanwendungsgesetz. Ein solches Nichtanwendungsgesetz besitzt durch die Einbeziehung der Legislative eine hohe formale Legitimation. Es ist in der bundesrepublikanischen Geschichte kein singuläres Ereignis gesetzgeberischer Tätigkeit, sondern vielmehr in einer gewissen Regelmäßigkeit und in letzter Zeit sogar mit zunehmender Tendenz zu beobachten. 166[6] belegbare bundesrepublikanische steuerliche Nichtanwendungsgesetze legen hiervon Zeugnis ab. Nichtanwendungsgesetze ergingen damit im Vergleich zu 71.905 BFH-Entscheidungen[7] vom 01. 09. 1950[8] bis zum 31. 03. 2016 zwar nur zu 0,0023 % der BFH-Entscheidungen. Ihre absolute Zahl macht allerdings hinreichend deutlich, dass es sich bei steuerlichen Nichtanwendungsgesetzen nicht um gesetzgeberische Einzelfälle, sondern um regelmäßig gelebte gesetzgeberische Realitäten handelt. Im Rahmen der laufenden Änderungen des Steuerrechts, die in der Regel durch sog. „Omnibusgesetze“[9] erfolgen, verstecken sich unter der Vielzahl, der durch Jahressteuergesetze, Steueränderungsgesetze, Steuerbereinigungsgesetze, Steuerentlastungsgesetze, Steuerreformgesetze, Steuervergünstigungsabbaugesetze und anderen Rechtsänderungen nahezu[10] immer auch diejenigen Regelungen, die die Nichtanwendung

---

6 163 Nichtanwendungsgesetze richten sich gegen BFH-Entscheidungen, 3 Nichtanwendungsgesetze richten sich gegen FG-Entscheidungen.

7 Recherche bei juris am 15. 04. 2016.

8 Der BFH wurde durch Gesetz vom 29. 06. 1950 geschaffen und nahm ab dem 01. 09. 1950 seine Arbeit auf, BGBl I 1950, 257.

9 Hendricks, BT-Plenarprotokoll 16/54, 5324; Gutting, BT-Plenarprotokoll 16/191, 20647. Der Begriff bezeichnet ein Gesetz, in welchem alles für gesetzgebungsbedürftig gehaltene gesammelt wird, Tipke, StuW 1990, 308 (311). Synonyme für den Begriff des „Omnibusgesetzes“ sind die Bezeichnungen Artikel- oder Mantelgesetz.

10 165 der 166 Nichtanwendungsgesetze waren Gegenstand von sog. „Omnibusgesetzen“. Einzig das Nichtanwendungsgesetz zum Abzugsverbot von Geldstrafen und -bußen, BGBl I 1984, 1006 (1006) gegen BFH vom 21. 11. 1983, GrS 2/82, BStBl II 1984, 160 und BFH vom 21. 11. 1983, GrS 3/82, BStBl II 1984, 166, wurde im Rahmen eines

der BFH-Rechtsprechung zur Folge haben; die Nichtanwendungsgesetze sind. Oftmals wird auch die, die Gesetzesänderung auslösende BFH-Entscheidung als Begründung für die Gesetzgebungstätigkeit der Legislative in der Gesetzesbegründung genannt.

Steuerliche Nichtanwendungsgesetze finden sich in allen Gebieten des Steuerrechts. Das Einkommensteuergesetz ist von dieser Entwicklung genauso betroffen wie das Körperschaftsteuergesetz, das Gewerbesteuergesetz, das Umwandlungsteuergesetz, das Außensteuergesetz, das Erbschaft- und Schenkungsteuergesetz, das Bewertungsgesetz, das Umsatzsteuergesetz, das Grundsteuergesetz, das Grunderwerbsteuergesetz und das Versicherungsteuergesetz. Aber auch im Verfahrensrecht der Abgabenordnung, der Finanzgerichtsordnung und des EG-Amtshilfe-Gesetzes finden sich Nichtanwendungsgesetze.

In den jeweiligen Steuergesetzen finden sich wiederum in den verschiedensten Normen Nichtanwendungsgesetze. Im besonders stark von der Nichtanwendungsgesetzgebung betroffenen EStG sind bspw. die §§ 3, 3c, 4, 4f, 5, 6, 6a, 7g, 9, 10, 10b, 10d, 10d, 11, 12, 15, 15a, 16, 17, 18, 19, 20, 21, 23, 24, 32, 32b, 33, 33a, 33b, 33c, 34, 34c, 40, 44, 46, 49, 50a, 50d, 50i, 52a und 55 EStG tangiert. In manchen §§ wie bspw. in den §§ 5, 15, 23 und 50d EStG finden sich sogar eine Reihe von Nichtanwendungsgesetzen. Manche Nichtanwendungsgesetze, wie die Regelungen zur gewerbesteuerlichen Mehrmütterorganschaft[11], wurden zwischenzeitlich bereits wieder verworfen und sind durch spätere Rechtsänderungen außer Kraft getreten, andere hingegen gelten seit Jahrzehnten unverändert fort, wie das Nichtanwendungsgesetz zu § 5 Abs. 5 Satz 2 Nr. 2 EStG[12] – der Aktivierungspflicht von Umsatzsteuer auf Anzahlungen als aktiver Rechnungsabgrenzungsposten.

Einige wenige Nichtanwendungsgesetze werden in der steuerrechtlichen Literatur besonders ausgiebig thematisiert, wie z. B. das Nichtanwendungsgesetz zum Abzugsverbot von Geldstrafen und -bußen[13], das Nichtanwendungsgesetz zur Wiederherstellung der sog. Gepräge-Rechtsprechung[14], das

---

eigenständigen Gesetzes verabschiedet. Der Titel des Gesetzes lautete: „Gesetz zur Änderung des Einkommensteuergesetzes und des Körperschaftsteuergesetzes".

11 BGBl I 2001, 3858 (3863 f. und 3873) gegen BFH vom 09. 06. 1999, I R 43/97, BStBl II 2000, 695.

12 BGBl I 1980, 1545 (1545) gegen BFH vom 26. 06. 1979, VIII R 145/78, BStBl II 1979, 625.

13 BGBl I 1984, 1006 (1006) gegen BFH vom 21. 11. 1983, GrS 2/82, BStBl II 1984, 160 und BFH vom 21. 11. 1983, GrS 3/82, BStBl II 1984, 166.

14 BGBl I 1985, 2436 (2447) gegen BFH vom 25. 06. 1984, GrS 4/82, BStBl II 1984, 751.

Nichtanwendungsgesetz zu Jubiläumsrückstellungen[15], das Nichtanwendungsgesetz zur doppelstöckigen Personengesellschaft[16], das Nichtanwendungsgesetz zur Abzugsbeschränkung für privat veranlasste Schuldzinsen[17], das Nichtanwendungsgesetz zur Mehrmütterorganschaft[18], das Nichtanwendungsgesetz zu den anschaffungsnahen Herstellungskosten[19], die Nichtanwendungsgesetze zum Abzugsverbot von Aufwendungen für eine erstmalige Berufsausbildung/Erststudium[20] und das Nichtanwendungsgesetz zur Steuerpflicht von Erstattungszinsen i. S. d. § 233a AO[21]. Viele andere Nichtanwendungsgesetze werden hingegen in der Literatur kaum beachtet und überhaupt nicht mit dem Etikett des Nichtanwendungsgesetzes belegt, wie die Steuerpflicht von Zahlungen an eine Zusatzversorgungskasse[22], die Einführung der gesonderten Feststellung des verbleibenden Verlustvortrags aus privaten Veräußerungsgeschäften[23] oder die Einführung eines besonderen Zerlegungsmaßstabs bei Windkraftanlagen[24].

Die vorliegende Arbeit will versuchen, die Vielzahl steuerlicher Nichtanwendungsgesetze aus allen Gebieten des Steuerrechts vorzustellen und die Motivation des Gesetzgebers für den Erlass dieser Nichtanwendungsgesetzes zu ergründen[25], um diese anschließend zu typologisieren. Die gesetzgeberische Tätigkeit der Legislative kann aus verschiedensten Motiven heraus erfolgen.

15 BGBl I 1988, 1093 (1095) gegen BFH vom 05. 02. 1987, IV R 81/84, BStBl II 1987, 845.

16 BGBl I 1992, 297 (303) gegen BFH vom 25. 02. 1991, GrS 7/89, BStBl II 1991, 691.

17 BGBl I 1999, 402 (403) gegen BFH vom 08. 12. 1997, GrS 1-2/95, BStBl II 1998, 193.

18 BGBl I 2001, 3858 (3863 f. und 3873) gegen BFH vom 09. 06. 1999, I R 43/97, BStBl II 2000, 695 und BFH vom 09. 06. 1999, I R 37/98, BFH/NV 2000, 347.

19 BGBl I 2003, 2645 (2645) gegen BFH vom 12. 09. 2001, IX R 39/97, BStBl II 2003, 569 und BFH vom 12. 09. 2001, IX R 52/00, BStBl II 2003, 574.

20 BGBl I 2004, 1753 (1753) gegen BFH vom 04. 12. 2002, VI R 120/01, BStBl II 2003, 403; BFH vom 17. 12. 2002, VI R 137/01, BStBl II 2003, 407 und BFH vom 27. 05. 2003, VI R 33/01, BStBl II 2004, 884. BGBl I 2011, 2592 (2600) gegen BFH vom 28. 07. 2011, VI R 7/10, BStBl II 2012, 271; BFH vom 28. 07. 2011, VI R 5/10, BStBl II 2012, 553 und BFH vom 28. 07. 2011, VI R 38/10, BStBl II 2012, 561. BGBl I 2014, 2417 (2422) gegen BFH vom 28. 02. 2013, VI R 6/12, BStBl II 2015, 180.

21 BGBl I 2010, 1768 (1770) gegen BFH vom 15. 06. 2010, VIII R 33/07, BStBl II 2011, 503.

22 BGBl I 2006, 2878 (2881) gegen BFH vom 14. 09. 2005, VI R 32/04, BStBl II 2006, 500; BFH vom 14. 09. 2005, VI R 148/98, BStBl II 2006, 532; BFH vom 15. 02. 2006, VI R 92/04, BStBl II 2006, 528 und BFH vom 15. 02. 2006, IV R 64/05, BFH/NV 2006, 1272.

23 BGBl I 2006, 2878 (2882) gegen BFH vom 22. 09. 2005, IX R 21/04, BStBl II 2007, 158.

24 BGBl I 2008, 2794 (2816) gegen BFH vom 04. 04. 2007, I R 23/06, BStBl II 2007, 836.

25 Die Arbeit nimmt hierdurch Bezug zu Woerner, JbFStR 1985/86, 229 (281) und dessen Forderung, die Frage nach dem Anlass der jeweiligen Nichtanwendungsgesetze zu stellen und nicht allein auf ihre Quantität abzustellen.

Die im Rahmen dieser Arbeit aufgestellten Motive des Gesetzgebers sind fiskalische Motive, lenkungspolitische Motive, rechtspolitische Motive, Motive der Rechtsvereinfachung, der Verwaltungsvereinfachung, der Missbrauchsbekämpfung, der Wahrung der Rechtskontinuität sowie das Motiv der Rechtsdogmatik. Hierbei mag ein Nichtanwendungsgesetz zur Missbrauchsbekämpfung immer begrüßenswert erscheinen, soll doch durch dieses der Missbrauch rechtlicher Gestaltungen vermieden werden. Bei einem Nichtanwendungsgesetz aus lenkungspolitischen Gründen mag dies schon anders sein, da fraglich ist, ob das Steuerrecht der richtige Ort ist, um lenkungspolitische Ziele wie bspw. Fragen der Umweltpolitik zu verorten. Selbiges mag für ein Nichtanwendungsgesetz aus Gründen der Rechtsvereinfachung gelten. Das „einfache Recht" ist nicht automatisch „gerechtes Recht" im Sinne einer Besteuerungs- und Belastungsgleichheit. Wie verhält es sich gar mit einem allein aus fiskalischen Gründen erlassenen Nichtanwendungsgesetz? Besitzt allein die Haushaltssituation der Öffentlichen Hand das Primat, über die Ausgestaltung des Steuerrechts bestimmen zu können und sind damit demgegenüber Fragen der Rechtsdogmatik und der Stimmigkeit der Rechtsordnung sekundär?

Die hier aufgeworfenen Fragestellungen sind bisher noch nicht Gegenstand einer systematischen Untersuchung gewesen. Die vorliegende Arbeit will hierbei versuchen, den überwiegenden Teil der in der BRD ergangenen Nichtanwendungsgesetze in die Untersuchung einzubeziehen. Dies ist kein leichtes Unterfangen. Eine Aufstellung sämtlicher jemals ergangener bundesrepublikanischer Nichtanwendungsgesetze scheint nämlich nicht zu existieren. Das BMF hat eine entsprechende Anfrage nicht beantwortet[26] und der BFH führt eine solche Aufstellung nicht[27]. Die in die Arbeit einfließende Zahl von 166 Nichtanwendungsgesetzen aus allen Gebieten des Steuerrechts sollte aber eine hinreichende Grundlage für die Gewinnung valider Aussagen über die steuerliche Nichtanwendungsgesetzgebung darstellen.

In vielen Fällen ist das Nichtanwendungsgesetz nur das letzte Glied einer Kette aus dem Instrumentenbaukasten der Finanzverwaltung und steht am Ende eines Evolutionsprozesses, mit dem die Finanzverwaltung die allgemeine Anwendung von nicht genehmen BFH-Entscheidungen verhindert. Dieser Instrumentenbaukasten der Finanzverwaltung ist bildlich gesprochen ein Stufenverhältnis aus vier Stufen und besteht auf der ersten Stufe aus der Verhinderung

26 Schreiben des BMF an den Verfasser vom 16. 07. 2010, IV A 2 – S 1900/0:001.

27 E-Mail des damaligen Vorsitzenden Richters am BFH Pezzer an den Verfasser vom 01. 06. 2010.

einer BFH-Entscheidung, auf der zweiten Stufe aus der Nichtveröffentlichung einer BFH-Entscheidung im BStBl II, auf der dritten Stufe aus einem Nichtanwendungserlass und auf der vierten Stufe aus einem Nichtanwendungsgesetz.

Die Untersuchung will die steuerliche Nichtanwendungsgesetzgebung unideologisch in den Blick nehmen und durch die Typologisierung ergangener Nichtanwendungsgesetze – auf Basis der Motive des Gesetzgebers – versuchen, einen systematischen Überblick über die steuerliche Nichtanwendungsgesetzgebung zu geben. Auf dieser Basis soll die verfassungsrechtliche Zulässigkeit von Nichtanwendungsgesetzen im Mittelpunkt der Untersuchung stehen sowie eine rechtspolitische Bewertung der Nichtanwendungsgesetzgebung erfolgen.

B. Gang der Untersuchung

Die Untersuchung gliedert sich in 5 Teile.

Im 1. Teil der Untersuchung soll ausgehend von einer einzelnen Entscheidung des BFH aufgezeigt werden, dass eine solche Entscheidung eine Breitenwirkung über den entschiedenen Einzelfall hinaus besitzt. Hierzu werden verschiedene Möglichkeiten der Veröffentlichung von BFH-Entscheidungen thematisiert und ermittelt, wann die Finanzverwaltung eine BFH-Entscheidung über den entschiedenen Einzelfall hinaus allgemein anzuwenden hat. Bevor in das Instrument des Nichtanwendungsgesetzes eingeführt wird, werden mit der Verhinderung einer BFH-Entscheidung durch die Finanzverwaltung, der Nichtveröffentlichung von BFH-Entscheidungen im BStBl II und dem Nichtanwendungserlass Instrumente der Finanzverwaltung untersucht, die ebenfalls eine Verhinderung der allgemeinen Anwendung einer BFH-Entscheidung zum Ziel haben. Das Nichtanwendungsgesetz wird nach seiner Definition, seiner historischen Entwicklung, seinem Vorkommen in anderen Rechtsordnungen und in anderen Rechtsgebieten vorgestellt, bevor die bisherige Würdigung von Nichtanwendungsgesetzen in Literatur und Rechtsprechung dargestellt wird. Abschließend werden besondere Problematiken von Nichtanwendungsgesetzen erwähnt und Ausführungen zum Rechtsschutz und zur Entbehrlichkeit von Nichtanwendungsgesetzen getätigt.

Der 2. Teil der Untersuchung widmet sich in einem ersten Schritt der Untersuchung der Nichtanwendungsgesetzgebung. Hierzu werden 166 in den letzten Jahrzehnten ergangene Nichtanwendungsgesetze mittels eines Datenblatts erhoben und ausgewertet. Die Auswertung verfolgt das Ziel, die ergangenen Nichtanwendungsgesetze nach den Motiven des Gesetzgebers für ihren Erlass zu typologisieren. Es soll so festgestellt werden, ob und ggf. welchen wiederkehrenden Mustern die Nichtanwendungsgesetzgebung folgt oder ob die Heterogenität das prägende Charakteristikum der Nichtanwendungsgesetzgebung ist.

Im 3. Teil der Untersuchung stehen die verfassungsrechtlichen Fragen der Nichtanwendungsgesetzgebung im Mittelpunkt der Betrachtung. Die Arbeit will hier die verfassungsrechtliche Zulässigkeit steuerlicher Nichtanwendungsgesetze unter allen denkbaren verfassungsrechtlichen Gesichtspunkten untersuchen und bewerten. Hierzu gehören vor allem die staatsorganisationsrechtlichen Fragestellungen der Gewaltenteilung des Art. 20 Abs. 2 Satz 2 GG, der Gewaltenbindung des Art. 20 Abs. 3 GG und des Gesetzgebungsverfahrens der Art. 70 ff. und 105 GG. Diese werden ergänzt um Ausführungen zum Demokratieprinzip des Art. 20 Abs. 1 und 2 Satz 1 GG, der Gerichtsorganisation des Art. 92 GG und der richterlichen Unabhängigkeit des Art. 97 Abs. 1 GG. Grundrechtliche Fragestellungen sind für die Nichtanwendungsgesetzgebung hingegen nur am Rande von Relevanz.

Der 4. Teil der Untersuchung würdigt die rechtspolitischen Fragestellungen der Nichtanwendungsgesetzgebung. Hierzu gehören rechtspolitische Anmerkungen, in denen die bisherige Kritik an der Nichtanwendungsgesetzgebung in der Literatur gewürdigt wird und rechtspolitische Forderungen, die sich vor allem an die Legislative und Exekutive richten und insb. die Erhöhung der Transparenz des Nichtanwendungsgesetzgebungsprozesses bezwecken.

Im 5. Teil werden die gefundenen Ergebnisse der Untersuchung abschließend zusammengefasst. Die Untersuchung schließt mit einem Ausblick auf die Zukunft der Nichtanwendungsgesetze im Steuerrecht. Dieser Ausblick versucht, auf Basis der Ergebnisse der Arbeit, ein realistisches Bild zu geben, wie sich die steuerliche Nichtanwendungsgesetzgebung in Zukunft entwickeln wird.

1. Teil: Breitenwirkung und Veröffentlichung der Rechtsprechung des BFH, Reaktionsmöglichkeiten der Exekutive und Legislative auf die Rechtsprechung des BFH

A. Die Aufgabe des BFH als oberster Gerichtshof in Steuersachen

Der BFH ist gem. Art. 95 Abs. 1 GG der oberste Gerichtshof des Bundes auf dem Gebiet der Finanzgerichtsbarkeit. Er ist in erster Linie ein Revisionsgericht und damit eine reine Rechtsinstanz, die über die richtige Anwendung von Bundesrecht durch die FG befindet[28]. Landesrecht kann nur dann Gegenstand einer Überprüfung durch den BFH sein, wenn für dieses gem. § 33 Abs. 1 Nr. 4 FGO durch Bundes- oder Landesgesetz der Finanzrechtsweg eröffnet ist.

Der BFH entscheidet letztinstanzlich gem. § 115 FGO über die Auslegung und Anwendung des einfachen Rechts. Hierzu enthält § 115 Abs. 2 FGO vier Revisionszulassungsgründe: Die sog. Grundsatzrevision des § 115 Abs. 2 Nr. 1 FGO, die Revision zur Fortbildung des Rechts gem. § 115 Abs. 2 Nr. 2 1. Var. FGO, die Revision zur Sicherung einer einheitlichen Rechtsprechung gem. § 115 Abs. 2 Nr. 2 2. Var. FGO und die sog. Verfahrensrevision des § 115 Abs. 2 Nr. 3 FGO. Diese Revisionszulassungsgründe stehen selbstständig nebeneinander[29]. Es lässt sich damit von einer „Revisionszwecktrias" sprechen, die sich aus Aspekten des Individualrechtschutzes, eines Allgemeininteresses und einer Kontrolle über die FG zusammensetzt[30]. Die sog. Grundsatzrevision des § 115 Abs. 2 Nr. 1 FGO dient der Entscheidung von Rechtssachen mit grundsätzlicher Bedeutung. Solche Rechtssachen liegen vor, wenn eine für die Beurteilung des Streitfalls maßgebliche, klärungsbedürftige und in einem Revisionsverfahren klärbare Rechtsfrage über den Einzelfall hinaus Bedeutung für die Allgemeinheit hat[31]. Die Fortbildung des Rechts nach § 115 Abs. 2 Nr. 2 1. Var. FGO ist als lex

28 BFH, 60 Jahre BFH, 47.

29 Seer, T/K, § 115 FGO Rn. 32, 131. Lfg. Okt. 2012.

30 Seer, T/K, § 115 FGO Rn. 14, 131. Lfg. Okt. 2012.

31 Bleschick, Die Revisionszulassungsgründe des § 115 Abs. 2 Nr. 1 und 2 FGO, 68 m. w. N. auf die Rechtsprechung des BFH und die Literatur.

specialis ein selbstständiger Revisionsgrund zur sog. Grundsatzrevision[32]. Durch die Präjudizien zur Fortbildung des Rechts wird den Stpfl. und der Finanzverwaltung als Rechtsanwender die Erkenntnis der richtigen Anwendung steuerlicher Normen ermöglicht[33]. Hierzu muss der BFH über bisher ungeklärte Rechtsfragen befinden, die vorliegen, wenn der zu entscheidende Einzelfall Veranlassung gibt, Grundsätze für die Auslegung von Gesetzesbestimmungen des materiellen oder des Verfahrensrechts aufzustellen oder Gesetzeslücken rechtsschöpferisch auszufüllen[34]. Ferner ist die Fortbildung des Rechts immer dann berührt, wenn gegen die aktuelle Rechtsprechung des BFH gewichtige Argumente vorgetragen werden, die der BFH bisher noch nicht erwogen hatte[35]. Die Sicherung der Einheit der Rechtsprechung nach § 115 Abs. 2 Nr. 2 2. Var. FGO ist ebenfalls als lex specialis ein selbstständiger Revisionsgrund zur Grundsatzrevision nach § 115 Abs. 2 Nr. 1 FGO und will die Rechtseinheit wahren[36]. Der Revisionszulassungsgrund der Einheit der Rechtsprechung gliedert sich in den Fall der Divergenz und den Fall der fehlerhaften Rechtsanwendung durch das FG[37]. Im ersten Fall dient die Revision der Rechtsprechungsvereinheitlichung[38]. Eine solche Rechtsprechungsvereinheitlichung ist weit zu verstehen und erstreckt sich auf Abweichungen der FG von einer Entscheidung des BFH, BVerfG, GemSOGB sowie diverser weiterer Gerichte[39]. Im zweiten Fall bedarf es eines sog. qualifizierten Rechtsfehlers des FG, der nur dann vorliegt, wenn ein Rechtsfehler des FG von erheblichem Gewicht ist und geeignet ist, das Vertrauen in die Rechtsprechung zu beschädigen[40]. Im Kontext der Fortbildung des Rechts und der Sicherung der Einheit der Rechtsprechung ist auch auf § 11 Abs. 2 und 4 FGO hinzuweisen, nach dem der Große Senat des BFH sicherstellt, dass die Rechtsprechung des BFH selbst widerspruchsfrei und dezidiert ist. Die sog. Verfahrensrevision des

---

32 Seer, T/K, § 115 FGO Rn. 60, 131. Lfg. Okt. 2012 mit der Folge, dass bei einer Verneinung der Erforderlichkeit der Fortbildung des Rechts die Zulassung der Revision als Grundsatzrevision gem. § 115 Abs. 2 Nr. 1 FGO zu prüfen ist.

33 Seer, T/K, § 115 FGO Rn. 61, 131. Lfg. Okt. 2012.

34 BFH vom 07. 07. 2004, VII B 344/03, BStBl II 2004, 896 (897).

35 BFH vom 10. 04. 2003, X B 109/02, BFH/NV 2003, 1082 (1084).

36 Seer, T/K, § 115 FGO Rn. 63, 131. Lfg. Okt. 2012.

37 Seer, T/K, § 115 FGO Rn. 63, 131. Lfg. Okt. 2012; Lange, HHSp, § 115 FGO Rn. 170, 220. Lfg. Nov. 2012.

38 Seer, T/K, § 115 FGO Rn. 63, 131. Lfg. Okt. 2012.

39 Seer, T/K, § 115 FGO Rn. 66 f., 131. Lfg. Okt. 2012; Lange, HHSp, § 115 FGO Rn. 172 und 174, 220. Lfg. Nov. 2012, jeweils m. w. N. auf die diversen weiteren Gerichte.

40 Lange, HHSp, § 115 FGO Rn. 170, 220. Lfg. Nov. 2012 m. w. N. auf die Rechtsprechung des BFH.

§ 115 Abs. 2 Nr. 3 FGO sorgt als selbstständiger Revisionszulassungsgrund für die effektive Sicherstellung eines korrekten Verwaltungsverfahrens und rundet den aus Art. 19 Abs. 4 GG abzuleitenden Rechtsschutz des Stpfl. ab[41]. Aus den Revisionszulassungsgründen des § 115 Abs. 2 FGO wird deutlich, dass die Entwicklung allgemeiner Rechtsgrundsätze zum Kernbereich der Tätigkeit des BFH gehört[42]. Durch diese Tätigkeit verleiht der BFH dem Rechtsstaatsprinzip des Art. 20 Abs. 2 Satz 2 und Abs. 3 GG Ausdruck.

Als Rechtsinstanz erfolgt eine eigene Tatsachenfeststellung durch den BFH im Revisionsverfahren nicht, weshalb der BFH insoweit an die von den Finanzgerichten festgestellten Tatsachen gebunden ist[43].

B. Die präjudizielle Breitenwirkung von Entscheidungen des BFH

I. Die Wirkung von Entscheidungen des BFH

Ausgangspunkt für ein jedes Nichtanwendungsgesetz ist stets die Rechtsprechung des BFH. Mit dieser entscheidet der BFH über eine steuerliche Rechtsfrage. Die sachliche und personelle Bindungswirkung einer BFH-Entscheidung ergibt sich aus § 110 Abs. 1 Satz 1 FGO und tritt mit der Rechtskraft der Entscheidung ein. Die sachliche Bindungswirkung erstreckt sich auf den Streitgegenstand. Die personelle Bindungswirkung erstreckt sich gem. § 110 Abs. 1 Satz 1 Nr. 1 FGO auf die Beteiligten[44] und ihre Rechtsnachfolger, gem. § 110 Abs. 1 Satz 1 Nr. 2 FGO auf die gegen Feststellungsbescheide nicht klageberechtigten Gesell- oder Gemeinschafter, auf die Personen, die gem. § 110 Abs. 1 Satz 1 Nr. 3 FGO in einem Massenverfahren ihre Beiladung nicht oder nicht rechtzeitig beantragt haben und gem. § 110 Abs. 1 Satz 2 FGO auf diejenige öffentlich-rechtliche Körperschaft, der die beteiligte Finanzbehörde angehört.

Vor dem Hintergrund dieser „inter-partes-Wirkung"[45] von BFH-Entscheidungen können sich unbeteiligte Dritte zunächst nicht unmittelbar auf die Präjudizien des BFH berufen und diese in ihren eigenen steuerlichen Angelegenheiten anwenden. Allerdings besitzen die Entscheidungen des BFH als

41 Seer, T/K, § 115 FGO Rn. 83, 131. Lfg. Okt. 2012.

42 Klein, DStZ 1984, 55 (59).

43 BFH, 60 Jahre BFH, 47.

44 Dies sind gem. § 57 FGO der Kläger, der Beklagte, der Beigeladene und die Behörde, die dem Verfahren beigetreten ist.

45 Klein, DStZ 1984, 55 (56).

oberster Gerichtshof des Bundes für die Finanzgerichtsbarkeit i. S. d. Art. 95 Abs. 1 GG eine erhebliche präjudizielle Breitenwirkung, die von *Offerhaus* als „Vervielfältigungseffekt“[46] bzw. „Multiplikationseffekt“[47] bezeichnet wird[48]. Wie diese erhebliche präjudizielle Breitenwirkung ausgestaltet ist, kann der Norm des § 110 FGO nicht entnommen werden. Einfachgesetzlich wird sie aus § 115 FGO deutlich, dessen Abs. 2 Nr. 1 FGO dem BFH die Zuständigkeit für Rechtssachen von grundsätzlicher Bedeutung zuweist. Ferner obliegt dem BFH gem. § 115 Abs. 2 Nr. 2 1. Var. FGO die Fortbildung des Rechts und gem. § 115 Abs. 2 Nr. 2 2. Var. FGO die Sicherung einer einheitlichen Rechtsprechung. Faktisch wird sie deutlich, indem sich die BFH-Rechtsprechung auf das Handeln der Finanzverwaltung auswirkt, Aspekte der Steuerberatung determiniert und den FG Leitlinien vorgibt[49]. Zuletzt wird sie deutlich, indem der Gesetzgeber eine BFH-Entscheidung als Anlass zum Tätigwerden nimmt[50]. Der BFH beseitigt durch seine Entscheidungen Zweifelsfragen bzgl. der Anwendung und Auslegung von Steuergesetzen und ist bemüht steuersystematische Zusammenhänge herauszuarbeiten[51]. Auch wenn mit Verweis auf § 110 FGO immer nur die am Verfahren Beteiligten durch die Entscheidung des BFH gebunden werden, sind die Entscheidungen des BFH auf viele parallel gelagerte Steuerfälle übertragbar, wie sich aus dem Charakter des Steuerrecht als Massenfallrecht aufdrängt[52].

---

46 Offerhaus, FS von Wallis, 61 (70 ff.).

47 Offerhaus, StbJb 1995/96, 7 (12) ≙ Offerhaus, Sächsische Steuertagung 1996, 76 (79).

48 Vgl. hierzu auch List, DStR 1976, 651; Kirchhof, Perspektiven der Finanzverwaltung, 1 (23); Zeitler, FS 75 Jahre RFH – BFH, 199 (204); Kruse, FS 75 Jahre RFH – BFH, 239 (239); Pelka, FS Tipke, 251 (252); Kruse, DStJG 18 (1995), 115 (124); Lange, HHSp, § 110 FGO Rn. 98, 231. Lfg. Feb. 2015; Seer, T/K Einf. FGO Rn. 58, 126. Lfg. Mai 2011; ders., T/K, § 110 FGO Rn. 4 f., 138. Lfg. Okt. 2014; Mellinghoff, BFH Jahresbericht 2014, 3; ders., BFH Jahresbericht 2015, 5; Englisch, T/L, 22. Aufl., § 5 Rn. 37; BFH vom 17. 12. 2007, GrS 2/04, BStBl II 2008, 608 (618) und BFH vom 07. 12. 2010, IX R 70/07, BStBl II 346 (351).

49 Kruse, FS 75 Jahre RFH – BFH, 239 (239).

50 Klein, FS Sendler, 483 (491) misst dem BFH sogar einen größeren tatsächlichen Einfluss auf die Gesetzgebung bei, als dies bei der Rechtsprechung des BVerfG der Fall sei, da der BFH über die Masse der Rechtsstreitigkeiten entscheide, das BVerfG hingegen nur in Einzelfällen bei Verstößen gegen Verfassungsrecht.

51 Seer, T/K Einf. FGO Rn. 53, 126. Lfg. Mai 2011.

52 Zeitler, FS 75 Jahre RFH – BFH, 199 (204). Seer, T/K Einf. FGO Rn. 52, 126. Lfg. Mai 2011 spricht davon, dass der BFH oftmals durch eine Entscheidung „(praktisch) über 10.000, 100.000, sicher manchmal über Mio. Fälle“ entscheidet. Ferner ders., T/K, § 110 FGO Rn. 5, 138. Lfg. Okt. 2014.

Sichtbar wird dies, wenn die Finanzverwaltung Entscheidungen des BFH zum Gegenstand ihrer Richtlinien macht und so die verbindliche Anwendung der BFH-Rechtsprechung anordnet[53]. Ein Verfahren vor dem BFH kann damit als Musterprozess bezeichnet werden, dessen Leitsätze und Ausführungen in den meisten Fällen auf ähnlich gelagerte Sachverhalte in anderen Steuerfällen übertragen werden können[54]. Die Präjudizien des BFH wirken danach wie geltendes Recht[55]. Auch wenn sie kein Gesetz oder Recht i. S. d. Art. 20 Abs. 3 GG sind[56], ist ihnen aber faktisch eine rechtsnormähnliche Wirkung beizumessen. Aus den genannten Gründen besteht für alle Rechtsanwender die Notwendigkeit, sich über die Entscheidungen und Entscheidungsgründe des BFH informieren zu können. Zur Information berufene Rechtsanwender sind insb. die Stpfl., die rechts- und steuerberatend tätigen Berufe, die Finanzverwaltung und die Gerichte. Um diesem Informationsbedürfnis zu entsprechen, werden die Entscheidungen des BFH in einer Vielzahl unterschiedlichster gedruckter und elektronischer Medien von verschiedenen Herausgebern, wie dem BFH, der Finanzverwaltung und privaten Dritten veröffentlicht. Entscheidend für die Frage, wie weit die präjudizielle Breitenwirkung der Rechtsprechung des BFH reicht, ist die Reaktion der Finanzverwaltung auf die Rechtsprechung des BFH.

Die Bedeutung der Rechtsprechung des BFH in die Breite wird zuletzt auch durch eine Reihe gesetzlicher Wertungen in der AO deutlich. So besteht nach § 165 Abs. 1 Satz 1 Nr. 4 AO die Möglichkeit, Steuerfestsetzungen vorläufig vornehmen zu können, wenn die Auslegung eines Steuergesetzes dem BFH zur Entscheidung vorliegt[57]. Ebenso unterstreicht die Möglichkeit, das Verfahren gem. § 363 Abs. 2 Satz 2 AO bis zu einer Entscheidung des BFH ruhen zu lassen, die Wirkung der BFH-Entscheidung über den zu entscheidenden Steuerfall hinaus auf parallel gelagerte Steuerfälle. Daneben ist auch die Vertrauensschutznorm

---

53 Offerhaus, FS von Wallis, 61 (72).

54 Offerhaus, FS von Wallis, 61 (71). Als Beispiel für eine solche Entscheidung sei auf die Rechtsprechung des BFH zur Aufteilung gemischter Aufwendungen verwiesen, BFH vom 21. 09. 2009, GrS 1/06, BStBl II 2010, 672.

55 Offerhaus, FS von Wallis, 61 (72).

56 Ebenso: Offerhaus, Stbg 1998, 437 (441); Schlenk, Bundesfinanzhof und Finanzverwaltung in Kooperation und Unabhängigkeit, 53.

57 § 165 Abs. 1 Satz 1 Nr. 4 AO wurde erst durch das Steuerbürokratieabbaugesetz vom 20. 12. 2008 eingefügt, BGBl I 2008, 2850 (2857). Die Gesetzesbegründung spricht davon, mit der Norm „Massen-Fälle“ besser zu handhaben zu können, da „Masseneinsprüche“ aufgrund anhängiger Verfahren vor dem BFH überflüssig werden, BT-Drs. 16/10188, 30.

des § 176 Abs. 1 Satz 1 Nr. 3 und Satz 2 AO exemplarisch für die Breitenwirkung der BFH-Rechtsprechung. Diese verhindert die nachträgliche Aufhebung oder Änderung von Steuerbescheiden zuungunsten des Stpfl. aufgrund einer geänderten Rechtsprechung des BFH, der anderen obersten Bundesgerichte oder des GemSOGB.

II. Die Wirkung von Entscheidungen des BVerwG und des BSG

Das BVerwG und das BSG sind die beiden anderen obersten Gerichtshöfe des Bundes i. S. d. Art. 95 Abs. 1 GG, die für das öffentliche Recht zuständig sind. Ohne Zweifel besitzen auch die Entscheidungen des BVerwG und des BSG eine präjudizielle Breitenwirkung über den entschiedenen Einzelfall hinaus[58].

Gleichwohl ergeben sich aber im Vergleich zu Entscheidungen des BFH Differenzen hinsichtlich der Ausprägung selbiger. So wird die präjudizielle Breitenwirkung bei Entscheidungen des BVerwG in der Regel nicht so groß sein, wie dies bei Entscheidungen des BFH der Fall ist. Prägend für die Entscheidungen des BVerwG ist vielmehr die große Bedeutung der Entscheidung im Einzelfall. Exemplarisch wird das an Entscheidungen des BVerwG über Infrastrukturvorhaben, wie dem Ausbau einer BAB deutlich: Aus einer solchen Entscheidung werden sich nur bedingt Folgerungen für andere Infrastrukturvorhaben ableiten lassen. Hinzu tritt ferner, dass das BVerwG mangels Reversibilität des Landesrechts nur über Bundesrecht entscheiden kann. Anders als bei Entscheidungen des BVerwG liegt der Fall bei Entscheidungen des BSG. Im Unterschied zum BFH, der über steuerliche Normen als Teil des Eingriffsrechts befindet, betreffen die Entscheidungen des BSG Leistungsrecht. Da auch in der Sozialverwaltung eine Vielzahl parallel gelagerter Sachverhalte gegeben ist, mithin gleichfalls von einem Massenfallrecht gesprochen werden kann, ist eine ausgeprägte präjudizielle Breitenwirkung von Entscheidungen des BSG zu bejahen. Eine Pflicht der allgemeinen Verwaltung und der Sozialverwaltung, Entscheidungen des BVerwG und des BSG über den entschiedenen Einzelfall hinaus auf parallel gelagerte Sachverhalte anzuwenden, besteht ebenso wenig, wie dies für die Finanzverwaltung bei Entscheidungen des BFH der Fall ist. Das der FGO im Vergleich zu § 93a VwGO und § 114a SGG nicht bekannte Musterverfahren hat keinen Einfluss auf die präjudizielle Breitenwirkung von Entscheidungen des BVerwG und BSG, sondern dient allein der Beschleunigung und Vereinfachung entsprechender verwaltungs- und sozialgerichtlicher Verfahren.

58 Soweit ersichtlich wird in der Literatur diese Frage für Entscheidungen des BVerwG und des BSG nicht thematisiert.

III. Die Wirkung von Entscheidungen des BVerfG

In Ausführung des Art. 94 Abs. 2 Satz 1 GG bestimmt § 31 BVerfGG die Verbindlichkeit von Entscheidungen des BVerfG. Gem. § 31 Abs. 1 BVerfGG binden die Entscheidungen des BVerfG die Verfassungsorgane des Bundes und der Länder sowie alle Gerichte und Behörden. In den Verfahren der Normenkontrolle gem. §§ 13 Nr. 6, 6a, 11, 12 und 14 BVerfGG haben die Entscheidungen des BVerfG gem. § 31 Abs. 2 BVerfGG Gesetzeskraft. Gleiches gilt für Verfassungsbeschwerden nach § 13 Nr. 8a BVerfGG, wenn ein Gesetz durch das BVerfG als mit dem GG vereinbar, unvereinbar oder nichtig erklärt wird. Die Bindungswirkung der Entscheidungen des BVerfG ist damit von einer anderen rechtlichen Qualität, als dies bei den Entscheidungen anderer oberster Bundesgerichte der Fall ist. Im Ergebnis darf die Finanzverwaltung von Entscheidungen des BVerfG nicht abweichen. Eine dem § 31 BVerfGG vergleichbare Norm existiert für die Wirkung von Entscheidungen anderer oberster Bundesgerichte nicht. Damit ist im Umkehrschluss, eine Bindungswirkung der Finanzverwaltung an die Entscheidungen des BFH zu verneinen.

Die Stellung des BVerfG kann nicht mit der Stellung der anderen obersten Bundesgerichte verglichen werden. Das BVerfG ist gem. § 1 Abs. 1 BVerfGG ein Verfassungsorgan[59], wie es auch der Bundestag, der Bundesrat, die Bundesversammlung, der Bundespräsident, die Bundesregierung und der gemeinsame Ausschuss gem. Art. 53a GG sind. Es nimmt eine andere verfassungsrechtliche Stellung als die in Art. 95 Abs. 1 GG normierten obersten Bundesgerichte ein und ist zugleich Gericht und oberstes Verfassungsorgan[60]. Die Bindungswirkung an die Entscheidungen des BVerfG folgt aus der Aufgabe des BVerfG, verfassungsrechtliche Fragen einer Klärung zuzuführen[61]. Diese herausgehobene Stellung des BVerfG bedeutet im Rahmen der Wirkungen des § 31 BVerfGG auf die Entscheidungen anderer oberster Bundesgerichte zweierlei: Zum einen kann sie auf Entscheidungen anderer oberster Bundesgerichte nicht übertragen werden[62]. Zum anderen kann aus ihr nicht herausgelesen werden, dass die Entscheidungen anderer oberster Bundesgerichte nicht über den entschiedenen Einzelfall hinaus anzuwenden sind.

59 Lechner/Zuck, BVerfGG, § 1 Rn. 4.

60 BVerfG vom 21. 05. 1957, 2 BvL 6/56, BVerfGE 7, 1 (14).

61 Badura, Staatsrecht, H 61.

62 Felix, StuW 1979, 65 (70).

IV. Zusammenfassung

Die präjudizielle Breitenwirkung der Rechtsprechung des BFH über den entschiedenen Einzelfall hinaus ist unbestreitbar. Sie ist dem Charakter des BFH als der oberste Gerichtshof des Bundes für Steuersachen i. S. d. Art. 95 Abs. 1 GG immanent und kann den §§ 165 Abs. 1 Satz 1 Nr. 4, 176 Abs. 1 Satz 1 Nr. 3 und Satz 2 und 363 Abs. 2 Satz 2 AO sowie § 115 Abs. 2 Nr. 1 und Nr. 2 FGO entnommen werden. Entscheidend für die Frage, ob und inwieweit die Rechtsprechung des BFH auf vergleichbare Steuerfälle übertragen werden kann, ist die Reaktion der Finanzverwaltung auf die Rechtsprechung des BFH. Sie kann diese allgemein auf vergleichbare Steuerfälle anwenden oder durch die Verhinderung einer Entscheidung des BFH, der Nichtveröffentlichung einer Entscheidung des BFH im BStBl II, dem Erlass eines Nichtanwendungserlasses zu einer Entscheidung des BFH oder einem Nichtanwendungsgesetz zu einer Entscheidung des BFH der allgemeinen Anwendung der BFH-Rechtsprechung auf vergleichbare Sachverhalte den Boden entziehen. § 31 BVerfGG findet auf die Entscheidungen des BFH keine Anwendung, schränkt die präjudizielle Breitenwirkung von Entscheidungen des BFH aber auch nicht ein.

C. Die Verhinderung einer Entscheidung des BFH

I. Einführung

Ein in den letzten Jahren neu genutztes Instrument der Finanzverwaltung zur Vermeidung einer ihrer eigenen Rechtsauffassung entgegenstehenden BFH-Entscheidung ist die Verhinderung einer veröffentlichungsfähigen BFH-Entscheidung, wodurch sich die Frage einer möglichen Veröffentlichung oder Nichtveröffentlichung von BFH-Entscheidungen im BStBl II erst gar nicht stellt[63].

---

63 Beispielsfälle für dieses Verhalten der Finanzverwaltung sind: BFH vom 20. 06. 2002, VI R 35/02, juris; BFH vom 17. 12. 2002, I R 87/00, BFH/NV 2003, 785; BFH vom 13. 05. 2004, IX R 8/02, BFH/NV 2004, 1290; BFH vom 20. 12. 2004, XI R 48/04, juris; BFH vom 28. 06. 2005, I R 35/03, BFH/NV 2005, 1847; BFH vom 25. 01. 2006, IV R 14/04, BStBl II 2006, 418; BFH vom 28. 09. 2006, XI R 15/02, BFH/NV 2007, 237; BFH vom 11. 10. 2007, V R 45/05, BFH/NV 2008, 235; BFH vom 07. 11. 2007, III R 7/07, BFH/NV 2008, 403; BFH vom 11. 04. 2008, VIII R 43/07, juris und BFH vom 19. 11. 2008, VR R 80/06, BStBl II 2009, 547.
In den Parallelverfahren zu BFH vom 28. 09. 2006, XI R 15/02, BFH/NV 2007, 237 über die Frage zum Zusammentreffen der Steuersatzbegünstigung für außerordentliche Einkünfte i. S. d. § 34 Abs. 1 EStG mit dem Progressionsvorbehalt i. S. d. § 32b EStG hat die Finanzverwaltung mit Verweis auf Eggesieker/Ellerbeck, DStR 2007, 1281 (1282)

Dieses Verhalten der Finanzverwaltung wird auch als „Nichtanwendungsprophylaxe“[64], „Judiz-Kassation“[65] und „Publikations-Prävention“[66] bezeichnet und kommt immer dann in Betracht, wenn der BFH seine Entscheidungen per Gerichtsbescheid i. S. d. § 90a FGO[67] und nicht nach mündlicher Verhandlung trifft.

Ein Gerichtsbescheid wirkt gem. § 90a Abs. 3 FGO als rechtskräftiges Urteil, wenn keiner der Beteiligten innerhalb von vier Wochen die mündliche Verhandlung beantragt. Wird die mündliche Verhandlung beantragt, so gilt der Gerichtsbescheid als nicht ergangen. Will die Finanzverwaltung eine veröffentlichungsfähige Entscheidung des BFH verhindern, beantragt sie nach Erlass des Gerichtsbescheides die mündliche Verhandlung, die sie aber in Wirklichkeit gar nicht will und die tatsächlich auch gar nicht stattfindet. Denn nach Beantragung der mündlichen Verhandlung stellt sie den Kläger durch den Erlass eines Abhilfebescheides klaglos und erklärt das Verfahren in der Hauptsache für erledigt. Dies wird im Regelfall zur Vermeidung von Kosten auch der Stpfl. tun, dessen Begehren ja durch den Abhilfebescheid erfüllt wurde[68]. Damit ist der Rechtsstreit erledigt und der BFH hat nur noch über die Kosten zu entscheiden. Eine

---

im BFH-Verfahren VI R 35/02 gem. der Mitteilung des BFH vom 20. 06. 2002 die Revision zurückgenommen und im BFH-Verfahren XI R 48/04 gem. der Mitteilung des BFH vom 20. 12. 2004 der Klage mittels Abhilfebescheid abgeholfen. Vgl. zu der Frage Fünftelregelung und Progressionsvorbehalt Eggesiecker/Ellerbeck, DStR 2007, 1281. Zur Frage der Verhinderung von Entscheidungen des BSG im Sozialrecht siehe Rüfner, DRiZ 1992, 457 (457 ff.) und der dazugehörige Tagungsgericht zum 15. Deutschen Richtertag, NJW 1991, 3128 (3135). Als Beispiel für die Verhinderung einer Entscheidung im Sozialrecht dient der Vorlagebeschluss des BSG an den EuGH vom 14. 06. 1988, 11/7 RAr 69/87, NZA 1989, 237. Mit Verweis auf Rüfner, DRiZ 1992, 457 (458 Fn. 4a) wurde der Vorlagebeschluss aufgehoben, weil die Prozessbeteiligten den Rechtsstreit für erledigt erklärt haben.

64 Kanzler, FR 2006, 693 (694); Eggesieker/Ellerbeck, DStR 2007, 1427.

65 Weber, DStR 2007, 2298.

66 Weber, DStR 2007, 2298 (2299 Fn. 14).

67 Für den Gerichtsbescheid im verwaltungsgerichtlichen Verfahren vgl. § 84 VwGO, für den Gerichtsbescheid im sozialgerichtlichen Verfahren vgl. § 105 SGG. Beide Vorschriften sind nahezu gleichlautend zu § 90a FGO.

68 Erklärt der Stpfl. das Verfahren nicht für erledigt, wäre im Falle der von ihm eingelegten Revision diese mangels Rechtsschutzbedürfnis als unbegründet zurückzuweisen und der Stpfl. hätte die Kosten des Verfahrens zu tragen. Im Falle der von der Finanzverwaltung eingelegten Revision wäre im Fall der fehlenden Erledigungserklärung des Stpfl. die Entscheidung des FG durch den BFH aufzuheben und die Klage als unzulässig abzuweisen. Der Stpfl. hätte die Kosten des Verfahrens zu tragen.

ähnliche Wirkung hat die Rücknahme einer von der Finanzverwaltung eingelegten Revision. Die Kosten hat gem. § 143 Abs. 1 i. V. m. § 138 Abs. 2 Satz 1 2. Var. FGO die Finanzverwaltung zu tragen[69]. Der wegen der Beantragung der mündlichen Verhandlung gem. § 90a Abs. 3 FGO als nicht ergangen geltende Gerichtsbescheid kann dann auch nicht durch den BFH veröffentlicht werden, womit die Rechtsauffassung des BFH den nicht am Verfahren beteiligten Personen verborgen bleibt. Allein eine Veröffentlichung in der steuerjuristischen Literatur ist möglich[70]. Eine Bindungswirkung auf gleich gelagerte Fälle lässt sich aus einer solchen Veröffentlichung aber nicht ableiten[71].

Eine Sonderrolle nehmen in diesem Kontext die Entscheidungen des BFH vom 25. 01. 2006[72] und 19. 11. 2008[73] ein[74], in denen der BFH die Verhinderung einer BFH-Entscheidung durch die Finanzverwaltung gebilligt hat. Da der BFH in diesen Entscheidungen die Kostenentscheidung nach billigem Ermessen gem. § 138 Abs. 1 FGO getroffen hat, bestand die Möglichkeit, in einer materiellen Prüfung die Gründe des Gerichtsbescheides einem obiter dictum gleich darzustellen. Dies ist jedoch als kritisch anzusehen, da die Kostenentscheidung nach § 138 Abs. 2 Satz 1 2. Var. FGO in ihrem Wortlaut exakt das Vorgehen der Finanzverwaltung benennt und damit Vorrang vor den in § 138 Abs. 1 FGO

69 So auch BFH vom 28. 09. 2006, XI R 15/02, BFH/NV 2007, 237.

70 So zu BFH vom 17. 12. 2002, I R 87/00, BFH/NV 2003, 785. Christiansen gründet seine Ausführungen auf den als nicht ergangen geltenden Gerichtsbescheid, DStR 2003, 264 (265). Die im Verfahren streitgegenständliche Frage zur Frage von Bewertungseinheiten wurde entsprechend der Rechtsfassung der Finanzverwaltung durch das Gesetz zur Eindämmung mißbräuchlicher Steuergestaltungen in § 5 Abs. 1a EStG gesetzlich verankert, BGBl I 2006, 1095. Ebenso zu BFH vom 15. 12. 2004, I R 35/03, BFH/NV 2005, 1847: Christiansen stellt den als nicht ergangen geltenden Gerichtsbescheid in DStR 2005, 1485 mit Anmerkungen vor. Dieser wurde von dem Stpfl. für Zwecke der Erörterung in der DStR zur Verfügung gestellt, DStR 2005 1485 (1488). Herden sieht in der Besprechung dieser Verfahren durch den BFH-Richter Christiansen lediglich die Wiedergabe gerichtlich nicht autorisierter Privatmeinungen, FS Spindler, 445 (458 f.).

71 Siehe 1. Teil D. V. 4.

72 BFH vom 25. 01. 2006, IV R 14/04, BStBl II 2006, 418.

73 BFH vom 19. 11. 2008, VI R 80/06, BStBl II 2009, 547.

74 Gegen diese Entscheidungen des BFH: Renz, DStZ 1986, 166 (166 f.) und Desens, Bindung der Finanzverwaltung an die Rechtsprechung, 75, die einen Antrag auf mündliche Verhandlung als unzulässig ansehen, wenn dieser allein aus Gründen der Erledigung der Revision gestellt wird. Desens sieht in der Unzulässigkeit des Antrags auf mündliche Verhandlung die Lösung, die Verhinderung einer BFH-Entscheidung durch die Finanzverwaltung zu vermeiden.

normierten allgemeinen Kostenentscheidungsgrundsätzen bei Hauptsacheerledigung genießen dürfte. Allerdings führte dieses Vorgehen des BFH zu einer amtlichen Veröffentlichung der Entscheidungen.

In einer Entscheidung vom 11. 10. 2007[75] hat der BFH die Kosten nach § 138 Abs. 1 FGO bestimmt. § 138 Abs. 2 FGO sei nicht anwendbar, wenn die Finanzverwaltung dem Klagebegehren des Stpfl. nicht aus Rechtsgründen, sondern nach § 163 AO aus Billigkeitserwägungen stattgebe. Im Vergleich zu den beiden vorgenannten Entscheidungen fehlt es in dieser an einem obiter dictum. Ferner ist eine amtliche Veröffentlichung der Entscheidung nicht erfolgt.

II. Rechtmäßigkeit

Das Verhalten der Finanzverwaltung wird vor allem von Richtern des BFH kritisch gesehen. So sieht es *Spindler* im Hinblick auf das die Finanzverwaltung bindende Legalitätsprinzip als höchst zweifelhaft[76] an und kritisiert es als „nicht in Ordnung“[77]. Auch provoziere es weitere Verfahren zum BFH, um steuerrechtliche Fragen zu Lasten der Rechtssicherheit – mitunter mit erheblicher zeitlicher Verzögerung – geklärt zu wissen[78]. *Christiansen* sieht durch das Verhalten der Finanzverwaltung den Sinn und Zweck des Revisionsverfahrens in Bezug auf die Fortbildung des Rechts und der Entwicklung und Bekanntmachung allgemeiner Rechtsgrundsätze ad absurdum geführt. Sollte dieses Beispiel Schule machen, würde das Revisionsverfahren letztlich seines Sinnes enthoben[79]. *Kanzler* sieht im Verhalten der Finanzverwaltung einen Verstoß gegen die Besteuerungsgrundsätze des § 85 Satz 1 AO[80]. *Herden* nennt Beispiele, in denen die

---

75 BFH vom 11. 10. 2007, V R 45/05, BFH/NV 2008, 235.

76 Spindler, DStR 2007, 1061 (1063). Ebenso: Herden, FS Spindler, 445 (458).

77 DER SPIEGEL 4/2009, 57.

78 Spindler, FS Solms, 53 (58) = Spindler, Stbg 2006, 1 (5); Spindler, DStR 2007, 1061 (1063) nennt als Beispiel die Frage der mit dem StEntlG 1999/2000/2002 vom 24. 03. 1999 eingeführten zeitlichen Anwendungsfiktion des § 23 Abs. 1 Satz 2 EStG, BGBl I 1999, 402 (410). Diese Rechtsfrage konnte durch die Verhinderung einer BFH-Entscheidung durch die Finanzverwaltung im Verfahren IX R 8/02 vom 13. 05. 2004, BFH/NV 2004, 1290 durch den BFH erst mit Entscheidung vom 18. 10. 2006, IX R 5/06 mit ca. 2 ½ jähriger Verzögerung geklärt werden. Die Finanzverwaltung hat die Rechtsauffassung des BFH erst zu Beginn 2007 übernommen, BMF-Schreiben vom 07. 02. 2007, IV C 3 – S 2256 – 11/07, BStBl I 2007, 262 und die BFH-Entscheidung vom 18. 10. 2006, IX R 5/06 im BStBl II 2007, 179 veröffentlicht.

79 Christiansen, DStR 2005, 1488 (1488 f.).

80 Kanzler, FR 2006, 693 (694).

Finanzverwaltung – während zwei Vorlagebeschlüsse des BFH[81] nach Art. 100 Abs. 1 Satz 1 GG, § 80 Abs. 1 BVerfGG vor dem BVerfG anhängig waren – entgegen dem Gesetzeswortlaut dem Begehren der Stpfl. entsprach, wodurch die Finanzverwaltung Art. 20 Abs. 3 GG verletzt habe[82].

Auch die weitere steuerjuristische Fachliteratur kritisiert das Verhalten der Finanzverwaltung einmütig[83]. Vereinzelt führt sie mit Blick auf Art. 20 Abs. 3 GG und Art. 3 Abs. 1 GG verfassungsrechtliche Erwägungen für die Unzulässigkeit der Verhinderung einer BFH-Entscheidung an[84].

Der *BFH* hat hingegen das Verhalten der Finanzverwaltung, nach dem Ergehen eines Gerichtsbescheides die mündliche Verhandlung zu beantragen und den Rechtsstreit nach Erlass eines Abhilfebescheides in der Hauptsache für erledigt zu erklären unter seinem damaligen Vizepräsidenten *Wagner*[85] nicht als rechtsmissbräuchlich angesehen[86]. In der Vorinstanz hatte das FG des Saarlandes[87] das Verhalten des FA noch als rechtsmissbräuchlich angesehen, die Rechtsmissbräuchlichkeit aber allein mit Aspekten des Kostenrechts – hier der Verhandlungsgebühr nach § 117 BRAGO – begründet. Der BFH stuft das

81 BFH vom 19. 04. 2007, IV R 4/06, BStBl II 2008, 140 und BFH vom 19. 04. 2007, IV R 59/05, BFH/NV 2007, 2334.

82 Herden, FS Spindler, 445 (458). Das Verfahren IV R 4/06 wurde durch die Rücknahme der Revision durch die Finanzverwaltung beendet und das Verfahren IV R 59/05 nach Erlass eines Änderungsbescheids durch übereinstimmende Erledigterklärung, Herden, FS Spindler, 445 (458).

83 Strahl (ms), KÖSDI 2006, 15299 (15300); Eggesiecker/Ellerbeck, DStR 2007, 1427 (1430); Schmidt, DStR 2007, 1996 (1998); Weber DStR 2007, 2298 (2303); Seewald, SteuerCon 10/2009, 21 (23); Heilgeist, DStR 2009, 2625 (2629); Desens, Bindung der Finanzverwaltung an die Rechtsprechung, 74 und 504; Koenig, Koenig, § 4 AO Rn. 66.

84 Desens, Bindung der Finanzverwaltung an die Rechtsprechung, 504; Schlenk, Bundesfinanzhof und Finanzverwaltung in Kooperation und Unabhängigkeit, 153 ff.

85 BFH, Geschäftsverteilungsplan 2006, 26.

86 BFH vom 30. 03. 2006, V R 12/04, BStBl II 2006, 542. Ebenso mit Verweis auf obige Ausführungen: BFH vom 25. 01. 2006, IV R 14/04, BStBl II 2006, 418.

87 FG des Saarlandes vom 21. 01. 2004, 1 K 15/00, EFG 2004, 743. Interessant in der Entscheidung des saarländischen FG ist folgender Hinweis auf das Verhalten der Finanzverwaltung als Beklagter: „Er [der Beklagte] hat vielmehr – einem zum wiederholten Male von ihm gehandhabten Verfahren entsprechend – Antrag auf mündliche Verhandlung gestellt und gleichzeitig erklärt, dass er mit den Ausführungen des Gerichtsbescheides einverstanden ist.“ Hiernach scheint die Verhinderung eines finanzgerichtlichen Urteils ein regelmäßiges Prozessinstrument der saarländischen Finanzverwaltung zu sein.

Verhalten der Finanzverwaltung insg. nicht als rechtsmissbräuchlich ein und geht in seiner Entscheidung auf kostenrechtliche Aspekte überhaupt nicht ein.

Die *Bundesregierung* sieht in der Verhinderung höchstrichterlicher Entscheidungen ebenfalls kein rechtlich verwerfliches Verhalten[88]. Ihr ist nicht bekannt, in wie vielen Fällen eine Klaglosstellung des Klägers durch einen Abhilfebescheid erfolgt ist[89]. Da dem Begehren des Stpfl. durch den Erlass des Abhilfebescheides entsprochen wird, bewertet die *Bundesregierung* das Verhalten der Finanzverwaltung als verfassungsgemäß[90]. Auf die Breitenwirkung einer BFH-Entscheidung geht sie nicht ein.

III. Strategien gegen die Verhinderung einer Entscheidung des BFH

Um die „Nichtanwendungsprophylaxe" bzw. die „Judiz-Kassation" bzw. die „Publikations-Prävention" der Finanzverwaltung zu verhindern, werden in der steuerlichen Fachliteratur unterschiedliche Ansätze thematisiert.

Um eine Erledigungserklärung des Stpfl. zu verhindern, halten *Eggesiecker/Ellerbeck* eine geringfügige, betragsmäßige Klageerweiterung des Stpfl. für ein probates Mittel, um doch noch ein veröffentlichungsfähiges Urteil zu erhalten[91]. Diese gelte nicht als Klageänderung i. S. d. § 264 ZPO, § 155 FGO. Ein Kostenrisiko wird mit Verweis auf § 136 Abs. 1 Satz 3 FGO nicht gesehen, da der Stpfl. ja nur mit einer geringfügigen betragsmäßigen Klageerweiterung unterlegen sei, ansonsten aber obsiege. Eine weitere Alternative sehen *Eggesiecker/Ellerbeck* in der Veröffentlichung der als nicht ergangen geltenden Gerichtsbescheide durch den BFH[92]. *Schmidt, Desens* und *Herden* kritisieren den Vorschlag der Klageerweiterung von *Eggesiecker/Ellerbeck* als „untauglich", da eine Klageerweiterung im Revisionsverfahren mit Verweis auf § 123 Abs. 1 Satz 1 FGO überhaupt nicht

88 BT-Drs. 16/13759, 6 f.

89 BT-Drs. 16/13759, 6.

90 BT-Drs. 16/13759, 7.

91 Eggesieker/Ellerbeck, DStR 2007, 1427 (1429). Will bspw. der Stpfl. die USt um 10.000 € niedriger festgesetzt wissen und die Finanzverwaltung entspricht diesem Begehren durch Änderungsbescheid, soll der Stpfl. eine weitere Minderung der USt um 10 € betragen. Würde die Finanzverwaltung die USt um 10 € mindern, soll der Stpfl. solange immer wieder eine geringfügig niedrigere Steuerfestsetzung beantragen, bis die Finanzverwaltung dem nicht mehr folgt und es dann zu einem veröffentlichungsfähigen Urteil kommen kann.

92 Eggesieker/Ellerbeck, DStR 2007, 1427 (1430) schlagen hierzu in Anlehnung an die Zeitschrift BFH/NV eine Zeitschrift BFH/Gang (Gerichtsbescheide, die als nicht ergangen gelten) vor.

zulässig sei[93]. In einem Revisionsverfahren würde nur geprüft, ob das Urteil des FG rechtlich fehlerhaft sei. An dieser notwendigen erstinstanzlichen Prüfung durch das FG würde es aber gerade in Bezug auf den Betrag der Klageerweiterung mangeln, womit der Klageerweiterungsantrag als unzulässig zurückzuweisen sei. Zu einem veröffentlichungsfähigen Urteil würde es damit nicht kommen. *Weber* und *Desens* kritisieren den Vorschlag der Klageerweiterung von *Eggesiecker/Ellerbeck* als missbräuchliches Verhalten des Stpfl.[94]. Darüber hinaus sprechen sie dem Stpfl. ein altruistisches Motiv dahin gehend ab, dass dieser mittels Klageerweiterung für ein veröffentlichungsfähiges Urteil kämpft, obwohl er durch den Abhilfebescheid sein Klageziel bereits erreicht hat.

Weber schlägt stattdessen die Fortsetzungsfeststellungsklage nach § 100 Abs. 1 Satz 4 FGO als probates Mittel vor, um doch noch ein veröffentlichungsfähiges Urteil zu erhalten[95]. Hierzu müsse der Fortsetzungsfeststellungsantrag ausdrücklich gestellt werden und ein berechtigtes Interesse an der Feststellung vorhanden sein. Dieses berechtigte Feststellungsinteresse bestehe in der Erlangung eines rechtskräftigen und veröffentlichungsfähigen Sachurteils, anstelle eines bloßen Kostenfestsetzungsbeschlusses. Fälle der Verhinderung einer Entscheidung des BFH wären damit eine neue Fallgruppe des berechtigten Interesses an einer Feststellung i. S. d. § 100 Abs. 1 Satz 4 FGO. Ein solches berechtigtes Feststellungsinteresse verneint *Desens*[96].

IV. Eigene Beurteilung

Der am Revisionsverfahren beteiligte Stpfl. wird die Beantragung der mündlichen Verhandlung und die dann folgende Abhilfe der Finanzverwaltung in Reaktion auf den Gerichtsbescheid des BFH in der Regel nicht kritisieren. Seinem Begehren ist in Gänze entsprochen worden und die Kosten des Verfahrens hat er gem. § 143 Abs. 1 i. V. m. § 138 Abs. 2 Satz 1 2. Var. FGO auch nicht zu tragen.

Ob das Verhalten der Finanzverwaltung als rechtsmissbräuchlich und damit rechtlichen Maßstäben als nicht genügend zu qualifizieren ist, ist fraglich. Der BFH selbst hat eine Rechtsmissbräuchlichkeit verneint[97]. Stimmen aus der

93 Schmidt, DStR 2007, 1996 (1997); Desens, Bindung der Finanzverwaltung an die Rechtsprechung, 74; Herden, FS Spindler, 445 (459).

94 Weber, DStR 2007, 2298 (2300); Desens, Bindung der Finanzverwaltung an die Rechtsprechung, 75.

95 Weber, DStR 2007, 2298 (2300 ff.).

96 Desens, Bindung der Finanzverwaltung an die Rechtsprechung, 75.

97 BFH vom 30. 03. 2006, V R 12/04, BStBl II 2006, 542.

BFH-Richterschaft sehen dies mit Verweis auf obige Ausführungen anders[98]. Obwohl das Verhalten der Finanzverwaltung durch die Ausnutzung der ihr in der FGO eingeräumten Prozessrechte legal ist[99], ist es nicht automatisch auch rechtspolitisch legitim. Es ist evident, dass die Finanzverwaltung den Abhilfebescheid nicht bloß aus altruistischen Motiven ggü. dem Stpfl. erlässt. Vielmehr wirkt das Verhalten der Finanzverwaltung so, als diene es primär dem Ziel, keine veröffentlichungsfähige Entscheidung des BFH entstehen zu lassen. Es bekommt damit den Geruch einer „Geheimdiplomatie". Dies verdient rechtspolitische Kritik. Das Gebaren der Finanzverwaltung sorgt zum einen in Bezug auf andere Stpfl. für eine vollkommene Intransparenz, da die Rechtsauffassung des BFH in der Regel nicht bekannt wird. Etwas anderes gilt nur, wenn sie durch Verfahrensbeteiligte oder von an der Fertigung des Gerichtsbescheides teilnehmenden BFH-Richtern im steuerrechtlichen Schrifttum bekannt gemacht wird. Die Bekanntmachung ist, im Vergleich zu einer veröffentlichungsfähigen BFH-Entscheidung, gleichwohl ein minus, da sie lediglich eine Meinung postuliert, der nicht die Bedeutung einer veröffentlichungsfähigen BFH-Entscheidung zukommt. Zum anderen dient das Verhalten der Finanzverwaltung nicht der Rechtssicherheit, da steuerlich strittige Fragen u. U. zeitlich erst wesentlich später einer höchstrichterlichen Klärung zugeführt werden und die Finanzverwaltung solange an ihrer Rechtsauffassung festhalten kann.

Aber auch der BFH ist an dem Verhalten der Finanzverwaltung nicht unbeteiligt und hält zumindest theoretisch das Abhilfeinstrument in Form der direkten Anberaumung von mündlichen Verhandlungen selbst in den Händen. Schließlich ist er nicht dazu gezwungen, Fälle mittels Gerichtsbescheid nach § 90a Abs. 1 FGO zu entscheiden und damit in praxi das in den §§ 90, 90a FGO normierte Regel-Ausnahme-Verhältnis oftmals ins Gegenteil zu verkehren[100]. Zwar dürfte in der Regel eine Entscheidung im schriftlichen Verfahren mittels Gerichtsbescheid das Verfahren beschleunigen. Diese Verfahrensbeschleunigung ist aber gegen die unter dem Aspekt der Rechtssicherheit gebotenen Interessen der Stpfl. in ihrer Gesamtheit an einer höchstrichterlichen Klärung streitiger Rechtsfragen mit Breitenwirkung durch eine veröffentlichungsfähige BFH-Entscheidung abzuwägen. Ob die verstärkte Nutzung der mündlichen Verhandlung in den

---

98 Spindler, FS Solms, 53 (58) = Spindler, Stbg 2006, 1 (5); ders., DStR 2007, 1061 (1063); Christiansen, DStR 2005, 1488 (1488 f.); Kanzler, FR 2006, 693 (694); Herden, FS Spindler, 445 (458).

99 Ebenso: Schlenk, Bundesfinanzhof und Finanzverwaltung in Kooperation und Unabhängigkeit, 152 f.

100 So auch Kanzler, FR 2006, 693 (694).

letzten Jahren ein erster Schritt zur Wiederherstellung des Regel-Ausnahme-Verhältnisses zwischen den §§ 90, 90a FGO ist, wird die Zukunft zeigen[101]. Der Weg des BFH, in den betreffenden Verfahren die Kostenentscheidungen nach billigem Ermessen gem. § 138 Abs. 1 FGO zu treffen[102], um so in einer materiellen Prüfung die Gründe des Gerichtsbescheides einem obiter dictum gleich darstellen zu können, ist abzulehnen, da die Kostenentscheidung nach § 138 Abs. 2 Satz 1 2. Var. FGO in ihrem Wortlaut exakt das Vorgehen der Finanzverwaltung benennt und damit Vorrang vor den in § 138 Abs. 1 FGO normierten allgemeinen Kostenentscheidungsgrundsätzen bei Hauptsacheerledigung genießt[103].

Die Realisierung einer gesetzgeberischen Ergänzung der FGO dahin gehend, dass der Finanzverwaltung nach Erlass eines Gerichtsbescheides der Erlass eines Abhilfebescheides untersagt wird[104], erscheint als nicht aussichtsreich. Die Finanzverwaltung wird über die Bundesregierung oder den Bundesrat wohl kaum ein solches Gesetzgebungsverfahren initiieren und auch eine Gesetzgebungsinitiative des Bundestags erscheint angesichts der Spezialität des Problems mehr als fraglich.

Vergleicht man die in der steuerrechtlichen Literatur vorgeschlagenen Strategien, um den Vermeidungsstrategien der Finanzverwaltung zur Veröffentlichung einer BFH-Entscheidung zu begegnen, erscheint der Ansatz von *Weber*[105] als dogmatisch sauberste Lösung. Die FGO kennt die in § 100 Abs. 1 Satz 4 FGO normierte Fortsetzungsfeststellungsklage. Ob das von *Weber* als „Judiz-Kassation" und „Publikations-Prävention" bezeichnete Verhalten aber zur Bejahung des notwendigen berechtigten Interesses ausreicht, ist die entscheidende und bisher durch die Rechtsprechung noch unbeantwortete Frage. Nach der Rechtsprechung des BFH ist ein berechtigtes Interesse ein durch die Sachlage vernünftigerweise gerechtfertigtes Interesse, das rechtlicher, wirtschaftlicher oder ideeller Natur sein kann[106]. Ein berechtigtes Interesse des Stpfl. rechtlicher Natur

---

101 So wurden bspw. in 2010 221 mündliche Verhandlungen durchgeführt. Der Durchschnitt der letzten zehn Jahre lag bei lediglich 117 mündlichen Verhandlungen, BFH-Pressemitteilung Nr. 3 vom 19. 01. 2011.

102 Vgl. BFH vom 25. 01. 2006, IV R 14/04, BStBl II 2006, 418 und BFH vom 19. 11. 2008, VI R 80/06, BStBl II 2009, 547.

103 Ebenso: Desens, Bindung der Finanzverwaltung an die Rechtsprechung, 75, der dieses Tun des BFH „bedenklich" findet.

104 Schmidt, DStR 2007, 1996 (1998); Seewald, SteuerCon 10/2009, 21 (23); Herden, FS Spindler, 445 (459).

105 Weber, DStR 2007, 2298 (2300 ff.).

106 BFH vom 19. 10. 2001, VI R 131/00, BStBl II 2002, 300 (302).

dürfte zu verneinen sein, da seine Rechtsauffassung durch den Abhilfebescheid der Finanzverwaltung vollumfänglich bestätigt worden ist. Für ein berechtigtes wirtschaftliches Interesse spricht ebenfalls nichts. Allein ein berechtigtes ideelles Interesse des Stpfl. könnte vorliegen. Dies wäre der Fall, wenn der Stpfl. ggü. der Finanzverwaltung sein altruistisches Motiv, für eine veröffentlichungsfähige höchstrichterliche Entscheidung sorgen zu wollen, begründen könnte. Um in dieser Frage Klarheit zu schaffen, wäre es von Interesse, wenn der BFH diese Frage in einem vergleichbaren Verfahren zur Entscheidung vorgelegt bekäme. Für den BFH würde sich dann die Chance bieten, ein Stück „Waffengleichheit" ggü. der Finanzverwaltung wiederzuerlangen.

Untauglich ist die von *Eggesiecker/Ellerbeck* vorgeschlagene Klageerweiterungsstrategie[107]. Diese ist im Ergebnis mit Verweis auf § 123 Abs. 1 Satz 1 FGO nicht zulässig und stellt ein rechtsmissbräuchliches Verhalten des Stpfl. dar[108]. Die ebenfalls von *Eggesiecker/Ellerbeck* vorgeschlagene Veröffentlichung der als nicht ergangen geltenden Gerichtsbescheide[109] würde zwar die Rechtsauffassung des BFH kundtun, eine verbindliche Breitenwirkung auf gleichgelagerte Steuerfälle aber nicht bewirken, denn ein Gerichtsbescheid ist stets eine noch nicht rechtskräftige Entscheidung. Vielmehr besteht die Gefahr, fälschlicherweise auf die Ausführungen in einem Gerichtsbescheid Bezug zu nehmen, der nach der Beantragung der mündlichen Verhandlung keinen Bestand mehr hat und damit nach dem Sinn und Zweck des § 90a Abs. 3 FGO gar nicht mehr existiert, wodurch zusätzliche Irritationen entstehen können[110]. Dies wäre immerhin eine Verbesserung ggü. dem Zustand, dass überhaupt keine Veröffentlichung stattfindet, eine wirkliche Problemlösung wäre es aufgrund der mit ihr verbundenen Nachteile aber nicht.

Am Rande sei erwähnt, dass das hier geschilderte Problem der Verhinderung einer Entscheidung des BFH durch die der Beantragung der mündlichen Verhandlung und dem anschließenden Erlass eines Abhilfebescheides in den Parallelnormen der § 84 Abs. 1 VwGO und § 105 Abs. 1 SGG scheinbar längst nicht in einer ähnlichen Dimension existent zu sein scheint. Zumindest finden sich dazu in der einschlägigen Literatur kaum Ausführungen[111].

---

107 Eggesieker/Ellerbeck, DStR 2007, 1427 (1429 f.).

108 Ebenso: Schmidt, DStR 2007, 1996 (1997); Desens, Bindung der Finanzverwaltung an die Rechtsprechung, 74; Herden, FS Spindler, 445 (459).

109 Eggesieker/Ellerbeck, DStR 2007, 1427 (1430).

110 Ebenso: Offerhaus, Stbg 1998, 437 (439).

111 Für den Bereich des Sozialrechts siehe Rüfner, DRiZ 1992, 457 (457 ff.), der zwar einzelne Beispiele aus dem Bereich des Sozialrechts nennt, prozessuale Fragen aber nicht thematisiert.

I. S. d. Transparenzgedankens, ist die „Nichtanwendungsprophylaxe“ bzw. die „Judiz-Kassation“ bzw. die „Publikations-Prävention“ der Finanzverwaltung als eindeutig negativ zu bewerten. Will die Finanzverwaltung eine Entscheidung des BFH nicht über den entschiedenen Einzelfall hinaus allgemein anwenden, stünde ihr bspw. mit dem Instrument des Nichtanwendungserlasses eine Handlungsmöglichkeit zur Verfügung, die zumindest unter dem Aspekt der Transparenz als vorzugswürdig anzusehen ist. Die Vermeidung eines Nichtanwendungserlasses ist aber eines der Motive der Finanzverwaltung für die Verhinderung einer BFH-Entscheidung. Hierdurch muss die Finanzverwaltung ihre Rechtsauffassung nicht an die in der verhinderten BFH-Entscheidung geäußerte Rechtsauffassung des BFH anpassen[112]. In Bezug auf die mit Blick auf Art. 20 Abs. 3 GG und Art. 3 Abs. 1 GG erhobenen verfassungsrechtlichen Bedenken[113], wird es in der Rechtspraxis regelmäßig an der Justiziabilität selbiger fehlen, da der mit der vermiedenen BFH-Entscheidung verbundene Gerichtsbescheid der Öffentlichkeit nicht bekannt wird. Dies wäre aber zwingend, um verfassungsrechtliche Bedenken rügen zu können.

D. Die Veröffentlichung von Entscheidungen des BFH

I. Einführung

Die Veröffentlichung von Gerichtsentscheidungen ist eine öffentliche Aufgabe[114]. Als solche ist die Notwendigkeit zur Veröffentlichung von Entscheidungen des BFH evident. Zu den Kernaufgaben des BFH gehört gem. § 115 Abs. 2 Nr. 2 FGO die Fortbildung des Rechts und die Wahrung der Einheitlichkeit der Rechtsprechung. Diesen Aufgaben können der BFH und die vor dem BFH agierenden Prozessparteien nur nachkommen, wenn sie die in der Vergangenheit vom BFH vertretenden Rechtsauffassungen kennen und so eine sachgerechte Prozessführung möglich wird. Darüber hinaus ist die Veröffentlichung von Gerichtsentscheidungen sogar eine verfassungsunmittelbare Aufgabe der Judikative[115].

Die Entscheidungen des BFH werden auf unterschiedliche Weise veröffentlicht und so der Öffentlichkeit zugänglich gemacht[116]. Zunächst veröffentlicht der BFH

---

112 Vgl. dazu auch: Desens, Bindung der Finanzverwaltung an die Rechtsprechung, 76 f.

113 Schlenk, Bundesfinanzhof und Finanzverwaltung in Kooperation und Unabhängigkeit, 153 ff.

114 BVerwG vom 26. 02. 1997, 6 C 3.96, BVerwGE 104, 105.

115 BVerwG vom 26. 02. 1997, 6 C 3.96, BVerwGE 104, 105.

116 Entscheidungen der FG werden u. a. auf den Internetseiten der FG, in der Entscheidungssammlung EFG und in diversen Fachzeitschriften veröffentlicht.

seine Entscheidungen selbst in schriftlichen Medien[117] und im Internet auf seiner Homepage[118]. Ferner veröffentlicht das BMF Entscheidungen des BFH im BStBl II und im Internet auf seiner Homepage[119]. Zuletzt gibt es eine Vielzahl privater Medien, die Entscheidungen des BFH in schriftlicher und elektronischer Form veröffentlichen. Die mit der Veröffentlichung einer BFH-Entscheidung verbundenen Zielsetzungen können unterschiedlicher Natur sein und bspw. in der kontinuierlichen Erfassung der BFH-Rechtsprechung, in der möglichst komprimierten Information über BFH-Entscheidungen, in der umfassenden Dokumentation der BFH-Rechtsprechung, in der Auswahl einzelner BFH-Entscheidungen aus bestimmten Steuerrechtsgebieten liegen sowie die Frage nach der Veröffentlichung einer BFH-Entscheidung im Volltext oder lediglich in Auszügen betreffen[120]. Die entscheidende Frage bei der Veröffentlichung von Entscheidungen des BFH ist, ob die Stpfl. in vergleichbaren Fällen einen Anspruch darauf besitzen, dass die Rechtsprechung des BFH von der Finanzverwaltung auf ihren Steuerfall angewendet wird. Es bedarf also die Frage der Bindungswirkung einer Veröffentlichung von BFH-Entscheidungen auf die steuerlichen Sachverhalte Dritter einer Beantwortung[121].

II. Veröffentlichung durch den BFH

Der BFH veröffentlicht seine Entscheidungen in unterschiedlicher Weise mithilfe unterschiedlicher Medien und schafft damit eine Transparenz über seine Arbeit. Dadurch versetzt der BFH den Rechtsanwender in die Lage, an seiner Rechtsauffassung teilzuhaben. Eine gesetzliche Bestimmung über die Veröffentlichung von Entscheidungen des BFH besteht seit Inkrafttreten der FGO ab dem 01. 01. 1966[122] nicht mehr[123]. Der BFH veröffentlicht seitdem, in Erledigung seiner

117 Dies sind die Entscheidungssammlung BFHE und die Zeitschrift BFH/NV.

118 www.bundesfinanzhof.de und www.bfh.bund.de.

119 www.bundesfinanzministerium.de und www.bmf.bund.de.

120 Vgl. auch Beermann, FS 75 Jahre RFH – BFH, 385 (400).

121 Zur Frage der Haftung eines Steuerberaters, der die Rechtsprechung des BFH nicht kennt: BGH vom 23. 09. 2010, IX ZR 26/09, WM 2010, 2050. Hiernach muss der Steuerberater nur die in den amtlichen Sammlungen (dies ist BFHE) und den einschlägigen allgemeinen Fachzeitschriften veröffentlichten Entscheidungen des BFH kennen. Ob das BStBl eine einschlägige allgemeine Fachzeitschrift in diesem Sinne ist, hat der BGH mangels Entscheidungsrelevanz offen gelassen.

122 BGBl I 1965, 1477 (1508).

123 Für die Veröffentlichungspraxis vor Geltung der FGO siehe List, DStR 1976, 651 f.; Klein, DStZ 1984, 55 (58); Beermann, FS 75 Jahre RFH – BFH, 385 (389 ff.) und BFH, 60 Jahre BFH, 184 ff. Hiernach bestimmte § 64 AO a. F.: „Der RFH veröffentlicht seine

ihm von der Verfassung auferlegten Pflicht zur Veröffentlichung[124], in eigener Zuständigkeit auf der Grundlage einer Ermessensentscheidung der Senate diejenigen Entscheidungen, die für die Rechtsprechung von Bedeutung sind[125]. Dies wird auch durch § 5 Abs. 3 der Geschäftsordnung des BFH[126] deutlich. Hiernach wird zwischen den zur amtlichen Veröffentlichung bestimmten Entscheidungen (sog. V-Entscheidungen) und den nicht zur amtlichen Veröffentlichung bestimmten Entscheidungen (sog. NV-Entscheidungen) unterschieden.

1. Zur amtlichen Veröffentlichung bestimmte Entscheidungen (sog. V-Entscheidungen)

Gem. § 5 Abs. 3 der Geschäftsordnung des BFH beschließen die Senate[127] bei jeder Entscheidung im Rahmen ihrer Beratungen, ob und inwieweit diese durch die Richter zur Veröffentlichung freigegeben wird. Nähere Ausführungen oder gar Richtlinien unter welchen Umständen eine Veröffentlichung zu erfolgen hat, enthält die Geschäftsordnung des BFH nicht. Diese Entscheidung ist im Wesentlichen davon abhängig, ob mit der Entscheidung „grundsätzliche oder in anderer Weise bedeutsame Aussagen getroffen“[128] werden, indem sie eine Zweifelsfrage klärt und/oder eine Rechtsfortbildung bedeutet, mithin

---

Entscheidungen, soweit sie grundsätzliche Bedeutung haben. Der Reichsminister der Finanzen bestimmt die Art der Veröffentlichung.“ Ergänzt wurde diese Bestimmung durch § 66 AO a. F. nach dem bei einer beabsichtigten Abweichung von einer veröffentlichten Entscheidung der Große Senat anzurufen war. Nach der Rechtsprechung des BFH vom 14. 08. 1958, I 39/57 U, BStBl III 1958, 409 (412) soll die Veröffentlichung der Entscheidungen der Rechtssicherheit dienen.

124 BVerwG vom 26. 02. 1997, 6 C 3.96, BVerwGE 104, 105.

125 BStBl III 1966, 138, „Vorbemerkung“; BStBl III 1966, 305 „Wichtiger Hinweis“; BFHE 84, „Vorbemerkung“; BFHE 85, „Vorbemerkung“.

126 Geschäftsordnung des Bundesfinanzhofs vom 01. 01. 1971; BStBl II 1974, 286 (287). Kapp, BB 1981, 567 (568) sieht in der Normierung der Regelungen zur Veröffentlichung von BFH-Entscheidungen mittels einer Geschäftsordnung keine „einwandfreie“ Rechtsgrundlage für ein solches Tun. Diese Auffassung ist abzulehnen, da die Veröffentlichung von BFH-Entscheidungen gerade zu den Aufgaben gehört, die der BFH im Rahmen seiner Geschäftserledigung auszuführen hat.

127 Kapp, BB 1981, 567 (568) hält eine Veröffentlichungsentscheidung durch den zur Entscheidung berufenen Senat für unzweckmäßig. Stattdessen soll ein Richtergremium über die Veröffentlichung einer BFH-Entscheidung befinden. Der zur Entscheidung berufene Senat soll ggü. diesem Gremium ein Vorschlagsrecht über die Frage der Veröffentlichung besitzen.

128 Der Bundesfinanzhof, 34.

grundsätzlicher Natur ist[129]. Damit werden regelmäßig alle Entscheidungen, die eine Änderung der Rechtsprechung bedeuten, die die in Richtlinien oder BMF-Schreiben geäußerte Verwaltungsauffassung ablehnen oder bestätigen und die Entscheidungen, die eine Rechtsprechung bestätigen, obwohl gegen diese beachtenswerte Einwendungen vorgebracht werden, veröffentlicht[130]. Ebenso gehören hierzu Entscheidungen zu neuen Gesetzen oder neuen Gesetzesnormen, zum Abschluss einer Rechtsentwicklung, zur Festlegung auf eine Rechtsauslegung, zur Übertragung bisheriger Rechtsprechung auf neue Sachverhalte, zur Bedeutung für viele Stpfl. oder wenn die Rechtsauffassung des BFH wesentlicher Kritik im Schrifttum ausgesetzt ist[131]. Entscheidungen, die die Rechtsauffassung des BFH wiederholen, lediglich Verfahrensfragen wie bspw. die Beweiswürdigung zum Gegenstand haben oder eine Einzelfallentscheidung sind, werden im Regelfall nicht veröffentlicht[132]. Auch Entscheidungen, die nicht mehr geltendes oder auslaufendes Recht betreffen, werden im Regelfall nicht veröffentlicht, es sei denn, entgegenstehende Gründe wie eine Vielzahl noch anhängiger Verfahren zu einer Rechtsfrage sind vorhanden oder die entschiedenen Fragen sind auch für das neue Recht von Bedeutung[133]. Die Entscheidung über die Veröffentlichung ist damit eine am konkreten Fall zu treffende Ermessensentscheidung des zur Entscheidung berufenen BFH-Senats.

Anschließend werden die Entscheidungen neutralisiert, indem sie anonymisiert werden und weitere Hinweise auf den konkreten Stpfl. entfernt werden[134]. Hierdurch folgt der BFH der ihm aus § 30 Abs. 2 Nr. 1 lit. a) AO auferlegten Pflicht zur Wahrung des Steuergeheimnisses[135]. Zuletzt werden ein oder mehrere Leitsätze gebildet, die die Quintessenz der Entscheidung zum Ausdruck bringen[136]. Der oder die Leitsätze sind oftmals gesetzesähnlich formuliert[137]. Die Leitsatzbildung erfolgt nicht immer durch den gesamten Senat, sondern

---

129 Klein, DStZ 1984, 55 (58).

130 BFH, 60 Jahre BFH, 188.

131 List, DStR 1976, 651 (652).

132 List, DStR 1976, 651 (652); Offerhaus, Stbg 1998, 437 (439).

133 List, DStR 1976, 651 (652); Offerhaus, Stbg 1998, 437 (439).

134 Offerhaus, FS von Wallis, 61 (72); Der Bundesfinanzhof, 34.

135 Zur Frage der Veröffentlichung von BFH-Entscheidungen, die gem. § 52 Abs. 2 FGO unter Ausschluss der Öffentlichkeit getroffen wurden im Vergleich zur Veröffentlichung von BFH-Entscheidungen, in denen die Öffentlichkeit nicht ausgeschlossen wurde, vgl. Jesse, DB 2008, 1994 (2000 f.).

136 Offerhaus, FS von Wallis 61 (72 f.); Der Bundesfinanzhof, 34.

137 Kirchhof, FS Lang, 451 (461).

kann auch in Abstimmung des Senatsvorsitzenden mit dem Berichterstatter der jeweiligen BFH-Entscheidung vorgenommen werden[138]. Alle Entscheidungen, bei denen die Veröffentlichung von den jeweiligen Senaten des BFH beschlossen worden ist, werden anschließend in der Entscheidungssammlung des BFH veröffentlicht. Es handelt sich hierbei um die „Sammlung der Entscheidungen des Bundesfinanzhofs“ (BFHE). Diese wird von den Mitgliedern des BFH herausgegeben, erscheint im Stollfuß Verlag und ist die amtliche Sammlung der Entscheidungen des BFH[139]. Eine dort veröffentlichte Entscheidung wird auch als sog. V-Entscheidung bezeichnet und enthält die BFH-Entscheidung im Volltext[140]. Auch die zur amtlichen Veröffentlichung vorgesehenen zollrechtlichen Entscheidungen des für das Zollrecht zuständigen VII. Senats werden in BFHE veröffentlicht[141]. Dass die Veröffentlichung erst mehrere Monate nach dem Entscheidungsdatum des BFH erfolgt, ist mit den internen Entscheidungs- und Verwaltungsabläufen des BFH begründet. Das maßgebliche und veröffentlichte Entscheidungsdatum ist das Datum der ersten Beratung des Senatskollegiums über den Fall[142]. Durch spätere Änderungen, Ergänzungen und die notwendige Unterschrift aller Richter unter die Entscheidung ergibt sich die Konsequenz der verspäteten Veröffentlichung der Entscheidung[143].

Die Zählung der Entscheidungsbände BFHE hat der BFH mit Band 55 begonnen und damit die Zählung des RFH von Band 1 bis Band 53 und des RFH und OFH in Band 54 fortgesetzt[144]. Zur Zeit sind bereits mehr als 250 Bände der Entscheidungssammlung BFHE erschienen, d. h. mehr als 195 Bände seit Beginn der Tätigkeit des BFH ab dem 01. 09. 1950[145]. In 2015 wurden 14 %[146], in 2014 wurden 13 %[147], in 2013 wurden

138 Ackermann, FS 75 Jahre RFH – BFH, 411 (414).

139 Bis zum Inkrafttreten der FGO am 01. 01. 1966 war der BFH noch selbst Herausgeber der BFHE. Dies war mit der gesetzlichen normierten Veröffentlichungspflicht in § 64 AO a. F. begründet, Ackermann, FS 75 Jahre RFH – BFH, 411 (415).

140 BStBl III 1966, 305 „Wichtiger Hinweis“.

141 Hier liegt ein Unterschied zum BStBl II, in welchem Entscheidungen in Zoll- und Verbrauchsteuersachen nicht veröffentlicht werden. Diese wurden bis 1976 im BZBl und nach dessen Einstellung seit 1977 in der Vorschriftensammlung Bundesfinanzverwaltung (VSF) veröffentlicht, BZBl 1976, 224.

142 Offerhaus, Stbg 1998, 437 (439).

143 Offerhaus, Stbg 1998, 437 (439).

144 Der Bundesfinanzhof, 34; Beermann, FS 75 Jahre RFH – BFH, 385 (390).

145 Der BFH wurde durch Gesetz von 29. Juni 1950 errichtet, BGBl I 1950, 257.

146 BFH Jahresbericht 2015, 26; Von 2.333 Entscheidungen wurden 318 veröffentlicht.

147 BFH Jahresbericht 2014, 21; Von 2.538 Entscheidungen wurden 337 veröffentlicht.

13 %[148], in 2012 10 %[149], in 2011 13 %[150], in 2010 12 %[151], in 2009 12 %[152], in 2008 13 %[153], in 2007 11,5 %[154], in 2006 11,9 %[155], in 2005 12,1 %[156], in 2004 12,6 %[157], in 2003 12,6 %[158] und in 2002 12,5 %[159] der Entscheidungen des BFH veröffentlicht. Damit wird deutlich, dass über die Jahre nur ein relativ geringer, konstanter Teil der BFH-Entscheidungen in Höhe von ca. 12,37 % als sog. V-Entscheidung zur Veröffentlichung bestimmt worden ist. Ein bestimmter Richtwert der zu veröffentlichenden Entscheidungen oder Absprachen zwischen den einzelnen BFH-Senaten hinsichtlich der Veröffentlichung bestehen nicht[160].

2. *Nicht zur amtlichen Veröffentlichung bestimmte Entscheidungen (sog. NV-Entscheidungen)*

Aus den obigen Ausführungen folgt, dass die Mehrzahl der Entscheidungen des BFH nicht zur amtlichen Veröffentlichung freigegeben wird, da nicht jede BFH-Entscheidung solche grds. Aussagen enthält oder über den Einfall hinaus bedeutsam ist, dass eine amtliche Veröffentlichung gerechtfertigt ist[161]. Allerdings werden diese sog. NV-Entscheidungen seit Jahrzehnten der Öffentlichkeit zugänglich gemacht. Seit jeher wurden sie von der Dokumentationsstelle des BFH erfasst und waren grds. auch für Außenstehende zugänglich[162]. Vor dem Hintergrund der Breitenwirkung der BFH-Entscheidungen besteht in der Praxis das Bedürfnis, nach Möglichkeit alle Entscheidungen des BFH zu kennen[163].

---

148 BFH Jahresbericht 2013, 12; Von 2.631 Entscheidungen wurden 341 veröffentlicht.
149 BFH Jahresbericht 2012, 12; Von 2.530 Entscheidungen wurden 252 veröffentlicht.
150 BFH Jahresbericht 2011, 12; Von 2.516 Entscheidungen wurden 322 veröffentlicht.
151 BFH Jahresbericht 2010, 12; Von 2.887 Entscheidungen wurden 357 veröffentlicht.
152 BFH Jahresbericht 2009, 14; Von 2.896 Entscheidungen wurden 343 veröffentlicht.
153 BFH Jahresbericht 2008, 16; Von 2.943 Entscheidungen wurden 381 veröffentlicht.
154 BFH Jahresbericht 2007, 16; Von 3.065 Entscheidungen wurden 351 veröffentlicht.
155 BFH Jahresbericht 2006, 16; Von 2.916 Entscheidungen wurden 348 veröffentlicht.
156 BFH Jahresbericht 2005, 17; Von 3.113 Entscheidungen wurden 376 veröffentlicht.
157 BFH Jahresbericht 2004, 17; Von 2.979 Entscheidungen wurden 375 veröffentlicht.
158 BFH Jahresbericht 2003, 16; Von 2.925 Entscheidungen wurden 369 veröffentlicht.
159 BFH Jahresbericht 2002; 17; Von 2.800 Entscheidungen wurden 351 veröffentlicht.
160 BFH, 60 Jahre BFH, 188.
161 Der Bundesfinanzhof, 35.
162 Offerhaus, FS von Wallis, 61 (74).
163 Der Bundesfinanzhof, 35; Geleitwort zur ersten Ausgabe von BFH/NV, BFH/NV 1985, 1. Offerhaus, FS von Wallis, 61 (74) rechtfertigt hingegen noch 1985 im Erscheinungsjahr der Zeitschrift BFH/NV die Nichtveröffentlichung von sog. NV-Entscheidungen

Daher werden alle weiteren dokumentationswürdigen Entscheidungen, die nicht amtlich in BFHE veröffentlicht werden, zum einen seit 1981 in der Rechtsprechungsdatenbank juris[164] gespeichert und zum anderen seit 1985 in der von Mitgliedern des BFH monatlich herausgegebenen Zeitschrift BFH/NV[165] publiziert[166]. Dokumentationswürdig sind diejenigen Entscheidungen, die eine Sachaussage enthalten[167]. Die Veröffentlichungspraxis zwischen der elektronischen Datenbank juris und der Zeitschrift BFH/NV ist damit parallelisiert. Die Zeitschrift BFH/NV wird auch als die offiziöse Sammlung der Entscheidungen des BFH bezeichnet[168]. Die NV-Entscheidungen werden in der Zeitschrift BFH/NV in der Regel vollzählig und vollständig veröffentlicht, ohne einer vorherigen redaktionellen Aufbereitung zu unterliegen[169]. Seit Mitte 2008 wird die Zeitschrift

---

mit der Belastung des Lesers der sog. NV-Entscheidung: „Würde die Entscheidung gleichwohl veröffentlicht werden, würde sie nur die in Betracht kommende Leserschaft belasten, diese indessen nicht über Neues informieren.“.

164 Juristisches Informationssystem für die Bundesrepublik Deutschland. Die Rechtsprechungsdatenbank juris wurde vom BMJ entwickelt und ist unter der Domain www.juris.de Jedermann gegen Entgelt zugänglich. Eine Auswahl von wichtigen Gesetzen und Verordnungen des Bundes kann kostenfrei eingesehen werden. Der BFH ist für seine eigenen Entscheidungen die Dokumentationsstelle von juris. Juris wird auch von den Richtern des BFH zur Informationsbeschaffung genutzt und ist aufgrund seiner Recherchemöglichkeiten ein wichtiges Instrument zur Sicherung der Einheitlichkeit des Rechtsprechung, Beermann, FS 75 Jahre RFH – BFH, 385 (394). Seitdem 01. 01. 2016, Brandis, T/K, § 10 FGO Rn. 6, 143. Lfg. Jan. 2016 gibt es überdies unter der Domain www.rechtsprechung-im-internet.de die vom BMJV in Zusammenarbeit mit juris verantwortete Möglichkeit, ab dem Jahr 2010 ergangene BFH-Entscheidungen kostenlos abzurufen.

165 Neben den NV-Entscheidungen enthält die Zeitschrift BFH/NV auch noch die V-Entscheidungen im Volltext und sonstige Entscheidungen mit steuerrechtlichem Bezug von EuGH, BVerfG und den anderen obersten Bundesgerichten. Letztere werden in der Regel mit dem Leitsatz, bei besonderer Relevanz ebenfalls im Volltext veröffentlicht.
Kritisch zur Zeitschrift BFH/NV: Ackermann, FS 75 Jahre RFH – BFH, 411 (423 ff.).

166 Der Bundesfinanzhof, 35. Davor wurden die sog. NV-Entscheidungen lediglich Personen zugänglich gemacht, die dem BFH ein berechtigtes sachliches Interesse an der Entscheidung darlegen konnten, List, DStR 1976, 651 (653). Zum Teil wurden die sog. NV-Entscheidungen früher mit dem Zusatz „nur zum Dienstgebrauch“ versehen. Hierdurch sollte der privaten Publikation solcher Entscheidungen ohne Benennung des dafür verantwortlichen Autors vorgebeugt werden, BFH, 60 Jahre BFH, 187.

167 Offerhaus, Stbg 1998, 437 (440).

168 Der Bundesfinanzhof, 35.

169 Geleitwort zur ersten Ausgabe von BFH/NV, BFH/NV 1985, 1.

BFH/NV durch die Zeitschrift BFH/PR ergänzt. Diese erscheint monatlich und bezeichnet sich selbst als „Kommentiersammlung zu BFH/NV". In ihr kommentieren BFH-Richter ausgewählte BFH-Entscheidungen und geben Hinweise für die Praxis. Die Veröffentlichung in BFH/PR enthält lediglich den Leitsatz der BFH-Entscheidung. Der Volltext der Entscheidung kann über die Datenbank des BFH/PR herausgebenden HAUFE-Verlags abgerufen werden.

3. *Nicht veröffentlichte Entscheidungen*

Wirklich nicht veröffentlicht werden damit im Ergebnis nur diejenigen Entscheidungen des BFH, die nicht dokumentationswürdig sind und als solche in keinerlei Hinsicht bedeutsame Aussagen enthalten, die eine Veröffentlichung rechtfertigen würden[170]. Sie werden in juris als „nicht dokumentiert" gekennzeichnet[171]. Auch Entscheidungen, in denen trotz Anonymisierung das Steuergeheimnis nicht gewahrt wäre, werden überhaupt nicht oder nur mit den Leitsätzen veröffentlicht, solange der Stpfl. nicht den Verzicht auf das Steuergeheimnis erklärt[172].

Gerichtsbescheide werden unter keinen Umständen veröffentlicht[173]. Gem. § 90a Abs. 2 Satz 1 FGO ist es möglich, gegen Gerichtsbescheide die mündliche Verhandlung zu beantragen, weshalb ein Gerichtsbescheid keine rechtkräftige Entscheidung darstellt. Vertraut man daher fälschlicherweise auf die Ausführungen in einem Gerichtsbescheid, der später keinen Bestand hat, würde dies für Irritationen sorgen, die der BFH durch seine Praxis der Nichtveröffentlichung erst gar nicht entstehen lässt. Wird keine mündliche Verhandlung beantragt, wirkt der Gerichtsbescheid gem. § 90a Abs. 3 FGO als Urteil und eine Veröffentlichung kann erfolgen.

4. *Veröffentlichung im Internet*

Seitdem 01. 12. 2000[174] hat der BFH eine eigene Internetseite, die über die Domains www.bundesfinanzhof.de und www.bfh.bund.de zu erreichen ist.

---

170 Der Bundesfinanzhof, 35. Hierzu zählen z. B. Entscheidungen zu unzulässigen Nichtzulassungsbeschwerden, BFH/NV, Hinweise der Redaktion, zu Beginn einer jeden BFH/NV Ausgabe.

171 Jörißen, SteuStud 2008, 81 (82) mit Verweis auf Fn. 2.

172 List, DStR 1976, 651 (652); Ackermann, FS 75 Jahre RFH – BFH, 411 (423 f.) mit konkreten Beispielen.

173 Offerhaus, Stbg 1998, 437 (439).

174 Der Bundesfinanzhof, 38; BFH, 60 Jahre BFH, 256.

Dort werden jeden Mittwoch in der Rubrik „Entscheidungen“ und der dortigen Unterrubrik „Entscheidungen online“ die aktuellen Entscheidungen des BFH im Volltext veröffentlicht[175]. Diese Veröffentlichung bezieht sich sowohl auf die sog. V-Entscheidungen und seitdem 01. 02. 2008[176] auch auf die sog. NV-Entscheidungen. Der Umfang der Veröffentlichung im Internet ist damit identisch zur Summe der Veröffentlichungen in BFHE und BFH/NV[177] und im Vergleich zu den schriftlichen Veröffentlichungen in BFHE und BFH/NV für den Stpfl. nahezu kostenlos und leicht beschaffbar. Eine Suchfunktion sorgt darüber hinaus für die Möglichkeit, gezielt nach Entscheidungen recherchieren zu können. Durch die Veröffentlichung der BFH-Entscheidungen im Internet werden diese viel schneller einer breiten Öffentlichkeit bekannt, als dies früher der Fall war. Hierdurch ergibt sich für die Finanzverwaltung der Zwang, schneller über die allgemeine Anwendung der BFH-Entscheidungen befinden zu müssen.

5. *Veröffentlichung von Pressemitteilungen*

Sind einzelne V-Entscheidungen aus der Sicht des BFH besonders bedeutsam, gibt der BFH wie die anderen obersten Gerichtshöfe des Bundes[178] Pressemitteilungen zu diesen Entscheidungen heraus[179]. Die Pressemitteilungen sind am Tag der Entscheidungsveröffentlichung auf der Homepage des BFH[180] abrufbar. Sie geben einen Kurzüberblick über die Entscheidung und nennen die wesentlichen Entscheidungsgründe. Damit bieten sie die Möglichkeit einer schnellen Informationsverschaffung über die entschiedenen steuerlichen Fragen. Im Jahr 2015 wurden durch den BFH 71 Pressemitteilungen zu den zur Veröffentlichung bestimmten Entscheidungen herausgegeben[181]. Die Pressemitteilungen besitzen aber lediglich eine Informationsfunktion, ohne aus ihnen eine rechtliche Bindungswirkung ableiten zu können[182].

---

175 http://www.bundesfinanzhof.de/entscheidungen/entscheidungen-online; zuletzt aufgerufen am 31. 03. 2016.

176 Brandis, T/K, § 10 FGO Rn. 6, 143. Lfg. Jan. 2016.

177 BFH, 60 Jahre BFH, 190.

178 BGH, BVerwG, BSG und BAG.

179 List, DStR 1976, 651 (653), Offerhaus, FS von Wallis, 61 (74 ff.); ders., Stbg 1998, 437 (440) und BFH, 60 Jahre BFH, 191.

180 http://www.bundesfinanzhof.de/pressemitteilungen; zuletzt aufgerufen am 31. 03. 2016.

181 BFH Jahresbericht 2015, 26.

182 Offerhaus, Stbg 1998, 437 (440) schreibt in diesem Kontext: Die Veröffentlichung von Pressemitteilungen „soll und kann nur einer kurzen Vorweginformation dienen.“.

6. Bindungswirkung der Veröffentlichung durch den BFH

Die Veröffentlichungen der BFH-Entscheidungen durch den BFH in BFHE, BFH/NV[183] und im Internet bewirkt eine umfassende Dokumentation der Rechtsprechung des BFH. Diese umfassende Dokumentation ermöglicht es allen Interessierten, sich umfassend über die Rechtsprechung des BFH informieren zu können. Sie hat damit einen großen Informationseffekt. Dieser Informationseffekt ist zugleich die Grenze der Bindungswirkung der Veröffentlichung durch den BFH. Der BFH als Organ der Judikative kann durch seine Veröffentlichung der Finanzverwaltung als Teil der Exekutive nicht die allgemeine Anwendung seiner Entscheidungen auf vergleichbare Sachverhalte vorschreiben. Dieses unzweifelhafte Ergebnis ergibt sich auch mit Blick auf die in Art. 20 Abs. 2 Satz 2 GG normierte Gewaltenteilung, die sich einfachgesetzlich auch in der Regelung zur Normierung der Rechtskraft der BFH-Entscheidungen in § 110 FGO widerspiegelt. Eine Bindungswirkung an die BFH-Entscheidung durch die Veröffentlichung des BFH für nicht am Verfahren Beteiligte Personen besteht damit nicht. Eine solche Bindungswirkung der Judikative ist einzig bei Entscheidungen des BVerfG gegeben, wie sich aus § 31 Abs. 1 BVerfGG und der in § 31 Abs. 2 BVerfGG normierten Gesetzeskraft von Entscheidungen des BVerfG ergibt.

III. Veröffentlichung durch das BMF

1. Veröffentlichung im Bundessteuerblatt Teil II

Das BStBl wird vom BMF herausgegeben und erscheint im Stollfuß Verlag. Es ist damit letztlich das Publikationsorgan[184] des Bundesfinanzministers und seines Ministeriums. Das BStBl gliedert sich in das BStBl Teil I (BStBl I) und das BStBl Teil II (BStBl II). Das BStBl I enthält Veröffentlichungen des BMF und der obersten Finanzbehörden der Länder. Hierunter fallen bspw. BMF-Schreiben, Erlasse oder die Bekanntgabe von Richtlinien. Das BStBl II enthält die vom BMF und den obersten Finanzbehörden der Länder zur Veröffentlichung ausgewählten

183 Die, in den von der Richterschaft des BFH herausgegebenen Zeitschriften BFH/PR und Höchstrichterliche Finanzrechtsprechung (HFR) veröffentlichten BFH-Entscheidungen, sind nicht der amtlichen, nichtamtlichen oder der Nichtveröffentlichung durch den BFH gleichzusetzen. Dies wird schon dadurch evident, dass im Unterschied zu BFHE, BFH/NV und im Internet die in BFH/PR und HFR veröffentlichten Entscheidungen nicht im Volltext veröffentlicht werden. Ferner zur Zeitschrift HFR: Ackermann, FS 75 Jahre RFH – BFH, 411 (420 f.).

184 Cato, FR 1981, 211 bezeichnet das BStBl als „Hauspostille" des BMF.

Entscheidungen des BFH. Von 1951 bis 1967 wurden die Entscheidungen des BFH im BStBl III veröffentlicht[185]. Herausgeber des damaligen BStBl III war zunächst das BMF und ab 1958 der BFH, bevor zum 01. 07. 1966 der Bundesminister der Finanzen Herausgeber wurde, der dies bis zum heutigen Tage ist[186]. Die gedruckte Fassung des BStBl II ist nicht kostenlos zu beziehen[187]. Dies wird kritisiert, da für den Bürger nur gegen Zahlung eines Entgelts ein Zugang zum BStBl II besteht[188]. Durch die Veröffentlichung von BFH-Entscheidungen im Internet[189] hat diese Problematik an Relevanz verloren, da nur noch die relativ geringen Kosten für die Nutzung des Internets aufzuwenden sind.

Nachdem der BFH seine zur amtlichen Veröffentlichung freigegebenen Entscheidungen in BFHE und auf seiner Homepage[190] veröffentlicht hat, hat das BMF über die Veröffentlichung dieser Entscheidungen im BStBl II und auf seiner Homepage[191] zu befinden. Hierzu leitet der BFH diese an das BMF, mit der Bitte um Veröffentlichung im BStBl II, weiter. Die Entscheidung über die Veröffentlichung im BStBl II trifft das BMF in Abstimmung mit den obersten Finanzbehörden der Länder. Dieser Abstimmungsprozess wird unter 4. näher ausgeführt. Das BMF handelt nach dem Grundsatz nur eine „Auswahl“ von BFH-Entscheidungen zu veröffentlichen[192]. Hierbei werden solche BFH-Entscheidungen im

185 Das BStBl III wurde zum 01. 01. 1968 eingestellt, da die bis dahin im BStBl I erscheinenden Veröffentlichungen des Bundesministers der Finanzen und die im BStBl II erscheinenden Veröffentlichungen der Länder ab dem 01. 01. 1968 zusammengefasst im BStBl I als Veröffentlichungen des Bundesministers der Finanzen und der obersten Finanzbehörden der Länder erscheinen. In der Folge wurde das bisherige BStBl III zum BStBl II, BStBl III 1967, 721 „Wichtiger Hinweis“.

186 BStBl III 1966, 305; List, DStR 1976, 651 (653).

187 http://www.stollfuss.de/shop/zeitschriften/Produkte/9770175536000/Bundessteuerblatt%20(BStBl); zuletzt aufgerufen am 31. 03. 2016.

188 Voß, DStR 2003, 441 (441 f.).

189 http://www.bundesfinanzhof.de/entscheidungen/entscheidungen-online i. V. m. http://www.bundesfinanzministerium.de/Web/DE/Service/Publikationen/BFH_Entscheidungen/bfh_entscheidungen.html; zuletzt aufgerufen am 31. 03. 2016. Der Aufruf der Homepage des BMF ist nötig, um zu sehen, welche Entscheidungen des BFH im BStBl II veröffentlicht werden.

190 http://www.bundesfinanzhof.de/entscheidungen/entscheidungen-online; zuletzt aufgerufen am 31. 03. 2016.

191 http://www.bundesfinanzministerium.de/Web/DE/Service/Publikationen/BFH_Entscheidungen/bfh_entscheidungen.html; zuletzt aufgerufen am 31. 03. 2016.

192 BStBl III 1966, 305 „Wichtiger Hinweis“; a. A. Cato, FR 1981, 211, nach dem „grds. alle vom BFH zur Veröffentlichung bestimmten Entscheidungen im BStBl auch veröffentlicht werden“.

BStBl II veröffentlicht, die eine Wirkung über den entschiedenen Einzelfall hinaus haben und so mithin von allgemeiner Bedeutung sind.[193]. Dies ist in der Regel bei Entscheidungen über Fragen der Rechtsauslegung, der Rechtsfortbildung und Entscheidungen mit großer Breitenwirkung der Fall, wohingegen Entscheidungen über seltene Ausnahmefälle, Entscheidungen über nicht mehr geltende Rechtsnormen und Entscheidungen, die lediglich auf bereits getroffene Entscheidungen verweisen nicht im BStBl II veröffentlicht werden[194]. Die Veröffentlichung im BStBl II soll unabhängig davon sein, ob die Entscheidungen des BFH für den Fiskus günstig oder ungünstig sind[195].

Die Veröffentlichung im BStBl II ist die sog. amtliche Veröffentlichung[196]. Bei der Veröffentlichung im BStBl II bildet das BMF grds. keine eigenen Leitsätze, sondern verwendet die vom BFH formulierten Leitsätze[197]. Im BStBl II werden grds. nur vom BFH zur amtlichen Veröffentlichung vorgesehene Entscheidungen veröffentlicht[198]. Nur in ganz seltenen Ausnahmefällen werden auch vom BFH nicht zur amtlichen Veröffentlichung vorgesehene Entscheidungen im BStBl II veröffentlicht[199]. In anderen, ebenfalls seltenen Fällen wird auf Anregung des BMF eine Entscheidung des BFH durch diesen doch noch zur

---

193 FinMin. NRW, Erlass vom 01. 05. 2005, S 0100, AO-Kartei NW vor § 1 AO Karte 802 und juris; OFD Magdeburg, Vfg. vom 23. 08. 2004, FG 2022-5-St 251, AO-Kartei ST § 110 FGO Karte 2 und juris; OFD Karlsruhe, Vfg. vom 01. 01. 2005, FG 2022, AO-Kartei BW § 110 Karte 2 und juris; OFD Hannover, Vfg. vom 26. 10. 2007, S 0069-1-StO 143, AO-Kartei ND Anhang F Karte 1 und juris; OFD Frankfurt am Main, Rdvfg. vom 31. 03. 2014, FG 2029 A – 4 – St 21, juris.
Im für die Bundeszollverwaltung maßgeblichen und vom BMF bis zur Einstellung 1976 herausgegebenen BZBl wurden alle BFH-Entscheidungen veröffentlicht, „die für die Zollstellen von praktischer Bedeutung sein können", Erlass des BMF vom 28. 05. 1951, III H 4623 – 3/51, BZBl 1951, 268.

194 Koch, DStZ/A 1975, 370 (371).

195 Koch, DStZ/A 1975, 370 (371); Böhme, Deutscher Bundestag, Stenografischer Bericht, 8. WP., 209. Sitzung, 16797 Anl. 41 = DB 1980, 799; a. A. Ackermann, FS 75 Jahre BFH – RFH, 411 (417).

196 Jörißen, SteuStud 2008, 81 (81).

197 Eine Ausnahme gilt nur für den Fall, dass der BFH seine Entscheidung nicht zur amtlichen Veröffentlichung vorgesehen hat und das BMF diese trotzdem im BStBl II veröffentlicht; Ackermann, FS 75 Jahre BFH – RFH, 411 (416).

198 Brandis, T/K, § 10 FGO Rn. 6, 143. Lfg. Jan. 2016.

199 Ackermann, FS 75 Jahre BFH – RFH, 411 (416): So wurde das Urteil des BFH vom 07. 08. 1990, VIII R 110/87, BFH/NV 1991, 93 trotzdem im BStBl II 1991, 336 veröffentlicht. Der Sachverhalt wurde allerdings in der Veröffentlichung im BStBl II leicht vom Sachverhalt des BFH angewandelt. So war die berufliche Tätigkeit des Klägers

amtlichen Veröffentlichung bestimmt, obwohl dies zunächst nicht vorgesehen war[200]. Die Entscheidung wird dann in der Folge auch im BStBl II veröffentlicht[201]. Zuletzt werden vereinzelt auch Entscheidungen anderer Gerichte, wie des EuGH, des BVerfG und des BGH als Anhang im BStBl II veröffentlicht[202]. Entscheidungen in Zoll- und Verbrauchsteuersachen werden nicht im BStBl II veröffentlicht. Diese wurden bis 1976 im BZBl und nach dessen Einstellung seit 1977 in der Vorschriftensammlung Bundesfinanzverwaltung (VSF) veröffentlicht[203]. Betreffen die BFH-Entscheidungen altes Recht, ist dies ein Grund, warum von einer Veröffentlichung im BStBl II abgesehen wird[204]. Selbiges kann

---

in der Entscheidung des BFH der Betrieb eines Kfz-Handels, in der Veröffentlichung im BStBl II hingegen ein Handel mit Möbeln; Jörißen, SteuStud 2008, 81 (82).

200 Ackermann, FS 75 Jahre RFH – BFH, 411 (416); Brandis, T/K, § 10 FGO Rn. 6, 143. Lfg. Jan. 2016.

201 Vgl. hierzu bspw.: BFH vom 29. 11. 1990, IV R 131/89, BStBl II 1992, 715 = BFHE 168, 24. Der BFH hat die Entscheidung in BFHE mit der Anmerkung versehen, dass die nachträgliche amtliche Veröffentlichung der Entscheidung beschlossen worden ist. Ebenso: BFH vom 26. 03. 1992, V R 16/88, BStBl II 1992, 929 = BFHE 168, 458. Der BFH hat die Entscheidung in BFHE mit der Anmerkung versehen, dass diese nachträglich zur Veröffentlichung bestimmt worden ist. Weiterhin: BFH vom 07. 12. 2010, IX R 46/09, BStBl II 2012, 310 = BFHE 236, 87. Auf der Homepage des BFH findet sich der Hinweis, dass die Entscheidung nachträglich zur amtlichen Veröffentlichung bestimmt wurde, http://juris.bundesfinanzhof.de/cgi-bin/rechtsprechung/druckvorschau.py?Gericht=bfh&Art=en&nr=25829; zuletzt aufgerufen am 31. 03. 2016. Des Weiteren: BFH vom 12. 12. 2012, I R 27/12, BStBl II 2013, 682 = BFHE 241, 151. Auf der Homepage des BFH findet sich der Hinweis, dass die Entscheidung nachträglich zur Veröffentlichung bestimmt wurde, http://juris.bundesfinanzhof.de/cgi-bin/rechtsprechung/druckvorschau.py?Gericht=bfh&Art=en&nr=28386; zuletzt aufgerufen am 31. 03. 2016. Ferner: BFH vom 19. 08. 2013, X R 44/11, BStBl II 2014, 234 = BFHE 243, 304. Auf der Homepage des BFH findet sich der Hinweis, dass die Entscheidung nachträglich zur amtlichen Veröffentlichung bestimmt wurde, http://juris.bundesfinanzhof.de/cgi-bin/rechtsprechung/druckvorschau.py?Gericht=bfh&Art=en&nr=29304; zuletzt aufgerufen am 31. 03. 2016. Zuletzt: BFH vom 12. 12. 2013, X R 39/10, BStBl II 2014, 572 = BFHE 244, 485. Auf der Homepage des BFH findet sich der Hinweis, dass die Entscheidung nachträglich zur amtlichen Veröffentlichung bestimmt wurde, http://juris.bundesfinanzhof.de/cgi-bin/rechtsprechung/druckvorschau.py?Gericht=bfh&Art=en&nr=29959; zuletzt aufgerufen am 31. 03. 2016.

202 Vgl. exemplarisch die Aufstellung in BStBl II 2013, 06; BStBl II 2012, 06; BStBl II 2011, 06; BStBl II 2010, 06 und BStBl II 2009, 06.

203 BZBl 1976, 224.

204 BT-Drs. 17/2296, 14.

auch für Vorlagebeschlüsse des BFH an den EuGH oder das BVerfG gelten[205]. BFH-Entscheidungen, die mit einem im BStBl I zu veröffentlichenden Nichtanwendungserlass belegt werden, werden ebenso im BStBl II veröffentlicht, wenn sie vom BFH zur amtlichen Veröffentlichung vorgesehen wurden[206]. Letztlich verbleibt aber ein Delta von zur amtlichen Veröffentlichung bestimmten BFH-Entscheidungen, die gar nicht oder mit mitunter großem zeitlichen Verzug im BStBl II veröffentlicht werden. Hierbei handelt es sich um Fragen, der sog. Nichtveröffentlichung von BFH-Entscheidungen im BStBl II, die unter E. thematisiert werden.

2. *Veröffentlichung im Internet*

Im Internet informiert das BMF auf seiner Homepage www.bundesfinanzministerium.de bzw. www.bmf.bund.de unter Service/Publikationen/BFH-Entscheidungen[207] über die allgemeine Anwendung neuer BFH-Entscheidungen. Es findet sich dort eine tabellarische Aufstellung (sog. „grüne Liste“[208]) aller BFH-Entscheidungen mitsamt einer Kurzbeschreibung der Entscheidungsinhalte, die gem. Beschluss der „Finanzverwaltung“ im BStBl II veröffentlicht werden sollen. Das Verfahren der sog. „grünen Liste“ wird praktiziert für BFH-Entscheidungen, die dieser nach dem 31. 12. 2003 auf seiner Homepage[209] veröffentlicht hat[210].

Das BMF führt weiter aus: „Damit werden zugleich die Finanzbehörden die Entscheidungen allgemein anwenden.“[211]. Das Wort „damit“ deutet dem Wortlaut nach daraufhin, dass eine allgemeine Anwendung der jeweiligen

---

205 BT-Drs. 17/2296, 14.

206 FinMin. NRW, Erlass vom 01. 05. 2005, S 0100, AO-Kartei NW vor § 1 AO Karte 802 und juris; OFD Hannover, Vfg. vom 26. 10. 2007, S 0069-1-StO 143, AO-Kartei ND Anhang F Karte 1 und juris; Bayerisches Landesamt für Steuern, Vfg. vom 11. 11. 2011, S 0220.1.1-1/1 St 42, AO-Kartei BY § 85 AO Karte 1 und juris und als konkretes Beispiel BFH vom 27. 06. 2001, I R 45/97, BStBl II 2003, 121 = BFHE 196, 216 und der dazugehörige Nichtanwendungserlass des BMF vom 21. 03. 2003, IV A 6 – S 2137 – 2/03, BStBl I 2003, 125.

207 http://www.bundesfinanzministerium.de/Web/DE/Service/Publikationen/BFH_Entscheidungen/bfh_entscheidungen.html; zuletzt aufgerufen am 31. 03. 2016.

208 OFD Frankfurt am Main, Rdvfg. vom 31. 03. 2014, FG 2029 A – 4 – St 21, juris.

209 http://www.bundesfinanzhof.de/entscheidungen/entscheidungen-online; zuletzt aufgerufen am 31. 03. 2016.

210 Antwort des Referats für Bürgerangelegenheiten des BMF vom 12. 06. 2014 auf eine Anfrage des Verfassers.

211 http://www.bundesfinanzministerium.de/Web/DE/Service/Publikationen/BFH_Entscheidungen/bfh_entscheidungen.html; zuletzt aufgerufen am 31. 03. 2016.

BFH-Entscheidung durch die Finanzverwaltung erst mit der Veröffentlichung im BStBl II erfolgen wird. Einer solchen Wortlautinterpretation, ist jedoch nicht zu folgen. Sie wird auch von der Finanzverwaltung nicht angenommen, weshalb diese BFH-Entscheidungen ab dem Zeitpunkt der Veröffentlichung der BFH-Entscheidungen auf der Homepage des BMF von der Finanzverwaltung allgemein anzuwenden sind[212]. Die Finanzverwaltung erklärt durch die Veröffentlichung im Internet, dass sie die jeweilige BFH-Entscheidung über den entschiedenen Einzelfall hinaus allgemein anwenden wird. Es erscheint widersinnig, darüber hinaus noch das Erscheinen des BStBl II abzuwarten, wodurch es noch längere Zeit dauert, bis eine allgemein von der Finanzverwaltung anzuwendende BFH-Entscheidung existiert. Ferner spricht für diese Rechtsauffassung, dass die Nennung der allgemein von der Finanzverwaltung anzuwendenden BFH-Entscheidungen im Internet für den Stpfl. von Vorteil ist, da er sich so nahezu kostenlos über diese Rechtsprechung des BFH in Kenntnis setzen kann[213]. Dies ist ein wesentlicher Unterschied zum BStBl II, das nicht kostenlos zu

---

212 Vgl. auch FinMin. NRW, Erlass vom 01. 05. 2005, S 0100, AO-Kartei NW vor § 1 AO Karte 802 und juris: „Entgegen der bisherigen Handhabung, dass das Urteil durch die Verwaltung erst mit der gedruckten Veröffentlichung im BStBl II generell angewendet werden darf, ist das Urteil bereits mit der elektronischen Bekanntgabe durch das BMF allgemein anwendbar."; OFD Magdeburg, Vfg. vom 23. 08. 2004, FG 2022-5-St 251, AO-Kartei ST § 110 FGO Karte 2 und juris: „Vor der Ankündigung der Veröffentlichung eines BFH-Urteils im BStBl II auf der Internetseite des BMF sind diese Urteile von den Finanzämtern nicht allgemein anzuwenden."; OFD Karlsruhe, Vfg. vom 14. 01. 2005, FG 2032/1 A – St 332, DStR 2005, 333: „Die zum Abdruck im BStBl II bestimmten BFH-Entscheidungen sind damit bereits ab dem Zeitpunkt der Veröffentlichung im Internet und nicht mehr erst nach Auslieferung des die BFH-Entscheidung enthaltenen BStBl allgemein anzuwenden."; OFD Hannover, Vfg. vom 26. 10. 2007, S 0069-1-StO 143, AO-Kartei ND Anhang F Karte 1 und juris: „Die Entscheidungen sind bereits ab dem Zeitpunkt der Veröffentlichung des Vorabhinweises auf den Internetseiten des BMF und nicht erst nach Auslieferung des die BFH-Entscheidungen enthaltenden Bundessteuerblatts bei der Bearbeitung gleichgelagerter Steuerfälle zu beachten."; OFD Frankfurt am Main, Rdvfg. vom 31. 03. 2014, FG 2029 A – 4 – St 21, juris: „Bereits durch die Aufnahme in diese Liste [Anm.des Verfassers: Es handelt sich um die sog. „grüne Liste"] sind die Entscheidungen (zwingend) allgemein anzuwenden.".

213 http://www.bundesfinanzhof.de/entscheidungen/entscheidungen-online i. V. m. http://www.bundesfinanzministerium.de/Web/DE/Service/Publikationen/BFH_Entscheidungen/bfh_entscheidungen.html; zuletzt aufgerufen am 31. 03. 2016. Der Aufruf der Homepage des BMF ist nötig, um zu sehen welche Entscheidungen des BFH im BStBl II veröffentlicht werden.

beziehen ist[214]. Hinsichtlich der rechtlichen Wirkung ist die Veröffentlichung einer BFH-Entscheidung im Internet auf der Homepage des BMF damit der Veröffentlichung im BStBl II gleichgestellt. Zeitlich gesehen gehen die Veröffentlichung im Internet und im BStBl II ineinander über. Die jeweilige BFH-Entscheidung wird zunächst auf der Homepage des BMF veröffentlicht und dann von der Homepage des BMF entfernt, wenn die Veröffentlichung im BStBl II erfolgt ist. Damit ergänzt die Veröffentlichung im Internet als eine zeitlich vorgelagerte Veröffentlichung lediglich die Veröffentlichung im BStBl II. Sie tritt jedoch nicht an ihre Stelle. Die Veröffentlichung von BFH-Entscheidungen im BStBl II ist damit nach wie vor die Hauptveröffentlichungsform des BMF.

3. *Veröffentlichung in Publikationen des BMF*

Eine Veröffentlichung von BFH-Entscheidungen in anderen Publikationen des BMF als dem BStBl II erfolgt nicht. Hierfür besteht angesichts vorstehender Ausführungen keine Notwendigkeit.

4. *Der Abstimmungsprozess zwischen Bund und Ländern über die Veröffentlichungsentscheidung*[215]

a) *Rahmen*

Der Abstimmungsprozess darüber, ob eine BFH-Entscheidung auf der Homepage des BMF und im vom BMF herausgegebenen BStBl II veröffentlicht wird, findet seinen Ausgangspunkt in Art. 108 GG, der den Aufbau der Finanzverwaltung normiert. Die Verwaltung der Gemeinschaftsteuern erfolgt gem. Art. 108 Abs. 2 Satz 1 GG durch die Länder. Hieraus folgt die Notwendigkeit eines Zusammenwirkens zwischen BMF und den obersten Finanzbehörden der Länder, da nur so ein einheitlicher und gleichmäßiger Vollzug der Steuergesetze in der BRD gewährleistet werden kann. Zur Steuerung dieses Zusammenwirkens legt der im Zuge der Föderalismusreform I eingeführte § 21a FVG[216] in Abs. 1 Satz 1 fest, dass „das BMF mit Zustimmung der obersten Finanzbehörden der Länder einheitliche Verwaltungsgrundsätze, Regelungen zur Zusammenarbeit

214 Dies kritisierend: Voß, DStR 2003, 441 (441 f.).

215 Der Verfasser bedankt sich bei Ministerialrat Wilhelm Friedrich Rehrmann aus der Steuerabteilung des Ministeriums der Finanzen des Landes Nordrhein-Westfalen für wertvolle Informationen zu dem Punkt über den Abstimmungsprozess zwischen Bund und Ländern über die Veröffentlichungsentscheidung.

216 BGBl I 2006, 2098 (2102).

des Bundes mit den Ländern" bestimmt und „allgemeine fachliche Weisungen" erteilt[217].

In Ausfluss des § 21a Abs. 1 Satz 1 FVG haben sich das BMF und die obersten Finanzbehörden der Länder eine Geschäftsordnung gegeben, die „Regelungen zur Zusammenarbeit des Bundes mit den Ländern nach § 21a FVG" enthält. Diese Geschäftsordnung gilt ab dem 01. 01. 2012 und ist im Anhang unter A. abgedruckt. Im Rahmen des Abstimmungsprozesses über die Veröffentlichungsentscheidung sind vor allem folgende §§ der Geschäftsordnung von Bedeutung: § 2 (Abteilungsleitersitzungen), § 3 (Referatsleitersitzungen), § 11 (Abstimmungsregeln), § 12 (Abteilungsleitervorbehalt) und § 13 (Abstimmung im schriftlichen Verfahren). Hier ist insb. auf die in § 3 der Geschäftsordnung normierten Referatsleitersitzungen hinzuweisen, die sich nach den jeweiligen Steuerarten bestimmen und mehrmals im Jahr stattfinden. So gibt es bspw. Referatsleitersitzungen für die Einkommensteuer, die Lohnsteuer, die Körperschaft-, die Gewerbe- und Umwandlungsteuer, die Außensteuer, die Umsatzsteuer, die Abgabenordnung, die Betriebsprüfung und die Bewertung und Erbschaftsteuer. Der in § 12 der Geschäftsordnung normierte Abteilungsleitervorbehalt ermöglicht die Behandlung von Referatsleiterbeschlüssen in den, in § 2 der Geschäftsordnung normierten Abteilungsleitersitzungen, um so eine Beschlussfassung der Abteilungsleiter herbeizuführen. Dies wird in der Praxis insb. bei besonders strittigen Fragen der Fall sein. Es ist darüber hinaus denkbar, dass Entscheidungen letztlich erst in der Runde der Staatssekretäre, der Finanzminister oder gar der Ministerpräsidenten getroffen werden. Mithin liegt ein gestufter Entscheidungsprozess vor. Nach den in § 11 der Geschäftsordnung normierten Abstimmungsregeln hat gem. Abs. 2 Satz 1 jedes Land eine Stimme. Eine Stimmengewichtung nach Einwohnerzahl, wie im Bundesrat nach Art. 51 Abs. 2 GG besteht damit nicht[218]. Der Bund hat bei den Abstimmungen keine Stimme. Seine starke Rolle ergibt sich zum einen daraus, dass er gem. Abs. 1 die Beschlussvorschläge unterbreitet. So kommt ein Beschlussvorschlag des Bundes gem. Abs. 3 lit. a) dann zustande, wenn nicht mehr als acht Länder widersprechen. Bei Beschlussvorschlägen eines oder mehrerer Länder steht dem Bund gem. Abs. 3 lit. b) zum anderen ein Vetorecht zu. Ferner müssen mindestens neun Länder zustimmen. Unabhängig von der

217 Zur Frage der Verfassungsmäßigkeit des § 21a FVG vgl. Sauerland, DStZ 2007, 668. Dieser hält § 21a FVG insoweit für verfassungswidrig, als er das BMF zum Erlass rechtsverbindlicher allgemeiner Weisungen ermächtige.

218 BT-Drs. 14/6716, 2.

Beschlussinitiative gelten Enthaltungen der Länder nicht als Widerspruch. Ein Einstimmigkeitserfordernis besteht hiernach nicht. Die in § 11 der Geschäftsordnung normierten Abstimmungsregeln erklären sich auch vor dem Hintergrund des § 21a Abs. 1 Satz 2 FVG, nach dem die Mehrheit der Länder ein Vetorecht besitzen.

Bereits vor der ab dem 01. 01. 2012 geltenden Geschäftsordnung war die Zusammenarbeit des BMF mit den obersten Finanzbehörden der Länder institutionalisiert. Grundlage dieser Zusammenarbeit war bis 1969 die Herausgabe von durch das BMF koordinierten Ländererlassen, für die ein Einstimmigkeitserfordernis bestand[219]. Mit der, auch als „Gentlemen-Agreement"[220] bezeichneten, zwischen BMF und obersten Finanzbehörden der Länder abgeschlossenen Vereinbarung vom 15. 01. 1970[221] wurde die Zusammenarbeit des Bundes mit den Ländern auf dem Gebiet der von den Landesfinanzbehörden im Auftrag des Bundes verwalteten Steuern in einen institutionalisierten Rahmen überführt und die BMF-Schreiben eingeführt[222]. Das Verfahren nach der Vereinbarung vom 15. 01. 1970 und das Verfahren nach den „Regelungen zur Zusammenarbeit

---

219 Orlopp, FS Klein, 597 (601); Manke, DStZ 2002, 70 (70).

220 Deubel, FR 2008, 293. Die Bezeichnung als „Gentlemen-Agreement" wird vor dem Hintergrund der Frage, ob das BMF den Ländern allgemeine Weisungen erteilen kann oder nicht erklärbar. BMF und Länder beantworten diese Frage unterschiedlich. Das BMF bejaht ein solches Weisungsrecht, die Länder verneinen selbiges. Aufgrund des bis 1969 vorgenommenen Verfahrens der koordinierten Ländererlasse, der Vereinbarung vom 15. 01. 1970 und der ab dem 01. 01. 2012 geltenden, auf § 21a Abs. 1 FVG fußenden, Geschäftsordnung wurde diese Frage nie einer endgültigen Entscheidung durch das BVerfG im Rahmen eines Bund-Länder-Streits nach Art. 93 Abs. 1 Nr. 3 GG, § 13 Nr. 7 i. V. m. §§ 68-70 BVerfGG zugeführt. Vgl. dazu näher: Flockermann, FS Meyding, 105 (108 ff.); Orlopp, FS Klein, 597 (597 ff.); Uelner, FS Friauf, 217 (224 f.); Schmidt, FR 2008, 317 (318 f.).

221 Die Vereinbarung ist abgedruckt bei Seer, Bonner Kommentar, Art. 108 GG Rn. 117, 151. Lfg. Apr. 2011; Schmitt, DStJG 31 (2008), 99 (114); Flockermann, FS Meyding, 105 (111). Zur Entstehungsgeschichte dieser Vereinbarung: Flockermann, FS Meyding, 105 (110); Orlopp, FS Klein, 597 (602 ff.). Zur verfassungsrechtlichen Zulässigkeit dieser Vereinbarung: Seer, Bonner Kommentar, Art. 108 GG Rn. 119, 151. Lfg. Apr. 2011.

222 Wie diese Vereinbarung rechtlich zu qualifizieren ist, ist umstritten. Vgl. dazu näher m. w. N. Seer, FS Ruppe, 533 (544), der die Vereinbarung als rechtlich unverbindliche Verwaltungsabsprache qualifiziert, wohingegen andere Auffassungen von einem Verwaltungsabkommen, einem Vertrag oder „soft law" sprechen.

des Bundes mit den Ländern nach § 21a FVG" entsprechen einander[223]. Dies wird durch die in § 11 der Geschäftsordnung festgelegten Abstimmungsregeln deutlich, die den Abstimmungsregeln der Vereinbarung vom 15. 01. 1970 entsprechen. Der Bund kann also nicht gegen die Mehrheit der Länder agieren und die Länder können nicht gegen das Veto des Bundes agieren. Im Ergebnis besteht das Erfordernis gemeinsamer Entscheidungen von Bund und Ländern. Dieser Zwang zum Zusammenwirken von Bund und Ländern lässt sich unter den von *Seer* geprägten Begriff des „kooperativen Föderalismus"[224] subsumieren.

b) Anwendung

Für die Entscheidung über eine Veröffentlichung von BFH-Entscheidungen im BStBl II ist vor dem Hintergrund des vorstehend geschilderten Rahmens in der Praxis grds. folgende Anwendung vorgesehen: 1. Das BMF informiert die obersten Finanzbehörden der Länder über die vom BFH zur amtlichen Veröffentlichung bestimmten Entscheidungen (sog. V-Entscheidungen)[225]. 2. All diese BFH-Entscheidungen werden in der nächsten Sitzung der zuständigen Referatsleiter behandelt. 3. Entscheidungen gegen die keine Einwendungen vorgebracht werden, werden zur sofortigen Veröffentlichung freigegeben. Dies erfolgt mittels der sog. „grünen Liste"[226], die das BMF im Internet veröffentlicht[227]. 4. Sollten Einwendungen gegen eine Veröffentlichung erhoben werden, wird auf der nächsten Referatsleitersitzung abschließend über die Veröffentlichung entschieden.

Die Entscheidung über eine Veröffentlichung kann gem. § 13 der Geschäftsordnung auch im schriftlichen Verfahren erfolgen. Dies ist insb. dann sinnvoll, um eine zeitnahe Veröffentlichungsentscheidung zu treffen, wenn die

223 Vgl. näher zum Verfahren nach der Vereinbarung vom 15. 01. 1970: Schmitt, DStJG 31 (2008), 99 (114 ff.); Uelner, FS Friauf, 217 (225); Flockermann, FS Meyding, 105 (111 f.).

224 Seer, FS Ruppe, 533 (535, 546 und 549); ders., T/K, § 21a FVG Rn. 3, 122. Lfg. Jan. 2010; ders., Bonner Kommentar, Art. 108 GG Rn. 117 ff., 151. Lfg. Apr. 2011; ders., T/L, 22. Aufl., § 21 Rn. 36.

225 Hierzu leitet der BFH dem BMF die zur amtlichen Veröffentlichung bestimmten Entscheidungen (sog. V-Entscheidungen) mit der Bitte um Veröffentlichung im BStBl II zu.

226 OFD Frankfurt am Main, Rdvfg. vom 31. 03. 2014, FG 2029 A – 4 – St 21, juris.

227 www.bundesfinanzministerium oder www.bmf.bund.de unter Service/Publikationen/ BFH-Entscheidungen, http://www.bundesfinanzministerium.de/Web/DE/Service/ Publikationen/BFH_Entscheidungen/bfh_entscheidungen.html; zuletzt aufgerufen am 31. 03. 2016.

kommende Referatsleitersitzung sonst erst in einiger Zeit stattfinden würde. Zur Beschleunigung der Veröffentlichungsentscheidung wird von dem vorstehend geschilderten Ablauf in einzelnen Referatsleitersitzungen abgewichen. So erfolgt eine Veröffentlichung der BFH-Entscheidungen auf der sog. „grünen Liste“[228], wenn innerhalb einer vom Referatsleitergremium festgelegten Frist (z. B. zwei oder vier Wochen) keine Einwände gegen eine Veröffentlichung einzelner BFH-Entscheidungen erhoben werden. Der Fristbeginn bestimmt sich nach der Information der obersten Finanzbehörden der Länder durch das BMF über die vom BFH zur amtlichen Veröffentlichung bestimmten Entscheidungen (sog. V-Entscheidungen).

Der vorstehend geschilderte Ablauf über die Abstimmung der Veröffentlichungsentscheidung zwischen BMF und den obersten Finanzbehörden der Länder ist vor dem Hintergrund zeitlicher Pression erklärbar. So steht der Zeitbedarf, den das BMF und die obersten Finanzbehörden der Länder für ihre Abstimmungsentscheidung über die Veröffentlichung benötigen, zu dem Begehren des Stpfl., eine für ihn günstige und durch die Veröffentlichung der BFH-Entscheidung durch den BFH im Internet ihm auch bekannte Rechtsprechung möglichst zeitnah anzuwenden[229], in einem Spannungsverhältnis. Dieses Zeitproblem ist der Finanzverwaltung bekannt. So soll nach Ansicht der *Bundesregierung* möglichst zeitnah über die allgemeine Anwendung der BFH-Rechtsprechung entschieden werden[230]. Eine feste Zeitspanne über die Dauer des Abstimmungsprozesses der Veröffentlichungsentscheidung bestehe jedoch nicht[231]. Da der BFH seine Entscheidungen „nicht selten erst nach mehreren Monaten nach deren Erlass“[232] veröffentliche[233], könne aus dem Entscheidungsdatum kein Rückschluss auf die Dauer des Abstimmungsprozesses der Finanzverwaltung geschlossen werden[234]. Auch das vorstehend dargelegte Verfahren der Veröffentlichungsentscheidung

---

228 OFD Frankfurt am Main, Rdvfg. vom 31. 03. 2014, FG 2029 A – 4 – St 21, juris.

229 OFD Hannover, Vfg. vom 26. 10. 2007, S 0069-1-StO 143, AO-Kartei ND Anhang F Karte 1 und juris.

230 BT-Drs. 17/2296, 14.

231 BT-Drs. 17/2296, 14.

232 BT-Drs. 17/2296, 14.

233 Vgl. zum Prozess der Veröffentlichung durch den BFH: Offerhaus, Stbg 1998, 437 (439). Hiernach ist die Veröffentlichung erst mehrere Monate nach dem Entscheidungsdatum des BFH mit den internen Entscheidungs- und Verwaltungsabläufen des BFH begründet. Das maßgebliche und veröffentlichte Entscheidungsdatum ist aber das Datum der ersten Beratung des Senatskollegiums über den Fall.

234 BT-Drs. 17/2296, 14.

innerhalb der Finanzverwaltung ist als Reaktion auf dieses Zeitproblem zu verstehen. Der Zeitraum in welchem die Sachbearbeiter in den Finanzämtern vor Ort nicht wissen, ob sie eine BFH-Entscheidung anwenden können, soll so möglichst kurz gehalten werden[235]. Sollte ein Stpfl. dennoch auf die Anwendung einer BFH-Entscheidung vor deren Veröffentlichung auf der Homepage des BMF bestehen, wird die Finanzverwaltung dies ablehnen und den Steuerfall entweder offen halten oder nach der bisherigen Verwaltungsauffassung entscheiden[236].

5. *Rechtscharakter der Veröffentlichung durch das BMF*

Rechtliche Anordnungen können durch Gesetze, Durchführungsverordnungen[237], allgemeine Verwaltungsvorschriften[238], Erlasse und Verfügungen vorgenommen werden. Im Steuerrecht tritt ferner noch das Instrument des BMF-Schreibens[239] hinzu. Dieses ist ein Instrument rechtlicher Anordnungen sui generis[240], das in anderen Rechtsgebieten nicht bekannt ist und das nur aus der Historie der bundesrepublikanischen Finanzverwaltung und deren Aufbau auf Basis des Art. 108 GG erklärbar ist. In der Hierarchie der rechtlichen Anordnungen ist es unterhalb einer allgemeinen Verwaltungsvorschrift und oberhalb eines Erlasses einzuordnen.

Die Frage nach der Rechtsnatur der BMF-Schreiben ist Diskussionsgegenstand in der steuerrechtlichen Literatur. Die *Bundesregierung* sieht in einem BMF-Schreiben eine allgemeine Weisung i. S. d. Art. 108 Abs. 3 Satz 2, 85 Abs. 3 GG, welche den Willen der obersten Finanzbehörden des Bundes und der Länder wiedergebe und von der Finanzverwaltung im Steuervollzug zu beachten sei[241]. Damit sei der Rechtscharakter von BMF-Schreiben und allgemeinen Verwaltungsvorschriften vergleichbar[242]. *Orlopp* sieht in einem BMF-Schreiben ein faktischen Steuerungs- bzw. Koordinierungsakt und keine allgemeine

---

235 OFD Magdeburg, Vfg. vom 23. 08. 2004, FG 2022-5-St 251, AO-Kartei ST § 110 FGO Karte 2 und juris.

236 OFD Magdeburg, Vfg. vom 23. 08. 2004, FG 2022-5-St 251, AO-Kartei ST § 110 FGO Karte 2 und juris; Bayerisches Landesamt für Steuern, Vfg. vom 11. 11. 2011, S 0220.1.1-1/1 St 42, AO-Kartei BY § 85 AO Karte 1 und juris.

237 Dies sind die sog. Rechtsverordnungen i. S. d. Art. 80 GG.

238 Dies sind die sog. Richtlinien i. S. d. Art. 108 Abs. 7 GG.

239 Vgl. dazu näher Nose, Die Schreiben des Bundesministers der Finanzen (BMF-Schreiben).

240 So auch Manke, DStZ 2002, 70 (72).

241 BT-Drs. 14/6716, 1 f. Diese Rechtsauffassung anzweifelnd: Manke, DStZ 2002, 70 (71).

242 BT-Drs. 14/6716, 4.

Weisung[243]. Ähnliches gilt für *Nose*, die ein BMF-Schreiben als informelles Verwaltungshandeln qualifiziert[244]. *Seer* und *Schmitt* sehen in einem BMF-Schreiben keine allgemeine Weisung[245]. Vielmehr seien diese mehrseitig-konsensuale Instrumente zwischen Bund und Ländern zur Steuerung des Gesetzesvollzugs. Auch *Desens* sieht in einem BMF-Schreiben keine allgemeine Weisung[246]. Sie seien eine unverbindliche Maßnahme eines informellen Verwaltungshandelns, denen aufgrund freiwilliger Befolgung durch Kooperation und Akzeptanz in der Verwaltungspraxis eine große Bedeutung zukomme. Die Frage nach der Rechtsnatur der BMF-Schreiben ist letztlich akademisch und bedarf für die weitere Betrachtung keiner Entscheidung. Entscheidend ist vielmehr, dass die Finanzverwaltung den Ausführungen in einem BMF-Schreiben Folge leistet und diese damit als verbindlich anerkennt.

Mit der Veröffentlichung einer BFH-Entscheidung im BStBl II ordnet das BMF die allgemeine Anwendung der jeweiligen BFH-Entscheidung durch die Finanzverwaltung über den entschiedenen Einzelfall hinaus an. Jede Veröffentlichung einer BFH-Entscheidung im BStBl II ist daher als ein selbstständiges BMF-Schreiben zu qualifizieren, auch wenn das Wort „BMF-Schreiben" im Kontext der Veröffentlichungen von BFH-Entscheidungen im BStBl II an keiner Stelle erwähnt wird. Damit enthält jedes BStBl II mehrere BMF-Schreiben in Gestalt der jeweils veröffentlichten BFH-Entscheidungen. Die Leitsätze der BFH-Entscheidungen bilden hierbei den Regelungsgegenstand dieser BMF-Schreiben. Der Sachverhalt und die Entscheidungsgründe der jeweiligen BFH-Entscheidung dienen der Begründung des BMF-Schreibens. Eine einmal erfolgte Veröffentlichung der BFH-Entscheidung im BStBl II wird weder rückgängig gemacht, noch aufgehoben. Dadurch sind Kollisionen dergestalt möglich, dass die Leitsätze verschiedener, im BStBl II veröffentlichter BFH-Entscheidungen einander widersprechen. Diese Kollision ist entsprechend dem Grundsatz „lex posterior derogat legi priori" aufzulösen[247]. Die Qualifizierung als BMF-Schreiben ist

243 Orlopp, FS Klein, 597 (606 f.).

244 Nose, Die Schreiben des Bundesministers der Finanzen, 69.

245 Seer, Bonner Kommentar, Art. 108 GG Rn. 121, 151. Lfg. Apr. 2011; Schmitt, DStJG 31 (2008), 99 (116 f.).

246 Desens, Bindung der Finanzverwaltung an die Rechtsprechung, 39 ff.

247 Ebenso ist nach Auffassung der Finanzverwaltung zu verfahren, wenn der Rechtssatz einer im BStBl II veröffentlichten BFH-Entscheidung im Widerspruch zu einer vor der Veröffentlichung der BFH-Entscheidung im BStBl II ergangenen Verwaltungsanweisung steht. Auch hier ist der BFH-Entscheidung zu folgen, ohne dass eine formelle Aufhebung der überholten Verwaltungsanweisung notwendig ist. Vgl. FinMin. NRW, Erlass vom 01. 05. 2005, S 0100, AO-Kartei NW vor § 1 AO Karte 802 und juris; OFD

damit begründet, dass ein Gesetz und eine Durchführungsverordnung aufgrund der formalen Anforderungen, die bei ihrem Erlass zu beachten sind, offensichtlich ausscheiden. Selbiges gilt für eine Richtlinie als allgemeine Verwaltungsvorschrift, da die Entscheidung über die Veröffentlichung einer BFH-Entscheidung im BStBl II mangels Beteiligung der Bundesregierung und des Bundesrates nicht den Formvorschriften des Art. 108 Abs. 7 GG genügt. Erlasse können das BMF und die obersten Finanzbehörden der Länder – letztere ggf. auch gemeinsam als sog. „Gleichlautender Ländererlass" – aussprechen. Mit einem Erlass binden sie die ihnen nachgeordneten Behörden (OFDen, Landes- und Finanzämter). Ein Erlass ist vorliegend zu verneinen, weil das BMF und die obersten Finanzbehörden der Länder gemeinsam über die Veröffentlichung einer BFH-Entscheidung im BStBl II befinden. Eine solche gemeinsame Entscheidungsfindung als Ausprägung des „kooperativen Föderalismus"[248] widerspricht dem Charakter eines Erlasses, bei dem das BMF oder die obersten Finanzbehörden – letztere ggf. auch gemeinsam als sog. „Gleichlautender Ländererlass" – jeweils allein eine Anordnung für den ihnen nachgeordneten Bereich treffen. Verfügungen werden in der Regel von den OFDen ausgesprochen und scheiden damit ebenfalls aus. Die OFDen binden durch Verfügungen die ihnen nachgeordneten Behörden[249].

6. *Bindungswirkung der Veröffentlichung durch das BMF*

Die Bindungswirkung der Veröffentlichung durch das BMF im BStBl II wird durch die Finanzverwaltung in einer Reihe von Verlautbarungen des BMF[250], dem BMF nachgeordneten Behörden[251], der obersten Finanzbehörden der

Magdeburg, Vfg. vom 23. 08. 2004, FG 2022-5-St 251, AO-Kartei ST § 110 FGO Karte 2 und juris; OFD Karlsruhe, Vfg. vom 01. 01. 2005, FG 2022, AO-Kartei BW § 110 Karte 2 und juris; OFD Hannover, Vfg. vom 26. 10. 2007, S 0069-1-StO 143, AO-Kartei ND Anhang F Karte 1 und juris; Bayerisches Landesamt für Steuern, Vfg. vom 11. 11. 2011, S 0220.1.1-1/1 St 42, AO-Kartei BY § 85 AO Karte 1 und juris; OFD Frankfurt am Main, Rdvfg. vom 31. 03. 2014, FG 2029 A – 4 – St 21, juris.

248 Seer, FS Ruppe, 533 (535, 546 und 549); ders., T/K, § 21a FVG Rn. 3, 122. Lfg. Jan. 2010; ders., Bonner Kommentar, Art. 108 GG Rn. 117 ff., 151. Lfg. Apr. 2011; ders., T/L, 22. Aufl., § 21 Rn. 36.

249 Dies sind die Finanzämter.

250 Vorwort zum Amtlichen Lohnsteuer-Handbuch 2016 (LStH 2016); Vorwort zum Amtlichen Einkommensteuer-Handbuch 2015 (EStH 2015); Vorwort zum Amtlichen Gewerbesteuer-Handbuch 2009 (GewStH 2009); Vorwort zum Amtlichen Erbschaftsteuer-Handbuch 2013 (ErbStH 2013).

251 Bundesamt für Finanzen vom 15. 03. 2002, – St I 4 – S 2280 – 101/2001 -, BStBl I 2002, 366 (367).

Länder[252] oder deren nachgeordneten Behörden[253] normiert. Diese unterscheiden sich im Kern nur in Nuancen. Vorschriften im Gesetz oder in einer Rechtsverordnung zur Veröffentlichung von BFH-Entscheidungen durch die Finanzverwaltung und die sich aus dieser Veröffentlichung ergebende Bindungswirkung existieren nicht.

Mit der Veröffentlichung einer BFH-Entscheidung im BStBl II und vorgehend auf der Homepage des BMF ordnet die Finanzverwaltung die verbindliche Anwendung der BFH-Entscheidungen durch die Finanzämter an, soweit kein Nichtanwendungserlass ergangen ist[254]. Mit Blick auf § 165 AO gilt für diesem Fall § 165 Abs. 2 Satz 3 AO. Die Veröffentlichung einer BFH-Entscheidung im BStBl II und vorgehend auf der Homepage des BMF bewirkt damit eine Inkorporierung der Rechtsauffassung des BFH in die Rechtsauffassung der Finanzverwaltung und hat zur Folge, dass die Finanzverwaltung u. U. ihre eigenen Verwaltungsanweisungen entsprechend anpassen muss und wird. Ein Nichtanwendungserlass wird im BStBl I, im Regelfall zeitgleich mit der

---

252 FinMin. NRW, Erlass vom 01. 05. 2005, S 0100, AO-Kartei NW vor § 1 AO Karte 802 und juris.

253 OFD Magdeburg, Vfg. vom 23. 08. 2004, FG 2022-5-St 251, AO-Kartei ST § 110 FGO Karte 2 und juris; OFD Karlsruhe, Vfg. vom 01. 01. 2005, FG 2022, AO-Kartei BW § 110 Karte 2 und juris; OFD Karlsruhe, Vfg. vom 14. 01. 2005, FG 2032/1 A – St 332, DStR 2005, 333; OFD Hannover, Vfg. vom 26. 10. 2007, S 0069-1-StO 143, AO-Kartei ND Anhang F Karte 1 und juris; Bayerisches Landesamt für Steuern, Vfg. vom 11. 11. 2011, S 0220.1.1-1/1 St 42, AO-Kartei BY § 85 AO Karte 1 und juris; OFD Frankfurt am Main, Rdvfg. vom 31. 03. 2014, FG 2029 A – 4 – St 21, juris.

254 Vorwort zum Amtlichen Lohnsteuer-Handbuch 2016 (LStH 2016); Vorwort zum Amtlichen Einkommensteuer-Handbuch 2015 (EStH 2015); Vorwort zum Amtlichen Gewerbesteuer-Handbuch 2009 (GewStH 2009); Vorwort zum Amtlichen Erbschaftsteuer-Handbuch 2013 (ErbStH 2013); Bundesamt für Finanzen vom 15. 03. 2002, – St I 4 – S 2280 – 101/2001 -, BStBl I 2002, 366 (367). Das Bundesamt für Finanzen weist daraufhin, dass bei Widersprüchen zu seiner Dienstanweisung des Familienleistungsausgleichs die in der BFH-Entscheidung vertretene Rechtsauffassung anzuwenden ist. Ferner: FinMin. NRW, Erlass vom 01. 05. 2005, S 0100, AO-Kartei NW vor § 1 AO Karte 802 und juris; OFD Magdeburg, Vfg. vom 23. 08. 2004, FG 2022-5-St 251, AO-Kartei ST § 110 FGO Karte 2 und juris; OFD Karlsruhe, Vfg. vom 01. 01. 2005, FG 2022, AO-Kartei BW § 110 Karte 2 und juris; OFD Karlsruhe, Vfg. vom 14. 01. 2005, FG 2032/1 A – St 332, DStR 2005, 333; OFD Hannover, Vfg. vom 26. 10. 2007, S 0069-1-StO 143, AO-Kartei ND Anhang F Karte 1 und juris; Bayerisches Landesamt für Steuern, Vfg. vom 11. 11. 2011, S 0220.1.1-1/1 St 42, AO-Kartei BY § 85 AO Karte 1 und juris; OFD Frankfurt am Main, Rdvfg. vom 31. 03. 2014, FG 2029 A – 4 – St 21, juris.

Veröffentlichung der BFH-Entscheidung im BStBl II, veröffentlicht[255]. In diesem Fall erfolgt keine Veröffentlichung der BFH-Entscheidung auf der Homepage des BMF. Durch die zeitgleiche Veröffentlichung des Nichtanwendungserlasses im BStBl I und der BFH-Entscheidung im BStBl II wird die Finanzverwaltung in die Lage versetzt, dem Nichtanwendungserlass tatsächlich nachkommen zu können. Mit Blick auf § 165 AO gilt für diesem Fall § 165 Abs. 2 Satz 2 AO. Aus Gründen der Transparenz ist es sinnvoll, bei der Veröffentlichung der mit einem Nichtanwendungserlass im BStBl I belegten BFH-Entscheidung im BStBl II auf diesen Nichtanwendungserlass hinzuweisen[256].

Der Anordnung zur Anwendung der BFH-Entscheidung kommt jedoch nicht die Wirkung eines Persilscheins zu, da eine Prüfung hinsichtlich der Anwendung einer BFH-Entscheidung durch die Finanzverwaltung „z. B." erforderlich sein kann, wenn 1. neue rechtliche Gesichtspunkte auftreten oder 2. neue Rechtserkenntnisse eine andere Beurteilung der entschiedenen Rechtsfrage rechtfertigen können oder 3. die Entscheidung schon lange zurückliegt und an ihr wiederholt Kritik geübt worden ist[257]. Diese Kritik muss nach Auffassung der

---

255 FinMin. NRW, Erlass vom 01. 05. 2005, S 0100, AO-Kartei NW vor § 1 AO Karte 802 und juris; OFD Magdeburg, Vfg. vom 23. 08. 2004, FG 2022-5-St 251, AO-Kartei ST § 110 FGO Karte 2 und juris; OFD Karlsruhe, Vfg. vom 01. 01. 2005, FG 2022, AO-Kartei BW § 110 Karte 2 und juris; OFD Hannover, Vfg. vom 26. 10. 2007, S 0069-1-StO 143, AO-Kartei ND Anhang F Karte 1 und juris; Bayerisches Landesamt für Steuern, Vfg. vom 11. 11. 2011, S 0220.1.1-1/1 St 42, AO-Kartei BY § 85 AO Karte 1 und juris; OFD Frankfurt am Main, Rdvfg. vom 31. 03. 2014, FG 2029 A – 4 – St 21, juris.

256 So auch OFD Hannover, Vfg. vom 26. 10. 2007, S 0069-1-StO 143, AO-Kartei ND Anhang F Karte 1 und juris. Beispiele für ein solches Vorgehen sind u. a.: BFH vom 29. 01. 2009, V R 67/07, BStBl II 2009, 1029 mit Hinweis auf BMF vom 01. 12. 2009, IV B 8 – S 7105/09/10003 -/- 2009/0793833, BStBl I 2009, 1609; BFH vom 27. 05. 2009, I R 86/07, BStBl II 2010, 120 mit Hinweis auf BMF vom 07. 01. 2010, IV C 3 – S 2411/07/10013 -/- 2010/0008172, BStBl I 2010, 44; BFH vom 04. 03. 2009, I R 1/08, BStBl II 2010, 407 mit Hinweis auf BMF vom 20. 04. 2010, IV C 2 – S 2770/08/10006 -/- 2010/0216002, BStBl I 2010, 372; BFH vom 15. 01. 2009, V R 9/06, BStBl II 2010, 433 mit Hinweis auf BMF vom 04. 05. 2010, IV D 2 – S 7100/08/10011:009 -/- 2010/0323351, BStBl I 2010, 490; BFH vom 12. 12. 2012, I R 27/12, BStBl II 2013, 682 mit Hinweis auf BMF vom 12. 09. 2013, IV C 1 – S 2252/07/0002:010 2013/0845629, BStBl I 2013, 1167; BFH vom 28. 08. 2014, V R 7/14, BStBl II 2015, 682 mit Hinweis auf BMF vom 28. 07. 2015, III C 3 – S 7279/14/10003 2015/0593552, BStBl I 2015, 623.

257 OFD Magdeburg, Vfg. vom 23. 08. 2004, FG 2022-5-St 251, AO-Kartei ST § 110 FGO Karte 2 und juris; OFD Karlsruhe, Vfg. vom 01. 01. 2005, FG 2022, AO-Kartei BW § 110 Karte 2 und juris; OFD Hannover, Vfg. vom 26. 10. 2007, S 0069-1-StO 143,

OFD Magdeburg im Unterschied zu den anderen Vfg.[258] zusätzlich auch „substantiiert“ sein[259]. Die vorgenannte Aufzählung ist nicht abschließend, wie sich aus den Wörtern „z. B.“ ergibt. Die Finanzverwaltung behält sich hierdurch, über den Anwendungsvorbehalt der vorgenannten Punkte hinaus, eine Hintertür offen, um die Rechtsprechung des BFH trotz Veröffentlichung im BStBl II nicht über den entschiedenen Einzelfall hinaus anwenden zu müssen, wenn sich Gründe finden, die ein solches Vorgehen rechtfertigen.

Steht der Rechtssatz einer im BStBl II veröffentlichten BFH-Entscheidung im Widerspruch zu einer vor der Veröffentlichung der BFH-Entscheidung im BStBl II ergangenen Verwaltungsanweisung, ist der BFH-Entscheidung zu folgen, ohne dass eine formelle Aufhebung der ergangenen Verwaltungsanweisung notwendig ist[260]. Auch wenn dieses Verfahren rechtlich nicht zu bestanden ist, wäre es aus Gründen der Transparenz gleichwohl zu begrüßen, wenn die durch die Veröffentlichung der BFH-Entscheidung gleichsam „überschriebene“ Verwaltungsanweisung zeitnah aufgehoben werden würde.

Nicht im BStBl II veröffentlichte BFH-Entscheidungen haben grds. keine über den entschiedenen Einzelfall hinausgehende Bedeutung und werden von der Finanzverwaltung nicht allgemein angewendet[261]. Wenn nicht im BStBl II

AO-Kartei ND Anhang F Karte 1 und juris; OFD Frankfurt am Main, Rdvfg. vom 31. 03. 2014, FG 2029 A – 4 – St 21, juris.

258 OFD Karlsruhe, Vfg. vom 01. 01. 2005, FG 2022, AO-Kartei BW § 110 Karte 2 und juris; OFD Hannover, Vfg. vom 26. 10. 2007, S 0069-1-StO 143, AO-Kartei ND Anhang F Karte 1 und juris; OFD Frankfurt am Main, Rdvfg. vom 31. 03. 2014, FG 2029 A – 4 – St 21, juris.

259 OFD Magdeburg, Vfg. vom 23. 08. 2004, FG 2022-5-St 251, AO-Kartei ST § 110 FGO Karte 2 und juris.

260 FinMin. NRW, Erlass vom 01. 05. 2005, S 0100, AO-Kartei NW vor § 1 AO Karte 802 und juris; OFD Magdeburg, Vfg. vom 23. 08. 2004, FG 2022-5-St 251, AO-Kartei ST § 110 FGO Karte 2 und juris; OFD Karlsruhe, Vfg. vom 01. 01. 2005, FG 2022, AO-Kartei BW § 110 Karte 2 und juris; OFD Hannover, Vfg. vom 26. 10. 2007, S 0069-1-StO 143, AO-Kartei ND Anhang F Karte 1 und juris; Bayerisches Landesamt für Steuern, Vfg. vom 11. 11. 2011, S 0220.1.1-1/1 St 42, AO-Kartei BY § 85 AO Karte 1 und juris; OFD Frankfurt am Main, Rdvfg. vom 31. 03. 2014, FG 2029 A – 4 – St 21, juris.

261 FinMin. NRW, Erlass vom 01. 05. 2005, S 0100, AO-Kartei NW vor § 1 AO Karte 802 und juris; OFD Magdeburg, Vfg. vom 23. 08. 2004, FG 2022-5-St 251, AO-Kartei ST § 110 FGO Karte 2 und juris; OFD Karlsruhe, Vfg. vom 01. 01. 2005, FG 2022, AO-Kartei BW § 110 Karte 2 und juris; OFD Hannover, Vfg. vom 26. 10. 2007, S 0069-1-StO 143, AO-Kartei ND Anhang F Karte 1 und juris; Bayerisches Landesamt für Steuern, Vfg. vom 11. 11. 2011, S 0220.1.1-1/1 St 42, AO-Kartei BY § 85 AO Karte

veröffentlichte BFH-Entscheidungen aber weder im Widerspruch zu im BStBl II veröffentlichten BFH-Entscheidungen, noch zu Verwaltungsanweisungen stehen, können sie von der Finanzverwaltung auf vergleichbare Sachverhalte angewendet werden[262]. Diese Ausführungen sind nur vor dem Hintergrund erklärbar, dass für die Finanzverwaltung kein Zwang besteht, alle in BFHE veröffentlichten Entscheidungen des BFH entweder im BStBl II zu veröffentlichen oder mit einem Nichtanwendungserlass zu belegen. Damit kann es in BFHE veröffentlichte BFH-Entscheidungen geben, zu denen die Finanzverwaltung faktisch keine Entscheidung über die allgemeine Anwendung getroffen hat. Diese „Veröffentlichungslücke“[263] besteht, da für den Stpfl. nicht ohne weiteren Ermittlungsaufwand klar ist, ob die nicht im BStBl II veröffentlichte BFH-Entscheidung im Widerspruch zu einer anderen im BStBl II veröffentlichten BFH-Entscheidung oder einer Verwaltungsanweisung steht. Dieses Verhalten der Finanzverwaltung ist zu kritisieren, da es für den Stpfl. keine Rechtsanwendungsklarheit schafft. Im Sinne der Transparenz und einer möglichst einfachen Rechtsanwendung wäre es daher zu begrüßen, wenn das BMF bei jeder BFH-Entscheidung ausführt, ob es eine BFH-Entscheidung über den entschiedenen Einzelfall hinaus anwendet oder nicht.

Welche BFH-Entscheidungen das BMF im BStBl II veröffentlichen wird, kündigt es bereits vorher im Internet auf seiner Homepage[264] an[265]. Die Finanzverwaltung ist gehalten, Entscheidungen des BFH bereits dann allgemein anzuwenden, wenn diese auf der Homepage des BMF veröffentlicht worden sind[266].

---

1 und juris; OFD Frankfurt am Main, Rdvfg. vom 31. 03. 2014, FG 2029 A – 4 – St 21, juris.

262 Vorwort zum Amtlichen Gewerbesteuer-Handbuch 2009 (GewStH 2009); FinMin. NRW, Erlass vom 01. 05. 2005, S 0100, AO-Kartei NW vor § 1 AO Karte 802 und juris; OFD Magdeburg, Vfg. vom 23. 08. 2004, FG 2022-5-St 251, AO-Kartei ST § 110 FGO Karte 2 und juris; OFD Karlsruhe, Vfg. vom 01. 01. 2005, FG 2022, AO-Kartei BW § 110 Karte 2 und juris; OFD Hannover, Vfg. vom 26. 10. 2007, S 0069-1-StO 143, AO-Kartei ND Anhang F Karte 1 und juris; Bayerisches Landesamt für Steuern, Vfg. vom 11. 11. 2011, S 0220.1.1-1/1 St 42, AO-Kartei BY § 85 AO Karte 1 und juris; OFD Frankfurt am Main, Rdvfg. vom 31. 03. 2014, FG 2029 A – 4 – St 21, juris.

263 Vgl. dazu als Nachweis die tabellarische Auswertung bei Desens, Bindung der Finanzverwaltung an die Rechtsprechung, 59 f.

264 http://www.bundesfinanzministerium.de/Web/DE/Service/Publikationen/BFH_Entscheidungen/bfh_entscheidungen.html; zuletzt aufgerufen am 31. 03. 2016.

265 Siehe 1. Teil D. III. 2.

266 FinMin. NRW, Erlass vom 01. 05. 2005, S 0100, AO-Kartei NW vor § 1 AO Karte 802 und juris; OFD Magdeburg, Vfg. vom 23. 08. 2004, FG 2022-5-St 251, AO-Kartei ST § 110 FGO Karte 2 und juris; OFD Karlsruhe, Vfg. vom 01. 01. 2005, FG 2022,

Damit muss die Finanzverwaltung nicht mehr die Veröffentlichung des gedruckten BStBl II abwarten. Dieser Schritt ist im heutigen digitalen Informationszeitalter konsequent und hat im Vergleich zum Abwarten des Erscheinens des BStBl II eine verfahrensbeschleunigende Wirkung, die zu begrüßen ist.

Aus dem Vergleich der Veröffentlichung von BFH-Entscheidungen durch den BFH und durch die Finanzverwaltung folgt, dass die Veröffentlichung von BFH-Entscheidungen in der amtlichen Sammlung BFHE keine Veröffentlichung ist, aufgrund derer die Finanzverwaltung die Rechtsprechung des BFH über den entschiedenen Einzelfall hinaus allgemein anwendet[267]. Aufgrund der großen Verbreitung des BStBl II und der Bindungswirkung, die eine Veröffentlichung im BStBl II für die Finanzverwaltung bewirkt, ist das BStBl II in der Praxis hinsichtlich der Nutzung und Zitierung die wichtigste Entscheidungssammlung für Entscheidungen des BFH. Der Zeitschrift BFHE kommt vor diesem Hintergrund keine so große Bedeutung zu.

7. Abschließende Bemerkung

Im Bereich der Veröffentlichung von Entscheidungen der aus BVerwG, BSG und BFH bestehenden öffentlichen Gerichtsbarkeit nimmt das BStBl II eine Sonderrolle ein. Für die Sozialverwaltung existiert kein vergleichbares Instrumentarium mit dem das BMAS in Abstimmung mit den Ländern Entscheidungen des BSG verbindlich mit einer vergleichbaren Breitenwirkung ausstattet, wie es das BMF nach Konsultation mit den obersten Finanzbehörden der Länder mit dem BStBl II für die Finanzverwaltung tut. Für die Entscheidungen des BVerwG gilt mit Blick auf die allgemeine Verwaltung selbiges wie für die Entscheidungen des BSG.

IV. Veröffentlichung durch die Bundesländer

Die Bundesländer haben eigene Veröffentlichungsorgane. Dies sind zum einen die Gesetz- und Verordnungsblätter, in denen Gesetze und Verordnungen des jeweiligen Bundeslandes veröffentlicht werden. Zum anderen sind dies die Amtsblätter, Ministerialblätter oder Staatsanzeiger, in denen Richtlinien, Erlasse und sonstige Bekanntmachungen veröffentlicht werden. Eine Veröffentlichung

---

AO-Kartei BW § 110 Karte 2 und juris; OFD Karlsruhe, Vfg. vom 14. 01. 2005, FG 2032/1 A – St 332, DStR 2005, 333; OFD Hannover, Vfg. vom 26. 10. 2007, S 0069-1-StO 143, AO-Kartei ND Anhang F Karte 1 und juris; OFD Frankfurt am Main, Rdvfg. vom 31. 03. 2014, FG 2029 A – 4 – St 21, juris.

267 Jörißen. SteuStud 2008, 81 (82).

von BFH-Entscheidungen erfolgt in keinem dieser Veröffentlichungsorgane. Die Notwendigkeit einer solchen Veröffentlichung besteht jedoch auch nicht, da die Veröffentlichung durch das BMF im BStBl II eine abschließende Geltung für die Finanzverwaltung der Länder besitzt und unter ihrer Beteiligung zustande gekommen ist.

V. Veröffentlichung durch andere Medien

Neben der Veröffentlichung durch den BFH und das BMF werden Entscheidungen des BFH auch in einer Vielzahl anderer Medien veröffentlicht. Hierzu zählen Zeitschriften, das Internet und Datenbanken. Diesen anderen Medien ist gemein, dass die Herausgeberschaft und redaktionelle Verantwortung nicht der staatlichen, sondern der privaten Ebene zuzuordnen ist. Darüber hinaus bieten diese Veröffentlichungen keine Vollständigkeit im Sinne einer Veröffentlichung der gesamten Rechtsprechung des BFH, wie es bei den verschiedenen Veröffentlichungsorganen des BFH der Fall ist.

1. In Zeitschriften

Urteile und Beschlüsse des BFH werden in vielen weiteren Publikationen veröffentlicht, bei denen Richter des BFH oftmals auch zum Kreis der Herausgeber dieser Publikationen gehören. Es sind Publikationen mit steuerrechtlichem Schwerpunkt und Publikationen, in denen steuerrechtliche Aspekte lediglich eine Nebenrolle spielen, zu unterscheiden. Innerhalb der Gruppe der steuerrechtlichen Publikationen finden sich solche, die ausschließlich die Rechtsprechung des BFH und die Rechtsprechung anderer Gerichte mit steuerrechtlichen Bezug enthalten. Des weiteren gibt es Zeitschriften, die neben fachlichen Beiträgen und Praxisfällen die BFH-Entscheidungen in Gänze wiedergeben. Daneben existieren Zeitschriften, die neben fachlichen Beiträgen die BFH-Entscheidungen nur auszugsweise und oftmals reduziert auf die vom BFH gebildeten Leitsätze benennen. Zusätzliche Überschriften und Kommentare helfen in vielen Fällen, die Entscheidungen des BFH schneller zu erschließen. Ziel der Veröffentlichung in den anderen Medien ist nicht die lückenlose Dokumentation der BFH-Rechtsprechung, sondern eine stärker an Informationsgesichtspunkten ausgerichtete Auswahl von besonders interessanten BFH-Entscheidungen. Die Entscheidung über die Auswahl der zu veröffentlichenden BFH-Entscheidungen liegt bei der Redaktion der jeweiligen Fachzeitschrift. In zeitlicher Dimension erfolgt die Veröffentlichung in den Fachzeitschriften oftmals schneller, als die Veröffentlichung in BFHE, BFH/NV oder dem BStBl II. Nachfolgend wird das Publikationsverhalten von BFH-Entscheidungen in Fachzeitschriften systematisch vorgestellt.

a) Zeitschriften mit steuerrechtlichem Schwerpunkt

aa) Zeitschriften mit ausschließlicher Wiedergabe von Rechtsprechung

Die monatlich erscheinende Zeitschrift „Der Betrieb Steuerrechtsprechung kompakt“ (DB StRkom) gibt Entscheidungen des BFH mit ihren Leitsätzen und der komprimierten Wiedergabe des Sachverhalts und der Entscheidungsgründe wieder. Die Entscheidungen werden hinsichtlich ihrer Bedeutung für die Praxis kommentiert und ein Verweis auf den Volltext der Entscheidung in der Datenbank von „Der Betrieb“ gegeben. Die halbmonatlich erscheinende Zeitschrift „Deutsches Steuerrecht Entscheidungsdienst“ (DStRE) besteht allein aus der Wiedergabe von Entscheidungen zum Steuerrecht verschiedenster Gerichte. Die veröffentlichten Entscheidungen des BFH werden hier in Gänze redaktionell aufbereitet wiedergegeben und sind in Teilen um Anmerkungen ergänzt. Die monatlich erscheinende Zeitschrift „Höchstrichterliche Finanzrechtsprechung“ (HFR)[268] enthält sämtliche vom BFH zur amtlichen Veröffentlichung vorgesehenen Entscheidungen, ferner ausgewählte nicht zur amtlichen Veröffentlichung vorgesehene BFH-Entscheidungen sowie einen Bericht über alle vom BFH erledigten Verfahren, deren Vorentscheidung durch die Finanzgerichte in der Zeitschrift „Entscheidungen der Finanzgerichte“ (EFG) veröffentlicht worden sind. Die in der HFR wiedergegebenen BFH-Entscheidungen werden zum Teil nicht im Volltext wiedergegeben. Sie werden mit Anmerkungen ergänzt. Die halbmonatlich erscheinende „Zeitschrift für Steuern und Recht“ (ZSteu) enthält BFH-Entscheidungen im Volltext. Eine redaktionelle Bearbeitung der Entscheidungen erfolgt nicht.

bb) Zeitschriften mit vollständiger Publizierung von BFH-Entscheidungen

Zu den Zeitschriften, die BFH-Entscheidungen vollständig publizieren, gehört die wöchentlich erscheinende Zeitschrift „Deutsches Steuerrecht“ (DStR). Die dort veröffentlichten Entscheidungen werden redaktionell aufbereitet. So erhalten die einzelnen Randnummern der BFH-Entscheidungen Überschriften, die helfen die Entscheidung leichter zu erschließen. Selbiges gilt für die halbmonatlich erscheinende „Finanzrundschau“ (FR), in der oftmals die Entscheidungen auch noch kommentiert werden. Die halbmonatlich erscheinende Zeitschrift „Internationales Steuerrecht“ (IStR) enthält redaktionell aufbereitete BFH-Entscheidungen im Volltext. Zum Teil werden diese ergänzt um Entscheidungsanmerkungen. Die Zeitschrift „Mehrwertsteuerrecht“ (MwStR) veröffentlicht

268 Zur Zeitschrift HFR: Ackermann, FS 75 Jahre RFH – BFH, 411 (420 f.).

BFH-Entscheidungen im Volltext. Die Zeitschrift erscheint halbmonatlich und eingefügte Zwischenüberschriften ermöglichen einen schnellen Überblick über die Entscheidungen, die in der Regel kommentiert werden. Die halbmonatlich erscheinende „Umsatzsteuer-Rundschau" (UR) bereitet die im Volltext veröffentlichten BFH-Entscheidungen redaktionell auf, um dem Leser ein schnelleres erschließen der BFH-Entscheidung zu ermöglichen. In manchen Fällen sind die Entscheidungen kommentiert.

cc) Zeitschriften mit auszugsweiser Publizierung von BFH-Entscheidungen

Der monatlich erscheinende „AO-Steuer-Berater" (AO-StB) stellt Entscheidungen des BFH nur mit Nennung der der Entscheidung zugrunde liegenden Rechtsfrage, der Lösung des BFH und den Konsequenzen der Entscheidung für die Praxis vor. In der halbmonatlich erscheinenden „Deutschen Steuer-Zeitung" (DStZ) werden BFH-Entscheidungen nicht mit ihrem Text veröffentlicht, sondern kurz mit ihren Leitsätzen vorgestellt. Ähnlich verfährt der monatlich erscheinende „Ertrag-Steuer-Berater" (EStB), der die rechtliche Fragestellung des durch den BFH entschiedenen Falles mitsamt der Lösung des BFH darstellt und die Konsequenzen der BFH-Entscheidung für die Praxis aufzeigt. Genauso verfahren der ebenfalls monatlich erscheinende „Erbschaft-Steuer-Berater" (ErbStB) und der „GmbH-Steuer-Berater" (GmbH-StB). Die monatlich erscheinende „GmbH-Steuerpraxis" stellt ebenfalls nur kurz den Fall und die Entscheidung des BFH vor und zeigt die sich daraus ergebenen Konsequenzen auf. Zum Teil wird aber auch nur die Quintessenz der BFH-Entscheidungen genannt. Die bis 2007 halbmonatlich erscheinende „Information für Steuerberater und Wirtschaftsprüfer" (INF)[269] gab die Entscheidungen des BFH mit ihrem Leitsatz, einer kurzen Darstellung des Sachverhaltes, den Entscheidungsgründen und Praxishinweisen wieder. Die halbmonatlich erscheinenden „Internationale Wirtschaftsbriefe" (IWB) erhalten Hinweise auf BFH-Entscheidungen, die in der Datenbank des NWB-Verlags abgerufen werden können. In der Zeitschrift selbst wird nur die Entscheidung mit ihren wesentlichen Gründen kommentiert dargestellt. Der monatlich erscheinende „Kölner Steuerdialog" (KÖSDI) nennt allein das Ergebnis der BFH-Entscheidungen. Die wöchentlich erscheinenden „Neue Wirtschaftsbriefe" (NWB) geben die Entscheidungen des BFH nur in einer kurzen Zusammenfassung des Leitsatzes, ergänzt um kurze Anmerkungen

---

269 Die Zeitschrift „Information für Steuerberater und Wirtschaftsprüfer" (INF) wurde im Jahr 2007 umbenannt in die Zeitschrift „SteuerConsultant" (SteuerCon).

zur Entscheidung wieder. Die monatlich erscheinende Zeitschrift „Praxis Steuerstrafrecht" (PStR) gibt Entscheidungen des BFH wieder. Die Leitsätze, der Sachverhalt und die Entscheidungsgründe werden allerdings verkürzt wiedergegeben. Ergänzt wird die Wiedergabe der Entscheidung durch einen sog. „Praxishinweis". Die monatlich erscheinende Zeitschrift „Der Steuerberater" (StB) gibt zum einen Rechtsprechung des BFH in Leitsätzen wieder, zum anderen dadurch, dass er das Rechtsproblem der BFH-Entscheidung nennt, diese Entscheidung vorstellt und die sich aus dieser ergebenen Praxisfolgen aufzeigt. Die monatlich erscheinende Zeitschrift „Die steuerliche Betriebsprüfung" (StBp) bespricht Entscheidungen des BFH, die sie mit ihren Leitsätzen nennt und kommentiert. Monatlich erscheint „Die Steuerberatung" (Stbg). Diese gibt nur die Überschriften und Leitsätze von BFH-Entscheidungen ergänzt um Anmerkungen wieder. Die halbmonatlich erscheinende „Steuerberater Woche" (StBW) veröffentlicht nur die Kernaussagen von BFH-Entscheidungen und bildet dazu zum Teil eigene Leitsätze. Alle Entscheidungen enthalten einen „Beraterhinweis" und/oder werden kommentiert. Die monatlich erscheinende Zeitschrift „SteuerConsultant" (SteuerCon)[270] berichtet über die Rechtsprechung des BFH durch Nennung der Problematik des zur Entscheidung durch den BFH berufenen Falls, der Entscheidungsgründe und der sich aus der Entscheidung ergebenen Konsequenzen. Das halbmonatlich erscheinende „steuer-journal" (sj) verfährt genauso. Der wöchentlich erscheinende „Steuer-Eildienst" (StEd) gibt in einer Rubrik BFH-Entscheidungen nur mit dem Entscheidungstenor bzw. den Leitsätzen wieder. Die halbmonatlich erscheinende Zeitschrift „Steuerrecht kurzgefasst" (SteuK) gibt Entscheidungen des BFH mit ihren Leitsätzen, dem Sachverhalt, den Entscheidungsgründen und Hinweisen für die Praxis wieder. Die halbmonatlich erscheinende Zeitschrift „Unternehmensteuern und Bilanzen" (StuB) nennt allein den Leitsatz einer BFH-Entscheidung und gibt dazu kurze Praxishinweise. Die monatlich erscheinende „Steuerwarte" (StW) gibt Entscheidungen des BFH nur mit den Kernaussagen wieder. Weitere Erläuterungen erfolgen nicht. Genauso verfährt die monatlich erscheinende Zeitschrift „Die Unternehmensbesteuerung" (Ubg). Die monatliche erscheinende Zeitschrift „Der Umsatz-Steuer-Berater" (USt-StB) stellt das durch den BFH zu entscheidende Problem mitsamt der Lösung des BFH und den sich aus der Entscheidung für die Praxis ergebenen Konsequenzen vor. Die monatlich erscheinende Zeitschrift „Umsatzsteuer- und Verkehrsteuer-Recht" (UVR) veröffentlicht BFH-Entscheidungen lediglich mit

---

270 Die Zeitschrift „SteuerConsultant" (SteuerCon) ist im Jahr 2007 aus der Zeitschrift „Information für Steuerberater und Wirtschaftsprüfer" (INF) hervorgegangen.

ihren Leitsätzen und ordnet die Entscheidung in den rechtlichen Kontext ein. Die monatlich erscheinende „Zeitschrift für Wirtschafts- und Steuerstrafrecht“ (wistra) gibt Entscheidungen des BFH zum Teil ohne vollständige Leitsatzwiedergabe, zum Teil mit verkürzten Entscheidungsgründen und zum Teil lediglich mit den Leitsätzen wieder. In Auszügen werden BFH-Entscheidungen in der halbmonatlich erscheinenden Zeitschrift „Die Wirtschaftsprüfung“ (WPg) veröffentlicht. Die monatlich erscheinende „Zeitschrift für Kommunalfinanzen“ (ZKF) gibt BFH-Entscheidungen in Auszügen wieder. Selbiges gilt für die monatlich erscheinende „Zeitschrift für Zölle und Verbrauchsteuern“ (ZfZ).

b) Sonstige Zeitschriften

Bei den sonstigen Zeitschriften ist das Steuerrecht nur ein Randbereich des Themenspektrums. Schwerpunkte dieser Zeitschriften sind bspw. das Arbeitsrecht, das Erbrecht, das Gesellschaftsrecht, das Insolvenzrecht oder das Verwaltungsrecht.

aa) Zeitschriften mit ausschließlicher Wiedergabe von Rechtsprechung

Der halbmonatlich erscheinende „Neue Juristische Wochenschrift-Rechtsprechungs-Report Zivilrecht“ (NJW-RR) gibt Entscheidungen des BFH mit verkürztem Sachverhalt und in manchen Fällen auch mit verkürzten Entscheidungsgründen wieder. Die halbmonatlich erscheinende „Neue Zeitschrift für Verwaltungsrecht-Rechtsprechungs-Report Verwaltungsrecht“ (NVwZ-RR) gibt BFH-Entscheidungen ebenfalls zum Teil nur mit den Leitsätzen, zum Teil aber auch mit einer vollständigen Wiedergabe der Entscheidungsgründe und einem gekürzten Sachverhalt wieder.

bb) Zeitschriften mit vollständiger Publizierung von BFH-Entscheidungen

Zu den Zeitschriften, die BFH-Entscheidungen vollständig publizieren, gehört die wöchentlich erscheinende Zeitschrift „Betriebs-Berater“ (BB). Die monatliche erscheinende „Deutsche Zeitschrift für Wirtschafts- und Insolvenzrecht“ (DZWIR) gibt BFH-Entscheidungen ebenfalls vollständig wieder. Eine redaktionelle Bearbeitung der Entscheidungen erfolgt nicht. Die halbmonatlich erscheinende „GmbHRundschau“ (GmbHR) gibt die dort veröffentlichten BFH-Entscheidungen redaktionell aufbereitet wieder. So erhalten die einzelnen Randnummern der BFH-Entscheidungen Überschriften zur leichteren Erschließung der Entscheidung. Ferner werden die BFH-Entscheidungen zum Teil kommentiert. In Volltext und ohne redaktionelle Anmerkungen werden BFH-Entscheidungen in der monatlich erscheinenden Zeitschrift „Der Konzern“ veröffentlicht.

Die halbmonatlich erscheinende Zeitschrift „WM – Wertpapiermitteilungen – Zeitschrift für Wirtschafts- und Bankrecht“ (WM) gibt BFH-Entscheidungen vollständig wieder.

cc) Zeitschriften sowohl als Auch

Monatlich erscheint die „Neue Zeitschrift für Wirtschafts-, Steuer- und Unternehmensstrafrecht“ (NZWiSt). Diese enthält BFH-Entscheidungen zum Teil im Volltext und zum Teil mit einem gekürzten Sachverhalt. Eine redaktionelle Bearbeitung der BFH-Entscheidungen findet nicht statt. Die monatlich erscheinende Zeitschrift „Recht der Internationalen Wirtschaft“ (RIW) gibt BFH-Entscheidungen zum Teil in Gänze und ohne redaktionelle Anmerkungen wieder, zum Teil werden BFH-Entscheidungen aber auch nur mit ihren Leitsätzen abgedruckt. Die wöchentlich erscheinende „Zeitschrift für das gesamte Insolvenzrecht“ (ZinsO) veröffentlicht BFH-Entscheidungen zum ersten vollständig, zum zweiten mit der verkürzten Wiedergabe des Sachverhalts und zum dritten allein durch die Nennung der Leitsätze.

dd) Zeitschriften mit auszugsweiser Publizierung von BFH-Entscheidungen

Die halbmonatlich erscheinende Zeitschrift „Die Aktiengesellschaft“ (AG) veröffentlicht BFH-Entscheidungen, in denen sowohl der Sachverhalt als auch die Entscheidungsgründe gekürzt wiedergegeben werden. Wöchentlich erscheint „Der Betrieb“ (DB). Dieser gibt Entscheidungen des BFH gekürzt und redaktionell bearbeitet wieder und verweist auf seine Online-Datenbank, um die BFH-Entscheidungen im Volltext lesen zu können. Die halbmonatlich erscheinende „Europäische Zeitschrift für Wirtschaftsrecht“ (EuZW) gibt Entscheidungen des BFH zum einen nur mit den Leitsätzen und zum anderen nur in Auszügen wieder. Hierbei werden zum Teil die wiedergegebenen Leitsätze, Sachverhalte und Entscheidungsgründe gekürzt und den publizierten Entscheidungen einleitende Bemerkungen vorangestellt. Monatlich erscheinen die „Fachnachrichten des Instituts der Wirtschaftsprüfer“ (IDW). Diese enthalten BFH-Entscheidungen nur mit ihren Leitsätzen. Eine redaktionelle Bearbeitung erfolgt nicht. Die wöchentlich erscheinende „Neue Juristische Wochenschrift“ (NJW) gibt Entscheidungen des BFH mit einem verkürzten Sachverhalt und zum Teil auch mit verkürzten Entscheidungsgründen wieder. Manche Entscheidungen des BFH werden auch nur mit den Leitsätzen wiedergegeben. Die halbmonatlich erscheinende „Neue Zeitschrift für Verwaltungsrecht“ (NVwZ) veröffentlicht Entscheidungen des BFH zum Teil nur mit ihren Leitsätzen, zum Teil werden die Entscheidungen aber auch mit einer vollständigen Wiedergabe der Entscheidungsgründe und einem gekürzten Sachverhalt veröffentlicht. Die alle zwei Wochen erscheinende „Neue Zeitschrift für Arbeitsrecht" (NZA) veröffentlicht Entscheidungen des BFH nur mit ihren Leitsätzen. Die monatlich erscheinende „Neue Zeitschrift für Arbeitsrecht-Rechtsprechungs-Report Arbeitsrecht" (NZA-RR) gibt BFH-Entscheidungen mit einem verkürztem Sachverhalt und verkürzten Entscheidungsgründen wieder. Die dreimal im Monat erscheinende „Neue Zeitschrift für Gesellschaftsrecht" (NZG) publiziert Entscheidungen des BFH zum ersten nur mit den Leitsätzen, zum zweiten vollständig und zum dritten mit gekürzten Sachverhalten und Entscheidungsgründen. Die halbmonatlich erscheinende „Neue Zeitschrift für das Recht der Insolvenz und Sanierung" (NZI) veröffentlicht Entscheidungen des BFH mit einer verkürzten Wiedergabe des Sachverhaltes. Die Leitsätze und Entscheidungsgründe werden hingegen vollständig wiedergegeben. In manchen Fällen werden aber auch nur die Leitsätze der BFH-Entscheidung veröffentlicht. Die zweiwöchentlich erscheinende „Neue Zeitschrift für Miet- und Wohnungsrecht" (NZM) veröffentlicht Entscheidungen des BFH zum Teil nur mit ihren Leitsätzen und zum Teil mit einer bis auf den Sachverhalt vollständigen Wiedergabe der Entscheidung. Manchmal werden neben dem Sachverhalt auch die Entscheidungsgründe nicht in Gänze wiedergegeben. Die einmal im Monat erscheinende „Zeitschrift für Erbrecht- und Vermögensnachfolge" (ZEV) veröffentlicht Entscheidungen des BFH mit der Wiedergabe eines verkürzten Sachverhaltes. Die Entscheidungsgründe werden vollständig wiedergegeben. Redaktionell in die Entscheidungsgründe eingefügte Zwischenüberschriften helfen, den Inhalt der Entscheidung klarer zu gliedern und so schneller erschließen zu können. Manche Entscheidungen werden im Anschluss an ihre Wiedergabe noch kommentiert. Die wöchentlich erscheinende „Zeitschrift für Wirtschaftsrecht" (ZIP) veröffentlicht zum Teil die BFH-Entscheidungen nur mit ihren Leitsätzen, zum Teil werden die Entscheidungen des BFH bis auf einen verkürzten Sachverhalt auch vollständig wiedergegeben. Die monatlich erscheinende „Zeitschrift für Verbraucher- und Privat-Insolvenzrecht" (ZVI) veröffentlicht Entscheidungen des BFH zum Teil vollständig, zum Teil aber auch mit einem gekürzten Sachverhalt.

2. *Im Internet*

Im Internet werden BFH-Entscheidungen u. a. auf den Seiten des HAUFE-Verlags, bei DATEV, auf www.bfhurteile.de, www.dejure.org und www.rechtsindex.de veröffentlicht.

3. *In Datenbanken*

Datenbanken, in denen BFH-Entscheidungen veröffentlicht werden sind u. a. juris, beck-online aus dem C. H. Beck-Verlag, der LEXinform Datenbank von DATEV[271], der Datenbank „Der Betrieb" der Handelsblatt Fachmedien GmbH, die Datenbank des HAUFE-Verlags, die Datenbank des IWW Instituts für Wirtschaftspublizistik, die Datenbank des NWB-Verlags und die STOTAX-Datenbank von Stollfuß-Medien,

4. *Bindungswirkung der Veröffentlichung durch andere Medien*

Sämtlichen Veröffentlichungen von BFH-Entscheidungen in den vorgenannten Zeitschriften mit steuerrechtlichem Schwerpunkt, den sonstigen Zeitschriften sowie den Veröffentlichungen im Internet und den Datenbanken ist gemein, dass sie, durch die von den Redaktionen der jeweiligen Medien zu treffende Auswahlentscheidung, die Rechtsprechung des BFH nur partiell wiedergeben. Sie bieten keine Vollständigkeit im Sinne eines Gesamtüberblicks über die BFH-Rechtsprechung. Darüber hinaus werden die Entscheidungen des BFH oftmals redaktionell bearbeitet und in vielen Fällen nur reduziert auf den Leitsatz und die wesentlichen Entscheidungsgründe wiedergegeben.

Die Veröffentlichung von BFH-Entscheidungen in anderen Medien entfaltet keinerlei Bindungswirkung. So ist die Finanzverwaltung durch diese Veröffentlichungen nicht verpflichtet die betreffenden BFH-Entscheidungen allgemein anzuwenden. Der Stpfl. hat keinen Anspruch ggü. der Finanzverwaltung, die Anwendung der in diesen Medien veröffentlichten BFH-Entscheidungen auf seinen Steuerfall zu verlangen. Die sich aus der Veröffentlichung in anderen Medien u. U. ergebenen staatshaftungsrechtlichen Aspekte werden unter E. III. ausgeführt.

VI. Zusammenfassung

Die amtliche Sammlung der Entscheidungen des BFH (BFHE) und die offiziöse Sammlung der Entscheidungen des BFH (BFH/NV) werden von den Richtern des BFH herausgegeben. Die Vollständigkeit dieser Entscheidungssammlungen ist gegeben. Selbiges gilt für juris, da der BFH seine Entscheidungen als zuständige Dokumentationsstelle selbst für juris aufbereitet[272]. Die von der

271 Ackermann, FS 75 Jahre RFH - BFH, 411 (427).

272 Beermann, FS 75 Jahre RFH - BFH, 385 (394); Ackermann, FS 75 Jahre RFH - BFH, 411 (427).

Finanzverwaltung auf der Homepage des BMF und in ihrem Veröffentlichungsorgan BStBl II vorgenommene Veröffentlichung von BFH-Entscheidungen ist nicht als vollständig anzusehen. Die Finanzverwaltung veröffentlicht allein die vom BFH zur amtlichen Veröffentlichung vorgesehenen Entscheidungen (sog. V-Entscheidungen). Selbst diese V-Entscheidungen werden aber nicht sämtlich von der Finanzverwaltung veröffentlicht. Die Veröffentlichung von BFH-Entscheidungen durch andere Medien, sei es in Zeitschriften, im Internet oder in Datenbanken, ist nicht als vollständig anzusehen. Zum einen werden nicht alle Entscheidungen des BFH in diesen Medien veröffentlicht, zum anderen erfolgt die Veröffentlichung oftmals nur in Auszügen oder nach einer vorherigen redaktionellen Bearbeitung. Die Veröffentlichung von BFH-Entscheidungen durch andere Medien unterliegt damit der subjektiven Beurteilung der jeweiligen Verlage und ihren für die Veröffentlichung zuständigen Redaktionen. Die Veröffentlichungsentscheidung ist oftmals an den thematischen Schwerpunkten der jeweiligen Medien und an dem wirtschaftlichen Interesse einer möglichst hohen Auflage und damit verbundenen möglichst hohen Erlösen ausgerichtet.

Weder die Veröffentlichung von BFH-Entscheidungen durch den BFH, noch die Veröffentlichung von BFH-Entscheidungen durch andere Medien hat eine Bindungswirkung für den Stpfl. und die Finanzverwaltung hinsichtlich der Anwendung in Parallelfällen zur Folge[273]. Zum einen besteht eine solche Bindungswirkung nur durch die hoheitliche Veröffentlichung der Finanzverwaltung, wenn diese BFH-Entscheidungen zunächst auf der Homepage des BMF und nachfolgend im BStBl II veröffentlicht. Diese Bindungswirkung tritt mit dem Zeitpunkt der Veröffentlichung der BFH-Entscheidung auf der Homepage des BMF ein. Damit die Bindungswirkung der so veröffentlichten BFH-Entscheidungen tatsächlich auch besteht, dürfen sie von der Finanzverwaltung aber weder mit einem Nichtanwendungserlass belegt worden sein, noch aus anderen Gründen nicht anwendbar sein. Solche anderen Gründe können z. B. neue rechtliche Gesichtspunkte oder neue Rechtserkenntnisse, die eine andere Beurteilung der entschiedenen Rechtsfrage rechtfertigen oder das Vorliegen einer bereits vor langer Zeit veröffentlichten Entscheidung, an der wiederholt Kritik geübt worden ist, sein. Auch andere nicht genannte Gründe sind denkbar. Zum anderen besteht eine solche Bindungswirkung für BFH-Entscheidungen, die nicht im BStBl II veröffentlicht worden sind und weder zu im BStBl II veröffentlichten BFH-Entscheidungen, noch zu Verwaltungsanweisungen im Widerspruch

273 Etwas anderes gilt nur für die Anwendung des § 176 Abs. 1 Satz 1 Nr. 3 AO, Loose, T/K, § 176 AO Rn. 17, 137. Lfg. Aug. 2014.

stehen. In diesen Fällen ist für den Stpfl. nicht ohne weiteres ersichtlich, ob die Finanzverwaltung eine BFH-Entscheidung über den entschiedenen Einzelfall hinaus anwenden wird. Daher sollte die Finanzverwaltung in Sinne einer Rechtsanwendungsklarheit alle sog. V-Entscheidungen des BFH im BStBl II veröffentlichen und diejenigen BFH-Entscheidungen, die nicht über den entschiedenen Einzelfall hinaus allgemein angewendet werden sollen, mit einem im BStBl I zu veröffentlichenden Nichtanwendungserlass belegen. Es ist de lege ferrenda sogar bedenkenswert, die hoheitliche Veröffentlichungspraxis durch die Finanzverwaltung gesetzlich zu normieren[274]. Gleichwohl ist die Schaffung einer solchen Veröffentlichungsnorm nicht zu erwarten, da die Legislative der Exekutive hier wohl keine Pflicht auferlegen will. Faktisch begibt sich der Stpfl. damit in die Hände einer Finanzverwaltung, die sich trotz der Veröffentlichung der BFH-Entscheidung im BStBl II letztlich keinerlei justiziablen Selbstbindung dahin gehend unterwirft, die Rechtsprechung des BFH auch tatsächlich immer auf vergleichbare Steuerfälle anzuwenden. Dieses Verhalten ist der Finanzverwaltung nur möglich, weil sie keiner gesetzlichen oder verordnungsrechtlichen Verpflichtung unterliegt, die Ausführungen über die allgemeine Anwendung von BFH-Entscheidungen durch die Finanzverwaltung zum Inhalt hat. Die Veröffentlichung einer BFH-Entscheidung im BStBl II, ist rechtlich als ein BMF-Schreiben einzuordnen.

E. Die Nichtveröffentlichung von Entscheidungen des BFH im Bundessteuerblatt Teil II

I. Einführung

Ein in den letzten Jahren mit zunehmender Tendenz festzustellendes Problem im Umgang mit Entscheidungen des BFH ist zum einen die endgültige Nichtveröffentlichung von BFH-Entscheidungen im BStBl II und zum anderen die Veröffentlichung von BFH-Entscheidungen im BStBl II mit erheblichem zeitlichen Verzug. Diese Praxis wird in der steuerjuristischen Literatur auch als „Nichtveröffentlichung“[275], „zeitlich begrenzter Nichtanwendungserlass“[276], „faktischer Nichtanwendungserlass“[277], „temporärer Nichtanwendungserlass“[278],

---

274 Zustimmend: Hey, Steuerplanungssicherheit als Rechtsproblem, 633.
275 Lange, NJW 2002, 3657 (3657 ff.); Pezzer, DStR 2004, 525 (531).
276 Schaumburg, Erster Deutscher Finanzgerichtstag 2004, 73 (96).
277 Seewald, SteuerCon 10/2009, 21 (22).
278 Seewald, SteuerCon 10/2009, 21 (22).

„stillschweigender Nichtanwendungserlass“[279], „konkludenter Nichtanwendungserlass“[280] oder „impliziter Nichtanwendungserlass“[281] bezeichnet. Sie betrifft alle vom BFH zur amtlichen Veröffentlichung vorgesehenen Entscheidungen, die dadurch grds. für eine Veröffentlichung im BStBl II in Betracht kommen. Hierzu zählen nicht die Entscheidungen des VII. Senats des BFH, die das Zoll- und Verbrauchsteuerrecht betreffen und nicht im BStBl II veröffentlicht werden[282].

Die Problematik der Nichtveröffentlichung ist von großer praktischer Bedeutung und seit der Weimarer Republik bekannt[283], da nur die Veröffentlichung der BFH-Entscheidungen im BStBl II die Finanzverwaltung bindet, die vom BFH entschiedene Rechtsfrage über den entschiedenen Einzelfall hinaus allgemein anzuwenden[284]. Das BStBl II definiert damit durch seine monopolartige Stellung die Anwendungsbefugnis von BFH-Entscheidungen für die Finanzverwaltung, was wegen des notwendigen Abstimmungsbedarfs zwischen BMF und den obersten Finanzbehörden der Länder über die Frage der Veröffentlichung einer BFH-Entscheidung im BStBl II für eine Zeit der Ungewissheit sorgt, in der offen ist, wie sich die Finanzverwaltung zu den Entscheidungen des BFH positioniert. Problematisch und damit erklärungsbedürftig ist, dass die Rechtsprechung

279 Vinken, FS Spindler, 549 (550).

280 Desens, Bindung der Finanzverwaltung an die Rechtsprechung, 60 f.

281 Djanani/Brähler/Krenzin, StuW 2011, 323 (324 f.).

282 Böhme, Deutscher Bundestag, Stenografischer Bericht, 8. WP., 209. Sitzung, 16797 Anl. 41 = DB 1980, 799.

283 Zur Historie der Nichtveröffentlichung in der Weimarer Republik, dem Dritten Reich und der BRD siehe Desens, Bindung der Finanzverwaltung an die Rechtsprechung, 56 ff.

284 Vorwort zum Amtlichen Lohnsteuer-Handbuch 2016 (LStH 2016); Vorwort zum Amtlichen Einkommensteuer-Handbuch 2015 (EStH 2015); Vorwort zum Amtlichen Gewerbesteuer-Handbuch 2009 (GewStH 2009); Vorwort zum Amtlichen Erbschaftsteuer-Handbuch 2013 (ErbStH 2013); Bundesamt für Finanzen vom 15. 03. 2002, – St I 4 – S 2280 – 101/2001 -, BStBl I 2002, 366 (367); FinMin. NRW, Erlass vom 01. 05. 2005, S 0100, AO-Kartei NW vor § 1 AO Karte 802 und juris; OFD Magdeburg, Vfg. vom 23. 08. 2004, FG 2022-5-St 251, AO-Kartei ST § 110 FGO Karte 2 und juris; OFD Karlsruhe, Vfg. vom 01. 01. 2005, FG 2022, AO-Kartei BW § 110 Karte 2 und juris; OFD Karlsruhe, Vfg. vom 14. 01. 2005, FG 2032/1 A – St 332, DStR 2005, 333; OFD Hannover, Vfg. vom 26. 10. 2007, S 0069-1-StO 143, AO-Kartei ND Anhang F Karte 1 und juris; Bayerisches Landesamt für Steuern, Vfg. vom 11. 11. 2011, S 0220.1.1-1/1 St 42, AO-Kartei BY § 85 AO Karte 1 und juris; OFD Frankfurt am Main, Rdvfg. vom 31. 03. 2014, FG 2029 A – 4 – St 21, juris.

des BFH zwischenzeitlich in verschiedenen steuerlichen Fachzeitschriften, der amtlichen Sammlung der Entscheidungen des BFH (BFHE) und auf der Internetseite des BFH[285] veröffentlicht werden. Hierdurch erlangt nicht nur die Fachwelt, sondern auch der steuerliche Laie die Möglichkeit, sich Kenntnis über die BFH-Rechtsprechung zu verschaffen. Gerade für den steuerlichen Laien ist es dann verwunderlich, wenn die BFH-Rechtsprechung durch die Finanzverwaltung nicht allgemein angewendet wird. Dass die Frage der Nichtveröffentlichung eine erhebliche praktische Bedeutung besitzt und kein Einzelfall ist, wird deutlich, wenn *Pezzer* im Vergleich der Veröffentlichungen in BFHE zum BStBl II eine Differenz von 1.349 Entscheidungen ermittelt, die nicht im BStBl II veröffentlicht worden sind[286]. *Desens* ermittelt auf Basis der Jahre 1989-2007 einen Durchschnitt von jährlich zehn BFH-Entscheidungen, die nicht im BStBl II veröffentlicht werden[287]. Nach *Djanani/Brähler/Krenzin* wurden von 1966 bis 2010 921 BFH-Entscheidungen nicht im BStBl II veröffentlicht, wobei in den letzten Jahren eine deutliche Steigerung der Nichtveröffentlichung festzustellen war[288]. Der Fundstellenspiegel der Zeitschrift BFH/NV führt in jeder Ausgabe zur amtlichen Veröffentlichung vorgesehene BFH-Entscheidungen auf, die bisher noch nicht im BStBl Teil II veröffentlicht wurden[289]. Seit Beginn der 16. Legislaturperiode am 18. 10. 2005 bis zum 31. 12. 2008 hat der BFH 1.118 zur amtlichen Veröffentlichung im BStBl II vorgesehene Entscheidungen getroffen, von denen am 07. 07. 2009 116 Entscheidungen aufgrund von noch nicht abgeschlossenen Erörterungen des BMF mit den obersten Finanzbehörden der Länder noch nicht im BStBl II veröffentlicht waren[290]. Dies ist eine Quote von 10,38 %. Die in zeitlicher Hinsicht älteste zur Veröffentlichung anstehende Entscheidung stammt vom 20. 12. 2005[291] und wurde erst am 22. 06. 2012 nach mehr als sechs Jahren im BStBl II veröffentlicht[292]. Mit Bezug auf eine BT-Drs. vom 25. 06. 2010 finden sich z. B. vier BFH-Entscheidungen aus 2006, die bis zum heutigen Tag aufgrund

285 http://www.bundesfinanzhof.de/entscheidungen/entscheidungen-online; zuletzt aufgerufen am 31. 03. 2016.
286 Pezzer, DStR 2004, 525 (532).
287 Desens, Bindung der Finanzverwaltung an die Rechtsprechung, 60.
288 Djanani/Brähler/Krenzin, StuW 2011, 323 (328 f.).
289 Weitere Daten zur Nichtveröffentlichung finden sich bei Voß, DStR 2003, 441 (445) und bei Schaumburg, Erster Deutscher Finanzgerichtstag 2004, 73 (78).
290 BT-Drs. 16/13759, 3 ff.
291 BT-Drs. 16/13759, 3.
292 BFH vom 20. 12. 2005, V R 14/04, BFHE 212, 187 = BStBl II 2012, 242. BFHE 212 wurde 2007 veröffentlicht.

noch nicht abgeschlossener Abstimmungen zwischen den Finanzbehörden des Bundes und der Länder noch nicht im BStBl II veröffentlicht worden sind[293]. Im Fall einer BFH-Entscheidung vom 29. 06. 1994 erfolgte die Veröffentlichung im BStBl II sogar erst nach über sieben Jahren am 17. 06. 2002[294] zusammen mit einem umfangreichen Anwendungserlass[295]. In diesem Fall hatte der BFH entschieden, dass eine als verdeckte Gewinnausschüttung anzusehende Umsatztantieme außerhalb der Bilanz dem Gewinn hinzuzurechnen ist. Die Rückstellung für die Umsatztantieme in der Steuerbilanz sei aber weiterhin als Fremdkapital anzusetzen[296]. Einen ähnlich langen Zeitraum bis zu einer Veröffentlichung im BStBl II gab es bei einer BFH-Entscheidung vom 19. 11. 2003, die erst am 09. 06. 2010 im BStBl II veröffentlicht worden ist[297]. Die vorgenannten Beispiele sind die „Spitze des Eisbergs", da mit Verweis auf *Desens* 98,8 % der vom BFH zur Veröffentlichung im BStBl II vorgesehenen BFH-Entscheidungen innerhalb von drei Jahren nach Abschluss des Entscheidungsjahres im BStBl II veröffentlicht worden sind[298].

Es kommt ferner dann zu einer zumindest temporären Nichtveröffentlichung von BFH-Entscheidungen, wenn die Finanzverwaltung weitere BFH-Entscheidungen zu einer gleichen steuerlichen Rechtsfrage abwarten will[299]. Interessant ist, dass sich das BMF in Einzelfällen faktisch für die verspätete Veröffentlichung

293 BT-Drs. 17/2296, 12. Dies sind die BFH-Entscheidungen vom 18. 05. 2006, III R 25/05, BFHE 213, 499; vom 28. 06. 2006, I R 97/05, BFHE 214, 276; vom 19. 10. 2006, IV R 22/02, BFHE 215, 268; vom 20. 12. 2006, I R 41/06, BFHE 216, 266; zuletzt in juris aufgerufen am 31. 03. 2016. BFHE 213 und BFHE 214 sind 2007 erschienen, BFHE 215 und BFHE 216 2008.

294 BFH vom 29. 06. 1994, I R 137/93, BFHE 175, 347 = BStBl II 2002, 366. BFHE 175 wurde 1995 veröffentlicht.

295 BMF vom 28. 05. 2002, IV A 2 – S 2742 – 32/02, BStBl I 2002, 603.

296 Vgl. dazu Voß, DStR 2003, 441 (443). Wassermeyer, GmbHR 2002, 1 (1 ff.) schreibt hierzu als Fazit seiner Ausführungen, dass die Finanzverwaltung in Bezug auf die verdeckte Gewinnausschüttung auf dem Stand von vorgestern sei.

297 BFH vom 19. 11. 2003, I R 77/01, BFHE 204, 135 = BStBl II 2010, 482. BFHE 204 wurde 2004 veröffentlicht.

298 Desens, Bindung der Finanzverwaltung an die Rechtsprechung, 62.

299 Vgl. bspw. BMF vom 12. 09. 2013, IV C 6 – S 2241/10/10002 2013/0837216, BStBl I 2013, 1164 (1166), wo das BMF mit Bezug auf die BFH-Entscheidung vom 02. 08. 2012, IV R 41/11, BFHE 238, 135 schreibt, dass die Entscheidung über die Veröffentlichung dieser BFH-Entscheidung im BStBl II zurückgestellt wird, bis der BFH das anhängige Verfahren I R 80/12 entschieden hat. Dieses ist derzeit Gegenstand eines konkreten Normenkontrollverfahrens vor dem BVerfG, Az. 2 BvL 8/13, juris.

im BStBl II entschuldigt, wenn es zu den Leitsätzen dieser BFH-Entscheidungen in einer Fußnote im BStBl II schreibt: „Die verspätete Veröffentlichung im Bundessteuerblatt beruht auf einem Büroversehen“[300]. *Herden* sieht hierin eine „Klimaverbesserung“[301]. Die Nichtveröffentlichung entfaltet in der Praxis sowohl zugunsten als auch zuungunsten der Stpfl. Wirkung[302].

II. Rechtmäßigkeit

Die Praxis der Nichtveröffentlichung von BFH-Entscheidungen im BStBl II wird in der steuerjuristischen Literatur überwiegend kritisch beurteilt.

Lange sieht einen Zwang, alle vom BFH für die Veröffentlichung in der amtlichen Sammlung BFHE vorgesehenen Entscheidungen auch im BStBl II möglichst zeitnah zu veröffentlichen[303]. Darüber hinaus sei im Steuerbescheid ein Hinweis auf die nicht angewendete Rechtsprechung des BFH anzubringen, wenn der Steuerbescheid die Rechtsprechung des BFH zu Lasten des Stpfl. nicht anwendet[304]. Für *Kupfer* ist die Nichtveröffentlichung durch die Finanzverwaltung rechtswidrig[305]. Mit Verweis auf die Rechtsprechung des FG Berlin[306] sei die Finanzverwaltung mittels Untätigkeitsklage gem. § 46 Abs. 1 FGO dazu zu bewegen, eine noch nicht im BStBl II veröffentlichte BFH-Entscheidung anzuwenden[307]. *Voß* sieht im Akt der Nichtveröffentlichung einen Verstoß gegen geltendes Recht, da die Verwaltung in ihrem Handeln an das Gesetz gebunden sei[308]. Dieses sehe weder einen Aufschub der Anwendung von BFH-Entscheidungen vor, noch lasse das GG einen solchen Aufschub zu[309]. Für *Schaumburg* stellt die verzögerte oder unterbliebene Veröffentlichung einer BFH-Entscheidung im BStBl II einen Nichtanwendungserlass ohne Begründung dar, der rechtswidrig sei[310]. Ebenfalls als rechtsstaatswidrig beurteilt *Pezzer* das Handeln der

---

300 BFH vom 11. 09. 2003, IV R 53/02, BFHE 203, 454 = BStBl II 2010, 184; BFH vom 01. 07. 2004, IV R 67/00, BFHE 206, 557 = BStBl II 2010, 157; BFH vom 14. 06. 2007, VI R 5/06, BFHE 218, 233 = BStBl II 2009, 931.

301 Herden, FS Spindler, 445 (456).

302 Djanani/Brähler/Krenzin, StuW 2011, 323 (329).

303 Lange, NJW 2002, 3657 (3660 f.).

304 Lange, NJW 2002, 3657 (3660 f.).

305 Kupfer, AO-StB 2003, 159 (162 ff.).

306 FG Berlin vom 20. 08. 2002, 9 K 9172/02, EFG 2002, 1543, rkr.

307 Kupfer, AO-StB 2003, 159 (163 f.).

308 Voß, DStR 2003, 441 (445).

309 Voß, DStR 2003, 441 (445).

310 Schaumburg, Erster Deutscher Finanzgerichtstag 2004, 73 (90).

Finanzverwaltung, indem die Exekutive in die Judikative eingreife, da die vom BFH veröffentlichte Rechtsprechung für die Finanzämter vor einer Veröffentlichung im BStBl II faktisch nicht existent sei[311]. Zur Lösung dieser Problematik will *Pezzer* die Steuerbescheide unter Berücksichtigung der neuen BFH-Rechtsprechung während der Erörterungen zwischen BMF und den Finanzverwaltung der Länder unter den Vorbehalt der Nachprüfung i. S. d. § 164 AO stellen. Sollte dann die Finanzverwaltung eine BFH-Entscheidung nicht oder nur modifiziert anwenden wollen, bestünde eine entsprechende Korrekturmöglichkeit[312]. Eine andere Möglichkeit sei der Erlass vorläufiger Steuerbescheide i. S. d. § 165 AO[313]. Sollte die Finanzverwaltung innerhalb von sechs Monaten keine Entscheidung über die Veröffentlichung getroffen haben, sei der Vorbehalt der Nachprüfung i. S. d. § 164 AO oder die Vorläufigkeit i. S. d. § 165 AO aufzuheben und die Veranlagung endgültig vorzunehmen[314]. *Horlemann* beurteilt die verzögerte oder Nichtveröffentlichung von BFH-Entscheidungen als problematisch, sieht darin aber entgegen der oben geschilderten Auffassung von *Pezzer* keine Rechtsstaatswidrigkeit[315]. Zu kritisieren sei vielmehr die „Ungewissheit über die Haltung der Verwaltung zu diesen Entscheidungen"[316]. Für *Völker/Ardizzoni* hat die Finanzverwaltung BFH-Entscheidungen, grds. unverzüglich zu veröffentlichen und allgemein anzuwenden[317]. Die Nichtveröffentlichung von BFH-Entscheidungen im BStBl II verstoße gegen Art. 20 Abs. 3 GG und § 85 AO[318]. Für *Ebling* wird den Stpfl. durch die Nichtveröffentlichung „letztlich ein Stück Rechtsschutz verweigert"[319]. *Spindler* bezeichnet die verspätete oder unterbliebene Veröffentlichung von BFH-Entscheidungen im BStBl II als „alles andere als glücklich"[320]. Dies liege zum einen an der Veröffentlichung seiner Entscheidungen durch den BFH selbst und zum anderen würden durch die verspätete oder unterbliebene Veröffentlichung im BStBl II erhebliche Rechtsunsicherheiten eintreten, die

311 Pezzer, DStR 2004, 525 (532); Pezzer, DWS-Schriftenreihe Nr. 9, 23 (30).
312 Pezzer, DStR 2004, 525 (532).
313 Pezzer, DWS-Schriftenreihe Nr. 9, 23 (31).
314 Pezzer, DWS-Schriftenreihe Nr. 9, 23 (31).
315 Horlemann, DStR 2004, 1113 (1114).
316 Horlemann, DStR 2004, 1113 (1114).
317 Völker/Ardizzoni, NJW 2004, 2413 (2417).
318 Völker/Ardizzoni, NJW 2004, 2413 (2417).
319 Schön mit Verweis auf Ebling, BB 2005, Heft 22, Die erste Seite.
320 Spindler, FS Solms, 53 (58) = Spindler, Stbg 2006, 1 (5); ders., DStR 2007, 1061 (1062 f.).

u. U. zu einem staatshaftungsrechtlichen Anspruch des Stpfl. führen könnten[321]. Faktisch wirke sie wie ein Nichtanwendungserlass[322]. Für *Seewald* ist die Nichtveröffentlichung von BFH-Entscheidungen rechtswidrig, da sie ein unzulässiger Eingriff der Exekutive in den Bereich der Judikative sei[323]. Die Steuerbescheide sollten die Rechtsprechung des BFH berücksichtigen und unter dem Vorbehalt der Nachprüfung i. S. d. § 164 AO ergehen, um der Finanzverwaltung eine spätere Korrekturmöglichkeit zu eröffnen, wenn diese nach interner Abstimmung die zugrunde liegende BFH-Rechtsprechung mit einem Nichtanwendungserlass belegt[324]. Auch *Jachmann* kritisiert die Nichtveröffentlichung von BFH-Entscheidungen im BStBl II und bemängelt insb., dass sich die Finanzverwaltung mit der Rechtsprechung des BFH nicht auseinandersetze, sondern schweige[325]. Durch die Nichtveröffentlichung verletze die Finanzverwaltung die funktionale Gewaltenteilung, missachte die Gewaltenloyalität und unterlaufe einen effektiven Rechtsschutz[326]. Die Veröffentlichung von BFH-Entscheidungen im BStBl II solle vielmehr anstandslos und unmittelbar erfolgen[327]. Während der Abstimmung zwischen BMF und den obersten Finanzbehörden der Länder über die allgemeine Anwendung der BFH-Rechtsprechung sollen Steuerbescheide nach § 164 AO unter dem Vorbehalt der Nachprüfung ergehen und so spätere Korrekturen ermöglichen[328]. *Vinken* sieht es unter rechtsstaatlichen Gesichtspunkten als „höchst bedenklich" an, wenn BFH-Entscheidungen erst nach längerer Zeit im BStBl II veröffentlicht werden und vorher von der Finanzverwaltung nicht zur Kenntnis genommen werden[329]. Zwar sei der Abstimmungsbedarf zwischen dem BMF und den obersten Finanzbehörden der Länder zur Schaffung einer einheitlichen Verwaltungsauffassung nachvollziehbar, eine mitunter jahrelange Nichtberücksichtigung von BFH-Entscheidungen sei aber nicht zu rechtfertigen[330]. Zur Lösung der Problematik seien die Steuerbescheide im Zeitraum der Abstimmung innerhalb der Finanzverwaltung unter Berücksichtigung der

---

321 Spindler, FS Solms, 53 (58) = Spindler, Stbg 2006, 1 (5); ders., DStR 2007, 1061 (1062 f.).
322 Spindler, FS Solms, 53 (58) = Spindler, Stbg 2006, 1 (5); ders., DStR 2007, 1061 (1062).
323 Seewald, SteuerCon 10/2009, 21 (22).
324 Seewald, SteuerCon 10/2009, 21 (23).
325 Jachmann, FS Spindler, 115 (127).
326 Jachmann, FS Spindler, 115 (127).
327 Jachmann, FS Spindler, 115 (127).
328 Jachmann, FS Spindler, 115 (127).
329 Vinken, FS Spindler, 549 (551).
330 Vinken, FS Spindler, 549 (551).

neuen BFH-Rechtsprechung unter dem Vorbehalt der Nachprüfung i. S. d. § 164 AO zu erlassen, um diese zu einem späteren Zeitpunkt ggf. noch mal ändern zu können[331]. *Desens* sieht in der Nichtveröffentlichung bzw. der verzögerten Veröffentlichung einer BFH-Entscheidung im BStBl II kein rechtliches Problem[332]. Das Problem liege in den Rechtsfolgen, die die Finanzverwaltung an eine Veröffentlichung knüpfe, da die Finanzverwaltung die BFH-Entscheidung trotz Kenntnis nicht anwenden dürfe, solange eine Veröffentlichung im BStBl II nicht erfolgt sei[333]. Solange die Nichtveröffentlichung nur vorübergehender Natur sei, um in der Zwischenzeit eine verwaltungsinterne Abstimmung über die allgemeine Anwendung der BFH-Entscheidung durch die Finanzverwaltung herbeizuführen, sei diese zeitliche Verzögerung gerechtfertigt[334]. Bei einer endgültigen Nichtveröffentlichung stelle sich ein Transparenzproblem, da sich zunächst die endgültige Nichtveröffentlichung erst im Laufe der Zeit erweisen werde, sich ferner die Nichtveröffentlichung keinem Publikationsorgan entnehmen lasse und zuletzt der Grund für die Nichtveröffentlichung nicht bekannt werde[335]. Nach *Djanani/Brähler/Krenzin* erscheint die Nichtveröffentlichung aus Gründen der Rechtssicherheit als äußerst zweifelhaft und sei grds. abzulehnen[336]. Für *Schlenk* ist eine verspätete oder unterbliebene Veröffentlichung von BFH-Entscheidungen im BStBl II nicht rechtswidrig, da hiervon weder die Gewaltenteilung betroffen sei, noch eine verfassungsrechtlich zu beanstandende Rechtsunsicherheit vorliege[337]. *Englisch* sieht in der verspäteten oder unterbliebenen Veröffentlichung von BFH-Entscheidungen im BStBl II einen Missbrauch der redaktionellen Verantwortung des BMF für das BStBl II[338]. Die *Bundesregierung* beurteilt die Nichtveröffentlichung von BFH-Entscheidungen als verfassungsrechtlich unbedenklich[339]. Sie geht davon aus, dass jede vom BFH zur amtlichen Veröffentlichung vorgesehene Entscheidung auch im BStBl II veröffentlicht wird, ggf. mit einem Nichtanwendungserlass[340].

---

331 Vinken, FS Spindler, 549 (551).
332 Desens, Bindung der Finanzverwaltung an die Rechtsprechung, 55 ff.
333 Desens, Bindung der Finanzverwaltung an die Rechtsprechung, 55 f.
334 Desens, Bindung der Finanzverwaltung an die Rechtsprechung, 64.
335 Desens, Bindung der Finanzverwaltung an die Rechtsprechung, 61.
336 Djanani/Brähler/Krenzin, StuW 2011, 323 (326 und 329).
337 Schlenk, Bundesfinanzhof und Finanzverwaltung in Kooperation und Unabhängigkeit, 131 und 178.
338 Englisch, T/L, 22. Aufl., § 5 Rn. 39.
339 BT-Drs. 16/13759, 6.
340 BT-Drs. 16/13759, 6.

III. Staatshaftungsrechtliche Aspekte

Die Frage der verzögerten Veröffentlichung oder der Nichtveröffentlichung von BFH-Entscheidungen im BStBl II wirft staatshaftungsrechtliche Fragestellungen auf. Diese entstehen dadurch, dass durch die Veröffentlichung der BFH-Entscheidungen auf der eigenen Internetseite des BFH[341] und der Veröffentlichung der BFH-Entscheidungen in vielen Fachzeitschriften Rechtsunsicherheiten entstehen können, die staatshaftungsrechtliche Aspekte zur Folge haben können.

§ 839 BGB regelt den Schadensersatzanspruch eines Dritten bei einer Amtspflichtverletzung eines Beamten. Gem. der Überleitungsnorm des Art. 34 Satz 1 GG hat der Staat für die Amtspflichtverletzung des Beamten einzustehen. Mit Entscheidung von 17. 07. 2002[342] hat das OLG Koblenz ein zu einer Amtspflichtverletzung führendes Organisationsverschulden des FA angenommen, wenn der zuständige Sachbearbeiter nicht innerhalb eines Zeitraums von ca. 5 Monaten über eine grundlegende Entscheidung des BFH unterrichtet worden ist. Im entschiedenen Fall musste das beklagte Bundesland dem Stpfl. die Kosten für den Steuerberater erstatten, die im Rahmen eines Einspruchsverfahrens angefallen waren. Diese waren dadurch entstanden, dass der Stpfl. ein Einspruchsverfahren führen musste, weil das FA eine BFH-Entscheidung vom 06. 07. 1999[343] nicht im Rahmen des Erlasses von Änderungsbescheiden berücksichtigte, obwohl die Entscheidung dem zuständigen Sachbearbeiter auf Grundlage der im FA vorliegenden Zeitschrift DStR hätte bekannt sein müssen. Der Auffassung, dass der zuständige Sachbearbeiter die Veröffentlichung der BFH-Entscheidung im BStBl II am 18. 07. 2000 hätte abwarten dürfen, ist das OLG Koblenz nicht gefolgt. Vielmehr sieht es eine fahrlässige Amtspflichtverletzung schon dann als gegeben an, wenn die für die Entscheidung maßgebliche Rechtsfrage bereits durch die Rechtsprechung des BFH entschieden worden ist und die Finanzverwaltung diese dann nicht anwendet. Um ein Organisationsverschulden zu vermeiden, sei die Finanzverwaltung hiernach verpflichtet, unabhängig von der Veröffentlichung von BFH-Entscheidungen im BStBl II, die zuständigen Sachbearbeiter zeitnah

341 http://www.bundesfinanzhof.de/entscheidungen/entscheidungen-online; zuletzt aufgerufen am 31. 03. 2016.

342 OLG Koblenz vom 17. 07. 2002, 1 U 1588/01, Stbg 2004, 41. Entscheidungsbesprechung: Lange, DB 2003, 360; Weyand, INF 2003, 238; Laws/Stahlschmidt, StB 2003, 180 (189 f.).

343 BFH vom 06. 07. 1999, VIII R 17/97, DStR 1999, 1733 = BStBl 2000, 306. Die Veröffentlichung in DStR erfolgte am 22. 10. 1999, die Veröffentlichung im BStBl II am 18. 07. 2000.

über die grundlegend aktuelle Rechtsprechung des BFH zu informieren. Diese Information könne durch Umlauf von Zeitschriften, Dienstbesprechungen und mittels EDV erfolgen. Das FG Hamburg hat mit Beschluss vom 09. 04. 2003[344] in einer auf § 138 FGO beruhenden Kostenentscheidung der Finanzverwaltung die Kosten des in der Hauptsache übereinstimmend für erledigt erklärten Verfahrens auferlegt. Das Verfahren führte der Stpfl. über eine Frage, die der BFH bereits entschieden hatte. Die Entscheidung des BFH war allerdings noch nicht im BStBl II veröffentlicht. Diese Nichtveröffentlichung lastet das FG Hamburg der Finanzverwaltung an, da es in der verzögerten Anwendung der BFH-Rechtsprechung durch die Finanzverwaltung einen Verstoß gegen den sich aus Art. 20 Abs. 3 GG ergebenen Grundsatz der Bindung der Finanzverwaltung an das Gesetz sieht.

Es sind darüber hinaus weitere Sachverhalte denkbar, in denen haftungsrechtliche Tatbestände durch die Nichtveröffentlichung von BFH-Entscheidungen im BStBl II verwirklicht werden könnten. Dies wäre bspw. denkbar, wenn eine Steuerfestsetzung die wirtschaftliche Integrität eines Stpfl. in der Weise trifft, dass dieser Insolvenz anmelden muss, zu der es bei zeitnaher Berücksichtigung der bisher noch nicht im BStBl II veröffentlichten BFH-Rechtsprechung nicht gekommen wäre.

IV. Eigene Beurteilung

Der Abstimmungsbedarf der Finanzverwaltung bzgl. der allgemeinen Anwendung der BFH-Rechtsprechung wird nicht bestritten. Entscheidungen des BFH haben kraft Natur der Sache immer auch eine fiskalische Auswirkung und unterscheiden sich damit in besonderem Maße von Entscheidungen anderer oberster Bundesgerichte. Dass sich das BMF und die obersten Finanzbehörden der Länder daher miteinander ins Benehmen setzen, ob die Rechtsprechung des BFH über den entschiedenen Einzelfall hinaus allgemein anzuwenden ist, ist anzuerkennen. Eine solche Zeit zur Abstimmung innerhalb der Finanzverwaltung wird dieser auch vom BFH zugebilligt[345]. Als zeitlicher Rahmen kann hier auf

344 FG Hamburg vom 09. 04. 2003, III 86/03, DStRE 2003, 1069.

345 BFH vom 22. 09. 1967, VI B 19/67, BStBl II 1968, 61 (62); BFH vom 13. 05. 1971, V B 61/70, BStBl II 1971, 492 (493). A. A. FG Berlin vom 20. 08. 2002, 9 K 9172/02, EFG 2002, 1543 (1544), rkr.; FG Hamburg vom 09. 04. 2003, III 86/03, EFG 2003, 1184 rkr. und FG München vom 14. 12. 2006, 9 K 4120/06, EFG 2007, 865 (865), rkr. für den Fall, dass über einen Einspruch nicht entschieden wird, weil die Finanzverwaltung die Entscheidung über die Veröffentlichung einer BFH-Entscheidung im BStBl II und den Erlass eines Nichtanwendungserlasses abwarten will.

die sechsmonatige Frist zur Erhebung der Untätigkeitsklage in § 46 Abs. 1 Satz 2 FGO Bezug genommen werden[346].

Allerdings ist das momentane Verfahren bis zu einer Entscheidung der Finanzverwaltung über die Veröffentlichung der BFH-Entscheidungen im BStBl II verbesserungswürdig. Zu kritisieren ist die Intransparenz. Für den Stpfl. ist es kaum feststellbar, welche Entscheidung des BFH noch nicht im BStBl II veröffentlicht wurden. Auch die Aufstellung in BFH/NV löst dieses Problem nicht. Zum einen hat nicht jeder Stpfl. Zugang zu dieser Zeitschrift. Dieser ist darüber hinaus auch noch mit Kosten verbunden, da die Zeitschrift nicht kostenlos zu beziehen ist[347]. Zum anderen enthält auch die jeweils aktuelle Ausgabe der Zeitschrift BFH/NV nicht alle noch zur Veröffentlichung im BStBl II anstehenden Entscheidungen des BFH. Transparenz gegen geringe Kosten könnte nur das BMF selbst schaffen. Hierzu müsste es alle vom BFH zur amtlichen Veröffentlichung vorgesehenen Entscheidungen, die noch nicht im BStBl II veröffentlicht worden sind, auf seiner Homepage[348] aufführen und angeben, ob eine Veröffentlichung im BStBl II vorgesehen ist, die verwaltungsinterne Abstimmung über die Veröffentlichung noch läuft oder eine Veröffentlichung im BStBl II nur zusammen mit der Veröffentlichung eines Nichtanwendungserlasses im BStBl I erfolgen wird. Jeder Stpfl. könnte sich dann schnell, unbürokratisch und kostengünstig einen Überblick über die noch im BStBl II zu veröffentlichenden BFH-Entscheidungen verschaffen. Ferner wäre das BMF so verpflichtet, zu jeder vom BFH zur amtlichen Veröffentlichung vorgesehenen Entscheidung Stellung zu nehmen und am Ende eine jede vom BFH zur amtlichen Veröffentlichung vorgesehene Entscheidung im BStBl II, ggf. zusammen mit einem Nichtanwendungserlass im BStBl I, zu veröffentlichen. So würde der, nicht zuletzt unter Transparenzgesichtspunkten, unhaltbare Zustand beseitigt, dass über manche BFH-Entscheidungen gar keine Veröffentlichungsentscheidung getroffen wird und diese damit faktisch mit einem „imaginären Nichtanwendungserlass“[349] belegt werden. Eine Realisierung

---

346 Ebenso für eine sechsmonatige Frist: Kupfer, AO-StB 2003, 159 (161); Völker/Ardizzoni, NJW 2004, 2413 (2417).

347 http://shop. haufe.de/bfh-nv-plus-bfh-pr; zuletzt aufgerufen am 31. 03. 2016.

348 www.bundesfinanzministerium.de oder www.bmf.bund.de.

349 Vinken, FS Spindler, 549 (550) spricht in diesem Kontext nicht von einem „imaginären Nichtanwendungserlass“, sondern von einem „stillschweigenden Nichtanwendungserlass“. Desens, Bindung der Finanzverwaltung an die Rechtsprechung, 59 ff. spricht in diesem Kontext nicht von einem „imaginären Nichtanwendungserlass“, sondern von einem „konkludenten Nichtanwendungserlass“ und zeigt anhand einer tabellarischen Auswertung, dass eine endgültige Nichtveröffentlichung von BFH-Entscheidungen im BStBl II regelmäßige Praxis ist.

dieses Vorschlags wäre leicht möglich und könnte durch eine Ergänzung der bisher auf der Homepage des BMF veröffentlichten Aufstellung zur Anwendung neuer BFH-Entscheidungen[350] um eine Spalte „Sachstand Veröffentlichung BStBl II" erfolgen. In dieser Spalte wären folgende Alternativen einzutragen: 1. Veröffentlichung im BStBl II mit Fundstelle, 2. Vermerk, dass Veröffentlichung im BStBl II erfolgen wird, 3. Veröffentlichung im BStBl II mit Fundstelle und Veröffentlichung Nichtanwendungserlass im BStBl I mit Fundstelle. 4. Vermerk, dass Veröffentlichung im BStBl II zusammen mit Nichtanwendungserlass im BStBl I erfolgen wird und 5. Vermerk, dass über Veröffentlichung im BStBl II derzeit beraten wird. Die entsprechende Aufstellung könnte das BMF dann regelmäßig, bspw. einmal wöchentlich, nachdem der BFH seine aktuellen Entscheidungen auf seiner Homepage[351] veröffentlicht hat, aktualisieren.

Um das Handeln der Finanzverwaltung transparenter zu gestalten, wäre alternativ die Normierung eines Zwangs zur Veröffentlichung von BFH-Entscheidungen im BStBl II und damit deren allgemeiner Anwendung durch die Finanzverwaltung oder zur Veröffentlichung der BFH-Entscheidung im BStBl II nebst gleichzeitigem Erlass eines Nichtanwendungserlasses im BStBl I und damit deren Nichtanwendung durch die Finanzverwaltung, denkbar[352]. Die Schaffung einer solchen Veröffentlichungsnorm ist gleichwohl nicht realistisch. Die Legislative wird die Exekutive nicht in einem solchen Maße in ihrem Veröffentlichungshandeln einschränken wollen. Zusätzlich sollte die Finanzverwaltung unter Transparenzgesichtspunkten sowie mit Blick auf § 121 AO den Vorschlag von *Lange* aufgreifen und in den Erläuterungen zum Steuerbescheid einen Hinweis aufnehmen, wenn sie eine bisher noch nicht im BStBl II veröffentlichte BFH-Entscheidung nicht anwendet und diese Nichtanwendung zu Lasten des Stpfl. wirkt[353].

Daneben ist die Zeitdauer bis zu einer Veröffentlichung von zum Teil mehreren Jahren problematisch. Das BMF ist aufgerufen, zur Vermeidung solcher Situationen kurzfristig über eine Veröffentlichung zu befinden. Helfen könnte hier eine Selbstverpflichtung des BMF, nach der die BFH-Entscheidungen als durch das BMF veröffentlicht gelten, wenn dieses nicht innerhalb eines Zeitraums von

---

350 http://www.bundesfinanzministerium.de/Web/DE/Service/Publikationen/BFH_Entscheidungen/bfh_entscheidungen.html; zuletzt aufgerufen am 31. 03. 2016.

351 http://www.bundesfinanzhof.de/entscheidungen/entscheidungen-online; zuletzt aufgerufen am 31. 03. 2016.

352 Für eine gesetzliche Regelung der Veröffentlichungspraxis: Hey, Steuerplanungssicherheit als Rechtsproblem, 633.

353 Lange, NJW 2002, 3657 (3660 f.).

bspw. einem Jahr ab der Veröffentlichung durch den BFH auf seiner Homepage[354] etwas anderes verlautbaren lässt. Es würde dadurch auch ohne eine Veröffentlichung der BFH-Entscheidung auf der Homepage des BMF und im BStBl II eine Art allgemeine Anwendungsfiktion für die BFH-Rechtsprechung geschaffen. Ein Zeitraum von einem Jahr scheint angemessen, damit das BMF und die obersten Finanzbehörden der Länder ausreichend Zeit haben, um sich über die Frage der allgemeinen Anwendung der jeweiligen BFH-Entscheidung verständigen zu können. In der Zeit der Abstimmung, sollte die Finanzverwaltung die Bearbeitung entsprechender Steuerfälle zurückstellen. Für eine solche Zurückstellung besteht bereits heute eine entsprechende Weisungslage[355]. Weitreichender ist ein Vorschlag der *FDP* aus Sep. 2003, nach dem gelten soll: „Entscheidungen des BVerfG und des BFH sind ab dem Beginn des auf ihre Verkündung folgenden Kalenderjahres in allen Steuerfällen anzuwenden, soweit die Entscheidung wegen ihrer grundsätzlichen Bedeutung von dem Gericht zur Bekanntgabe in einer amtlichen Sammlung bestimmt wurde."[356]. Dieser Vorschlag ist aus zwei Gründen abzulehnen. Zum einen würde ein Anwendungszwang für BFH-Entscheidungen geschaffen, dem sich die Finanzverwaltung beugen müsste, da das Instrument des Nichtanwendungserlasses hinfällig würde. Es bliebe allein die Möglichkeit, durch eine Gesetzesänderung der Rechtsprechung des BFH entgegen treten zu können. Zum anderen würde der Finanzverwaltung unter dem Aspekt der Veröffentlichung von BFH-Entscheidungen in manchen Fällen keinerlei Zeit zur Abstimmung gegeben werden. Dies wäre bspw. in Fällen denkbar, in denen der BFH seine Entscheidungen erst im Dezember veröffentlicht und es ab Januar zur allgemeinen Anwendung der BFH-Rechtsprechung kommen würde. Die Zulässigkeit eines so weitreichenden Eingriffs der Judikative in die Exekutive scheint damit auch vor dem Hintergrund der Gewaltenteilung des Art. 20 Abs. 2 Satz 2 GG und der Gewaltenbindung des Art. 20 Abs. 3 GG fraglich.

Alle Steuerbescheide unter Berücksichtigung der BFH-Rechtsprechung unter dem Vorbehalt der Nachprüfung i. S. d. § 164 AO zu erlassen, erscheint nicht als sinnvoll. Es müsste dann nämlich faktisch nahezu jeder Steuerbescheid unter

---

354 http://www.bundesfinanzhof.de/entscheidungen/entscheidungen-online; zuletzt aufgerufen am 31. 03. 2016.

355 OFD Magdeburg, Vfg. vom 23. 08. 2004, FG 2022-5-St 251, AO-Kartei ST § 110 FGO Karte 2 und juris; Bayerisches Landesamt für Steuern, Vfg. vom 11. 11. 2011, S 0220.1.1-1/1 St 42, AO-Kartei BY § 85 AO Karte 1 und juris.

356 § 3 Abs. 2 Satz 1 des Berliner Entwurfs der FDP, Die neue Einkommensteuer – Niedrig, einfach und gerecht ≙ BT-Drs. 15/2349, 3 und BT-Drs. 16/679, 3.

dem Vorbehalt der Nachprüfung i. S. d. § 164 AO ergehen, da die Abstimmungsverfahren zwischen BMF und den obersten Finanzbehörden der Länder über die allgemein anzuwendenden BFH-Entscheidungen eine solche Vielzahl steuerlicher Fragestellungen betreffen, dass ein großer Teil der Steuerbescheide hiervon berührt sein dürfte. Vielmehr besteht für den Stpfl. die Möglichkeit, den ergangenen, die Rechtsprechung des BFH, aufgrund der noch nicht erfolgten Veröffentlichung der BFH-Entscheidung im BStBl II, nicht berücksichtigenden Steuerbescheid, mit dem Einspruch i. S. d. §§ 347 ff. AO anzufechten, um so die Möglichkeit der späteren Änderung des Steuerbescheids zu besitzen. Die Finanzverwaltung dürfte unabhängig von der Frage der Dauer der Durchführung des Einspruchsverfahrens in diesen Fällen kein Interesse an einem finanzgerichtlichen Verfahren haben, würden ihr doch nach dann erfolgter Veröffentlichung mit Verweis auf die Rechtsprechung des FG Hamburg[357] die Kosten des Verfahrens bei Erledigungserklärung der Hauptsache auferlegt werden[358].

F. Nichtanwendungserlasse zu Entscheidungen des BFH

I. Einführung

Betrachtet man den aus der Verhinderung einer BFH-Entscheidung, der Nichtveröffentlichung einer BFH-Entscheidung im BStBl II, dem Erlass eines Nichtanwendungserlasses und dem Erlass eines Nichtanwendungsgesetzes bestehenden Instrumentenbaukasten, mit dem die Legislative und Exekutive auf eine ihr missliebige BFH-Entscheidung reagieren können, so nimmt in der steuerrechtlichen Literatur der Nichtanwendungserlass mit weitem Abstand den größten Raum der Auseinandersetzung ein. Hiervon zeugen neben unzähligen Aufsätzen[359] und Ausführungen in

---

357 FG Hamburg vom 09. 04. 2003, III 86/03, DStRE 2003, 1069.

358 Ferner kann dieses nicht vorhandene Interesse der Finanzverwaltung an einem finanzgerichtlichen Verfahren auch der OFD Magdeburg, Vfg. vom 23. 08. 2004, FG 2022-5-St 251, AO-Kartei ST § 110 FGO Karte 2 und juris; sowie dem Bayerischen Landesamt für Steuern, Vfg. vom 11. 11. 2011, S 0220.1.1-1/1 St 42, AO-Kartei BY § 85 AO Karte 1 und juris entnommen werden, die in ihren Vfg. die Möglichkeit entsprechende Steuerfälle offen zu halten bzw. deren Bearbeitung zurückzustellen ansprechen.

359 Zitzlaff, DStZ/A 1955, 113; Zitzlaff, DStZ/A 1955, 264; Giese, FR 1955, 245; Hartz, BB 1955, 517; Lenski, BB 1955, 520; Haver, BB 1955, 521; Hoffmann, BB 1955, 566 (570); Spitaler, StbJb 1955/56, 483 (499 ff.); Paulick, StbJb 1964/65, 351 (393 f.); Ossenbühl, AöR 92 (1967), 478; Hanke, BB 1969, 145; Koch, DStZ/A 1975, 370 (371); List, DStR 1976, 651 (654 f.); von Welck, BB 1978, 758; Koch, JbFStR 1978/79, 17 (21 ff.); Gail, StbJb 1978/79, 461 (470 ff.); Felix, StuW 1979, 65; Leisner, DStZ 1981, 375;

Kommentaren[360], vier Dissertationen[361] und eine Habilitationsschrift[362]. Der Nichtanwendungserlass ist sogar Gegenstand der Koalitionsverträge der letzten beiden Bundesregierungen. So haben CDU, CSU und SPD für die 18. Legislaturperiode von 2013-2017 beschlossen, die „Anwendung von sog. Nichtanwendungserlassen restriktiv“ zu handhaben[363]. Bereits für die 17. Legislaturperiode von 2009-2013 hatten CDU, CSU und FDP beschlossen, dass die „Praxis der Nichtanwendungserlasse zurückgeführt wird“[364]. Folge

---

Schuhmann, FR 1982, 344; Martens, DStJG 5 (1982), 165 (190 ff.); Klein, DStZ 1984, 55; Jakob/Jüptner, StuW 1984, 148; Bettermann, FS Meilicke, 1; Klein, JbFStR 1989/90, 35 (42 f.); Voß, Ungewißheit im Steuerrecht, 21 ff.; Lang, StuW 1992, 14 ≙ Lang, DRiZ 1992, 365; Meister, DStZ 1992, 449 (451); Zeitler, FS 75 Jahre RFH - BFH, 199 (204 f.); Scholtz, FS Klein, 1041 (1042 ff. und 1059 f.); Kruse, DStJG 18 (1995), 115 (124 f.); Offerhaus, StbJb 1995/96, 7 (11 ff. und 22 ff.) ≙ Offerhaus, Sächsische Steuertagung 1996, 76 (79 ff. und 85 ff.); ders., Stbg 1998, 437 (440); Lange, NJW 2002, 3657; Voß, DStR 2003, 441; Wieland, DStR 2004, 1; Pezzer, DStR 2004, 525 (528 ff.); Horlemann, DStR 2004, 1113 (1114); Heilgeist, DStR KR 2004, 47; Völker/Ardizzoni, NJW 2004, 2413 (2418); Schaumburg, Erster Deutscher Finanzgerichtstag 2004, 73; Lange, DB 2005, 354; Spindler, FS Solms, 53 (58 ff.) = Spindler, Stbg 2006, 1 (5 f.); Pezzer, DWS-Schriftenreihe Nr. 9, 23 (29 f.); Frechen, DWS-Schriftenreihe Nr. 9, 32 (33); Rzepka, DWS-Schriftenreihe Nr. 9, 35 (36); Widmann, DWS-Schriftenreihe Nr. 9, 38 (43); Kessler/Eicke, DStR 2006, 1913; Spindler, DStR 2007, 1061; Seewald, SteuerCon 10/2009, 21; Heilgeist, DStR 2009, 2625 (2629); Weber-Grellet, FS Lang, 927; Jachmann, FS Spindler, 115 (126); Gosch, FS Spindler, 379; Herden, FS Spindler, 445 (448 ff.); Vinken, FS Spindler, 549; Djanani/Brähler/Krenzin, StuW 2011, 323; Kinzl, NJW 2012, Editorial Heft 7/2012; Jochum, Grundfragen des Steuerrechts, 44 ff.; Horlemann, StW 2012, 87 (89 f.); Schlenk, DStR 2015, 2135.

360 Tipke, Die Steuerrechtsordnung Bd. III 1. Aufl., 1181 ff.; Brandt, Beermann/Gosch, § 110 FGO Rn. 28 ff, 12. Lfg. Mrz. 1998; Schulze-Fielitz, Dreier GG Bd. II, 3. Aufl., Art. 20 Rn. 95; Lange, HHSp, § 110 FGO Rn. 99 ff, 231. Lfg. Feb. 2015; Wernsmann, HHSp, § 4 AO Rn. 179 ff. und 341 f., 234. Lfg. Aug. 2015; Seer, T/K Einf. FGO Rn. 58, 126. Lfg. Mai 2011; Koenig, Koenig, § 4 AO Rn. 65 f.; Kirchhof, HHR, Einf. ESt Rn. 143 ff, 265. Lfg. Aug. 2014; Englisch, T/L, 22. Aufl., § 5 Rn. 38 f.

361 Buhs, Die allgemeine Bindung der Finanzverwaltung an die Rechtsprechung des Bundesfinanzhofs; Krüger, Die Bindung der Verwaltung an die höchstrichterliche Rechtsprechung; Kreft, Der Nichtanwendungserlaß; Schlenk, Bundesfinanzhof und Finanzverwaltung in Kooperation und Unabhängigkeit.

362 Desens, Bindung der Finanzverwaltung an die Rechtsprechung.

363 Koalitionsvertrag zwischen CDU, CSU und SPD für die 18. Legislaturperiode des BT 2013-2017, 90.

364 Koalitionsvertrag zwischen CDU, CSU und FDP für die 17. Legislaturperiode des BT 2009-2013, 13.

dieser Vereinbarung in den Koalitionsverträgen ist der Erlass von Nichtanwendungsgesetzen an Stelle von Nichtanwendungserlassen[365].

Ein Nichtanwendungserlass ist die Anweisung des BMF und/oder der obersten Finanzbehörden der Länder an die ihnen nachgeordneten Behörden, die Ergebnisse einer BFH-Entscheidung über den entschiedenen Einzelfall hinaus nicht anzuwenden[366]. Er wird im Regelfall im BStBl I veröffentlicht[367]. Nichtanwendungserlasse gibt es schon seit der Weimarer Republik[368]. Die große praktische Bedeutung der Nichtanwendungserlasse resultiert daraus, dass die Finanzverwaltung durch selbigen die allgemeine Anwendung der BFH-Entscheidung über den entschiedenen Einzelfall hinaus ausschließt. Die verfassungsrechtliche Bedeutung der Nichtanwendungserlasse folgt insb. aus Art. 20 Abs. 3 2. HS GG und der gleichrangigen Bindung von Exekutive und Judikative an Recht und Gesetz.

Nach den Ausführungen der Bundesregierung ist es Ziel eines Nichtanwendungserlasses, „dem BFH Gelegenheit zu geben, seine Rechtsauffassung in einem anderen geeigneten Verfahren zu überprüfen."[369]. In manchen Nichtanwendungserlassen wird diese Zielsetzung expressis verbis auch formuliert, wenn es z. B. heißt: „Dem Bundesfinanzhof soll deshalb/vielmehr in einem anderen Revisionsverfahren erneut Gelegenheit gegeben werden, die Auslegung des § [...] zu überprüfen."[370] bzw. „Der Bundesfinanzhof soll Gelegenheit erhalten, seine gegenteilige Entscheidung noch einmal zu überprüfen."[371] oder „Der Bundesfinanzhof soll Gelegenheit erhalten, seine Rechtsauffassung in einem geeigneten Verfahren

365 BT-Drs. 17/7524, 5 zum 2. Nichtanwendungsgesetz zum Abzugsverbot von Aufwendungen für eine erstmalige Berufsausbildung/Erststudium, BGBl I 2011, 2592 (2600) gegen BFH vom 28. 07. 2011, VI R 7/10, BStBl II 2012, 271; BFH vom 28. 07. 2011, VI R 5/10, BStBl II 2012, 553 und BFH vom 28. 07. 2011, VI R 38/10, BStBl II 2012, 561.

366 Ähnlich: Scholtz, FS Klein, 1041 (1042); Herden, FS Spindler, 445 (448 f.).

367 Für eine Pflicht zur Veröffentlichung: Wernsmann, HHSp, § 4 AO Rn. 342, 234. Lfg. Aug. 2015; Schlenk, Bundesfinanzhof und Finanzverwaltung in Kooperation und Unabhängigkeit, 121.

368 Desens, Bindung der Finanzverwaltung an die Rechtsprechung, 82 ff, 485 und 488 f.

369 BT-Drs. 15/4614, 1 f.; BT-Drs. 16/13759, 2.

370 BMF vom 12. 10. 1982, IV B 2 – S 2133 – 15/82, BStBl I 1982, 810 zu BFH vom 24. 03. 1982, IV R 96/78, BStBl II 1982, 643 und BMF vom 15. 06. 1984, IV B 2 – S 2241 – 46/84, BStBl I 1984, 377 zu BFH vom 24. 11. 1983, IV R 14/83, BStBl II 1984, 431.

371 Gleichlautende Erlasse der obersten Finanzbehörden der Länder vom 09. 09. 1996, BStBl I 1996, 1172 zu BFH vom 14. 12. 1995, II R 79/94, BStBl II 1996, 546.

noch einmal zu überprüfen."[372]. Diese Zielsetzung scheint aber keine Ausschließlichkeit zu besitzen, da das BMF in anderen Nichtanwendungserlassen bereits auf eine beabsichtigte Nichtanwendungsgesetzgebung hinweist[373] und so der BFH faktisch keine Möglichkeit zur Überprüfung seiner Rechtsauffassung besitzen dürfte.

Zur Häufigkeit von Nichtanwendungserlassen finden sich verschiedene und zum Teil widersprüchliche Angaben. So sind in der Zeit vom 01. 01. 1998 bis zum 12. 12. 2008 65 Nichtanwendungserlasse ergangen[374]. In dieser Zeit hat der BFH 3.711 zur amtlichen Veröffentlichung bestimmte Entscheidungen getroffen, so dass ein Nichtanwendungserlass in jedem 57. Fall erging[375]. Andere Angaben nehmen einen Nichtanwendungserlass bei jeder 60. zur amtlichen Veröffentlichung bestimmten BFH-Entscheidung[376] oder zu jeder 100.[377] bzw. jeder 110.[378] der im BStBl II veröffentlichten BFH-Entscheidung an. Wieder andere Angaben nehmen in der Zeit von 1976 bis 2010 eine Zahl von 296 Nichtanwendungserlassen an, die zuletzt in zunehmender Anzahl erlassen wurden[379]. Dagegen steht die Annahme von 179 Nichtanwendungserlassen vom Beginn der Geltung des GG am 24. 05. 1949 bis zum 30. 09. 2009[380]. In den letzten Jahren wurden in 2007 13, in 2008 5, in 2009 3, in 2010 2, in 2011 2, in 2012 kein und in 2013 2 Nichtanwendungserlasse erlassen[381]. Die Nichtanwendungserlasse entfalten in der Praxis sowohl zugunsten als auch zuungunsten der Stpfl. Wirkung[382].

---

372 BMF vom 21. 01. 2003, IV A 6 – S 2137 – 2/03, BStBl I 2003, 125 zu BFH vom 27. 06. 2001, I R 45/97, BStBl II 2003, 121.

373 BMF vom 07. 02. 2001, IV C 1 – S 2252 – 26/01, BStBl I 2001, 149 zu BFH vom 24. 10. 2000, VIII R 28/99, BStBl II 2001, 97; BMF vom 07. 01. 2010, IV C 3 – S 2411/07/10013 2010/0008172, BStBl I 2010, 44 zu BFH vom 27. 05. 2009, I R 86/07, BStBl II 2010, 120; BMF vom 28. 06. 2010, IV C 6 – S 2244/09/10002 2010/0464101, BStBl I 2010, 599 zu BFH vom 25. 06. 2009, IX R 42/08, BStBl II 2010, 220 und BFH vom 18. 03. 2010, IX B 227/09, BStBl II 2010, 627; BMF vom 20. 12. 2011, IV C 4 – S 2284/07/0031:002 2011/1025909, BStBl I 2011, 1286 zu BFH vom 12. 05. 2011, VI R 42/10, BStBl II 2011, 1015.

374 BT-Drs. 16/11477, 13.

375 BT-Drs. 16/11477, 14.

376 BT-Drs. 15/4614, 2; BT-Drs. 16/13759, 2.

377 BMF in Person des parlamentarischen Staatssekretärs Böhme, DStR 1981, 93 (94).

378 BMF in Person des parlamentarischen Staatssekretärs Offergeld, BT-Drs. 7/5701, 13.

379 Djanani/Brähler/Krenzin, StuW 2011, 323 (327).

380 Desens, Bindung der Finanzverwaltung an die Rechtsprechung, 11 und 485.

381 Lange, HHSp, § 110 FGO Rn. 100, 231. Lfg. Feb. 2015.

382 BT-Drs. 7/5701, 13; Böhme, BT-Plenarprotokoll 8/88, 7015 f.; BMF in Person des parlamentarischen Staatssekretärs Böhme, DStR 1981, 93 (94); Klein, JbFStR 1989/90, 35

II. Rechtmäßigkeit

Die Rechtmäßigkeit von Nichtanwendungserlassen zu BFH-Entscheidungen wird in der steuerrechtlichen Literatur unterschiedlich beurteilt. Im Ergebnis werden drei verschiedene Lehren vertreten.

Die erste Lehre vertritt die Unzulässigkeit von Nichtanwendungserlassen[383]. Hierbei wird die Verfassungswidrigkeit von Nichtanwendungserlassen betont[384] und eine allgemeine Bindung der Finanzverwaltung an die Rechtsprechung des BFH angenommen[385]. Die zweite Lehre vertritt die Zulässigkeit von Nichtanwendungserlassen[386]. Personell sind insb. Angehörige der Exekutive Vertreter der Lehre der Zulässigkeit von Nichtanwendungserlassen. Hauptargument für die Zulässigkeit von Nichtanwendungserlassen sei die fehlende allgemeine Bindung der Finanzverwaltung an die Rechtsprechung des BFH[387]. Ein Begründungserfordernis für Nichtanwendungserlasse bestehe nicht[388]. Ebenso wird

(43); Offerhaus, StbJb 1995/96, 7 (22 ff.) ≙ Offerhaus, Sächsische Steuertagung 1996, 76 (85 ff.); ders., Stbg 1998, 437 (441); Spindler, DStR 2007, 1061 (1063); Djanani/Brähler/Krenzin, StuW 2011, 323 (328), Desens, Bindung der Finanzverwaltung an die Rechtsprechung, 18 und 486.

383 Giese, FR 1955, 245 (246); Haver, BB 1955, 521; Hanke, BB 1969, 145 (150); List, DStR 1976, 651 (654 f.); Leisner, DStZ 1981, 375; Kinzl, NJW 2012, Editorial Heft 7/2012.

384 Hanke, BB 1969, 145 (146 ff.); Leisner, DStZ 1981, 375 (383); Kinzl, NJW 2012, Editorial Heft 7/2012.

385 Leisner, DStZ 1981, 375 (387).

386 Zitzlaff, DStZ/A 1955, 113; Lenski, BB 1955, 520 (520 f.); Spitaler, StbJb 1955/56, 483 (499 f.); Paulick, StbJb 1964/65, 351 (393 f.); Ossenbühl, AöR 92 (1967), 478; von Welck, BB 1978, 758 (759); Koch, JbFStR 1978/79, 17 (22 f.); Bettermann, FS Meilicke, 1 (17); Klein, JbFStR 1989/90, 35 (43); Lang, StuW 1992, 14 (17) ≙ Lang, DRiZ 1992, 365 (368); Meister, DStZ 1992, 449 (451); Zeitler, FS 75 Jahre RFH - BFH, 199 (205); Offerhaus, StbJb 1995/96, 7 (13 f. und 27) ≙ Offerhaus, Sächsische Steuertagung 1996, 76 (80 f. und 88); ders., Stbg 1998, 437 (441); Wieland, DStR 2004, 1 (5); Horlemann, DStR 2004, 1113 (1114); Schlenk, Bundesfinanzhof und Finanzverwaltung in Kooperation und Unabhängigkeit, 113.

387 Zitzlaff, DStZ/A 1955, 113; Ossenbühl, AöR 92 (1967), 478 (494); von Welck, BB 1978, 758; Koch, JbFStR 1978/79, 17 (22); Bettermann, FS Meilicke, 1 (17); Lang, StuW 1992, 14 (17) ≙ Lang, DRiZ 1992, 365 (368); Zeitler, FS 75 Jahre RFH - BFH, 199 (205); Offerhaus, StbJb 1995/96, 7 (13) ≙ Offerhaus, Sächsische Steuertagung 1996, 76 (80); Horlemann, DStR 2004, 1113 (1114); Schlenk, Bundesfinanzhof und Finanzverwaltung in Kooperation und Unabhängigkeit, 96.

388 Wieland, DStR 2004, 1 (5); Schlenk, Bundesfinanzhof und Finanzverwaltung in Kooperation und Unabhängigkeit 124.

eine Hinweispflicht im Steuerbescheid auf die anderslautende Rechtsprechung des BFH nicht angenommen[389]. Die dritte Lehre geht ebenfalls von einer Zulässigkeit von Nichtanwendungserlassen aus, solange diese gewisse Anforderungen erfüllen[390]. Zu diesen Anforderungen gehören eine ausreichende Begründung des Nichtanwendungserlasses[391], das Verbot Nichtanwendungserlasse allein aus fiskalischen Gründen zu erlassen[392], durch einen Nichtanwendungserlass keine

---

389 Schlenk, Bundesfinanzhof und Finanzverwaltung in Kooperation und Unabhängigkeit, 125.

390 Hartz, BB 1955, 517 (519 f.); Gail, StbJb 1978/79, 461 (472 ff.); Felix, StuW 1979, 65; Schuhmann, FR 1982, 344 (348); Martens, DStJG 5 (1982), 165 (192); Klein, DStZ 1984, 55 (60); Jakob/Jüptner, StuW 1984, 148 (165); Buhs, Die allgemeine Bindung der Finanzverwaltung an die Rechtsprechung des Bundesfinanzhofs, 174; Krüger, Die Bindung der Verwaltung an die höchstrichterliche Rechtsprechung, 133 ff.; Kreft, Der Nichtanwendungserlaß, 188 ff.; Tipke, Die Steuerrechtsordnung Bd. III 1. Aufl., 1183 f.; Scholtz, FS Klein, 1041 (1048 f. und 1059 f.); Kruse, DStJG 18 (1995), 115 (124 f.); Brandt, Beermann/Gosch, § 110 FGO Rn. 30, 12. Lfg. Mrz. 1998; Lange, NJW 2002, 3657 (3660 f.); Voß, DStR 2003, 441 (446); Pezzer, DStR 2004, 525 (531); Völker/Ardizzoni, NJW 2004, 2413 (2418); Schaumburg, Erster Deutscher Finanzgerichtstag 2004, 73 (96); Lange, DB 2005, 354; Spindler, FS Solms, 53 (59) = Spindler, Stbg 2006, 1 (5); Pezzer, DWS-Schriftenreihe Nr. 9, 23 (29 f.); Kessler/Eicke, DStR 2006, 1913 (1914); Schulze-Fielitz, Dreier GG Bd. II, 3. Aufl., Art. 20 Rn. 95; Spindler, DStR 2007, 1061 (1066); Lange, HHSp, § 110 FGO Rn. 101 ff, 231. Lfg. Feb. 2015; Wernsmann, HHSp, § 4 AO Rn. 181 und 341 f., 234. Lfg. Aug. 2015; Seewald, SteuerCon 10/2009, 21; Weber-Grellet, FS Lang, 927 (937 f.); Herden, FS Spindler, 445 (454 f.); Vinken, FS Spindler, 549 (553 f. und 561); Djanani/Brähler/Krenzin, StuW 2011, 323 (326 und 329); Desens, Bindung der Finanzverwaltung an die Rechtsprechung, 485 ff.; Jochum, Grundfragen des Steuerrechts, 44 ff.; Koenig, Koenig, § 4 AO Rn. 65; Kirchhof, HHR, Einf. ESt Rn. 146, 265. Lfg. Aug. 2014; Englisch, T/L, 22. Aufl., § 5 Rn. 39.

391 Martens, DStJG 5 (1982), 165 (192); Jakob/Jüptner, StuW 1984, 148 (165); Krüger, Die Bindung der Verwaltung an die höchstrichterliche Rechtsprechung, 133 f.; Tipke, Die Steuerrechtsordnung Bd. III 1. Aufl., 1184; Kruse, DStJG 18 (1995), 115 (124); Lange, NJW 2002, 3657 (3660 f.); Pezzer, DStR 2004, 525 (531); Lange, DB 2005, 354 (357); Spindler, FS Solms, 53 (59 f.) = Spindler, Stbg 2006, 1 (6); Pezzer, DWS-Schriftenreihe Nr. 9, 23 (29); Kessler/Eicke, DStR 2006, 1913 (1914); Spindler, DStR 2007, 1061 (1064 ff.); Lange, HHSp, § 110 FGO Rn. 101, 231. Lfg. Feb. 2015; Wernsmann, HHSp, § 4 AO Rn. 342, 234. Lfg. Aug. 2015; Seewald, SteuerCon 10/2009, 21 (22); Weber-Grellet, FS Lang, 927 (937); Herden, FS Spindler, 445 (454); Vinken, FS Spindler, 549 (554); Djanani/Brähler/Krenzin, StuW 2011, 323 (329); Desens, Bindung der Finanzverwaltung an die Rechtsprechung, 403 ff. und 505; Kirchhof, HHR, Einf. ESt Rn. 146, 265. Lfg. Aug. 2014; Englisch, T/L, 22. Aufl., § 5 Rn. 39.

392 Gail, StbJb 1978/79, 461 (473); Kreft, Der Nichtanwendungserlaß, 191 f.; Tipke, Die Steuerrechtsordnung Bd. III 1. Aufl., 1184; Kruse, DStJG 18 (1995), 115 (125); Brandt,

Regelungen für einen vorübergehenden Zeitraum im Vorgriff auf eine beabsichtigte Gesetzesänderung zu treffen[393], das Verbot Nichtanwendungserlasse gegen eine gefestigte BFH-Rechtsprechung zu richten[394], eine BFH-Rechtsprechung ohne neue zusätzliche Argumente mit einem Nichtanwendungserlass zu belegen[395], in Steuerbescheiden, die auf der Grundlage von Nichtanwendungserlassen ergehen, auf diesen bzw. die anderslautende BFH-Rechtsprechung hinzuweisen[396], die auf Nichtanwendungserlassen beruhenden Steuerbescheide gem. § 164 AO mit einem Vorbehalt der Nachprüfung zu versehen[397], die Veröffentlichung der Nichtanwendungserlasse im BStBl I[398], der bundeseinheitliche

---

Beermann/Gosch, § 110 FGO Rn. 30, 12. Lfg. Mrz. 1998; Völker/Ardizzoni, NJW 2004, 2413 (2418); Schaumburg, Erster Deutscher Finanzgerichtstag 2004, 73 (96); Spindler, FS Solms, 53 (60) = Spindler, Stbg 2006, 1 (6); Pezzer, DWS-Schriftenreihe Nr. 9, 23 (29 f.); Kessler/Eicke, DStR 2006, 1913 (1914); Schulze-Fielitz, Dreier GG Bd. II, 3. Aufl., Art. 20 Rn. 95; Spindler, DStR 2007, 1061 (1065 f.); Wernsmann, HHSp, § 4 AO Rn. 341, 234. Lfg. Aug. 2015; Djanani/Brähler/Krenzin, StuW 2011, 323 (327 und 330).

393 Spindler, FS Solms, 53 (60) = Spindler, Stbg 2006, 1 (6); Pezzer, DWS-Schriftenreihe Nr. 9, 23 (30); Spindler, DStR 2007, 1061 (1065 f.), Desens, Bindung der Finanzverwaltung an die Rechtsprechung, 314 ff. und 500 f.

394 Felix, StuW 1979, 65 (76); Schuhmann, FR 1982, 344 (348); Klein, DStZ 1984, 55 (60); Scholtz, FS Klein, 1041 (1048 f.); Völker/Ardizzoni, NJW 2004, 2413 (2418); Weber-Grellet, FS Lang, 927 (937).

395 Völker/Ardizzoni, NJW 2004, 2413 (2418); Jochum, Grundfragen des Steuerrechts, 45; Englisch, T/L, 22. Aufl., § 5 Rn. 39.

396 Felix, StuW 1979, 65 (76); Jakob/Jüptner, StuW 1984, 148 (165); Buhs, Die allgemeine Bindung der Finanzverwaltung an die Rechtsprechung des Bundesfinanzhofs,174; Krüger, Die Bindung der Verwaltung an die höchstrichterliche Rechtsprechung, 150 f.; Kreft, Der Nichtanwendungserlaß, 192; Tipke, Die Steuerrechtsordnung Bd. III 1. Aufl., 1184; Lange, NJW 2002, 3657 (3661); Pezzer, DStR 2004, 525 (531); Schaumburg, Erster Deutscher Finanzgerichtstag 2004, 73 (96); Lange, DB 2005, 354 (358); Spindler, DStR 2007, 1061 (1066); Lange, HHSp, § 110 FGO Rn. 102, 231. Lfg. Feb. 2015; Seewald, SteuerCon 10/2009, 21 (22); Weber-Grellet, FS Lang, 927 (938); Herden, FS Spindler, 445 (454); Desens, Bindung der Finanzverwaltung an die Rechtsprechung, 446 ff. und 507 f.; Koenig, Koenig, § 4 AO Rn. 66.

397 Krüger, Die Bindung der Verwaltung an die höchstrichterliche Rechtsprechung, 152; Desens, Bindung der Finanzverwaltung an die Rechtsprechung, 443 ff, 452 und 507.

398 Krüger, Die Bindung der Verwaltung an die höchstrichterliche Rechtsprechung, 149; Kreft, Der Nichtanwendungserlaß, 192 ohne Bezug auf das BStBl I; Tipke, Die Steuerrechtsordnung Bd. III 1. Aufl., 1184; Wernsmann, HHSp, § 4 AO Rn. 342, 234. Lfg. Aug. 2015, Desens, Bindung der Finanzverwaltung an die Rechtsprechung, 392 ff. und 504.

Erlass von Nichtanwendungserlassen[399] bzw. die ausschließliche Kompetenz des BMF zum Erlass von Nichtanwendungserlassen[400], eine dreimonatige Frist ab Veröffentlichung der BFH-Entscheidung, in der der Nichtanwendungserlass erlassen werden darf[401], der Zwang Nichtanwendungserlasse als Übergangsregelung zu verstehen[402] und die Pflicht zur Gewährung von Aussetzung der Vollziehung nach § 361 AO im Falle der Einlegung eines Einpruchs gegen einen auf einem Nichtanwendungserlass beruhenden Steuerbescheid[403]. Auch wird danach differenziert, ob sich Nichtanwendungserlasse in zulässiger Weise gegen BFH-Entscheidungen mit rechtsdogmatischen Fehlurteilen richten oder in unzulässiger Weise gegen vertretbare BFH-Entscheidungen[404]. Als Rechtsfolge sind Nichtanwendungserlasse, die die vorstehend genannten Anforderungen nicht erfüllen, rechtswidrig. Verbunden wird die dritte Lehre mit der Forderung nach einem zurückhaltenden Gebrauch von Nichtanwendungserlassen[405]. Die dritte Lehre, ist als die herrschende Lehre anzusehen.

Nach Auffassung der *Bundesregierung* sind Nichtanwendungserlasse mit Bezugnahme auf Art. 20 Abs. 3 GG verfassungsrechtlich zulässig[406]. Selbige Auffassung vertritt das BMF[407]. Der *BFH* sieht Nichtanwendungserlasse gegen BFH-Entscheidungen als zulässig an, wenn er das Recht der Finanzverwaltung zur Abweichung von einer BFH-Entscheidung anerkennt[408] und eine allgemeine Bindung der Verwaltung an die Rechtsprechung nur im Fall des § 31 BVerfGG annimmt[409]. Die Auffassung der Zulässigkeit von Nichtanwendungserlassen haben Vertreter des BFH, unter Hinweis auf einen gebotenen vorsichtigen Gebrauch von Nichtanwendungserlassen, letztlich auch am 30. 10. 1978

---

399 Krüger, Die Bindung der Verwaltung an die höchstrichterliche Rechtsprechung, 133 f.

400 Weber-Grellet, FS Lang, 927 (938).

401 Weber-Grellet, FS Lang, 927 (938).

402 Krüger, Die Bindung der Verwaltung an die höchstrichterliche Rechtsprechung, 134.

403 Kreft, Der Nichtanwendungserlaß, 192; Desens, Bindung der Finanzverwaltung an die Rechtsprechung, 453 f. und 508.

404 Voß, DStR 2003, 441 (446); Spindler, DStR 2007, 1061 (1064 und 1066); Jochum, Grundfragen des Steuerrechts, 45.

405 Gail, StbJb 1978/79, 461 (476); Scholtz, FS Klein, 1041 (1060); Vinken, FS Spindler, 549 (554 und 561); Djanani/Brähler/Krenzin, StuW 2011, 323 (327 und 329); Koenig, Koenig, § 4 AO Rn. 66; Kirchhof, HHR, Einf. ESt Rn. 146, 265. Lfg. Aug. 2014.

406 BT-Drs. 15/4614, 1; BT-Drs. 16/13579, 1 und 3.

407 BMF in Person des parlamentarischen Staatssekretärs Böhme, DStR 1981, 93.

408 BFH vom 14. 08. 1958, I 39/57 U, BStBl III 1958, 409 (412).

409 BFH vom 29. 07. 1965, V 71/61 S, BStBl III 1965, 545 (547).

im Rahmen einer Besprechung mit Vertretern der Finanzverwaltung angenommen[410]. In einer jüngeren Entscheidung spricht der BFH davon, dass seine Entscheidungen lediglich die Rechtslage in einem konkreten Fall feststellen und keine dem Gesetzesrecht vergleichbaren Rechtsbindungen erzeugen[411].

III. Staatshaftungsrechtliche Aspekte

Wie bereits bei der Nichtveröffentlichung von BFH-Entscheidungen im BStBl II, sind auch Nichtanwendungserlasse vor dem Hintergrund des Amtshaftungsanspruchs aus § 839 BGB i. V. m. Art. 34 Satz 1 GG unter dem Blickwinkel des Staatshaftungsrechts zu untersuchen.

Entscheidend für die Beantwortung der Frage, ob ein Amtshaftungsanspruch besteht, ist die Frage, ob eine Bindungswirkung der Finanzverwaltung an die Rechtsprechung des BFH besteht. Würde eine solche Bindungswirkung bejaht, würde ein Nichtanwendungserlass selbiger zuwider laufen und die Befolgung des Nichtanwendungserlasses durch die Finanzverwaltung eine schuldhafte Amtspflichtverletzung darstellen. Bei Vorliegen der weiteren Tatbestandsmerkmale des Amtshaftungsanspruchs, wäre dieser zu bejahen. Eine solche allgemeine Bindungswirkung der Finanzverwaltung an die höchstrichterliche Rechtsprechung des BFH wird jedoch abgelehnt[412]. Damit ist die Befolgung eines Nichtanwendungserlasses durch die Finanzverwaltung keine schuldhafte Amtspflichtverletzung. Im Ergebnis wird der höchstrichterlichen Rechtsprechung des BFH damit zwar eine Leitbildfunktion zugemessen, die die Finanzverwaltung kennen und bewerten, nicht aber zu befolgen hat. Diese rechtliche Würdigung wird bei sachlich begründeten Nichtanwendungserlassen nicht bestritten[413]. Sie

---

410 Herden, FS Spindler, 445 (452).

411 BFH vom 17. 12. 2007, GrS 2/04, BStBl II 2008, 608 (617).

412 Zitzlaff, DStZ/A 1955, 113; Ossenbühl, AöR 92 (1967), 478 (491 und 494 f.); von Welck, BB 1978, 758; Koch, JbFStR 1978/79, 17 (22); Bettermann, FS Meilicke, 1 (17); Lang, StuW 1992, 14 (17) ≙ Lang, DRiZ 1992, 365 (368); Zeitler, FS 75 Jahre RFH – BFH, 199 (205); Offerhaus, StbJb 1995/96, 7 (13) ≙ Offerhaus, Sächsische Steuertagung 1996, 76 (80); Wieland, DStR 2004, 1 (5); Horlemann, DStR 2004, 1113 (1114); Schlenk, Bundesfinanzhof und Finanzverwaltung in Kooperation und Unabhängigkeit, 96; Ossenbühl/Cornils, Staatshaftungsrecht, 76; Schlenk, DStR 2015, 2135 (2137 ff.).

413 Koenig, Koenig, § 4 AO Rn. 66; Schaumburg, Erster Deutscher Finanzgerichtstag 2004, 73 (91 f.). Ein Fall eines sachlich begründeten Nichtanwendungserlasses dürfte mit Verweis auf Tipke, Die Steuerrechtsordnung Bd. III 1. Aufl., 1183 f. vorliegen, wenn der Finanzverwaltung eine BFH-Entscheidung als rechtlich unvertretbar erscheint.

gilt demgemäß für rechtmäßige Nichtanwendungserlasse[414]. Ist ein Nichtanwendungserlass hingegen rechtswidrig, sollen Amtshaftungsansprüche bestehen[415]. Die ungerechtfertigte Nichtbeachtung der BFH-Rechtsprechung durch die Finanzverwaltung wäre ein solcher Fall[416]. Zuletzt gibt es Überlegungen, einen Amtshaftungsanspruch des Stpfl. zu bejahen, wenn die Finanzverwaltung in einem ablehnenden Steuerbescheid nicht auf eine für den Stpfl. günstige BFH-Rechtsprechung hinweist, die die Finanzverwaltung mittels Nichtanwendungserlass für nicht allgemein anwendbar erklärt hat[417].

In der Praxis werden Amtshaftungsansprüche im Kontext zu Nichtanwendungserlassen regelmäßig am Haftungsausschluss des § 839 Abs. 3 BGB scheitern, der den Vorrang des Primärrechtsschutzes normiert. In der Regel ist es dem Stpfl. nämlich zumutbar, sich mit einem Einspruch gem. §§ 347 ff. AO gegen einen Steuerbescheid zu wenden, anstatt einen Amtshaftungsanspruch geltend zu machen.

IV. Eigene Beurteilung

Eine verfassungsrechtliche Beurteilung ergibt die Zulässigkeit von Nichtanwendungserlassen.

Die in Art. 20 Abs. 2 Satz 2 GG normierte Teilung der Gewalten verbietet Eingriffe einer Gewalt in den Kernbereich einer anderen Gewalt, ohne gleichzeitig eine strikte Trennung der Gewalten zum Inhalt zu haben[418]. Solange der Rechtsprechung des BFH eine ausreichende Möglichkeit zur Wirkung in der Breite bleibt, greift der von der Exekutive verantwortete Nichtanwendungserlass nicht in den geschützten Kernbereich der Judikative ein. Ein solcher Eingriff in den Kernbereich würde erst dann vorliegen, wenn die Exekutive nahezu alle vom BFH zur amtlichen Veröffentlichung vorgesehenen

---

414 Schaumburg, Erster Deutscher Finanzgerichtstag 2004, 73 (91 f.).

415 Leisner, DStZ 1981, 375 (385 ff.); Kessler/Eicke, DStR 2006, 1913 (1914); Spindler, DStR 2007, 1061 (1065 f.); Desens, Bindung der Finanzverwaltung an die Rechtsprechung, 467 ff. und 509 f.

416 Brandt, Beermann/Gosch, § 110 FGO Rn. 30, 12. Lfg. Mrz. 1998.

417 Buhs, Die allgemeine Bindung der Finanzverwaltung an die Rechtsprechung des Bundesfinanzhofs, 154 und 174; Lange, DB 2005, 354 (358) mit Bezug auf die Rechtsprechung des OLG Koblenz vom 17. 07. 2002, 1 U 1588/01, Stbg 2004, 41. Entscheidungsbesprechung: Lange, DB 2003, 360; Weyand, INF 2003, 238; Laws/Stahlschmidt, StB 2003, 180 (189 f.). Ferner: Desens, Bindung der Finanzverwaltung an die Rechtsprechung, 481 f. und 510.

418 Siehe 3. Teil B. I. 2. b).

Entscheidungen mit einem Nichtanwendungserlass belegen würde. Da sie in der Rechtspraxis nach Ausführungen der Bundesregierung nur zu jeder 57.[419] bis 60.[420] BFH-Entscheidung einen Nichtanwendungserlass erlassen hat, kann einen Eingriff in den geschützten Kernbereich der Judikative nicht angenommen werden. Indem Art. 20 Abs. 3 2. HS GG die Exekutive und die Judikative an Recht und Gesetz bindet, bringt das GG hierin eine Gleichrangigkeit von Exekutive und Judikative zum Ausdruck, die ihrer Wirkung beraubt wäre, wenn die Judikative der Exekutive durch ihre Rechtsprechung eine Bindungswirkung auferlegen könnte, die das Verbot von Nichtanwendungserlassen zum Inhalt hätte[421]. Dieser Befund wird dadurch unterstrichen, dass die Rechtsprechung des BFH weder Gesetz[422] noch Recht[423] i. S. d. Art. 20 Abs. 3 2. HS GG ist[424]. Der Gleichrangigkeit von Exekutive und Judikative lässt sich ferner eine eigenverantwortliche Wahrnehmung der Exekutive zur Rechsanwendung und dem damit verbundenen Recht, über die allgemeine Anwendung der BFH-Rechtsprechung zu entscheiden, entnehmen, was die Zulässigkeit von Nichtanwendungserlassen unterstreicht. Auch aus anderen verfassungsrechtlichen Bestimmungen lässt sich Verfassungswidrigkeit von Nichtanwendungserlassen nicht ableiten[425].

Eine einfachgesetzliche Beurteilung führt zu keinem anderen Ergebnis und ergibt ebenso die Zulässigkeit von Nichtanwendungserlassen. So hat der Gesetzgeber zum einen nur die Rechtsprechung des BVerfG gem. § 31 BVerfGG mit einer Bindungswirkung versehen. Auf die Rechtsprechung des BFH findet § 31

---

419 BT-Drs. 16/11477, 14.

420 BT-Drs. 15/4614, 2; BT-Drs. 16/13759, 2.

421 Ebenso die Gleichrangigkeit von Exekutive und Judikative betonend: Widmann, DWS-Schriftenreihe Nr. 9, 38 (43); Jochum, Grundfragen des Steuerrechts, 45.

422 Gesetz i. S. d. Art. 20 Abs. 3 2. HS GG ist mit Bezug auf Sommermann, von Mangoldt/Klein/Starck GG Bd. II, Art. 20 Rn. 264 das Parlamentsgesetz, d. h. das Gesetz im formellen Sinne.

423 Recht i. S. d. Art. 20 Abs. 3 2. HS GG sind mit Bezug auf Sommermann, von Mangoldt/Klein/Starck GG Bd. II, Art. 20 Rn. 265 die Normen des GG, das primäre und sekundäre EU-Recht, die allgemeinen Regeln des Völkerrechts und das Gewohnheitsrecht.

424 Ebenso: Offerhaus, Stbg 1998, 437 (441); Schlenk, Bundesfinanzhof und Finanzverwaltung in Kooperation und Unabhängigkeit, 53.

425 A. A. Leisner, DStZ 1981, 375 (383), für den Nichtanwendungserlasse gegen Art. 3 Abs. 1 GG verstoßen und Kinzl, NJW 2012, Editorial Heft 7/2012, der aufgrund des systematischen Eingriffs der Exekutive in Akte der Judikative und des damit einhergehenden Wirkungsentzugs der Judikativakte eine Verfassungswidrigkeit bejaht.

BVerfGG aber keine Anwendung[426]. Zum anderen zeigt § 110 Abs. 1 FGO, dass BFH-Entscheidungen unmittelbar nur eine „inter-partes-Wirkung“[427] besitzen.

Die verfassungsrechtliche und einfachgesetzliche Beurteilung der Zulässigkeit von Nichtanwendungserlassen gilt auch für Nichtanwendungserlasse, die aus fiskalischen Gründen erlassen worden sind[428]. So wünschenswert ein Verzicht auf fiskalische Nichtanwendungserlasse rechtspolitisch sein mag, so wenig ist er verfassungsrechtlich und einfachgesetzlich geboten.

Die an Nichtanwendungserlasse zu stellenden Anforderungen sind daher zuvorderst rechtspolitischer Natur. Dem in der Literatur erhobenen Postulat eines Begründungserfordernisses von Nichtanwendungserlassen[429], ist zuzustimmen[430]. Ein solches Begründungserfordernis ist auch nach den Ausführungen der *Bundesregierung*, nach denen es Ziel eines Nichtanwendungserlasses ist, „dem BFH Gelegenheit zu geben, seine Rechtsauffassung in einem anderen

426 Felix, StuW 1979, 65 (70).

427 Klein, DStZ 1984, 55 (56).

428 Für ein Verbot von Nichtanwendungserlassen aus fiskalischen Gründen hingegen: Gail, StbJb 1978/79, 461 (473); Kreft, Der Nichtanwendungserlaß, 191 f.; Tipke, Die Steuerrechtsordnung Bd. III 1. Aufl., 1184; Kruse, DStJG 18 (1995), 115 (125); Brandt, Beermann/Gosch, § 110 FGO Rn. 30, 12. Lfg. Mrz. 1998; Völker/Ardizzoni, NJW 2004, 2413 (2418); Schaumburg, Erster Deutscher Finanzgerichtstag 2004, 73 (96); Spindler, FS Solms, 53 (60) = Spindler, Stbg 2006, 1 (6); Pezzer, DWS-Schriftenreihe Nr. 9, 23 (29 f.); Kessler/Eicke, DStR 2006, 1913 (1914); Schulze-Fielitz, Dreier GG Bd. II, 3. Aufl., Art. 20 Rn. 95; Spindler, DStR 2007, 1061 (1065 f.); Wernsmann, HHSp, § 4 AO Rn. 341, 234. Lfg. Aug. 2015; Djanani/Brähler/Krenzin, StuW 2011, 323 (327 und 330).

429 Martens, DStJG 5 (1982), 165 (192); Jakob/Jüptner, StuW 1984, 148 (165); Krüger, Die Bindung der Verwaltung an die höchstrichterliche Rechtsprechung, 133 f.; Tipke, Die Steuerrechtsordnung Bd. III 1. Aufl., 1184; Kruse, DStJG 18 (1995), 115 (124); Lange, NJW 2002, 3657 (3660 f.); Pezzer, DStR 2004, 525 (531); Lange, DB 2005, 354 (357); Spindler, FS Solms, 53 (59 f.) = Spindler, Stbg 2006, 1 (6); Pezzer, DWS-Schriftenreihe Nr. 9, 23 (29); Kessler/Eicke, DStR 2006, 1913 (1914); Spindler, DStR 2007, 1061 (1064 ff.); Lange, HHSp, § 110 FGO Rn. 101, 231. Lfg. Feb. 2015; Wernsmann, HHSp, § 4 AO Rn. 342, 234. Lfg. Aug. 2015; Seewald, SteuerCon 10/2009, 21 (22); Weber-Grellet, FS Lang, 927 (937); Herden, FS Spindler, 445 (454); Vinken, FS Spindler, 549 (554); Djanani/Brähler/Krenzin, StuW 2011, 323 (329); Desens, Bindung der Finanzverwaltung an die Rechtsprechung, 403 ff. und 505; Kirchhof, HHR, Einf. ESt Rn. 146, 265. Lfg. Aug. 2014; Englisch, T/L, 22. Aufl., § 5 Rn. 39.

430 Vgl. als Beispiel für einen Nichtanwendungserlass, der dem Begründungserfordernis entspricht: BMF vom 30. 03. 2016, IV B 5 – S 1341/11/10004-07 2016/0291611, BStBl I 2016, 455.

geeigneten Verfahren zu überprüfen."[431], zwingend. Denn nur, wenn die Rechtsauffassung der Exekutive bekannt ist, ist dem BFH eine solche Überprüfung überhaupt erst möglich. Von daher ist es unzureichend, wenn nicht alle Nichtanwendungserlasse diesem Anspruch genügen[432]. Ebenso ist dem in der Literatur erhobenen Postulat über die Notwendigkeit eines Hinweises im Steuerbescheid, der auf der Grundlage eines Nichtanwendungserlasses ergeht, auf diesen bzw. die anderslautende BFH-Rechtsprechung hinzuweisen[433], zuzustimmen. Ein solcher Hinweis wäre Ausdruck eines transparenten Handelns der Finanzverwaltung und würde dem in § 121 AO normierten Begründungserfordernis für Steuerverwaltungsakte entsprechen. In diesem Kontext ist hingegen die in der Literatur erhobene Forderung, die auf Nichtanwendungserlassen beruhenden Steuerbescheide gem. § 164 AO mit einem Vorbehalt der Nachprüfung zu versehen[434], abzulehnen. Eine Notwendigkeit zur Steuerfestsetzung unter Vorbehalt der Nachprüfung gem. § 164 AO besteht nicht, wenn im Steuerbescheid, der auf der Grundlage eines Nichtanwendungserlasses ergeht, auf diesen bzw. die anderslautende BFH-Rechtsprechung hingewiesen wird. Der Stpfl. hat schließlich dann die Möglichkeit zur Abwägung, ob er sich mit einem Einspruch nach den §§ 347 ff. AO gegen die Beachtung des Nichtanwendungserlasses wenden will, um den betreffenden Steuerfall im Hinblick auf eine etwaige spätere Aufhebung des Nichtanwendungserlasses durch die Finanzverwaltung offen zu halten, bzw. im finanzgerichtlichen Verfahren die Nichtanwendung des Nichtanwendungserlasses zu erstreiten.

Im Vergleich zu den ebenfalls auf die Exekutive zurückzuführenden Methoden der Verhinderung von BFH-Entscheidungen und der Nichtveröffentlichung von BFH-Entscheidungen im BStBl II, sind Nichtanwendungserlasse unter dem

---

431 BT-Drs. 15/4614, 1 f.; BT-Drs. 16/13759, 2.

432 BT-Drs. 15/4614, 3.

433 Felix, StuW 1979, 65 (76); Jakob/Jüptner, StuW 1984, 148 (165); Buhs, Die allgemeine Bindung der Finanzverwaltung an die Rechtsprechung des Bundesfinanzhofs,174; Krüger, Die Bindung der Verwaltung an die höchstrichterliche Rechtsprechung, 150 f.; Kreft, Der Nichtanwendungserlaß, 192; Tipke, Die Steuerrechtsordnung Bd. III 1. Aufl., 1184; Lange, NJW 2002, 3657 (3661); Pezzer, DStR 2004, 525 (531); Schaumburg, Erster Deutscher Finanzgerichtstag 2004, 73 (96); Lange, DB 2005, 354 (358); Spindler, DStR 2007, 1061 (1066); Lange, HHSp, § 110 FGO Rn. 102, 231. Lfg. Feb. 2015; Seewald, SteuerCon 10/2009, 21 (22); Weber-Grellet, FS Lang, 927 (938); Herden, FS Spindler, 445 (454); Desens, Bindung der Finanzverwaltung an die Rechtsprechung, 446 ff. und 507 f.; Koenig, Koenig, § 4 AO Rn. 66.

434 Krüger, Die Bindung der Verwaltung an die höchstrichterliche Rechtsprechung, 152; Desens, Bindung der Finanzverwaltung an die Rechtsprechung, 443 ff, 452 und 507.

Gesichtspunkt der Transparenz eindeutig vorzugswürdig. So setzt ein Nichtanwendungserlass eine zugrunde liegende BFH-Entscheidung ebenso voraus, wie eine Veröffentlichung der BFH-Entscheidung im BStBl II. In diesem Kontext versteht es sich von selbst, dass die Veröffentlichung der Nichtanwendungserlasse im BStBl I obligatorischer Natur ist und diese folglich bundeseinheitliche Anwendung finden.

Die Ausführungen in den Koalitionsverträgen der letzten beiden, die Bundesregierung bildenden Parteien über die Rückführung[435] und restriktive Handhabung[436] der Nichtanwendungserlasse verdeutlichen mit Blick auf die Nichtanwendungsgesetzgebung, dass Nichtanwendungserlasse ein Instrument der Vergangenheit waren, während der Nichtanwendungsgesetzgebung die Zukunft gehört. Es steht daher zu vermuten, dass die rechtspraktische Bedeutung der Nichtanwendungserlasse in Zukunft grds. abnehmen wird[437]. Eine Ausnahme mag für Nichtanwendungserlasse im Vorfeld eines Nichtanwendungsgesetzes gelten, mit denen die Finanzverwaltung die Entstehung von schutzwürdigem Vertrauen des Stpfl. auf die Rechtsprechung des BFH verhindern will, damit das Nichtanwendungsgesetz in verfassungsrechtlich zulässiger Weise zurückwirken kann.

G. Gesetze zu Entscheidungen des BFH

I. Einführung

Der Gesetzgeber kann aus verschiedenen Motiven eine gesetzgeberische Tätigkeit entfalten. *Müller* nennt als solche Motivlagen die erstmalige gesetzliche Normierung von Tatbeständen, der Ersatz bisherigen Rechts, die Erfüllung von Aufträgen oder Verheißungen, die Rechtsprechung des BVerfG, die Rechtsprechung anderer Gerichte, die Bestätigung einer angezweifelten Handhabung, den Einfluss von Regelungen in anderen Rechtsbereichen und das Richtigstellen von Redaktionsversehen[438].

---

435 Koalitionsvertrag zwischen CDU, CSU und FDP für die 17. Legislaturperiode des BT 2009-2013, 13.

436 Koalitionsvertrag zwischen CDU, CSU und SPD für die 18. Legislaturperiode des BT 2013-2017, 90.

437 Für Lange, HHSp, § 110 FGO Rn. 100, 231. Lfg. Feb. 2015 liegt die Rückläufigkeit der Nichtanwendungserlasse möglicherweise an der in der steuerrechtlichen Literatur erhobenen Kritik an Nichtanwendungserlassen. Die Koalitionsverträge der letzten beiden, die Bundesregierung bildenden Parteien als Grund für die Rückläufigkeit der Nichtanwendungserlasse sind nicht Gegenstand seiner Betrachtung.

438 Müller, DÖV 1964, 226 (226 ff.).

Im Zuge der weiteren Untersuchung ist von Belang, mit welchen Motiven der Gesetzgeber die Rechtsprechung des BFH als Anlass zur gesetzgeberischen Tätigkeit nimmt. Nach *Müller* kann die Rechtsprechung anderer Gerichte vom Gesetzgeber zur Festigung von Richterrecht, zum Ausfüllen von Lücken, zur Beseitigung einer von der Rechtsprechung aufgezeigten Misshelligkeit, zum Entgegenwirken, zum Klarstellen, zur Beseitigung des Auseinanderklaffens von Gerichtssprüchen und zur Entwirrung eines Rechtswirrwarrs genutzt werden[439]. Zur Vervollständigung ist ferner als Motivlage mit *Kreile* noch die Beseitigung unerwünschter Auswirkungen früherer Gesetzgebungstätigkeit zu nennen, die oftmals erst durch die Rechtsprechung offenkundig wird und die den Gesetzgeber dann zur Änderung des Gesetzes veranlasst[440]. Die verschiedenen Motive für eine gesetzgeberische Tätigkeit sind zum Teil nur schwer voneinander zu trennen, weshalb eine gesetzgeberische Maßnahme zugleich verschiedenen Motivtypen der gesetzgeberischen Tätigkeit zugeordnet werden kann[441].

Schön äußert mit Bezug auf die steuerliche Gesetzgebung eine grds. Skepsis ggü. dem Mehrwert von Gesetzesänderungen und -reformen, da durch die vielen Änderungen das Steuerrecht als verworren, kompliziert und unbeherrschbar wahrgenommen werde[442]. Daraus kann die Feststellung abgeleitet werden, dass der größte Beitrag des Steuergesetzgebers zur Vereinfachung des Steuerrechts darin liegen würde, einige Zeit überhaupt nichts zu tun[443].

II. Festigung von Richterrecht

Die Fallgruppe der Festigung von Richterrecht durch die Übernahme der Rechtsprechung in ein Gesetz[444] ist unproblematisch[445]. Es besteht in diesen Fällen

---

439 Müller, DÖV 1964, 226 (228 ff.).

440 Kreile, StbJb 1984/85, 39 (45 f.) ≙ Kreile, FS von Wallis, 183 (189 f.). Zur Beseitigung unerwünschter Auswirkungen früherer Gesetzgebungstätigkeit zählt auch das von Müller als selbstständige Motivlage erwähnte Redaktionsversehen.

441 Vgl. dazu exemplarisch mit Bezug auf die unten stehenden Ausführungen zu III., IV. und V. die Rechtsprechung des BFH zu Geldstrafen und -bußen durch BFH vom 21. 11. 1983, GrS 2/82, BStBl II 1984, 160 und BFH vom 21. 11. 1983, GrS 3/82, BStBl II 1984, 166 und die darauf folgende Reaktion des Gesetzgebers durch BGBl I 1984, 1006.

442 Schön, DStR 2008, Beihefter zu Heft 17/2008, 10 (19).

443 Schön, DStR 2008, Beihefter zu Heft 17/2008, 10 (19); ders., StuW 2002, 23 (35).

444 Müller, DÖV 1964, 226 (228).

445 Vgl. hierzu mit Bezug zum Steuerrecht und zum Teil konkreten Beispielen, in denen der Gesetzgeber die Rechtsprechung des BFH zum Gesetz hat werden lassen: Grund, 50 Jahre Deutsche Finanzgerichtsbarkeit, 27 (42 ff.); Koch, DStZ/A 1975, 370 (372 f.);

zwischen den Gewalten keine differierende Rechtsauffassung, die zu Konflikten der Gewalten untereinander führen kann. Ob die Notwendigkeit einer Kodifikation von Richterrecht vor diesem Hintergrund überhaupt gegeben ist, kann daher zunächst bezweifelt werden[446], da die Finanzverwaltung durch die Veröffentlichung von Entscheidungen des BFH im BStBl II und die Einarbeitung der BFH-Rechtsprechung in Richtlinien und sonstige Verwaltungsanweisungen die verbindliche Anwendung der BFH-Rechtsprechung dokumentiert[447]. Gleichwohl spricht für eine Kodifikation von Richterrecht die höhere Transparenz, die ein Gesetz dem Bürger im Vergleich zu einer richterlichen Entscheidung vermittelt[448]. Durch die Kodifikation erfährt das Richterrecht eine Aufwertung zum Gesetzesrecht und wird so von der Legislative inkorporiert. Seine allgemeine Anwendung ist damit nicht mehr allein von dem Willen der Exekutive abhängig. In der Praxis wird die Festigung von Richterrecht durch ein Gesetz vor dem Hintergrund der eigentlich nicht gegebenen Notwendigkeit nur in wenigen Fällen erfolgen. Hierdurch wird auch die „knappe Ressource Gesetzgebung“[449] geschont.

III. Ausfüllen von Lücken

Schließt der Gesetzgeber eine von der Rechtsprechung festgestellte Lücke in der Rechtsordnung, die die Rechtsprechung mangels Kompetenz nicht durch Auslegung oder eine Analogie schließen konnte, handelt es sich hierbei um ein Gesetz zur Füllung einer Lücke[450].

Kreile, StbJb 1984/85, 39 (41 ff.) ≙ Kreile, FS von Wallis, 183 (186 ff.); Klein, FS Sendler, 483 (491 ff.); Gattermann, FS 75 Jahre RFH – BFH, 91 (97 ff.); Offerhaus, StbJb 1995/96, 7 (14 ff.) ≙ Offerhaus, Sächsische Steuertagung 1996, 76 (81 ff.); Huber, FS Offerhaus, 241 (245 ff.).

446 Ebenso: Gattermann, FS 75 Jahre RFH – BFH, 91 (97).

447 Nach Klein, FS Sendler, 483 (492) trifft dies für über 99 % aller BFH-Entscheidungen zu.

448 Kreile, StbJb 1984/85, 39 (41 f.) ≙ Kreile, FS von Wallis, 183 (186), der die Festigung von Richterrecht für sinnvoll hält und neben dem Aspekt der Transparenz die höhere Rechtsverbindlichkeit eines Gesetzes im Vergleich zum Richterrecht nennt sowie die leichtere Informationsmöglichkeit für den Bürger durch den Blick in das Gesetzblatt betont und die Möglichkeit des Gesetzgebers, das Richterrecht zu überprüfen, anspricht.

449 Kübler, FS Stimpel, 3 (12).

450 Müller, DÖV 1964, 226 (228); Kreile, StbJb 1984/85, 39 (44) ≙ Kreile, FS von Wallis, 183 (188); Zeitler, FS 75 Jahre RFH – BFH, 199 (205).

Die Reaktion des Gesetzgebers auf die Geldstrafen und -bußen-Rechtsprechung des BFH[451] ist das Musterbeispiel für ein Gesetz zur Füllung von Lücken. Der BFH hatte in seiner diesbzgl. Rechtsprechung festgestellt, dass er kein Abzugsverbot von Geldstrafen und -bußen schaffen kann, da es an einer dazu notwendigen planwidrigen Gesetzeslücke mangele[452]. Der Gesetzgeber hat die Rechtsprechung des BFH zum Anlass genommen, mit dem Gesetz zur Änderung des EStG und des KStG[453], die von der Rechtsprechung angemerkte Lücke zu beseitigen und in den § 4 Abs. 5 Satz 1 Nr. 8, § 9 Abs. 5 und § 12 Nr. 4 EStG sowie § 10 Nr. 3 KStG ein umfassendes Abzugsverbot von Geldstrafen und -bußen zu normieren. Das vorliegende Beispiel ist zugleich auch ein Nichtanwendungsgesetz, da die Rechtsprechung des BFH nach Erlass des Gesetzes nicht mehr zur allgemeinen Anwendung gelangen kann. Es ist ferner ein Gesetz zur Beseitigung einer von der Rechtsprechung aufgzeigten Misshelligkeit.

IV. Beseitigung einer von der Rechtsprechung aufgezeigten Misshelligkeit

Die Beseitigung einer von der Rechtsprechung aufgestellten Misshelligkeit liegt vor, wenn die Rechtsprechung eine von ihr gefundene Entscheidung selbst als unbefriedigend bezeichnet und der Gesetzgeber in der Folge durch seine gesetzgeberische Tätigkeit eine von der Rechtsprechung abweichende Lösung der Rechtsfrage schafft[454]. Sie kann auch angenommen werden, wenn die Rechtsprechung auf eine rechtlich problematische Vorschrift oder eine misslungene Formulierung des Gesetzes hinweist und deshalb eine Gesetzesänderung erfolgt[455].

Die vorgenannte Geldstrafen und -bußen-Rechtsprechung des BFH[456] ist auch das Musterbeispiel einer solchen Misshelligkeit[457]. Der BFH führt dazu

---

451 BFH vom 21. 11. 1983, GrS 2/82, BStBl II 1984, 160 und BFH vom 21. 11. 1983, GrS 3/82, BStBl II 1984, 166.

452 BFH vom 21. 11. 1983, GrS 2/82, BStBl II 1984, 160 (166).

453 BGBl I 1984, 1006.

454 Müller, DÖV 1964, 226 (229).

455 Zeitler, FS 75 Jahre RFH – BFH, 199 (205).

456 BFH vom 21. 11. 1983, GrS 2/82, BStBl II 1984, 160 und BFH vom 21. 11. 1983, GrS 3/82, BStBl II 1984, 166.

457 Ein weiteres Beispiel für eine Misshelligkeit ist die BFH-Entscheidung vom 26. 06. 1981, III R 99/78, BStBl II 1981, 640, in der eine gewollte Begünstigung öffentlicher Verkehrsbetriebe im Rahmen der Vermögensteuer sich ins Gegenteil verkehrt, wenn das Betriebsvermögen negativ ist. Der BFH vom 26. 06. 1981, III R 99/78 führt hierzu u. a. aus: „Der Senat verkennt nicht, dass das wirtschaftliche Ergebnis dieser Auslegung unbefriedigend ist. Er sieht jedoch auf der Grundlage des geltenden Rechts

aus: „Das Abwägen zwischen dem steuerrechtlichen Netto-Prinzip, das die Abziehbarkeit der Geldbußen als Betriebsausgaben gebietet, und dem strafrechtlichen Zweck der Geldbuße, ein unlauteres Gewinnstreben präventiv zu bekämpfen, das die Nichtabziehbarkeit der Geldbuße als Betriebsausgabe nahelegt, ist jedoch Sache des Gesetzgebers und nicht Sache des Richters.“[458]. Die vom BFH aufgeworfene Misshelligkeit wurde durch das Gesetz zur Änderung des EStG und des KStG[459] vom Gesetzgeber beseitigt. Das vorliegende Beispiel ist zugleich auch ein Nichtanwendungsgesetz, da die Rechtsprechung des BFH nach Erlass des Gesetzes nicht mehr zur allgemeinen Anwendung gelangen kann. Es ist ferner ein Gesetz zur Ausfüllung einer von der Rechtsprechung aufgzeigten Lücke.

V. Entgegenwirken

Wenn der Gesetzgeber mit der Auslegung einer Norm durch die Gerichte nicht einverstanden ist oder eine Rechtsprechungsentwicklung, z. B. aufgrund einer Änderung der Rechtsprechung, seinen Absichten nicht entspricht, kann der Gesetzgeber durch eine Gesetzesänderung seine Vorstellungen verwirklichen[460]. Dieses Entgegenwirken stellt ein Nichtanwendungsgesetz dar. Das Nichtanwendungsgesetz sei an dieser Stelle nur aus Gründen der Vollständigkeit der Aufzählung erwähnt, da unter H. und im 2. – 5. Teil der Arbeit eine ausführliche Betrachtung des Nichtanwendungsgesetzes und der damit verbundenen Nichtanwendungsgesetzgebung erfolgt.

VI. Klarstellen

Eine gesetzgeberische Klarstellung liegt vor, wenn eine Vorschrift durch Neufassung und/oder Ergänzung so gefasst wird, dass Zweifelsfragen über ihre Auslegung beseitigt werden[461]. Für das Steuerrecht ergibt sich der Klarstellungsbedarf häufig aus der Kompliziertheit steuerlicher Vorschriften, deren ständiger

---

keine Möglichkeit zu einer anderen Entscheidung.“, BStBl II 1981, 640 (643). Ferner handele es sich um eine steuerpolitische Frage, deren Lösung Aufgabe des Gesetzgebers und nicht der Gerichte sei, BFH vom 26. 06. 1981, III R 99/78, BStBl II 1981, 640 (643).

458 BFH vom 21. 11. 1983, GrS 2/82, BStBl II 1984, 160 (165).

459 BGBl I 1984, 1006.

460 Müller, DÖV 1964, 226 (229); Zeitler, FS 75 Jahre RFH – BFH, 199 (205).

461 Müller, DÖV 1964, 226 (230).

Änderung und dem Bestreben der Stpfl., Steuerbelastungen durch Gestaltungen zu umgehen oder zu vermeiden[462].

VII. Beseitigung des Auseinanderklaffens von Gerichtssprüchen und Entwirrung eines Rechtswirrwars

Die Beseitigung eines Auseinanderklaffens von Gerichtssprüchen durch ein Gesetz ist für die Rechtsprechung des BFH ausgeschlossen und damit in der Praxis kein Anlass zur Gesetzgebung. Dies war im Zeitpunkt der Veröffentlichung der Ausführungen von *Müller* im April 1964[463] noch nicht absehbar, da die dieses verhindernde FGO und das RSprEinhG erst später erlassen worden sind[464]. Der in § 11 FGO normierte Große Senat des BFH hat die Aufgabe, eine einheitliche Rechtsprechung des BFH zu sichern und damit ein Auseinanderklaffen von Gerichtssprüchen des BFH zu verhindern, indem erst gar keine differierende Rechtsprechung des BFH entsteht. Dies wird durch § 11 Abs. 2 und 4 FGO expressis verbis verdeutlicht. Ein Auseinanderklaffen von Gerichtssprüchen der in Art. 95 Abs. 1 GG genannten obersten Gerichtshöfe des Bundes wird durch das RSprEinhG[465] verhindert, nach dessen § 1 ein GemSOGB gebildet wird. Dieser hat gem. § 2 RSprEinhG die Aufgabe, eine einheitliche Rechtsprechung der obersten Gerichtshöfe des Bundes zu gewährleisten. Vor diesem Hintergrund ist es ebenso ausgeschlossen, dass es eines Gesetzes zur Entwirrung eines Rechtswirrwars bedarf, da dieses mangels praktischer Relevanz erst gar nicht zur Existenz gelangen wird.

VIII. Beseitigung unerwünschter Auswirkungen früherer Gesetzgebungstätigkeit

Die Beseitigung unerwünschter Auswirkungen früherer Gesetzgebungstätigkeit ist notwendig, wenn das bisherige Gesetz mit Mängeln behaftet ist. Ein solcher Mangel kann in einem Redaktionsversehen liegen oder in einer übermäßigen Steuerbelastung[466]. Redaktionsversehen meint die falsche Gesetzesformulierung

462 Klein, FS Sendler, 483 (495 f.) mit Beispielen für klarstellende Gesetzgebungsmaßnahmen im Steuerrecht. Zwei weitere Beispiele für klarstellende Gesetzgebungsmaßnahmen finden sich bei Gattermann, FS 75 Jahre RFH – BFH, 91 (102).

463 Müller, DÖV 1964, 226.

464 Die FGO stammt vom 06. 10. 1965, BGBl I 1965, 1477. Das RSprEinhG stammt vom 19. 06. 1968, BGBl I 1968, 661.

465 BGBl I 1968, 661.

466 Kreile, StbJb 1984/85, 39 (45) ≙ Kreile, FS von Wallis, 183 (189).

eines Gedanken des Gesetzgebers oder das Versäumnis, durch eine Änderung an einer Stelle des Gesetzes auch an einer anderen Stelle des Gesetzes eine Änderung vornehmen zu müssen[467]. Ein Redaktionsversehen kommt immer mal wieder vor[468]. Die übermäßige Steuerbelastung wird u. U. erst durch die Rechtsprechung des BFH offenbar und löst eine Gesetzgebungstätigkeit aus, welche die Beseitigung der übermäßigen Steuerbelastung zum Ziel hat[469]. Das vorliegende Beispiel der übermäßigen Steuerbelastung ist zugleich auch ein Nichtanwendungsgesetz, da die Rechtsprechung des BFH nach Erlass des Gesetzes nicht mehr zur allgemeinen Anwendung gelangen kann.

H. Das Nichtanwendungsgesetz

I. Definition

Ein Nichtanwendungsgesetz lässt sich wie folgt definieren: Es handelt sich um ein Gesetz im formellen Sinne, das die Rechtsprechung des BFH dergestalt überschreibt, dass diese aufgrund der gesetzgeberischen Tätigkeit in Fällen, die dem vom BFH entschiedenen Fall vergleichbar sind, nicht mehr zur Anwendung gelangen kann[470]. Ein Nichtanwendungsgesetz ist damit als Rechtsnorm ein Gesetz i. S. d. § 4 AO.

---

467 Müller, DÖV 1964, 226 (231).

468 Vgl. bspw. mit Bezug zum Steuerrecht: BFH vom 17. 03. 2010, II R 3/09, BStBl II 2010, 749 (750), nach dem dem Gesetzgeber bei der Abfassung des § 13a Abs. 5 Nr. 1 ErbStG a. F., der bis zum 31. 12. 2008 Geltung besaß, „offensichtlich ein Redaktionsversehen unterlaufen" ist.

469 Vgl. hierzu Kreile, StbJb 1984/85, 39 (45 f.) ≙ Kreile, FS von Wallis, 183 (189 f.) mit Bezug auf BFH vom 20. 11. 1980, I B 31/80, BStBl II 1981, 180, nach dem eine verdeckte Gewinnausschüttung u. U. zu einer Körperschaftsteuerschuld von 112,25 % führen konnte. Mit Bezug auf die BFH-Entscheidung in BT-Drs. 10/336, 28 ff. erfolgte eine Gesetzesänderung durch das StEntlG 1984, BGBl I 1983, 1583 (1588 f.).

470 Scholtz, FS Klein, 1041 (1059) definiert die Nichtanwendungsgesetzgebung als eine „Gesetzgebung, die eine Rechtsprechung des Bundesfinanzhofes durch Gesetz korrigiert, modifiziert oder bestätigt." Dieser Definition wird nicht gefolgt, da eine Bestätigung der Rechtsprechung des BFH durch den Gesetzgeber keine Nichtanwendung dieser Rechtsprechung zur Folge hat. Durch ein solches bestätigendes Gesetz wird lediglich die Rechtsprechung des BFH gesetzlich festgeschrieben und findet nunmehr als Gesetz Anwendung. In diesem Fall von einer Nichtanwendung zu sprechen, geht fehl.

II. Synonyme für den Begriff Nichtanwendungsgesetz

In der steuerrechtlichen Literatur wird das Verhalten des Gesetzgebers, durch den Erlass eines Gesetzes im formellen Sinn auf die Rechtsprechung des BFH zu reagieren und diese Rechtsprechung mittels Gesetz zu überschreiben mittlerweile einhellig als Nichtanwendungsgesetz und das dem Nichtanwendungsgesetz zugrunde liegende Gesetzgebungsverfahren als Nichtanwendungsgesetzgebung bezeichnet. Der Begriff des Nichtanwendungsgesetzes wurde erstmalig von *Knobbe-Keuk* im Jahr 1988[471] verwandt.

In der Literatur gibt es eine Vielzahl von Synonymen für den Begriff des Nichtanwendungsgesetzes und der Nichtanwendungsgesetzgebung. Diese haben die gleiche Bedeutung wie der Begriff des Nichtanwendungsgesetzes und der Nichtanwendungsgesetzgebung.

So bezeichnet *Herzog* in der verfassungsrechtlichen Literatur Nichtanwendungsgesetze als „legislative Klarstellungen"[472].

In der steuerrechtlichen Literatur bezeichnete *Koppe* im Jahr 1925 ein Nichtanwendungsgesetz als „Sperrgesetz"[473]. Die Nichtanwendungsgesetzgebung wird von *Woerner* als „rechtsprechungskorrigierende Steuerpolitik" bezeichnet[474]. *Felix*, *Lang* und *Weber-Grellet* titulieren die Nichtanwendungsgesetzgebung als „rechtsprechungsbrechende Steuergesetzgebung"[475] und *Felix* nennt Nichtanwendungsgesetze „rechtsprechungsbrechende Steuergesetze"[476]. *Müller* und *Kreile* sprechen bei Nichtanwendungsgesetzen vom „Entgegenwirken"[477] und *Gattermann* spricht bei der Nichtanwendungsgesetzgebung von der „Entgegenwirkenden Gesetzgebung"[478]. *Wassermeyer* bezeichnet ein Nichtanwendungsgesetz als „BFH-Rechtsprechungs-Korrekturgesetz"[479] und *Strahl* bezeichnet Nichtanwendungsgesetze als „Korrekturgesetze"[480]. *Crezelius* bezeichnet die Nichtanwendungsgesetzgebung als „rechtsprechungsüberholende Gesetzgebung" und

---

471 Knobbe-Keuk, BB 1988, 1086 (1087).

472 Herzog, FS Simon, 103 (111).

473 Koppe, DStZ 1925, 794.

474 Woerner, JbFStR 1985/86, 229 (279).

475 Felix, Stbg 1988, 15 (20); Lang, StuW 1992, 14 (14 f.) = Lang, DRiZ 1992, 365 (365); Weber-Grellet, FS Lang, 927 (933).

476 Felix, BB 1988, 1500 (1502).

477 Müller, DÖV 1964, 226 (229); Kreile, StbJb 1984/85, 39 (46) ≙ Kreile, FS von Wallis, 183 (190).

478 Gattermann, FS 75 Jahre RFH – BFH, 91 (99).

479 Wassermeyer, DB 1988, 2531.

480 Strahl (ms), KÖSDI 1998, 11449.

nennt ein Nichtanwendungsgesetz einen „rechtsprechungsüberholenden Legislativakt“[481]. *Klein* spricht von Nichtanwendungsgesetzen als die „Rechtsprechung unterlaufende Gesetzen“ und bezeichnet die Nichtanwendungsgesetzgebung als „Korrekturgesetzgebung“[482] und „Konterkarierende Gesetzgebung“[483]. *Kruse, Pezzer* und *Drüen* sprechen im Kontext der Nichtanwendungsgesetzgebung von „Korrekturgesetzgebung“[484]. *Völker/Ardizzoni, Maciejewski* und *Wernsmann* sprechen von „rechtsprechungsbrechenden Nichtanwendungsgesetzen“[485], bzw. *Drüen* von „rechtsprechungsbrechender Nichtanwendungsgesetze“[486] und *Thiemann* von einem „rechtsprechungsdurchbrechenden Nichtanwendungsgesetz“[487]. *Englisch* bezeichnet die Nichtanwendungsgesetzgebung als „antijustizielle Gesetzgebung“[488]. *Schaumburg/Schaumburg* bezeichnen Nichtanwendungsgesetze als „rechtsprechungsbrechende Gesetze“ und die Nichtanwendungsgesetzgebung als „rechtsprechungsbrechende Gesetzgebung“[489]. *Drüen* nennt die Nichtanwendungsgesetzgebung „rechtsprechungsbrechende Steuergesetzgebung“[490]. *Seer* nennt die Nichtanwendungsgesetzgebung eine „überholende (korrigierende) Gesetzgebung“[491].

In der juristischen Literatur außerhalb des Steuerrechts bezeichnen *Fleischer/Wedemann* das Handeln des Gesetzgebers nicht als Nichtanwendungsgesetzgebung, sondern als „Derogation“[492] und ein Nichtanwendungsgesetz als „negatives Reformgesetz“[493]. *Westermann* und *Fleischer* sprechen von der gesetzgeberischen „Rückbildung“[494] von Richterrecht, wenn sie die Nichtanwendungsgesetzgebung

---

481 Crezelius, FS Felix, 37 (38 und 47).
482 Klein, JbFStR 1989/90, 35 (43).
483 Klein, FS Sendler, 483 (491 und 493 f.).
484 Kruse, DStJG 18 (1995), 115 (125); Pezzer, FR 2006, 651 (652); Drüen, DStR 2012, Beihefter zu Heft 41/2012, 85.
485 Völker/Ardizzoni, NJW 2004, 2413; Maciejewski, FR 2014, 432 (432 f.); Wernsmann, HHSp, § 4 AO Rn. 178, 234. Lfg. Aug. 2015.
486 Drüen, StuW 2015, 210 (215 und 218).
487 Thiemann, FR 2012, 673 (681).
488 Englisch, T/L, 22. Aufl., § 5 Rn. 40. Der Begriff „antijustizielle Gesetzgebung“ geht zurück auf Lang, vgl. Lang, T/L, 20. Aufl., § 5 Rn. 30.
489 Schaumburg/Schaumburg, FS Spindler, 171 (172 und 187).
490 Drüen, StuW 2015, 210 (220).
491 Seer, T/K Einf. FGO Rn. 58, 126. Lfg. Mai 2011.
492 Fleischer/Wedemann, AcP Bd. 209 (2009), 597 (598).
493 Fleischer/Wedemann, AcP Bd. 209 (2009), 597 (617).
494 Westermann, FS Zöllner, 607 (611 ff.); Fleischer, MünchKommGmbHG, Einleitung Rn. 133.

meinen. *Weber* und *Fleischer* sprechen im Kontext der Nichtanwendungsgesetzgebung von einer „Rechtsrückbildung“[495]. *Kriele* nennt Nichtanwendungsgesetze „klärende Novellierungen“[496]. *Ekkenga* nennt ein Nichtanwendungsgesetz „ein an die Dritte Gewalt adressiertes Normanwendungsverbot“[497]. Mit Bezug auf *Mishra* kann ein Nichtanwendungsgesetz auch als „Urteilsschelte“[498] verstanden werden.

Im Englischen bezeichnet *Egerton* die durch ein Nichtanwendungsgesetz gegebene Veränderung des gegenwärtigen Richterrechts als „statutes in the negative“[499]. Wörtlich lässt sich das Nichtanwendungsgesetz als „non-application-law“ und die Nichtanwendungsgesetzgebung als „non-application-legislation“ ins Englische übersetzen.

III. Historische Entwicklung

1. Weimarer Republik

Mit der Errichtung des RFH wurde erstmalig in der deutschen Geschichte ein einheitliches Rechtsprechungsorgan für das Gebiet des Steuerrechts geschaffen. Der RFH wurde mit Gesetz vom 26. 07. 1918[500] mit Sitz in München[501] errichtet und begann seine Tätigkeit gem. § 25 RFHG[502] zum 01. 10. 1918 und damit noch vor Ausrufung der Republik am 09. 11. 1918. Durch § 25 des Gesetzes über die Reichsfinanzverwaltung vom 10. 09. 1919[503] wurde er zur obersten Spruch- und Beschlussbehörde in allen Steuersachen. Als ein Oberster Gerichtshof wurde er nicht bezeichnet.

Die Unabhängigkeit des RFH ggü. dem Reichsfinanzministerium führte bereits zur Zeit der Weimarer Republik zu Interessenskollisionen zwischen Exekutive und Judikative, zumal der RFH seine Tätigkeit selbstbewusst ausübte,

---

495 Weber, Anlässe und Methoden der Rechtsrückbildung im Gesellschaftsrecht; Fleischer, MünchKommGmbHG, Einleitung Rn. 124 und 131.

496 Kriele, FS 600 Jahre Universität Köln, 707 (718).

497 Ekkenga, MünchKommGmbHG, § 30 Rn. 6.

498 Mishra, Zulässigkeit und Grenzen der Urteilsschelte, 25.

499 Vgl. dazu: Vogenauer, Die Auslegung von Gesetzen in England und auf dem Kontinent, 706 mit Bezug auf Egerton.

500 RGBl 1918, 959.

501 Durch Bundesratsbeschluss vom 08. 08. 1918 wurde München zum Sitz des BFH bestimmt, RGBl 1918, 1062.

502 RGBl 1918, 959 (963).

503 RGBl 1919, 1591 (1596).

indem er Leitsätze zu seinen Entscheidungen ausführte und die Auswirkungen seiner Rechtsprechung für die Praxis bedachte[504]. Logische Konsequenz dieser Interessenskollisionen war zum einen, dass das Reichsfinanzministerium Entscheidungen des RFH nicht über den entschiedenen Einzelfall hinaus anwendete[505]. Hierzu unterblieb eine Veröffentlichung der nicht allgemein von der Reichsfinanzverwaltung anzuwendenden Entscheidungen im RStBl oder RZBl[506]. Der RFH besaß die Möglichkeit, seine Rechtsprechung in einem weiteren Verfahren zu prüfen. Bestätigte er diese, folgte die Reichsfinanzverwaltung in der Regel der Rechtsprechung des RFH und wendete diese allgemein an[507]. Zum anderen war aber auch bereits in der Zeit der Weimarer Republik das Instrument des Nichtanwendungsgesetzes bekannt. Der Gesetzgeber löste damit die unterschiedlichen Rechtsauffassungen zwischen RFH und Reichsfinanzministerium contra RFH und verschaffte so der Rechtsauffassung des Reichsfinanzministeriums Gesetzeskraft.

Ein Beispiel[508] für ein Nichtanwendungsgesetz aus der Weimarer Zeit sind die Art. II § 11, und Art. III §§ 17 und 19 Abs. 4 des Gesetzes über Änderungen des Finanzausgleichs zwischen Reich, Ländern und Gemeinden vom 10. 08. 1925[509]. Dieses Nichtanwendungsgesetz setzte eine Entscheidung des RFH vom 05. 01. 1925[510] außer Kraft. In dieser hatte der RFH gewerblich benutzte bebaute Grundstücke von der Obligationensteuer[511] freigestellt, indem er eine entgegenstehende Bestimmung der Durchführungsbestimmung zur Obligationensteuer für ungültig erklärte. Als Reaktion auf die Rechtsprechung des RFH verfügte der Reichsfinanzminister zunächst die weitere Anwendung der vom RFH für ungültig erklärten Durchführungsbestimmung zur Obligationensteuer und wandte damit die Rechtsprechung des RFH nicht über den entschiedenen

504 Ball, StuW 1929, 55 (60).

505 Bspw. wendete die Finanzverwaltung die Entscheidung des RFH vom 15. 02. 1922, I A 6/22 S, Kloß, DStZ 1922, 699 (700 f.) über die Kapitalertragsteuerfreiheit von Zinszahlungen nach § 10 der Fernsprechgebührenordnung vom 10. 12. 1899 in der Fassung des Gesetzes vom 06. 05. 1920, RGBl 1920, 894 nicht über den entschiedenen Einzelfall hinaus an, Kloß, DStZ 1923, 45 (46).

506 Hartz, BB 1955, 517 (518).

507 Hartz, BB 1955, 517 (518).

508 Bühler, StbJb 1955/56, 19 (51 f.) kann entnommen werden, dass die Nichtanwendungsgesetzgebung in der Weimarer Republik kein singuläres Ereignis gewesen ist.

509 RGBl I 1925, 254 (256 und 260).

510 RFH vom 05. 01. 1925, II A 301/24, RFHE 15, 163.

511 Die Obligationensteuer diente als eine Inflationsteuer, die die Wertigkeit der Währung nach der Inflation von 1923 sichern sollte; Hensel, Steuerrecht 1933, 10.

Einzelfall hinaus an[512]. Die Gesetzesnovellierung legalisierte dann die Rechtsauffassung des Reichsfinanzministers mit Rückwirkung auf den 14. 02. 1924[513]. Die Rückwirkung galt sogar in den Fällen, in denen bereits rechtskräftig über den Fall entschieden war. Das Nichtanwendungsgesetz griff hierdurch sogar bereits rechtskräftig abgeschlossene Sachverhalte auf und unterlag vor diesem Hintergrund deutlicher Kritik[514]. Wesentlicher Grund für den Erlass des Nichtanwendungsgesetzes war die Vermeidung von Steuerausfällen, die die allgemeine Anwendung der RFH-Rechtsprechung zur Folge gehabt hätte[515].

Eine vertiefte wissenschaftliche Auseinandersetzung mit dem Phänomen von Nichtanwendungsgesetzen in der Weimarer Republik ist nicht ersichtlich. Die grds. Problematik des Verhältnisses zwischen RFH, Reichsfinanzministerium und Gesetzgeber war gleichwohl Gegenstand der steuerjuristischen Literatur. So maß *Bühler* den RFH-Entscheidungen zunächst keine Gesetzeskraft zu und sprach dem Reichsfinanzministerium das Recht zu, der Rechtsprechung des RFH zumindest ausnahmsweise nicht zu folgen. Dieses Verhalten des Reichsfinanzministers, sei rechtlich nicht zu beanstanden[516]. *Becker* hingegen maß der Rechtsprechung des RFH eine gesetzesgleiche Wirkung zu und sah die Reichsfinanzverwaltung dadurch an die Rechtsprechung des RFH gebunden[517].

2. *Drittes Reich*

In der Zeit des Dritten Reiches vom 30. 01. 1933 bis zum Ende des Zweiten Weltkriegs am 08. 05. 1945 stellte sich die Problematik von Nichtanwendungsgesetzen nicht. Soweit ersichtlich ist kein einziges Nichtanwendungsgesetz ergangen. Grund für diese Entwicklung war die Gleichschaltung des RFH an die Rechtsauffassung des Reichsfinanzministeriums und die damit verbundene Aufhebung der Gewaltenteilung. So konnten sich in der nationalsozialistischen Diktatur keine divergierenden Meinungen zwischen Judikative und Exekutive entwickeln, die Nichtanwendungsgesetze hätten auslösen können.

Die Zeit des Dritten Reichs war für den RFH durch Umwälzungen hinsichtlich seiner personellen und inhaltlichen Ausrichtung geprägt. So schieden in der Zeit von Okt. 1933 bis Dez. 1938 ca. 30 Mitglieder aus dem RFH aus, dies zum

512 Bühler, Lehrbuch des Steuerrechts 1927, 311 Fn. 10a.
513 RGBl I 1925, 254 (260).
514 Koppe, DStZ 1925, 794; Boethke, Deutsches Steuerblatt 1925, 588.
515 Boethke, Deutsches Steuerblatt 1925, 588.
516 Bühler, Lehrbuch des Steuerrechts 1927, 311.
517 Becker, StuW 1924, 1005 (1010); ders., StuW 1926, 1357 (1361 f.).

Teil auch aufgrund ihrer Abstammung[518]. Die Wiederbesetzung erfolgte zumeist mit Personen, die durch ihr vorheriges Wirken ihre Treue zum nationalsozialistischen System gezeigt hatten[519]. Der RFH verlor hierdurch in personeller Hinsicht an Unabhängigkeit. Der Hitlergruß wurde zum Teil der mündlichen Verhandlungen[520]. Die inhaltlichen Umwälzungen begannen spätestens mit dem StAnpG vom 16. 10. 1934[521], das einen Prozess der Gleichschaltung des RFH an die Rechtsauffassung des Reichsfinanzministeriums einleitete. Gem. § 1 Abs. 1 StAnpG war der RFH verpflichtet die Steuergesetze nach der nationalsozialistischen Weltanschauung auszulegen. Für diese Auslegung waren gem. § 1 Abs. 2 StAnpG die Volksanschauung, der Zweck und die wirtschaftliche Bedeutung der Steuergesetze und die Entwicklung der Verhältnisse maßgebend. Dies galt gem. § 1 Abs. 3 StAnpG entsprechend auch für die Beurteilung von Tatbeständen. Die praktische Relevanz des § 1 Abs. 3 StAnpG zeigte sich im Gutachten des GrS des RFH vom 07. 08. 1936[522] zu § 92 Abs. 3 RAO, in welchem der RFH im Ergebnis der Auslegung des Reichsfinanzministeriums zu Lasten der Rechtssicherheit folgte. In § 2 StAnpG wurde dem RFH die Nachprüfung von Ermessensentscheidungen untersagt. Durch § 21 Abs. 3 StAnpG wurde § 12 RAO dahin gehend geändert, dass der Reichsfinanzminister eigenständig zur Durchführung und Ergänzung der bestehenden Steuergesetze, Rechtsverordnungen und Verwaltungsanweisungen erlassen konnte. Diese Machtstellung nutzte der Reichsfinanzminister ggü. dem RFH weidlich aus. Dies wird deutlich aus der Rede, die der Beauftragte „zur Wahrung der Grundsätze des Nationalsozialismus in der gesamten Steuergesetzgebung“[523], Staatssekretär Fritz Reinhardt, am 13. 04. 1935 anlässlich der Einführung von Ludwig Mirre in sein Amt als Präsident des RFH gehalten hat[524]. *Reinhardt* sah in der Änderung des § 12 RAO ein probates Mittel, um Zweifel und Meinungsverschiedenheiten zwischen Exekutive und Judikative zu beseitigen und dadurch Rechtssicherheit zu schaffen. Die durch den Reichsfinanzminister erlassenen Rechtsverordnungen und Verwaltungsvorschriften sah er als für den RFH bindend an[525]. Den in den vorstehenden Ausführungen

518 Kumpf, FS 75 Jahre RFH – BFH, 23 (37 f.) auch mit Bezug auf Fn. 124; BFH, 60 Jahre BFH, 10 ff.

519 Kumpf, FS 75 Jahre RFH – BFH, 23 (38).

520 List, FS von Wallis, 15 (21 f.).

521 RGBl I 1934, 925.

522 RFH GrS Gutachten vom 07. 08. 1936, Gr. S. D 9/36, RFHE 40, 52. Dazu: Kumpf, FS 75 Jahre RFH – BFH, 23 (37 f.).

523 Echterhölter, Das öffentliche Recht im nationalsozialistischen Staat, 92.

524 Die Rede ist abgedruckt in RStBl 1935, 641.

525 Reinhardt, RStBl 1935, 641 (647).

zur Weimarer Republik geschilderten Fall, der dort zum Erlass eines Nichtanwendungsgesetzes[526] geführt hatte, sprach *Reinhardt* indirekt an und sprach dem RFH die Befugnis ab, über die Gültigkeit von Durchführungsverordnungen entscheiden zu können[527]. Nach der nationalsozialistischen Auffassung von *Reinhardt* war der RFH letztlich lediglich ein „Gehilfe des Reichsministers der Finanzen bei der Auslegung der Steuergesetze und bei der Entwicklung des Steuerrechts nach den Grundsätzen der nationalsozialistischen Weltanschauung"[528]. Der große Einfluss von *Reinhardt* auf die Gesetzesanwendung im Dritten Reich wird darüber hinaus deutlich, wenn sogar private Veröffentlichungen *Reinhardts*[529] zum Gegenstand der Einkommen- und Körperschaftsteuerrichtlinien wurden[530].

Mit Erlass vom 21. 08. 1936[531] setzte der Reichsminister der Finanzen einzelne Bestimmungen der RAO außer Kraft, um die Zusammenarbeit zwischen RFH und Reichsfinanzministerium zu erleichtern und Einfluss auf die Rechtsprechung des RFH zu nehmen. Hierzu dienten u. a. die vom RFH an das Reichsfinanzministerium zu richtenden Beitrittsersuchen nach § 287 Ziffer 2 RAO[532]. Wurden diese zur Zeit der Weimarer Republik nur selten genutzt, erfolgten solche Beitrittsersuchen im Dritten Reich regelmäßig und hatten gem. Nr. 3 lit. a) und d) des Erlasses vom 21. 08. 1936[533] zum Teil sogar zwingend zu erfolgen, um eine von der Auffassung des Reichsfinanzministeriums abweichende

526 RGBl I 1925, 254 (256 und 260) gegen RFH vom 05. 01. 1925, II A 301/24, RFHE 15, 163.

527 Reinhardt, RStBl 1935, 641 (647).

528 Reinhardt, RStBl 1935, 641 (648).

529 Reinhardt, Buchführung, Bilanz und Steuern, Bd. I, 153-162.

530 Veranlagungsrichtlinien zur Einkommensteuer und Körperschaftsteuer 1935 (Veranlagungsrichtlinien für 1935) vom 30. 12. 1935, S 2209 – 300 III, RStBl 1936, 33 (35).

531 Erlass des Reichsministers der Finanzen vom 21. 08. 1936, S 4300 – 36 III, abgedruckt bei List, FS von Wallis, 15 (21). So wurde die Position des Präsidenten des BFH ggü. dem Präsidium gestärkt, indem nunmehr der Präsident die Besetzung der Senate und die Geschäftsverteilung festlegen konnte. Die Senatspräsidenten konnten nunmehr anstelle des Senats über die Veröffentlichung der Entscheidungen befinden, die Beteiligung des Reichsfinanzministeriums an einem Verfahren anordnen und entscheidenden Einfluss auf die Abfassung der Entscheidungsgründe nehmen.

532 Grundlage für die Beitrittsersuchen war der Erlass des Reichsfinanzministers vom 21. 08. 1936, S 4300 – 36 III, abgedruckt bei List, FS von Wallis, 15 (21). Zur Änderung des § 287 Ziffer 2 RAO: RGBl I 1936, 961 (974 f.).

533 Erlass des Reichsministers der Finanzen vom 21. 08. 1936, S 4300 – 36 III, abgedruckt bei List, FS von Wallis, 15 (21).

Rechtsprechung des RFH zu vermeiden. Das Reichsfinanzministerium nahm in diesen zu der zur Entscheidung berufenen Streitfrage detailliert Stellung und der Senat des RFH brauchte sich der Rechtsauffassung des Reichsfinanzministeriums in seiner Entscheidung nur noch anzuschließen[534].

Das enge Verhältnis zwischen RFH und der Reichsfinanzverwaltung wurde auch dadurch unterstrichen, wenn Mitglieder des RFH zu Schulungsveranstaltungen der Reichsfinanzverwaltung abgeordnet wurden und in laufenden Verfahren mittels einer „Pendeldiplomatie" zwischen dem RFH in München und dem Reichsfinanzministerium in Berlin Einvernehmen zwischen dem Berichterstatter und den Referenten des Reichsfinanzministeriums hergestellt wurde[535]. In einem Fall soll das Reichsfinanzministerium sogar die Änderung einer bereits fertigen Entscheidung verlangt haben[536]. Ein weiterer Schritt zur Gleichschaltung von Judikative und Exekutive war die Eingliederung der FG in die Oberfinanzdirektionen kurz vor Beginn des Zweiten Weltkriegs mit Erlass vom 28. 08. 1939[537]. Dieser machte ferner die Zulassung zum RFH von der Entscheidung des Oberfinanzpräsidenten abhängig. Die Reichsfinanzverwaltung konnte damit bestimmen, welche Verfahren an den RFH gelangten. In der Folge ging die Zahl der Entscheidungen des RFH von 3.168 in 1938 auf 1.290 in 1943 zurück[538]. Damit hatte der RFH noch mehr von seiner Bedeutung eingebüßt[539].

Auch die Veröffentlichungspraxis von Entscheidungen des RFH wurde durch den Reichsfinanzminister während des Dritten Reichs immer stärker eingeschränkt. Zunächst sollte der RFH dem Reichsfinanzminister nicht genehme Entscheidungen nicht veröffentlichen, bevor später die Veröffentlichung von Entscheidungen solange verboten wurde, bis diese im RStBl veröffentlicht

534 BFH, 60 Jahre BFH, 9.

535 Kumpf, FS 75 Jahre RFH - BFH, 23 (39) mit Bezug auf die Lebenserinnerungen des 1. Präsidenten des RFH Gustav Jahn.

536 Kumpf, FS 75 Jahre RFH - BFH, 23 (39) mit Bezug auf die Lebenserinnerungen des 1. Präsidenten des RFH Gustav Jahn.

537 Abschnitt IV des Erlass des Führers und Reichskanzlers über die Vereinfachung der Verwaltung vom 28. 08. 1939, RGBl I 1939, 1535. Zur näheren Erläuterung der Durchführung des Erlasses: Erlass vom 02. 09. 1939, S 1210 - 47 III R, RStBl 1939, 962.

538 Sunder-Plassmann, HHSp, Einf. FGO Rn. 54, 220. Lfg. Nov. 2012.

539 Vgl. hierzu: Kumpf, FS 75 Jahre RFH - BFH, 23 (42), Fn. 148, der ein Schreiben von Staatssekretär Fritz Reinhardt vom 21. 02. 1944 an die Referenten der Steuerabteilung des Reichsfinanzministeriums zitiert: „Wer seine Aufgabe als Referent des Reichsfinanzministeriums richtig erfasst hat, wird sich mit der Klärung von Zweifelsfragen selbst so gründlich befassen, dass nicht auch noch der RFH mit der Frage befasst werden muss".

wurden[540]. Damit war sichergestellt, dass die Öffentlichkeit nur von dem Reichsfinanzminister genehmen Entscheidungen Kenntnis erhielt. Fragen der Nichtanwendung von RFH-Entscheidungen waren damit nicht mehr existent.

3. *Nachkriegszeit*

Mit dem Ende des Zweiten Weltkriegs am 08. 05. 1945 hatte auch die Tätigkeit des RFH ein Ende gefunden[541]. Die Erledigung von Rechtsbeschwerden erfolgte nunmehr in den jeweiligen Besatzungszonen getrennt nach unterschiedlichen Maßstäben[542]. Eine einheitliche Gerichtsorganisation bestand damit nicht. Das Land Bayern erhielt bereits am 25. 07. 1945 von der amerikanischen Militärregierung die Genehmigung, die Tätigkeit des RFH unter dem Namen Oberster Finanzgerichtshof fortzuführen[543]. Der OFH war als Rechtsbeschwerdeinstanz zunächst für die zur amerikanischen Zone gehörenden Teile Bayerns zuständig und erhielt später auch die Zuständigkeit für Nord-Württemberg, Nord-Baden, Hessen und Bremen[544]. Eine Zuständigkeit für die britische, französische, sowjetische Besatzungszone und das Saarland bestand nicht[545]. Eine Auseinandersetzung mit Fragen der Nichtanwendung von Entscheidungen des OFH über den entschiedenen Einzelfall hinaus, ist nicht ersichtlich. Die amtliche Sammlung von Entscheidungen des OFH umfasst mit Band 54 nur einen einzigen Band mit OFH-Entscheidungen, weshalb diese Thematik in der Nachkriegszeit nicht von Relevanz ist.

4. *Bundesrepublik*

Durch das Gesetz über den Bundesfinanzhof vom 29. 06. 1950[546] wurde der BFH als erstes der in Art. 92 GG a. F. (jetzt Art. 95 Abs. 1 GG) genannten obersten Bundesgerichte geschaffen und nahm zum 01. 09. 1950 seine Tätigkeit auf. Auch wenn der BFH zunächst dem BMF zugeordnet war und erst ab November 1969 in die Zuständigkeit des BMJ überging[547], waren Fragen der

540 Zitzlaff, StuW 1951, 665 (669).
541 BFH, 60 Jahre BFH, 14.
542 BFH, 60 Jahre BFH, 17.
543 BFH, 60 Jahre BFH, 17.
544 List, FS von Wallis, 15 (26); BFH, 60 Jahre BFH, 18.
545 List, FS von Wallis, 15 (26); BFH, 60 Jahre BFH, 18 und 21 f.
546 BGBl I 1950, 257.
547 Leutheusser-Schnarrenberger, FS 75 Jahre RFH – BFH, XXIII mit Bezug auf den Organisationserlass des Bundeskanzlers im Bundesanzeiger Nr. 214 vom 15. 11. 1969, 4.

Nichtanwendung von Entscheidungen des BFH bereits seit Beginn der 1950iger Jahre präsent[548]. Die Ursache hierfür liegt in der in Art. 20 Abs. 2 Satz 2 GG normierten Gewaltenteilung von Legislative, Exekutive und Judikative. Diese war der Nährboden für die kompetenzrechtlichen Abgrenzungsproblematiken über Fragen der Nichtanwendung.

Das – soweit ersichtlich – erste bundesrepublikanische Nichtanwendungsgesetz enthielt das StÄndG 1960 vom 30. 07. 1960[549], das durch die Einfügung der Sätze 3 und 4 in § 18 Abs. 1 Nr. 1 EStG Fragen der Vervielfältigungstheorie[550] gegen den BFH vom 07. 11. 1957[551] normiert. Hatte der BFH eine Lockerung der Vervielfältigungstheorie noch abgelehnt, wurde durch die Nichtanwendungsgesetzgebung die Beschäftigung von qualifizierten Mitarbeitern als unschädlich angesehen, solange der Berufsträger leitend und eigenverantwortlich tätig wird. Das Nichtanwendungsgesetz zur Vervielfältigungstheorie ist damit ein Nichtanwendungsgesetz, das zugunsten des Stpfl. wirkt, da es diesem in den betreffenden Fällen von einer Gewerbesteuerpflicht befreit. In der Literatur wurde das Gesetz unter dem Blickwinkel eines Nichtanwendungsgesetzes und des Verhältnisses der Gewalten untereinander nicht thematisiert[552].

---

548 Vgl. hierzu insb. zur Problematik von Nichtanwendungserlassen: Zitzlaff, DStZ/A 1955, 113; ders., DStZ/A 1955, 264; Giese, FR 1955, 245; Hartz, BB 1955, 517; Lenski, BB 1955, 520; Haver, BB 1955, 521; Hoffmann, BB 1955, 566 (570) u. a. mit Bezug auf den Bundesminister der Finanzen Schäffer anlässlich der Amtseinführung des BFH-Präsidenten Hessdörfer am 26. 03. 1955, nach dem die Verwaltung die Rechtsprechung der Gerichte achte und der Rechtsprechung folge; Gemeinsames Gespräch von Vertretern des BMF und des BFH am 15. 10. 1955, Niederschrift des BMF vom 11. 02. 1956, – IV A/1 – S 1229 – 92/55 II. Ang. – III B/2 – S 1210 – 13/55, BB 1956, 230.
Die ersten bundesrepublikanischen Nichtanwendungserlasse ergingen zur Entscheidung des BFH vom 16. 03. 1951, IV 197/50 U, BStBl III 1951, 97; FinMin. NRW vom 05. 05. 1952, S 2110 – 4190/VB – 1, BStBl II 1952, 63 und Finanzbehörde Hamburg vom 31. 05. 1952, – 52 – S 2108 – 30 –, BStBl II 1952, 67.

549 BGBl I 1960, 616 (618).

550 Fragen der Vervielfältigungstheorie sind bis zum heutigen Tage Gegenstand von Verfahren vor dem BFH, vgl. BFH vom 15. 12. 2010, VIII R 50/09, BStBl II 2011, 506.

551 BFH vom 07. 11. 1957, IV 668/55 U, BStBl III 1958, 34.

552 Mersmann, DStZ/A 1960, 217 (221); Thiel, FR 1960, Beilage zu FR 15/1960, 6. Die BT-Drs. 3/1811, 11 f. zum StÄndG 1960 begründet detailliert die Motive des gesetzgeberischen Handelns. Zu Fragen der Zulässigkeit einer Nichtanwendungsgesetzgebung äußert sie sich jedoch ebenfalls nicht.

Mit dem Nichtanwendungsgesetz zur Vervielfältigungstheorie war auch in der BRD „der Geist der Nichtanwendungsgesetzgebung aus der Flasche". Es begann in der Folge eine Entwicklung, in der steuerrechtliche Nichtanwendungsgesetze bis zum heutigen Tage immer wieder erlassen worden sind. hierbei ist, insb. in den letzten Jahren, eine Verstetigung der Nichtanwendungsgesetzgebung zu beobachten. So enthalten bspw. das JStG 2007[553] elf, das JStG 2008[554] sieben, das JStG 2009[555] neun, das JStG 2010[556] sieben, das AmtshilfeRLUmsG[557] elf, das Gesetz zur Anpassung der Abgabenordnung an den Zollkodex der Union und zur Änderung weiterer steuerlicher Vorschriften[558] sieben und das StÄndG 2015[559] sechs Nichtanwendungsnormen. Ohne Anspruch auf Vollständigkeit zu erheben, sind mittlerweile in über sechzig Jahren BRD 166 Nichtanwendungsgesetze ergangen. Für die Zukunft, ist keine Trendumkehr zu erwarten. Dieser Befund wird durch die Koalitionsverträge der die letzten beiden Bundesregierungen bildenden Parteien unterstrichen, in denen diese eine restriktive Handhabung von Nichtanwendungserlassen vereinbart haben[560]. Hierin liegt eine Hinwendung zur verstärkten Verabschiedung von Nichtanwendungsgesetzen[561], um gleichwohl auf eine unliebsame Rechtsprechung des BFH reagieren zu können. In der Rechtspraxis ist die Verschiebung vom Nichtanwendungserlass zum Nichtanwendungsgesetz bereits Realität[562].

Explizite Ausführungen zur Zulässigkeit der Nichtanwendungsgesetzgebung finden sich in der steuerrechtlichen Literatur beginnend mit den 1960iger Jahren[563]. Seit diesem Zeitpunkt ist die wissenschaftliche Diskussion über Nichtanwendungsgesetze bis zum heutigen Tage nicht zum Erliegen gekommen und

---

553 BGBl I 2006, 2878.

554 BGBl I 2007, 3150.

555 BGBl I 2008, 2794.

556 BGBl I 2010, 1768.

557 BGBl I 2013, 1809.

558 BGBl I 2014, 2417.

559 BGBl I 2015, 1834.

560 Koalitionsvertrag zwischen CDU, CSU und FDP für die 17. Legislaturperiode des BT 2009-2013, 13; Koalitionsvertrag zwischen CDU, CSU und SPD für die 18. Legislaturperiode des BT 2013-2017, 90.

561 Ebenso: Hey, JZ 2014, 500 (503).

562 BT-Drs. 17/7524, 5 zum 2. Nichtanwendungsgesetz zum Abzugsverbot von Aufwendungen für eine erstmalige Berufsausbildung/Erststudium, BGBl I 2011, 2592 (2600) gegen BFH vom 28. 07. 2011, VI R 7/10, BStBl II 2012, 271; BFH vom 28. 07. 2011, VI R 5/10, BStBl II 2012, 553 und BFH vom 28. 07. 2011, VI R 38/10, BStBl II 2012, 561.

563 Risse, BB 1961, 1225; Grund, 50 Jahre Deutsche Finanzgerichtsbarkeit, 27 (44 ff.).

hat insb. durch die Geldstrafen und -bußen-Rechtsprechung[564] und der Aufgabe der Gepräge-Rechtsprechung für die GmbH & Co. KG[565] durch den BFH und deren Korrektur durch den Gesetzgeber in den 1980iger Jahren weiteren Schub erfahren[566]. Im Laufe der Jahrzehnte haben eine Vielzahl namhafter Vertreter von Legislative, Exekutive, Judikative, Wissenschaft, Anwaltschaft und Steuerberatung sowie das BVerfG, der BFH und der BGH zu dieser Thematik publiziert, bzw. geurteilt[567].

IV. Nichtanwendungsgesetze in anderen Rechtsordnungen

1. Einführung

Im Rahmen der Untersuchung steuerlicher Nichtanwendungsgesetze ist es geboten, zu überprüfen, ob und ggf. inwieweit sich auch in den Rechtsordnungen anderer Länder Fragen einer steuerlichen Nichtanwendungsgesetzgebung stellen. Die potenziell große Auswahlmöglichkeit anderer Rechtsordnungen verengt sich schnell, da im Vergleich zur deutschen Rechtsordnung die Steuersysteme anderer Länder oftmals nicht mit dem deutschen Steuersystem vergleichbar sind und überdies der verfassungsrechtliche Rahmen sowie die Stellung des Äquivalents zum BFH als obersten Gerichtshof in Steuersachen differieren. Vor diesem Hintergrund ist eine Analyse der Steuerrechtsordnung in Österreich sinnvoll. Die österreichische Steuerrechtsordnung ist im Vergleich zur deutschen Steuerrechtsordnung durch Parallelen in Bezug auf die Ausgestaltung des Steuersystems, den verfassungsrechtlichen Rahmen und den Finanzrechtsweg gekennzeichnet.

2. Das Steuersystem und der Finanzrechtsweg in Österreich

Das österreichische Steuersystem ist wesentlich durch das deutsche Steuersystem determiniert[568]. Dies ist das Ergebnis des Anschlusses Österreichs an das Deutsche Reich am 14. 03. 1938, in dessen Folge das damalige österreichische

564 BFH vom 21. 11. 1983, GrS 2/82, BStBl II 1984, 160 und BFH vom 21. 11. 1983, GrS 3/82, BStBl II 1984, 166.

565 BFH vom 25. 06. 1984, GrS 4/82, BStBl II 1984, 751.

566 Knobbe-Keuk, BB 1985, 820; dies., BB 1985, 941; Flume, DB 1985, 1152; ders., StbJb 1985/86, 277 (301 f.); Schulze-Osterloh, DStZ 1985, 315 = Schulze-Osterloh, JbFStR 1985/86, 229; Uelner, Woerner, Knobbe-Keuk, Flume, JbFStR 1985/86, 229 (276 ff.).

567 Siehe 1. Teil H. VII.

568 Doralt/Ruppe, Grundriss des österreichischen Steuerrechts, Bd. I, 1. Kapitel: Einführung, Rn. 10 und 12.

Steuersystem durch die Übernahme des reichsdeutschen Steuersystems verdrängt worden ist[569]. Auch nach dem Ende des Zweiten Weltkriegs wurden die reichsdeutschen Gesetze im Wesentlichen unverändert in das Recht der österreichischen Bundesrepublik übernommen, so dass trotz einiger selbstständiger Reformschritte das Grundgerüst des österreichischen Steuersystems nach wie vor mit dem Steuersystem der BRD vergleichbar ist[570]. Auch die Finanzgerichtsbarkeit in Österreich ist mit dem Aufbau der Finanzgerichtsbarkeit in der BRD vergleichbar. Der österreichische unabhängige Finanzsenat entspricht hinsichtlich seiner Stellung und Befugnissen den deutschen Finanzgerichten. Der österreichische VwGH kontrolliert die Gesetzmäßigkeit der gesamten öffentlichen Verwaltung und erfüllt damit die Aufgabe, die in Deutschland das BVerwG, das BSG und der BFH gemeinsam ebenfalls erfüllen. Der österreichische VwGH ist damit das Pendant zum BFH. Für alle verfassungsrechtlichen Fragen ist der österreichische VfGH zuständig, der damit dem bundesdeutschen BVerfG entspricht[571].

3. *Die Nichtanwendungsgesetzgebung in Österreich*

Die Existenz einer Nichtanwendungsgesetzgebung in Österreich ist davon abhängig, ob die österreichische Legislative die Rechtsprechung des VwGH mittels Gesetz überschreibt. Genauso wie der Rechtsprechung des BFH kommt auch der Rechtsprechung des VwGH eine entsprechende Breitenwirkung zu[572]. In der Regel wird der VwGH genauso wie der BFH gleichgelagerte Fälle gleich entscheiden. Ein Änderung seiner bisherigen Rechtsprechung ist dem VwGH gem. § 13 Abs. 1 Nr. 1 VwGG sogar nur möglich, wenn ein um vier Mitglieder verstärkter Senat dies beschließt.

Der Terminus Nichtanwendungsgesetz ist in Österreich nicht bekannt[573]. Gleichwohl konterkariert die österreichische Legislative durch eine entsprechende Gesetzgebungstätigkeit eine ihr missliebige Rechtsprechung des VwGH.

---

569 Doralt/Ruppe, Grundriss des österreichischen Steuerrechts, Bd. I, 1. Kapitel: Einführung, Rn. 10 und 12.

570 Doralt/Ruppe, Grundriss des österreichischen Steuerrechts, Bd. I, 1. Kapitel: Einführung, Rn. 10 und 12.

571 Vgl. zum Aufbau der österreichischen Finanzgerichtsbarkeit, Beiser, Steuern, Das Abgabeverfahren, VI.-VIII.

572 Fellner, ÖStZ 2006, 6 (6).

573 Antwort des österreichischen Bundesministeriums der Finanzen vom 01. 03. 2011 auf eine entsprechende Anfrage des Verfassers.

Ein Beispiel[574] österreichischer Nichtanwendungsgesetzgebung ist die Behandlung eines Forderungsverzichts eines Gesellschafters ggü. einer Kapitalgesellschaft. Zunächst hatte der VwGH am 26. 05. 1998[575] entschieden, dass eine gesellschaftsrechtlich veranlasste Maßnahme beim Gesellschafter nur insoweit vorliegt, wie der Betrag dem Tageswert der Forderung im Zeitpunkt des Verzichts entspricht. Hiernach war die Forderung in einen werthaltigen und nicht werthaltigen Teil aufzuteilen. Der werthaltige Teil war als steuerneutrale Einlage zu behandeln und der nicht werthaltige Teil führte zu einer Gewinnerhöhung der Gesellschaft. Am 23. 09. 2005[576] hatte der VwGH hingegen in Bezug auf die Frage der Auswirkungen eines Verzichts des Gesellschafters auf eine nicht werthaltige Forderung entschieden, dass ein gesellschaftsrechtlich bedingter Verzicht den Gewinn der Gesellschaft in keinem Fall erhöhen darf. Damit führte der Forderungsverzicht auf Ebene der Gesellschaft stets zu einer steuerneutralen Einlage. Diese Rechtsprechung des VwGH nahm der österreichische Gesetzgeber zum Anlass, § 8 Abs. 1 öKStG durch das Budgetbegleitgesetz 2007[577] dahin gehend zu ergänzen, dass bei einem Forderungsverzicht auf Seiten des Gesellschafters der nicht mehr werthaltige Teil der Forderung steuerwirksam ist. Die Gesetzesänderung bewirkt damit erneut eine Differenzierung zwischen dem werthaltigen und dem nicht werthaltigen Teil einer Forderung. Die Einlage einer Forderung ist hiernach nur noch dann steuerneutral, wenn diese im Zeitpunkt des Forderungsverzichts noch werthaltig ist, ansonsten erzielt die Kapitalgesellschaft einen steuerpflichtigen Ertrag. Die Gesetzesbegründung zur Ergänzung

---

574 Eine Nichtanwendungsgesetzgebung bestand auch in Bezug auf das öErbStG. Zum einen sah der VwGH in seiner Entscheidung 93/16/0093 vom 30. 05. 1994 „eine lineare Vervielfachung des Einheitswertes zur Ermittlung des gemeinen Werts als völlig ungeeignet" an. Gleichwohl wurde durch das Budgetbegleitgesetz 2001, BGBl I Nr. 142/2000, 1506 f. eine lineare Anpassung des Einheitswerts um das Dreifache vorgenommen. Zum anderen hatte der VwGH in ständiger Rechtsprechung, u. a. 99/16/0250 vom 09. 11. 2000 und 98/16/0205 vom 15. 03. 2001 eine Schenkungsteuerpflicht für Gewinne aus Gewinnspielen für die keine Leistung des Teilnehmers erbracht werden muss und die durch Los ermittelt werden, angenommen. Durch das Abgabenänderungsgesetz 2004, BGBl I Nr. 180/2004, 41 wurde die Schenkungsteuerfreiheit solcher Gewinne deklariert. Auf eine nähere Darstellung wird verzichtet, da die österreichische Erbschaft- und Schenkungsteuer durch das Schenkungsmeldegesetz 2008, BGBl I Nr. 85/2008, 4 abgeschafft worden ist.

575 VwGH vom 26. 05. 1998, 94/14/0042.

576 VwGH vom 23. 09. 2005, 2003/15/0078.

577 BGBl I Nr. 24/2007, 16.

des § 8 Abs. 1 öKStG erwähnt die zu konterkarierende Rechtsprechung des VwGH nicht[578].

4. *Zusammenfassung*

Auch wenn Fragen der steuerlichen Nichtanwendungsgesetzgebung bislang in Österreich – soweit ersichtlich – noch nicht in einem ähnlichen Maße wie in Deutschland Gegenstand der steuerjuristischen Literatur gewesen sind, kann eine Nichtanwendungsgesetzgebung in der österreichischen Gesetzgebungspraxis nicht verleugnet werden. Die sich hieraus ergebenen rechtlichen Fragestellungen der Zulässigkeit und der Motive des Gesetzgebers für den Erlass eines Nichtanwendungsgesetzes dürften oftmals mit denen in der BRD identisch sein. Unabhängig von einer verfassungsrechtlichen Bewertung der österreichischen Nichtanwendungsgesetzgebung, ist am besprochenen Beispiel zu § 8 Abs. 1 öKStG zu kritisieren, dass der österreichische Gesetzgeber im Rahmen des Gesetzgebungsverfahrens den unmittelbaren Bezug seiner gesetzgeberischen Tätigkeit zur Rechtsprechung des VwGH in seiner Gesetzesbegründung nicht erwähnt hat[579]. Eine solche Erwähnung wäre nicht nur im Sinne eines Transparenzgedankens wünschenswert gewesen, sie wäre vielmehr auch aus Respekt der Legislative ggü. der Judikative geboten gewesen.

V. Nichtanwendungsgesetze gegen Entscheidungen des BVerfG

In der Geschichte der BRD sind – soweit ersichtlich – zwei Beispiele für eine Nichtanwendungsgesetzgebung gegen Entscheidungen des BVerfG bekannt. Ein solches Nichtanwendungsgesetz liegt vor, wenn nach einer Entscheidung des BVerfG das GG dahin gehend geändert wird, dass die Rechtsprechung des BVerfG nicht mehr angewendet werden kann.

Zum einen wurde Art. 120 Abs. 1 GG nach einer Entscheidung des BVerfG vom 16. 06. 1959[580] zu Kriegsfolgelasten durch das Vierzehnte Gesetz zur Änderung des GG[581] neu gefasst. Nach der Rechtsprechung des BVerfG hatte der Bund, entgegen der bisherigen gemeinsamen Tragung der Kriegsfolgelasten durch Bund, Länder und Gemeinden, die Kriegsfolgelasten allein zu tragen. „Um unabsehbare Störungen des bundesstaatlichen Finanzgefüges zu vermeiden“[582], erfolgte die Änderung des GG.

578 Regierungsvorlage zum Budgetbegleitgesetz 2007, 24 f.

579 Regierungsvorlage zum Budgetbegleitgesetz 2007, 24 f.

580 BVerfG vom 16. 06. 1959, 2 BvF 5/56, BVerfGE 9, 305.

581 BGBl I 1965, 649.

582 BT-Drs. 4/2524, 6.

Zum anderen wurde Art. 91e GG nach einer Entscheidung des BVerfG vom 20. 12. 2007[583] zu Arbeitsgemeinschaften gem. § 44b SGB II durch das Gesetz zur Änderung des GG[584] eingeführt. Nach der Rechtsprechung des BVerfG verletzten die zwischen der Bundesagentur für Arbeit und kommunalen Trägern gebildeten Arbeitsgemeinschaften die Kommunen in ihrem Anspruch auf eigenverantwortliche Aufgabenwahrnehmung und verstießen gegen die Kompetenzordnung des GG. Die Änderung des GG erfolgte, da sich die Arbeitsgemeinschaften „grundsätzlich bewährt" hätten[585].

Die Zulässigkeit eines Nichtanwendungsgesetzes gegen eine Entscheidung des BVerfG wird in der Literatur unterschiedlich beurteilt. Während *Blomeyer*[586], *Herzog*[587], *Wieland*[588] und *Klein*[589] die Zulässigkeit eines solchen Gesetzes bejahen, wird diese von *Dichgans*[590] verneint.

Mit Blick auf die Ewigkeitsgarantie in Art. 79 Abs. 3 GG ist davon auszugehen, dass diese die Grenze für Nichtanwendungsgesetze gegen Entscheidungen des BVerfG darstellt[591]. Solange ein Nichtanwendungsgesetz gegen eine Entscheidung des BVerfG nicht gegen Art. 79 Abs. 3 GG verstößt, ist es verfassungsrechtlich zulässig. Hierbei ist zu beachten, dass nach der Rechtsprechung des BVerfG Art. 79 Abs. 3 GG eine „eng auszulegende Ausnahmevorschrift" ist[592].

VI. Nichtanwendungsgesetze in anderen Rechtsgebieten

1. Einführung

In anderen Rechtsgebieten ist die Problematik von Nichtanwendungsgesetzen nicht Gegenstand einer solch intensiven Debatte wie im Steuerrecht. Dies kann zweierlei Ursachen haben. Einerseits könnten keine Beispiele für eine Nichtanwendungsgesetzgebung in anderen Rechtsgebieten existieren. Andererseits

---

583 BVerfG vom 20. 12. 2007, 2 BvR 2433, 2434/04, BVerfGE 119, 331.
584 BGBl I 2010, 944.
585 BT-Drs. 17/1554, 1 und 4 = 17/1939, 1 und 5 = 17/2183, 1.
586 Blomeyer, FS Obermayer, 15 (24).
587 Herzog, FS Simon, 103 (112).
588 Wieland, Der Landkreis 2009, 556 (557).
589 Klein, MD, Art. 91e Rn. 13, 74. Lfg. Mai 2015.
590 Dichgans, FS Geiger, 945 (948 f.).
591 Ebenso: Wieland, Der Landkreis 2009, 556 (557).
592 BVerfG vom 03. 03. 2004, 1 BvR 2378/98, 1084/99, BVerfGE 109, 279 (310).

könnte eine existente Nichtanwendungsgesetzgebung nicht als problematisch und damit diskussionswürdig angesehen werden.

Begründet ist die Vorreiterrolle, die dazu im Vergleich das Steuerrecht in Fragen der Nichtanwendungsgesetzgebung einnimmt, dadurch, dass es seit der Weimarer Republik eine stete Diskussion, um die Frage der präjudiziellen Breitenwirkung der Rechtsprechung des RFH und BFH gibt[593]. Die in der steuerlichen Literatur seit jeher diskutierte Frage der Zulässigkeit der Nichtanwendungserlasse[594] mag einer der entscheidenden Gründe für den im Steuerrecht bestehenden Fokus auf Fragestellungen der Nichtanwendung sein[595]. Gleichwohl gibt es vereinzelte Beispiele einer juristischen Untersuchung der Nichtanwendungsgesetzgebung auch in anderen Rechtsgebieten nebst Beispielen für solche Nichtanwendungsgesetze[596]. Diese Ausführungen sind aber hinsichtlich ihres Umfangs und ihrer Tiefe mit der Diskussion der Nichtanwendungsgesetzgebung im Steuerrecht nicht vergleichbar.

---

593 Siehe 1. Teil H. III.

594 Siehe 1. Teil H. III.

595 Auch in anderen Rechtsgebieten ist das Instrument des Nichtanwendungserlasses bekannt. Allerdings erscheint in keinem anderen Rechtsgebiet eine solche Vielzahl von Nichtanwendungserlassen zu existieren wie im Steuerrecht. Als Beispiel für einen Nichtanwendungserlass in einem anderen Rechtsgebiet berichtet Klein, DStZ 1984, 55 (57) von einem Nichtanwendungserlass im Arbeitsrecht mit dem sich der kommunale Arbeitgeberverband in Niedersachsen durch sein Rundschreiben Nr. 22 vom 12. 10. 1982 der BAG-Entscheidung vom 13. 07. 1982, 3 AZR 576/80, VersR 1983, 71 widersetzte. Ein weiteres Beispiel für einen Nichtanwendungserlass in anderen Rechtsgebieten ist das Schreiben des Bundeswehrverwaltungsamtes vom 19. 07. 1984, WE 2 – Az 24-01-17, NVwZ 1985, 174 zur Frage des Anerkennungsverfahrens für Kriegsdienstverweigerer gegen BVerwG vom 25. 05. 1984, 6 B 40/84, NVwZ 1984, 447. Siehe hierzu Papier/Peine, NVwZ 1985, 164, die in ihren Ausführungen auch auf die steuerrechtlichen Nichtanwendungserlasse als Referenz Bezug nehmen (166). Zur Frage von Nichtanwendungserlassen im Sozialrecht siehe Rüfner, DRiZ 1992, 457 (459 ff.), der zwar von der Existenz sozialrechtlicher Nichtanwendungserlasse berichtet, aber zugleich auf ihre geringere Zahl und der daraus folgenden weniger guten Dokumentation hinweist.

596 Vgl. hierzu Müller, DÖV 1964, 226 (229 f.), der besonders auf das Lastenausgleichsrecht verweist, welches „eine ganze Fülle von Beispielen“ für Nichtanwendungsgesetze biete.

2. *Nichtanwendungsgesetze im Zivilrecht*

a) *Gesellschaftsrecht*

Im Gesellschaftsrecht ist die Problematik der Nichtanwendungsgesetzgebung in den letzten Jahren verstärkt Gegenstand der wissenschaftlichen Diskussion geworden, nachdem bereits in der Vergangenheit einzelne gesellschaftsrechtliche Nichtanwendungsgesetze erlassen wurden. Zu den frühen gesellschaftsrechtlichen Nichtanwendungsgesetzen gehört bspw. der 1980 eingeführte § 35 Abs. 4 GmbHG[597], der § 181 BGB auch auf die Einpersonengesellschaft für anwendbar erklärt und sich damit über die BGH-Entscheidung vom 19. 04. 1971[598] hinweggesetzt, nach der § 181 BGB nicht auf die Einpersonengesellschaft anzuwenden ist.

Ebenso finden sich Nichtanwendungsgesetze im Eigenkapitalersatzrecht des § 32a Abs. 3 GmbHG a. F., der die Ausdehnung des Eigenkapitalersatzrechts auf darlehensähnliche Sachverhalte normiert. So ist die 1998 eingeführte Privilegierung für Anteilseigner eines maximal zehnprozentigen Anteils ohne Geschäftsführungsmacht in § 32a Abs. 3 Satz 2 GmbHG a. F.[599] ein Nichtanwendungsgesetz zu Entscheidungen des BGH vom 19. 09. 1988[600] und 07. 11. 1994[601]. Das ebenfalls 1998 in § 32a Abs. 3 Satz 3 GmbHG a. F.[602] eingefügte Sanierungsprivileg ist ein Nichtanwendungsgesetz zur Rechtsprechung des BGH vom 21. 09. 1981[603]. Durch das MoMiG vom 23. 10. 2008[604] wurden die Regelungen aus dem GmbHG in § 39 InsO übertragen.

Grund für die verstärkte Problematisierung von Nichtanwendungsgesetzen im Gesellschaftsrecht sind gleich vier Nichtanwendungsregeln, die das MoMiG vom 23. 10. 2008[605] als Reaktion auf die BGH-Rechtsprechung enthält[606].

597 BGBl I 1980, 836 (839). Die Vorschrift findet sich nunmehr in § 35 Abs. 3 Satz 1 GmbHG, nachdem die a. F.des Abs. 3 durch das MoMiG aufgehoben worden ist und dadurch Abs. 4 zu Abs. 3 wurde, BGBl I 2008, 2026 (2029).

598 BGH vom 19. 04. 1971, II ZR 98/68, BGHZ 56, 97.

599 Eingeführt durch das Kapitalaufnahmeerleichterungsgesetz vom 20. 04. 1998, BGBl I 1998, 707 (708).

600 BGH vom 19. 09. 1988, II ZR 255/87, BGHZ 105, 168

601 BGH vom 07. 11. 1994, II ZR 270/93, BGHZ 127, 336.

602 Eingeführt durch das Gesetz zur Kontrolle und Transparenz im Unternehmensbereich vom 27. 04. 1998, BGBl I 1998, 786 (793).

603 BGH vom 21. 09. 1981, II ZR 104/80, BGHZ 81, 311.

604 BGBl I 2008, 2026 (2038).

605 BGBl I 2008, 2026.

606 Zur rechtlichen Bewertung dieser Nichtanwendungsregeln vgl. Ulmer, ZIP 2008, 45 (46 und 50 ff.) und Schmidt, JZ 2009, 10 (17 f.).

So wird durch das MoMiG in § 19 GmbHG zum einen in Abs. 4[607] bei verdeckten Sacheinlagen die sog. Anrechnungslösung geschaffen, die nach Eintragung der Gesellschaft eine Anrechnung der Sacheinlage auf die ausstehende Bareinlageverpflichtung ermöglicht. Der BGH hatte am 04. 03. 1996[608] noch eine Heilung verdeckter Sacheinlagen mittels eines nachträglichen satzungsändernden Mehrheitsbeschlusses der Gesellschafter als zulässig erachtet. Zum anderen wird in § 19 Abs. 5 GmbHG[609] das vom BGH am 09. 01. 2006[610] aufgestellte Verbot des Hin- und Herzahlens in Darlehensfällen abgeschwächt. Eine befreiende Wirkung tritt hiernach ein, wenn die hin- und wieder zurückgeflossene Einlage durch einen vollwertigen und jederzeit fälligen Anspruch auf Rückgewähr gedeckt ist. In § 30 Abs. 1 GmbHG[611] normiert Satz 2 2. Var.[612] kein Auszahlungsverbot, wenn die Leistungen der GmbH an die Gesellschafter durch einen vollwertigen Gegenleistungs- oder Rückgewähranspruch gegen die Gesellschafter gedeckt sind und ermöglicht dadurch den Fortbestand von Cash pool-Verfahren[613]. Der BGH hatte am 24. 11. 2003[614] noch entschieden, dass über die bilanzielle Erhaltung des Stammkapitals hinaus eine die Stammkapitalziffer erhaltende reale Haftungsmasse notwendig sei. Nach § 30 Abs. 1 Satz 3 GmbHG[615] ist für den Anspruch aus Rückgewähr eines Gesellschafterdarlehens oder wirtschaftlich vergleichbarer Leistungen ebenfalls kein Auszahlungsverbot gegeben, womit Gesellschafterdarlehen Drittgeschäften zugeordnet werden. In den sog. „Rechtsprechungsregeln" hatte der BGH am 26. 03. 1984[616] Gesellschaftern die Rückforderung von Darlehen noch untersagt, die diese der GmbH nach Ausbruch einer Krise gewährt hatten. Im Rahmen der Kommentierungen zum MoMiG findet bei den genannten Normen eine Thematisierung unter Aspekten der Nichtanwendungsgesetzgebung nicht

607 BGBl I 2008, 2026 (2028 f.).

608 BGH vom 04. 03. 1996, II ZB 8/95, BGHZ 132, 141 und BGH vom 07. 07. 2003, II ZR 235/01, BGHZ 155, 329.

609 BGBl I 2008, 2026 (2029).

610 BGH vom 09. 01. 2006, II ZR 72/05, BGHZ 165, 353.

611 Korrespondierend zu § 30 Abs. 1 GmbHG wurde durch das MoMiG auch § 57 Abs. 1 AktG geändert, BGBl I 2008, 2026 (2035).

612 BGBl I 2008, 2026 (2029).

613 Goette, DStR 2009, 51 (53 f.).

614 BGH vom 24. 11. 2003, II ZR 171/01, BGHZ 157, 72.

615 BGBl I 2008, 2026 (2029).

616 BGH vom 26. 03. 1984, II ZR 14/84, BGHZ 90, 370 und BGH vom 30. 01. 2006, II ZR 357/03, ZIP 2006, 466.

statt[617]. Dies ist dahin gehend zu deuten, dass der Blick auf eine gesellschaftsrechtliche Nichtanwendungsgesetzgebung nicht so geschärft ist, wie dies im Steuerrecht der Fall ist.

b) Insolvenzrecht

Im Insolvenzrecht wird das Instrument des Nichtanwendungsgesetzes anhand eines temporären Beispiels zum Überschuldungsbegriff des § 19 Abs. 2 InsO einer Kritik unterzogen, die sich im Kern auf die Aktivität des Gesetzgebers kapriziert, sein eigenes Nichtanwendungsgesetz einer Revision zu unterziehen[618]. Die Frage der Zulässigkeit von Nichtanwendungsgesetzen im Allgemeinen wird in diesem Kontext aber nicht thematisiert.

Zunächst hatte der BGH mit Entscheidung vom 13. 07. 1992[619] entschieden, dass eine Überschuldung nur dann gegeben sei, „wenn das Vermögen der Gesellschaft bei Ansatz von Liquidationswerten die bestehenden Verbindlichkeiten nicht decken würde (rechnerische Überschuldung) und die Finanzkraft der Gesellschaft mittelfristig nicht zur Fortführung des Unternehmens ausreicht (Überlebens- und Fortbestehensprognose)". Damit wandte der BGH einen sog. zweistufigen modifizierten Überschuldensbegriff[620] an, der bis zum Inkrafttreten der Insolvenzordnung zum 01. 01. 1999 Anwendung fand. Die ursprüngliche Fassung der ab dem 01. 01. 1999 anzuwendenden InsO vom 05. 10. 1994 fasste in § 19 Abs. 2 InsO[621] diesen Überschuldungsbegriff jedoch weiter. Hiernach lag eine Überschuldung vor, „wenn das Vermögen des Schuldners die bestehenden Verbindlichkeiten nicht mehr deckt. Bei der Bewertung des Vermögens des Schuldners ist jedoch die Fortführung des Unternehmens zugrunde zu legen, wenn diese nach den Umständen überwiegend wahrscheinlich ist". Damit war auch nach § 19 Abs. 2 InsO eine zweistufige Überschuldensprüfung vorzunehmen. Auf einer ersten Stufe war das Vorliegen einer rechnerischen

617 Vgl. Leistikow, Das neue GmbH-Recht; Grigoleit/Rieder, GmbH-Recht nach dem MoMiG; Goette/Habersack, Das MoMiG in Wissenschaft und Praxis; Ulmer/Habersack/Winter, Gesetz betreffend die Gesellschaften mit beschränkter Haftung (GmbHG) Ergänzungsband MoMiG. Allein Goette, Einführung in das neue GmbH-Recht, Einf. Rn. 31 mit Bezug auf Fn. 20 spricht Nichtanwendungsgesetze mit einem Satz an.

618 Hölzle ZIP 2008, 2003 (2004 f.); Schmidt, DB 2008, 2467 (2467 ff.) und Schmidt, JZ 2009, 10 (18).

619 BGH vom 13. 07. 1992, II ZR 269/91, BGHZ 119, 201.

620 BT-Drs. 16/10600, 13.

621 BGBl I 1994, 2866 (2868).

Überschuldung anhand der Liquidationswerte zu prüfen. Lag eine rechnerische Überschuldung vor, war sodann auf der zweiten Stufe eine Fortführungsprognose zu stellen. Falls diese aufgrund eines Fortführungswillens und der wirtschaftlichen Perspektiven zu bejahen war, hatte sich die Bewertung hieran anzupassen. Allerdings reichte nach § 19 Abs. 2 Satz 2 InsO im Unterschied zur Rechtsprechung des BGH die positive Fortführungsprognose allein zum Ausschluss der weiteren bilanziellen Überprüfung der Überschuldung nicht aus. Die Regelung des § 19 Abs. 2 Satz 2 InsO wollte hierdurch den Gläubiger schützen[622]. Art. 5 des FMStG sieht dagegen ab dem 17. 10. 2008 eine Überschuldung als gegeben an, „wenn das Vermögen des Schuldners die bestehenden Verbindlichkeiten nicht mehr deckt, es sei denn, die Fortführung des Unternehmens ist nach den Umständen überwiegend wahrscheinlich“[623]. Damit findet wieder der sog. zweistufige modifizierte Überschuldensbegriff des BGH Anwendung. Die Fassung des FMStG war gem. Art. 7 Abs. 2 i. V. m. Art. 6 Abs. 3 FMStG zunächst nur bis zum 31. 12. 2010 befristet und sollte vor dem Hintergrund der weltweiten Finanzkrise ökonomisch nicht notwendige Insolvenzen vermeiden[624]. Diese Befristung wurde später durch das Gesetz zur Erleichterung der Sanierung von Unternehmen[625] bis zum 31. 12. 2013 verlängert und durch das Gesetz zur Einführung einer Rechtsbehelfsbelehrung im Zivilprozess und zur Änderung anderer Vorschriften[626] entfristet. Diese dauerhafte Entfristung wird mit der volkswirtschaftlichen Richtigkeit des § 19 Abs. 2 InsO i. d. F. des FMStG und seiner Bewährung in der Praxis begründet[627]. Im Ergebnis kann man damit von einem temporären insolvenzrechtlichen Nichtanwendungsgesetz sprechen, das vom 01. 01. 1999 bis zum 17. 10. 2008 die Rechtsprechung des BGH nicht zur Anwendung hat kommen lassen.

c) Arbeitsrecht

Ein weiteres Beispiel für die Nichtanwendungsgesetzgebung in anderen Rechtsgebieten findet sich im Arbeitsrecht. Nach einer Entscheidung des GrS des BAG

622 BT-Drs. 12/7302, 157.

623 BGBl I 2008, 1982 (1988 f.). In einem Satz 2 wurden durch das MoMiG noch nähere Ausführungen zu Bewertungsfragen getroffen, die aber keine Auswirkung auf den Überschuldensbegriff haben, BGBl I 2008, 2026 (2037 f.).

624 BT-Drs. 16/10600, 12 f.

625 BGBl I 2009, 3151.

626 BGBl I 2012, 2418 (2424).

627 BT-Drs. 17/11385, 19 f.

vom 12. 10. 1960[628] konnte ein Arbeitsvertrag nur bei Vorliegen eines sachlichen Grundes befristet werden. In § 1 des Gesetzes über arbeitsrechtliche Vorschriften zur Beschäftigungsförderung vom 26. 04. 1985[629] wurde hingegen der Abschluss befristeter Arbeitsverträge für die Dauer von 18 bzw. 24 Monaten ohne sachlichen Grund für zulässig erklärt. Die Zulässigkeit dieses arbeitsrechtlichen Nichtanwendungsgesetzes wird unterschiedlich beurteilt. *Herschel* sieht dieses Nichtanwendungsgesetz als verfassungswidrig an[630], *Blomeyer* hingegen als verfassungsgemäß[631].

Eine darüber hinausgehende, vertiefte Würdigung zu Fragen der Nichtanwendungsgesetzgebung hat im Arbeitsrecht – soweit ersichtlich – bisher nicht stattgefunden. Möglicherweise wird sich dies durch das Gesetz zur Tarifeinheit (Tarifeinheitsgesetz) vom 03. 07. 2015[632] ändern. Potentielle Gründe hierfür sind die im besonderen Maße gegebene Öffentlichkeit des Gesetzes, die insb. aus den fortdauernden Streiks der Spartengewerkschaft GDL herrührte und die Entscheidung des BVerfG über mehrere Verfassungsbeschwerden gegen das Gesetz[633]. Das Tarifeinheitsgesetz ist ein Nichtanwendungsgesetz zur Rechtsprechung des BAG vom 07. 07. 2010[634].

3. Nichtanwendungsgesetze im Öffentlichen Recht

Natürlich ist zunächst einmal das Steuerrecht selbst ein Beispiel für eine Nichtanwendungsgesetzgebung im Öffentlichen Recht. Aber auch in anderen Bereichen des Öffentlichen Rechts finden sich Beispiele für Nichtanwendungsgesetze.

Für das Sozialrecht spricht *Rüfner* über die Frage der Zulässigkeit von Nichtanwendungsgesetzen und beurteilt solche als grds. recht- und verfassungsmäßig, sofern die allgemeinen Grenzen der Gesetzgebung, wie bspw. das Rückwirkungsverbot, beachtet würden[635]. Dies gelte auch für ein Nichtanwendungsgesetz aus fiskalischen Gründen[636]. Als Referenz für Nichtanwendungsgesetze

---

628 BAG vom 12. 10. 1960, GS 1/59 (3 AZR 65/56), BAGE 10, 65.
629 BGBl I 1985, 710 (710).
630 Herschel, AuR 1985, 265 (266).
631 Blomeyer, FS Obermayer, 15 (24).
632 BGBl I 2015, 1130.
633 BVerfG vom 11. 07. 2017, 1 BvR 1571/15, 1 BvR 1588/15, 1 BvR 2883/15, 1 BvR 1043/16, 1 BvR 1477/16, juris.
634 BAG vom 07. 07. 2010, 4 AZR 549/08, BAGE 135, 80.
635 Rüfner, DRiZ 1992, 457 (462 f.).
636 Rüfner, DRiZ 1992, 457 (462).

im Sozialrecht nennt er entsprechende Beispiele selbiger[637]. Ein Beispiel für ein sozialrechtliches Nichtanwendungsgesetz aus der jüngeren Vergangenheit ist § 22b Abs. 1 Satz 1 Fremdrentengesetz[638]. Mit dem Gesetz zur Neuordnung des Rechts der Syndikusanwälte und zur Änderung der Finanzgerichtsordnung vom 21. 12. 2015[639] ist ein weiteres Nichtanwendungsgesetz erlassen worden, das sich gegen die Entscheidungen des BSG vom 03. 04. 2014[640] wendet, mit denen Syndikusanwälten eine Befreiung von der Versicherungspflicht in der gesetzlichen Rentenversicherung zugunsten einer Versorgung in den berufsständischen Versorgungswerken versagt worden ist und das eine solche Befreiungsmöglichkeit nunmehr wieder einräumt. § 14a Abs. 1 1. HS Beamtenversorgungsgesetz ist ein Beispiel für ein Nichtanwendungsgesetz aus dem Beamtenrecht[641]. Ein Beispiel für ein Nichtanwendungsgesetz im Baurecht ist die Verortung des Erschließungsvertrages in § 11 BauGB und die Neufassung des § 124 BauGB[642] in Reaktion auf die Rechtsprechung des BVerwG vom 01. 12. 2010[643]. Das BVerwG hatte noch entschieden, dass der Erschließungsvertrag nach § 124 BauGB lex specialis zu dem in § 11 BauGB normierten städtebaulichen Vertrag sei und die Kommune eine Erschließung nicht auf eine ganz oder mehrheitlich von ihr beherrschte Eigengesellschaft mittels Vertrag übertragen könne. Der neue § 11 BauGB stellt nunmehr klar, dass auch der Erschließungsvertrag ein städtebaulicher Vertrag ist und auch eine Vertragsschließung mit einer Eigengesellschaft möglich ist. Ziel dieser Nichtanwendungsgesetzgebung war die Erweiterung des Handlungsspielraums der Kommunen[644]. Ein weiteres öffentlich-rechtliches Nichtanwendungsgesetz findet sich in der BHO. Dort wurden, zur Sicherung „des Erfolgs der externen Rechnungskontrolle und damit des Erfolgs der parlamentarischen Finanzkontrolle“[645], durch die Einführung von § 96 Abs. 4 BHO[646], entgegen der Rechtsprechung des BVerwG vom 15. 11. 2012[647], die

637 Rüfner, DRiZ 1992, 457 (461 f.).
638 BGBl I 2004, 1791 (1803) gegen BSG vom 30. 08. 2001, B 4 RA 118/00 R, BSGE 88, 288.
639 BGBl I 2015, 2517.
640 BSG vom 03. 04. 2014, B 5 RE 13/14 R, BSGE 115, 267; BSG vom 03. 04. 2014, B 5 RE 9/14 R, juris und BSG vom 03. 04. 2014, B 5 RE 3/14 R, juris.
641 BGBl I 2009, 160 (230) gegen BVerwG vom 23. 06. 2005, 2 C 25.04, BVerwGE 124, 19.
642 BGBl I 2013, 1548 (1548 ff.).
643 BVerwG vom 01. 12. 2010, 9 C 8.09, BVerwGE 138, 244.
644 BT-Drs. 17/11468, 10.
645 BT-Drs. 17/13931, 4.
646 BGBl I 2013, 2395 (2395).
647 BVerwG vom 15. 11. 2012, 7 C 1.12, NVwZ 2013, 431.

Möglichkeiten zur Einsichtnahme in die Prüfungsunterlagen des BRH eingeschränkt. Bei *Müller* finden sich eine Reihe weiterer Beispiele öffentlich rechtlicher Nichtanwendungsgesetze, die aus dem Namensrecht, dem Jagdrecht, dem Bauordnungsrecht, dem Flüchtlingsrecht und dem Lastenausgleichsrecht stammen[648]. *Redeker* nennt noch ein Beispiel für ein Nichtanwendungsgesetz aus dem Kommunalabgabenrecht NRW[649].

4. *Nichtanwendungsgesetze im Strafrecht*

Das Strafrecht scheint – soweit ersichtlich – kein Feld der Nichtanwendungsgesetzgebung zu sein. Ein einziges Beispiel für ein strafrechtliches Nichtanwendungsgesetz gegen die Rechtsprechung des BGH stammt aus den 1950iger Jahren. Der BGH hatte am 28. 09. 1951[650] in Fortführung der Rechtsprechung des RG die Kausalität nach der Bedingungstheorie bestimmt. Hiernach war Ursache eines strafrechtlich bedeutsamen Erfolges jede Bedingung, die nicht hinweggedacht werden kann, ohne dass der Erfolg entfiele. Im Entscheidungsfall hatte eine Ohrfeige bei einem Bluter dessen Tod zur Folge. Der Täter wusste nicht, dass das Opfer Bluter war und wurde aufgrund der Bedingungstheorie nach dem damals geltenden § 226 StGB, der die Körperverletzung mit Todesfolge normierte, bestraft. Durch das 3. Strafrechtsänderungsgesetz[651] wurde § 56 StGB in das StGB eingeführt, der folgenden Wortlaut hatte: „Knüpft das Gesetz an eine besondere Folge der Tat eine höhere Strafe, so trifft diese den Täter nur, wenn er die Folge wenigstens fahrlässig herbeigeführt hat."[652]. Hiernach musste die besondere Folge verschuldet und damit im Unterschied zur Rechtsprechung des BGH nunmehr wenigstens fahrlässig herbeigeführt werden. Der Gesetzgeber begründete sein gesetzgeberisches Tätigwerden mit Aspekten der Gerechtigkeit, da nach der Rechtsprechung von jedem Verschulden des Täters abgesehen werde und dieser für den reinen Zufall hafte[653].

Ein Beispiel für ein strafrechtliches Nichtanwendungsgesetz, das ein großes Medienecho hervorgerufen hatte[654], war die Frage der Zirkumzision – der

---

648 Müller, DÖV 1964, 226 (229 f.).

649 Redeker, NJW 1972, 409 mit Bezug auf § 6 Abs. 3 KAG NRW, GV. NRW. 1969, 712 (713) gegen OVG Münster vom 14. 05. 1969, II A 687/67, DVBl 1970, 294.

650 BGH vom 28. 09. 1951, 2 StR 391/51, JZ 1951, 787.

651 BGBl I 1953, 735 (739).

652 Der Inhalt des § 56 StGB wurde durch das Zweite Gesetz zur Reform des Strafrechts leicht verändert in § 18 des StGB normiert, BGBl I 1969, 717 (720) und ist dort bis heute unverändert im StGB enthalten.

653 BT-Drs. 1/3713, 33

654 DER SPIEGEL 30/2012, 16 ff. und 122 ff.

vollständigen oder teilweisen Beschneidung der männlichen Vorhaut. Das LG Köln hatte in einer rechtskräftigen Entscheidung eine solche Beschneidung als Körperverletzung i. S. d. § 223 Abs. 1 StGB angesehen[655]. Durch das Gesetz über den Umfang der Personensorge bei einer Beschneidung des männlichen Kindes[656] wurde in § 1631d BGB normiert, dass die Personensorge auch das Recht umfasse, für ein nicht einsichts- und urteilsfähiges männliches Kind, in eine medizinisch nicht erforderliche Beschneidung einzuwilligen, wenn diese nach den Regeln der ärztlichen Kunst durchgeführt werden soll. Das Nichtanwendungsgesetz sollte Rechtssicherheit schaffen und erfolgte aus religiösen, kulturellen, sozialen und gesundheitlichen Gründen[657]. Dieses Nichtanwendungsgesetz ist aus zwei Gründen interessant. Zum einen wendete sich dieses gegen eine instanzliche Entscheidung eines Gerichts und keine letztinstanzliche Entscheidung eines obersten Bundesgerichts. Zum anderen wurde eine strafrechtliche Rechtsprechung durch eine zivilrechtliche Norm überschrieben. Grund hierfür war, dass das LG Köln seine Rechtsauffassung mit einer Überschreitung der durch das Kindeswohl bestimmten Grenzen des Sorgerechts begründet hatte[658]. Die Regelung in 1631d BGB ist auch im Strafrecht zu beachten, so dass durch eine im Rahmen der Personensorge erteilte Einwilligung in die Zirkumzision dieser die Rechtswidrigkeit genommen wird[659].

5. *Zusammenfassung*

Die Problematik der Nichtanwendungsgesetzgebung ist keine, die sich allein auf das Steuerrecht beschränkt. Hinsichtlich des Umfangs der juristischen Problematisierung und des bisherigen Diskussionsstandes der Forschung nehmen Fragen der Nichtanwendungsgesetzgebung im Steuerrecht jedoch einen wesentlich breiteren Raum ein, als dies in anderen Rechtsgebieten der Fall ist. Ob sich die Befürchtungen von *Goette* hinsichtlich der Übertragung der gesetzgeberischen Erfahrungen mit steuerlichen Nichtanwendungsgesetzen auf andere Rechtsgebiete, wie das von ihm genannte Gesellschaftsrecht, bewahrheiten, bleibt vorerst abzuwarten[660].

---

655 LG Köln vom 07. 05. 2012, 151 Ns 169/11, NJW 2012, 2128.

656 BGBl I 2012, 2749.

657 BT-Drs. 17/11295, 1 und 6 ff.

658 BT-Drs. 17/11295, 2 mit Bezug auf Rn. 14 des Urteils des LG Köln vom 07. 05. 2012, 151 Ns 169/11, NJW 2012, 2128 (2129).

659 BT-Drs. 17/11295, 16.

660 Goette, Einführung in das neue GmbH-Recht, Einf. Rn. 31 mit Bezug auf Fn. 20.

Eine vertiefte Untersuchung der Reaktion des Gesetzgebers auf die Rechtsprechung aller obersten Bundesgerichte wäre gleichwohl wünschenswert. Dies allein schon deswegen, um die praktische Relevanz des gesetzgeberischen Umgangs mit höchstrichterlichen Präjudizien aus einem größeren Blickwinkel heraus untersuchen zu können, der über die jeweiligen Rechtsgebiete hinausreicht. In diesem Zusammenhang wäre es insb. interessant, ob der Gesetzgeber höchstrichterlichen Entscheidungen auf dem Gebiet des Zivilrechts anders begegnet als höchstrichterlichen Entscheidungen auf dem Gebiet des Öffentlichen Rechts oder des Strafrechts. Zunächst hat die besondere „Eignung“ des Steuerrechts, zum größten Anwendungsbereich der Nichtanwendungsgesetzgebung avanciert zu sein, sicherlich seinen Ursprung zu einem großen Teil darin, dass die Rechtsprechung des BFH immer auch das Fiskalinteresse des Staates in einem ganz anderen Maße berührt, als dies in anderen Bereichen des Öffentlichen Rechts, des Strafrechts oder des Zivilrechts der Fall ist. Ein ausreichendes Steueraufkommen ist nicht erst seit den Zeiten der grundgesetzlichen Schuldenbremse der Art. 109 Abs. 3, 115 und 143d GG zum 01. 08. 2009[661] zentraler Bestandteil eines funktionierenden Staatswesens und besitzt damit staatserhaltende Funktion[662]. Ebenso wäre in einer solchen Untersuchung zu klären, inwieweit die Nichtanwendungsgesetzgebung bei dem Über- und Unterordnungsverhältnis zwischen Staat und Bürger im Öffentlichen Recht und Strafrecht auf der einen Seite von dem Gleichordnungsverhältnis der Bürger im Zivilrecht auf der anderen Seite differiert. In letzterem übt der Staat durch die Setzung des Rechtsrahmens lediglich die Rolle einer das Miteinander der Bürger ordnenden Funktion aus, während er im ersten Fall selbst unmittelbar von seiner Gesetzgebung betroffen ist.

VII. Beurteilung von Nichtanwendungsgesetzen in Rechtsprechung und Literatur

1. Einführung

Fragen der steuerlichen Nichtanwendungsgesetzgebung sind in den letzten Jahrzehnten vielfach Gegenstand steuerrechtlicher Publikationen gewesen. Die nachfolgenden Ausführungen stellen die vertretenen Auffassungen dar. Hinsichtlich der ausgewerteten Stimmen in den entsprechenden Fachpublikationen

---

661 BGBl I 2009, 2248 (2249 f.).

662 A. A. Rüfner, DRiZ 1992, 457 (462): „Steuermindereinnahmen führen oft zu Mehreinnahmen an anderer Stelle und umgekehrt, so dass sich Effekte belastungsverschiedener Rechtsprechung im Staatshaushalt ausgleichen.“.

werden die Ausführungen danach differenziert, ob diese von Angehörigen der Legislative, der Exekutive, der Judikative, der Wissenschaft oder der Anwaltschaft und Steuerberatung erfolgt sind. Bei den Ausführungen von Vertretern der Judikative erfolgt eine weitere Differenzierung anhand von Ausführungen in Entscheidungen des BFH sowie von Angehörigen der Judikative. Explizite Ausführungen zur Zulässigkeit der Nichtanwendungsgesetzgebung finden sich in der steuerrechtlichen Literatur beginnend mit den 1960iger Jahren[663]. Seit diesem Zeitpunkt ist die wissenschaftliche Diskussion über Nichtanwendungsgesetze bis zum heutigen Tage nicht zum Erliegen gekommen und hat insb. durch die Geldstrafen und -bußen-Rechtsprechung[664] und der Aufgabe der Gepräge-Rechtsprechung für die GmbH & Co. KG[665] durch den BFH und deren Korrektur durch den Gesetzgeber in den 1980iger Jahren weiteren Schub erfahren[666]. In einem separaten Punkt werden mit korrespondierender Gliederung die Beurteilungen der Nichtanwendungsgesetzgebung dargestellt, die keinen steuerlichen Bezug aufweisen. Beiden Punkten vorangestellt werden die Ausführungen des BVerfG und von Angehörigen des BVerfG zur Nichtanwendungsgesetzgebung.

2. *Beurteilung des BVerfG*

a) *Rechtsprechung*

Das *BVerfG* sieht eine Nichtanwendungsgesetzgebung in ständiger Rechtsprechung als zulässig an. Hiervon zeugen verschiedene Judikate aus den letzten Jahrzehnten.

So heißt es: „Der Bundesgesetzgeber [...] kannte [...] die Auffassung des BFH. Wenn er dessen Auslegung als mit dem Gesetz unvereinbar gehalten hätte, so wäre es ihm seither möglich gewesen, durch einen Akt der Gesetzgebung das Problem im anderen Sinne zu entscheiden.“[667]. In einer weiteren Entscheidung führt es aus: „Dem Gesetzgeber steht es jederzeit frei, die Erfüllung des zunächst an ihn gerichteten Verfassungsauftrags wieder an sich

---

663 Risse, BB 1961, 1225; Grund, 50 Jahre Deutsche Finanzgerichtsbarkeit, 27 (44 ff.).

664 BFH vom 21. 11. 1983, GrS 2/82, BStBl II 1984, 160 und BFH vom 21. 11. 1983, GrS 3/82, BStBl II 1984, 166.

665 BFH vom 25. 06. 1984, GrS 4/82, BStBl II 1984, 751.

666 Knobbe-Keuk, BB 1985, 820; Knobbe-Keuk, BB 1985, 941; Flume, DB 1985, 1152; Flume, StbJb 1985/86, 277 (301 f.); Schulze-Osterloh, DStZ 1985, 315 = Schulze-Osterloh, JbFStR 1985/86, 229; Uelner, Woerner, Knobbe-Keuk, Flume, JbFStR 1985/86, 229 (276 ff.).

667 BVerfG vom 03. 11. 1965, 2 BvR 246, 257/62 und 110, 111/63, BVerfGE 19, 166 (177).

zuziehen und nach seinen Vorstellungen zu verwirklichen."[668]. Das Nichtanwendungsgesetz zur Nichtabziehbarkeit von Geldstrafen und -bußen[669] hat das *BVerfG* ebenfalls als verfassungsgemäß beurteilt[670]. In einer anderen Entscheidung heißt es: „Art. 20 Abs. 3 GG bindet die Rechtsprechung an Gesetz und Recht. Damit wäre es unverträglich, wenn sich die Gerichte aus der Rolle des Normanwenders in die einer normsetzenden Instanz begeben, also objektiv betrachtet sich der Bindung an Recht und Gesetz entziehen würden."[671]. In einer neueren Entscheidung führt das *BVerfG* aus: „Es widerspricht weder dem Rechtsstaatsprinzip noch dem Gewaltenteilungsgrundsatz, wenn der Gesetzgeber eine Rechtsprechungsänderung korrigiert, die auf der Grundlage der seinerzeit bestehenden Gesetzeslage zwar mit gutem Grund erfolgt sein mag, deren Ergebnis er aber für nicht sachgerecht hält. Nicht die Rücksicht auf die rechtsprechende Gewalt und deren Befugnis zur Letztentscheidung über die bestehende Gesetzeslage, sondern nur das sonstige Verfassungsrecht, insb. die Grundrechte der Stpfl., begrenzen hier die Gestaltungsbefugnis des Gesetzgebers bei der Bestätigung der alten Rechtspraxis durch entsprechende gesetzliche Klarstellung."[672]. Diese Entscheidung des *BVerfG* ist deshalb von besonderem Interesse, da dort über die Verfassungsmäßigkeit der Regelungen des Nichtanwendungsgesetzes zur sog. Mehrmütterorganschaft[673] entschieden wurde. Auch aus einer abweichenden Meinung der Richter *Voßkuhle, Osterloh* und *Di Fabio* folgt nichts anderes, wenn es heißt: „Im Zusammenwirken zwischen Legislative und Judikative gebührt dem demokratischen, unmittelbar legitimierten Gesetzgeber vielmehr der Vorrang."[674]. Im Kontext des Nichtanwendungsgesetzes zur Frage der Bildung von Jubiläumsrückstellungen[675], hat das

668 BVerfG vom 29. 01. 1969, 1 BvR 26/66, BVerfGE 25, 167 (181).

669 BGBl I 1984, 1006 (1006) gegen BFH vom 21. 11. 1983, GrS 2/82, BStBl II 1984, 160 und BFH vom 21. 11. 1983, GrS 3/82, BStBl II 1984, 166.

670 BVerfG vom 23. 01. 1990, 1 BvL 4, 5, 6, 7/87, BVerfGE 81, 228.

671 BVerfG vom 12. 11. 1997, 1 BvR 479/92 und 307/94, BVerfGE 96, 375 (394) unter Bezugnahme auf BVerfG vom 03. 11. 1992, 1 BvR 1243/88, BVerfGE 87, 273 (280). Ebenso: BVerfG vom 07. 06. 2005, 1 BvR 1508/96, BVerfGE 113, 88 (103) unter Bezugnahme auf BVerfG vom 12. 11. 1997, 1 BvR 479/92 und 307/94, BVerfGE 96, 375 (394).

672 BVerfG vom 15. 10. 2008, 1 BvR 1138/06, HFR 2009, 187 (188 f.).

673 BGBl I 2001, 3858 (3863 f. und 3873) gegen BFH vom 09. 06. 1999, I R 43/97, BStBl II 2000, 695.

674 Abweichende Meinung der Richter Voßkuhle, Osterloh und Di Fabio zu BVerfG vom 15. 01. 2009, 2 BvR 2044/07, BVerfGE 122, 248 (282). Die Hauptentscheidung enthält zu dieser Thematik keine Ausführungen, BVerfGE 122, 248.

675 BGBl I 1988, 1093 (1095) gegen BFH vom 05. 02. 1987, IV R 81/84, BStBl II 1987, 845.

BVerfG entschieden: „Angesichts einer höchstrichterlich begründeten, willkürfreien langjährigen Praxis der Gesetzesanwendung bewegte sich die Reaktion des Gesetzgebers auf die Hinwendung der höchstrichterlichen Rechtsprechung zur grundsätzlichen Anerkennung von Jubiläumsrückstellungen im Jahr 1987, als deren Folge erheblich Einnahmeausfälle zu erwarten waren, innerhalb seines weiten Gestaltungsspielraums. Er durfte nicht zuletzt auch zum Schutz fiskalischer Interessen die alte Rechtslage [...] aufrechterhalten."[676]. In der letzten Zeit hat das *BVerfG* zum Nichtanwendungsgesetz des § 22b Abs. 1 Satz 1 Fremdrentengesetz[677] ausgeführt, dass der Gesetzgeber im Rahmen der verfassungsmäßigen Ordnung befugt ist, ggf. eine Rechtsprechung zu korrigieren, mit der er nicht einverstanden ist[678]. Auch kann nach der Auffassung des *BVerfG* der Gesetzgeber das Gesetz für die Zukunft ändern, wenn die höchstrichterlich gefundene Auslegung nicht oder nicht mehr dem politischen Willen des Gesetzgebers entspricht[679]. Aus dem Leitsatz des Beschlusses vom 31. 03. 1965[680] lässt sich keine andere Beurteilung des *BVerfG* zur Zulässigkeit von Nichtanwendungsgesetzen entnehmen. Das *BVerfG* führt dort zwar aus: „Der Gesetzgeber darf ein von der höchstrichterlichen Rechtsprechung zutreffend angewandtes Gesetz nicht rückwirkend ändern, um die Rechtsprechung für die Vergangenheit ins Unrecht zu setzen und zu korrigieren." Allerdings bezieht sich dies zum einen allein auf die Rückwirkung eines Nichtanwendungsgesetzes und zum anderen stellt das BVerfG in diesem Beschluss Kriterien auf, unter denen eine Rückwirkung verfassungsrechtlich zulässig ist[681].

b) Schrifttum

Herzog hält eine Gesetzesänderung „ohne weiteres" für möglich, wenn der Gesetzgeber einen gerichtlichen Obersatz für falsch oder nicht wünschenswert hält[682]. Dies gelte auch für vergleichsweise unwichtige Detailfragen[683]. Der Erlass von Nichtanwendungsgesetzen ist nach dieser Auffassung zulässig.

---

676 BVerfG vom 12. 05. 2009, 2 BvL 1/00, BVerfGE 123, 111 (127).

677 BGBl I 2004, 1791 (1803) gegen BSG vom 30. 08. 2001, B 4 RA 118/00 R, BSGE 88, 288.

678 BVerfG vom 21. 07. 2010, 1 BvR 2530/05, 1 BvL 11, 12, 13/06, BVerfGE 126, 369 (392).

679 BVerfG vom 17. 12. 2013, 1 BvL 5/08, BVerfGE 135, 1 (18).

680 BVerfG vom 31. 03. 1965, 2 BvL 17/63, BVerfGE 18, 429.

681 Zur verfassungsrechtlichen Beurteilung rückwirkender Nichtanwendungsgesetze siehe 3. Teil B. I. 3. c) bb).

682 Herzog, FS Simon, 103 (109 und 111).

683 Herzog, FS Simon, 103 (109).

3. *Beurteilungen mit Bezug zu steuerlichen Nichtanwendungsgesetzen*

a) Legislative

Kreile sah 1976 im Zusammenhang mit dem Nichtanwendungsgesetz zur Bewertungsfreiheit geringwertiger Wirtschaftsgüter in § 6 Abs. 2 EStG[684] die Legislative zu „einem gewissen self-restraint verpflichtet“[685]. Hiernach solle der Gesetzgeber nur dann tätig werden, wenn eine bestimmte Auslegung aus vernünftigen Gemeinwohlgründen nicht mehr als tolerabel erscheine[686]. Nichtanwendungsgesetze sind hiernach grds. zulässig. Im Jahr 1984 sah *Kreile* keine Bindung der Legislative an die höchstrichterliche Rechtsprechung[687]. Für die Ausgestaltung einer BFH-Entscheidung entgegenwirkenden Gesetzgebung betont er die Notwendigkeit eines transparenten Gesetzgebungsverfahrens, weshalb in der Gesetzesbegründung ausgeführt werden solle, von welcher BFH-Entscheidung aus welchen Gründen abgewichen werden soll[688]. Vor dem Hintergrund des Transparenzgedankens solle die rechtsprechungskorrigierende Gesetzgebung das gesamte Gesetzgebungsverfahren durchlaufen und nicht während der bereits laufenden Beratungen als „Formulierungshilfe“ in den Gesetzesentwurf eingeschleust werden, was umso bedeutsamer sei, wenn die Gesetzesänderung zu Lasten des Stpfl. wirke[689]. Von dem Gebot des transparenten Gesetzgebungsverfahrens solle nur bei besonderer Eilbedürftigkeit abgewichen werden[690]. *Gattermann* sah 1993 den Gesetzgeber als befugt an, der Rechtsprechung des BFH mittels Gesetzesänderung die Wirkung zu nehmen[691]. Dies sei in der Vergangenheit vor allem dann geschehen, wenn die allgemeine Übernahme der BFH-Rechtsprechung gravierende Steuermindereinnahmen zur Folge gehabt hätte oder gewichtige gesellschaftspolitische Fragen betroffen gewesen waren[692].

b) Exekutive

Das Recht der Legislative, Nichtanwendungsgesetze zu erlassen, erkannte *Grund* im Jahre 1968 an, will diese Gesetzgebung aber auf Einzelfälle beschränkt

---

684 BGBl I 1976, 3341 (3346) gegen BFH vom 18. 11. 1975, VIII R 9/73, BStBl II 1976, 214.
685 Kreile, StuW 1977, 1 (7).
686 Kreile, StuW 1977, 1 (7).
687 Kreile, StbJb 1984/85, 39 (46 f.) ≙ Kreile, FS von Wallis, 183 (190).
688 Kreile, StbJb 1984/85, 39 (46) ≙ Kreile, FS von Wallis, 183 (190).
689 Kreile, StbJb 1984/85, 39 (46 f.).
690 Kreile, StbJb 1984/85, 39 (47).
691 Gattermann, FS 75 Jahre RFH – BFH, 91 (102 f.).
692 Gattermann, FS 75 Jahre RFH – BFH, 91 (97).

wissen[693]. *Koch* nannte 1975 aus Anlass des 25jährigen Bestehens des BFH Beispiele dafür, wann die Finanzverwaltung aufgrund der Rechtsprechung des BFH eine Gesetzesänderung angeregt habe[694]. Eine solche Anregung erfolge bei Fragen der Auslegung, der Verhinderung von Umgehungen, der Ausfüllung von Gesetzeslücken oder aus Haushaltsgründen[695]. Zur Zulässigkeit dieses Vorgehens äußert er sich explizit nicht. Diese kann aber aufgrund des Tenors seiner Ausführungen unterstellt werden. Für *Schuhmann* „wird bei einer unterschiedlichen Auslegung eines Gesetzes durch BFH und Verwaltung die Anrufung des Gesetzgebers die verfassungsmäßig korrekteste Lösung bringen."[696]. Hieraus kann die Zulässigkeit von Nichtanwendungsgesetzen entnommen werden. Für *Uelner* hat die Legislative jederzeit, innerhalb der verfassungsmäßigen Ordnung, das Recht, ein Nichtanwendungsgesetz zu erlassen[697]. Nach der Ansicht von *Meister* ist eine Nichtanwendungsgesetzgebung als eine „politische Leitentscheidung des Parlaments" zulässig[698]. Die Vorbereitung eines Nichtanwendungsgesetzes durch die Exekutive sei nicht zu kritisieren, da sie sich aus den Funktionen von Regierung und Parlament ergebe[699]. *Zeitler* schreibt u. a. davon, dass eine Gesetzesauslegung durch den BFH, die nicht dem Willen des Gesetzgebers entspreche, Anlass für eine Gesetzesänderung sein kann[700]. Damit bejaht er die Zulässigkeit von Nichtanwendungsgesetzen. *Horlemann* beurteilt die Nichtanwendungsgesetzgebung als zulässig, sieht aber die oftmals mit ihr verbundene Rückwirkung als kritikwürdig an[701]. In Reaktion auf die Ausführungen von *Pezzer*[702] zu Fragen der Nichtanwendungsgesetzgebung, beurteilt *Horlemann* die Rolle der Finanzverwaltung im Prozess der Nichtanwendungsgesetzgebung als weniger dominant[703]. Zwar würden Bundestag und Bundesrat durch die Finanzverwaltung in ihrer Tätigkeit unterstützt, doch sei die Finanzverwaltung letztlich Erfüllungsgehilfe der von Bundestag und Bundesrat vorgegebenen politischen Leitlinien[704].

693 Grund, 50 Jahre Deutsche Finanzgerichtsbarkeit, 27 (44 f.).
694 Koch, DStZ/A 1975, 370 (372).
695 Koch, DStZ/A 1975, 370 (372).
696 Schuhmann, FR 1982, 344 (348).
697 Uelner, JbFStR 1985/86, 229 (278 und 289).
698 Meister, DStZ 1992, 449 (451).
699 Meister, DStZ 1992, 449 (451).
700 Zeitler, FS 75 Jahre RFH – BFH, 199 (205).
701 Horlemann, KÖSDI 1998, 11557.
702 Pezzer, DStR 2004, 525 (526 ff.).
703 Horlemann, DStR 2004, 1113.
704 Horlemann, DStR 2004, 1113.

Dies gelte umso mehr, wenn die Einigung über ein Gesetzgebungsvorhaben erst im Vermittlungsausschuss zustande komme, an deren Beratungen die Exekutive in der Regel nicht beteiligt sei[705]. Aus späteren Veröffentlichungen von *Horlemann* zur Thematik der Nichtanwendungsgesetze ergeben sich keine Abweichungen zu den vorgenannten Ausführungen[706]. Die Zulässigkeit der Nichtanwendungsgesetzgebung steht für *Widmann* außer Frage, da Steuerrecht wie jede andere Rechtsmaterie als Verfügungsmasse des Gesetzgebers anzusehen sei[707]. Im Rahmen der verfassungsmäßigen Grenzen könne dieser das Steuerrecht nach seinen Vorstellungen gestalten, ohne auf Meinungen des BFH Rücksicht nehmen zu müssen[708]. *Widmann* erkennt ferner die starke Rolle der Finanzverwaltung im Nichtanwendungsgesetzgebungsprozess an und bezeichnet diese als „Gehilfe des Gesetzgebers“[709]. Ein Nichtanwendungsgesetz könne notwendig sein, um die vom Gesetzgeber gewollte Auslegung einer Norm sicherzustellen oder um ein notwendiges Steueraufkommen sicherzustellen bzw. zu generieren[710]. Für *Schlenk* ist die Nichtanwendungsgesetzgebung grds. zulässig, da diese im Regelfall nicht gegen verfassungsrechtliche Vorgaben verstoße[711]. Etwas anderes sei nur denkbar, wenn die Legislative „planmäßig jeder oder zumindest einer größeren Anzahl an Entscheidungen des BFH, die zur Rechtsfortbildung beitragen, durch Änderung der Rechtslage für zukünftige Fälle den Boden entzöge.“[712]. Für *Schmidt* muss es dem Gesetzgeber grds. erlaubt sein, mittels Gesetz auf die Rechtsprechung des BFH zu reagieren[713]. Hierbei sollten die an der Gesetzgebung Beteiligten sorgfältig prüfen, ob die Rechtsprechung nicht grundlegende Mängel an der Norm aufgedeckt hat, die nach einer systematischen Aufarbeitung verlangen[714].

---

705 Horlemann, DStR 2004, 1113.
706 Horlemann, StW 2012, 87.
707 Widmann, DWS-Schriftenreihe Nr. 9, 38 (43).
708 Widmann, DWS-Schriftenreihe Nr. 9, 38 (43).
709 Widmann, DWS-Schriftenreihe Nr. 9, 60 (61).
710 Widmann, DWS-Schriftenreihe Nr. 9, 60 (61).
711 Schlenk, Bundesfinanzhof und Finanzverwaltung in Kooperation und Unabhängigkeit, 131 ff. und 143 f.
712 Schlenk, Bundesfinanzhof und Finanzverwaltung in Kooperation und Unabhängigkeit, 143.
713 Schmidt, FS Kirchhof Bd. II, 1733 (1737).
714 Schmidt, FS Kirchhof Bd. II, 1733 (1737).

c) *Legislative und Exekutive*

Huber spricht der Legislative das Recht der Reaktion auf die Rechtsprechung des BFH und damit auch zur Nichtanwendungsgesetzgebung zu[715]. Diese könne helfen, differenzierende Auffassungen zwischen Judikative und Exekutive verbindlich zu entscheiden[716].

d) *Judikative*

aa) Rechtsprechung

Indirekt spricht sich der *BFH* für die Zulässigkeit von Nichtanwendungsgesetzen aus, wenn er in seiner Entscheidung zur Abziehbarkeit von Geldstrafen und -bußen[717] schreibt: „Das Abwägen zwischen dem steuerrechtlichen Netto-Prinzip, das die Abziehbarkeit der Geldbußen als Betriebsausgaben gebietet, und dem strafrechtlichen Zweck der Geldbuße, ein unlauteres Gewinnstreben präventiv zu bekämpfen, das die Nichtabziehbarkeit der Geldbuße als Betriebsausgabe nahelegt, ist jedoch Sache des Gesetzgebers und nicht Sache des Richters."[718]. Der Gesetzgeber hat diese Rechtsprechung mit einem Nichtanwendungsgesetz konterkariert[719]. Der *BFH* hat das Nichtanwendungsgesetz gegen die Gepräge-Rechtsprechung für die GmbH & Co. KG[720] als verfassungsgemäß beurteilt[721]. Er führt aus, dass in diesem Nichtanwendungsgesetz kein Verstoß gegen den Grundsatz der Gewaltenteilung liege[722]. Mit Verweis auf Art. 20 Abs. 3 GG sei die Rechtsprechung an die bestehenden Gesetze gebunden, womit keine Unabhängigkeit der Gerichte ggü. dem Gesetzgeber bestehe[723]. In seiner Entscheidung, ob das Nichtanwendungsgesetz zur sog. Mehrmütterorganschaft[724] gegen das aus dem Rechtstaatsgebot des Art. 20 Abs. 3 GG abgeleiteten Rückwirkungsverbot

---

715 Huber, FS Offerhaus, 241 (244 f.).

716 Huber, FS Offerhaus, 241 (245).

717 BFH vom 21. 11. 1983, GrS 2/82, BStBl II 1984, 160 und BFH vom 21. 11. 1983, GrS 3/82, BStBl II 1984, 166.

718 BFH vom 21. 11. 1983, GrS 2/82, BStBl II 1984, 160 (165).

719 BGBl I 1984, 1006.

720 BGBl I 1985, 2436 (2447) gegen BFH vom 25. 06. 1984, GrS 4/82, BStBl II 1984, 751.

721 BFH vom 10. 07. 1986, IV R 12/81, BStBl II 1986, 811.

722 BFH vom 10. 07. 1986, IV R 12/81, BStBl II 1986, 811 (813).

723 BFH vom 10. 07. 1986, IV R 12/81, BStBl II 1986, 811 (813).

724 BGBl I 2001, 3858 (3863 f. und 3873) gegen BFH vom 09. 06. 1999, I R 43/97, BStBl II 2000, 695.

verstößt, sieht der *BFH* unter dem Vorsitz von *Gosch*[725] den Gesetzgeber nicht an die Rechtsprechung gebunden[726]. Die vom *BFH* in dieser Entscheidung anerkannte Kritik an der Nichtanwendungsgesetzgebung sei rechtspolitischer, nicht aber rechtlicher Natur[727]. In einem Kommentar zu dieser BFH-Entscheidung spricht *Pezzer* der Legislative die Freiheit zu einem Nichtanwendungsgesetz zu, solange dieses verfassungskonform sei[728]. Die Ausführungen des BFH in seiner Entscheidung, nach denen die Kritik an der Nichtanwendungsgesetzgebung rechtspolitischer Natur sei, will *Pezzer* auf Fragen der Gewaltenteilung ausgedehnt wissen, da die dominierende Rolle der Finanzverwaltung als gesetzesvollziehende Partei, als Prozesspartei vor dem BFH und im Gesetzgebungsprozess problematisch sei[729]. In diesem Kontext sei zu fragen, ob diese dominierende Rolle der Finanzverwaltung noch dem Gewaltenteilungsgrundsatz entspreche, da sie die wechselseitige Kontrolle der drei Staatsgewalten faktisch aushebele und der Stpfl. nicht wisse, ob er auf die Geltung der Rechtsprechung des BFH vertrauen könne, da diese später z. B. mittels eines Nichtanwendungsgesetzes konterkariert werden könne[730]. In dieser Zeit der Ungewissheit würden steuerliche Dispositionen des Stpfl. erschwert[731]. In einer Entscheidung über das Nichtanwendungsgesetz zur Steuerpflicht von Erstattungszinsen nach § 233a AO[732] schreibt der *BFH*[733]: „Es ist dem Gesetzgeber überlassen, an welcher Stelle des Gesetzes er das von ihm nicht geteilte Rechtsverständnis der Rechtsprechung zur Nichtsteuerbarkeit der Erstattungszinsen korrigiert…“. Zusammenfassend sieht der BFH damit in seinen Entscheidungen Nichtanwendungsgesetze und die damit verbundene Nichtanwendungsgesetzgebung als zulässig an.

bb) Schrifttum

Den im Kontext der Bindung der Verwaltung an die Rechtsauffassung des BFH stehenden Ausführungen *Zitzlaff* kann die Zulässigkeit von Nichtanwendungsgesetzen entnommen werden, wenn dieser auf die Möglichkeit der Rechtsänderung

725 BFH, Geschäftsverteilungsplan 2006, 22.
726 BFH vom 14. 03. 2006, I R 1/04, BStBl II 2006, 549 (553).
727 BFH vom 14. 03. 2006, I R 1/04, BStBl II 2006, 549 (553).
728 Pezzer, FR 2006, 651 (652 f.).
729 Pezzer, FR 2006, 651 (652 f.).
730 Pezzer, FR 2006, 651 (653).
731 Pezzer, FR 2006, 651 (652 f.).
732 BGBl I 2010, 1768 (1770) gegen BFH vom 15. 06. 2010, VIII R 33/07, BStBl II 2011, 503.
733 BFH vom 12. 11. 2013, VIII R 36/10, BStBl II 2014, 168 (169).

im Wege der Gesetzgebung hinweist[734]. Für *List* kann der Gesetzgeber angerufen werden, um Meinungsverschiedenheiten zwischen Finanzverwaltung und Rechtsprechung zu klären[735]. Nach dieser Auffassung sind Nichtanwendungsgesetze zulässig. *Woener* kritisiert Nichtanwendungsgesetzen unter drei Aspekten: Die fiskalische Motivierung, die Rückwirkung und die unpräzise Formulierung, weshalb BFH-Entscheidungen häufiger als bisher von Legislative und Exekutive respektiert werden sollten[736]. Die Beurteilung eines Nichtanwendungsgesetzes als unzulässig kann den vorgenannten Ausführungen gleichwohl nicht entnommen werden. Anhand von konkreten Beispielen einer Nichtanwendungsgesetzgebung kritisiert *Wassermeyer* diese als unverständlich und systemwidrig[737]. Zur grundsätzlichen Zulässigkeit der Nichtanwendungsgesetzgebung macht er keine Ausführungen. *Klein* hält Nichtanwendungsgesetze für zulässig, wenn er zustimmt, dass die Bildung allgemeiner Rechtsgrundsätze nur soweit Aufgabe des BFH sei, wie der Gesetzgeber sie nicht selbst gegeben habe[738]. An anderer Stelle spricht *Klein* vom guten Recht des Gesetzgebers zum Erlass eines Nichtanwendungsgesetzes[739]. Dieses Tun bewege sich im vorgegebenen Verfassungsrahmen und sei rechtmäßig[740]. Angezweifelt wird lediglich, ob es immer rechtspolitisch klug und systematisch richtig sei, ein solches Gesetz zu erlassen[741]. In einer weiteren Veröffentlichung sieht *Klein* die Nichtanwendungsgesetzgebung erneut als verfassungsrechtlich zulässig an und akzeptiert auch die Initiative der Finanzverwaltung für den Erlass eines Nichtanwendungsgesetzes, wenn sich diese auf Einzelfälle und das steuerpolitisch Notwendige beschränke[742]. Die Nichtanwendungsgesetzgebung müsse allerdings aus Rechtssicherheitsgründen auf Einzelfälle beschränkt sein[743]. Oftmals folge die Nichtanwendungsgesetzgebung in Reaktion auf eine Änderung der Rechtsprechung und auf ein Abweichen von der bisherigen Verwaltungspraxis, wenn die Rechtsprechung des BFH erhebliche politische und finanzielle Auswirkungen zur Folge habe[744]. Für *Fischer* hat die Legislative in allen Fragen die Regelungsprärogative

---

734 Zitzlaff, DStZ/A 1955, 113.
735 List, DStR 1976, 651 (655).
736 Woerner, JbFStR 1985/86, 229 (279 und 281).
737 Wassermeyer, DB 1988, 2531 (2531).
738 Klein, DStZ 1984, 55 (59).
739 Klein, JbFStR 1989/90, 35 (43).
740 Klein, JbFStR 1989/90, 35 (43).
741 Klein, JbFStR 1989/90, 35 (43).
742 Klein, FS Sendler, 483 (491 und 493).
743 Klein, FS Sendler, 483 (491 und 493).
744 Klein, FS Sendler, 483 (493).

und darf deswegen die Judikative korrigieren[745]. Damit ist der Erlass von Nichtanwendungsgesetzen zulässig. *Scholtz* beurteilt Nichtanwendungsgesetze als rechtlich zulässig[746]. Sie seien allerdings besonders zu bedenken und nur dann gerechtfertigt, wenn sie den Rechtszustand verbessern[747]. Rechte der Judikative würden durch eine Nichtanwendungsgesetzgebung nicht verletzt[748]. Allerdings müssten die Gewalten loyal und mäßigend miteinander umgehen, wobei ein solches gewaltenfreundliches Verhalten in Bezug auf die Nichtanwendungsgesetzgebung in der Vergangenheit nicht immer der Fall gewesen sei[749]. Ferner sei ein sparsamer Umgang mit dem Instrument des Nichtanwendungsgesetzes geboten, um eine ihm im Regelfall innewohnende Verkomplizierung des Rechts zu vermeiden[750]. *Offerhaus* beurteilt die Nichtanwendungsgesetzgebung als zulässig[751]. Dies folge nicht zuletzt aus der innerhalb der Gewaltenteilung hervorgehobenen Position der Legislative[752]. Die Nichtanwendungsgesetzgebung werde lediglich eingeschränkt durch ein grundsätzliches Verbot rückwirkender Gesetze[753] und durch ein Gebot der sparsamen Verwendung von Nichtanwendungsgesetzen, welches sich aus dem Gebot der Loyalität der Gewalten untereinander ergebe und aus Gründen der Rechtssicherheit geboten sei[754]. Führe die Rechtsprechung des BFH zu Steuermindereinnahmen, sei ein dagegen gerichtetes Nichtanwendungsgesetz stets gerechtfertigt[755]. Selbiges gelte auch, wenn ein Nichtanwendungsgesetz eine Rechtsprechungsänderung des BFH konterkariere und aus Gründen der Kontinuität des Rechts die bereits langjährig geltende Rechtslage wieder herstelle[756]. Nichtanwendungsgesetze seien sachlich motiviert und diesen sachlichen Motiven dürfe man sich nicht verschließen[757]. Aufgrund des weiten Gestaltungsspielraums der Legislative sind für *Brandt* Nichtanwendungsgesetze zulässig, soweit sie verfassungsgemäß

---

745 Fischer, StuW 1992, 121 (126).
746 Scholtz, FS Klein, 1041 (1059).
747 Scholtz, FS Klein, 1041 (1059).
748 Scholtz, FS Klein, 1041 (1059).
749 Scholtz, FS Klein, 1041 (1059 f.).
750 Scholtz, FS Klein, 1041 (1060).
751 Offerhaus, StbJb 1995/96, 7 (11 f., 16 und 27) ≙ Offerhaus, Sächsische Steuertagung 1996, 76 (79, 82 und 88).
752 Offerhaus, StbJb 1995/96, 7 (11) ≙ Offerhaus, Sächsische Steuertagung 1996, 76 (79).
753 Offerhaus, StbJb 1995/96, 7 (12).
754 Offerhaus, StbJb 1995/96, 7 (12) ≙ Offerhaus, Sächsische Steuertagung 1996, 76 (79).
755 Offerhaus, StbJb 1995/96, 7 (16) ≙ Offerhaus, Sächsische Steuertagung 1996, 76 (82).
756 Offerhaus, StbJb 1995/96, 7 (16).
757 Offerhaus, StbJb 1995/96, 7 (27) ≙ Offerhaus, Sächsische Steuertagung 1996, 76 (88).

sind[758]. *Lange* beurteilt Nichtanwendungsgesetze als grds. zulässig[759] und verfassungsrechtlich als nicht zu beanstanden[760], solange sie nicht ausschließlich fiskalisch motiviert seien[761]. Für *Pezzer*, ist ein Nichtanwendungsgesetz grds. nicht zu beanstanden[762]. Es sei solange hinzunehmen, wie es nicht verfassungswidrig ist[763]. Ein Nichtanwendungsgesetz sei positiv zu bewerten, wenn es eine dogmatisch falsche Entscheidung des BFH korrigiere[764]. Ebenso bestehe ein Recht zum Erlass eines Nichtanwendungsgesetzes, wenn sich tradierte Ausgestaltungen der Steuerrechtsordnung durch die BFH-Rechtsprechung wesentlich verschieben[765]. Beispiele für eine negative Nichtanwendungsgesetzgebung seien Nichtanwendungsgesetze, die eine dogmatisch sinnvolle Entwicklung der Steuerrechtsordnung aus fiskalischen Gründen unterbinden und ggf. ferner für Rechtsunsicherheiten sorgen[766]. Im Rahmen der Nichtanwendungsgesetzgebung sei vor allem auf die Dominanz des BMF und der Landesfinanzministerien im Gesetzgebungsprozess hinzuweisen, die neben ihrer Rolle als Prozesspartei vor dem BFH vor allem mit dem mangelnden steuerrechtlichen Wissen der Legislative und der daraus folgenden Rolle der Finanzverwaltung als Ratgeber der Legislative begründet sei[767]. *Ebling* sieht in der Nichtanwendungsgesetzgebung ein „verfassungsrechtliches Grenzverhalten"[768], durch das die „Autorität der Gerichte ausgehöhlt wird"[769]. Diese kritische Würdigung kann gleichwohl nicht zu einer Unzulässigkeit der Nichtanwendungsgesetzgebung

---

758 Brandt, Beermann/Gosch, § 110 FGO Rn. 31, 12. Lfg. Mrz. 1998.
759 Lange, HHSp, § 110 FGO Rn. 104, 231. Lfg. Feb. 2015.
760 Lange, NJW 2002, 3657 (3657).
761 Lange, HHSp, § 110 FGO Rn. 104, 231. Lfg. Feb. 2015.
762 Pezzer, DWS-Schriftenreihe Nr. 9, 23 (26).
763 Pezzer, DStR 2004, 525 (528).
764 Pezzer, DStR 2004, 525 (528); ders., DWS-Schriftenreihe Nr. 9, 23 (27).
765 Pezzer, DWS-Schriftenreihe Nr. 9, 23 (27).
766 Pezzer, DStR 2004, 525 (528); ders., DWS-Schriftenreihe Nr. 9, 23 (28).
767 Pezzer, DStR 2004, 525 (526 und 528). Pezzer, DStR 2004, 525 (526) mit Verweis auf Fn. 11 zitiert Vertreter der Finanzverwaltung in der mündlichen Verhandlung vor dem BFH mit den Worten: „Entscheiden Sie ruhig! Ihre Urteile sind für uns immer sehr wertvoll. Dann wissen wir [sic!] wenigstens, wie wir das Gesetz ändern lassen müssen."; ders., FR 2006, 651 (653), wenn *Pezzer* davon berichtet, dass die Finanzverwaltung in der mündlichen Verhandlung für den Fall einer nicht fiskusfreundlichen Entscheidung ankündigt, das Gesetz ändern zu lassen. Ähnlich zitiert bei: Pezzer, DWS-Schriftenreihe Nr. 9, 23 (26). Ein weiterer Beleg für ein entsprechendes Auftreten der Finanzverwaltung vor dem BFH findet sich bei Birk, FR 2014, 338 (340).
768 Spindler mit Verweis auf Ebling, DB 2005, Heft 22, Seite 1.
769 Schön mit Verweis auf Ebling, BB 2005, Heft 22, Die erste Seite.

verdichtet werden. Für *Spindler* ist die Nichtanwendungsgesetzgebung unter Beachtung des Gewaltenteilungsprinzips grds. unbedenklich[770]. Dies gelte auch verfassungsrechtlich[771] sowie für eine ausschließlich fiskalisch motivierte Nichtanwendungsgesetzgebung[772]. Kritisch sei allerdings zu bewerten, dass zwar die Legislative das Nichtanwendungsgesetz beschließt, faktisch aber die Exekutive nicht nur in gem. Art. 76 Abs. 1 GG verfassungsrechtlich zulässiger Weise die Initiative zum Nichtanwendungsgesetz ergreife, sondern vielmehr auch den weiteren Gesetzgebungsprozess dominiere und damit die Grenze zwischen Legislative und Exekutive im Hinblick auf das Gewaltenteilungsprinzip in verfassungsrechtlich kritischer Weise miteinander „verschwimmen" würde[773]. Ferner habe sich die Nichtanwendungsgesetzgebung an den Prämissen der Erforderlichkeit, der Gebotenheit, der Verbesserung des Rechtszustandes, der Vermeidung von Streitverfahren und der Beachtung verfassungsrechtlicher Grenzen, wie bspw. dem Vertrauensschutz zu orientieren[774]. Die Nichtanwendungsgesetzgebung solle dem Erhalt der Binnensystematik des Steuerrechts Rechnung tragen, deren Ordnung durch die Rechtsprechung des BFH erfolge[775]. Aufgrund des Gebots der Loyalität der Gewalten untereinander und der Rechtssicherheit, könne vom Gesetzgeber eine gewisse Zurückhaltung ggü. Nichtanwendungsgesetzen erwartet werden[776]. In seiner Chronik 60 Jahre Bundesfinanzhof sieht der *BFH* den Gesetzgeber aufgrund seiner Letztentscheidungskompetenz als zur Nichtanwendungsgesetzgebung berechtigt an[777]. Der Gesetzgeber habe einen weiten Gestaltungsspielraum und beeinträchtige durch seine Nichtanwendungsgesetzgebung die Rechte der Judikative grds. nicht[778]. Allerdings müsse der Gesetzgeber ggü. der Judikative loyal sein und das Verhältnismäßigkeitsprinzip beachten, was insb. gelte, wenn eine ständige Rechtsprechung

770 Spindler, FS Solms, 53 (57) = Spindler, Stbg 2006, 1 (4); ders., NWB 2010, 3929.
771 Spindler, FS Solms, 53 (57).
772 Spindler, FS Solms, 53 (60) = Spindler, Stbg 2006, 1 (6); ders., DStR 2007, 1061 (1066).
773 Spindler, FS Solms, 53 (56) = Spindler, Stbg 2006, 1 (3); ders., DStR 2007, 1061 (1062), der von Vertretern des BMF berichtet, die bereits in mündlichen Verhandlungen vor dem BFH erklären, dass das BMF im Falle einer missliebigen Entscheidung des BFH eine nachfolgende Gesetzesänderung initiieren werde: „wenn Sie so entscheiden, müssen wir [sic!] das Gesetz ändern.". Ein weiterer Beleg für ein entsprechendes Auftreten der Finanzverwaltung vor dem BFH findet sich bei Birk, FR 2014, 338 (340).
774 Spindler, FS Solms, 53 (57) = Spindler, Stbg 2006, 1 (4); ders., NWB 2010, 3929.
775 Spindler, FS Solms, 53 (57 f.) = Spindler, Stbg 2006, 1 (4); ders., NWB 2010, 3929.
776 Spindler, Stbg 2006, 1 (4).
777 BFH, 60 Jahre BFH, 117.
778 BFH, 60 Jahre BFH, 117.

vorliege[779]. Die Vielzahl der Nichtanwendungsgesetze der Vergangenheit berge die Gefahr, das Vertrauen in die Rechtsprechung zu unterhöhlen und so die Rechtsunsicherheit zu erhöhen[780]. Für *Weber-Grellet* hat die Legislative die Gestaltungsmacht zur Nichtanwendungsgesetzgebung[781]. Ein Nichtanwendungsgesetz schneide, im Unterschied zum Nichtanwendungserlass, den schöpferischen Fortentwicklungsprozess des Rechts ab und störe so die rechtsstaatliche Rollenverteilung[782]. Die Verfasser des „*Schmidt*" schreiben unter Bezugnahme auf das JStG 2010, dass der Gesetzgeber „selbstverständlich" befugt sei, durch den Erlass eines Gesetzes, „unliebsamer" Rechtsprechung den Boden zu entziehen[783]. Im Wesentlichen kritisiert *Gosch* die Nichtanwendungsgesetzgebung, äußert sich zur Zulässigkeit selbiger aber nicht[784]. In Einzelfällen könne man für die Reaktion der Legislative, durch ein Nichtanwendungsgesetz zu handeln, ein gewisses Verständnis aufbringen[785]. Ebenso weist er auf den Einfluss der Finanzverwaltung auf die Legislative hin, wie auf oftmals gegebene fiskalische oder lobbyistische Gesetzgebungsmotive und Probleme der Rückwirkung[786]. *Herden* beurteilt Nichtanwendungsgesetze als zulässig[787]. Seine Kritik an einer Nichtanwendungsgesetzgebung kapriziert sich auf das Gewaltenteilungsprinzip zwischen Legislative und Exekutive, nach dem vor allem problematisch sei, dass das BMF durch die Herausgabe von Nichtanwendungserlassen Zeit für eine Gesetzesänderung gewinne[788]. Für *Koenig* kann die Legislative aufgrund der nicht vorhandenen Bindung an die Judikative Nichtanwendungsgesetze erlassen, ohne dass es einer besonderen Rechtfertigung bedarf[789].

---

779 BFH, 60 Jahre BFH, 117.

780 BFH, 60 Jahre BFH, 117.

781 Weber-Grellet, FS Lang, 927 (928, 933 und 937).

782 Weber-Grellet, FS Lang, 927 (933).

783 Schmidt, EStG, 30. Auflage, Vorwort, (VI). Dieser Kommentar zum EStG wird von amtierenden und ehemaligen Richtern am BFH und an verschiedenen FG herausgegeben. Das Vorwort haben „Die Verfasser" unterzeichnet.

784 Gosch, FS Spindler, 379 (427 f.).

785 Gosch, FS Spindler, 379 (427).

786 Gosch, FS Spindler, 379 (428).

787 Herden, FS Spindler, 445 (448).

788 Herden, FS Spindler, 445 (448).

789 Koenig, Koenig, § 4 AO Rn. 64.

e) Wissenschaft

Den Ausführungen von *Jakob/Jüptner* zu steuerlichen Nichtanwendungserlassen, ist die Zulässigkeit von Nichtanwendungsgesetzen zu entnehmen[790]. *Knobbe-Keuk* sieht eine Nichtanwendungsgesetzgebung als verfassungsrechtlich und -politisch brisant an, da diese die Gefahr begründe, die Autorität der Rechtsordnung zu untergraben und so das Gemeinwesen zu gefährden[791]. Es sei möglich, dass hierdurch der Kernbereich der Judikative berührt und so die Gewaltenteilung unterlaufen werde[792]. Es sei zu verhindern, dass die Judikative zu einer „drittrangigen Gewalt" werde[793]. Eine Unzulässigkeit der Nichtanwendungsgesetzgebung spricht sie expressis verbis aber nicht aus. *Knobbe-Keuk* sieht im Rahmen der Nichtanwendungsgesetzgebung die Exekutive als Auslöser selbiger an[794] und benennt die dominante Rolle der Exekutive in Rahmen der Erstellung des Gesetzesentwurfs eines Nichtanwendungsgesetzes[795]. Diese durch das BMF verkörperte Dominanz der Exekutive im Rahmen der Nichtanwendungsgesetzgebung kritisiert *Knobbe-Keuk*, da sie das bestehende Steuerrecht weiter entsystematisiere[796]. Um eine ausreichende Legitimation von Nichtanwendungsgesetzen zu gewährleisten, müsse das Nichtanwendungsgesetz mit den wahren Motiven begründet werden und dürfe nicht willkürlich sein[797]. *Flume* erkennt das Recht der Legislative zum Erlass eines Nichtanwendungsgesetzes an[798]. Allerdings sei ein Nichtanwendungsgesetz nur gerechtfertigt, wenn es den Rechtszustand ggü. der Rechtsprechung des BFH verbessere[799]. Fragwürdig seien Nichtanwendungsgesetze, die rechtliche Erwägungen der Rechtsprechung durch ausschließlich fiskalische Erwägungen des Finanzministers überspielen[800]. *Schulze-Osterloh* sieht Nichtanwendungsgesetze als ein spezielles Problem des Verhältnisses

---

790 Jakob/Jüptner, StuW 1984, 148 (153).

791 Knobbe-Keuk, BB 1985, 820 (821).

792 Knobbe-Keuk, BB 1985, 941 (942) = Knobbe-Keuk, JbFStR 1985/86, 229 (286).

793 Knobbe-Keuk, JbFStR 1985/86, 229 (286).

794 Knobbe-Keuk, BB 1985, 941; dies., JbFStR 1985/86, 229 (282).

795 Knobbe-Keuk, BB 1985, 941 (943).

796 Knobbe-Keuk, BB 1988, 1086 (1086 f.).

797 Knobbe-Keuk, BB 1988, 1086 (1089).

798 Flume, DB 1985, 1152; ders., JbFStR 1985/86, 229 (287); ders., StbJb 1985/86, 277 (301).

799 Flume, DB 1985, 1152; ders., JbFStR 1985/86, 229 (287); ders., StbJb 1985/86, 277 (302).

800 Flume, StbJb 1985/86, 277 (302).

zwischen Legislative und Judikative an und zweifelt anhand des Nichtanwendungsgesetzes zur Gepräge-Rechtsprechung[801], ob dieses unter dem Aspekt der Gewaltenteilung zulässig sei[802]. Die Unzulässigkeit von Nichtanwendungsgesetzen spricht er aber expressis verbis nicht aus. Für *Crezelius* bedarf ein Nichtanwendungsgesetz aufgrund des Grundsatzes der Gewaltenloyalität einer über die Gesetzgebungskompetenz hinausgehenden Legitimation[803]. Deshalb bestehe eine grds. Skepsis ggü. der Tätigkeit der Legislative, weshalb diese die Beweislast dafür trage, dass ihr neues Recht das bessere Recht sei[804]. Verfassungsrechtsdogmatisch sei dies unter Verhältnismäßigkeitsaspekten zu thematisieren[805]. Die Anwendung der Verhältnismäßigkeitsaspekte auf das jeweilige Nichtanwendungsgesetz führt dazu, dass *Crezelius* manche Nichtanwendungsgesetze als gewaltenloyal ansieht und manche nicht[806]. Nach seiner Auffassung sollte der Gesetzgeber daher nur auf erhebliche Steuerausfälle reagieren und die möglichst schonendste Korrektur wählen[807]. Nichtanwendungsgesetze sind nach dieser Auffassung zum Teil zulässig, zum Teil unzulässig[808]. Für *Kreft* sind Nichtanwendungsgesetze ohne Rückwirkung zulässig[809]. Rückwirkende Nichtanwendungsgesetze müssten für ihre Zulässigkeit den verfassungsrechtlichen Anforderungen an die Rückwirkung genügen[810]. Überdies dürfe der Gesetzgeber auf die nach seiner Auffassung nicht tragbaren fiskalischen Auswirkungen einer BFH-Rechtsprechung reagieren[811]. Den Ausführungen von *Voß*, ist die Zulässigkeit von Nichtanwendungsgesetzen zu entnehmen[812]. *Lang* kritisiert ein Nichtanwendungsgesetz, da dieses „den Richter entmachtet und ihm das Heft richterrechtlicher Fortentwicklung des Rechts aus der Hand nimmt", wodurch dogmatische Verbesserungen des Rechts abgeschnitten und das Ausreifen von

---

801 BGBl I 1985, 2436 (2447) gegen BFH vom 25. 06. 1984, GrS 4/82, BStBl II 1984, 751.

802 Schulze-Osterloh, DStZ 1985, 315 (318 und 322) = Schulze-Osterloh, JbFStR 1985/86, 229 (241 f. und 264).

803 Crezelius, FS Felix, 37 (47).

804 Crezelius, FS Felix, 37 (47).

805 Crezelius, FS Felix, 37 (47 f.).

806 Crezelius, FS Felix, 37 (49 ff.).

807 Crezelius, FS Felix, 37 (52).

808 Crezelius, FS Felix, 37 (53 f.).

809 Kreft, Der Nichtanwendungserlaß, 55.

810 Kreft, Der Nichtanwendungserlaß, 55 ff.

811 Kreft, Der Nichtanwendungserlaß, 55 und 192.

812 Voß, Ungewißheit im Steuerrecht, 23. Voß sieht Nichtanwendungsgesetze als „Nichtanwendungserlass höherer Ordnung" an und ordnet diese daher fälschlicherweise der Exekutive zu.

Rechtsgrundsätzen in der Rechtspraxis verhindert werden[813]. Die Finanzverwaltung ist dem Vorwurf ausgesetzt, durch ihre Einflussnahme auf den Gesetzgeber, die Gewaltenteilung zu unterlaufen und aus dem Gleichgewicht zu bringen[814]. Diese Kritik gelte allerdings nicht für ein jedes Nichtanwendungsgesetz[815]. Nichtanwendungsgesetze können nur mit Verfassungsrecht „zu Fall gebracht werden", wobei in der Regel weder das Rückwirkungsverbot, noch die Gewaltenteilung zur Verfassungswidrigkeit von Nichtanwendungsgesetzen führen[816]. Deshalb ist die Kritik an Nichtanwendungsgesetzen rechtspolitisch[817]. Aufgrund der rechtsstaatlichen Verantwortung aller Staatsgewalten für das Recht führt die rechtspolitische Kritik allerdings gleichwohl dann zur Rechtsstaats- und damit Verfassungswidrigkeit von Nichtanwendungsgesetzen, wenn diese z. B. aus fiskalischen Motiven einen rechtsdogmatischen Fortschritt der Rechtsprechung konterkarieren und die Legislative sich so ggü. der Judikative illoyal und machtmissbräuchlich verhalte und die Rechtsfortbildungsfunktion der Judikative missachte[818]. Voraussetzung für diese Rechtsauffassung sei die Anerkennung des Rechtsgedankens im Steuerrecht, der durch das gesetzgeberische Handeln der Legislative zerstört werde[819]. Für *Tipke* ist die Legislative nicht an die Judikative gebunden und die Nichtanwendungsgesetzgebung damit grds. zulässig[820]. Diese dürfe jedoch keine zu Lasten der Stpfl. wirkende Rückwirkungsproblematik beinhalten und nicht fiskalisch motiviert sein[821]. Sie solle stattdessen der Steuergerechtigkeit dienen oder die Verfolgung eines Lenkungszwecks beabsichtigen[822]. Um eine Verfassungswidrigkeit von Nichtanwendungsgesetzen auszuschließen, seien sie sorgfältig zu überprüfen[823]. *Kruse* erwähnt zwar einige

813 Lang, StuW 1992, 14 (15 und 18) = Lang, DRiZ 1992, 365 (366 und 369).

814 Lang, StuW 1992, 14 (15 und 18) = Lang, DRiZ 1992, 365 (366 und 369).

815 Lang, StuW 1992, 14 (18 ff.) = Lang, DRiZ 1992, 365 (369 ff.); Lang, T/L, 20. Aufl., § 5 Rn. 30. Lang differenziert zwischen kritikwürdigen Nichtanwendungsgesetzen, die den rechtsdogmatischen Fortschritt der Rechtsprechung z. B. aus fiskalischen Gründen konterkarieren und nicht kritikwürdigen Nichtanwendungsgesetzen, die rechtsdogmatische Fehlentwicklungen konterkarieren.

816 Lang, StuW 1992, 14 (19 und 23) = Lang, DRiZ 1992, 365 (369 f.).

817 Lang, StuW 1992, 14 (19) = Lang, DRiZ 1992, 365 (370).

818 Lang, StuW 1992, 14 (20 und 23 f.) = Lang, DRiZ 1992, 365 (371); Lang, T/L, 20. Aufl., § 5 Rn. 30.

819 Lang, StuW 1992, 14 (19 f. und 24) = Lang, DRiZ 1992, 365 (370 f.).

820 Tipke, Die Steuerrechtsordnung Bd. III 1. Aufl., 1184.

821 Tipke, Die Steuerrechtsordnung Bd. III 1. Aufl., 1184.

822 Tipke, Die Steuerrechtsordnung Bd. III 1. Aufl., 1184.

823 Tipke, Die Steuerrechtsordnung Bd. III 2. Aufl., 1495.

Beispiele von Nichtanwendungsgesetzen und kritisiert diese, ohne aber Aussagen zur Zulässigkeit einer Nichtanwendungsgesetzgebung zu machen[824]. Unter Beachtung der verfassungsrechtlichen Vorgaben sieht *Wieland* ein Nichtanwendungsgesetz als zulässig an[825]. Dies gelte selbst dann, wenn das Nichtanwendungsgesetz allein fiskalisch motiviert sei[826]. Von *Schön* wird die Befugnis des Gesetzgebers zum Erlass eines Nichtanwendungsgesetzes, trotz einiger rechtspolitischer Kritik, wohl anerkannt[827]. Allerdings untergrabe der Gesetzgeber durch Nichtanwendungsgesetze die Autorität der Gerichte und handele der inneren Systematik des jeweils betroffenen Steuergesetzes zuwider[828]. Daher solle der Gesetzgeber vor dem Erlass eines Nichtanwendungsgesetzes überlegen, ob nicht die Stimmigkeit der Rechtsordnung ggü. seinen fiskalischen Interessen vorzugswürdig sei[829]. Nach *Seer* ist der Gesetzgeber nicht an Gerichtsurteile gebunden[830]. Ein Nichtanwendungsgesetz solle aber nur aus Gründen einer Verbesserung des Steuerrechts erlassen werden und niemals aus fiskalischen Gründen[831]. Die Nichtanwendungsgesetzgebung als zulässig sieht *Wernsmann* an[832]. Die Legislative müsse insb. das verfassungsrechtliche Rückwirkungsverbot beachten, sei ansonsten aber in der Umsetzung ihrer Gestaltungsvorhaben nicht eingeschränkt[833]. Für *Desens* ist der Gesetzgeber mit Verweis auf Art. 1 Abs. 3 und Art. 20 Abs. 3 GG nicht an die Rechtsprechung, sondern nur an die Verfassung gebunden[834]. Daher könne er die Rechtsprechung des BFH durch seine gesetzgeberische Tätigkeit „zur Makulatur werden lassen“[835], solange das Nichtanwendungsgesetz den allgemeinen verfassungsrechtlichen Grenzen genüge[836]. Im Rahmen der Behandlung von Nichtanwendungserlassen erwähnt *Jochum*

---

824 Kruse, DStJG 18 (1995), 115 (125 f.).
825 Wieland, DStR 2004, 1 (5).
826 Wieland, DStR 2004, 1 (5).
827 Schön, DStR 2008, Beihefter zu Heft 17/2008, 10 (19).
828 Schön, DStR 2008, Beihefter zu Heft 17/2008, 10 (19).
829 Schön, DStR 2008, Beihefter zu Heft 17/2008, 10 (19).
830 Seer, T/K Einf. FGO Rn. 58, 126. Lfg. Mai 2011.
831 Seer, T/K Einf. FGO Rn. 58, 126. Lfg. Mai 2011.
832 Wernsmann, HHSp, § 4 AO Rn. 178, 234. Lfg. Aug. 2015.
833 Wernsmann, HHSp, § 4 AO Rn. 178, 234. Lfg. Aug. 2015.
834 Desens, Bindung der Finanzverwaltung an die Rechtsprechung, 71 f. und 487 f.
835 Desens, Bindung der Finanzverwaltung an die Rechtsprechung, 71 f. Desens bezieht sich dabei auf den sog. Kirchmannschen Federstrich in: von Kirchmann, Die Werthlosigkeit der Jurisprudenz als Wissenschaft, Berlin 1848, 23: „Drei berichtigende Worte des Gesetzgebers und ganze Bibliotheken werden zu Makulatur.“
836 Desens, Bindung der Finanzverwaltung an die Rechtsprechung, 70 f. und 488.

auch das Nichtanwendungsgesetz und den Einfluss des BMF, der zum Erlass eines Nichtanwendungsgesetzes führt[837]. Dieses Verhalten des BMF sei nicht zu rechtfertigen, missachte die verfassungsrechtliche Stellung des BFH und führe zu einem Verstoß der Verwaltungsspitze gegen Recht und Gesetz, weshalb solche „Nichtanwendungserlasse“ [sic!] verfassungswidrig seien[838]. Die Auffassung, dass auch Nichtanwendungsgesetze als verfassungswidrig anzusehen sind, kann hieraus nicht abgeleitet werden, da *Jochum* in ihrer verfassungsrechtlichen Würdigung die Rolle der Exekutive mit Blick auf die Nichtanwendungserlasse betrachtet. Für *Thiemann* sind Nichtanwendungsgesetze zulässig und würden keinem besonderen verfassungsrechtlichen Rechtfertigungsbedarf unterliegen[839]. Nach *Drüen* ist der Gesetzgeber nicht gehindert, sich über BFH-Entscheidungen hinwegzusetzen[840]. Der Erlass eines Nichtanwendungsgesetzes sei innerhalb der verfassungsmäßigen Ordnung grds. zulässig[841], bzw. nicht per se verfassungsrechtlich unzulässig[842]. Die Legislative solle aber beim Erlass eines Nichtanwendungsgesetzes die Gewaltenloyalität genauso bedenken, wie sie gefordert ist, die vom BFH vorgenommene Auslegung des Steuergesetzes gegen die Argumente der Finanzverwaltung für ein Nichtanwendungsgesetz abzuwägen[843]. Ein Nichtanwendungsgesetz sei dann bedenklich, wenn es zu einem „fiskalisch motivierten Konflikt von Gesetz und Recht“ führe[844]. Mit Verweis auf Art. 20 Abs. 3 GG stellt *Stadie* fest, dass BFH-Entscheidungen für den Gesetzgeber nicht maßgebend sind[845]. Nach dieser Auffassung ist der Erlass von Nichtanwendungsgesetzen zulässig. *Birk* hält ein Nichtanwendungsgesetz für zulässig[846]. Dies gelte insb. dann, wenn das Nichtanwendungsgesetz keine Rückwirkung entfalte[847]. Für *Kirchhof* hat der parlamentarische Gesetzgeber im gewaltenteilenden System des GG das erste und letzte Wort[848]. Nichtanwendungsgesetze

---

837 Jochum, Grundfragen des Steuerrechts, 46.
838 Jochum, Grundfragen des Steuerrechts, 46.
839 Thiemann, FR 2012, 673 (681).
840 Drüen, T/K, § 4 FGO Rn. 114, 127. Lfg. Okt. 2011; Drüen, StuW 2015, 210 (215 und 220 f.).
841 Drüen, DStR 2012, Beihefter zu Heft 41/2012, 85 (86).
842 Drüen, StuW 2015, 210 (215 und 220 f.).
843 Drüen, DStR 2012, Beihefter zu Heft 41/2012, 85 (86); Drüen, StuW 2015, 210 (215).
844 Drüen, DStR 2012, Beihefter zu Heft 41/2012, 85 (86).
845 Stadie, Rau/Dürrwächter, § 15 UStG Rn. 40, 155. Lfg. Jul. 2013 mit Verweis auf Fn. 7.
846 Birk, FR 2014, 338 (340).
847 Birk, FR 2014, 338 (340).
848 Kirchhof, HHR, Einf. ESt Rn. 142, 265. Lfg. Aug. 2014; ders., DStR 2013, 1867 (1872).

seien sachgerecht, wenn der Gesetzgeber in einer eigenen Konkretisierung des GG die Rechtsprechung des BFH korrigiere[849]. Rein fiskalische Motive seien demgegenüber nicht ausreichend[850]. Nichtanwendungsgesetze müssen die für alle Gesetze geltenden Vorgaben des GG einhalten, insb. seien Art. 3 Abs. 1 GG und Art. 19 Abs. 1 Satz 1 GG zu beachten[851]. *Englisch* konstatiert die Rolle der Finanzverwaltung als Ratgeber des Gesetzgebers im Nichtanwendungsgesetzgebungsprozess und differenziert bzgl. der Beurteilung von Nichtanwendungsgesetzen[852]. Die Nichtanwendungsgesetzgebung sei durch die Gewaltenteilung zur Korrektur rechtsdogmatischer Fehlurteile gerechtfertigt[853]. Nicht gerechtfertigt sei hingegen ein Nichtanwendungsgesetz, das ausschließlich fiskalisch motiviert und damit meist „systemzersetzend bis hin zur möglichen Verfassungswidrigkeit" sei[854].

f) Anwaltschaft und Steuerberatung

Nach Auffassung von *Risse* sollte mit der gesetzgeberischen Korrektur höchstrichterlicher Rechtsprechung behutsam umgegangen werden, da die Gesetzgebung nicht die Aufgabe habe, von Fall zu Fall die Rechtsprechung zu konterkarieren[855]. Trotz der geäußerten Bedenken, sind diese Ausführungen pro Zulässigkeit einer Nichtanwendungsgesetzgebung zu deuten. Für *Gail* „erscheint die Einschaltung des Gesetzgebers bei unterschiedlicher Gesetzesauslegung zwischen BFH und Finanzverwaltung als die verfassungsmäßig sauberste Lösung."[856]. Hieraus ist die Zulässigkeit von Nichtanwendungsgesetzen ableitbar. *Felix* sieht in einem Nichtanwendungsgesetz einen rechtspolitischen Missbrauch der Gesetzgebung durch den prozessverlierenden Steuergläubiger[857]. In einem weiteren Beitrag konstatiert *Felix*, dass die Nichtanwendungsgesetzgebung die Schaffung von

849 Kirchhof, HHR, Einf. ESt Rn. 142, 265. Lfg. Aug. 2014.
850 Kirchhof, HHR, Einf. ESt Rn. 142, 265. Lfg. Aug. 2014.
851 Kirchhof, HHR, Einf. ESt Rn. 142, 265. Lfg. Aug. 2014.
852 Englisch, T/L, 22. Aufl., § 5 Rn. 40. Diese Differenzierung geht zurück auf Lang, T/L, 20. Aufl., § 5 Rn. 30.
853 Englisch, T/L, 22. Aufl., § 5 Rn. 40.
854 Englisch, T/L, 22. Aufl., § 5 Rn. 40. Zuvor hat Englisch, T/L, 21. Aufl., § 5 Rn. 40, die auf Lang, T/L, 20. Aufl., § 5 Rn. 30 zurückgehende Auffassung vertreten, nach der eine ausschließlich fiskalisch motivierte Nichtanwendungsgesetzgebung „illoyal und rechtsstaatswidrig" sei.
855 Risse, BB 1961, 1225.
856 Gail, StbJb 1978/79, 461 (483).
857 Felix, Stbg 1988, 15 (20).

„Ausnahmenormen“ bewirke, die die Steuerrechtsordnung verkomplizieren und zu ihrer Widersprüchlichkeit beitragen[858]. Am Beispiel des Nichtanwendungsgesetzes zum steuerlichen Verbot von Rückstellungen für Jubiläumszusagen[859] stellt *Felix* die Frage, inwieweit ein fiskalisch motiviertes Nichtanwendungsgesetz einen „Gesetzgebungsmissbrauch durch den Steuergesetzgeber“ darstelle[860]. Der Steuergesetzgeber agiere in einer „befangenen“ Position und die Gewaltenteilung sei insoweit nicht existent[861]. Nichtanwendungsgesetze seien „ungültig“, obwohl sie im Rahmen eines ordnungsgemäßen Gesetzgebungsverfahrens zustande gekommen sind, weshalb der BFH und die FG berechtigt seien, Nichtanwendungsgesetze als „steuerwidrige Normen“ zu verwerfen[862]. Diese Verwerfungskompetenz beruhe auf einer „Normsetzungsbeschränkung“ der Legislative, die in der vorherigen Rechtsprechung des BFH ihren Ursprung habe[863]. Nach *Strahl* wird der BFH durch eine Nichtanwendungsgesetzgebung desavouiert und die Rechtskultur nehme Schaden[864]. Dies gelte besonders, wenn sich ein Nichtanwendungsgesetz gegen eine Entscheidung des Großen Senats des BFH richte, der in besonderem Maße zur Fortbildung des Steuerrechts berufen sei[865]. Im Ergebnis seien Nichtanwendungsgesetze nicht mit dem Prinzip der Gewaltenteilung vereinbar[866]. Als grds. zulässig beurteilt *Schaumburg* die Nichtanwendungsgesetzgebung[867]. Aus Respekt ggü. der Judikative seien die Gründe für den Erlass eines Nichtanwendungsgesetzes in der Gesetzesbegründung anzugeben[868]. Ein Rechtsschutz des Stpfl. gegen ein Nichtanwendungsgesetz bestehe nur in Form der Verfassungsbeschwerde oder eines konkreten Normenkontrollverfahrens[869]. *Völker/Ardizzoni* sehen Nichtanwendungsgesetze als „bedenklich“ und „kritikwürdig“ an und beurteilen die in diesem Kontext oftmals unterbleibende Umsetzung der BFH-Entscheidungen durch die Finanzverwaltung im Vorfeld eines später rückwirkenden Nichtanwendungsgesetzes

858 Felix, BB 1988, 1500 (1500).
859 BGBl I 1988, 1093 (1095) gegen BFH vom 05. 02. 1987, IV R 81/84, BStBl II 1987, 845.
860 Felix, BB 1988, 1500 (1501).
861 Felix, BB 1988, 1500 (1501).
862 Felix, BB 1988, 1500 (1502).
863 Felix, BB 1988, 1500 (1502).
864 Strahl (ms), KÖSDI 1998, 11449 (11449 f.).
865 Strahl (ms), KÖSDI 1998, 11449 (11449).
866 Strahl (ms), KÖSDI 1998, 11449 (11450).
867 Schaumburg, Erster Deutscher Finanzgerichtstag 2004, 73 (96).
868 Schaumburg, Erster Deutscher Finanzgerichtstag 2004, 73 (96).
869 Schaumburg, Erster Deutscher Finanzgerichtstag 2004, 73 (96).

als rechtswidrig[870]. Die Finanzverwaltung unterliege in diesen Fällen vielmehr grds. einer Gesetzesvollzugspflicht auf Basis der BFH-Rechtsprechung, die eine Nichtanwendung des späteren Nichtanwendungsgesetzes nach den Grundsätzen von Treu und Glauben zur Folge habe und die der Stpfl. mittels Rechtsbehelfen und Amtshaftungsansprüchen durchsetzen könne[871]. Am Beispiel des Nichtanwendungsgesetzes zur Mehrmütterorganschaft[872] sei insb. die echte Rückwirkung, die fehlende demokratische Legitimation und die ausschließliche fiskalische Motivierung problematisch[873]. Unter rechtsstaatlichen Aspekten sei die Gewaltenteilung gestört, die Rechtssicherheit werde untergraben und die Verfahrens- und Prozessökonomie konterkariert[874]. Das Rückwirkungsverbot und das Mäßigungsgebot der Gewalten schränkten die Legislative bei dem Erlass von Nichtanwendungsgesetzen ein[875]. *Vinken* äußert sich zur Zulässigkeit von Nichtanwendungsgesetzen nur unter rechtspolitischen Gesichtspunkten[876]. So sollen diese nur im absoluten Ausnahmefall eine misslungene BFH-Entscheidung oder eine undurchsichtige Gesetzeslage korrigieren[877]. Sie seien zu kritisieren, wenn sie allein aus fiskalischen Gründen einen rechtsdogmatischen Fortschritt der Rechtsprechung konterkarieren[878]. *Heilgeist* sieht in der Missachtung von BFH-Entscheidungen durch eine Nichtveröffentlichung im BStBl II und konterkarierende Nichtanwendungserlasse und -gesetze die Gewaltenteilung durcheinander kommen, da Legislative und Exekutive so „ein bedenkliches Übergewicht ggü. der Judikative erlangen und deren Kontrollfunktion unterminieren."[879]. Hierdurch würden Steuergestaltungen und das Vertrauen in geltendes Recht zerstört sowie eine vorausschauende Steuerberatung erschwert[880]. Als zulässig beurteilt *Grürmann* die Nichtanwendungsgesetzgebung, will sie aber auf absolut notwendige Ausnahmen beschränkt wissen[881]. Ebenso wie *Pezzer*[882]

---

870 Völker/Ardizzoni, NJW 2004, 2413 (2413, 2416 ff. und 2420).
871 Völker/Ardizzoni, NJW 2004, 2413 (2418 ff.).
872 BGBl I 2001, 3858 (3863 f. und 3873) gegen BFH vom 09. 06. 1999, I R 43/97, BStBl II 2000, 695 und BFH vom 09. 06. 1999, I R 37/98, BFH/NV 2000, 347.
873 Völker/Ardizzoni, NJW 2004, 2413 (2414).
874 Völker/Ardizzoni, NJW 2004, 2413 (2414 f.).
875 Völker/Ardizzoni, NJW 2004, 2413 (2415 f.).
876 Vinken, FS Spindler, 549 (559).
877 Vinken, FS Spindler, 549 (559).
878 Vinken, FS Spindler, 549 (559).
879 Heilgeist, DStR KR 2004, 47.
880 Heilgeist, DStR KR 2004, 47.
881 Grürmann, DWS-Schriftenreihe Nr. 9, 45 (47 f.).
882 Pezzer, DStR 2004, 525 (526 ff.); ders., DWS-Schriftenreihe Nr. 9, 23 (27 f.).

differenziert er zwischen guten und schlechten Nichtanwendungsgesetzen und fragt wer die Deutungshoheit darüber habe, beurteilen zu können, ob ein Nichtanwendungsgesetz gut oder schlecht sei, da Finanzverwaltung und Steuerberatung diese Frage sicherlich anders beurteilen würden[883]. Seiner Meinung nach müsse die Frage, ob die Rechtsprechung des BFH das Steuersystem im Sinne einer Systemgerechtigkeit verbessert habe oder nicht das alleinige Kriterium zur Beantwortung dieser Frage sein, weshalb ein Nichtanwendungsgesetz nur möglich sei, wenn die BFH-Rechtsprechung keinen Beitrag zu einer Verbesserung des Steuersystems geleistet habe[884].

g) Sonstige

Schaumburg/Schaumburg sehen, ausgehend von einer Loyalitätspflicht und eines darin enthaltenen Mäßigungsgebots der Legislative ggü. der Judikative, eine Nichtanwendungsgesetzgebung zur Verhinderung erheblicher Steuerausfälle oder zur Schaffung von Rechtssicherheit bei einer zu Lasten des Stpfl. veränderten Rechtsprechung als zulässig an[885]. Nichtanwendungsgesetze seien mitunter mit verfassungsrechtlichen Vorgaben unvereinbar, da aufgrund der Abhängigkeit der Legislative von der Exekutive die Gewaltenteilung aufgehoben ist[886]. Sie sollten daher nur äußert zurückhaltend eingeführt und die Motive des Gesetzgebers, insb. bei für den Stpfl. nachteilig rückwirkenden Gesetzen, nachvollziehbar dargelegt werden[887]. Nichtanwendungsgesetze sind nach dieser Auffassung zum Teil zulässig, zum Teil unzulässig.

4. Beurteilungen ohne Bezug zu steuerlichen Nichtanwendungsgesetzen

a) Legislative

Kurz nach seinem Ausscheiden aus dem Bundestag sprach *Dichgans* von der „Maschine der Gesetzgebung“, die der Gesetzgeber jederzeit mobilisieren könne, um Streitfragen – ggf. „auch mit einer Korrektur der Entwicklung in der Rechtsprechung“ – so zu regeln, wie er es will[888]. Nichtanwendungsgesetze sind nach dieser Auffassung zulässig.

---

883 Grürmann, DWS-Schriftenreihe Nr. 9, 45 (47 f.).
884 Grürmann, DWS-Schriftenreihe Nr. 9, 45 (48).
885 Schaumburg/Schaumburg, FS Spindler, 171 (172).
886 Schaumburg/Schaumburg, FS Spindler, 171 (173).
887 Schaumburg/Schaumburg, FS Spindler, 171 (187).
888 Dichgans, FS Geiger, 945 (948).

b) *Exekutive*

Es sind keine Ausführungen eines Vertreters der Exekutive zur Nichtanwendungsgesetzgebung ersichtlich.

c) *Legislative und Exekutive*

Es sind keine Ausführungen eines Vertreters von Legislative und Exekutive zur Nichtanwendungsgesetzgebung ersichtlich.

d) *Judikative*

aa) Rechtsprechung

Der *BGH* sieht eine Nichtanwendungsgesetzgebung als zulässig an und führt aus: „Dabei bestehen im Ausgangspunkt auch keine Bedenken dagegen, wenn der Gesetzgeber Entwicklungen entgegentritt, die sich aus der Auslegung von gesetzlichen Bestimmungen durch die Rechtsprechung ergeben. Während die Gesetzgebung nach Art. 20 Abs. 3 GG (nur) an die verfassungsmäßige Ordnung gebunden ist, haben die vollziehende Gewalt und die Rechtsprechung Gesetz und Recht zu beachten. Soweit die verfassungsmäßige Ordnung nicht berührt ist, ist der Gesetzgeber daher nicht verpflichtet, Entwicklungen der Rechtsprechung nachzuzeichnen oder sie unverändert zu lassen; vielmehr kann er ihnen, wenn er sie für unerwünscht hält, durch Änderung gesetzlicher Vorschriften begegnen. Ein Kompetenzbereich der dritten Gewalt, in den der Gesetzgeber nicht eingreifen dürfe, kann in diesem Sinn nicht anerkannt werden.“[889].

bb) Schrifttum

Für *Müller* ist eine Nichtanwendungsgesetzgebung zulässig, da es dem Gesetzgeber „selbstverständlich unbenommen“ bleibe, durch Gesetzesänderung seine Vorstellungen zu verwirklichen[890]. Es sei allerdings notwendig, in der Gesetzesbegründung darzulegen, welche Gerichtsentscheidung aus welchen Gründen durch das Gesetz überschrieben werden solle[891]. Eine solche Begründung würde in der Praxis oft nicht erfolgen[892]. Die Rechtsprechung könne in der Folge nur überprüfen, ob das Nichtanwendungsgesetz seinem Inhalt nach verfassungsgemäß ist[893]. Nach den Ausführungen *Sendler* hat die Legislative das Recht nach

889 BGH vom 20. 01. 2005, III ZR 48/01, BGHZ 162, 49 (60).
890 Müller, DÖV 1964, 226 (229).
891 Müller, DÖV 1964, 226 (229).
892 Müller, DÖV 1964, 226 (229).
893 Müller, DÖV 1964, 226 (229).

ihrer Ansicht bestehende Fehlentwicklungen der Rechtsprechung „durch einen gesetzgeberischen Federstrich zur Makulatur werden zu lassen“[894]. Dabei solle die Legislative wohlüberlegt und frei von Hektik und Unausgewogenheit handeln[895]. Der Erlass eines Nichtanwendungsgesetzes ist nach dieser Auffassung zulässig. Nach *Wassermann* hat die Legislative die Kompetenz, „Richterrecht durch Gesetzesrecht zu beseitigen oder zu ändern“[896]. Nichtanwendungsgesetze sind nach dieser Auffassung zulässig. Für *Heusch* steht es dem Gesetzgeber frei, „die materiellen Regelungen – im Rahmen der Verfassung – nach seinen Vorstellungen zu präzisieren oder umzugestalten“[897]. Nach dieser Auffassung sind Nichtanwendungsgesetze zulässig.

e) *Wissenschaft*

Für *Stahl* besteht keine Bindungswirkung des Gesetzgebers an die höchstrichterliche Rechtsprechung, da diese mit dem GG nicht vereinbar sei[898]. Nichtanwendungsgesetze sind hiernach zulässig. Nach der Auffassung von *Schmidt* hat es das Parlament in der Hand, ihm nicht genehme Entwicklungen in der Jurisdiktion zu stoppen[899]. Damit wird die Zulässigkeit von Nichtanwendungsgesetzen bejaht. Wenn der Gesetzgeber von einer gefestigten Rechtsprechung abweichen will, sieht es *Häberle* als bedenkenswert an, dem Gesetzgeber trotz aller legislativen Freiheit eine Argumentations- und Begründungspflicht aufzuerlegen[900]. Die unmittelbare demokratische Legitimation der Legislative dürfe keinen willkürlichen Verzicht des Gesetzgebers auf Konsens und Kontinuität im Rahmen der Anpassung und Fortentwicklung des Rechts zur Folge haben[901]. Das Feld der Nichtanwendungsgesetze erwähnt *Häberle* in diesem Kontext nicht. Seine Ausführungen können aber so gedeutet werden, dass aus diesen, die Zulässigkeit von Nichtanwendungsgesetzen gefolgert werden kann. *Wank* lässt an der Zulässigkeit

---

894 Sendler, ZRP 1979, 227 (230). Sendler bezieht sich dabei auf den sog. Kirchmannschen Federstrich in: von Kirchmann, Die Werthlosigkeit der Jurisprudenz als Wissenschaft, Berlin 1848, 23: „Drei berichtigende Worte des Gesetzgebers und ganze Bibliotheken werden zu Makulatur.“.

895 Sendler, ZRP 1979, 227 (230).

896 Wassermann, AK-GG, Art. 92 Rn. 21.

897 Heusch, Schmidt-Bleibtreu/Klein/Hofmann/Henneke, Art. 97 Rn. 27.

898 Stahl, Die Bindung der Staatsgewalten an die höchstrichterliche Rechtsprechung, 208 f. und 214.

899 Schmidt, FS Esser, 139 (146).

900 Häberle, FS Boorberg Verlag, 47 (87).

901 Häberle, FS Boorberg Verlag, 47 (87).

von Nichtanwendungsgesetzen keinen Zweifel, wenn er schreibt: „Das Parlament ist die primär berechtigte Teilgewalt, den Willen des Souveräns Volk zu verwirklichen. Es hat nicht nur eine konkurrierende Sachkompetenz neben den Gerichten, sondern auch die Kompetenz-Kompetenz, jede Frage an sich zuziehen. Der Gesetzgeber kann jederzeit neues, der Rechtsprechung widersprechendes Recht setzen."[902]. Nach *Kisker* wird die rechtsprechende Gewalt durch eine vom Gesetzgeber vorgenommene Änderung der Rechtslage nach der richterlichen Entscheidung grds. nicht berührt[903]. Dies deutet auf die Zulässigkeit von Nichtanwendungsgesetzen hin. Wenn *Ipsen* davon schreibt, dass es dem parlamentarischen Gesetzgeber unbenommen bleibe, die Normierung an sich zuziehen[904], kann hieraus die Zulässigkeit von Nichtanwendungsgesetzen abgeleitet werden. Im Kontext eines arbeitsrechtlichen Nichtanwendungsgesetzes in § 1 des Gesetzes über arbeitsrechtliche Vorschriften zur Beschäftigungsförderung[905] beurteilt *Herschel* dieses gesetzgeberische Tun als „Keulenschlag der Legislative gegen die Justiz", spricht von einem „unerhörten Vorgang" und vom Niedergang der Rechtskultur[906]. Neben dieser rechtspolitischen Kritik sei gem. Art. 92 GG die rechtsprechende Gewalt den Richtern und nicht dem Gesetzgeber anvertraut und das Nichtanwendungsgesetz daher verfassungswidrig[907]. *Blomeyer* sieht den Gesetzgeber nicht an das Richterrecht gebunden[908]. Damit ist nach seiner Auffassung der Erlass eines Nichtanwendungsgesetzes zulässig. Für *Schünemann* kann der Gesetzgeber aufgrund seiner Prärogative jederzeit die Rechtsprechung korrigieren[909]. Hiernach ist eine Nichtanwendungsgesetzgebung zulässig. Mit Bezug auf die in Art. 92 GG normierte Gerichtsorganisation schreibt *Hommelhoff*, dass der Gesetzgeber nicht daran gehindert ist, eine richterrechtlich geordnete Sachmaterie an sich zuziehen und anders als die Fachgerichte zu regeln[910]. Den Fachgerichten obliege hiernach lediglich die Entscheidung konkreter Einzelfälle[911]. Nach dieser Auffassung ist eine Nichtanwendungsgesetzgebung zulässig. Auch

---

902 Wank, Grenzen richterlicher Rechtsfortbildung, 229.

903 Kisker, NJW 1981, 889 (893).

904 Ipsen, DVBl 1984, 1102 (1106).

905 BGBl I 1985, 710 (710) gegen BAG vom 12. 10. 1960, GS 1/59 (3 AZR 65/56), BAGE 10, 65.

906 Herschel, AuR 1985, 265 (266).

907 Herschel, AuR 1985, 265 (266).

908 Blomeyer, FS Obermayer, 15 (24).

909 Schünemann, Rechtsprechungslehre, 461 (475).

910 Hommelhoff, ZGR 1988, 460 (479).

911 Hommelhoff, ZGR 1988, 460 (479).

Kriele schreibt dem Gesetzgeber die Kompetenz zu, mittels „klärender Novellierungen“ Präjudizien, mit denen er nicht einverstanden ist, zu überschreiben[912]. Hierdurch bejaht er die Zulässigkeit von Nichtanwendungsgesetzen. Mit Bezug zur sozialrechtlichen Nichtanwendungsgesetzgebung sieht *Rüfner* eine solche als grds. recht- und verfassungsgemäß an, solange sie sich im Rahmen zulässiger Grenzen der Gesetzgebung, wie bspw. der Beachtung des Rückwirkungsverbots, bewege[913]. Dies gelte auch dann, wenn die Nichtanwendungsgesetzgebung aus fiskalischen Gründen erfolge[914]. Ferner unterliege ein Nichtanwendungsgesetz im Sozialrecht anderen Maßstäben als im Steuerrecht, da das Sozialrecht ausschließlich Staatsausgaben bedinge, wohingegen im Steuerrecht Mindereinnahmen an der einen Stelle zu Mehreinnahmen an anderer Stelle führen würden et vice versa[915]. Ferner sei eine rechtssystematische Geschlossenheit im Steuerrecht wichtiger als im Sozialrecht[916]. Gleichwohl könne ein Nichtanwendungsgesetz einer kontinuierlichen Rechtsentwicklung und einer brauchbaren Dogmatik entgegenstehen[917]. Die Nichtanwendungsgesetzgebung, sei daher als „verfassungsunschön“ zu bezeichnen[918]. *Hergenröder* hält eine Nichtanwendungsgesetzgebung, die die gebotenen Grenzen der Rückwirkung beachtet, für zulässig[919]. Für *Reinhardt* hat die Legislative die „Möglichkeit zu konkreter Reaktion auf die praktische richterliche Handhabung der Gesetze in der Gestalt nachträglicher Korrekturen der gesetzlichen Entscheidungsgrundlagen zur Lenkung der künftigen richterlichen Umsetzung.“[920]. Der Erlass eines Nichtanwendungsgesetzes ist hiernach zulässig. Unter dem Stichwort der Folgenkorrektur hält *Mishra* „die kompetenzgemäße Umgestaltung der Rechtslage“ in Reaktion auf die Rechtsprechung für zulässig, soweit diese dem GG entspricht[921]. Nichtanwendungsgesetze sind hiernach zulässig. Nach der Auffassung von *Dauner-Lieb* sind Legislativakte, soweit sie nicht verfassungswidrig sind, hinzunehmen[922]. Damit ist der

---

912 Kriele, FS 600 Jahre Universität Köln, 707 (718).
913 Rüfner, DRiZ 1992, 457 (462).
914 Rüfner, DRiZ 1992, 457 (462).
915 Rüfner, DRiZ 1992, 457 (462).
916 Rüfner, DRiZ 1992, 457 (462).
917 Rüfner, DRiZ 1992, 457 (462).
918 Rüfner, DRiZ 1992, 457 (462), der das Wort „verfassungsunschön“ von dem Mainzer Universitätsprofessor Walter Rudolf übernommen hat.
919 Hergenröder, Zivilprozessuale Grundlagen richterlicher Rechtsfortbildung, 198.
920 Reinhardt, Konsistente Jurisdiktion, 110 f.
921 Mishra, Zulässigkeit und Grenzen der Urteilsschelte, 243.
922 Dauner-Lieb, DStR 1998, 609 (617).

Erlass von verfassungsgemäßen Nichtanwendungsgesetzen zulässig. Nach *Weber* ist die Rechtsrückbildung als ein Synonym für die Nichtanwendungsgesetzgebung durch den Gesetzgeber zulässig[923]. Für *Schulze-Fielitz* darf der Gesetzgeber durch Änderung der abstrakt-generellen Gesetzeslage, eine die Rechtsprechung konterkarierende Lösung schaffen[924]. Nichtanwendungsgesetze sind nach dieser Auffassung zulässig. *Schmidt* steht einer Nichtanwendungsgesetzgebung skeptisch ggü., ohne sie als unzulässig anzusehen[925]. Mit ihr sei sorgsam umzugehen, insb. wenn sie eine etablierte Rechtsprechung außer Kraft setze[926]. Zwar werfe ein solches Vorgehen unter dem Gesichtspunkt der Normsetzungshoheit keine Probleme auf, dafür aber unter dem Gesichtspunkt der rechtspolitischen Klugheit schon[927]. Ferner sei die Richtigkeit eines Nichtanwendungsgesetzes vorher durch wissenschaftliche Studien und einer gründlichen Diskussion zu verifizieren[928]. Die Zulässigkeit von Nichtanwendungsgesetzen bejahen *Fleischer/Wedemann*[929]. Es stehe außer Frage, „dass der (Reform-)Gesetzgeber eine ihm nicht genehme Rechtsprechung außer Kraft setzen" dürfe, womit der Gesetzgeber nicht an Richterrecht gebunden sei[930]. Mit Bezug auf die Nichtanwendungsgesetzgebung im Gesellschaftsrecht schreiben sie dieser eine Förderung der Rechtsqualität zu, wenn die jeweiligen Reaktionen von Judikative und Legislative aufeinander „von gegenseitigen Respekt und Verständnis" geprägt sind[931]. Nach den Ausführungen von *Classen* hat der Gesetzgeber die Befugnis, „als Reaktion auf eine ihm fragwürdig erscheinende Rechtsprechung deren rechtliche Grundlage (bewusst) zu verändern."[932]. Nichtanwendungsgesetze sind nach dieser Auffassung zulässig. Nach *Poscher* unterliegen die Gerichte „einer politischen Kontrolle durch den Gesetzgeber, der ihm politisch inopportun erscheinende rechtsdogmatische Entwicklungen mit dem Instrument des Gesetzes steuern kann"[933]. Hiernach sind Nichtanwendungsgesetze als zulässig anzusehen. Ebenfalls hält *Reimer*

---

923 Weber, Anlässe und Methoden der Rechtsrückbildung im Gesellschaftsrecht, 52.

924 Schulze-Fielitz, Dreier GG Bd. III, 2. Aufl., Art. 97 Rn. 23.

925 Schmidt, JZ 2009, 10 (18 f.).

926 Schmidt, JZ 2009, 10 (18).

927 Schmidt, JZ 2009, 10 (19).

928 Schmidt, JZ 2009, 10 (18).

929 Fleischer/Wedemann, AcP Bd. 209 (2009), 597 (617 f.).

930 Fleischer/Wedemann, AcP Bd. 209 (2009), 597 (617).

931 Fleischer/Wedemann, AcP Bd. 209 (2009), 597 (627).

932 Classen, von Mangoldt/Klein/Starck GG Bd. III, Art. 97 Rn. 8 und 16.

933 Poscher, Hoffmann-Riem/Schmidt-Aßmann/Voßkuhle, Grundlagen des Verwaltungsrechts Bd. I, § 8 Rn. 24.

Nichtanwendungsgesetze für zulässig[934]. Für *Sachs* kann die Gesetzgebung Rechtsprechungsentwicklungen entgegentreten[935]. Nach dieser Auffassung ist der Erlass von Nichtanwendungsgesetzen zulässig. *Fleischer* sieht eine Nichtanwendungsgesetzgebung als zulässig an, wobei der Gesetzgeber allerdings ein solches Vorgehen schlüssig zu begründen habe[936].

f) Anwaltschaft

Für *Redeker* steht Richterrecht „stets zur Disposition des Gesetzgebers“[937]. Nichtanwendungsgesetze sind hiernach zulässig.

g) Sonstige

Es sind keine Ausführungen sonstiger Personen zur Nichtanwendungsgesetzgebung ersichtlich.

5. Zusammenfassung

Die Würdigung von Nichtanwendungsgesetzen und der damit verbundenen Nichtanwendungsgesetzgebung in Rechtsprechung und Literatur lassen sich nachfolgend wie folgt zusammenfassen: Das BVerfG und dessen Angehörige sehen ein Nichtanwendungsgesetz und eine Nichtanwendungsgesetzgebung als zulässig an. Ausweislich der vorgenannten Ausführungen in mehreren Entscheidungen, ist diesbzgl. von einer ständigen Rechtsprechung des BVerfG zu sprechen. Die Beurteilungen mit Bezug zu steuerlichen Nichtanwendungsgesetzen bejahen weit überwiegend die Zulässigkeit von Nichtanwendungsgesetzen. Diese Bejahung gilt für Angehörige der Legislative, der Exekutive und der Judikative in Gestalt des BFH und Angehörige der Judikative uneingeschränkt. Auch in der Wissenschaft, Anwaltschaft und Steuerberatung wird die Zulässigkeit der Nichtanwendungsgesetzgebung grds. nicht in Zweifel gezogen. Eine anderslautende Mindermeinung vertreten *Felix*[938], *Lang*[939] und *Strahl*[940]. Eine partielle Unzulässigkeit von Nichtanwendungsgesetzen nehmen *Crezelius*[941] und

---

934 Reimer, Hoffmann-Riem/Schmidt-Aßmann/Voßkuhle, Grundlagen des Verwaltungsrechts Bd. I, § 9 Rn. 74 mit Verweis auf Fn. 596.
935 Sachs, Sachs, GG, Art. 20 Rn. 82.
936 Fleischer, MünchKommGmbHG, Einleitung Rn. 133.
937 Redeker, NJW 1972, 409 (413).
938 Felix, BB 1988, 1500.
939 Lang, StuW 1992, 14 ≙ Lang, DRiZ 1992, 365; ders., T/L, 20. Aufl., § 5 Rn. 30.
940 Strahl (ms), KÖSDI 1998, 11449 (11450).
941 Crezelius, FS Felix, 37 (53 f.).

Schaumburg/Schaumburg[942] an. Die Beurteilungen ohne Bezug zu steuerlichen Nichtanwendungsgesetzen zeigen ein nahezu[943] geschlossenes Bild pro Zulässigkeit von Nichtanwendungsgesetzen und einer Nichtanwendungsgesetzgebung. Dieses eindeutige Meinungsbild ergibt sich aus den Ausführungen des BGH und der im Schrifttum geäußerten Meinung von Vertretern der Judikative ebenso wie aus einer Vielzahl von Äußerungen von Angehörigen der Wissenschaft.

Von der Frage der Zulässigkeit von Nichtanwendungsgesetzen und der Nichtanwendungsgesetzgebung ist die Frage der rechtspolitischen Bewertung von Nichtanwendungsgesetzen und der Nichtanwendungsgesetzgebung zu trennen. Hier werden von nahezu allen Seiten eine Reihe, teils kritischer Anmerkungen zu Nichtanwendungsgesetzen und der Nichtanwendungsgesetzgebung erhoben. Diese werden im 4. Teil dargestellt und gewürdigt.

Zusammenfassend sieht die absolut herrschende Meinung ein Nichtanwendungsgesetz und eine Nichtanwendungsgesetzgebung als zulässig an. Nur eine Mindermeinung hält Nichtanwendungsgesetze und eine Nichtanwendungsgesetzgebung für unzulässig.

VIII. Folge von Nichtanwendungsgesetzen

Ein Nichtanwendungsgesetz hat zur Folge, dass die Judikative sich nicht mehr an ihrer damaligen Rechtsprechung orientieren kann und daher nunmehr ihre Entscheidungen auf Grundlage des Nichtanwendungsgesetzes zu treffen hat[944]. Hier wird die Legislative im Regelfall[945] für eine eindeutige Formulierung der Norm gesorgt haben bzw. in ihrem Handeln von diesem Anspruch geleitet

942 Schaumburg/Schaumburg, FS Spindler, 171 (173).

943 A. A. allein Herschel, AuR 1985, 265 (266).

944 Hergenröder, Zivilprozessuale Grundlagen richterlicher Rechtsfortbildung, 199.

945 Vereinzelt finden sich Beispiele, in denen die Legislative ihr Nichtanwendungsgesetz nach einer BFH-Entscheidung unter Bezugnahme auf die BFH-Entscheidung erneut geändert hat: Nichtanwendungsgesetze zum Abzugsverbot von Aufwendungen für eine erstmalige Berufsausbildung/Erststudium, BGBl I 2004, 1753 (1753) gegen BFH vom 04. 12. 2002, VI R 120/01, BStBl II 2003, 403; BFH vom 17. 12. 2002, VI R 137/01, BStBl II 2003, 407 und BFH vom 27. 05. 2003, VI R 33/01, BStBl II 2004, 884. BGBl I 2011, 2592 (2600) gegen BFH vom 28. 07. 2011, VI R 7/10, BStBl II 2012, 271; BFH vom 28. 07. 2011, VI R 5/10, BStBl II 2012, 553 und BFH vom 28. 07. 2011, VI R 38/10, BStBl II 2012, 561. BGBl I 2014, 2417 (2422) gegen BFH vom 28. 02. 2013, VI R 6/12, BStBl II 2015, 180. Nichtanwendungsgesetze § 50d Abs. 10 EStG, BGBl I 2008, 2794 (2806) gegen BFH vom 17. 10. 2007, I R 5/06, BStBl II 2009, 356 und BGBl I 2013, 1809 (1819 f.) gegen BFH vom 08. 09. 2010, I R 74/09, BStBl II 2014, 788.

worden sein, um die für das Nichtanwendungsgesetz maßgebliche Rechtsfrage einer eindeutigen Beantwortung zuzuführen, die der Rechtsprechung bei späteren Verfahren keinen Raum für vom Nichtanwendungsgesetz abweichende Interpretationen lässt[946].

IX. Europarechtliche Bezüge von Nichtanwendungsgesetzen

Europarechtliche Bezüge werden bislang im Kontext von einfachgesetzlichen Nichtanwendungsgesetzen kaum[947] thematisiert. Hauptursache hierfür ist das Fehlen von entsprechenden Beispielen in der Rechtspraxis. So ist auf der einen Seite gegen keines der in die Arbeit einfließenden 166 Nichtanwendungsgesetze ein Verfahren vor dem EuGH oder EGMR anhängig bzw. anhängig gewesen. Unstreitig ist, dass Nichtanwendungsgesetze gegen BFH-Entscheidungen nicht gegen Europäisches Recht verstoßen dürfen und dies gerichtlich vor dem EuGH oder EGMR justiziabel ist. Insoweit gilt für Nichtanwendungsgesetze nicht anderes, wie für andere nationale Gesetze. Europarechtlich gebotene spezielle Anforderungen für Nichtanwendungsgesetze sind nicht ersichtlich. Ebenso wenig sind auf der anderen Seite Nichtanwendungsgesetze gegen Entscheidungen des EuGH oder EGMR bekannt. Denkbar wären diese in zulässiger Weise nur dann, wenn die Rechtsprechung des EuGH eine Änderung der europäischen Verträge oder die Rechtsprechung des EGMR eine Änderung der EMRK nach sich ziehen würde. Auf nationaler Ebene erlassene Nichtanwendungsgesetze gegen Entscheidungen des EuGH oder EGMR hätten im Falle der Nichtanwendung der EuGH-Rechtsprechung ein Vertragsverletzungsverfahren nach Art. 258 AEUV zur Folge[948].

Im Kontext von verfassungsändernden Nichtanwendungsgesetzen finden sich europarechtliche Bezüge mit Blick auf die Verfassung Ungarns, die vor dem Hintergrund der besonderen innenpolitischen Verhältnisse Ungarns unter Ministerpräsident Viktor Orbán erklärbar sind[949]. Die EU-Kommission kritisiert eine Reihe von Ministerpräsident Viktor Orbán initiierter Verfassungsänderungen,

946 Ebenso: Hergenröder, Zivilprozessuale Grundlagen richterlicher Rechtsfortbildung, 199.

947 Eine Ausnahme findet sich bei Schaumburg, Erster Deutscher Finanzgerichtstag 2004, 73 (93 f.).

948 Schaumburg, Erster Deutscher Finanzgerichtstag 2004, 73 (94) mit Bezug auf ein Nichtanwendungsgesetz, das sich gegen eine EuGH-Entscheidung richtet.

949 Der Verfasser bedankt sich bei Dr. Egon A. Peus für wertvolle Anregungen zu diesem Punkt.

die u. a. verfassungsändernde Nichtanwendungsgesetze zum Inhalt haben[950]. Von der EU-Kommission in diesem Kontext in Erwägung gezogene Sanktionsinstrumente sind das Vertragsverletzungsverfahren nach Art. 258 AEUV und der Entzug der Stimmrechte im Rat der EU gem. Art. 7 EUV[951]. Gegen die beiden Nichtanwendungsgesetze zu BVerfG-Entscheidungen im GG[952] sind hingegen – soweit ersichtlich – keine europarechtlichen Bedenken erhoben worden.

Damit bedürfen die europarechtlich gebotenen Grenzen von Nichtanwendungsgesetzen mangels praktischer Relevanz keiner weiteren Untersuchung.

X. Nichtanwendungsgesetze und der Grundsatz von Treu und Glauben

Auch im Steuerrecht findet der in § 242 BGB normierte Grundsatz von Treu und Glauben Anwendung[953]. In der Literatur findet sich die Auffassung, dass Nichtanwendungsgesetze aufgrund des Grundsatzes von Treu und Glauben im Einzelfall in ihrer Geltung beschränkt sind[954]. Hiernach soll ein Nichtanwendungsgesetz keine Anwendung finden, wenn die Finanzverwaltung in Erwartung eines Nichtanwendungsgesetzes die BFH-Rechtsprechung nicht anwendet und mehr als sechs Monate seit der BFH-Entscheidung vergangen sind. Die Geltungsbeschränkung des Nichtanwendungsgesetzes sei darin begründet, die vorstehend in Gestalt des Verzögerungsverhaltens liegende, unzulässige Rechtsausübung durch die Finanzverwaltung auszuschließen[955].

Der vorstehend skizzierte Ansatz über die Geltungsbeschränkung von Nichtanwendungsgesetzen nach dem Grundsatz von Treu und Glauben, ist abzulehnen. Die Rechtsprechung des BFH enthält für die Finanzverwaltung keinen Rechtsanwendungsbefehl, nach dem die BFH-Rechtsprechung über den

---

950 Frankfurter Allgemeine Zeitung vom 11. 03. 2013, http://www.faz.net/aktuell/politik/ausland/europa/ungarn-parlament-beschliesst-umstrittene-verfassungsaenderung-12110838.html; zuletzt aufgerufen am 31. 03. 2016.

951 Süddeutsche Zeitung vom 17. 04. 2013, http://www.sueddeutsche.de/politik/umstrittene-verfassungsaenderung-eu-kommission-droht-ungarn-mit-verfahren-1.1651267; zuletzt aufgerufen am 31. 03. 2016.

952 BGBl I 1965, 649 gegen BVerfG vom 16. 06. 1959, 2 BvF 5/56, BVerfGE 9, 305 und BGBl I 2010, 944 gegen BVerfG vom 20. 12. 2007, 2 BvR 2433/04, 2 BvR 2434/04, BVerfGE 119, 331.

953 Looschelders/Olzen, von Staudinger BGB, § 242 Rn. 1150; BFH vom 30. 07. 1997, I R 7/97, BStBl II 1998, 33 (34).

954 Völker/Ardizzoni, NJW 2004, 2413 (2418 ff.).

955 Völker/Ardizzoni, NJW 2004, 2413 (2418 f.).

entschiedenen Einzelfall hinaus allgemein anzuwenden ist[956]. Da die Finanzverwaltung mithin nach Belieben mit der BFH-Rechtsprechung verfahren kann, kann ihr Verhalten keine unzulässige Rechtsausübung darstellen, welches die allgemeine Geltung von Nichtanwendungsgesetzen beschränken kann.

XI. Rechtsschutz gegen Nichtanwendungsgesetze

Dem Stpfl. steht gegen Nichtanwendungsgesetze der Rechtsweg i. S. d. Art. 19 Abs. 4 GG offen. Ein besonderer Rechtsschutz, der ausschließlich Schutz vor Nichtanwendungsgesetzen zum Gegenstand hat, besteht nicht[957]. Will der Stpfl. daher Rechtsschutz gegen einen Steuerverwaltungsakt erlangen, der auf einem Nichtanwendungsgesetz beruht, muss er zunächst grds.[958] das außergerichtliche Rechtsbehelfsverfahren der §§ 347 ff. AO nutzen. Im Anschluss hieran steht ihm gem. § 33 Abs. 1 FGO der Finanzrechtsweg zum FG und in der Folge zum BFH offen.

Rechtsschutz vor dem BVerfG kann der Stpfl. nur im Rahmen eines konkreten Normenkontrollverfahrens nach Art. 100 Abs. 1 GG i. V. m. § 13 Nr. 11 und §§ 80-82a BVerfGG erlangen, wenn das FG oder der BFH das Nichtanwendungsgesetz für verfassungswidrig hält und deshalb dem BVerfG zur Entscheidung vorlegt[959]. Auf eigene Initiative ist dem Stpfl. der Rechtsweg zum BVerfG im Rahmen der Verfassungsbeschwerde nach Art. 93 Abs. 1 Nr. 4a GG i. V. m. § 13 Nr. 8a und §§ 90-95a BVerfGG eröffnet[960]. Hierzu muss aber zunächst in der Regel der Rechtsweg gem. Art. 94 Abs. 2 GG i. V. m. § 90 Abs. 2 Satz 1 BVerfGG erschöpft sein, es sei denn der Ausnahmefall des Art. 94 Abs. 2 GG i. V. m. § 90 Abs. 2 Satz 2 BVerfGG liegt vor.

Die Möglichkeit zum vorläufigen Rechtsschutz im außergerichtlichen Rechtsbehelfsverfahren besteht unter den Voraussetzungen des § 361 AO, im finanzgerichtlichen Verfahren unter den Voraussetzungen des § 69 FGO. Beim BVerfG besteht unter den Voraussetzungen des § 32 BVerfGG die Möglichkeit des vorläufigen Rechtsschutzes.

---

956 Siehe 1. Teil B. I.

957 Vgl. auch Schaumburg, Erster Deutscher Finanzgerichtstag 2004, 73 (96).

958 Als Ausnahme vgl. die in § 45 FGO normierte Sprungklage.

959 Vgl. auch Crezelius, FS Felix, 37 (54); Schaumburg, Erster Deutscher Finanzgerichtstag 2004, 73 (95 f.); Völker/Ardizzoni, NJW 2004, 2413 (2419).

960 Vgl. auch Crezelius, FS Felix, 37 (54); Schaumburg, Erster Deutscher Finanzgerichtstag 2004, 73 (95 f.).

XII. Amtshaftungsansprüche aufgrund von Nichtanwendungsgesetzen

Der BGH[961] und die Literatur[962] lehnen eine Amtshaftung für Gesetze nach § 839 BGB i. V. m. Art. 34 GG im Regelfall[963] aufgrund mangelnder Drittbezogenheit ab. Ebenso wenig wird ein Haftungsanspruch für legislatives Unrecht aufgrund eines enteignungsgleichen Eingriffs anerkannt[964]. Aufgrund der weitreichenden Folgen, die eine Haftung für legislatives Unrecht für die Staatsfinanzen zur Folge haben könnte, sei eine Entscheidung hierüber Aufgabe der Legislative[965]. § 5 Abs. 2 Satz 1 des vom BVerfG[966] für nichtig erklärten Staatshaftungsgesetzes[967] sah eine haftungsbegründende Pflichtverletzung bei einem rechtswidrigen Verhaltens des Gesetzgebers nur vor, wenn und soweit ein Gesetz dies bestimmt. Bis zum heutigen Tage hat der Gesetzgeber keinen neuen Versuch unternommen, einen Amtshaftungsanspruch für legislatives Unrecht zu schaffen.

Für Nichtanwendungsgesetze kann nicht anderes gelten, weshalb keine Amtshaftungsansprüche aufgrund von Nichtanwendungsgesetzen geltend gemacht werden können.

XIII. Gedanken zur Entbehrlichkeit von Nichtanwendungsgesetzen

Eine Nichtanwendungsgesetzgebung wäre entbehrlich, wenn der BFH mit seiner Rechtsprechung eine dem Gesetzgeber unliebsame Rechtsprechung mit einer späteren Entscheidung selbst im Sinne der Rechtsauffassung der Legislative korrigieren würde. Sie wäre damit das Gegenteil eines judicial self-restraint. Der Gesetzgeber hätte dazu die Korrektur der Rechtsprechung durch den BFH abzuwarten und würde sich eines legislativen self-restraint unterwerfen. Ein solches Abwarten auf die Selbstkorrektur durch den BFH würde zunächst kostbare Gesetzgebungsressourcen der Legislative schonen und Überlastungen im Gesetzgebungsverfahren vermeiden[968].

961 BGH vom 24. 06. 1982, III ZR 169/80, BGHZ 84, 292 (298 ff.).

962 Ossenbühl/Cornils, Staatshaftungsrecht, 107.

963 BGH vom 29. 03. 1971, III ZR 110/68, BGHZ 56, 40 (46) erkennt eine potentielle Ausnahme hiervon nur an, wenn es sich um Maßnahme- oder Einzelfallgesetze handelt.

964 BGH vom 12. 03. 1987, III ZR 216/85, BGHZ 100, 136.

965 BGH vom 12. 03. 1987, III ZR 216/85, BGHZ 100, 136 (145 f.).

966 BVerfG vom 19. 10. 1982, 2 BvF 1/81, BVerfGE 61, 149.

967 BGBl I 1981, 553 (555).

968 Zur Arbeitsbelastung insb.des Finanzausschusses: Kreile, StuW 1977, 1 (5); Kübler, FS Stimpel, 3 (12) spricht von der „knappen Ressource Gesetzgebung".

Für den BFH selbst wäre eine solche Selbstkorrektur in Bezug auf seine Autorität allerdings ein zweischneidiges Schwert. Der BFH müsste zwar die Demütigung eines Nichtanwendungsgesetzes nicht hinnehmen. Hierzu müsste allerdings ein Nichtanwendungsgesetz stets eine demütigende Wirkung besitzen. Dies darf bezweifelt werden, da der Rechtsprechung des BFH weithin eine hohe Anerkennung zuteil wird[969]. Ferner würde sich der BFH durch eine Selbstkorrekturrechtsprechung dem Vorwurf einer Gefälligkeitsrechtsprechung aussetzen und damit an Unabhängigkeit und Ansehen verlieren. Überdies würde der BFH durch eine Selbstkorrektur das Vertrauen in seine Rechtsprechung erschüttern[970]. Die grundgesetzlich getrennten Gewalten würden hierdurch miteinander vermischt. Dies nicht zuletzt vor dem Hintergrund, dass die Exekutive im Rahmen der Nichtanwendungsgesetzgebung ohnehin einen großen Einfluss auf die Legislative ausübt[971]. Daher wäre einer solchen Entwicklung entschieden entgegenzuwirken, zumal sie auch nicht der eindeutigen Zuordnung des BFH als Institution der Judikative gerecht würde[972]. Aber auch aus anderen Gründen erscheint ein Abwarten des Gesetzgebers nicht geboten. Zunächst muss sich im zur Entscheidung berufenen BFH-Senat eine Mehrheit für eine solche Selbstkorrektur der eigenen Rechtsprechung finden. Dies kann nicht als sicher vorausgesetzt werden[973]. Selbst wenn der Senatsvorsitzende dies billigen und fördern würde, ist nicht sicher, ob er im Senat eine Mehrheit hierfür findet. Zuletzt gibt es keine Garantie dafür, dass in Bezug auf die zu revidierende Rechtsauffassung zeitnah ein entsprechend geeigneter Fall dem BFH zur Entscheidung vorgelegt wird. Dies ist der maßgebliche Unterschied zwischen dem Revisionsgericht und dem Gesetzgeber. Letzterer kann jederzeit tätig werden, ohne von äußeren Einflüssen abhängig zu sein[974].

---

969 Fleischer/Wedemann, AcP Bd. 209 (2009), 597 (621) bejahen im Falle einer Selbstkorrektur der Rechtsprechung einen geringen Autoritätsverlust des Gerichts.

970 Larenz, Methodenlehre der Rechtswissenschaft, 434.

971 Siehe 3. Teil B. I. 4.

972 So gehört der BFH seit November 1969 zum Geschäftsbereich des BMJ und nicht wie zuvor zum Geschäftsbereich des BMF, Leutheusser-Schnarrenberger, FS 75 Jahre RFH – BFH, XXIII mit Bezug auf den Organisationserlass des Bundeskanzlers im Bundesanzeiger Nr. 214 vom 15. 11. 1969, 4.

973 Sendler, ZRP 1979, 227 (230) bejaht die Fähigkeit der Judikative zur Selbstkorrektur in gelegentlichen Fällen.

974 Fleischer/Wedemann, AcP Bd. 209 (2009), 597 (621 f.) mit Verweis auf Fischer, Verhandlungen des 52. Deutschen Juristentages, Bd. II Sitzungsberichte, H 3 (H 16). Dieser führt aus: „Der Revisionsrichter wird des weiteren zu bedenken haben, dass er keinerlei Einfluss auf die Auswahl des ihm vorgelegten Entscheidungsmaterials

Das BMF als Exekutivorgan fordert den BFH vereinzelt zur Selbstkorrektur seiner Rechtsprechung auf, wenn diese der Rechtsauffassung des BMF widerspricht. Hierzu verwendet das BMF den Nichtanwendungserlass, in welchem es u. U. sogar expressis verbis formuliert: „Dem Bundesfinanzhof soll deshalb/vielmehr in einem anderen Revisionsverfahren erneut Gelegenheit gegeben werden, die Auslegung des § […] zu überprüfen."[975] bzw.: „Der Bundesfinanzhof soll Gelegenheit erhalten, seine gegenteilige Entscheidung noch einmal zu überprüfen."[976] oder: „Der Bundesfinanzhof soll Gelegenheit erhalten, seine Rechtsauffassung in einem geeigneten Verfahren noch einmal zu überprüfen."[977]. In anderen Fällen weist das BMF allerdings in seinem Nichtanwendungserlass auf eine beabsichtigte Nichtanwendungsgesetzgebung hin und lässt damit einer Selbstkorrektur der Rechtsprechung keinen Raum[978].

Nichtanwendungsgesetze sind im Ergebnis nicht durch eine Selbstkorrektur der Rechtsprechung des BFH entbehrlich[979].

---

hat, dass es nicht in seine Hand gegeben ist, einen zweiten oder dritten Fall ähnlicher Art zur Entscheidung zu bringen, um sein zunächst ergangenes Urteil in gewisser Hinsicht zu modifizieren oder zu ergänzen oder es auch, wenn er es für geboten hält, zu ändern.". Ebenso: Huber, FS Offerhaus, 241 (245). Ähnlich auch das BVerfG vom 06. 10. 1987, 1 BvR 1086, 1468, 1623/82, BVerfGE 77, 84 (104) für seine eigene Rechtsprechung, nach der das BVerfG diese nicht aus eigener Initiative korrigieren kann.

975 BMF vom 12. 10. 1982, IV B 2 – S 2133 – 15/82, BStBl I 1982, 810 zu BFH vom 24. 03. 1982, IV R 96/78, BStBl II 1982, 643 und BMF vom 15. 06. 1984, IV B 2 – S 2241 – 46/84, BStBl I 1984, 377 zu BFH vom 24. 11. 1983, IV R 14/83, BStBl II 1984, 431.

976 Gleichlautende Erlasse der obersten Finanzbehörden der Länder vom 09. 09. 1996, BStBl I 1996, 1172 zu BFH vom 14. 12. 1995, II R 79/94, BStBl II 1996, 546.

977 BMF vom 21. 01. 2003, IV A 6 – S 2137 – 2/03, BStBl I 2003, 125 zu BFH vom 27. 06. 2001, I R 45/97, BStBl II 2003, 121.

978 BMF vom 07. 02. 2001, IV C 1 – S 2252 – 26/01, BStBl I 2001, 149 zu BFH vom 24. 10. 2000, VIII R 28/99, BStBl II 2001, 97; BMF vom 07. 01. 2010, IV C 3 – S 2411/07/10013 2010/0008172, BStBl I 2010, 44 zu BFH vom 27. 05. 2009, I R 86/07, BStBl II 2010, 120; BMF vom 28. 06. 2010, IV C 6 – S 2244/09/10002 2010/0464101, BStBl I 2010, 599 zu BFH vom 25. 06. 2009, IX R 42/08, BStBl II 2010, 220 und BFH vom 18. 03. 2010, IX B 227/09, BStBl II 2010, 627; BMF vom 20. 12. 2011, IV C 4 – S 2284/07/0031:002 2011/1025909, BStBl I 2011, 1286 zu BFH vom 12. 05. 2011, VI R 42/10, BStBl II 2011, 1015.

979 Zurückhaltender Fleischer/Wedemann, AcP Bd. 209 (2009), 597 (621), die eine Selbstkorrektur der Rechtsprechung zumindest in Ausnahmefällen empfehlen.

I. Ergebnisse des 1. Teils

Die Ausführungen des 1. Teils der Untersuchung lassen sich thesenartig wie folgt zusammenfassen:

(1) Die Aufgabe des BFH ist zuvorderst die Entwicklung allgemeiner Rechtsgrundsätze. Sie ergibt sich aus den Revisionszulassungsgründen des § 115 Abs. 2 FGO und der Existenz des in § 11 FGO normierten Großen Senats des BFH.

(2) BFH-Entscheidungen besitzen eine erhebliche Breitenwirkung. Diese ergibt sich aus dem Charakter des Steuerrechts als Massenfallrecht und führt in der Folge zur Frage der allgemeinen Anwendung der BFH-Rechtsprechung durch die Finanzverwaltung über den entschiedenen Einzelfall hinaus.

(3) Die Verhinderung von BFH-Entscheidungen durch die Finanzverwaltung mithilfe prozessualer Gestaltungen, ist rechtlich nicht zu beanstanden. Sie ist gleichwohl rechtspolitisch zu kritisieren. Der BFH selbst kann die Verhinderung von BFH-Entscheidungen vermeiden, indem er seine Entscheidungen nicht mittels Gerichtsbescheid, sondern nach Durchführung einer mündlichen Verhandlung trifft.

(4) Die Veröffentlichung von BFH-Entscheidungen durch den BFH in BFHE, BFH/NV und im Internet dient der Dokumentation der BFH-Rechtsprechung und bewirkt einen Informationseffekt über die BFH-Rechtsprechung. Die Veröffentlichung schafft keine Bindungswirkung für nicht am Verfahren beteiligte Personen.

(5) Die Finanzverwaltung veröffentlicht BFH-Entscheidungen im BStBl II und gibt bereits zuvor auf der Homepage des BMF bekannt, dass eine Veröffentlichung im BStBl II bevorsteht. Die Entscheidung über die Veröffentlichung treffen der Bund und die obersten Finanzbehörden nach einem institutionalisierten Verfahren. Die Veröffentlichung einer BFH-Entscheidung im BStBl II ist rechtlich als der Erlass eines BMF-Schreibens anzusehen, dessen Regelungsgegenstand die Leitsätze der BFH-Entscheidung sind. Durch sie bindet sich die Finanzverwaltung an die Rechtsprechung des BFH und wendet ab dem Zeitpunkt der Bekanntgabe der Veröffentlichung der BFH-Entscheidung auf der Homepage des BMF die BFH-Entscheidung allgemein an.

(6) Die Veröffentlichung von BFH-Entscheidungen in anderen Medien wie Zeitschriften, Internet und Datenbanken hat allein einen Informationseffekt. Sie schafft keine Bindungswirkung für die Finanzverwaltung über die allgemeine Anwendung der BFH-Rechtsprechung.

(7) Die Nichtveröffentlichung von BFH-Entscheidungen im BStBl II ist unter Transparenzgesichtspunkten abzulehnen. Will die Finanzverwaltung eine BFH-Entscheidung nicht über den entschiedenen Einzelfall hinaus anwenden, ist die

BFH-Entscheidung im BStBl II zusammen mit einem Nichtanwendungserlass im BStBl I zu veröffentlichen. Der Abstimmungsprozess der Finanzverwaltung über die Veröffentlichungsentscheidung, ist anzuerkennen. Hierbei sollte die Finanzverwaltung zur Verbesserung der Transparenz auf der Homepage des BMF über den Stand der Veröffentlichungsentscheidung berichten und eine BFH-Entscheidung nach Ablauf eines Jahres seit der Veröffentlichung auf der Homepage des BFH als durch die Finanzverwaltung veröffentlicht gelten.

(8) Nichtanwendungserlasse sind verfassungsrechtlich und einfachgesetzlich zulässig. Unter Transparenzgesichtspunkten sind sie der Vermeidung einer BFH-Entscheidung und der Nichtveröffentlichung einer BFH-Entscheidung im BStBl II vorzuziehen. Sie sind zwingend zu begründen, haben bundeseinheitlich zu ergehen und sind im BStBl I zu veröffentlichen.

(9) Nichtanwendungsgesetze sind nur eine mögliche Ausprägungsform, um mittels Gesetz auf die Rechtsprechung des BFH zu reagieren. Weitere denkbare Gesetzgebungsanlässe aufgrund einer BFH-Entscheidung sind bspw. die Kodifikation von Richterrecht, die Schließung von Lücken oder die Beseitigung von Redaktionsversehen.

(10) Ein Nichtanwendungsgesetz ist zu definieren als ein Gesetz im formellen Sinne, das die Rechtsprechung des BFH dergestalt überschreibt, dass diese aufgrund der gesetzgeberischen Tätigkeit in Fällen, die dem vom BFH entschiedenen Fall vergleichbar sind, nicht mehr zur Anwendung gelangen kann.

(11) Nichtanwendungsgesetze werden in der Literatur mit einer Vielzahl von Synonymen bezeichnet. Die Bezeichnung als Nichtanwendungsgesetz hat sich im Zeitablauf als Hauptbegriff für entsprechende Gesetze herausgebildet.

(12) Bereits in der Weimarer Republik findet sich ein erstes Beispiel für ein Nichtanwendungsgesetz. Aufgrund der Gleichschaltung des RFH an das Reichsfinanzministerium finden sich in der Zeit des Dritten Reiches keine Nichtanwendungsgesetze. Die Nichtanwendungsgesetzgebung in der BRD begann Anfang der 1960iger Jahre. Bis zum heutigen Tage gibt es eine stetige Nichtanwendungsgesetzgebung, die sich in der jüngeren Vergangenheit durch eine deutliche Zunahme der Zahl der Nichtanwendungsgesetze kennzeichnet.

(13) Nimmt man die österreichische Steuerrechtsordnung aufgrund ihrer Ähnlichkeit zur deutschen Steuerrechtsordnung als Referenzbeispiel für eine andere Rechtsordnung, so finden sich dort Beispiele für Nichtanwendungsgesetze. Der Begriff des Nichtanwendungsgesetzes ist in Österreich nicht bekannt.

(14) Nichtanwendungsgesetze können sich auch gegen Entscheidungen des BVerfG richten und erfolgen durch eine Änderung des GG. Solche Nichtanwendungsgesetze sind bis zur Grenze des Art. 79 Abs. 3 GG zulässig.

(15) Nichtanwendungsgesetze finden sich neben dem Steuerrecht in verschiedenen Bereichen des Zivilrechts, in einer Vielzahl von Bereichen des öffentlichen Rechts und im Strafrecht. Ihre Quantität und Würdigung in der Literatur reicht nicht an die steuerliche Nichtanwendungsgesetzgebung heran.

(16) Nichtanwendungsgesetze werden von der Rechtsprechung des BVerfG, des BFH und BGH als zulässig angesehen. Die absolut herrschende Meinung in der steuerrechtlichen und nicht steuerrechtlichen Literatur beurteilt Nichtanwendungsgesetze als zulässig. Nur ganz vereinzelte Stimmen in der Literatur sehen Nichtanwendungsgesetze als unzulässig an.

(17) Nichtanwendungsgesetze haben zur Folge, dass sich die Judikative in zukünftigen Entscheidungen nicht mehr auf ihre dem Nichtanwendungsgesetz zugrunde liegende Judikatur berufen kann, sondern ihre Rechtsprechung auf der Grundlage des Nichtanwendungsgesetzes ausüben muss.

(18) Bislang werden Nichtanwendungsgesetze nicht unter europarechtlichen Aspekten thematisiert. Nichtanwendungsgesetze dürfen nicht gegen europäisches Recht verstoßen und sind vor dem EuGH und EGMR justiziabel.

(19) Die Geltung von Nichtanwendungsgesetzen wird durch den Grundsatz von Treu und Glauben nicht eingeschränkt.

(20) Rechtsschutz gegen Nichtanwendungsgesetze besteht im Rahmen der allgemeinen Rechtsschutzmöglichkeiten. Ein ausschließlich gegen Nichtanwendungsgesetze gerichteter Rechtsschutz besteht nicht.

(21) Amtshaftungsansprüche gegen Nichtanwendungsgesetze bestehen – ebenso wie gegen Gesetze im Allgemeinen – nicht.

(22) Eine Entbehrlichkeit von Nichtanwendungsgesetzen, durch eine Selbstkorrektur der Rechtsprechung des BFH, ist abzulehnen. Sie würde zum einen das Vertrauen in die BFH-Rechtsprechung untergraben und die Autorität des BFH beschädigen. Zum anderen ist die Möglichkeit zur Selbstkorrektur in zeitlicher Hinsicht nicht abschätzbar, da der BFH keinen Einfluss auf die Verfahren hat, die ihn erreichen.

2. Teil: Untersuchung der steuerlichen Nichtanwendungsgesetzgebung und Typologisierung der steuerlichen Nichtanwendungsgesetze

A. Vorbemerkung

Eine Übersicht über alle jemals in der bundesrepublikanischen Geschichte ergangenen steuerrechtlichen Nichtanwendungsgesetze existiert nicht. Entsprechende Anfragen wurden durch das BMF nicht[980] und durch den BFH negativ beantwortet[981]. Es ist auch keine andere Institution oder Person ersichtlich, die über eine solche Aufstellung verfügt.

Seitens des BMF gibt es einzig eine Aufstellung aller Steuerrechtsänderungen seit 1964[982]. Angaben über Nichtanwendungsgesetze, die in den jeweiligen Steuerrechtsänderungen enthalten sind, lassen sich dieser Aufstellung jedoch nicht entnehmen. Auch andere Ausführungen über BFH-Entscheidungen, die zu einer Änderung von Steuergesetzen geführt haben sind lediglich partiell und enthalten darüber hinaus keine Angabe, ob es sich bei der Gesetzesänderung um ein Nichtanwendungsgesetz gehandelt hat oder nicht[983]. Die – soweit ersichtlich – bislang einzige publizierte Zahl über die Anzahl ergangener Nichtanwendungsgesetze findet sich bei *Pezzer*[984]. Dieser verweist auf eine Recherche der Dokumentationsabteilung des BFH, nach der im Zeitraum von 1990 bis Ende März 2004 „an die bis 60" Nichtanwendungsgesetze erlassen worden sind.

980 Schreiben des BMF an den Verfasser vom 16. 07. 2010, IV A 2 – S 1900/0 :001.

981 E-Mail des damaligen Vorsitzenden Richters am BFH Pezzer an den Verfasser vom 01. 06. 2010.

982 Übersicht über die Steuerrechtsänderungen seit 1964, http://www.bundesfinanzministerium.de/Content/DE/Standardartikel/Themen/Steuern/Weitere_Informationen/zusammenstellung-der-steuerrechtsaenderungen-seit-1964.html; zuletzt aufgerufen am 31. 03. 2016.

983 BT-Drs. 7/5701, 13 und 15.

984 Pezzer, DStR 2004, 525 (526).

Meine eigene, den Zeitraum 01. 09. 1950[985] bis 31. 03. 2016 umfassende, Recherche hat 166[986] Nichtanwendungsgesetze ergeben, die von 1960 bis 2015 ergangen sind. Nichtanwendungsgesetze ergingen damit im Vergleich zu 71.905 BFH-Entscheidungen[987] vom 01. 09. 1950 bis zum 31. 03. 2016 zwar nur zu 0,0023 % der BFH-Entscheidungen. Ihre absolute Zahl macht allerdings hinreichend deutlich, dass es sich bei einem steuerlichen Nichtanwendungsgesetz nicht um einen gesetzgeberischen Einzelfall, sondern um eine regelmäßig gelebte gesetzgeberische Praxis handelt.

Alle nachfolgenden Ausführungen fußen auf dieser Referenzmenge von 166 Nichtanwendungsgesetzen, von denen sich 163 Nichtanwendungsgesetze gegen BFH-Entscheidungen und 3 Nichtanwendungsgesetze gegen FG-Entscheidungen richten.

B. Methodik der Untersuchung

I. Ziel der Untersuchung

Ziel der Untersuchung der Nichtanwendungsgesetzgebung ist zuvorderst die Typologisierung der steuerlichen Nichtanwendungsgesetze und daraus folgend die Gewinnung allgemeingültiger Aussagen über die bundesrepublikanische steuerliche Nichtanwendungsgesetzgebung. Weiterhin sollen eine Reihe weiterer Informationen über die Nichtanwendungsgesetzgebung erhoben, ausgewertet und zu allgemein gültigen Aussagen verdichtet werden. Hierzu gehören u. a. eine Differenzierung über die allgemeine Anwendung der BFH-Entscheidungen durch die Finanzverwaltung vor Erlass der Nichtanwendungsgesetze sowie zwischen neutralen, pro- und antifiskalischen Nichtanwendungsgesetzen.

1. Zur Typologisierung von Nichtanwendungsgesetzen

Die Typologisierung der Nichtanwendungsgesetze erfolgt auf Basis der gesetzgeberischen Motive für ein Nichtanwendungsgesetz. Hierbei sind die Motive, die den Gesetzgeber zum Tätigwerden veranlassen, von unterschiedlichster Natur. Die im Anhang unter B. erfolgende Untersuchung soll das jeweilige Nichtanwendungsgesetz anhand der nachfolgend genannten gesetzgeberischen Motive

---

985 Der BFH wurde durch Gesetz vom 29. 06. 1950 geschaffen und nahm ab dem 01. 09. 1950 seine Arbeit auf, BGBl I 1950, 257.

986 163 Nichtanwendungsgesetze richten sich gegen BFH-Entscheidungen, 3 Nichtanwendungsgesetze gegen FG-Entscheidungen.

987 Recherche bei juris am 15. 04. 2016.

charakterisieren. Dabei ist zum einen nicht auszuschließen, dass bei manchen Nichtanwendungsgesetzen sogar eine doppel-, tripel- oder noch mehrfachere Motivlage des Gesetzgebers vorgeherrscht hat. Zum anderen ist es in seltenen Fällen denkbar, dass der Gesetzgeber sein Tun nicht begründet. In diesem Fall kann von einem motivlosen Nichtanwendungsgesetz gesprochen werden. Hierauf wird hingewiesen. Es ist nicht auszuschließen, dass bei mehreren Motiven für ein Nichtanwendungsgesetz für den Gesetzgeber ein Motiv wichtiger als das andere gewesen ist. Dies ist allerdings mangels gesetzgeberischer Äußerungen nicht feststellbar und kann daher nicht erörtert werden.

Es werden nachfolgend allein die Motive des Gesetzgebers objektiv wiedergegeben. Eine Bewertung der gesetzgeberischen Motive findet gerade nicht statt. Die Erhebung der Motive des Gesetzgebers erfolgt anhand der gesetzgeberischen Äußerungen in den Gesetzesbegründungen des jeweiligen Nichtanwendungsgesetzes. Diese werden aus den entsprechend zugehörigen BT- und/oder BR-Drs. entnommen. Die jeweiligen Plenarprotokolle aus den zugehörigen Sitzungen des BT und BR werden nicht berücksichtigt, da diese nur die Meinung einzelner MdB und MdBR zum Ausdruck bringen. Selbiges gilt für die Äußerungen politischer Fraktionen im Rahmen des Gesetzgebungsverfahrens.

Jedes Nichtanwendungsgesetz hat fiskalische Auswirkungen. Dies ist einer jeden steuerlichen Norm immanent. Das Motiv des fiskalischen Grundes wird nachfolgend allerdings nur dann erwähnt, wenn der Gesetzgeber fiskalische Gründe auch zur Begründung seines gesetzgeberischen Tuns verwendet.

Es ist zum einen wahrscheinlich, dass Motive für den Erlass eines Nichtanwendungsgesetzes bestehen, die der Gesetzgeber nicht zum Gegenstand seiner Überlegungen gemacht hat. Diese Motive werden nachfolgend nicht erhoben, da sie das Handeln des Gesetzgebers zumindest nicht sichtbar bestimmt haben. Sie sind für die Beantwortung der untersuchungsgegenständlichen Frage, warum der Gesetzgeber ein Nichtanwendungsgesetz erlassen hat, nicht von Relevanz. Zugleich wird zum anderen aber hinterfragt, ob die vom Gesetzgeber verwendeten Motive seine ausschließlichen Motive zum Erlass des Nichtanwendungsgesetzes gewesen sind oder ob weitere Motive sein Handeln bestimmt haben, ohne dass der Gesetzgeber diese zum Gegenstand der Gesetzesbegründung gemacht hat.

Der steuerrechtlichen Literatur zu entnehmende Motive für Nichtanwendungsgesetze sind nicht Gegenstand der Typologisierung, da die Motive des Gesetzgebers betracht werden sollen. Überdies wäre zu beachten, dass sie von subjektiver Prägung des jeweiligen Autors und dem von ihm eingenommenen Rechtsstandpunkt sind.

Die Gesetzesbegründungen sind in Teilen auch hinsichtlich ihrer Motive einer Interpretation zugänglich, was die Typologisierung erschwert. Es wurde daher versucht, eine möglichst nachvollziehbare und objektive Zuordnung der gesetzgeberischen Ausführungen zu den nachfolgenden Motiven zu gewährleisten. Die Typologisierung der Nichtanwendungsgesetze erfolgt nachfolgend anhand der unter a) – i) genannten und näher erläuterten Motive. Wird ein Motiv mit mehreren, verschiedenen Argumenten formuliert, werden diese jeweils erwähnt. In der anschließenden Auswertung wird jedes Motiv aber maximal nur einmal berücksichtigt.

a) Das Motiv des fiskalischen Grundes

Das Motiv des fiskalischen Grundes liegt vor, wenn die Auswirkungen auf das Steueraufkommen den Gesetzgeber zu einem Handeln veranlasst haben. Dies ist bspw. dann der Fall, wenn Steuerausfälle vermieden werden sollen[988] oder Besteuerungslücken geschlossen werden sollen. Auch die Verbreiterung der steuerlichen Bemessungsgrundlage unterfällt dem Motiv des fiskalischen Grundes. Die Verfolgung fiskalischer Zwecke ist verfassungsrechtlich zulässig, wenn die Belastungsentscheidung gleichheitsgerecht umgesetzt wird[989]. Nicht zuletzt deshalb hat das BVerfG fiskalische Motive des Gesetzgebers im Kontext des Nichtanwendungsgesetzes zur Frage der Bildung von Jubiläumsrückstellungen[990] als verfassungsrechtlich unbedenklich angesehen[991].

b) Das Motiv des lenkungspolitischen Grundes

Das Motiv des lenkungspolitischen Grundes liegt vor, wenn Gründe außerhalb des Steuerrechts den Gesetzgeber zu einem Handeln veranlasst haben. Dies ist bspw. bei arbeitsmarktpolitischen Aspekten, bei umweltpolitischen Aspekten oder bei der Sicherung der öffentlichen Daseinsvorsorge der Fall. Der jeweilige lenkungspolitische Grund wird zusätzlich in Klammern genannt. Die Verfolgung lenkungspolitischer Ziele ist verfassungsrechtlich zulässig[992].

---

988 Tipke, Die Steuerrechtsordnung Bd. III 2. Aufl., 1382.

989 Vgl. u. a. BVerfG vom 01. 06. 1965, 2 BvR 616/63, BVerfGE 19, 76 (84 f.); BVerfG vom 29. 05. 1990, 1 BvL 20, 26, 184 und 4/86, BVerfGE 82, 60 (89); BVerfG vom 21. 06. 2006, 2 BvL 2/99, BVerfGE 116, 164 (182); BVerfG vom 09. 12. 2008, 2 BvL 1, 2/07, 1, 2/08, BVerfGE 122, 210 (233); Desens, Bindung der Finanzverwaltung an die Rechtsprechung, 71.

990 BGBl I 1988, 1093 (1095) gegen BFH vom 05. 02. 1987, IV R 81/84, BStBl II 1987, 845.

991 BVerfG vom 12. 05. 2009, 2 BvL 1/00, BVerfGE 123, 111 (127).

992 Vgl. u. a. BVerfG vom 22. 06. 1995, 2 BvL 37/91, BVerfGE 93, 121 (148); BVerfG vom 11. 11. 1998, 2 BvL 10/95, BVerfGE 99, 280 (296); BVerfG vom 06. 03. 2002, 2 BvL 17/99, BVerfGE 105, 73 (112 f.); BVerfG vom 21. 06. 2006, 2 BvL 2/99, BVerfGE 116, 164 (182); BVerfG vom 07. 11. 2006, 1 BvL 10/02, BVerfGE 117, 1 (31).

c) *Das Motiv des rechtspolitischen Grundes*

Das Motiv des rechtspolitischen Grundes liegt vor, wenn Gründe innerhalb des Steuerrechts den Gesetzgeber zu einem Handeln veranlasst haben.

Die nachfolgend unter d) – h) genannten Motive der Rechts- und Verwaltungsvereinfachung, der Missbrauchsbekämpfung, der Rechtskontinuität und der Rechtsdogmatik lassen sich unter dem Oberbegriff des rechtspolitischen Grundes subsumieren. Sie werden aber aus Gründen einer möglichst exakten Differenzierung als selbstständige Motive genannt und ausgewertet. Dass die Motive der Rechtsvereinfachung, der Rechtskontinuität und der Rechtsdogmatik unter dem Oberbegriff des rechtspolitischen Grundes subsumiert werden können, ergibt sich unmittelbar aus ihrem Wortlaut. Für die Motive der Verwaltungsvereinfachung und der Missbrauchsbekämpfung gilt im Ergebnis nichts anderes. Das Motiv der Verwaltungsvereinfachung ist ein Unterfall des Motivs des rechtspolitischen Grundes, da das Recht durch eine Änderung des selbigen einer besseren Administrierbarkeit zugeführt werden soll. Das Motiv der Missbrauchsbekämpfung ist ein Unterfall des Motivs des rechtspolitischen Grundes, da den auf Basis bestehender steuerrechtlicher Regelungen vorgenommenen Gestaltungen durch eine Änderung des Rechts begegnet werden soll.

Das Motiv des rechtspolitischen Grundes liegt damit subsidiär in den Fällen vor, in denen die vorgenannten Motive keine Anwendung finden. Dies ist bspw. bei der Klarstellung des Sinn und Zwecks der Vorschrift, der Schaffung von Rechtssicherheit oder der Besteuerung nach der wirtschaftlichen Leistungsfähigkeit der Fall.

d) *Das Motiv der Rechtsvereinfachung*

Das Motiv der Rechtsvereinfachung liegt vor, wenn das Nichtanwendungsgesetz im Vergleich zur Rechtsprechung des BFH, eine Norm so verändert, dass ihre Anwendung weniger kompliziert wird. Das Ziel der Vereinfachung ist verfassungsrechtlich zulässig[993].

e) *Das Motiv der Verwaltungsvereinfachung*

Das Motiv der Verwaltungsvereinfachung liegt vor, wenn eine leichtere Administrierbarkeit der jeweiligen Norm für den Stpfl. und die Finanzverwaltung

---

993 Vgl. u. a. BVerfG vom 18. 07. 2005, 2 BvF 2/01, BVerfGE 113, 167 (236); BVerfG vom 21. 06. 2006, 2 BvL 2/99, BVerfGE 116, 164 (182); BVerfG vom 06. 07. 2010, 2 BvL 13/09, BVerfGE 126, 268 (278 f.); BVerfG vom 12. 10. 2010, 1 BvL 12/07, BVerfGE 127, 224 (253 f.).

geschaffen werden soll. Dies ist bspw. dann der Fall, wenn zusätzliche Arbeitsbelastungen vermieden werden sollen, die BFH-Rechtsprechung in der Praxis nicht handhabbar ist oder Streitigkeiten zwischen den Stpfl. und der Finanzverwaltung vermieden werden sollen. Das Ziel der Vereinfachung ist verfassungsrechtlich zulässig[994].

f) Das Motiv der Missbrauchsbekämpfung

Das Motiv der Missbrauchsbekämpfung liegt vor, wenn der missbräuchlichen Ausschöpfung bestehender steuerlicher Regelungen begegnet werden soll[995]. Dies ist bspw. dann der Fall, wenn die Umgehung gesetzlicher Regelungen verhindert werden soll oder Steuersparmodelle beseitigt werden sollen. Das Ziel der Missbrauchsbekämpfung ist verfassungsrechtlich zulässig[996].

g) Das Motiv der Rechtskontinuität

Das Motiv der Rechtskontinuität liegt vor, wenn der Gesetzgeber die bisherige Verwaltungs- und Besteuerungspraxis, bzw. die bisherige Verwaltungsauffassung gesetzlich festschreiben will.

h) Das Motiv der Rechtsdogmatik

Das Motiv der Rechtsdogmatik liegt vor, wenn rechtstechnische Erwägungen den Gesetzgeber zum Erlass des Nichtanwendungsgesetzes veranlasst haben. Hierzu gehören bspw. die Gleichmäßigkeit der Besteuerung, die Schaffung einer Rechtsgrundlage, die Vermeidung von Rechtsfolgelücken und die Vermeidung unsystematischer Ergebnisse.

Eine Binnendifferenzierung des Motivs der Rechtsdogmatik danach, ob aufgrund des Motivs der Rechtsdogmatik ein rechtsdogmatischer Fortschritt der Rechtsprechung konterkariert oder die Korrektur rechtsdogmatischer Fehlentwicklungen[997] bewirkt wird, erfolgt nicht. Hierzu müsste eine Wertung des

---

994 Vgl. u. a. BVerfG vom 18. 07. 2005, 2 BvF 2/01, BVerfGE 113, 167 (236); BVerfG vom 21. 06. 2006, 2 BvL 2/99, BVerfGE 116, 164 (182); BVerfG vom 06. 07. 2010, 2 BvL 13/09, BVerfGE 126, 268 (278 f.); BVerfG vom 12. 10. 2010, 1 BvL 12/07, BVerfGE 127, 224 (253 f.).

995 BT-Drs. 12/5630, 47 = 12/5764, 8.

996 BVerfG vom 30. 09. 1998, 2 BvR 1818/91, BVerfGE 99, 88 (97); BVerfG vom 12. 10. 2010, 1 BvL 12/07, BVerfGE 127, 224 (253 f.).

997 Diese Differenzierung geht auf Lang zurück, Lang, StuW 1992, 14 (20) = Lang, DRiZ 1992, 365 (371). Pezzer, DStR 2004, 525 (528) und Desens, Bindung der

gesetzgeberischen Tuns vorgenommen werden. Diese soll gerade nicht erfolgen und würde insoweit der Intention der Untersuchung widersprechen. Die gleichwohl gebotene rechtspolitische Betrachtung dieser Binnendifferenzierung erfolgt im Rahmen der rechtspolitischen Würdigung der steuerlichen Nichtanwendungsgesetzgebung im 4. Teil A. I. 4. der Untersuchung.

i) Kein Motiv

In seltenen Ausnahmefällen, ist der Gesetzesbegründung kein Motiv für das Handeln des Gesetzgebers zu entnehmen. In diesen Fällen kann man von einem motivlosen Nichtanwendungsgesetz bzw. einem Nichtanwendungsgesetz ohne Motiv sprechen.

2. Zur allgemeinen Anwendung der BFH-Entscheidung vor Erlass der Nichtanwendungsgesetze

Nichtanwendungsgesetze können danach differenziert werden, ob die Finanzverwaltung die BFH-Entscheidung vor dem Erlass des Nichtanwendungsgesetzes allgemein angewandt hat oder nicht.

So fehlt es immer dann an einer allgemeinen Anwendung der BFH-Entscheidung durch die Finanzverwaltung vor dem Erlass eines Nichtanwendungsgesetzes, wenn die zugrunde liegende BFH-Entscheidung nicht oder erst nach dem Erlass des Nichtanwendungsgesetzes im BStBl II veröffentlicht worden ist. Ferner ist dies der Fall, wenn ein Nichtanwendungserlass die Anwendung der BFH-Entscheidung über den entschiedenen Einzelfall hinaus ausschließt.

Bei 3 Nichtanwendungsgesetzen ist die vorstehende Differenzierung nicht möglich. Ursache hierfür ist die sog. „grüne Liste" des BMF[998], mit der das BMF auf seiner Homepage[999] die allgemeine Anwendung der BFH-Entscheidung durch die Finanzverwaltung bereits vor dem Erscheinen des BStBl II mitteilt. Es ist mangels entsprechender Daten nicht möglich, zu bestimmen, wann die jeweilige BFH-Entscheidung in die sog. „grüne Liste" aufgenommen worden ist. Das

---

Finanzverwaltung an die Rechtsprechung, 69 und 487 f. nehmen diese Differenzierung ebenfalls vor.

998 Siehe 1. Teil D. III. 2.

999 www.bundesfinanzministerium oder www.bmf.bund.de unter Service/Publikationen/BFH-Entscheidungen, http://www.bundesfinanzministerium.de/Web/DE/Service/Publikationen/BFH_Entscheidungen/bfh_entscheidungen.html; zuletzt aufgerufen am 31. 03. 2016.

Verfahren der sog. „grünen Liste“ wird praktiziert für BFH-Entscheidungen, die dieser nach dem 31. 12. 2003 auf seiner Homepage[1000] veröffentlicht hat[1001].

3. *Zu neutralen, pro- und antifiskalischen Nichtanwendungsgesetzen*

Betrachtet man die Finanzverwaltung und den Stpfl. als die – aufgrund ihrer Eigenschaft als sich im finanzgerichtlichen Verfahren vor dem BFH gegenüberstehende Parteien – Adressaten der BFH-Rechtsprechung, so entfaltet eine BFH-Entscheidung stets entweder zugunsten der Finanzverwaltung und damit zuungunsten des Stpfl. Wirkung et vice versa. Für das unter Bezugnahme auf die BFH-Rechtsprechung folgende Nichtanwendungsgesetz gilt nicht anderes. Dieses kann entweder zugunsten der Finanzverwaltung und damit zuungunsten des Stpfl. Wirkung entfalten et vice versa.

Ausgehend von vorstehender Grundüberlegung kann eine steuerrechtliche Norm und damit auch ein Nichtanwendungsgesetz entweder zugunsten der Finanzverwaltung Wirkung entfalten, indem die Anwendung dieser Norm im Ergebnis den Rechtskreis der Finanzverwaltung erweitert und damit zugleich den Rechtskreis des Stpfl. einengt oder die steuerrechtliche Norm und damit auch ein Nichtanwendungsgesetz entfaltet zugunsten des Stpfl. Wirkung, indem die Anwendung dieser Norm im Ergebnis den Rechtskreis des Stpfl. erweitert und damit zugleich den Rechtskreis der Finanzverwaltung einengt.

Rechtskreis in diesem Sinne bedeutet, der Rechtsauffassung der Finanzverwaltung bzw. des Stpfl. zu folgen und diese gesetzlich mittels eines Nichtanwendungsgesetzes zu normieren. Hieraus folgt, dass steuerrechtliche Normen, die den Rechtskreis der Finanzverwaltung erweitern und damit zugleich den Rechtskreis des Stpfl. einengen als profiskalische Nichtanwendungsgesetze bezeichnet werden können, da im Ergebnis die Rechtsauffassung der Finanzverwaltung zum Gesetz erhoben wird. Im Umkehrschluss können steuerrechtliche Normen, die den Rechtskreis der Finanzverwaltung eineingen und damit zugleich den Rechtskreis des Stpfl. erweitern als antifiskalische Nichtanwendungsgesetze bezeichnet werden, da im Ergebnis die Rechtsauffassung des Stpfl. zum Gesetz erhoben wird.

Der Begriff von pro- und antifiskalischen Nichtanwendungsgesetzen ist extensiv auszulegen. Profiskalische Nichtanwendungsgesetze sind hiernach

1000 http://www.bundesfinanzhof.de/entscheidungen/entscheidungen-online; zuletzt aufgerufen am 31. 03. 2016.

1001 Antwort des Referats für Bürgerangelegenheiten des BMF vom 12. 06. 2014 auf eine Anfrage des Verfassers.

solche, die den Besteuerungstatbestand erweitern. Die Erweiterung des Besteuerungstatbestandes kann unter monetärer Betrachtung der Erhöhung des Steueraufkommens oder der Vermeidung von Steuerausfällen dienen. Unter verfahrensrechtlicher Betrachtung kann die Erweiterung des Besteuerungstatbestandes der Finanzverwaltung zusätzliche Befugnisse einräumen oder dem Stpfl. zusätzliche Anforderungen auferlegen. Antifiskalische Nichtanwendungsgesetze sind hiernach solche, die den Besteuerungstatbestand einschränken. Die Einschränkung des Besteuerungstatbestandes kann unter monetärer Betrachtung Steuermindereinnahmen nach sich ziehen. Unter verfahrensrechtliche Betrachtung kann die Einschränkung des Besteuerungstatbestandes der Finanzverwaltung Befugnisse entziehen oder den Stpfl. von Pflichten entbinden.

Nicht jedes Nichtanwendungsgesetz ist der eindeutigen Zuordnung als pro- oder antifiskalisches Nichtanwendungsgesetz zugänglich oder das Nichtanwendungsgesetz kann sowohl pro- als auch antifiskalisch wirken. In diesen Fällen liegt ein neutrales Nichtanwendungsgesetz vor.

Im Ergebnis schafft die Differenzierung der Nichtanwendungsgesetze in neutrale, pro- und antifiskalische Nichtanwendungsgesetze die Möglichkeit, die Wirkung dieser durch ein einziges Wort zum Ausdruck bringen zu können.

II. Auswahl der zu untersuchenden Nichtanwendungsgesetze

Sämtliche 166 Nichtanwendungsgesetze, die ich aufgrund eigener Recherche nachweisen kann, werden nachfolgend untersucht. Ob diese Nichtanwendungsgesetze, die von *Pezzer* genannten „an die bis 60" Nichtanwendungsgesetze enthalten[1002], die die Dokumentationsabteilung des BFH nachgewiesen hat, kann nicht überprüft werden, da diese Aufstellung dem BFH nicht mehr vorliegt[1003]. Hiervon dürfte aber auszugehen sein, da ich für den Zeitraum 1990 bis Ende März 2004 59 Nichtanwendungsgesetze nachweisen kann[1004]. Meine Recherchetätigkeit habe ich wie folgt vorgenommen: Zum einen haben sich der steuerrechtlichen Literatur eine Vielzahl von Nichtanwendungsgesetzen entnehmen lassen. Dies war immer dann der Fall, wenn über die Nichtanwendungsgesetzgebung als solche oder über einzelne Normen geschrieben wurde und dabei die Nichtanwendung der Rechtsprechung des BFH festgestellt worden ist. Zum anderen

---

1002 Pezzer, DStR 2004, 525 (526).

1003 E-Mail des damaligen Vorsitzenden Richters am BFH Pezzer an den Verfasser vom 01. 06. 2010.

1004 Maßgeblich ist bei meiner Rechnung die Verkündung der jeweiligen Nichtanwendungsgesetze im BGBl.

wurden sämtliche steuerrechtlichen Gesetzesänderungen der letzten Jahre auch hinsichtlich ihrer Gesetzesbegründung untersucht. In dieser war oftmals ausgeführt, dass eine BFH-Entscheidung mittels Gesetz überschrieben werden sollte. Für ältere Nichtanwendungsgesetze war dies kein taugliches Mittel, da die Gesetzesbegründung hierzu oftmals keine Ausführungen enthielt.

Zusammenfassend ist daher davon auszugehen, dass die im Rahmen dieser Arbeit vorgelegten und untersuchten 166 Nichtanwendungsgesetze den weitaus überwiegenden Teil aller in der bundesrepublikanischen Geschichte bis zum 31. 03. 2016 ergangenen steuerrechtlichen Nichtanwendungsgesetze darstellen. Es ist aber auch nicht auszuschließen, dass einzelne Nichtanwendungsgesetze nicht gefunden wurden und damit keine Berücksichtigung finden können. Eine diesbzgl. Verifizierung ist allerdings nicht möglich, da es eben an einer solchen vollständigen Aufstellung mangelt[1005]. Die Anzahl von 166 Nichtanwendungsgesetzen sollte aber hinreichend deutlich machen, dass die Nichtanwendungsgesetzgebung kein gesetzgeberischer Einzelfall, sondern regelmäßig gelebte gesetzgeberische Praxis ist. Die Anzahl von 166 Nichtanwendungsgesetzen ist ferner eine ausreichend große Anzahl, um eine Typologisierung der Nichtanwendungsgesetze vornehmen zu können und allgemein gültige Schlussfolgerungen aus dieser Typologisierung abzuleiten. Sowohl die Behandlung der Nichtanwendungsgesetzgebung in der Literatur, als auch der tatsächliche Erlass der Nichtanwendungsgesetze verdeutlichen eine Zunahme dieses Instrumentariums in den letzten Jahren.

In der Rechtspraxis besitzt nicht jedes Nichtanwendungsgesetz die gleiche Bedeutung. Insoweit unterscheidet sich ein Nichtanwendungsgesetz nicht von anderen steuerlichen Rechtsnormn. Im Rahmen der nachfolgenden Untersuchung findet gleichwohl eine Gewichtung der Nichtanwendungsgesetze hinsichtlich ihrer Bedeutung nicht statt. Eine solche vorzunehmen, ist nicht möglich. Jedes Nichtanwendungsgesetz fließt daher mit einem identischen Anteil in die Auswertung und der daraus abzuleitenden Schlussfolgerungen der Nichtanwendungsgesetzgebung ein. In einigen Fällen hat eine BFH-Entscheidung zu mehreren Gesetzesänderungen geführt[1006]. In solchen Fällen ist von mehreren Nichtanwendungsgesetzen ausgegangen worden.

1005 Ebenso ist es nicht möglich, die Zahl geplanter Nichtanwendungsgesetze zu benennen, die zwar Gegenstand eines Gesetzgebungsverfahrens waren, aber letztlich nicht zum Gegenstand des Gesetzes geworden sind.

1006 Vgl. z. B. BGBl I 1996, 2049 (2075) gegen BFH vom 03. 07. 1995, GrS 3/93, BStBl II 1995, 730 und BFH vom 25. 10. 1995, VIII B 79/95, BStBl II 1996, 316 und BFH vom 19. 12. 1995, X B 229/94, BFH/NV 1996, 548 und BFH vom 04. 03. 1996, IX B 59/95, BFH/NV 1996, 674: Dort wurden sowohl § 361 Abs. 2 Satz 4 AO als auch § 69 Abs. 2 Satz 8 FGO geändert.

III. Untersuchungsinstrumentarium

Um die Untersuchung der Nichtanwendungsgesetze möglichst übersichtlich und strukturiert vornehmen zu können, wird jedes der identifizierten 166 Nichtanwendungsgesetze mithilfe eines Datenblatts untersucht, das nachfolgend als Muster dargestellt wird.

Das Datenblatt dient dazu, einen standardisierten Überblick über jedes einzelne Nichtanwendungsgesetz zu geben und alle mit dem Nichtanwendungsgesetz verbundenen maßgeblichen Fragen zu beantworten. Zu diesen Fragen gehören zunächst der Inhalt der dem Nichtanwendungsgesetz zugrunde liegenden BFH-Rechtsprechung, der Inhalt des Nichtanwendungsgesetzes und die Motive des Gesetzgebers für das Nichtanwendungsgesetz. Ferner wird die Fundstelle des Nichtanwendungsgesetzes, der Name des die Nichtanwendungsnorm enthaltenen Gesetzes sowie die Fundstelle der maßgeblichen BFH-Entscheidung genannt. Ebenso wird die Frage beantwortet, ob das Nichtanwendungsgesetz auf eine Initiative der Bundesregierung, des Bundestages oder des Bundesrates zurückgeht. Auch wird erhoben, ob die maßgebliche BFH-Entscheidung in der Gesetzesbegründung genannt wird, welche fiskalischen Auswirkungen das Nichtanwendungsgesetz besitzt, ob das Nichtanwendungsgesetz Rückwirkung besitzt und ob vor dem Nichtanwendungsgesetz ein Nichtanwendungserlass ergangen ist.

Darüber hinaus wird eine Reihe weiterer Informationen dargestellt. Hierzu gehört die Frage, ob das Nichtanwendungsgesetz noch besteht, wie lange der Zeitraum von der BFH-Entscheidung bis zum Nichtanwendungsgesetz gewesen ist, ob das Nichtanwendungsgesetz erst im Laufe der parlamentarischen Beratungen zum Gegenstand des Gesetzgebungsverfahrens geworden ist und an welcher Stelle des Gesetzgebungsverfahrens dies durch welche Institution erfolgt ist, ob das Nichtanwendungsgesetz im Laufe der parlamentarischen Beratungen geändert worden ist, ob sich das Nichtanwendungsgesetz gegen eine Entscheidung des Großen Senats i. S. d. § 11 FGO richtet, ob sich das Nichtanwendungsgesetz gegen eine Änderung der Rechtsprechung des BFH richtet, ob die dem Nichtanwendungsgesetz zugrunde liegende BFH-Entscheidung erst nach dem Nichtanwendungsgesetz im BStBl II veröffentlicht worden ist, ob eine solche Veröffentlichung im BStBl II gänzlich unterblieben ist, ob die Finanzverwaltung die BFH-Entscheidung vor Erlass des Nichtanwendungsgesetzes allgemein angewandt hat und ob ein neutrales, pro- oder antifiskalisches Nichtanwendungsgesetz vorliegt.

Die sonstigen Angaben beziehen sich bspw. darauf, ob das Nichtanwendungsgesetz in Richtlinien, Erlassen oder BMF-Schreiben niedergelegte Rechtsauffassungen der Finanzverwaltung festschreibt, ob zu einer BFH-Entscheidung mehrere Nichtanwendungsgesetze ergangen sind, ob ein Nichtanwendungsgesetz

Nichtanwendungsgesetz	Motive für Nichtanwendungsgesetz laut Gesetzesbegründung	Weitere Informationen und Sonstiges
Ausführungen zur BFH-Entscheidung: Kernaussage der BFH-Entscheidung anhand der BFH-Entscheidung oder der Gesetzesbegründung zum Nichtanwendungsgesetz. Ausführungen zum Nichtanwendungsgesetz: Kernaussage des Nichtanwendungsgesetzes anhand des Nichtanwendungsgesetzes oder der Gesetzesbegründung zum Nichtanwendungsgesetz.	Ausführungen aus den BT- und BR-Drs. über die Motive des Gesetzgebers für das Nichtanwendungsgesetz nebst Typologisierung anhand der unter B. I. 1. genannten gesetzgeberischen Motive.	Weitere Informationen: Ausführungen, ob das Nichtanwendungsgesetz noch besteht. Ausführungen zur Zeitdauer von der BFH-Entscheidung bis zum Erlass des Nichtanwendungsgesetzes. Ausführungen, ob das Nichtanwendungsgesetz erst im Laufe der parlamentarischen Beratungen zum Gegenstand des Gesetzes geworden ist und an welcher Stelle der parlamentarischen Beratungen dies durch welche Institution erfolgt ist. Ausführungen, ob das Nichtanwendungsgesetz im Laufe der parlamentarischen Beratungen geändert geworden ist. Ausführungen, ob sich das Nichtanwendungsgesetz gegen eine Entscheidung des Großen Senats i. S. d. § 11 FGO richtet. Ausführungen, ob sich das Nichtanwendungsgesetz gegen eine Änderung der Rechtsprechung durch den BFH richtet. Ausführungen, ob eine Veröffentlichung der BFH-Entscheidung im BStBl II erst nach dem Nichtanwendungsgesetz erfolgt ist. Ausführungen, ob eine Veröffentlichung der BFH-Entscheidung im BStBl II nicht erfolgt ist.

		Ausführungen, ob die Finanzverwaltung die BFH-Entscheidung vor Erlass des Nichtanwendungsgesetzes allgemein angewandt hat. Ausführungen, ob ein neutrales, pro- oder antifiskalisches Nichtanwendungsgesetz vorliegt. Sonstiges: Ausführungen zu verschiedenen Punkten, die im Rahmen der Betrachtung des Nichtanwendungsgesetzes von Interesse sind.

Fundstelle BGBl	**Datum, Aktenzeichen und Fundstelle der BFH-Entscheidung**	**Initiator für das Nichtanwendungsgesetz gem. Art. 76 Abs. 1 GG?**	**BFH-Entscheidung in Gesetzesbegründung erwähnt?**	**Fiskalische Auswirkungen des Nichtanwendungsgesetzes laut Gesetzesbegründung?**	**Enthält Nichtanwendungsgesetz Rückwirkung?**	**Nichtanwendungserlass vor Nichtanwendungsgesetz?**
Jahr und Seite BGBl; Name und Datum des Gesetzes	Daten zur BFH-Entscheidung	Bundesregierung Bundestag Bundesrat	Ja Nein	Betrag in €	Ja Nein	Ja Nein

ein vorheriges Nichtanwendungsgesetz ändert oder noch weitere Gesetzesänderungen im Kontext des Nichtanwendungsgesetzes erfolgt sind.

Neben den vorgenannten Ausführungen ist zur Erläuterung und besseren Verständlichkeit der Eintragungen auf dem jeweiligen Datenblatt auf nachfolgende Anmerkungen hinzuweisen:

Die Untersuchung der jeweiligen Nichtanwendungsgesetze erfolgt getrennt nach Nichtanwendungsgesetzen zu BFH-Entscheidungen und zu FG-Entscheidungen. Bei den Nichtanwendungsgesetzen zu BFH-Entscheidungen erfolgt die Untersuchung getrennt nach den einzelnen Steuergesetzen. Innerhalb der einzelnen Steuergesetze erfolgt die Untersuchung chronologisch. Maßgeblich für die Einordnung ist die Verkündung des jeweiligen Nichtanwendungsgesetzes im BGBl.

In der Regel werden die jeweilige BFH-Entscheidung mit dem maßgeblichen Leitsatz und das jeweilige Nichtanwendungsgesetz mit seinem Gesetzeswortlaut wiedergegeben. Alternativ wird der maßgebliche Inhalt der BFH-Entscheidung und des Nichtanwendungsgesetzes auf Grundlage der Ausführungen in den BT- und/oder BR-Drucksachen wiedergegeben. Ziel dieser Gegenüberstellung ist die Erkennbarkeit der Norm als Nichtanwendungsgesetz. Die dort genannten §§ beziehen sich auf die Rechtslage im Zeitpunkt der BFH-Entscheidung, bzw. im Zeitpunkt des Erlasses des Nichtanwendungsgesetzes. Sie können damit von der aktuellen Rechtslage abweichen.

Finden sich die Motive für ein Nichtanwendungsgesetz in mehreren BT- und/oder BR-Drucksachen, wird in der Regel nur diejenige BT- und/oder BR-Drucksache erwähnt, in der erstmalig das entsprechende Motiv formuliert worden ist.

Die unter den weiteren Informationen angesprochenen Punkte werden grds. nur angesprochen, wenn diese bei dem konkreten Nichtanwendungsgesetz vorliegen. Einzig die Punkte, ob das Nichtanwendungsgesetz noch besteht, die Zeitdauer von der BFH-Entscheidung bis zum Erlass des Nichtanwendungsgesetzes, ob die BFH-Entscheidung vor Erlass des Nichtanwendungsgesetzes von der Finanzverwaltung allgemein angewendet worden ist und ob ein neutrales, pro- oder antifiskalisches Nichtanwendungsgesetz vorliegt, werden bei jedem Nichtanwendungsgesetz angesprochen.

Die Frage, ob das Nichtanwendungsgesetz noch besteht, wird immer dann bejahend beantwortet, wenn das Nichtanwendungsgesetz noch wörtlich an gleicher oder anderer Stelle im Gesetz existent ist. Ebenso wird die Frage bejaht, wenn das Nichtanwendungsgesetz seinem Inhalt nach noch besteht und/oder zwischenzeitlich erweitert worden ist. Besteht das Nichtanwendungsgesetz nicht mehr, wird in der Regel darauf hingewiesen, durch welches Gesetz das Nichtanwendungsgesetz abgeschafft worden ist.

Für die Bestimmung der Zeitdauer von der BFH-Entscheidung bis zum Erlass des Nichtanwendungsgesetzes ist der Zeitraum von der BFH-Entscheidung bis zum im BGBl angegebenen Datum des Nichtanwendungsgesetzes maßgeblich. Bei mehreren BFH-Entscheidungen ist das Datum der ersten BFH-Entscheidung maßgeblich. Es ist ferner das Datum des jeweiligen Gesetzes und nicht das Erscheinungsdatum des jeweiligen BGBl maßgeblich.

Ein Nichtanwendungsgesetz ist immer dann erst im Laufe der parlamentarischen Beratungen zum Gegenstand des Gesetzes geworden, wenn es im ursprünglichen Gesetzesentwurf nicht enthalten gewesen ist. Es wird hierbei angegeben, an welcher Stelle der parlamentarischen Beratungen durch welche Institution das Nichtanwendungsgesetz zum Gegenstand des Gesetzes geworden ist.

Ein Nichtanwendungsgesetz ist immer dann im Laufe der parlamentarischen Beratungen geändert worden, wenn sich der Text des Nichtanwendungsgesetzes im Laufe der parlamentarischen Beratungen verändert hat und somit in der Folge der im BGBl veröffentlichte Text des Nichtanwendungsgesetzes zu dem Text des Nichtanwendungsgesetzes differiert, mit dem dieses zum Gegenstand des parlamentarischen Verfahrens gemacht worden ist.

Wenn sich ein Nichtanwendungsgesetz gegen eine Entscheidung des GrS i. S. d. § 11 FGO richtet, wird dies erwähnt.

Es wird erwähnt, wenn der BFH expressis verbis in seiner Entscheidung (z. B. in den Leitsätzen) von einer „Änderung der Rechtsprechung" spricht.

Ist die Veröffentlichung der BFH-Entscheidung im BStBl II erst nach dem Erlass des Nichtanwendungsgesetzes erfolgt, wird dies erwähnt.

Wenn die dem Nichtanwendungsgesetz zugrunde liegende BFH-Entscheidung nicht im BStBl II veröffentlicht worden ist, wird dies erwähnt. Sobald bei mehreren BFH-Entscheidungen zu einem Nichtanwendungsgesetz zumindest eine BFH-Entscheidung im BStBl II veröffentlicht worden ist, unterbleibt die vorstehende Erwähnung.

Im Anschluss findet sich zu jedem Nichtanwendungsgesetz eine Einordnung, ob die Finanzverwaltung die BFH-Entscheidung vor Erlass des Nichtanwendungsgesetzes allgemein angewandt hat sowie die Bestimmung des Nichtanwendungsgesetzes als neutral, pro- oder antifiskalisch.

Sonstige Ausführungen finden sich nur, wenn es hierzu einen Anlass gibt. Ein solcher Anlass liegt bei allen Punkten vor, die im Rahmen des Nichtanwendungsgesetzes von Interesse sind. Dies ist bspw. der Fall, wenn der BFH expressis verbis in seiner Entscheidung (z. B. in den Leitsätzen) davon spricht, dass diese eine andere Rechtsauffassung beinhaltet, als eine Richtlinie, ein Erlass oder ein BMF-Schreiben. Ferner wird erwähnt, wenn zu einer BFH-Entscheidung mehrere

Nichtanwendungsgesetze ergangen sind oder wenn das Nichtanwendungsgesetz in Bezug zu einem weiteren Nichtanwendungsgesetz desselben §§ steht.

Das BGBl I wird als Fundstelle für das Nichtanwendungsgesetz angegeben sowie der Name des Gesetzes genannt, das die Nichtanwendungsnorm zum Inhalt hat. Als Fundstelle wird die Veröffentlichung der BFH-Entscheidung im BStBl II (bzw. BStBl III[1007]) angegeben, da diese Veröffentlichung mit Verweis auf die Ausführungen im 1. Teil D. III. 6. die allgemeine Anwendung der BFH-Entscheidung durch die Finanzverwaltung zur Folge hat. Wenn eine Veröffentlichung der BFH-Entscheidung im BStBl II nicht erfolgt ist, wird als Fundstelle in der Regel BFHE verwendet. Sollte auch dort keine Veröffentlichung erfolgt sein, werden als Fundstelle BFH/NV, dann die HFR, andere steuerliche Zeitschriften und zuletzt juris verwendet. Bei den FG-Entscheidungen werden als Fundstelle auch noch die Zeitschriften DStR, DStRE und EFG verwandt.

Als Initiator für das Nichtanwendungsgesetz wird diejenige Institution genannt, die die jeweilige Nichtanwendungsnorm in das Gesetzgebungsverfahren eingespeist hat, nicht diejenige Institution, die das Gesetzgebungsverfahren, das das Nichtanwendungsgesetz enthält, begonnen hat.

Wenn die BFH-Entscheidung in den BT- und/oder BR-Drs. des jeweiligen Nichtanwendungsgesetzes erwähnt wird, wird dies vermerkt. Dies gilt auch für den Fall, dass bei mehreren BFH-Entscheidungen zu einem Nichtanwendungsgesetz nicht alle BFH-Entscheidungen in den BT- und/oder BR-Drs. erwähnt werden.

Die fiskalischen Auswirkungen des Nichtanwendungsgesetzes werden angegeben, wenn die BT- und/oder BR-Drs. hierzu Ausführungen enthalten[1008]. Unter fiskalischen Auswirkungen sind solche auf das Steueraufkommen zu verstehen. Mit dem Nichtanwendungsgesetz verbundene Bürokratie- und/oder Verwaltungskosten fallen nicht hierunter. Sind in der BT- und/oder BR-Drs. die fiskalischen Auswirkungen in DM angegeben, ist eine Umrechnung auf € erfolgt.

Die Frage, ob ein Nichtanwendungsgesetz Rückwirkung besitzt oder nicht, wurde auf Basis der Rechtsprechung des BVerfG unter Bezug auf Art. 82 GG beantwortet. Hiernach entfaltet eine Rechtsnorm dann Rückwirkung, wenn der

---

1007 Das BStBl III wurde zum 01. 01. 1968 eingestellt, da die bis dahin im BStBl I erscheinenden Veröffentlichungen des Bundesministers der Finanzen und die im BStBl II erscheinenden Veröffentlichungen der Länder ab dem 01. 01. 1968 zusammengefasst im BStBl I als Veröffentlichungen des Bundesministers der Finanzen und der obersten Finanzbehörden der Länder erscheinen. In der Folge wurde das bisherige BStBl III zum BStBl II; BStBl III 1967, 721 „Wichtiger Hinweis".

1008 Hierbei entspricht die Bezeichnung Kassenjahr der früheren Bezeichnung Rechnungsjahr, BT-Drs. 15/1945, 26.

Beginn ihres zeitlichen Anwendungsbereichs (Inkrafttreten) normativ auf einen Zeitpunkt festgelegt ist, der vor dem Zeitpunkt liegt, zu dem die Norm rechtlich existent, d. h. gültig geworden ist (ordnungsgemäße Verkündung durch Ausgabe des BGBl als Verkündungsblatt)[1009]. Die Differenzierung danach, ob jeweils eine echte oder unechte Rückwirkung[1010] vorliegt, wurde nicht vorgenommen, da es im Einzelfall höchst streitig sein kann, ob die Rückwirkung echt oder unecht ist.

Ist dem Nichtanwendungsgesetz ein Nichtanwendungserlass vorausgegangen, wird dies vermerkt.

C. Auswertung der Untersuchung

I. Vorbemerkung

Die Inhalte der im Anhang unter B. befindlichen Datenblätter zu den 166 ausgewerteten Nichtanwendungsgesetzen lassen sich zu einer Reihe von Tabellen aggregieren. Hierdurch wird der Inhalt der vorstehenden Datenblätter übersichtlich dargestellt und handhabbar gemacht. In der Folge werden aus den Tabellen allgemein gültige Aussagen über die steuerliche Nichtanwendungsgesetzgebung in der BRD abgeleitet.

Die Auswertung der 3 Nichtanwendungsgesetze zu FG-Entscheidungen erfolgt nicht in den nachfolgenden Tabellen. Diese werden unter XXIV. separat ausgewertet. Die nachfolgenden Tabellen unter II. bis XXIII. fußen damit auf einer Referenz von 163 Nichtanwendungsgesetzen.

II. Verteilung der Nichtanwendungsgesetze auf die einzelnen Steuergesetze

Nichtanwendungsgesetze der Abgabenordnung	25 Nichtanwendungsgesetze
Nichtanwendungsgesetze der Finanzgerichtsordnung	2 Nichtanwendungsgesetze
Nichtanwendungsgesetze des EG-Amtshilfe-Gesetzes	1 Nichtanwendungsgesetz
Nichtanwendungsgesetze der Einkommensteuer	94 Nichtanwendungsgesetze
Nichtanwendungsgesetze der Außensteuer	4 Nichtanwendungsgesetze
Nichtanwendungsgesetze der Umwandlungsteuer	4 Nichtanwendungsgesetze
Nichtanwendungsgesetze der Körperschaftsteuer	10 Nichtanwendungsgesetze

1009 BVerfG vom 22. 03. 1983, 2 BvR 475/78, BVerfGE 63, 343 (353); BVerfG vom 10. 04. 1984, 2 BvL 19/82, BVerfGE 67, 1 (15); BVerfG vom 27. 09. 2005, 2 BvR 1387/02, BVerfGE 114, 258 (300).

1010 Zur verfassungsrechtlichen Würdigung der Rückwirkung von Nichtanwendungsgesetzen siehe 3. Teil B. I. 3. c) bb).

Nichtanwendungsgesetze der Gewerbesteuer	5 Nichtanwendungsgesetze
Nichtanwendungsgesetze der Erbschaftsteuer	5 Nichtanwendungsgesetze
Nichtanwendungsgesetze der Bewertung	2 Nichtanwendungsgesetze
Nichtanwendungsgesetze der Grundsteuer	2 Nichtanwendungsgesetze
Nichtanwendungsgesetze der Umsatzsteuer	6 Nichtanwendungsgesetze
Nichtanwendungsgesetze der Grunderwerbsteuer	2 Nichtanwendungsgesetz
Nichtanwendungsgesetze der Versicherungsteuer	1 Nichtanwendungsgesetz

Mit 94 Nichtanwendungsgesetzen finden sich mit Abstand die meisten Nichtanwendungsgesetze im EStG. Dieses Ergebnis ist nicht verwunderlich, da das EStG das Steuergesetz sein dürfte, welches die größte praktische Auswirkung haben dürfte und das in der weit überwiegenden Zahl der Steuerfälle zur Anwendung gelangt. Dieses Ergebnis wird mit Blick auf die vor dem BFH anhängigen Revisionsverfahren gestützt, von denen der überwiegende Anteil auf die ESt entfällt[1011].

Die relativ hohe Anzahl von 28 verfahrensrechtlichen Nichtanwendungsgesetzen in der Abgabenordnung (25 Nichtanwendungsgesetze), Finanzgerichtsordnung (2 Nichtanwendungsgesetze) und dem EG-Amtshilfe-Gesetz (1 Nichtanwendungsgesetz) dürfte erklärbar sein, da Verfahrensrecht in jedem Steuerfall zur Anwendung gelangt und somit eine besondere Breitenwirkung besitzt, die entsprechende Verfahren vor dem BFH zur Folge hat[1012].

In allen anderen Steuergesetzen ist die Anzahl der Nichtanwendungsgesetze überschaubar. Ein Grund, warum sich bspw. das UStG kaum für eine Nichtanwendungsgesetzgebung eignet und sich dort entsprechend wenige Nichtanwendungsgesetze finden, obwohl es viele umsatzsteuerliche Revisionsverfahren vor dem BFH gibt[1013], liegt an der Mehrwertsteuersystemrichtlinie[1014], die den Rahmen für das nationale UStG determiniert und so den Gestaltungsspielraum des nationalen Gesetzgebers hinsichtlich der Ausgestaltung des UStG deutlich einengt[1015].

1011 BFH Jahresbericht 2015, 20.

1012 BFH Jahresbericht 2015, 20.

1013 BFH Jahresbericht 2015, 20.

1014 Richtlinie 2006/112/EG des Rates vom 28. 11. 2006 über das gemeinsame Mehrwertsteuersystem, ABl. EU Nr. L 347 v. 11. 12. 2006, 1.

1015 Vgl. zu den besonderen Anforderungen an ein Nichtanwendungsgesetz der USt, das den Erfordernissen der Mehrwertsteuersystemrichtlinie genügt: Suck, UR 2013, 205.

III. Erlass der Nichtanwendungsgesetzte in zeitlicher Hinsicht

1949	kein Nichtanwendungsgesetz
1950 bis 1954	kein Nichtanwendungsgesetz
1955 bis 1959	kein Nichtanwendungsgesetz
1960 bis 1964	4 Nichtanwendungsgesetze
1965 bis 1969	3 Nichtanwendungsgesetze
1970 bis 1974	3 Nichtanwendungsgesetze
1975 bis 1979	3 Nichtanwendungsgesetze
1980 bis 1984	7 Nichtanwendungsgesetze
1985 bis 1989	7 Nichtanwendungsgesetze
1990 bis 1994	20 Nichtanwendungsgesetze
1995 bis 1999	26 Nichtanwendungsgesetze
2000 bis 2004	18 Nichtanwendungsgesetze
2005 bis 2009	26 Nichtanwendungsgesetze
2010 bis 2014	40 Nichtanwendungsgesetze
2015	6 Nichtanwendungsgesetze

In zeitlicher Hinsicht ist die Nichtanwendungsgesetzgebung bis zum Ende der 1950iger Jahren nicht existent. In den 1960iger und 1970iger Jahren ist die Nichtanwendungsgesetzgebung auf Einzelfälle beschränkt. In den 1980iger Jahren nimmt die Zahl der Nichtanwendungsgesetze langsam zu. So werden immerhin mehr Nichtanwendungsgesetze beschlossen als in allen Jahren seit der Gründung der BRD zusammen. Seit den 1990iger ist die Zahl der Nichtanwendungsgesetze förmlich explodiert. Hiervon zeugen 46 Nichtanwendungsgesetze in den 1990iger Jahren und 44 Nichtanwendungsgesetze in den 2000er Jahren. 46 Nichtanwendungsgesetze von 2010 bis 2015 zeugen davon, dass dieser Trend bis heute ungebrochen ist. Er hat sich in den letzten Jahren sogar weiter verstärkt, wenn bereits in den Jahren 2010 bis 2015 mit 46 Nichtanwendungsgesetzen so viele bzw. mehr Nichtanwendungsgesetze erlassen worden sind als jeweils in den gesamten 1990iger und 2000er Jahren.

Hinsichtlich der Quantität der Nichtanwendungsgesetzgebung ist daher von einem Evolutionsprozess zu sprechen, dessen Ende nicht abzusehen ist. Die immer exzessivere Nutzung der Nichtanwendungsgesetze, besonders in der jüngsten Vergangenheit, lässt für die Zukunft keine Trendumkehr erwarten. Hierfür sprechen auch die Koalitionsverträge der die letzten beiden Bundesregierungen bildenden Parteien, in denen diese eine restriktive Handhabung der Nichtanwendungserlasse vereinbart haben[1016]. Um gleichwohl auf unliebsame BFH-Rechtsprechung reagieren zu können, kann in den Ausführungen der Koalitionsverträge eine Hinwendung zur verstärkten Verabschiedung von Nichtanwendungsgesetzn gesehen werden[1017], die in der Rechtspraxis auch erfolgt[1018]. Aus der zeitlichen Dimension wird ebenso deutlich, dass sämtliche Bundesregierungen seit den 1960iger Jahren an der Nichtanwendungsgesetzgebung beteiligt gewesen sind und somit auch sämtliche Parteien, die diese Bundesregierungen gebildet haben (Bündnis 90/Die Grünen, CDU, CSU, FDP und SPD), aktiver Teil der Nichtanwendungsgesetzgebungspolitik waren.

IV. Anzahl der Motive des Gesetzgebers pro Nichtanwendungsgesetz

Ein Motiv	56 Nichtanwendungsgesetze
Zwei Motive	64 Nichtanwendungsgesetze
Drei Motive	31 Nichtanwendungsgesetze
Vier Motive	10 Nichtanwendungsgesetze
Fünf Motive	2 Nichtanwendungsgesetze

56 Nichtanwendungsgesetze (34,36 %) begründet der Gesetzgeber mit einem Motiv. 64 Nichtanwendungsgesetze (39,26 %) werden mit zwei Motiven begründet, 31 Nichtanwendungsgesetze (19,02 %) mit drei Motiven, 10 Nichtanwendungsgesetze (6,13 %) mit vier Motiven und 2 Nichtanwendungsgesetze (1,23 %) mit fünf Motiven.

Insg. verwendet der Gesetzgeber damit 327 Motive zur Begründung seiner 163 Nichtanwendungsgesetze, d. h. im Durchschnitt begründet der Gesetzgeber jedes Nichtanwendungsgesetz mit zwei Motiven.

Hierbei sind die Nichtanwendungsgesetze zum überwiegenden Teil einzel- oder doppelmotiviert. Dies ist bei 120 Nichtanwendungsgesetzen (73,62 %) der Fall. Eine Tripelmotivierung ist bei 31 Nichtanwendungsgesetzen (19,02 %) und damit seltener zu finden. Ein vier- oder fünffach motiviertes Nichtanwendungsgesetz ist der Ausnahmefall. Hierfür sind insg. 12 Nichtanwendungsgesetze (7,36 %) entsprechender Beleg.

1016 Koalitionsvertrag zwischen CDU, CSU und FDP für die 17. Legislaturperiode des BT 2009-2013, 13; Koalitionsvertrag zwischen CDU, CSU und SPD für die 18. Legislaturperiode des BT 2013-2017, 90.

1017 Ebenso: Hey, JZ 2014, 500 (503).

1018 BT-Drs. 17/7524, 5 zum 2. Nichtanwendungsgesetz zum Abzugsverbot von Aufwendungen für eine erstmalige Berufsausbildung/Erststudium, BGBl I 2011, 2592 (2600) gegen BFH vom 28. 07. 2011, VI R 7/10, BStBl II 2012, 271; BFH vom 28. 07. 2011, VI R 5/10, BStBl II 2012, 553 und BFH vom 28. 07. 2011, VI R 38/10, BStBl II 2012, 561.

V. Motive des Gesetzgebers für Nichtanwendungsgesetze

Motiv des fiskalischen Grundes	50 Nichtanwendungsgesetze
Motiv des lenkungspolitischen Grundes	21 Nichtanwendungsgesetze
Motiv des rechtspolitischen Grundes	76 Nichtanwendungsgesetze
Motiv der Rechtsvereinfachung	12 Nichtanwendungsgesetze
Motiv der Verwaltungsvereinfachung	34 Nichtanwendungsgesetze
Motiv der Missbrauchsbekämpfung	26 Nichtanwendungsgesetze
Motiv der Rechtskontinuität	40 Nichtanwendungsgesetze
Motiv der Rechtsdogmatik	65 Nichtanwendungsgesetze
Kein Motiv	3 Nichtanwendungsgesetze

Eine Verteilung der verwendeten 327 Motive zeigt, dass das Motiv des fiskalischen Grundes zu 15,29 %, das Motive des lenkungspolitischen Grundes zu 6,42 %, das Motiv des rechtspolitischen Grundes zu 23,24 %, das Motiv der Rechtsvereinfachung zu 3,67 %, das Motiv der Verwaltungsvereinfachung zu 10,4 %, das Motiv der Missbrauchsbekämpfung zu 7,95 %, das Motiv der Rechtskontinuität zu 12,23 %, das Motiv der Rechtsdogmatik zu 19,88 % und kein Motiv zu 0,92 % der für die Nichtanwendungsgesetze verwendeten Motive beigetragen haben.

Das Motiv des fiskalischen Grundes findet sich bei 50 Nichtanwendungsgesetzen (30,67 %), das Motiv des lenkungspolitischen Grundes bei 21 Nichtanwendungsgesetzen (12,88 %), das Motiv des rechtspolitischen Grundes bei 76 Nichtanwendungsgesetzen (46,63 %), das Motiv der Rechtsvereinfachung bei 12 Nichtanwendungsgesetzen (7,36 %), das Motiv der Verwaltungsvereinfachung bei 34 Nichtanwendungsgesetzen (20,86 %), das Motiv der Missbrauchsbekämpfung bei 26 Nichtanwendungsgesetzen (15,95 %), das Motiv der Rechtskontinuität bei 40 Nichtanwendungsgesetzen (24,54 %), das Motiv der Rechtsdogmatik bei 65 Nichtanwendungsgesetzen (39,88 %) und kein Motiv bei 3 Nichtanwendungsgesetzen (1,84 %).

Das Ergebnis zeigt, dass sich der Gesetzgeber bei dem Erlass von Nichtanwendungsgesetzen insb. von rechtlichen Motiven – hierunter fallen die Motive des rechtspolitischen Grundes, der Rechtsvereinfachung, der Verwaltungsvereinfachung, der Missbrauchsbekämpfung, der Rechtskontinuität und der Rechtsdogmatik – leiten lässt. Diese stellen 77,37 % der für die Nichtanwendungsgesetze verwendeten Motive und finden sich bei 149 Nichtanwendungsgesetzen (91,41 %). Damit sind lediglich 14 Nichtanwendungsgesetze (8,59 %) nicht auch rechtlich motiviert. Fiskalische Motive stellen 15,29 % der Motive für

Nichtanwendungsgesetze und finden sich bei 30,67 % der Nichtanwendungsgesetze. Nur 4 Nichtanwendungsgesetze (2,45 %)[1019] sind ausschließlich fiskalisch motiviert. Die bei 21 Nichtanwendungsgesetzen (12,88 %) vom Gesetzgeber angeführten Motive des lenkungspolitischen Grundes sind breit gefächert. Sie reichen u. a. von der Förderung der Wirtschaft und Wissenschaft[1020], der Unterstützung bildungspolitischer Ziele[1021], der Sicherung von Arbeitsplätzen und Unternehmen[1022], der Erleichterung von Unternehmensnachfolgen[1023], der Sicherung der Daseinsvorsorge[1024], der Förderung der Umwelt[1025] bis zur Bestandssicherung von Privilegien der Kirche[1026].

Der Blick auf die gesetzgeberischen Motive für Nichtanwendungsgesetze führt damit zu dem Ergebnis, dass die Nichtanwendungsgesetzgebung in erster Linie eine rechtlich motivierte Gesetzgebung ist. Erst in zweiter Linie ist die Nichtanwendungsgesetzgebung fiskalisch motiviert. Lenkungspolitische Gründe bestimmen bei Nichtanwendungsgesetzen das Handeln des Gesetzgebers nur am Rande.

1019 Nichtanwendungsgesetz § 49 Abs. 1 Nr. 9 EStG, BGBl I 1974, 1489 (1490) gegen BFH vom 04. 03. 1970, I R 140/66, BStBl II 1970, 428; Nichtanwendungsgesetz § 35 Abs. 1 Satz 2 EStG, BGBl I 2007, 3150 (3154) gegen BFH vom 27. 09. 2006, X R 25/04, BStBl II 2007, 694; Nichtanwendungsgesetz § 49 Abs. 1 Nr. 9 EStG, BGBl I 2008, 2794 (2804) gegen BFH vom 21. 04. 1999, I B 99/98, BStBl II 2000, 254; Nichtanwendungsgesetz § 50i EStG, BGBl I 2013 1809 (1820) gegen BFH vom 28. 04. 2010, I R 81/09, BStBl II 2014, 754 und BFH vom 25. 05. 2011, I R 95/10, BStBl II 2014, 760.

1020 Nichtanwendungsgesetz § 68 Nr. 9 AO, BGBl I 1996, 2049 (2074 f.) gegen BFH vom 30. 11. 1995, V R 29/91, BStBl II 1997, 189.

1021 Nichtanwendungsgesetz § 12 Nr. 5 EStG, BGBl I 2004, 1753 (1753) gegen BFH vom 04. 12. 2002, VI R 120/01, BStBl II 2003, 403; BFH vom 17. 12. 2002, VI R 137/01, BStBl II 2003, 407 und BFH vom 27. 05. 2003, VI R 33/01, BStBl II 2004, 884. Nichtanwendungsgesetz § 4 Abs. 9 EStG und § 9 Abs. 6 EStG, BGBl I 2014, 2417 (2422) gegen BFH vom 28. 02. 2013, VI R 6/12, BStBl II 2015, 180.

1022 Nichtanwendungsgesetz § 10 Abs. 1 Nr. 1a EStG, BGBl I 2007, 3150 (3151) gegen BFH vom 12. 05. 2003, GrS 1/00, BStBl II 2004, 95.

1023 Nichtanwendungsgesetz § 10 Abs. 1 Nr. 1a EStG, BGBl I 2007, 3150 (3151) gegen BFH vom 12. 05. 2003, GrS 1/00, BStBl II 2004, 95; Nichtanwendungsgesetz § 13a Abs. 1 Satz 1 Nr. 2 ErbStG, BGBl I 2001, 3794 (3810) gegen BFH vom 25. 01. 2001, II R 52/98, BStBl II 2001, 414.

1024 Nichtanwendungsgesetz § 8 Abs. 7 Satz 1 und 2 KStG, BGBl I 2008, 2794 (2812) gegen BFH vom 22. 08. 2007, I R 32/06, BStBl II 2007, 961.

1025 Nichtanwendungsgesetz § 29 Abs. 1 Nr. 2 GewStG, BGBl I 2008, 2794 (2816) gegen BFH vom 04. 04. 2007, I R 23/06, BStBl II 2007, 836.

1026 Nichtanwendungsgesetz § 3 Abs. 1 Satz 1 Nr. 5 und 6 und Satz 2 GrStG, BGBl I 1993, 1569 (1589) gegen BFH vom 13. 05. 1987, II R 225/82, BStBl II 1987, 722.

VI. Zur Frage von nicht genannten Motiven des Gesetzgebers für Nichtanwendungsgesetze

Im Rahmen der Untersuchung der Motive des Gesetzgebers für Nichtanwendungsgesetze ist zu fragen, ob die vom Gesetzgeber in seinen Gesetzesbegründungen verwendeten Motive seine ausschließlichen Motive zum Erlass des Nichtanwendungsgesetzes gewesen sind oder ob weitere Motive sein Handeln bestimmt haben, ohne dass der Gesetzgeber diese zum Gegenstand der Gesetzesbegründung gemacht hat. Indizien deuten daraufhin, dass dies der Fall ist. So führt der Gesetzgeber beim Nichtanwendungsgesetz des § 13b Abs. 5 Satz 2 UStG[1027] das Motiv des fiskalischen Grundes nicht an. Ebenso unterbleibt die Angabe der fiskalischen Auswirkungen des Nichtanwendungsgesetzes in der Gesetzesbegründung. Im Rahmen des Nichtanwendungsgesetzes des § 13b Abs. 2 Nr. 4 UStG[1028] nimmt der Gesetzgeber in seiner Gesetzesbegründung aber Bezug auf das Nichtanwendungsgesetz des § 13b Abs. 5 Satz 2 UStG[1029] und schreibt: „Im Bereich der Steuerschuldumkehr bei Bauleistungen war erst 2014 eine gesetzliche Änderung als Reaktion auf jüngere Urteile des BFH erforderlich geworden, um Steuerausfälle zu vermeiden."[1030]. Hiernach wäre das Nichtanwendungsgesetz des § 13b Abs. 5 Satz 2 UStG[1031] auch durch das Motiv des fiskalischen Grundes motiviert gewesen.

Hieraus lassen sich folgende Thesen ableiten: 1. Der Gesetzgeber nennt in seinen Gesetzesbegründungen nicht alle Motive, die ihn zum Erlass der Nichtanwendungsgesetze veranlasst haben. 2. Das Motiv des fiskalischen Grundes ist für den Gesetzgeber ein wesentlich stärkerer Handlungsimpuls zum Erlass des Nichtanwendungsgesetzes, als er dies in den Gesetzbegründungen zum Ausdruck bringt. In den vorliegenden Gesetzesbegründungen hat der Gesetzgeber das Motiv des fiskalischen Grundes expressis verbis bei 50 Nichtanwendungsgesetzen (30,67 %) verwandt, obwohl spätestens mit der zum 01. 08. 2009[1032] geltenden grundgesetzlichen Schuldenbremse in Art. 109 Abs. 3, 115 und 143d GG die Sicherstellung eines ausreichend hohen Steueraufkommens durch eine entsprechende rechtliche Ausgestaltung der steuerlichen Normen für den Gesetzgeber eine noch höhere Priorität bekommen hat, als sie bis dahin stets sowieso schon hatte.

1027 BGBl I 2014, 1266 (1286) gegen BFH vom 22. 08. 2013, V R 37/10, BStBl II 2014, 128.
1028 BGBl I 2015, 1834 (1842) gegen BFH vom 28. 08. 2014, V R 7/14, BStBl II 2015, 682.
1029 BGBl I 2014, 1266 (1286) gegen BFH vom 22. 08. 2013, V R 37/10, BStBl II 2014, 128.
1030 BR-Drs. 121/15 (Beschluss), 31.
1031 BGBl I 2014, 1266 (1286) gegen BFH vom 22. 08. 2013, V R 37/10, BStBl II 2014, 128.
1032 BGBl I 2009, 2248 (2249 f.).

VII. Gesetzgebungsverfahren der Nichtanwendungsgesetze und Name des die Nichtanwendungsgesetze beinhaltenden Gesetzes

Nichtanwendungsgesetz als eigenständiges Gesetzgebungsverfahren	1 Nichtanwendungsgesetz
Nichtanwendungsgesetz als Teil eines steuerlichen Gesetzgebungsverfahrens	155 Nichtanwendungsgesetze
Nichtanwendungsgesetz als Teil eines sonstigen Gesetzgebungsverfahrens	7 Nichtanwendungsgesetze

1 Nichtanwendungsgesetz (0,61 %) ist Teil eines eigenständigen Gesetzgebungsverfahrens, das ausschließlich das Nichtanwendungsgesetz zum Inhalt hat und dessen Titel „Gesetz zur Änderung des Einkommensteuergesetzes und des Körperschaftsteuergesetzes“[1033] lautet.

155 Nichtanwendungsgesetze (95,09 %) sind im Rahmen sog. „Omnibusgesetze“[1034] Teil steuerlicher Gesetzgebungsverfahren, die nach dem Titel des Gesetzes jeweils steuerliche Änderungen zum Inhalt haben. Ein direkter Rückschluss vom Titel des Gesetzes auf ein Nichtanwendungsgesetz als Inhalt des selbigen ist bei den Namen dieser Gesetze, wie bspw. Jahressteuergesetz, Steueränderungsgesetz, Steuerbereinigungsgesetz, Steuerentlastungsgesetz, Steuerreformgesetz oder Steuervergünstigungsabbaugesetz nicht möglich. Bei manchen dieser Gesetzestitel ist der Rückschluss sogar fernliegend, da diese einen anderen Schwerpunkt des Gesetzesinhaltes nahelegen, wie dies bspw. beim „Gesetz zur Verbesserung der steuerlichen Bedingungen zur Sicherung des Wirtschaftsstandorts Deutschland im Europäischen Binnenmarkt (Standortsicherungsgesetz)“[1035], dem „Gesetz zur Umsetzung der Amtshilferichtlinie sowie zur Änderung steuerlicher Vorschriften (Amtshilferichtlinie-Umsetzungsgesetz)“[1036], dem „Gesetz zur Anpassung des Investmentsteuergesetzes und anderer

1033 Hierbei handelt es sich um das Nichtanwendungsgesetz zum Abzugsverbot von Geldstrafen und -bußen, BGBl I 1984, 1006 (1006) gegen BFH vom 21. 11. 1983, GrS 2/82, BStBl II 1984, 160 und BFH vom 21. 11. 1983, GrS 3/82, BStBl II 1984, 166.

1034 Hendricks, BT-Plenarprotokoll 16/54, 5324; Gutting, BT-Plenarprotokoll 16/191, 20647. Der Begriff bezeichnet ein Gesetz, in welchem alles für gesetzgebungsbedürftig gehaltene gesammelt wird, Tipke, StuW 1990, 308 (311). Synonyme für den Begriff des „Omnibusgesetzes“ sind die Bezeichnungen Artikel- oder Mantelgesetz.

1035 BGBl I 1993, 1569.

1036 BGBl I 2013, 1809.

Gesetze an das AIFM-Umsetzungsgesetz (AIFM-Steuer-Anpassungsgesetz)“[1037], dem „Gesetz zur Anpassung des nationalen Steuerrechts an den Beitritt Kroatiens zur EU und zur Änderung weiterer steuerlicher Vorschriften“[1038] und dem „Gesetz zur Anpassung der Abgabenordnung an den Zollkodex der Union und zur Änderung weiterer steuerlicher Vorschriften“[1039] der Fall ist.

7 Nichtanwendungsgesetze (4,3 %) sind im Rahmen sog. „Omnibusgesetze“[1040] Teil sonstiger Gesetzgebungsverfahren, die nach dem Titel des Gesetzes keine steuerlichen Änderungen zum Inhalt haben. Hier lässt der Titel des Gesetzes keinerlei Rückschlüsse dahin gehend zu, dass dieses ein Nichtanwendungsgesetz zum Inhalt hat. Hierbei handelt es sich um die Nichtanwendungsgesetze, die im Rahmen des „Gesetzes zur Wiederbelebung der Wirtschaft und Beschäftigung und zur Entlastung des Bundeshaushalts (Haushaltsbegleitgesetz 1983)“[1041], des „Gesetzes zur Durchführung der Vierten, Siebenten und Achten Richtlinie des Rates der Europäischen Gemeinschaften zur Koordinierung des Gesellschaftsrechts (Bilanzrichtlinien-Gesetz)“[1042] und des „Gesetzes zur Umsetzung von EU-Richtlinien in nationales Steuerrecht und zur Änderung weiterer Vorschriften (Richtlinien-Umsetzungsgesetz)“[1043] eingeführt wurden.

1037 BGBl I 2013, 4318.

1038 BGBl I 2014, 1266.

1039 BGBl I 2014, 2417.

1040 Hendricks, BT-Plenarprotokoll 16/54, 5324; Gutting, BT-Plenarprotokoll 16/191, 20647. Der Begriff bezeichnet ein Gesetz, in welchem alles für gesetzgebungsbedürftig gehaltene gesammelt wird, Tipke, StuW 1990, 308 (311). Synonyme für den Begriff des „Omnibusgesetzes“ sind die Bezeichnungen Artikel- oder Mantelgesetz.

1041 Nichtanwendungsgesetz zur Bildung von Rückstellungen wegen Verletzung fremder Patent-, Urheber- oder ähnlicher Schutzrechte, BGBl I 1982, 1857 (1858) gegen BFH vom 11. 11. 1981, I R 157/79, BStBl II 1982, 748 und Nichtanwendungsgesetz zur Ermittlung des Pauschsteuersatzes bei der LSt, BGBl I 1982, 1857 (1861) gegen BFH vom 11. 10. 1979, IV R 83/76, BStBl II 1980, 127 und BFH vom 05. 11. 1982, VI R 219/80, BStBl II 1983, 91.

1042 Nichtanwendungsgesetz zur Normierung des sog. Grundsatzes der umgekehrten Maßgeblichkeit, BGBl I 1985, 2355 (2425) gegen BFH vom 24. 04. 1985, I R 65/80, BStBl II 1986, 324.

1043 Nichtanwendungsgesetz zur gleichmäßigen Verteilung von Vorauszahlungen für Nutzungsüberlassungen, BGBl I 2004, 3310 (3311) gegen BFH vom 23. 09. 2003, IX R 65/02, BStBl II 2005, 159; Nichtanwendungsgesetz zur Anwendung des Fifo-Verfahrens für die Ermittlung von Veräußerungsgewinnen, BGBl I 2004, 3310 (3311) gegen BFH vom 24. 11. 1993, X R 49/90, BStBl II 1994, 591 und BFH vom 04. 05. 1994, X R 157/90, BFH/NV 1995, 195; Nichtanwendungsgesetz zur Geltung

Nichtanwendungsgesetze sind zu 99,39 % (162 Nichtanwendungsgesetze) Teil von sog. „Omnibusgesetzen“[1044] und nur in einem einzigen Fall gibt es ein Gesetzgebungsverfahren, das ausschließlich das Nichtanwendungsgesetz zum Inhalt hat[1045]. Der Name des Gesetzes, welches die Nichtanwendungsnorm zum Inhalt hat, schafft in keinem einzigen Fall der 163 Nichtanwendungsgesetze (0 %) eine Transparenz darüber, ob das entsprechende Gesetz ein Nichtanwendungsgesetz beinhaltet. Hierzu würde es eines eigenständigen Gesetzgebungsverfahrens bedürfen, dessen Titel bspw. „Gesetz zur Nichtanwendung der BFH-Rechtsprechung über die Abziehbarkeit von Geldstrafen und -bußen als Betriebsausgaben“ lauten müsste.

Indem der Gesetzgeber die Nichtanwenungsgesetze zum Gegenstand von sog. „Omnibusgesetzen“[1046] macht und den Namen der Gesetze kein Hinweis auf die Nichtanwendungsgesetze entnommen werden kann, verschleiert er somit das Vorliegen von Nichtanwendungsgesetzen und handelt dem allgemeinen Gebot größtmöglicher Transparenz des gesetzgeberischen Handelns zuwider.

---

von aus vororganschaftlicher Zeit ursächlichen Mehrabführungen als Gewinnausschüttungen der Organgesellschaft an den Organträger, BGBl I 2004, 3310 (3316) gegen BFH vom 18. 12. 2002, I R 50/01, Der Konzern 2003, 564; I R 51/01, BStBl II 2005, 49; I R 68/01, HFR 2003, 991 und Nichtanwendungsgesetz zur Verneinung der nachträglichen Erteilung oder Vorlage von Bescheinigungen oder Bestätigungen als rückwirkendes Ereignis, BGBl I 2004, 3310 (3323) gegen BFH vom 06. 03. 2003, XI R 13/02, BStBl II 2003, 554.

1044 Hendricks, BT-Plenarprotokoll 16/54, 5324; Gutting, BT-Plenarprotokoll 16/191, 20647. Der Begriff bezeichnet ein Gesetz, in welchem alles für gesetzgebungsbedürftig gehaltene gesammelt wird, Tipke, StuW 1990, 308 (311). Synonyme für den Begriff des „Omnibusgesetzes“ sind die Bezeichnungen Artikel- oder Mantelgesetz.

1045 Hierbei handelt es sich um das Nichtanwendungsgesetz zum Abzugsverbot von Geldstrafen und -bußen, BGBl I 1984, 1006 (1006) gegen BFH vom 21. 11. 1983, GrS 2/82, BStBl II 1984, 160 und BFH vom 21. 11. 1983, GrS 3/82, BStBl II 1984, 166. Der Titel des Gesetzes lautete: „Gesetz zur Änderung des Einkommensteuergesetzes und des Körperschaftsteuergesetzes“.

1046 Hendricks, BT-Plenarprotokoll 16/54, 5324; Gutting, BT-Plenarprotokoll 16/191, 20647. Der Begriff bezeichnet ein Gesetz, in welchem alles für gesetzgebungsbedürftig gehaltene gesammelt wird, Tipke, StuW 1990, 308 (311). Synonyme für den Begriff des „Omnibusgesetzes“ sind die Bezeichnungen Artikel- oder Mantelgesetz.

VIII. Initiatoren der Nichtanwendungsgesetze gem. Art. 76 Abs. 1 GG

Bundesregierung	51 Nichtanwendungsgesetze
Bundestag davon durch die Fraktionen als Beginn eines Gesetzgebungsverfahrens davon durch seine Ausschüsse während eines Gesetzgebungsverfahrens davon durch seine Ausschüsse im Rahmen der abschließenden Beratungen des Gesetzgebungsverfahrens	33 Nichtanwendungsgesetze 4 Nichtanwendungsgesetze 2 Nichtanwendungsgesetze 27 Nichtanwendungsgesetze
Bundesrat davon als Beginn eines Gesetzgebungsverfahrens davon als Stellungnahme während eines Gesetzgebungsverfahrens	33 Nichtanwendungsgesetze 1 Nichtanwendungsgesetz 32 Nichtanwendungsgesetze
Bundesregierung und Bundestag gemeinsam durch einen gleichlautenden Gesetzesentwurf	38 Nichtanwendungsgesetze
Bundestag und Bundesrat gemeinsam durch den Vermittlungsausschuss	8 Nichtanwendungsgesetze

Die Initiative zum Erlass eines Nichtanwendungsgesetzes ist relativ gleichmäßig zwischen Bundesregierung, Bundestag und Bundesrat verteilt. So ergehen 51 Nichtanwendungsgesetze (31,29 %) aufgrund einer Initiative der Bundesregierung, 33 Nichtanwendungsgesetze (20,24 %) auf Initiative des Bundestages, 33 Nichtanwendungsgesetze (20,24 %) auf Initiative des Bundesrates, 38 Nichtanwendungsgesetze (23,32 %) auf Initiative von Bundesregierung und Bundestag mittels eines gleichlautenden Gesetzesentwurfs und 8 Nichtanwendungsgesetze (4,91 %) auf Initiative des von Bundestag und Bundesrat gebildeten Vermittlungsausschusses.

Mit Bezug auf Art. 76 Abs. 1 GG war die Bundesregierung bei 89 Nichtanwendungsgesetzen (54,6 %) Initiator bzw. Mitinitiator, der Bundestag war bei 79 Nichtanwendungsgesetzen (48,47 %) Initiator bzw. Mitinitiator und der Bundesrat war bei 41 Nichtanwendungsgesetzen (25,15 %) Initiator bzw. Mitinitiator.

Die von der Bundesregierung bei 51 Nichtanwendungsgesetzen (31,29 %) ergriffene Initiative für ein Nichtanwendungsgesetz markiert stets den Beginn eines Gesetzgebungsverfahrens, an das sich die Beteiligung von Bundestag und Bundesrat anschließt.

Ergreift der Bundestag bei 33 Nichtanwendungsgesetzen (20,24 %) allein die Initiative für den Erlass eines Nichtanwendungsgesetzes, erfolgt dies in 87,88 % der Fälle (29 von 33 Nichtanwendungsgesetzen) im Rahmen seiner Ausschussberatungen. Hierbei gehen 2 Nichtanwendungsgesetze[1047] auf mitberatende Ausschüsse zurück und sind während des Gesetzgebungsverfahrens zum Gegenstand des Gesetzes geworden. 27 Nichtanwendungsgesetze sind erst im Rahmen der abschließenden Ausschussberatungen zum Gegenstand des Gesetzes geworden. Der Beginn eines Gesetzgebungsverfahrens allein durch den Bundestag ist auf 4 Nichtanwendungsgesetze[1048] (2,45 %) und damit auf Ausnahmefälle beschränkt.

Ergreift der Bundesrat bei 33 Nichtanwendungsgesetzen (20,24 %) allein die Initiative für den Erlass eines Nichtanwendungsgesetzes, erfolgt dies in 96,97 % der Fälle (32 von 33 Nichtanwendungsgesetzen) im Rahmen seiner Stellungnahme zu einem von der Bundesregierung, dem Bundestag oder einem gemeinsam von Bundesregierung und Bundestag begonnenen Gesetzgebungsverfahren. Nur bei 1

1047 Nichtanwendungsgesetz § 372 Abs. 1 Satz 3 RAO, BGBl I 1965, 1477 (1504) gegen BFH vom 22. 01. 1963, VII R 80/61, BStBl III 1963, 166; Nichtanwendungsgesetz § 4 Nr. 21 lit. b) UStG, BGBl I 1999, 402 (487) gegen BFH vom 27. 08. 1998, V R 73/97, BStBl II 1999, 376.

1048 Nichtanwendungsgesetz § 107a Abs. 3 Satz 2 Nr. 4 lit. b) RAO, BGBl I 1964, 297 (297) gegen BFH vom 06. 11. 1962, VII 97/61, HFR 1963, 36; Nichtanwendungsgesetz § 10 Abs. 1 Nr. 9 EStG, BGBl I 1990, 2775 (2775) gegen BFH vom 25. 08. 1987, IX R 24/85, BStBl II 1987, 850; Nichtanwendungsgesetz § 9 Abs. 4 Satz 8 EStG, BGBl I 2013, 285 (287) gegen BFH vom 09. 02. 2012, VI R 44/10, BStBl II 2013, 234 und BFH vom 09. 02. 2012, VI R 42/11, BStBl II 2013, 236; Nichtanwendungsgesetz § 14 Abs. 5 Satz 1 KStG, BGBl I 2013, 285 (289 f.) gegen BFH vom 28. 01. 2004, I R 84/03, BStBl II 2004, 539 und BFH vom 06. 03. 2008, IV R 74/05, BStBl II 2008, 663. Die letzten beiden Nichtanwendungsgesetze stammen aus dem Gesetz zur Änderung und Vereinfachung der Unternehmensbesteuerung und des steuerlichen Reisekostenrechts. Dieses von den Koalitionsfraktionen CDU, CSU und FDP eingebrachte Gesetz geht auf eine vom Bundeskabinett am 19. 09. 2012 beschlossene „Formulierungshilfe" des BMF zurück, http://rsw.beck.de/aktuell/gesetzgebung/gesetzgebungsvorhaben-entwicklungsgeschichte/unternehmensbesteuerung-und-steuerliches-reisekostenrecht; zuletzt aufgerufen am 31. 03. 2016 und http://rsw.beck.de/docs/librariesprovider5/rsw-dokumente/Entwurf-Unternehmensbesteuerung-Reisekostenrecht; zuletzt aufgerufen am 31. 03. 2016.

Nichtanwendungsgesetz[1049] (0,61 %) markiert die Gesetzesinitiative des Bundesrat zugleich auch den Beginn eines Gesetzgebungsverfahrens.

Die von Bundesregierung und Bundestag durch einen gleichlautenden Gesetzesentwurf gemeinsam ergriffene Initiative für 38 Nichtanwendungsgesetze (23,32 %) markiert genauso wie die alleinige Gesetzgebungsinitiative der Bunderegierung stets den Beginn eines Gesetzgebungsverfahrens.

Die gemeinsam durch Bundestag und Bundesrat im Rahmen des Vermittlungsausschusses initiierten 8 Nichtanwendungsgesetze (4,91 %) stammen sämtlich aus dem AmtshilfeRLUmsG[1050]. Sie bilden insoweit eine Ausnahme im Nichtanwendungsgesetzgebungsverfahren, da sie die einzigen bundesrepublikanischen Nichtanwendungsgesetze sind, die erst durch die Beschlüsse des Vermittlungsausschusses zum Gegenstand des Gesetzes geworden sind. Der Vermittlungsausschuss ist somit kein Ort für die Entstehung von Nichtanwendungsgesetzen. Dies wird durch die besondere Entstehungsgeschichte des AmtshilfeRLUmsG unterstrichen, das viele Regelungen des nicht beschlossenen JStG 2013 enthält[1051], die im Gesetzgebungsverfahren zum JStG 2013 von Bundesregierung (1 Nichtanwendungsgesetz)[1052], Bundestag in Gestalt des Finanzausschusses (1 Nichtanwendungsgesetz)[1053] und Bundesrat (6 Nichtanwendungsgesetze)[1054] initiiert wurden.

1049 Nichtanwendungsgesetz § 4 f. EStG, BGBl I 2013, 4318 (4331 f.) gegen BFH vom 17. 10. 2007, I R 61/06, BStBl II 2008, 555 und BFH vom 16. 12. 2009, I R 102/08, BStBl II 2011, 566 und BFH vom 14. 12. 2011, I R 72/10, BFHE 236, 101 und BFH vom 26. 04. 2012, IV R 43/09, BFHE 237, 215 und BFH vom 12. 12. 2012, I R 28/11, BFHE 240, 22 und BFH vom 12. 12. 2012, I R 69/11, BFHE 240, 34.

1050 BGBl I 2013, 1809.

1051 BR-Pressemitteilung Nr. 122/2013 vom 05. 06. 2013.

1052 Nichtanwendungsgesetz § 97 Abs. 1 und 2 AO, BGBl I 2013 (1809) gegen BFH vom 24. 02. 2010, II R 57/08, BStBl II 2011, 5.

1053 Nichtanwendungsgesetz § 171 Abs. 15 AO, BGBl I 2013, 1809 (1835) gegen BFH vom 13. 12. 2011, II R 26/10, BStBl II 2013, 596 und BFH vom 13. 12. 2011, II R 52/09, BFH/NV 2012, 695.

1054 Nichtanwendungsgesetz § 6 Abs. 7 Nr. 2 EStG, BGBl I 2013, 1809 (1815) gegen BFH vom 21. 06. 2006, XI R 49/05, BStBl II 2006, 712; Nichtanwendungsgesetz § 33 Abs. 2 Satz 4 EStG, BGBl I 2013, 1809 (1816) gegen BFH vom 12. 05. 2011, VI R 42/10, BStBl II 2011, 1015; Nichtanwendungsgesetz § 33a Abs. 1 Satz 4 2. HS EStG, BGBl I 2013, 1809 (1816) gegen BFH vom 30. 06. 2010, VI R 35/09, BStBl II 2011, 267; Nichtanwendungsgesetz § 50d Abs. 9 Satz 3 EStG, BGBl I 2013, 1809 (1819) gegen BFH vom 11. 01. 2012, I R 27/11, BFHE 236, 327; Nichtanwendungsgesetz § 50d Abs. 10 EStG, BGBl I 2013, 1809 (1819 f.) gegen BFH vom 08. 09. 2010, I R 74/09, BStBl II 2014, 788; Nichtanwendungsgesetz § 50i EStG, BGBl I 2013, 1809 (1820) gegen BFH vom 28. 04. 2010, I R 81/09, BStBl II 2014, 754 und BFH vom 25. 05. 2011, I R 95/10, BStBl II 2014, 760.

Damit ergibt sich zusammengefasst ein gestuftes Vorgehen von Bundesregierung, Bundestag und Bundesrat, das den Ablauf der einzelnen Schritte eines Nichtanwendungsgesetzgebungsverfahrens wiederspiegelt: 1. Die Bundesregierung (51 Nichtanwendungsgesetze), der Bundestag (4 Nichtanwendungsgesetze), der Bundesrat (1 Nichtanwendungsgesetz) oder Bundesregierung und Bundestag (38 Nichtanwendungsgesetze) führen die Nichtanwendungsnorm in den Gesetzesentwurf ein. 2. Der Bundesrat ergreift im Rahmen seiner Stellungnahme zum Gesetzesentwurf von Bundesregierung und/oder Bundestag die Initiative für ein Nichtanwendungsgesetz (32 Nichtanwendungsgesetze). 3. Der Bundestag nimmt im Rahmen seiner Ausschussberatungen das Nichtanwendungsgesetz in seine Beschlussempfehlung auf (29 Nichtanwendungsgesetze). 4. Das Nichtanwendungsgesetz wird erst durch den aus Bundestag und Bundesrat gebildeten Vermittlungsausschuss zum Gegenstand des Nichtanwendungsgesetzes (8 Nichtanwendungsgesetze). Auf die erste Stufe entfallen hiernach 94 Nichtanwendungsgesetze (57,67 %), auf die zweite Stufe 32 Nichtanwendungsgesetze (19,63 %), auf die dritte Stufe 29 Nichtanwendungsgesetze (17,79 %) und auf die vierte Stufe 8 Nichtanwendungsgesetze (4,91 %).

Auch wenn 94 Nichtanwendungsgesetze (57,67 %) von Beginn an Gegenstand des Gesetzgebungsverfahrens sind, zeigt die Rechtspraxis, dass an jeder Stelle des Gesetzgebungsverfahrens die Aufnahme einer Nichtanwendungsnorm erfolgt. Dieses Ergebnis ist zum einen dadurch erklärbar, dass der Gesetzgeber möglichst kurzfristig ein Nichtanwendungsgesetz erlassen will und hierzu laufende Gesetzgebungsverfahren nutzt, in denen er die Nichtanwendungsnormen einfügt. Zum anderen zeigt sich, dass die am Gesetzgebungsprozess beteiligten Verfassungsorgane Bundesregierung, Bundestag und Bundesrat sämtlich von ihrer Befugnis Gebrauch machen, Nichtanwendungsnormen zum Gegenstand des jeweiligen Gesetzes werden zu lassen und hierfür die ihnen zustehenden Beteiligungsmöglichkeiten im Gesetzgebungsverfahren nutzen. Damit sind sowohl der Bund über die Bundesregierung und den Bundestag als auch die Länder über den Bundesrat aktive Akteure im Nichtanwendungsgesetzgebungsverfahren.

Das Ergebnis zeigt – unter Verweis auf die Ausführungen im 3. Teil B. I. 4. a) bb) – darüber hinaus, den dominanten Einfluss, mit dem die Finanzverwaltung als Teil der Exekutive in Gestalt des BMF über die Bundesregierung und in Gestalt der obersten Finanzbehörden der Länder über den Bundesrat auf den Erlass von Nichtanwendungsgesetzen hinwirkt. So hat die Exekutive nachweisbar bei 131 Nichtanwendungsgesetzen[1055] (80,37 %) die Initiative zum

1055 Hierbei handelt es sich um die 51 Nichtanwendungsgesetze, die auf die Initiative der Bundesregierung zurückgehen und für die das BMF verantwortlich zeichnet. 2

Erlass von Nichtanwendungsgesetzen ausgeübt und kann damit als Motor der Nichtanwendungsgesetzgebung bezeichnet werden. Bei 32 Nichtanwendungsgesetzen[1056] (19,63 %) ist der Einfluss der Exekutive nicht beleg-, aber vermutbar[1057].

IX. Erwähnung der den Nichtanwendungsgesetzen zugrunde liegenden BFH-Entscheidungen in den Gesetzesbegründungen

BFH-Entscheidung in Gesetzesbegründung erwähnt	133 Nichtanwendungsgesetze
BFH-Rechtsprechung ohne konkrete BFH-Entscheidung in Gesetzesbegründung erwähnt	10 Nichtanwendungsgesetze
BFH-Entscheidung nicht in Gesetzesbegründung erwähnt	20 Nichtanwendungsgesetze

Bei 133 Nichtanwendungsgesetzen (81,6 %) wird die dem Nichtanwendungsgesetz zugrunde liegende BFH-Entscheidung in der Gesetzesbegründung erwähnt. Bei 10 weiteren Nichtanwendungsgesetzen (6,13 %) wird ein Bezug zur

Nichtanwendungsgesetze, die auf die Initiative des Bundestages zurückgehen, lassen sich auf eine „Formulierungshilfe" des BMF zurückführen. Für die 33 Nichtanwendungsgesetze, die auf die Initiative des Bundesrates zurückgehen, sind die Finanzverwaltungen der Länder verantwortlich. Die 38 Nichtanwendungsgesetze, die auf einen gleichlautenden Gesetzesentwurfs von Bundesregierung und Bundestag zurückgehen können auf das BMF zurückgeführt werden, da der Bundestag die von der Bundesregierung und damit dem BMF ausgearbeiteten Gesetzesentwürfe in der Regel übernimmt. Von den 7 Nichtanwendungsgesetzen, die aus dem Vermittlungsausschuss stammen, geht 1 Nichtanwendungsgesetz auf die Bundesregierung und damit auf das BMF und 6 Nichtanwendungsgesetze auf den Bundesrat und damit auf die Finanzverwaltungen der Länder zurück.

1056 Hierbei handelt es sich um die 2 Nichtanwendungsgesetze, die auf die Initiative des Bundestages zurückgehen und für die keine „Formulierungshilfe" des BMF nachgewiesen werden kann, die 29 Nichtanwendungsgesetze, die auf die Initiative der Ausschüsse des Bundestages zurückgehen und 1 Nichtanwendungsgesetz, das aus dem Vermittlungsausschuss stammt und sich auf den Finanzausschuss des Bundestages zurückführen lässt.

1057 So findet sich beim Nichtanwendungsgesetz § 9 Abs. 1 Nr. 5 Satz 1 EStG, BGBl I 1979, 558 (562) gegen BFH vom 02. 09. 1977, VI R 114/76, BStBl II 1978, 26 und BFH vom 06. 09. 1977, VI R 5/77, BStBl II 1978, 31 und BFH vom 06. 09. 1977, VI R 165/76, BStBl II 1978, 32 folgender Hinweis als Beleg für den Einfluss der Exekutive auf das Nichtanwendungsgesetz: Der Finanzausschuss hat die Gelegenheit genutzt, dem Wunsch der Bundesregierung zu entsprechen und vordringliche einkommensteuerliche Regelungen zur Behandlung von Mehraufwendungen aus Anlass einer doppelten Haushaltsführung […] zu beschließen.", BT-Drs. 8/2501, 15.

BFH-Rechtsprechung hergestellt, ohne Datum, Aktenzeichen und Fundstelle der BFH-Entscheidung anzugeben. Bei 20 Nichtanwendungsgesetzen (12,27 %) gibt es keinen Bezug zur anderslautenden BFH-Rechtsprechung.

Aus Gründen der Gewaltensensibilität eines Nichtanwendungsgesetzes und eines allgemeinen Gebots größtmöglicher Transparenz von Gesetzesbegründungen, ist es wünschenswert, bei jedem Nichtanwendungsgesetzgebungsverfahren die für das Nichtanwendungsgesetz ursächliche BFH-Entscheidung in der Gesetzesbegründung zu nennen. Dieses Postulat haben in der Vergangenheit nur 81,6 % der Nichtanwendungsgesetze erfüllt, so dass diesbzgl. Handlungsbedarf für die Verfasser der Gesetzesbegründung des jeweiligen Nichtanwendungsgesetzes besteht. Eine bloße Nennung entgegenstehender BFH-Rechtsprechung ohne nähere Details zu der entsprechenden BFH-Entscheidung erfüllt diese Anforderungen nicht, da der Gesetzesbegründung ohne weitere Recherche die anderslautende Auffassung des BFH nicht entnommen werden kann. Zu den sich aus diesem Befund ergebenen rechtspolitischen Folgen siehe die im 4. Teil B. II. an die Exekutive adressierten rechtspolitischen Forderungen.

X. Fiskalische Auswirkungen der Nichtanwendungsgesetze laut den Gesetzesbegründungen

Nichtanwendungsgesetze, bei denen die fiskalischen Auswirkungen angegeben sind	41 Nichtanwendungsgesetze
Nichtanwendungsgesetze, bei denen die fiskalischen Auswirkungen nicht angegeben sind	122 Nichtanwendungsgesetze

Bei 41 Nichtanwendungsgesetzen (25,15 %) finden sich in den Gesetzesbegründungen Angaben zu den fiskalischen Auswirkungen der Nichtanwendungsgesetze. Bei 122 Nichtanwendungsgesetzen (74,85 %) finden sich solche Angaben nicht.

Die Angabe der fiskalischen Auswirkungen der Nichtanwendungsgesetze folgt keinem einheitlichen Muster. So sind nicht zu jedem der 41 Nichtanwendungsgesetze (25,15 %) die betragsmäßigen Auswirkungen in € angeben. Es wird in diesen Fällen in der Regel dann lediglich allgemein davon gesprochen, dass das Nichtanwendungsgesetz Steuermehreinnahmen zur Folge hat oder Steuerausfälle verhindert. Die nachfolgende Tabelle verdeutlicht dies für die 41 Nichtanwendungsgesetze (25,15 %), die in den Gesetzesbegründungen Angaben zu ihren fiskalischen Auswirkungen enthalten:

Fiskalische Auswirkung des Nichtanwendungsgesetzes	Gesetzesbegründung enthält betragsmäßige Angabe	Gesetzesbegründung enthält keine betragsmäßige Angabe
Steuermehreinnahmen	14 Nichtanwendungsgesetze	5 Nichtanwendungsgesetze
Steuermindereinnahmen	2 Nichtanwendungsgesetz	1 Nichtanwendungsgesetze
Vermeidung von Steuerausfällen/-mindereinnahmen	8 Nichtanwendungsgesetze	6 Nichtanwendungsgesetze
Sowohl Steuermehr- als auch Steuermindereinnahmen	1 Nichtanwendungsgesetz	1 Nichtanwendungsgesetz
Keine nennenswerten Auswirkungen	0 Nichtanwendungsgesetze	3 Nichtanwendungsgesetze

Saldiert man die in den Gesetzesbegründungen enthaltenen betragsmäßigen Angaben, haben die ergangenen 25 Nichtanwendungsgesetze (15,34 %) zu Steuermehreinnahmen in Höhe von 2.581,12 Mio. € p. a.[1058] und zu Steuermindereinnahmen in Höhe von 58,79 Mio. € p. a.[1059] geführt sowie Steuerausfälle/-mindereinnahmen in Höhe von 10.213,95 Mio. € vermieden. Das Nichtanwendungsgesetz zu Jubiläumsrückstellungen[1060], das sowohl zu Steuermehr- als auch zu Steuermindereinnahmen führt, hat zunächst Steuermehreinnahmen in Höhe von 306,78 Mio. € zur Folge, in späteren Jahren p. a. Steuermindereinnahmen in Höhe von 76,69 Mio. €.

Dieses Ergebnis zeigt, dass Nichtanwendungsgesetze zum einen ein Instrument zur Genererierung von Steuermehreinnahmen sind. Mit ca. 2,6 Mrd. € p. a. ist dieser Betrag nicht unerheblich. Zum anderen sind Nichtanwendungsgesetze in einem noch größeren Maße ein Instrument zur Vermeidung von Steuerausfällen/-mindereinnahmen. Hiervon zeugt ein p. a. Betrag von ca. 10 Mrd. €. Bei der Verwendung der vorgenannten Beträge ist allerdings zu beachten, dass diese auf Schätzungen im Rahmen des Gesetzgebungsverfahrens beruhen und die fiskalischen Auswirkungen letztlich gar nicht exakt quantifizierbar sind. Dies

1058 Hierbei wurden die fiskalischen Auswirkungen des Nichtanwendungsgesetzes § 23 Abs. 1 Satz 2 EStG, BGBl I 1993, 2310 (2313) gegen BFH vom 04. 10. 1990, X R 148/88, BStBl II 1992, 211 in Höhe von 204,51 Mio. € geschätzt zur Hälfte berücksichtigt, da die BT-Drs. 12/5630, 49 die fiskalischen Auswirkungen der Änderung von § 24 Abs. 3 Satz 2 UmwStG i. V. m. § 16 EStG und § 23 Abs. 1 EStG gemeinsam ausweist, ohne eine Differenzierung auf die einzelnen Normen vorzunehmen.

1059 Das Nichtanwendungsgesetz § 28 Abs. 2 Satz 2 KStG, BGBl I 1983, 1583 (1588) gegen BFH vom 20. 11. 1980, I B 31/80, BStBl II 1981, 180 führt zusätzlich noch zu einmaligen Steuermindereinnahmen i. H. v. 127,82 Mio. € im Entstehungsjahr, BT-Drs. 10/336, 20 f.

1060 BGBl I 1988, 1093 (1095) gegen BFH vom 05. 02. 1987, IV R 81/84, BStBl II 1987, 845.

mag auch ein Grund dafür sein, dass der Gesetzgeber bei 122 Nichtanwendungsgesetzen (74,85 %) auf die Angabe fiskalischer Auswirkungen verzichtet hat, obwohl auch diese Nichtanwendungsgesetze in der Regel[1061] fiskalische Auswirkungen zur Folge haben. Zuletzt sind die fiskalischen Auswirkungen aufgrund von Änderungen oder Aufhebungen der Nichtanwendungsgesetze nicht auf Dauer perpetuierbar.

Mit Bezug auf die bei 50 Nichtanwendungsgesetzen (30,67 %) vom Gesetzgeber verwendeten fiskalischen Motive ist darauf hinzuweisen, dass bei 27 dieser Nichtanwendungsgesetze zu den fiskalischen Auswirkungen in den jeweiligen Gesetzesbegründungen keine Ausführungen vorgenommen wurden.

XI. Rückwirkung bei Nichtanwendungsgesetzen

Nichtanwendungsgesetze mit Rückwirkung	85 Nichtanwendungsgesetze
Nichtanwendungsgesetze ohne Rückwirkung	78 Nichtanwendungsgesetze

85 Nichtanwendungsgesetze (52,15 %) sind rückwirkende Nichtanwendungsgesetze. 78 Nichtanwendungsgesetze (47,85 %) sind keine rückwirkenden Nichtanwendungsgesetze.

Eine Differenzierung der rückwirkenden Nichtanwendungsgesetze in Nichtanwendungsgesetze mit echter Rückwirkung und Nichtanwendungsgesetze mit unechter Rückwirkung erfolgt nicht, da diese oftmals nicht eindeutig vorgenommen werden kann.

Das Ergebnis zeigt, dass die Rückwirkung essentiell mit der Nichtanwendungsgesetzgebung verbunden ist. Tendenziell ergehen mehr rückwirkende Nichtanwendungsgesetze, als nicht rückwirkende Nichtanwendungsgesetze. Im 3. Teil B. I. 3. c) bb) folgt die verfassungsrechtliche Würdigung rückwirkender Nichtanwendungsgesetze.

XII. Nichtanwendungserlasse im Vorfeld zu Nichtanwendungsgesetzen

Nichtanwendungserlass vor Nichtanwendungsgesetz	44 Nichtanwendungsgesetze
Kein Nichtanwendungserlass vor Nichtanwendungsgesetz	119 Nichtanwendungsgesetze

1061 Ausgenommen hiervon sind eine Vielzahl der verfahrensrechtlichen Nichtanwendungsgesetze der Abgabenordnung, Finanzgerichtsordnung und des EG-Amtshilfe-Gesetzes.

Zu 44 Nichtanwendungsgesetzen (26,99 %) ist vor dem Erlass des Nichtanwendungsgesetzes ein Nichtanwendungserlass ergangen. Bei 119 Nichtanwendungsgesetzen (73,01 %) ist kein Nichtanwendungserlass vor dem Erlass des Nichtanwendungsgesetzes ergangen.

Nichtanwendungserlasse sind damit ein zu beachtender Teil der Nichtanwendungsgesetzgebung. Nichtanwendungserlass und Nichtanwendungsgesetz stehen in einem direkten Bezug zueinander, da ein Nichtanwendungserlass dem Nichtanwendungsgesetz unmittelbar vorausgeht. Zwingend notwendig ist ein Nichtanwendungsgesetz im Kontext eines Nichtanwendungserlasses aus Sicht der Finanzverwaltung nur in den Fällen, in denen der BFH seine Rechtsprechung entgegen eines anderslautenden Nichtanwendungserlasses bestätigt. Hier wird die Finanzverwaltung den Nichtanwendungserlass aufheben und versuchen, die Legislative zum Erlass eines Nichtanwendungsgesetzes zu bewegen[1062]. Nichtanwendungserlasse im Vorfeld zu Nichtanwendungsgesetzen haben in der Regel Nichtanwendungsgesetze zur Folge, bei denen durch den Nichtanwendungserlass die Rechtsprechung des BFH von der Finanzverwaltung vor dem Erlass des Nichtanwendungsgesetzes nicht über den entschiedenen Einzelfall hinaus angewendet worden ist. Eine Ausnahme hiervon ergibt sich bei Nichtanwendungsgesetzen, bei denen der Nichtanwendungserlass vor dem Inkrafttreten des Nichtanwendungsgesetzes aufgehoben worden ist.

XIII. Nichtanwendungsgesetz noch bestehend

Nichtanwendungsgesetz besteht unverändert[1063]	112 Nichtanwendungsgesetze
Nichtanwendungsgesetz besteht in geänderter Fassung	30 Nichtanwendungsgesetze
Nichtanwendungsgesetz besteht nicht mehr	21 Nichtanwendungsgesetze

112 Nichtanwendungsgesetze (68,71 %) bestehen unverändert. 30 Nichtanwendungsgesetze (18,41 %) bestehen in geänderter Fassung. Sie sind aber nach wie vor hinsichtlich ihrer Wirkung als Nichtanwendungsgesetz zu qualifizieren. 21 Nichtanwendungsgesetze (12,88 %) bestehen nicht mehr.

1062 Vgl. z. B. das Nichtanwendungsgesetz § 5 Abs. 1 Satz 4 ErbStG, BGBl I 1993, 2310 (2336 f.) gegen BFH vom 28. 06. 1989, II R 82/86, BStBl II 1989, 897 und BFH vom 12. 05. 1993, II R 37/89, BStBl II 1993, 739.

1063 Hierunter werden auch Nichtanwendungsgesetze verstanden, die in ihrem Wortlaut unverändert bestehen, sich jedoch mittlerweile an anderer Stelle im Gesetz befinden. Bei dem jeweiligen Nichtanwendungsgesetz wird darauf hingewiesen.

Insg. sind 142 Nichtanwendungsgesetze (87,12 %) weiterhin in Kraft. Nichtanwendungsgesetze sind damit ein dauerhaftes Instrument zur Nichtanwendung der BFH-Rechtsprechung.

XIV. Zeitdauer von der BFH-Entscheidung bis zum Nichtanwendungsgesetz

weniger als ein Jahr	20 Nichtanwendungsgesetze
ein bis zwei Jahre	61 Nichtanwendungsgesetze
zwei bis drei Jahre	30 Nichtanwendungsgesetze
drei bis fünf Jahre	27 Nichtanwendungsgesetze
fünf bis sieben Jahre	8 Nichtanwendungsgesetze
sieben bis zehn Jahre	10 Nichtanwendungsgesetze
zehn bis fünfzehn Jahre	4 Nichtanwendungsgesetze
mehr als fünfzehn Jahre	3 Nichtanwendungsgesetze

Die Zeitdauer von einer BFH-Entscheidung bis zum Erlass eines Nichtanwendungsgesetzes ist im Regelfall relativ kurz. So sind 81 Nichtanwendungsgesetze (49,69 %) innerhalb von 2 Jahren nach der BFH-Entscheidung erlassen worden. Innerhalb von drei Jahren nach der BFH-Entscheidung sind bereits 111 Nichtanwendungsgesetze (68,1 %) erlassen worden und innerhalb von fünf Jahren 138 Nichtanwendungsgesetze (84,66 %). Nur 25 Nichtanwendungsgesetze (15,34 %) wurden später als fünf Jahre nach der BFH-Entscheidung erlassen.

Bei dem in zeitlicher Hinsicht schnellsten Nichtanwendungsgesetz des § 46 Abs. 2 Nr. 1 EStG[1064] betrug der Zeitraum zwischen der BFH-Entscheidung und dem Nichtanwendungsgesetz knapp drei Monate. Bei dem in zeitlicher Hinsicht langsamsten Nichtanwendungsgesetz des § 23 Abs. 1 Satz 2 EStG[1065] betrug der Zeitraum zwischen BFH-Entscheidung und Nichtanwendungsgesetz dreiunddreißig Jahre und elf Monate.

Diese Auswertung lässt sich zu der Aussage verdichten, dass ein Nichtanwendungsgesetz in der Regel entweder zeitnah zu einer BFH-Entscheidung erlassen wird oder gar nicht. Als zeitnah wird vorliegend ein Zeitraum von drei Jahren angenommen. Hierbei ist zu berücksichtigen, dass dieser Zeitraum faktisch

1064 BGBl I 2006, 2878 (2885) gegen BFH vom 21. 09. 2006, VI R 52/04, BStBl II 2007, 45; BFH vom 21. 09. 2006, VI R 47/05, BStBl II 2007, 47; BFH vom 29. 11. 2006, VI R 14/06, BStBl II 2007, 129.

1065 BGBl I 1999, 402 (410) gegen BFH vom 23. 04. 1965, VI R 34/62, BStBl III 1965, 477.

kürzer ist, da das Datum der BFH-Entscheidung für die obige Berechnung der Zeitdauer maßgeblich ist. Die BFH-Entscheidung wird aber erst Wochen oder gar Monate, nachdem sie getroffen worden ist, vom BFH veröffentlicht[1066]. Erst mit dieser Veröffentlichung ist sie für die Öffentlichkeit, zu der auch die Legislative und Exekutive zählen, zugänglich und der Beginn eines Gesetzgebungsverfahrens möglich.

XV. Erst im Laufe der parlamentarischen Beratungen zum Gegenstand des Gesetzes gewordene Nichtanwendungsgesetze

Nichtanwendungsgesetze, die erst im Laufe des parlamentarischen Verfahrens zum Gegenstand des Gesetzes geworden sind	69 Nichtanwendungsgesetze
davon durch Bundesrat	32 Nichtanwendungsgesetze
davon durch Bundestag mittels Ausschüsse	29 Nichtanwendungsgesetze
während eines Gesetzgebungsverfahrens	2 Nichtanwendungsgesetze
im Rahmen der abschließenden Beratungen des Gesetzgebungsverfahrens	27 Nichtanwendungsgesetze
davon durch Bundestag und Bundesrat mittels Vermittlungsausschuss	8 Nichtanwendungsgesetze
Nichtanwendungsgesetze, die von Beginn an Gegenstand des parlamentarischen Verfahrens waren	94 Nichtanwendungsgesetze

69 Nichtanwendungsgesetze (42,33 %) sind erst im Laufe des parlamentarischen Verfahrens zum Gegenstand des Gesetzes geworden. Diese 69 Nichtanwendungsgesetze unterteilen sich in drei Gruppen: Zunächst die 32 Nichtanwendungsgesetze (46,38 %), in denen der Bundesrat in seiner Stellungnahme zu den Gesetzesentwürfen von Bundesregierung, Bundestag oder den gemeinsamen Gesetzesentwürfen und Bundesregierung und Bundestag die Aufnahme der Nichtanwendungsnorm in das Gesetz anregt. Ferner die 29 Nichtanwendungsgesetze (42,03 %), in denen der Bundestag in Gestalt seiner Ausschüsse die Nichtanwendungsnorm in das Gesetzgebungsverfahren einspeist. Dies erfolgt bei 2 Nichtanwendungsgesetzen[1067] (6,9 %) während des

1066 Siehe 1. Teil D. II. 1. u. a. mit Verweis auf Offerhaus, Stbg 1998, 437 (439).
1067 Das Nichtanwendungsgesetz § 372 Abs. 1 Satz 3 RAO, BGBl I 1965, 1477 (1504) gegen BFH vom 22. 01. 1963, VII R 80/61, BStBl III 1963, 166 geht auf den Finanzausschuss

Gesetzgebungsverfahrens und bei 27 Nichtanwendungsgesetzen[1068] (93,1 %) zum Abschluss des Gesetzgebungsverfahrens, wenn der Ausschuss seine Beschlussempfehlung beschließt, die dann regelmäßig zur späteren Gesetzesfassung wird. Zuletzt sind die 8 Nichtanwendungsgesetze (11,59 %) zu nennen, in denen Bundestag und Bundesrat in Gestalt des Vermittlungsausschusses die Nichtanwendungsnorm zum Gegenstand ihres Beschlusses machen.

Die 69 Nichtanwendungsgesetze (42,33 %) zeigen, dass der Bundesrat und die Bundestagsausschüsse eine aktive Rolle im Nichtanwendungsgesetzgebungsverfahren spielen. Für den von Bundestag und Bundesrat gebildeten Vermittlungsausschusses gilt dies nur eingeschränkt, da sämtliche Nichtanwendungsgesetze, die auf den Vermittlungsausschuss zurückgehen, aus dem AmtshilfeRLUmsG[1069] stammen. Wesentliche Motive für die nachträgliche Aufnahme von Nichtanwendungsnormen in laufende Gesetzgebungsverfahren sind zum einen mit Bezug auf den Bundesrat, die Möglichkeit der Länder, ihre gesetzgeberischen Vorstellungen in das Gesetzgebungsverfahren einspeisen zu können. Zum anderen ist die nachträgliche Aufnahme einer Nichtanwendungsnorm in ein laufendes Gesetzgebungsverfahren ein probates Mittel, um möglichst zeitnah auf die BFH-Rechtsprechung reagieren zu können. Mit Bezug auf die vorstehenden Ausführungen zu den Initiatoren der Nichtanwendungsgesetze gem. Art. 76 Abs. 1 GG unter VIII. ist auch im Rahmen der erst im Laufe der parlamentarischen Beratungen zum Gegenstand des Gesetzes gewordenen Nichtanwendungsgesetze auf den bedeutenden Einfluss der Exekutive in Gestalt der von BMF und den Finanzverwaltungen der Länder gebildeten Finanzverwaltung für die Aufnahme von Nichtanwendungsnormen in laufende Gesetzgebungsverfahren hinzuweisen. So sind von den 69 Nichtanwendungsgesetzen (42,33 %) 39 Nichtanwendungsgesetze[1070] (56,62 %) auf den Einfluss

---

zurück. Das Nichtanwendungsgesetz § 4 Nr. 21 lit. b) UStG, BGBl I 1999, 402 (487) gegen BFH vom 27. 08. 1998, V R 73/97, BStBl II 1999, 376 geht auf den Ausschuss für Bildung, Forschung und Tecknikfolgenabschätzung zurück.

1068 Von den 27 Nichtanwendungsgesetzen gehen 26 Nichtanwendungsgesetze auf den Finanzausschuss und 1 Nichtanwendungsgesetz auf den Rechtsausschuss zurück.

1069 BGBl I 2013, 1809.

1070 Hierbei handelt es sich um die 32 Nichtanwendungsgesetze, die auf die Initiative des Bundesrates zurückgehen und für die die Finanzverwaltungen der Länder verantwortlich sind. Ferner handelt es sich um die 7 Nichtanwendungsgesetze, die aus dem Vermittlungsausschuss stammen und von denen 1 Nichtanwendungsgesetz auf die Bundesregierung und damit auf das BMF und 6 Nichtanwendungsgesetze auf den Bundesrat und damit auf die Finanzverwaltungen der Länder zurückgehen.

der Exekutive zurückzuführen, bei 30 Nichtanwendungsgesetzen[1071] (43,48 %) ist der Einfluss der Exekutive nicht beleg-, aber vermutbar[1072].

94 Nichtanwendungsgesetze (57,67 %) waren von Beginn an Gegenstand des parlamentarischen Verfahrens. Dies erfolgte durch die Aufnahme der Nichtanwendungsnorm in den Gesetzesentwurf der Bundesregierung, des Bundestages, des Bundesrates oder des gleichlautenden Gesetzesentwurfes von Bundesregierung und Bundestag.

XVI. Im Laufe der parlamentarischen Beratungen geänderte Nichtanwendungsgesetze

Nichtanwendungsgesetze, die im Laufe des parlamentarischen Verfahrens geändert worden sind	55 Nichtanwendungsgesetze
Nichtanwendungsgesetze, die nicht im Laufe des parlamentarischen Verfahrens geändert worden sind	108 Nichtanwendungsgesetze

55 Nichtanwendungsgesetze (33,74 %) sind im Laufe des parlamentarischen Verfahrens geändert worden. Dies bedeutet, dass sich der Text des Nichtanwendungsgesetzes im Laufe der parlamentarischen Beratungen verändert hat und somit in der Folge der im BGBl veröffentlichte Text des Nichtanwendungsgesetzes zu dem Text des Nichtanwendungsgesetzes differiert, mit dem dieses zum Gegenstand des parlamentarischen Verfahrens gemacht worden ist. 108 Nichtanwendungsgesetze (66,26 %) sind nicht im Laufe des parlamentarischen Verfahrens geändert worden.

Dieses Verhältnis lässt sich dahin gehend deuten, dass Nichtanwendungsgesetze, die einmal zum Gegenstand eines Gesetzes geworden sind, zwischen

---

1071 Hierbei handelt es sich um die 29 Nichtanwendungsgesetze, die auf die Initiative der Ausschüsse des Bundestages zurückgehen und 1 Nichtanwendungsgesetz, das aus dem Vermittlungsausschuss stammt und sich auf den Finanzausschuss des Bundestages zurückführen lässt.

1072 So findet sich beim Nichtanwendungsgesetz § 9 Abs. 1 Nr. 5 Satz 1 EStG, BGBl I 1979, 558 (562) gegen BFH vom 02. 09. 1977, VI R 114/76, BStBl II 1978, 26 und BFH vom 06. 09. 1977, VI R 5/77, BStBl II 1978, 31 und BFH vom 06. 09. 1977, VI R 165/76, BStBl II 1978, 32 folgender Hinweis als Beleg für den Einfluss der Exekutive auf das Nichtanwendungsgesetz: Der Finanzausschuss hat die Gelegenheit genutzt, dem Wunsch der Bundesregierung zu entsprechen und vordringliche einkommensteuerliche Regelungen zur Behandlung von Mehraufwendungen aus Anlass einer doppelten Haushaltsführung […] zu beschließen.", BT-Drs. 8/2501, 15.

den gesetzgeberischen Akteuren Bundestag und Bundesrat als unstreitig angesehen werden. Dies belegen zunächst die 108 Nichtanwendungsgesetze (66,26 %), die das parlamentarische Verfahren unverändert durchlaufen haben. Dies gilt aber auch für die 55 Nichtanwendungsgesetze (33,74 %), in denen das Nichtanwendungsgesetz im Laufe des parlamentarischen Verfahrens geändert worden ist. Hier wurden zwar einzelne Formulierungen des Nichtanwendungsgesetzes geändert und ergänzt, der Charakter der Norm als Nichtanwendungsgesetz ist in diesen Fällen aber trotz der Änderungen bestehen geblieben.

Die Änderung der Nichtanwendungsgesetze im Laufe des parlamentarischen Verfahrens erfolgt zum einen bei 33 Nichtanwendungsgesetzen (60 %), die von Beginn an Gegenstand des parlamentarischen Verfahrens waren und 16 Nichtanwendungsgesetze (48,49 %) betreffen, die auf die Initiative der Bundesregierung zurückgehen. Ferner sind 15 Nichtanwendungsgesetze (45,45 %) betroffen, die auf einen gleichlauten Gesetzesentwurfs von Bundesregierung und Bundestag zurückgehen sowie 2 Nichtanwendungsgesetze (6,06 %), die auf einen Gesetzesentwurfs des Bundestags zurückgehen. Gründe für Änderungen bei Nichtanwendungsgesetzen, die von Beginn an Gegenstand des parlamentarischen Verfahrens gewesen sind, können in den Ergebnissen der weiteren Beratungen des Nichtanwendungsgesetzes im Rahmen des Gesetzgebungsverfahrens sowie der Ergebnisse öffentlicher Anhörungen des Finanzausschusses liegen. Zum anderen erfolgt die Änderung der Nichtanwendungsgesetze im Laufe des parlamentarischen Verfahrens bei Nichtanwendungsgesetzen, die erst im Laufe des parlamentarischen Verfahrens zum Gegenstand des Gesetzes geworden sind. Dies ist bei 22 Nichtanwendungsgesetzen (40 %) der Fall. 21 Nichtanwendungsgesetze (95,45 %) betreffen Nichtanwendungsgesetze, die auf die Initiative des Bundesrats zurückgehen und 1 Nichtanwendungsgesetz (4,55 %) geht auf die Ausschüsse des Bundestags zurück. Bei den 21 Nichtanwendungsgesetzen (95,45 %), die auf die Initiative des Bundesrates zurückgehen wird die Änderung der Nichtanwendungsgesetze im Laufe des parlamentarischen Verfahrens zum einen dadurch erklärbar, dass die von den Finanzverwaltungen der Länder verfassten Textvorschläge von der Bundesregierung in Gestalt des BMF bewertet und für die abschließenden Ausschussberatungen des Finanzausschusses oftmals textlich verändert und ergänzt werden. Zum anderen formuliert der Bundesrat bei manchen Nichtanwendungsgesetzen lediglich eine Prüfbitte für ein Nichtanwendungsgesetz, ohne dies mit einem konkreten Textvorschlag für das Nichtanwendungsgesetz zu verbinden[1073].

1073 Nichtanwendungsgesetz § 13b Abs. 2 Nr. 4 UStG, BGBl I 2015, 1834 (1842) gegen BFH vom 28. 08. 2014, V R 7/14, BStBl II 2015, 682. Hier hat der Bundesrat seine

Das 1 Nichtanwendungsgesetz (4,55 %), das auf die Ausschüsse des Bundestages zurückgeht, ist ein Ausnahmefall, da hier lediglich eine redaktionelle Änderung zwischen der Fassung der Beschlussempfehlung des Finanzausschusses und der Fassung des BGBl stattgefunden hat und in allen anderen Fällen von Nichtanwendungsgesetzen, die auf die Ausschüsse des Bundestages zurückgehen, die Fassung der Beschlussempfehlung des Finanzausschusses der Fassung des BGBl entspricht[1074].

Inwieweit die Änderungen der Nichtanwendungsgesetze im Rahmen der Beratungen des Finanzausschusses strittig hinsichtlich ihres Inhalts und Umfangs diskutiert worden sind, kann nicht gesagt werden, da der Finanzausschuss gem. § 69 Abs. 1 Satz 1 GO BT grds. nicht öffentlich tagt und daher den entsprechenden BT-Drs. nur das Ergebnis der Beratungen, nicht aber der Diskussionsverlauf zum Beratungsergebnis entnommen werden kann.

XVII. Nichtanwendungsgesetze gegen Entscheidungen des Großen Senats i. S. d. § 11 FGO

Nichtanwendungsgesetze gegen Entscheidungen des Großen Senats i. S. d. § 11 FGO	9 Nichtanwendungsgesetze
Nichtanwendungsgesetze gegen andere Entscheidungen des BFH	154 Nichtanwendungsgesetze

Nichtanwendungsgesetze ergehen sowohl zu Entscheidungen des Großen Senats des BFH i. S. d. § 11 FGO, als auch zu allen weiteren BFH-Entscheidungen. Der Große Senat des BFH hat bis zum 31. 03. 2016 115 Entscheidungen[1075] getroffen. Auf der Grundlage von 9 Nichtanwendungsgesetzen zu

Initiative für die Änderung des § 13b Abs. 2 Nr. 4 UStG als Prüfbitte formuliert, ohne einen Textvorschlag für den geänderten Gesetzestext zu machen, BR-Drs. 121/15 (Beschluss), 31. Ein Textvorschlag für die Änderung des § 13b Abs. 2 Nr. 4 UStG wurde erst im Rahmen der abschließenden Beratungen des Finanzausschusses vorgelegt, BT-Drs. 18/6094, 32.

1074 Es handelt sich um das Nichtanwendungsgesetz § 4 Nr. 21 lit. b) UStG, BGBl I 1999, 402 (487) gegen BFH vom 27. 08. 1998, V R 73/97, BStBl II 1999, 376. Der einzige Unterschied zwischen der Beschlussempfehlung des Finanzausschusses des Bundestages, BT-Drs. 14/442, 89 f. und der Fassung im BGBl besteht darin, dass das Wort „Buchstaben" zum Wort „Buchstabens" geändert worden ist.

1075 Eigene Recherche bei juris am 15. 04. 2016 mit den Suchbegriffen „BFH Großer Senat". Die Suche wurde auf Rechtsprechung eingeschränkt und lieferte 121

Entscheidungen des Großen Senats[1076] bedeutet dies, dass zu 7,83 % aller Entscheidungen des Großen Senats ein Nichtanwendungsgesetz gefolgt ist. Den 154 Nichtanwendungsgesetzen gegen andere Entscheidungen des BFH stehen 71.790 BFH-Entscheidungen[1077] ggü., was bedeutet, dass zu 0,0021 % aller BFH-Entscheidungen ein Nichtanwendungsgesetz gefolgt ist.

Damit ergehen Nichtanwendungsgesetze zu Entscheidungen des Großen Senats des BFH wesentlich häufiger, als Nichtanwendungsgesetze gegen andere BFH-Entscheidungen. Entscheidungen des Großen Senats haben damit in besonderer Weise Nichtanwendungsgesetze zur Folge. Über die Gründe für sein diesbzgl. Handeln schweigt der Gesetzgeber. Unbestreitbar ist, dass das Handeln des Gesetzgebers einen Zielkonflikt zu § 11 Abs. 4 1. Var. FGO offenbart. Danach ist der Große Senat des BFH zur Fortbildung des Rechts berufen. Der

---

Treffer. Hiervon wurden Vorlagebeschlüsse an den Gemeinsamen Senat der obersten Gerichtshöfe des Bundes (1), Gutachten (1), anhängige Verfahren (2) und erledigte anhängige Verfahren (2) in Abzug gebracht, so dass 115 Entscheidungen verbleiben.

1076 Nichtanwendungsgesetz § 4 Abs. 5 Satz 1 Nr. 8, § 9 Abs. 5, § 12 Nr. 4 EStG und § 10 Nr. 3 KStG, BGBl I 1984, 1006 (1006) gegen BFH vom 21. 11. 1983, GrS 2/82, BStBl II 1984, 160 und BFH vom 21. 11. 1983, GrS 3/82, BStBl II 1984, 166; Nichtanwendungsgesetz § 15 Abs. 3 Nr. 2 Satz 1 EStG, BGBl I 1985, 2436 (2447) gegen BFH vom 25. 06. 1984, GrS 4/82, BStBl II 1984, 751; Nichtanwendungsgesetz § 15 Abs. 1 Satz 1 Nr. 2 Satz 2 EStG, BGBl I 1992, 297 (303) gegen BFH vom 25. 02. 1991, GrS 7/89, BStBl II 1991, 691; Nichtanwendungsgesetz § 69 Abs. 7 FGO, BGBl I 1992, 2109 (2111) gegen BFH vom 24. 06. 1985, GrS 1/84, BStBl II 1985, 587; Nichtanwendungsgesetz § 361 Abs. 2 Satz 4 1. HS AO, BGBl I 1996, 2049 (2075) gegen BFH vom 03. 07. 1995, GrS 3/93, BStBl II 1995, 730 und BFH vom 25. 10. 1995, VIII B 79/95, BStBl II 1996, 316 und BFH vom 19. 12. 1995, X B 229/94, BFH/NV 1996, 548 und BFH vom 04. 03. 1996, IX B 59/95, BFH/NV 1996, 674; Nichtanwendungsgesetz § 69 Abs. 2 Satz 8 1. HS FGO, BGBl I 1996, 2049 (2075) gegen BFH vom 03. 07. 1995, GrS 3/93, BStBl II 1995, 730 und BFH vom 25. 10. 1995, VIII B 79/95, BStBl II 1996, 316 und BFH vom 19. 12. 1995, X B 229/94, BFH/NV 1996, 548 und BFH vom 04. 03. 1996, IX B 59/95, BFH/NV 1996, 674; Nichtanwendungsgesetz § 4 Abs. 4a EStG, BGBl I 1999, 402 (403) gegen BFH vom 08. 12. 1997, GrS 1-2/95, BStBl II 1998, 193; Nichtanwendungsgesetz § 16 Abs. 1 Satz 1 Nr. 2 und Nr. 3 EStG, BGBl I 2001, 3858 (3860) gegen BFH vom 18. 10. 1999, GrS 2/98, BStBl II 2000, 123; Nichtanwendungsgesetz § 10 Abs. 1 Nr. 1a EStG, BGBl I 2007, 3150 (3151) gegen BFH vom 12. 05. 2003, GrS 1/00, BStBl II 2004, 95.

1077 Recherche bei juris am 15. 04. 2016. Diese lieferte für den Zeitraum vom 01. 09. 1950 (Tätigkeitsbeginn des BFH, BGBl I 1950, 257) bis zum 31. 03. 2016 71.905 Entscheidungen, von denen die 115 Entscheidungen des Großen Senats in Abzug gebracht wurden.

Gesetzgeber ist hingegen mit dem Ergebnis dieser Rechtsfortbildung in einigen Fällen nicht einverstanden und sieht nach der Entscheidung des Großen Senats in der Zukunft keine Möglichkeit für eine Änderung der Rechtsprechung in seinem Sinne, weshalb er zum Nichtanwendungsgesetz greift[1078]. Weiterhin kann vermutet werden, dass Entscheidungen des Großen Senats des BFH, aufgrund der durch die vom Großen Senat des BFH zu entscheidende Rechtsfrage und des Verfahrensverlaufs am BFH bis es überhaupt zu einer Befassung und Entscheidung durch den Großen Senat des BFH kommt, eine besondere Breitenwirkung innewohnt und diese in besonderer Weise öffentliche Aufmerksamkeit genießen. Hierdurch kann sich der Gesetzgeber zum Erlass eines Nichtanwendungsgesetzes veranlasst sehen.

XVIII. Nichtanwendungsgesetze gegen eine Änderung der Rechtsprechung des BFH

Nichtanwendungsgesetze gegen eine Änderung der Rechtsprechung des BFH	15 Nichtanwendungsgesetze
Nichtanwendungsgesetze gegen andere Entscheidungen des BFH	148 Nichtanwendungsgesetze

15 Nichtanwendungsgesetze (9,2 %) richten sich gegen eine Änderung der Rechtsprechung des BFH. 148 Nichtanwendungsgesetze (90,8 %) beziehen sich nicht auf eine Änderung der Rechtsprechung des BFH.

Die Änderung der Rechtsprechung ist damit ein Indiz für den Erlass eines Nichtanwendungsgesetzes. Ob Änderungen der Rechtsprechung in besonderer Weise Nichtanwendungsgesetze zur Folge haben, ist nicht feststellbar. Die hierzu notwendige absolute Zahl der BFH-Entscheidungen, in denen dieser seine Rechtsprechung geändert hat, kann bei juris nicht ermittelt werden[1079]. Mit Blick auf die gesetzgeberischen Motive für Nichtanwendungsgesetze findet sich das Motiv der Rechtskontinuität bei 40 Nichtanwendungsgesetzen (24,54 %). Dieses Motiv ist das maßgebliche Motiv, um einer Änderung der Rechtsprechung zu begegnen. Es findet sich bei der Hälfte der Nichtanwendungsgesetze, die sich gegen eine Änderung der BFH-Rechtsprechung richten.

1078 Voß, Ungewißheit im Steuerrecht, 23. Flume, DB 1985, 1152; ders., StbJb 1985/86, 277 (302); ders., JbFStR 1985/86, 229 (287), sieht Nichtanwendungsgesetze gegen Entscheidungen des Großen Senats des BFH vor diesem Hintergrund als besonders kritikwürdig an.

1079 Eigene Recherche bei juris am 15. 04. 2016.

XIX. Nichtanwendungsgesetze, deren zugrunde liegende BFH-Entscheidung erst nach dem Nichtanwendungsgesetz im BStBl II veröffentlicht worden ist

Nichtanwendungsgesetze, deren zugrunde liegende BFH-Entscheidung erst nach Erlass des Nichtanwendungsgesetzes im BStBl II veröffentlicht worden ist	26 Nichtanwendungsgesetze
Nichtanwendungsgesetze, deren zugrunde liegende BFH-Entscheidung vor Erlass des Nichtanwendungsgesetzes im BStBl II veröffentlicht worden ist oder deren zugrunde liegende BFH-Entscheidung nicht im BStBl II veröffentlicht worden ist	137 Nichtanwendungsgesetze

Bei 26 Nichtanwendungsgesetzen (15,95 %) wurde die dem Nichtanwendungsgesetz zugrunde liegende BFH-Entscheidung erst nach dem Erlass des Nichtanwendungsgesetzes im BStBl II veröffentlicht. Bei 137 Nichtanwendungsgesetzen (84,05 %) ist die dem Nichtanwendungsgesetz zugrunde liegende BFH-Entscheidung vor dem Erlass des Nichtanwendungsgesetzes im BStBl II veröffentlicht worden oder es hat keine Veröffentlichung der BFH-Entscheidung im BStBl II stattgefunden (vgl. hierzu näher XVIII.).

Die Nichtveröffentlichung der BFH-Entscheidungen im BStBl II vor dem Erlass des Nichtanwendungsgesetzes bewirkt einen „imaginären Nichtanwendungserlass"[1080]. Das Nichtanwendungsgesetz schreibt damit für die Finanzverwaltung einen Zustand gesetzlich fest, den die Exekutive durch die Nichtveröffentlichung der BFH-Entscheidung im BStBl II vor Erlass des Nichtanwendungsgesetzes bereits auf dem Verwaltungswege geschaffen hatte. Entsprechende Nichtanwendungsgesetze sind daher solche, bei denen die Rechtsprechung des BFH vor dem Erlass des Nichtanwendungsgesetzes durch die Nichtveröffentlichung der BFH-Entscheidung im BStBl II von der Finanzverwaltung nicht allgemein angewendet worden ist.

XX. Nichtanwendungsgesetze, deren zugrunde liegende BFH-Entscheidung nicht im BStBl II veröffentlicht worden ist

Nichtanwendungsgesetze, deren zugrunde liegende BFH-Entscheidung nicht im BStBl II veröffentlicht worden ist	13 Nichtanwendungsgesetze
Nichtanwendungsgesetze, deren zugrunde liegende BFH-Entscheidung im BStBl II veröffentlicht worden ist	150 Nichtanwendungsgesetze

1080 Siehe 1. Teil E. IV.

Bei 13 Nichtanwendungsgesetzen (7,98 %) wurde die zugrunde liegende BFH-Entscheidung nicht im BStBl II veröffentlicht. Bei 150 Nichtanwendungsgesetzen (92,02 %) ist die zugrunde liegende BFH-Entscheidung im BStBl II veröffentlicht worden.

Im Vorfeld des Erlasses eines Nichtanwendungsgesetzes bewirkt die Nichtveröffentlichung der BFH-Entscheidung im BStBl II einen „imaginären Nichtanwendungserlass“[1081]. Durch die auch nach dem Erlass des Nichtanwendungsgesetzes nicht erfolgende Veröffentlichung der BFH-Entscheidung im BStBl II wird dieser Zustand perpetuiert. Entsprechende Nichtanwendungsgesetze sind daher solche, bei denen die Rechtsprechung des BFH vor dem Erlass des Nichtanwendungsgesetzes durch die Nichtveröffentlichung der BFH-Entscheidung im BStBl II von der Finanzverwaltung nicht allgemein angewendet worden ist.

XXI. Allgemeine Anwendung der BFH-Entscheidung vor Erlass der Nichtanwendungsgesetze

Allgemeine Anwendung der BFH-Entscheidung vor Erlass der Nichtanwendungsgesetze	91 Nichtanwendungsgesetze
Keine allgemeine Anwendung der BFH-Entscheidung vor Erlass der Nichtanwendungsgesetze	69 Nichtanwendungsgesetze
Feststellung der allgemeinen Anwendung der BFH-Entscheidung vor Erlass der Nichtanwendungsgesetze nicht möglich	3 Nichtanwendungsgesetze

Bei 91 Nichtanwendungsgesetzen (55,83 %) wurde die BFH-Entscheidung vor Erlass der Nichtanwendungsgesetze von der Finanzverwaltung allgemein angewandt. Bei 69 Nichtanwendungsgesetzen (42,33 %) war dies nicht der Fall. Bei 3 Nichtanwendungsgesetzen (1,84 %) ist nicht feststellbar, ob die BFH-Entscheidung vor Erlass des Nichtanwendungsgesetzes von der Finanzverwaltung allgemein angewandt worden ist.

Damit steht bei 91 Nichtanwendungsgesetzen (55,83 %) allein das Nichtanwendungsgesetz gegen die BFH-Entscheidung. Exekutivakte wie die Nichtveröffentlichung der BFH-Entscheidung im BStBl II und der Nichtanwendungserlass fehlen. Das Nichtanwendungsgesetz war in diesen Fällen notwendig, um einer allgemeinen Anwendung der BFH-Entscheidung entgegenzuwirken. Bei 69 Nichtanwendungsgesetzen (42,33 %) hätte es eines

---

1081 Siehe 1. Teil E. IV.

Nichtanwendungsgesetzes nicht zwingend bedurft, da die Finanzverwaltung durch die Instrumente Veröffentlichung der BFH-Entscheidung im BStBl II nach Erlass des Nichtanwendungsgesetzes, der Nichtveröffentlichung der BFH-Entscheidung im BStBl II und eines Nichtanwendungserlasses die BFH-Rechtsprechung nicht allgemein angewendet hat. In diesen Fällen sorgt das Nichtanwendungsgesetz lediglich für einen anderen, durch den Legislativakt Nichtanwendungsgesetz höheren Grad an Rechtssicherheit für die Finanzverwaltung und die Stpfl., da das Nichtanwendungsgesetz eine endgültige Reaktion auf die BFH-Rechtsprechung darstellt. Bei den 3 Nichtanwendungsgesetzen (1,84 %), bei denen nicht festgestellt werden kann, ob die Finanzverwaltung die BFH-Entscheidung vor Erlass des Nichtanwendungsgesetzes allgemein angewandt hat, handelt es sich um Nichtanwendungsgesetze, deren zugrunde liegende BFH-Entscheidung nach dem Erlass des Nichtanwendungsgesetzes im BStBl II veröffentlicht worden ist. Damit hätte die Finanzverwaltung die BFH-Entscheidung nicht allgemein angewandt. Allerdings kann nicht festgestellt werden, ob die Veröffentlichung der BFH-Entscheidung in der sog. „grünen Liste" des BMF[1082] auf seiner Homepage[1083] vor dem Erlass des Nichtanwendungsgesetzes erfolgt ist.

XXII. Neutrale, pro- und antifiskalische Nichtanwendungsgesetze

neutrale Nichtanwendungsgesetze	13 Nichtanwendungsgesetze
profiskalische Nichtanwendungsgesetze	124 Nichtanwendungsgesetze
antifiskalische Nichtanwendungsgesetze	26 Nichtanwendungsgesetze

13 Nichtanwendungsgesetze (7,98 %) sind neutrale Nichtanwendungsgesetze, 124 Nichtanwendungsgesetze (76,07 %) sind profiskalische Nichtanwendungsgesetze und 26 Nichtanwendungsgesetze (15,95 %) sind antifiskalische Nichtanwendungsgesetze.

Das vorstehende Ergebnis war erwartbar. Die Legislative betreibt die Nichtanwendungsgesetzgebung aus der Motivation heraus, den Rechtskreis der Finanzverwaltung zu erweitern und ihr unliebsame Folgen der BFH-Rechtsprechung

---

1082 Siehe 1. Teil D. III. 2.

1083 www.bundesfinanzministerium oder www.bmf.bund.de unter Service/Publikationen/BFH-Entscheidungen, http://www.bundesfinanzministerium.de/Web/DE/Service/Publikationen/BFH_Entscheidungen/bfh_entscheidungen.html; zuletzt aufgerufen am 31. 03. 2016.

insb. mit Blick auf das Steueraufkommen zu eliminieren. Solche Auswirkungen auf das Steueraufkommen sind jeder BFH-Entscheidung immanent. Hinzu tritt, dass das BMF und die obersten Finanzbehörden der Länder zugleich für den Haushalt und die Steuergesetzgebung zuständig sind[1084]. Die Nichtanwendungsgesetzgebung ist damit zuvorderst profiskalisch (124 Nichtanwendungsgesetze/76,07 %).

Neutrale (13 Nichtanwendungsgesetze/7,98 %) und antifiskalische (26 Nichtanwendungsgesetze/15,95 %) Nichtanwendungsgesetze sind demgegenüber eher der Ausnahmefall der Nichtanwendungsgesetzgebung. Antifiskalische Nichtanwendungsgesetze finden sind bspw. aus lenkungspolitischen Gründen, wie der Förderung der Wirtschaft und Wissenschaft in § 68 Nr. 9 AO[1085], der Verschonung von eigengenutztem Wohnraum in § 33a Abs. 1 Satz 4 2. HS EStG[1086]oder der Sicherung der Daseinsvorsorge in § 8 Abs. 7 Satz 1 und 2 KStG[1087]. Neutrale Nichtanwendungsgesetze können je nach Sachverhalt sowohl pro- als auch antifiskalisch wirken wie die Bestimmung in § 177 Abs. 3 AO, nach der auch offenbare Unrichtigkeiten i. S. d. § 129 AO Rechtsfehler i. S. d. § 177 AO sind[1088].

XXIII. Auswertung der sonstigen Ausführungen zu Nichtanwendungsgesetzen

Sonstige Ausführungen finden sich bei 87 Nichtanwendungsgesetzen (53,37 %). Bei 76 Nichtanwendungsgesetzen (46,63 %) finden sich keine sonstigen Ausführungen.

Die sonstigen Ausführungen enthalten weitere Informationen im Kontext des jeweiligen Nichtanwendungsgesetzes, die keiner systematischen Erfassung zugänglich sind. Sie dienen der Abrundung, um eine ganzheitliche Würdigung der ergangenen Nichtanwendungsgesetze zu ermöglichen. Ein wesentlicher Part der sonstigen Ausführungen ist der Hinweis, dass Nichtanwendungsgesetze eine in Richtlinien, Erlassen oder BMF-Schreiben geäußerte Auffassung der Finanzverwaltung gesetzlich festschreiben. In Einzelfällen führt ein Nichtanwendungsgesetz auch dazu, dass es die bisherige in Richtlinien, Erlassen oder BMF-Schreiben geäußerte Verwaltungsauffassung ändert oder dieser

1084 Knobbe-Keuk, BB 1988, 1086 (1087); Jachmann, FS Spindler, 115 (124).
1085 BGBl I 1996, 2049 (2074 f.) gegen BFH vom 30. 11. 1995, V R 29/91, BStBl II 1997, 189.
1086 BGBl I 2013, 1809 (1816 f.) gegen BFH vom 30. 06. 2010, VI R 35/09, BStBl II 2011, 267.
1087 BGBl I 2008, 2794 (2812) gegen BFH vom 22. 08. 2007, I R 32/06, BStBl II 2007, 961.
1088 BGBl I 1993, 2310 (2346) gegen BFH vom 08. 03. 1989, X R 116/87, BStBl II 1989, 531.

widerspricht. Einige wenige Nichtanwendungsgesetze ergehen aufgrund von Beschlüssen des BFH. Solche sind z. B. die Vorlage an den GrS, die Entscheidung über Nichtzulassungsbeschwerden i. S. d. § 116 FGO, Entscheidungen im vorläufigen Rechtsschutz oder Beschwerden i. S. d. § 128 FGO. Ebenso werden einzelne BFH-Entscheidungen genannt, die zu mehreren Nichtanwendungsgesetzen in verschiedenen §§ geführt haben[1089]. Wird ein Nichtanwendungsgesetz durch ein weiteres Nichtanwendungsgesetz geändert, ist dies ebenfalls Anlass für eine sonstige Ausführung. Weitere sonstige Ausführungen sind Hinweise auf Nichtanwendungsgesetze mit einer außergewöhnlich kurzen Geltungsdauer, Hinweise auf weitere Änderungen im Kontext des Nichtanwendungsgesetzes, der Versuch ein entsprechendes Nichtanwendungsgesetz bereits im Rahmen vorheriger Gesetzgebungsverfahren zu normieren oder die weitere Entwicklung des Nichtanwendungsgesetzes.

XXIV. Auswertung der Nichtanwendungsgesetze gegen FG-Entscheidungen

Gegen FG-Entscheidungen sind 3 Nichtanwendungsgesetze ergangen, von denen eine FG-Entscheidung ein Verfahren im vorläufigen Rechtsschutz betrifft[1090]. Die 3 Nichtanwendungsgesetze entstammen sämtlich dem AmtshilfeRLUmsG[1091] aus dem Jahr 2013 und betreffen alle das EStG. Sie sind durch den aus Bundestag und Bundesrat gebildeten Vermittlungsausschuss zum Gegenstand des Gesetzes geworden und lassen sich auf den Bundesrat zurückführen.

In der Summe stützen sie sich auf nahezu alle der gebildeten Motive und sind zum Teil auch durch mehrere Motive begründet. Sie sind sämtlich rückwirkende Nichtanwendungsgesetze. FG-Entscheidungen werden nicht im BStBl II veröffentlicht, so dass es sämtlich an einer allgemeinen Anwendung der FG-Entscheidungen durch die Finanzverwaltung fehlt. Alle 3 Nichtanwendungsgesetze sind profiskalisch.

1089 Vgl. z. B. BGBl I 1996, 2049 (2075) gegen BFH vom 03. 07. 1995, GrS 3/93, BStBl II 1995, 730 und BFH vom 25. 10. 1995, VIII B 79/95, BStBl II 1996, 316 und BFH vom 19. 12. 1995, X B 229/94, BFH/NV 1996, 548 und BFH vom 04. 03. 1996, IX B 59/95, BFH/NV 1996, 674: Dort wurden sowohl § 361 Abs. 2 Satz 4 AO als auch § 69 Abs. 2 Satz 8 FGO geändert.

1090 BGBl I 2013, 1809 (1816) gegen Hessisches FG vom 29. 10. 2010, 11 V 252/10, DStRE 2011, 267.

1091 BGBl I 2013, 1809.

Soweit ersichtlich, sind Nichtanwendungsgesetze gegen FG-Entscheidungen eine neue Modifikation des Instruments der Nichtanwendungsgesetze. Sie besitzen eine januskopfige Wirkung. Auf der einen Seite werden finanzgerichtliche Entscheidungen schon in der ersten Verfahrensstufe des Finanzrechtswegs konterkariert. Hierdurch wird dem oftmals folgenden Revisionsverfahren vor dem BFH die Breitenwirkung entzogen. Die Argumente des BFH können damit im Unterschied zu Nichtanwendungsgesetzen gegen BFH-Entscheidungen nicht mehr in den Evolutionsprozess der jeweiligen Rechtsnorm einfließen. Auf der anderen Seite werden bei Nichtanwendungsgesetzen gegen FG-Entscheidungen Vertrauensschutzprobleme vermieden, die bei rückwirkenden Nichtanwendungsgesetzen gegen BFH-Entscheidungen regelmäßig entstehen können[1092]. Nichtanwendungsgesetze gegen FG-Entscheidungen können hiernach im Unterschied zu Nichtanwendungsgesetzen gegen BFH-Entscheidungen als ein Beitrag zur Schaffung zeitnaher Rechtssicherheit verstanden werden.

Ob diese 3 Nichtanwendungsgesetze gegen FG-Entscheidungen Einzelfälle bleiben werden oder diese vielmehr den Beginn einer regelmäßigen Rechtspraxis bilden, wird die Zukunft zeigen. Sieht man die Entwicklung der Nichtanwendungsgesetzgebung in den letzten Jahren, steht zu vermuten, dass es in der Zukunft des Öfteren Nichtanwendungsgesetze gegen FG-Entscheidungen geben wird.

XXV. Abschließende Bemerkungen

Das Wort „Nichtanwendungsgesetz“ oder „Nichtanwendungsgesetzgebung“ wird in keiner Gesetzesbegründung zu einem Nichtanwendungsgesetz verwendet. Nichtanwendungsgesetze entstehen – bis auf eine Ausnahme[1093] – nicht in einem ausschließlichen Nichtanwendungsgesetzgebungsverfahren. Die Nichtanwendungsgesetze sind vielmehr ein Teil von steuerrechtlichen Gesetzen, die eine Vielzahl von Rechtsänderungen beinhalten[1094]. Ob die Rechtsprechung

1092 Siehe 3. Teil B. I. 3. c) bb).

1093 Es handelt sich hierbei um das Nichtanwendungsgesetz zum Abzugsverbot von Geldstrafen und -bußen, BGBl I 1984, 1006 (1006) gegen BFH vom 21. 11. 1983, GrS 2/82, BStBl II 1984, 160 und BFH vom 21. 11. 1983, GrS 3/82, BStBl II 1984, 166, das im Rahmen eines eigenständigen Gesetzes verabschiedet wurde. Der Titel des Gesetzes lautete: „Gesetz zur Änderung des Einkommensteuergesetzes und des Körperschaftsteuergesetzes“.

1094 Daher wird für steuerliche Gesetzesvorhaben auch der Begriff des „Omnibusgesetzes“ verwendet, Hendricks, BT-Plenarprotokoll 16/54, 5324; Gutting, BT-Plenarprotokoll 16/191, 20647. Der Begriff bezeichnet ein Gesetz, in welchem alles für gesetzgebungsbedürftig gehaltene gesammelt wird, Tipke, StuW 1990, 308 (311).

einzelner Senate des BFH besonders anfällig für eine Nichtanwendungsgesetzgebung ist, kann nicht festgestellt werden, da sich die Zuständigkeiten der jeweiligen BFH-Senate im Laufe der Zeit verändert haben[1095]. Einzelne §§ sind besonders oft von Nichtanwendungsgesetzen betroffen. So sind bspw. zu § 23 EStG 8 Nichtanwendungsgesetze ergangen, zu § 50d EStG 7 Nichtanwendungsgesetze und zu § 5 und § 15 EStG jeweils 5 Nichtanwendungsgesetze.

XXVI. Ergebnis

Die vorstehend ausgewerteten 166 Nichtanwendungsgesetze ermöglichen einen ganzheitlichen Blick auf die steuerliche Nichtanwendungsgesetzgebung der BRD. Es zeigt sich hierbei, dass die steuerliche Nichtanwendungsgesetzgebung insb. seit den 1990iger Jahren ein fester Bestandteil der steuerlichen Gesetzgebung ist. Dabei wird die Nichtanwendungsgesetzgebung gleichermaßen von allen drei an der Gesetzgebung beteiligten Verfassungsorganen Bundesregierung, Bundestag und Bundesrat mit maßgeblicher Unterstützung des BMF und der Finanzverwaltungen der Länder betrieben.

Die steuerliche Nichtanwendungsgesetzgebung ist heterogen. Das typische Nichtanwendungsgesetz gibt es nicht. Es gibt daher auch keine festen Gesetzmäßigkeiten, mit denen Nichtanwendungsgesetze antizipiert werden können. Lediglich einzelne Indizien bei der BFH-Rechtsprechung deuten auf Nichtanwendungsgesetze hin. Hierzu gehören BFH-Entscheidungen des Großen Senats i. S. d. § 11 FGO, BFH-Entscheidungen, in denen dieser seine Rechtsprechung ändert, BFH-Entscheidungen mit großen fiskalischen Auswirkungen, BFH-Entscheidungen, die nicht der in Richtlinien, Erlassen oder BMF-Schreiben festgeschriebenen Verwaltungsauffassung entsprechen, BFH-Entscheidungen, die einem Nichtanwendungserlass widersprechen und BFH-Entscheidungen, in denen der BFH über Nichtanwendungsgesetze zu befinden hat.

Der Gesetzgeber begründet sein gesetzgeberisches Handeln im Regelfall (73,62 %) mit ein oder zwei Motiven. Diese Motive sind zu 77,37 % rechtliche Motive. Fiskalische Motive leiten hiernach den Gesetzgeber bei seiner Nichtanwendungsgesetzgebung nur bei einem knappen Drittel der Nichtanwendungsgesetze (30,67 %). Sie sind damit für die Nichtanwendungsgesetzgebung weniger prägend, als es zu vermuten gewesen wäre. Die Nichtanwendungsgesetzgebung ist damit eine mehr rechtlich, denn eine fiskalisch motivierte Gesetzgebung.

Synonyme für den Begriff des „Omnibusgesetzes“ sind die Bezeichnungen Artikel- oder Mantelgesetz.

1095 BFH, 60 Jahre BFH, 545 ff.

Dieser Befund wird unterstrichen, wenn der Gesetzgeber bei 91,41 % der Nichtanwendungsgesetze rechtliche Motive gebraucht. Einschränkend zu diesem Befund ist allerdings anzumerken, dass der Gesetzgeber in seinen Gesetzesbegründungen nicht alle Motive – inklusive des Motivs des fiskalischen Grundes – nennt, die ihn zum Erlass der Nichtanwendungsgesetze veranlasst haben.

Versucht man zusammenfassend das „typische" Nichtanwendungsgesetz zu beschreiben, kann dieser Versuch nur Eckpunkte des selbigen nennen. Das „typische" Nichtanwendungsgesetz wird sich im EStG finden, es wird ein profiskalisches Gesetz sein und innerhalb kurzer Zeit nach der BFH-Entscheidung erlassen worden sein. Dazu wurde das Nichtanwendungsgesetz von der Finanzverwaltung formuliert, war bereits seit Beginn des Gesetzgebungsverfahrens Inhalt des selbigen und durchläuft dieses unverändert. Tendenziell wird das Nichtanwendungsgesetz Rückwirkung entfalten und die zugrunde liegende BFH-Entscheidung wird zuvor von der Finanzverwaltung allgemein angewendet worden sein. Der Gesetzgeber wird sein Nichtanwendungsgesetz insb. auf rechtliche Motive stützen. In der Gesetzesbegründung zu dem „typischen" Nichtanwendungsgesetz wird der Gesetzgeber auf die anderslautende BFH-Rechtsprechung hinweisen.

D. Ergebnisse des 2. Teils

Die Ausführungen des 2. Teils der Untersuchung lassen sich thesenartig wie folgt zusammenfassen:

(1) 166 Nichtanwendungsgesetze sind Beleg dafür, dass Nichtanwendungsgesetze essentieller Bestandteil der nationalen Steuergesetzgebung sind.

(2) Die steuerliche Nichtanwendungsgesetzgebung in der BRD ist heterogen.

(3) Das „typische" Nichtanwendungsgesetz gibt es nicht. Es gibt keine festen Gesetzmäßigkeiten, mit denen sich Nichtanwendungsgesetze antizipieren lassen. Lediglich Indizien deuten auf den späteren Erlass von Nichtanwendungsgesetzen hin.

(4) Quantitativ betrachtet finden sich Nichtanwendungsgesetze vor allem im EStG und der AO. Dieses Ergebnis erklärt sich aufgrund der Vielzahl einkommensteuerlicher Verfahren vor dem BFH und der großen Bedeutung des steuerlichen Verfahrensrechts für jeden Steuerfall. Das UStG eignet sich aufgrund seines europarechtlichen Rahmens nicht für eine Nichtanwendungsgesetzgebung.

(5) Nichtanwendungsgesetze gibt es seit den 1960iger Jahren. Seit den 1990iger Jahren ist bis zum heutigen Tage eine starke Zunahme der Nichtanwendungsgesetzgebung festzustellen.

(6) Nichtanwendungsgesetze sind überwiegend (120 Nichtanwendungsgesetze/73,62 %) einzel- oder doppelmotiviert. Seltener sind tripelmotivierte Nichtanwendungsgesetze (31 Nichtanwendungsgesetze/19,02 %). Nur in Ausnahmefällen (12 Nichtanwendungsgesetze/7,36 %) leiten den Gesetzgeber vier oder fünf verschiedene Motive für den Erlass eines Nichtanwendungsgesetzes.

(7) Nichtanwendungsgesetze werden überwiegend durch rechtliche Motive begründet. Diese bilden 77,37 % der gesetzgeberischen Motive für Nichtanwendungsgesetze und finden sich bei 91,41 % der Nichtanwendungsgesetze (149 Nichtanwendungsgesetze). Die Gruppe der rechtlichen Motive setzt sich zusammen aus rechtspolitischen Gründen (angeführt bei 76 Nichtanwendungsgesetzen/46,63 %), der Rechts- (angeführt bei 12 Nichtanwendungsgesetzen/ 7,36 %) und Verwaltungsvereinfachung (angeführt bei 34 Nichtanwendungsgesetzen/ 20,86 %), der Missbrauchsbekämpfung (angeführt bei 26 Nichtanwendungsgesetzen/15,95 %), der Rechtskontinuität (angeführt bei 40 Nichtanwendungsgesetzen/24,54 %) und der Rechtsdogmatik (angeführt bei 65 Nichtanwendungsgesetzen/39,88 %). Fiskalische Motive führt der Gesetzgeber bei 50 Nichtanwendungsgesetzen (30,67 %) und lenkungspolitische Motive bei 21 Nichtanwendungsgesetzen (12,88 %) an. Nichtanwendungsgesetze ergehen damit eher aus rechtlichen, denn aus fiskalischen oder lenkungspolitischen Gründen.

(8) Äußerungen des Gesetzgebers in Gesetzesbegründungen zeitlich späterer Nichtanwendungsgesetze mit Bezug auf zeitlich vorangegangene Nichtanwendungsgesetze deuten daraufhin, dass der Gesetzgeber in seinen Gesetzesbegründungen nicht alle Motive nennt, die ihn zum Erlass der Nichtanwendungsgesetze veranlasst haben. Überdies ist das Motiv des fiskalischen Grundes für den Gesetzgeber ein wesentlich stärkerer Handlungsimpuls zum Erlass eines Nichtanwendungsgesetzes, als er dies durch eine entsprechende Verwendung des Motivs des fiskalischen Grundes in seinen Gesetzesbegründungen zum Ausdruck bringt.

(9) Nur 1 Nichtanwendungsgesetz (0,61 %) ist im Rahmen eines eigenständigen Gesetzgebungsverfahrens eingeführt worden. 155 Nichtanwendungsgesetze (95,09 %) sind Teil eines steuerlichen Gesetzgebungsverfahrens und 7 Nichtanwendungsgesetze (4,3 %) sind Teil eines sonstigen Gesetzgebungsverfahrens, die jeweils noch weitere Rechtsänderungen zum Inhalt haben. In keinem der 163 Nichtanwendungsgesetze (0 %) kann dem Namen des Gesetzes entnommen, dass es ein Nichtanwendungsgesetz zum Inhalt hat. Dieses Vorgehen des Gesetzgebers verschleiert sein Handeln und widerspricht dem allgemeinen Gebot größtmöglicher Transparenz des gesetzgeberischen Handelns.

(10) Nichtanwendungsgesetze werden sowohl von der Bundesregierung, als auch vom Bundestag und Bundesrat initiiert. In einigen Fällen erfolgt eine gemeinsame Initiierung entweder durch Bundesregierung und Bundestag mittels gleichlautender Gesetzesentwürfe oder durch Bundestag und Bundesrat im Vermittlungsausschuss. Damit sind die drei Verfassungsorgane Bundesregierung, Bundestag und Bundesrat aktiver Gestalter der Nichtanwendungsgesetzgebung. Bei 131 Nichtanwendungsgesetzen (80,37 %) ist ein Einfluss der Exekutive in Gestalt des BMF bzw. der Finanzverwaltungen der Länder für die Initiative zum Erlass eines Nichtanwendungsgesetzes nachweisbar. Die Finanzverwaltung prägt daher durch ihre Einflussnahme auf die Verfassungsorgane Bundesregierung, Bundestag und Bundesrat zum Erlass eines Nichtanwendungsgesetzes den Prozess der Nichtanwendungsgesetzgebung wesentlich.

(11) Die dem Nichtanwendungsgesetz zugrunde liegende BFH-Entscheidung wird in der überwiegenden Zahl der Gesetzesbegründungen (133 Nichtanwendungsgesetze/81,6 %) erwähnt. Aus Gründen der Gewaltensensibilität eines Nichtanwendungsgesetzes und eines allgemeinen Gebots größtmöglicher Transparenz von Gesetzesbegründungen ist es zwingend, bei jedem Nichtanwendungsgesetz, die diesem zugrunde liegende BFH-Entscheidung in der Gesetzesbegründung zu nennen. Insoweit besteht Handlungsbedarf für den Gesetzgeber.

(12) Nur bei 41 Nichtanwendungsgesetzen (25,15 %) finden sich in den Gesetzesbegründungen Angaben zu den fiskalischen Auswirkungen der Nichtanwendungsgesetze. Hiernach sind Nichtanwendungsgesetze genauso ein Instrument zur Generierung von Steuermehreinnahmen, wie zur Vermeidung von Steuerausfällen/-mindereinnahmen. Bei 122 Nichtanwendungsgesetzen (74,85 %) finden sich keine Angaben zu den fiskalischen Auswirkungen der Nichtanwendungsgesetze.

(13) In der Vergangenheit sind mehr Nichtanwendungsgesetze mit Rückwirkung (85 Nichtanwendungsgesetze/52,15 %) als ohne Rückwirkung (78 Nichtanwendungsgesetze/47,85 %) erlassen worden. Die Rückwirkung von Nichtanwendungsgesetzen ist daher ein essentieller Bestandteil der Nichtanwendungsgesetzgebung.

(14) 44 Nichtanwendungsgesetzen (26,99 %) ist ein Nichtanwendungserlass vorausgegangen. Nichtanwendungserlasse sind damit ein Bestandteil der Nichtanwendungsgesetzgebung. Sie haben in der Regel Nichtanwendungsgesetze zur Folge, bei denen die BFH-Rechtsprechung vor Erlass des Nichtanwendungsgesetzes von der Finanzverwaltung nicht allgemein angewendet worden ist. 119 Nichtanwendungsgesetzen (73,01 %) ist kein Nichtanwendungserlass vorausgegangen.

(15) 142 Nichtanwendungsgesetze (87,12 %) sind noch in Kraft. Nichtanwendungsgesetze sind damit in zeitlicher Hinsicht ein dauerhaftes Instrument zur Nichtanwendung der BFH-Rechtsprechung.

(16) In den meisten Fällen (111 Nichtanwendungsgesetze/68,1 %) wird ein Nichtanwendungsgesetz innerhalb von drei Jahren nach einer BFH-Entscheidung erlassen. Ein Nichtanwendungsgesetz folgt damit in der Regel in einem kurzen zeitlichen Zusammenhang zu der BFH-Entscheidung.

(17) 57,67 % der Nichtanwendungsnormen (94 Nichtanwendungsgesetze) sind von Beginn des Gesetzgebungsverfahrens Gegenstand des selbigen. 42,33 % der Nichtanwendungsnormen (69 Nichtanwendungsgesetze) werden erst nachträglich im Laufe des Gesetzgebungsverfahrens durch die Stellungnahme des Bundesrates, die Ausschüsse des Bundestages oder den von Bundestag und Bundesrat gebildeten Vermittlungsausschuss zum Gegenstand des selbigen. Diese nachträgliche Aufnahme ermöglicht eine möglichst zeitnahe gesetzgeberische Reaktion auf die BFH-Rechtsprechung. Sie ist ferner Ergebnis der aktiven Rolle des Bundesrates und der Ausschüsse des Bundestages im Nichtanwendungsgesetzgebungsprozess, die ihrerseits der Initiative der Finanzverwaltung für den Erlass eines Nichtanwendungsgesetzes unterliegen.

(18) Die Formulierung der Nichtanwendungsgesetze ist zwischen den Gesetzgebungsorganen häufig unstreitig. 66,26 % der Nichtanwendungsnormen (108 Nichtanwendungsgesetze) wurden im Gesetzgebungsverfahren nicht geändert. 33,74 % der Nichtanwendungsnormen (55 Nichtanwendungsgesetze) wurden – oftmals durch die Abläufe eines Gesetzgebungsverfahrens bedingt – in diesem hin zum BGBl geändert, ohne allerdings ihre Eigenschaft als Nichtanwendungsnorm zu verlieren.

(19) Nichtanwendungsgesetze gegen Entscheidungen des Großen Senats des BFH ergehen zu 7,83 % aller Entscheidungen des Großen Senats des BFH (9 Nichtanwendungsgesetze). Im Vergleich hierzu ergehen Nichtanwendungsgesetze gegen normale BFH-Entscheidungen zu 0,0021 % der BFH-Entscheidungen. Entscheidungen des Großen Senats des BFH sind damit besonders häufig von der Nichtanwendungsgesetzgebung betroffen, was einen Zielkonflikt zu § 11 Abs. 4 1. Var. FGO offenbart, der dem Großen Senat des BFH die Fortbildung des Rechts als Aufgabe zuweist.

(20) 15 Nichtanwendungsgesetze (9,2 %) richten sich gegen eine vom BFH vorgenommene Änderung seiner Rechtsprechung. Eine Änderung der BFH-Rechtsprechung ist damit ein Indiz für den Erlass eines Nichtanwendungsgesetzes.

(21) Bei 26 Nichtanwendungsgesetzen (15,95 %) wurde die zugrunde liegende BFH-Entscheidung erst nach dem Erlass des Nichtanwendungsgesetzes

im BStBl II veröffentlicht. Diese Nichtveröffentlichung der BFH-Entscheidung im BStBl II vor dem Erlass des Nichtanwendungsgesetzes bewirkt einen „imaginären Nichtanwendungserlass“, der ein Nichtanwendungsgesetz zur Folge hat, bei dem die BFH-Rechtsprechung vor Erlass des Nichtanwendungsgesetzes von der Finanzverwaltung nicht allgemein angewendet worden ist.

(22) Bei 13 Nichtanwendungsgesetzen (7,98 %) wurde die zugrunde liegende BFH-Entscheidung gar nicht im BStBl II veröffentlicht. Diese Nichtveröffentlichung der BFH-Entscheidung im BStBl II bewirkt einen „imaginären Nichtanwendungserlass“, der ein Nichtanwendungsgesetz zur Folge hat, bei dem die BFH-Rechtsprechung vor Erlass des Nichtanwendungsgesetzes von der Finanzverwaltung nicht allgemein angewendet worden ist. Dieser „imaginäre Nichtanwendungserlass“ wirkt über den Erlass des Nichtanwendungsgesetzes hinaus fort.

(23) Bei 91 Nichtanwendungsgesetzen (55,83 %) ist die zugrunde liegende BFH-Entscheidung vor dem Erlass des Nichtanwendungsgesetzes von der Finanzverwaltung allgemein angewandt worden. In diesen Fällen war das Nichtanwendungsgesetz nötig, um die Rechtsprechung des BFH nicht mehr allgemein anwenden zu müssen. Bei 69 Nichtanwendungsgesetzen (42,33 %) ist die zugrunde liegende BFH-Entscheidung von der Finanzverwaltung nicht allgemein angewandt worden, so dass es nicht zwingend eines Nichtanwendungsgesetzes bedurft hätte. Die BFH-Entscheidung wurde in diesen Fällen bereits durch Instrumente der Exekutive von der Finanzverwaltung (Veröffentlichung der BFH-Entscheidung im BStBl II erst nach Erlass des Nichtanwendungsgesetzes, Nichtveröffentlichung der BFH-Entscheidung im BStBl II und Nichtanwendungserlass) nicht allgemein angewendet. Das Nichtanwendungsgesetz dient dann vorwiegend der Rechtssicherheit. Bei 3 Nichtanwendungsgesetzen (1,84 %) ist eine Aussage über die vorherige allgemeine Anwendung der BFH-Entscheidung durch die Finanzverwaltung vor dem Erlass des Nichtanwendungsgesetzes nicht möglich.

(24) Nichtanwendungsgesetze sind in der Regel profiskalische Gesetze (124 Nichtanwendungsgesetze/76,07 %). Nur in Ausnahmefällen sind sie antifiskalisch (26 Nichtanwendungsgesetze/15,95 %) oder neutral (13 Nichtanwendungsgesetze/7,98 %). Sie sind damit ein Instrument, um den Rechtskreis der Finanzverwaltung zu erweitern.

(25) 87 Nichtanwendungsgesetze (53,37 %) geben Anlass zu sonstigen Ausführungen. Hierunter fallen insb. Nichtanwendungsgesetze, die eine in Richtlinien, Erlassen oder BMF-Schreiben geäußerte Verwaltungsauffassung gesetzlich festschreiben, mehrere Nichtanwendungsgesetze, die auf Grundlage

einer BFH-Entscheidung erlassen worden sind oder Nichtanwendungsgesetze, die durch ein späteres Nichtanwendungsgesetz geändert worden sind.

(26) Nichtanwendungsgesetze gegen FG-Entscheidungen beschränken sich bisher auf Einzelfälle und tauchen erst in der jüngsten Vergangenheit erstmalig auf. Die Zukunft wird zeigen, ob es eine dauerhafte Nichtanwendungsgesetzgebung gegen FG-Entscheidungen geben wird.

3. Teil: Verfassungsrechtliche Würdigung der steuerlichen Nichtanwendungsgesetzgebung

A. Einführung

Die eindeutige Würdigung der Nichtanwendungsgesetzgebung als verfassungsgemäß in Rechtsprechung und Literatur[1096], könnte eine weitere verfassungsrechtliche Würdigung der Nichtanwendungsgesetzgebung obsolet machen. Auch die Tatsache, dass seit Beginn der Geltung des GG am 24. 05. 1949 - soweit ersichtlich - noch kein Nichtanwendungsgesetz aufgrund seiner Eigenschaft als Nichtanwendungsgesetz vom BVerfG für verfassungswidrig erklärt worden ist[1097], könnte dahin gehend verstanden werden, auf eine weitere verfassungsrechtliche Würdigung der Nichtanwendungsgesetzgebung zu verzichten. Vor dem Hintergrund der Bindung des Steuergesetzgebers an das Verfassungsrecht[1098] ergibt sich aber die Notwendigkeit einer selbstständigen verfassungsrechtlichen Würdigung der Nichtanwendungsgesetzgebung. Sie ist ferner geboten, um Nichtanwendungsgesetze und die Nichtanwendungsgesetzgebung ganzheitlich würdigen zu können. Zuletzt erfolgt die verfassungsrechtliche Würdigung, da derzeit fünf Nichtanwendungsgesetze aufgrund von Vorlagebeschlüssen des BFH[1099] und ein

---

1096 Siehe 1. Teil H. VI.

1097 BVerfG vom 23. 01. 1990, 1 BvL 4, 5, 6, 7/87, BVerfGE 81, 228 zum Nichtanwendungsgesetz zur Nichtabziehbarkeit von Geldstrafen und -bußen, BGBl I 1984, 1006 (1006) gegen BFH vom 21. 11. 1983, GrS 2/82, BStBl II 1984, 160 und BFH vom 21. 11. 1983, GrS 3/82, BStBl II 1984, 166. BVerfG vom 15. 10. 2008, 1 BvR 1138/06, HFR 2009, 187 zum Nichtanwendungsgesetz zur Mehrmütterorganschaft, BGBl I 2001, 3858 (3863 f. und 3873) gegen BFH vom 09. 06. 1999, I R 43/97, BStBl II 2000, 695. BVerfG vom 12. 05. 2009, 2 BvL 1/00, BVerfGE 123, 111 zum Nichtanwendungsgesetz zu Jubiläumsrückstellungen, BGBl I 1988, 1093 (1095) gegen BFH vom 05. 02. 1987, IV R 81/84, BStBl II 1987, 845.

1098 Mellinghoff, FS Bareis, 171 ff.

1099 Vorlagebeschluss des BFH vom 17. 12. 2010, IX R 70/07, BStBl II 2011, 346, BVerfG-Az. 2 BvL 1/11, juris zum Nichtanwendungsgesetz § 11 Abs. 2 Satz 3 EStG: BGBl I 2004, 3310 (3311) gegen BFH vom 23. 09. 2003, IX R 65/02, BStBl II 2005, 159. Vorlagebeschluss des BFH vom 06. 06. 2013, I R 38/11, BStBl II 2014, 398, BVerfG-Az. 2 BvL 7/13, juris und Vorlagebeschluss des BFH vom 27. 11. 2013, I R

Nichtanwendungsgesetz aufgrund von Verfassungsbeschwerden vor dem BVerfG anhängig sind[1100].

Sämtliche verfassungsrechtlichen Aspekte der Nichtanwendungsgesetzgebung werden nachfolgend differenziert nach staatsorganisations- und grundrechtlichen Fragestellungen untersucht. Dass der Schwerpunkt der verfassungsrechtlichen Würdigung auf dem Staatsorganisationsrecht liegt, ist evident. Von verfassungsrechtlicher Bedeutung der Nichtanwendungsgesetzgebung sind insb. die dem Staatsorganisationsrecht zugehörigen Verfassungsgrundsätze der Gewaltenteilung des Art. 20 Abs. 2 Satz 2 GG, der Gewaltenbindung des Art. 20 Abs. 3 GG und das Gesetzgebungsverfahren der Art. 70 ff. und 105 GG. Angesichts 85 rückwirkender Nichtanwendungsgesetze gegen BFH-Entscheidungen (52,15 %) und der jüngsten BVerfG-Rechtsprechung zur Rückwirkung[1101], steht überdies die verfassungsrechtliche Würdigung rückwirkender Nichtanwendungsgesetze in besonderer Weise im Fokus nachfolgender Ausführungen. Selbiges gilt zum einen für die verfassungsrechtliche Würdigung von

---

36/13, BStBl II 2014, 651, BVerfG-Az. 2 BvL 18/14, juris zum Nichtanwendungsgesetz § 14 Abs. 3 Satz 1 KStG: BGBl I 2004, 3310 (3316) gegen BFH vom 18. 12. 2002, I R 50/01, Der Konzern 2003, 564; I R 51/01, BStBl II 2005, 49; I R 68/01, HFR 2003, 991. Vorlagebeschluss des BFH vom 11. 12. 2013, I R 4/13, BStBl II 2014, 791, BVerfG-Az. 2 BvL 15/14, juris zu den Nichtanwendungsgesetzen zu § 50d Abs. 10 Satz 1 EStG: BGBl I 2008, 2794 (2806) gegen BFH vom 17. 10. 2007, I R 5/06, BStBl II 2009, 356 und BGBl I 2013, 1809 (1819 f.) gegen BFH vom 08. 09. 2010, I R 74/09, BStBl II 2014, 788. Vorlagebeschlüsse des BFH vom 17. 07. 2014, VI R 61/11, juris, BVerfG-Az. 2 BvL 22/14, juris; VI R 2/12, BFHE 247, 25, BVerfG-Az. 2 BvL 23/14, juris; VI R 8/12, BFHE 247, 64, BVerfG-Az. 2 BvL 24/14, juris; VI R 38/12, juris, BVerfG-Az. 2 BvL 25/14, juris; VI R 2/13, juris, BVerfG-Az. 2 BvL 26/14, juris; VI R 72/13, juris, BVerfG-Az. 2 BvL 27/14, juris zum Nichtanwendungsgesetz § 9 Abs. 6 EStG: BGBl I 2011, 2592 (2600) gegen BFH vom 28. 07. 2011, VI R 7/10, BStBl II 2012, 271; VI R 5/10, BStBl II 2012, 553 und VI R 38/10, BStBl II 2012, 561. Vorlagebeschluss des BFH vom 20. 08. 2014, I R 86/13, BStBl II 2015, 18, BVerfG-Az. 2 BvL 21/14, juris zum Nichtanwendungsgesetz § 50d Abs. 9 Satz 3 EStG: BGBl I 2013, 1809 (1819) gegen BFH vom 11. 01. 2012, I R 27/11, BFHE 236, 327.

1100 Verfassungsbeschwerden BVerfG-Az. 2 BvR 482/14, juris; 2 BvR 2671/14, juris und 2 BvR 2674/14, juris zum Nichtanwendungsgesetz § 20 Abs. 1 Nr. 7 Satz 3 EStG: BGBl I 2010, 1768 (1770) gegen BFH vom 15. 06. 2010, VIII R 33/07, BStBl II 2011, 503.

1101 Die echte Rückwirkung betreffend: BVerfG vom 17. 12. 2013, 1 BvL 5/08, BVerfGE 135, 1. Die unechte Rückwirkung betreffend: BVerfG vom 07. 07. 2010, 2 BvL 14/02, 2/04, 13/05, BVerfGE 127, 1; BVerfG vom 07. 07. 2010, 2 BvL 1/03, 57, 58/06, BVerfGE 127, 31; BVerfG vom 07. 07. 2010, 2 BvR 748, 753, 1738/05, BVerfGE 127, 61. Bestätigt durch BVerfG vom 10. 10. 2012, 1 BvL 6/07, BVerfGE 132, 302 (320).

Nichtanwendungsgesetzen, die erst im Rahmen der abschließenden Beratungen des zuständigen Bundestagsausschusses[1102] zum Gegenstand des Gesetzgebungsverfahrens geworden sind. Ein solches Vorgehen gab es in der Vergangenheit bei 29 Nichtanwendungsgesetzen gegen BFH-Entscheidungen (17,79 %). Zum anderen gilt dies für die verfassungsrechtliche Würdigung von Nichtanwendungsgesetzen, die regelmäßig[1103] als Teil von „Omnibusgesetzen"[1104] den Weg in das BGBl finden, ohne dass überdies bei einem einzigen[1105] der 163 Nichtanwendungsgesetze gegen BFH-Entscheidungen dem Titel des Gesetzes ein Hinweis auf das Nichtanwendungsgesetz entnommen werden kann.

B. Verfassungsrechtliche Maßstäbe

I. Staatsorganisationsrecht

1. Demokratieprinzip des Art. 20 Abs. 1 und 2 Satz 1 GG

Nach Art. 20 Abs. 1 GG ist die BRD ein demokratischer und sozialer Bundesstaat, in welchem gem. Art. 20 Abs. 2 Satz 1 GG alle Staatsgewalt vom Volke ausgeht. Dieses Demokratieprinzip ist eine der elementaren Bestimmungen des GG.

Ausgehend von der Staatsgewalt des Volkes wird die Legislative gebildet, indem das Volk gem. Art. 38 Abs. 1 Satz 1 GG die Mitglieder des Bundestages bestimmt. Damit ist die Legislative im Unterschied zur Exekutive und Judikative

1102 Dies ist in der Regel der Finanzausschuss.

1103 In der Vergangenheit war dies bei 162 von 163 Nichtanwendungsgesetzen gegen BFH-Entscheidungen (99,39 %) der Fall. Einzig das Nichtanwendungsgesetz zum Abzugsverbot von Geldstrafen und -bußen, BGBl I 1984, 1006 (1006) gegen BFH vom 21. 11. 1983, GrS 2/82, BStBl II 1984, 160 und BFH vom 21. 11. 1983, GrS 3/82, BStBl II 1984, 166, wurde im Rahmen eines eigenständigen Gesetzes verabschiedet. Der Titel des Gesetzes lautete: „Gesetz zur Änderung des Einkommensteuergesetzes und des Körperschaftsteuergesetzes".

1104 Hendricks, BT-Plenarprotokoll 16/54, 5324; Gutting, BT-Plenarprotokoll 16/191, 20647. Der Begriff bezeichnet ein Gesetz, in welchem alles für gesetzgebungsbedürftig gehaltene gesammelt wird, Tipke, StuW 1990, 308 (311). Synonyme für den Begriff des „Omnibusgesetzes" sind die Bezeichnungen Artikel- oder Mantelgesetz.

1105 So lautete der Titel des Nichtanwendungsgesetzes zum Abzugsverbot von Geldstrafen und -bußen, BGBl I 1984, 1006 (1006) gegen BFH vom 21. 11. 1983, GrS 2/82, BStBl II 1984, 160 und BFH vom 21. 11. 1983, GrS 3/82, BStBl II 1984, 166: „Gesetz zur Änderung des Einkommensteuergesetzes und des Körperschaftsteuergesetzes" und bspw. nicht etwa „Gesetz zur Nichtanwendung der BFH-Rechtsprechung über die Abziehbarkeit von Geldstrafen und -bußen als Betriebsausgaben".

die einzige Staatsgewalt, die unmittelbar vom Volke bestimmt wird und als solche ggü. Exekutive und Judikative eine herausgehobene Stellung einnimmt, die als „Legitimationsvorsprung“[1106] oder „Suprematie“[1107] bezeichnet werden kann[1108]. Die Gesetze der Legislative sind das „Gravitationszentrum“[1109] des Staates und prägen die Arbeit von Exekutive und Judikative. Das Demokratieprinzip des Art. 20 Abs. 1 und 2 Satz 1 GG und die damit einhergehende herausgehobene Stellung der Legislative spricht damit zunächst für die Zulässigkeit der Nichtanwendungsgesetzgebung, da die Legislative ja gerade für diese verantwortlich zeichnet. U. a. unmittelbar aus dem Demokratieprinzip ist der Parlamentsvorbehalt abzuleiten, nach dem bestimmte Entscheidungen nur durch das Parlament zu treffen sind[1110]. Dieser ist nicht allumfassend[1111]. In Gestalt der vom BVerfG entwickelten Wesentlichkeitstheorie, sind jedoch grundlegende Fragen durch die Legislative selbst zu regeln[1112]. Dies gilt vor allem für Regelungsbereiche mit Grundrechtsbezug, zu denen auch das Steuerrecht mit Blick auf Art. 14 Abs. 1 GG gehört[1113]. Diese Wesentlichkeitstheorie steht einem Nichtanwendungsgesetz nicht entgegen. Vielmehr wird durch ein von der Legislative verantwortetes Nichtanwendungsgesetz der Wesentlichkeitstheorie Rechnung getragen und

---

1106 Herzog, MD, Art. 20 II. Rn. 76, 18. Lfg. Sep. 1980.

1107 Thiemann, FR 2012, 673 (681).

1108 Die herausgehobene der Stellung der Legislative wird auch architektonisch durch einen Blick auf das Berliner Regierungsviertel belegt. So ist das Reichstagsgebäude als Sitz des Parlaments 47m hoch, http://www.bundestag.de/kulturundgeschichte/architektur/reichstag/kuppel/kuppel/199186; zuletzt aufgerufen am 31. 03. 2016. Das die Exekutive verkörpernde Bundeskanzleramt hingegen ist 36m hoch, http://www.bundesregierung.de/Content/DE/StatischeSeiten/Breg/element-geschichte-und-architektur-des-kanzleramts.html?nn=391346; zuletzt aufgerufen am 31. 03. 2016.

1109 Dreier, JZ 1990, 310 (311).

1110 Robbers, Bonner Kommentar, Art. 20 GG Rn. 706, 137. Lfg. Dez. 2008.

1111 BVerfG vom 08. 08. 1978, 2 BvL 8/77, BVerfGE 49, 89 (125 f.); BVerfG vom 18. 12. 1984, 2 BvE 13/83, BVerfGE 68, 1 (87).

1112 Vgl. u. a. BVerfG vom 14. 03. 1972, 2 BvR 41/71, BVerfGE 33, 1 (10 f.); BVerfG vom 09. 05. 1972, 1 BvR 518/62 und 308/64, BVerfGE 33, 125 (157 ff.); BVerfG vom 18. 07. 1972, 1 BvL 32/70 und 25/71, BVerfGE 33, 303 (339 f.); BVerfG vom 28. 10. 1975, 2 BvR 883/73 und 379, 497, 526/74, BVerfGE 40, 237 (249 f.); BVerfG vom 27. 11. 1990, 1 BvR 402/87, BVerfGE 83, 130 (142); BVerfG vom 26. 06. 1991, 1 BvR 779/85, BVerfGE 84, 212 (226); BVerfG vom 02. 03. 1993, 1 BvR 1213/85, BVerfGE 88, 103 (116).

1113 Wendt, Sachs, GG, Art. 14 Rn. 143 ff. u. a. mit Bezug auf BVerfG vom 18. 01. 2006, 2 BvR 2194/99, BVerfGE 115, 97 (111 ff.).

unter diesem Aspekt die verfassungsrechtliche Zulässigkeit der Nichtanwendungsgesetzgebung unterstrichen, da ja gerade die Legislative über das Nichtanwendungsgesetz entscheidet.

Das Demokratieprinzip des Art. 20 Abs. 1 und 2 Satz 1 GG steht der Nichtanwendungsgesetzgebung nicht entgegen.

2. *Verfassungsgrundsatz der Gewaltenteilung des Art. 20 Abs. 2 Satz 2 GG*

a) Einführung

Der Verfassungsgrundsatz der Gewaltenteilung findet sich in Art. 20 Abs. 2 Satz 2 GG. Nach diesem wird die Staatsgewalt vom Volke in Wahlen und Abstimmungen und durch besondere Organe der Gesetzgebung (Legislative), der vollziehenden Gewalt (Exekutive) und der Rechtsprechung (Judikative) ausgeübt. Der Verfassungsgrundsatz der Gewaltenteilung ist Teil des Rechtsstaatsprinzips[1114].

Der Nichtanwendungsgesetzgebungsprozess beginnt mit dem finanzgerichtlichen Verfahren und endet mit der Verkündung des Nichtanwendungsgesetzes im BGBl. Im Rahmen dieses Prozesses sind regelmäßig alle drei Gewalten aktive Akteure und treten miteinander in Interaktion. Zunächst stehen sich Exekutive und Judikative im Rahmen des finanzgerichtlichen Verfahrens als Prozessbeteiligte ggü., bevor die Exekutive eine Entscheidung über die allgemeine Anwendung der BFH-Rechtsprechung zu treffen hat. Abschließend folgt das von der Legislative durchgeführte Gesetzgebungsverfahren, in welchem die Exekutive, z. B. durch die Gesetzgebungsinitiative für das Nichtanwendungsgesetz, oftmals ebenfalls agiert. Nichtanwendungsgesetze sind daher gewaltensensibel. Für die verfassungsrechtliche Würdigung der Nichtanwendungsgesetzgebung unter dem Blickwinkel der Gewaltenteilung des Art. 20 Abs. 2 Satz 2 GG ist zum einen das Verhältnis zwischen Legislative und Judikative von Interesse, da das von der Legislative verantwortete Nichtanwendungsgesetz der von der Judikative verantworteten BFH-Entscheidung gegenübersteht. Zum anderen ist das Verhältnis zwischen Legislative und Exekutive von Bedeutung, da in der Regel aus dem Zusammenwirken beider Gewalten ein Nichtanwendungsgesetz in Reaktion auf die BFH-Rechtsprechung der Judikative entsteht.

b) Keine strikte Gewaltentrennung

Die Gewaltenteilung des Art. 20 Abs. 2 Satz 2 GG hat keine strikte Trennung der Gewalten zur Folge, sondern zahlreiche Gewaltenverschränkungen und

---

1114 Sachs, Sachs, GG, Art. 20 Rn. 77.

-balancierungen[1115]. Nach dem GG sollen die Gewalten nicht strikt getrennt sein, sondern sich gegenseitig kontrollieren, mäßigen und begrenzen[1116]. Dieses Verhältnis der Gewalten zueinander entspricht einem „Kontrollkreislauf"[1117] und dient der Mäßigung der Staatsgewalt[1118]. Ferner soll gewährleistet sein, dass staatliche Entscheidungen möglichst richtig durch die Organe getroffen werden, die dafür nach ihrer Organisation, Zusammensetzung, Funktion und Verfahrensweise über die besten Voraussetzungen verfügen[1119]. Hiernach hat die demokratisch legitimierte Legislative die verfassungsrechtliche Aufgabe der Normsetzung und der damit verbundenen politischen Leitentscheidung[1120]. Der Exekutive obliegt die Regierung und die Verwaltung sowie die damit verbundene Vollziehung der Gesetze[1121]. Der Judikative obliegt die Gewährung des Individualrechtschutzes, in dessen Rahmen die obersten Bundesgerichte einfaches Recht letztinstanzlich auslegen und Rechtsfortbildung betreiben[1122]. Damit steht die Legislative als Rechtsgeber ggü. der Exekutive und Judikative als Rechtsanwender.

Ergänzungen, Überschneidungen und Abhängigkeiten der Gewalten zu- und voneinander sind rechtsstaatlich hinzunehmen und nicht zu beanstanden[1123].

1115 BVerfG vom 28. 11. 1957, 2 BvL 11/56, BVerfGE 7, 183 (188); BVerfG vom 10. 10. 1972, 2 BvL 51/69, BVerfGE 34, 52 (59); BVerfG vom 17. 07. 1996, 2 BvF 2/93, BVerfGE 95, 1 (15).

1116 BVerfG vom 18. 12. 1953, 1 BvL 106/53, BVerfGE 3, 225 (247); BVerfG vom 28. 11. 1957, 2 BvL 11/56, BVerfGE 7, 183 (188); BVerfG vom 27. 04. 1959, 2 BvF 2/58, BVerfGE 9, 268 (279); BVerfG vom 21. 02. 1961, 1 BvR 314/60, BVerfGE 12, 180 (186); BVerfG vom 20. 06. 1967, 2 BvL 10/64, BVerfGE 22, 106 (111).

1117 Poscher, Hoffmann-Riem/Schmidt-Aßmann/Voßkuhle, Grundlagen des Verwaltungsrechts Bd. I, § 8 Rn. 24.

1118 Jachmann, FS Spindler, 115 (122).

1119 BVerfG vom 18. 12. 1984, 2 BvE 13/83, BVerfGE 68, 1 (86); BVerfG vom 17. 07. 1996, 2 BvF 2/93, BVerfGE 95, 1 (15).

1120 BVerfG vom 10. 10. 1972, 2 BvL 51/69, BVerfGE 34, 52 (59); BVerfG vom 17. 07. 1996, 2 BvF 2/93, BVerfGE 95, 1 (15 f.). Gattermann, FS 75 Jahre RFH – BFH, 91 (91) und Offerhaus, StbJb 1995/96, 7 (11 f.) ≙ Offerhaus, Sächsische Steuertagung 1996, 76 (79) messen der Legislative, vor diesem Hintergrund, eine herausgehobene Stellung im Gefüge der Gewaltenteilung zu. Diese begründet sich nach Karpen, Gesetzgebungs-, Verwaltungs- und Rechtsprechungslehre, 29 durch die Leit-, Steuerungs-, Normativ-, Legitimations-, Ordnungs-, Garantie-, Schutz-, Änderungs-, Verbesserungs-, Planungs-, und Verfassungsfunktion der von der Legislative verantworteten Gesetze.

1121 BVerfG vom 17. 07. 1996, 2 BvF 2/93, BVerfGE 95, 1 (16).

1122 Jachmann, FS Spindler, 115 (123).

1123 Uelner, FS Friauf, 217 (221).

Verfassungsrechtlich problematisch werden sie erst dann, wenn eine der drei Staatsgewalten in den Kernbereich einer anderen Gewalt eingreift. Ein solcher Eingriff ist verboten[1124]. Sichtbar wird das Fehlen einer strikten Gewaltentrennung durch personelle und sachliche Verflechtungen der Gewalten miteinander. Dies gilt insb. für die Legislative und Exekutive, weshalb *Herzog* die Verflechtung von Legislative und Exekutive auch als „Gewaltenverfilzung“[1125] bezeichnet hat. Die Judikative ist, nicht zuletzt auch mit Blick auf Art. 97 Abs. 1 GG, gegen Einwirkungen anderer Gewalten besonders geschützt, da weder Legislative noch Exekutive die Rechtsprechung der Judikative abändern können, wohingegen Akte der Legislative von den Verfassungsgerichten für nichtig erklärt werden können und Maßnahmen der Exekutive von Gerichten aufgehoben oder geändert werden können[1126]. Evidentes Beispiel für die personelle Verflechtung von Legislative und Exekutive miteinander ist die Bundesregierung, die im Wesentlichen aus Mitgliedern des Bundestages besteht[1127]. So sind in der aktuellen Bundesregierung[1128] neben der Bundeskanzlerin von 15 Bundesministern zugleich auch 12 Bundesminister MdB[1129]. Hinzu treten die Parlamentarischen Staatssekretäre. Diese sind gem. § 1 Abs. 1 ParlStG grds. qua Amt die personifizierte Verflechtung von Legislative und Exekutive. Der Bundesrat ist ein weiteres Beispiel für die personelle Verflechtung von Legislative und Exekutive, da dieser als Teil der Legislative von Vertretern der Exekutive der Länder besetzt wird, die ihrerseits oftmals wiederum Mitglieder der Legislative der Länder sind. Beispiel einer sachlichen Verflechtung abseits einer der Exekutive von der Legislative auferlegten gesetzlichen Pflicht, ist die Formulierung einer Erwartungshaltung der Legislative an die Exekutive, wie diese handeln soll[1130]. Mit Bezug auf die Nichtanwendungsgesetzgebung liegen sachliche Verflechtungen vor, wenn die Exekutive für die Legislative das Nichtanwendungsgesetz formuliert und deren Notwendigkeit begründet und die Legislative dann das Nichtanwendungsgesetz beschließt.

1124 Ständige Rechtsprechung des BVerfG: U. a. BVerfG vom 27. 04. 1959, 2 BvF 2/58, BVerfGE 9, 268 (279 f.); BVerfG vom 20. 06. 1967, 2 BvL 10/64, BVerfGE 22, 106 (111); BVerfG vom 10. 10. 1972, 2 BvL 51/69, BVerfGE 34, 52 (59); BVerfG vom 17. 07. 1996, 2 BvF 2/93, BVerfGE 95, 1 (15); Grzeszick, MD, Art. 20 V. Rn. 86, 70. Lfg. Dez. 2013.

1125 Herzog, MD, Art. 20 V. Rn. 29, 18. Lfg. Sep. 1980.

1126 BVerfG vom 28. 11. 1957, 2 BvL 11/56, BVerfGE 7, 183 (188).

1127 Uelner, FS Friauf, 217 (221); Frechen, DWS-Schriftenreihe Nr. 9, 32.

1128 Stand vom 31. 03. 2016.

1129 Keine MdB sind die Bundesminister Maas, Schwesig und Wanka.

1130 BT-Drs. 8/2827, 67. Dazu: ufcc, FR 1979, 560.

c) Mäßigungsgebot der Gewalten untereinander

aa) Inhalt

Das sog. „Mäßigungsgebot der Gewalten" wird immer wieder im Kontext der Würdigung der Nichtanwendungsgesetzgebung unter dem Blickwinkel der Gewaltenteilung thematisiert[1131]. Es wird auch unter dem Begriff der „Organtreue"[1132] gefasst und besagt zum einen, die Zuordnung der Kompetenzen der Gewalten zu respektieren und zum anderen, eine wechselseitige Rücksichtnahme zwischen den Staatsorganen zu üben[1133]. Ebenso gebräuchlich ist der Begriff vom „Gebot der Gewaltenloyalität"[1134] bzw. vom „Grundsatz der Gewaltenloyalität"[1135]. Inhaltlich besagt dieser Grundsatz, dass die Gewalten im gewaltengegliederten Verfassungsstaat aufeinander Rücksicht nehmen sollen[1136] und sich Zurückhaltung aufzuerlegen haben[1137]. Das Mäßigungsgebot der Gewalten untereinander ist als Verfassungsprinzip anerkannt[1138]. Das Mäßigungsgebot der Gewalten gilt auch für die Legislative als diejenige Gewalt, die für den Erlass eines Nichtanwendungsgesetzes zuständig ist[1139]. Mit Bezug auf die Nichtanwendungsgesetzgebung spricht der *BFH* in diesem Kontext von einem „Gebot der Loyalität ggü. der Dritten Gewalt", das die Legislative zu beachten habe und das in einem besonderen Maße zu beachten sei, wenn bereits eine höchstrichterliche Rechtsprechung vorliege[1140].

Im Rahmen der Nichtanwendungsgesetzgebung ist zu fragen, welche Verpflichtungen sich aus dem Mäßigungsgebot der Gewalten für die jeweilige Gewalt

1131 Crezelius, FS Felix, 37 (46 f. und 52); Lang, StuW 1992, 14 (15, 18 ff. und 23) = Lang, DRiZ 1992, 365 (366, 369 ff.); Scholtz, FS Klein, 1041 (1059 f.); Offerhaus, StbJb 1995/96, 7 (12 und 16) ≙ Offerhaus, Sächsische Steuertagung 1996, 76 (79 und 82); Völker/Ardizzoni, NJW 2004, 2413 (2416); Schaumburg/Schaumburg, FS Spindler, 171 (172); Drüen, DStR 2012, Beihefter zu Heft 41/2012, 85 (86).

1132 Flämig, DWS-Schriftenreihe Nr. 9, 50.

1133 Flämig, DWS-Schriftenreihe Nr. 9, 50.

1134 Scholtz, FS Klein, 1041 (1059).

1135 Fleischer/Wedemann, AcP Bd. 209 (2009), 597 (618).

1136 Drüen, DStR 2012, Beihefter zu Heft 41/2012, 85 (86). Ähnlich: Woerner, JbFStR 1985/86, 229 (281) und Knobbe-Keuk, JbFStR 1985/86, 229 (282), die von einem durch Respekt getragenen Umgang der Gewalten miteinander sprechen.

1137 Scholtz, FS Klein, 1041 (1059).

1138 Scholtz, FS Klein, 1041 (1060).

1139 Lang, StuW 1992, 14 (15, 18 ff. und 23) = Lang, DRiZ 1992, 365 (366, 369 ff.); Völker/Ardizzoni, NJW 2004, 2413 (2416); Schaumburg/Schaumburg, FS Spindler, 171 (172); Drüen, DStR 2012, Beihefter zu Heft 41/2012, 85 (86).

1140 BFH, 60 Jahre BFH, 117.

ergeben. Der Legislative soll eine gewisse Zurückhaltung für den Erlass eines Nichtanwendungsgesetzes abzuverlangen sein[1141]. Ferner wird im Schrifttum die Auffassung vertreten, dass die Legislative für den Erlass eines Nichtanwendungsgesetzes die Beweislast trage[1142], bzw. eine besondere sachliche Legitimation benötige[1143]. Diese besondere sachliche Legitimation kann aus verschiedenen Gründen vorliegen. Im Schrifttum genannte Beispiele sind die wirkliche Verbesserung des Rechtszustands[1144], die Verhinderung erheblicher Steuerausfälle[1145], die Wiederherstellung der bisherigen Rechtslage zur Kontinuität des Rechts[1146] und die Gewährung von Rechtssicherheit bei einer zu Lasten des Stpfl. veränderten BFH-Rechtsprechung[1147]. In der Folge sei ein lediglich fiskalisch motiviertes Nichtanwendungsgesetz illoyal und rechtsstaatswidrig[1148], bzw. systemzersetzend und möglicherweise verfassungswidrig[1149]. Nur wenn ein Nichtanwendungsgesetz ein rechtsdogmatisches Fehlurteil korrigieren würde, sei es gerechtfertigt[1150].

Das Mäßigungsgebot der Gewalten ist auch häufig in der Auseinandersetzung der Staatsgewalten miteinander tangiert. So entspricht die im Kontext zu Nichtanwendungsgesetzen getroffene Aussage des MdB *Poß*, der BFH sei „mittlerweile ein finanzpolitisches Risiko“[1151] nicht mehr dem Mäßigungsgebot der

---

1141 Scholtz, FS Klein, 1041 (1060); Offerhaus, StbJb 1995/96, 7 (12 und 16) ≙ Offerhaus, Sächsische Steuertagung 1996, 76 (79 und 82); Schaumburg, Erster Deutscher Finanzgerichtstag 2004, 73 (95); Schaumburg/Schaumburg, FS Spindler, 171 (187).

1142 Crezelius, FS Felix, 37 (47).

1143 Crezelius, FS Felix, 37 (47); Völker/Ardizzoni, NJW 2004, 2413 (2416).

1144 Scholtz, FS Klein, 1041 (1059).

1145 Offerhaus, StbJb 1995/96, 7 (16) ≙ Offerhaus, Sächsische Steuertagung 1996, 76 (82); Schaumburg, Erster Deutscher Finanzgerichtstag 2004, 73 (94 f.); Schaumburg/Schaumburg, FS Spindler, 171 (172).

1146 Offerhaus, StbJb 1995/96, 7 (16).

1147 Schaumburg, Erster Deutscher Finanzgerichtstag 2004, 73 (94 f.); Schaumburg/Schaumburg, FS Spindler, 171 (172).

1148 Lang, StuW 1992, 14 (18 ff.) = Lang, DRiZ 1992, 365 (369 ff.); Völker/Ardizzoni, NJW 2004, 2413 (2416); Lang, T/L, 20. Aufl., § 5 Rn. 30. Tendenziell wohl auch Drüen, DStR 2012, Beihefter zu Heft 41/2012, 85 (86).

1149 Englisch, T/L, 22. Aufl., § 5 Rn. 40.

1150 Lang, StuW 1992, 14 (18 ff.) = Lang, DRiZ 1992, 365 (369 ff.); ders., T/L, 20. Aufl., § 5 Rn. 30; Englisch, T/L, 22. Aufl., § 5 Rn. 40.

1151 Joachim Poß, MdB, Pressemitteilung der SPD-Bundestagsfraktion vom 20. 01. 2005, http://presseservice.pressrelations.de/standard/result_main.cfm?aktion=jour_pm&r=179072&quelle=0&pfach=1&n_firmanr_=108645&sektor=pm&detail=1; zuletzt aufgerufen am 31. 03. 2016.

Gewalten[1152]. Die Aussage ist eine Replik auf die Aussage der damaligen BFH-Präsidentin *Ebling*, die die Reaktionen der Legislative auf missliebige BFH-Entscheidungen als gelegentliches „verfassungsrechtliches Grenzverhalten" bezeichnet[1153] und hierdurch die Grenzen des Mäßigungsgebots der Gewalten berührt sieht. In der realen Wirklichkeit der Nichtanwendungsgesetzgebung scheint insb. die Exekutive auf das Mäßigungsgebot der Gewalten keine Rücksicht zu nehmen. Anders ist es nicht zu erklären, dass die Finanzverwaltung vor dem BFH äußert: „Entscheiden Sie ruhig! Ihre Urteile sind für uns immer sehr wertvoll. Dann wissen wir [sic!] wenigstens, wie wir das Gesetz ändern lassen müssen."[1154] oder: „wenn Sie so entscheiden, müssen wir [sic!] das Gesetz ändern."[1155]. Solche Aussagen sind im Lichte der Gewaltensensibilität eines Nichtanwendungsgesetzes unglücklich. Sie zeugen nicht davon, dass die Exekutive verantwortlich mit ihren Einflussmöglichkeiten umgeht, obwohl sie dazu verpflichtet wäre[1156]. Wenn davon gesprochen wird, dass „wir" das Gesetz ändern müssen, sind sie auch gewaltenanmaßend, da die Exekutive insoweit in den Ausschließlichkeitsbereich der Legislative eingreift. Es wäre unter rechtspolitischen Gesichtspunkten zu begrüßen, wenn sich die Exekutive hier eine Selbstbeschränkung auferlegen würde. Daher wird vertreten, dass sich die Exekutive mit der Initiative zum Erlass eines Nichtanwendungsgesetzes strikt zurückhalten soll[1157]. Überdies soll die Exekutive die Richtigkeitsvermutung der BFH-Rechtsprechung zu widerlegen haben, wenn sie dieser nicht folgen will[1158].

Mit Blick auf die Nichtanwendungsgesetzgebung ergeben sich für die Judikative keine zu beachtenden Pflichten, da das Nichtanwendungsgesetzgebungsverfahren erst nach der BFH-Entscheidung auf Grundlage selbiger beginnen kann. Selbst aufgrund der vorgenannten Äußerungen der Finanzverwaltung kann nichts anderes gelten. Diese belegen zwar die Absicht für ein

---

1152 Ebenso: BFH, 60 Jahre BFH, 118.

1153 Spindler mit Verweis auf Ebling, DB 2005, Heft 22, Seite 1.

1154 Pezzer, DStR 2004, 525 (526) mit Verweis auf Fn. 11; ders., FR 2006, 651 (653). Ähnlich zitiert bei: Pezzer, DWS-Schriftenreihe Nr. 9, 23 (26).

1155 Spindler, FS Solms, 53 (56) = Spindler, Stbg 2006, 1 (3) = Spindler, DStR 2007, 1061 (1062). Ein weiterer Beleg für ein entsprechendes Auftreten der Finanzverwaltung vor dem BFH findet sich bei Birk, FR 2014, 338 (340).

1156 Klein, FS Sendler, 483 (491).

1157 Schaumburg, Erster Deutscher Finanzgerichtstag 2004, 73 (95); Schaumburg/Schaumburg, FS Spindler, 171 (187).

1158 Jachmann, FS Spindler, 115 (124).

Nichtanwendungsgesetz, stellen aber kein sicheres Wissen dar, ob die Exekutive tatsächlich ein Nichtanwendungsgesetz initiieren wird.

bb) Würdigung

Das Mäßigungsgebot der Gewalten ist anzuerkennen. Ob ein Verstoß dagegen zugleich eine Verfassungswidrigkeit nach sich zieht, ist eine andere Frage[1159]. Es spricht viel dafür, eine Verfassungswidrigkeit als Folge eines Verstoßes mit nachfolgenden Argumenten abzulehnen[1160].

Rein sprachlich liegt ein „Gebot“ und keine „Pflicht“ vor. Darüber hinaus ist mit Bezug auf die Nichtanwendungsgesetzgebung die Illoyalität der Gewalten zueinander fraglich. Für sich betrachtet verbleibt das Handeln jeder Gewalt im Rahmen der ihr zustehenden Kompetenzen. Die Legislative beschließt über das Gesetz, die Exekutive durch die Finanzverwaltung beschließt über die allgemeine Anwendung von BFH-Entscheidungen und die Judikative entscheidet über das finanzgerichtliche Verfahren. Hinzu tritt, dass dem GG eine strikte Gewaltentrennung fremd ist. Dies impliziert als Konsequenz Reibungspunkte und u. U. auch divergierende Auffassungen zwischen den Gewalten. Diese Reibungspunkte sind solange hinzunehmen, wie keine Eingriffe in den Kernbereich anderer Gewalten stattfinden. Das Mäßigungsgebot der Gewalten ist auch nicht soweit auszudehnen, dass die Staatsgewalten nur einheitlich zusammenwirken dürfen. Dies würde der vom GG in Art. 20 Abs. 2 Satz 2 GG vorgesehenen Gewaltenteilung widersprechen.

Es mag im Angesicht der Gewaltensensibilität eines Nichtanwendungsgesetzes wünschenswert sein, dass sich die Gewalten im Umgang miteinander Zurückhaltung auferlegen[1161], bzw. mehr Rücksicht und Respekt walten lassen. Dies gilt insb. für die Exekutive und ihr vorgenannt beschriebenes gewaltenanmaßendes Verhalten vor dem BFH. Dieser Wunsch ist aber ein rechtspolitischer, verfassungsrechtlich geboten ist er nicht. Auch wird sich die von der Exekutive eingenommene Rolle im Lichte des Mäßigungsgebots der Gewalten kaum zu einem Eingriff in den verfassungsrechtlich geschützten Kernbereich der Legislative verdichten lassen, da die Legislative in Ausübung ihres Kernbereichs jederzeit Herrin über das Nichtanwendungsgesetz ist und die Freiheit besitzt, es zu beschließen oder nicht zu beschließen.

1159 Drüen, DStR 2012, Beihefter zu Heft 41/2012, 85 (86) mit Verweis auf Fn. 15 lässt die Beantwortung dieser Frage offen.

1160 Im Ergebnis ebenso: Desens, Bindung der Finanzverwaltung an die Rechtsprechung, 70.

1161 Scholtz, FS Klein, 1041 (1059).

Ebenso wenig stellt ein Nichtanwendungsgesetz einen Eingriff in den Kernbereich der Judikative dar, da die Judikative nicht an ihrer rechtsprechenden Tätigkeit gehindert wird. Da die Legislative absolut nur in 0,0023 % der BFH-Entscheidungen[1162] ein Nichtanwendungsgesetz erlässt, verbleibt der Judikative ein genügend großer Raum, in welchem ihre Rechtsprechung in die Breite wirken kann[1163]. Mit Bezug auf die Tätigkeit des Großen Senats des BFH ist allerdings anzumerken, dass zu 7,83 % der Entscheidungen des Großen Senats in der Vergangenheit ein Nichtanwendungsgesetz gefolgt ist. Ein Eingriff der Legislative in den Kernbereich der Judikative ist hier anzunehmen, wenn faktisch eine Breitenwirkung der Rechtsprechung des Großen Senats des BFH durch Nichtanwendungsgesetze unterbunden wird. Dies ist der Fall, wenn zu mehr als einem Viertel der Entscheidungen des Großen Senats des BFH Nichtanwendungsgesetze ergehen.

d) Das Verhältnis der Legislative zur Judikative

Reduziert man den Nichtanwendungsgesetzgebungsprozess auf seinen Kern, steht die von der Judikative verantwortete BFH-Entscheidung ggü. dem von der Legislative verantworteten Nichtanwendungsgesetz. Unter dem Blickwinkel der Gewaltenteilung gibt es zwischen den beiden betroffenen Gewalten weder in personeller, noch in sachlicher Hinsicht eine Vermengung. Legislative und Judikative agieren insoweit im Nichtanwendungsgesetzgebungsprozess völlig unabhängig voneinander. Ihre Gewalten sind strikt getrennt.

Die Gewaltenteilung will gewährleisten, dass sich die Gewalten gegenseitig kontrollieren, mäßigen und begrenzen[1164]. Hieraus folgt, dass es auch einer Kontrolle der Judikative bedarf. Da es der Legislative[1165] nicht möglich ist, Entscheidungen der Judikative abzuändern, würde die Zulässigkeit einer Nichtanwendungsgesetzgebung diesem Kontrollbedürfnis effektiv Rechnung tragen. Andernfalls hätte die Judikative das „letzte Wort“ über eine Rechtsfrage und eine „Erstarrung“ des Rechts wäre die Folge. Insoweit wäre, von einem Eingriff

---

1162 Recherche bei juris am 15. 04. 2016. 163 Nichtanwendungsgesetzen stehen für den Zeitraum vom 01. 09. 1950 (Tätigkeitsbeginn des BFH, BGBl I 1950, 257) bis zum 31. 03. 2016 71.905 BFH-Entscheidungen entgegen.

1163 Schlenk, Bundesfinanzhof und Finanzverwaltung in Kooperation und Unabhängigkeit, 135 und 143.

1164 BVerfG vom 18. 12. 1953, 1 BvL 106/53, BVerfGE 3, 225 (247); BVerfG vom 28. 11. 1957, 2 BvL 11/56, BVerfGE 7, 183 (188); BVerfG vom 27. 04. 1959, 2 BvF 2/58, BVerfGE 9, 268 (279); BVerfG vom 21. 02. 1961, 1 BvR 314/60, BVerfGE 12, 180 (186); BVerfG vom 20. 06. 1967, 2 BvL 10/64, BVerfGE 22, 106 (111).

1165 Für die Exekutive gilt nichts anderes.

der Judikative in den Kernbereich der Legislative zu sprechen[1166]. Eine solche Letztentscheidungskompetenz hat aber nur das BVerfG als Verfassungsorgan[1167], nicht aber die obersten Gerichtshöfe des Bundes i. S. d. Art. 95 Abs. 1 GG, zu denen auch der BFH gehört und die keine Verfassungsorgane sind.

Diese Betrachtung belegt, dass unter Gewaltenteilungsaspekten eine Verfassungswidrigkeit der Nichtanwendungsgesetzgebung nicht angenommen werden kann[1168].

e) Ergebnis

Der Verfassungsgrundsatz der Gewaltenteilung des Art. 20 Abs. 2 Satz 2 GG hat nicht die Verfassungswidrigkeit von Nichtanwendungsgesetzen zur Folge[1169].

Jede der drei Gewalten bleibt bei der Nichtanwendungsgesetzgebung im Rahmen der ihr verfassungsrechtlich gegebenen Kompetenzen. Es greift keine Gewalt in den verfassungsrechtlich geschützten Kernbereich einer anderen Gewalt ein. Dies ist für die Legislative und Judikative, die jeweils nur einmal im gesamten Nichtanwendungsgesetzgebungsverfahren, das von der BFH-Entscheidung bis zum Nichtanwendungsgesetz reicht, agieren, selbsterklärend. Für die Exekutive bedarf es jedoch einer näheren Betrachtung, da sie gleich mehrfach an verschiedener Stelle im Nichtanwendungsgesetzgebungsprozess agiert[1170] und für ihre Rechtsauffassung wirbt. So ist die Exekutive in Gestalt der Finanzverwaltung zunächst Partei im Verfahren vor dem BFH, entscheidet hierbei über die Frage der Verhinderung einer BFH-Entscheidung sowie in der Folge über deren Veröffentlichung im BStBl II und den Erlass eines Nichtanwendungserlasses bevor sie zuletzt oftmals eine wesentliche Rolle im Gesetzgebungsverfahren ausübt. Dieses mehrfache Tätigwerden der Exekutive im Nichtanwendungsgesetzgebungsprozess ist logische Konsequenz der bundesrepublikanischen Gewaltenteilung, die der Exekutive in Gestalt der Finanzverwaltung durch Art. 108 GG zum einen die Verwaltung der Steuern zur Aufgabe gegeben hat und zum anderen der Exekutive in Gestalt der Bundesregierung und des Bundesrates, insb. durch die Initiativrechte des Art. 76 Abs. 1 1. und 3. Var. GG, eine starke Stellung im Gesetzgebungsverfahren zugebilligt hat.

1166 Schlenk, Bundesfinanzhof und Finanzverwaltung in Kooperation und Unabhängigkeit, 135.

1167 Lechner/Zuck, BVerfGG, § 1 Rn. 4.

1168 Ebenso: Herden, FS Spindler, 445 (448).

1169 Ebenso: Lang, StuW 1992, 14 (19) = Lang, DRiZ 1992, 365 (370); Schlenk, Bundesfinanzhof und Finanzverwaltung in Kooperation und Unabhängigkeit, 134 f., 137 ff. und 143.

1170 Pezzer, DStR 2004, 525 (534).

3. *Verfassungsgrundsatz der Gewaltenbindung des Art. 20 Abs. 3 GG*

a) Einführung

Der Verfassungsgrundsatz der Gewaltenbindung findet sich in Art. 20 Abs. 3 GG. Hiernach ist die Gesetzgebung (Legislative) gem. dem 1. HS an die verfassungsmäßige Ordnung gebunden. Die vollziehende Gewalt (Exekutive) und die Rechtsprechung (Judikative) sind gem. dem 2. HS an Gesetz und Recht gebunden. Der Verfassungsgrundsatz der Gewaltenbindung ist Teil des Rechtsstaatsprinzips[1171].

Nach dem Wortlaut des GG folgt hieraus eine Hierarchie, in der die Legislative an der Spitze steht und sich allein der verfassungsmäßigen Ordnung zu unterwerfen hat. Exekutive und Judikative sind hingegen an Gesetz und Recht gebunden. Dieses Gesetz und Recht wird von der Legislative gesetzt.

Mit Blick auf die Nichtanwendungsgesetzgebung deutet dieser Wortlaut daraufhin, dass Nichtanwendungsgesetze allein den Anforderungen der verfassungsmäßigen Ordnung genügen müssen und keine Bindungsverpflichtungen ggü. der dem Nichtanwendungsgesetz vorhergehenden Judikatur des BFH bestehen.

Ob und ggf. unter welchen Bedingungen dieser These zu folgen ist, bestimmt sich nach den primären und sekundären Grundsätzen der Gewaltenbindung. Bzgl. der Nichtanwendungsgesetze ist bei den primären Grundsätzen der Gewaltenbindung des Art. 20 Abs. 3 GG zu fragen, welchen Bindungen Legislative und Judikative unterliegen. Bei den sekundären Grundsätzen ist von Bedeutung, welchen Anforderungen Nichtanwendungsgesetze im Hinblick auf Bestimmtheit, Vertrauensschutz und Verhältnismäßigkeit unterliegen.

b) Primäre Grundsätze

aa) Bindungen der Legislative

Die verfassungsmäßige Ordnung ist die Gesamtheit der Normen des GG[1172]. Durch die Bindung der Legislative an selbige in Art. 20 Abs. 3 1. HS GG, dürfen die Gesetze der Legislative nicht den Anforderungen des GG zuwiderlaufen.

Dieses für jedes Gesetz geltende Postulat gilt auch für jedes Nichtanwendungsgesetz. Es ist jedoch kein Hinweis ersichtlich, dass aus der Bindung der Legislative an die verfassungsmäßige Ordnung weitergehende Anforderungen an ein Nichtanwendungsgesetz abzuleiten sind.

1171 Sachs, Sachs, GG, Art. 20 Rn. 77; Antoni, Hömig, GG, Art. 20 Rn. 10.

1172 Sommermann, von Mangoldt/Klein/Starck GG Bd. II, Art. 20 Rn. 250.

bb) Bindungen der Judikative

Gem. Art. 20 Abs. 3 2. HS GG ist die Judikative an Gesetz und Recht gebunden. Gesetz ist das Parlamentsgesetz, d. h. das Gesetz im formellen Sinne[1173]. Hierunter fallen sämtliche Steuergesetze und damit auch die Nichtanwendungsgesetze. Recht sind die Normen des GG, das primäre und sekundäre EU-Recht, die allgemeinen Regeln des Völkerrechts und das Gewohnheitsrecht[1174]. Die Rechtsprechung des BFH ist hiernach weder Gesetz noch Recht i. S. d. Art. 20 Abs. 3 2. HS GG[1175].

Die Bindung der Judikative an Gesetz und Recht bedeutet, dass die Rechtsprechungsorgane die Normen der verfassungsmäßigen Rechtsordnung ihrer Entscheidung zugrunde zu legen haben[1176]. Dies gilt selbstverständlich auch für den BFH. Hierdurch wird der rechtliche Gestaltungsrahmen der Judikative determiniert, innerhalb dessen die Judikative in ihren Entscheidungen frei ist. Die Grenze der Gestaltungsbefugnis der Judikative und eine Verletzung des Art. 20 Abs. 3 GG liegt aber dann vor, wenn sich die Judikative aus der Rolle der Normanwenderin in die einer normsetzenden Instanz begeben hat[1177].

Dieses verfassungsrechtliche Postulat verdeutlicht das in Art. 20 Abs. 3 GG normierte Abhängigkeitsverhältnis der Judikative von dem durch Legislative gesetzten Recht. Es ist daher der Legislative das Recht zur Nichtanwendungsgesetzgebung zuzubilligen. Andernfalls würde sich ein Abhängigkeitsverhältnis der Legislative von der Judikative ergeben, das der Rangordnung des Art. 20 Abs. 3 GG nicht entsprechen würde.

cc) Würdigung

Der Verfassungsgrundsatz der Gewaltenbindung in Art. 20 Abs. 3 GG spricht für die verfassungsrechtliche Zulässigkeit von Nichtanwendungsgesetzen[1178].

Mit Verweis auf die Ausführungen zum Verfassungsgrundsatz der Gewaltenteilung in Art. 20 Abs. 2 Satz 2 GG[1179], ist das Nichtanwendungsgesetz letztlich

---

1173 Sommermann, von Mangoldt/Klein/Starck GG Bd. II, Art. 20 Rn. 264.

1174 Sommermann, von Mangoldt/Klein/Starck GG Bd. II, Art. 20 Rn. 265.

1175 Ebenso: Offerhaus, Stbg 1998, 437 (441); Schlenk, Bundesfinanzhof und Finanzverwaltung in Kooperation und Unabhängigkeit, 53.

1176 Sommermann, von Mangoldt/Klein/Starck GG Bd. II, Art. 20 Rn. 285.

1177 BVerfG vom 03. 11. 1992, 1 BvR 1243/88, BVerfGE 87, 273 (280); BVerfG vom 07. 06. 2005, 1 BvR 1508/96, BVerfGE 113, 88 (103 f.).

1178 Ebenso: Schlenk, Bundesfinanzhof und Finanzverwaltung in Kooperation und Unabhängigkeit, 134 und 143.

1179 Siehe 3. Teil B. I. 2.

das „Produkt“ einer Reaktion der Legislative auf eine Entscheidung der Judikative. Indem Art. 20 Abs. 3 GG die Legislative aber nur an die verfassungsmäßige Ordnung und nicht an die Judikative bindet, muss hiernach ein Nichtanwendungsgesetz verfassungsrechtlich zulässig sein. Die Legislative ist insoweit frei von der Judikative. Die verfassungsmäßige Ordnung nach Art. 20 Abs. 3 GG ist die einzige Schranke, der ein Nichtanwendungsgesetz genügen muss.

c) *Sekundäre Grundsätze*

aa) Bestimmtheit

Gesetze müssen inhaltlich hinreichend bestimmt sein und sind damit „so bestimmt zu fassen, wie dies nach der Eigenart der zu ordnenden Lebenssachverhalte und mit Rücksicht auf den Normzweck möglich ist“[1180]. Der Stpfl. als Adressat der Steuernorm muss danach die Rechtslage erkennen und sein Verhalten danach einrichten können[1181]. Dieses allgemeine Bestimmtheitserfordernis gilt auch für jedes Nichtanwendungsgesetz. Darüber hinausgehende Anforderungen bestehen für Nichtanwendungsgesetze nicht. Das Nichtanwendungsgesetz ist letztlich ein formelles Gesetz wie jedes andere formelle Gesetz auch. Der Anlass für die Entstehung des Nichtanwendungsgesetzes ist in der zeitlich vorgelagerten Rechtsprechung des BFH begründet. Diese Tatsache führt aber nicht dazu, dem Nichtanwendungsgesetz hinsichtlich seiner Bestimmtheit strengere Anforderungen aufzuerlegen. Für den Stpfl. als Gesetzesadressaten ist es entscheidend, dass er Tatbestand und Rechtsfolge der Nichtanwendungsnorm erkennen kann. Darüber hinausgehende Informationen, braucht ein Nichtanwendungsgesetz nicht bereitzuhalten.

bb) Vertrauensschutz

Vertrauensschutz ist der Schutz vor der Rückwirkung von Gesetzen. Das GG enthält nur in Art. 103 Abs. 2 GG mit dem dort normierten Rückwirkungsverbot für Strafgesetze Ausführungen zur Rückwirkung. Dieses ist nicht auf Steuergesetze anwendbar[1182]. Der Gesetzgeber unterliegt aber einer besonderen Rechtfertigung, wenn sein belastendes Gesetz oder sein Gesetz, das eine Vergünstigung einschränkt

---

1180 BVerfG vom 26. 09. 1978, 1 BvR 525/77, BVerfGE 49, 168 (181).

1181 Vgl. allgemein u. a. BVerfG vom 07. 07. 1971, 1 BvR 775/66, BVerfGE 31, 255 (264); BVerfG vom 27. 11. 1990, 1 BvR 402/87, BVerfGE 83, 130 (145); BVerfG vom 24. 04. 1991, 1 BvR 1341/90, BVerfGE 84, 133 (149); BVerfG vom 17. 11. 1992, 1 BvL 8/87, BVerfGE 87, 234 (263).

1182 BVerfG vom 24. 07. 1957, 1 BvL 23/52, BVerfGE 7, 89 (95) mit Bezug auf die Hundesteuer.

oder aufhebt, Wirkung für die Vergangenheit entfaltet und so die Rechtsposition des Normadressaten verschlechtert wird[1183].

Für rückwirkende Nichtanwendungsgesetze scheint auf den ersten Blick verfassungsrechtlich kein Raum zu sein, wenn das *BVerfG*[1184] ausführt: „Der Gesetzgeber darf ein von der höchstrichterlichen Rechtsprechung zutreffend angewandtes Gesetz nicht rückwirkend ändern, um die Rechtsprechung für die Vergangenheit ins Unrecht zu setzen und zu korrigieren." Auf den zweiten Blick ergibt sich jedoch ein differenzierteres Bild des Vertrauensschutzes. Nicht zuletzt deshalb werden Fragen der Rückwirkung immer wieder im Kontext zu Nichtanwendungsgesetzen thematisiert[1185].

(1) Echte und unechte Rückwirkung

In seiner Judikatur zur Rückwirkung differenziert das BVerfG zwischen der echten (retroaktiven) Rückwirkung und der unechten Rückwirkung (retrospektiven) Rückwirkung[1186].

1183 BVerfG vom 10. 03. 1971, 2 BvL 3/68, BVerfGE 30, 272 (285 f.); BVerfG vom 14. 05. 1986, 2 BvL 2/83, BVerfGE 72, 200 (257); BVerfG vom 03. 12. 1997, 2 BvR 882/97, BVerfGE 97, 67 (78).

1184 BVerfGE vom 31. 03. 1965, 2 BvL 17/63, BVerfGE 18, 429.

1185 Knobbe-Keuk, BB 1985, 941 (948); Woerner, JbFStR 1985/86, 229 (279); Offerhaus, StbJb 1995/96, 7 (12); Horlemann, KÖSDI 1998, 11557 (11557 f.); Völker/Ardizzoni, NJW 2004, 2413 (2415 f.); Spindler, FS Solms, 53 (57) = Spindler, Stbg 2006, 1 (4); Spindler NWB 2010, 3929; Schmidt, EStG, 30. Auflage, Vorwort, (VIf); Desens, Bindung der Finanzverwaltung an die Rechtsprechung, 66; Hey, JZ 2014, 500 (500 ff.); Drüen, Ubg 2014, 683 (683 ff.) und 747 (747 ff.); Schönfeld/Bergmann, DStR 2015, 257 (257 ff.); Wernsmann, HHSp, § 4 AO Rn. 178, 234. Lfg. Aug. 2015; Wernsmann, HHSp, § 4 AO Rn. 754, 231. Lfg. Feb. 2015; Wissenschaftlicher Beirat Ernst & Young Steuern, DB 2015, 513 (513 ff.); Osterloh, StuW 2015, 201 (204 und 207); Drüen, StuW 2015, 210 (211 und 215 ff.). Der Aufsatz von Offerhaus, Sächsische Steuertagung 1996, 76 entspricht grds.den Ausführungen von Offerhaus, StbJb 1995/96, 7. Zu dem Punkt der Rückwirkung finden sich aber in der Veröffentlichung zur zeitlich späteren Sächsischen Steuertagung keine Ausführungen.

1186 Vgl. u. a. BVerfG vom 31. 05. 1960, 2 BvL 4/59, BVerfGE 11, 139 (145 f.). Mit Verweis auf BVerfG vom 14. 05. 1986, 2 BvL 2/83, BVerfGE 72, 200 (242) wird die echte Rückwirkung vom 2. Senat des BVerfG auch als Rückbewirkung von Rechtsfolgen und die unechte Rückwirkung auch als tatbestandliche Rückanknüpfung bezeichnet. Inhaltliche Unterschiede ergeben sich hieraus in der Regel aber nicht, Spindler, Stbg 2010, 529 (530 mit Bezug auf Fn. 12). Zum Teil werden die Begriffe vom BVerfG auch gemeinsam verwandt, BVerfG vom 03. 12. 1997, 2 BvR 882/97, BVerfGE 97, 67 (78 f.); BVerfG vom 10. 10. 2012, 1 BvL 6/07, BVerfGE 132, 302 (318).

Die echte Rückwirkung ist wegen eines Verstoßes gegen das Rechtsstaatsprinzip grds. verfassungsrechtlich unzulässig, da der Stpfl. darauf vertrauen können muss, dass er nicht nachträglich einer Belastung unterworfen wird[1187]. Sie liegt vor, wenn ein Gesetz nachträglich auf bereits erfolgte Tatbestände aus der Vergangenheit wirkt und diese verändert[1188]. Ausnahmen von dem Grundsatz des Verbots echter Rückwirkung erkennt das BVerfG allerdings an, wenn sich kein schützenswertes Vertrauen auf den Bestand des geltenden Rechts bilden konnte[1189]. Dies ist der Fall, wenn 1. der Stpfl. im Zeitpunkt, auf den das Gesetz den Eintritt der Rechtsfolge zurückbezieht, mit einer solchen rückwirkenden Norm rechnen musste[1190]; wenn 2. eine unklare, verworrene, lückenhafte oder systemwidrige und unbillige Rechtslage vorherrscht[1191]; wenn 3. die echte Rückwirkung zu keinem oder einem nur ganz unerheblichen Schaden führt[1192]; wenn 4. man sich nicht auf den durch eine ungültige Norm erzeugten Rechtsschein verlassen darf[1193]; wenn 5. zwingende Gründe

---

1187 Vgl. u. a. BVerfG vom 10. 03. 1971, 2 BvL 3/68, BVerfGE 30, 272 (285); BVerfG vom 23. 03. 1971, 2 BvL 17/69, BVerfGE 30, 392 (401); BVerfG vom 15. 10. 1996, 1 BvL 44, 48/92, BVerfGE 95, 64 (86); BVerfG vom 03. 12. 1997, 2 BvR 882/97, BVerfGE 97, 67 (78 f.); BVerfG vom 27. 09. 2005, 2 BvR 1387/02, BVerfGE 114, 258 (300).

1188 Vgl. u. a. BVerfG vom 23. 03. 1971, 2 BvL 2/66, 2 BvR 168, 196, 197, 210, 472/66, BVerfGE 30, 367 (386); BVerfG vom 23. 03. 1971, 2 BvL 17/69, BVerfGE 30, 392 (401); BVerfG vom 15. 10. 1996, 1 BvL 44, 48/92, BVerfGE 95, 64 (86); BVerfG vom 03. 12. 1997, 2 BvR 882/97, BVerfGE 97, 67 (78 f.); BVerfG vom 27. 09. 2005, 2 BvR 1387/02, BVerfGE 114, 258 (300).

1189 Vgl. u. a. BVerfG vom 15. 10. 1996, 1 BvL 44, 48/92, BVerfGE 95, 64 (87); BVerfG vom 23. 11. 1999, 1 BvF 1/94, BVerfGE 101, 239 (263).

1190 Vgl. u. a. BVerfG vom 19. 12. 1961, 2 BvL 6/59, BVerfGE 13, 261 (272); BVerfG vom 31. 03. 1965, 2 BvL 17/63, BVerfGE 18, 429 (439); BVerfG vom 23. 03. 1971, 2 BvL 2/66, 2 BvR 168, 196, 197, 210, 472/66, BVerfGE 30, 367 (387); BVerfG vom 25. 06. 1974, 2 BvF 2, 3/73, BVerfGE 37, 363 (397); BVerfG vom 15. 10. 1996, 1 BvL 44, 48/92, BVerfGE 95, 64 (87).

1191 Vgl. u. a. BVerfG vom 19. 12. 1961, 2 BvL 6/59, BVerfGE 13, 261 (272); BVerfG vom 31. 03. 1965, 2 BvL 17/63, BVerfGE 18, 429 (439); BVerfG vom 24. 07. 1968, 1 BvR 537/65, BVerfGE 24, 75 (100 f.); BVerfG vom 23. 03. 1971, 2 BvL 2/66, 2 BvR 168, 196, 197, 210, 472/66, BVerfGE 30, 367 (388); BVerfG vom 14. 05. 1986, 2 BvL 2/83, BVerfGE 72, 200 (259).

1192 Vgl. u. a. BVerfG vom 23. 03. 1971, 2 BvL 2/66, 2 BvR 168, 196, 197, 210, 472/66, BVerfGE 30, 367 (389); BVerfG vom 15. 10. 1996, 1 BvL 44, 48/92, BVerfGE 95, 64 (87).

1193 Vgl. u. a. BVerfG vom 19. 12. 1961, 2 BvL 6/59, BVerfGE 13, 261 (272); BVerfG vom 31. 03. 1965, 2 BvL 17/63, BVerfGE 18, 429 (439).

des Allgemeinwohls, die dem Vertrauensschutz vorgehen, eine Rückwirkung rechtfertigen[1194].

Die unechte Rückwirkung ist verfassungsrechtlich nicht grds. unzulässig[1195]. Sie liegt vor, wenn der Gesetzgeber ändernd auf gegenwärtige, noch nicht abgeschlossene Sachverhalte und Rechtsbeziehungen einwirkt[1196].

Im Steuerrecht liegt eine echte Rückwirkung nur dann vor, wenn der Gesetzgeber nachträglich eine bereits entstandene Steuerschuld abändert[1197]. Die ESt, welche mit 94 Nichtanwendungsgesetzen zu BFH-Entscheidungen im EStG am stärksten von der Nichtanwendungsgesetzgebung betroffen ist, entsteht gem. § 38 AO i. V. m. § 36 Abs. 1 EStG mit Ablauf des Veranlagungszeitraums[1198]. Der Veranlagungszeitraum ist gem. § 25 Abs. 1 EStG das Kalenderjahr. Damit sind echte und unechte Rückwirkung danach voneinander abzugrenzen, ob das EStG während des Veranlagungszeitraums oder nach Beendigung des Veranlagungszeitraums geändert wird. Oftmals dürften die steuerlichen Normen aber bereits vor dem Entstehen der Steuerschuld abgeändert werden, weshalb zu vermuten ist, dass im Steuerrecht unechte Rückwirkungen wesentlich häufiger als echte Rückwirkungen gegeben sind.

(2) Die jüngste Rechtsprechung des BVerfG zur echten und unechten Rückwirkung

Zuletzt hat das BVerfG seine Rechtsprechung zur echten und unechten Rückwirkung in Entscheidungen mit steuerrechtlichem Inhalt nachhaltig weiterentwickelt.

1194 Vgl. u. a. BVerfG vom 14. 11. 1961, 2 BvR 345/60, BVerfGE 13, 215 (225); BVerfG vom 19. 12. 1961, 2 BvL 6/59, BVerfGE 13, 261 (272); BVerfG vom 31. 03. 1965, 2 BvL 17/63, BVerfGE 18, 429 (439); BVerfG vom 15. 11. 1967, 2 BvL 7, 20, 22/64, BVerfGE 22, 330 (349); BVerfG vom 23. 03. 1971, 2 BvL 2/66, 2 BvR 168, 196, 197, 210, 472/66, BVerfGE 30, 367 (390 f.); BVerfG vom 25. 06. 1974, 2 BvF 2, 3/73, BVerfGE 37, 363 (397); BVerfG vom 14. 05. 1986, 2 BvL 2/83, BVerfGE 72, 200 (260); BVerfG vom 03. 12. 1997, 2 BvR 882/97, BVerfGE 97, 67 (79).

1195 BVerfG vom 07. 07. 2010, 2 BvL 14/02, 2/04, 13/05, BVerfGE 127, 1, 1. Leitsatz.

1196 Vgl. u. a. BVerfG vom 23. 03. 1971, 2 BvL 2/66, 2 BvR 168, 196, 197, 210, 472/66, BVerfGE 30, 367 (386); BVerfG vom 15. 10. 1996, 1 BvL 44, 48/92, BVerfGE 95, 64 (86).

1197 Vgl. u. a. BVerfG vom 07. 07. 2010, 2 BvL 14/02, 2/04, 13/05, BVerfGE 127, 1 (18); BVerfG vom 07. 07. 2010, 2 BvL 1/03, 57, 58/06, BVerfGE 127, 31 (48); BVerfG vom 07. 07. 2010, 2 BvR 748, 753, 1738/05, BVerfGE 127, 61 (77).

1198 Vgl. u. a. BVerfG vom 07. 07. 2010, 2 BvL 14/02, 2/04, 13/05, BVerfGE 127, 1 (18); BVerfG vom 07. 07. 2010, 2 BvL 1/03, 57, 58/06, BVerfGE 127, 31 (48); BVerfG vom 07. 07. 2010, 2 BvR 748, 753, 1738/05, BVerfGE 127, 61 (77) m. w. N. auf die Rechtsprechung des BVerfG.

Durch eine Änderung seiner Rechtsprechung hat das BVerfG mit seinen Beschlüssen vom 07. 07. 2010[1199] unechte Rückwirkungen als verfassungswidrig angesehen. Nach diesen Beschlüssen ist eine unechte Rückwirkung nur dann verfassungsrechtlich zulässig, „wenn sie zur Förderung des Gesetzeszwecks geeignet und erforderlich ist und wenn bei einer Gesamtabwägung zwischen dem Gewicht des enttäuschten Vertrauens und dem Gewicht und der Dringlichkeit der die Rechtsänderung rechtfertigenden Gründe die Grenze der Zumutbarkeit gewahrt bleibt.“[1200]. Diese Verhältnismäßigkeitsprüfung wird ergänzt durch eine restriktive Annahme von die unechte Rückwirkung rechtfertigenden Gründen, da nach der Rechtsprechung des BVerfG die Motive der Verbesserung der Rechtslage[1201], der Absicht zur Erzielung von Einnahmen[1202], die Schließung von Besteuerungslücken[1203] und der Aspekt der Missbrauchsbekämpfung[1204] grds. nicht zur Rechtfertigung einer unechten Rückwirkung geeignet sind. Überdies sind Aspekte der Praktikabilität und Vereinfachung eng auszulegen[1205] und Typisierungen dürfen nicht zu grob ausfallen[1206]. Durch diese Beschlüsse hat das BVerfG den Vertrauensschutz gestärkt[1207] und das Niveau schutzwürdigen Vertrauens bei einer unechten Rückwirkung dem Schutzniveau der echten Rückwirkung angenähert[1208]. Mit seinem Beschluss vom 10. 10. 2012[1209] hat das BVerfG diese Rechtsprechung bestätigt und fortgeführt, wenn es formuliert, dass unechte Rückwirkungen den echten Rückwirkungen nahestehen und daher

1199 BVerfG vom 07. 07. 2010, 2 BvL 14/02, 2/04, 13/05, BVerfGE 127, 1; BVerfG vom 07. 07. 2010, 2 BvL 1/03, 57, 58/06, BVerfGE 127, 31; BVerfG vom 07. 07. 2010, 2 BvR 748, 753, 1738/05, BVerfGE 127, 61. Bestätigt durch BVerfG vom 10. 10. 2012, 1 BvL 6/07, BVerfGE 132, 302 (320).

1200 BVerfG vom 07. 07. 2010, 2 BvL 14/02, 2/04, 13/05, BVerfGE 127, 1, 1. Leitsatz.

1201 BVerfG vom 07. 07. 2010, 2 BvL 14/02, 2/04, 13/05, BVerfGE 127, 1 (25 f.).

1202 BVerfG vom 07. 07. 2010, 2 BvL 14/02, 2/04, 13/05, BVerfGE 127, 1 (26); BVerfG vom 07. 07. 2010, 2 BvL 1/03, 57, 58/06, BVerfGE 127, 31 (54 f. und 59 f.); BVerfG vom 07. 07. 2010, 2 BvR 748, 753, 1738/05, BVerfGE 127, 61 (82 f.).

1203 BVerfG vom 07. 07. 2010, 2 BvL 1/03, 57, 58/06, BVerfGE 127, 31 (55 f.); BVerfG vom 07. 07. 2010, 2 BvR 748, 753, 1738/05, BVerfGE 127, 61 (83 ff.).

1204 BVerfG vom 07. 07. 2010, 2 BvR 748, 753, 1738/05, BVerfGE 127, 61 (83 f.).

1205 BVerfG vom 07. 07. 2010, 2 BvL 14/02, 2/04, 13/05, BVerfGE 127, 1 (27); BVerfG vom 07. 07. 2010, 2 BvR 748, 753, 1738/05, BVerfGE 127, 61 (85).

1206 BVerfG vom 07. 07. 2010, 2 BvL 14/02, 2/04, 13/05, BVerfGE 127, 1 (27); BVerfG vom 07. 07. 2010, 2 BvR 748, 753, 1738/05, BVerfGE 127, 61 (85).

1207 Spindler, Stbg 2010, 529 (529 und 534); Desens, StuW 2011, 113 (113).

1208 Desens, StuW 2011, 113 (113).

1209 BVerfG vom 10. 10. 2012, 1 BvL 6/07, BVerfGE 132, 302.

besonderen Anforderungen unter den Gesichtspunkten von Vertrauensschutz und Verhältnismäßigkeit unterliegen[1210].

Mit seinem – im Senat umstrittenen[1211] – Beschluss vom 17. 12. 2013[1212] hat das BVerfG eine echte Rückwirkung als verfassungswidrig beurteilt und damit den Vertrauensschutz gestärkt. Die Feststellung der Verfassungswidrigkeit einer echten Rückwirkung erfolgte überhaupt erst zum dritten Mal in der Geschichte des BVerfG und ist der erste Fall seit mehr als vierzig Jahren[1213]. Das BVerfG erkannte eine der unter (1) genannten, die echte Rückwirkung rechtfertigenden, Ausnahmen nicht an und entschied überdies, „eine nachträgliche, klärende Feststellung des geltenden Rechts durch den Gesetzgeber ist grds. als konstitutiv rückwirkende Regelung anzusehen, wenn dadurch eine in der Fachgerichtsbarkeit offene Auslegungsfrage entschieden wird oder eine davon abweichende Auslegung ausgeschlossen werden soll.“[1214]. Der Judikative komme hierbei die Entscheidung darüber zu, ob die Vorschrift konstitutiv oder deklaratorisch ist[1215]. Damit sei eine vom Gesetzgeber gewollte rückwirkende Klarstellung der Rechtslage verfassungsrechtlich nicht zur Rechtfertigung einer echten Rückwirkung geeignet[1216].

(3) Ergebnis

Im Ergebnis führt die Differenzierung zwischen echter und unechter Rückwirkung damit lediglich zu einem unterschiedlichen Vertrauensschutz, der für den Stpfl. im Falle einer echten Rückwirkung höher ist. Durch die vorgenannte jüngste Rechtsprechung des BVerfG[1217] zur unechten Rückwirkung, ist der

---

1210 BVerfG vom 10. 10. 2012, 1 BvL 6/07, BVerfGE 132, 302, 1. Leitsatz.

1211 Vgl. die abweichende Meinung des Richters am BVerfG Masing zu BVerfG vom 17. 12. 2013, 1 BvL 5/08, BVerfGE 135, 1 (29).

1212 BVerfG vom 17. 12. 2013, 1 BvL 5/08, BVerfGE 135, 1.

1213 BVerfG vom 31. 03. 1965, 2 BvL 17/63, BVerfGE 18, 429; BVerfG vom 10. 03. 1971, 2 BvL 3/68; BVerfGE 30, 272.

1214 BVerfG vom 17. 12. 2013, 1 BvL 5/08, BVerfGE 135, 1, 2. Leitsatz.

1215 BVerfG vom 17. 12. 2013, 1 BvL 5/08, BVerfGE 135, 1 (15).

1216 Hey, JZ 2014, 500 (507); Birk, FR 2014, 338 (340); Drüen, Ubg 2014, 683 (692); Schönfeld/Bergmann, DStR 2015, 257 (262). A. A. Wiese/Berner, DStR 2014, 1260 (1264).

1217 BVerfG vom 07. 07. 2010, 2 BvL 14/02, 2/04, 13/05, BVerfGE 127, 1; BVerfG vom 07. 07. 2010, 2 BvL 1/03, 57, 58/06, BVerfGE 127, 31; BVerfG vom 07. 07. 2010, 2 BvR 748, 753, 1738/05, BVerfGE 127, 61. Bestätigt durch BVerfG vom 10. 10. 2012, 1 BvL 6/07, BVerfGE 132, 302 (320).

dortige Vertrauensschutz des Stpfl. gestärkt[1218] und dem Vertrauensschutz bei der echten Rückwirkung angenähert worden[1219]. Bei der echten Rückwirkung hat das BVerfG den Vertrauensschutz des Stpfl. zuletzt[1220] ebenfalls gestärkt.

Die vom BVerfG entwickelte Judikatur zur Rückwirkung von Gesetzen gilt auch für Nichtanwendungsgesetze und zeigt, dass rückwirkende Nichtanwendungsgesetze entgegen anderslautend erscheinender Ausführungen des BVerfG[1221] nicht per se verfassungswidrig sind. Ob rückwirkende Nichtanwendungsgesetze darüber hinaus speziellen verfassungsrechtlichen Anforderungen unterliegen, ist von großer Relevanz, da mit Verweis auf die Ausführungen im 2. Teil C. XI. von 163 Nichtanwendungsgesetzen gegen BFH-Entscheidungen 85 Nichtanwendungsgesetze (52,15 %) Rückwirkungen entfalten. Vor diesem Hintergrund sind Äußerungen im Schrifttum verständlich, nach denen das Nichtanwendungsgesetz grds. nicht zurückwirken darf[1222], zu Lasten der Stpfl. wirkende Nichtanwendungsgesetze nur für die Zukunft geändert werden dürfen[1223], einzelne Nichtanwendungsgesetze den Anforderungen des Vertrauensschutzes nicht genügen[1224] und es kritikwürdig ist, dass mit echter Rückwirkung versehene Nichtanwendungsgesetze durch ein Klarstellungsinteresse des Gesetzgebers gerechtfertigt werden[1225]. Die Forderung, dass Nichtanwendungsgesetze grds. nicht zurückwirken dürfen, ist rechtspolitisch durchaus zu begrüßen[1226].

1218 Spindler, Stbg 2010, 529 (529 und 534); Desens, StuW 2011, 113 (113).

1219 Desens, StuW 2011, 113 (113).

1220 BVerfG vom 17. 12. 2013, 1 BvL 5/08, BVerfGE 135, 1.

1221 BVerfG vom 31. 03. 1965, 2 BvL 17/63, BVerfGE 18, 429, Leitsatz: „Der Gesetzgeber darf ein von der höchstrichterlichen Rechtsprechung zutreffend angewandtes Gesetz nicht rückwirkend ändern, um die Rechtsprechung für die Vergangenheit ins Unrecht zu setzen und zu korrigieren.“ Das BVerfG hat zugleich in dieser Entscheidung Kriterien aufgestellt, unter denen eine Rückwirkung zulässig ist, BVerfG vom 31. 03. 1965, 2 BvL 17/63, BVerfGE 18, 429 (439).

1222 Offerhaus, StbJb 1995/96, 7 (12). Der Aufsatz von Offerhaus, Sächsische Steuertagung 1996, 76 entspricht grds.den Ausführungen von Offerhaus, StbJb 1995/96, 7. Zu dem Punkt der Rückwirkung finden sich aber in der Veröffentlichung zur zeitlich späteren Sächsischen Steuertagung keine Ausführungen.

1223 Tipke, Die Steuerrechtsordnung Bd. III 1. Aufl., 1184.

1224 Jochum, FS Kirchhof Bd. II, 1611, (1619 ff.) mit Bezug auf das Nichtanwendungsgesetz § 4 Abs. 9 EStG und § 9 Abs. 6 EStG (BGBl I 2011, 2592 (2600) gegen BFH vom 28. 07. 2011, VI R 7/10, BStBl II 2012, 271; BFH vom 28. 07. 2011, VI R 5/10, BStBl II 2012, 553 und BFH vom 28. 07. 2011, VI R 38/10, BStBl II 2012, 561).

1225 Hey, T/L, 21. Aufl., § 3 Rn. 269.

1226 Zur rechtspolitischen Wertung dieser Forderung siehe 4. Teil B. I.

Für einen diesbzgl. verfassungsrechtlichen Zwang sind jedoch keine Hinweise ersichtlich. Der Rechtsprechung des BVerfG kann nichts anderes entnommen werden, da das BVerfG selbst die vorgenannten Kriterien entwickelt hat, unter deren Beachtung rückwirkende Gesetze zulässig sind. Nach der bisherigen Rechtsprechung des BVerfG bestehen hinsichtlich der Rückwirkung keine besonderen verfassungsrechtlichen Anforderungen, die allein für rückwirkende Nichtanwendungsgesetze gelten[1227]. Ebenso wenig spricht die zugunsten der Stpfl. wirkende Vertrauensschutzregelung des § 176 Abs. 1 Satz 1 Nr. 3 und Satz 2 AO gegen die Zulässigkeit rückwirkender Nichtanwendungsgesetze, da sich diese aufgrund ihres eindeutigen Wortlauts nur auf Akte der Rechtsprechung, nicht aber auf Legislativakte bezieht.

Mit Blick in die Zukunft erscheinen Steuergesetze ohne Rückwirkung als Utopie. Auch wenn manche politische Parteien dieses Ziel formuliert haben[1228] und schonende Übergangsregelungen bei Gesetzen gefordert werden[1229], sprechen die gesetzgeberische Realität und die in den Koalitionsverträgen niedergelegten Handlungsabsichten der die Bundesregierung bildenden Parteien eine andere Sprache. So haben CDU, CSU und SPD für die 18. Legislaturperiode von 2013-2017 beschlossen: „Eine Rückwirkung von Steuergesetzen soll im verfassungsrechtlichen Rahmen auf die Sicherung von Steuersubstrat und die Verhinderung der missbräuchlichen Nutzung von Steuersparmodellen beschränkt sein."[1230]. Bereits für die 17. Legislaturperiode von 2009 bis 2013 hatten CDU, CSU und FDP beschlossen, grds. rückwirkende gesetzgeberische Maßnahmen zu vermeiden, welche die Bürger belasten[1231]. Diese Formulierungen bieten mit ihren Einschränkungen im Einzelfall genügend Raum zum Erlass eines rückwirkenden Gesetzes. Hinzu tritt, dass die Bundesregierung rückwirkende Regelungen „sparsam und mit Augenmaß" einsetzt[1232].

De lege lata ist daher für jedes Nichtanwendungsgesetz im Einzelfall zu prüfen, ob es den vorgenannten, vom BVerfG postulierten, verfassungsrechtlich

---

1227 Drüen, StuW 2015, 210 (216) mit Bezug auf BVerfG vom 31. 03. 1965, 2 BvL 17/63, BVerfGE 18, 429 (439).

1228 § 3 Abs. 1 des Berliner Entwurfs der FDP, Die neue Einkommensteuer – Niedrig, einfach und gerecht ≙ BT-Drs. 15/2349, 3 und BT-Drs. 16/679, 3.

1229 Spindler, DStR 2001, 725 (728).

1230 Koalitionsvertrag zwischen CDU, CSU und SPD für die 18. Legislaturperiode des BT 2013-2017, 90.

1231 Koalitionsvertrag zwischen CDU, CSU und FDP für die 17. Legislaturperiode des BT 2009-2013, 13.

1232 BT-Drs. 18/953, 3.

gebotenen Anforderungen des Vertrauensschutzes genügt. Spezielle, sich ausschließlich an Nichtanwendungsgesetze richtende Anforderungen des Vertrauensschutzes bestehen derzeit nicht[1233]. Eine verfassungsrechtliche Notwendigkeit zur Entwicklung solcher Anforderungen besteht im Lichte der derzeitigen, vertrauensschutzfreundlichen Rechtsprechung des BVerfG nicht.

(4) Ausblick auf die bevorstehende Rechtsprechung des BVerfG zur echten und unechten Rückwirkung bei Nichtanwendungsgesetzen

De lege ferenda wird die bevorstehende Rechtsprechung des BVerfG[1234] zur echten und unechten Rückwirkung, die die verfassungsrechtliche Überprüfung rückwirkender steuerlicher Nichtanwendungsgesetze zum Inhalt haben wird, die an rückwirkende Gesetze zu stellenden vertrauensschutzrechtlichen Anforderungen im Allgemeinen und mit Bezug auf Nichtanwendungsgesetze im Besonderen näher determinieren. Die nachfolgend vorgenommene eigene verfassungsrechtliche Prüfung der ausstehenden Rechtsprechung des BVerfG[1235] erfolgt dabei auf Basis der bisherigen verfassungsrechtlichen Judikatur zur Rückwirkung.

Im Bereich der unechten Rückwirkung werden die ausstehenden Entscheidungen des BVerfG[1236] auf die Vorlagebeschlüsse des BFH vom 07. 12. 2010[1237], 06. 06. 2013[1238] und 27. 11. 2013[1239] zu den unecht rückwirkenden Nichtanwendungsgesetzen § 11 Abs. 2 Satz 3 EStG[1240] und § 14 Abs. 3 Satz 1 KStG[1241] – auf

1233 Drüen, StuW 2015, 210 (216) mit Bezug auf BVerfG vom 31. 03. 1965, 2 BvL 17/63, BVerfGE 18, 429 (439).

1234 BVerfG, Anhängige Verfahren, 2 BvL 1/11, juris; 2 BvL 7/13, juris; 2 BvL 15/14, juris; 2 BvL 18/14, juris; 2 BvL 21/14, juris; 2 BvL 22/14, juris; 2 BvL 23/14, juris; 2 BvL 24/14, juris; 2 BvL 25/14, juris; 2 BvL 26/14, juris; 2 BvL 27/14, juris; 2 BvR 482/14, juris; 2 BvR 2671/14, juris; 2 BvR 2674/14, juris.

1235 BVerfG, Anhängige Verfahren, 2 BvL 1/11, juris; 2 BvL 7/13, juris; 2 BvL 15/14, juris; 2 BvL 18/14, juris; 2 BvL 21/14, juris; 2 BvL 22/14, juris; 2 BvL 23/14, juris; 2 BvL 24/14, juris; 2 BvL 25/14, juris; 2 BvL 26/14, juris; 2 BvL 27/14, juris; 2 BvR 482/14, juris; 2 BvR 2671/14, juris; 2 BvR 2674/14, juris.

1236 BVerfG, Anhängige Verfahren, 2 BvL 1/11, juris; 2 BvL 7/13, juris und 2 BvL 18/14, juris.

1237 BFH vom 07. 12. 2010, IX R 70/07, BStBl II 2011, 346.

1238 BFH vom 06. 06. 2013, I R 38/11, BStBl II 2014, 398.

1239 BFH vom 27. 11. 2013, I R 36/13, BStBl II 2014, 651.

1240 BGBl I 2004, 3310 (3311) gegen BFH vom 23. 09. 2003, IX R 65/02, BStBl II 2005, 159.

1241 BGBl I 2004, 3310 (3316) gegen BFH vom 18. 12. 2002, I R 50/01, Der Konzern 2003, 564; I R 51/01, BStBl II 2005, 49; I R 68/01, HFR 2003, 991.

Basis der BVerfG-Beschlüsse vom 07. 07. 2010[1242] und 10. 10. 2012[1243] – für weitere Klarheit hinsichtlich der verfassungsrechtlich gebotenen Leitplanken unecht rückwirkender Nichtanwendungsgesetze sorgen. Nach der in den Vorlagebeschlüssen vertretenen Auffassung des BFH, sind die unechten Rückwirkungen der Normen verfassungswidrig[1244]. Der Vorlagebeschluss des BFH vom 07. 12. 2010[1245] zu § 11 Abs. 2 Satz 3 EStG[1246] nimmt in seinen Gründen noch keinen Bezug auf die kurz zuvor ergangene Rechtsprechung des BVerfG vom 07. 07. 2010[1247], nach der die Erzielung von Einnahmen[1248], die Schließung von Besteuerungslücken[1249] und der Aspekt der Missbrauchsbekämpfung[1250] grds. nicht zur Rechtfertigung einer unechten Rückwirkung geeignet sind. Die Legislative hat die Einfügung des § 11 Abs. 2 Satz 3 EStG jedoch zuvorderst mit fiskalischen Gründen und subsidiär mit dem Motiv der Missbrauchsbekämpfung begründet[1251] und sieht die Rückwirkung der Norm als verfassungsrechtlich zulässig an[1252]. In Ansehung der aktuellen Rechtsprechung des BVerfG[1253], vermag diese Argumentation der Legislative die unechte Rückwirkung der

---

1242 BVerfG vom 07. 07. 2010, 2 BvL 14/02, 2/04, 13/05, BVerfGE 127, 1; BVerfG vom 07. 07. 2010, 2 BvL 1/03, 57, 58/06, BVerfGE 127, 31; BVerfG vom 07. 07. 2010, 2 BvR 748, 753, 1738/05, BVerfGE 127, 61.

1243 BVerfG vom 10. 10. 2012, 1 BvL 6/07, BVerfGE 132, 302.

1244 BFH vom 07. 12. 2010, IX R 70/07, BStBl II 2011, 346 (349 ff.); BFH vom 06. 06. 2013, I R 38/11, BStBl II 2014, 398 (403 ff.) und BFH vom 27. 11. 2013, I R 36/13, BStBl II 2014, 651 (656 ff.).

1245 BFH vom 07. 12. 2010, IX R 70/07, BStBl II 2011, 346.

1246 BGBl I 2004, 3310 (3311) gegen BFH vom 23. 09. 2003, IX R 65/02, BStBl II 2005, 159.

1247 BVerfG vom 07. 07. 2010, 2 BvL 14/02, 2/04, 13/05, BVerfGE 127, 1; BVerfG vom 07. 07. 2010, 2 BvL 1/03, 57, 58/06, BVerfGE 127, 31; BVerfG vom 07. 07. 2010, 2 BvR 748, 753, 1738/05, BVerfGE 127, 61. Bestätigt durch BVerfG vom 10. 10. 2012, 1 BvL 6/07, BVerfGE 132, 302 (320).

1248 BVerfG vom 07. 07. 2010, 2 BvL 14/02, 2/04, 13/05, BVerfGE 127, 1 (26); BVerfG vom 07. 07. 2010, 2 BvL 1/03, 57, 58/06, BVerfGE 127, 31 (54 f. und 59 f.); BVerfG vom 07. 07. 2010, 2 BvR 748, 753, 1738/05, BVerfGE 127, 61 (82 f.).

1249 BVerfG vom 07. 07. 2010, 2 BvL 1/03, 57, 58/06, BVerfGE 127, 31 (55 f.); BVerfG vom 07. 07. 2010, 2 BvR 748, 753, 1738/05, BVerfGE 127, 61 (83 ff.).

1250 BVerfG vom 07. 07. 2010, 2 BvR 748, 753, 1738/05, BVerfGE 127, 61 (83 f.).

1251 BT-Drs. 15/4050, 56.

1252 BT-Drs. 15/4050, 58.

1253 BVerfG vom 07. 07. 2010, 2 BvL 14/02, 2/04, 13/05, BVerfGE 127, 1 (26); BVerfG vom 07. 07. 2010, 2 BvL 1/03, 57, 58/06, BVerfGE 127, 31 (54 ff. und 59 f.); BVerfG vom 07. 07. 2010, 2 BvR 748, 753, 1738/05, BVerfGE 127, 61 (82 ff.).

Norm nicht in verfassungsrechtlich zulässiger Weise zu rechtfertigen. Die zu großen Teilen inhaltsgleichen Vorlagebeschlüsse des BFH vom 06. 06. 2013[1254] und 27. 11. 2013[1255] zu § 14 Abs. 3 Satz 1 KStG[1256] sehen – unter Bezugnahme auf die BVerfG-Beschlüsse vom 07. 07. 2010[1257] und 10. 10. 2012[1258] – die verfassungsrechtlich unzulässige unechte Rückwirkung der Norm darin, dass sie den Stpfl. das Vertrauen auf die Gewährleistungsfunktion der Rechtsordnung entzieht[1259]. Im Rahmen der nach der Rechtsprechung des BVerfG vorzunehmenden Verhältnismäßigkeitsprüfung[1260] ist die Gewährleistungsfunktion der Rechtsordnung ein zugunsten der Stpfl. wirkendes hohes Schutzgut, das nicht ohne weiteres suspendiert werden darf[1261]. Die von der Legislative für die Einfügung des § 14 Abs. 3 Satz 1 KStG angeführten rechtlichen Gründe[1262] vermögen es daher nicht, die mit der Einfügung der Norm verbundene Rückwirkung in verfassungsrechtlich zulässiger Weise zu rechtfertigen. Dies nicht zuletzt, da der Gesetzesbegründung zur Frage der Notwendigkeit einer rückwirkenden Geltung der Norm keinerlei Ausführungen entnommen werden können[1263].

Im Bereich der echten Rückwirkung werden die ausstehenden Entscheidungen des BVerfG[1264] auf die Vorlagebeschlüsse des BFH vom 11. 12. 2013[1265], vom 17. 07. 2014[1266] und vom 20. 08. 2014[1267] zu den echt rückwirkenden

---

1254 BFH vom 06. 06. 2013, I R 38/11, BStBl II 2014, 398.

1255 BFH vom 27. 11. 2013, I R 36/13, BStBl II 2014, 651.

1256 BGBl I 2004, 3310 (3316) gegen BFH vom 18. 12. 2002, I R 50/01, Der Konzern 2003, 564; I R 51/01, BStBl II 2005, 49; I R 68/01, HFR 2003, 991.

1257 BVerfG vom 07. 07. 2010, 2 BvL 14/02, 2/04, 13/05, BVerfGE 127, 1; BVerfG vom 07. 07. 2010, 2 BvL 1/03, 57, 58/06, BVerfGE 127, 31; BVerfG vom 07. 07. 2010, 2 BvR 748, 753, 1738/05, BVerfGE 127, 61.

1258 BVerfG vom 10. 10. 2012, 1 BvL 6/07, BVerfGE 132, 302.

1259 BFH vom 06. 06. 2013, I R 38/11, BStBl II 2014, 398 (405); BFH vom 27. 11. 2013, I R 36/13, BStBl II 2014, 651 (657).

1260 BVerfG vom 07. 07. 2010, 2 BvL 14/02, 2/04, 13/05, BVerfGE 127, 1, 1. Leitsatz.

1261 BVerfG vom 07. 07. 2010, 2 BvL 1/03, 57, 58/06, BVerfGE 127, 31 (57 f.).

1262 BT-Drs. 15/3677, 36.

1263 BT-Drs. 15/3677, 37.

1264 BVerfG, Anhängige Verfahren, 2 BvL 15/14, juris; 2 BvL 21/14, juris; 2 BvL 22/14, juris; 2 BvL 23/14, juris; 2 BvL 24/14, juris; 2 BvL 25/14, juris; 2 BvL 26/14, juris; 2 BvL 27/14, juris.

1265 BFH vom 11. 12. 2013, I R 4/13, BStBl II 2014, 791.

1266 BFH vom 17. 07. 2014, VI R 61/11, juris; BFH vom 17. 07. 2014, VI R 2/12, BFHE 247, 25; BFH vom 17. 07. 2014, VI R 8/12, BFHE 247, 64; BFH vom 17. 07. 2014, VI R 38/12, juris; BFH vom 17. 07. 2014, VI R 2/13, juris; BFH vom 17. 07. 2014, VI R 72/13, juris.

1267 BFH vom 20. 08. 2014, I R 86/13, BStBl II 2015, 18.

Nichtanwendungsgesetzen § 50d Abs. 10 Satz 1 EStG[1268], § 9 Abs. 6 EStG[1269] und § 50d Abs. 9 Satz 3 EStG[1270] sowie die ausstehenden Entscheidungen des BVerfG[1271] über die Verfassungsbeschwerden zu dem echt rückwirkenden Nichtanwendungsgesetz § 20 Abs. 1 Nr. 7 Satz 3 EStG[1272] – auf Basis des BVerfG-Beschlusses vom 17. 12. 2013[1273] – für weitere Klarheit hinsichtlich der verfassungsrechtlich gebotenen Leitplanken echt rückwirkender Nichtanwendungsgesetze sorgen. Nach der in den Vorlagebeschlüssen vertretenen Auffassung des BFH, sind die echten Rückwirkungen des § 50d Abs. 10 Satz 1 EStG und § 50d Abs. 9 Satz 3 EStG verfassungswidrig[1274] und die echte Rückwirkung des § 9 Abs. 6 EStG verfassungsgemäß[1275]. Die echte Rückwirkung des § 20 Abs. 1 Nr. 7 Satz 3 EStG hat der BFH als verfassungsgemäß angesehen[1276]. Der vor der Entscheidung des BVerfG vom 17. 12. 2013[1277] ergangene Vorlagebeschluss des BFH vom 11. 12. 2013[1278] zum Nichtanwendungsgesetz des § 50d Abs. 10 Satz 1 EStG[1279] sieht die echte Rückwirkung der Norm als verfassungswidrig an, da insb. eine die echte Rückwirkung der Norm rechtfertigende unklare

---

1268 BGBl I 2008, 2794 (2806) gegen BFH vom 17. 10. 2007, I R 5/06, BStBl II 2009, 356 und BGBl I 2013, 1809 (1819 f.) gegen BFH vom 08. 09. 2010, I R 74/09, BStBl II 2014, 788.

1269 BGBl I 2011, 2592 (2600) gegen BFH vom 28. 07. 2011, VI R 7/10, BStBl II 2012, 271; BFH vom 28. 07. 2011, VI R 5/10, BStBl II 2012, 553 und BFH vom 28. 07. 2011, VI R 38/10, BStBl II 2012, 561.

1270 BGBl I 2013, 1809 (1819) gegen BFH vom 11. 01. 2012, I R 27/11, BFHE 236, 327.

1271 BVerfG, Anhängige Verfahren 2 BvR 482/14, juris; 2 BvR 2671/14, juris und 2 BvR 2674/14, juris.

1272 BGBl I 2010, 1768 (1770) gegen BFH vom 15. 06. 2010, VIII R 33/07, BStBl II 2011, 503.

1273 BVerfG vom 17. 12. 2013, 1 BvL 5/08, BVerfGE 135, 1.

1274 BFH vom 11. 12. 2013, I R 4/13, BStBl II 2014, 791 (795 und 800 f.) und BFH vom 20. 08. 2014, I R 86/13, BStBl II 2015, 18 (25 ff.).

1275 BFH vom 17. 07. 2014, VI R 2/12, BFHE 247, 25 (59); VI R 8/12, BFHE 247, 64 (97). Die BFH-Entscheidungen vom 17. 07. 2014, VI R 61/11, juris; VI R 38/12, juris; VI R 2/13, juris; VI R 72/13, juris sind im Wesentlichen inhaltsgleich zu den in BFHE 247, 25 und 64 veröffentlichten Entscheidungen VI R 2/12 und VI R 8/12.

1276 BFH vom 12. 11. 2013, VIII R 36/10, BStBl II 2014, 168 (170 f.); BFH vom 12. 11. 2013, VIII R 1/11, BFH/NV 2014, 830 (831 f.).

1277 BVerfG vom 17. 12. 2013, 1 BvL 5/08, BVerfGE 135, 1.

1278 BFH vom 11. 12. 2013, I R 4/13, BStBl II 2014, 791.

1279 BGBl I 2008, 2794 (2806) gegen BFH vom 17. 10. 2007, I R 5/06, BStBl II 2009, 356 und BGBl I 2013, 1809 (1819 f.) gegen BFH vom 08. 09. 2010, I R 74/09, BStBl II 2014, 788.

Rechtslage nicht gegeben sei[1280]. Indem die echte Rückwirkung der Norm der vom BFH gefundenen Auslegung[1281] des Gesetzes für die Vergangenheit den Boden entzieht, handelt der Gesetzgeber gegen die Rechtsprechung des BVerfG vom 17. 12. 2013[1282]. Die rückwirkende Geltung des § 50d Abs. 10 Satz 1 EStG ist damit verfassungswidrig. Die zum Nichtanwendungsgesetz des § 9 Abs. 6 EStG[1283] ergangenen Vorlagebeschlüsse des BFH vom 17. 07. 2014[1284] sehen unter Bezugnahme auf die BVerfG-Rechtsprechung vom 17. 12. 2013[1285] die echte Rückwirkung der Norm als verfassungsgemäß an, da sich diese gegen eine geänderte langjährige höchstrichterliche Rechtsprechung bei einer noch nicht gefestigten neuen höchstrichterlichen Rechtsprechung wende[1286]. Der Gesetzgeber hat mit dem Nichtanwendungsgesetz des § 9 Abs. 6 EStG[1287] wiederholt[1288] mit Rückwirkung zum Ausdruck gebracht, dass er der geänderten Rechtsprechung des BFH zur Zulassung des Abzugs von Aufwendungen für eine erstmalige Berufsausbildung/eines Erststudiums als Betriebsausgaben/Werbungskosten nicht folgen will. Dieses Ansinnen der Legislative ist zulässig, um die Änderung der Rechtsprechung zu keinem Zeitpunkt allgemein anwenden zu müssen[1289]. Damit ist die Rückwirkung des § 9 Abs. 6 EStG verfassungsgemäß. Der unter

---

1280 BFH vom 11. 12. 2013, I R 4/13, BStBl II 2014, 791 (801).

1281 BFH vom 17. 10. 2007, I R 5/06, BStBl II 2009, 356; BFH vom 08. 09. 2010, I R 74/09, BStBl II 2014, 788.

1282 BVerfG vom 17. 12. 2013, 1 BvL 5/08, BVerfGE 135, 1 (18).

1283 BGBl I 2011, 2592 (2600) gegen BFH vom 28. 07. 2011, VI R 7/10, BStBl II 2012, 271; BFH vom 28. 07. 2011, VI R 5/10, BStBl II 2012, 553 und BFH vom 28. 07. 2011, VI R 38/10, BStBl II 2012, 561.

1284 BFH vom 17. 07. 2014, VI R 61/11, juris; BFH vom 17. 07. 2014, VI R 2/12, BFHE 247, 25; BFH vom 17. 07. 2014, VI R 8/12, BFHE 247, 64; BFH vom 17. 07. 2014, VI R 38/12, juris; BFH vom 17. 07. 2014, VI R 2/13, juris; BFH vom 17. 07. 2014, VI R 72/13, juris.

1285 BVerfG vom 17. 12. 2013, 1 BvL 5/08, BVerfGE 135, 1.

1286 BFH vom 17. 07. 2014, VI R 2/12, BFHE 247, 25 (59); VI R 8/12, BFHE 247, 64 (97). Die BFH-Entscheidungen vom 17. 07. 2014, VI R 61/11, juris; VI R 38/12, juris; VI R 2/13, juris; VI R 72/13, juris sind im Wesentlichen inhaltsgleich zu den in BFHE 247, 25 und 64 veröffentlichten Entscheidungen VI R 2/12 und VI R 8/12.

1287 BGBl I 2011, 2592 (2600) gegen BFH vom 28. 07. 2011, VI R 7/10, BStBl II 2012, 271; BFH vom 28. 07. 2011, VI R 5/10, BStBl II 2012, 553 und BFH vom 28. 07. 2011, VI R 38/10, BStBl II 2012, 561.

1288 Zuvor: BGBl I 2004, 1753 (1753) gegen BFH vom 04. 12. 2002, VI R 120/01, BStBl II 2003, 403; BFH vom 17. 12. 2002, VI R 137/01, BStBl II 2003, 407 und BFH vom 27. 05. 2003, VI R 33/01, BStBl II 2004, 884.

1289 Ebenso: BVerfG vom 15. 10. 2008, 1 BvR 1138/06, HFR 2009, 187 (188).

Bezugnahme auf die BVerfG-Rechtsprechung vom 17. 12. 2013[1290] ergangene Vorlagebeschluss des BFH vom 20. 08. 2014[1291] zum Nichtanwendungsgesetz des § 50d Abs. 9 Satz 3 EStG[1292] sieht die echte Rückwirkung der Norm als verfassungswidrig an, da weder eine völlig unverständliche noch eine systemwidrige und verworrene Rechtslage gegeben sei, die die echte Rückwirkung der Norm gerechtfertigt hätte[1293]. Überdies sei die Rückwirkung der Norm konstitutiv rückwirkend und somit mit Bezug auf die Rechtsprechung des BVerfG vom 17. 12. 2013[1294] verfassungsrechtich nicht zulässig[1295]. Auf Basis der eindeutigen Ausführungen des BVerfG zu konstitutiv rückwirkenden Normen in seiner Entscheidung vom 17. 12. 2013[1296] ist die rückwirkende Geltung des § 50d Abs. 9 Satz 3 EStG verfassungswidrig. Die vor dem BVerfG anhängigen Verfassungsbeschwerden[1297] zu dem echt rückwirkenden Nichtanwendungsgesetz des § 20 Abs. 1 Nr. 7 Satz 3 EStG[1298] sind die Folge der – vor der Rechtsprechung des BVerfG vom 17. 12. 2013[1299] – ergangenen Rechtsprechung des BFH, nach der die Norm des § 20 Abs. 1 Nr. 7 Satz 3 EStG hinsichtlich ihrer Rückwirkung verfassungsgemäß ist[1300]. Diesem Ergebnis des BFH, ist auch unter Beachtung der Rechtsprechung des BVerfG vom 17. 12. 2013[1301] zu folgen. Das Nichtanwendungsgesetz des § 20 Abs. 1 Nr. 7 Satz 3 EStG[1302] ist eine Reaktion auf die vom BFH in seiner Entscheidung vom 15. 06. 2010[1303] vorgenommene Änderung seiner Rechtsprechung. Die Legislative hat in solchen Fällen die Möglichkeit, einer Änderung der Rechtsprechung nicht zu folgen. Dieses Bestreben der Legislative

---

1290 BVerfG vom 17. 12. 2013, 1 BvL 5/08, BVerfGE 135, 1.

1291 BFH vom 20. 08. 2014, I R 86/13, BStBl II 2015, 18.

1292 BGBl I 2013, 1809 (1819) gegen BFH vom 11. 01. 2012, I R 27/11, BFHE 236, 327.

1293 BFH vom 20. 08. 2014, I R 86/13, BStBl II 2015, 18 (26).

1294 BVerfG vom 17. 12. 2013, 1 BvL 5/08, BVerfGE 135, 1.

1295 BFH vom 20. 08. 2014, I R 86/13, BStBl II 2015, 18 (27).

1296 BVerfG vom 17. 12. 2013, 1 BvL 5/08, BVerfGE 135, 1, 2. Leitsatz und 18.

1297 BVerfG, Anhängige Verfahren 2 BvR 482/14, juris; 2 BvR 2671/14, juris und 2 BvR 2674/14, juris.

1298 BGBl I 2010, 1768 (1770) gegen BFH vom 15. 06. 2010, VIII R 33/07, BStBl II 2011, 503.

1299 BVerfG vom 17. 12. 2013, 1 BvL 5/08, BVerfGE 135, 1.

1300 BFH vom 12. 11. 2013, VIII R 36/10, BStBl II 2014, 168 (170 f.); BFH vom 12. 11. 2013, VIII R 1/11, BFH/NV 2014, 830 (831 f.).

1301 BVerfG vom 17. 12. 2013, 1 BvL 5/08, BVerfGE 135, 1.

1302 BGBl I 2010, 1768 (1770) gegen BFH vom 15. 06. 2010, VIII R 33/07, BStBl II 2011, 503.

1303 BFH vom 15. 06. 2010, VIII R 33/07, BStBl II 2011, 503.

muss auch mit Wirkung für die Vergangenheit in verfassungsrechtlich zulässiger Weise möglich sein, um die Änderung der Rechtsprechung zu keinem Zeitpunkt zur Entstehung gelangen zu lassen[1304]. Damit sind die Verfassungsbeschwerden als unbegründet anzusehen. Diesem Ergebnis steht die Rechtsprechung des BVerfG vom 17. 12. 2013[1305] nicht entgegen, da vorliegend kein Fall einer Auslegungsfrage gegeben ist.

(5) Würdigung

Kern der Rückwirkung von Gesetzen ist die Frage danach, wer für was in welcher Zeit zuständig ist. In dieser zeitlichen Dimension weist die Gewaltenteilung des Art. 20 Abs. 2 Satz 2 GG im Grundsatz der Legislative die Zukunft und der Judikative die Vergangenheit zu. Dem von der Legislative immer wieder unternommenen Versuch, auch für die Vergangenheit Recht setzen zu wollen, sind zuletzt durch die Rechtsprechung des BVerfG[1306] immer engere Grenzen gesetzt worden. Gleichwohl sind trotz der jahrzehntelangen rückwirkungsrechtlichen Judikatur des BVerfG noch immer nicht alle verfassungsrechtlichen Fragen zur Rückwirkung beantwortet. Durch immer neue Vorlagebeschlüsse des BFH[1307]

1304 Ebenso: BVerfG vom 15. 10. 2008, 1 BvR 1138/06, HFR 2009, 187 (188).

1305 BVerfG vom 17. 12. 2013, 1 BvL 5/08, BVerfGE 135, 1.

1306 Die echte Rückwirkung betreffend: BVerfG vom 17. 12. 2013, 1 BvL 5/08, BVerfGE 135, 1. Die unechte Rückwirkung betreffend: BVerfG vom 07. 07. 2010, 2 BvL 14/02, 2/04, 13/05, BVerfGE 127, 1; BVerfG vom 07. 07. 2010, 2 BvL 1/03, 57, 58/06, BVerfGE 127, 31; BVerfG vom 07. 07. 2010, 2 BvR 748, 753, 1738/05, BVerfGE 127, 61. Bestätigt durch BVerfG vom 10. 10. 2012, 1 BvL 6/07, BVerfGE 132, 302 (320).

1307 Vorlagebeschluss des BFH vom 17. 12. 2010, IX R 70/07, BStBl II 2011, 346, BVerfG-Az. 2 BvL 1/11, juris zum Nichtanwendungsgesetz § 11 Abs. 2 Satz 3 EStG: BGBl I 2004, 3310 (3311) gegen BFH vom 23. 09. 2003, IX R 65/02, BStBl II 2005, 159. Vorlagebeschluss des BFH vom 06. 06. 2013, I R 38/11, BStBl II 2014, 398, BVerfG-Az. 2 BvL 7/13, juris und Vorlagebeschluss des BFH vom 27. 11. 2013, I R 36/13, BStBl II 2014, 651, BVerfG-Az. 2 BvL 18/14, juris zum Nichtanwendungsgesetz § 14 Abs. 3 Satz 1 KStG: BGBl I 2004, 3310 (3316) gegen BFH vom 18. 12. 2002, I R 50/01, Der Konzern 2003, 564; I R 51/01, BStBl II 2005, 49; I R 68/01, HFR 2003, 991. Vorlagebeschluss des BFH vom 11. 12. 2013, I R 4/13, BStBl II 2014, 791, BVerfG-Az. 2 BvL 15/14, juris zu den Nichtanwendungsgesetzen zu § 50d Abs. 10 Satz 1 EStG: BGBl I 2008, 2794 (2806) gegen BFH vom 17. 10. 2007, I R 5/06, BStBl II 2009, 356 und BGBl I 2013, 1809 (1819 f.) gegen BFH vom 08. 09. 2010, I R 74/09, BStBl II 2014, 788. Vorlagebeschlüsse des BFH vom 17. 07. 2014, VI R 61/11, juris, BVerfG-Az. 2 BvL 22/14, juris; VI R 2/12, BFHE 247, 25, BVerfG-Az. 2 BvL 23/14, juris; VI R 8/12, BFHE 247, 64, BVerfG-Az. 2 BvL 24/14, juris; VI R 38/12, juris, BVerfG-Az. 2 BvL 25/14, juris; VI R 2/13, juris, BVerfG-Az. 2 BvL 26/14, juris; VI R an das BVerfG, ist der BFH Impulsgeber für eine auch in Zukunft im Fluss befindliche und sich weiter entwickelnde Rechtsprechung des BVerfG, die eine immer feinere Ausgestaltung der Rückwirkungsdogmatik des BVerfG zur Folge haben wird. hierbei ist zum Wohle der Rechtsklarheit und -sicherheit der Anspruch zu formulieren, dass die Rückwirkungsdogmatik des BVerfG in sich konsistent ist, geeignete Beurteilungskriterien bereitstellt und speziell mit Blick auf Nichtanwendungsgesetze im Rahmen der diesbzgl. ausstehenden Entscheidungen des BVerfG[1308] die Chance nutzt, die verfassungsrechtlich gebotenen „Leitplanken" rückwirkender Nichtanwendungsgesetze festzulegen. Ob das BVerfG vor dem Hintergrund der Gewaltensensibilität von Nichtanwendungsgesetzen erstmalig Rückwirkungsregeln entwickeln wird, die allein für Nichtanwendungsgesetze gelten oder wie bislang[1309] auch in Zukunft darauf verzichten wird, wird die ausstehende Rechtsprechung des BVerfG zu den anhängigen Vorlagebeschlüssen des BFH[1310] und den anhängigen

---

72/13, juris, BVerfG-Az. 2 BvL 27/14, juris zum Nichtanwendungsgesetz § 9 Abs. 6 EStG: BGBl I 2011, 2592 (2600) gegen BFH vom 28. 07. 2011, VI R 7/10, BStBl II 2012, 271; VI R 5/10, BStBl II 2012, 553 und VI R 38/10, BStBl II 2012, 561. Vorlagebeschluss des BFH vom 20. 08. 2014, I R 86/13, BStBl II 2015, 18, BVerfG-Az. 2 BvL 21/14, juris zum Nichtanwendungsgesetz § 50d Abs. 9 Satz 3 EStG: BGBl I 2013, 1809 (1819) gegen BFH vom 11. 01. 2012, I R 27/11, BFHE 236, 327.

1308 BVerfG, Anhängige Verfahren, 2 BvL 1/11, juris; 2 BvL 7/13, juris; 2 BvL 15/14, juris; 2 BvL 18/14, juris; 2 BvL 21/14, juris; 2 BvL 22/14, juris; 2 BvL 23/14, juris; 2 BvL 24/14, juris; 2 BvL 25/14, juris; 2 BvL 26/14, juris; 2 BvL 27/14, juris; 2 BvR 482/14, juris; 2 BvR 2671/14, juris; 2 BvR 2674/14, juris.

1309 BVerfG vom 23. 01. 1990, 1 BvL 4, 5, 6, 7/87, BVerfGE 81, 228; BVerfG vom 15. 10. 2008, 1 BvR 1138/06, HFR 2009, 187 (188); BVerfG vom 21. 07. 2010, 1 BvL 11/06, 1 BvL 12/06, 1 BvL 13/06, 1 BvR 2530/05, BVerfGE 126, 369; BVerfG vom 02. 05. 2012, 2 BvL 5/10, BVerfGE 131, 20.

1310 Vorlagebeschluss des BFH vom 17. 12. 2010, IX R 70/07, BStBl II 2011, 346, BVerfG-Az. 2 BvL 1/11, juris zum Nichtanwendungsgesetz § 11 Abs. 2 Satz 3 EStG: BGBl I 2004, 3310 (3311) gegen BFH vom 23. 09. 2003, IX R 65/02, BStBl II 2005, 159. Vorlagebeschluss des BFH vom 06. 06. 2013, I R 38/11, BStBl II 2014, 398, BVerfG-Az. 2 BvL 7/13, juris und Vorlagebeschluss des BFH vom 27. 11. 2013, I R 36/13, BStBl II 2014, 651, BVerfG-Az. 2 BvL 18/14, juris zum Nichtanwendungsgesetz § 14 Abs. 3 Satz 1 KStG: BGBl I 2004, 3310 (3316) gegen BFH vom 18. 12. 2002, I R 50/01, Der Konzern 2003, 564; I R 51/01, BStBl II 2005, 49; I R 68/01, HFR 2003, 991. Vorlagebeschluss des BFH vom 11. 12. 2013, I R 4/13, BStBl II 2014, 791, BVerfG-Az. 2 BvL 15/14, juris zu den Nichtanwendungsgesetzen zu § 50d Abs. 10 Satz 1 EStG: BGBl I 2008, 2794 (2806) gegen BFH vom 17. 10. 2007, I R 5/06, BStBl II 2009, 356 und BGBl I 2013, 1809 (1819 f.) gegen BFH vom 08. 09. 2010, I R 74/09, BStBl II 2014, 788. Vorlagebeschlüsse des BFH vom 17. 07. 2014, VI R 61/11, juris,

Verfassungsbeschwerden[1311] zeigen. Die verfassungsrechtliche Gebotenheit solch eigenständiger Rückwirkungsregeln für Nichtanwendungsgesetze ist mit Blick auf den durch die jüngste Rechtsprechung des BVerfG[1312] zur Rückwirkung gestärkten Vertrauensschutz nicht gegeben. Gleichwohl wäre, mit Blick auf die Gewaltensensibilität der Nichtanwendungsgesetze und der Vielzahl steuerlich rückwirkender Nichtanwendungsgesetze, die Formulierung eigenständiger Rückwirkungsregeln – bei aller Schwierigkeit, diese angesichts der möglichen Vielfalt der zu bedenkenden Sachverhalte formulieren zu können[1313] – für Nichtanwendungsgesetze zu begrüßen, da sie ein höheres Maß an Rechtsklarheit und -sicherheit zur Folge hätten. Hierbei wird das BVerfG im Rahmen seiner ausstehenden Rechtsprechung[1314] über die Ausgestaltung des verfassungsrechtlich gebotenen Rahmen der Rückwirkung allerdings auch zu berücksichtigen haben, dass die Komplexität des Steuerrechts den Gesetzgeber vor die unlösbare Aufgabe stellt, ein Recht zu schaffen, das Auslegungsprobleme von vornherein vermeidet[1315].

Im Rahmen einer Fallgruppenbildung von Rückwirkungssachverhalten bei Nichtanwendungsgesetzen ist die Differenzierung der rückwirkenden Nichtanwendungsgesetze danach, ob diese unmittelbar eine Änderung der Rechtsprechung

---

BVerfG-Az. 2 BvL 22/14, juris; VI R 2/12, BFHE 247, 25, BVerfG-Az. 2 BvL 23/14, juris; VI R 8/12, BFHE 247, 64, BVerfG-Az. 2 BvL 24/14, juris; VI R 38/12, juris, BVerfG-Az. 2 BvL 25/14, juris; VI R 2/13, juris, BVerfG-Az. 2 BvL 26/14, juris; VI R 72/13, juris, BVerfG-Az. 2 BvL 27/14, juris zum Nichtanwendungsgesetz § 9 Abs. 6 EStG: BGBl I 2011, 2592 (2600) gegen BFH vom 28. 07. 2011, VI R 7/10, BStBl II 2012, 271; VI R 5/10, BStBl II 2012, 553 und VI R 38/10, BStBl II 2012, 561. Vorlagebeschluss des BFH vom 20. 08. 2014, I R 86/13, BStBl II 2015, 18, BVerfG-Az. 2 BvL 21/14, juris zum Nichtanwendungsgesetz § 50d Abs. 9 Satz 3 EStG: BGBl I 2013, 1809 (1819) gegen BFH vom 11. 01. 2012, I R 27/11, BFHE 236, 327.

1311 Verfassungsbeschwerden BVerfG-Az. 2 BvR 482/14, juris; 2 BvR 2671/14, juris und 2 BvR 2674/14, juris zum Nichtanwendungsgesetz § 20 Abs. 1 Nr. 7 Satz 3 EStG: BGBl I 2010, 1768 (1770) gegen BFH vom 15. 06. 2010, VIII R 33/07, BStBl II 2011, 503.

1312 Die echte Rückwirkung betreffend: BVerfG vom 17. 12. 2013, 1 BvL 5/08, BVerfGE 135, 1. Die unechte Rückwirkung betreffend: BVerfG vom 07. 07. 2010, 2 BvL 14/02, 2/04, 13/05, BVerfGE 127, 1; BVerfG vom 07. 07. 2010, 2 BvL 1/03, 57, 58/06, BVerfGE 127, 31; BVerfG vom 07. 07. 2010, 2 BvR 748, 753, 1738/05, BVerfGE 127, 61. Bestätigt durch BVerfG vom 10. 10. 2012, 1 BvL 6/07, BVerfGE 132, 302 (320).

1313 Osterloh, StuW 2015, 201 (209).

1314 BVerfG, Anhängige Verfahren, 2 BvL 1/11, juris; 2 BvL 7/13, juris; 2 BvL 15/14, juris; 2 BvL 18/14, juris; 2 BvL 21/14, juris; 2 BvL 22/14, juris; 2 BvL 23/14, juris; 2 BvL 24/14, juris; 2 BvL 25/14, juris; 2 BvL 26/14, juris; 2 BvL 27/14, juris; 2 BvR 482/14, juris; 2 BvR 2671/14, juris; 2 BvR 2674/14, juris.

1315 Osterloh, StuW 2015, 201 (208 f.).

des BFH konterkarieren oder sich gegen eine erstmalige Klärung einer Rechtsfrage durch die Judikative in Gestalt des BFH oder eines FG wenden, eine geeignete Trennscheide zur Beurteilung der verfassungsrechtlichen Zulässigkeit rückwirkender Nichtanwendungsgesetze. Während nach der bisherigen Rechtsprechung des BVerfG[1316] im ersten Fall der Legislative das Recht zum rückwirkenden Nichtanwendungsgesetz zuzubilligen ist, ist dem Gesetzgeber dies im zweiten Fall nur bei Einhaltung der verfassungsrechtlichen Anforderungen an die echte und unechte Rückwirkung möglich[1317].

Eine konsistente Rückwirkungsdogmatik des BVerfG setzt ferner voraus, dass die Rechtsprechung der beiden Senate des BVerfG zueinander nicht in Widerspruch steht und die Rechtsprechung des jeweiligen BVerfG-Senats in sich stringent ist. Für die echte Rückwirkung ist die Frage einer zueinander nicht in Widerspruch stehenden Rechtsprechung der beiden Senate des BVerfG zur Zeit in drei Richtungen offen. Zum einen setzt sich der 1. Senat des BVerfG in seiner Entscheidung vom 17. 12. 2013[1318] zu seiner eigenen Rechtsprechung vom 21. 07. 2010[1319] in Widerspruch und zum zweiten steht die Rechtsprechung des 1. Senat des BVerfG vom 17. 12. 2013[1320] zur vorhergehenden Rechtsprechung des 2. Senat des BVerfG vom 02. 05. 2012[1321] in Widerspruch[1322]. Zum dritten hatte der 2. Senat des BVerfG bislang noch keine Möglichkeit, auf die Rechtsprechung des 1. Senat des BVerfG vom 17. 12. 2013[1323] reagieren zu können. Im Bereich der unechten Rückwirkung ist derzeit eine Konsistenz der Rechtsprechung des BVerfG gegeben, da der 1. Senat des BVerfG die Rechtsprechung des 2. Senats des BVerfG bestätigt hat[1324]. Den Entscheidungen über die derzeit

1316 BVerfG vom 23. 01. 1990, 1 BvL 4, 5, 6, 7/87, BVerfGE 81, 228 (239); BVerfG vom 15. 10. 2008, 1 BvR 1138/06, HFR 2009, 187 (188).

1317 Ebenso: Wernsmann, HHSp, § 4 AO Rn. 754, 231. Lfg. Feb. 2015.

1318 BVerfG vom 17. 12. 2013, 1 BvL 5/08, BVerfGE 135, 1.

1319 BVerfG vom 21. 07. 2010, 1 BvL 11/06, 1 BvL 12/06, 1 BvL 13/06, 1 BvR 2530/05, BVerfGE 126, 369.

1320 BVerfG vom 17. 12. 2013, 1 BvL 5/08, BVerfGE 135, 1.

1321 BVerfG vom 02. 05. 2012, 2 BvL 5/10, BVerfGE 131, 20.

1322 Hey, JZ 2014, 500 (503); Wissenschaftlicher Beirat Ernst & Young Steuern, DB 2015, 513 (513 und 517); Drüen, StuW 2015, 210 (217).

1323 BVerfG vom 17. 12. 2013, 1 BvL 5/08, BVerfGE 135, 1.

1324 BVerfG vom 07. 07. 2010, 2 BvL 14/02, 2/04, 13/05, BVerfGE 127, 1; BVerfG vom 07. 07. 2010, 2 BvL 1/03, 57, 58/06, BVerfGE 127, 31; BVerfG vom 07. 07. 2010, 2 BvR 748, 753, 1738/05, BVerfGE 127, 61. Bestätigt durch BVerfG vom 10. 10. 2012, 1 BvL 6/07, BVerfGE 132, 302 (320).

sämtlich vor dem 2. Senat des BVerfG anhängigen Verfahren[1325] zur Rückwirkung kommt daher die Aufgabe zu, die Konsistenz der Rückwirkungsdogmatik des BVerfG, insb. mit Blick auf die echte Rückwirkung, zu erhöhen.

Mit Blick auf die echte Rückwirkung ist, auf Basis der bisherigen Rückwirkungsdogmatik des BVerfG, die ausnahmsweise gegebene Zulässigkeit echt rückwirkender Nichtanwendungsgesetze unter den Rechtfertigungsgrund der unklaren, verworrenen, lückenhaften oder systemwidrigen und unbilligen Rechtslage zu fassen[1326]. Bei weiterer und näherer Betrachtung dürften im Bereich der echten Rückwirkung die Folgen des BVerfG-Beschlusses vom 17. 12. 2013[1327] auf echt rückwirkende Nichtanwendungsgesetze erheblich sein. Zwar dürfte mit Bezug auf die Ausführungen zu (1) die Zahl echt rückwirkender Nichtanwendungsgesetze geringer als die Zahl der unecht rückwirkenden Nichtanwendungsgesetze sein. Dies ändert jedoch nichts an der großen Relevanz, die der BVerfG-Beschluss vom 17. 12. 2013[1328] auf Nichtanwendungsgesetze entfalten wird, die echt rückwirkend sind. Dieser überschreibt in zeitlicher Hinsicht nicht nur zwei jüngere Entscheidungen des BVerfG[1329] zu echt[1330] rückwirkenden Nichtanwendungsgesetzen, in denen dieses selbige als verfassungsgemäß angesehen hat. Vielmehr stellt das BVerfG in seinem Beschluss vom 17. 12. 2013[1331] in inhaltlicher Hinsicht fest: „Eine rückwirkende Klärung der Rechtslage durch den Gesetzgeber ist in jedem Fall als konstitutiv rückwirkende Regelung anzusehen, wenn der Gesetzgeber damit nachträglich einer höchstrichterlich geklärten Auslegung des Gesetzes den Boden zu entziehen sucht. Der Gesetzgeber hat es für die Vergangenheit grds. hinzunehmen, dass die Gerichte das damals geltende Gesetzesrecht in den verfassungsrechtlichen Grenzen richterlicher Gesetzesauslegung und Rechtsfortbildung verbindlich auslegen. Entspricht diese Auslegung nicht oder nicht mehr dem politischen Willen des Gesetzgebers, kann er das Gesetz für die Zukunft

---

1325 BVerfG, Anhängige Verfahren, 2 BvL 1/11, juris; 2 BvL 7/13, juris; 2 BvL 15/14, juris; 2 BvL 18/14, juris; 2 BvL 21/14, juris; 2 BvL 22/14, juris; 2 BvL 23/14, juris; 2 BvL 24/14, juris; 2 BvL 25/14, juris; 2 BvL 26/14, juris; 2 BvL 27/14, juris; 2 BvR 482/14, juris; 2 BvR 2671/14, juris; 2 BvR 2674/14, juris.

1326 Wissenschaftlicher Beirat Ernst & Young Steuern, DB 2015, 513 (515 f.); Osterloh, StuW 2015, 201 (204).

1327 BVerfG vom 17. 12. 2013, 1 BvL 5/08, BVerfGE 135, 1.

1328 BVerfG vom 17. 12. 2013, 1 BvL 5/08, BVerfGE 135, 1.

1329 BVerfG vom 21. 07. 2010, 1 BvL 11/06, 1 BvL 12/06, 1 BvL 13/06, 1 BvR 2530/05, BVerfGE 126, 369; BVerfG vom 02. 05. 2012, 2 BvL 5/10, BVerfGE 131, 20.

1330 Im Falle von BVerfG vom 02. 05. 2012, 2 BvL 5/10, BVerfGE 131, 20 liegt sowohl eine echte, als auch eine unechte Rückwirkung vor.

1331 BVerfG vom 17. 12. 2013, 1 BvL 5/08, BVerfGE 135, 1.

ändern."[1332]. Mit dieser Aussage engt das BVerfG die Legislative in ihrer Möglichkeit zur echt rückwirkenden Nichtanwendungsgesetzgebung ein, da sie sich ausschließlich auf die unter (1) genannten, anerkannten Ausnahmegründe, nicht aber auf andere Rechtfertigungsgründe beziehen darf[1333]. Ein anderer Rechtsfertigungsgrund wäre bspw. das „Klarstellungsinteresse des Gesetzgebers". Einen solchen anderen, eigenständigen Ausnahmegrund zur verfassungsrechtlichen Rechtfertigung echt rückwirkend klarstellender Gesetze bzw. einer rückwirkenden Nichtanwendungsgesetzgebung, wollte das BVerfG nicht statuieren[1334]. Verfassungspolitisch wäre er einem „Blankoscheck" für den Gesetzgeber zur Gestattung einer echt rückwirkenden Nichtanwendungsgesetzgebung gleichgekommen. Angesichts der jüngsten Rechtsprechung des BVerfG zur echten Rückwirkung[1335], die einschränkend auf den Gestaltungsspielraum des Gesetzgebers wirkt und ihm ein entsprechendes Begründungserfordernis auferlegt, steht nicht zu erwarten, dass das BVerfG in den zur echten Rückwirkung anhängigen Verfahren[1336] seine vertrauensschutzfreundliche Rechtsprechung aufgeben wird. Andernfalls würden sich beide Senate des BVerfG und damit das BVerfG in Gänze dem Vorwurf der Inkonsequenz aussetzen. Angesichts der Aussage des BVerfG, dass der Gesetzgeber bei einer nicht oder nicht mehr dem politischen Willen des Gesetzgebers entsprechenden Auslegung das Gesetz für die Zukunft ändern könne[1337], ist vielmehr die Feststellung des BVerfG geboten, nach der ein die echte Rückwirkung rechtfertigender Ausnahmegrund „Klarstellungsinteresse des Gesetzgebers" nicht existiert. Verfassungspolitisch wäre eine solche Aussage ebenfalls zu begrüßen, da sie für mehr Rechtsklarheit und -sicherheit sorgen würde und überdies den Gesetzgeber dazu zwingen würde, etwaige echt rückwirkende Nichtanwendungsgesetze detailliert bzgl. der Rückwirkung in den Gesetzgebungsmaterialien begründen zu müssen, um einen der unter (1) genannten, anerkannten oder künftig noch vom BVerfG neu entwickelten Ausnahmegründe für eine echte Rückwirkung in Anspruch nehmen zu können.

1332 BVerfG vom 17. 12. 2013, 1 BvL 5/08, BVerfGE 135, 1 (18).

1333 Hey, JZ 2014, 500 (507); Birk, FR 2014, 338 (340); Schönfeld/Bergmann, DStR 2015, 257 (262); Wissenschaftlicher Beirat Ernst & Young Steuern, DB 2015, 513 (515). A. A. Wiese/Berner, DStR 2014, 1260 (1264).

1334 Hey, StuW 2015, 3 (14).

1335 BVerfG vom 17. 12. 2013, 1 BvL 5/08, BVerfGE 135, 1.

1336 BVerfG, Anhängige Verfahren, 2 BvL 15/14, juris; 2 BvL 21/14, juris; 2 BvL 22/14, juris; 2 BvL 23/14, juris; 2 BvL 24/14, juris; 2 BvL 25/14, juris; 2 BvL 26/14, juris; 2 BvL 27/14, juris; 2 BvR 482/14, juris; 2 BvR 2671/14, juris und 2 BvR 2674/14, juris.

1337 BVerfG vom 17. 12. 2013, 1 BvL 5/08, BVerfGE 135, 1 (18).

Echt rückwirkende Nichtanwendungsgesetze sind insb. gegeben, wenn zum einen der BFH eine Änderung seiner Rechtsprechung vornimmt und die Finanzverwaltung daraufhin die Wiederherstellung der ursprünglichen Rechtslage ankündigt[1338] oder wenn zum anderen der erstmaligen Klärung einer Rechtsfrage durch den BFH begegnet werden soll. Indem das BVerfG in seiner Entscheidung vom 17. 12. 2013[1339] für den Fall der ungeklärten Rechtslage ohne das Vorliegen einer BFH-Entscheidung besondere Rechtfertigungsgründe fordert, muss dies im Sinne eines Stufenverhältnisses erst Recht gelten, wenn eine BFH-Entscheidung zu einer Rechtsfrage vorliegt[1340]. Ob der Gesetzgeber ferner auch besonderen Rechtfertigungsgründen für ein Nichtanwendungsgesetz als Reaktion auf eine Änderung der Rechtsprechung durch den BFH unterliegt, ist derzeit nicht geklärt[1341] und wird unterschiedlich beurteilt[1342]. Im Sinne eines aus dem vorgenannten Stufenverhältnis ableitbaren Erst-Recht-Schlusses ist das Erfordernis besonderer Rechtfertigungsgründe folgerichtig und verfassungsrechtlich geboten. Das BVerfG steht hier vor der Herausforderung, die Rechtskontinuität und den qualitativen Unterschied einer Änderung der Rechtsprechung im Vergleich zu einer erstmals vom BFH vorgenommenen Auslegung auf der einen Seite ggü. den Interessen der Stpfl., auf die Geltung einer Änderung der Rechtsprechung vertrauen zu können, auf der anderen Seite, miteinander in Einklang zu bringen. Hierzu werden im Schrifttum unter dem Begriff des „Frustrationsverbots“[1343] Argumente für eine Ausdehnung der BVerfG-Rechtsprechung vom 17. 12. 2013[1344] auf die Fälle rückwirkender Nichtanwendungsgesetze als Reaktion auf eine Änderung der Rechtsprechung angeführt und dies mit der Gewährleistung eines effektiven Rechtsschutzes als individueller Teil des Frustrationsverbots sowie der gebotenen Loyalität unter

---

1338 Diese Ankündigung kann mittels eines Nichtanwendungserlasses erfolgen oder aus der Nichtveröffentlichung der betreffenden BFH-Entscheidung im BStBl II abgeleitet werden. Ein Beispiel für die Ankündigung mittels Nichtanwendungserlass ist BMF vom 20. 12. 2011, IV C 4 – S 2284/07/0031 :002 2011/1025909, BStBl I 2011, 1286 zu BFH vom 12. 05. 2011, VI R 42/10, BStBl II 2011, 1015.

1339 BVerfG vom 17. 12. 2013, 1 BvL 5/08, BVerfGE 135, 1.

1340 Ebenso: Drüen, Ubg 2014, 683 (691); Hey, T/L, 22. Aufl., § 3 Rn. 269.

1341 Drüen, StuW 2015, 210 (218).

1342 Für die Notwendigkeit besonderer Rechtfertigungsgründe: Hey, JZ 2014, 500 (506 f.); Drüen, StuW 2015, 210 (218 ff.). Gegen die Notwendigkeit besonderer Rechtfertigungsgründe: Maciejewski, FR 2014, 432 (433); Wernsmann, HHSp, § 4 AO Rn. 754, 231. Lfg. Feb. 2015.

1343 Drüen, StuW 2015, 210 (218 ff.).

1344 BVerfG vom 17. 12. 2013, 1 BvL 5/08, BVerfGE 135, 1.

den Staatsgewalten als institutioneller Teil des Frustrationsgebots begründet[1345]. Im Ergebnis sei eine echte Rückwirkung zur Begegnung einer Änderung der Rechtsprechung nur bei einem tragfähigen Rechtfertigungsgrund – der Grund der unklaren und verworrenen Rechtslage sei zur Rechtfertigung ungeeignet – möglich, der „im konkreten Rückwirkungsfall für die einzelne Steuernorm darzulegen" ist[1346]. Die vor dem BVerfG anhängigen Verfahren[1347] bieten die Chance zur Beantwortung dieser Fragen, da sie sowohl Nichtanwendungsgesetze, die sich gegen eine Änderung der Rechtsprechung des BFH wenden[1348], als auch Nichtanwendungsgesetze, die sich gegen die erstmalige Auslegung einer Rechtsfrage durch den BFH wenden[1349], zum Inhalt haben. Will das BVerfG den mit seiner Entscheidung vom 17. 12. 2013[1350] eingeschlagenen Weg fortsetzen, wäre es daher verfassungsrechtlich folgerichtig, wenn es vom Gesetzgeber dementsprechend für die Fälle erstmalig vom BFH entschiedener Auslegungsfragen besondere Rechtfertigungsgründe für entsprechende rückwirkende Nichtanwendungsgesetze verlangen und diese auch skizzieren würde. Selbiges gilt für die Fallgruppe der rückwirkenden Nichtanwendungsgesetze,

---

1345 Drüen, StuW 2015, 210 (218 ff.).

1346 Drüen, StuW 2015, 210 (221).

1347 BVerfG, Anhängige Verfahren, 2 BvL 15/14, juris; 2 BvL 21/14, juris; 2 BvL 22/14, juris; 2 BvL 23/14, juris; 2 BvL 24/14, juris; 2 BvL 25/14, juris; 2 BvL 26/14, juris; 2 BvL 27/14, juris; 2 BvR 482/14, juris; 2 BvR 2671/14, juris und 2 BvR 2674/14, juris.

1348 Vorlagebeschlüsse des BFH vom 17. 07. 2014, VI R 61/11, juris, BVerfG-Az. 2 BvL 22/14, juris; VI R 2/12, BFHE 247, 25, BVerfG-Az. 2 BvL 23/14, juris; VI R 8/12, BFHE 247, 64, BVerfG-Az. 2 BvL 24/14, juris; VI R 38/12, juris, BVerfG-Az. 2 BvL 25/14, juris; VI R 2/13, juris, BVerfG-Az. 2 BvL 26/14, juris; VI R 72/13, juris, BVerfG-Az. 2 BvL 27/14, juris zum Nichtanwendungsgesetz § 9 Abs. 6 EStG: BGBl I 2011, 2592 (2600) gegen BFH vom 28. 07. 2011, VI R 7/10, BStBl II 2012, 271; VI R 5/10, BStBl II 2012, 553 und VI R 38/10, BStBl II 2012, 561. Verfassungsbeschwerden BVerfG-Az. 2 BvR 482/14, juris; 2 BvR 2671/14, juris und 2 BvR 2674/14, juris zum Nichtanwendungsgesetz § 20 Abs. 1 Nr. 7 Satz 3 EStG: BGBl I 2010, 1768 (1770) gegen BFH vom 15. 06. 2010, VIII R 33/07, BStBl II 2011, 503.

1349 Vorlagebeschluss des BFH vom 11. 12. 2013, I R 4/13, BStBl II 2014, 791, BVerfG-Az. 2 BvL 15/14, juris zu den Nichtanwendungsgesetzen zu § 50d Abs. 10 Satz 1 EStG: BGBl I 2008, 2794 (2806) gegen BFH vom 17. 10. 2007, I R 5/06, BStBl II 2009, 356 und BGBl I 2013, 1809 (1819 f.) gegen BFH vom 08. 09. 2010, I R 74/09, BStBl II 2014, 788. Vorlagebeschluss des BFH vom 20. 08. 2014, I R 86/13, BStBl II 2015, 18, BVerfG-Az. 2 BvL 21/14, juris zum Nichtanwendungsgesetz § 50d Abs. 9 Satz 3 EStG: BGBl I 2013, 1809 (1819) gegen BFH vom 11. 01. 2012, I R 27/11, BFHE 236, 327.

1350 BVerfG vom 17. 12. 2013, 1 BvL 5/08, BVerfGE 135, 1.

die eine Änderung der Rechtsprechung des BFH konterkarieren. Ein Verbot echt rückwirkendender Nichtanwendungsgesetze dürfte das BVerfG hingegen nicht postulieren, da es durch die Verwendung des Wortes „grds." in seiner Entscheidung vom 17. 12. 2013[1351] dem Gesetzgeber eine Hintertür zum Erlass von Gesetzen mit echter Rückwirkung geöffnet hat.

Die Finanzverwaltung will, vor dem Hintergrund der jüngsten BVerfG-Rechtsprechung zur Rückwirkung[1352], dem Gesetzgeber auch zukünftig die Möglichkeit zum Erlass rückwirkender Nichtanwendungsgesetze geben. So ist den Gesetzgebungsmaterialien des Nichtanwendungsgesetzes zu § 19 Abs. 1 Satz 1 Nr. 1a EStG[1353] folgende Ausführung zu entnehmen: „Entschließt sich der Gesetzgeber, auf die o. g. Rechtsprechungsänderung[1354] durch eine gesetzliche Klarstellung zu reagieren und die bis dahin geltende Rechtslage wiederherzustellen, soll dies im Interesse einer kontinuierlichen Rechtsanwendung für alle seither offenen Fälle gelten. Einer rückwirkenen Änderung stehen insb. Vertrauensschutzerwägungen nicht entgegen. Denn durch die auslösende Überraschungsentscheidung des BFH, kann ein schutzwürdiges Vertrauen für die seither nicht abschließend beschiedenen Steuerfälle noch nicht entstanden sein. Das BMF hatte nämlich eine Veröffentlichung der geänderten Rechtsprechung zur allgemeinen Anwendung im BStBl II zurückgestellt, um dem Gesetzgeber eine auch zurück wirkende Klarstellung zu ermöglichen."[1355]. Aufgrund der Nichtanwendung der BFH-Rechtsprechung über den entschiedenen Einzelfall hinaus, glaubt die Finanzverwaltung kein schutzwürdiges Vertrauen des Stpfl. entstehen lassen zu können. Ob diese Strategie erfolgversprechend ist, werden die vor dem BVerfG anhängigen Verfahren zu den Nichtanwendungsgesetzen der § 11 Abs. 2 Satz 3

1351 BVerfG vom 17. 12. 2013, 1 BvL 5/08, BVerfGE 135, 1 (18).

1352 Die echte Rückwirkung betreffend: BVerfG vom 17. 12. 2013, 1 BvL 5/08, BVerfGE 135, 1. Die unechte Rückwirkung betreffend: BVerfG vom 07. 07. 2010, 2 BvL 14/02, 2/04, 13/05, BVerfGE 127, 1; BVerfG vom 07. 07. 2010, 2 BvL 1/03, 57, 58/06, BVerfGE 127, 31; BVerfG vom 07. 07. 2010, 2 BvR 748, 753, 1738/05, BVerfGE 127, 61. Bestätigt durch BVerfG vom 10. 10. 2012, 1 BvL 6/07, BVerfGE 132, 302 (320).

1353 BGBl I 2014, 2417 (2425) gegen BFH vom 16. 05. 2013, VI R 94/10, BStBl II 2015, 186 und BFH vom 16. 05. 2013, VI R 7/11, BStBl II 2015, 189 und BFH vom 16. 05. 2013, VI R 93/10, BFH/NV 2014, 14 und BFH vom 16. 05. 2013, VI R 95/10, BFH/NV 2014, 16 und BFH vom 16. 05. 2013, VI R 96/10, BFH/NV 2014, 18.

1354 Gemeint ist die Rechtsprechung des BFH vom 16. 05. 2013, VI R 94/10, BStBl II 2015, 186 und BFH vom 16. 05. 2013, VI R 7/11, BStBl II 2015, 189 und BFH vom 16. 05. 2013, VI R 93/10, BFH/NV 2014, 14 und BFH vom 16. 05. 2013, VI R 95/10, BFH/NV 2014, 16 und BFH vom 16. 05. 2013, VI R 96/10, BFH/NV 2014, 18.

1355 BR-Drs. 432/14 (Beschluss), 22.

EStG[1356], § 14 Abs. 3 Satz 1 KStG[1357], § 50d Abs. 10 Satz 1 EStG[1358], § 9 Abs. 6 EStG[1359], § 50d Abs. 9 Satz 3 EStG[1360] und § 20 Abs. 1 Nr. 7 Satz 3 EStG[1361] zeigen, da in allen sechs Fällen die BFH-Rechtsprechung von der Finanzverwaltung vor Erlass der Nichtanwendungsgesetze nicht allgemein angewandt worden ist. Nach der in den Vorlagebeschlüssen zu den Nichtanwendungsgesetzen der § 11 Abs. 2 Satz 3 EStG[1362] und § 14 Abs. 3 Satz 1 KStG[1363] geäußerten Rechtsauffassung des

---

1356 Vorlagebeschluss des BFH vom 17. 12. 2010, IX R 70/07, BStBl II 2011, 346, BVerfG-Az. 2 BvL 1/11, juris zum Nichtanwendungsgesetz § 11 Abs. 2 Satz 3 EStG: BGBl I 2004, 3310 (3311) gegen BFH vom 23. 09. 2003, IX R 65/02, BStBl II 2005, 159.

1357 Vorlagebeschluss des BFH vom 06. 06. 2013, I R 38/11, BStBl II 2014, 398, BVerfG-Az. 2 BvL 7/13, juris und Vorlagebeschluss des BFH vom 27. 11. 2013, I R 36/13, BStBl II 2014, 651, BVerfG-Az. 2 BvL 18/14, juris zum Nichtanwendungsgesetz § 14 Abs. 3 Satz 1 KStG: BGBl I 2004, 3310 (3316) gegen BFH vom 18. 12. 2002, I R 50/01, Der Konzern 2003, 564; I R 51/01, BStBl II 2005, 49; I R 68/01, HFR 2003, 991.

1358 Vorlagebeschluss des BFH vom 11. 12. 2013, I R 4/13, BStBl II 2014, 791, BVerfG-Az. 2 BvL 15/14, juris zu den Nichtanwendungsgesetzen zu § 50d Abs. 10 Satz 1 EStG: BGBl I 2008, 2794 (2806) gegen BFH vom 17. 10. 2007, I R 5/06, BStBl II 2009, 356 und BGBl I 2013, 1809 (1819 f.) gegen BFH vom 08. 09. 2010, I R 74/09, BStBl II 2014, 788.

1359 Vorlagebeschlüsse des BFH vom 17. 07. 2014, VI R 61/11, juris, BVerfG-Az. 2 BvL 22/14, juris; VI R 2/12, BFHE 247, 25, BVerfG-Az. 2 BvL 23/14, juris; VI R 8/12, BFHE 247, 64, BVerfG-Az. 2 BvL 24/14, juris; VI R 38/12, juris, BVerfG-Az. 2 BvL 25/14, juris; VI R 2/13, juris, BVerfG-Az. 2 BvL 26/14, juris; VI R 72/13, juris, BVerfG-Az. 2 BvL 27/14, juris zum Nichtanwendungsgesetz § 9 Abs. 6 EStG: BGBl I 2011, 2592 (2600) gegen BFH vom 28. 07. 2011, VI R 7/10, BStBl II 2012, 271.

1360 Vorlagebeschluss des BFH vom 20. 08. 2014, I R 86/13, BStBl II 2015, 18, BVerfG-Az. 2 BvL 21/14, juris zum Nichtanwendungsgesetz § 50d Abs. 9 Satz 3 EStG: BGBl I 2013, 1809 (1819) gegen BFH vom 11. 01. 2012, I R 27/11, BFHE 236, 327.

1361 Verfassungsbeschwerden BVerfG-Az. 2 BvR 482/14, juris; 2 BvR 2671/14, juris und 2 BvR 2674/14, juris zum Nichtanwendungsgesetz § 20 Abs. 1 Nr. 7 Satz 3 EStG: BGBl I 2010, 1768 (1770) gegen BFH vom 15. 06. 2010, VIII R 33/07, BStBl II 2011, 503.

1362 Vorlagebeschluss des BFH vom 17. 12. 2010, IX R 70/07, BStBl II 2011, 346, BVerfG-Az. 2 BvL 1/11, juris zum Nichtanwendungsgesetz § 11 Abs. 2 Satz 3 EStG: BGBl I 2004, 3310 (3311) gegen BFH vom 23. 09. 2003, IX R 65/02, BStBl II 2005, 159.

1363 Vorlagebeschluss des BFH vom 06. 06. 2013, I R 38/11, BStBl II 2014, 398, BVerfG-Az. 2 BvL 7/13, juris und Vorlagebeschluss des BFH vom 27. 11. 2013, I R 36/13, BStBl II 2014, 651, BVerfG-Az. 2 BvL 18/14, juris zum Nichtanwendungsgesetz § 14 Abs. 3 Satz 1 KStG: BGBl I 2004, 3310 (3316) gegen BFH vom 18. 12. 2002, I R 50/01, Der Konzern 2003, 564; I R 51/01, BStBl II 2005, 49; I R 68/01, HFR 2003, 991.

BFH[1364], kann die Finanzverwaltung durch die Nichtveröffentlichung von BFH-Entscheidungen im BStBl II die Entstehung von schutzwürdigem Vertrauen des Stpfl. nicht verhindern. Dieser Rechtsauffassung des BFH ist zuzustimmen, da sonst allein die Exekutive über die Entstehung schutzwürdigen Vertrauens entscheiden könnte. Dies ist mit Blick auf die aus Art. 20 Abs. 3 2. HS GG folgende Gleichrangigkeit von Exekutive und Judikative unzulässig und muss neben der Nichtveröffentlichung von BFH-Entscheidungen im BStBl II auch für die Nichtanwendung mittels Nichtanwendungserlassen gelten.

cc) Verhältnismäßigkeit

Der Grundsatz der Verhältnismäßigkeit/das Übermaßverbot ist eine Anforderung, die u. a. die Legislative bei der Ausgestaltung ihrer Gesetze unterliegt[1365]. Hiernach muss der mit dem Gesetz verfolgte Zweck legitim sein und den Kriterien der Eignung, Erforderlichkeit und Verhältnismäßigkeit im engeren Sinne/Proportionalität genügen[1366]. Hierdurch soll der Einzelne vor unnötigen Eingriffen der öffentlichen Gewalt geschützt werden[1367].

Im Steuerrecht wird die Gestaltungsfreiheit des Gesetzgebers ebenfalls durch den Grundsatz der Verhältnismäßigkeit begrenzt[1368]. Hiernach kann sich allein aus der Verhältnismäßigkeit im engeren Sinne eine Obergrenze für eine Steuerbelastung ergeben, wobei das staatliche Finanzierungsinteresse durch Steuern, mit der Vermeidung einer Überbelastung des Stpfl. in einen Ausgleich zu bringen ist[1369].

Mit Bezug auf Nichtanwendungsgesetze unterliege die Legislative dem Grundsatz der Verhältnismäßigkeit, der dann „in erhöhtem Maß" zu beachten sei, wenn bereits eine ständige höchstrichterliche Rechtsprechung vorliege[1370]. Wie sich die Beachtung „in erhöhtem Maß" durch die Legislative konkret darstellt, bleibt aber offen. Aufgrund des weiten Beurteilungsspielraums des

---

1364 BFH vom 17. 12. 2010, IX R 70/07, BStBl II 2011, 346 (351 f.); BFH vom 06. 06. 2013, I R 38/11, BStBl II 2014, 398 (405); BFH vom 27. 11. 2013, I R 36/13, BStBl II 2014, 651 (659).

1365 Sachs, Sachs, GG, Art. 20 Rn. 148.

1366 BVerfG vom 04. 04. 2006, 1 BvR 518/02, BVerfGE 115, 320 (345); Sommermann, von Mangoldt/Klein/Starck GG Bd. II, Art. 20 Rn. 314; Sachs, Sachs, GG, Art. 20 Rn. 149.

1367 Badura, Staatsrecht, D 52.

1368 BVerfG vom 18. 01. 2006, 2 BvR 2194/99, BVerfGE 115, 97 (114).

1369 BVerfG vom 18. 01. 2006, 2 BvR 2194/99, BVerfGE 115, 97 (115 f.).

1370 BFH, 60 Jahre BFH, 117.

Gesetzgebers[1371], den die Legislative bei der Ausgestaltung ihrer Gesetze besitzt und dem vorgenannten allgemeinen verfassungsrechtlichen Rahmen zur Verhältnismäßigkeit im Steuerrecht, ist eine Verschärfung des Grundsatzes der Verhältnismäßigkeit für Nichtanwendungsgesetze, die eine ständige höchstrichterliche Rechtsprechung ändern, verfassungsrechtlich nicht geboten. Eine solche Modifizierung allein für Nichtanwendungsgesetze würde den vom BVerfG angestrebten Ausgleich zwischen den Interessen des Staates und den Interessen der Stpfl. in nicht gerechtfertigter Weise zulasten des Staates verschieben, weil er den Handlungsspielraum der Legislative zu sehr einengen würde.

Nichtanwendungsgesetze müssen den Grundsatz der Verhältnismäßigkeit einhalten. Sie verstoßen nicht per se gegen ihn und müssen auch keinen speziellen Anforderungen an ihn genügen.

d) Ergebnis

Der Verfassungsgrundsatz der Gewaltenbindung des Art. 20 Abs. 3 GG hat nicht die Verfassungswidrigkeit von Nichtanwendungsgesetzen zur Folge.

Nach den primären Grundsätzen der Gewaltenbindung sind Nichtanwendungsgesetze verfassungsgemäß[1372]. So ist die Legislative gem. Art. 20 Abs. 3 1. HS GG allein an die verfassungsmäßige Ordnung gebunden. Eine Bindung an die Judikative besteht nicht. Vielmehr ist die Judikative gem. Art. 20 Abs. 3 2. HS 1. Var. GG an das von der Legislative gegebene Gesetz gebunden. Würde man trotzdem eine Bindung der Legislative an die Entscheidung der Judikative annehmen, würde dies das verfassungsrechtlich vorgesehene Rangverhältnis auf den Kopf stellen, weshalb eine solche Sperrwirkung abzulehnen ist.

Im Bereich der sekundären Grundsätze unterliegen Nichtanwendungsgesetze den verfassungsmäßig gebotenen Anforderungen an die Bestimmtheit, den Vertrauensschutz und die Verhältnismäßigkeit einer Norm. Ein Nichtanwendungsgesetz ist insoweit zu behandeln, wie jedes andere Gesetz auch. Mit Blick auf den Vertrauensschutz hat das BVerfG zuletzt die Möglichkeit für verfassungsrechtlich zulässige Rückwirkungen von Gesetzen eingeschränkt und den Vertrauensschutz gestärkt[1373]. Ausstehende Entscheidungen des

---

1371 Hofmann, Schmidt-Bleibtreu/Klein/Hofmann/Henneke, Art. 20 Rn. 72.

1372 Ebenso: Schlenk, Bundesfinanzhof und Finanzverwaltung in Kooperation und Unabhängigkeit, 134 und 143.

1373 Die echte Rückwirkung betreffend: BVerfG vom 17. 12. 2013, 1 BvL 5/08, BVerfGE 135, 1. Die unechte Rückwirkung betreffend: BVerfG vom 07. 07. 2010, 2 BvL 14/02, 2/04, 13/05, BVerfGE 127, 1; BVerfG vom 07. 07. 2010, 2 BvL 1/03, 57, 58/06,

BVerfG[1374] über die Rückwirkung von steuerlichen Nichtanwendungsgesetzen geben dem BVerfG in naher Zukunft die Gelegenheit zur weiteren Präzisierung seiner Rechtsprechung. Es ist zu erwarten, dass das BVerfG dem Gesetzgeber, durch die Fortentwicklung seiner bisherigen Rechtsprechung mittels Auferlegung entsprechender Rechtfertigungserfordernisse, den Erlass rückwirkender Nichtanwendungsgesetze künftig nur noch in ganz eng umgrenzten Ausnahmefällen ermöglichen wird. Dabei ist das „Klarstellungsinteresse des Gesetzgebers" kein tauglicher Grund zur Rechtfertigung der Rückwirkung einer Norm. Allein für Nichtanwendungsgesetze zusätzlich zu erfüllende Anforderungen lassen sich aus Art. 20 Abs. 3 GG nicht ableiten.

4. *Das Gesetzgebungsverfahren der Art. 70 ff. und 105 GG*

a) *Initiative*

aa) Allgemeines

Art. 76 Abs. 1 GG weist die Einbringung von Gesetzesvorlagen in den Bundestag der Bundesregierung, der Mitte des Bundestages oder dem Bundesrat zu.

Auf den ersten Blick zeigt sich hier eine Dominanz der Bundesregierung, die in den letzten sechs Wahlperioden von 1990 bis 2013 in 44,3 % bis 55,6 % aller Gesetzgebungsverfahren die Initiative ergriffen hat, die Mitte des Bundestages hat in dieser Zeit zwischen 27,2 % und 33,2 % aller Gesetzgebungsverfahren initiiert und der Bundesrat zwischen 15 % und 24,6 %[1375]. In der abgelaufenen 17. Wahlperiode von 2009 bis 2013 ergriff die Bundesregierung in 54,3 % der Gesetzgebungsverfahren die Initiative für ein Gesetz, die Mitte des Bundestages in 30,7 % der Gesetzgebungsverfahren und der Bundesrat in 15 % der Gesetzgebungsverfahren[1376]. Blickt man auf den zweiten Blick auf die Initiatoren für die ergangenen

BVerfGE 127, 31; BVerfG vom 07. 07. 2010, 2 BvR 748, 753, 1738/05, BVerfGE 127, 61. Bestätigt durch BVerfG vom 10. 10. 2012, 1 BvL 6/07, BVerfGE 132, 302 (320).

1374 BVerfG, Anhängige Verfahren, 2 BvL 1/11, juris; 2 BvL 7/13, juris; 2 BvL 15/14, juris; 2 BvL 18/14, juris; 2 BvL 21/14, juris; 2 BvL 22/14, juris; 2 BvL 23/14, juris; 2 BvL 24/14, juris; 2 BvL 25/14, juris; 2 BvL 26/14, juris; 2 BvL 27/14, juris; 2 BvR 482/14, juris; 2 BvR 2671/14, juris; 2 BvR 2674/14, juris.

1375 BT, Datenhandbuch, Gesetzgebung, Statistik zur Gesetzgebung, 2 unter http://www.bundestag.de/blob/196202/860ee459a5e1d085fd796e376ef3bdd3/kapitel_10_01_statistik_zur_gesetzgebung-data.pdf; zuletzt aufgerufen am 31. 03. 2016.

1376 BT, Datenhandbuch, Gesetzgebung, Statistik zur Gesetzgebung, 2 unter http://www.bundestag.de/blob/196202/860ee459a5e1d085fd796e376ef3bdd3/kapitel_10_01_statistik_zur_gesetzgebung-data.pdf; zuletzt aufgerufen am 31. 03. 2016.

163 Nichtanwendungsgesetze gegen BFH-Entscheidungen und berücksichtigt, wer die Nichtanwendungsnorm in das Gesetz eingespielt hat und nicht, wer das jeweilige Gesetzgebungsverfahren begonnen hat, in welchem von Beginn an oder später die Nichtanwendungsnorm enthalten ist, zeigt sich folgendes Bild:

Bundesregierung	51 Nichtanwendungsgesetze
Bundestag davon durch die Fraktionen als Beginn eines Gesetzgebungsverfahrens davon durch seine Ausschüsse während eines Gesetzgebungsverfahrens davon durch seine Ausschüsse im Rahmen der abschließenden Beratungen des Gesetzgebungsverfahrens	33 Nichtanwendungsgesetze 4 Nichtanwendungsgesetze 2 Nichtanwendungsgesetze 27 Nichtanwendungsgesetze
Bundesrat davon als Beginn eines Gesetzgebungsverfahrens davon als Stellungnahme während eines Gesetzgebungsverfahrens	33 Nichtanwendungsgesetze 1 Nichtanwendungsgesetz 32 Nichtanwendungsgesetze
Bundesregierung und Bundestag gemeinsam durch einen gleichlautenden Gesetzesentwurf	38 Nichtanwendungsgesetze
Bundestag und Bundesrat gemeinsam durch den Vermittlungsausschuss	8 Nichtanwendungsgesetze

Hiernach ist die Bundesregierung in 31,29 % der Fälle für die Initiative eines Nichtanwendungsgesetzes verantwortlich, die Mitte des Bundestags in 20,24 % der Fälle, der Bundesrat in 20,24 % der Fälle, Bundesregierung und die Mitte des Bundestags durch einen gleichlautenden Gesetzesentwurf in 23,32 % der Fälle und der aus Bundestag und Bundesrat gebildete Vermittlungsausschuss in 4,91 % der Fälle.

Bringen Bundesregierung und Bundestag einen gleichlautenden Gesetzesentwurf ein, handelt es sich um eine sog. Paralleleinbringung[1377]. In der Regel übernimmt hierbei die Mitte des Bundestages den von der Bundesregierung ausgearbeiteten Gesetzesentwurf[1378]. Die Übernahme erfolgt in der Praxis regelmäßig durch die Koalitionsfraktionen. Die sog. Paralleleinbringung bedeutet, dass parallel zum einen der Gesetzesentwurf der Bundesregierung dem Bundesrat gem. Art. 76 Abs. 2 Satz 1 GG zur Stellungnahme zugeleitet wird und zum anderen der Gesetzesentwurf aus der Mitte des Bundestages im Bundestag beraten

1377 Hömig, Hömig, GG, Art. 76 Rn. 6.
1378 Mann, Sachs, GG, Art. 76 Rn. 25.

wird. Die sog. Paralleleinbringung ist verfassungsrechtlich zulässig[1379]. Sie dient der Beschleunigung des Gesetzgebungsverfahrens, da nach der ersten Beratung im Bundestag mit der Arbeit in den Ausschüssen des Bundestags begonnen werden kann[1380]. Hierzu werden dann im Rahmen der Parlamentsberatungen beide Gesetzesentwürfe zusammengeführt und als ein Gesetzesvorhaben durch die weiteren parlamentarischen Beratungen geführt[1381]. Sieht man damit die gleichlautenden Gesetzesentwürfe von Bundesregierung und Bundestag als einen faktischen Gesetzesentwurf der Bundesregierung an, hat die Bundesregierung bei 54,61 % der Nichtanwendungsgesetze die Initiative ergriffen, der Bundestag bei 20,24 %, der Bundesrat bei 20,24 % und der aus Bundestag und

1379 Mann, Sachs, GG, Art. 76 Rn. 25; Sannwald, Schmidt-Bleibtreu/Klein/Hofmann/Henneke, Art. 76 Rn. 42 und 47; Kersten, MD, Art. 76 Rn. 53, 61. Lfg. Jan. 2011.

1380 Mann, Sachs, GG, Art. 76 Rn. 25.

1381 Beispiel für einen fiktiven Zeitplan einer Paralleleinbringung eines Gesetzesentwurfs, bei dem der Gesetzentwurf der Bundesregierung im Rahmen der zeitlichen Beratung im Bundestag-Finanzausschuss mit dem Gesetzentwurf aus der Mitte des Bundestages zusammengeführt wird (es ist natürlich ebenso möglich dort den Gesetzentwurf aus der Mitte des Bundestages mit dem Gesetzentwurf der Bundesregierung zusammen zu führen):

	Bundesregierung	Mitte des Bundestages durch Koalitionsfraktionen
Kabinettbeschluss zum Entwurf der Bundesregierung	Datum	---------
Koalitionsbeschluss zum Entwurf aus der Mitte des Bundestages	---------	Datum
Zuleitung Bundesrat	Datum	---------
Beratung Bundesrat-Finanzausschuss	Datum	---------
1. Beratung Bundesrat	Datum	---------
Kabinettbeschluss über Gegenäußerung	Datum	---------
1. Lesung Bundestag	Datum	Datum
1. Durchgang und ggf. Beschlussfassung über Anhöhrung im Bundestag-Finanzausschuss	---------	Datum
Anhörung Bundestag-Finanzausschuss	---------	Datum
Beratung Bundestag-Finanzausschuss	Datum	Datum
Abschließende Beratung Bundestag-Finanzausschuss	---------	Datum
2. und 3. Lesung Bundestag	---------	Datum
Beratung Bundesrat-Finanzausschuss	---------	Datum
2. Beratung Bundesrat	---------	Datum

Bundesrat gebildete Vermittlungsausschuss bei 4,91 %. Diese Zahlen decken sich im Wesentlichen mit den obigen Zahlen aller Gesetzgebungsinitiativen aus den Jahren 1990 bis 2013. Die Nichtanwendungsgesetzgebung nimmt also insoweit keine Sonderrolle ein.

Nichtanwendungsgesetze sind regelmäßig[1382] Teil von „Omnibusgesetzen"[1383], was insb. unter Transparenzgesichtspunkten verfassungsrechtliche Fragestellungen nach sich zieht, die unter dd) – ff) behandelt werden.

bb) Die Rolle der Finanzverwaltung im Rahmen der Initiative

Eine dominante Rolle der Finanzverwaltung als Teil der Exekutive im Rahmen der Initiative zu Nichtanwendungsgesetzen, ist zu konstatieren.

Dies gilt zunächst für die von der Bundesregierung eingebrachten Nichtanwendungsgesetze. Die Ausarbeitung dieser Gesetzesinitiativen erfolgt nach den §§ 15 ff. GO-BReg und §§ 40 ff. GGO. Sie wird im Regelfall durch das zuständige Fachministerium selbstständig und auf eigene Initiative vorgenommen[1384]. Für das BMF gilt mit Bezug auf die Steuergesetzgebung nichts anderes[1385]. Hier wird stets eine Frage finanzieller Bedeutung vorliegen, bei der der Bundesfinanzminister im Rahmen der Beschlussfassung der Bundesregierung gem. § 26 Abs. 1 GO-BReg ein Vetorecht besitzt. Auch für die von Bundesregierung und Bundestag durch einen gleichlautenden Gesetzesentwurf eingebrachten Nichtanwendungsgesetze gilt nichts anderes, da die Mitte des Bundestages den von der Bundesregierung ausgearbeiteten Gesetzesentwurf in der Regel übernimmt[1386]. Die auf die

1382 162 der 163 Nichtanwendungsgesetze waren Gegenstand von sog. „Omnibusgesetzen". Davon waren 155 Nichtanwendungsgesetze Teil steuerlicher „Omnibusgesetze" und 7 Nichtanwendungsgesetze Teil von „Omnibusgesetzen" ohne steuerlichen Schwerpunkt. Einzig das Nichtanwendungsgesetz zum Abzugsverbot von Geldstrafen und -bußen, BGBl I 1984, 1006 (1006) gegen BFH vom 21. 11. 1983, GrS 2/82, BStBl II 1984, 160 und BFH vom 21. 11. 1983, GrS 3/82, BStBl II 1984, 166, wurde im Rahmen eines eigenständigen Gesetzes verabschiedet. Der Titel des Gesetzes lautete: „Gesetz zur Änderung des Einkommensteuergesetzes und des Körperschaftsteuergesetzes".

1383 Hendricks, BT-Plenarprotokoll 16/54, 5324; Gutting, BT-Plenarprotokoll 16/191, 20647. Der Begriff bezeichnet ein Gesetz, in welchem alles für gesetzgebungsbedürftig gehaltene gesammelt wird, Tipke, StuW 1990, 308 (311). Synonyme für den Begriff des „Omnibusgesetzes" sind die Bezeichnungen Artikel- oder Mantelgesetz.

1384 Masing, von Mangoldt/Klein/Starck GG Bd. II, Art. 76 Rn. 26.

1385 Uelner, FS Friauf, 217 (227), der u. a. in Entscheidungen des Ministers wegen befürchteter Auswirkungen neuer BFH-Rechtsprechung auf das Steueraufkommen einen Anlass für eine Gesetzesinitiative der Bundesregierung sieht.

1386 Mann, Sachs, GG, Art. 76 Rn. 25.

Initiative des Bundesrates zurückgehenden Nichtanwendungsgesetze dürften im Regelfall aus der Feder der Finanzverwaltungen der Länder und damit ebenfalls von der Exekutive stammen[1387]. Die Nichtanwendungsgesetze, die auf die Initiative des aus Bundestag und Bundesrat gebildeten Vermittlungsausschusses zurückgehen, stammen sämtlich aus dem AmtshilfeRLUmsG[1388] und lassen sich in einem Fall auf die Bundesregierung[1389], in einem Fall auf den Finanzausschuss des Bundestages[1390] und in sechs Fällen auf den Bundesrat[1391] zurückführen. Dies bedeutet, dass sich 129 von 163 Nichtanwendungsgesetzen (79,14 %)[1392] gegen BFH-Entscheidungen auf die Exekutive zurückführen lassen. Die 4 Nichtanwendungsgesetze (2,46 %), die durch die Fraktionen als Beginn des Gesetzgebungsverfahrens eingebracht worden sind, sind bei 2 Nichtanwendungsgesetzen[1393]

1387 Allgemein für Gesetzesvorlagen des Bundesrates: Masing, von Mangoldt/Klein/Starck GG Bd. II, Art. 76 Rn. 41.

1388 BGBl I 2013, 1809.

1389 Nichtanwendungsgesetz § 97 Abs. 1 und 2 AO, BGBl I 2013 (1809) gegen BFH vom 24. 02. 2010, II R 57/08, BStBl II 2011, 5.

1390 Nichtanwendungsgesetz § 171 Abs. 15 AO, BGBl I 2013, 1809 (1835) gegen BFH vom 13. 12. 2011, II R 26/10, BStBl II 2013, 596 und BFH vom 13. 12. 2011, II R 52/09, BFH/NV 2012, 695.

1391 Nichtanwendungsgesetz § 6 Abs. 7 Nr. 2 EStG, BGBl I 2013, 1809 (1815) gegen BFH vom 21. 06. 2006, XI R 49/05, BStBl II 2006, 712; Nichtanwendungsgesetz § 33 Abs. 2 Satz 4 EStG, BGBl I 2013, 1809 (1816) gegen BFH vom 12. 05. 2011, VI R 42/10, BStBl II 2011, 1015; Nichtanwendungsgesetz § 33a Abs. 1 Satz 4 2. HS EStG, BGBl I 2013, 1809 (1816) gegen BFH vom 30. 06. 2010, VI R 35/09, BStBl II 2011, 267; Nichtanwendungsgesetz § 50d Abs. 9 Satz 3 EStG, BGBl I 2013, 1809 (1819) gegen BFH vom 11. 01. 2012, I R 27/11, BFHE 236, 327; Nichtanwendungsgesetz § 50d Abs. 10 EStG, BGBl I 2013, 1809 (1819 f.) gegen BFH vom 08. 09. 2010, I R 74/09, BStBl II 2014, 788; Nichtanwendungsgesetz § 50i EStG, BGBl I 2013, 1809 (1820) gegen BFH vom 28. 04. 2010, I R 81/09, BStBl II 2014, 754 und BFH vom 25. 05. 2011, I R 95/10, BStBl II 2014, 760.

1392 51 Nichtanwendungsgesetze gehen auf die Bundesregierung zurück, 33 Nichtanwendungsgesetze auf den Bundesrat, 38 Nichtanwendungsgesetze lassen sich aufgrund eines gleichlautenden Gesetzesentwurfs von Bundesregierung und Bundestag auf die Bundesregierung zurückführen und 7 Nichtanwendungsgesetze aus dem Vermittlungsausschusses lassen sich bei 1 Nichtanwendungsgesetz auf die Bundesregierung und bei 6 Nichtanwendungsgesetzen auf den Bundesrat zurückführen.

1393 Nichtanwendungsgesetz § 9 Abs. 4 Satz 8 EStG, BGBl I 2013, 285 (287) gegen BFH vom 09. 02. 2012, VI R 44/10, BStBl II 2013, 234 und BFH vom 09. 02. 2012, VI R 42/11, BStBl II 2013, 236; Nichtanwendungsgesetz § 14 Abs. 5 Satz 1 KStG, BGBl I 2013, 285 (289 f.) gegen BFH vom 28. 01. 2004, I R 84/03, BStBl II 2004, 539 und BFH vom 06. 03. 2008, IV R 74/05, BStBl II 2008, 663. Beide Nichtanwendungsgesetze eine sog. „verkappte Regierungsinitiative“[1394], was dann wiederum die prägende Rolle der Finanzverwaltung impliziert. Grund für das Vorgehen mittels einer sog. „verkappten Regierungsinitiative“[1395] ist der Wegfall des ersten Durchgangs im Bundesrat und eine damit verbundene Beschleunigung des Gesetzgebungsverfahrens[1396]. Allein bei 2 Nichtanwendungsgesetzen[1397] kann ein Einfluss der Exekutive auf die Formulierung des Nichtanwendungsgesetzes nicht nachgewiesen werden[1398].

Ob ferner für die 29 Nichtanwendungsgesetze (17,79 %)[1399] und das 1 Nichtanwendungsgesetz (0,61 %) aus dem Vermittlungsausschuss[1400], die auf die Initiative des Bundestages durch seine Ausschüsse zurückgehen, ebenfalls die Exekutive für die Formulierung des Nichtanwendungsgesetzes verantwortlich zeichnet, ist nicht belegbar[1401]. Damit bei 32 Nichtanwendungsgesetzen

---

stammen aus dem Gesetz zur Änderung und Vereinfachung der Unternehmensbesteuerung und des steuerlichen Reisekostenrechts. Dieses von den Koalitionsfraktionen CDU, CSU und FDP eingebrachte Gesetz geht auf eine vom Bundeskabinett am 19. 09. 2012 beschlossene „Formulierungshilfe“ des BMF zurück, http://rsw.beck.de/aktuell/gesetzgebung/gesetzgebungsvorhaben-entwicklungsgeschichte/unternehmensbesteuerung-und-steuerliches-reisekostenrecht; zuletzt aufgerufen am 31. 03. 2016 und http://rsw.beck.de/docs/librariesprovider5/rsw-dokumente/Entwurf-Unternehmensbesteuerung-Reisekostenrecht; zuletzt aufgerufen am 31. 03. 2016.

1394 Masing, von Mangoldt/Klein/Starck GG Bd. II, Art. 76 Rn. 18.

1395 Masing, von Mangoldt/Klein/Starck GG Bd. II, Art. 76 Rn. 18.

1396 Masing, von Mangoldt/Klein/Starck GG Bd. II, Art. 76 Rn. 18; Sannwald, Schmidt-Bleibtreu/Klein/Hofmann/Henneke, Art. 76 Rn. 42.

1397 Nichtanwendungsgesetz § 107a Abs. 3 Satz 2 Nr. 4 lit. b) RAO, BGBl I 1964, 297 (297) gegen BFH vom 06. 11. 1962, VII 97/61, HFR 1963, 36; Nichtanwendungsgesetz § 10 Abs. 1 Nr. 9 EStG, BGBl I 1990, 2775 (2775) gegen BFH vom 25. 08. 1987, IX R 24/85, BStBl II 1987, 850.

1398 BT-Drs. 4/1395 und BT-Drs. 4/1929.

1399 Von den 29 Nichtanwendungsgesetzen gehen 27 Nichtanwendungsgesetze auf den Finanzausschuss, 1 Nichtanwendungsgesetz auf den Ausschuss für Bildung, Forschung und Tecknikfolgenabschätzung und 1 Nichtanwendungsgesetz auf den Rechtsausschuss zurück.

1400 Nichtanwendungsgesetz § 171 Abs. 15 AO, BGBl I 2013, 1809 (1835) gegen BFH vom 13. 12. 2011, II R 26/10, BStBl II 2013, 596 und BFH vom 13. 12. 2011, II R 52/09, BFH/NV 2012, 695.

1401 Für Pezzer, DStR 2004, 525 (526), ist es „kaum vorstellbar, dass jemals ein ernst zu nehmender Gesetzentwurf zum Steuerrecht in einer Fraktion des Parlaments geboren wird, ohne dass zuvor Experten des BMF oder eines Landesfinanzministeriums Hand angelegt hätten.“.

(19,63 %) die Initiative der Exekutive für das Nichtanwendungsgesetz nicht sicher nachweisbar. Es ist aber, mit Verweis auf die Gesetzgebungsmaterialien zu einem Nichtanwendungsgesetz[1402], zu vermuten, dass die Exekutive auch in diesen Fällen auf die Formulierung von Nichtanwendungsgesetzen hingewirkt hat. Andernfalls wäre es in diesen Fällen denkbar, dass der wissenschaftliche Dienst des Bundestages oder die Fraktionen selbst das Nichtanwendungsgesetz formuliert haben. Unbestritten ist aber, dass das BMF Formulierungshilfe leistet, wenn die Mitglieder des Bundestages aus ihrer Mitte einen Gesetzesentwurf einbringen wollen[1403].

Der nachweisbare Einfluss der Exekutive für mindestens 131 Nichtanwendungsgsetze[1404] (80,37 %) der Nichtanwendungsgesetze gegen BFH-Entscheidungen[1405] die Initiative zu ergreifen, zeigt, dass die Finanzverwaltung als der Motor der Nichtanwendungsgesetzgebung bezeichnet werden kann[1406]. Wesentlicher Grund hierfür ist die mangelnde Fähigkeit der MdB sich steuerliche Vorschriften auszudenken und zu formulieren[1407]. Eine sachlich ganz auf sich allein

1402 So findet sich beim Nichtanwendungsgesetz § 9 Abs. 1 Nr. 5 Satz 1 EStG, BGBl I 1979, 558 (562) gegen BFH vom 02. 09. 1977, VI R 114/76, BStBl II 1978, 26 und BFH vom 06. 09. 1977, VI R 5/77, BStBl II 1978, 31 und BFH vom 06. 09. 1977, VI R 165/76, BStBl II 1978, 32 folgender Hinweis als Beleg für den Einfluss der Exekutive auf das Nichtanwendungsgesetz: „Der Finanzausschuss hat die Gelegenheit genutzt, dem Wunsch der Bundesregierung zu entsprechen und vordringliche einkommensteuerliche Regelungen zur Behandlung von Mehraufwendungen aus Anlass einer doppelten Haushaltsführung […] zu beschließen.“, BT-Drs. 8/2501, 15.

1403 Uelner, FS Friauf, 217 (227); Stettner, Dreier GG Bd. II, 2. Aufl., Art. 76 Rn. 20. Tipke, StuW 1990, 308 (311) geht sogar davon aus, dass die Gesetzesentwürfe in ihrem Aufbau und Wortlaut durchweg von der Exekutive stammen. Der s., StuW 2013, 97 (101), nach dem ohne die Mitwirkung der Steuerabteilung des BMF überhaupt keine für die Anwendung brauchbaren Steuergesetze entstehen würden.

1404 Bei 131 von 163 Nichtanwendungsgesetzen gegen BFH-Entscheidungen kann die Initiative der Exekutive für das Nichtanwendungsgesetz nachgewiesen werden. Hierbei handelt es sich um die vorstehend genannten 129 Nichtanwendungsgesetze sowie um die vorstehend genannten 2 Nichtanwendungsgesetze, die der Bundestag zwar initiiert hat, dessen eigentlicher Urheber aber die Exekutive gewesen ist.

1405 Auch die 3 Nichtanwendungsgesetze gegen FG-Entscheidungen können der Exekutive zugeschrieben werden. Sie wurden durch den Vermittlungsausschuss zum Teil des Gesetzgebungsverfahrens und lassen sich auf den Bundesrat und damit auf die Finanzverwaltungen der Länder zurückführen.

1406 Ebenso: Voß, Ungewißheit im Steuerrecht, 23, der deshalb fälschlicherweise Nichtanwendungsgesetze als „Nichtanwendungserlass höherer Ordnung“ ansieht und diese unter die Exekutive subsumiert.

1407 Borgmann, Stbg 1989, 392 (392) und Tipke, StuW 1990, 308 (311).

gestellte Legislative würde wahrscheinlich nur wenig vollziehbare Gesetze schaffen, da die demokratische Legitimation der Legislative nicht zugleich auch für das zur Gesetzgebung notwendige Know-How sorgt[1408].

cc) Würdigung

Die dominante Rolle der Finanzverwaltung im Rahmen der Initiative zu Nichtanwendungsgesetzen mag zwar rechtspolitischen Anlass zur Kritik geben. Verfassungsrechtlich ist sie aber letztlich unbedenklich[1409]. So ist zum einen kein Verstoß gegen Art. 76 GG erkennbar, wenn Gesetzesentwürfe von der Finanzverwaltung erarbeitet werden, die sich dann später Bundestag und/oder Bundesrat im Rahmen ihres Initiativrechts zu eigen machen, bzw. die Arbeit der exekutiven Finanzverwaltung in ihre legislative Tätigkeit inkorporieren. Grund hierfür ist, dass das GG in Art. 76 Abs. 1 GG allein die formelle Einbringung von Gesetzesvorlagen normiert, die tatsächliche Erstellung der Gesetzesvorlagen hingegen verfassungsrechtlich unerheblich ist[1410]. Zum anderen hilft als weitere Kontrollüberlegung ein Blick auf die Gesetzgebungsinitiative für alle Gesetzgebungsverfahren: Hier käme wohl niemand auf die Idee, die nicht weniger dominante Rolle der Exekutive zu einem generell verfassungswidrigen Vorgang zu verdichten. Dies wäre allein aus praktischen Gründen unmöglich, da dann kaum mehr ein Gesetz den Weg in das BGBl finden würde.

dd) Die Rolle der Bundestagsausschüsse im Rahmen der Initiative

Bei 29 Nichtanwendungsgesetzen (17,79 %) ist das Nichtanwendungsgesetz durch die Initiative des Bundestagsausschusses zum Gegenstand des Gesetzgebungsverfahrens geworden. 20 dieser Nichtanwendungsgesetze (68,97 %) sind profiskalisch, 8 Nichtanwendungsgesetze (27,58 %) sind antifiskalisch und 1 Nichtanwendungsgesetz (3,45 %) ist neutral. 19 dieser 29 Nichtanwendungsgesetze

---

1408 Tipke, StuW 1990, 308 (311). Daher ist es auch verständlich, wenn Schaumburg/Schaumburg, FS Spindler, 171 (173) von einer faktischen Abhängigkeit der Legislative von der Exekutive sprechen.

1409 Ebenso: Schlenk, Bundesfinanzhof und Finanzverwaltung in Kooperation und Unabhängigkeit, 136 f., 139 und 143 f. u. a. mit Verweis auf Koch, DStZ/A 1975, 370 (372), nach dem die Finanzverwaltung stets zu prüfen habe, ob Entscheidungen des BFH einen Anlass für eine Tätigkeit des Gesetzgebers mittels Gesetzesentwurf der Bundesregierung bieten. Allgemein bzgl. der Vorbereitung der Gesetzesänderung durch die Exekutive: Meister, DStZ 1992, 449 (451).

1410 Masing, von Mangoldt/Klein/Starck GG Bd. II, Art. 76 Rn. 2; Schmidt-Jortzig/Schürmann, Bonner Kommentar, Art. 76 GG Rn. 178, 78. Lfg. Nov. 1996.

(65,52 %) sind rückwirkende Nichtanwendungsgesetze. Die Quote rückwirkender Nichtanwendungsgesetze ist damit höher als die allgemeine Quote aller rückwirkender Nichtanwendungsgesetze, die lediglich 52,15 % beträgt. Von den 19 rückwirkenden Nichtanwendungsgesetzen sind 15 Nichtanwendungsgesetze (78,95 %) pro- und 4 Nichtanwendungsgesetze (21,05 %) antifiskalisch.

Initiant für ein Nichtanwendungsgesetz, das auf einen Bundestagsausschuss zurückgeht, ist in der Regel der Finanzausschuss[1411] als der für die Steuergesetzgebung zuständige Fachausschuss. Im zeitlichen Ablauf des Gesetzgebungsverfahrens wird damit das Nichtanwendungsgesetz erst kurz vor seinem parlamentarischen Abschluss zum Gegenstand des Gesetzes, wenn der Fachausschuss seinen Bericht und seine Beschlussempfehlung für das Plenum des BT beschließt. Das BT-Plenum nimmt im Regelfall keine Änderungen an der Beschlussempfehlung des Fachausschusses mehr vor und beschließt das Nichtanwendungsgesetz in der Fassung der Beschlussempfehlung des Fachausschusses[1412].

Für die gebotene verfassungsrechtliche Beurteilung ist zunächst festzuhalten, dass Bundestagsausschüsse nicht nach Art. 76 Abs. 1 GG zur Einbringung von Gesetzvorlagen berechtigt sind[1413]. Ebenso wenig besitzt der Vermittlungsausschuss ein eigenes Gesetzesinitiativrecht[1414]. Zur vorliegend relevanten Frage, in welchem Umfang die Fachausschüsse im Rahmen ihrer abschließenden Ausschussberatungen noch Änderungen an der zu beratenden Gesetzesvorlage vornehmen dürfen, gibt es keine Rechtsprechung des BVerfG. Der Wortlaut des § 62 Abs. 1 Satz 2 GO BT deutet auf eine enge Umgestaltungsbefugnis der Fachausschüsse hin, da sich ihre Beschlussempfehlungen nur auf die ihnen überwiesenen Vorlagen oder mit diesen in unmittelbarem Sachzusammenhang stehenden Fragen beziehen dürfen. Hintergrund dieser Regelung ist, dass sich die Bundestagsausschüsse kein „faktisches Gesetzesinitiativrecht usurpieren“ sollen[1415]. In einem Schreiben des Bundestagspräsidenten Philipp Jenninger vom 06. 12. 1984

1411 Von den 29 Nichtanwendungsgesetzen gehen 27 Nichtanwendungsgesetze auf den Finanzausschuss, 1 Nichtanwendungsgesetz auf den Ausschuss für Bildung, Forschung und Tecknikfolgenabschätzung und 1 Nichtanwendungsgesetz auf den Rechtsausschuss zurück.

1412 Kokott, Bonner Kommentar, Art. 77 GG Rn. 59, 167. Lfg. Mai 2014.

1413 Kersten, MD, Art. 76 Rn. 46, 61. Lfg. Jan. 2011.

1414 BVerfG vom 07. 12. 1999, 2 BvR 301/98, BVerfGE 101, 297 (306); BVerfG vom 15. 01. 2008, 2 BvL 12/01, BVerfGE 120, 56 (74); BVerfG vom 08. 12. 2009, 2 BvR 758/07, BVerfGE 125, 104 (122).

1415 Kersten, MD, Art. 77 Rn. 19, 65. Lfg. Apr. 2012.

hat dieser den Vorsitzenden der Bundestagsausschüsse eine vom Ausschuss für Wahlprüfung, Immunität und Geschäftsordnung formulierte Abgrenzung zulässiger und unzulässiger Änderungsanträge mitgeteilt, wenn es u. a. heißt[1416]: „Ein unmittelbarer Sachzusammenhang ist anzuerkennen, falls die Ergänzungen am Gesetzgebungsgrund oder an der Gesetzgebungszielen der ursprünglichen Vorlagen anknüpfen." Unzulässig wäre es danach, „wenn gesetzgeberisch zu lösende Probleme in einem Antrag zur Änderung oder Ergänzung einer Gesetzesvorlage aufgegriffen würden, die weder vom ursprünglichen Gesetzgebungsgrund noch von den ursprünglichen Gesetzgebungszielen erfasst werden, also auch wenn lediglich die gleiche Gesetzgebungsmaterie oder nur der Zuständigkeitsbereich eines Ausschusses und des von ihm zu kontrollierenden Ministeriums berührt wäre. In diesen Fällen bedarf es vielmehr einer ordnungsgemäßen Gesetzesinitiative, ihrer Einbringung und Beratung im Bundestag sowie ihrer Überweisung an einen Ausschuss, bevor dieser sich mit dem Gesetzgebungsvorhaben befassen kann."

Aufgrund der Ausprägung des § 62 Abs. 1 Satz 2 GO BT als unmittelbarer verfassungsrechtlicher Grundsatz aus Art. 76 Abs. 1 GG bedeutet ein Verstoß gegen § 62 Abs. 1 Satz 2 GO BT zugleich einen Verstoß gegen Art. 76 Abs. 1 GG[1417]. Die verfassungsrechtliche Literatur sieht demzufolge bei Gesetzesinitiativen der Bundestagsausschüsse wegen der Umgehung von Fristen und Mitwirkungsrechten dann eine verfassungsrechtliche Problematik, „wenn ein Zusammenhang mit Gesetzgebungsziel und Gesetzgebungsgrund nicht mehr gegeben ist und die Ergänzung auf eine Gesetzesinitiative des Ausschusses hinausläuft."[1418]. Mit einer solchen Gesetzesinitiative überschreite der Ausschuss seine Kompetenzen und ferner haben Parlament und Öffentlichkeit nicht die Möglichkeit, das Gesetzgebungsvorhaben zu diskutieren, da das Gesetz unmittelbar folgt[1419].

1416 Zitiert bei Kabel, Schneider/Zeh, Parlamentsrecht und Parlamentspraxis in der BRD, § 31 Rn. 68.

1417 Brandner, Jura 1999, 449 (453 f.).

1418 Masing, von Mangoldt/Klein/Starck GG Bd. II, Art. 77 Rn. 33; Bryde, JZ 1998, 115 (116 ff.); Brandner, Jura 1999, 449 (453 f.). Ebenso: Frenzel, JuS 2010, 119 (120 f.), der in diesem Kontext, mit beispielhaftem Bezug auf Erweiterungen eines Artikelgesetzes um Regelungen zu einem völlig anderen Lebenssachverhalt, von sog. „U-Booten" spricht, die durch den Ausschuss dem Bundestagsplenum zur finalen Behandlung vorgelegt werden.

1419 Bryde, JZ 1998, 115 (116 ff.). Mit Bezug auf die nicht vorhandene Öffentlichkeit des Gesetzgebungsprozesses spricht Bryde, JZ 1998, 115 (119) von einer „Geheimgesetzgebung durch einen Bundestagsausschuss".

Öffentliche Anhörungssitzungen von Sachverständigen, Interessenvertretern und anderen Auskunftspersonen nach § 70 GO BT werden in diesen Fällen nicht stattfinden. Eine Verfassungswidrigkeit soll allerdings „nur in besonderen Missbrauchsfällen" vorliegen, da mangels eines „Denaturierungsverbots" den Bundestagsausschüssen eine „grundlegende und vollkommene Umgestaltung von Gesetzentwürfen möglich sein" soll[1420]. Vor dem Hintergrund des vorstehend geschilderten Spannungsverhältnisses ist die Grenzziehung zwischen einem noch verfassungsgemäßen Handeln des Bundestagsausschusses und einem bereits verfassungswidrigen Handeln des Bundestagsausschusses entscheidend. Diese lässt sich nicht allgemein beantworten und ist letztlich eine Entscheidung des Einzelfalls[1421].

ee) Würdigung

Mit Bezug auf die steuerliche Nichtanwendungsgesetzgebung ist mit Blick auf die Gewaltensensibilität der Nichtanwendungsgesetze der Umfang des Initiativrechts der Bundestagsausschüsse, durch eine enge Auslegung des in § 62 Abs. 1 Satz 2 GO BT normierten unmittelbaren Sachzusammenhangs, wesentlich einzuschränken[1422]. Hierfür spricht auch ein aus der Gewaltensensibilität der Nichtanwendungsgesetze[1423] ableitbares Transparenzgebot für das Nichtanwendungsgesetzgebungsverfahren, das seine Grundlage in Art. 42 Abs. 1 Satz 1 GG, der die Öffentlichkeit der Sitzungen des Bundestages normiert, findet und das keine „Geheimgesetzgebung" will, um Demokratiedefiziten vorzubeugen[1424].

1420 Kersten, MD, Art. 77 Rn. 19, 65. Lfg. Apr. 2012. A. A. Schmidt-Jortzig/Schürmann, Bonner Kommentar, Art. 76 GG Rn. 99, 78. Lfg. Nov. 1996, die ein „Denaturierungsverbot" bejahen und verlangen, dass die Gesetzesentwürfe während der Beratungen der Bundestagsausschüsse „jedenfalls in ihren Grundzügen" erhalten bleiben müssen.

1421 Ebenso: Bryde, JZ 1998, 115 (116).

1422 Ebenso: Kreile, StbJb 1984/85, 39 (46 f.), der nicht will, dass die Exekutive dem Finanzausschuss Nichtanwendungsgesetze in einem gerade laufenden Gesetzgebungsverfahren unterschiebt. Bei Nichtanwendungsgesetzgebungsverfahren sei eine „besondere Behutsamkeit geboten", weshalb die Nichtanwendungsnorm in der Regel ein vollständiges Gesetzgebungsverfahren, das mit einem Referentenentwurf beginnt, durchlaufen solle.

1423 Die Gewaltensensibilität der Nichtanwendungsgesetze ist, mit Verweis auf die Ausführungen im 3. Teil B. I. 2. a), aus dem Verfassungsgrundsatz der Gewaltenteilung des Art. 20 Abs. 2 Satz 2 GG abzuleiten.

1424 Ebenso zum Grundsatz der Parlamentsöffentlichkeit nach Art. 42 Abs. 1 Satz 1 GG: BVerfG vom 05. 11. 1975, 2 BvR 193/74, BVerfGE 40, 296 (327); BVerfG vom

In diesem Kontext ist es von Bedeutung, dass die Bundestagsausschüsse gem. § 69 Abs. 1 Satz 1 GO BT nämlich grds. nicht öffentlich beraten[1425]. Hierdurch wird die Öffentlichkeit in vorstehenden Fällen frühestens von dem Nichtanwendungsgesetz Kenntnis erlangen, wenn der Bericht und die Beschlussempfehlung des Bundestagsausschusses öffentlich werden. Der dann noch verbleibende Zeitraum der Öffentlichkeit des Nichtanwendungsgesetzes bis zum Beschluss des BT-Plenums ist mit Blick auf § 81 Abs. 1 Satz 1 GO BT verschwindend gering. Hinzu tritt, dass Nichtanwendungsgesetze regelmäßig[1426] Teil eines „Omnibusgesetzes“[1427] sind. Solche Gesetze sind durch die leicht mögliche Aufnahme von Nichtanwendungsgesetznormen besonders anfällig für ein entsprechendes Vorgehen der Bundestagsausschüsse.

Im Ergebnis sind Nichtanwendungsgesetze, die erst im Rahmen der abschließenden Beratungen der Bundestagsausschüsse zum Gegenstand des Gesetzgebungsverfahrens werden, nur dann formell verfassungsgemäß, wenn zuvor bereits einmal der Erlass eines Nichtanwendungsgesetzes in der Öffentlichkeit in

---

14. 01. 1986, 2 BvE 14/83 und 4/84, BVerfGE 70, 324 (355); BVerfG vom 16. 07. 1991, 2 BvE 1/91, BVerfGE 84, 304 (329); BVerfG vom 08. 12. 2009, 2 BvR 758/07, BVerfGE 125, 104 (123 f.).

1425 Von der in § 69a GO BT eingeräumten Möglichkeit sog. Erweiterte öffentliche Ausschussberatungen durchzuführen und so eine Öffentlichkeit zu schaffen, machen die Bundestagsausschüsse keinen Gebrauch. Seit der Normierung von § 69a GO BT mit Beschluss vom 21. 09. 1995 wurde erst viermal eine sog. Erweiterte öffentliche Ausschussberatungen durchgeführt, BT, Datenhandbuch, Ausschüsse, Erweiterte öffentliche Ausschussberatung unter http://www.bundestag.de/blob/196174/57cedafc3c35865414ffa0fb0a033894/kapitel_08_06_erweiterte___ffentliche_ausschussberatung-data.pdf; zuletzt aufgerufen am 31. 03. 2016. Der Finanzausschuss hat nach dieser Aufstellung bisher noch keine sog. Erweiterte öffentliche Ausschussberatung durchgeführt.

1426 162 der 163 Nichtanwendungsgesetze waren Gegenstand von sog. „Omnibusgesetzen“. Davon waren 155 Nichtanwendungsgesetze Teil steuerlicher „Omnibusgesetze“ und 7 Nichtanwendungsgesetze Teil von „Omnibusgesetzen“ ohne steuerlichen Schwerpunkt. Einzig das Nichtanwendungsgesetz zum Abzugsverbot von Geldstrafen und -bußen, BGBl I 1984, 1006 (1006) gegen BFH vom 21. 11. 1983, GrS 2/82, BStBl II 1984, 160 und BFH vom 21. 11. 1983, GrS 3/82, BStBl II 1984, 166, wurde im Rahmen eines eigenständigen Gesetzes verabschiedet. Der Titel des Gesetzes lautete: „Gesetz zur Änderung des Einkommensteuergesetzes und des Körperschaftsteuergesetzes“.

1427 Hendricks, BT-Plenarprotokoll 16/54, 5324; Gutting, BT-Plenarprotokoll 16/191, 20647. Der Begriff bezeichnet ein Gesetz, in welchem alles für gesetzgebungsbedürftig gehaltene gesammelt wird, Tipke, StuW 1990, 308 (311). Synonyme für den Begriff des „Omnibusgesetzes“ sind die Bezeichnungen Artikel- oder Mantelgesetz.

Rede stand. Dies kann bspw. im Rahmen eines vorherigen Gesetzgebungsverfahrens, in welchem das Nichtanwendungsgesetz thematisiert worden ist, ohne aber letztlich Gegenstand des Gesetzes geworden zu sein oder in Verlautbarungen des BMF, oder in Verlautbarungen der obersten Finanzbehörden der Länder der Fall gewesen sein. Wird das Nichtanwendungsgesetz hingegen erstmalig im Rahmen der abschließenden Beschlussfassung des Finanzausschusses zum Gegenstand des Gesetzes, ist dieses formell verfassungswidrig. Die Verfassungswidrigkeit ist in diesen Fällen unabhängig davon, ob es sich um ein pro-, antifiskalisches oder neutrales Nichtanwendungsgesetz handelt, da die verfassungsrechtliche Beurteilung des Gesetzgebungsverfahrens unabhängig von der inhaltlichen Ausrichtung des Nichtanwendungsgesetzes sein muss. Die vorstehend vertretene verfassungsrechtliche Würdigung ist überdies ein Schutzmechanismus vor rückwirkenden Nichtanwendungsgesetzen, die aufgrund der erhobenen Zahlenverhältnisse der bislang ergangenen Nichtanwendungsgesetze besonders häufig von den Bundestagsausschüssen im Rahmen ihrer abschließenden Ausschussberatungen initiiert werden. Letztlich dürften damit eine Reihe der 29 durch die Initiative des Bundestagsausschusses zum Gegenstand des Gesetzgebungsverfahrens gewordenen Nichtanwendungsgesetze formell verfassungswidrig zustande gekommen sein.

Eine endgültige verfassungsrechtliche Klärung über das verfassungsrechtlich gebotene Handeln von Bundestagsausschüssen im Rahmen der Gesetzgebungsinitiative für ein Nichtanwendungsgesetz könnte nur durch ein Verfahren vor dem BVerfG erreicht werden. Hierzu müsste ein entsprechend zustande gekommenes Nichtanwendungsgesetz entweder von einem FG oder dem BFH im Rahmen eines konkreten Normenkontrollverfahrens nach Art. 100 Abs. 1 GG i. V. m. § 13 Nr. 11 und §§ 80-82a BVerfGG dem BVerfG zur Entscheidung vorlegt werden oder ein Stpfl. müsste vor dem BVerfG eine Verfassungsbeschwerde nach Art. 93 Abs. 1 Nr. 4a GG i. V. m. § 13 Nr. 8a und §§ 90-95a BVerfGG erheben. Hierbei ist auf Grundlage der bisherigen BVerfG-Rechtsprechung zu beachten, dass verfassungswidrig zustande gekommene Gesetze aus Gründen der Rücksichtnahme auf die Rechtssicherheit nur bei evidenten Verfahrensfehlern auch nichtig sind[1428]. Ein steuerliches „Omnibusgesetz“[1429] wird hierbei nur

1428 BVerfG vom 26. 07. 1972, 2 BvF 1/71, BVerfGE 34, 9 (25); BVerfG vom 11. 10. 1994, 1 BvR 337/92, BVerfGE 91, 148 (175).

1429 Hendricks, BT-Plenarprotokoll 16/54, 5324; Gutting, BT-Plenarprotokoll 16/191, 20647. Der Begriff bezeichnet ein Gesetz, in welchem alles für gesetzgebungsbedürftig gehaltene gesammelt wird, Tipke, StuW 1990, 308 (311). Synonyme für den Begriff des „Omnibusgesetzes“ sind die Bezeichnungen Artikel- oder Mantelgesetz.

mit den jeweils auf die Initiative des Bundestagsausschusses zurückzuführenden Normen und nicht etwa in Gänze nichtig sein[1430].

ff) Zur Notwendigkeit eines eigenständigen Gesetzgebungsverfahrens für Nichtanwendungsgesetze mitsamt der Nennung des Nichtanwendungsgesetzes als Titel des Gesetzes

Mit Verweis auf die Ausführungen zum Gesetzgebungsverfahren der Nichtanwendungsgesetze und zum Namen des die Nichtanwendungsgesetze beinhaltenden Gesetzes im 2. Teil C. VII. sind von den 163 Nichtanwendungsgesetzen gegen BFH-Entscheidungen 155 Nichtanwendungsgesetze (95,09 %) Gegenstand eines steuerlichen „Omnibusgesetzes“[1431] und 7 Nichtanwendungsgesetze (4,3 %) Teil eines „Omnibusgesetzes“[1432] ohne Bezug zum Steuerrecht gewesen. Lediglich 1 Nichtanwendungsgesetz (0,61 %) wurde im Rahmen eines eigenständigen Gesetzgebungsverfahrens verabschiedet[1433]. Bei keinem der 163 Nichtanwendungsgesetze (0 %) gegen BFH-Entscheidungen konnte dem Titel des Gesetzes entnommen werden, dass dieses ein Nichtanwendungsgesetz zum Inhalt hat[1434].

Diese in der der Vergangenheit gelebte Wirklichkeit der Nichtanwendungsgesetzgebungsprozesse hat nicht nur eine rechtspolitische[1435], sondern auch eine verfassungsrechtliche Dimension. Die verfassungsrechtliche Dimension besteht

---

1430 Allgemein: Brandner, Jura 1999, 449 (455).

1431 Hendricks, BT-Plenarprotokoll 16/54, 5324; Gutting, BT-Plenarprotokoll 16/191, 20647. Der Begriff bezeichnet ein Gesetz, in welchem alles für gesetzgebungsbedürftig gehaltene gesammelt wird, Tipke, StuW 1990, 308 (311). Synonyme für den Begriff des „Omnibusgesetzes“ sind die Bezeichnungen Artikel- oder Mantelgesetz.

1432 Hendricks, BT-Plenarprotokoll 16/54, 5324; Gutting, BT-Plenarprotokoll 16/191, 20647. Der Begriff bezeichnet ein Gesetz, in welchem alles für gesetzgebungsbedürftig gehaltene gesammelt wird, Tipke, StuW 1990, 308 (311). Synonyme für den Begriff des „Omnibusgesetzes“ sind die Bezeichnungen Artikel- oder Mantelgesetz.

1433 Hierbei handelt es sich um das Nichtanwendungsgesetz zum Abzugsverbot von Geldstrafen und -bußen, BGBl I 1984, 1006 (1006) gegen BFH vom 21. 11. 1983, GrS 2/82, BStBl II 1984, 160 und BFH vom 21. 11. 1983, GrS 3/82, BStBl II 1984, 166. Der Titel des Gesetzes lautete: „Gesetz zur Änderung des Einkommensteuergesetzes und des Körperschaftsteuergesetzes“.

1434 So lautete der Titel des Nichtanwendungsgesetzes zum Abzugsverbot von Geldstrafen und -bußen, BGBl I 1984, 1006 (1006) gegen BFH vom 21. 11. 1983, GrS 2/82, BStBl II 1984, 160 und BFH vom 21. 11. 1983, GrS 3/82, BStBl II 1984, 166: „Gesetz zur Änderung des Einkommensteuergesetzes und des Körperschaftsteuergesetzes“.

1435 Siehe 4. Teil A. II. und B. I und II.

darin, dass alle Nichtanwendungsgesetze, die nicht im Rahmen eines eigenständigen Gesetzgebungsverfahrens für das jeweilige Nichtanwendungsgesetz mitsamt der Nennung des Nichtanwendungsgesetzes als Titel des Gesetzes zustande gekommen sind[1436], formell verfassungswidrig sind. Formell verfassungswidrig ist in diesen Fällen nur das jeweilige Nichtanwendungsgesetz, nicht aber das „Omnibusgesetz"[1437] in Gänze, welches das Nichtanwendungsgesetz zum Inhalt hat. Dieser Verfassungsverstoß wird stets auch ein evidenter Verfahrensfehler sein und so die Nichtigkeit der jeweiligen Nichtanwendungsnorm zur Folge haben[1438].

Weder in der Rechtsprechung des BVerfG noch in der verfassungsrechtlichen Literatur finden sich – soweit ersichtlich – Ausführungen zu der These der formellen Verfassungswidrigkeit entsprechender Nichtanwendungsgesetze. Auch sind „Omnibusgesetze"[1439], losgelöst von der Frage, ob sie Nichtanwendungsgesetze zum Inhalt haben, gesetzgeberische Realität. Verfassungsrechtlich kann im Allgemeinen die Zulässigkeit von „Omnibusgesetzen"[1440] nicht bestritten werden, da angesichts ihrer Vielzahl andernfalls ein Großteil der bundesrepublikanischen Gesetzgebung formell verfassungswidrig wäre. Die mit Blick auf

1436 So hätte der Titel des Nichtanwendungsgesetzes zum Abzugsverbot von Geldstrafen und -bußen, BGBl I 1984, 1006 (1006) gegen BFH vom 21. 11. 1983, GrS 2/82, BStBl II 1984, 160 und BFH vom 21. 11. 1983, GrS 3/82, BStBl II 1984, 166 nicht „Gesetz zur Änderung des Einkommensteuergesetzes und des Körperschaftsteuergesetzes", sondern bspw. „Gesetz zur Nichtanwendung der BFH-Rechtsprechung über die Abziehbarkeit von Geldstrafen und -bußen als Betriebsausgaben" lauten müssen.

1437 Hendricks, BT-Plenarprotokoll 16/54, 5324; Gutting, BT-Plenarprotokoll 16/191, 20647. Der Begriff bezeichnet ein Gesetz, in welchem alles für gesetzgebungsbedürftig gehaltene gesammelt wird, Tipke, StuW 1990, 308 (311). Synonyme für den Begriff des „Omnibusgesetzes" sind die Bezeichnungen Artikel- oder Mantelgesetz.

1438 BVerfG vom 26. 07. 1972, 2 BvF 1/71, BVerfGE 34, 9 (25); BVerfG vom 11. 10. 1994, 1 BvR 337/92, BVerfGE 91, 148 (175), nach dem verfassungswidrig zustande gekommene Gesetze aus Gründen der Rücksichtnahme auf die Rechtssicherheit nur bei evidenten Verfahrensfehlern auch nichtig sind.

1439 Hendricks, BT-Plenarprotokoll 16/54, 5324; Gutting, BT-Plenarprotokoll 16/191, 20647. Der Begriff bezeichnet ein Gesetz, in welchem alles für gesetzgebungsbedürftig gehaltene gesammelt wird, Tipke, StuW 1990, 308 (311). Synonyme für den Begriff des „Omnibusgesetzes" sind die Bezeichnungen Artikel- oder Mantelgesetz.

1440 Hendricks, BT-Plenarprotokoll 16/54, 5324; Gutting, BT-Plenarprotokoll 16/191, 20647. Der Begriff bezeichnet ein Gesetz, in welchem alles für gesetzgebungsbedürftig gehaltene gesammelt wird, Tipke, StuW 1990, 308 (311). Synonyme für den Begriff des „Omnibusgesetzes" sind die Bezeichnungen Artikel- oder Mantelgesetz.

die Nichtanwendungsgesetzgebungsverfahren gebotene entgegenstehende verfassungsrechtliche Beurteilung findet ihren Ausgangspunkt in der aus dem Verfassungsgrundsatz der Gewaltenteilung des Art. 20 Abs. 2 Satz 2 GG ableitbaren Gewaltensensibilität der Nichtanwendungsgesetze[1441]. Aus dieser Gewaltensensibilität der Nichtanwendungsgesetze, ist ein Transparenzgebot für das Nichtanwendungsgesetzgebungsverfahren abzuleiten, das seine Grundlage in Art. 42 Abs. 1 Satz 1 GG, der die Öffentlichkeit der Sitzungen des Bundestages normiert, findet und das keine „Geheimgesetzgebung" will, um Demokratiedefiziten vorzubeugen[1442]. In diesem Kontext ist es von Bedeutung, dass die Bundestagsausschüsse gem. § 69 Abs. 1 Satz 1 GO BT nämlich grds. nicht öffentlich beraten[1443]. Berücksichtigt man überdies, dass das Plenum des Bundestages im Regelfall nur über den Ersten Entwurf eines Gesetzes und den vom zuständigen Ausschuss zum Beschluss empfohlenen Vorschlag eines Gesetzes berät bzw. beschließt, wird offenbar, dass für die Öffentlichkeit in Gestalt der Besucher auf den Tribünen im Reichstagsgebäude, der Medienvertreter vor Ort, der Übertragung der Sitzungen des Bundestages im Internet[1444] und der Plenarprotokolle über die Sitzungen des Bundestages[1445] der Grad der Transparenz bei der Beratung über ein „Gesetz zur Nichtanwendung der BFH-Rechtsprechung über..." in einem wesentlich höheren Maße ausgeprägt ist, als wenn das Nichtanwendungsgesetz

---

1441 Die Gewaltensensibilität der Nichtanwendungsgesetze ist, mit Verweis auf die Ausführungen im 3. Teil B. I. 2. a), aus dem Verfassungsgrundsatz der Gewaltenteilung des Art. 20 Abs. 2 Satz 2 GG abzuleiten.

1442 Ebenso zum Grundsatz der Parlamentsöffentlichkeit nach Art. 42 Abs. 1 Satz 1 GG: BVerfG vom 05. 11. 1975, 2 BvR 193/74, BVerfGE 40, 296 (327); BVerfG vom 14. 01. 1986, 2 BvE 14/83 und 4/84, BVerfGE 70, 324 (355); BVerfG vom 16. 07. 1991, 2 BvE 1/91, BVerfGE 84, 304 (329); BVerfG vom 08. 12. 2009, 2 BvR 758/07, BVerfGE 125, 104 (123 f.).

1443 Von der in § 69a GO BT eingeräumten Möglichkeit sog. Erweiterte öffentliche Ausschussberatungen durchzuführen und so eine Öffentlichkeit zu schaffen, machen die Bundestagsausschüsse keinen Gebrauch. Seit der Normierung von § 69a GO BT mit Beschluss vom 21. 09. 1995 wurde erst viermal eine sog. Erweiterte öffentliche Ausschussberatungen durchgeführt, BT, Datenhandbuch, Ausschüsse, Erweiterte öffentliche Ausschussberatung unter http://www.bundestag.de/blob/196174/57cedafc3c35865414ffa0fb0a033894/kapitel_08_06_erweiterte___ffentliche_ausschussberatung-data.pdf; zuletzt aufgerufen am 31. 03. 2016. Der Finanzausschuss hat nach dieser Aufstellung bisher noch keine sog. Erweiterte öffentliche Ausschussberatung durchgeführt.

1444 http://www.bundestag.de/mediathek; zuletzt aufgerufen am 31. 03. 2016.

1445 http://www.bundestag.de/protokolle; zuletzt aufgerufen am 31. 03. 2016.

Teil eines „Omnibusgesetzes“[1446] ist, welches u. U. sogar Gegenstand eines sonstigen und keines steuerlichen Gesetzgebungsverfahrens ist und überdies möglicherweise die Gesetzesbegründung keinerlei Bezug auf die entgegenstehende BFH-Rechtsprechung enthält[1447]. Für eine solche „Verschleierungsnormengebung“ ist verfassungsrechtlich kein Raum.

Die durch ein eigenständiges Gesetzgebungsverfahren für Nichtanwendungsgesetze mitsamt der Nennung des Nichtanwendungsgesetzes als Titel des Gesetzes verfassungsrechtlich gegebene erhöhte Transparenz wirkt dabei in verschiedene Richtungen: 1. Zugunsten der Öffentlichkeit, die leichter von einem Nichtanwendungsgesetz Kenntnis nehmen kann, 2. Zugunsten der MdB und damit des Bundestages in Gänze, die sich bewusster darüber sind, dass sie über ein Nichtanwendungsgesetz beraten und beschließen, 3. Zugunsten der Ermöglichung einer breiteren Befassung mit dem Nichtanwendungsgesetzgebungsvorhaben, da dieses nunmehr ein gesamtes Gesetzgebungsverfahren[1448] durchlaufen muss und damit mit Verweis auf die vorstehenden Ausführungen zu dd) nicht mehr erst im Rahmen der abschließenden Beratungen des Bundestagsausschusses in – mit Verweis auf die Würdigung in ee) – u. U. verfassungswidriger Weise zum Gegenstand des Gesetzes werden kann.

b) Ablauf

Der Ablauf eines Gesetzgebungsverfahrens folgt Art. 76 GG. Dies gilt auch für Nichtanwendungsgesetze, für die insoweit keine Besonderheiten gelten. Dieser Ablauf ist im Detail davon abhängig, wer die Initiative für das Gesetz, das die Nichtanwendungsnorm enthält, ergriffen hat. Einzelne Gesetzesvorlagen der Bundesregierung, die Nichtanwendungsnormen zum Inhalt haben sind gem. Art. 76 Abs. 2 Satz 4 GG von der Bundesregierung als besonders eilbedürftig gekennzeichnet worden[1449]. Die Gesetze, in denen die Nichtanwendungsnorm

---

1446 Hendricks, BT-Plenarprotokoll 16/54, 5324; Gutting, BT-Plenarprotokoll 16/191, 20647. Der Begriff bezeichnet ein Gesetz, in welchem alles für gesetzgebungsbedürftig gehaltene gesammelt wird, Tipke, StuW 1990, 308 (311). Synonyme für den Begriff des „Omnibusgesetzes“ sind die Bezeichnungen Artikel- oder Mantelgesetz.

1447 In der Vergangenheit fand sich bei 20 von 163 Nichtanwendungsgesetzen gegen BFH-Entscheidungen in der jeweiligen Gesetzesbegründung kein Bezug zur entgegenstehenden BFH-Rechtsprechung.

1448 Allgemein für die Notwendigkeit des Durchlaufs eines Nichtanwendungsgesetzes durch das gesamte Gesetzgebungsverfahren: Kreile, StbJb 1984/85, 39 (46 f.).

1449 Vgl. z. B. den Entwurf eines Gesetzes zur Anpassung der Abgabenordnung an den Zollkodex der Union und zur Änderung weiterer steuerlicher Vorschriften, BT-Drs. 18/3017, 5.

enthalten ist, sind, da sie in der Regel eine Vielzahl von Steueränderungen in verschiedenen Steuergesetzen enthalten[1450], aufgrund des Art. 105 Abs. 3 i. V. m. Art. 106 Abs. 2, 3, 4, 5, 5a und 6 GG im Regelfall Gesetze, die der Zustimmung des Bundesrates bedürfen.

In der Ersten Lesung im Bundestag wird zumeist vom Plenum die Überweisung in den Finanzausschuss als der zuständige Fachausschuss, der im Rahmen der Arbeitsteilung zwischen Plenum und Ausschuss die Hauptarbeit des Gesetzgebungsverfahrens leistet, beschlossen[1451], bevor dann nach den Anhörungen, Beratungen und Beschlüssen im Finanzausschuss, in der Zweiten oder Dritten Lesung das Gesetz vom Plenum des Bundestags beschlossen wird. Der Schwerpunkt der inhaltlichen Behandlung des Gesetzes erfolgt hierbei im Finanzausschuss und nicht im Bundestagsplenum[1452]. Dort vertritt die Finanzverwaltung auch ihre Gesetzesentwürfe ggü. den MdB[1453] und unterstützt diese im Rahmen des Gesetzgebungsverfahrens mit Formulierungshilfen[1454]. Aus der Beteiligung des Bundesrates im Gesetzgebungsverfahren sind keine verfassungsrechtlichen Probleme ersichtlich. Insb. sind die 32 Nichtanwendungsgesetze (19,63 %) gegen BFH-Entscheidungen, die auf eine jeweilige Stellungnahme des Bundesrates zu einem Gesetzentwurf der Bundesregierung oder der Mitte des Bundestages zurückgehen, verfassungsrechtlich unproblematisch, da der Bundesrat in diesen Fällen die ihm gegebene erstmalige Möglichkeit zur Gesetzgebungsinitiative nutzen können muss.

Im Rahmen des Ablaufs des Gesetzgebungsverfahrens wird kritisiert, dass sich die Erste Lesung auf die Zustimmung des Plenums zur Überweisung in den Finanzausschuss reduziere und so der überwiegende Teil der MdB die beabsichtigten Regelungen überhaupt nicht zur Kenntnis nehme[1455]. Hier wird allerdings

---

1450 Daher wird für steuerliche Gesetzesvorhaben auch der Begriff des „Omnibusgesetzes" verwendet, Hendricks, BT-Plenarprotokoll 16/54, 5324; Gutting, BT-Plenarprotokoll 16/191, 20647. Der Begriff bezeichnet ein Gesetz, in welchem alles für gesetzgebungsbedürftig gehaltene gesammelt wird, Tipke, StuW 1990, 308 (311). Synonyme für den Begriff des „Omnibusgesetzes" sind die Bezeichnungen Artikel- oder Mantelgesetz.

1451 Tipke, Die Steuerrechtsordnung Bd. III 2. Aufl., 1335.

1452 Allgemein: Gattermann, StuW 1988, 170 (170); Schneider, Gesetzgebung, Rn. 119. Dies wird auch aus § 62 Abs. 1 GO-BT deutlich, der die Ausschüsse als vorbereitende Beschlussorgane des Bundestages bezeichnet.

1453 Gattermann, StuW 1988, 170 (172 f.); Schneider, Gesetzgebung, Rn. 133; Tipke, Die Steuerrechtsordnung Bd. III 2. Aufl., 1336.

1454 Kreile, StuW 1977, 1 (6 f.).

1455 Strahl (ms), KÖSDI 2006, 15301.

verkannt, dass auch bei den Beschlüssen des Bundestagsplenums regelmäßig wohl nur die Ausschussmitglieder im Plenum abstimmen und alle anderen MdB an der Abstimmung nicht teilnehmen[1456]. Dies ist verfassungsgemäß[1457] und gilt für Nichtanwendungsgesetze genauso wie für jedes andere vom Bundestag verabschiedete Gesetz auch. Seinen Ursprung hat diese Gesetzgebungsrealität in Art. 42 Abs. 2 Satz 1 GG, nach dem für einen Bundestagsbeschluss grds. die Mehrheit der abgegebenen Stimmen der anwesenden[1458] MdB erforderlich ist. Eine Ausnahme gilt nur für namentliche Abstimmungen i. S. d. § 52 GO-BT. Beschlüsse über Steuergesetze erfolgen regelmäßig nicht durch namentliche Abstimmungen.

c) Die Rolle der Politik

Die vom Volk gem. Art. 38 Abs. 1 Satz 1 GG gewählten politischen Vertreter der Parteien bilden die Legislative. Sie gestalten mit ihren Beschlüssen das Gesetzgebungsverfahren, an dessen Ende der Beschluss über ein Gesetz steht.

aa) Selbstreflexion

Die Selbstreflexion der MdB über ihre Rolle im Gesetzgebungsverfahren liefert ein differenziertes Bild großer Bandbreite.

Für eine erfolgreiche Arbeit im Finanzausschuss bedarf es fachkundiger MdB, zugleich stehe aber allzu viel fachliche Expertise – *Kreile* spricht insoweit von „Oberministerialräten“ – einer erfolgreichen Ausschussarbeit entgegen[1459]. Die Gefahr, dass die Legislative ihren Platz im System der Gewaltenteilung an die Exekutive verliert, wird gesehen[1460]. Es komme vor, dass der Finanzausschuss selbst bei zeitlicher Pression, ein Steuergesetz anders gestaltet, als dies vom BMF in der ursprünglichen Gesetzesformulierung der Bundesregierung vorgeschlagen worden ist, was der Rolle des Bundestages als Vertreter des

---

1456 Schneider, Gesetzgebung, Rn. 127. § 45 Abs. 1 GO-BT, nach dem der Bundestag beschlussfähig ist, wenn mehr als die Hälfte seiner Mitglieder im Sitzungssaal anwesend ist, steht dem nicht entgegen, da gem. § 45 Abs. 2 GO-BT die Beschlussunfähigkeit ausdrücklich festgestellt werden muss. Dies geschieht in der Praxis nur äußerst selten, Schneider, Gesetzgebung, Rn. 127.

1457 BVerfG vom 10. 05. 1977, 2 BvR 705/75, BVerfGE 44, 308 (321) zur Schlussabstimmung über das Waffengesetz 1972, BGBl I 1972, 1797, bei der nur 36 oder 37 vom 496 MdB im Plenum anwesend gewesen sein sollen.

1458 Tipke, Die Steuerrechtsordnung Bd. III 2. Aufl., 1388.

1459 Kreile, StuW 1977, 1 (3 f.).

1460 Kreile, StuW 1977, 1 (4).

Souveräns entspreche[1461]. Für eine erfolgreiche Arbeit im Finanzausschuss sei es nicht nötig, „Steuerfachmann“ zu sein[1462]. Die Überschreitung der Grenze zum Expertentum durch eine ausschließliche Besetzung des Finanzausschusses mit Steuerexperten wäre sogar „ausgesprochen problematisch“, da dann steuertechnische Spezialfragen die Diskussion um die politischen Implikationen der Gesetze überlagern[1463]. Das BMF arbeite dem Finanzausschuss „loyal und fair“ zu[1464]. Die Legislative sei dankbar für Formulierungshilfen der Exekutive und den damit verbundenen Sachverstand selbiger, um ordentlich entscheiden zu können[1465]. Gleichwohl bleibe die Legislative der Gesetzgeber und habe es selbst in der Hand, der einzige Gesetzgeber zu bleiben[1466]. Im Rahmen der Gesetzgebung solle sich die Legislative auf die Aufgabe beschränken, zu sagen, wo es eines Gesetzes oder einer Gesetzesänderung bedürfe[1467]. Die Exekutive solle dann für die entsprechende Umsetzung sorgen, nicht aber der Legislative sagen, was sie tun soll[1468]. Der MdB selbst sei nicht in der Lage ein Gesetz zu schreiben[1469]. Nach anderer Aussage wird ein starker Einfluss der Exekutive auf die Legislative festgestellt[1470]. Die Legislative sei für ihre Tätigkeit auf die fachlichen und personellen Ressourcen der Finanzverwaltung angewiesen[1471]. Die MdB als Vertreter der Legislative seien aufgrund der Komplexität der Gesetzgebung im Steuerrecht mit den Anforderungen, die ein Gesetzgebungsverfahren an sie stellt, oftmals „absolut überfordert“[1472]. Diese Überforderung manifestiere sich auch aufgrund der langjährigen Erfahrung von Vertretern der Exekutive im Vergleich zu der mitunter kurzen Erfahrung der Parlamentarier sowie der wenigen Mitglieder im Finanzausschuss des BT im Vergleich zu der Vielzahl der Beschäftigten im BMF[1473].

1461 Kreile, StbJb 1984/85, 39 (44) ≙ Kreile, FS von Wallis, 183 (188).
1462 Gattermann, StuW 1988, 170 (171).
1463 Gattermann, StuW 1988, 170 (171).
1464 Gattermann, StuW 1988, 170 (173).
1465 Frechen, DWS-Schriftenreihe Nr. 9, 32 (32 f.).
1466 Frechen, DWS-Schriftenreihe Nr. 9, 32 (34).
1467 Frechen, DWS-Schriftenreihe Nr. 9, 57.
1468 Frechen, DWS-Schriftenreihe Nr. 9, 57 f.
1469 Frechen, DWS-Schriftenreihe Nr. 9, 57.
1470 Rzepka, DWS-Schriftenreihe Nr. 9, 35.
1471 Rzepka, DWS-Schriftenreihe Nr. 9, 35.
1472 Binding, DWS-Schriftenreihe Nr. 9, 53.
1473 Binding, DWS-Schriftenreihe Nr. 9, 53.

bb) Fremdreflexion

Die Fremdreflexion lässt sich unter den Titeln „Entparlamentarisierung der Steuergesetzgebung“[1474] und „Marginalisierung des Parlaments“[1475] zusammenfassen. Sie belegt einen schleichenden Bedeutungsverlust der Legislative ggü. der Exekutive[1476] und eine Legislative, die „Gesetzgeber, aber nicht Gesetzmacher“ ist[1477].

So spiele die Legislative nur formal im Rahmen einer „Leihmutterschaft“ die Rolle des Gesetzgebers und werde vom „Ghostwriter“ BMF gelenkt[1478]. Das MdB sei vom Volk als politischer Willensträger gewählt worden und nicht als Sachverständiger für ein Fachgebiet[1479]. Dem BMF wird die Rolle als „Hilfsarbeiter des Gesetzgebers“[1480] zugeschrieben, das diesem die Feder bzw. Hand führe[1481], weil es in der Legislative nicht genügend steuerrechtlichen Sachverstand gebe[1482] und viele MdB angesichts der Komplexität mit der steuerlichen Gesetzgebung überfordert seien[1483]. Daher würden Mitglieder des Finanzausschusses „freimütig einräumen, häufig nicht zu überschauen, welche Regelungen im Einzelnen“ vom BMF zur Verabschiedung vorgelegt werden[1484]. Gleichwohl wüssten die

1474 Schenke, Die Rechtsfindung im Steuerrecht, 113.

1475 Tipke, Die Steuerrechtsordnung Bd. III 2. Aufl., 1388.

1476 Schenke, Die Rechtsfindung im Steuerrecht, 113.

1477 Schneider, Gesetzgebung, Rn. 131.

1478 Borgmann, Stbg 1989, 392 (393). Die „Ghostwriterfunktion“ der Finanzverwaltung ebenfalls ansprechend: Lang, StuW 1992, 14 (15) = Lang, DRiZ 1992, 365 (366); Kessler/Eicke, DStR 2006, 1913 (1914).

1479 Schneider, Gesetzgebung, Rn. 131.

1480 Uelner, FS Friauf, 217 (227).

1481 Schaumburg, Erster Deutscher Finanzgerichtstag 2004, 73 (95); Spindler, FS Solms, 53 (56) = Spindler, Stbg 2006, 1 (3) = Spindler, DStR 2007, 1061 (1062); Desens, Bindung der Finanzverwaltung an die Rechtsprechung, 68; Horlemann, StW 2012, 87 (90); Drüen, DStR 2012, Beihefter zu Heft 41/2012, 85 (86).

1482 Pezzer, DStR 2004, 525 (526), der weiter ausführt: „Es ist kaum vorstellbar, dass jemals ein ernst zu nehmender Gesetzentwurf zum Steuerrecht in einer Fraktion des Parlaments geboren wird, ohne dass zuvor Experten des BMF oder eines Landesfinanzministeriums Hand angelegt hätten.“.

1483 Herden, FS Spindler, 445 (448).

1484 Spindler, FS Solms, 53 (56) = Spindler, Stbg 2006, 1 (3 f.). Ähnlich Spindler, DStR 2007, 1061 (1062) mit Bezug auf Binding, DWS-Schriftenreihe Nr. 9, 53 nach dem die Mitglieder des Finanzausschusses des BT mit der Komplexität der Gesetzgebung „absolut überfordert“ seien und insoweit selbst ein Übergewicht der Verwaltung konstatieren.

Steuerpolitiker wohl, was sie wollen, seien aber nicht in der Lage diese Vorstellung als Gesetz zu formulieren und systematisch einzuordnen[1485]. Die Legislative sei in eine strukturell vertiefende Abhängigkeit vom überlegenden Sachverstand der Ministerialbürokratie geraten, an der trotz der Verlagerung der Parlamentsarbeit in die Ausschüsse, der vermehrten Anhörung unabhängiger Experten sowie durch den wissenschaftlichen Dienst des Bundestages kein substantieller Abbau der Abhängigkeit eingetreten sei[1486]. Daher sei der Bundestag in der Steuerpolitik kein echtes Entscheidungszentrum, sondern eher notwendiges Durchgangsstadium eines weitgehend seitens der Ministerialbürokratie kontrollierten Gesetzgebungsverfahrens[1487]. Finanzminister seien in erster Linie Haushaltsminister und somit Fiskalisten, weshalb sie alles was dem Fiskus dient, für gerechtfertigt halten[1488]. Nicht jeder MdB kann sich intensiv mit jedem Gesetz befassen, zumal die dazu notwendige Kompetenz, selbst bei den Mitgliedern der Fachausschüsse, oftmals nicht vorhanden sei[1489].

d) Ergebnis

Aus der dominanten Rolle der Finanzverwaltung im Rahmen der Initiative zu Nichtanwendungsgesetzen lässt sich keine Verfassungswidrigkeit entsprechender Nichtanwendungsgesetze ableiten. Die zweifellos festzustellende gewichtige Rolle der Exekutive im Vorfeld und während des Gesetzgebungsverfahrens – es kann insoweit von einer Hegemonie der Exekutive[1490] gesprochen werden – kann nicht bestritten werden. Allein ist die gewichtige Rolle keine Spezialität der Nichtanwendungsgesetzgebung, sondern besteht für die Steuergesetzgebung generell und auch für jedes andere Gebiet der Gesetzgebung steht zu vermuten, dass sich ähnliche Ergebnisse zeigen werden. Diese gesetzgeberischen Realitäten sind

---

1485 Tipke, Die Steuerrechtsordnung Bd. III 2. Aufl., 1384.

1486 Schenke, Die Rechtsfindung im Steuerrecht, 113; Schaumburg/Schaumburg, FS Spindler, 171 (173).

1487 Schenke, Die Rechtsfindung im Steuerrecht, 115.

1488 Tipke, Die Steuerrechtsordnung Bd. III 2. Aufl., 1380.

1489 Tipke, Die Steuerrechtsordnung Bd. III 2. Aufl., 1388. Mit Bezug auf die Mitglieder des Finanzausschusses und deren nach eigener Auffassung fehlender Kompetenz: Spindler, FS Solms, 53 (56) = Spindler, Stbg 2006, 1 (3 f.); ders., DStR 2007, 1061 (1062) unter Bezugnahme auf Binding, DWS-Schriftenreihe Nr. 9, 53.

1490 von Bogdandy, Gubernative Rechtsetzung, 489. Lang, StuW 1992, 14 (19 f. und 23) = Lang, DRiZ 1992, 365 (370 f.) spricht insoweit von einer antijustiziellen Kooperation zwischen Legislative und Exekutive. Spindler, FS Solms, 53 (56) = Spindler, Stbg 2006, 1 (3); ders., DStR 2007, 1061 (1062) spricht insoweit von einem Verschwimmen der Grenze zwischen erster und zweiter Gewalt.

Konsequenz der nötigen fachlichen Expertise, die für ein jedes Gesetz notwendig sind. Dadurch, dass viele Steuergesetze gem. Art. 105 Abs. 3 i. V. m. Art. 106 Abs. 2, 3, 4, 5, 5a und 6 GG der Zustimmung des Bundesrates bedürfen, ist nicht nur das BMF als maßgeblicher Teil der Exekutive zu betrachten, sondern auch die Finanzverwaltungen der Länder, die Einfluss auf die Position des Bundesrates nehmen. Dies folgt schon aus der Natur des Bundesrates. Dieser ist zwar Teil der Legislative, setzt sich aber aus Vertretern der Exekutive der Länder zusammen, die ihrerseits oftmals wiederum Mitglieder der Legislative der Länder sind. Mit Bezug auf den hohen Sachverstand, den es bedarf, um ein Gesetz zu formulieren und der daraus folgenden gewichtigen Rolle der Exekutive im Gesetzgebungsverfahren zeigt sich die Exekutive der Legislative im Vergleich zum einen dadurch überlegen, dass ihr höhere Personalressourcen zur Verfügung stehen und sie zum anderen mehr Zeit und Erfahrung für den jeweiligen Themenkomplex besitzt als die MdB. Mit Blick auf die Nichtanwendungsgesetzgebung ist die Vorstellung, dass die MdB im Finanzausschuss jede BFH-Entscheidung auswerten und dann entscheiden, ob sie ein Nichtanwendungsgesetz initiieren oder nicht, lebensfern und zeugt von einem falschen Rollenverständnis der Aufgaben eines MdB. Diese Tatsachen mögen Anlass zu rechtspolitischer Kritik geben, verfassungsrechtlich tragen sie nicht[1491]. Dem Gesetzgebungsverfahren des GG sind solche rechtspolitischen Kritiken fremd. Das GG schreibt die Schritte eines Gesetzgebungsverfahrens detailliert vor und solange diese Schritte eingehalten werden, liegt am Ende ein verfassungsgemäß zustande gekommenes Gesetz vor[1492]. Für ein Nichtanwendungsgesetz kann insoweit nichts anderes gelten. Bei aller Dominanz der Exekutive ist am Ende folgender Gedanke entscheidend: Die Legislative hat symbolisch gesprochen im Rahmen des parlamentarischen Verfahrens jederzeit die Möglichkeit ein „Stop-Schild" aufzustellen und ein Gesetz nicht oder in einer geänderten Fassung zu beschließen, wenn ihre Vorstellungen von denen der Exekutive differieren[1493]. Dass sie diese Möglichkeit nicht immer nutzt, ist unerheblich, erheblich ist, dass sie diese Möglichkeit immer nutzen kann. Neben dem Beschluss über das jeweilige Gesetz, übt die Legislative damit im Gesetzgebungsverfahren auch eine Wächterrolle über die von der Exekutive im Rahmen eines Gesetzgebungsverfahrens geleistete Arbeit aus.

1491 Ebenso: Lang, StuW 1992, 14 (19 und 23) = Lang, DRiZ 1992, 365 (370).

1492 Sannwald, Schmidt-Bleibtreu/Klein/Hofmann/Henneke, Art. 76 Rn. 6.

1493 Im Ergebnis ebenso: Eichenberger, VVDStRL 40, 7 (33); Kreile, StbJb 1984/85, 39 (40) ≙ Kreile, FS von Wallis, 183 (185); Desens, Bindung der Finanzverwaltung an die Rechtsprechung, 68.

Unter Bezugnahme auf den Verfassungsgrundsatz der Gewaltenteilung des Art. 20 Abs. 2 Satz 2 GG und der daraus folgenden Gewaltensensibilität der Nichtanwendungsgesetze sind Nichtanwendungsgesetze hingegen dann verfassungswidrig, wenn sie erst im Rahmen der abschließenden Beratungen des Bundestagsauschusses durch dessen Initiative zum Gegenstand eines Gesetzes werden und im Vorfeld dieser abschließenden Ausschussberatungen der Erlass eines solchen Nichtanwendungsgesetzes in der Öffentlichkeit nicht thematisiert worden ist. Gleiches gilt, wenn die Nichtanwendungsgesetze nicht im Rahmen eines eigenständigen Gesetzgebungsverfahrens für das jeweilige Nichtanwendungsgesetz mitsamt der Nennung des Nichtanwendungsgesetzes als Titel des Gesetzes zustande gekommen sind. Entscheidend für diese verfassungsrechtliche Bewertung, ist die Sicherstellung der Beachtung des – aus der Gewaltensensibilität der Nichtanwendungsgesetze abzuleitenden – Transparenzgebots für Nichtanwendungsgesetzgebungsverfahren, das seine Grundlage in Art. 42 Abs. 1 Satz 1 GG findet und dem eine „Geheimgesetzgebung" wesensfremd ist.

Sonstige spezielle verfassungsrechtliche Anforderungen, die Nichtanwendungsgesetze im Rahmen des Gesetzgebungsverfahrens zu erfüllen haben, bestehen, mit Ausnahme der vorgenannten Typen formell verfassungswidriger Nichtanwendungsgesetze, nicht. Nichtanwendungsgesetze, die diesen Prämissen genügen, sind gem. Art. 70 ff. und 105 GG verfassungsgemäß.

5. *Die Gerichtsorganisation des Art. 92 GG*

Nach der in Art. 92 GG normierten Gerichtsorganisation ist die rechtsprechende Gewalt den Richtern anvertraut. Die sich hieraus ergebene Notwendigkeit der Abgrenzung zwischen Rechtsprechung und Legislative ist im Grundsatz unproblematisch. So ist die Aufgabe der Rechtsprechung die konkrete Entscheidung des Einzelfalls und die Aufgabe der Legislative ist die Schaffung generell-abstrakter Normen[1494]. Zur Verwirklichung ihrer Aufgaben kann die Rechtsprechung nur auf Antrag tätig werden. Ein Initiativrecht besitzt sie nicht. Die Legislative hat hingegen die Möglichkeit, jederzeit initiativ werden zu können. Damit schafft die Legislative das Recht, das die Grundlage für die Streitentscheidung durch die Rechtsprechung bildet[1495]. Aus diesem Verhältnis von Rechtsprechung und Legislative zueinander folgt, dass die Rechtsprechung nicht Befugnisse beanspruchen darf, die von der Verfassung eindeutig dem Gesetzgeber übertragen

---

1494 Detterbeck, Sachs, GG, Art. 92 Rn. 20; Hopfauf, Schmidt-Bleibtreu/Klein/Hofmann/Henneke, Vorbemerkung vor Art. 92 Rn. 30.

1495 Classen, von Mangoldt/Klein/Starck GG Bd. III, Art. 92 Rn. 14.

worden sind[1496]. Sie darf sich ferner nicht aus der Rolle des Normanwenders in die Rolle einer normsetzenden Instanz begeben[1497]. Daher darf die Rechtsprechung bei eindeutigen Entscheidungen der Legislative, diese nicht verändern und durch eine eigene judikative Lösung ersetzen[1498]. Zugleich kann aber die Tätigkeit der Legislative nicht vollkommen sein. Es wird immer Gesetzeslücken geben, die die Rechtsprechung durch Auslegung schließen muss. Genauso ist es Aufgabe der Rechtsprechung, das Recht fortzubilden[1499]. Letzteres ergibt sich mit Bezug für den BFH aus § 115 Abs. 2 Nr. 2 1. Var. FGO.

Die Kompetenzen der Rechtsprechung und der Legislative zeigen, dass diese beide im Rechtsetzungsprozess aktiv sind, wobei die Legislative das Vorrangrecht besitzt. Dieses Vorrangrecht findet seine Rechtfertigung auch darin, dass es weder der Exekutive noch der Legislative möglich ist, Entscheidungen der Rechtsprechung abzuändern[1500]. Aufgrund des Vorrangrechts muss der Legislative der Erlass von Nichtanwendungsgesetzen gestattet sein. Aufgrund der Gerichtsorganisation des Art. 92 GG kann eine durch die Rechtsprechung veranlasste Sperrwirkung der Legislative nicht abgeleitet werden. Es liegt insoweit kein Eingriff in den verfassungsrechtlich unantastbaren Bereich der rechtsprechenden Gewalt vor.

Art. 92 GG steht damit der verfassungsrechtlichen Zulässigkeit der Nichtanwendungsgesetzgebung nicht entgegen.

6. *Die richterliche Unabhängigkeit des Art. 97 Abs. 1 GG*

Gem. Art. 97 Abs. 1 GG sind die Richter unabhängig und nur dem Gesetze unterworfen. Dies ist die sog. sachliche Unabhängigkeit der Richter[1501]. Diese richterliche Unabhängigkeit ist die Konsequenz der Gewaltenteilung aus Art. 20 Abs. 2 Satz 2 GG. Teil der sachlichen Unabhängigkeit der Richter ist die Unabhängigkeit von der Legislative[1502]. Diese wirkt zum einen dahin gehend, dass die

---

1496 BVerfG vom 21. 07. 1955, 1 BvL 33/51, BVerfGE 4, 219 (234); BVerfG vom 12. 11. 1997, 1 BvR 479/92 und 307/94, BVerfGE 96, 375 (394).

1497 BVerfG vom 03. 11. 1992, 1 BvR 1243/88, BVerfGE 87, 273 (280); BVerfG vom 12. 11. 1997, 1 BvR 479/92 und 307/94, BVerfGE 96, 375 (394).

1498 BVerfG vom 10. 02. 2004, 2 BvR 834, 1588/02, BVerfGE 109, 190 (251 f.).

1499 Schulze-Fielitz, Dreier GG Bd. III, 2. Aufl., Art. 92 Rn. 41.

1500 BVerfG vom 28. 11. 1957, 2 BvL 11/56, BVerfGE 7, 183 (188).

1501 Schulze-Fielitz, Dreier GG Bd. III, 2. Aufl., Art. 97 Rn. 18.

1502 BVerfG vom 17. 01. 1961, 2 BvL 25/60, BVerfGE 12, 67 (71); BVerfG vom 27. 06. 1974, 2 BvR 429, 641, 700, 813/72 und 9, 24, 25, 47, 215, 370, 388, 390, 682, 693/73, BVerfGE 38, 1 (21).

Judikative Rechtsetzungsakte der Legislative überprüfen darf und zum anderen die Legislative die Richter nicht in der Rechtsprechung über bestehendes Recht beeinflussen darf[1503]. Die sachliche Unabhängigkeit der Richter reicht aber nicht soweit, dass durch die richterliche Tätigkeit eine Sperrwirkung dergestalt eintritt, dass die Legislative nach einer richterlichen Tätigkeit kein anderes Recht mehr setzen darf. Eine Abhängigkeit der Legislative vom Richter, die über den entschiedenen Einzelfall hinausreicht, kann damit aus Art. 97 Abs. 1 GG nicht abgeleitet werden. Dieses Ergebnis findet seinen Beleg auch im Wortlaut des Art. 97 Abs. 1 GG, nach dem der Richter dem Gesetz „unterworfen" ist und eben nicht die Legislative dem Richter. Entgegen von Stimmen im Schrifttum[1504] ist es auch nicht zu erwarten, dass der Richter seine Entscheidungen nicht mehr frei von den erwarteten Reaktionen der Legislative finden wird. Eine solche Auffassung widerspricht dem Berufsethos eines obersten Bundesrichters und dürfte in der Realität nicht anzutreffen sein.

Deshalb kann eine aus Sicht der Legislative fragwürdige Rechtsprechung durch einen Akt der Legislative, einer die Rechtsprechung konterkarierenden Lösung zugeführt werden[1505]. Aus Art. 97 Abs. 1 GG kann die verfassungsrechtliche Unzulässigkeit der Nichtanwendungsgesetzgebung daher nicht abgeleitet werden[1506].

II. Grundrechte

Natürlich muss jedes Nichtanwendungsgesetz den Grundrechten des GG entsprechen. Insoweit kann für ein Nichtanwendungsgesetz nichts anderes gelten, als für jedes andere Gesetz auch, wie Art. 1 Abs. 3 GG zu entnehmen ist. Unter dem Blickwinkel der Grundrechte sind Nichtanwendungsgesetze gleichwohl grds. unproblematisch. So sind über die für jede Steuernorm geltenden grundrechtlichen Anforderungen hinaus, für die verfassungsrechtliche Würdigung von Nichtanwendungsgesetzen aus dem Gleichheitsgrundrecht des Art. 3 Abs. 1 GG[1507], den Freiheitsgrundrechten der Art. 14 Abs. 1 und 2 Abs. 1 GG und

---

1503 Leuze, Berliner Kommentar, Art. 97 GG Rn. 5, 38. Lfg. Jul. 2012.

1504 Knobbe-Keuk, BB 1985, 820 (821); Völker/Ardizzoni, NJW 2004, 2413 (2416).

1505 Schulze-Fielitz, Dreier GG Bd. III, 2. Aufl., Art. 97 Rn. 23 und Classen, von Mangoldt/Klein/Starck GG Bd. III, Art. 97 Rn. 8 und 16.

1506 Ebenso: Schlenk, Bundesfinanzhof und Finanzverwaltung in Kooperation und Unabhängigkeit, 135 und 143.

1507 Hinsichtlich Art. 3 Abs. 1 GG sind derzeit die Vorlagebeschlüsse des BFH vom 17. 07. 2014, VI R 61/11, juris, BVerfG-Az. 2 BvL 22/14, juris; VI R 2/12, BFHE 247, 25, BVerfG-Az. 2 BvL 23/14, juris; VI R 8/12, BFHE 247, 64, BVerfG-Az. 2

weiterer Grundrechte[1508] sowie aus dem Verbot des Einzelfallgesetzes des Art. 19 Abs. 1 Satz 1 GG und der Rechtsweggarantie des Art. 19 Abs. 4 GG keine speziellen grundrechtlichen Anforderungen ersichtlich, denen sich Nichtanwendungsgesetze zu unterwerfen haben.

Auch fiskalisch motivierte Steuergesetze müssen den verfassungsrechtlichen Anforderungen des Art. 3 Abs. 1 GG genügen, da der Finanzbedarf des Staates weder zur Rechtfertigung einer verfassungswidrigen Steuer geeignet ist[1509], noch Grund für Ausnahmen von einer folgerichtigen Umsetzung und Konkretisierung steuergesetzlicher Belastungsentscheidungen und daraus folgender Ungleichbehandlungen ist[1510]. Deshalb sind gem. Art. 3 Abs. 1 GG die von den Stpfl. zu tragenden Lasten entsprechend dem Gebot der Ausrichtung der Steuerlast am Prinzip der finanziellen Leistungsfähigkeit[1511] gerecht zu verteilen[1512], das Veranlassungsprinzip einzuhalten[1513] und das Gebot der Folgerichtigkeit zu beachten[1514]. Diesen Anforderungen unterliegen auch Nichtanwendungsgesetze. Bei Einhaltung vorgenannter Anforderungen sind sie verfassungsgemäß[1515]. Ferner kann einem Nichtanwendungsgesetz aus Art. 3 Abs. 1 GG grds. kein Anspruch auf eine künftig gleichbleibende Rechtslage entgegen gehalten werden[1516].

BvL 24/14, juris; VI R 38/12, juris, BVerfG-Az. 2 BvL 25/14, juris; VI R 2/13, juris, BVerfG-Az. 2 BvL 26/14, juris; VI R 72/13, juris, BVerfG-Az. 2 BvL 27/14, juris zum Nichtanwendungsgesetz § 9 Abs. 6 EStG: BGBl I 2011, 2592 (2600) gegen BFH vom 28. 07. 2011, VI R 7/10, BStBl II 2012, 271; VI R 5/10, BStBl II 2012, 553 und VI R 38/10, BStBl II 2012, 561 vor dem BVerfG anhängig.

1508 Zu denken ist hier an die Art. 4, 6 Abs. 1, 9 Abs. 1 und 12 Abs. 1 GG.

1509 BVerfG vom 17. 01. 1957, 1 BvL 4/54, BVerfGE 6, 55 (80).

1510 BVerfG vom 09. 12. 2008, 2 BvL 1, 2/07, 1, 2/08, BVerfGE 122, 210 (233).

1511 Vgl. u. a. BVerfG vom 06. 07. 2010, 2 BvL 13/09, BVerfGE 126, 268 (278); BVerfG vom 18. 07. 2012, 1 BvL 16/11, BVerfGE 132, 179 (189).

1512 BVerfG vom 29. 05. 1990, 1 BvL 20, 26, 184 und 4/86, BVerfGE 82, 60 (89); BVerfG vom 21. 06. 2006, 2 BvL 2/99, BVerfGE 116, 164 (182).

1513 BVerfG vom 09. 12. 2008, 2 BvL 1, 2/07, 1, 2/08, BVerfGE 122, 210 (237).

1514 Vgl. u. a. BVerfG vom 06. 07. 2010, 2 BvL 13/09, BVerfGE 126, 268 (278); BVerfG vom 18. 07. 2012, 1 BvL 16/11, BVerfGE 132, 179 (189).

1515 Vgl. als Bsp. das Nichtanwendungsgesetz zur Bildung von Jubiläumsrückstellungen, BGBl I 1988, 1093 (1095) gegen BFH vom 05. 02. 1987, IV R 81/84, BStBl II 1987, 845. Dieses hat das BVerfG unter Würdigung der fiskalischen Motive des Gesetzgebers als verfassungsgemäß angesehen, BVerfG vom 12. 05. 2009, 2 BvL 1/00, BVerfGE 123, 111 (127).

1516 BVerfG vom 12. 05. 2009, 2 BvL 1/00, BVerfGE 123, 111 (128).

Nichtanwendungsgesetze sind keine Einzelfallgesetze und verstoßen daher nicht gegen Art. 19 Abs. 1 Satz 1 GG[1517]. So ist es verfassungsrechtlich zulässig, einen Einzelfall als Anlass der Gesetzgebungsmaßnahme zu nehmen[1518]. Dies gilt auch, wenn wie bei Nichtanwendungsgesetzen einzelne BFH-Entscheidungen der Gesetzgebungsanlass sind. Das Nichtanwendungsgesetz will gerade keinen Einzelfall normieren, sondern als ein „genereller Rechtssatz"[1519] für eine unbestimmte Vielzahl identischer Sachverhalte eine von der BFH-Entscheidung abweichende Rechtsfolge normieren.

Ein Nichtanwendungsgesetz gegen eine FG-Entscheidung verletzt die Rechtsweggarantie des Art. 19 Abs. 4 GG nicht, da trotz des Nichtanwendungsgesetzes der Rechtsweg zum BFH für den Kläger im betreffenden finanzgerichtlichen Verfahren nicht eingeschränkt wird. Dies gilt erst Recht für Nichtanwendungsgesetze gegen BFH-Entscheidungen, da mit der BFH-Entscheidung der Rechtsweg im Regelfall[1520] beendet ist. Der Schutzgehalt des Art. 19 Abs. 4 GG kann für den klagenden Stpfl. durch ein Nichtanwendungsgesetz nicht nachträglich eingeschränkt werden, da ihm die BFH-Entscheidung mit ihrer aus § 110 FGO folgenden „inter-partes-Wirkung"[1521] nicht mehr genommen werden kann[1522].

Nichtanwendungsgesetze sind damit unter grundrechtlichen Aspekten verfassungsrechtlich zulässig.

III. Abschließende Erwägungen

Als verfassungsrechtliche Erwägung sui generis bedarf abschließend der Ansatz von *Lang*, aus der rechtsstaatlichen Verantwortung aller Staatsgewalten für das Recht die Verfassungswidrigkeit von Nichtanwendungsgesetzen herzuleiten, einer Würdigung[1523]. Nach diesem führe rechtspolitische Kritik an der

---

1517 Ebenso: Schlenk, Bundesfinanzhof und Finanzverwaltung in Kooperation und Unabhängigkeit, 140 und 144.

1518 Vgl. u. a. BVerfG vom 29. 11. 1961, 1 BvR 148/57, BVerfGE 13, 225 (229); BVerfG vom 07. 05. 1969, 2 BvL 15/67, BVerfGE 25, 371 (396); BVerfG vom 02. 03. 1999, 1 BvL 2/91, BVerfGE 99, 367 (400).

1519 BVerfG vom 07. 05. 1969, 2 BvL 15/67, BVerfGE 25, 371 (396).

1520 Bei der Rüge eines Verstoßes gegen Verfassungsrecht bestünde für den Stpfl. noch die Möglichkeit, das BVerfG mittels Verfassungsbeschwerde gem. Art. 93 Abs. 1 Nr. 4a GG i. V. m. § 13 Nr. 8a und §§ 90-95a BVerfGG anzurufen.

1521 Klein, DStZ 1984, 55 (56).

1522 A. A. Hey, JZ 2014, 500 (505).

1523 Lang, StuW 1992, 14 (20 und 23 f.) = Lang, DRiZ 1992, 365 (371); ders., T/L, 20. Aufl., § 5 Rn. 30.

Nichtanwendungsgesetzgebung gleichwohl dann zur Rechtsstaats- und damit Verfassungswidrigkeit eines Nichtanwendungsgesetzes, wenn dieses z. B. aus fiskalischen Motiven einen rechtsdogmatischen Fortschritt der Rechtsprechung konterkariere und die Legislative sich so ggü. der Judikative illoyal und machtmissbräuchlich verhalte und die Rechtsfortbildungsfunktion der Judikative missachte.

Dem Ansatz von *Lang*, aus rechtspolitischen Erwägungen auf Basis einer Anerkennung des Rechtsgedankens im Steuerrecht, eine Verfassungswidrigkeit von Nichtanwendungsgesetzen begründen zu wollen, ist nicht zu folgen. Aus der vorstehenden verfassungsrechtlichen Würdigung folgt, dass die Nichtanwendungsgesetzgebung – mit Ausnahme der Initiative der Bundestagsausschüsse für ein Nichtanwendungsgesetz im Rahmen ihrer abschließenden Ausschussberatungen – keinen verfassungsrechtlichen Bedenken unterliegt. Dies gilt auch für ausschließlich fiskalisch motivierte Nichtanwendungsgesetze. Wenn aber schon aus verfassungsrechtlichen Erwägungen grds. keine Bedenken gegen Nichtanwendungsgesetze erhoben werden können, ist es nicht geboten, rechtspolitische Erwägungen zu einer Verfassungswidrigkeit zu verdichten.

IV. Ergebnis

Den Bestimmungen des GG können im Regelfall keine durchgreifenden Bedenken gegen steuerliche Nichtanwendungsgesetze entnommen werden. Steuerliche Nichtanwendungsgesetze sind damit grds. verfassungsgemäß.

Sie sind solange verfassungsgemäß, wie sie den allgemeinen verfassungsrechtlichen Bestimmungen entsprechen, die für jedes andere Gesetz auch gelten[1524]. Nichtanwendungsgesetze müssen daher verfassungsgemäß zustande gekommen sein und ihr Inhalt muss verfassungsgemäß sein. Zu den insoweit zu beachtenden Anforderungen gehören bspw. die Bestimmungen zum Vertrauensschutz und die Grundrechte der Stpfl.[1525]. Die zukünftig an den Vertrauensschutz zu stellenden Anforderungen rückwirkender Nichtanwendungsgesetze, werden durch die ausstehenden Entscheidungen des BVerfG zu sechs rückwirkenden

1524 Ebenso: BVerfG vom 15. 10. 2008, 1 BvR 1138/06, HFR 2009, 187 (189); Lang, StuW 1992, 14 (19 und 23) = Lang, DRiZ 1992, 365 (369 f.); Desens, Bindung der Finanzverwaltung an die Rechtsprechung, 71 und 488; Hey, JZ 2014, 500 (506).

1525 Lang, StuW 1992, 14 (19) = Lang, DRiZ 1992, 365 (369). So beurteilen Wernsmann/Desens, DStR 2008, 221 (223 ff.) das Nichtanwendungsgesetz § 18 Abs. 3 UmwStG, BGBl I 2007, 3150 (3168) gegen BFH vom 20. 11. 2006, VIII R 47/05, BStBl II 2008, 69 wegen eines Verstoßes gegen Art. 3 Abs. 1 GG als verfassungswidrig.

Nichtanwendungsgesetzen[1526] determiniert werden. Hierbei ist zu erwarten, dass das BVerfG dem Gesetzgeber, durch die Fortentwicklung seiner bisherigen Rechtsprechung mittels Auferlegung entsprechender Rechtfertigungserfordernisse, den Erlass rückwirkender Nichtanwendungsgesetze künftig nur noch in ganz eng umgrenzten Ausnahmefällen ermöglichen wird, wobei das „Klarstellungsinteresse des Gesetzgebers“ kein tauglicher Grund zur Rechtfertigung der Rückwirkung einer Norm ist. Beleg für diese These ist der durch die Rechtsprechung des BVerfG zuletzt gestärkte Vertrauensschutz in Fällen der Rückwirkung[1527]. Neben diesen allgemeinen verfassungsrechtlichen Bestimmungen bestehen zwei weitere spezielle verfassungsrechtliche Anforderungen, denen

---

1526 Vorlagebeschluss des BFH vom 17. 12. 2010, IX R 70/07, BStBl II 2011, 346, BVerfG-Az. 2 BvL 1/11, juris zum Nichtanwendungsgesetz § 11 Abs. 2 Satz 3 EStG: BGBl I 2004, 3310 (3311) gegen BFH vom 23. 09. 2003, IX R 65/02, BStBl II 2005, 159. Vorlagebeschluss des BFH vom 06. 06. 2013, I R 38/11, BStBl II 2014, 398, BVerfG-Az. 2 BvL 7/13, juris und Vorlagebeschluss des BFH vom 27. 11. 2013, I R 36/13, BStBl II 2014, 651, BVerfG-Az. 2 BvL 18/14, juris zum Nichtanwendungsgesetz § 14 Abs. 3 Satz 1 KStG: BGBl I 2004, 3310 (3316) gegen BFH vom 18. 12. 2002, I R 50/01, Der Konzern 2003, 564; I R 51/01, BStBl II 2005, 49; I R 68/01, HFR 2003, 991. Vorlagebeschluss des BFH vom 11. 12. 2013, I R 4/13, BStBl II 2014, 791, BVerfG-Az. 2 BvL 15/14, juris zu den Nichtanwendungsgesetzen zu § 50d Abs. 10 Satz 1 EStG: BGBl I 2008, 2794 (2806) gegen BFH vom 17. 10. 2007, I R 5/06, BStBl II 2009, 356 und BGBl I 2013, 1809 (1819 f.) gegen BFH vom 08. 09. 2010, I R 74/09, BStBl II 2014, 788. Vorlagebeschlüsse des BFH vom 17. 07. 2014, VI R 61/11, juris, BVerfG-Az. 2 BvL 22/14, juris; VI R 2/12, BFHE 247, 25, BVerfG-Az. 2 BvL 23/14, juris; VI R 8/12, BFHE 247, 64, BVerfG-Az. 2 BvL 24/14, juris; VI R 38/12, juris, BVerfG-Az. 2 BvL 25/14, juris; VI R 2/13, juris, BVerfG-Az. 2 BvL 26/14, juris; VI R 72/13, juris, BVerfG-Az. 2 BvL 27/14, juris zum Nichtanwendungsgesetz § 9 Abs. 6 EStG: BGBl I 2011, 2592 (2600) gegen BFH vom 28. 07. 2011, VI R 7/10, BStBl II 2012, 271; VI R 5/10, BStBl II 2012, 553 und VI R 38/10, BStBl II 2012, 561. Vorlagebeschluss des BFH vom 20. 08. 2014, I R 86/13, BStBl II 2015, 18, BVerfG-Az. 2 BvL 21/14, juris zum Nichtanwendungsgesetz § 50d Abs. 9 Satz 3 EStG: BGBl I 2013, 1809 (1819) gegen BFH vom 11. 01. 2012, I R 27/11, BFHE 236, 327.
Verfassungsbeschwerden BVerfG-Az. 2 BvR 482/14, juris; 2 BvR 2671/14, juris und 2 BvR 2674/14, juris zum Nichtanwendungsgesetz § 20 Abs. 1 Nr. 7 Satz 3 EStG: BGBl I 2010, 1768 (1770) gegen BFH vom 15. 06. 2010, VIII R 33/07, BStBl II 2011, 503.

1527 Die echte Rückwirkung betreffend: BVerfG vom 17. 12. 2013, 1 BvL 5/08, BVerfGE 135, 1. Die unechte Rückwirkung betreffend: BVerfG vom 07. 07. 2010, 2 BvL 14/02, 2/04, 13/05, BVerfGE 127, 1; BVerfG vom 07. 07. 2010, 2 BvL 1/03, 57, 58/06, BVerfGE 127, 31; BVerfG vom 07. 07. 2010, 2 BvR 748, 753, 1738/05, BVerfGE 127, 61. Bestätigt durch BVerfG vom 10. 10. 2012, 1 BvL 6/07, BVerfGE 132, 302 (320).

ausschließlich Nichtanwendungsgesetze zu genügen haben[1528]. Sie betreffen zum einen Nichtanwendungsgesetze, die erst im Rahmen der abschließenden Beratungen des Bundestagsausschusses durch dessen Initiative zum Gegenstand des Gesetzes geworden sind. Solche Nichtanwendungsgesetze sind dann verfassungswidrig, wenn im Vorfeld der abschließenden Ausschussberatungen der Erlass eines solchen Nichtanwendungsgesetzes in der Öffentlichkeit nicht thematisiert worden ist. Zum anderen sind Nichtanwendungsgesetze dann verfassungswidrig, wenn sie nicht im Rahmen eines eigenständigen Gesetzgebungsverfahrens für das jeweilige Nichtanwendungsgesetz mitsamt der Nennung des Nichtanwendungsgesetzes als Titel des Gesetzes zustande gekommen sind. Auch ein ausschließlich fiskalisch motiviertes Nichtanwendungsgesetz ist verfassungsrechtlich zulässig, wenn es den vorgenannten allgemeinen verfassungsrechtlichen Bestimmungen entspricht[1529]. Zuletzt lässt sich die Verfassungswidrigkeit eines Nichtanwendungsgesetzes auch nicht daraus ableiten, dass die „vom BFH gefundene Auslegung zwingend im Sinne einer verfassungskonformen Auslegung war"[1530]. Es erscheint nicht vorstellbar, dass die vom BFH vorgenommene Auslegung die einzig denkbare verfassungskonforme Auslegung darstellt und so der weite Gestaltungsspielraum des Gesetzgebers eingeengt wird.

C. Ergebnisse des 3. Teils

Die Ausführungen des 3. Teils der Untersuchung lassen sich thesenartig wie folgt zusammenfassen:

(1) Der Erlass von Nichtanwendungsgesetzen und die daraus folgende Nichtanwendungsgesetzgebung sind grds. verfassungsrechtlich zulässig.

(2) Nichtanwendungsgesetze und die Nichtanwendungsgesetzgebung unterliegen grds. keinen, nur für sie geltenden verfassungsrechtlich zu beachtenden Schranken. Eine Ausnahme gilt lediglich für Nichtanwendungsgesetze, die erst

---

1528 A. A. Desens, Bindung der Finanzverwaltung an die Rechtsprechung, 71 und 488, der keine weiteren speziellen verfassungsrechtlichen Anforderungen sieht, denen ausschließlich Nichtanwendungsgesetze zu genügen haben.

1529 Ebenso: Desens, Bindung der Finanzverwaltung an die Rechtsprechung, 71; Hey, JZ 2014, 500 (506) sieht es als legitim an, „wenn sich der Gesetzgeber bei der Wahl zwischen verschiedenen gleichermaßen verfassungskonformen Ausgestaltungen von fiskalischen Erwägungen leiten lässt." Ebenso ohne Bezug ausdrücklichen Bezug auf Verfassungsrecht: Offerhaus, StbJb 1995/96, 7 (16) ≙ Offerhaus, Sächsische Steuertagung 1996, 76 (82); Schaumburg, Erster Deutscher Finanzgerichtstag 2004, 73 (94 f.); Pezzer, DWS-Schriftenreihe Nr. 9, 23 (29 f.).

1530 So aber: Desens, Bindung der Finanzverwaltung an die Rechtsprechung, 70 f.

im Rahmen der abschließenden Beratungen des Bundestagsausschusses durch dessen Initiative zum Gegenstand eines Gesetzes werden und im Vorfeld dieser abschließenden Ausschussberatungen der Erlass eines solchen Nichtanwendungsgesetzes in der Öffentlichkeit nicht thematisiert worden ist.

(3) Nichtanwendungsgesetze sind solange formell und materiell verfassungsgemäß, wie die Nichtanwendungsnorm nicht selbst aufgrund ihres Zustandekommens oder ihres Inhalts verfassungswidrig ist.

(4) Der Erlass eines Nichtanwendungsgesetzes bewegt sich innerhalb der der Legislative zustehenden Normsetzungsprärogative.

(5) Das Demokratieprinzip des Art. 20 Abs. 1 und 2 Satz 1 GG steht der Nichtanwendungsgesetzgebung nicht entgegen.

(6) Nichtanwendungsgesetze verstoßen nicht gegen den Verfassungsgrundsatz der Gewaltenteilung des Art. 20 Abs. 2 Satz 2 GG. Sie genügen dem Mäßigungsgebot, dem die Gewalten untereinander unterliegen.

(7) Nichtanwendungsgesetze verstoßen nicht gegen den Verfassungsgrundsatz der Gewaltenbindung des Art. 20 Abs. 3 GG. Es gibt derzeit keine speziellen verfassungsrechtlichen Anforderungen, die ein Nichtanwendungsgesetz hinsichtlich des Vertrauensschutzes erfüllen muss. Rückwirkende Nichtanwendungsgesetze, haben den allgemeinen vertrauensschutzrechtlichen Anforderungen zu genügen, denen auch andere rückwirkende Gesetze unterliegen. Auf Basis der in jüngerer Vergangenheit durch die Rechtsprechung des BVerfG erfolgten Stärkung des Vertrauensschutzes[1531], steht mit Blick auf sechs u. a. diesbzgl. vor dem BVerfG anhängige Nichtanwendungsgesetze[1532] zu

1531 Die echte Rückwirkung betreffend: BVerfG vom 17. 12. 2013, 1 BvL 5/08, BVerfGE 135, 1. Die unechte Rückwirkung betreffend: BVerfG vom 07. 07. 2010, 2 BvL 14/02, 2/04, 13/05, BVerfGE 127, 1; BVerfG vom 07. 07. 2010, 2 BvL 1/03, 57, 58/06, BVerfGE 127, 31; BVerfG vom 07. 07. 2010, 2 BvR 748, 753, 1738/05, BVerfGE 127, 61. Bestätigt durch BVerfG vom 10. 10. 2012, 1 BvL 6/07, BVerfGE 132, 302 (320).

1532 Vorlagebeschluss des BFH vom 17. 12. 2010, IX R 70/07, BStBl II 2011, 346, BVerfG-Az. 2 BvL 1/11, juris zum Nichtanwendungsgesetz § 11 Abs. 2 Satz 3 EStG: BGBl I 2004, 3310 (3311) gegen BFH vom 23. 09. 2003, IX R 65/02, BStBl II 2005, 159. Vorlagebeschluss des BFH vom 06. 06. 2013, I R 38/11, BStBl II 2014, 398, BVerfG-Az. 2 BvL 7/13, juris und Vorlagebeschluss des BFH vom 27. 11. 2013, I R 36/13, BStBl II 2014, 651, BVerfG-Az. 2 BvL 18/14, juris zum Nichtanwendungsgesetz § 14 Abs. 3 Satz 1 KStG: BGBl I 2004, 3310 (3316) gegen BFH vom 18. 12. 2002, I R 50/01, Der Konzern 2003, 564; I R 51/01, BStBl II 2005, 49; I R 68/01, HFR 2003, 991. Vorlagebeschluss des BFH vom 11. 12. 2013, I R 4/13, BStBl II 2014, 791, BVerfG-Az. 2 BvL 15/14, juris zu den Nichtanwendungsgesetzen zu § 50d Abs. 10 Satz 1 EStG: BGBl I 2008, 2794 (2806) gegen BFH vom 17. 10. 2007, I R 5/06, BStBl erwarten, dass das BVerfG seine vertrauensschutzfreundliche Rechtsprechung weiter ausbauen und so den Gestaltungsspielraum des Gesetzgebers zum Erlass rückwirkender Nichtanwendungsgesetze in der Zukunft immer weiter einengen wird. Das „Klarstellungsinteresse des Gesetzgebers“ ist kein tauglicher Grund zur Rechtfertigung der Rückwirkung einer Norm.

(8) Unter Einhaltung der Art. 70 ff. und 105 GG ergangene Nichtanwendungsgesetze sind verfassungsgemäß. Eine Ausnahme gilt für Nichtanwendungsgesetze, die erst im Rahmen der abschließenden Beratungen des Bundestagsausschusses durch dessen Initiative zum Gegenstand des Gesetzes geworden sind. Sie sind dann verfassungswidrig, wenn im Vorfeld der abschließenden Ausschussberatungen der Erlass eines solchen Nichtanwendungsgesetzes in der Öffentlichkeit nicht thematisiert worden ist. Eine weitere Ausnahme gilt für Nichtanwendungsgesetze, die nicht im Rahmen eines eigenständigen Gesetzgebungsverfahrens für das jeweilige Nichtanwendungsgesetz mitsamt der Nennung des Nichtanwendungsgesetzes als Titel des Gesetzes zustande gekommen sind. Sie sind ebenfalls verfassungswidrig.

(9) Nach Art. 92 GG ist die Nichtanwendungsgesetzgebung zulässig.

(10) Art. 97 Abs. 1 GG steht einer verfassungsrechtlichen Zulässigkeit der Nichtanwendungsgesetzgebung nicht entgegen.

(11) Die Grundrechte des GG stehen Nichtanwendungsgesetzen nicht entgegen. Nichtanwendungsgesetze und die Nichtanwendungsgesetzgebung haben keine speziellen grundrechtlichen Anforderungen zu erfüllen.

(12) Rechtspolitische Erwägungen können nicht zu einer Verfassungswidrigkeit von Nichtanwendungsgesetzen verdichtet werden.

II 2009, 356 und BGBl I 2013, 1809 (1819 f.) gegen BFH vom 08. 09. 2010, I R 74/09, BStBl II 2014, 788. Vorlagebeschlüsse des BFH vom 17. 07. 2014, VI R 61/11, juris, BVerfG-Az. 2 BvL 22/14, juris; VI R 2/12, BFHE 247, 25, BVerfG-Az. 2 BvL 23/14, juris; VI R 8/12, BFHE 247, 64, BVerfG-Az. 2 BvL 24/14, juris; VI R 38/12, juris, BVerfG-Az. 2 BvL 25/14, juris; VI R 2/13, juris, BVerfG-Az. 2 BvL 26/14, juris; VI R 72/13, juris, BVerfG-Az. 2 BvL 27/14, juris zum Nichtanwendungsgesetz § 9 Abs. 6 EStG: BGBl I 2011, 2592 (2600) gegen BFH vom 28. 07. 2011, VI R 7/10, BStBl II 2012, 271; VI R 5/10, BStBl II 2012, 553 und VI R 38/10, BStBl II 2012, 561. Vorlagebeschluss des BFH vom 20. 08. 2014, I R 86/13, BStBl II 2015, 18, BVerfG-Az. 2 BvL 21/14, juris zum Nichtanwendungsgesetz § 50d Abs. 9 Satz 3 EStG: BGBl I 2013, 1809 (1819) gegen BFH vom 11. 01. 2012, I R 27/11, BFHE 236, 327.
Verfassungsbeschwerden BVerfG-Az. 2 BvR 482/14, juris; 2 BvR 2671/14, juris und 2 BvR 2674/14, juris zum Nichtanwendungsgesetz § 20 Abs. 1 Nr. 7 Satz 3 EStG: BGBl I 2010, 1768 (1770) gegen BFH vom 15. 06. 2010, VIII R 33/07, BStBl II 2011, 503.

4. Teil: Rechtspolitische Würdigung der steuerlichen Nichtanwendungsgesetzgebung

A. Rechtspolitische Anmerkungen

Die ganzheitliche Betrachtung der steuerlichen Nichtanwendungsgesetzgebung bedingt eine Würdigung der rechtspolitischen Aspekte der Nichtanwendungsgesetzgebung. Dies nicht zuletzt, da in der Literatur zu steuerlichen Nichtanwendungsgesetzen eine Vielzahl rechtspolitischer Kritiken an der Nichtanwendungsgesetzgebung zu finden sind. Diese Kritiken werden nachfolgend unter der Bildung von Kritikgruppen systematisch dargestellt und bewertet, bevor abschließend eine eigene Beurteilung der rechtspolitischen Anmerkungen erfolgt. Dabei ist zu beachten, dass die einzelnen Kritikgruppen zum Teil nicht isoliert betrachtet werden können, sondern Verbindungen zu anderen Kritikgruppen aufweisen und einzelne Kritiken mehreren Kritikgruppen unterfallen. Ebenso ist eine Bewertung der Kritiken oftmals ohne Bezugnahme auf verfassungsrechtliche Erwägungen nicht möglich.

I. Kritiken an Nichtanwendungsgesetzen und deren Bewertung

1. Zurückhaltender Gebrauch von Nichtanwendungsgesetzen

a) Kritik

Die Forderung, von Nichtanwendungsgesetzen im Sinne eines self-restraint nur zurückhaltend und behutsam Gebrauch zu machen, wird seit den 1960iger Jahren erhoben[1533]. Sie wird damit begründet, dass es nicht die Aufgabe der Gesetzgebung sei, sich im Einzelfall gegen die Rechtsprechung zu stellen[1534]. Daher sollen Nichtanwendungsgesetze auf Einzelfälle und das aus steuerpolitischer Sicht Notwendige beschränkt bleiben[1535].

1533 Risse, BB 1961, 1225; Grund, 50 Jahre Deutsche Finanzgerichtsbarkeit, 27 (45); Kreile, StuW 1977, 1 (7); Klein, FS Sendler, 483 (491); Offerhaus, StbJb 1995/96, 7 (12) ≙ Offerhaus, Sächsische Steuertagung 1996, 76 (79)

1534 Risse, BB 1961, 1225.

1535 Klein, FS Sendler, 483 (491).

b) Bewertung

Die Forderung nach einem zurückhaltenden Gebrauch von Nichtanwendungsgesetzen kann zugleich als implizierte Kritik dahin gehend verstanden werden, dass zu viele Nichtanwendungsgesetze erlassen werden. Die bislang erlassenen 166 Nichtanwendungsgesetze legen auf den ersten Blick davon Zeugnis ab, dass in der Rechtspraxis, insb. in den letzten Jahren, ein zurückhaltender Gebrauch von Nichtanwendungsgesetzen nicht stattgefunden hat und auch für die zukünftige Entwicklung der Nichtanwendungsgesetzgebung keine Anzeichen einer Trendumkehr erwartbar sind. Setzt man die 166[1536] Nichtanwendungsgesetze allerdings in Bezug zu den 71.905 BFH-Entscheidungen[1537], die vom 01. 09. 1950[1538] bis zum 31. 03. 2016 ergangen sind, so findet sich ein Nichtanwendungsgesetz nur in 0,0023 % aller BFH-Entscheidungen. Dies ist ein sehr geringer Anteil, der allerdings fokussiert auf die Gruppe der Nichtanwendungsgesetze gegen Entscheidungen des Großen Senats des BFH mit 7,83 % deutlich höher ist.

Mit Bezug auf die bisherigen Ergebnisse der Arbeit, ist die Legislative zu einer Reaktion auf die Rechtsprechung des BFH berechtigt. Diese richtet sich in Aufnahme vorgenannter Kritik stets gegen eine BFH-Entscheidung im Einzelfall und ist aus der Perspektive der Legislative auch stets steuerpolitisch notwendig. Es muss der Legislative zugestanden werden, eine andere Rechtsauffassung als der BFH vertreten zu können und dieser Rechtsauffassung durch ein Gesetz auch Geltung verschaffen zu können. Diese Befugnis der Legislative findet ihre Grenze, wenn sie der Rechtsprechung des BFH die Möglichkeit nimmt, in die Breite wirken zu können und so in den geschützten Kernbereich der Judikative eingreift. In der Vergangenheit wurde diese Grenze mit Blick auf das Zahlenverhältnis der ergangenen Nichtanwendungsgesetze im Verhältnis zu den ergangenen BFH-Entscheidungen – auch bzgl. der Nichtanwendungsgesetze gegen Entscheidungen des Großen Senats des BFH – nicht überschritten.

Im Ergebnis ist dieser Kritik nicht beizutreten.

1536 163 Nichtanwendungsgesetze richten sich gegen BFH-Entscheidungen, 3 Nichtanwendungsgesetze gegen FG-Entscheidungen.

1537 Recherche bei juris am 15. 04. 2016.

1538 Der BFH wurde durch Gesetz vom 29. 06. 1950 geschaffen und nahm ab dem 01. 09. 1950 seine Arbeit auf, BGBl I 1950, 257.

2. *Verbesserung des Rechtszustandes*

a) *Kritik*

Mit der Frage nach der Verbesserung des Rechtszustandes untrennbar verbunden ist die Frage nach der Erforderlichkeit und Gebotenheit von Nichtanwendungsgesetzen. Ebenso steht die Frage nach der Skepsis ggü. dem neuen Recht als besserem Recht im Kontext vorstehender Kritik.

Ein Nichtanwendungsgesetz soll hiernach nur dann erforderlich und geboten sein, wenn es im Vergleich zur BFH-Rechtsprechung zu einer Verbesserung des Rechtszustandes führt[1539] und weitere Streitverfahren vermeidet[1540]. Hierbei ist die Aufforderung zu beachten, nach der Gesetzesänderungen nur dann erfolgen sollen, wenn ihnen eindeutig ein Vorrang vor Rechtssicherheit und Kontinuität einzuräumen ist[1541]. Insg. solle die Legislative mehr leisten als „nur kurzatmiges Korrigieren einzelner Entscheidungen"[1542]. Die Beweislast für die Bejahung der Erforderlichkeit und Gebotenheit wird sowohl bei der Legislative[1543] als auch bei der Exekutive[1544], wenn diese der BFH-Rechtsprechung nicht folgen will, verortet. Im Rahmen von Nichtanwendungsgesetzen wird vertreten, dass ein Gebot der Skepsis ggü. dem neuen Recht als besserem Recht geboten sei[1545]. Aufgrund vorstehender Erwägungen wird die Nichtanwendungsgesetzgebung auch als „rechtspolitisch fragwürdig" bezeichnet[1546].

b) *Bewertung*

Ein Nichtanwendungsgesetz, das den Rechtszustand verbessert und/oder weitere Streitverfahren vermeidet, ist zu begrüßen. Insoweit ist der Kritik auf den ersten Blick zuzustimmen. Es ist allerdings weitergehend zu fragen, worin genau die angestrebte Verbesserung des Rechtszustandes begründet sein soll. Hier ist

---

1539 Scholtz, FS Klein, 1041 (1059); Spindler, FS Solms, 53 (57) = Spindler, Stbg 2006, 1 (4); Spindler, NWB 2010, 3929.

1540 Flume, DB 1985, 1152; Flume, StbJb 1985/86, 277 (302); Flume, JbFStR 1985/86, 229 (287); Grürmann, DWS-Schriftenreihe Nr. 9, 45 (48); Spindler, FS Solms, 53 (57) = Spindler, Stbg 2006, 1 (4); Spindler, NWB 2010, 3929.

1541 Klein, JbFStR 1989/90, 35 (44), der dies ebenso für Änderungen der Rechtsprechung äußert.

1542 Lang, StuW 1992, 14 (22) = Lang, DRiZ 1992, 365 (373).

1543 Crezelius, FS Felix, 37 (47).

1544 Jachmann, FS Spindler, 115 (124).

1545 Crezelius, FS Felix, 37 (47); Fleischer/Wedemann, AcP Bd. 209 (2009), 597 (619).

1546 Drüen, DStR 2012, Beihefter zu Heft 41/2012, 85 (86).

das bei 7,36 % der Nichtanwendungsgesetze (12 Nichtanwendungsgesetze) verwendete Motiv der Rechtsvereinfachung ebenso denkbar, wie das bei 24,54 % der Nichtanwendungsgesetze (40 Nichtanwendungsgesetze) verwendete Motiv der Rechtskontinuität oder das bei 39,88 % der Nichtanwendungsgesetze (65 Nichtanwendungsgesetze) verwendete Motiv der Rechtsdogmatik. Dies sind aber gleichwohl Aspekte, mit denen die Legislative gerade ein Nichtanwendungsgesetz gegen BFH-Entscheidungen begründet. Ferner wird nur in Ausnahmefällen Einvernehmen darüber zu erzielen sein, wann eine Verbesserung des Rechtszustands gegeben ist. Es steht zu vermuten, dass z. B. die Finanzverwaltung, die Judikative, die Stpfl. und die Steuerberater diese Frage anhand verschiedener Maßstäbe unterschiedlich beantworten werden. Stellt man auf das GG ab, ist die Frage einer Rechtszustandsverbesserung kein Maßstab zur Rechtfertigung einer gesetzgeberischen Tätigkeit.

Die Aufforderung an die Legislative mehr zu leisten, als einzelne Entscheidungen zu korrigieren, spricht ein generelles Problem der steuerpolitischen Gesetzgebungsrealität an. So oft die Forderung nach einer durchgreifenden Reformierung des deutschen Steuersystems, eines „großen Wurfs“ der Steuervereinfachung auch erklingen mag[1547], zeigt ein Blick in die Vergangenheit der bundesrepublikanischen Steuergesetzgebung die Unfähigkeit der Legislative zu einer solchen Reform. Für die Zukunft, ist eine solche ebenfalls nicht zu erwarten. Insoweit differiert die Nichtanwendungsgesetzgebung nicht von der sonstigen Steuergesetzgebung.

Allgemeingültig für eine qualifizierte Würdigung der gesetzgeberischen Tätigkeit ist die Notwendigkeit, dass Legislative und insb. Exekutive[1548] in der Gesetzesbegründung ihr Handeln erklären und begründen. Insoweit von einer Beweislast zu sprechen, ist korrekt. Fernab aller rechtlichen Verpflichtungen ist es rechtsethisch selbstverständlich, dass die Gewalten ihr Handeln begründen.

Die Skepsis ggü. dem neuen Recht als besserem Recht geht in ihrer Pauschalität fehl. Es kann im Einzelfall sein, dass das neue Recht das bessere Recht ist, wenn es bspw. das bisherige Recht vereinfacht und für die Rechtspraxis handhabbarer

---

1547 Siehe als Beispiele hierfür: Ein modernes Einkommensteuerrecht für Deutschland – Beschluss des Parteitages der CDU 2003, https://www.cdu.de/system/tdf/media/dokumente/120203-beschluss-pt-merz.pdf?file=1, zuletzt aufgerufen am 31. 03. 2016; Berliner Entwurf der FDP, Die neue Einkommensteuer – Niedrig, einfach und gerecht ≙ BT-Drs. 15/2349 und BT-Drs. 16/679; Lang/Herzig/Hey/Horlemann/Pelka/Pezzer/Seer/Tipke; Kölner Entwurf eines EStG; Kirchhof, Bundessteuergesetzbuch; Eilfort/Lang, Strukturreform der deutschen Ertragsteuern.

1548 Siehe 4. Teil B. II.

macht. Genauso kann es aber auch das schlechtere Recht sein, wenn es bspw. das bisherige Recht verkompliziert.

Im Ergebnis ist dieser Kritik in Teilen zu folgen.

3. Verschlechterung der Rechtsqualität

a) Kritik

Für eine Vielzahl von Stimmen in der Literatur gehen Nichtanwendungsgesetze mit einer Verschlechterung der Rechtsqualität einher[1549]. Diese äußere sich bspw. in einer Komplizierung des Rechts[1550] und gestiegener Rechtsunsicherheit[1551]. In diesem Kontext ist die Kritik einer immer weniger handhabbaren Steuerrechtsordnung erklärbar[1552], deren Ursache auch die mit Nichtanwendungsgesetzen verbundene Erhöhung der steuerlichen Normenflut sei[1553]. Folge sei eine weitere Unordnung im steuerrechtlichen Normengefüge[1554]. Ebenso wird die unpräzise Formulierung von Nichtanwendungsgesetzen gerügt[1555]. Die Tauglichkeit, Übergangsprobleme, die sich in Folge einer Änderung der Rechtsprechung ergeben, durch Nichtanwendungsgesetze zu begegnen, wird verneint[1556]. Unter dem Aspekt der Auslegung von Gesetzen wird darauf hingewiesen, dass der BFH diese am besten gewährleisten könne[1557]. Zuletzt ist die Aufforderung an die Legislative mehr zu leisten, als das „kurzatmige Korrigieren einzelner Entscheidungen"[1558] unter der Überschrift der Verschlechterung der Rechtsqualität zu nennen.

b) Bewertung

Dass einzelne Nichtanwendungsgesetze die Rechtsqualität verschlechtern, weil sie bspw. das bestehende Recht verkomplizieren, ist anzuerkennen. Allerdings

---

1549 Lang, StuW 1992, 14 (24); Fleischer/Wedemann, AcP Bd. 209 (2009), 597 (619).

1550 Felix, BB 1988, 1500; Scholtz, FS Klein, 1041 (1060); Desens, Bindung der Finanzverwaltung an die Rechtsprechung, 66 und 487.

1551 Crezelius, FS Felix, 37 (47); Klein, FS Sendler, 483 (493); BFH, 60 Jahre BFH, 117.

1552 Lang, StuW 1992, 14 (21) = Lang, DRiZ 1992, 365 (371); Strahl (ms), KÖSDI 1998, 11449 (11450); Völker/Ardizzoni, NJW 2004, 2413 (2416).

1553 Wassermeyer, DB 1988, 2531.

1554 Knobbe-Keuk, BB 1988, 1086 (1086 f.).

1555 Woerner, JbFStR 1985/86, 229 (279).

1556 Knobbe-Keuk, BB 1985, 941 (943 und 948).

1557 Jachmann, FS Spindler, 115 (124); Drüen, DStR 2012, Beihefter zu Heft 41/2012, 85 (86).

1558 Lang, StuW 1992, 14 (22) = Lang, DRiZ 1992, 365 (373).

bedarf es einer differenzierten und keiner pauschalen Kritik, da Nichtanwendungsgesetze zugleich immer auch für Rechtsklarheit sorgen wollen und Rechtsklarheit ein Baustein zur Erhöhung der Rechtsqualität ist. Daher kann auch allein in der Erweiterung des Umfangs des jeweiligen Steuergesetzes durch ein jedes Nichtanwendungsgesetz noch kein Beleg für eine Verschlechterung der Rechtsqualität gesehen werden. Sieht man die gesamte Steuerrechtsordnung als Summe der Gesetze, Durchführungsverordnungen, allgemeinen Verwaltungsvorschriften[1559], Erlasse, Verfügungen, BMF-Schreiben und Rechtsprechung an, so verschiebt sich durch ein Nichtanwendungsgesetz nur die Ebene der Normierung der Rechtsfrage von der BFH-Rechtsprechung hin zum Gesetz. Die Handhabbarkeit der Steuerrechtsordnung insg. bleibt aber unverändert.

Nichtanwendungsgesetze können Rechtsunsicherheiten und Übergangsprobleme verursachen. Oftmals entstehen diese durch die mit Nichtanwendungsgesetzen verbundene Rückwirkung, die Teil von 52,15 % aller Nichtanwendungsgesetze (85 Nichtanwendungsgesetze) gegen BFH-Entscheidungen ist. Es darf hier allerdings nicht verkannt werden, dass solche Rechtsunsicherheiten und Übergangsprobleme keine ausschließliche Spezialität von Nichtanwendungsgesetzen sind, sondern stets mit – insb. rückwirkenden – Rechtsänderungen verbunden sein können.

Der Kritik der unpräzisen Formulierung von Nichtanwendungsgesetzen, ist bei einzelnen Nichtanwendungsgesetzen zu folgen. Dies ist immer dann der Fall, wenn das Nichtanwendungsgesetz bereits kurz nach seinem Erlass erneut geändert wird[1560]. Da 68,71 % der Nichtanwendungsgesetze (112 Nichtanwendungsgesetze) seit ihrem Erlass unverändert sind, hat der Zeitablauf den Beweis erbracht, dass insoweit von einer unpräzisen Formulierung nicht gesprochen werden kann.

Die Auslegung von Gesetzen ist die Aufgabe der Normanwender, zu denen auch die Judikative gehört, die diese Auslegung durch ihre Tätigkeit gewährleistet. Ist die Legislative als Normgeber mit einer vom BFH gefundenen Auslegung nicht einverstanden, weil sie bspw. der von der Legislative bei Erlass der Norm verfolgten Zielrichtung nicht entspricht, muss es der Legislative vor dem Hintergrund der im GG vorgenommenen Kompetenzverteilung auf die Staatsgewalten

1559 Dies sind die sog. Richtlinien i. S. d. Art. 108 Abs. 7 GG.

1560 Dies war bei dem Nichtanwendungsgesetz § 50i EStG, BGBl I 2013, 1809 (1820) gegen BFH vom 28. 04. 2010, I R 81/09, BStBl II 2014, 754 und BFH vom 25. 05. 2011, I R 95/10, BStBl II 2014, 760 der Fall. § 50i EStG wurde durch das Gesetz zur Anpassung des nationalen Steuerrechts an den Beitritt Kroatiens zur EU und zur Änderung weiterer steuerlicher Vorschriften neugefasst und ergänzt, BGBl I 2014, 1266 (1271).

mittels Nichtanwendungsgesetz möglich sein, die von ihr bezweckte Zielrichtung zu normieren.

Nichtanwendungsgesetze sind dem oftmals proklamierten Ziel der Vereinfachung des Steuerrechts in der Regel nicht zuträglich. Daher ist auch die Aufforderung an die Legislative mehr zu leisten, als das „kurzatmige Korrigieren einzelner Entscheidungen“[1561] verständlich. Allerdings ist zu konstatieren, dass eine Reihe von Nichtanwendungsgesetzen aus Gründen der Rechts- (12 Nichtanwendungsgesetze/7,36 %) und/oder der Verwaltungsvereinfachung (34 Nichtanwendungsgesetze/20,86 %) erlassen worden sind. Ferner zeigt ein – von der Nichtanwendungsgesetzgebung völlig unabhängiger – Blick auf die Wirklichkeit mehrerer Jahrzehnte bundesrepublikanischer Steuergesetzgebung, dass das Ziel der Steuervereinfachung und -reformierung[1562] eine Fata Morgana ist und daher nicht als Argument gegen die Nichtanwendungsgesetzgebung verwandt werden sollte.

Im Ergebnis ist dieser Kritik in Teilen zu folgen.

4. *Gute und schlechte Nichtanwendungsgesetze*

a) *Kritik*

Nichtanwendungsgesetze lassen sich in gute und schlechte Nichtanwendungsgesetze differenzieren[1563], bzw. in Nichtanwendungsgesetze, die das Recht verteidigen oder nicht[1564], bzw. in Nichtanwendungsgesetze, die einen rechtsdogmatischen Fort- oder Rückschritt bedeuten[1565]. Ein Nichtanwendungsgesetz sei hiernach ein gutes Gesetz, wenn es eine misslungende BFH-Entscheidung, die die Stimmigkeit der Rechtsordnung stört, korrigiere[1566]. Wenn ein Nichtanwendungsgesetz

---

1561 Lang, StuW 1992, 14 (22) = Lang, DRiZ 1992, 365 (373).

1562 Siehe als Beispiele hierfür: Ein modernes Einkommensteuerrecht für Deutschland – Beschluss des Parteitages der CDU 2003, https://www.cdu.de/system/tdf/media/dokumente/120203-beschluss-pt-merz.pdf?file=1, zuletzt aufgerufen am 31. 03. 2016; Berliner Entwurf der FDP, Die neue Einkommensteuer – Niedrig, einfach und gerecht ≙ BT-Drs. 15/2349 und BT-Drs. 16/679; Lang/Herzig/Hey/Horlemann/Pelka/Pezzer/Seer/Tipke; Kölner Entwurf eines EStG; Kirchhof, Bundessteuergesetzbuch; Eilfort/Lang, Strukturreform der deutschen Ertragsteuern.

1563 Pezzer, DStR 2004, 525 (528); Pezzer, FR 2006, 651 (652); Pezzer, DWS-Schriftenreihe Nr. 9, 23 (27 f.).

1564 Lang, StuW 1992, 14 (18 f.) = Lang, DRiZ 1992, 365 (369).

1565 Lang, StuW 1992, 14 (20) = Lang, DRiZ 1992, 365 (371); Desens, Bindung der Finanzverwaltung an die Rechtsprechung, 69 und 487 f.

1566 Tipke, Die Steuerrechtsordnung Bd. III 1. Aufl., 1184; Pezzer, DStR 2004, 525 (528); Pezzer, DWS-Schriftenreihe Nr. 9, 23 (27).

aus fiskalischen Gründen eine BFH-Entscheidung korrigiere, die einen rechtsdogmatischen Fortschritt in Richtung auf eine stimmige Steuerrechtsordnung bedeute, sei ein Nichtanwendungsgesetz ein schlechtes Gesetz[1567]. Im Sinne dieser Differenzierung soll ein Nichtanwendungsgesetz nur gerechtfertigt sein, wenn es im Vergleich zur Rechtsprechung des BFH eine Verbesserung des Rechtszustandes bewirke[1568].

b) Bewertung

Nach der vorgenannten Kritik sind gute Nichtanwendungsgesetze solche, die das Recht verteidigen, bzw. einen rechtsdogmatischen Fortschritt bedeuten. Schlechte Nichtanwendungsgesetze sind solche, die das Recht nicht verteidigen, bzw. einen rechtsdogmatischen Rückschritt bedeuten. Allerdings dürfte sich die Frage, ob ein gutes oder schlechtes Nichtanwendungsgesetz vorliegt, nicht immer einheitlich beantworten lassen[1569]. Entscheidend für die Beantwortung der Frage ist zum einen der Standpunkt der Betrachtung. Es steht zu vermuten, dass z. B. die Finanzverwaltung, die Judikative, die Stpfl. und die Steuerberater eine solche Frage unterschiedlich beantworten werden[1570]. Zum anderen ist entscheidend, welche rechtlichen und sonstigen Beurteilungsparameter für die Beantwortung der Frage anzulegen sind. Vor diesem Hintergrund erscheint eine Differenzierung zwischen guten und schlechten Nichtanwendungsgesetzen als nur bedingt sinnvoll. Eine solche Differenzierung würde nur dann Sinn machen, wenn diese mit Allgemeingültigkeit vorgenommen werden könnte. Mangels eines entsprechenden Konsenses hierüber, dürfte hiervon aber bis auf einige wenige Nichtanwendungsgesetze nicht auszugehen sein[1571].

Als allgemeingültige Aussage kann daher lediglich die Feststellung verbleiben, dass es gelungene, weniger gelungene und nicht gelungene Nichtanwendungsgesetze

---

1567 Tipke, Die Steuerrechtsordnung Bd. III 1. Aufl., 1184; Pezzer, DStR 2004, 525 (528); Pezzer, DWS-Schriftenreihe Nr. 9, 23 (28).

1568 Flume, DB 1985, 1152; Flume, StbJb 1985/86, 277 (302); Flume, JbFStR 1985/86, 229 (287); Grürmann, DWS-Schriftenreihe Nr. 9, 45 (48).

1569 Ebenso: Desens, Bindung der Finanzverwaltung an die Rechtsprechung, 69 f.

1570 Grürmann, DWS-Schriftenreihe Nr. 9, 45 (47 f.).

1571 Ein solcher Ausnahmefall dürfte im Nichtanwendungsgesetz zum Abzugsverbot von Geldstrafen und -bußen zu sehen sein, BGBl I 1984, 1006 (1006) gegen BFH vom 21. 11. 1983, GrS 2/82, BStBl II 1984, 160 und BFH vom 21. 11. 1983, GrS 3/82, BStBl II 1984, 166. Dieses wurde einvernehmlich begrüßt. Selbst der BFH hat in seiner Entscheidung auf die Notwendigkeit einer gesetzlichen Regelung hingewiesen, BFH vom 21. 11. 1983, GrS 2/82, BStBl II 1984, 160 (166).

gibt, die Subsumtion unter diese Kriterien aber von der Person und ihrem inhaltlichen Standpunkt abhängig ist.

Im Ergebnis ist dieser Kritik in Teilen zu folgen.

5. Fiskalische und systematische Erwägungen

a) Kritik

Immer wieder wird die Kritik erhoben, dass insb. fiskalisch motivierte Nichtanwendungsgesetze der Systematik des jeweiligen Steuergesetzes abträglich seien[1572]. Dies wird auch damit begründet, dass das BMF und die obersten Finanzbehörden der Länder zugleich für den Haushalt und die Steuergesetzgebung zuständig seien[1573]. Die Vorwürfe der Illoyalität[1574] und der Systemzersetzung[1575] fiskalisch motivierter Nichtanwendungsgesetze sind ebenfalls in diesem Kontext zu sehen. Ebenso solle ein Nichtanwendungsgesetz nur aus Gründen der Steuergerechtigkeit oder zur besseren Erreichung des Lenkungszwecks, nicht aber aus fiskalischen Gründen erlassen werden[1576]. Durch Nichtanwendungsgesetze werde in die „schöpferische Fortentwicklung des Rechts" eingegriffen und so dogmatische Verbesserungen des Rechts abgeschnitten und das Ausreifen von Rechtsgrundsätzen verhindert[1577]. Durch den Erlass von Nichtanwendungsgesetzen komme es zu einer Störung der rechtsstaatlichen Rollenverteilung, indem die Judikative einem Gesetz keine Struktur mehr verleihen könne, da die nicht ausreichend kompetenten und diesbzgl. auch nicht kompetent sein müssenden MdB diese Aufgabe durch ihre Gesetzgebungstätigkeit übernehmen[1578].

b) Bewertung

Fiskalische Motive liegen bei 50 Nichtanwendungsgesetzen (30,67 %) gegen BFH-Entscheidungen vor. Sie sind nur ein mögliches Motiv für den Erlass von

---

1572 Knobbe-Keuk, BB 1985, 941 (942 f.); Flume, StbJb 1985/86, 277 (302 f.); Woerner, JbFStR 1985/86, 229 (279); Uelner, JbFStR 1985/86, 229 (289 f.); Klein, JbFStR 1989/90, 35 (43); Lang, StuW 1992, 14 (20 f.) = Lang, DRiZ 1992, 365 (371 f.); Spindler, FS Solms, 53 (57 f.) = Spindler, Stbg 2006, 1 (4); Schön, DStR 2008, Beihefter zu Heft 17/2008, 10 (19); Spindler, NWB 2010, 3929; Drüen, DStR 2012, Beihefter zu Heft 41/2012, 85 (86).

1573 Knobbe-Keuk, BB 1988, 1086 (1087); Jachmann, FS Spindler, 115 (124).

1574 Lang, T/L, 20. Aufl., § 5 Rn. 30.

1575 Englisch, T/L, 22. Aufl., § 5 Rn. 40.

1576 Tipke, Die Steuerrechtsordnung Bd. III 1. Aufl., 1184.

1577 Lang, StuW 1992, 14 (18) = Lang, DRiZ 1992, 365 (369).

1578 Lang, StuW 1992, 14 (18) = Lang, DRiZ 1992, 365 (369).

Nichtanwendungsgesetzen und werden bei 46 Nichtanwendungsgesetzen (92 %) durch weitere Motive ergänzt, so dass nur 4 Nichtanwendungsgesetze (8 %)[1579] ausschließlich fiskalisch motiviert sind. Indem das BMF und die obersten Finanzbehörden der Länder zugleich für den Haushalt und die Steuergesetzgebung zuständig sind, können sie durch die Initiative zu einem Nichtanwendungsgesetz sicherstellen, dass durch die BFH-Rechtsprechung keine Defizite auf der Einnahmeseite der öffentlichen Haushalte entstehen. In diesem Kontext ist darauf hinzuweisen, dass mit der Einführung der grundgesetzlichen Schuldenbremse in Art. 109 Abs. 3, 115 und 143d GG zum 01. 08. 2009[1580] fiskalische Motive eine besondere verfassungsrechtliche Legitimation erhalten haben.

Stellt man auf das Motiv der Rechtsdogmatik als ein Motiv für den Erlass von Nichtanwendungsgesetzen ab, das in besonderem Maße steuersystematische Erwägungen beinhaltet, so findet sich dieses Motiv bei 65 Nichtanwendungsgesetzen (39,88 %) gegen BFH-Entscheidungen. Selbiges gilt für die 76 Nichtanwendungsgesetze (46,63 %), die aus rechtspolitischen Gründen erlassen werden und die auch unter Erwägungen hinsichtlich der Verwirklichung der Steuergerechtigkeit subsumiert werden können. Für die 21 Nichtanwendungsgesetze (12,88 %), die aus Gründen des lenkungspolitischen Grundes erlassen werden und die der besseren Erreichung des Lenkungszwecks dienen, gilt nichts anderes. Damit bestätigt die Motivvielfalt der Nichtanwendungsgesetzgebung die vorgebrachte Kritik nicht.

Betrachtet man das Motiv des fiskalischen Grundes, das Motiv der Rechtsdogmatik und das Motiv des rechtspolitischen Grundes im Zusammenspiel miteinander, ist das Motiv des fiskalischen Grundes stets anzuerkennen, wenn das Motiv der Rechtsdogmatik oder das Motiv des rechtspolitischen Grundes für eine systematische und folgerichtige Umsetzung des Belastungsgrundes sorgt. Dies ist bei einer Reihe entsprechender Nichtanwendungsgesetze der Fall.

Der Vorwurf, dass Nichtanwendungsgesetze in die Fortentwicklung des Rechts eingreifen und die rechtsstaatliche Rollenverteilung missachten geht davon aus, dass die Auslegung eines einmal von der Legislative erlassenen

1579 Nichtanwendungsgesetz § 49 Abs. 1 Nr. 9 EStG, BGBl I 1974, 1489 (1490) gegen BFH vom 04. 03. 1970, I R 140/66, BStBl II 1970, 428; Nichtanwendungsgesetz § 35 Abs. 1 Satz 2 EStG, BGBl I 2007, 3150 (3154) gegen BFH vom 27. 09. 2006, X R 25/04, BStBl II 2007, 694; Nichtanwendungsgesetz § 49 Abs. 1 Nr. 9 EStG, BGBl I 2008, 2794 (2804) gegen BFH vom 21. 04. 1999, I B 99/98, BStBl II 2000, 254; Nichtanwendungsgesetz § 50i EStG, BGBl I 2013 1809 (1820) gegen BFH vom 28. 04. 2010, I R 81/09, BStBl II 2014, 754 und BFH vom 25. 05. 2011, I R 95/10, BStBl II 2014, 760.

1580 BGBl I 2009, 2248 (2249 f.).

Gesetzes allein der Judikative zufällt. Diese Ansicht ist für den überwiegenden Teil der einmal von der Legislative erlassenen Normen zutreffend, bedeutet aber keine Einschränkung für die Legislative, in einzelnen Fällen anders verfahren zu können. Ein solches Vorgehen der Legislative hat die Judikative nach der grundgesetzlichen Kompetenzverteilung der Staatsgewalten hinzunehmen[1581]. Die Frage der Qualifikation der MdB ist in diesem Kontext nicht von Belang, da das GG die Frage nach der Qualifikation der MdB nicht stellt.

Im Ergebnis ist dieser Kritik nicht beizutreten.

6. Notwendigkeit besonderer sachlicher Legitimation

a) Kritik

Es wird vorgebracht, dass der Gesetzgeber für den Erlass eines Nichtanwendungsgesetzes eine über die Gesetzgebungskompetenz hinausgehende, besondere sachliche Legitimation benötige[1582], bzw. sachliche Gründe für ein Nichtanwendungsgesetz vorbringen müsse[1583]. Diese besondere sachliche Legitimation könne darin liegen, dass das Nichtanwendungsgesetz sachlich und belastungssystematisch gerechtfertigt sei[1584], es die Rechtsfrage zutreffender löse[1585], es den Rechtszustand verbessere[1586], eine Störung der Rechtsordnung beseitige[1587] oder weitere Streitverfahren vermeide[1588]. Die besondere sachliche Legitimation müsse über bloße fiskalische Motive hinausgehen, da rein fiskalisch motivierte Nichtanwendungsgesetze illoyal und rechtsstaatswidrig[1589] sowie systemzersetzend[1590] seien. Vor diesem Hintergrund wird der Legislative auch die Argumentations-[1591] bzw. Begründungslast für ein Nichtanwendungsgesetz auferlegt, die sich aus „Gründen rechtspolitischer Klugheit“[1592] nicht in „floskelhaften

---

1581 BVerfG vom 29. 01. 1969, 1 BvR 26/66, BVerfGE 25, 167 (181).
1582 Crezelius, FS Felix, 37 (47); Völker/Ardizzoni, NJW 2004, 2413 (2416).
1583 Offerhaus, StbJb 1995/96, 7 (27) ≙ Offerhaus, Sächsische Steuertagung 1996, 76 (88).
1584 Felix, BB 1988, 1500 (1501).
1585 Crezelius, FS Felix, 37 (47).
1586 Flume, DB 1985, 1152; Flume, StbJb 1985/86, 277 (302); Flume, JbFStR 1985/86, 229 (287); Scholtz, FS Klein, 1041 (1059); Grürmann, DWS-Schriftenreihe Nr. 9, 45 (48); Spindler, FS Solms, 53 (57) = Spindler, Stbg 2006, 1 (4); Spindler, NWB 2010, 3929.
1587 Pezzer, DStR 2004, 525 (528).
1588 Spindler, FS Solms, 53 (57) = Spindler, Stbg 2006, 1 (4); Spindler, NWB 2010, 3929.
1589 Lang, T/L, 20. Aufl., § 5 Rn. 30.
1590 Englisch, T/L, 22. Aufl., § 5 Rn. 40.
1591 Westermann, FS Zöllner, 607 (625).
1592 Fleischer/Wedemann, AcP Bd. 209 (2009), 597 (620).

Hinweisen“[1593] erschöpfen dürfe[1594]. Unter dem Aspekt der Fortentwicklung des Rechts als eine besondere sachliche Legitimation wird es für kritikwürdig gehalten, dass ein Nichtanwendungsgesetz einer Fortentwicklung des Rechts entgegenstehe, indem es den „schöpferischen Fortentwicklungsprozess des Rechts“ beende[1595]. In diesem Kontext steht auch die unter dem Blickwinkel „rechtspolitischer Klugheit“ thematisierte Erwägung, dass bei einer etablierten rechtsfortbildenden Rechtsprechung, ein Nichtanwendungsgesetz erst bei schwerwiegender Kritik opportun sei[1596].

b) Bewertung

Die der Legislative durch das GG zugewiesene Kompetenz zum Erlass von Gesetzen kennt keine Notwendigkeit besonderer sachlicher Legitimation. Eine solche, über die der Legislative durch das GG zugewiesenen Kompetenz hinausgehende Anforderung, kann daher mit Bezug auf das GG für den Erlass von Nichtanwendungsgesetzen nicht eingefordert werden. Als Konsequenz hat die Legislative die Kompetenz, so auf die BFH-Rechtsprechung reagieren zu können, wie es ihr beliebt[1597]. Dies schließt auch ausschließlich fiskalisch motivierte Nichtanwendungsgesetze ein[1598]. Die vorstehend genannten Maßstäbe für eine besondere sachliche Legitimation sind daher zwar zur Beantwortung der Frage geeignet, ob im Sinne obiger Ausführungen zu 4. b) ein gelungenes, weniger gelungenes oder nicht gelungenes Nichtanwendungsgesetz vorliegt. Darüber hinaus sind von ihnen keine weiteren Konsequenzen ableitbar.

Die an die Legislative gestellte Aufforderung zur Begründung ihrer gesetzgeberischen Tätigkeit, ist zuzustimmen. Diese Begründungspflicht ergibt sich nicht nur, damit die Legislative die Motive für ihr Handeln ggü. den Rechtsanwendern erläutert. Sie ist auch ein Zeichen des Respekts der Legislative ggü. der Judikative, die die Rechtsfrage anders beantwortet hat, als die Legislative dies mit ihrem Nichtanwendungsgesetz beabsichtigt. So wie die Judikative ihre Rechtsprechung begründen muss, sollte selbiges auch für die Legislative selbstverständlich sein. Wenn mit Blick auf die erlassenen Nichtanwendungsgesetze allerdings festzustellen ist, dass in 12,27 % der Fälle (20 Nichtanwendungsgesetze) die

---

1593 Fleischer/Wedemann, AcP Bd. 209 (2009), 597 (620); Fleischer, MünchKommGmbHG, Einleitung Rn. 133.

1594 Ebenso: Häberle, FS Boorberg Verlag, 47 (87).

1595 Weber-Grellet, FS Lang, 927 (933).

1596 Schmidt, JZ 2009, 10 (18 f.).

1597 BVerfG vom 29. 01. 1969, 1 BvR 26/66, BVerfGE 25, 167 (181).

1598 Siehe 3. Teil B. IV.

Gesetzesbegründung keinen Bezug auf die BFH-Rechtsprechung enthält, zeigt dies den diesbzgl. noch vorhandenen Optimierungsbedarf.

Im Ergebnis ist dieser Kritik in Teilen zu folgen.

7. Untergrabung der Autorität der Rechtsordnung

a) Kritik

Die Kritik, dass Nichtanwendungsgesetze die Autorität der Rechtsordnung untergraben und so das Gemeinwesen gefährden, ist weit verbreitet[1599]. Grund hierfür sei die mit Nichtanwendungsgesetzen verbundende „Desavouierung“[1600] und „Disziplinierung“[1601] der Judikative und daraus folgende „Blessuren der Rechtskultur“[1602]. Die Judikative solle nicht befürchten müssen, dass ihre Entscheidungen von der Legislative als jederzeit aufhebbare Anweisungen angesehen werden und so die Freiheit der richterlichen Entscheidung eingeengt werde[1603]. Mit anderen Worten solle der BFH-Rechtsprechung von den anderen Gewalten mehr Respekt entgegen gebracht werden[1604].

b) Bewertung

Die bisher ergangenen 166 Nichtanwendungsgesetze mögen im Einzelfall Anlass zur Kritik gegeben haben, eine Gefährdung des Gemeinwesens aufgrund eines Untergrabens der Autorität der Rechtsordnung ist aber nicht erkennbar.

Im Prozess der Nichtanwendungsgesetzgebung erbringen die Gewalten, die ihnen nach dem GG zugewiesenen Aufgaben. Im Rahmen dieser Leistungserbringung ist die Rechtsprechung des BFH aufgrund ihrer hohen fachlichen

---

1599 Grund, 50 Jahre Deutsche Finanzgerichtsbarkeit, 27 (45); Knobbe-Keuk, BB 1985, 820 (821); Lang, StuW 1992, 14 (19) = Lang, DRiZ 1992, 365 (370) sieht gar die Autorität aller drei Staatsgewalten als erheblich beeinträchtigt an, wodurch dem Rechtsbewusstsein des Stpfl. und der Akzeptanz der Besteuerung Schaden zugefügt werde; Völker/Ardizzoni, NJW 2004, 2413 (2416); Schön mit Verweis auf Ebling, BB 2005, Heft 22, Die erste Seite; Schön, DStR 2008, Beihefter zu Heft 17/2008, 10 (19); Fleischer/Wedemann, AcP Bd. 209 (2009), 597 (619).

1600 Knobbe-Keuk, BB 1985, 820 (821); Strahl (ms), KÖSDI 1998, 11449.

1601 Völker/Ardizzoni, NJW 2004, 2413 (2416).

1602 Strahl (ms), KÖSDI 1998, 11449. Herschel, AuR 1985, 265 spricht in diesem Kontext vor dem Hintergrund eines arbeitsrechtlichen Nichtanwendungsgesetzes von einer „Gefährdung der Rechtskultur“.

1603 Grund, 50 Jahre Deutsche Finanzgerichtsbarkeit, 27 (45); Völker/Ardizzoni, NJW 2004, 2413 (2416).

1604 Woerner, JbFStR 1985/86, 229 (281); Knobbe-Keuk, JbFStR 1985/86, 229 (282).

Qualität weithin anerkannt. Diese fachliche Qualität wird weder von der Legislative, noch von der Exekutive oder in der steuerrechtlichen Literatur in Frage gestellt. Sicherlich werden einzelne BFH-Entscheidungen kritisch gewürdigt. Hierdurch wird aber nicht die Autorität der Rechtsordnung und die Qualität der BFH-Rechtsprechung insg. in Zweifel gezogen. Ferner hat nicht jede kritisierte BFH-Entscheidung ein Nichtanwendungsgesetz zur Folge. Es ist hingegen sogar vielmehr denkbar, dass eine positiv aufgenommene BFH-Entscheidung zu einem Nichtanwendungsgesetz führt.

Der BFH kann als oberstes Bundesgericht i. S. d. Art. 95 Abs. 1 GG aufgrund der Kompetenzverteilung des GG nicht den Anspruch besitzen, dass seine Rechtsprechung – nicht zuletzt mit Blick auf Art. 20 Abs. 3 2. HS GG – über den entschiedenen Einzelfall hinaus allgemeine Geltung erlangt. Dies würde seine Kompetenzen überschreiten. So wenig, wie andere Gewalten eine BFH-Entscheidung inter-partes aufheben können, kann der BFH auf eine allgemeine Anwendung seiner Rechtsprechung durch die anderen Gewalten bestehen. Es steht nicht zu befürchten, dass die daraus folgende Möglichkeit der anderen Gewalten zur jederzeitigen abweichenden Rechtsetzung, die Freiheit der richterlichen Entscheidung einengt. Dieser Gedanke dürfte zum einen nicht dem Selbstverständnis eines obersten Bundesrichters entsprechen, zum anderen ist für einen solchen Gedanken mit Blick auf die richterliche Unabhängigkeit des Art. 97 Abs. 1 GG von Verfassungs wegen kein Raum.

Der geforderte Respekt der anderen Gewalten ggü. der BFH-Rechtsprechung ist rechtspolitisch anzuerkennen. Ebenfalls anzuerkennen ist aber die rechtspolitische Wirklichkeit, in der es den anderen Gewalten aufgrund der Kompetenzverteilung des GG möglich sein muss, ihre Vorstellung des Rechts umsetzen zu können. Dies gilt vor allem für von der Legislative verantwortete Nichtanwendungsgesetze. Zuletzt wirkt ein Nichtanwendungsgesetz einer „Versteinerung der Rechtsprechung“[1605] entgegen. Ist der BFH nicht bereit, seine Rechtsprechung aufgrund sachlicher Einwände zu ändern, ist ein Nichtanwendungsgesetz eine Möglichkeit zur Schaffung einer anderen Rechtslage.

Im Ergebnis ist dieser Kritik nicht beizutreten.

1605 BFH vom 17. 12. 2007, GrS 2/04, BStBl II 2008, 608 (616). Der BFH gebraucht diesen Begriff im Rahmen einer Abwägung von der Kontinuität der höchstrichterlichen Rechtsprechung als wesentliches Element der Rechtssicherheit auf der einen Seite und der Zulassung gewichtiger sachlicher Erwägungen, die einen Rechtsprechungswandel ermöglichen, auf der anderen Seite.

8. *Untergrabung der prozessualen Waffengleichheit*

a) *Kritik*

Nichtanwendungsgesetze untergraben die prozessuale Waffengleichheit, da die Stpfl. keine Möglichkeit haben, auf ein Nichtanwendungsgesetz hinzuwirken[1606].

b) *Bewertung*

Die Kritik zielt darauf, dass in der überwiegenden Zahl der Fälle (131 Nichtanwendungsgesetze/80,37 %) die Exekutive ggü. der Legislative auf den Erlass eines Nichtanwendungsgesetzes gegen BFH-Entscheidungen hinwirkt und die Stpfl. ggü. der Legislative keine entsprechende Möglichkeit besitzen. Einzig denkbar, aber bislang ohne Realisation, wäre eine Kampagne der Stpfl. an die MdB, für ein bestimmtes Nichtanwendungsgesetz einzutreten.

Die Kritik verkennt aber die unterschiedliche Rolle die der Exekutive und den Stpfl. im Rahmen der Nichtanwendungsgesetzgebung zukommen. Die Exekutive hat zu entscheiden, wie sie auf die BFH-Rechtsprechung reagiert. Eine mögliche Reaktionsform ist die Initiierung eines Nichtanwendungsgesetzes[1607]. Obwohl der Stpfl. als Teil des Volkes i. S. d. Art. 20 Abs. 2 Satz 1 GG alle Staatsgewalt ausübt, hat er von Verfassungs wegen nicht die Kompetenz, auf ein Nichtanwendungsgesetz hinzuwirken. Er hat allein das Recht, in Wahlen über die Zusammensetzung der Legislative zu entscheiden. Nach der Konzeption des GG besteht für den Stpfl. aber auch keine Notwendigkeit, auf ein Nichtanwendungsgesetz hinwirken zu können. So sind die Rechte des Stpfl. durch die Grundrechte des GG inklusive des prozessualen Grundrechts der Rechtsweggarantie des Art. 19 Abs. 4 GG ausreichend geschützt. Im Übrigen ist, auf die Entscheidung des GG für eine repräsentative Demokratie und den damit, mit Ausnahme von Art. 29 und 146 GG, verbundenen Verzicht auf plebiszitäre Elemente hinzuweisen. Dies lässt keinen Raum für die geäußerte Kritik.

Im Ergebnis ist dieser Kritik nicht beizutreten.

II. Eigene Beurteilung

Im Vergleich zur Verhinderung von BFH-Entscheidungen, der Nichtveröffentlichung von BFH-Entscheidungen im BStBl II und von Nichtanwendungserlassen

---

1606 Völker/Ardizzoni, NJW 2004, 2413 (2416).

1607 Die anderen möglichen Reaktionsformen sind die Verhinderung einer BFH-Entscheidung, die allgemeine Anwendung der BFH-Entscheidung, die Nichtveröffentlichung der BFH-Entscheidung im BStBl II oder ein Nichtanwendungserlass.

zu BFH-Entscheidungen, die sämtlich allein von der Exekutive verantwortet werden, ist der Nichtanwendungsgesetzgebung ggü. anzuerkennen, dass diese durch die demokratische Letztentscheidung der Legislative eine hohe formale Legitimation besitzt.

Darüber hinaus gewährleistet ein Gesetzgebungsverfahren zum Erlass eines Nichtanwendungsgesetzes im Vergleich zu den vorgenannten anderen, ausschließlich von der Exekutive verantworteten, Reaktionsmöglichkeiten maximale Transparenz, wenn – im Gegensatz zur bisherigen Handhabung[1608] – das Nichtanwendungsgesetz durch ein eigenständiges Gesetzgebungsverfahren mit entsprechendem Titel[1609] außerhalb eines sog. „Omnibusgesetzes"[1610] eingeführt wird, das Nichtanwendungsgesetz entgegen der in der Vergangenheit bei 29 Nichtanwendungsgesetzen gegen BFH-Entscheidungen (17,79 %) vogenommenen Handhabung nicht erst im Rahmen der abschließenden Beratungen des Bundestagsausschusses auf dessen Initiative zum Gegenstand des Gesetzgebungsverfahrens wird und in der Gesetzesbegründung auf das Vorliegen einer Nichtanwendungsnorm hingewiesen wird, was in der Vergangenheit bei 133 Nichtanwendungsgesetzen gegen BFH-Entscheidungen (81,6 %) und damit im überwiegenden Teil der Nichtanwendungsgesetzgebungsverfahren der Fall war. Diese Transparenz im Gesetzgebungsverfahren ist ein wesentliches Unterscheidungscharakteristikum zu den Entscheidungen über die Nichtveröffentlichung einer BFH-Entscheidung im BStBl II oder dem Erlass eines Nichtanwendungserlasses, die allein von der Exekutive unter Ausschluss der Öffentlichkeit verantwortet werden. Damit ist ein Nichtanwendungsgesetz unter Transparenzgesichtspunkten, den anderen Reaktionsmöglichkeiten auf die BFH-Rechtsprechung vorzuziehen.

1608 Dies gilt auch für das Nichtanwendungsgesetz zum Abzugsverbot von Geldstrafen und -bußen, BGBl I 1984, 1006 (1006) gegen BFH vom 21. 11. 1983, GrS 2/82, BStBl II 1984, 160 und BFH vom 21. 11. 1983, GrS 3/82, BStBl II 1984, 166. Dieses wurde als bislang einziges Nichtanwendungsgesetz im Rahmen eines eigenständigen Gesetzes verabschiedet. Der Titel des Gesetzes lautete: „Gesetz zur Änderung des Einkommensteuergesetzes und des Körperschaftsteuergesetzes" und bspw. nicht: „Gesetz zur Nichtanwendung der BFH-Rechtsprechung über die Abziehbarkeit von Geldstrafen und -bußen als Betriebsausgaben".

1609 Dieser könnte bspw. lauten: „Gesetz zur Nichtanwendung der BFH-Rechtsprechung über …".

1610 Hendricks, BT-Plenarprotokoll 16/54, 5324; Gutting, BT-Plenarprotokoll 16/191, 20647. Der Begriff bezeichnet ein Gesetz, in welchem alles für gesetzgebungsbedürftig gehaltene gesammelt wird, Tipke, StuW 1990, 308 (311). Synonyme für den Begriff des „Omnibusgesetzes" sind die Bezeichnungen Artikel- oder Mantelgesetz.

Dafür spricht auch die, aus der demokratischen Entscheidung der Legislative für ein Nichtanwendungsgesetz stammende, hohe formale Legitimation eines solchen Gesetzes. Diese manifestiert sich durch den politischen Willensbildungsprozess, an dessen Ende die Legislative das Nichtanwendungsgesetz beschließt. Einem solchen politischen Willensbildungsprozess unterliegen weder die BFH-Entscheidung[1611], noch die allein von der Exekutive verantworteten Reaktionsmöglichkeiten auf eine BFH-Entscheidung. Dass die Exekutive das Nichtanwendungsgesetzgebungsverfahren, insb. durch die von ihr in 80,37 % aller Nichtanwendungsgesetzgebungsverfahren (131 Nichtanwendungsgesetze) gegen BFH-Entscheidungen vorgenommene Initiative für ein Nichtanwendungsgesetz, wesentlich prägt, damit im Nichtanwendungsgesetzgebungsverfahren über ein hohes Machtpotential verfügt und dieses nutzt, ändert hieran nichts, da letztlich allein die Legislative entscheidet, ob es zu einem Nichtanwendungsgesetz kommt oder nicht[1612]. Durch diese Letztentscheidungskompetenz über ein Nichtanwendungsgesetz entscheidet die Legislative einem Schiedsrichter gleich den zwischen Exekutive und Judikative ausgetragenen Streit über eine steuerliche Rechtsfrage und schafft hierdurch Rechtssicherheit[1613]. Diese Rechtssicherheit ist nicht zuletzt aufgrund der unmittelbaren demokratischen Legitimation der Legislative ein hoher Wert.

In quantitativer Hinsicht darf nicht verkannt werden, dass sich die Diskussion um Nichtanwendungsgesetze in der steuerrechtlichen Literatur stets auf einige wenige der insg. 166 Nichtanwendungsgesetzen beschränkt hat. Dies sind zuvorderst das Nichtanwendungsgesetz zum Abzugsverbot von Geldstrafen und -bußen[1614], das Nichtanwendungsgesetz zur Wiederherstellung der sog. Gepräge Rechtsprechung[1615], das Nichtanwendungsgesetz zu Jubiläumsrückstellungen[1616], das Nichtanwendungsgesetz zur doppelstöckigen Personengesellschaft[1617], das Nichtanwendungsgesetz zur Abzugsbeschränkung für privat veranlasste

---

1611 Heussner, FS Hilger und Stumpf, 317 (319).

1612 Ebenso: Eichenberger, VVDStRL 40, 7 (33); Kreile, StbJb 1984/85, 39 (40) ≙ Kreile, FS von Wallis, 183 (185); Desens, Bindung der Finanzverwaltung an die Rechtsprechung, 68.

1613 Huber, FS Offerhaus, 241 (245); Desens, Bindung der Finanzverwaltung an die Rechtsprechung, 70.

1614 BGBl I 1984, 1006 (1006) gegen BFH vom 21. 11. 1983, GrS 2/82, BStBl II 1984, 160 und BFH vom 21. 11. 1983, GrS 3/82, BStBl II 1984, 166.

1615 BGBl I 1985, 2436 (2447) gegen BFH vom 25. 06. 1984, GrS 4/82, BStBl II 1984, 751.

1616 BGBl I 1988, 1093 (1095) gegen BFH vom 05. 02. 1987, IV R 81/84, BStBl II 1987, 845.

1617 BGBl I 1992, 297 (303) gegen BFH vom 25. 02. 1991, GrS 7/89, BStBl II 1991, 691.

Schuldzinsen[1618], das Nichtanwendungsgesetz zur Mehrmütterorganschaft[1619], das Nichtanwendungsgesetz zu den anschaffungsnahen Herstellungskosten[1620], die Nichtanwendungsgesetze zum Abzugsverbot von Aufwendungen für eine erstmalige Berufsausbildung/Erststudium[1621] und das Nichtanwendungsgesetz zur Steuerpflicht von Erstattungszinsen i. S. d. § 233a AO[1622]. Dies sind 5,42 % der Nichtanwendungsgesetze (9 Nichtanwendungsgesetze). 94,58 % (157 Nichtanwendungsgesetze) und damit der weit überwiegende Teil der Nichtanwendungsgesetze werden hingegen in der steuerrechtlichen Literatur nicht unter dem Blickwinkel der Nichtanwendungsgesetzgebung thematisiert. Dies ist ein Indiz dafür, dass den jeweiligen Nichtanwendungsgesetzen unter rechtspolitischen Aspekten in der Summe keine allzu große Bedeutung beigemessen wird.

In temporärer Hinsicht darf nicht verkannt werden, dass die rechtspolitische Diskussion um Nichtanwendungsgesetze insb. bis zu Anfang der 1990iger Jahre geführt wurde. In dieser Zeit fand im Zuge des breiten Aufkommens der Nichtanwendungsgesetzgebung rund um das Nichtanwendungsgesetz zum Abzugsverbot von Geldstrafen und -bußen[1623], das Nichtanwendungsgesetz zur Wiederherstellung der sog. Gepräge Rechtsprechung[1624], das Nichtanwendungsgesetz zu Jubiläumsrückstellungen[1625] und das Nichtanwendungsgesetz zur doppelstöckigen Personengesellschaft[1626] eine breite, überwiegend kritische Würdigung der Nichtanwendungsgesetzgebung in der steuerrechtlichen Literatur

---

1618 BGBl I 1999, 402 (403) gegen BFH vom 08. 12. 1997, GrS 1-2/95, BStBl II 1998, 193.

1619 BGBl I 2001, 3858 (3863 f. und 3873) gegen BFH vom 09. 06. 1999, I R 43/97, BStBl II 2000, 695 und BFH vom 09. 06. 1999, I R 37/98, BFH/NV 2000, 347.

1620 BGBl I 2003, 2645 (2645) gegen BFH vom 12. 09. 2001, IX R 39/97, BStBl II 2003, 569 und BFH vom 12. 09. 2001, IX R 52/00, BStBl II 2003, 574.

1621 BGBl I 2004, 1753 (1753) gegen BFH vom 04. 12. 2002, VI R 120/01, BStBl II 2003, 403; BFH vom 17. 12. 2002, VI R 137/01, BStBl II 2003, 407 und BFH vom 27. 05. 2003, VI R 33/01, BStBl II 2004, 884. BGBl I 2011, 2592 (2600) gegen BFH vom 28. 07. 2011, VI R 7/10, BStBl II 2012, 271; BFH vom 28. 07. 2011, VI R 5/10, BStBl II 2012, 553 und BFH vom 28. 07. 2011, VI R 38/10, BStBl II 2012, 561. BGBl I 2014, 2417 (2422) gegen BFH vom 28. 02. 2013, VI R 6/12, BStBl II 2015, 180.

1622 BGBl I 2010, 1768 (1770) gegen BFH vom 15. 06. 2010, VIII R 33/07, BStBl II 2011, 503.

1623 BGBl I 1984, 1006 (1006) gegen BFH vom 21. 11. 1983, GrS 2/82, BStBl II 1984, 160 und BFH vom 21. 11. 1983, GrS 3/82, BStBl II 1984, 166.

1624 BGBl I 1985, 2436 (2447) gegen BFH vom 25. 06. 1984, GrS 4/82, BStBl II 1984, 751.

1625 BGBl I 1988, 1093 (1095) gegen BFH vom 05. 02. 1987, IV R 81/84, BStBl II 1987, 845.

1626 BGBl I 1992, 297 (303) gegen BFH vom 25. 02. 1991, GrS 7/89, BStBl II 1991, 691.

statt[1627]. In den letzten Jahren sind die kritischen Stimmen weniger geworden und die Zulässigkeit der Nichtanwendungsgesetzgebung wird von der h. M. in Rechtsprechung und Literatur nicht in Frage gestellt[1628]. Es scheint, als sei das Instrument Nichtanwendungsgesetz in der Rechtsnormalität angekommen und akzeptiert.

Die Auswertung der ergangenen Nichtanwendungsgesetze im 2. Teil C. der Arbeit bestätigt mit Bezug auf die von der Legislative angeführten verschiedenen Motive und Motivkombinationen für die jeweiligen Nichtanwendungsgesetze dieses Ergebnis, indem es nicht ein typisches Nichtanwendungsgesetz gibt, sondern 166 verschiedene Nichtanwendungsgesetze, von denen ein jedes Nichtanwendungsgesetz letztlich individuell zu würdigen ist. Im Rahmen einer solchen individuellen Würdigung eines jeden Nichtanwendungsgesetzes sind mit Blick auf die vorstehend genannten rechtspolitischen Kritiken und die dazu vorgenommenen Bewertungen, die Kritiken in ihrer Pauschalität zurückzuweisen. Dem jeweiligen Nichtanwendungsgesetz kann man nur gerecht werden, wenn es individuell und differenziert betrachtet wird. Bei einer solchen individuellen und differenzierten Betrachtung, die durch die Person des Betrachtenden und den von ihr vertretenen Standpunkt determiniert wird, werden sich bei 166 bisher ergangenen Nichtanwendungsgesetzen solche finden, die im Rechtssinne nicht oder weniger gelungen sind. Ebenso werden sich Nichtanwendungsgesetze finden, die im Rechtssinne als gelungen bezeichnet werden können.

B. Rechtspolitische Forderungen

Die grds.[1629] verfassungsrechtliche Unbedenklichkeit von Nichtanwendungsgesetzen und die im Wesentlichen unbegründete rechtspolitische Kritik ggü.

1627 Knobbe-Keuk, BB 1985, 820; dies., BB 1985, 941; Flume, DB 1985, 1152; ders., StbJb 1985/86, 277 (301 f.); Schulze-Osterloh, DStZ 1985, 315 = Schulze-Osterloh, JbFStR 1985/86, 229; Uelner, Woerner, Knobbe-Keuk, Flume, JbFStR 1985/86, 229 (276 ff.); Knobbe-Keuk, BB 1988, 1086; Felix, BB 1988, 1500; Lang, StuW 1992, 14 ≙ Lang, DRiZ 1992, 365.

1628 Siehe 1. Teil H. VII.

1629 Nichtanwendungsgesetze sind zum einen dann formell verfassungswidrig, wenn sie erst im Rahmen der abschließenden Beratungen des Bundestagsausschusses durch dessen Initiative zum Gegenstand eines Gesetzes werden und im Vorfeld dieser abschließenden Ausschussberatungen der Erlass eines solchen Nichtanwendungsgesetzes in der Öffentlichkeit nicht thematisiert worden ist. Sie sind zum anderen dann formell verfassungswidrig, wenn wenn sie nicht im Rahmen eines eigenständigen Gesetzgebungsverfahrens für das jeweilige Nichtanwendungsgesetz

Nichtanwendungsgesetzen könnte darauf hindeuten, dass keinerlei Veränderungsbedarf bei der Nichtanwendungsgesetzgebung besteht. Dieser Eindruck täuscht, wie sich aus den nachfolgenden rechtspolitischen Forderungen ergibt, die sich insb. an die Legislative und Exekutive richten. Sie sind sämtlich dem Transparenzgedanken verpflichtet, durch die Gewaltensensibilität der Nichtanwendungsgesetze motiviert und appellieren an einen Umgang der Gewalten miteinander, der von gegenseitigem Respekt und Verständnis geprägt ist[1630].

I. An die Legislative

Die Legislative muss sich darüber bewusst sein, dass sie ein Nichtanwendungsgesetz beschließt. Diese Aufforderung richtet sich vor allem an die 37 Mitglieder[1631] des Finanzausschusses des BT. Sie sind es, die mit ihrer Arbeit die Steuernormen ausgestalten. Die weiteren Mitglieder des BT folgen den Beschlussempfehlungen des Finanzausschusses im Regelfall und werden sich inhaltlich nicht mit Einzelheiten der Arbeit anderer Ausschüsse beschäftigen. Damit bestimmen faktisch nur 5,87 % der MdB[1632] über die Nichtanwendungsgesetze[1633]. Sieht man in einem weiteren Schritt, dass der Finanzausschuss neben der Steuergesetzgebung auch noch weitere Themen, wie bspw. die Finanzmarktregulierung und das Zollwesen[1634] zu bearbeiten hat und es gem. § 65 GO-BT in der Regel pro Gesetzgebungsverfahren einen zuständigen Berichterstatter je Fraktion gibt, sind bei 4 Fraktionen[1635] 4 MdB und damit 0,063 % der MdB[1636] für ein

---

mitsamt der Nennung des Nichtanwendungsgesetzes als Titel des Gesetzes zustande gekommen sind.

1630 Zum letzten Aspekt mit Bezug auf Kodifikation und Derogation von Rechtsprechung im Gesellschaftsrecht: Fleischer/Wedemann, AcP Bd. 209 (2009), 597 (627).

1631 In der 18. Wahlperiode von 2013-2017.

1632 In der 18. Wahlperiode von 2013-2017 besteht der BT seitdem Ausscheiden von Katherina Reiche am 04. 09. 2015 aus 630 Mitgliedern, http://www.bundestag.de/bundestag/abgeordnete18/ausgeschiedene i. V. m. http://www.bundestag.de/bundestag/abgeordnete18/mdb_zahlen/direktmandate_landeslisten/287896; zuletzt aufgerufen am 31. 03. 2016.

1633 Allgemein: Tipke, Die Steuerrechtsordnung Bd. III 2. Aufl., 1388.

1634 http://www.bundestag.de/bundestag/ausschuesse18/a07/index.jsp; zuletzt aufgerufen am 31. 03. 2016.

1635 In der 18. Wahlperiode von 2013-2017 sind dies CDU/CSU, SPD, Die Linke und Bündnis 90/Die Grünen.

1636 In der 18. Wahlperiode von 2013-2017 besteht der BT seitdem Ausscheiden von Katherina Reiche am 04. 09. 2015 aus 630 Mitgliedern, http://www.bundestag.de/bundestag/abgeordnete18/ausgeschiedene i. V. m. http://www.bundestag.de/bundestag/

Gesetzgebungsverfahren zuständig, das ein Nichtanwendungsgesetz enthält. Diese Zahlenverhältnisse verdeutlichen die Notwendigkeit ein Bewusstsein dafür zu schaffen, dass ein Nichtanwendungsgesetz beschlossen wird. Ein eigenständiges Nichtanwendungsgesetzgebungsverfahren mit entsprechendem Titel[1637] ist hierzu im Gegensatz zur Nichtanwendungsnorm als Teil eines sog. „Omnibusgesetzes“[1638] das geeignete und mit Bezug auf die Ausführungen im 3. Teil B. I. 4. a) ff) auch verfassungsrechtlich gebotene Mittel. Es würde die Rechtsübersichtlichkeit steigern und so die Gesetzesqualität verbessern. Mit Blick auf die bisherige Nichtanwendungsgesetzgebung, in der bei 166 Nichtanwendungsgesetzen aber allein ein einziges Nichtanwendungsgesetz Gegenstand eines eigenständigen Gesetzgebungsverfahrens gewesen ist, das dies in seinem Titel nicht zum Ausdruck gebracht hat[1639], wird die diesbzgl. Herausforderung zur Umsetzung offenbar und erscheint sogleich als fraglich.

Aufgrund der im 3. Teil B. I. 4. a) ee) postulierten möglichen Verfassungswidrigkeit von Nichtanwendungsgesetzen, die erst im Zuge der abschließenden Ausschussberatungen zum Gegenstand eines Gesetzes werden und vorher keine Öffentlichkeit besaßen, sollte die Legislative aus Gründen rechtspolitischer Klugheit auf den Beschluss solcher Nichtanwendungsgesetze verzichten[1640]. Die Gebotenheit dieses Postulats folgt ebenso aus der rechtspolitischen Erwägung, dass bei einem Nichtanwendungsgesetz, das erst im Rahmen der abschließenden Ausschussberatungen zum Gegenstand eines Gesetzes geworden ist, die Gefahr besteht, dass die MdB bei einem von der Finanzverwaltung formulierten Nichtanwendungsgesetz von dieser instrumentalisiert werden, weil ihnen

---

abgeordnete18/mdb_zahlen/direktmandate_landeslisten/287896; zuletzt aufgerufen am 31. 03. 2016.

1637 Dieser könnte bspw. lauten: „Gesetz zur Nichtanwendung der BFH-Rechtsprechung über …“.

1638 Hendricks, BT-Plenarprotokoll 16/54, 5324; Gutting, BT-Plenarprotokoll 16/191, 20647. Der Begriff bezeichnet ein Gesetz, in welchem alles für gesetzgebungsbedürftig gehaltene gesammelt wird, Tipke, StuW 1990, 308 (311). Synonyme für den Begriff des „Omnibusgesetzes“ sind die Bezeichnungen Artikel- oder Mantelgesetz.

1639 Es handelt sich hierbei um das Nichtanwendungsgesetz zum Abzugsverbot von Geldstrafen und -bußen, BGBl I 1984, 1006 (1006) gegen BFH vom 21. 11. 1983, GrS 2/82, BStBl II 1984, 160 und BFH vom 21. 11. 1983, GrS 3/82, BStBl II 1984, 166, das im Rahmen eines eigenständigen Gesetzes verabschiedet wurde. Der Titel des Gesetzes lautete: „Gesetz zur Änderung des Einkommensteuergesetzes und des Körperschaftsteuergesetzes“ und bspw. nicht: „Gesetz zur Nichtanwendung der BFH-Rechtsprechung über die Abziehbarkeit von Geldstrafen und -bußen als Betriebsausgaben“.

1640 Ebenso: Kreile, StbJb 1984/85, 39 (46 f.).

aufgrund des Fortschritts des Gesetzgebungsverfahren kaum Zeit zur inhaltlichen Durchdringung der Nichtanwendungsnorm bleibt[1641]. Wenn die Legislative die Notwendigkeit eines Nichtanwendungsgesetzes bejaht, sollte sie hierzu ein Gesetzgebungsverfahren nutzen, in welchem das Nichtanwendungsgesetz von Beginn an Gegenstand des selbigen ist.

Der im Schrifttum erhobenen Forderung, dass Nichtanwendungsgesetze grds. nicht zurückwirken dürfen[1642], ist unter dem Aspekt eines in zeitlicher Dimension möglichst klaren Rechts zuzustimmen. Der daraus folgende Gedanke, dass jede Änderung einer Steuernorm erst zum 01.01. des auf den Gesetzesbeschluss folgenden Kalenderjahres in Kraft tritt, scheint verlockend. Gleichwohl ist eine entsprechende Forderung an die Legislative, mit Blick auf die Besonderheit des Steuerrechts als ein Recht zur Beschaffung von Geldmitteln zur Erfüllung staatlicher Aufgaben und der grundgesetzlichen Schuldenbremse in Art. 109 Abs. 3, 115 und 143d GG, nicht zu erheben.

II. An die Exekutive

Die Exekutive ist in der Regel für die Formulierung der Nichtanwendungsnorm, bei BFH-Entscheidungen[1643] zu 80,37 % (131 Nichtanwendungsgesetze) für deren Einspeisung in das Gesetzgebungsverfahren sowie für deren Begründung im Rahmen des Gesetzgebungsverfahrens verantwortlich[1644]. Eine allgemeine

---

1641 Allgemein: Blum, Verhandlungen des 65. Deutschen Juristentages, Bd. I Gutachten, Gutachten I, 120. A. A. ebenfalls ohne Bezug zur Nichtanwendungsgesetzgebung: Kersten, MD, Art. 77 Rn. 19, 65. Lfg. Apr. 2012, für den eine Einschränkung der Gestaltungsfreiheit der Bundestagsausschüsse aufgrund des hohen Anteils von Gesetzgebungsinitiativen der Bundesregierung eine Stärkung der Ministerialbürokratie nach sich zieht. *Kersten* übersieht hierbei allerdings das oben angesprochene Problem, wenn die Ministerialbürokratie auch für die Formulierung des vom Bundestagsausschuss im Rahmen seiner abschließenden Ausschussberatungen initiierte Nichtanwendungsgesetz inhaltlich verantwortlich zeichnet.

1642 Offerhaus, StbJb 1995/96, 7 (12). Der Aufsatz von Offerhaus, Sächsische Steuertagung 1996, 76 entspricht grds.den Ausführungen von Offerhaus, StbJb 1995/96, 7. Zu dem Punkt der Rückwirkung finden sich aber in der Veröffentlichung zur zeitlich späteren Sächsischen Steuertagung keine Ausführungen.

1643 Auch die 3 Nichtanwendungsgesetze gegen FG-Entscheidungen können mit Bezug auf die Ausführungen im 3. Teil B. I. 4. a) bb) der Exekutive zugeschrieben werden. Sie wurden durch den Vermittlungsausschuss zum Teil des Gesetzgebungsverfahrens und lassen sich auf den Bundesrat und damit auf die Finanzverwaltungen der Länder zurückführen.

1644 Allgemein: Tipke, Die Steuerrechtsordnung Bd. III 2. Aufl., 1387.

Pflicht zur Begründung eines Gesetzentwurfes besteht zwar nach dem GG nicht[1645]. Eine solche ergibt sich jedoch aus § 43 Abs. 1 GGO, § 76 Abs. 2 GO-BT und §§ 24, 26 Abs. 3 Satz 2 GO-BR. Diese Begründungspflicht ist aus Gründen der Transparenz notwendig. Sie dient ggü. den Stpfl. zur Rechtfertigung und Akzeptanz des Gesetzes. Überdies ermöglicht sie erst eine sinnvolle Beratung der MdB über das Gesetz[1646]. Der Exekutive kommt daher hier, nicht zuletzt wegen den rechtspolitischen Forderungen an die Legislative, die Aufgabe zu, eine detaillierte Gesetzesbegründung für jedes Nichtanwendungsgesetz vorzulegen, damit der Legislative bewusst ist, was sie beschließt[1647]. Insoweit besteht eine Informationspflicht der Exekutive ggü. der Legislative, die dadurch ihre Achtung ggü. der Legislative zum bringt Ausdruck bringt und keine Geheimnisse ggü. der Legislative haben darf. Die Gesetzesbegründung eines Nichtanwendungsgesetzes muss die zugrunde liegende BFH-Rechtsprechung mit Datum, Aktenzeichen und Fundstelle enthalten. Sie muss ferner begründen, warum die BFH-Rechtsprechung mit einem Nichtanwendungsgesetz überschrieben werden soll und ob die BFH-Rechtsprechung bisher von der Finanzverwaltung über den entschiedenen Einzelfall hinaus angewendet worden ist. Der Blick in die Vergangenheit zeigt, dass dies nicht bei allen Nichtanwendungsgesetzen der Fall gewesen ist. So wurde allein bei 12,27 % der Nichtanwendungsgesetze (20 Nichtanwendungsgesetze) eine entgegenstehende BFH-Rechtsprechung überhaupt nicht erwähnt. Die Gebotenheit einer detaillierten Gesetzesbegründung folgt zuletzt aus der Notwendigkeit, die Legislative in die Lage zu versetzen, auf Augenhöhe mit der Rechtsprechung des BFH umgehen zu können[1648]. Es kann nicht sein, dass die Exekutive der Legislative ein Nichtanwendungsgesetz gleichsam unterschiebt, weshalb ferner eigenständige Nichtanwendungsgesetzgebungsverfahren mit

---

1645 BVerfG vom 05. 05. 1987, 1 BvR 724, 1000, 1015/81; 1 BvL 16/82 und 5/84, BVerfGE 75, 246 (268).

1646 BVerfG vom 14. 01. 1986, 2 BvE 14/83 und 4/84, BVerfGE 70, 324 (355); BVerfG vom 08. 12. 2009, 2 BvR 758/07, BVerfGE 125, 104 (123).

1647 Ebenso: Müller, DÖV 1964, 226 (229); Kreile, StbJb 1984/85, 39 (46) ≙ Kreile, FS von Wallis, 183 (190); Knobbe-Keuk, BB 1985, 941 (943); Knobbe-Keuk, JbFStR 1985/86, 229 (282); Schaumburg, Erster Deutscher Finanzgerichtstag 2004, 73 (95 f.); Schaumburg/Schaumburg, FS Spindler, 171 (187).

1648 Ulmer, 50 Jahre BGH Bd. II, 273 (318) spricht insoweit von der größeren Sachnähe der höchstrichterlichen Rechtsprechung im Verhältnis zur Legislative. Die Gesetzesbegründung müsse daher das Ziel haben, für die Legislative ebenfalls eine möglichst große Sachnähe herzustellen.

entsprechendem Titel[1649] – im Gegensatz zur Nichtanwendungsnorm als Teil eines sog. „Omnibusgesetzes“[1650] – auch rechtspolitisch[1651] das geeignete und zukünftig von der Exekutive im Rahmen ihrer Gesetzgebungsinitiative für den Erlass von Nichtanwendungsgesetzen zu nutzende Mittel darstellen. Dies ist umso bedeutender, da auf Basis der 166 ergangenen Nichtanwendungsgesetze die Nichtanwendungsnorm bei 165 Nichtanwendungsgsetzen (99,4 %)[1652] nur eine von vielen Normen in einem steuerlichen Gesetzgebungsvorhaben gewesen ist[1653].

Weiterhin wäre es zu begrüßen, wenn die Exekutive Rechenschaft über die verabschiedeten Nichtanwendungsgesetze ablegen würde, so wie sie Rechenschaft über die Steuerrechtsänderungen ablegt[1654]. Dies würde ein Mehr an Öffentlichkeit schaffen, das angesichts der mit Nichtanwendungsgesetzen verbundenen Implikationen geboten wäre.

1649 Dieser könnte bspw. lauten: „Gesetz zur Nichtanwendung der BFH-Rechtsprechung über …“.

1650 Hendricks, BT-Plenarprotokoll 16/54, 5324; Gutting, BT-Plenarprotokoll 16/191, 20647. Der Begriff bezeichnet ein Gesetz, in welchem alles für gesetzgebungsbedürftig gehaltene gesammelt wird, Tipke, StuW 1990, 308 (311). Synonyme für den Begriff des „Omnibusgesetzes“ sind die Bezeichnungen Artikel- oder Mantelgesetz.

1651 Für die verfassungsrechtliche Beurteilung siehe 3. Teil B. I. 4. a) ff).

1652 Einzig das Nichtanwendungsgesetz zum Abzugsverbot von Geldstrafen und -bußen, BGBl I 1984, 1006 (1006) gegen BFH vom 21. 11. 1983, GrS 2/82, BStBl II 1984, 160 und BFH vom 21. 11. 1983, GrS 3/82, BStBl II 1984, 166 wurde im Rahmen eines eigenständigen Gesetzes verabschiedet. Der Titel des Gesetzes lautete: „Gesetz zur Änderung des Einkommensteuergesetzes und des Körperschaftsteuergesetzes“, so dass im Titel des Gesetzes nicht expressis verbis auf das Vorliegen eines Nichtanwendungsgesetzes hingewiesen worden ist. Dies wäre bspw. bei Verwendung des Titels: „Gesetz zur Nichtanwendung der BFH-Rechtsprechung über die Abziehbarkeit von Geldstrafen und -bußen als Betriebsausgaben“ der Fall gewesen.

1653 Daher wird für steuerliche Gesetzesvorhaben auch der Begriff des „Omnibusgesetzes“ verwendet, Hendricks, BT-Plenarprotokoll 16/54, 5324; Gutting, BT-Plenarprotokoll 16/191, 20647. Der Begriff bezeichnet ein Gesetz, in welchem alles für gesetzgebungsbedürftig gehaltene gesammelt wird, Tipke, StuW 1990, 308 (311). Synonyme für den Begriff des „Omnibusgesetzes“ sind die Bezeichnungen Artikel- oder Mantelgesetz.

1654 Übersicht über die Steuerrechtsänderungen seit 1964, http://www.bundesfinanzministerium.de/Content/DE/Standardartikel/Themen/Steuern/Weitere_Informationen/zusammenstellung-der-steuerrechtsaenderungen-seit-1964.html; zuletzt aufgerufen am 31. 03. 2016.

Gegen nicht rechtskräftige FG-Entscheidungen sollte sich die Exekutive beim Entwurf für ein Nichtanwendungsgesetz der Janusköpfigkeit eines solchen Nichtanwendungsgesetzes bewusst sein, um eine sachgerechte Abwägung zwischen der Nichtberücksichtigung der Argumente des BFH contra Nichtanwendungsgesetz auf der einen Seite und Erwägungen des Vertrauensschutzes und der daraus folgenden Rechtssicherheit auf der anderen Seite pro Nichtanwendungsgesetz treffen zu können.

Gewaltenanmaßende Äußerungen vor dem BFH sollte die Exekutive unterlassen[1655].

III. An die Judikative

Rechtspolitische Forderungen an die Judikative bestehen nicht, da sie zwar durch ihre Entscheidungen den Anlass für ein Nichtanwendungsgesetz gibt, selbst aber kein aktiver Akteur im Gesetzgebungsverfahren eines Nichtanwendungsgesetzes ist. Einzig an einzelne BFH-Richter kann die Aufforderung gerichtet werden, wenn diese als Sachverständige im Rahmen von Stellungnahmen und Anhörungen im Gesetzgebungsverfahren gem. § 70 GO-BT agieren, darauf hinzuweisen, dass es sich bei entsprechenden Normen um Nichtanwendungsgesetze handelt[1656].

C. Ergebnisse des 4. Teils

Die Ausführungen des 4. Teils der Untersuchung lassen sich thesenartig wie folgt zusammenfassen:

(1) Den vorgebrachten rechtspolitischen Kritiken zu Nichtanwendungsgesetzen kann überwiegend nicht gefolgt werden. Auf Basis der Ergebnisse des 2. und 3. Teils können diese im Wesentlichen zurückgewiesen werden.

1655 Entsprechende Beispiele für solche gewaltenanmaßende Äußerungen von Vertretern der Exekutive vor dem BFH, nach denen die Exekutive das Gesetz ändere, finden sich bei: Pezzer, DStR 2004, 525 (526) mit Verweis auf Fn. 11; Spindler, FS Solms, 53 (56) = Spindler, Stbg 2006, 1 (3) = Spindler, DStR 2007, 1061 (1062). Ein weiterer Beleg für ein entsprechendes Auftreten der Finanzverwaltung vor dem BFH findet sich bei Birk, FR 2014, 338 (340).

1656 Allgemein zur Beratung der Legislative durch den BFH bei Gesetzesvorhaben: BFH, 60 Jahre BFH, 116 f. Klein, JbFStR 1989/90, 35 (44), schlägt die Zuleitung von Gesetzesentwürfen an den BFH vor, die dieser mit einer Stellungnahme zu seiner und der bisherigen verfassungsrechtlichen Rechtsprechung versieht und danach bewertet.

(2) Der Forderung nach einem zurückhaltenden Gebrauch von Nichtanwendungsgesetzen, ist nicht beizutreten.

(3) Nichtanwendungsgesetze, die den Rechtszustand verbessern, sind zu begrüßen. Eine allgemeingültige Einordnung, wann eine solche Verbesserung des Rechtszustandes vorliegt, ist mit Blick auf die Person und den Standort, von dem diese die Einordnung vornimmt, nicht möglich. Ein pauschales Gebot der Skepsis ggü. dem neuen Recht als besserem Recht besteht nicht.

(4) Jedes Nichtanwendungsgesetz bedarf einer differenzierten Betrachtung. Im Rahmen selbiger gibt es Nichtanwendungsgesetze, die die Rechtsqualität verbessern und Nichtanwendungsgesetze, die die Rechtsqualität verschlechtern.

(5) Es gibt gelungene, weniger gelungene und nicht gelungene Nichtanwendungsgesetze. Eine allgemeingültige Einordnung in diese Kategorien ist nicht möglich. Sie ist abhängig von der Person und dem Standort, von dem diese die Einordnung vornimmt.

(6) Rechtspolitisch legitimiert sind sowohl Nichtanwendungsgesetze aufgrund fiskalischer Erwägungen, als auch Nichtanwendungsgesetze aufgrund systematischer Erwägungen. Die Freiheit der Legislative durch ein Nichtanwendungsgesetz „Rechtsfortbildung" betreiben zu können, kann nicht bestritten werden.

(7) Die Legislative unterliegt keiner besonderen sachlichen Legitimation zum Erlass eines Nichtanwendungsgesetzes. Sie muss aber ihr gesetzgeberisches Handeln begründen.

(8) Nichtanwendungsgesetze untergraben nicht die Autorität der Rechtsordnung.

(9) Nichtanwendungsgesetze untergraben nicht die prozessuale Waffengleichheit.

(10) Ein Nichtanwendungsgesetz ist diejenige Reaktionsmöglichkeit auf die Rechtsprechung des BFH, die durch die Beteiligung der Legislative umfassend demokratisch legitimiert ist. Bei einem eigenständigen Gesetzgebungsverfahren mit entsprechendem Titel, dem Verzicht Nichtanwendungsgesetze erst im Rahmen der abschließenden Beratungen des Bundestagsausschusses auf dessen Initiative zum Gegenstand des Gesetzgebungsverfahrens zu machen und einer entsprechend detaillierten Gesetzesbegründung, die sich mit der BFH-Entscheidung auseinandersetzt, ist sie auch die transparenteste Reaktionsform. Dadurch, dass die rechtspolitische Diskussion nur anhand einiger weniger Nichtanwendungsgesetze geführt wird, wird der Blick auf die gesamte Breite der Nichtanwendungsgesetzgebung verstellt. Aus der Heterogenität der Nichtanwendungsgesetze folgt zur Würdigungszwecken die Notwendigkeit einer individuellen Betrachtung eines jeden Nichtanwendungsgesetzes.

(11) Die Legislative muss sich darüber bewusst sein, dass sie ein Nichtwendungsgesetz beschließt. Dieses Bewusstsein ist umso bedeutender, da für die konkrete Ausgestaltung des Nichtanwendungsgesetzes je nach Betrachtung nur 0,063 % bis 5,87 % der MdB zuständig sind. Ein probates und verfassungsrechtlich gebotenes Mittel hierzu sind eigenständige Gesetzgebungsverfahren für Nichtanwendungsgesetze mit entsprechendem Titel und der daraus folgende Verzicht, Nichtanwendungsnormen als Teil sog. „Omnibusgesetze“[1657] zu beschließen. Nichtanwendungsgesetze, die erst im Rahmen der abschließenden Bundestagsausschussberatungen zum Gegenstand eines Gesetzes werden, sollte die Legislative aufgrund möglicher Verfassungswidrigkeit nicht beschließen. Die Legislative kann rückwirkende Nichtanwendungsgesetze beschließen.

(12) Die Exekutive muss in ihren Gesetzesbegründungen detailliert darlegen, dass es sich um ein Nichtanwendungsgesetz handelt und warum dieses als notwendig angesehen wird. Sie darf Nichtanwendungsgesetze nur im Rahmen eines eigenständigen Gesetzgebungsverfahrens für das jeweilige Nichtanwendungsgesetz mitsamt der Nennung des Nichtanwendungsgesetzes als Titel des Gesetzes initiieren. Sie sollte Rechenschaft über die verabschiedeten Nichtanwendungsgesetze ablegen und die Notwendigkeit von Nichtanwendungsgesetzen gegen FG-Entscheidungen besonders abwägen.

(13) Rechtspolitische Forderungen an die Judikative bestehen nicht. Sind Angehörige des BFH Sachverständige in Gesetzgebungsverfahren, sollten diese in ihren Stellungnahmen auf etwaige Nichtanwendungsgesetze hinweisen.

1657 Hendricks, BT-Plenarprotokoll 16/54, 5324; Gutting, BT-Plenarprotokoll 16/191, 20647. Der Begriff bezeichnet ein Gesetz, in welchem alles für gesetzgebungsbedürftig gehaltene gesammelt wird, Tipke, StuW 1990, 308 (311). Synonyme für den Begriff des „Omnibusgesetzes“ sind die Bezeichnungen Artikel- oder Mantelgesetz.

5. Teil: Zusammenfassung der Ergebnisse und Ausblick

A. Zusammenfassung der Ergebnisse

I. Breitenwirkung und Veröffentlichung der Rechtsprechung des BFH, Reaktionsmöglichkeiten der Exekutive und Legislative auf die Rechtsprechung des BFH

Nichtanwendungsgesetze sind nur erklärbar vor dem Hintergrund der Breitenwirkung der Rechtsprechung des BFH. Steuerrecht als Massenfallrecht und mit unmittelbarer Auswirkung auf die Steuereinnahmen des Staates bedingen Reaktionsmöglichkeiten der Staatsgewalten Legislative und Exekutive hinsichtlich der allgemeinen Anwendung von BFH-Entscheidungen über den entschiedenen Einzelfall hinaus. Ein Nichtanwendungsgesetz markiert damit das vorläufige Ende eines Evolutionsprozesses über die Frage der allgemeinen Anwendung der BFH-Entscheidung durch die Finanzverwaltung über den entschiedenen Einzelfall hinaus.

Hierbei sind Nichtanwendungsgesetze eine von vier möglichen Reaktionsformen, um die BFH-Rechtsprechung nicht allgemein anzuwenden. Die anderen drei Reaktionsformen sind die Verhinderung einer BFH-Entscheidung, die Nichtveröffentlichung von BFH-Entscheidungen im BStBl II und der Nichtanwendungserlass. Die Verhinderung der BFH-Entscheidung, die Nichtveröffentlichung von BFH-Entscheidungen im BStBl II und der Nichtanwendungserlass werden allein von der Exekutive verantwortet, während die Entscheidung über ein Nichtanwendungsgesetz durch die Legislative getroffen wird.

Steuerliche Nichtanwendungsgesetze sind seit der Weimarer Republik bekannt und existieren in anderen Rechtsordnungen ebenso, wie es Beispiele für Nichtanwendungsgesetze gegen BVerfG-Entscheidungen und Beispiele für Nichtanwendungsgesetze im Zivilrecht, im öffentlichen Recht außerhalb des Steuerrechts und Strafrecht gibt. Gleichwohl sind in keinem anderen Rechtsgebiet Nichtanwendungsgesetze so verbreitet, wie im Steuerrecht. Die herrschende Meinung in der Rechtsprechung und Literatur zu steuerlichen und nicht-steuerlichen Nichtanwendungsgesetzen beurteilt Nichtanwendungsgesetze als zulässig. Nur ganz vereinzelte Stimmen sehen Nichtanwendungsgesetze als unzulässig an.

II. Untersuchung der steuerlichen Nichtanwendungsgesetzgebung und Typologisierung der steuerlichen Nichtanwendungsgesetze

166 ergangene Nichtanwendungsgesetze in allen Bereichen des Steuerrechts zeigen, dass die Steuergesetze auch durch dieses Instrument determiniert werden. Dies gilt insb. seit den 1990iger Jahren, seit denen ein stetiger Quell von Nichtanwendungsgesetzen festgestellt werden kann. Nichtanwendungsgesetze sind damit ein wichtiges Instrument, um steuerliche Rechtsfragen in Begegnung der BFH-Rechtsprechung einer anderen Beantwortung zuzuführen.

Die Untersuchung der Nichtanwendungsgesetzgebung zeigt als ein wesentliches Ergebnis die große Heterogenität der jeweiligen Nichtanwendungsgesetze[1658]. Diese Heterogenität erschwert es, allgemein verbindliche Aussagen zur steuerlichen Nichtanwendungsgesetzgebung zu treffen. Lediglich typische Charakteristika steuerlicher Nichtanwendungsgesetze sind beschreibbar. Hierzu zählen die rechtlichen Motive des Gesetzgebers für Nichtanwendungsgesetze, der zeitnah nach der BFH-Rechtsprechung erfolgende Erlass eines Nichtanwendungsgesetzes, die profiskalische Wirkung von Nichtanwendungsgesetzen, die aktive Teilnahme aller drei an der Gesetzgebung beteiligten Verfassungsorgane, Bundesregierung, Bundestag und Bundestag am Nichtanwendungsgesetzgebungsverfahren, der oftmalige Bezug auf die entgegenstehende BFH-Rechtsprechung in der Gesetzesbegründung und die oftmals mit Nichtanwendungsgesetzen einhergehende Rückwirkung.

Die Nichtanwendungsgesetze begründet der Gesetzgeber überwiegend mit ein bis zwei Motiven (73,62 %). Diese Motive sind überwiegend rechtliche Motive (77,37 %) und finden sich bei 149 Nichtanwendungsgesetzen (91,41 %). Fiskalische Motive führt der Gesetzgeber nur bei 50 Nichtanwendungsgesetzen (30,67 %) an. Die Nichtanwendungsgesetzgebung ist aus der Sicht des Gesetzgebers damit vielmehr eine auf rechtlichen Erwägungen, denn auf fiskalischen Erwägungen beruhende Gesetzgebung.

Auffällig sind 69 Nichtanwendungsgesetze (42,33 %), bei denen die Finanzverwaltung die BFH-Entscheidung im Vorfeld des Nichtanwendungsgesetzes nicht allgemein angewandt hat. Ursächlich hierfür sind die von der Finanzverwaltung verantworteten Reaktionsmöglichkeiten der verspäteten Veröffentlichung der

---

1658 Zu diesem Ergebnis kommt auch Gosch, FS Spindler, 379 (427). Dieser hat im Unterschied zu vorstehenden Ausführungen die Nichtanwendung allgemein und nicht ausschließlich auf Nichtanwendungsgesetze bezogen untersucht. Referenzmenge bei Gosch waren 39 Fälle von Nichtanwendungserlassen und Nichtanwendungsgesetzen zu Entscheidungen des I. Senats des BFH.

BFH-Entscheidung im BStBl II, die Nichtveröffentlichung der BFH-Entscheidung im BStBl II und der Erlass eines Nichtanwendungserlasses. Das Nichtanwendungsgesetz dient in diesem Fällen in erster Linie der Rechtssicherheit.

III. Verfassungsrechtliche Würdigung der steuerlichen Nichtanwendungsgesetzgebung

Der Erlass steuerlicher Nichtanwendungsgesetze und die damit verbundene steuerliche Nichtanwendungsgesetzgebung, sind verfassungsrechtlich im Grundsatz nicht zu beanstanden. Es lassen sich – bis auf zwei Ausnahmen – keine durchgreifenden verfassungsrechtlichen Bedenken gegen steuerliche Nichtanwendungsgesetze und die damit verbundene Nichtanwendungsgesetzgebung anführen.

So entsprechen Nichtanwendungsgesetze dem Verfassungsgrundsatz der Gewaltenteilung des Art. 20 Abs. 2 Satz 2 GG und dem Verfassungsgrundsatz der Gewaltenbindung des Art. 20 Abs. 3 GG. In den ausstehenden Entscheidungen des BVerfG über die derzeit vor dem BVerfG anhängigen Verfahren zu sechs rückwirkenden Nichtanwendungsgesetzen[1659], bietet sich für das BVerfG die Gelegenheit, seine verfassungsrechtliche Beurteilung des Vertrauensschutzes bei Nichtanwendungsgesetzen weiter zu konkretisieren. Hierbei ist in Fortsetzung

1659 Vorlagebeschluss des BFH vom 17. 12. 2010, IX R 70/07, BStBl II 2011, 346, BVerfG-Az. 2 BvL 1/11, juris zum Nichtanwendungsgesetz § 11 Abs. 2 Satz 3 EStG: BGBl I 2004, 3310 (3311) gegen BFH vom 23. 09. 2003, IX R 65/02, BStBl II 2005, 159. Vorlagebeschluss des BFH vom 06. 06. 2013, I R 38/11, BStBl II 2014, 398, BVerfG-Az. 2 BvL 7/13, juris und Vorlagebeschluss des BFH vom 27. 11. 2013, I R 36/13, BStBl II 2014, 651, BVerfG-Az. 2 BvL 18/14, juris zum Nichtanwendungsgesetz § 14 Abs. 3 Satz 1 KStG: BGBl I 2004, 3310 (3316) gegen BFH vom 18. 12. 2002, I R 50/01, Der Konzern 2003, 564; I R 51/01, BStBl II 2005, 49; I R 68/01, HFR 2003, 991. Vorlagebeschluss des BFH vom 11. 12. 2013, I R 4/13, BStBl II 2014, 791, BVerfG-Az. 2 BvL 15/14, juris zu den Nichtanwendungsgesetzen zu § 50d Abs. 10 Satz 1 EStG: BGBl I 2008, 2794 (2806) gegen BFH vom 17. 10. 2007, I R 5/06, BStBl II 2009, 356 und BGBl I 2013, 1809 (1819 f.) gegen BFH vom 08. 09. 2010, I R 74/09, BStBl II 2014, 788. Vorlagebeschlüsse des BFH vom 17. 07. 2014, VI R 61/11, juris, BVerfG-Az. 2 BvL 22/14, juris; VI R 2/12, BFHE 247, 25, BVerfG-Az. 2 BvL 23/14, juris; VI R 8/12, BFHE 247, 64, BVerfG-Az. 2 BvL 24/14, juris; VI R 38/12, juris, BVerfG-Az. 2 BvL 25/14, juris; VI R 2/13, juris, BVerfG-Az. 2 BvL 26/14, juris; VI R 72/13, juris, BVerfG-Az. 2 BvL 27/14, juris zum Nichtanwendungsgesetz § 9 Abs. 6 EStG: BGBl I 2011, 2592 (2600) gegen BFH vom 28. 07. 2011, VI R 7/10, BStBl II 2012, 271; VI R 5/10, BStBl II 2012, 553 und VI R 38/10, BStBl II 2012, 561. Vorlagebeschluss des BFH vom 20. 08. 2014, I R 86/13, BStBl II 2015, 18, BVerfG-Az. 2 BvL 21/14, juris zum Nichtanwendungsgesetz § 50d Abs. 9 Satz 3 EStG: BGBl I 2013, 1809 (1819) gegen BFH vom 11. 01. 2012, I R 27/11, BFHE 236, 327.

der zuletzt vom BVerfG vorgenommenen Stärkung des Vertrauensschutzes[1660], ein weiterer Ausbau des Vertrauensschutzes und eine damit verbundene Einengung des Handlungsspielraums des Gesetzgebers zum Erlass rückwirkender Nichtanwendungsgesetze zu erwarten, wobei das „Klarstellungsinteresse des Gesetzgebers" kein tauglicher Grund zur Rechtfertigung der Rückwirkung einer Norm ist.

Die beiden Ausnahmen betreffen die verfassungsrechtlichen Anforderungen an das Gesetzgebungsverfahren der Art. 70 ff. und 105 GG. Nichtanwendungsgesetze, die in diesem erst im Rahmen der abschließenden Beratungen des Bundestagsausschusses durch dessen Initiative zum Gegenstand des Gesetzes geworden sind, sind dann verfassungswidrig, wenn im Vorfeld der abschließenden Ausschussberatungen der Erlass eines solchen Nichtanwendungsgesetzes in der Öffentlichkeit nicht thematisiert worden ist. Ferner sind Nichtanwendungsgesetze dann verfassungswidrig, wenn sie nicht im Rahmen eines eigenständigen Gesetzgebungsverfahrens für das jeweilige Nichtanwendungsgesetz mitsamt der Nennung des Nichtanwendungsgesetzes als Titel des Gesetzes zustande gekommen sind.

Nichtanwendungsgesetze sind auch dann verfassungsrechtlich zulässig, wenn sie allein aus fiskalischen Gründen erlassen werden.

Entscheidend für die grds. verfassungsrechtliche Zulässigkeit von Nichtanwendungsgesetzen ist die Rolle der Legislative als erste Gewalt. Diese ist als einzige Gewalt unmittelbar vom Volke legitimiert und muss jederzeit in der Lage sein, gesetzgeberisch tätig werden zu können. Die Judikative kann der Legislative daher durch ihre Entscheidungen keine Sperrwirkung auferlegen. Ebenso ist es verfassungsrechtlich unerheblich, dass die Exekutive oftmals den Nichtanwendungsgesetzgebungsprozess prägt. Entscheidend ist, dass dieser stets von der Legislative entschieden wird.

Die Grenze der verfassungsrechtlichen Zulässigkeit für steuerliche Nichtanwendungsgesetze und die Nichtanwendungsgesetzgebung sind die allgemeinen verfassungsrechtlichen Anforderungen, denen jedes Gesetz genügen muss.

Verfassungsbeschwerden BVerfG-Az. 2 BvR 482/14, juris; 2 BvR 2671/14, juris und 2 BvR 2674/14, juris zum Nichtanwendungsgesetz § 20 Abs. 1 Nr. 7 Satz 3 EStG: BGBl I 2010, 1768 (1770) gegen BFH vom 15. 06. 2010, VIII R 33/07, BStBl II 2011, 503.

1660 Die echte Rückwirkung betreffend: BVerfG vom 17. 12. 2013, 1 BvL 5/08, BVerfGE 135, 1. Die unechte Rückwirkung betreffend: BVerfG vom 07. 07. 2010, 2 BvL 14/02, 2/04, 13/05, BVerfGE 127, 1; BVerfG vom 07. 07. 2010, 2 BvL 1/03, 57, 58/06, BVerfGE 127, 31; BVerfG vom 07. 07. 2010, 2 BvR 748, 753, 1738/05, BVerfGE 127, 61. Bestätigt durch BVerfG vom 10. 10. 2012, 1 BvL 6/07, BVerfGE 132, 302 (320).

Nichtanwendungsgesetze müssen daher verfassungsgemäß zustande gekommen sein und ihr Inhalt muss verfassungsgemäß sein.

IV. Rechtspolitische Würdigung der steuerlichen Nichtanwendungsgesetzgebung

Die im Schrifttum erhobene rechtspolitische Kritik gegen steuerliche Nichtanwendungsgesetze ist im Wesentlichen zurückzuweisen. Auf Basis der Untersuchung der steuerlichen Nichtanwendungsgesetzgebung und der Typologisierung der steuerlichen Nichtanwendungsgesetze im 2. Teil und der verfassungsrechtlichen Würdigung der steuerlichen Nichtanwendungsgesetzgebung im 3. Teil können die erhobenen rechtspolitischen Kritiken zum überwiegenden Teil entkräftet werden. Dieser Befund ist dadurch erklärbar, dass das bisherige rechtspolitische Bild der Nichtanwendungsgesetzgebung in der Literatur durch den Blick auf einige wenige Nichtanwendungsgesetze determiniert wird. Der überwiegende Teil der ergangenen Nichtanwendungsgesetze hat in der Literatur keinen Resonanzboden gefunden.

Unter rechtspolitischen Gesichtspunkten ist zu konstatieren, dass es gelungene, weniger gelungene und nicht gelungene Nichtanwendungsgesetze gibt. Gleichzeitig ist eine allgemeingültige Einordnung eines Nichtanwendungsgesetzes in eine dieser Kategorien nicht möglich, da sie von der Person und dem von ihr vertretenen Standort abhängig ist. Deshalb und aufgrund der Heterogenität der Nichtanwendungsgesetzgebung bedarf letztlich jedes Nichtanwendungsgesetz einer einzelnen Betrachtung.

Zur Durchführung dieser einzelfallbezogenen Betrachtung ist Transparenz das oberste Gebot. Transparenz in diesem Sinne meint ein möglichst eigenständiges Nichtanwendungsgesetzgebungsverfahren und eine umfassende Gesetzesbegründung, die detailliert begründet, warum es eines Nichtanwendungsgesetzes bedarf. Diese umfassende Gesetzesbegründung dient der Legislative als Kompass für ihr Handeln und ist für sie ein Rechenschaftsinstrument über ihr Tun. Für den Rechtsanwender ist sie ein Akzeptanzinstrument legislativen Handelns.

B. Ausblick

Zwar sind getreu einem Bonmot Prognosen schwierig, besonders wenn Sie die Zukunft betreffen. Blickt man auf Basis der jüngeren Vergangenheit der steuerlichen Nichtanwendungsgesetzgebung in ihre Zukunft, so scheint das Nichtanwendungsgesetz, dem Nichtanwendungserlass den Rang abgelaufen zu haben. Daher ist vorhersehbar, dass die steuerliche Nichtanwendungsgesetzgebung auch in Zukunft ein fester Bestandteil der steuerpolitischen Realität sein wird. Für diese These sprechen insb. drei Argumente: 1. Der Evolutionsprozess der Nichtanwendungsgesetzgebung der Vergangenheit, 2. die Endgültigkeit, mit der ein Nichtanwendungsgesetz eine steuerliche Rechtsfrage einer Entscheidung zuführt und 3. die im Vergleich zu der Verhinderung einer BFH-Entscheidung, der Nichtveröffentlichung einer BFH-Entscheidung im BStBl II oder eines Nichtanwendungserlasses zu einer BFH-Entscheidung bei einem Nichtanwendungsgesetz durch die Einbeziehung der Legislative gegebene maximal mögliche Legitimation.

Angesichts der Gewaltensensibilität eines Nichtanwendungsgesetzes kann es nur darum gehen, dieses mit maximal möglicher Transparenz einzuführen. Die Mehrfachrolle der Exekutive in Gestalt der Finanzverwaltung als Partei vor dem BFH, als Institution, die eine Entscheidung über die allgemeine Anwendung der BFH-Rechtsprechung zu treffen hat und als gewichtiger Akteur im Gesetzgebungsverfahren, ist bzgl. der ersten beiden Punkte kraft Natur der Sache nicht zu ändern. Bzgl. des letzten Punktes hat die Legislative alle Möglichkeiten, Geländegewinne ggü. der Exekutive vorzunehmen. Angesichts der hohen fachlichen Anforderungen an die Formulierung und Begründung einer Nichtanwendungsnorm auf der einen Seite und der hohen Arbeitsbelastung eines MdB auf der anderen Seite, ist allerdings nicht davon auszugehen, dass sich die Legislative aufmachen wird, diesen steinigen und entbehrungsreichen Weg zu gehen. Der möglicherweise winkende Ertrag in Form von positiven Reaktionen in der steuerlichen Literatur dürfte die mit diesem Weg verbundenen Mühen nicht aufwiegen. Es dürfte daher im Hinblick auf den Nichtanwendungsgesetzgebungsprozess der Zukunft im Vergleich zum Nichtanwendungsgesetzgebungsprozess der Vergangenheit zu keinen signifikanten Veränderungen kommen. Das diesbzgl. Verhältnis zwischen Legislative und Exekutive wird unverändert bleiben.

Einzig das BVerfG erscheint durch seine Rechtsprechung in der Lage, in der Zukunft Veränderungen der Nichtanwendungsgesetzgebung herbeiführen zu können. Hierzu bedarf es entsprechender Verfahren vor dem BVerfG. Für den vertrauensschutzrechtlichen Bereich der Rückwirkung von Nichtanwendungsgesetzen stehen entsprechende Verfahren zur Entscheidung durch das BVerfG an[1661] und lassen in Fortsetzung der zuletzt vertrauensschutzfreundlichen

---

1661 Vorlagebeschluss des BFH vom 17. 12. 2010, IX R 70/07, BStBl II 2011, 346, BVerfG-Az. 2 BvL 1/11, juris zum Nichtanwendungsgesetz § 11 Abs. 2 Satz 3 EStG: BGBl I 2004, 3310 (3311) gegen BFH vom 23. 09. 2003, IX R 65/02, BStBl II 2005, 159. Vorlagebeschluss des BFH vom 06. 06. 2013, I R 38/11, BStBl II 2014, 398,

Rechtsprechung des BVerfG[1662] eine weitere Einengung des Gestaltungsspielraums des Gesetzgebers zum Erlass rückwirkender Nichtanwendungsgesetze erwarten. Mit Blick auf das Nichtanwendungsgesetzgebungsverfahren wäre die Anhängigkeit entsprechender Verfahren vor dem BVerfG ebenso wünschenswert, um die im Rahmen dieser Arbeit vertretende These der Verfassungswidrigkeit von Nichtanwendungsgesetzen, die erst im Rahmen der abschließenden Beratungen des Bundestagsausschusses durch dessen Initiative zum Gegenstand des Gesetzes geworden sind, ohne dass zuvor im Vorfeld der abschließenden Ausschussberatungen der Erlass eines solchen Nichtanwendungsgesetzes in der Öffentlichkeit thematisiert worden ist, einer Überprüfung durch das BVerfG unterziehen zu können. Selbiges gilt für die in dieser Arbeit vertretene These, dass Nichtanwendungsgesetze dann verfassungswidrig sind, wenn sie nicht im Rahmen eines eigenständigen Gesetzgebungsverfahrens für das jeweilige

---

BVerfG-Az. 2 BvL 7/13, juris und Vorlagebeschluss des BFH vom 27. 11. 2013, I R 36/13, BStBl II 2014, 651, BVerfG-Az. 2 BvL 18/14, juris zum Nichtanwendungsgesetz § 14 Abs. 3 Satz 1 KStG: BGBl I 2004, 3310 (3316) gegen BFH vom 18. 12. 2002, I R 50/01, Der Konzern 2003, 564; I R 51/01, BStBl II 2005, 49; I R 68/01, HFR 2003, 991. Vorlagebeschluss des BFH vom 11. 12. 2013, I R 4/13, BStBl II 2014, 791, BVerfG-Az. 2 BvL 15/14, juris zu den Nichtanwendungsgesetzen zu § 50d Abs. 10 Satz 1 EStG: BGBl I 2008, 2794 (2806) gegen BFH vom 17. 10. 2007, I R 5/06, BStBl II 2009, 356 und BGBl I 2013, 1809 (1819 f.) gegen BFH vom 08. 09. 2010, I R 74/09, BStBl II 2014, 788. Vorlagebeschlüsse des BFH vom 17. 07. 2014, VI R 61/11, juris, BVerfG-Az. 2 BvL 22/14, juris; VI R 2/12, BFHE 247, 25, BVerfG-Az. 2 BvL 23/14, juris; VI R 8/12, BFHE 247, 64, BVerfG-Az. 2 BvL 24/14, juris; VI R 38/12, juris, BVerfG-Az. 2 BvL 25/14, juris; VI R 2/13, juris, BVerfG-Az. 2 BvL 26/14, juris; VI R 72/13, juris, BVerfG-Az. 2 BvL 27/14, juris zum Nichtanwendungsgesetz § 9 Abs. 6 EStG: BGBl I 2011, 2592 (2600) gegen BFH vom 28. 07. 2011, VI R 7/10, BStBl II 2012, 271; VI R 5/10, BStBl II 2012, 553 und VI R 38/10, BStBl II 2012, 561. Vorlagebeschluss des BFH vom 20. 08. 2014, I R 86/13, BStBl II 2015, 18, BVerfG-Az. 2 BvL 21/14, juris zum Nichtanwendungsgesetz § 50d Abs. 9 Satz 3 EStG: BGBl I 2013, 1809 (1819) gegen BFH vom 11. 01. 2012, I R 27/11, BFHE 236, 327.
Verfassungsbeschwerden BVerfG-Az. 2 BvR 482/14, juris; 2 BvR 2671/14, juris und 2 BvR 2674/14, juris zum Nichtanwendungsgesetz § 20 Abs. 1 Nr. 7 Satz 3 EStG: BGBl I 2010, 1768 (1770) gegen BFH vom 15. 06. 2010, VIII R 33/07, BStBl II 2011, 503.

1662 Die echte Rückwirkung betreffend: BVerfG vom 17. 12. 2013, 1 BvL 5/08, BVerfGE 135, 1. Die unechte Rückwirkung betreffend: BVerfG vom 07. 07. 2010, 2 BvL 14/02, 2/04, 13/05, BVerfGE 127, 1; BVerfG vom 07. 07. 2010, 2 BvL 1/03, 57, 58/06, BVerfGE 127, 31; BVerfG vom 07. 07. 2010, 2 BvR 748, 753, 1738/05, BVerfGE 127, 61. Bestätigt durch BVerfG vom 10. 10. 2012, 1 BvL 6/07, BVerfGE 132, 302 (320).

Nichtanwendungsgesetz mitsamt der Nennung des Nichtanwendungsgesetzes als Titel des Gesetzes zustande gekommen sind.

Die zukünftige Entwicklung von Nichtanwendungsgesetzen gegen FG-Entscheidungen ist von besonderem Interesse. Hier wird sich zeigen, ob sich solche Nichtanwendungsgesetze dauerhaft neben Nichtanwendungsgesetzen zu BFH-Entscheidungen etablieren oder auf Einzelfälle beschränkt bleiben werden.

All dies lässt am Ende nur folgende Feststellung zu: Ad multos annos Nichtanwendungsgesetz und Nichtanwendungsgesetzgebung.

Anhang

A. Geschäftsordnung über die Regelungen zur Zusammenarbeit des Bundes mit den Ländern nach § 21a FVG

Zur Gewährleistung eines bundeseinheitlichen Verwaltungsvollzuges bei im Auftrag des Bundes verwalteten Steuern vereinbaren das Bundesministerium der Finanzen und die obersten Finanzbehörden der Länder folgende Geschäftsordnung für Bund-Länder-Gremien:

I. Bund-Länder-Gremien

§ 1 Anwendungsbereich

(1) Diese Geschäftsordnung gilt für alle Sitzungen der Abteilungsleiter (Steuer), der Referatsleiter und diesen nachgeordnete Gremien im Bereich der Auftragsverwaltung. Ausgenommen sind die Geschäftsbereiche „Personal", „Organisation" und „Automation".

(2) Für andere Bund-Länder-Gremien gilt diese Geschäftsordnung, soweit die Abteilungsleiter aller Länder und der Abteilungsleiter des Bundesministeriums der Finanzen dies ausdrücklich erklären.

§ 2 Abteilungsleitersitzungen

(1) Die Abteilungsleiter (Steuer) des Bundes und der Länder tagen regelmäßig. Die Tagungen finden grundsätzlich viermal im Jahr statt, bei Bedarf häufiger.

(2) Einmal im Jahr tagen die Abteilungsleiter (Steuer) gemeinsam mit den Abteilungsleitern Organisation (Steuerverwaltung) des Bundes und der Länder, bei Bedarf häufiger.

§ 3 Referatsleitersitzungen

Die Referatsleiter des Bundes und der Länder treten regelmäßig zur länderübergreifenden Erörterung und Klärung von Fragen des Rechts, zur Abstimmung und Beratung sowie zur Abstimmung allgemeiner bundeseinheitlicher Verwaltungsanweisungen (BMF-Schreiben) zusammen. Vorrangig sollte eine Abstimmung im schriftlichen Verfahren angestrebt werden.

§ 4 Arbeitsgruppensitzungen

(1) Die Abteilungsleiter und Referatsleiter können zur Vorbereitung ihrer Sitzungen anlass-oder themenbezogene Arbeitsgruppen beauftragen. Die von den Referatsleitern eingesetzten Arbeitsgruppen sind den Abteilungsleitern durch das Bundesministerium der Finanzen anzuzeigen. Die Beauftragung muss eine

klare Aufgaben-und Themenstellung und eine angemessene zeitliche Vorgabe für die Tätigkeit der Arbeitsgruppe enthalten. Eine Ausdehnung der Aufgaben- und Themenstellung gilt als Einsetzung einer neuen Arbeitsgruppe.

(2) Als vorbereitende Beschlussorgane haben die Bund-Länder-Arbeitsgruppen die Aufgabe, dem jeweiligen auftraggebenden Gremium beschlussfähige Entscheidungsvorschläge vorzulegen. Fragen der Vordruckgestaltung, der Prüfberechnung und weitere umsetzungstechnische Fragen werden von den zuständigen Arbeitsgruppen abschließend entschieden, soweit sich die Referatsleiter nicht die Entscheidung vorbehalten haben oder die Entscheidung von einem teilnehmenden Land den Referatsleitern vorgelegt wird.

(3) Die Einsetzung ständiger Arbeitsgruppen ist den Abteilungsleitern (Steuer) des Bundes und der Länder vorbehalten

II. Einberufung und Ablauf der Sitzungen

§ 5 Einberufung der Sitzungen

(1) Das Bundesministerium der Finanzen lädt zu den Sitzungen ein, bei Auswärtssitzungen in Abstimmung mit dem gastgebenden Land. Das Bundesministerium der Finanzen beruft auf Verlangen von mindestens vier Ländern eine Sitzung ein, wenn die nächste reguläre Sitzung nicht innerhalb von vier Wochen stattfindet.

(2) Die Einladung soll spätestens vier Wochen vor Sitzungsbeginn ergehen. Sollten zu diesem Zeitpunkt nur Tageordnungspunkte erörterungsbedürftig sein, die eine deutliche Unterschreitung der regelmäßigen Sitzungsdauer von zwei Tagen (§ 9 Absatz 2) erwarten lassen, kann auf Vorschlag des Bundesministeriums der Finanzen die Sitzung entfallen oder verkürzt werden.

(3) Dem Einladungsschreiben ist eine Tagesordnung und ggf. ein Ablaufplan beizufügen.

§ 6 Festlegung der Tagesordnung

(1) Das Bundesministerium der Finanzen legt für Sitzungen eine Tagesordnung fest. Tagesordnungspunkte werden erst dann in einem Gremium zur Abstimmung gestellt, wenn eine einheitliche Auffassung des Bundesministeriums der Finanzen gegeben ist. § 4 Absatz 2 Satz 2 bleibt unberührt. Tagesordnungspunkte können sowohl vom Bundesministerium der Finanzen als auch von jeder obersten Finanzbehörde eines Landes vorgeschlagen werden. Die Behandlung steuerlicher Einzelfälle kommt nur dann in Betracht, wenn hierbei Rechtsfragen von grundsätzlicher Bedeutung geklärt werden müssen.

(2) Tagesordnungspunkte und die notwendigen Besprechungsunterlagen sollen unter Einhaltung einer Frist von drei Wochen vor Sitzungsbeginn übermittelt

werden. Tagesordnungspunkte, deren Erörterung von einem Land vorgeschlagen wird, müssen vom Abteilungsleiter oder seinem Vertreter unterschrieben sein. Sofern die Einhaltung der Dreiwochenfrist nicht möglich ist, ist der Tagesordnungspunkt auf der Sitzung vom anmeldenden Land zu vertreten.

§ 7 Sitzungen

(1) Die Sitzungen der Gremien sind nicht öffentlich. Die Sitzungsunterlagen, -protokolle und -ergebnisse sind, soweit nicht anders beschlossen, nur für den Dienstgebrauch.

(2) An den Sitzungen können bei Bedarf auf Einladung des Bundesministeriums der Finanzen auch Vertreter anderer Ressorts oder anderer Behörden oder in Ausnahmefällen Vertreter der Praxis teilnehmen. Eine Anwesenheit dieser Vertreter am Abstimmungsverfahren zu den jeweiligen Tagesordnungspunkten ist nicht möglich.

(3) Die Sitzungsniederschriften der Gremien werden vom Bundesministerium der Finanzen spätestens vier Wochen nach Abschluss der Sitzung an die Länder übersandt. Eine Sitzungsniederschrift gilt als genehmigt, sofern nicht innerhalb von 14 Tagen nach der Übersendung hiergegen Einwendungen erhoben worden sind. Die Einwendungen sind Gegenstand der Folgesitzung, sofern eine Ausräumung im schriftlichen Verfahren (§ 13) nicht möglich ist.

§ 8 Sitzungsorte

(1) Grundsätzlich finden die Abteilungs- und Referatsleitersitzungen am Dienstsitz des Bundesministeriums der Finanzen in Berlin statt.

(2) Abteilungsleiter- und Referatsleitersitzungen werden einmal im Jahr von jeweils einem anderen Land ausgerichtet.

§ 9 Sitzungsbeginn und Sitzungsdauer

(1) Der Sitzungsbeginn ist regelmäßig 14.00 Uhr, Sitzungsende ist regelmäßig um 12.00 Uhr.

(2) Die Sitzungsdauer soll zwei Arbeitstage nicht überschreiten. Überschreitungen sind vorab durch den Abteilungsleiter des Bundesministeriums der Finanzen zu genehmigen.

§ 10 Leitung der Sitzungen

Die Sitzungsleitung obliegt grundsätzlich dem Vertreter des Bundesministeriums der Finanzen.

§ 11 Abstimmungsregeln

(1) Grundsätzlich unterbreitet der Vertreter des Bundesministeriums der Finanzen den Ländern zu jedem Tagesordnungspunkt einen Beschlussvorschlag.

(2) Bei Abstimmung über den Beschlussvorschlag verfügt jedes Land über eine Stimme. Im Falle gemeinsamer Sitzungen mehrerer Gremien ist sie für jedes Land einheitlich abzugeben.

(3) Ein Beschlussvorschlag ist angenommen, wenn

a) beim Beschlussvorschlag des Bundes nicht mehr als acht Länder widersprechen oder
b) beim Beschlussvorschlag eines oder mehrerer Länder mindestens neun Länder zustimmen und der Bund nicht widerspricht.

Enthaltungen der Länder gelten nicht als Widerspruch.

(4) Für das schriftliche Verfahren nach § 13 gelten die Absätze 1 bis 3 entsprechend.

§ 12 Abteilungsleitervorbehalt

(1) Referatsleiterbeschlüsse können auf Antrag eines Landes oder des Bundesministeriums der Finanzen mit dem Ziel der Befassung der Abteilungsleiter ausgesetzt werden. Ein Abteilungsleitervorbehalt ist innerhalb von zwei Wochen nach Abschluss der Sitzung der Referatsleiter einzulegen. Er muss innerhalb von vier Wochen nach seiner Einlegung schriftlich begründet werden. Geschieht dies nicht, gilt der Abteilungsleitervorbehalt als zurückgenommen, sofern kein Antrag auf Fristverlängerung beim Bundesministerium der Finanzen eingeht. Einlegung und Begründung des Abteilungsleitervorbehalts sind vom Abteilungsleiter oder seinem Vertreter im Amt zu unterzeichnen.

(2) Der ausgesetzte Beschluss ist den Abteilungsleitern grundsätzlich in deren nächster Sitzung zur Entscheidung vorzulegen. Wurde der Abteilungsleitervorbehalt von einem Land eingelegt, ist er auf der Abteilungsleitersitzung von diesem Land zu vertreten.

§ 13 Abstimmung im schriftlichen Verfahren

(1) Anstelle einer Erörterung auf einer Sitzung kann eine Thematik auf Initiative des Bundesministeriums der Finanzen oder eines Landes auch im schriftlichen Verfahren entschieden werden, sofern das Bundesministerium der Finanzen oder mindestens ein Land nicht widersprechen.

(2) Im Anschreiben ist deutlich zu machen, dass im vorliegenden Fall die Regeln des schriftlichen Abstimmungsverfahrens gelten sollen und es ist ein beschlussfähiger Entscheidungsvorschlag zu unterbreiten. Jedes Land hat innerhalb der gesetzten Frist ein schriftliches Votum abzugeben; ablehnende Voten sollen begründet werden. Die Einlassungsfrist soll grundsätzlich vier Wochen nicht unterschreiten. Schweigen gilt als Enthaltung. Enthält der Entscheidungsvorschlag mehrere Unterpunkte, ist stets eine Schlussabstimmung über den gesamten Entscheidungsvorschlag herbeizuführen.

(3) Das Bundesministerium der Finanzen unterrichtet die Länder nach Ablauf der Einlassungsfrist über das Ergebnis der Abstimmung und fügt das

Abstimmungsergebnis der nächsten Sitzungsniederschrift des jeweiligen Gremiums als Anlage bei.

(4) § 12 gilt entsprechend.

III. Allgemeine fachliche Weisungen und Herausgabe von BMF-Schreiben

§ 14 Allgemeine fachliche Weisungen

(1) Das Bundesministerium der Finanzen erteilt mit Zustimmung der obersten Finanzbehörden der Länder allgemeine fachliche Weisungen (BMF-Schreiben). Erläuternde Äußerungen sind als solche zu kennzeichnen.

(2) Die Länder tragen Fragen von überregionaler oder grundsätzlicher Bedeutung an das Bundesministerium der Finanzen mit einer rechtlichen Würdigung heran. Sie geben eigene fachliche Weisungen nicht entgegen einer ihnen bekannten und dokumentierten Rechtsauffassung des Bundes heraus.

§ 15 Herausgabe von BMF-Schreiben

(1) Das Bundesministerium der Finanzen erstellt grundsätzlich den Entwurf eines BMF-Schreibens. Dieser Entwurf ist den obersten Finanzbehörden der Länder und ggf. betroffenen Ressorts mit angemessener Frist, in der Regel vier Wochen, zur Stellungnahme zuzuleiten. Nach Ablauf der Frist eingehende Stellungnahmen muss das Bundesministerium der Finanzen nicht mehr berücksichtigen.

(2) Unter Berücksichtigung der Stellungnahmen nach Absatz 1 erstellt das Bundesministerium der Finanzen einen überarbeiteten Entwurf und leitet ihn den Ländern erneut mit angemessener Frist zur möglichen Stellungnahme zu.

(3) Soweit dies in Einzelfällen geboten erscheint, kann der Entwurf des BMF-Schreibens nach Abstimmung zwischen Bund und Ländern Grundlage einer Anhörung sein.

(4) Vor Herausgabe des BMF-Schreibens wird dieses mit den obersten Finanzbehörden der Länder abschließend erörtert und abgestimmt. Anstelle einer Abstimmung über ein BMF-Schreiben auf einer Referatsleitersitzung kann über das BMF-Schreiben auf Vorschlag des Bundesministeriums der Finanzen auch im schriftlichen Verfahren abgestimmt werden. § 12 gilt entsprechend.

(5) Das Bundesministerium der Finanzen übersendet das endgültige BMF-Schreiben unmittelbar nach Freigabe zur Veröffentlichung an die obersten Finanzbehörden der Länder.

§ 16 Änderungen der Geschäftsordnung

Über Änderungen der Geschäftsordnung wird auf Antrag des Bundesministeriums der Finanzen oder auf Antrag eines Landes beraten. Änderungen der

Geschäftsordnung bedürfen der Zustimmung von mindestens neun Ländern und des Bundesministeriums der Finanzen.

§ 17 Entsprechende Anwendung für andere bundesgesetzlich geregelte Steuern

Die §§ 1 bis 10, § 11 Absatz 1 und § 13 gelten für bundesgesetzlich geregelte Kommunal- und Ländersteuern sowie das Bewertungsgesetz entsprechend. Die Länder entscheiden mit Mehrheit der abgegebenen Stimmen. § 12 gilt entsprechend. § 15 ist auf die Herausgabe gleich lautender Ländererlasse entsprechend anzuwenden

§ 18 Entsprechende Anwendung für das Gebiet des Steuerberatungsrechts

(1) Die §§ 1 bis 10, § 11 Absatz 1, § 13 der vorstehenden Geschäftsordnung gelten für Bund-Länder-Gremien im Bereich des Steuerberatungsrechts entsprechend. Die Länder entscheiden mit Mehrheit der abgegebenen Stimmen.

(2) Abweichend von § 10 obliegt die Sitzungsleitung den Ländern zu den Tagesordnungspunkten, die die praktische Durchführung der Steuerberaterprüfung betreffen. Diese Tagesordnungspunkte werden von den Ländern bestimmt (Teil 1 der Sitzungen (Steuerberaterprüfung). § 11 Absatz 1 gilt nicht für Teil 1 der Sitzungen.

(3) § 12 gilt entsprechend.

(4) § 15 ist auf die Herausgabe gleich lautender Ländererlasse entsprechend anzuwenden.

§ 19 Inkrafttreten

Die Geschäftsordnung gilt ab dem 1. Januar 2012.

B. Untersuchung ergangener Nichtanwendungsgesetze

I. Nichtanwendungsgesetze gegen Entscheidungen des BFH

1. Nichtanwendungsgesetze der Abgabenordnung

Nichtanwendungsgesetz	Motive für Nichtanwendungsgesetz laut Gesetzesbegründung	Weitere Informationen und Sonstiges
BFH-Entscheidung: Eine Vereinigung der Lohnsteuerpflichtigen ist nicht als eine Berufsvertretung oder auf ähnlicher Grundlage gebildete Vereinigung anzusehen und somit nicht gem. § 107a Abs. 3 Nr. 7 RAO zur Hilfeleistung in Steuersachen für ihre Mitglieder befugt. Nichtanwendungsgesetz: § 107a Abs. 3 Satz 2 Nr. 4 lit. b) RAO normiert, dass Lohnsteuerhilfevereine unter den dort genannten Voraussetzungen Hilfeleistungen in Lohnsteuersachen leisten dürfen.	Erfüllung des Bedürfnisses lohnsteuerpflichtiger Arbeitnehmer nach lohnsteuerlicher Beratung. Dieses sei von den herkömmlichen Beratungseinrichtungen in der Vergangenheit nicht erkannt worden und werde auch in Zukunft wohl kaum erfüllt werden können[1663], d. h. Motiv des rechtspolitischen Grundes.	Weitere Informationen: Das Nichtanwendungsgesetz besteht noch. Es findet sich heute seinem Inhalt nach in § 4 Nr. 11 StBerG. Das Nichtanwendungsgesetz ist innerhalb von einem bis zwei Jahren nach der BFH-Entscheidung erlassen worden. Die BFH-Entscheidung wurde nicht im BStBl II veröffentlicht. Die Finanzverwaltung hat die BFH-Entscheidung vor Erlass des Nichtanwendungsgesetzes nicht allgemein angewandt. Es handelt sich um ein antifiskalisches Nichtanwendungsgesetz. Sonstiges:

1663 BT-Drs. 4/1929, 1 f.

		Bei der BFH-Entscheidung handelt es sich um einen Beschluss über eine Beschwerde.

Fundstelle BGBl	**Datum, Aktenzeichen und Fundstelle der BFH-Entscheidung**	**Initiator für das Nichtanwendungsgesetz gem. Art. 76 Abs. 1 GG?**	**BFH-Entscheidung in Gesetzesbegründung erwähnt?**	**Fiskalische Auswirkungen des Nichtanwendungsgesetzes laut Gesetzesbegründung?**	**Enthält Nichtanwendungsgesetz Rückwirkung?**	**Nichtanwendungserlass vor Nichtanwendungsgesetz?**
BGBl I 1964, 297 (297); Gesetz[1664] vom 29. 04. 1964	06. 11. 1962, VII 97/61, HFR 1963, 36	Bundestag[1665]	Ja[1666]	keine Angaben	Nein	Nein

Nichtanwendungsgesetz	**Motive für Nichtanwendungsgesetz laut Gesetzesbegründung**	**Weitere Informationen und Sonstiges**
BFH-Entscheidung: In der Pfändungsverfügung ist die zu vollstreckende Forderung nach Grund und Beträgen und bei Steuern, die für bestimmte Zeiträume erhoben werden, nach Zeiträumen zu bezeichnen. Eine lediglich summarische Angabe des Steuerbetrages unter Beifügung der Steuerart genügt insoweit nicht.	Im Vollstreckungsauftrag oder in der Pfändungsverfügung müssen die zu vollstreckenden Steueransprüche genannt werden, da der Vollstreckungsschuldner erkennen können muss, welche Ansprüche der Zwangsvollstreckung zugrunde liegen[1667], d. h. Motiv des rechtspolitischen Grundes.	Weitere Informationen: Das Nichtanwendungsgesetz besteht noch. § 334a Satz 1 RAO entspricht § 260 AO. § 334a Satz 2 RAO wurde nicht in die AO übernommen[1669], da die Vorschrift aufgrund des technischen Fortschritts entbehrlich geworden ist[1670].

1664 Gesetz zur Änderung der Reichsabgabenordnung.
1665 BT-Drs. 4/1395.
1666 BT-Drs. 4/1929, 1.
1667 BT-Drs. 4/2442, 25.

Nichtanwendungsgesetz: § 334a Satz 1 RAO normiert, dass im Vollstreckungsauftrag oder in der Pfändungsverfügung der Schuldgrund anzugeben ist. Wenn das FA gem. § 334a Satz 2 RAO den Vollstreckungsschuldner durch Kontoauszüge über Entstehung, Fälligkeit und Tilgung seiner Schulden fortlaufend unterrichtet, genügt es, wenn das FA die Art der Abgabe und die Höhe des beizutreibenden Betrags angibt und auf den Kontoauszug Bezug nimmt, der den Rückstand ausweist.	Es ist nur die Höhe des beizutreibenden Betrages sowie die Steuerart anzugeben und im übrigen auf den Kontoauszug zu verweisen, wenn der Vollstreckungsschuldner zuvor durch Kontoauszüge fortlaufend über die Entwicklung des Steuerrückstandes unterrichtet worden ist. Dadurch wird zugleich verhindert, dass die Einkommensverhältnisse des Vollstreckungsschuldners, die sich aus der Angabe des Steueranspruchs erkennen lassen, dem Drittschuldner oder sonstigen Personen unnötig offenbart werden[1668], d. h. Motiv des rechtspolitischen Grundes.	Das Nichtanwendungsgesetz ist innerhalb von einem bis zwei Jahren nach der BFH-Entscheidung erlassen worden. Das Nichtanwendungsgesetz ist erst im Laufe der parlamentarischen Beratungen im Rahmen der nach der Einbringung des Gesetzgebungsverfahrens erfolgenden Beteiligung des Bundesrates an dem Gesetzgebungsverfahren durch diesen zum Gegenstand des Gesetzes geworden. Das Nichtanwendungsgesetz ist im Laufe der parlamentarischen Beratungen geändert worden. Die Finanzverwaltung hat die BFH-Entscheidung vor Erlass des Nichtanwendungsgesetzes allgemein angewandt. Es handelt sich um ein antifiskalisches Nichtanwendungsgesetz. Sonstiges: Bei der BFH-Entscheidung handelt es sich aufgrund der Erledigung der Hauptsache um eine Entscheidung über die Kosten des Rechtsstreits.

1668 BT-Drs. 4/2442, 25.

Fundstelle BGBl	**Datum, Aktenzeichen und Fundstelle der BFH-Entscheidung**	**Initiator für das Nichtanwendungsgesetz gem. Art. 76 Abs. 1 GG?**	**BFH-Entscheidung in Gesetzesbegründung erwähnt?**	**Fiskalische Auswirkungen des Nichtanwendungsgesetzes laut Gesetzesbegründung?**	**Enthält Nichtanwendungsgesetz Rückwirkung?**	**Nichtanwendungserlass vor Nichtanwendungsgesetz?**
BGBl I 1965, 1356 (1359); AOÄG vom 15. 09. 1965	19. 11. 1963, VII 18/61 U, BStBl III 1964, 22	Bundesrat[1671]	Nein[1672]	keine Angaben	Nein	Nein

Nichtanwendungsgesetz	**Motive für Nichtanwendungsgesetz laut Gesetzesbegründung**	**Weitere Informationen und Sonstiges**
BFH-Entscheidung: Da das FA auf den Gebieten der USt und der Beförderungsteuer nur als Hilfsstelle der diese Steuern verwaltenden OFD tätig wird, kann es für sich nicht die Eintragung einer einheitlichen Sicherungshypothek wegen einer Umsatz- oder Beförderungssteuernachforderung und anderer Steuerforderungen beantragen.	Die Änderung steht im Kontext mehrerer Änderungen des Vollstreckungsrechts der RAO: „Die vom Finanzausschuss vorgeschlagenen Ergänzungen haben notwendige Änderungen des Vollstreckungsrechts der RAO zum Gegenstand.“[1673]. Weitere Ausführungen enthält die Gesetzesbegründung nicht, d. h.	Weitere Informationen: Das Nichtanwendungsgesetz besteht nicht mehr. Es wurde nicht in die AO übernommen[1674]. Das Nichtanwendungsgesetz ist innerhalb von zwei bis drei Jahren nach der BFH-Entscheidung erlassen worden.

1671 BT-Drs. 4/2442, 25.
1672 BT-Drs. 4/2442, 25.
1673 BT-Drs. zu 4/3523, 14.
1674 BGBl I 1976, 613.

Nichtanwendungsgesetz: § 372 Abs. 1 Satz 3 RAO normiert, dass für das FA wegen der Abgabenforderungen verschiedener Abgabengläubiger auf Antrag eine einheitliche Sicherungshypothek eingetragen werden kann.	es ist kein Motiv für die Gesetzesänderung bekannt und ein motivloses Nichtanwendungsgesetz liegt vor.	Das Nichtanwendungsgesetz ist erst im Laufe der parlamentarischen Beratungen im Rahmen der Beratungen des Gesetzgebungsverfahrens im Finanzausschuss des Bundestages durch diesen zum Gegenstand des Gesetzes geworden. Der Finanzausschuss hat dieses Gesetzgebungsverfahren mitberaten. Die federführenden und abschließenden Ausschussberatungen des Bundestages sind durch den Rechtsausschuss erfolgt. Die Finanzverwaltung hat die BFH-Entscheidung vor Erlass des Nichtanwendungsgesetzes allgemein angewandt. Es handelt sich um ein profiskalisches Nichtanwendungsgesetz. Sonstiges: Keine Ausführungen.

Fundstelle BGBl	**Datum, Aktenzeichen und Fundstelle der BFH-Entscheidung**	**Initiator für das Nichtanwendungsgesetz gem. Art. 76 Abs. 1 GG?**	**BFH-Entscheidung in Gesetzesbegründung erwähnt?**	**Fiskalische Auswirkungen des Nichtanwendungsgesetzes laut Gesetzesbegründung?**	**Enthält Nichtanwendungsgesetz Rückwirkung?**	**Nichtanwendungserlass vor Nichtanwendungsgesetz?**
BGBl I 1965, 1477 (1504); FGO vom 06. 10. 1965	22. 01. 1963, VII 80/61, BStBl III 1963, 166	Bundestag[1675]	Nein[1676]	keine Angaben	Nein	Nein

Nichtanwendungsgesetz	**Motive für Nichtanwendungsgesetz laut Gesetzesbegründung**	**Weitere Informationen und Sonstiges**
BFH-Entscheidung: Offenbare Unrichtigkeiten i. S. d. § 129 AO sind keine Rechtsfehler i. S. d. § 177 AO. Dies gilt auch dann, wenn sie unrichtige Steuerfestsetzungen zur Folge haben. Nichtanwendungsgesetz: § 177 Abs. 3 AO normiert, dass auch offenbare Unrichtigkeiten i. S. d. § 129 AO Rechtsfehler i. S. d. § 177 AO sind.	Die Definierung der materiellen Fehler in § 177 Abs. 3 AO dient der Vermeidung von Rechtsunsicherheiten[1677], d. h. Motiv des rechtspolitischen Grundes.	Weitere Informationen: Das Nichtanwendungsgesetz besteht noch. Das Nichtanwendungsgesetz ist innerhalb von drei bis fünf Jahren nach der BFH-Entscheidung erlassen worden. Die Finanzverwaltung hat die BFH-Entscheidung vor Erlass des Nichtanwendungsgesetzes allgemein angewandt.

1675 In Gestalt des Finanzausschusses, BT-Drs. zu 4/3523, 14 mit Verweis auf BT-Drs. 4/3523, 86.

1676 BT-Drs. zu 4/3523, 14.

1677 BT-Drs. 12/5630, 100 = BT-Drs. 12/5764, 61.

		Es handelt sich um ein neutrales Nichtanwendungsgesetz. Sonstiges: Keine Ausführungen.

Fundstelle BGBl	**Datum, Aktenzeichen und Fundstelle der BFH-Entscheidung**	**Initiator für das Nichtanwendungsgesetz gem. Art. 76 Abs. 1 GG?**	**BFH-Entscheidung in Gesetzesbegründung erwähnt?**	**Fiskalische Auswirkungen des Nichtanwendungsgesetzes laut Gesetzesbegründung?**	**Enthält Nichtanwendungsgesetz Rückwirkung?**	**Nichtanwendungserlass vor Nichtanwendungsgesetz?**
BGBl I 1993, 2310 (2346); StMBG vom 21. 12. 1993	08. 03. 1989, X R 116/87, BStBl II 1989, 531	Bundesregierung[1678] Bundestag[1679]	Ja[1680]	keine Angaben	Ja	Nein

1678 BT-Drs. 12/5764. Diese ist gleichlautend zum Gesetzesentwurf der Koalitionsfraktionen CDU, CSU und FDP, BT-Drs. 12/5630.

1679 Durch die Koalitionsfraktionen CDU, CSU und FDP, BT-Drs. 12/5630, 39. Diese ist gleichlautend zum Gesetzesentwurf der Bundesregierung, BT-Drs. 12/5764.

1680 BT-Drs. 12/5630, 100 = BT-Drs. 12/5764, 61.

Nichtanwendungsgesetz	Motive für Nichtanwendungsgesetz laut Gesetzesbegründung	Weitere Informationen und Sonstiges
BFH-Entscheidung: Grds. sind alle Ansprüche aus dem Steuerschuldverhältnis stundbar, d. h. auch die sog. Abzugsteuern. Dies ist im Fall der BFH-Entscheidung die LSt. Nichtanwendungsgesetz: § 222 Satz 3 und 4 AO normieren, dass eine Stundung bei Abzugsteuern nicht möglich ist.	Sicherung der bisherigen Verwaltungspraxis[1681], d. h. Motiv der Rechtskontinuität. Sicherung der Funktionsfähigkeit des Steuerabzugsverfahrens als Massenverfahren[1682], d. h. Motiv des rechtspolitischen Grundes.	Weitere Informationen: Das Nichtanwendungsgesetz besteht noch. Das Nichtanwendungsgesetz ist innerhalb eines Jahres nach der BFH-Entscheidung erlassen worden. Die Finanzverwaltung hat die BFH-Entscheidung vor Erlass des Nichtanwendungsgesetzes allgemein angewandt. Es handelt sich um ein profiskalisches Nichtanwendungsgesetz. Sonstiges: Keine Ausführungen.

1681 BT-Drs. 12/5630, 101 = BT-Drs. 12/5764, 62.

1682 BT-Drs. 12/5630, 101 f. = BT-Drs. 12/5764, 62 f.

Fundstelle BGBl	Datum, Aktenzeichen und Fundstelle der BFH-Entscheidung	Initiator für das Nichtanwendungsgesetz gem. Art. 76 Abs. 1 GG?	BFH-Entscheidung in Gesetzesbegründung erwähnt?	Fiskalische Auswirkungen des Nichtanwendungsgesetzes laut Gesetzesbegründung?	Enthält Nichtanwendungsgesetz Rückwirkung?	Nichtanwendungserlass vor Nichtanwendungsgesetz?
BGBl I 1993, 2310 (2347); StMBG vom 21. 12. 1993	12. 03. 1993, VI R 71/90, BStBl II 1993, 473	Bundesregierung[1683] Bundestag[1684]	Nein[1685]	keine betragsmäßige Angabe; es werden einmalige, geringfügige Steuerausfälle vermieden[1686]	Ja	Nein

Nichtanwendungsgesetz	Motive für Nichtanwendungsgesetz laut Gesetzesbegründung	Weitere Informationen und Sonstiges
BFH-Entscheidung: War ein Steuerbescheid erfolglos angefochten und sind für die Dauer der Aussetzung	§ 236 Abs. 5 AO soll verdeutlichen, dass die Prozesszinsen ausschließlich nach dem Ergebnis des Rechtsbehelfsverfahrens	Weitere Informationen: Das Nichtanwendungsgesetz besteht noch.

1683 BT-Drs. 12/5764. Diese ist gleichlautend zum Gesetzesentwurf der Koalitionsfraktionen CDU, CSU und FDP, BT-Drs. 12/5630.

1684 Durch die Koalitionsfraktionen CDU, CSU und FDP, BT-Drs. 12/5630, 40. Diese ist gleichlautend zum Gesetzesentwurf der Bundesregierung, BT-Drs. 12/5764.

1685 BT-Drs. 12/5630, 101 = BT-Drs. 12/5764, 62. Es wird lediglich davon gesprochen, dass „durch die Rechtsprechung des BFH“ eine Änderung der Vorschrift erforderlich geworden ist. Ein Datum, Aktenzeichen oder die Fundstelle einer BFH-Entscheidung werden aber nicht genannt.

1686 BT-Drs. 12/5630, 52 und 55 mit Bezug auf Fn. 3 = BT-Drs. 12/5764, 13 und 16 mit Bezug auf Fn. 3.

Vollziehungszinsen festgesetzt worden, so rechtfertigt die spätere Herabsetzung der Steuerschuld eine Änderung des Zinsbescheides. Wird die nach Abschluss des Rechtsbehelfsverfahrens herabgesetzte Steuer wieder erhöht, so erhöhen sich dadurch auch wieder die Bemessungsgrundlage der Aussetzungszinsen und die festzusetzenden Zinsen. Nichtanwendungsgesetz: § 236 Abs. 5 AO normiert, dass eine Aufhebung oder Änderung des Zinsbescheids nicht zu erfolgen hat, wenn der Steuerbescheid nach Abschluss des Rechtsbehelfsverfahrens aufgehoben, geändert oder nach § 129 AO berichtigt wird.	zu bemessen sind[1687], d. h. Motiv der Rechtsdogmatik.	Das Nichtanwendungsgesetz ist innerhalb von fünf bis sieben Jahren nach der BFH-Entscheidung erlassen worden. Die Finanzverwaltung hat die BFH-Entscheidung vor Erlass des Nichtanwendungsgesetzes allgemein angewandt. Es handelt sich um ein neutrales Nichtanwendungsgesetz. Sonstiges: Auf Basis einer BFH-Entscheidung sind zwei Nichtanwendungsgesetze erlassen worden: § 236 Abs. 5 AO und § 237 Abs. 5 AO.

1687 BT-Drs. 12/5630, 103 = BT-Drs. 12/5764, 64.

Fundstelle BGBl	Datum, Aktenzeichen und Fundstelle der BFH-Entscheidung	Initiator für das Nichtanwendungsgesetz gem. Art. 76 Abs. 1 GG?	BFH-Entscheidung in Gesetzesbegründung erwähnt?	Fiskalische Auswirkungen des Nichtanwendungsgesetzes laut Gesetzesbegründung?	Enthält Nichtanwendungsgesetz Rückwirkung?	Nichtanwendungserlass vor Nichtanwendungsgesetz?
BGBl I 1993, 2310 (2347); StMBG vom 21. 12. 1993	20. 05. 1987, II R 44/84, BStBl II 1988, 229; 25. 03. 1992, I R 159/90, BStBl II 1992, 997	Bundesregierung[1688] Bundestag[1689]	Nein[1690]	keine Angaben	Nein	Nein

Nichtanwendungsgesetz	Motive für Nichtanwendungsgesetz laut Gesetzesbegründung	Weitere Informationen und Sonstiges
BFH-Entscheidung: War ein Steuerbescheid erfolglos angefochten und sind für die Dauer der Aussetzung Vollziehungszinsen festgesetzt worden, so rechtfertigt die spätere Herabsetzung der Steuerschuld eine Änderung des Zinsbescheides.	§ 237 Abs. 5 AO soll verdeutlichen, dass die Aussetzungszinsen ausschließlich nach dem Ergebnis des Rechtsbehelfsverfahrens zu bemessen sind[1691], d. h. Motiv der Rechtsdogmatik.	Weitere Informationen: Das Nichtanwendungsgesetz besteht noch. Das Nichtanwendungsgesetz ist innerhalb von fünf bis sieben Jahren nach der BFH-Entscheidung erlassen worden.

1688 BT-Drs. 12/5764. Diese ist gleichlautend zum Gesetzesentwurf der Koalitionsfraktionen CDU, CSU und FDP, BT-Drs. 12/5630.
1689 Durch die Koalitionsfraktionen CDU, CSU und FDP, BT-Drs. 12/5630, 41. Diese ist gleichlautend zum Gesetzesentwurf der Bundesregierung, BT-Drs. 12/5764.
1690 BT-Drs. 12/5630, 103 = BT-Drs. 12/5764, 64.
1691 BT-Drs. 12/5630, 103 = BT-Drs. 12/5764, 64.

Wird die nach Abschluss des Rechtsbehelfsverfahrens herabgesetzte Steuer wieder erhöht, so erhöhen sich dadurch auch wieder die Bemessungsgrundlage der Aussetzungszinsen und die festzusetzenden Zinsen. Nichtanwendungsgesetz: § 237 Abs. 5 AO normiert, dass eine Aufhebung oder Änderung des Zinsbescheids nicht zu erfolgen hat, wenn der Steuerbescheid nach Abschluss des Rechtsbehelfsverfahrens aufgehoben, geändert oder nach § 129 AO berichtigt wird.		Die Finanzverwaltung hat die BFH-Entscheidung vor Erlass des Nichtanwendungsgesetzes allgemein angewandt. Es handelt sich um ein neutrales Nichtanwendungsgesetz. Sonstiges: Auf Basis einer BFH-Entscheidung sind zwei Nichtanwendungsgesetze erlassen worden: § 236 Abs. 5 AO und § 237 Abs. 5 AO.

Fundstelle BGBl	**Datum, Aktenzeichen und Fundstelle der BFH-Entscheidung**	**Initiator für das Nichtanwendungsgesetz gem. Art. 76 Abs. 1 GG?**	**BFH-Entscheidung in Gesetzesbegründung erwähnt?**	**Fiskalische Auswirkungen des Nichtanwendungsgesetzes laut Gesetzesbegründung?**	**Enthält Nichtanwendungsgesetz Rückwirkung?**	**Nichtanwendungserlass vor Nichtanwendungsgesetz?**
BGBl I 1993, 2310	20. 05. 1987, II R 44/84,	Bundesregierung[1692] Bundestag[1693]	Nein[1694]	keine Angaben	Nein	Nein

1692 BT-Drs. 12/5764. Diese ist gleichlautend zum Gesetzesentwurf der Koalitionsfraktionen CDU, CSU und FDP, BT-Drs. 12/5630.

1693 Durch die Koalitionsfraktionen CDU, CSU und FDP, BT-Drs. 12/5630, 41. Diese ist gleichlautend zum Gesetzesentwurf der Bundesregierung, BT-Drs. 12/5764.

1694 BT-Drs. 12/5630, 103 = BT-Drs. 12/5764, 64.

(2347); StMBG vom 21. 12. 1993	BStBl II 1988, 229; 25. 03. 1992, I R 159/90, BStBl II 1992, 997					

Nichtanwendungsgesetz	Motive für Nichtanwendungsgesetz laut Gesetzesbegründung	Weitere Informationen und Sonstiges
BFH-Entscheidung: Die Auftragsforschung ist als steuerpflichtiger wirtschaftlicher Geschäftsbetrieb zu behandeln. Nichtanwendungsgesetz: § 68 Nr. 9 AO normiert mittels einer Fiktion die Zweckbetriebseigenschaft von Forschungseinrichtungen. Hiervon ist auch die Auftragsforschung erfasst.	Steuerzahlungen für die Forschungseinrichtungen werden vermieden[1695], d. h. Motiv des fiskalischen Grundes. Vermeidung schwieriger Abgrenzungsfragen und Planungssicherheit für die Forschungseinrichtungen[1696], d. h. Motiv der Verwaltungsvereinfachung. Wettbewerbsgesichtspunkte, da ansonsten der Transfer der Forschungsergebnisse (Grundlagenforschung) in die Wirtschaft erheblich behindert würde[1697], d. h. Motiv des	Weitere Informationen: Das Nichtanwendungsgesetz besteht noch. Das Nichtanwendungsgesetz ist innerhalb von einem bis zwei Jahren nach der BFH-Entscheidung erlassen worden. Die Veröffentlichung der BFH-Entscheidung im BStBl II erfolgte erst nach Erlass des Nichtanwendungsgesetzes. Die Finanzverwaltung hat die BFH-Entscheidung vor Erlass des Nichtanwendungsgesetzes nicht allgemein angewandt.

1695 BT-Drs. 13/4839, 88 f.
1696 BT-Drs. 13/4839, 89.
1697 BT-Drs. 13/4839, 89.

	lenkungspolitischen Grundes (Förderung der Wirtschaft und Wissenschaft).	Es handelt sich um ein antifiskalisches Nichtanwendungsgesetz. Sonstiges: Keine Ausführungen.

Fundstelle BGBl	**Datum, Aktenzeichen und Fundstelle der BFH-Entscheidung**	**Initiator für das Nichtanwendungsgesetz gem. Art. 76 Abs. 1 GG?**	**BFH-Entscheidung in Gesetzesbegründung erwähnt?**	**Fiskalische Auswirkungen des Nichtanwendungsgesetzes laut Gesetzesbegründung?**	**Enthält Nichtanwendungsgesetz Rückwirkung?**	**Nichtanwendungserlass vor Nichtanwendungsgesetz?**
BGBl I 1996, 2049 (2074 f.); JStG 1997 vom 20. 12. 1996	30. 11. 1995, V R 29/91, BStBl II 1997, 189	Bundesregierung[1698] Bundestag[1699]	Ja[1700]	keine Angaben	Ja	Ja[1701]

1698 BT-Drs. 13/5359. Diese ist gleichlautend zum Gesetzesentwurf der Koalitionsfraktionen CDU, CSU und FDP, BT-Drs. 13/4839.

1699 Durch die Koalitionsfraktionen CDU, CSU und FDP, BT-Drs. 13/4839, 34. Diese ist gleichlautend zum Gesetzesentwurf der Bundesregierung, BT-Drs. 13/5359.

1700 BT-Drs. 13/4839, 88.

1701 Niedersächsisches Finanzministerium vom 05. 07. 1996, S 0171-35-31 2, S 7110-199-32, juris.

Nichtanwendungsgesetz	Motive für Nichtanwendungsgesetz laut Gesetzesbegründung	Weitere Informationen und Sonstiges
BFH-Entscheidung: Rechnet ein Stpfl. mit einer fälligen Steuererstattungsforderung ggü. einer Steuerzahlungsschuld vor Festsetzung der ihr zugrundeliegenden Steuerschuld rechtswirksam auf, so entsteht keine Steuerforderung mit der Folge, dass für eine Festsetzung von Zinsen die Grundlage fehlt. Nichtanwendungsgesetz: § 233a Abs. 1 Satz 1 AO normiert eine Verzinsungspflicht für Unterschiedsbeträge, die aufgrund einer Festsetzung der ESt, KSt, VSt, USt oder GewSt entstehen.	Vermeidung unsystematischer Ergebnisse[1702], d. h. Motiv der Rechtsdogmatik. Vermeidung sachlich nicht gerechtfertigter Aufkommensminderungen[1703], d. h. Motiv des fiskalischen Grundes. Die Verwirklichung der ursprünglichen Zielsetzungen des Gesetzgebers soll sichergestellt werden[1704], d. h. Motiv des rechtspolitischen Grundes.	Weitere Informationen: Das Nichtanwendungsgesetz besteht noch. Das Nichtanwendungsgesetz ist innerhalb von einem bis zwei Jahren nach der BFH-Entscheidung erlassen worden. Das Nichtanwendungsgesetz ist erst im Laufe der parlamentarischen Beratungen im Rahmen der abschließenden Beratungen des Gesetzgebungsverfahrens im Finanzausschuss des Bundestages durch diesen zum Gegenstand des Gesetzes geworden. Die Finanzverwaltung hat die BFH-Entscheidung vor Erlass des Nichtanwendungsgesetzes nicht allgemein angewandt. Es handelt sich um ein profiskalisches Nichtanwendungsgesetz. Sonstiges: Keine Ausführungen.

1702 BT-Drs. 13/5952, 56. Das Motiv gilt ausweislich der BT-Drs. für alle beiden mit dem JStG 1997 vorgenommenen Änderungen des § 233a AO in Abs. 1 Satz 1 und Abs. 3 Satz 1.

1703 BT-Drs. 13/5952, 56. Das Motiv gilt ausweislich der BT-Drs. für alle beiden mit dem JStG 1997 vorgenommenen Änderungen des § 233a AO in Abs. 1 Satz 1 und Abs. 3 Satz 1.

1704 BT-Drs. 13/5952, 56.

Fundstelle BGBl	Datum, Aktenzeichen und Fundstelle der BFH-Entscheidung	Initiator für das Nichtanwendungsgesetz gem. Art. 76 Abs. 1 GG?	BFH-Entscheidung in Gesetzesbegründung erwähnt?	Fiskalische Auswirkungen des Nichtanwendungsgesetzes laut Gesetzesbegründung?	Enthält Nichtanwendungsgesetz Rückwirkung?	Nichtanwendungserlass vor Nichtanwendungsgesetz?
BGBl I 1996, 2049 (2075); JStG 1997 vom 20. 12. 1996	15. 03. 1995, I R 56/93, BStBl II 1995, 490	Bundestag[1705]	Ja[1706]	keine Angaben	Ja	Ja[1707]

Nichtanwendungsgesetz	Motive für Nichtanwendungsgesetz laut Gesetzesbegründung	Weitere Informationen und Sonstiges
BFH-Entscheidung: Es ist ernstlich zweifelhaft, ob gem. § 233a Abs. 3 Satz 1 AO nach Beginn des Zinslaufs festgesetzte Vorauszahlungen bei der	Vermeidung unsystematischer Ergebnisse[1708], d. h. Motiv der Rechtsdogmatik.	Weitere Informationen: Das Nichtanwendungsgesetz besteht noch. Das Nichtanwendungsgesetz ist innerhalb eines Jahres nach der BFH-Entscheidung erlassen worden.

1705 In Gestalt des Finanzausschusses, BT-Drs. 13/5951, 83.

1706 BT-Drs. 13/5952, 56.

1707 BMF vom 24. 07. 1995, IV A 4 – S 0460 a – 27/95, BStBl I 1995, 370.

1708 BT-Drs. 13/5952, 56. Das Motiv gilt ausweislich der BT-Drs. für alle beiden mit dem JStG 1997 vorgenommenen Änderungen des § 233a AO in Abs. 1 Satz 1 und Abs. 3 Satz 1.

Zinsberechnung unberücksichtigt bleiben. Nichtanwendungsgesetz: § 233a Abs. 3 Satz 1 AO normiert den sog. Unterschiedsbetrag, der maßgebend für die Verzinsung nach § 233a AO ist. Dieser ist die festgesetzte Steuer, vermindert um die anzurechnenden Steuerabzugsbeträge, die anzurechnende KSt und die bis zum Beginn des Zinslaufs festgesetzten Vorauszahlungen.	Vermeidung sachlich nicht gerechtfertigter Aufkommensminderungen[1709], d. h. Motiv des fiskalischen Grundes. Die Verwirklichung der ursprünglichen Zielsetzungen des Gesetzgebers soll sichergestellt werden[1710], d. h. Motiv des rechtspolitischen Grundes.	Das Nichtanwendungsgesetz ist erst im Laufe der parlamentarischen Beratungen im Rahmen der abschließenden Beratungen des Gesetzgebungsverfahrens im Finanzausschuss des Bundestages durch diesen zum Gegenstand des Gesetzes geworden. Die BFH-Entscheidung wurde nicht im BStBl II veröffentlicht. Die Finanzverwaltung hat die BFH-Entscheidung vor Erlass des Nichtanwendungsgesetzes nicht allgemein angewandt. Es handelt sich um ein profiskalisches Nichtanwendungsgesetz. Sonstiges: Es handelt sich um eine BFH-Entscheidung im vorläufigen Rechtsschutz.

1709 BT-Drs. 13/5952, 56. Das Motiv gilt ausweislich der BT-Drs. für alle beiden mit dem JStG 1997 vorgenommenen Änderungen des § 233a AO in Abs. 1 Satz 1 und Abs. 3 Satz 1.

1710 BT-Drs. 13/5952, 57.

Fundstelle BGBl	Datum, Aktenzeichen und Fundstelle der BFH-Entscheidung	Initiator für das Nichtanwendungsgesetz gem. Art. 76 Abs. 1 GG?	BFH-Entscheidung in Gesetzesbegründung erwähnt?	Fiskalische Auswirkungen des Nichtanwendungsgesetzes laut Gesetzesbegründung?	Enthält Nichtanwendungsgesetz Rückwirkung?	Nichtanwendungserlass vor Nichtanwendungsgesetz?
BGBl I 1996, 2049 (2075); JStG 1997 vom 20. 12. 1996	27. 03. 1996, I B 30/95, BFHE 180, 15	Bundestag[1711]	Ja[1712]	keine Angaben	Ja	Nein

Nichtanwendungsgesetz	Motive für Nichtanwendungsgesetz laut Gesetzesbegründung	Weitere Informationen und Sonstiges
BFH-Entscheidung: Die Vollziehung eines Einkommensteuerbescheides darf auch insoweit aufgehoben werden, als sie zu einer vorläufigen Erstattung entrichteter ESt-Vorauszahlungsbeträge,	Vermeidung zusätzlicher Arbeitsbelastung der Finanzverwaltung (geschätzt 500 neue Arbeitskräfte notwendig)[1713], d. h. Motiv der Verwaltungsvereinfachung.	Weitere Informationen: Das Nichtanwendungsgesetz besteht noch. Das Nichtanwendungsgesetz ist innerhalb von einem bis zwei Jahren nach der BFH-Entscheidung erlassen worden.

1711 In Gestalt des Finanzausschusses, BT-Drs. 13/5951, 83 f.
1712 BT-Drs. 13/5952, 56.
1713 BR-Drs. 390/96 (Beschluss), 188.

einbehaltener Kapitalertragsteuer und anzurechnender KSt führt. Nichtanwendungsgesetz: § 361 Abs. 2 Satz 4 1. HS AO normiert, dass bei Steuerbescheiden die Aussetzung und Aufhebung der Vollziehung auf die festgesetzte Steuer, vermindert um die anzurechnenden Steuerabzugsbeträge, um die anzurechnende KSt und um die festgesetzten Vorauszahlungen beschränkt ist. Dies gilt gem. 2. HS nicht, wenn die Aussetzung oder Aufhebung der Vollziehung zur Abwendung wesentlicher Nachteile nötig erscheint.	Vermeidung von Steuerausfällen[1714], d. h. Motiv des fiskalischen Grundes. Wiederherstellung der bisherigen Rechtslage[1715], d. h. Motiv der Rechtskontinuität.	Das Nichtanwendungsgesetz ist erst im Laufe der parlamentarischen Beratungen im Rahmen der nach der Einbringung des Gesetzgebungsverfahrens erfolgenden Beteiligung des Bundesrates an dem Gesetzgebungsverfahren durch diesen zum Gegenstand des Gesetzes geworden. Das Nichtanwendungsgesetz ist im Laufe der parlamentarischen Beratungen geändert worden. Das Nichtanwendungsgesetz richtet sich gegen eine Entscheidung des Großen Senats i. S. d. § 11 FGO. Die Finanzverwaltung hat die BFH-Entscheidung vor Erlass des Nichtanwendungsgesetzes allgemein angewandt. Es handelt sich um ein profiskalisches Nichtanwendungsgesetz. Sonstiges: Bei den BFH-Entscheidungen vom 25. 10. 1995[1716], 19. 12. 1995[1717] und 04. 03. 1996[1718] handelt es sich um Beschlüsse über Beschwerden nach § 128 FGO.

1714 BR-Drs. 390/96 (Beschluss), 188.
1715 BR-Drs. 390/96 (Beschluss), 188.
1716 BFH vom 25. 10. 1995, VIII B 79/95, BStBl II 1996, 316.
1717 BFH vom 19. 12. 1995, X B 229/94, BFH/NV 1996, 548.
1718 BFH vom 04. 03. 1996, IX B 59/95, BFH/NV 1996, 674.

				Auf Basis einer BFH-Entscheidung sind zwei Nichtanwendungsgesetze erlassen worden: § 361 Abs. 2 Satz 4 AO und § 69 Abs. 2 Satz 8 FGO.		
Fundstelle BGBl	**Datum, Aktenzeichen und Fundstelle der BFH-Entscheidung**	**Initiator für das Nichtanwendungsgesetz gem. Art. 76 Abs. 1 GG?**	**BFH-Entscheidung in Gesetzesbegründung erwähnt?**	**Fiskalische Auswirkungen des Nichtanwendungsgesetzes laut Gesetzesbegründung?**	**Enthält Nichtanwendungsgesetz Rückwirkung?**	**Nichtanwendungserlass vor Nichtanwendungsgesetz?**
BGBl I 1996, 2049 (2075); JStG 1997 vom 20. 12. 1996	03. 07. 1995, GrS 3/93, BStBl II 1995, 730; 25. 10. 1995, VIII B 79/95, BStBl II 1996, 316; 19. 12. 1995, X B 229/94, BFH/NV 1996, 548; 04. 03. 1996, IX B 59/95, BFH/NV 1996, 674	Bundesrat[1719]	Ja[1720]	keine Angaben	Ja	Nein

1719 BR-Drs. 390/96 (Beschluss), 187.

1720 BR-Drs. 390/96 (Beschluss), 188. Die BR-Drs. zitiert mit der Angabe „VIII B 78/95“ ein falsches Aktenzeichen. Das richtige Aktenzeichen lautet „VIII B 79/95“.

Nichtanwendungsgesetz	Motive für Nichtanwendungsgesetz laut Gesetzesbegründung	Weitere Informationen und Sonstiges
BFH-Entscheidung: Der Begriff „Steuer“ in § 240 Abs. 1 Satz 1 AO erfasst nicht Geldbeträge, die in einem Haftungsbescheid gegen den Haftungsschuldner festgesetzt sind. Demgemäß entstehen bei Nichtentrichtung des Haftungsbetrags bei Fälligkeit keine Säumniszuschläge. Nichtanwendungsgesetz: Gem. § 240 Abs. 1 Satz 2 AO entstehen Säumniszuschläge bei der säumigen Erfüllung von Haftungsschulden, soweit sich die Haftung auf Steuern oder zurückzuzahlende Steuervergütungen erstreckt.	Es soll erreicht werden, dass auch künftig bei säumiger Erfüllung von Haftungsschulden Säumniszuschläge entstehen[1721], d. h. Motiv der Rechtskontinuität.	Weitere Informationen: Das Nichtanwendungsgesetz besteht noch. Das Nichtanwendungsgesetz ist innerhalb von einem bis zwei Jahren nach der BFH-Entscheidung erlassen worden. Das Nichtanwendungsgesetz ist erst im Laufe der parlamentarischen Beratungen im Rahmen der nach der Einbringung des Gesetzgebungsverfahrens erfolgenden Beteiligung des Bundesrates an dem Gesetzgebungsverfahren durch diesen zum Gegenstand des Gesetzes geworden. Die Finanzverwaltung hat die BFH-Entscheidung vor Erlass des Nichtanwendungsgesetzes allgemein angewandt. Es handelt sich um ein profiskalisches Nichtanwendungsgesetz. Sonstiges: Keine Ausführungen.

1721 BT-Drs. 13/10635, 2.

Fundstelle BGBl	Datum, Aktenzeichen und Fundstelle der BFH-Entscheidung	Initiator für das Nichtanwendungsgesetz gem. Art. 76 Abs. 1 GG?	BFH-Entscheidung in Gesetzesbegründung erwähnt?	Fiskalische Auswirkungen des Nichtanwendungsgesetzes laut Gesetzesbegründung?	Enthält Nichtanwendungsgesetz Rückwirkung?	Nichtanwendungserlass vor Nichtanwendungsgesetz?
BGBl I 1998, 1496 (1498); Gesetz[1722] vom 23. 06. 1998	25. 02. 1997, VII R 15/96, BStBl II 1998, 2	Bundesrat[1723]	Ja[1724]	keine Angaben	Nein	Nein

Nichtanwendungsgesetz	Motive für Nichtanwendungsgesetz laut Gesetzesbegründung	Weitere Informationen und Sonstiges
BFH-Entscheidung: Das FA darf einen Steuerbescheid nach Ablauf der – regulären – Festsetzungsfrist nicht mehr zum Nachteil des Stpfl. ändern (sog.	Die Finanzverwaltung soll die Möglichkeit haben, die Sache in vollem Umfang erneut zu prüfen[1725], d. h. Motiv des rechtspolitischen Grundes.	Weitere Informationen: Das Nichtanwendungsgesetz besteht noch. Das Nichtanwendungsgesetz ist innerhalb von drei bis fünf Jahren nach der BFH-Entscheidung erlassen worden.

1722 Gesetz zur Datenermittlung für den Verteilungsschlüssel des Gemeindeanteils am Umsatzsteueraufkommen und zur Änderung steuerlicher Vorschriften.

1723 BR-Drs. 118/98 (Beschluss), 5.

1724 BR-Drs. 118/98 (Beschluss), 6 = BT-Drs. 13/10635, 14.

1725 BT-Drs. 14/1514, 46.

Verböserung), weil dieser gegen den Bescheid Einspruch/Klage eingelegt hat. Nichtanwendungsgesetz: § 171 Abs. 3a AO normiert die Ablaufhemmung im Einspruchs- oder Klageverfahren ohne die sog. Verböserung auszuschließen.	Sicherstellung des gesetzlichen Auftrags, Steuern nach Maßgabe der Gesetze gleichmäßig festzusetzen[1726], d. h. Motiv der Rechtsdogmatik.	Die Finanzverwaltung hat die BFH-Entscheidung vor Erlass des Nichtanwendungsgesetzes nicht allgemein angewandt. Es handelt sich um ein profiskalisches Nichtanwendungsgesetz. Sonstiges: Keine Ausführungen.

Fundstelle BGBl	**Datum, Aktenzeichen und Fundstelle der BFH-Entscheidung**	**Initiator für das Nichtanwendungsgesetz gem. Art. 76 Abs. 1 GG?**	**BFH-Entscheidung in Gesetzesbegründung erwähnt?**	**Fiskalische Auswirkungen des Nichtanwendungsgesetzes laut Gesetzesbegründung?**	**Enthält Nichtanwendungsgesetz Rückwirkung?**	**Nichtanwendungserlass vor Nichtanwendungsgesetz?**
BGBl I 1999, 2601 (2618); StBereinG 1999 vom 22. 12. 1999	27. 03. 1996, I R 182/94, BStBl II 1997, 449	Bundesregierung[1727] Bundestag[1728]	Ja[1729]	keine Angaben	Ja	Ja[1730]

1726 BT-Drs. 14/1514, 46.

1727 BT-Drs. 14/1655. Diese ist gleichlautend zum Gesetzesentwurf der Koalitionsfraktionen SPD und Bündnis 90/Die Grünen, BT-Drs. 14/1514.

1728 Durch die Koalitionsfraktionen SPD und Bündnis 90/Die Grünen, BT-Drs. 14/1514, 20. Diese ist gleichlautend zum Gesetzesentwurf der Bundesregierung, BT-Drs. 16/1655.

1729 BT-Drs. 14/1514, 46.

1730 BMF vom 25. 06. 1997, IV A 4 – S 0342 – 6/97, BStBl I 1997, 641.

Nichtanwendungsgesetz	Motive für Nichtanwendungsgesetz laut Gesetzesbegründung	Weitere Informationen und Sonstiges
BFH-Entscheidung: Forderungen gelten, soweit sie sich decken, als in dem Zeitpunkt als erloschen, in welchem sie zur Aufrechnung geeignet einander gegenüberstehen. Hierfür ist nicht auf die Festsetzung oder Fälligkeit des Steueranspruchs abzustellen, sondern auf dessen abstrakte materiell-rechtliche Entstehung. Nichtanwendungsgesetz: Wenn der zu verzinsende Anspruch durch Aufrechnung erlischt, gilt gem. § 238 Abs. 1 Satz 3 AO der Tag als Tag der Zahlung, an dem die Schuld des Aufrechnenden fällig wird.	Die langjährige Besteuerungspraxis soll fortgeführt werden[1731], d. h. Motiv der Rechtskontinuität. Nach der BFH-Entscheidung entstandene Rechtsunsicherheiten sollen beseitigt werden[1732], d. h. Motiv des rechtspolitischen Grundes.	Weitere Informationen: Das Nichtanwendungsgesetz besteht noch. Das Nichtanwendungsgesetz ist innerhalb von sieben bis zehn Jahren nach der BFH-Entscheidungen erlassen worden. Die BFH-Entscheidung wurde nicht im BStBl II veröffentlicht. Die Finanzverwaltung hat die BFH-Entscheidung vor Erlass des Nichtanwendungsgesetzes nicht allgemein angewandt. Es handelt sich um ein profiskalisches Nichtanwendungsgesetz. Sonstiges: Auf Basis einer BFH-Entscheidung sind zwei Nichtanwendungsgesetze erlassen worden: § 238 Abs. 1 Satz 3 AO und § 240 Abs. 1 Satz 5 AO.

1731 BT-Drs. 14/1514, 49.
1732 BT-Drs. 14/1514, 49.

Fundstelle BGBl	Datum, Aktenzeichen und Fundstelle der BFH-Entscheidung	Initiator für das Nichtanwendungsgesetz gem. Art. 76 Abs. 1 GG?	BFH-Entscheidung in Gesetzesbegründung erwähnt?	Fiskalische Auswirkungen des Nichtanwendungsgesetzes laut Gesetzesbegründung?	Enthält Nichtanwendungsgesetz Rückwirkung?	Nichtanwendungserlass vor Nichtanwendungsgesetz?
BGBl I 1999, 2601 (2619); StBereinG 1999 vom 22. 12. 1999	03. 05. 1991, V R 105/86, BFH/NV 1992, 77	Bundesregierung[1733] Bundestag[1734]	Ja[1735]	keine Angaben	Ja	Nein

Nichtanwendungsgesetz	Motive für Nichtanwendungsgesetz laut Gesetzesbegründung	Weitere Informationen und Sonstiges
BFH-Entscheidung: Forderungen gelten, soweit sie sich decken, als in dem Zeitpunkt als erloschen, in	Die langjährige Besteuerungspraxis soll fortgeführt werden[1736], d. h. Motiv der Rechtskontinuität.	Weitere Informationen: Das Nichtanwendungsgesetz besteht noch.

1733 BT-Drs. 14/1655. Diese ist gleichlautend zum Gesetzesentwurf der Koalitionsfraktionen SPD und Bündnis 90/Die Grünen, BT-Drs. 14/1514.

1734 Durch die Koalitionsfraktionen SPD und Bündnis 90/Die Grünen, BT-Drs. 14/1514, 21. Diese ist gleichlautend zum Gesetzesentwurf der Bundesregierung, BT-Drs. 16/1655.

1735 BT-Drs. 14/1514, 48.

1736 BT-Drs. 14/1514, 49.

welchem sie zur Aufrechnung geeignet einander gegenüberstehen. Hierfür ist nicht auf die Festsetzung oder Fälligkeit des Steueranspruchs abzustellen, sondern auf dessen abstrakte materiell-rechtliche Entstehung. Nichtanwendungsgesetz: Wenn der Anspruch durch Aufrechnung erlischt, blieben gem. § 240 Abs. 1 Satz 5 AO Säumniszuschläge unberührt, die bis zur Fälligkeit der Schuld des Aufrechnenden entstanden sind.	Nach der BFH-Entscheidung entstandene Rechtsunsicherheiten sollen beseitigt werden[1737], d. h. Motiv des rechtspolitischen Grundes.	Das Nichtanwendungsgesetz ist innerhalb von sieben bis zehn Jahren nach der BFH-Entscheidung erlassen worden. Die BFH-Entscheidung wurde nicht im BStBl II veröffentlicht. Die Finanzverwaltung hat die BFH-Entscheidung vor Erlass des Nichtanwendungsgesetzes nicht allgemein angewandt. Es handelt sich um ein profiskalisches Nichtanwendungsgesetz. Sonstiges: Auf Basis einer BFH-Entscheidung sind zwei Nichtanwendungsgesetze erlassen worden: § 238 Abs. 1 Satz 3 AO und § 240 Abs. 1 Satz 5 AO.

1737 BT-Drs. 14/1514, 49.

Fundstelle BGBl	Datum, Aktenzeichen und Fundstelle der BFH-Entscheidung	Initiator für das Nichtanwendungsgesetz gem. Art. 76 Abs. 1 GG?	BFH-Entscheidung in Gesetzesbegründung erwähnt?	Fiskalische Auswirkungen des Nichtanwendungsgesetzes laut Gesetzesbegründung?	Enthält Nichtanwendungsgesetz Rückwirkung?	Nichtanwendungserlass vor Nichtanwendungsgesetz?
BGBl I 1999, 2601 (2619); StBereinG 1999 vom 22. 12. 1999	03. 05. 1991, V R 105/86, BFH/NV 1992, 77	Bundesregierung[1738] Bundestag[1739]	Ja[1740]	keine Angaben	Ja	Nein

Nichtanwendungsgesetz	Motive für Nichtanwendungsgesetz laut Gesetzesbegründung	Weitere Informationen und Sonstiges
BFH-Entscheidung: § 42 AO ist nicht anzuwenden, wenn es spezialgesetzliche Regelungen zum Missbrauch von rechtlichen Gestaltungsmöglichkeiten gibt.	Die Rechtsprechung des BFH führt zu Rechtsfolgelücken, die es zu vermeiden gilt[1741], d. h. Motiv der Rechtsdogmatik.	Weitere Informationen: Das Nichtanwendungsgesetz besteht nicht mehr. § 42 AO wurde durch das JStG 2008[1744] neu gefasst.

1738 BT-Drs. 14/1655. Diese ist gleichlautend zum Gesetzesentwurf der Koalitionsfraktionen SPD und Bündnis 90/Die Grünen, BT-Drs. 14/1514.

1739 Durch die Koalitionsfraktionen SPD und Bündnis 90/Die Grünen, BT-Drs. 14/1514, 21. Diese ist gleichlautend zum Gesetzesentwurf der Bundesregierung, BT-Drs. 16/1655.

1740 BT-Drs. 14/1514, 49 mit Verweis auf die Änderung zu § 238 AO in BT-Drs. 14/1514, 48.

1741 BR-Drs. 399/01 (Beschluss), 20.

1744 BGBl I 2007, 3150 (3171).

Nichtanwendungsgesetz: Gem. § 42 Abs. 2 AO ist Abs. 1 anwendbar, wenn seine Anwendbarkeit gesetzlich nicht ausdrücklich ausgeschlossen ist.	Entgegenwirkung des Missbrauchs rechtlicher Gestaltungsmöglichkeiten[1742], d. h. Motiv der Missbrauchsbekämpfung. Entgegenwirkung von Haushaltsausfällen[1743], d. h. Motiv des fiskalischen Grundes.	Das Nichtanwendungsgesetz ist innerhalb von zwei bis drei Jahren nach der BFH-Entscheidung erlassen worden. Das Nichtanwendungsgesetz ist erst im Laufe der parlamentarischen Beratungen im Rahmen der nach der Einbringung des Gesetzgebungsverfahrens erfolgenden Beteiligung des Bundesrates an dem Gesetzgebungsverfahren durch diesen zum Gegenstand des Gesetzes geworden. Die Finanzverwaltung hat die BFH-Entscheidung vor Erlass des Nichtanwendungsgesetzes nicht allgemein angewandt. Es handelt sich um ein profiskalisches Nichtanwendungsgesetz. Sonstiges: Keine Ausführungen.

1742 BT-Drs. 14/7341, 17 f.
1743 BT-Drs. 14/7341, 17 f.

Fundstelle BGBl	Datum, Aktenzeichen und Fundstelle der BFH-Entscheidung	Initiator für das Nichtanwendungsgesetz gem. Art. 76 Abs. 1 GG?	BFH-Entscheidung in Gesetzesbegründung erwähnt?	Fiskalische Auswirkungen des Nichtanwendungsgesetzes laut Gesetzesbegründung?	Enthält Nichtanwendungsgesetz Rückwirkung?	Nichtanwendungserlass vor Nichtanwendungsgesetz?
BGBl I 2001, 3794 (3803); StÄndG 2001 vom 20. 12. 2001	15. 12. 1999, I R 29/97, BStBl II 2000, 527; 19. 01. 2000, I R 94/97, BStBl II 2001, 222	Bundesrat[1745]	Ja[1746]	keine Angaben	Nein	Ja [1747]

Nichtanwendungsgesetz	Motive für Nichtanwendungsgesetz laut Gesetzesbegründung	Weitere Informationen und Sonstiges
BFH-Entscheidung: Nach deutschem Steuerrecht bestehen außerhalb der §§ 140 ff AO und der §§ 238 ff	Die Regelung soll vor allem die Möglichkeit der Prüfung der Einkunftsabgrenzung zwischen	Weitere Informationen: Das Nichtanwendungsgesetz besteht noch. Durch die Einfügung eines neuen Satzes 9[1750]

1745 BR-Drs. 399/01 (Beschluss), 20.

1746 BR-Drs. 399/01 (Beschluss), 20. Die BR-Drs. zitiert mit der Angabe „I R 29/67“ ein falsches Aktenzeichen. Das richtige Aktenzeichen lautet „I R 29/97“. In der BT-Drs. 14/7341, 17 f wird lediglich davon gesprochen, dass „aufgrund der jüngsten Rechtsprechung des BFH“ eine Änderung der Vorschrift „dringend“ erforderlich ist.

1747 BMF vom 06. 10. 2000, IV C 6 – S 2189 – 11/00, BStBl I 2000, 1392 und BMF vom 19. 03. 2001, IV B 4 – S 1300 – 65/01, BStBl I 2001, 243.

1750 BGBl I 2007, 1912 (1931).

HGB für verdeckte Gewinnausschüttungen keine speziellen Aufzeichnungs- und Dokumentationspflichten. Nichtanwendungsgesetz: § 90 Abs. 3 AO normiert für Stpfl., die Geschäftsbeziehungen zum Ausland mit nahe stehenden Personen i. S. d. § 1 Abs. 2 AStG unterhalten eine Verpflichtung, diese Geschäftsbeziehungen einschließlich der Grundlagen ihrer Entscheidungen über die Festsetzung von Verrechnungspreisen und sonstigen Geschäftsbedingungen zu dokumentieren.	international verbundenen Unternehmen (Verrechnungspreisprüfung) durch die Finanzverwaltung sichern[1748], d. h. Motiv des rechtspolitischen Grundes. Aus dem bestehenden § 90 Abs. 2 AO ergibt sich keine Pflicht zur Erstellung von Aufzeichnungen für die Prüfung von Verrechnungspreisen[1749], d. h. Motiv der Rechtsdogmatik.	ist der bisherige Satz 9 zu Satz 10 geworden. Die Nichtanwendung von § 97 Abs. 2 AO in Satz 7 wurde entfernt[1751]. Das Nichtanwendungsgesetz ist innerhalb von einem bis zwei Jahren nach der BFH-Entscheidung erlassen worden. Das Nichtanwendungsgesetz ist im Laufe der parlamentarischen Beratungen geändert worden. Die Veröffentlichung der BFH-Entscheidung im BStBl II erfolgte erst nach Erlass des Nichtanwendungsgesetzes. Die Finanzverwaltung hat die BFH-Entscheidung vor Erlass des Nichtanwendungsgesetzes nicht allgemein angewandt. Es handelt sich um ein profiskalisches Nichtanwendungsgesetz.

1748 BT-Drs. 15/119, 52.
1749 BT-Drs. 15/119, 52.
1751 BGBl I 2013, 1809 (1834).

				Sonstiges: Aus Gründen der Rechtssicherheit und einheitlichen Rechtsanwendung regelt eine Verordnung[1752] detailliert die Dokumentationspflichten des § 90 Abs. 3 AO. In § 162 Abs. 3 und 4 AO werden die Rechtsfolgen eines Verstoßes gegen § 90 Abs. 3 AO normiert.		
Fundstelle BGBl	**Datum, Aktenzeichen und Fundstelle der BFH-Entscheidung**	**Initiator für das Nichtanwendungsgesetz gem. Art. 76 Abs. 1 GG?**	**BFH-Entscheidung in Gesetzesbegründung erwähnt?**	**Fiskalische Auswirkungen des Nichtanwendungsgesetzes laut Gesetzesbegründung?**	**Enthält Nichtanwendungsgesetz Rückwirkung?**	**Nichtanwendungserlass vor Nichtanwendungsgesetz?**
BGBl I 2003, 660 (665); StVergAbG vom 16. 05. 2003	17. 10. 2001, I R 103/00, BStBl II 2004, 171	Bundesregierung[1753] Bundestag[1754]	Ja[1755]	keine Angaben	Ja	Nein

1752 Verordnung zu Art, Inhalt und Umfang von Aufzeichnungen i. S. d. § 90 Abs. 3 AO (Gewinnabgrenzungsaufzeichnungsverordnung – GAufzV), BGBl I 2003, 2296.

1753 BT-Drs. 15/287. Diese ist gleichlautend zum Gesetzesentwurf der Koalitionsfraktionen SPD und Bündnis 90/Die Grünen, BT-Drs. 15/119.

1754 Durch die Koalitionsfraktionen SPD und Bündnis 90/Die Grünen, BT-Drs. 15/119, 14. Diese ist gleichlautend zum Gesetzesentwurf der Bundesregierung, BT-Drs. 15/287.

1755 BT-Drs. 15/119, 52.

Nichtanwendungsgesetz	Motive für Nichtanwendungsgesetz laut Gesetzesbegründung	Weitere Informationen und Sonstiges
BFH-Entscheidung: Die Erteilung der Spendenbescheinigung nach § 48 Abs. 3 EStDV a. F. ist ein rückwirkendes Ereignis i. S. d. § 175 Abs. 1 Satz 1 Nr. 2 AO. Nichtanwendungsgesetz: § 175 Abs. 2 Satz 2 AO normiert, dass die nachträgliche Erteilung oder Vorlage einer Bescheinigung oder Bestätigung nicht als rückwirkendes Ereignis gilt.	Die Rechtsprechung des BFH differenziert danach, ob die Vorlage einer Bescheinigung Teil des materiellen Besteuerungstatbestandes (dann § 175 Abs. 1 Satz 1 Nr. 2 AO) oder lediglich Beweismittel ist (dann kein § 175 Abs. 1 Satz 1 Nr. 2 AO). Die Änderungsvorschriften der AO sollen einen sachgerechten Ausgleich zwischen Rechtssicherheit und -frieden einerseits und dem Prinzip der Einzelfallgerechtigkeit andererseits gewährleisten. Rechtstechnische Unterschiede rechtfertigen keine solchen verfahrensrechtlichen Unterschiede[1756], d. h. Motiv des rechtspolitischen Grundes. Vermeidung von Verwaltungsaufwand[1757], d. h. Motiv der Verwaltungsvereinfachung. Unerheblichkeit, warum die Bescheinigung oder Bestätigung erteilt oder vorgelegt wird[1758], d. h. Motiv der Rechtsdogmatik.	Weitere Informationen: Das Nichtanwendungsgesetz besteht noch. Das Nichtanwendungsgesetz ist innerhalb von einem bis zwei Jahren nach der BFH-Entscheidung erlassen worden. Das Nichtanwendungsgesetz ist erst im Laufe der parlamentarischen Beratungen im Rahmen der abschließenden Beratungen des Gesetzgebungsverfahrens im Finanzausschuss des Bundestages durch diesen zum Gegenstand des Gesetzes geworden. Die Finanzverwaltung hat die BFH-Entscheidung vor Erlass des Nichtanwendungsgesetzes allgemein angewandt. Es handelt sich um ein profiskalisches Nichtanwendungsgesetz. Sonstiges: Keine Ausführungen.

1756 BT-Drs. 15/4050, 61.
1757 BT-Drs. 15/4050, 61.
1758 BT-Drs. 15/4050, 61.

Fundstelle BGBl	Datum, Aktenzeichen und Fundstelle der BFH-Entscheidung	Initiator für das Nichtanwendungsgesetz gem. Art. 76 Abs. 1 GG?	BFH-Entscheidung in Gesetzesbegründung erwähnt?	Fiskalische Auswirkungen des Nichtanwendungsgesetzes laut Gesetzesbegründung?	Enthält Nichtanwendungsgesetz Rückwirkung?	Nichtanwendungserlass vor Nichtanwendungsgesetz?
BGBl I 2004, 3310 (3323); EURLUmsG vom 09. 12. 2004	06. 03. 2003, XI R 13/02, BStBl II 2003, 554	Bundestag[1759]	Ja[1760]	keine Angaben	Ja	Nein

Nichtanwendungsgesetz	Motive für Nichtanwendungsgesetz laut Gesetzesbegründung	Weitere Informationen und Sonstiges
BFH-Entscheidung: Die AO enthält weder eine Befugnisnorm für eine Beschränkung des nach Art. 10 Abs. 1 GG geschützten Fernmeldegeheimnisses noch eine Vorschrift, die die Verwertung von Aufzeichnungen zulässt, die auf der Grundlage des § 100a StPO gewonnen worden sind.	Die Verwertbarkeit der im Rahmen strafrechtlicher Ermittlungen gewonnenen Erkenntnisse durch die zuständige Finanzbehörde ermöglicht die zutreffende Steuerfestsetzung und -erhebung und gewährleistet so die aus Art. 3 GG gebotene verfassungsrechtliche Pflicht, Steueransprüche gleichmäßig festzusetzen und zu erheben[1761], d. h. Motiv des rechtspolitischen Grundes.	Weitere Informationen: Das Nichtanwendungsgesetz besteht noch. Das Nichtanwendungsgesetz ist innerhalb von fünf bis sieben Jahren nach der BFH-Entscheidung erlassen worden.

1759 In Gestalt des Finanzausschusses, BT-Drs. 15/4050, 31 und 52.
1760 BT-Drs. 15/4050, 61.
1761 BT-Drs. 16/6290, 82.

Nichtanwendungsgesetz: § 393 Abs. 3 Satz 2 AO normiert, dass Erkenntnisse, die dem Brief-, Post- und Fernmeldegeheimnis unterliegen im Besteuerungsverfahren verwendet werden dürfen, soweit die Finanzbehörde diese rechtmäßig im Rahmen eigener strafrechtlicher Ermittlungen gewonnen hat oder soweit nach den Vorschriften der StPO Auskunft an die Finanzbehörden erteilt werden darf.		Das Nichtanwendungsgesetz ist im Laufe der parlamentarischen Beratungen geändert worden. Die Finanzverwaltung hat die BFH-Entscheidung vor Erlass des Nichtanwendungsgesetzes allgemein angewandt. Es handelt sich um ein profiskalisches Nichtanwendungsgesetz. Sonstiges: Bei der BFH-Entscheidung handelt es sich um einen Beschluss über eine Beschwerde nach § 128 FGO.

Fundstelle BGBl	**Datum, Aktenzeichen und Fundstelle der BFH-Entscheidung**	**Initiator für das Nichtanwendungsgesetz gem. Art. 76 Abs. 1 GG?**	**BFH-Entscheidung in Gesetzesbegründung erwähnt?**	**Fiskalische Auswirkungen des Nichtanwendungsgesetzes laut Gesetzesbegründung?**	**Enthält Nichtanwendungsgesetz Rückwirkung?**	**Nichtanwendungserlass vor Nichtanwendungsgesetz?**
BGBl I 2007, 3150 (3172); JStG 2008 vom 20. 12. 2007	26. 02. 2001, VII B 265/00, BStBl II 2001, 464	Bundesregierung[1762]	Nein[1763]	keine Angaben	Nein	Nein

1762 BT-Drs. 16/6290, 25.

1763 BT-Drs. 16/6290, 82; BR-Drs. 544/07 (Beschluss), 67; BT-Drs. 16/7036, 25.

Nichtanwendungsgesetz	Motive für Nichtanwendungsgesetz laut Gesetzesbegründung	Weitere Informationen und Sonstiges
BFH-Entscheidung: Die formelle Satzungsmäßigkeit nach § 59 AO erfordert hinsichtlich der steuerbegünstigten Zweckverfolgung nicht die ausdrückliche Verwendung der Begriffe „ausschließlich“ und „unmittelbar“. Nichtanwendungsgesetz: § 60 Abs. 1 Satz 2 verweist auf die der AO als Anlage 1 beigefügte Mustersatzung. Diese enthält in ihrem § 1 die Bestimmung, dass die Körperschaft ihre Zwecke „ausschließlich“ und „unmittelbar“ verfolgt.	Die Änderung erfolgt zur Vermeidung von Schwierigkeiten zwischen Vereinen und der Finanzverwaltung sowie zwischen Vereinen und Amtsgerichten[1764], d. h. Motiv der Verwaltungsvereinfachung. Die Änderung erfolgt zur Vermeidung von Auslegungsschwierigkeiten[1765], d. h. Motiv der Verwaltungsvereinfachung.	Weitere Informationen: Das Nichtanwendungsgesetz besteht noch. Das Nichtanwendungsgesetz ist innerhalb von drei bis fünf Jahren nach der BFH-Entscheidung erlassen worden. Das Nichtanwendungsgesetz ist erst im Laufe der parlamentarischen Beratungen im Rahmen der nach der Einbringung des Gesetzgebungsverfahrens erfolgenden Beteiligung des Bundesrates an dem Gesetzgebungsverfahren durch diesen zum Gegenstand des Gesetzes geworden. Die Finanzverwaltung hat die BFH-Entscheidung vor Erlass des Nichtanwendungsgesetzes nicht allgemein angewandt. Es handelt sich um ein profiskalisches Nichtanwendungsgesetz. Sonstiges: Keine Ausführungen.

1764 BR-Drs. 545/08 (Beschluss), 82.
1765 BT-Drs. 16/11108, 46.

Fundstelle BGBl	Datum, Aktenzeichen und Fundstelle der BFH-Entscheidung	Initiator für das Nichtanwendungsgesetz gem. Art. 76 Abs. 1 GG?	BFH-Entscheidung in Gesetzesbegründung erwähnt?	Fiskalische Auswirkungen des Nichtanwendungsgesetzes laut Gesetzesbegründung?	Enthält Nichtanwendungsgesetz Rückwirkung?	Nichtanwendungserlass vor Nichtanwendungsgesetz?
BGBl I 2008, 2794 (2827, 2829 f.); JStG 2009 vom 19. 12. 2008	14. 07. 2004, I R 94/02, BStBl II 2005, 721	Bundesrat[1766]	Ja[1767]	keine Angaben	Nein	Ja[1768]

Nichtanwendungsgesetz	Motive für Nichtanwendungsgesetz laut Gesetzesbegründung	Weitere Informationen und Sonstiges
BFH-Entscheidung: Das FA darf im Besteuerungsverfahren eines Bankkunden von der Bank im Regelfall erst dann die Vorlage von Kontoauszügen als Urkunden i. S. v. § 97 AO verlangen, wenn die Bank eine zuvor geforderte Auskunft über das Konto nach § 93 AO nicht erteilt hat, wenn die Auskunft unzureichend ist oder Bedenken gegen ihre Richtigkeit bestehen.	Die Rechtsprechung des BFH hat zur Folge, dass die Finanzverwaltung im Regelfall auch dann zuerst ein Auskunftsersuchen nach § 93 Abs. 1 AO ggü. einem Kreditinstitut stellen muss, wenn ihr die Konto- oder Depotbeziehung bereits bekannt ist und sie lediglich Kontoauszüge oder ähnliche Dokumente einsehen will. Dieses Verfahren ist unnötig verwaltungsaufwändig und soll vermieden werden[1769], d. h. Motiv der Verwaltungsvereinfachung.	Weitere Informationen: Das Nichtanwendungsgesetz besteht noch. Das Nichtanwendungsgesetz ist innerhalb von drei bis fünf Jahren nach der BFH-Entscheidung erlassen worden. Das Nichtanwendungsgesetz ist erst im Laufe der parlamentarischen Beratungen im Rahmen des Vermittlungsverfahrens durch den aus

1766 BR-Drs. 545/08 (Beschluss), 80 ff.
1767 BR-Drs. 545/08 (Beschluss), 82; BT-Drs. 16/10494, 31.
1768 BMF vom 20. 09. 2005, IV C 4 – S 0181 – 9/05, BStBl I 2005, 902.
1769 BT-Drs. 17/10000, 78.

Nichtanwendungsgesetz: In § 97 Abs. 1 AO wird u. a. in Satz 3 normiert, dass auch § 93 Abs. 1 Satz 3 AO entsprechend gilt. Der bisherige § 97 Abs. 2 AO wird aufgehoben. Damit tritt das Vorlageverlangen nach § 97 AO als gleichwertiges Ermittlungsinstrument neben das Auskunftsersuchen nach § 93 AO.	Das Auskunftsersuchen nach § 93 Abs. 1 AO und das Vorlageverlangen nach § 97 AO sollen als gleichwertige Ermittlungsinstrumente eingestuft werden[1770], d. h. Motiv des rechtspolitischen Grundes. Vermeidung von Streitigkeiten zwischen Finanzverwaltung und dem Auskunftserteilenden über die Art der Ermittlungen[1771], d. h. Motiv der Verwaltungsvereinfachung. Schnellere und effektivere Ermittlung des Sachverhalts[1772], d. h. Motiv der Verwaltungsvereinfachung.	Bundestag und Bundesrat gebildeten Vermittlungsausschuss zum Gegenstand des Gesetzes geworden. Die Finanzverwaltung hat die BFH-Entscheidung vor Erlass des Nichtanwendungsgesetzes allgemein angewandt. Es handelt sich um ein profiskalisches Nichtanwendungsgesetz. Sonstiges: Das Nichtanwendungsgesetz war Gegenstand des JStG 2013. Dieses kam trotz Einschaltung des Vermittlungsausschusses nicht zustande[1773]. Das Nichtanwendungsgesetz ist daher im Rahmen des AmtshilfeRLUmsG erneut zum Gegenstand eines Gesetzgebungsverfahrens geworden[1774].

1770 BT-Drs. 17/10000, 78.
1771 BT-Drs. 17/10000, 78.
1772 BT-Drs. 17/10000, 78.
1773 BR-Drs. 33/13.
1774 Auf die Gesetzgebungsmaterialien des JStG 2013 wird daher Bezug genommen, soweit die Gesetzgebungsmaterialien des AmtshilfeRLUmsG keine Ausführungen enthalten. Im Rahmen des JStG 2013 war die Bundesregierung Initiator für das Nichtanwendungsgesetz gem. Art. 76 Abs. 1 GG, BT-Drs. 17/10000, 24.

Fundstelle BGBl	Datum, Aktenzeichen und Fundstelle der BFH-Entscheidung	Initiator für das Nichtanwendungsgesetz gem. Art. 76 Abs. 1 GG?	BFH-Entscheidung in Gesetzesbegründung erwähnt?	Fiskalische Auswirkungen des Nichtanwendungsgesetzes laut Gesetzesbegründung?	Enthält Nichtanwendungsgesetz Rückwirkung?	Nichtanwendungserlass vor Nichtanwendungsgesetz?
BGBl I 2013, 1809 (1834); AmtshilfeRLUmsG vom 26. 06. 2013	24. 02. 2010, II R 57/08, BStBl II 2011, 5	Bundestag und Bundesrat[1775]	Ja[1776]	keine Angaben	Nein	Nein

Nichtanwendungsgesetz	Motive für Nichtanwendungsgesetz laut Gesetzesbegründung	Weitere Informationen und Sonstiges
BFH-Entscheidung: In Fällen, in denen ein Steuerentrichtungspflichtiger VersSt für Rechnung eines Dritten anzumelden und zu entrichten hat, wird der Ablauf der Festsetzungsfrist ggü. dem Steuerschuldner durch eine Außenprüfung beim Steuerentrichtungspflichtigen nicht nach § 171 Abs. 4 Satz 1 AO gehemmt.	Verjährungshemmende Umstände i. S. d. § 171 AO bei Steuerentrichtungspflichtigen sollen sich ebenso auf die Festsetzungsfrist des Steuerschuldners auswirken[1777], d. h. Motiv des rechtspolitischen Grundes. Sicherstellung, dass sich der Steuerentrichtungspflichtige der Haftung nicht allein dadurch entziehen kann, dass er den Abschluss einer die jeweilige	Weitere Informationen: Das Nichtanwendungsgesetz besteht noch. Das Nichtanwendungsgesetz ist innerhalb von einem bis zwei Jahren nach der BFH-Entscheidung erlassen worden. Das Nichtanwendungsgesetz ist erst im Laufe der parlamentarischen Beratungen im Rahmen des Vermittlungsverfahrens durch den aus

1775 In Gestalt des Vermittlungsausschusses, BT-Drs. 17/13722, 27.
1776 BT-Drs. 17/10000, 78.
1777 BT-Drs. 17/11220, 42.

Nichtanwendungsgesetz: § 171 Abs. 15 AO normiert, dass, soweit ein Dritter Steuern für Rechnung des Steuerschuldners einzubehalten und abzuführen oder für Rechnung des Steuerschuldners zu entrichten hat, die Festsetzungsfrist ggü. dem Steuerschuldner nicht vor Ablauf der ggü. dem Steuerentrichtungspflichtigen geltenden Festsetzungsfrist endet.	Steuer betreffende Außenprüfung bis zum Ende der Festsetzungsverjährung beim Steuerschuldner hinauszögert[1778], d. h. Motiv der Missbrauchsbekämpfung.	Bundestag und Bundesrat gebildeten Vermittlungsausschuss zum Gegenstand des Gesetzes geworden. Die Veröffentlichung der BFH-Entscheidung im BStBl II erfolgte erst nach Erlass des Nichtanwendungsgesetzes. Es kann nicht festgestellt werden, ob die Finanzverwaltung die BFH-Entscheidung vor Erlass des Nichtanwendungsgesetzes allgemein angewandt hat[1779]. Es handelt sich um ein profiskalisches Nichtanwendungsgesetz. Sonstiges: Das Nichtanwendungsgesetz war Gegenstand des JStG 2013. Dieses kam trotz Einschaltung des Vermittlungsausschusses nicht zustande[1780]. Das Nichtanwendungsgesetz ist daher im.

1778 BT-Drs. 17/11220, 42.

1779 Das die BFH-Entscheidung enthaltende BStBl II stammt vom 19. 08. 2013. Damit erfolgte die Veröffentlichung dort nach dem Erlass des Nichtanwendungsgesetzes. Es kann aber nicht festgestellt werden, ob die Veröffentlichung in der sog. „grünen Liste" auf der Homepage des BMF vor dem Erlass des Nichtanwendungsgesetzes erfolgt ist.

1780 BR-Drs. 33/13.

		Rahmen des AmtshilfeRLUmsG erneut zum Gegenstand eines Gesetzgebungsverfahrens geworden[1781]. Auf Basis einer BFH-Entscheidung sind zwei Nichtanwendungsgesetze erlassen worden: § 171 Abs. 15 AO und § 7 Abs. 8 Satz 4 VersStG.

Fundstelle BGBl	**Datum, Aktenzeichen und Fundstelle der BFH-Entscheidung**	**Initiator für das Nichtanwendungsgesetz gem. Art. 76 Abs. 1 GG?**	**BFH-Entscheidung in Gesetzesbegründung erwähnt?**	**Fiskalische Auswirkungen des Nichtanwendungsgesetzes laut Gesetzesbegründung?**	**Enthält Nichtanwendungsgesetz Rückwirkung?**	**Nichtanwendungserlass vor Nichtanwendungsgesetz?**
BGBl I 2013, 1809 (1835); AmtshilfeRLUmsG vom 26. 06. 2013	13. 12. 2011, II R 26/10, BStBl II 2013, 596; 13. 12. 2011, II R 52/09, BFH/NV 2012, 695	Bundestag und Bundesrat[1782]	Ja[1783]	keine Angaben	Ja	Nein

1781 Auf die Gesetzgebungsmaterialien des JStG 2013 wird daher Bezug genommen, soweit die Gesetzgebungsmaterialien des AmtshilfeRLUmsG keine Ausführungen enthalten. Im Rahmen des JStG 2013 war der Bundestag in Gestalt des Finanzausschusses Initiator für das Nichtanwendungsgesetz gem. Art. 76 Abs. 1 GG, BT-Drs. 17/11220, 12 mit Verweis auf BT-Drs. 17/11190, 59.

1782 In Gestalt des Vermittlungsausschusses, BT-Drs. 17/13722, 28.

1783 BT-Drs. 17/11220, 42. Erwähnt wird die BFH-Entscheidung vom 13. 12. 2011, II R 26/10, BStBl II 2013, 596. Die BFH-Entscheidung vom 13. 12. 2011, II R 52/09, BFH/NV 2012, 695 wird nicht erwähnt.

Nichtanwendungsgesetz	Motive für Nichtanwendungsgesetz laut Gesetzesbegründung	Weitere Informationen und Sonstiges
BFH-Entscheidung: Grundlagenbescheide ressortfremder Behörden, die nicht dem Anwendungsbereich der §§ 179 ff AO unterliegen, bewirken eine Ablaufhemmung nach § 171 Abs. 10 AO nur, wenn sie vor Ablauf der Festsetzungsfrist für die betroffene Steuer erlassen worden sind. Nichtanwendungsgesetz: § 171 Abs. 10 Satz 2 AO normiert, dass Satz 1 für einen Grundlagenbescheid, auf den § 181 AO nicht anzuwenden ist, nur gilt, sofern dieser Grundlagenbescheid vor Ablauf der Festsetzungsfrist bei der zuständigen Behörde beantragt worden ist.	Schaffung von Rechtssicherheit[1784], d. h. Motiv des rechtspolitischen Grundes. Die Rechtsprechung des BFH widerspricht dem Prinzip der für Feststellungsbescheide nach §§ 179 ff AO entsprechend geltenden Ablaufhemmung des § 171 Abs. 3 AO, nach der die Feststellungsfrist nicht abläuft, soweit über einen vor Fristablauf gestellten Antrag noch nicht unanfechtbar entschieden worden ist[1785], d. h. Motiv der Rechtsdogmatik.	Weitere Informationen: Das Nichtanwendungsgesetz besteht noch. Das Nichtanwendungsgesetz ist innerhalb von einem bis zwei Jahren nach der BFH-Entscheidung erlassen worden. Die Finanzverwaltung hat die BFH-Entscheidung vor Erlass des Nichtanwendungsgesetzes allgemein angewandt. Es handelt sich um ein antifiskalisches Nichtanwendungsgesetz. Sonstiges: Keine Ausführungen.

1784 BT-Drs. 18/3017, 33.
1785 BT-Drs. 18/3017, 33.

Fundstelle BGBl	Datum, Aktenzeichen und Fundstelle der BFH-Entscheidung	Initiator für das Nichtanwendungsgesetz gem. Art. 76 Abs. 1 GG?	BFH-Entscheidung in Gesetzesbegründung erwähnt?	Fiskalische Auswirkungen des Nichtanwendungsgesetzes laut Gesetzesbegründung?	Enthält Nichtanwendungsgesetz Rückwirkung?	Nichtanwendungserlass vor Nichtanwendungsgesetz?
BGBl I 2014, 2417 (2418); Gesetz[1786] vom 22. 12. 2014	21. 12. 2013, V R 27/11, BStBl II 2013, 529	Bundesregierung[1787]	Ja[1788]	keine Angaben	Ja	Nein

Nichtanwendungsgesetz	Motive für Nichtanwendungsgesetz laut Gesetzesbegründung	Weitere Informationen und Sonstiges
BFH-Entscheidung: § 180 Abs. 1 Nr. 2 lit. b) AO enthält zugleich eine Regelung zur örtlichen Zuständigkeit für die Feststellungszeiträume vor Änderung der maßgeblichen örtlichen Verhältnisse. Nichtanwendungsgesetz: § 180 Abs. 1 Satz 2 AO normiert, dass, wenn sich in den Fällen von Satz 1 Nr. 2	Schaffung einer rechtsklaren und praxisgerechten Zuständigkeitsregelung[1789], d. h. Motiv des rechtspolitischen Grundes. Die Rechtsprechung des BFH führt zu wenig praxisgerechten Ergebnissen und unnötigem Verwaltungsaufwand bei Stpfl. und Finanzverwaltung[1790], d. h. Motiv der Verwaltungsvereinfachung.	Weitere Informationen: Das Nichtanwendungsgesetz besteht noch. Das Nichtanwendungsgesetz ist innerhalb von einem bis zwei Jahren nach der BFH-Entscheidung erlassen worden. Die BFH-Entscheidung wurde nicht im BStBl II veröffentlicht.

1786 Gesetz zur Anpassung der Abgabenordnung an den Zollkodex der Union und zur Änderung weiterer steuerlicher Vorschriften.
1787 BT-Drs. 18/3017, 9.
1788 BT-Drs. 18/3017, 33.
1789 BT-Drs. 18/3017, 33.
1790 BT-Drs. 18/3017, 34.

lit. b) die für die örtliche Zuständigkeit maßgeblichen Verhältnisse nach Schluss des Gewinnermittlungszeitraums geändert haben, sich die örtliche Zuständigkeit auch für Feststellungszeiträume, die vor der Änderung der maßgeblichen Verhältnisse liegen, nach § 18 Abs. 1 Nr. 1 – 3 AO i. V. m. § 26 AO richten.		Die Finanzverwaltung hat die BFH-Entscheidung vor Erlass des Nichtanwendungsgesetzes nicht allgemein angewandt. Es handelt sich um ein neutrales Nichtanwendungsgesetz. Sonstiges: Bei der BFH-Entscheidung handelt es sich um einen Beschluss über eine Beschwerde nach § 128 FGO.

Fundstelle BGBl	**Datum, Aktenzeichen und Fundstelle der BFH-Entscheidung**	**Initiator für das Nichtanwendungsgesetz gem. Art. 76 Abs. 1 GG?**	**BFH-Entscheidung in Gesetzesbegründung erwähnt?**	**Fiskalische Auswirkungen des Nichtanwendungsgesetzes laut Gesetzesbegründung?**	**Enthält Nichtanwendungsgesetz Rückwirkung?**	**Nichtanwendungserlass vor Nichtanwendungsgesetz?**
BGBl I 2014, 2417 (2418 f.); Gesetz[1791] vom 22. 12. 2014	22. 08. 2013, X B 16-17/13, BFH/NV 2013, 1763	Bundesregierung[1792]	Ja[1793]	keine Angaben	Nein	Nein

1791 Gesetz zur Anpassung der Abgabenordnung an den Zollkodex der Union und zur Änderung weiterer steuerlicher Vorschriften.
1792 BT-Drs. 18/3017, 10.
1793 BT-Drs. 18/3017, 34.

Nichtanwendungsgesetz	Motive für Nichtanwendungsgesetz laut Gesetzesbegründung	Weitere Informationen und Sonstiges
BFH-Entscheidung: Der sog. Sanierungserlass[1794] ist weder eine allgemeine Verwaltungsvorschrift der Bundesregierung noch eine allgemeine Verwaltungsvorschrift einer obersten Landesfinanzbehörde i. S. d. § 184 Abs. 2 AO. Aus dem Sanierungserlass kann sich damit bei der Festsetzung des Gewerbesteuermessbetrags grds. keine Zuständigkeit des FA zur abweichenden Festsetzung aus sachlichen Billigkeitsgründen nach § 163 Satz 1 AO ergeben; zuständig dafür sind die Gemeinden.	Gesetzliche Festschreibung der langjährigen sachgerechten und bisher von keiner Seite in Frage gestellten Verwaltungspraxis[1795], d. h. Motiv der Rechtskontinuität.	Weitere Informationen: Das Nichtanwendungsgesetz besteht noch. Das Nichtanwendungsgesetz ist innerhalb von zwei bis drei Jahren nach der BFH-Entscheidung erlassen worden. Die BFH-Entscheidung wurde nicht im BStBl II veröffentlicht. Die Finanzverwaltung hat die BFH-Entscheidung vor Erlass des Nichtanwendungsgesetzes nicht allgemein angewandt.

1794 BMF-Schreiben vom 27. 03. 2003, IV A 6 – S 2140 – 8/03, BStBl I 2003, 240.
1795 BT-Drs. 18/3017, 34.

Nichtanwendungsgesetz: § 184 Abs. 2 Satz 1 AO normiert, dass die Befugnis, Realsteuermessbeträge festzusetzen, auch die Befugnis zu Maßnahmen nach § 163 Satz 1 AO einschließt, soweit für solche Maßnahmen in einer allgemeinen Verwaltungsvorschrift der Bundesregierung, der obersten Bundesfinanzbehörde oder einer obersten Landesfinanzbehörde Richtlinien aufgestellt worden sind.		Es handelt sich um ein profiskalisches Nichtanwendungsgesetz. Sonstiges: Keine Ausführungen.

Fundstelle BGBl	**Datum, Aktenzeichen und Fundstelle der BFH-Entscheidung**	**Initiator für das Nichtanwendungsgesetz gem. Art. 76 Abs. 1 GG?**	**BFH-Entscheidung in Gesetzesbegründung erwähnt?**	**Fiskalische Auswirkungen des Nichtanwendungsgesetzes laut Gesetzesbegründung?**	**Enthält Nichtanwendungsgesetz Rückwirkung?**	**Nichtanwendungserlass vor Nichtanwendungsgesetz?**
BGBl I 2014, 2417 (2419); Gesetz[1796] vom 22. 12. 2014	25. 04. 2012, I R 24/11, BFHE 237, 403	Bundesregierung[1797]	Ja[1798]	keine Angaben	Ja	Nein

1796 Gesetz zur Anpassung der Abgabenordnung an den Zollkodex der Union und zur Änderung weiterer steuerlicher Vorschriften.
1797 BT-Drs. 18/3017, 10.
1798 BT-Drs. 18/3017, 34.

2. *Nichtanwendungsgesetze der Finanzgerichtsordnung*

Nichtanwendungsgesetz	**Motive für Nichtanwendungsgesetz laut Gesetzesbegründung**	**Weitere Informationen und Sonstiges**
BFH-Entscheidung: Im Verfahren über die Aussetzung der Vollziehung verdrängt § 69 Abs. 3 FGO die allgemeinen Vorschriften über die Klagearten nicht. Nichtanwendungsgesetz: § 69 Abs. 7 FGO normiert, dass im Falle der Ablehnung des Antrags auf Aussetzung der Vollziehung durch die Finanzverwaltung die Anrufung des FG nur nach Abs. 3 und 5 Satz 3 in Betracht kommt.	Die Regelung gewährleistet einen wirksamen Rechtsschutz. Es ist entgegen der Rechtsprechung des BFH nicht geboten, das Aussetzungsbegehren daneben auch noch mit einer Klage verfolgen zu können[1799], d. h. Motiv des rechtspolitischen Grundes. Eine sachlich nicht gebotene zusätzliche Belastung der FG wird vermieden[1800], d. h. Motiv der Verwaltungsvereinfachung.	Weitere Informationen: Das Nichtanwendungsgesetz besteht noch. Das Nichtanwendungsgesetz ist innerhalb von sieben bis zehn Jahren nach der BFH-Entscheidung erlassen worden. Das Nichtanwendungsgesetz richtet sich gegen eine Entscheidung des Großen Senats i. S. d. § 11 FGO. Die Finanzverwaltung hat die BFH-Entscheidung vor Erlass des Nichtanwendungsgesetzes allgemein angewandt. Es handelt sich um ein neutrales Nichtanwendungsgesetz. Sonstiges: Ebenfalls ist in § 361 Abs. 5 AO eine dem § 69 Abs. 7 FGO entsprechende Klarstellung aufgenommen worden.

1799 BT-Drs. 12/1061, 16.
1800 BT-Drs. 12/1061, 16.

Fundstelle BGBl	Datum, Aktenzeichen und Fundstelle der BFH-Entscheidung	Initiator für das Nichtanwendungsgesetz gem. Art. 76 Abs. 1 GG?	BFH-Entscheidung in Gesetzesbegründung erwähnt?	Fiskalische Auswirkungen des Nichtanwendungsgesetzes laut Gesetzesbegründung?	Enthält Nichtanwendungsgesetz Rückwirkung?	Nichtanwendungserlass vor Nichtanwendungsgesetz?
BGBl I 1992, 2109 (2111); FGO-ÄnderungsG vom 21. 12. 1992	24. 06. 1985, GrS 1/84, BStBl II 1985, 587	Bundesregierung[1801]	Ja[1802]	keine Angaben	Nein	Nein

Nichtanwendungsgesetz	Motive für Nichtanwendungsgesetz laut Gesetzesbegründung	Weitere Informationen und Sonstiges
BFH-Entscheidung: Die Vollziehung eines Einkommensteuerbescheides darf auch insoweit aufgehoben werden, als sie zu einer vorläufigen Erstattung entrichteter ESt-Vorauszahlungsbeträge, einbehaltener Kapitalertragsteuer und anzurechnender KSt führt.	Vermeidung zusätzlicher Arbeitsbelastung der Finanzverwaltung (geschätzt 500 neue Arbeitskräfte notwendig)[1803], d. h. Motiv der Verwaltungsvereinfachung. Vermeidung von Steuerausfällen[1804], d. h. Motiv des fiskalischen Grundes. Wiederherstellung der bisherigen Rechtslage[1805], d. h. Motiv der Rechtskontinuität.	Weitere Informationen: Das Nichtanwendungsgesetz besteht noch. Das Nichtanwendungsgesetz ist innerhalb von einem bis zwei Jahren nach der BFH-Entscheidung erlassen worden. Das Nichtanwendungsgesetz ist erst im Laufe der parlamentarischen Beratungen im Rahmen

1801 BT-Drs. 12/1061, 5.
1802 BT-Drs. 12/1061, 16.
1803 BR-Drs. 390/96 (Beschluss), 188 f.
1804 BR-Drs. 390/96 (Beschluss), 188 f.
1805 BR-Drs. 390/96 (Beschluss), 188 f.

Nichtanwendungsgesetz: § 69 Abs. 2 Satz 8 1. HS FGO normiert, dass bei Steuerbescheiden die Aussetzung und Aufhebung der Vollziehung auf die festgesetzte Steuer, vermindert um die anzurechnenden Steuerabzugsbeträge, um die anzurechnende KSt und um die festgesetzten Vorauszahlungen beschränkt ist. Dies gilt gem. 2. HS nicht, wenn die Aussetzung oder Aufhebung der Vollziehung zur Abwendung wesentlicher Nachteile nötig erscheint.		der nach der Einbringung des Gesetzgebungsverfahrens erfolgenden Beteiligung des Bundesrates an dem Gesetzgebungsverfahren durch diesen zum Gegenstand des Gesetzes geworden. Das Nichtanwendungsgesetz ist im Laufe der parlamentarischen Beratungen geändert worden. Das Nichtanwendungsgesetz richtet sich gegen eine Entscheidung des Großen Senats i. S. d. § 11 FGO. Die Finanzverwaltung hat die BFH-Entscheidung vor Erlass des Nichtanwendungsgesetzes allgemein angewandt. Es handelt sich um ein profiskalisches Nichtanwendungsgesetz. Sonstiges: Bei den BFH-Entscheidungen vom 25. 10. 1995[1806], 19. 12. 1995[1807] und 04. 03. 1996[1808] handelt es sich um Beschlüsse über Beschwerden nach § 128 FGO.

1806 BFH vom 25. 10. 1995, VIII B 79/95, BStBl II 1996, 316.
1807 BFH vom 19. 12. 1995, X B 229/94, BFH/NV 1996, 548.
1808 BFH vom 04. 03. 1996, IX B 59/95, BFH/NV 1996, 674.

				Auf Basis einer BFH-Entscheidung sind zwei Nichtanwendungsgesetze erlassen worden: § 361 Abs. 2 Satz 4 AO und § 69 Abs. 2 Satz 8 FGO.		
Fundstelle BGBl	**Datum, Aktenzeichen und Fundstelle der BFH-Entscheidung**	**Initiator für das Nichtanwendungsgesetz gem. Art. 76 Abs. 1 GG?**	**BFH-Entscheidung in Gesetzesbegründung erwähnt?**	**Fiskalische Auswirkungen des Nichtanwendungsgesetzes laut Gesetzesbegründung?**	**Enthält Nichtanwendungsgesetz Rückwirkung?**	**Nichtanwendungserlass vor Nichtanwendungsgesetz?**
BGBl I 1996, 2049 (2075); JStG 1997 vom 20. 12. 1996	03. 07. 1995, GrS 3/93, BStBl II 1995, 730; 25. 10. 1995, VIII B 79/95, BStBl II 1996, 316; 19. 12. 1995, X B 229/94, BFH/NV 1996, 548; 04. 03. 1996, IX B 59/95, BFH/NV 1996, 674	Bundesrat[1809]	Ja[1810]	keine Angaben	Nein	Nein

1809 BR-Drs. 390/96 (Beschluss), 188.

1810 BR-Drs. 390/96 (Beschluss), 188 f. Die BR-Drs. zitiert mit der Angabe „VIII B 78/95“ ein falsches Aktenzeichen. Das richtige Aktenzeichen lautet „VIII B 79/95“.

3. *Nichtanwendungsgesetze des EG-Amtshilfe-Gesetzes*

Nichtanwendungsgesetz	**Motive für Nichtanwendungsgesetz laut Gesetzesbegründung**	**Weitere Informationen und Sonstiges**
BFH-Entscheidung: Eine Spontanauskunft an die Steuerverwaltung eines anderen Mitgliedsstaates der EU setzt tatsächliche Anhaltspunkte für die Vermutung voraus, dass Steuern gerade dieses Mitgliedstaats verkürzt worden sind oder werden können. Nichtanwendungsgesetz: § 2 Abs. 2 Satz 2 Nr. 1 EGAHiG normiert, dass Auskünfte erteilt werden sollen, wenn Gründe für die Vermutung bestehen, dass im anderen Mitgliedstaat der objektive Tatbestand einer Steuerverkürzung erfüllt ist oder wird.	Ausschöpfung der durch die Amtshilfe-Richtlinie gegebenen rechtlichen Möglichkeiten[1811], d. h. Motiv des rechtspolitischen Grundes. Erleichterung des spontanen Auskunftsaustauschs[1812], d. h. Motiv der Verwaltungsvereinfachung.	Weitere Informationen: Das Nichtanwendungsgesetz besteht noch. Es findet sich heute leicht geändert in § 8 Abs. 2 Nr. 1 des EUAHiG. Dieses ist zum 01. 01. 2013 an die Stelle des EGAHiG getreten. Das Nichtanwendungsgesetz ist innerhalb von einem bis zwei Jahren nach der BFH-Entscheidung erlassen worden. Die Finanzverwaltung hat die BFH-Entscheidung vor Erlass des Nichtanwendungsgesetzes allgemein angewandt. Es handelt sich um ein profiskalisches Nichtanwendungsgesetz.

1811 BT-Drs. 16/6290, 83.
1812 BT-Drs. 16/6290, 84.

		Sonstiges: Bei der BFH-Entscheidung handelt es sich um einen Beschluss über eine Beschwerde nach § 128 FGO bzgl. einer einstweiligen Anordnung i. S. d. § 114 FGO.

Fundstelle BGBl	**Datum, Aktenzeichen und Fundstelle der BFH-Entscheidung**	**Initiator für das Nichtanwendungsgesetz gem. Art. 76 Abs. 1 GG?**	**BFH-Entscheidung in Gesetzesbegründung erwähnt?**	**Fiskalische Auswirkungen des Nichtanwendungsgesetzes laut Gesetzesbegründung?**	**Enthält Nichtanwendungsgesetz Rückwirkung?**	**Nichtanwendungserlass vor Nichtanwendungsgesetz?**
BGBl I 2007, 3150 (3173); JStG 2008 vom 20. 12. 2007	15. 02. 2006, I B 87/05, BStBl II 2006, 616	Bundesregierung[1813]	Ja[1814]	keine Angaben	Nein	Nein

1813 BT-Drs. 16/6290, 26.
1814 BT-Drs. 16/6290, 83 f.

4. Nichtanwendungsgesetze der Einkommensteuer

Nichtanwendungsgesetz	Motive für Nichtanwendungsgesetz laut Gesetzesbegründung	Weitere Informationen und Sonstiges
BFH-Entscheidung: Der Senat hält für die Entscheidung der Frage, ob durch die Beschäftigung qualifizierter Mitarbeiter die Grenze der freien Berufstätigkeit überschritten, und der Berufsträger damit zum Gewerbetreibenden wird, an der sog. Vervielfältigungstheorie fest und lehnt eine Lockerung selbiger ab. Nichtanwendungsgesetz: § 18 Abs. 1 Nr. 1 EStG normiert, was eine freiberufliche Tätigkeit ist. Nach Satz 3 schadet die Mithilfe fachlich vorgebildeter Arbeitskräfte nicht, solange der Träger des Katalogberufs selbst leitend und eigenverantwortlich tätig ist. Gem. Satz 4 gilt das auch bei einer Vertretung im Fall vorübergehender Verhinderung.	Erreichung einer befriedigenden Abgrenzung zwischen freiberuflicher und gewerblicher Tätigkeit[1815], d. h. Motiv des rechtspolitischen Grundes.	Weitere Informationen: Das Nichtanwendungsgesetz besteht noch. In Satz 2 wurden die vereidigten Bücherrevisoren gestrichen und die Helfer in Steuersachen durch die Steuerbevollmächtigten ersetzt. Das Nichtanwendungsgesetz ist innerhalb von zwei bis drei Jahren nach der BFH-Entscheidung erlassen worden. Das Nichtanwendungsgesetz ist im Laufe der parlamentarischen Beratungen geändert worden. Die Finanzverwaltung hat die BFH-Entscheidung vor Erlass des Nichtanwendungsgesetzes allgemein angewandt. Es handelt sich um ein antifiskalisches Nichtanwendungsgesetz. Sonstiges: Keine Ausführungen.

1815 BT-Drs. 3/1811, 12.

Fundstelle BGBl	Datum, Aktenzeichen und Fundstelle der BFH-Entscheidung	Initiator für das Nichtanwendungsgesetz gem. Art. 76 Abs. 1 GG?	BFH-Entscheidung in Gesetzesbegründung erwähnt?	Fiskalische Auswirkungen des Nichtanwendungsgesetzes laut Gesetzesbegründung?	Enthält Nichtanwendungsgesetz Rückwirkung?	Nichtanwendungserlass vor Nichtanwendungsgesetz?
BGBl I 1960, 616 (618); StÄndG 1960 vom 30. 07. 1960	07. 11. 1957, IV 668/55 U, BStBl III 1958, 34	Bundesregierung[1816]	Ja[1817]	keine Angaben	Ja	Nein

Nichtanwendungsgesetz	Motive für Nichtanwendungsgesetz laut Gesetzesbegründung	Weitere Informationen und Sonstiges
BFH-Entscheidung: Die Ausgleichszahlung an einen Handelsvertreter nach § 89b HGB ist weder Veräußerungsgewinn i. S. d. § 16 Abs. 3 EStG noch ist sie Entschädigung i. S. d. § 24 Nr. 1 EStG. Die Tarifvorschrift des § 34 Abs. 1 und Abs. 2 Nr. 1 und 2 EStG findet keine Anwendung.	Nach der Rechtsprechung sind Ausgleichszahlungen nach § 89b HGB nicht allgemein nach § 34 EStG tariflich begünstigt. Der Finanzausschuss ist der Ansicht, dass darin in vielen Fällen eine unbillige Härte liegen kann[1818], d. h. Motiv des lenkungspolitischen Grundes (Vermeidung unbilliger Härten).	Weitere Informationen: Das Nichtanwendungsgesetz besteht noch. Das Nichtanwendungsgesetz ist innerhalb von einem bis zwei Jahren nach der BFH-Entscheidung erlassen worden. Das Nichtanwendungsgesetz ist erst im Laufe der parlamentarischen Beratungen im Rahmen der abschließenden Beratungen des

1816 BT-Drs. 3/1941, 1 mit Verweis auf BT-Drs. 3/1811, 3 f.
1817 BT-Drs. 3/1811, 11 f.
1818 BT-Drs. zu 3/2706, 3.

Nichtanwendungsgesetz: § 24 Nr. 1 lit. c) EStG normiert, dass auch Ausgleichszahlungen an Handelsvertreter nach § 89b HGB als Entschädigung gelten.		Gesetzgebungsverfahrens im Finanzausschuss des Bundestages durch diesen zum Gegenstand des Gesetzes geworden. Die Finanzverwaltung hat die BFH-Entscheidung vor Erlass des Nichtanwendungsgesetzes allgemein angewandt. Es handelt sich um ein antifiskalisches Nichtanwendungsgesetz. Sonstiges: Keine Ausführungen.

Fundstelle BGBl	**Datum, Aktenzeichen und Fundstelle der BFH-Entscheidung**	**Initiator für das Nichtanwendungsgesetz gem. Art. 76 Abs. 1 GG?**	**BFH-Entscheidung in Gesetzesbegründung erwähnt?**	**Fiskalische Auswirkungen des Nichtanwendungsgesetzes laut Gesetzesbegründung?**	**Enthält Nichtanwendungsgesetz Rückwirkung?**	**Nichtanwendungserlass vor Nichtanwendungsgesetz?**
BGBl I 1961, 981 (982); StÄndG 1961 vom 13. 07. 1961	22. 10. 1959, IV 118/59 S, BStBl III 1960, 21	Bundestag[1819]	Nein[1820]	keine Angaben	Nein	Nein

1819 In Gestalt des Finanzausschusses, BT-Drs. 3/2706, 5.

1820 BT-Drs. zu 3/2706, 3. Es wird lediglich Bezug auf die „Rechtsprechung“ genommen. Ein Datum, Aktenzeichen oder die Fundstelle einer BFH-Entscheidung werden aber nicht genannt.

Nichtanwendungsgesetz	Motive für Nichtanwendungsgesetz laut Gesetzesbegründung	Weitere Informationen und Sonstiges
BFH-Entscheidung: Die Fristbestimmung in § 71 Abs. 2 EStDV ist rechtsunwirksam. Nichtanwendungsgesetz: § 46 Abs. 2 Satz 2 EStG normiert, dass der Antrag auf Veranlagung in den Fällen der Ziffern 7 und 8 bis zum Ablauf des auf den Veranlagungszeitraum folgenden zweiten Kalenderjahrs zu stellen ist.	Schaffung einer ausreichend bestimmten gesetzlichen Grundlage[1821], d. h. Motiv der Rechtsdogmatik.	Weitere Informationen: Das Nichtanwendungsgesetz besteht nicht mehr. Es ist durch Streichung des Satzes im StÄndG 1992[1822] weggefallen. Die Zweijahresfrist ist durch das JStG 2008[1823] weggefallen. Das Nichtanwendungsgesetz ist innerhalb von einem bis zwei Jahren nach der BFH-Entscheidung erlassen worden. Die Finanzverwaltung hat die BFH-Entscheidung vor Erlass des Nichtanwendungsgesetzes allgemein angewandt. Es handelt sich um ein profiskalisches Nichtanwendungsgesetz. Sonstiges: Keine Ausführungen.

1821 BT-Drs. 7/1509, 12.
1822 BGBl I 1992, 297 (307).
1823 BGBl I 2007, 3150 (3157).

Fundstelle BGBl	Datum, Aktenzeichen und Fundstelle der BFH-Entscheidung	Initiator für das Nichtanwendungsgesetz gem. Art. 76 Abs. 1 GG?	BFH-Entscheidung in Gesetzesbegründung erwähnt?	Fiskalische Auswirkungen des Nichtanwendungsgesetzes laut Gesetzesbegründung?	Enthält Nichtanwendungsgesetz Rückwirkung?	Nichtanwendungserlass vor Nichtanwendungsgesetz?
BGBl I 1974, 1489 (1490); 2. StÄndG 1973 vom 18. 07. 1974	03. 04. 1973, VIII R 19/73, BStBl II 1973, 484	Bundesregierung[1824]	Ja[1825]	keine Angaben	Ja	Nein

Nichtanwendungsgesetz	Motive für Nichtanwendungsgesetz laut Gesetzesbegründung	Weitere Informationen und Sonstiges
BFH-Entscheidung: Ein gewerblicher Unternehmer, der Erfahrungen im Rahmen seines Gewerbebetriebs dritten Personen gegen Entgelt überlässt, erzielt – auch bei beschränkter Steuerpflicht – Einkünfte aus Gewerbebetrieb und nicht Einkünfte aus selbstständiger Arbeit.	Schließung von Besteuerungslücken[1826], d. h. Motiv des fiskalischen Grundes.	Weitere Informationen: Das Nichtanwendungsgesetz besteht noch. Es wurde zwischenzeitlich durch ein weiteres Nichtanwendungsgesetz ergänzt[1827]. Das Nichtanwendungsgesetz ist innerhalb von drei bis fünf Jahren nach der BFH-Entscheidung erlassen worden.

1824 BT-Drs. 7/1509, 4
1825 BT-Drs. 7/1509, 12.
1826 BT-Drs. 7/1509, 13.
1827 BGBl I 2008, 2794 (2804) gegen BFH vom 21. 04. 1999, I B 99/98, BStBl II 2000, 254.

Nichtanwendungsgesetz: In § 49 Abs. 1 Nr. 9 EStG wird u. a. normiert, dass Vergütungen, die für die Überlassung von Know-how bezogen werden als sonstige Einkünfte i. S. d. § 22 Nr. 3 EStG der beschränkten Steuerpflicht unterliegen.		Die Finanzverwaltung hat die BFH-Entscheidung vor Erlass des Nichtanwendungsgesetzes allgemein angewandt. Es handelt sich um ein neutrales Nichtanwendungsgesetz. Sonstiges: Keine Ausführungen.

Fundstelle BGBl	**Datum, Aktenzeichen und Fundstelle der BFH-Entscheidung**	**Initiator für das Nichtanwendungsgesetz gem. Art. 76 Abs. 1 GG?**	**BFH-Entscheidung in Gesetzesbegründung erwähnt?**	**Fiskalische Auswirkungen des Nichtanwendungsgesetzes laut Gesetzesbegründung?**	**Enthält Nichtanwendungsgesetz Rückwirkung?**	**Nichtanwendungserlass vor Nichtanwendungsgesetz?**
BGBl I 1974, 1489 (1490); 2. StÄndG 1973 vom 18. 07. 1974	04. 03. 1970, I R 140/66, BStBl II 1970, 428	Bundesregierung[1828]	Ja[1829]	keine Angaben	Ja	Nein

1828 BT-Drs. 7/1509, 5.
1829 BT-Drs. 7/1509, 13.

Nichtanwendungsgesetz	Motive für Nichtanwendungsgesetz laut Gesetzesbegründung	Weitere Informationen und Sonstiges
BFH-Entscheidung: Die Pflicht des Arbeitgebers zur Einbehaltung und Abführung der LSt besteht regelmäßig nur insoweit, als der Arbeitgeber tatsächlich oder rechtlich in die Zahlung des Arbeitslohns an die Arbeitnehmer eingeschaltet ist. Diese Voraussetzung liegt in bezug auf die den Arbeitnehmern freiwillig zugewendeten Trinkgeldern im Allgemeinen nicht vor. Nichtanwendungsgesetz: § 38 Abs. 1 Satz 2 EStG normiert, dass auch der im Rahmen des Dienstverhältnisses üblicherweise von einem Dritten für eine Arbeitsleistung gezahlte Arbeitslohn der LSt unterliegt.	Die BT-Drs. 7/1470 stammt vom 09. 01. 1974 und begründet § 38 Abs. 1 Satz 2 EStG auf Seite 303 mit einer ergänzenden Klarstellung. Die BT-Drs. 7/1470 ist damit zeitlich vor der BFH-Entscheidung vom 13. 03. 1974 ergangen. Daher ist kein Motiv für den Erlass des Nichtanwendungsgesetzes bekannt, d. h. es liegt ein motivloses Nichtanwendungsgesetz vor.	Weitere Informationen: Das Nichtanwendungsgesetz besteht noch. Es wurde durch das StÄndG 2003 ergänzt und findet sich heute in § 38 Abs. 1 Satz 3 EStG[1830]. Das Nichtanwendungsgesetz ist innerhalb eines Jahres nach der BFH-Entscheidung erlassen worden. Die Finanzverwaltung hat die BFH-Entscheidung vor Erlass des Nichtanwendungsgesetzes allgemein angewandt. Es handelt sich um ein profiskalisches Nichtanwendungsgesetz. Sonstiges: Keine Ausführungen.

1830 BGBl I 2003, 2645 (2646).

Fundstelle BGBl	Datum, Aktenzeichen und Fundstelle der BFH-Entscheidung	Initiator für das Nichtanwendungsgesetz gem. Art. 76 Abs. 1 GG?	BFH-Entscheidung in Gesetzesbegründung erwähnt?	Fiskalische Auswirkungen des Nichtanwendungsgesetzes laut Gesetzesbegründung?	Enthält Nichtanwendungsgesetz Rückwirkung?	Nichtanwendungserlass vor Nichtanwendungsgesetz?
BGBl I 1974, 1769 (1781); EStRG vom 05. 08. 1974	13. 03. 1974, VI R 212/70, BStBl II 1974, 411	Bundesregierung[1831]	Nein[1832]	keine Angaben	Nein	Nein

1831 BT-Drs. 7/1470, 78.
1832 BT-Drs. 7/1470, 303.

Nichtanwendungsgesetz	Motive für Nichtanwendungsgesetz laut Gesetzesbegründung	Weitere Informationen und Sonstiges
BFH-Entscheidung: Die Biersteuer darf weder als Herstellungskosten eines Wirtschaftsgutes noch als Rechnungsabgrenzungsposten aktiviert werden. Nichtanwendungsgesetz: § 5 Abs. 3 Satz 2 EStG normiert, dass als Aufwand berücksichtigte Zölle und Verbrauchsteuern auf der Aktivseite als Rechnungsabgrenzungsposten anzusetzen sind, soweit sie auf am Abschlussstichtag auszuweisende Wirtschaftsgüter des Vorratsvermögens entfallen.	Die bilanzmäßige Behandlung von Zöllen und Verbrauchsteuen nach der Rechtslage vor der BFH-Entscheidung führt zu einem wirtschaftlich sinnvollen Ergebnis. Dieses soll auch weiterhin gelten[1833], d. h. Motiv des rechtspolitischen Grundes. Verhinderung erheblicher Steuerausfälle[1834], d. h. Motiv des fiskalischen Grundes.	Weitere Informationen: Das Nichtanwendungsgesetz besteht noch. Es findet sich heute in § 5 Abs. 5 Satz 2 Nr. 1 EStG. Das Nichtanwendungsgesetz ist innerhalb von einem bis zwei Jahren nach der BFH-Entscheidung erlassen worden. Das Nichtanwendungsgesetz ist erst im Laufe der parlamentarischen Beratungen im Rahmen der abschließenden Beratungen des Gesetzgebungsverfahrens im Finanzausschuss des Bundestages durch diesen zum Gegenstand des Gesetzes geworden. Die Finanzverwaltung hat die BFH-Entscheidung vor Erlass des Nichtanwendungsgesetzes nicht allgemein angewandt.

1833 BT-Drs. 7/5458, 9.
1834 BT-Drs. 7/5458, 9.

		Es handelt sich um ein profiskalisches Nichtanwendungsgesetz. Sonstiges: Keine Ausführungen.

Fundstelle BGBl	**Datum, Aktenzeichen und Fundstelle der BFH-Entscheidung**	**Initiator für das Nichtanwendungsgesetz gem. Art. 76 Abs. 1 GG?**	**BFH-Entscheidung in Gesetzesbegründung erwähnt?**	**Fiskalische Auswirkungen des Nichtanwendungsgesetzes laut Gesetzesbegründung?**	**Enthält Nichtanwendungsgesetz Rückwirkung?**	**Nichtanwendungserlass vor Nichtanwendungsgesetz?**
BGBl I 1976, 3341 (3346); EGAO 1977 vom 14. 12. 1976	26. 02. 1975, I R 72/73, BStBl II 1976, 13	Bundestag[1835]	Ja[1836]	Verhinderung einmaliger Gewinnminderungen von ca. 477,38 Mio. €[1837]	Nein	Ja[1838]

1835 In Gestalt des Finanzausschusses, BT-Drs. 7/5456, 2 und 15 sowie BT-Drs. 7/5458, 3.

1836 BT-Drs. 7/5458, 9. Die BT-Drs. zitiert mit der Angabe „BStBl II 1976, 16“ eine falsche Fundstelle der BFH-Entscheidung. Die BFH-Entscheidung findet sich im „BStBl II 1976, 13“.

1837 BT-Drs. 7/5458, 9.

1838 BMF vom 19. 12. 1975, IV B 2 – S 2173 – 15/75, BStBl I 1976, 7.

Nichtanwendungsgesetz	Motive für Nichtanwendungsgesetz laut Gesetzesbegründung	Weitere Informationen und Sonstiges
BFH-Entscheidung: Ein Wirtschaftsgut (hier Straßenleuchte) ist einer selbständigen Nutzung i. S. d. § 6 Abs. 2 EStG fähig, wenn es ohne wesentliche Veränderung aus seinem bisherigen Nutzungszusammenhang herausgelöst werden kann und in einem anderen Nutzungszusammenhang funktionsfähig bleibt. Das Schriftenminimum einer Druckerei ist einer selbstständigen Bewertung und Nutzung i. S. d. § 6 Abs. 2 EStG fähig. Nichtanwendungsgesetz: § 6 Abs. 2 Satz 2 und 3 EStG normiert, dass ein Wirtschaftsgut einer selbständigen Nutzung nicht fähig ist, wenn es nach seiner betrieblichen Zweckbestimmung nur zusammen mit anderen Wirtschaftsgütern des Anlagevermögens genutzt werden kann und die in den Nutzungszusammenhang	Verhinderung erheblicher Steuermindereinnahmen[1839], d. h. Motiv des fiskalischen Grundes. Sicherstellung mittels Gesetz, dass die Bewertungsfreiheit nur im schon bisher zulässigen Rahmen in Anspruch genommen werden kann[1840], d. h. Motiv der Rechtskontinuität.	Weitere Informationen: Das Nichtanwendungsgesetz besteht noch. Das Nichtanwendungsgesetz ist innerhalb von drei bis fünf Jahren nach der BFH-Entscheidung erlassen worden. Das Nichtanwendungsgesetz ist erst im Laufe der parlamentarischen Beratungen im Rahmen der abschließenden Beratungen des Gesetzgebungsverfahrens im Finanzausschuss des Bundestages durch diesen zum Gegenstand des Gesetzes geworden. Die Finanzverwaltung hat die BFH-Entscheidung vor Erlass des Nichtanwendungsgesetzes nicht allgemein angewandt. Es handelt sich um ein profiskalisches Nichtanwendungsgesetz.

1839 BT-Drs. 7/5458, 9.

1840 BT-Drs. 7/5458, 9.

eingefügten Wirtschaftsgüter technisch aufeinander abgestimmt sind. Dies gilt auch, wenn das Wirtschaftsgut aus dem betrieblichen Nutzungszusammenhang gelöst und in einen anderen betrieblichen Nutzungszusammenhang eingefügt werden kann.		Sonstiges: Keine Ausführungen.

Fundstelle BGBl	**Datum, Aktenzeichen und Fundstelle der BFH-Entscheidung**	**Initiator für das Nichtanwendungsgesetz gem. Art. 76 Abs. 1 GG?**	**BFH-Entscheidung in Gesetzesbegründung erwähnt?**	**Fiskalische Auswirkungen des Nichtanwendungsgesetzes laut Gesetzesbegründung?**	**Enthält Nichtanwendungsgesetz Rückwirkung?**	**Nichtanwendungserlass vor Nichtanwendungsgesetz?**
BGBl I 1976, 3341 (3346); EGAO 1977 vom 14. 12. 1976	28. 03. 1973, I R 105/71, BStBl II 1974, 2; 18. 11. 1975, VIII R 9/73, BStBl II 1976, 214	Bundestag[1841]	Ja[1842]	Verhinderung von Steuerausfällen im Erstjahr i. H. v. mindestens ca. 2,556 Mrd. €[1843]	Nein	Ja[1844]

1841 In Gestalt des Finanzausschusses, BT-Drs. 7/5456, 2, 15 f. und BT-Drs. 7/5458, 4.
1842 BT-Drs. 7/5458, 4 und 9.
1843 BT-Drs. 7/5458, 9.
1844 BMF vom 09. 04. 1976, IV B 2 – S 2180 – 6/76, BStBl I 1976, 262.

Nichtanwendungsgesetz	Motive für Nichtanwendungsgesetz laut Gesetzesbegründung	Weitere Informationen und Sonstiges
BFH-Entscheidung: War die doppelte Haushaltsführung beruflich entstanden, so spricht bei inländischen Arbeitnehmern wie bei Gastarbeitern auf Grund allgemeiner Lebenserfahrung eine widerlegbare Vermutung dafür, dass auch die Beibehaltung der doppelten Haushaltsführung in den ersten zwei Jahren beruflich veranlasst ist. Nichtanwendungsgesetz: § 9 Abs. 1 Nr. 5 Satz 1 EStG normiert den zeitlich unbegrenzten Werbungskostenabzug von notwendigen Mehraufwendungen, die einem Arbeitnehmer bei einer aus beruflichem Anlass begründeten doppelten Haushaltsführung entstehen.	Aufgrund arbeitsmarktpolitischen Interesses ist die Mobilität der Arbeitnehmer zu fördern. Dieses Ziel wird nach der derzeitigen Rechtslage beeinträchtigt[1845], d. h. Motiv des lenkungspolitischen Grundes (Arbeitskräfte mit Mobilitätsbereitschaft für den Arbeitsmarkt zur Verfügung zu stellen). Vermeidung, dass mit steuerlichen Regelungen die Mobilitätsbereitschaft der Arbeitnehmer generell beeinträchtigt wird[1846], d. h. Motiv des lenkungspolitischen Grundes (Förderung der Mobilität der Arbeitnehmer).	Weitere Informationen: Das Nichtanwendungsgesetz besteht noch. Das Nichtanwendungsgesetz wurde innerhalb von einem bis zwei Jahren nach der BFH-Entscheidung erlassen. Das Nichtanwendungsgesetz ist erst im Laufe der parlamentarischen Beratungen im Rahmen der abschließenden Beratungen des Gesetzgebungsverfahrens im Finanzausschuss des Bundestages durch diesen zum Gegenstand des Gesetzes geworden. Die Finanzverwaltung hat die BFH-Entscheidung vor Erlass des Nichtanwendungsgesetzes nicht allgemein angewandt.

1845 BT-Drs. 8/2501, 15 und 18.
1846 BT-Drs. 8/2501, 18.

		Es handelt sich um ein antifiskalisches Nichtanwendungsgesetz. Sonstiges: Durch das JStG 1996[1847] wurde der Abzug von Aufwendungen für eine doppelte Haushaltsführung auf zwei Jahre begrenzt. Die Begrenzung auf zwei Jahre wurde in Folge der Rechtsprechung des BVerfG[1848] durch das StÄndG 2003[1849] wieder aufgehoben.

1847 BGBl I 1995, 1250 (1256).
1848 BVerfG vom 04. 12. 2002, 2 BvR 400/98, 1735/00, BVerfGE 107, 27.
1849 BGBl I 2003, 2645 (2646).

Fundstelle BGBl	Datum, Aktenzeichen und Fundstelle der BFH-Entscheidung	Initiator für das Nichtanwendungsgesetz gem. Art. 76 Abs. 1 GG?	BFH-Entscheidung in Gesetzesbegründung erwähnt?	Fiskalische Auswirkungen des Nichtanwendungsgesetzes laut Gesetzesbegründung?	Enthält Nichtanwendungsgesetz Rückwirkung?	Nichtanwendungserlass vor Nichtanwendungsgesetz?
BGBl I 1979, 558 (562); Gesetz[1850] vom 21. 05. 1979	02. 09. 1977, VI R 114/76, BStBl II 1978, 26; 06. 09. 1977, VI R 5/77, BStBl II 1978, 31; 06. 09. 1977, VI R 165/76, BStBl II 1978, 32	Bundestag[1851]	Ja[1852]	keine Angaben	Ja	Ja[1853]

1850 Gesetz zur Änderung des Entwicklungsländer-Steuergesetzes und des Einkommensteuergesetzes.

1851 In Gestalt des Finanzausschusses, BT-Drs. 8/2501, 13 und 15. Eigentlicher Initiator des Nichtanwendungsgesetzes scheint aber die Bundesregierung zu sein: „Der Finanzausschuss hat die Gelegenheit genutzt, dem Wunsch der Bundesregierung zu entsprechen und vordringliche einkommensteuerliche Regelungen zur Behandlung von Mehraufwendungen aus Anlass einer doppelten Haushaltsführung […] zu beschließen.“, BT-Drs. 8/2501, 15.

1852 BT-Drs. 8/2501, 18.

1853 BMF vom 10. 02. 1978, IV B 6 – S 2352 – 9/78, BStBl I 1978, 87 und BMF vom 10. 10. 1978, IV B 6 – S 2352 – 66/78, BStBl I 1978, 417. Die Nichtanwendungserlasse gelten für die Veranlagungszeiträume bis einschließlich 1978, soweit die bisherige Verwaltungspraxis für den Stpfl. günstiger als die Anwendung der BFH-Rechtsprechung war.

Nichtanwendungsgesetz	Motive für Nichtanwendungsgesetz laut Gesetzesbegründung	Weitere Informationen und Sonstiges
BFH-Entscheidung: Die Anschaffungs- oder Herstellungskosten abnutzbarer Anlagegüter sind nicht um die Absetzungen für Abnutzung zu kürzen, die auf die Zeit vor der Einbringung in den Betrieb entfallen. Nichtanwendungsgesetz: § 6 Abs. 1 Nr. 5 Satz 2 EStG normiert, dass die Anschaffungs- oder Herstellungskosten von abnutzbaren Anlagegütern um Absetzungen für Abnutzung zu kürzen sind, die auf den Zeitraum zwischen der Anschaffung oder Herstellung des Wirtschaftsguts und der Einlage entfallen.	Verhinderung, dass Abschreibungen, die auf die Zeit der Zugehörigkeit des Wirtschaftsguts zum Privatvermögen entfallen, nach Einlage in das Betriebsvermögen erneut einkommensmindernd verrechnet werden können[1854], d. h. Motiv der Rechtsdogmatik. Nach der Rechtsprechung des BFH fehlt der bisherigen Verwaltungsauffassung[1855] eine ausreichende gesetzliche Grundlage, die nunmehr geschaffen werden soll[1856], d. h. Motiv der Rechtsdogmatik.	Weitere Informationen: Das Nichtanwendungsgesetz besteht noch. Das Nichtanwendungsgesetz ist innerhalb von einem bis zwei Jahren nach der BFH-Entscheidung erlassen worden. Die Finanzverwaltung hat die BFH-Entscheidung vor Erlass des Nichtanwendungsgesetzes allgemein angewandt. Es handelt sich um ein profiskalisches Nichtanwendungsgesetz. Sonstiges: Das Nichtanwendungsgesetz schreibt die bisherige Verwaltungsauffassung (vgl. Abschnitt 39 Satz 2 EStR 1975) gesetzlich fest.

1854 BT-Drs. 8/3688, 16.
1855 Abschnitt 39 Satz 2 EStR 1975.
1856 BT-Drs. 8/3688, 16 f.

Fundstelle BGBl	**Datum, Aktenzeichen und Fundstelle der BFH-Entscheidung**	**Initiator für das Nichtanwendungsgesetz gem. Art. 76 Abs. 1 GG?**	**BFH-Entscheidung in Gesetzesbegründung erwähnt?**	**Fiskalische Auswirkungen des Nichtanwendungsgesetzes laut Gesetzesbegründung?**	**Enthält Nichtanwendungsgesetz Rückwirkung?**	**Nichtanwendungserlass vor Nichtanwendungsgesetz?**
BGBl I 1980, 1537 (1537); Gesetz[1857] vom 18. 08. 1980	07. 12. 1978, I R 142/76, BStBl II 1979, 729	Bundesregierung[1858]	Ja[1859]	keine Angaben	Ja	Nein

1857 Gesetz zur Änderung und Vereinfachung des Einkommensteuergesetzes und anderer Gesetze.
1858 BT-Drs. 8/3688, 3.
1859 BT-Drs. 8/3688, 16.

Nichtanwendungsgesetz	Motive für Nichtanwendungsgesetz laut Gesetzesbegründung	Weitere Informationen und Sonstiges
BFH-Entscheidung: Die USt auf Anzahlungen darf nicht aktiviert werden. Nichtanwendungsgesetz: § 5 Abs. 3 Satz 2 Nr. 2 EStG normiert, dass die als Aufwand berücksichtigte USt auf am Abschlussstichtag auszuweisende Anzahlungen als aktiver Rechnungsabgrenzungsposten anzusetzen ist.	Aus den Grundsätzen der Bilanzierung schwebender Geschäfte und dem Charakter der USt ergibt sich, dass die USt auf erhaltene Anzahlungen erfolgsneutral zu behandeln ist[1860], d. h. Motiv der Rechtsdogmatik. Verhinderung hoher Steuerausfälle[1861], d. h. Motiv des fiskalischen Grundes.	Weitere Informationen: Das Nichtanwendungsgesetz besteht noch. Es findet sich heute in § 5 Abs. 5 Satz 2 Nr. 2 EStG. Das Nichtanwendungsgesetz ist innerhalb von einem bis zwei Jahren nach der BFH-Entscheidung erlassen worden. Das Nichtanwendungsgesetz ist erst im Laufe der parlamentarischen Beratungen im Rahmen der abschließenden Beratungen des Gesetzgebungsverfahrens im Finanzausschuss des Bundestages durch diesen zum Gegenstand des Gesetzes geworden. Die Finanzverwaltung hat die BFH-Entscheidung vor Erlass des Nichtanwendungsgesetzes nicht allgemein angewandt.

1860 BT-Drs. 8/4157, 4.
1861 BT-Drs. 8/4157, 4.

		Es handelt sich um ein profiskalisches Nichtanwendungsgesetz. Sonstiges: Keine Ausführungen.

Fundstelle BGBl	**Datum, Aktenzeichen und Fundstelle der BFH-Entscheidung**	**Initiator für das Nichtanwendungsgesetz gem. Art. 76 Abs. 1 GG?**	**BFH-Entscheidung in Gesetzesbegründung erwähnt?**	**Fiskalische Auswirkungen des Nichtanwendungsgesetzes laut Gesetzesbegründung?**	**Enthält Nichtanwendungsgesetz Rückwirkung?**	**Nichtanwendungserlass vor Nichtanwendungsgesetz?**
BGBl I 1980, 1545 (1545); Gesetz[1862] vom 20. 08. 1980	26. 06. 1979, VIII R 145/78, BStBl II 1979, 729	Bundestag[1863]	Ja[1864]	Verhinderung von Steuerausfällen i. H. v. ca. 3,067 Mrd. €[1865]	Ja	Ja[1866]

1862 Gesetz zur Änderung des Einkommensteuergesetzes, des Körperschaftsteuergesetzes und anderer Gesetze.
1863 In Gestalt des Finanzausschusses, BT-Drs. 8/4141, 4 und BT-Drs. 8/4157, 4.
1864 BT-Drs. 8/4157, 4.
1865 BT-Drs. 8/4157, 4.
1866 BMF vom 24. 03. 1980, IV B 2 – S 2170 – 32/80, BStBl I 1980, 188.

Nichtanwendungsgesetz	Motive für Nichtanwendungsgesetz laut Gesetzesbegründung	Weitere Informationen und Sonstiges
BFH-Entscheidung: Rückstellungen für Verbindlichkeiten wegen Verletzung fremder Patentrechte sind zu bilden, wenn mit einiger Wahrscheinlichkeit damit zu rechnen ist, dass der Stpfl. in Anspruch genommen werden wird. Eine Inanspruchnahme des Stpfl. ist auch dann noch wahrscheinlich, wenn seit der Patentverletzung bereits mehrere Jahre vergangen sind und der Patentinhaber von der Verletzung seiner Patentrechte möglicherweise noch keine Kenntnis erlangt hat. Nichtanwendungsgesetz: Gem. § 5 Abs. 3 Satz 1 Nr. 1 EStG dürfen Rückstellungen wegen Verletzung fremder Patent-, Urheber- oder ähnlicher Schutzrechte erst gebildet werden, wenn der Rechteinhaber Ansprüche wegen der Rechtsverletzung geltend gemacht hat oder wenn gem. § 5 Abs. 3 Satz 1 Nr. 2 EStG ernsthaft mit einer	Gesetzliche Festschreibung der bisherigen Verwaltungspraxis[1867], d. h. Motiv der Rechtskontinuität. Vermeidung von haushaltsmäßig nicht vertretbaren Steuerausfällen[1868], d. h. Motiv des fiskalischen Grundes. Es wird vermieden, dass die Rückstellungsbildung auch ggü. den handelsrechtlich maßgebenden Grundsätzen eine Ausweitung erfährt[1869], d. h. Motiv der Rechtsdogmatik. Rückstellungen wegen Verletzungen fremder Patent-, Urheber oder ähnlicher Schutzrechte sollen nicht in einem größeren Umfang als bisher	Weitere Informationen: Das Nichtanwendungsgesetz besteht noch. Das Nichtanwendungsgesetz ist innerhalb von einem bis zwei Jahren nach der BFH-Entscheidung erlassen worden. Das Nichtanwendungsgesetz ist im Laufe der parlamentarischen Beratungen geändert worden. Die Finanzverwaltung hat die BFH-Entscheidung vor Erlass des Nichtanwendungsgesetzes nicht allgemein angewandt[1871]. Es handelt sich um ein antifiskalisches Nichtanwendungsgesetz.

1867 BT-Drs. 9/2074, 62 = BT-Drs. 9/2140, 62.
1868 BT-Drs. 9/2074, 62 und 64 f. = BT-Drs. 9/2140, 62 und 64 f. und BT-Drs. 9/2290, 3.
1869 BT-Drs. 9/2074, 65 = BT-Drs. 9/2140, 65.
1871 Das die BFH-Entscheidung enthaltende BStBl II stammt vom 20. 12. 1982. An diesem Tag wurde auch das Nichtanwendungsgesetz beschlossen.

Inanspruchnahme wegen der Rechtsverletzung zu rechnen ist. Gem. § 5 Abs. 3 Satz 2 EStG ist im Fall von Satz 1 Nr. 2 eine gebildete Rückstellung spätestens in der Bilanz des dritten Wirtschaftsjahrs nach Bildung gewinnerhöhend aufzulösen, wenn Ansprüche nicht geltend gemacht worden sind.	gebildet werden dürfen[1870], d. h. Motiv des rechtspolitischen Grundes.	Sonstiges: Keine Ausführungen.

Fundstelle BGBl	**Datum, Aktenzeichen und Fundstelle der BFH-Entscheidung**	**Initiator für das Nichtanwendungsgesetz gem. Art. 76 Abs. 1 GG?**	**BFH-Entscheidung in Gesetzesbegründung erwähnt?**	**Fiskalische Auswirkungen des Nichtanwendungsgesetzes laut Gesetzesbegründung?**	**Enthält Nichtanwendungsgesetz Rückwirkung?**	**Nichtanwendungserlass vor Nichtanwendungsgesetz?**
BGBl I 1982, 1857 (1858); Gesetz[1872] vom 20. 12. 1982	11. 11. 1981, I R 157/79, BStBl II 1982, 748	Bundesregierung[1873] Bundestag[1874]	Ja[1875]	keine Angaben mangels Unterlagen[1876]	Ja	Nein

1870 BT-Drs. 9/2074, 65 = BT-Drs. 9/2140, 65.

1872 Gesetz zur Wiederbelebung der Wirtschaft und Beschäftigung und zur Entlastung des Bundeshaushalts (Haushaltsbegleitgesetz 1983).

1873 BT-Drs. 9/2140, 4. Diese ist gleichlautend zum Gesetzesentwurf der Koalitionsfraktionen CDU, CSU und FDP, BT-Drs. 9/2074.

1874 Durch die Koalitionsfraktionen CDU, CSU und FDP, BT-Drs. 9/2074, 4. Diese ist gleichlautend zum Gesetzesentwurf der Bundesregierung, BT-Drs. 9/2140.

1875 BT-Drs. 9/2074, 64 = BT-Drs. 9/2140, 64.

1876 BT-Drs. 9/2074, 76 und 80 mit Bezug auf Fn. 4 = BT-Drs. 9/2140, 76 und 80 mit Bezug auf Fn. 4.

Nichtanwendungsgesetz	Motive für Nichtanwendungsgesetz laut Gesetzesbegründung	Weitere Informationen und Sonstiges
BFH-Entscheidung: Die nach Pauschsteuersätzen bemessene und von Arbeitgeber übernommene LSt und Lohnkirchensteuer ist nicht als eine an den Arbeitnehmer gezahlte Vergütung anzusehen. Nichtanwendungsgesetz: § 40 Abs. 1 Satz 2 EStG normiert, dass bei der Ermittlung des Pauschsteuersatzes zu berücksichtigen ist, dass die in Abs. 3 vorgeschriebene Übernahme der pauschalen LSt durch den Arbeitgeber für den Arbeitnehmer eine in Geldeswert bestehende Einnahme i. S. d. § 8 Abs. 1 EStG darstellt (Nettosteuersatz).	Gesetzliche Klarstellung der bisherigen Auslegung und Praxis[1877], d. h. Motiv der Rechtskontinuität. Vermeidung von Steuerausfällen[1878], d. h. Motiv des fiskalischen Grundes.	Weitere Informationen: Das Nichtanwendungsgesetz besteht noch. Das Nichtanwendungsgesetz ist innerhalb von drei bis fünf Jahren nach der BFH-Entscheidung erlassen worden. Das Nichtanwendungsgesetz ist im Laufe der parlamentarischen Beratungen geändert worden. Die Finanzverwaltung hat die BFH-Entscheidung vor Erlass des Nichtanwendungsgesetzes allgemein angewandt. Es handelt sich um ein profiskalisches Nichtanwendungsgesetz. Sonstiges: Keine Ausführungen.

1877 BT-Drs. 9/2074, 67, 76 und 80 mit Bezug auf Fn. 7a = BT-Drs. 9/2140, 67, 76 und 80 mit Bezug auf Fn. 7a.

1878 BT-Drs. 9/2074, 76 und 80 mit Bezug auf Fn. 7a = BT-Drs. 9/2140, 76 und 80 mit Bezug auf Fn. 7a und BT-Drs. 9/2290, 3.

Fundstelle BGBl	Datum, Aktenzeichen und Fundstelle der BFH-Entscheidung	Initiator für das Nichtanwendungsgesetz gem. Art. 76 Abs. 1 GG?	BFH-Entscheidung in Gesetzesbegründung erwähnt?	Fiskalische Auswirkungen des Nichtanwendungsgesetzes laut Gesetzesbegründung?	Enthält Nichtanwendungsgesetz Rückwirkung?	Nichtanwendungserlass vor Nichtanwendungsgesetz?
BGBl I 1982, 1857 (1861); Gesetz[1879] vom 20. 12. 1982	11. 10. 1979, IV R 83/76, BStBl II 1980, 127; 05. 11. 1982, VI R 219/80, BStBl II 1983, 91	Bundesregierung[1880] Bundestag[1881]	Ja[1882]	keine Angaben, es sollen Steuerausfälle vermieden werden[1883]	Nein	Nein

1879 Gesetz zur Wiederbelebung der Wirtschaft und Beschäftigung und zur Entlastung des Bundeshaushalts (Haushaltsbegleitgesetz 1983).

1880 BT-Drs. 9/2140, 8. Diese ist gleichlautend zum Gesetzesentwurf der Koalitionsfraktionen CDU, CSU und FDP, BT-Drs. 9/2074.

1881 Durch die Koalitionsfraktionen CDU, CSU und FDP, BT-Drs. 9/2074, 8. Diese ist gleichlautend zum Gesetzesentwurf der Bundesregierung, BT-Drs. 9/2140.

1882 BT-Drs. 9/2074, 67 = BT-Drs. 9/2140, 67. Erwähnt wird die Entscheidung des BFH vom 11. 10. 1979, IV R 83/76, BStBl II 1980, 127. Die Entscheidung des BFH vom 05. 11. 1982, VI R 219/80, BStBl II 1983, 91 wird nur als anhängiges Revisionsverfahren ohne weitere Fundstelle erwähnt. Die Veröffentlichung dieser BFH-Entscheidung hat sich zeitlich mit der Erstellung der BT-Drs. 9/2074 vom 04. 11. 1982 und der BT-Drs. 9/2140 vom 30. 11. 1982 überschnitten.

1883 BT-Drs. 9/2074, 76 und 80 mit Bezug auf Fn. 7a = BT-Drs. 9/2140, 76 und 80 mit Bezug auf Fn. 7a.

Nichtanwendungsgesetz	Motive für Nichtanwendungsgesetz laut Gesetzesbegründung	Weitere Informationen und Sonstiges
BFH-Entscheidung: Der Senat will die Gewinnerzielungsabsicht der Antragstellerin in Anlehnung an die sog. Baupatenrechtsprechung des BFH bejahen, weil nach seiner Ansicht eine solche Gewinnerzielungsabsicht schon aus den mit der Tätigkeit der Antragstellerin verbundenen sonstigen wirtschaftlichen Vorteilen (u. a. aus den Steuervergünstigungen gem. § 82 f EStDV) folgt. Nichtanwendungsgesetz: § 15 Abs. 2 Satz 2 EStG normiert, dass eine durch die Betätigung verursachte Minderung der Steuern vom Einkommen kein Gewinn i. S. d. § 15 Abs. 2 Satz 1 EStG ist.	Einschränkung von Steuervorteilen aus der Beteiligung an sog. Verlustzuweisungsgesellschaften und Bauherrenmodellen[1884], d. h. Motiv des rechtspolitischen Grundes. Eine Steuerpolitik, die produktive Investitionen fördern will, muss auch Steuervergünstigungen ständig daraufhin überprüfen, inwieweit sie noch gesamtwirtschaftlich vertretbar sind und der erforderlichen Anpassung der Volkswirtschaft dienen. Daher sollen die Steuervorteile aus der Beteiligung an sog. Verlustzuweisungsgesellschaften wirkungsvoller als bisher eingeschränkt werden[1885], d. h. Motiv des lenkungspolitischen Grundes (Förderung der Volkswirtschaft).	Weitere Informationen: Das Nichtanwendungsgesetz besteht noch. Das Nichtanwendungsgesetz ist innerhalb von einem bis zwei Jahren nach der BFH-Entscheidung erlassen worden. Die Finanzverwaltung hat die BFH-Entscheidung vor Erlass des Nichtanwendungsgesetzes allgemein angewandt. Es handelt sich um ein profiskalisches Nichtanwendungsgesetz. Sonstiges: Bei der BFH-Entscheidung handelt es sich um einen Vorlagebeschluss an den GrS des BFH gem. § 11 FGO.

1884 BT-Drs. 10/336, 1.
1885 BT-Drs. 10/336, 14.

	Steuersparmodelle in Form von Verlustzuweisungsgesellschaften einschließlich Bauherrengemeinschaften führen bei hochverdienenden Stpfl. zu Steuerminderungen, die mit dem Grundsatz der Besteuerung nach der Leistungsfähigkeit nicht zu vereinbaren sind[1886], d. h. Motiv des rechtspolitischen Grundes. Steuersparmodelle führen durch eine aufwendige und komplizierte rechtliche wie tatsächliche Gestaltung zu einem Verwaltungsaufwand, der von der Finanzverwaltung kaum noch zu bewältigen ist[1887], d. h. Motiv der Verwaltungsvereinfachung. Klarstellung, dass die Minderung der ESt kein Gewinn ist. Die Absicht, durch Verluste das Einkommen zu mindern und dadurch die Einkommensteuerbelastung der übrigen Einkunftsteile zu mindern,	Der Vorlagebeschluss an den GrS des BFH hatte sich erledigt[1889], weil der GrS des BFH im Verfahren GrS 4/82[1890] entschieden hatte, dass eine Personengesellschaft, insb. eine GmbH & Co. KG, nicht mit Gewinnerzielungsabsicht i. S. v. § 1 Abs. 1 GewStDV tätig ist und demgemäß kein gewerbliches Unternehmen i. S. d. § 15 Nr. 1 Satz 1 i. V. m. Nr. 2 EStG betreibt, wenn sie lediglich in der Absicht tätig ist, ihren Gesellschaftern eine Minderung von Steuern vom Einkommen dergestalt zu vermitteln, dass durch Zuweisung von Verlustanteilen andere an sich tariflich zu versteuernde Einkünfte nicht und die Verlustanteile letztlich nur in Form buchmäßiger Veräußerungsgewinne tarifbegünstigt versteuert werden müssen (Änderung der Rechtsprechung).

1886 BT-Drs. 10/336, 14.
1887 BT-Drs. 10/336, 14.
1889 BFH vom 24. 06. 1985, GrS 1/82, BStBl II 1985, 711.
1890 BFH vom 25. 06. 1984, GrS 4/82, BStBl II 1984, 751.

	kann nicht als Gewinnerzielungsabsicht gewertet werden[1888], d. h. Motiv der Rechtsdogmatik.	Die Entscheidung des GrS des BFH 4/82[1891] geht auf einen Vorlagebeschluss an den GrS des BFH gem. § 11 FGO zurück[1892], in welchem der vorlegende Senat die Rechtsansicht vertritt, dass eine KG nur dann ein gewerbliches Unternehmen betreibt, wenn sie einen Gewinn erstrebt, der unmittelbar aus einer nachhaltigen Beteiligung am allgemeinen wirtschaftlichen Verkehr herrührt und sich in einer Mehrung ihres Betriebsvermögens i. S. v. § 4 Abs. 1 EStG, insb. einer Mehrung ihres Gesellschaftsvermögens, niederschlägt, nicht hingegen, wenn die lediglich in der Absicht tätig ist, ihren Gesellschaftern Steuervorteile dergestalt zu vermitteln, dass durch Verlustanteilszuweisungen andere Einkünfte nicht und die Verlustanteile letztlich nur in Form tarifbegünstigter Veräußerungsgewinne (nach-)versteuert werden müssen.

1888 BT-Drs. 10/336, 26.
1891 BFH vom 25. 06. 1984, GrS 4/82, BStBl II 1984, 751.
1892 BFH vom 26. 08. 1982, IV R 207/79, BStBl II 1982, 771.

					Der Entscheidung des GrS des BFH 4/82[1893] wurde hinsichtlich der Aufgabe der Gepräge-Rechtsprechung mit einem Nichtanwendungsgesetz in § 15 Abs. 3 Nr. 2 Satz 1 EStG[1894] begegnet.	
Fundstelle BGBl	**Datum, Aktenzeichen und Fundstelle der BFH-Entscheidung**	**Initiator für das Nichtanwendungsgesetz gem. Art. 76 Abs. 1 GG?**	**BFH-Entscheidung in Gesetzesbegründung erwähnt?**	**Fiskalische Auswirkungen des Nichtanwendungsgesetzes laut Gesetzesbegründung?**	**Enthält Nichtanwendungsgesetz Rückwirkung?**	**Nichtanwendungserlass vor Nichtanwendungsgesetz?**
BGBl I 1983, 1583 (1586); StEntlG 1984 vom 22. 12. 1983	17. 02. 1982, I B 24/79, BStBl II 1982, 295	Bundesregierung[1895]	Ja[1896]	Steuermehreinnahmen in nicht zu quantifizierender Höhe[1897]	Nein	Nein

1893 BFH vom 25. 06. 1984, GrS 4/82, BStBl II 1984, 751.
1894 BGBl I 1985, 2436 (2447) gegen BFH vom 25. 06. 1984, GrS 4/82, BStBl II 1984, 751.
1895 BT-Drs. 10/336, 8.
1896 BT-Drs. 10/336, 26.
1897 BT-Drs. 10/336, 20 f. mit Bezug auf Fn. 10.

Nichtanwendungsgesetz	Motive für Nichtanwendungsgesetz laut Gesetzesbegründung	Weitere Informationen und Sonstiges
BFH-Entscheidung: Geldstrafen und -bußen sind als Betriebsausgabe abziehbar. Nichtanwendungsgesetz: Durch § 4 Abs. 5 Satz 1 Nr. 8, § 9 Abs. 5 und § 12 Nr. 4 EStG sowie § 10 Nr. 3 KStG wird normiert, dass Geldstrafen und -bußen steuerlich nicht abzugsfähig sind.	Vermeidung von drohenden Steuerausfällen[1898], d. h. Motiv des fiskalischen Grundes. Nach ihrem Zweck sollen staatliche Sanktionen den Täter oder das Unternehmen, für das der Täter gehandelt hat, in voller Höhe treffen. Dieser Zweck wird verfehlt, wenn die finanzielle Einbuße durch den Betriebsausgabenabzug gemildert wird[1899], d. h. Motiv des lenkungspolitischen Grundes (Sicherstellung des Zwecks von Sanktionen).	Weitere Informationen: Das Nichtanwendungsgesetz besteht noch. § 4 Abs. 5 Satz 1 Nr. 8 wurde durch das StÄndG 1992 vom 25. 02. 1992[1902] um einen Satz 4 ergänzt. Das Nichtanwendungsgesetz ist innerhalb eines Jahres nach der BFH-Entscheidung erlassen worden. Das Nichtanwendungsgesetz ist im Laufe der parlamentarischen Beratungen geändert worden.

1898 BT-Drs. 10/1189, 1 und 4 = BT-Drs. 10/1314, 1 und 5.
1899 BT-Drs. 10/1189, 4 f = BT-Drs. 10/1314, 5 f.
1902 BGBl I 1992, 297 (299).

	Gründe der Rechtssicherheit, um auch Geldstrafen vom Betriebsausgabenabzug auszuschließen[1900], d. h. Motiv des rechtspolitischen Grundes. Nachdrückliche Bekämpfung eines unlauteren Gewinnstrebens[1901], d. h. Motiv des lenkungspolitischen Grundes (Förderung gesetzestreuen Verhaltens).	Das Nichtanwendungsgesetz richtet sich gegen eine Entscheidung des Großen Senats i. S. d. § 11 FGO. Die Finanzverwaltung hat die BFH-Entscheidung vor Erlass des Nichtanwendungsgesetzes nicht allgemein angewandt. Es handelt sich um ein profiskalisches Nichtanwendungsgesetz. Sonstiges: Keine Ausführungen.

1900 BT-Drs. 10/1189, 4 = BT-Drs. 10/1314, 5. Die BFH-Entscheidung vom 21. 11. 1983, GrS 2/82, BStBl II 1984, 160 ist zu einer Geldstrafe nach § 890 ZPO a. F. ergangen. Diese gehört nach einer in der Zwischenzeit bis zum Beginn des Gesetzgebungsverfahrens ergangenen gesetzlichen Bestimmung zur Kategorie der Ordnungsgelder, weshalb der Ausschluss der Geldstrafen vom Betriebsausgabenabzug in der Gesetzesbegründung noch mal besonders erwähnt wird, BT-Drs. 10/1189, 4 = BT-Drs. 10/1314, 5.

1901 BT-Drs. 10/1189, 4 = BT-Drs. 10/1314, 5.

Fundstelle BGBl	Datum, Aktenzeichen und Fundstelle der BFH-Entscheidung	Initiator für das Nichtanwendungsgesetz gem. Art. 76 Abs. 1 GG?	BFH-Entscheidung in Gesetzesbegründung erwähnt?	Fiskalische Auswirkungen des Nichtanwendungsgesetzes laut Gesetzesbegründung?	Enthält Nichtanwendungsgesetz Rückwirkung?	Nichtanwendungserlass vor Nichtanwendungsgesetz?
BGBl I 1984, 1006 (1006); Gesetz[1903] vom 25. 07. 1984	21. 11. 1983, GrS 2/82, BStBl II 1984, 160; 21. 11. 1983, GrS 3/82, BStBl II 1984, 166	Bundesregierung[1904] Bundestag[1905]	Ja[1906]	Vermeidung von Steuerausfällen i. H. v. mehreren hundert Mio. DM[1907]	Ja	Ja[1908]

1903 Gesetz zur Änderung des Einkommensteuergesetzes und des Körperschaftsteuergesetzes.

1904 BT-Drs. 10/1314, 3. Diese ist gleichlautend zum Gesetzesentwurf der Fraktionen CDU, CSU, SPD, FDP und Die Grünen, BT-Drs. 10/1189.

1905 Durch die Fraktionen CDU, CSU, SPD, FDP und Die Grünen, BT-Drs. 10/1189, 2. Diese ist gleichlautend zum Gesetzesentwurf der Bundesregierung, BT-Drs. 10/1314.

1906 BT-Drs. 10/1189, 1 und 4 = BT-Drs. 10/1314, 1 und 4.

1907 BT-Drs. 10/1189, 1 = BT-Drs. 10/1314, 1.

1908 Niedersächsisches Finanzministerium vom 08. 03. 1984, S 2227 – 20 – 31 1, juris.

Nichtanwendungsgesetz	Motive für Nichtanwendungsgesetz laut Gesetzesbegründung	Weitere Informationen und Sonstiges
BFH-Entscheidung: Infragestellung des sog. Grundsatzes der umgekehrten Maßgeblichkeit. Nichtanwendungsgesetz: § 6 Abs. 3 EStG normiert den sog. Grundsatz der umgekehrten Maßgeblichkeit.	Wahrung der Steuerneutralität[1909], d. h. Motiv der Rechtsdogmatik. Die BFH-Entscheidungen vom 24. 04. 1985, I R 65/80, BStBl II 1986, 324 und vom 25. 04. 1985, IV R 83/83, BStBl II 1986, 350 beurteilen den Grundsatz der sog. umgekehrten Maßgeblichkeit unterschiedlich. Dieser Widerspruch soll zugunsten der BFH-Entscheidung vom 25. 04. 1985 aufgelöst werden und sieht die sog. umgekehrte Maßgeblichkeit vor[1910], d. h. Motiv der Rechtsdogmatik.	Weitere Informationen: Das Nichtanwendungsgesetz besteht nicht mehr. Durch das WoBauFG[1911] wurde der sog. Grundsatz der umgekehrten Maßgeblichkeit unter Aufhebung des § 6 Abs. 3 EStG in § 5 Abs. 1 Satz 2 EStG normiert. Der sog. Grundsatz der umgekehrten Maßgeblichkeit ist durch das BilMoG[1912] entfallen. Das Nichtanwendungsgesetz ist innerhalb eines Jahres nach der BFH-Entscheidung erlassen worden.

1909 BT-Drs. 10/4268, 3.

1910 BT-Drs. 10/4268, 146. Die BT-Drs. nennt mit „IV R 83/73" das falsche Aktenzeichen der BFH-Entscheidung vom 25. 04. 1985. Das richtige Aktenzeichen lautet „IV R 83/83".

1911 BGBl I 1989, 2408 (2408 f.).

1912 BGBl I 2009, 1102 (1120).

		Das Nichtanwendungsgesetz ist erst im Laufe der parlamentarischen Beratungen im Rahmen der abschließenden Beratungen des Gesetzgebungsverfahrens im Rechtsausschuss des Bundestages durch diesen zum Gegenstand des Gesetzes geworden. Die Veröffentlichung der BFH-Entscheidung im BStBl II erfolgte erst nach Erlass des Nichtanwendungsgesetzes. Die Finanzverwaltung hat die BFH-Entscheidung vor Erlass des Nichtanwendungsgesetzes nicht allgemein angewandt. Es handelt sich um ein profiskalisches Nichtanwendungsgesetz. Sonstiges: Keine Ausführungen.

Fundstelle BGBl	Datum, Aktenzeichen und Fundstelle der BFH-Entscheidung	Initiator für das Nichtanwendungsgesetz gem. Art. 76 Abs. 1 GG?	BFH-Entscheidung in Gesetzesbegründung erwähnt?	Fiskalische Auswirkungen des Nichtanwendungsgesetzes laut Gesetzesbegründung?	Enthält Nichtanwendungsgesetz Rückwirkung?	Nichtanwendungserlass vor Nichtanwendungsgesetz?
BGBl I 1985, 2355 (2425); BiRiLiG vom 19. 12. 1985	24. 04. 1985, I R 65/80, BStBl II 1986, 324	Bundestag[1913]	Ja[1914]	keine Angaben	Ja	Nein

Nichtanwendungsgesetz	Motive für Nichtanwendungsgesetz laut Gesetzesbegründung	Weitere Informationen und Sonstiges
BFH-Entscheidung: Versorgungsleistungen an die Hinterbliebenen eines verstorbenen Gesellschafters einer Personengesellschaft sind dem Gewinn der Gesellschaft nicht nach § 15 Abs. 1 Nr. 2 EStG hinzuzurechnen.	Vermeidung hoher Steuerausfälle[1915], d. h. Motiv des fiskalischen Grundes. Sicherstellung einer sinnvollen Gesetzesauslegung, um dem Sinn und Zweck der Norm entsprechend	Weitere Informationen: Das Nichtanwendungsgesetz besteht noch. Das Nichtanwendungsgesetz ist innerhalb von zwei bis drei Jahren nach der BFH-Entscheidung erlassen worden.

1913 In Gestalt des Rechtsausschusses, BT-Drs. 10/4268, 77.
1914 BT-Drs. 10/4268, 146.
1915 BT-Drs. 10/3663, 2.

Nichtanwendungsgesetz: § 15 Abs. 1 Satz 2 EStG normiert, dass Satz 1 Nr. 2 und 3 auch für Vergütungen gilt, die als nachträgliche Einkünfte (§ 24 Nr. 2 EStG) bezogen werden.	Vergütungen für von einem Gesellschafter erbrachte Leistungen auch dann dem Gewinnanteil hinzuzurechnen, wenn die Vergütung dem Gesellschafter oder seinem Rechtsnachfolger erst nach seinem Ausscheiden aus der Gesellschaft zufließt[1916], d. h. Motiv des rechtspolitischen Grundes. Ausschluss einer nichtvertretbaren Ungleichbehandlung wirtschaftlich vergleichbarer Sachverhalte[1917], d. h. Motiv der Rechtsdogmatik.	Die Finanzverwaltung hat die BFH-Entscheidung vor Erlass des Nichtanwendungsgesetzes allgemein angewandt[1918]. Es handelt sich um ein profiskalisches Nichtanwendungsgesetz. Sonstiges: Keine Ausführungen.

1916 BT-Drs. 10/3663, 7.

1917 BT-Drs. 10/3663, 7.

1918 Mit Verweis auf die unten stehenden Ausführungen zum Nichtanwendungserlass und zur Rückwirkung zu diesem Nichtanwendungsgesetz, war die Rechtsprechung des BFH in der Zeit von der Aufhebung des Nichtanwendungserlasses am 11. 04. 1985 bis zum Inkrafttreten des Nichtanwendungsgesetzes zum 25. 12. 1985, BGBl I 1985, 2436 (2459) allgemein anzuwenden. Damit liegt ein Nichtanwendungsgesetz vor, bei dem die Finanzverwaltung die BFH-Entscheidung vor Erlass des Nichtanwendungsgesetzes allgemein angewandt hat.

Fundstelle BGBl	Datum, Aktenzeichen und Fundstelle der BFH-Entscheidung	Initiator für das Nichtanwendungsgesetz gem. Art. 76 Abs. 1 GG?	BFH-Entscheidung in Gesetzesbegründung erwähnt?	Fiskalische Auswirkungen des Nichtanwendungsgesetzes laut Gesetzesbegründung?	Enthält Nichtanwendungsgesetz Rückwirkung?	Nichtanwendungserlass vor Nichtanwendungsgesetz?
BGBl I 1985, 2436 (2447); StBereinG 1986 vom 19. 12. 1985	24. 11. 1983, IV R 14/83, BStBl II 1984, 431; 25. 10. 1984, IV R 165/82, BStBl II 1985, 212	Bundesregierung[1919]	Ja[1920]	Vermeidung hoher Steuerausfälle, die sich nicht im einzelnen quantifizieren lassen[1921]	Nein	Ja[1922]

1919 BT-Drs. 10/3663, 4.
1920 BT-Drs. 10/3663, 1 und 7.
1921 BT-Drs. 10/3663, 2.
1922 BMF vom 15. 06. 1984, IV B 2 – S 2241 – 46/84, BStBl I 1984, 377. Aufgehoben durch BMF vom 11. 04. 1985, IV B 2 – S 2241 – 28/85, BStBl I 1985, 140.

Nichtanwendungsgesetz	Motive für Nichtanwendungsgesetz laut Gesetzesbegründung	Weitere Informationen und Sonstiges
BFH-Entscheidung: Bei einer GmbH & Co. KG, deren alleiniger persönlich haftender und geschäftsführender Gesellschafter eine GmbH ist, sind nicht allein wegen dieser Rechtsform alle Einkünfte i. S. d. § 2 Abs. 3 EStG mit Wirkung für alle Gesellschafter (Mitunternehmer) als Einkünfte aus Gewerbebetrieb zu qualifizieren (Aufgabe der Gepräge-Rechtsprechung). Nichtanwendungsgesetz: § 15 Abs. 3 Nr. 2 Satz 1 EStG normiert, dass die mit Einkünfteerzielungsabsicht unternommene Tätigkeit einer Personengesellschaft, die keine Tätigkeit i. S. d. Abs. 1 Nr. 1 ausübt und bei der ausschließlich eine oder mehrere Kapitalgesellschaften persönlich haftende Gesellschafter sind und nur diese oder Personen,	Vermeidung hoher Steuerausfälle[1923], d. h. Motiv des fiskalischen Grundes. Es kann nicht hingenommen werden, dass die mit der Wahl einer bestimmten Rechtsform verbundenen Vorteile in Anspruch genommen werden, die damit verbundene Folge bestimmter Steuerpflichten, die bei der Wahl der Rechtsform bekannt waren und in die Disposition einbezogen wurden, jedoch rückwirkend entfallen[1924], d. h. Motiv des rechtspolitischen Grundes. Gleichartige und in gleicher Rechtsform ausgeübte Tätigkeiten sollen steuerrechtlich gleich	Weitere Informationen: Das Nichtanwendungsgesetz besteht noch. Das Nichtanwendungsgesetz ist innerhalb von einem bis zwei Jahren nach der BFH-Entscheidung erlassen worden. Das Nichtanwendungsgesetz ist im Laufe der parlamentarischen Beratungen geändert worden. Das Nichtanwendungsgesetz richtet sich gegen eine Entscheidung des Großen Senats i. S. d. § 11 FGO. Das Nichtanwendungsgesetz richtet sich gegen eine Änderung der Rechtsprechung des BFH.

1923 BT-Drs. 10/3663, 2.
1924 BT-Drs. 10/3663, 6.

die nicht Gesellschafter sind, zur Geschäftsführung befugt sind (gewerblich geprägtePersonengesellschaft), als Gewerbebetrieb in vollem Umfang gilt.	behandelt werden[1925], d. h. Motiv der Rechtsdogmatik. Vermeidung einer zweifachen Ergebnisermittlung[1926], d. h. Motiv der Verwaltungsvereinfachung.	Die Finanzverwaltung hat die BFH-Entscheidung vor Erlass des Nichtanwendungsgesetzes nicht allgemein angewandt. Es handelt sich um ein profiskalisches Nichtanwendungsgesetz. Sonstiges: Die gleichzeitige Einführung von § 15 Abs. 3 Nr. 2 Satz 2 EStG ist ebenfalls im Kontext des Nichtanwendungsgesetzes zu sehen.

1925 BT-Drs. 10/3663, 6.
1926 BT-Drs. 10/3663, 6.

Fundstelle BGBl	**Datum, Aktenzeichen und Fundstelle der BFH-Entscheidung**	**Initiator für das Nichtanwendungsgesetz gem. Art. 76 Abs. 1 GG?**	**BFH-Entscheidung in Gesetzesbegründung erwähnt?**	**Fiskalische Auswirkungen des Nichtanwendungsgesetzes laut Gesetzesbegründung?**	**Enthält Nichtanwendungsgesetz Rückwirkung?**	**Nichtanwendungserlass vor Nichtanwendungsgesetz?**
BGBl I 1985, 2436 (2447); StBereinG 1986 vom 19. 12. 1985	25. 06. 1984, GrS 4/82, BStBl II 1984, 751	Bundesregierung[1927]	Ja[1928]	Vermeidung hoher Steuerausfälle, die sich nicht im einzelnen quantifizieren lassen[1929]	Ja	Ja[1930]

1927 BT-Drs. 10/3663, 4.
1928 BT-Drs. 10/3663, 1 und 6.
1929 BT-Drs. 10/3663, 2.
1930 BMF vom 10. 01. 1985, IV B 2 – S 2241 – 2/85, BStBl I 1985, 48.

Nichtanwendungsgesetz	Motive für Nichtanwendungsgesetz laut Gesetzesbegründung	Weitere Informationen und Sonstiges
BFH-Entscheidung: Für rechtsverbindlich zugesagte Jubiläumszuwendungen muss eine Rückstellung in dem Umfang gebildet werden, als die Anspruchsvoraussetzungen durch die vergangene Betriebszugehörigkeit des Arbeitnehmers erfüllt sind. Nichtanwendungsgesetz: § 5 Abs. 4 EStG normiert, dass Rückstellungen für die Verpflichtung zu einer Zuwendung anlässlich eines Dienstjubiläums nur gebildet werden dürfen, wenn das Dienstverhältnis mindestens zehn Jahre bestanden hat, das Dienstjubiläum das Bestehen eines Dienstverhältnisses von mindestens fünfzehn Jahren voraussetzt und die Zusage schriftlich erteilt ist.	Der steuerliche Gewinn soll nicht durch Rückstellungen für Verpflichtungen gemindert werden, deren – u. U. in sehr ferner Zukunft liegende – Verwirklichung im Einzelfall zweifelhaft ist und die sich deshalb nicht den vorangegangenen Wirtschaftsjahren zuordnen lassen[1931], d. h. Motiv des rechtspolitischen Grundes. Einnahmeerhöhende Maßnahme durch Verbreiterung der steuerlichen Bemessungsgrundlage[1932], d. h. Motiv des fiskalischen Grundes.	Weitere Informationen: Das Nichtanwendungsgesetz besteht noch. Es wurde durch das StEntlG 1999/2000/2002[1935] um den Zusatz „und soweit der Zuwendungsberechtigte seine Anwartschaft nach dem 31. 12. 1992 erwirbt" ergänzt. Das Nichtanwendungsgesetz ist innerhalb von einem bis zwei Jahren nach der BFH-Entscheidung erlassen worden. Das Nichtanwendungsgesetz ist im Laufe der parlamentarischen Beratungen geändert worden. Die Finanzverwaltung hat die BFH-Entscheidung vor Erlass des

1931 BT-Drs. 11/2157, 140.
1932 BT-Drs. 11/2536, 4.
1935 BGBl I 1999, 402 (404).

	Die zeitlichen Voraussetzungen für die Bildung einer Jubiläumsrückstellung berücksichtigen die hohe Fluktuation von Arbeitnehmern in den ersten zehn Jahren der Betriebszugehörigkeit und belohnen langjährige Betriebstreue[1933], d. h. Motiv des lenkungspoltischen Grundes (Belohnung langjähriger Betriebstreue). Aus Gründen der Rechtssicherheit muss für die Zusage der Jubiläumszuwendung die Schriftform gewahrt sein[1934], d. h. Motiv des rechtspolitischen Grundes.	Nichtanwendungsgesetzes allgemein angewandt. Es handelt sich um ein profiskalisches Nichtanwendungsgesetz. Sonstiges: Keine Ausführungen.

1933 BT-Drs. 11/2536, 77.
1934 BT-Drs. 11/2536, 77.

Fundstelle BGBl	Datum, Aktenzeichen und Fundstelle der BFH-Entscheidung	Initiator für das Nichtanwendungsgesetz gem. Art. 76 Abs. 1 GG?	BFH-Entscheidung in Gesetzesbegründung erwähnt?	Fiskalische Auswirkungen des Nichtanwendungsgesetzes laut Gesetzesbegründung?	Enthält Nichtanwendungsgesetz Rückwirkung?	Nichtanwendungserlass vor Nichtanwendungsgesetz?
BGBl I 1988, 1093 (1095); StReformG 1990 vom 25. 07. 1988	05. 02. 1987, IV R 81/84, BStBl II 1987, 845	Bundesregierung[1936] Bundestag[1937]	Ja[1938]	Steuermehreinnahmen p. a. i. H. v. 306,78 Mio. €[1939]; Die Zulassung von Jubiläumsrückstellungen ab 1993 führt zu Steuermindereinnahmen von 76,69 Mio. €[1940]	Nein	Nein

1936 BT-Drs. 11/2226. Diese ist gleichlautend zum Gesetzesentwurf der Fraktionen CDU, CSU und FDP, BT-Drs. 11/2157.

1937 Durch die Fraktionen CDU, CSU, und FDP, BT-Drs. 11/2157, 5. Diese ist gleichlautend zum Gesetzesentwurf der Bundesregierung, BT-Drs. 11/2226.

1938 BT-Drs. 11/2157, 140

1939 BT-Drs. 11/2157, 126.

1940 BT-Drs. 11/2536, 66.

Nichtanwendungsgesetz	Motive für Nichtanwendungsgesetz laut Gesetzesbegründung	Weitere Informationen und Sonstiges
BFH-Entscheidung: Es ist nicht erforderlich, dass der Spender gegen den Empfänger einen Erstattungsanspruch hat, auf den er verzichtet. Nichtanwendungsgesetz: § 10b Abs. 3 Satz 4 EStG normiert, dass Aufwendungen zugunsten einer zum Empfang steuerlich abzugsfähiger Zuwendungen berechtigten Körperschaft nur abzugsfähig sind, wenn ein Anspruch auf die Erstattung der Aufwendungen durch Vertrag oder Satzung eingeräumt und auf die Erstattung verzichtet worden ist. Gem. § 10b Abs. 3 Satz 5 EStG darf der Anspruch nicht unter der Bedingung des Verzichts eingeräumt worden sein.	Gesetzliche Festschreibung der von der Finanzverwaltung vorgenommenen Auslegung[1941], d. h. Motiv des rechtspoltischen Grundes. Die Klarstellung dient der Rechtssicherheit[1942], d. h. Motiv des rechtspoltischen Grundes.	Weitere Informationen: Das Nichtanwendungsgesetz besteht noch. Es befindet sich heute mit verändertem Satzbau in § 10b Abs. 3 Satz 5 und 6 EStG. Das Nichtanwendungsgesetz ist innerhalb von drei bis fünf Jahren nach der BFH-Entscheidung erlassen worden. Die Finanzverwaltung hat die BFH-Entscheidung vor Erlass des Nichtanwendungsgesetzes nicht allgemein angewandt. Es handelt sich um ein profiskalisches Nichtanwendungsgesetz. Sonstiges: Keine Ausführungen.

1941 BT-Drs. 11/4176, 13.

1942 BT-Drs. 11/4176, 13.

Fundstelle BGBl	**Datum, Aktenzeichen und Fundstelle der BFH-Entscheidung**	**Initiator für das Nichtanwendungsgesetz gem. Art. 76 Abs. 1 GG?**	**BFH-Entscheidung in Gesetzesbegründung erwähnt?**	**Fiskalische Auswirkungen des Nichtanwendungsgesetzes laut Gesetzesbegründung?**	**Enthält Nichtanwendungsgesetz Rückwirkung?**	**Nichtanwendungserlass vor Nichtanwendungsgesetz?**
BGBl I 1989, 2212 (2213); Gesetz[1943] vom 18. 12. 1989	24. 09. 1985, IX R 8/81, BStBl II 1986, 726	Bundesregierung[1944]	Nein[1945]	keine Angaben	Nein	Ja[1946]

1943 Gesetz zur Verbesserung und Vereinfachung der Vereinsbesteuerung (Vereinsförderungsgesetz).

1944 BT-Drs. 11/4176, 5.

1945 BT-Drs. 11/4176, 13. Die Gesetzesbegründung erwähnt zwar die höchstrichterliche Rechtsprechung, ohne diese aber durch ein Datum, Aktenzeichen oder Fundstelle näher zu präzisieren.

1946 BMF vom 27. 08. 1986, IV B 4 – S 2223 – 194/86, BStBl I 1986, 479.

Nichtanwendungsgesetz	Motive für Nichtanwendungsgesetz laut Gesetzesbegründung	Weitere Informationen und Sonstiges
BFH-Entscheidung: Schulgeld, das Eltern an den Trägerverein einer Privatschule für die Unterrichtung ihrer Kinder zahlen, ist nicht – auch nicht teilweise – als Spende abziehbar. Nichtanwendungsgesetz: § 10 Abs. 1 Nr. 9 EStG normiert, dass 30 vom Hundert des Entgelts, das der Stpfl. für ein Kind, für das er einen Kinderfreibetrag erhält, für den Besuch einer gem. Art. 7 Abs. 4 GG staatlich genehmigten oder nach Landesrecht erlaubten Ersatzschule sowie einer nach Landesrecht anerkannten allgemeinbildenden Ergänzungsschule entrichtet mit Ausnahme des Entgelts für Beherbergung, Betreuung und Verpflegung Sonderausgaben sind.	Erweiterung des Freiraums für künstlerisches und kulturelles Engagement[1947], d. h. Motiv des lenkungspoltischen Grundes (Förderung von Kunst und Kultur). Förderung von Ersatz-[1948] und allgemeinbildenden Ergänzungsschulen[1949], d. h. d. h. Motiv des lenkungspoltischen Grundes (Förderung bestimmter Schultypen).	Weitere Informationen: Das Nichtanwendungsgesetz besteht noch. Die Norm des § 10 Abs. 1 Nr. 9 EStG wurde zwischenzeitlich redaktionell geändert[1950]. Ferner wurde die Norm an europarechtliche Anforderungen angepasst und eine Höchstgrenze für den Sonderausgabenabzug i. H. v. 5.000 € eingeführt[1951]. Das Nichtanwendungsgesetz ist innerhalb von drei bis fünf Jahren nach der BFH-Entscheidung erlassen worden. Das Nichtanwendungsgesetz ist im Laufe der parlamentarischen Beratungen geändert worden. Die Finanzverwaltung hat die BFH-Entscheidung vor Erlass des Nichtanwendungsgesetzes allgemein angewandt.

1947 BT-Drs. 11/7833, 2.
1948 BT-Drs. 11/7833, 8.
1949 BT-Drs. 11/8346, 21.
1950 BGBl I 1995, 1250 (1257) und BGBl I 2006, 2878 (2880).
1951 BGBl I 2008, 2794 (2796).

					Es handelt sich um ein antifiskalisches Nichtanwendungsgesetz. Sonstiges: Keine Ausführungen.	
Fundstelle BGBl	**Datum, Aktenzeichen und Fundstelle der BFH-Entscheidung**	**Initiator für das Nichtanwendungsgesetz gem. Art. 76 Abs. 1 GG?**	**BFH-Entscheidung in Gesetzesbegründung erwähnt?**	**Fiskalische Auswirkungen des Nichtanwendungsgesetzes laut Gesetzesbegründung?**	**Enthält Nichtanwendungsgesetz Rückwirkung?**	**Nichtanwendungserlass vor Nichtanwendungsgesetz?**
BGBl I 1990, 2775 (2775); Gesetz[1952] vom 13. 12. 1990	25. 08. 1987, IX R 24/85, BStBl II 1987, 850	Bundestag[1953]	Nein[1954]	nicht quantifizierte Steuermindereinnahmen[1955]	Nein	Nein

1952 Gesetz zur steuerlichen Förderung von Kunst, Kultur und Stiftungen sowie zur Änderung steuerrechtlicher Vorschriften (Kultur- und Stiftungsförderungsgesetz).

1953 Durch die Fraktionen CDU, CSU, und FDP, BT-Drs. 11/7833, 3.

1954 BT-Drs. 11/7833, 8 und BT-Drs. 11/8346, 21.

1955 Insgesamt führen die Normen des Gesetzes zur steuerlichen Förderung von Kunst, Kultur und Stiftungen sowie zur Änderung steuerrechtlicher Vorschriften (Kultur- und Stiftungsförderungsgesetz) zu Steuermindereinnahmen von 35,79 Mio. € im Entstehungsjahr 1991, BT-Drs. 11/7833, 2. Eine Zuordnung der auf die jeweilige Norm entfallenden Steuermindereinnahmen erfolgt jedoch nicht.

Nichtanwendungsgesetz	Motive für Nichtanwendungsgesetz laut Gesetzesbegründung	Weitere Informationen und Sonstiges
BFH-Entscheidung: Die Vorschrift des § 4 Abs. 5 Satz 1 Nr. 7 EStG gilt nicht für den Bereich der Werbungskosten. Nichtanwendungsgesetz: § 9 Abs. 5 EStG normiert, dass § 4 Abs. 5 Satz 1 Nr. 1 bis 5, 7 bis 8a und Abs. 6 sinngemäß gelten[1956].	Durch die Änderung wird erreicht, dass die Abzugsbeschränkung bestimmter Aufwendungen als Betriebsausgaben für den Bereich der Überschusseinkünfte sinngemäß anzuwenden ist[1957], d. h. Motiv der Rechtsdogmatik.	Weitere Informationen: Das Nichtanwendungsgesetz besteht noch. Der Anwendungsbereich des § 9 Abs. 5 EStG wurde zwischenzeitlich erweitert. Das Nichtanwendungsgesetz ist innerhalb von zwei bis drei Jahren nach der BFH-Entscheidung erlassen worden. Das Nichtanwendungsgesetz richtet sich gegen eine Änderung der Rechtsprechung des BFH. Die Finanzverwaltung hat die BFH-Entscheidung vor Erlass des Nichtanwendungsgesetzes allgemein angewandt. Es handelt sich um ein profiskalisches Nichtanwendungsgesetz. Sonstiges: Keine Ausführungen.

1956 Vor dem Erlass des Nichtanwendungsgesetzes normierte § 9 Abs. 5 EStG, dass § 4 Abs. 5 Nr. 8 und 8a und Abs. 6 sinngemäß gelten.
1957 BT-Drs. 12/1108, 55.

Fundstelle BGBl	Datum, Aktenzeichen und Fundstelle der BFH-Entscheidung	Initiator für das Nichtanwendungsgesetz gem. Art. 76 Abs. 1 GG?	BFH-Entscheidung in Gesetzesbegründung erwähnt?	Fiskalische Auswirkungen des Nichtanwendungsgesetzes laut Gesetzesbegründung?	Enthält Nichtanwendungsgesetz Rückwirkung?	Nichtanwendungserlass vor Nichtanwendungsgesetz?
BGBl I 1992, 297 (300); StÄndG 1992 vom 25. 02. 1992	12. 01. 1990, VI R 29/86, BStBl II 1990, 423	Bundesregierung[1958] Bundestag[1959]	Nein[1960]	keine Angaben	Nein	Nein

1958 BT-Drs. 12/1368. Diese ist gleichlautend zum Gesetzesentwurf der Fraktionen CDU, CSU und FDP, BT-Drs. 12/1108.

1959 Durch die Fraktionen CDU, CSU, und FDP, BT-Drs. 12/1108, 6. Diese ist gleichlautend zum Gesetzesentwurf der Bundesregierung, BT-Drs. 12/1368.

1960 BT-Drs. 12/1108, 55.

Nichtanwendungsgesetz	Motive für Nichtanwendungsgesetz laut Gesetzesbegründung	Weitere Informationen und Sonstiges
BFH-Entscheidung: Denkmalschutzaufwendungen sind nicht als außergewöhnliche Belastungen abzugsfähig. Nichtanwendungsgesetz: § 10g EStG normiert eine Steuerbegünstigung für schutzwürdige Kulturgüter, die weder zur Einkunftserzielung noch zu eigenen Wohnzwecken genutzt werden und wie Sonderausgaben zu jeweils 10 % über 10 Jahre abgezogen werden können.	Der BRH hat die fehlende Rechtsgrundlage der Erlasse der Finanzverwaltung beanstandet, weshalb eine gesetzliche Regelung notwendig ist[1961], d. h. Motiv der Rechtsdogmatik. Gesetzliche Festschreibung der bisherigen Erlasslage der Finanzverwaltung[1962], d. h. Motiv der Rechtskontinuität.	Weitere Informationen: Das Nichtanwendungsgesetz besteht noch. U. a. wurde der %-Satz von 10 % auf 9 % gemindert[1963]. Das Nichtanwendungsgesetz ist innerhalb von drei bis fünf Jahren nach der BFH-Entscheidung erlassen worden. Das Nichtanwendungsgesetz ist erst im Laufe der parlamentarischen Beratungen im Rahmen der abschließenden Beratungen des Gesetzgebungsverfahrens im Finanzausschuss des Bundestages durch diesen zum Gegenstand des Gesetzes geworden. Die BFH-Entscheidung wurde nicht im BStBl II veröffentlicht.

1961 BT-Drs. 12/1506, 159.

1962 BT-Drs. 12/1506, 159 und 171.

1963 HBeglG 2004, BGBl I 2003, 3076 (3082). Bestätigt durch Gesetz zur bestätigenden Regelung verschiedener steuerlicher und verkehrsrechtlicher Vorschriften des Haushaltsbegleitgesetzes 2004, BGBl I 2011, 554 (555). Eine weitere Änderung erfuhr § 10g Abs. 2 EStG durch das Gesetz zur Neuregelung der steuerrechtlichen Wohnungseigentumsförderung, BGBl I 1995, 1783 (1787).

		Die Finanzverwaltung hat die BFH-Entscheidung vor Erlass des Nichtanwendungsgesetzes nicht allgemein angewandt. Es handelt sich um ein antifiskalisches Nichtanwendungsgesetz. Sonstiges: Keine Ausführungen.

Fundstelle BGBl	**Datum, Aktenzeichen und Fundstelle der BFH-Entscheidung**	**Initiator für das Nichtanwendungsgesetz gem. Art. 76 Abs. 1 GG?**	**BFH-Entscheidung in Gesetzesbegründung erwähnt?**	**Fiskalische Auswirkungen des Nichtanwendungsgesetzes laut Gesetzesbegründung?**	**Enthält Nichtanwendungsgesetz Rückwirkung?**	**Nichtanwendungserlass vor Nichtanwendungsgesetz?**
BGBl I 1992, 297 (302); StÄndG 1992 vom 25. 02. 1992	29. 03. 1988, IX R 55/83, BFH/NV 1988, 636	Bundestag[1964]	Nein[1965]	keine Angaben	Ja	Nein

1964 In Gestalt des Finanzausschusses, BT-Drs. 12/1506, 23 ff.
1965 BT-Drs. 12/1506, 171.

Nichtanwendungsgesetz	Motive für Nichtanwendungsgesetz laut Gesetzesbegründung	Weitere Informationen und Sonstiges
BFH-Entscheidung: Gesellschafter der Obergesellschaft sind nicht auch Mitunternehmer der Untergesellschaft. Nichtanwendungsgesetz: § 15 Abs. 1 Satz 1 Nr. 2 Satz 2 EStG normiert, dass der mittelbar über eine oder mehrere Personengesellschaften beteiligte Gesellschafter dem unmittelbar beteiligten Gesellschafter gleich steht. Dieser ist als Mitunternehmer des Betriebs der Gesellschaft anzusehen, an der er mittelbar beteiligt ist, wenn er und die Personengesellschaften, die seine Beteiligung vermitteln, jeweils als Mitunternehmer der Betriebe der Personengesellschaften anzusehen sind, an denen sie unmittelbar beteiligt sind.	Verhinderung zu erwartender Steuerausfälle[1966], d. h. Motiv des fiskalischen Grundes. Gleichmäßigkeit der Besteuerung[1967], d. h. Motiv der Rechtsdogmatik.	Weitere Informationen: Das Nichtanwendungsgesetz besteht noch. Das Nichtanwendungsgesetz ist innerhalb eines Jahres nach der BFH-Entscheidung erlassen worden. Das Nichtanwendungsgesetz ist im Laufe der parlamentarischen Beratungen geändert worden. Das Nichtanwendungsgesetz richtet sich gegen eine Entscheidung des Großen Senats i. S. d. § 11 FGO. Die Finanzverwaltung hat die BFH-Entscheidung vor Erlass des Nichtanwendungsgesetzes allgemein angewandt.

1966 BT-Drs. 12/1108, 58.
1967 BT-Drs. 12/1108, 58.

		Es handelt sich um ein profiskalisches Nichtanwendungsgesetz. Sonstiges: Keine Ausführungen.

Fundstelle BGBl	**Datum, Aktenzeichen und Fundstelle der BFH-Entscheidung**	**Initiator für das Nichtanwendungsgesetz gem. Art. 76 Abs. 1 GG?**	**BFH-Entscheidung in Gesetzesbegründung erwähnt?**	**Fiskalische Auswirkungen des Nichtanwendungsgesetzes laut Gesetzesbegründung?**	**Enthält Nichtanwendungsgesetz Rückwirkung?**	**Nichtanwendungserlass vor Nichtanwendungsgesetz?**
BGBl I 1992, 297 (303); StÄndG 1992 vom 25. 02. 1992	25. 02. 1991, GrS 7/89, BStBl II 1991, 691	Bundesregierung[1968] Bundestag[1969]	Ja[1970]	Vermeidung von Steuermindereinnahmen[1971]	Ja	Nein

1968 BT-Drs. 12/1368. Diese ist gleichlautend zum Gesetzesentwurf der Fraktionen CDU, CSU und FDP, BT-Drs. 12/1108.

1969 Durch die Fraktionen CDU, CSU, und FDP, BT-Drs. 12/1108, 7. Diese ist gleichlautend zum Gesetzesentwurf der Bundesregierung, BT-Drs. 12/1368.

1970 BT-Drs. 12/1108, 58. Diese zitiert mit der Angabe „GrS 7/91“ das falsche Aktenzeichen der BFH-Entscheidung. Das richtige Aktenzeichen lautet „GrS 7/89“.

1971 BT-Drs. 12/1108, 40 und 48 mit Bezug auf Fn. 8.

Nichtanwendungsgesetz	Motive für Nichtanwendungsgesetz laut Gesetzesbegründung	Weitere Informationen und Sonstiges
BFH-Entscheidung: Mangels Gegenleistung der Gesellschaft ist die verdeckte Einlage keine Veräußerung i. S. d. § 17 Abs. 1 EStG. Nichtanwendungsgesetz: § 17 Abs. 1 Satz 2 EStG normiert, dass die verdeckte Einlage von Anteilen an einer Kapitalgesellschaft in eine Kapitalgesellschaft der Veräußerung der Anteile gleichsteht.	Verhinderung der Umgehung von § 17 EStG[1972], d. h. Motiv der Missbrauchsbekämpfung. Vermeidung der Nichtbesteuerung von Veräußerungsgewinnen[1973], d. h. Motiv des fiskalischen Grundes. Bei einer betrieblich gehaltenen Beteiligung führt die verdeckte Einlage demgegenüber unter Entnahmegesichtspunkten stets zu einer Gewinnrealisierung, weshalb die verdeckte Einlage wie eine Veräußerung zu behandeln ist[1974], d. h. Motiv der Rechtsdogmatik.	Weitere Informationen: Das Nichtanwendungsgesetz besteht noch. Das Nichtanwendungsgesetz ist innerhalb von drei bis fünf Jahren nach der BFH-Entscheidung erlassen worden. Die Finanzverwaltung hat die BFH-Entscheidung vor Erlass des Nichtanwendungsgesetzes allgemein angewandt. Es handelt sich um ein profiskalisches Nichtanwendungsgesetz. Sonstiges: Keine Ausführungen.

1972 BT-Drs. 12/1108, 59.
1973 BT-Drs. 12/1108, 59.
1974 BT-Drs. 12/1108, 59.

Fundstelle BGBl	Datum, Aktenzeichen und Fundstelle der BFH-Entscheidung	Initiator für das Nichtanwendungsgesetz gem. Art. 76 Abs. 1 GG?	BFH-Entscheidung in Gesetzesbegründung erwähnt?	Fiskalische Auswirkungen des Nichtanwendungsgesetzes laut Gesetzesbegründung?	Enthält Nichtanwendungsgesetz Rückwirkung?	Nichtanwendungserlass vor Nichtanwendungsgesetz?
BGBl I 1992, 297 (303); StÄndG 1992 vom 25. 02. 1992	27. 07. 1988, I R 147/83; BStBl II 1989, 271	Bundesregierung[1975] Bundestag[1976]	Ja[1977]	Steuermehreinnahmen in nicht zu quantifizierender Höhe[1978]	Nein	Nein

1975 BT-Drs. 12/1368. Diese ist gleichlautend zum Gesetzesentwurf der Fraktionen CDU, CSU und FDP, BT-Drs. 12/1108.

1976 Durch die Fraktionen CDU, CSU, und FDP, BT-Drs. 12/1108, 7. Diese ist gleichlautend zum Gesetzesentwurf der Bundesregierung, BT-Drs. 12/1368.

1977 BT-Drs. 12/1108, 59.

1978 BT-Drs. 12/1108, 40 und 48 mit Bezug auf Fn. 9.

Nichtanwendungsgesetz	Motive für Nichtanwendungsgesetz laut Gesetzesbegründung	Weitere Informationen und Sonstiges
BFH-Entscheidung: Steuerfreie Einnahmen i. S. d. § 3 EStG unterliegen nicht dem Steuerabzug gem. § 50a Abs. 4 Satz 3 EStG. Nichtanwendungsgesetz: § 50a Abs. 4 Satz 5 EStG normiert, dass der volle Betrag der Einnahmen einschließlich der Beträge i. S. d. § 3 Nr. 13 und 16 EStG dem Steuerabzug unterliegt.	Nach der Rechtsprechung des BFH fehlt der Verwaltungsauffassung (vgl. A 227c Abs. 5 Satz 2 EStR 1984) die erforderliche Rechtsgrundlage. Diese soll geschaffen werden[1979], d. h. Motiv der Rechtsdogmatik. Verhinderung einer ungerechtfertigt günstigen Besteuerung[1980], d. h. Motiv des fiskalischen Grundes.	Weitere Informationen: Das Nichtanwendungsgesetz besteht nicht mehr. Es wurde durch § 50a EStG i. d. F. des JStG 2009 überschrieben[1981]. Das Nichtanwendungsgesetz ist innerhalb von drei bis fünf Jahren nach der BFH-Entscheidung erlassen worden. Die Finanzverwaltung hat die BFH-Entscheidung vor Erlass des Nichtanwendungsgesetzes allgemein angewandt. Es handelt sich um ein profiskalisches Nichtanwendungsgesetz. Sonstiges: Das Nichtanwendungsgesetz schreibt die bisherige Verwaltungsauffassung (vgl. A 227c Abs. 5 Satz 2 EStR 1987) gesetzlich fest.

1979 BT-Drs. 12/1108, 64.
1980 BT-Drs. 12/1108, 64.
1981 BGBl I 2008, 2794 (2805 f.).

Fundstelle BGBl	**Datum, Aktenzeichen und Fundstelle der BFH-Entscheidung**	**Initiator für das Nichtanwendungsgesetz gem. Art. 76 Abs. 1 GG?**	**BFH-Entscheidung in Gesetzesbegründung erwähnt?**	**Fiskalische Auswirkungen des Nichtanwendungsgesetzes laut Gesetzesbegründung?**	**Enthält Nichtanwendungsgesetz Rückwirkung?**	**Nichtanwendungserlass vor Nichtanwendungsgesetz?**
BGBl I 1992, 297 (307); StÄndG 1992 vom 25. 02. 1992	27. 07. 1988, I R 28/87, BStBl II 1989, 449	Bundesregierung[1982] Bundestag[1983]	Ja[1984]	keine Angaben	Nein	Nein

1982 BT-Drs. 12/1368. Diese ist gleichlautend zum Gesetzesentwurf der Fraktionen CDU, CSU und FDP, BT-Drs. 12/1108.
1983 Durch die Fraktionen CDU, CSU, und FDP, BT-Drs. 12/1108, 11. Diese ist gleichlautend zum Gesetzesentwurf der Bundesregierung, BT-Drs. 12/1368.
1984 BT-Drs. 12/1108, 64.

Nichtanwendungsgesetz	Motive für Nichtanwendungsgesetz laut Gesetzesbegründung	Weitere Informationen und Sonstiges
BFH-Entscheidung: Ein Zinszuschuss des Arbeitgebers i. S. d. § 3 Nr. 68 EStG 1987 liegt auch dann vor, wenn ohnehin geschuldeter steuerpflichtiger Arbeitslohn in einen steuerbefreiten Zinszuschuss umgewandelt wird. Nichtanwendungsgesetz: § 52 Abs. 2j EStG normiert u. a. in Satz 2, dass die Steuerfreiheit des § 3 Nr. 68 EStG 1987 nur für Zinszuschüsse gilt, die zusätzlich zum ohnehin geschuldeten Arbeitslohn gezahlt werden.	Klarstellung, dass die Steuerfreiheit nicht für Zinszuschüsse gilt, die durch Gehaltsumwandlung finanziert werden[1985]. Weitere Ausführungen enthält die Gesetzesbegründung nicht, d. h. es ist kein Motiv für die Gesetzesänderung bekannt und ein motivloses Nichtanwendungsgesetz liegt vor.	Weitere Informationen: Das Nichtanwendungsgesetz besteht nicht mehr. Die Anwendung der Vorschrift wurde durch das Nichtanwendungsgesetz auf die Kalenderjahre 1989 bis 2000 beschränkt. Durch das StEuglG[1986] wurde die Norm mit Wirkung ab dem 01. 01. 2002 formell aufgehoben. Das Nichtanwendungsgesetz ist innerhalb eines Jahres nach der BFH-Entscheidung erlassen worden. Das Nichtanwendungsgesetz ist erst im Laufe der parlamentarischen Beratungen im Rahmen der abschließenden Beratungen des Gesetzgebungsverfahrens im Finanzausschuss des Bundestages durch diesen zum Gegenstand des Gesetzes geworden.

1985 BT-Drs. 12/5016, 90.

1986 BGBl I 2000, 1790 (1795). Zuvor wurde § 52 Abs. 2j Satz 2 EStG durch das StEntlG 1999/2000/2002, BGBl I 1999, 402 (414) zu § 52 Abs. 8 Satz 2 EStG.

		Die Veröffentlichung der BFH-Entscheidung im BStBl II erfolgte erst nach Erlass des Nichtanwendungsgesetzes. Die Finanzverwaltung hat die BFH-Entscheidung vor Erlass des Nichtanwendungsgesetzes nicht allgemein angewandt. Es handelt sich um ein profiskalisches Nichtanwendungsgesetz. Sonstiges: In § 3 Nr. 33 EStG wird ebenfalls normiert, dass die Steuerfreiheit nur für zusätzliche Arbeitgeberleistungen und nicht für die Umwandlung von Arbeitslohn in steuerfreie Zuschüsse gilt. Das Nichtanwendungsgesetz schreibt die bisherige Verwaltungsauffassung[1987] gesetzlich fest.

1987 BMF vom 09. 07. 1987, IV B 6 – S 2332 – 41/87, BStBl I 1987, 512 (512 f.).

Fundstelle BGBl	Datum, Aktenzeichen und Fundstelle der BFH-Entscheidung	Initiator für das Nichtanwendungsgesetz gem. Art. 76 Abs. 1 GG?	BFH-Entscheidung in Gesetzesbegründung erwähnt?	Fiskalische Auswirkungen des Nichtanwendungsgesetzes laut Gesetzesbegründung?	Enthält Nichtanwendungsgesetz Rückwirkung?	Nichtanwendungserlass vor Nichtanwendungsgesetz?
BGBl I 1993, 1569 (1574); StandOG vom 13. 09. 1993	12. 03. 1993, VI R 20/92, BStBl II 1993, 881	Bundestag[1988]	Nein[1989]	keine Angaben	Ja	Nein

Nichtanwendungsgesetz	Motive für Nichtanwendungsgesetz laut Gesetzesbegründung	Weitere Informationen und Sonstiges
BFH-Entscheidung: Der Erwerb und die Veräußerung von (Unter-)Beteiligungen an einer Personengesellschaft fallen auch dann nicht unter § 23 Abs. 1 Nr. 1 lit. a) EStG, wenn das Gesamthandsvermögen nur aus Grundstücken besteht.	Gesetzliche Festschreibung der bisherigen Verwaltungsauffassung[1990], d. h. Motiv der Rechtskontinuität.	Weitere Informationen: Das Nichtanwendungsgesetz besteht noch. Es findet sich heute ohne die Wörter „auch für Zwecke dieser Vorschrift“ in § 23 Abs. 1 Satz 4 EStG.

1988 In Gestalt des Finanzausschusses, BT-Drs. 12/5016, 22.
1989 BT-Drs. 12/5016, 90.
1990 BT-Drs. 12/5630, 59 = BT-Drs. 12/5764, 20.

Nichtanwendungsgesetz: § 23 Abs. 1 Satz 2 EStG normiert, dass die Anschaffung oder Veräußerung einer unmittelbaren oder mittelbaren Beteiligung an einer Personengesellschaft auch für Zwecke dieser Vorschrift als Anschaffung oder Veräußerung der anteiligen Wirtschaftsgüter gilt.		Das Nichtanwendungsgesetz ist innerhalb von drei bis fünf Jahren nach der BFH-Entscheidung erlassen worden. Die Finanzverwaltung hat die BFH-Entscheidung vor Erlass des Nichtanwendungsgesetzes nicht allgemein angewandt. Es handelt sich um ein profiskalisches Nichtanwendungsgesetz. Sonstiges: Keine Ausführungen.

Fundstelle BGBl	Datum, Aktenzeichen und Fundstelle der BFH-Entscheidung	Initiator für das Nichtanwendungsgesetz gem. Art. 76 Abs. 1 GG?	BFH-Entscheidung in Gesetzesbegründung erwähnt?	Fiskalische Auswirkungen des Nichtanwendungsgesetzes laut Gesetzesbegründung?	Enthält Nichtanwendungsgesetz Rückwirkung?	Nichtanwendungserlass vor Nichtanwendungsgesetz?
BGBl I 1993, 2310 (2313), StMBG vom 21. 12. 1993	04. 10. 1990, X R 148/88, BStBl II 1992, 211	Bundesregierung[1991] Bundestag[1992]	Ja[1993]	Steuermehreinnahmen von 204,51 Mio. € im Entstehungsjahr[1994]	Nein	Ja[1995]

1991 BT-Drs. 12/5764. Diese ist gleichlautend zum Gesetzesentwurf der Koalitionsfraktionen CDU, CSU und FDP, BT-Drs. 12/5630.

1992 Durch die Koalitionsfraktionen CDU, CSU und FDP, BT-Drs. 12/5630, 10. Diese ist gleichlautend zum Gesetzesentwurf der Bundesregierung, BT-Drs. 12/5764.

1993 BT-Drs. 12/5630, 59 = BT-Drs. 12/5764, 20.

1994 BT-Drs. 12/5630, 49. Für das Rechnungsjahr 1995 ergeben sich Steuermehreinnahmen von 51,13 Mio. €, für 1996 von 153,39 Mio. € und für 1997 von 204,51 Mio. €. Die BT-Drs. weist die fiskalischen Auswirkungen der Änderung von § 24 Abs. 3 Satz 2 UmwStG i. V. m. § 16 EStG und § 23 Abs. 1 EStG gemeinsam aus, ohne eine Differenzierung auf die einzelnen Normen vorzunehmen. Es ist daher davon auszugehen, dass nur ein nicht quantifizierbarer Teil der vorgenannten Steuermehreinnahmen auf die Änderung des § 23 Abs. 1 EStG entfällt.

1995 BMF vom 27. 02. 1992, IV B 3 – S 2256 – 3/92, BStBl I 1992, 125.

Nichtanwendungsgesetz	Motive für Nichtanwendungsgesetz laut Gesetzesbegründung	Weitere Informationen und Sonstiges
BFH-Entscheidung: § 17 EStG hat Vorrang vor § 22 Nr. 2, § 23 EStG. Daher ist der Ausgleich eines Verlustes aus der Veräußerung einer wesentlichen Beteiligung ohne die Einschränkung des § 23 Abs. 4 Satz 3 EStG zulässig. Nichtanwendungsgesetz: § 23 Abs. 3 Satz 2 EStG normiert, dass § 17 EStG nicht anzuwenden ist, wenn die Voraus-setzungen des § 23 Abs. 1 Nr. 1 lit. b) EStG vorliegen.	Der Vorrang des § 23 EStG vor § 17 EStG bei Veräußerungen von wesentlichen Beteiligungen an einer Kapitalgesellschaft soll bestimmt werden. Eine den Vorrang des § 17 EStG bejahende Auslegung ist rechtssystematisch nicht begründet[1996], d. h. Motiv der Rechtsdogmatik. Der Vorrang des § 23 EStG vor § 17 EStG bei Veräußerungen von wesentlichen Beteiligungen an einer Kapitalgesellschaft soll bestimmt werden. Eine den Vorrang des § 17 EStG bejahende Auslegung ist vom Ergebnis her nicht sachgerecht[1997], d. h. Motiv des rechtspolitischen Grundes.	Weitere Informationen: Das Nichtanwendungsgesetz besteht nicht mehr. Es ist durch das Unternehmensteuerreformgesetz 2008 weggefallen[1998]. Das Nichtanwendungsgesetz ist innerhalb von einem bis zwei Jahren nach der BFH-Entscheidung erlassen worden. Das Nichtanwendungsgesetz richtet sich gegen eine Änderung der Rechtsprechung des BFH. Die Finanzverwaltung hat die BFH-Entscheidung vor Erlass des Nichtanwendungsgesetzes nicht allgemein angewandt. Es handelt sich um ein profiskalisches Nichtanwendungsgesetz.

1996 BT-Drs. 12/5630, 59 = BT-Drs. 12/5764, 20.
1997 BT-Drs. 12/5630, 59 = BT-Drs. 12/5764, 20.
1998 BGBl I 2007, 1912 (1917 f.).

					Sonstiges: Das Nichtanwendungsgesetz schreibt die bisherige Verwaltungsauffassung (vgl. A 169 Abs. 4 EStR 1990) gesetzlich fest.	
Fundstelle BGBl	**Datum, Aktenzeichen und Fundstelle der BFH-Entscheidung**	**Initiator für das Nichtanwendungsgesetz gem. Art. 76 Abs. 1 GG?**	**BFH-Entscheidung in Gesetzesbegründung erwähnt?**	**Fiskalische Auswirkungen des Nichtanwendungsgesetzes laut Gesetzesbegründung?**	**Enthält Nichtanwendungsgesetz Rückwirkung?**	**Nichtanwendungserlass vor Nichtanwendungsgesetz?**
BGBl I 1993, 2310 (2313), StMBG vom 21. 12. 1993	04. 11. 1992, X R 33/90, BStBl II 1993, 292; 14. 09. 1993, VIII R 42/92, BStBl II 1994, 683	Bundesregierung[1999] Bundestag[2000]	Ja[2001]	keine Angaben	Nein	Ja[2002]

1999 BT-Drs. 12/5764. Diese ist gleichlautend zum Gesetzesentwurf der Koalitionsfraktionen CDU, CSU und FDP, BT-Drs. 12/5630.

2000 Durch die Koalitionsfraktionen CDU, CSU und FDP, BT-Drs. 12/5630, 10. Diese ist gleichlautend zum Gesetzesentwurf der Bundesregierung, BT-Drs. 12/5764.

2001 BT-Drs. 12/5630, 59 = BT-Drs. 12/5764, 20. Erwähnt wird die BFH-Entscheidung vom 04. 11. 1992, X R 33/90, BStBl II 1993, 292. Die BFH-Entscheidung vom 14. 09. 1993, VIII R 42/92, BStBl II 1994, 683 wird nicht erwähnt. Die BT-Drs. 12/5630 trägt das Datum 07. 09. 1993 und die BT-Drs. 12/5764 das Datum 27. 09. 1993.

2002 BMF vom 15. 04. 1993, IV B 2 – S 2244 – 4/93, BStBl I 1993, 300. Aufgehoben durch BMF vom 24. 08. 1994, IV B 2 – S 2244 – 41/94, BStBl I 1994, 711.

Nichtanwendungsgesetz	Motive für Nichtanwendungsgesetz laut Gesetzesbegründung	Weitere Informationen und Sonstiges
BFH-Entscheidung: Die Gründung einer Kapitalgesellschaft im Ausland durch einen Ausländer ist ein das inländische Recht nicht berührender Vorgang und entzieht sich grds. der Beurteilung, ob u. a. ein Missbrauch i. S. d. § 42 AO vorliegt (sog. Monaco-Entscheidung). Nichtanwendungsgesetz: § 50d Abs. 1a EStG normiert, das eine ausländische Gesellschaft keinen Anspruch auf Steuerentlastung nach § 44d EStG oder einem DBA hat, soweit Personen an ihr beteiligt sind, denen die Steuerentlastung nicht zustände, wenn sie die Einkünfte unmittelbar erzielten und für die Einschaltung der ausländischen Gesellschaft wirtschaftliche oder sonst beachtliche Gründe fehlen und sie keine eigene Wirtschaftstätigkeit entfaltet.	Versagung der Vorteile aus einem DBA ggü. dem Gesellschafter einer ausländischen Gesellschaft, wenn dieser die Gesellschaft hauptsächlich zur Vorteilsverschaffung einsetzt[2003], d. h. Motiv der Missbrauchsbekämpfung. Die Anwendung des § 42 AO ist nach der Rechtsprechung des BFH in entsprechenden Sachverhalten auf Steuerinländer beschränkt, weshalb sie zur Missbrauchsbekämpfung ausscheidet und es einer eigenen Norm bedarf[2004], d. h. Motiv der Rechtsdogmatik.	Weitere Informationen: Das Nichtanwendungsgesetz besteht noch. Es findet sich heute leicht anders formuliert und ergänzt in § 50d Abs. 3 EStG. Das Nichtanwendungsgesetz ist innerhalb von zehn bis fünfzehn Jahren nach der BFH-Entscheidung erlassen worden. Das Nichtanwendungsgesetz ist im Laufe der parlamentarischen Beratungen geändert worden. Die Finanzverwaltung hat die BFH-Entscheidung vor Erlass des Nichtanwendungsgesetzes allgemein angewandt.

2003 BT-Drs. 12/5630, 2 und 65 = BT-Drs. 12/5764, 2 und 26.

2004 BT-Drs. 12/5630, 65 = BT-Drs. 12/5764, 26.

		Es handelt sich um ein profiskalisches Nichtanwendungsgesetz. Sonstiges: Die Fassung in § 50d Abs. 3 EStG ist ebenfalls ein Nichtanwendungsgesetz in Reaktion auf die Rechtsprechung des BFH[2005].

Fundstelle BGBl	**Datum, Aktenzeichen und Fundstelle der BFH-Entscheidung**	**Initiator für das Nichtanwendungsgesetz gem. Art. 76 Abs. 1 GG?**	**BFH-Entscheidung in Gesetzesbegründung erwähnt?**	**Fiskalische Auswirkungen des Nichtanwendungsgesetzes laut Gesetzesbegründung?**	**Enthält Nichtanwendungsgesetz Rückwirkung?**	**Nichtanwendungserlass vor Nichtanwendungsgesetz?**
BGBl I 1993, 2310 (2318), StMBG vom 21. 12. 1993	29. 10. 1981, I R 89/80, BStBl II 1982, 150	Bundesregierung[2006] Bundestag[2007]	Ja[2008]	keine Angaben	Nein	Nein

2005 BGBl I 2006, 2878 (2885) gegen BFH vom 31. 05. 2005, I R 74, 88/04, BStBl II 2006, 118.

2006 BT-Drs. 12/5764. Diese ist gleichlautend zum Gesetzesentwurf der Koalitionsfraktionen CDU, CSU und FDP, BT-Drs. 12/5630.

2007 Durch die Koalitionsfraktionen CDU, CSU und FDP, BT-Drs. 12/5630, 14. Diese ist gleichlautend zum Gesetzesentwurf der Bundesregierung, BT-Drs. 12/5764.

2008 BT-Drs. 12/5630, 65 = BT-Drs. 12/5764, 26. Die BT-Drs. 12/5630, 65 = BT-Drs. 12/5764, 26 zitiert mit der Angabe „S. 15“ die falsche Fundstelle der BFH-Entscheidung. Die richtige Fundstelle lautet „S. 150“.

Nichtanwendungsgesetz	Motive für Nichtanwendungsgesetz laut Gesetzesbegründung	Weitere Informationen und Sonstiges
BFH-Entscheidung: Für die Anwendung des § 17 EStG kommt es nicht auf die Dauer der Beteiligung, sondern darauf an, ob der Stpfl. überhaupt einmal wesentlich an der Kapitalgesellschaft beteiligt war. Nichtanwendungsgesetz: § 17 Abs. 2 Satz 4 EStG normiert, dass ein Veräußerungsverlust nur zu berücksichtigen ist, wenn der Veräußerer, bei jeweils unentgeltlichem Erwerb seine Rechtsvorgänger, gem. lit. a) die wesentliche Beteiligung im Rahmen der Gründung der Kapitalgesellschaft entgeltlich erworben hat oder gem. lit. b) die Anteile mehr als fünf Jahre vor der Veräußerung entgeltlich erworben hat und der Veräußerer oder im Fall des unentgeltlichen Erwerbs einer seiner Rechtsvorgänger während dieses Zeitraums wesentlich am Kapital der Gesellschaft beteiligt war.	Eindämmung von Steuergestaltungen in Zusammenhang mit der Veräußerung von Anteilen an Kapitalgesellschaften[2009], d. h. Motiv der Missbrauchsbekämpfung. Einschränkung der Möglichkeit, Verluste aus der Veräußerung von im Privatvermögen gehaltenen Beteiligungen steuerwirksam zu verrechnen. Dies ist z. B. bei Gestaltungen der Fall, in denen ein bisher nicht wesentlich beteiligter Anteilseigner durch den kurzfristigen Zukauf weniger Anteile eine im Privatvermögen entstandene Wertminderung in den steuerlichen Verlustausgleich einbezieht[2010], d. h. Motiv der Missbrauchsbekämpfung.	Weitere Informationen: Das Nichtanwendungsgesetz besteht nicht mehr. Durch das StEntlG 1999/2000/2002[2011] wurde in § 17 Abs. 2 Satz 4 EStG normiert, wann ein Veräußerungsverlust nicht abzugsfähig ist[2012]. Das Nichtanwendungsgesetz ist innerhalb von drei bis fünf Jahren nach der BFH-Entscheidung erlassen worden. Die BFH-Entscheidung wurde nicht im BStBl II veröffentlicht. Die Finanzverwaltung hat die BFH-Entscheidung vor Erlass des Nichtanwendungsgesetzes nicht allgemein angewandt.

2009 BT-Drs. 13/901, 125.

2010 BT-Drs. 13/901, 133.

2011 BGBl I 1999, 402 (409 f.).

2012 Die Vorschrift findet sich seitdem SEStEG, BGBl I 2006, 2782 (2784) in § 17 Abs. 2 Satz 6 EStG.

		Es handelt sich um ein profiskalisches Nichtanwendungsgesetz. Sonstiges: Keine Ausführungen.

Fundstelle BGBl	**Datum, Aktenzeichen und Fundstelle der BFH-Entscheidung**	**Initiator für das Nichtanwendungsgesetz gem. Art. 76 Abs. 1 GG?**	**BFH-Entscheidung in Gesetzesbegründung erwähnt?**	**Fiskalische Auswirkungen des Nichtanwendungsgesetzes laut Gesetzesbegründung?**	**Enthält Nichtanwendungsgesetz Rückwirkung?**	**Nichtanwendungserlass vor Nichtanwendungsgesetz?**
BGBl I 1995, 1250 (1258 f.), JStG 1996 vom 11. 10. 1995	07. 07. 1992, VIII R 56/88, BFH/NV 1993, 25	Bundesregierung[2013] Bundestag[2014]	Nein[2015]	12,78 Mio. € Steuermehreinnahmen im Entstehungsjahr[2016]	Nein	Nein

2013 BT-Drs. 13/1173. Diese ist gleichlautend zum Gesetzesentwurf der Koalitionsfraktionen CDU, CSU und FDP, BT-Drs. 13/901.

2014 Durch die Koalitionsfraktionen CDU, CSU und FDP, BT-Drs. 13/901, 10. Diese ist gleichlautend zum Gesetzesentwurf der Bundesregierung, BT-Drs. 13/1173.

2015 BT-Drs. 13/901, 133.

2016 BT-Drs. 13/901, 109. Für das Rechnungsjahr 1997 werden Steuermehreinnahmen von 2,56 Mio. € und für die Rechnungsjahre 1998 und 1999 von jeweils 12,78 Mio. € prognostiziert, BT-Drs. 13/901, 109.

Nichtanwendungsgesetz	Motive für Nichtanwendungsgesetz laut Gesetzesbegründung	Weitere Informationen und Sonstiges
BFH-Entscheidung: Bemisst sich eine rechtsverbindlich und ohne schädlichen Vorbehalt zugesagte betriebliche Versorgungsleistung nach den vor Eintritt des Versorgungsfalles gewährten Bezügen einschließlich freiwillig gezahlter Beträge, z. B. Gewinnbeteiligungen, so sind bei der Ermittlung des Barwertes der künftigen Pensionsleistungen auch die freiwillig gezahlten Beträge einzubeziehen. Nichtanwendungsgesetz: In § 6a Abs. 1 Nr. 2 EStG wird – bei Einfügung der Worte „und soweit" in § 6a Abs. 1 Satz 1 – normiert, dass für eine Pensionsverpflichtung eine Rückstellung (Pensionsrückstellung) nur wenn und soweit gebildet werden darf, wie die Pensionszusage keine Pensionsleistungen in Abhängigkeit von künftigen gewinnabhängigen Bezügen vorsieht und keinen	Die Rechtsprechung des BFH führt dazu, dass Pensionsrückstellungen die Funktion eines Gewinnspeichers übernehmen können, um so in ertragreichen Jahren eine Versteuerung von Gewinnen zu verhindern und in ertragschwachen Jahren der Finanzierung des Unternehmens zu dienen. Diese unerwünschten Gestaltungsmöglichkeiten für Pensionszusagen sind mit dem Sinn und Zweck des § 6a EStG nicht vereinbar und sollen vermieden werden[2017], d. h. Motiv der Missbrauchsbekämpfung.	Weitere Informationen: Das Nichtanwendungsgesetz besteht noch. Das Nichtanwendungsgesetz ist innerhalb von einem bis zwei Jahren nach der BFH-Entscheidung erlassen worden. Das Nichtanwendungsgesetz ist erst im Laufe der parlamentarischen Beratungen im Rahmen der nach der Einbringung des Gesetzgebungsverfahrens erfolgenden Beteiligung des Bundesrates an dem Gesetzgebungsverfahren durch diesen zum Gegenstand des Gesetzes geworden. Das Nichtanwendungsgesetz ist im Laufe der parlamentarischen Beratungen geändert worden.

2017 BR-Drs. 390/96 (Beschluss), 150 f und BT-Drs. 13/5952, 45.

Vorbehalt enthält, dass die Pensionsanwartschaft oder die Pensionsleistung gemindert oder entzogen werden kann, oder ein solcher Vorbehalt sich nur auf Tatbestände erstreckt, bei deren Vorliegen nach allgemeinen Rechtsgrundsätzen unter Beachtung billigen Ermessens eine Minderung oder ein Entzug der Pensionsanwartschaft oder der Pensionsleistung zulässig ist.	Die Rechtsprechung des BFH führt dazu, eine Rückstellung für eine Verpflichtung zu bilden, von der sich der Stpfl. durch seine Entscheidung weitgehend selbst befreien kann. Dies widerspricht der allgemeinen bilanzsteuerrechtlichen Voraussetzung, dass eine Rückstellung nur zur bilden ist, wenn eine Inanspruchnahme aus der Verpflichtung ernstlich droht und soll vermieden werden[2018], d. h. Motiv der Rechtsdogmatik. Die Rechtsprechung des BFH steht nicht im Einklang mit dem bilanzsteuerrechtlichen Begriff der wirtschaftlichen Verursachung[2019], d. h. Motiv der Rechtsdogmatik.	Die Finanzverwaltung hat die BFH-Entscheidung vor Erlass des Nichtanwendungsgesetzes allgemein angewandt. Es handelt sich um ein profiskalisches Nichtanwendungsgesetz. Sonstiges: Keine Ausführungen.

2018 BR-Drs. 390/96 (Beschluss), 151.
2019 BR-Drs. 390/96 (Beschluss), 151.

Fundstelle BGBl	Datum, Aktenzeichen und Fundstelle der BFH-Entscheidung	Initiator für das Nichtanwendungsgesetz gem. Art. 76 Abs. 1 GG?	BFH-Entscheidung in Gesetzesbegründung erwähnt?	Fiskalische Auswirkungen des Nichtanwendungsgesetzes laut Gesetzesbegründung?	Enthält Nichtanwendungsgesetz Rückwirkung?	Nichtanwendungserlass vor Nichtanwendungsgesetz?
BGBl I 1996, 2049 (2064); JStG 1997 vom 20. 12. 1996	09. 11. 1995, IV R 2/93, BStBl II 1996, 589	Bundesrat[2020]	Ja[2021]	keine Angaben	Ja	Nein

2020 BR-Drs. 390/96 (Beschluss), 150.
2021 BR-Drs. 390/96 (Beschluss), 150.

Nichtanwendungsgesetz	Motive für Nichtanwendungsgesetz laut Gesetzesbegründung	Weitere Informationen und Sonstiges
BFH-Entscheidung: Ein Stpfl., der mit Zustimmung des Versicherers als Versicherungsnehmer in einen anderen abgeschlossenen Lebensversicherungsvertrag gegen laufende Beitragsleistung eintritt, kann die Beiträge, die nach seinem Eintritt fällig werden, nach Maßgabe der für diesen Vertrag geltenden steuerlichen Vorschriften als Sonderausgaben abziehen. Der Eintritt gilt nicht als Abschluss eines neuen Vertrages. Nichtanwendungsgesetz: § 10 Abs. 1 Nr. 2 lit. b) Satz 5 EStG normiert, dass grds. Versicherungen auf den Erlebens- oder Todesfall, bei denen der Stpfl. Ansprüche aus einem von einer anderen Person abgeschlossenen Vertrag entgeltlich erworben hat, vom Sonderausgabenabzug ausgeschlossen sind.	Vermeidung von Missbräuchen[2022], d. h. Motiv der Missbrauchsbekämpfung. Der Erwerb von Gebrauchtpolicen dient nicht der Schaffung einer Risiko- und Altersvorsorge, sondern der rentierlichen Kapitalanlage. Dies widerspricht dem Förderzweck der Steuervergünstigungen in § 10 Abs. 1 Nr. 2 EStG (Sonderausgabenabzug) und § 20 Abs. 1 Nr. 6 Satz 2 EStG (Steuerfreiheit der Zinsen)[2023], d. h. Motiv des lenkungspolitischen Grundes (Steuervergünstigung nur für Risiko- und Altersvorsorgen).	Weitere Informationen: Das Nichtanwendungsgesetz besteht nicht mehr. Es wurde durch das AltEinkG[2024] abgeschafft. Das Nichtanwendungsgesetz ist mehr als fünfzehn Jahre nach der BFH-Entscheidung erlassen worden. Das Nichtanwendungsgesetz ist erst im Laufe der parlamentarischen Beratungen im Rahmen der nach der Einbringung des Gesetzgebungsverfahrens erfolgenden Beteiligung des Bundesrates an dem Gesetzgebungsverfahren durch diesen zum Gegenstand des Gesetzes geworden.

2022 BR-Drs. 390/96 (Beschluss), 154 und BT-Drs. 13/5952, 46.
2023 BR-Drs. 390/96 (Beschluss), 154 und BT-Drs. 13/5952, 46.
2024 BGBl I 2004, 1427 (1428 f und 1432).

§ 20 Abs. 1 Nr. 6 Satz 3 EStG normiert, dass in den Fällen des § 10 Abs. 1 Nr. 2 lit. b) Satz 5 EStG steuerpflichtige Einkünfte aus Kapitalvermögen vorliegen. Dies gilt gem. § 20 Abs. 1 Nr. 6 Satz 5 EStG auch für Kapitalerträge aus fondsgebundenen Lebensversicherungen.		Das Nichtanwendungsgesetz ist im Laufe der parlamentarischen Beratungen geändert worden. Die Finanzverwaltung hat die BFH-Entscheidung vor Erlass des Nichtanwendungsgesetzes allgemein angewandt. Es handelt sich um ein profiskalisches Nichtanwendungsgesetz. Sonstiges: Keine Ausführungen.

Fundstelle BGBl	Datum, Aktenzeichen und Fundstelle der BFH-Entscheidung	Initiator für das Nichtanwendungsgesetz gem. Art. 76 Abs. 1 GG?	BFH-Entscheidung in Gesetzesbegründung erwähnt?	Fiskalische Auswirkungen des Nichtanwendungsgesetzes laut Gesetzesbegründung?	Enthält Nichtanwendungsgesetz Rückwirkung?	Nichtanwendungserlass vor Nichtanwendungsgesetz?
BGBl I 1996, 2049 (2065 f.); JStG 1997 vom 20. 12. 1996	09. 05. 1974, VI R 137/72, BStBl II 1974, 633	Bundesrat[2025]	Nein[2026]	keine Angaben	Nein	Nein

2025 BR-Drs. 390/96 (Beschluss), 154.
2026 BR-Drs. 390/96 (Beschluss), 154 und BT-Drs. 13/5952, 46 f.

Nichtanwendungsgesetz	Motive für Nichtanwendungsgesetz laut Gesetzesbegründung	Weitere Informationen und Sonstiges
BFH-Entscheidung: Der durch die Auskehrung des Vermögens einer Kapitalgesellschaft bei ihrem Alleingesellschafter entstandene Gewinn ist nach §§ 16, 34 EStG steuerbegünstigt. Dies gilt auch hinsichtlich jenes Teils der Liquidationsbezüge, der seiner Art nach zu Einkünften aus Kapitalvermögen i. S. d. § 20 Abs. 1 Nr. 1 und 2 EStG führt und daher grds. mit anrechenbarer KSt verbunden ist. Nichtanwendungsgesetz: In § 16 Abs. 1 Satz 1 Nr. 1 Satz 2 2. HS EStG wird normiert, dass im Fall der Auflösung der Kapitalgesellschaft § 17 Abs. 4 Satz 3 EStG sinngemäß anzuwenden ist.	Schaffung einer sachgerechten und einheitlichen Regelung, die im Unterschied zur Rechtsprechung des BFH nicht der langjährigen Verwaltungspraxis widerspricht[2027], d. h. Motiv der Rechtskontinuität. Schaffung einer sachgerechten und einheitlichen Regelung, die im Unterschied zur Rechtsprechung des BFH nicht zu einer Vorteilskumulation von KSt-Anrechnung und halbem Steuersatz führt[2028], d. h. Motiv des rechtspolitischen Grundes.	Weitere Informationen: Das Nichtanwendungsgesetz besteht noch. Das Nichtanwendungsgesetz ist innerhalb von zwei bis drei Jahren nach der BFH-Entscheidung erlassen worden. Das Nichtanwendungsgesetz ist erst im Laufe der parlamentarischen Beratungen im Rahmen der nach der Einbringung des Gesetzgebungsverfahrens erfolgenden Beteiligung des Bundesrates an dem Gesetzgebungsverfahren durch diesen zum Gegenstand des Gesetzes geworden. Die Finanzverwaltung hat die BFH-Entscheidung vor Erlass des Nichtanwendungsgesetzes allgemein angewandt.

2027 BR-Drs. 390/96 (Beschluss), 158.
2028 BR-Drs. 390/96 (Beschluss), 158.

	Schaffung einer sachgerechten und einheitlichen Regelung, die im Unterschied zur Rechtsprechung des BFH nicht zu einer Ungleichbehandlung ggü. den nach § 17 Abs. 4 EStG und § 21 Abs. 2 Satz 1 Nr. 3 UmwStG zu beurteilenden Fällen der Besteuerung der Auflösung oder Abwicklung von Kapitalgesellschaften bei wesentlichen Beteiligungen führt[2029], d. h. Motiv der Rechtsdogmatik.	Es handelt sich um ein profiskalisches Nichtanwendungsgesetz. Sonstiges: Als Folgeänderung zu § 16 Abs. 1 Nr. 1 Satz 2 EStG ist auch § 17 Abs. 4 EStG und § 21 Abs. 2 Satz 1 Nr. 3 UmwStG geändert worden.

2029 BR-Drs. 390/96 (Beschluss), 158.

Fundstelle BGBl	Datum, Aktenzeichen und Fundstelle der BFH-Entscheidung	Initiator für das Nichtanwendungsgesetz gem. Art. 76 Abs. 1 GG?	BFH-Entscheidung in Gesetzesbegründung erwähnt?	Fiskalische Auswirkungen des Nichtanwendungsgesetzes laut Gesetzesbegründung?	Enthält Nichtanwendungsgesetz Rückwirkung?	Nichtanwendungserlass vor Nichtanwendungsgesetz?
BGBl I 1996, 2049 (2065); JStG 1997 vom 20. 12. 1996	19. 04. 1994, VIII R 2/93, BStBl II 1995, 705	Bundesrat[2030]	Ja[2031]	keine Angaben	Nein	Nein

Nichtanwendungsgesetz	Motive für Nichtanwendungsgesetz laut Gesetzesbegründung	Weitere Informationen und Sonstiges
BFH-Entscheidung: Kinderbetreuungskosten alleinerziehender Elternteile sind nicht um die zumutbare Belastung i. S. d. § 33 Abs. 1 und 3 EStG zu kürzen.	Klarstellung des Willens des Gesetzgebers, Kinderbetreuungskosten erst nach Minderung um die zumutbare Belastung i. S. d. § 33 Abs. 1 und 3 EStG zum Abzug zuzulassen[2032], d. h. Motiv des rechtspolitischen Grundes.	Weitere Informationen: Das Nichtanwendungsgesetz besteht nicht mehr. Der steuerliche Abzug von Kinderbetreuungskosten ist heute unter den Voraussetzungen des § 10 Abs. 1 Nr. 5 EStG möglich.

2030 BR-Drs. 390/96 (Beschluss), 156 f.
2031 BR-Drs. 390/96 (Beschluss), 158.
2032 BT-Drs. 13/5952, 47.

Nichtanwendungsgesetz: § 33c Abs. 1 Satz 1 EStG normiert, dass Kinderbetreuungskosten Alleinerziehender in Abzug gebracht werden können, soweit sie die zumutbare Belastung nach § 33 Abs. 1 und 3 EStG übersteigen.		Das Nichtanwendungsgesetz ist innerhalb von drei bis fünf Jahren nach der BFH-Entscheidung erlassen worden. Das Nichtanwendungsgesetz ist erst im Laufe der parlamentarischen Beratungen im Rahmen der abschließenden Beratungen des Gesetzgebungsverfahrens im Finanzausschuss des Bundestages durch diesen zum Gegenstand des Gesetzes geworden. Die Finanzverwaltung hat die BFH-Entscheidung vor Erlass des Nichtanwendungsgesetzes nicht allgemein angewandt. Es handelt sich um ein profiskalisches Nichtanwendungsgesetz. Sonstiges: Keine Ausführungen.

Fundstelle BGBl	Datum, Aktenzeichen und Fundstelle der BFH-Entscheidung	Initiator für das Nichtanwendungsgesetz gem. Art. 76 Abs. 1 GG?	BFH-Entscheidung in Gesetzesbegründung erwähnt?	Fiskalische Auswirkungen des Nichtanwendungsgesetzes laut Gesetzesbegründung?	Enthält Nichtanwendungsgesetz Rückwirkung?	Nichtanwendungserlass vor Nichtanwendungsgesetz?
BGBl I 1996, 2049 (2067); JStG 1997 vom 20. 12. 1996	10. 04. 1992, III R 184/90, BStBl II 1992, 814; 08. 03. 1996, III R 146/93, BStBl II 1997, 27	Bundestag[2033]	Ja[2034]	keine Angaben	Nein	Ja[2035]

2033 In Gestalt des Finanzausschusses, BT-Drs. 13/5951, 63 f.

2034 BT-Drs. 13/5952, 47. Erwähnt wird die BFH-Entscheidung vom 10. 04. 1992, III R 184/90, BStBl II 1992, 814. Die BFH-Entscheidung vom 08. 03. 1996, III R 146/93, BStBl II 1997, 27 wird nicht erwähnt.

2035 BMF vom 25. 09. 1992, IV B 5 – S 2288a – 16/92, BStBl I 1992, 545.

Nichtanwendungsgesetz	Motive für Nichtanwendungsgesetz laut Gesetzesbegründung	Weitere Informationen und Sonstiges
BFH-Entscheidung: Das in Art. XI Abs. 1 lit. b) DBA-USA normierte Besteuerungsrecht des sog. Kassenstaats greift nur dann ein, wenn der Staat Schuldner des Lohns ist. Es reicht nicht aus, dass der Staat nur die Zahlung für einen anderen Arbeitgeber ausführt, der selbst nicht unter die in der Vorschrift genannten juristischen Personen fällt. Nichtanwendungsgesetz: § 50d Abs. 4 EStG normiert die Auslegung der sog. Kassenstaatsklauseln in DBA. Werden hiernach Einkünfte i. S. d. § 49 Abs. 1 Nr. 4 EStG aus einer Kasse einer juristischen Person des öffentlichen Rechts im Sinne der Vorschrift eines DBA über den öffentlichen Dienst gewährt, ist diese Vorschrift bei Bestehen eines Dienstverhältnisses mit einer anderen Person	Die Gesetzesänderung soll sicherstellen, dass die Abkommensklauseln entsprechend der bisherigen Praxis ausgelegt werden. Hierdurch bleibt es bei einem Besteuerungsrecht der BRD. So wird eine einheitliche Besoldungspraxis ohne Berücksichtigung des jeweiligen ausländischen Steuerrechts ermöglicht und eine Besteuerung steuerfreier Auslandszulagen im Ausland erfolgt nicht[2036], d. h. Motiv der Rechtskontinuität.	Weitere Informationen: Das Nichtanwendungsgesetz besteht noch. Es findet sich heute in § 50d Abs. 7 EStG. Das Nichtanwendungsgesetz ist innerhalb von fünf bis sieben Jahren nach der BFH-Entscheidung erlassen worden. Das Nichtanwendungsgesetz ist erst im Laufe der parlamentarischen Beratungen im Rahmen der abschließenden Beratungen des Gesetzgebungsverfahrens im Finanzausschuss des Bundestages durch diesen zum Gegenstand des Gesetzes geworden. Die BFH-Entscheidung wurde nicht im BStBl II veröffentlicht.

2036 BT-Drs. 13/5952, 50.

so auszulegen, dass die Vergütungen für der erstgenannten Person geleistete Dienste gezahlt werden, wenn sie ganz oder im Wesentlichen aus öffentlichen Mitteln aufgebracht werden.		Die Finanzverwaltung hat die BFH-Entscheidung vor Erlass des Nichtanwendungsgesetzes nicht allgemein angewandt. Es handelt sich um ein profiskalisches Nichtanwendungsgesetz. Sonstiges: Keine Ausführungen.

Fundstelle BGBl	**Datum, Aktenzeichen und Fundstelle der BFH-Entscheidung**	**Initiator für das Nichtanwendungsgesetz gem. Art. 76 Abs. 1 GG?**	**BFH-Entscheidung in Gesetzesbegründung erwähnt?**	**Fiskalische Auswirkungen des Nichtanwendungsgesetzes laut Gesetzesbegründung?**	**Enthält Nichtanwendungsgesetz Rückwirkung?**	**Nichtanwendungserlass vor Nichtanwendungsgesetz?**
BGBl I 1996, 2049 (2069); JStG 1997 vom 20. 12. 1996	31. 07. 1991, I R 47/90, BFHE 165, 392	Bundestag[2037]	Ja[2038]	keine Angaben	Ja	Nein

2037 In Gestalt des Finanzausschusses, BT-Drs. 13/5951, 69.

2038 BT-Drs. 13/5952, 50.

Nichtanwendungsgesetz	Motive für Nichtanwendungsgesetz laut Gesetzesbegründung	Weitere Informationen und Sonstiges
BFH-Entscheidung: Jede Wahlrechtsausübung kann grds. frei und unbeschränkt geändert werden. Sie ist ein gesetzliches Gestaltungsrecht des Kaufmanns, das dieser in den Grenzen des § 4 Abs. 2 Satz 2 EStG frei ausüben kann. Die Änderung der Wahlrechtsausübung ist zeitlich nur durch die Bestandskraft der Steuerbescheide eingeschränkt, auf die sie sich auswirken soll. Nichtanwendungsgesetz: § 4 Abs. 2 Satz 2 EStG normiert, dass über § 4 Abs. 2 Satz 1 EStG hinaus eine Änderung der Vermögensübersicht (Bilanz) unzulässig ist.	Die BFH-Rechtsprechung eröffnet ausschließlich bilanzierenden Stpfl. Gestaltungsspielräume, die aus Gleichheitsgesichtspunkten und mit dem Prinzip der Leistungsfähigkeit bei der Ertragsbesteuerung nicht vereinbar sind. Diese Gestaltungsspielräume sollen vermieden werden[2039], d. h. Motiv der Missbrauchsbekämpfung. Bei steuerlich begünstigten Umwandlungsvorgängen ist Verlässlichkeit auf den dem FA eingereichten Buchführungswerk notwendig[2040], d. h. Motiv des rechtspolitischen Grundes.	Weitere Informationen: Das Nichtanwendungsgesetz besteht nicht mehr. Durch das StBereinG 1999[2041] werden gem. § 4 Abs. 2 Satz 2 EStG Bilanzänderungen unter bestimmten Voraussetzungen ermöglicht. Das Nichtanwendungsgesetz ist innerhalb eines Jahres nach der BFH-Entscheidung erlassen worden. Die Veröffentlichung der BFH-Entscheidung im BStBl II erfolgte erst nach Erlass des Nichtanwendungsgesetzes. Die Finanzverwaltung hat die BFH-Entscheidung vor Erlass des Nichtanwendungsgesetzes nicht allgemein angewandt. Es handelt sich um ein profiskalisches Nichtanwendungsgesetz.

2039 BT-Drs. 14/23, 168 = BT-Drs. 14/265, 169.
2040 BT-Drs. 14/23, 168 = BT-Drs. 14/265, 169.
2041 BGBl I 1999, 2601 (2602).

				Sonstiges: Mit einer Geltung von knapp neun Monaten handelt es sich um eines der Nichtanwendungsgesetze mit der kürzesten Geltungsdauer.		
Fundstelle BGBl	**Datum, Aktenzeichen und Fundstelle der BFH-Entscheidung**	**Initiator für das Nichtanwendungsgesetz gem. Art. 76 Abs. 1 GG?**	**BFH-Entscheidung in Gesetzesbegründung erwähnt?**	**Fiskalische Auswirkungen des Nichtanwendungsgesetzes laut Gesetzesbegründung?**	**Enthält Nichtanwendungsgesetz Rückwirkung?**	**Nichtanwendungserlass vor Nichtanwendungsgesetz?**
BGBl I 1999, 402 (403); StEntlG 1999/2000/2002 vom 24. 03. 1999	24. 03. 1998, I R 20/94, BStBl II 1999, 272	Bundesregierung[2042] Bundestag[2043]	Ja[2044]	47,55 Mio. € Steuermehreinnahmen im Entstehungsjahr[2045]	Ja	Nein

2042 BT-Drs. 14/265, 5. Diese ist gleichlautend zum Gesetzesentwurf der Fraktionen SPD und Bündnis 90/Die Grünen, BT-Drs. 14/23.

2043 Durch die Fraktionen SPD und Bündnis 90/Die Grünen, BT-Drs. 14/23, 4. Diese ist gleichlautend zum Gesetzesentwurf der Bundesregierung, BT-Drs. 14/265.

2044 BT-Drs. 14/23, 168 = BT-Drs. 14/265, 169.

2045 BT-Drs. 14/23, 138 = BT-Drs. 14/265, 139. Für die Rechnungsjahre 2000 bis 2002 werden Steuermehreinnahmen von jeweils 47,55 Mio. € p. a. prognostiziert, BT-Drs. 14/23, 138 = BT-Drs. 14/265, 139.

Nichtanwendungsgesetz	Motive für Nichtanwendungsgesetz laut Gesetzesbegründung	Weitere Informationen und Sonstiges
BFH-Entscheidung: Stpfl. können über Zwei- bzw. Mehrkontenmodelle Betriebseinnahmen ansammeln, diese für private Zwecke entnehmen und den dann auf betrieblicher Ebene entstehenden Finanzierungsbedarf durch Fremdmittel ausgleichen. Die darauf entfallenden Schuldzinsen sind uneingeschränkt betrieblich veranlasst. Nichtanwendungsgesetz: Durch § 4 Abs. 4a EStG wird der Abzug von Schuldzinsen als Betriebsausgaben auf die Schuldzinsen beschränkt, die betrieblich veranlasst sind.	Verbreiterung der Bemessungsgrundlage[2046], d. h. Motiv des fiskalischen Grundes. Die Regelung dient dem Zweck, Missbräuche bei der Verlagerung von Schuldzinsen vom privaten in den betrieblichen Bereich zu beseitigen. Der Betriebsausgabenabzug von Schuldzinsen ist daher einzuschränken, wenn in zeitlichem Zusammenhang vorhandene Geldmittel zunächst entnommen und die Betriebsausgaben dann anschließend fremdfinanziert werden[2047], d. h. Motiv der Missbrauchsbekämpfung.	Weitere Informationen: Das Nichtanwendungsgesetz besteht nicht mehr. Durch das StBereinG 1999[2050] wurde § 4 Abs. 4a EStG vollkommen neu gefasst. Das Nichtanwendungsgesetz ist innerhalb von einem bis zwei Jahren nach der BFH-Entscheidung erlassen worden. Das Nichtanwendungsgesetz ist im Laufe der parlamentarischen Beratungen geändert worden. Das Nichtanwendungsgesetz richtet sich gegen eine Entscheidung des Großen Senats i. S. d. § 11 FGO.

2046 BT-Drs. 14/23, 2 und 126 f mit Bezug auf 136, 139 und 165 = BT-Drs. 14/265, 2 und 127 f mit Bezug auf 137, 140 und 166 und BT-Drs. 14/443, 2 f.

2047 BT-Drs. 14/23, 139 und 169 = BT-Drs. 14/265, 140 und 170 und BT-Drs. 14/443, 3, 21 und 61.

2050 BGBl I 1999, 2601 (2602).

	Die Rechtsprechung des BFH führt zu beträchtlichen Haushaltsbelastungen[2048], d. h. Motiv des fiskalischen Grundes. Die Rechtsprechung des BFH ist unter Gleichbehandlungsgrundsätzen nicht akzeptabel[2049], d. h. Motiv der Rechtsdogmatik.	Die Finanzverwaltung hat die BFH-Entscheidung vor Erlass des Nichtanwendungsgesetzes allgemein angewandt. Es handelt sich um ein profiskalisches Nichtanwendungsgesetz. Sonstiges: Mit einer Geltung von knapp neun Monaten handelt es sich um eines der Nichtanwendungsgesetze mit der kürzesten Geltungsdauer.

2048 BT-Drs. 14/23, 169 = BT-Drs. 14/265, 170.
2049 BT-Drs. 14/23, 169 = BT-Drs. 14/265, 170.

Fundstelle BGBl	Datum, Aktenzeichen und Fundstelle der BFH-Entscheidung	Initiator für das Nichtanwendungsgesetz gem. Art. 76 Abs. 1 GG?	BFH-Entscheidung in Gesetzesbegründung erwähnt?	Fiskalische Auswirkungen des Nichtanwendungsgesetzes laut Gesetzesbegründung?	Enthält Nichtanwendungsgesetz Rückwirkung?	Nichtanwendungserlass vor Nichtanwendungsgesetz?
BGBl I 1999, 402 (403); StEntlG 1999/2000/2002 vom 24. 03. 1999	08. 12. 1997, GrS 1-2/95, BStBl II 1998, 193	Bundesregierung[2051] Bundestag[2052]	Ja[2053]	Steuermehreinnahmen von 511,29 Mio. €[2054]	Ja	Nein

2051 BT-Drs. 14/265, 5 f. Diese ist gleichlautend zum Gesetzesentwurf der Fraktionen SPD und Bündnis 90/Die Grünen, BT-Drs. 14/23.

2052 Durch die Fraktionen SPD und Bündnis 90/Die Grünen, BT-Drs. 14/23, 4 f. Diese ist gleichlautend zum Gesetzesentwurf der Bundesregierung, BT-Drs. 14/265.

2053 BT-Drs. 14/23, 169 = BT-Drs. 14/265, 170.

2054 Im Entstehungsjahr 1999, BT-Drs. 14/443, 61. Für das Rechnungsjahr 1999 werden Steuermehreinnahmen von 102,25 Mio. € prognostiziert, für das Rechnungsjahr 2000 von 204,51 Mio. €, für das Rechnungsjahr 2001 von 511,29 Mio. € und für das Rechnungsjahr 2002 von 638,09 Mio. €, BT-Drs. 14/443, 61. Der ursprüngliche Gesetzesentwurf sah Steuermehreinnahmen im Entstehungsjahr 1999 von 587,99 Mio vor, BT-Drs. 14/23, 139 = BT-Drs. 14/265, 140. Für das Rechnungsjahr 1999 wurden Steuermehreinnahmen von 117,60 Mio. € prognostiziert, für das Rechnungsjahr 2000 von 235,19 Mio. €, für das Rechnungsjahr 2001 von 587,99 Mio. € und für das Rechnungsjahr 2002 von 733,70 Mio. €, BT-Drs. 14/23, 139 = BT-Drs. 14/265, 140.

Nichtanwendungsgesetz	Motive für Nichtanwendungsgesetz laut Gesetzesbegründung	Weitere Informationen und Sonstiges
BFH-Entscheidung: Einkünfte aus privaten Devisentermingeschäften sind weder Einkünfte aus Spekulationsgeschäften noch Einkünfte aus Leistungen, wenn sie aus Differenzgeschäften erzielt wurden, die nicht auf Leistung gerichtet sind. Nichtanwendungsgesetz: § 23 Abs. 1 Satz 1 Nr. 4 Satz 1 EStG normiert, dass Termingeschäfte, durch die der Stpfl. einen Differenzausgleich oder einen durch den Wert einer veränderlichen Bezugsgröße bestimmten Geldbetrag oder Vorteil erlangt, private Veräußerungsgeschäfte sind, sofern der Zeitraum zwischen Erwerb und Beendigung des Rechts auf einen Differenzausgleich, Geldbetrag oder Vorteil nicht mehr als ein Jahr beträgt. Gem. § 23 Abs. 1 Satz 1 Nr. 4 Satz 2 EStG gelten Zertifikate, die Aktien vertreten, und Optionsscheine als Termingeschäfte i. S. d. Satzes 1.	Verbreiterung der Bemessungsgrundlage[2055], d. h. Motiv des fiskalischen Grundes. Die Besteuerung der genannten Geschäfte ist sachgerecht, da es sich bei diesen Geschäften um eine typische Spekulation handelt, die vom Normbereich und Gesetzeszweck des § 23 EStG abgedeckt wird[2056], d. h. Motiv der Rechtsdogmatik.	Weitere Informationen: Das Nichtanwendungsgesetz besteht noch. Es findet sich heute seinem Inhalt nach in § 20 Abs. 2 Satz 1 Nr. 3 EStG. Das Nichtanwendungsgesetz ist mehr als fünfzehn Jahre nach der BFH-Entscheidung erlassen worden. Das Nichtanwendungsgesetz ist im Laufe der parlamentarischen Beratungen geändert worden. Die Finanzverwaltung hat die BFH-Entscheidung vor Erlass des Nichtanwendungsgesetzes allgemein angewandt. Es handelt sich um ein profiskalisches Nichtanwendungsgesetz. Sonstiges: Keine Ausführungen.

2055 BT-Drs. 14/23, 2 und 126 f mit Bezug auf 136, 155 und 165 = BT-Drs. 14/265, 2 und 127 f mit Bezug auf 137, 156 und 166 und BT-Drs. 14/443, 2 und 4.

2056 BT-Drs. 14/23, 180 = BT-Drs. 14/265, 181.

Fundstelle BGBl	Datum, Aktenzeichen und Fundstelle der BFH-Entscheidung	Initiator für das Nichtanwendungsgesetz gem. Art. 76 Abs. 1 GG?	BFH-Entscheidung in Gesetzesbegründung erwähnt?	Fiskalische Auswirkungen des Nichtanwendungsgesetzes laut Gesetzesbegründung?	Enthält Nichtanwendungsgesetz Rückwirkung?	Nichtanwendungserlass vor Nichtanwendungsgesetz?
BGBl I 1999, 402 (410); StEntlG 1999/2000/2002 vom 24. 03. 1999	08. 12. 1981, VIII R 125/79, BStBl II 1982, 618; 06. 12. 1983, VIII R 172/83, BStBl II 1984, 132; 25. 08. 1987, IX R 65/86, BStBl II 1988, 248	Bundesregierung[2057] Bundestag[2058]	Nein[2059]	Steuermehreinnahmen von 48,57 Mio. €[2060]	Ja	Nein

2057 BT-Drs. 14/265, 13. Diese ist gleichlautend zum Gesetzesentwurf der Fraktionen SPD und Bündnis 90/Die Grünen, BT-Drs. 14/23.

2058 Durch die Fraktionen SPD und Bündnis 90/Die Grünen, BT-Drs. 14/23, 12. Diese ist gleichlautend zum Gesetzesentwurf der Bundesregierung, BT-Drs. 14/265.

2059 BT-Drs. 14/23, 180 = BT-Drs. 14/265, 181 und BT-Drs. 14/443, 28 f. Es wird lediglich von der „Rechtsprechung" gesprochen. Eine BFH-Entscheidung mit Datum, Aktenzeichen oder Fundstelle wird aber nicht erwähnt, BT-Drs. 14/23, 180 = BT-Drs. 14/265, 181.

2060 Im Entstehungsjahr 1999, BT-Drs. 14/23, 155 = BT-Drs. 14/265, 156 und BT-Drs. 14/443, 73. Für das Rechnungsjahr 2000 werden Steuermehreinnahmen von 20,96 Mio. € prognostiziert, für das Rechnungsjahr 2001 von 30,16 Mio. € und für das Rechnungsjahr 2002 von 43,97 Mio. €, BT-Drs. 14/23, 155 = BT-Drs. 14/265, 156 und BT-Drs. 14/443, 73.

Nichtanwendungsgesetz	Motive für Nichtanwendungsgesetz laut Gesetzesbegründung	Weitere Informationen und Sonstiges
BFH-Entscheidung: Die Überführung eines Wirtschaftsguts vom Betriebsvermögen in das Privatvermögen ist keine Anschaffung i. S. d. § 23 Abs. 1 EStG. Nichtanwendungsgesetz: § 23 Abs. 1 Satz 2 EStG normiert, dass auch die Überführung eines Wirtschaftsguts in das Privatvermögen des Stpfl. durch Entnahme oder Betriebsaufgabe sowie der Antrag nach § 21 Abs. 2 Satz 1 Nr. 1 UmwStG als Anschaffung gilt.	Verbreiterung der Bemessungsgrundlage[2061], d. h. Motiv des fiskalischen Grundes. Stpfl. geben bei der Entnahme von Wirtschaftsgütern aus dem Betriebsvermögen einen Wert an, der sich im Rahmen einer späteren steuerfreien Veräußerung aus dem Privatvermögen als zu niedrig erweist. Die Möglichkeiten der Finanzverwaltung, derartigen Praktiken durch genauere Prüfung des Entnahmewertes entgegenzuwirken, sind angesichts der sachtypischen Beweisnot gering. Daher erfolgt zukünftig eine Besteuerung der Veräußerungen aus dem Privatvermögen[2062], d. h. Motiv der Verwaltungsvereinfachung. Aufnahme der Betriebsaufgabe in § 23 Abs. 1 Satz 2 EStG, weil diese der Entnahme	Weitere Informationen: Das Nichtanwendungsgesetz besteht noch. Der Antrag nach § 21 Abs. 2 Satz 1 Nr. 1 UmwStG wurde durch das SEStEG[2064] gestrichen. Das Nichtanwendungsgesetz ist mehr als fünfzehn Jahre nach der BFH-Entscheidung erlassen worden. Das Nichtanwendungsgesetz ist im Laufe der parlamentarischen Beratungen geändert worden. Die Finanzverwaltung hat die BFH-Entscheidung vor Erlass des Nichtanwendungsgesetzes allgemein angewandt. Es handelt sich um ein profiskalisches Nichtanwendungsgesetz.

2061 BT-Drs. 14/23, 2 und 126 f mit Bezug auf 136, 143 und 165 = BT-Drs. 14/265, 2 und 127 f mit Bezug auf 137, 144 und 166 und BT-Drs. 14/443, 2 f.

2062 BT-Drs. 14/23, 179 f = BT-Drs. 14/265, 180 f.

2064 BGBl I 2006, 2782 (2785).

	gleichsteht[2063], d. h. Motiv der Rechtsdogmatik.	Sonstiges: Der Zeitraum von der BFH-Entscheidung bis zum Erlass des Nichtanwendungsgesetzes beträgt nahezu 34 Jahre. Es handelt sich in zeitlicher Hinsicht um das „langsamste" Nichtanwendungsgesetz.

Fundstelle BGBl	**Datum, Aktenzeichen und Fundstelle der BFH-Entscheidung**	**Initiator für das Nichtanwendungsgesetz gem. Art. 76 Abs. 1 GG?**	**BFH-Entscheidung in Gesetzesbegründung erwähnt?**	**Fiskalische Auswirkungen des Nichtanwendungsgesetzes laut Gesetzesbegründung?**	**Enthält Nichtanwendungsgesetz Rückwirkung?**	**Nichtanwendungserlass vor Nichtanwendungsgesetz?**
BGBl I 1999, 402 (410); StEntlG 1999/ 2000/2002 vom 24. 03. 1999	23. 04. 1965, VI R 34/62, BStBl III 1965, 477	Bundesregierung[2065] Bundestag[2066]	Nein[2067]	Steuermehreinnahmen von 23 Mio. €[2068]	Ja	Nein

2063 BT-Drs. 14/443, 28.

2065 BT-Drs. 14/265, 13. Diese ist gleichlautend zum Gesetzesentwurf der Fraktionen SPD und Bündnis 90/Die Grünen, BT-Drs. 14/23.

2066 Durch die Fraktionen SPD und Bündnis 90/Die Grünen, BT-Drs. 14/23, 12. Diese ist gleichlautend zum Gesetzesentwurf der Bundesregierung, BT-Drs. 14/265.

2067 BT-Drs. 14/23, 179 f = BT-Drs. 14/265, 180 f und BT-Drs. 14/443, 28 f.

2068 Im Entstehungsjahr 1999, BT-Drs. 14/23, 143 = BT-Drs. 14/265, 144 und BT-Drs. 14/443, 65. Für das Rechnungsjahr 1999 werden Steuermehreinnahmen von 7,16 Mio. € prognostiziert, für das Rechnungsjahr 2000 von 13,80 Mio. €, für das Rechnungsjahr 2001 von 20,96 Mio. € und für das Rechnungsjahr 2002 von 30,16 Mio. €, BT-Drs. 14/23, 143 = BT-Drs. 14/265, 144 und BT-Drs. 14/443, 65.

Nichtanwendungsgesetz	Motive für Nichtanwendungsgesetz laut Gesetzesbegründung	Weitere Informationen und Sonstiges
BFH-Entscheidung: Wird ein Grundstück nach der Anschaffung unentgeltlich im Wege der Schenkung auf einen Dritten übertragen und veräußert dieser das Grundstück innerhalb der Spekulationsfrist, so kann hierin ein Missbrauch von Gestaltungsmöglichkeiten des Rechts (§ 42 AO) liegen. Der unentgeltliche Erwerb durch Schenkung (Einzelrechtsnachfolge) ist nicht mit einem Erwerb im Wege der Gesamtrechtsnachfolge gleichzustellen. Nichtanwendungsgesetz: § 23 Abs. 1 Satz 3 EStG normiert, dass bei unentgeltlichem Erwerb dem Einzelrechtsnachfolger für Zwecke dieser Vorschrift die Anschaffung, die Überführung	Die mit der Anwendung des § 42 AO verbundenen Schwierigkeiten können vermieden werden, wenn auch in Fällen der Einzelrechtsnachfolge durch Schenkung auf die Anschaffung durch den Rechtsvorgänger abgestellt wird[2069], d. h. Motiv der Verwaltungsvereinfachung.	Weitere Informationen: Das Nichtanwendungsgesetz besteht noch. Der Antrag nach § 21 Abs. 2 Satz 1 Nr. 1 UmwStG wurde durch das SEStEG[2070] gestrichen. Der Erwerb eines Rechts aus Termingeschäften wurde durch das Unternehmensteuerreformgesetz 2008[2071] gestrichen. Das Nichtanwendungsgesetz ist innerhalb von zehn bis fünfzehn Jahre nach der BFH-Entscheidung erlassen worden. Das Nichtanwendungsgesetz ist im Laufe der parlamentarischen Beratungen geändert worden. Die Finanzverwaltung hat die BFH-Entscheidung vor Erlass des Nichtanwendungsgesetzes allgemein angewandt.

2069 BT-Drs. 14/23, 180 = BT-Drs. 14/265, 181.
2070 BGBl I 2006, 2782 (2785).
2071 BGBl I 2007, 1912 (1918).

des Wirtschaftsguts in das Privatvermögen, der Antrag nach § 21 Abs. 2 Satz 1 Nr. 1 UmwStG oder der Erwerb eines Rechts aus Termingeschäften durch den Rechtsvorgänger zuzurechnen ist.		Es handelt sich um ein profiskalisches Nichtanwendungsgesetz. Sonstiges: Keine Ausführungen.

Fundstelle BGBl	**Datum, Aktenzeichen und Fundstelle der BFH-Entscheidung**	**Initiator für das Nichtanwendungsgesetz gem. Art. 76 Abs. 1 GG?**	**BFH-Entscheidung in Gesetzesbegründung erwähnt?**	**Fiskalische Auswirkungen des Nichtanwendungsgesetzes laut Gesetzesbegründung?**	**Enthält Nichtanwendungsgesetz Rückwirkung?**	**Nichtanwendungserlass vor Nichtanwendungsgesetz?**
BGBl I 1999, 402 (410); StEntlG 1999/2000/2002 vom 24. 03. 1999	12. 07. 1988, IX R 149/83, BStBl II 1988, 942	Bundesregierung[2072] Bundestag[2073]	Ja[2074]	keine Angaben	Ja	Nein

2072 BT-Drs. 14/265, 13. Diese ist gleichlautend zum Gesetzesentwurf der Fraktionen SPD und Bündnis 90/Die Grünen, BT-Drs. 14/23.

2073 Durch die Fraktionen SPD und Bündnis 90/Die Grünen, BT-Drs. 14/23, 12. Diese ist gleichlautend zum Gesetzesentwurf der Bundesregierung, BT-Drs. 14/265.

2074 BT-Drs. 14/23, 180 = BT-Drs. 14/265, 181.

Nichtanwendungsgesetz	Motive für Nichtanwendungsgesetz laut Gesetzesbegründung	Weitere Informationen und Sonstiges
BFH-Entscheidung: Inländische Einkünfte i. S. d. § 49 Abs. 1 Nr. 2 lit. d) 2. HS EStG sind nur dann anzunehmen, wenn im Inland ausgeübte Darbietungen im Inland verwertet werden. Nichtanwendungsgesetz: § 49 Abs. 1 Nr. 2 lit. d) EStG normiert durch die Einfügung der Wörter „im Inland ausgeübte oder verwertete", dass auch im Ausland ausge-übte, aber im Inland verwertete Darbietungen von der Besteuerung erfasst werden.	Die Rechtsprechung des BFH widerspricht dem nach der Entstehungsgeschichte mit dieser Vorschrift verfolgten Sinn und Zweck, auch im Ausland erbrachte Darbietungen, die im Inland verwertet werden, zu besteuern[2075], d. h. Motiv des rechtspolitischen Grundes.	Weitere Informationen: Das Nichtanwendungsgesetz besteht noch. Das Nichtanwendungsgesetz ist innerhalb von einem bis zwei Jahren nach der BFH-Entscheidung erlassen worden. Die Finanzverwaltung hat die BFH-Entscheidung vor Erlass des Nichtanwendungsgesetzes allgemein angewandt. Es handelt sich um ein profiskalisches Nichtanwendungsgesetz. Sonstiges: Keine Ausführungen.

2075 BT-Drs. 14/23, 184 = BT-Drs. 14/265, 185.

Fundstelle BGBl	Datum, Aktenzeichen und Fundstelle der BFH-Entscheidung	Initiator für das Nichtanwendungsgesetz gem. Art. 76 Abs. 1 GG?	BFH-Entscheidung in Gesetzesbegründung erwähnt?	Fiskalische Auswirkungen des Nichtanwendungsgesetzes laut Gesetzesbegründung?	Enthält Nichtanwendungsgesetz Rückwirkung?	Nichtanwendungserlass vor Nichtanwendungsgesetz?
BGBl I 1999, 402 (413); StEntlG 1999/2000/2002 vom 24. 03. 1999	17. 12. 1997, I R 18/97, BStBl II 1998, 440	Bundesregierung[2076] Bundestag[2077]	Ja[2078]	keine Angaben	Ja	Nein

2076 BT-Drs. 14/265, 16. Diese ist gleichlautend zum Gesetzesentwurf der Fraktionen SPD und Bündnis 90/Die Grünen, BT-Drs. 14/23.
2077 Durch die Fraktionen SPD und Bündnis 90/Die Grünen, BT-Drs. 14/23, 15. Diese ist gleichlautend zum Gesetzesentwurf der Bundesregierung, BT-Drs. 14/265.
2078 BT-Drs. 14/23, 184 = BT-Drs. 14/265, 185.

Nichtanwendungsgesetz	Motive für Nichtanwendungsgesetz laut Gesetzesbegründung	Weitere Informationen und Sonstiges
BFH-Entscheidung: Zur Ermittlung des Gewinns aus der Aufgabe eines Grünlandbetriebs sind die gemeinen Werte des Grund und Bodens und der Milchreferenzmenge dem nach § 55 Abs. 1 EStG pauschalierten Wert des Grund und Bodens gegenüberzustellen; in diesem Fall ist die Verlustklausel des § 55 Abs. 6 EStG nicht isoliert auf den Grund und Boden anzuwenden (Einheitsbetrachtung). Nichtanwendungsgesetz: § 55 Abs. 1 Satz 2 EStG normiert, dass zum Grund und Boden i. S. d. Satzes 1 nicht die mit ihm in Zusammenhang stehenden Wirtschaftsgüter und Nutzungsbefugnisse gehören.	Die Auslegung des BFH ist nach Auffassung des Gesetzgebers nicht zutreffend[2079], d. h. Motiv der Rechtsdogmatik. Gesetzliche Festschreibung der bisherigen Verwaltungsauffassung[2080], d. h. Motiv der Rechtskontinuität.	Weitere Informationen: Das Nichtanwendungsgesetz besteht noch. Das Nichtanwendungsgesetz ist innerhalb von einem bis zwei Jahren nach der BFH-Entscheidung erlassen worden. Das Nichtanwendungsgesetz ist erst im Laufe der parlamentarischen Beratungen im Rahmen der abschließenden Beratungen des Gesetzgebungsverfahrens im Finanzausschuss des Bundestages durch diesen zum Gegenstand des Gesetzes geworden. Die Veröffentlichung der BFH-Entscheidung im BStBl II erfolgte erst nach Erlass des Nichtanwendungsgesetzes.

2079 BT-Drs. 14/443, 35.
2080 BT-Drs. 14/443, 35.

		Die Finanzverwaltung hat die BFH-Entscheidung vor Erlass des Nichtanwendungsgesetzes nicht allgemein angewandt. Es handelt sich um ein profiskalisches Nichtanwendungsgesetz. Sonstiges: Im ebenfalls geänderten § 55 Abs. 6 EStG werden die Wörter „ausschließlich auf den Grund und Boden entfallende“ eingefügt und so der Veräußerungspreis näher präzisiert.

Fundstelle BGBl	Datum, Aktenzeichen und Fundstelle der BFH-Entscheidung	Initiator für das Nichtanwendungsgesetz gem. Art. 76 Abs. 1 GG?	BFH-Entscheidung in Gesetzesbegründung erwähnt?	Fiskalische Auswirkungen des Nichtanwendungsgesetzes laut Gesetzesbegründung?	Enthält Nichtanwendungsgesetz Rückwirkung?	Nichtanwendungserlass vor Nichtanwendungsgesetz?
BGBl I 1999, 402 (420); StEntlG 1999/2000/2002 vom 24. 03. 1999	05. 03. 1998, IV R 8/95, BStBl II 2003, 54; 05. 03. 1998, IV R 23/96, BStBl II 2003, 56	Bundestag[2081]	Ja[2082]	keine Angaben	Ja	Ja[2083]

2081 In Gestalt des Finanzausschusses, BT-Drs. 14/442, 26.

2082 BT-Drs. 14/443, 35. Erwähnt wird die BFH-Entscheidung vom 05. 03. 1998, IV R 8/95, BStBl 2003, 54. Die BFH-Entscheidung vom 05. 03. 1998, IV R 23/96, BStBl II 2003, 56 wird nicht erwähnt.

2083 OFD Hannover vom 18. 08. 1998, S 2132a – 52 – StH 224, S 2239 – 285 – StO 241, StEK EStG § 14 Nr. 44

Nichtanwendungsgesetz	Motive für Nichtanwendungsgesetz laut Gesetzesbegründung	Weitere Informationen und Sonstiges
BFH-Entscheidung: Bedingt rückzahlbare Zuwendungen sind zu passivieren. Nichtanwendungsgesetz: § 5 Abs. 2a EStG normiert, dass bedingt rückzahlbare Zuwendungen erst dann zu passivieren sind, wenn Einnahmen oder Gewinne angefallen sind.	Gesetzliche Festschreibung der bisherigen Verwaltungsauffassung[2084], d. h. Motiv der Rechtskontinuität. Verhinderung künftiger Steuerausfälle, die eine allgemeine Anwendung der Grundsätze der BFH-Rechtsprechung zur Folge hätte[2085], d. h. Motiv des fiskalischen Grundes. Die Änderung entspricht im Ergebnis einer vergleichbaren Regelung in § 6a Abs. 1 Nr. 2 EStG zu Pensionsrückstellungen. Aus Gründen des Gleichbehandlungsgrundsatzes ist eine gleichlautende Regelung auch für bedingt rückzahlbare Zuwendungen geboten[2086], d. h. Motiv der Rechtsdogmatik.	Weitere Informationen Das Nichtanwendungsgesetz besteht noch. Das Nichtanwendungsgesetz ist innerhalb von drei bis fünf Jahren nach der BFH-Entscheidung erlassen worden. Das Nichtanwendungsgesetz ist erst im Laufe der parlamentarischen Beratungen im Rahmen der abschließenden Beratungen des Gesetzgebungsverfahrens im Finanzausschuss des Bundestages durch diesen zum Gegenstand des Gesetzes geworden. Die Finanzverwaltung hat die BFH-Entscheidung vor Erlass des Nichtanwendungsgesetzes nicht allgemein angewandt.

2084 BT-Drs. 14/2070, 18.
2085 BT-Drs. 14/2070, 18.
2086 BT-Drs. 14/2070, 18.

		Es handelt sich um ein profiskalisches Nichtanwendungsgesetz. Sonstiges: Das Nichtanwendungsgesetz schreibt die bisherige Verwaltungsauffassung[2087] gesetzlich fest.

Fundstelle BGBl	**Datum, Aktenzeichen und Fundstelle der BFH-Entscheidung**	**Initiator für das Nichtanwendungsgesetz gem. Art. 76 Abs. 1 GG?**	**BFH-Entscheidung in Gesetzesbegründung erwähnt?**	**Fiskalische Auswirkungen des Nichtanwendungsgesetzes laut Gesetzesbegründung?**	**Enthält Nichtanwendungsgesetz Rückwirkung?**	**Nichtanwendungserlass vor Nichtanwendungsgesetz?**
BGBl I 1999, 2601 (2602); StBereinG 1999 vom 22. 12. 1999	20. 09. 1995, X R 225/93, BStBl II 1997, 320; 03. 07. 1997,	Bundestag[2088]	Ja[2089]	keine Angaben	Ja	Ja[2090]

2087 BMF vom 08. 05. 1978, IV B 2 – S 2241 – 97/78, BStBl I 1978, 203.

2088 In Gestalt des Finanzausschusses auf Antrag der Koalitionsfraktionen SPD, Bündnis 90/Die Grünen, BT-Drs. 14/2070, 7 mit Verweis auf BT-Drs. 14/2035, 11.

2089 BT-Drs. 14/2070, 17 f.

2090 BMF vom 28. 04. 1997, IV B 2 – S 2137 – 38/97, BStBl I 1997, 398 und BMF vom 27. 04. 1998, IV B 2 – S 2137 – 49/98, BStBl I 1998, 368.

	IV R 49/96, BStBl II 1998, 244; 17. 12. 1998, IV R 21/97, BStBl II 2000, 116; 04. 02. 1999, IV R 54/97, BStBl II 2000, 139					

Nichtanwendungsgesetz	Motive für Nichtanwendungsgesetz laut Gesetzesbegründung	Weitere Informationen und Sonstiges
BFH-Entscheidung: Variabel verzinsliche Wertpapiere, die keine von vornherein bezifferbare Emissionsrendite haben, werden nicht vom Tatbestand des § 20 Abs. 2 Satz 1 Nr. 4 Satz 1 lit. c) oder d) EStG erfasst.	Die Auslegung des BFH führt zu unbesteuerten Veräußerungsgewinnen. Diese Auslegung steht nicht mit dem Willen des Gesetzgebers in Einklang, keine Besteuerungslücken entstehen zu lassen[2091], d. h. Motiv des fiskalischen Grundes.	Weitere Informationen: Das Nichtanwendungsgesetz besteht noch. Es ist mit Einführung der Abgeltungsteuer durch das Unternehmensteuerreformgesetz 2008[2093] in § 20 Abs. 2 Satz 1 Nr. 7 EStG aufgegangen. Das Nichtanwendungsgesetz ist innerhalb von einem bis zwei Jahren nach der BFH-Entscheidung erlassen worden. Das Nichtanwendungsgesetz ist im Laufe der parlamentarischen Beratungen geändert worden. Die Finanzverwaltung hat die BFH-Entscheidung vor Erlass des Nichtanwendungsgesetzes nicht allgemein angewandt.
Nichtanwendungsgesetz: § 20 Abs. 2 Satz 1 Nr. 4 Satz 2 EStG normiert, dass auch Einnahmen aus der Veräußerung, Abtretung oder Einlösung von Wertpapieren und Kapitalforderungen der Besteuerung unterliegen, wenn sie keine Emissionsrendite haben oder diese vom Stpfl. nicht nachgewiesen wird. Kapitalertrag ist der Unterschied zwischen dem Entgelt für den Erwerb und den Einnahmen aus der Veräußerung, Abtretung oder Einlösung. Bei einer ausländischen Währung ist der Unterschied in dieser Währung zu ermitteln.	Bei ausländischen Währungen wird erst der Unterschiedsbetrag in Euro umgerechnet. Hierdurch werden Wechselkursschwankungen, die auf die Kapitalvermögensebene entfallen nicht als Einkünfte aus Kapitalvermögen umfasst, was auch bei anderen Kapitalanlagen nicht der Fall ist und entsprechenden Bedenken des BFH Rechnung trägt[2092], d. h. Motiv der Rechtsdogmatik.	

2091 BT-Drs. 14/6877, 26.
2092 BT-Drs. 14/7341, 10 f.
2093 BGBl I 2007, 1912 (1916).

		Es handelt sich um ein profiskalisches Nichtanwendungsgesetz. Sonstiges: Keine Ausführungen.

Fundstelle BGBl	**Datum, Aktenzeichen und Fundstelle der BFH-Entscheidung**	**Initiator für das Nichtanwendungsgesetz gem. Art. 76 Abs. 1 GG?**	**BFH-Entscheidung in Gesetzesbegründung erwähnt?**	**Fiskalische Auswirkungen des Nichtanwendungsgesetzes laut Gesetzesbegründung?**	**Enthält Nichtanwendungsgesetz Rückwirkung?**	**Nichtanwendungserlass vor Nichtanwendungsgesetz?**
BGBl I 2001, 3794 (3796); StÄndG 2001 vom 20. 12. 2001	24. 10. 2000, VIII R 28/99, BStBl II 2001, 97	Bundesregierung[2094]	Ja[2095]	keine Angaben	Ja	Ja[2096]

2094 BT-Drs. 14/6877 6.
2095 BT-Drs. 14/6877, 25.
2096 BMF vom 07. 02. 2001, IV C 1 – S 2252 – 26/01, BStBl I 2001, 149.

Nichtanwendungsgesetz	Motive für Nichtanwendungsgesetz laut Gesetzesbegründung	Weitere Informationen und Sonstiges
BFH-Entscheidung: Der Große Senat des BFH sieht keinen Anlass die Rechtspraxis, wonach die Teilveräußerung eines Mitunternehmeranteils steuerbegünstigt ist, zu ändern. Nichtanwendungsgesetz: § 16 Abs. 1 Satz 1 Nr. 2 und Nr. 3 EStG normieren durch die jeweilige Einfügung des Wortes „gesamten", dass die Veräußerung eines Teils eines Mitunternehmeranteils nicht mehr unter den Tatbestand des § 16 Abs. 1 Satz 1 Nr. 2 und Nr. 3 EStG fällt.	Aus Gründen der Besteuerungsgleichheit und aus steuersystematischen Gründen ist es aufgrund der Vergleichbarkeit des wirtschaftlichen Ergebnisses notwendig, dass die Fälle der entgeltlichen Übertragung von Teilen eines Mitunternehmeranteils (steuerbegünstigt) und die Fälle des Eintritts einer natürlichen Person in ein bestehendes Einzelunternehmen gegen Leistung einer Zuzahlung in das Privatvermögen des bisherigen Einzelunternehmers (nicht steuerbegünstigt) steuerlich gleich behandelt werden[2097], d. h. Motiv der Rechtsdogmatik.	Weitere Informationen: Das Nichtanwendungsgesetz besteht noch. Das Nichtanwendungsgesetz ist innerhalb von zwei bis drei Jahren nach der BFH-Entscheidung erlassen worden Das Nichtanwendungsgesetz richtet sich gegen eine Entscheidung des Großen Senats i. S. d. § 11 FGO. Die Finanzverwaltung hat die BFH-Entscheidung vor Erlass des Nichtanwendungsgesetzes allgemein angewandt. Es handelt sich um ein profiskalisches Nichtanwendungsgesetz. Sonstiges: Das Nichtanwendungsgesetz ändert die bisherige Verwaltungsauffassung (vgl. R 139 Abs. 4 EStR 2001).

2097 BT-Drs. 14/6882, 34.

Fundstelle BGBl	Datum, Aktenzeichen und Fundstelle der BFH-Entscheidung	Initiator für das Nichtanwendungsgesetz gem. Art. 76 Abs. 1 GG?	BFH-Entscheidung in Gesetzesbegründung erwähnt?	Fiskalische Auswirkungen des Nichtanwendungsgesetzes laut Gesetzesbegründung?	Enthält Nichtanwendungsgesetz Rückwirkung?	Nichtanwendungserlass vor Nichtanwendungsgesetz?
BGBl I 2001, 3858 (3860); UntStFG vom 20. 12. 2001	18. 10. 1999, GrS 2/98, BStBl II 2000, 123	Bundesregierung[2098]	Ja[2099]	Steuermehreinnahmen von 100 Mio. €[2100]	Nein	Nein

2098 BT-Drs. 14/6882 7.

2099 BT-Drs. 14/6882, 34.

2100 Im Entstehungsjahr, BT-Drs. 14/6882, 27. Für die Rechnungsjahre 2002 werden Steuermehreinnahmen von 25 Mio. €, für 2003 von 75 Mio. €, für 2004 von 130 Mio. € und für 2005 von 155 Mio. € prognostiziert, BT-Drs. 14/6882, 27.

Nichtanwendungsgesetz	Motive für Nichtanwendungsgesetz laut Gesetzesbegründung	Weitere Informationen und Sonstiges
BFH-Entscheidung: Bei der Anwendung des § 34c Abs. 1 Satz 2 EStG sind auch solche aus dem Ausland stammenden Einkünfte einzubeziehen, die im Ausland keiner Besteuerung unterlegen haben. Nichtanwendungsgesetz: § 34c Abs. 1 Satz 3 EStG normiert, dass bei der Ermittlung der ausländischen Einkünfte die ausländischen Einkünfte nicht zu berücksichtigen sind, die in dem Staat, aus dem sie stammen, nach dessen Recht nicht besteuert werden.	Die Rechtsprechung des BFH führt zu einer Anrechnung ausländischer Steuern über das zur Vermeidung der Doppelbesteuerung erforderliche Maß. Durch das Gesetz wird die Anrechnung der im anderen Staat gezahlten Steuern auf den Umfang beschränkt, der zur Erfüllung des Zwecks der Vorschrift (Vermeidung der Doppelbesteuerung) notwendig ist[2101], d. h. Motiv des rechtspolitischen Grundes.	Weitere Informationen: Das Nichtanwendungsgesetz besteht noch. Es findet sich heute in § 34c Abs. 1 Satz 3 2. HS EStG. Das Nichtanwendungsgesetz ist innerhalb von sieben bis zehn Jahren nach der BFH-Entscheidung erlassen worden. Das Nichtanwendungsgesetz ist im Laufe der parlamentarischen Beratungen geändert worden. Die Finanzverwaltung hat die BFH-Entscheidung vor Erlass des Nichtanwendungsgesetzes allgemein angewandt. Es handelt sich um ein profiskalisches Nichtanwendungsgesetz.

2101 BT-Drs. 15/119, 40 und BT-Drs. 15/481, 15.

		Sonstiges: Aufgrund der BFH-Rechtsprechung hatte der BR schon mit dem JStG 1997 eine Änderung des § 34c EStG angeregt[2102]. Diese ist jedoch nicht erfolgt. § 34c Abs. 1 Satz 3 EStG wird noch durch § 34c Abs. 6 Satz 3 EStG ergänzt.

Fundstelle BGBl	**Datum, Aktenzeichen und Fundstelle der BFH-Entscheidung**	**Initiator für das Nichtanwendungsgesetz gem. Art. 76 Abs. 1 GG?**	**BFH-Entscheidung in Gesetzesbegründung erwähnt?**	**Fiskalische Auswirkungen des Nichtanwendungsgesetzes laut Gesetzesbegründung?**	**Enthält Nichtanwendungsgesetz Rückwirkung?**	**Nichtanwendungserlass vor Nichtanwendungsgesetz?**
BGBl I 2003, 660 (660); StVergAbG vom 16. 05. 2003	20. 12. 1995, I R 57/94, BStBl II 1996, 261	Bundesregierung[2103] Bundestag[2104]	Nein[2105]	keine Angaben	Ja	Nein

2102 BR-Drs. 390/96 (Beschluss), 168. Dort wird auch die BFH-Entscheidung mit Datum und Aktenzeichen erwähnt.

2103 BT-Drs. 15/287. Diese ist gleichlautend zum Gesetzesentwurf der Koalitionsfraktionen SPD und Bündnis 90/Die Grünen, BT-Drs. 15/119.

2104 Durch die Koalitionsfraktionen SPD und Bündnis 90/Die Grünen, BT-Drs. 15/119, 6. Diese ist gleichlautend zum Gesetzesentwurf der Bundesregierung, BT-Drs. 15/287.

2105 BT-Drs. 15/119, 40 und BT-Drs. 15/481, 15.

Nichtanwendungsgesetz	Motive für Nichtanwendungsgesetz laut Gesetzesbegründung	Weitere Informationen und Sonstiges
BFH-Entscheidung: Bei der Ermittlung ausländischer Einkünfte eines inländischen Unternehmens werden Aufwendungen, die mit im Ausland erzielten Einnahmen in wirtschaftlichem Zusammenhang stehen, diesen Einnahmen nicht zugeordnet, wenn der Zusammenhang nur mittelbar ist. Nichtanwendungsgesetz: § 34c Abs. 1 Satz 4 EStG normiert, dass bei der Ermittlung der ausländischen Einkünfte, die zum Gewinn eines inländischen Betriebes gehören, Betriebsausgaben und Betriebsvermögensminderungen abzuziehen sind, die mit den Einnahmen dieser Einkünfte in wirtschaftlichem Zusammenhang stehen.	Die Rechtsprechung des BFH führt aufgrund der Nichtberücksichtigung mittelbarer Aufwendungen zu einer sachlich nicht gerechtfertigten Erhöhung der ausländischen Einkünfte als Bezugsgröße bei der Berechnung des Höchstbetrags der auf die deutsche ESt/KSt anrechenbaren Steuern aus einem ausländischen Staat. Durch die Gesetzesänderung wird dies vermieden[2106], d. h. Motiv des rechtspolitischen Grundes.	Weitere Informationen: Das Nichtanwendungsgesetz besteht noch. Das Nichtanwendungsgesetz ist innerhalb von sieben bis zehn Jahren nach der BFH-Entscheidung erlassen worden. Die Finanzverwaltung hat die BFH-Entscheidung vor Erlass des Nichtanwendungsgesetzes nicht allgemein angewandt. Es handelt sich um ein profiskalisches Nichtanwendungsgesetz. Sonstiges: Keine Ausführungen.

2106 BT-Drs. 15/119, 40.

Fundstelle BGBl	Datum, Aktenzeichen und Fundstelle der BFH-Entscheidung	Initiator für das Nichtanwendungsgesetz gem. Art. 76 Abs. 1 GG?	BFH-Entscheidung in Gesetzesbegründung erwähnt?	Fiskalische Auswirkungen des Nichtanwendungsgesetzes laut Gesetzesbegründung?	Enthält Nichtanwendungsgesetz Rückwirkung?	Nichtanwendungserlass vor Nichtanwendungsgesetz?
BGBl I 2003, 660 (660); StVergAbG vom 16. 05. 2003	16. 03. 1994, I R 42/93, BStBl II 1994, 799; 09. 04. 1997, I R 178/94, BStBl II 1997, 657; 29. 03. 2000, I R 15/99, BStBl II 2000, 577	Bundesregierung[2107] Bundestag[2108]	Ja[2109]	keine Angaben	Ja	Ja[2110]

2107 BT-Drs. 15/287. Diese ist gleichlautend zum Gesetzesentwurf der Koalitionsfraktionen SPD und Bündnis 90/Die Grünen, BT-Drs. 15/119.

2108 Durch die Koalitionsfraktionen SPD und Bündnis 90/Die Grünen, BT-Drs. 15/119, 6. Diese ist gleichlautend zum Gesetzesentwurf der Bundesregierung, BT-Drs. 15/287.

2109 BT-Drs. 15/119, 40.

2110 BMF vom 23. 12. 1997, IV C 1 – S 2293 – 15/97, BStBl I 1997, 1022.

Nichtanwendungsgesetz	Motive für Nichtanwendungsgesetz laut Gesetzesbegründung	Weitere Informationen und Sonstiges
BFH-Entscheidung: Sog. anschaffungsnahe Aufwendungen sind nicht allein wegen ihrer Höhe oder ihrer zeitlichen Nähe zur Anschaffung eines Gebäudes als Herstellungskosten zu beurteilen. Soweit sie nicht zur Herstellung oder Erweiterung eines Gebäudes dienen, sind Herstellungskosten nur dann anzunehmen, wenn sie zu einer wesentlichen Verbesserung gem. § 255 Abs. 2 Satz 1 HGB führen. Nichtanwendungsgesetz: § 6 Abs. 1 Nr. 1a EStG normiert, dass auch die Aufwendungen für Instandsetzungs- und Modernisierungsmaßnahmen, die innerhalb von drei Jahren nach der Anschaffung des Gebäudes durchgeführt werden als sog. anschaffungsnahe Herstellungskosten zu den Herstellungskosten eines Gebäudes gehören, wenn diese Aufwendungen ohne die USt 15 % der Anschaffungskosten des Gebäudes übersteigen. Aufwendungen für Erweiterungen i. S. d. § 255 Abs. 2	Die Rechtsprechung des BFH erfordert eine Einzelfallbeurteilung und -prüfung durch die Finanzverwaltung und kann damit im Einzelfall schwierig anzuwenden und streitanfällig sein. Die bisherige typisierende Verwaltungsauffassung (vgl. R 157 Abs. 4 EStR 2001) wird daher aus Gründen der Rechtsvereinfachung und -sicherheit für den Stpfl. und die Finanzverwaltung gesetzlich festgeschrieben[2111], d. h. Motiv der Rechtsvereinfachung. Die Rechtsprechung des BFH erfordert eine Einzelfallbeurteilung und -prüfung durch die Finanzverwaltung und kann damit im Einzelfall schwierig anzuwenden und streitanfällig sein. Die bisherige typisierende Verwaltungsauffassung (vgl. R 157 Abs. 4 EStR 2001) wird daher aus Gründen der Rechtsvereinfachung und -sicherheit für den Stpfl. und die	Weitere Informationen: Das Nichtanwendungsgesetz besteht noch. Das Nichtanwendungsgesetz ist innerhalb von zwei bis drei Jahren nach der BFH-Entscheidung erlassen worden. Das Nichtanwendungsgesetz richtet sich gegen eine Änderung der Rechtsprechung des BFH. Die Finanzverwaltung hat die BFH-Entscheidung vor Erlass des Nichtanwendungsgesetzes allgemein angewandt. Es handelt sich um ein profiskalisches Nichtanwendungsgesetz. Sonstiges: Das Nichtanwendungsgesetz schreibt die bisherige Verwaltungsauffassung (vgl. R 157 Abs. 4 EStR 2001) gesetzlich fest.

2111 BT-Drs. 15/1562, 32.

Satz 1 HGB und für jährlich üblicherweise anfallende Erhaltungsarbeiten gehören nicht zu diesen Aufwendungen.			Finanzverwaltung gesetzlich festgeschrieben[2112], d. h. Motiv der Rechtskontinuität.		In § 9 Abs. 5 Satz 2 EStG wurde normiert, dass § 6 Abs. 1 Nr. 1a EStG entsprechend gilt.	
Fundstelle BGBl	**Datum, Aktenzeichen und Fundstelle der BFH-Entscheidung**	**Initiator für das Nichtanwendungsgesetz gem. Art. 76 Abs. 1 GG?**	**BFH-Entscheidung in Gesetzesbegründung erwähnt?**	**Fiskalische Auswirkungen des Nichtanwendungsgesetzes laut Gesetzesbegründung?**	**Enthält Nichtanwendungsgesetz Rückwirkung?**	**Nichtanwendungserlass vor Nichtanwendungsgesetz?**
BGBl I 2003, 2645 (2645); StÄndG 2003 vom 15. 12. 2003	12. 09. 2001, IX R 39/97, BStBl II 2003, 569; 12. 09. 2001, IX R 52/00, BStBl II 2003, 574	Bundesregierung[2113] Bundestag[2114]	Ja[2115]	200 Mio. € Steuermehreinnahmen bei voller Jahreswirkung[2116]	Nein	Nein

2112 BT-Drs. 15/1562, 32.

2113 BT-Drs. 15/1621. Diese ist gleichlautend zum Gesetzesentwurf der Koalitionsfraktionen SPD und Bündnis 90/Die Grünen, BT-Drs. 15/1562.

2114 Durch die Koalitionsfraktionen SPD und Bündnis 90/Die Grünen, BT-Drs. 15/1562, 3. Diese ist gleichlautend zum Gesetzesentwurf der Bundesregierung, BT-Drs. 15/1621.

2115 BT-Drs. 15/1562, 32.

2116 BT-Drs. 15/1945, 22. Für das Kassenjahr (Kassenjahr entspricht der früheren Bezeichnung Rechnungsjahr, BT-Drs. 15/1945, 26) 2005 werden Steuermehreinnahmen von 50 Mio. €, für das Kassenjahr 2006 von 75 Mio. €, für das Kassenjahr 2007 von 100 Mio. € und für das Kassenjahr 2008 von 160 Mio. € prognostiziert, BT-Drs. 15/1945, 22.

Nichtanwendungsgesetz	Motive für Nichtanwendungsgesetz laut Gesetzesbegründung	Weitere Informationen und Sonstiges
BFH-Entscheidung: Pflegeeltern sind verpflichtet, Aufwendungen für die Betreuung, Erziehung oder Ausbildung ihres Pflegekindes einzeln nachzuweisen, wenn sie für das Kind Kindergeld bzw. die Freibeträge für Kinder beantragen wollen. Nichtanwendungsgesetz: Nach § 32 Abs. 1 Nr. 2 EStG sind Pflegekinder Personen, mit denen der Stpfl. durch ein familienähnliches, auf längere Dauer berechnetes Band verbunden ist, sofern er sie nicht zu Erwerbszwecken in seinen Haushalt aufgenommen hat und das Obhuts- und Pflegeverhältnis zu den Eltern nicht mehr besteht. Eines Nachweises der tatsächlichen Unterhaltsaufwendungen bedarf es nicht.	Der nach der Rechtsprechung des BFH notwendige Nachweis führt wegen der oft vielfältigen Einzelkosten sowohl zu praktischen Schwierigkeiten als auch zu einem erheblichen Verwaltungsaufwand der Pflegeeltern und der Finanzverwaltung, der durch die gesetzliche Regelung vermieden wird[2117], d. h. Motiv der Verwaltungsvereinfachung.	Weitere Informationen: Das Nichtanwendungsgesetz besteht noch. Das Nichtanwendungsgesetz ist innerhalb eines Jahres nach der BFH-Entscheidung erlassen worden. Das Nichtanwendungsgesetz ist erst im Laufe der parlamentarischen Beratungen im Rahmen der abschließenden Beratungen des Gesetzgebungsverfahrens im Finanzausschuss des Bundestages durch diesen zum Gegenstand des Gesetzes geworden. Die Finanzverwaltung hat die BFH-Entscheidung vor Erlass des Nichtanwendungsgesetzes allgemein angewandt. Es handelt sich um ein antifiskalisches Nichtanwendungsgesetz. Sonstiges: Keine Ausführungen.

2117 BT-Drs. 15/1945, 9.

Fundstelle BGBl	Datum, Aktenzeichen und Fundstelle der BFH-Entscheidung	Initiator für das Nichtanwendungsgesetz gem. Art. 76 Abs. 1 GG?	BFH-Entscheidung in Gesetzesbegründung erwähnt?	Fiskalische Auswirkungen des Nichtanwendungsgesetzes laut Gesetzesbegründung?	Enthält Nichtanwendungsgesetz Rückwirkung?	Nichtanwendungserlass vor Nichtanwendungsgesetz?
BGBl I 2003, 2645 (2646); StÄndG 2003 vom 15. 12. 2003	29. 01. 2003, VIII R 71/00, BStBl II 2003, 469	Bundestag[2118]	Ja[2119]	keine Angaben	Ja	Nein

2118 In Gestalt des Finanzausschusses auf Antrag der Koalitionsfraktionen SPD, Bündnis 90/Die Grünen, BT-Drs. 15/1928, 2 und 8.
2119 BT-Drs. 15/1945, 9.

Nichtanwendungsgesetz	Motive für Nichtanwendungsgesetz laut Gesetzesbegründung	Weitere Informationen und Sonstiges
BFH-Entscheidung: Die Weiterleitung des Pflegegeldes an die Pflegeperson ist unschädlich, wenn die Pflegeperson die Mittel lediglich treuhänderisch verwaltet und deren tatsächliche Verwendung für den Pflegebedürftigen nachweist. Nichtanwendungsgesetz: § 33b Abs. 6 Satz 2 EStG normiert, dass das von den Eltern eines behinderten Kindes empfangende Pflegegeld unabhängig von der Verwendung nicht zu den in § 33b Abs. 6 Satz 1 EStG erwähnten Einnahmen zählt.	Der Verzicht auf einen Nachweis der treuhänderischen Verwaltung des Pflegegeldes für das eigene schwerbehinderte Kind stellt eine Vereinfachung sowohl für den Stpfl. als auch für die Finanzverwaltung dar und vermeidet erheblichen Verwaltungsaufwand[2120], d. h. Motiv der Verwaltungsvereinfachung Erleichterung für die Eltern, die bereits durch die Pflege ihres eigenen schwerbehinderten Kindes in hohem Maße belastet sind[2121], d. h. Motiv des lenkungspolitischen Grundes (Unterstützung von Eltern pflegebedürftiger Kinder).	Weitere Informationen: Das Nichtanwendungsgesetz besteht noch. Das Nichtanwendungsgesetz ist innerhalb von einem bis zwei Jahren nach der BFH-Entscheidung erlassen worden. Das Nichtanwendungsgesetz ist erst im Laufe der parlamentarischen Beratungen im Rahmen der abschließenden Beratungen des Gesetzgebungsverfahrens im Finanzausschuss des Bundestages durch diesen zum Gegenstand des Gesetzes geworden. Die Finanzverwaltung hat die BFH-Entscheidung vor Erlass des Nichtanwendungsgesetzes allgemein angewandt.

2120 BT-Drs. 15/1945, 9.

2121 BT-Drs. 15/1945, 9.

	Es entfällt nicht unwesentliches Streitpotential zwischen dem Stpfl. und der Finanzverwaltung[2122], d. h. Motiv der Verwaltungsvereinfachung.	Es handelt sich um ein antifiskalisches Nichtanwendungsgesetz. Sonstiges: Keine Ausführungen.

Fundstelle BGBl	**Datum, Aktenzeichen und Fundstelle der BFH-Entscheidung**	**Initiator für das Nichtanwendungsgesetz gem. Art. 76 Abs. 1 GG?**	**BFH-Entscheidung in Gesetzesbegründung erwähnt?**	**Fiskalische Auswirkungen des Nichtanwendungsgesetzes laut Gesetzesbegründung?**	**Enthält Nichtanwendungsgesetz Rückwirkung?**	**Nichtanwendungserlass vor Nichtanwendungsgesetz?**
BGBl I 2003, 2645 (2646); StÄndG 2003 vom 15. 12. 2003	21. 03. 2002, III R 42/00, BStBl II 2002, 417	Bundestag[2123]	Ja[2124]	keine Angaben	Ja	Nein

2122 BT-Drs. 15/1945, 9.
2123 In Gestalt des Finanzausschusses auf Antrag der Koalitionsfraktionen SPD, Bündnis 90/Die Grünen, BT-Drs. 15/1928, 2 und 8 f.
2124 BT-Drs. 15/1945, 9.

Nichtanwendungsgesetz	Motive für Nichtanwendungsgesetz laut Gesetzesbegründung	Weitere Informationen und Sonstiges
BFH-Entscheidung: Aufwendungen für ein berufsbegleitendes erstmaliges Hochschulstudium sind als Werbungskosten zu berücksichtigen, sofern sie beruflich veranlasst sind. Die Auffassung, wonach Ausgaben für ein Erststudium an einer Universität oder Fachhochschule stets der allgemeinen Lebensführung zuzuordnen und deshalb nur als Sonderausgaben begrenzt abziehbar sind, wird aufgegeben. Nichtanwendungsgesetz: § 12 Nr. 5 EStG normiert, dass Aufwendungen des Stpfl. für seine erstmalige Berufsausbildung und für ein Erststudium nicht abzugsfähige	Vorbeugung von Steuerausfällen[2125], d. h. Motiv des fiskalischen Grundes. Aufwendungen eines Stpfl. sollen in erheblich größerem Umfang als bisher gesetzliche Berücksichtigung finden[2126], d. h. Motiv des rechtspolitischen Grundes. Der geänderten Lebenswirklichkeit in der Berufs- und Arbeitswelt soll Rechnung getragen werden, weshalb Aufwendungen für berufliche Bildungsmaßnahmen nach dem Erwerb einer ersten Berufsausbildung oder nach einem ersten Studium unter dem Gesichtspunkt des lebenslangen Lernens in vollem Umfang als Betriebsausgaben bzw. Werbungskosten abzugsfähig sind[2127], d. h. Motiv des lenkungspolitischen Grundes (Förderung des lebenslangen Lernens).	Weitere Ausführungen: Das Nichtanwendungsgesetz besteht nicht mehr. Es ist durch Gesetz[2130] vom 22. 12. 2014 aufgehoben worden[2131]. Das Nichtanwendungsgesetz ist innerhalb von einem bis zwei Jahren nach der BFH-Entscheidung erlassen worden. Das Nichtanwendungsgesetz ist erst im Laufe der parlamentarischen Beratungen im Rahmen der abschließenden Beratungen des Gesetzgebungsverfahrens im Finanzausschuss des Bundestages durch diesen zum Gegenstand des Gesetzes geworden. Das Nichtanwendungsgesetz richtet sich gegen eine Änderung der Rechtsprechung des BFH.

2125 BT-Drs. 15/3339, 2.
2126 BT-Drs. 15/3339, 10.
2127 BT-Drs. 15/3339, 10.
2130 Gesetz zur Anpassung der Abgabenordnung an den Zollkodex der Union und zur Änderung weiterer steuerlicher Vorschriften.
2131 BGBl I 2014, 2417 (2423).

Ausgaben darstellen, wenn diese nicht im Rahmen eines Dienstverhältnisses stattfinden.	Diejenigen Ausbildungskosten, die zu einer ersten beruflichen Befähigung führen, sind Kosten der Lebensführung[2128], d. h. Motiv des lenkungspolitischen Grundes (Erstausbildung gehört zur privaten Sphäre). Das bildungspolitische Anliegen der Förderung des berufsbezogenen Lernens wird unterstützt[2129], d. h. Motiv des lenkungspolitischen Grundes (Umsetzung bildungspolitischer Ziele).	Die Finanzverwaltung hat die BFH-Entscheidung vor Erlass des Nichtanwendungsgesetzes allgemein angewandt. Es handelt sich um ein profiskalisches Nichtanwendungsgesetz. Sonstiges: In § 10 Abs. 1 Nr. 7 Satz 1 EStG wurde der Sonderausgabenabzug für Aufwendungen des Stpfl. für seine Berufsausbildung von grds. 920 € auf 4.000 € erhöht. In einem späteren Nichtanwendungsgesetz[2132] wird durch die Einfügung von § 4 Abs. 9 EStG und § 9 Abs. 6 EStG sowie der Änderung von § 12 Nr. 5 EStG klargestellt, dass Aufwendungen des Stpfl. für seine erstmalige Berufsausbildung oder für ein Erststudium keine Betriebsausgaben bzw. Werbungskosten sind.

2128 BT-Drs. 15/3339, 10.
2129 BT-Drs. 15/3339, 10.
2132 BGBl I 2011, 2592 (2600) gegen BFH vom 28. 07. 2011, VI R 7/10, BStBl II 2012, 271; BFH vom 28. 07. 2011, VI R 5/10, BStBl II 2012, 553 und BFH vom 28. 07. 2011, VI R 38/10, BStBl II 2012, 561.

		In einem weiteren, späteren Nichtanwendungsgesetz[2133] wird durch Änderung von § 4 Abs. 9 EStG und § 9 Abs. 6 EStG klargestellt, dass Aufwendungen des Stpfl. für seine Berufsausbildung oder für sein Studium nur dann Werbungskosten sind, wenn der Stpfl. zuvor bereits eine Erstausbildung (Berufsausbildung oder Studium) abgeschlossen hat oder wenn die Berufsausbildung oder das Studium im Rahmen eines Dienstverhältnisses stattfindet. Es wird ferner definiert, was eine Berufsausbildung als Erstausbildung ist. U. a. bedarf es einer Mindestausbildungsdauer von 12 Monaten.

Fundstelle BGBl	**Datum, Aktenzeichen und Fundstelle der BFH-Entscheidung**	**Initiator für das Nichtanwendungsgesetz gem. Art. 76 Abs. 1 GG?**	**BFH-Entscheidung in Gesetzesbegründung erwähnt?**	**Fiskalische Auswirkungen des Nichtanwendungsgesetzes laut Gesetzesbegründung?**	**Enthält Nichtanwendungsgesetz Rückwirkung?**	**Nichtanwendungserlass vor Nichtanwendungsgesetz?**
BGBl I 2004, 1753 (1753); Gesetz[2134] vom 21. 07. 2004	04. 12. 2002, VI R 120/01, BStBl II 2003, 403; 17. 12. 2002,	Bundestag[2135]	Ja[2136]	Steuerausfälle i. H. v. 1,5 Mrd. € p. a. werden vermieden[2137]	Ja	Nein

2133 BGBl I 2014, 2417 (2422) gegen BFH vom 28. 02. 2013, VI R 6/12, BStBl II 2015, 180.

2134 Gesetz zur Änderung der Abgabenordnung und weiterer Gesetze.

2135 In Gestalt des Finanzausschusses, BT-Drs. 15/3339, 3.

2136 BT-Drs. 15/3339, 10.

2137 BT-Drs. 15/3339, 2. Der ebenfalls erhöhte Sonderausgabenabzug führt zu Steuermindereinnahmen von 350 Mio. €. Per Saldo werden

	VI R 137/01, BStBl II 2003, 407; 27. 05. 2003, VI R 33/01, BStBl II 2004, 884					

Nichtanwendungsgesetz	Motive für Nichtanwendungsgesetz laut Gesetzesbegründung	Weitere Informationen und Sonstiges
BFH-Entscheidung: Erbbauzinsen sind auch dann als Werbungskosten bei den Einkünften aus Vermietung und Verpachtung im Kalenderjahr ihrer Leistung sofort abziehbar, wenn sie in einem Einmalbetrag vorausgezahlt werden. Nichtanwendungsgesetz: § 11 Abs. 2 Satz 3 EStG normiert, dass Ausgaben, die für eine Nutzungsüberlassung von mehr als fünf Jahren im Voraus geleistet werden, insg. gleichmäßig auf den Zeitraum zu verteilen sind, für den die Vorauszahlung geleistet wird und § 42 AO unberührt bleibt.	Die aufgrund der BFH-Rechtsprechung entstehenden Steuermindereinnahmen sind nicht hinnehmbar[2138], d. h. Motiv des fiskalischen Grundes. Vermeidung von Steuersparmodellen und anderen Steuergestaltungen[2139], d. h. Motiv der Missbrauchsbekämpfung.	Weitere Informationen: Das Nichtanwendungsgesetz besteht noch. Es findet sich heute in § 11 Abs. 2 Satz 3 und 5 EStG. Das Nichtanwendungsgesetz ist innerhalb von einem bis zwei Jahren nach der BFH-Entscheidung erlassen worden. Das Nichtanwendungsgesetz ist erst im Laufe der parlamentarischen Beratungen im Rahmen der abschließenden Beratungen des Gesetzgebungsverfahrens im Finanzausschuss des Bundestages durch diesen zum Gegenstand des Gesetzes geworden.

2138 BT-Drs. 15/4050, 56.
2139 BT-Drs. 15/4050, 56.

		Die Veröffentlichung der BFH-Entscheidung im BStBl II erfolgte erst nach Erlass des Nichtanwendungsgesetzes. Die Finanzverwaltung hat die BFH-Entscheidung vor Erlass des Nichtanwendungsgesetzes nicht allgemein angewandt. Es handelt sich um ein profiskalisches Nichtanwendungsgesetz. Sonstiges: Die Rechtsprechung des BFH widerspricht der bisherigen Verwaltungsauffassung[2140].

Fundstelle BGBl	**Datum, Aktenzeichen und Fundstelle der BFH-Entscheidung**	**Initiator für das Nichtanwendungsgesetz gem. Art. 76 Abs. 1 GG?**	**BFH-Entscheidung in Gesetzesbegründung erwähnt?**	**Fiskalische Auswirkungen des Nichtanwendungsgesetzes laut Gesetzesbegründung?**	**Enthält Nichtanwendungsgesetz Rückwirkung?**	**Nichtanwendungserlass vor Nichtanwendungsgesetz?**
BGBl I 2004, 3310 (3311); EURLUmsG vom 09. 12. 2004	23. 09. 2003, IX R 65/02, BStBl II 2005, 159	Bundestag[2141]	Ja[2142]	keine Angaben	Ja	Nein

2140 BMF vom 10. 12. 1996, IV B 3 – S 2253 – 99/96, BStBl I 1996, 1440.
2141 In Gestalt des Finanzausschusses auf Antrag der Koalitionsfraktionen SPD, Bündnis 90/Die Grünen, BT-Drs. 15/4050, 6 und 52 f.
2142 BT-Drs. 15/4050, 56.

Nichtanwendungsgesetz	Motive für Nichtanwendungsgesetz laut Gesetzesbegründung	Weitere Informationen und Sonstiges
BFH-Entscheidung: Ein Veräußerungsgewinn für Wertpapiere aus einer Sammelverwahrung ist nur dann nach § 23 EStG steuerpflichtig, wenn nach Art und Stückzahl ausgeschlossen werden kann, dass die veräußerten Wertpapiere außerhalb der Behaltensfrist angeschafft wurden. Lifo- und Fifo-Verfahren sind nicht anzuwenden. Soweit Spekulationsgeschäfte vorliegen, sind die Anschaffungskosten nach Durchschnittswerten zu ermitteln. Nichtanwendungsgesetz: In § 23 Abs. 1 Satz 1 Nr. 2 Satz 2 EStG wird für vertretbare Wertpapiere, die einem Verwahrer zur Sammelverwahrung anvertraut worden sind, fingiert, dass die zuerst angeschafften Wertpapiere zuerst veräußert wurden. Damit wird die Anwendbarkeit des Fifo-Verfahrens gesetzlich normiert.	Die Rechtsprechung des BFH zieht in der Praxis umfangreiche und schwierige Sachverhaltsermittlungen nach sich und führt zu fehleranfälligen Berechnungsverfahren. Durch die Gesetzesänderung wird eine deutliche Verfahrensvereinfachung erreicht[2143], d. h. Motiv der Rechtsvereinfachung. Die Rechtsprechung des BFH zieht in der Praxis umfangreiche und schwierige Sachverhaltsermittlungen nach sich und führt zu fehleranfälligen Berechnungsverfahren. Durch die Gesetzesänderung wird eine deutliche Verfahrensvereinfachung erreicht[2144], d. h. Motiv der Verwaltungsvereinfachung.	Weitere Informationen: Das Nichtanwendungsgesetz besteht noch. Es findet sich heute in § 20 Abs. 4 Satz 7 EStG. Das Nichtanwendungsgesetz ist innerhalb von zehn bis fünfzehn Jahren nach der BFH-Entscheidung erlassen worden. Das Nichtanwendungsgesetz ist erst im Laufe der parlamentarischen Beratungen im Rahmen der abschließenden Beratungen des Gesetzgebungsverfahrens im Finanzausschuss des Bundestages durch diesen zum Gegenstand des Gesetzes geworden. Die Finanzverwaltung hat die BFH-Entscheidung vor Erlass des Nichtanwendungsgesetzes allgemein angewandt. Es handelt sich um ein neutrales Nichtanwendungsgesetz.

2143 BT-Drs. 15/4050, 56.
2144 BT-Drs. 15/4050, 56.

				Sonstiges: Keine Ausführungen.		
Fundstelle BGBl	**Datum, Aktenzeichen und Fundstelle der BFH-Entscheidung**	**Initiator für das Nichtanwendungsgesetz gem. Art. 76 Abs. 1 GG?**	**BFH-Entscheidung in Gesetzesbegründung erwähnt?**	**Fiskalische Auswirkungen des Nichtanwendungsgesetzes laut Gesetzesbegründung?**	**Enthält Nichtanwendungsgesetz Rückwirkung?**	**Nichtanwendungserlass vor Nichtanwendungsgesetz?**
BGBl I 2004, 3310 (3311); EURLUmsG vom 09. 12. 2004	24. 11. 1993, X R 49/90, BStBl II 1994, 591; 04. 05. 1994, X R 157/90, BFH/NV 1995, 195	Bundestag[2145]	Ja[2146]	keine Angaben	Nein	Nein

2145 In Gestalt des Finanzausschusses auf Antrag der Koalitionsfraktionen SPD, Bündnis 90/Die Grünen, BT-Drs. 15/4050, 6 und 52.
2146 BT-Drs. 15/4050, 56. Erwähnt wird die BFH-Entscheidung vom 24. 11. 1993, X R 49/90, BStBl II 1994, 591. Die BFH-Entscheidung vom 04. 05. 1994, X R 157/90, BFH/NV 1995, 195 wird nicht erwähnt.

Nichtanwendungsgesetz	Motive für Nichtanwendungsgesetz laut Gesetzesbegründung	Weitere Informationen und Sonstiges
BFH-Entscheidung: Dem Erlass eines Verlustfeststellungsbescheides nach § 10d EStG steht solange keine Feststellungsverjährung entgegen, als diese Feststellung für künftige Einkommensteuerfestsetzungen oder Verlustfeststellungen nach § 10d EStG von Bedeutung ist. Ein verbleibender Verlustabzug ist danach auch dann festzustellen, wenn die ESt für diesen Veranlagungszeitraum aufgrund Verjährung nicht mehr festgesetzt werden kann. Nichtanwendungsgesetz: § 10d Abs. 4 Satz 6 EStG normiert, dass die Feststellungsfrist nicht endet, bevor die Festsetzungsfrist für den Veranlagungszeitraum abgelaufen ist, auf dessen Schluss der verbleibende Verlustvortrag gesondert festzustellen ist. § 181 Abs. 5 AO findet nur Anwendung, wenn die zuständige Finanzbehörde die Feststellung des Verlustvortrags pflichtwidrig unterlassen hat.	Die Rechtsprechung des BFH führt dazu, dass bei der Verlustfeststellung die Feststellungsfrist nicht endet und damit keine Feststellungsverjährung eintritt. Dies ist mit dem bei der Einführung der Verlustfeststellung verfolgten Ziel einer zeitnahen Entscheidung über die Höhe des Verlustabzugs nicht vereinbar[2147], d. h. Motiv des rechtspolitischen Grundes.	Weitere Informationen: Das Nichtanwendungsgesetz besteht noch. Das Nichtanwendungsgesetz ist innerhalb von drei bis fünf Jahren nach der BFH-Entscheidung erlassen worden. Das Nichtanwendungsgesetz ist im Laufe der parlamentarischen Beratungen geändert worden. Die Finanzverwaltung hat die BFH-Entscheidung vor Erlass des Nichtanwendungsgesetzes allgemein angewandt[2148]. Es handelt sich um ein neutrales Nichtanwendungsgesetz. Sonstiges: Eine gleichlautende Regelung wurde durch das JStG 2007 auch in § 35b Abs. 2 Satz 4 GewStG festgeschrieben.

2147 BT-Drs. 16/2712, 43 f.

2148 Mit Verweis auf die unten stehenden Ausführungen zum Nichtanwendungserlass zu diesem Nichtanwendungsgesetz, war die Rechtsprechung des BFH in der Zeit von der Veröffentlichung der BFH-Entscheidung vom 12. 06. 2002, XI R 26/01, BStBl II 2002, 681 im BStBl II am 11. 11. 2002 bis zum Erlass des Nichtanwendungserlasses am 30. 11. 2007 allgemein anzuwenden. Damit liegt ein Nichtanwendungsgesetz vor, bei dem die Finanzverwaltung die BFH-Entscheidung vor Erlass des Nichtanwendungsgesetzes allgemein angewandt hat.

Fundstelle BGBl	Datum, Aktenzeichen und Fundstelle der BFH-Entscheidung	Initiator für das Nichtanwendungsgesetz gem. Art. 76 Abs. 1 GG?	BFH-Entscheidung in Gesetzesbegründung erwähnt?	Fiskalische Auswirkungen des Nichtanwendungsgesetzes laut Gesetzesbegründung?	Enthält Nichtanwendungsgesetz Rückwirkung?	Nichtanwendungserlass vor Nichtanwendungsgesetz?
BGBl I 2006, 2878 (2880); JStG 2007 vom 13. 12. 2006	12. 06. 2002, XI R 26/01, BStBl II 2002, 681; 01. 03. 2006, XI R 33/04, BStBl II 2007, 919; 02. 08. 2006, XI R 65/05, BStBl II 2007, 921	Bundesregierung[2149]	Ja[2150]	keine Angaben	Ja	Ja[2151]

2149 BT-Drs. 16/2712.

2150 BT-Drs. 16/2712, 43 f. Erwähnt werden die BFH-Entscheidung vom 12. 06. 2002, XI R 26/01, BStBl II 2002, 681 und die BFH-Entscheidung vom 01. 03. 2006, XI R 33/04, BStBl II 2007, 919. Die BFH-Entscheidung vom 02. 08. 2006, XI R 65/05, BStBl II 2007, 921 wird nicht erwähnt.

2151 BMF vom 30. 11. 2007, IV C 4 – S 2225/07/0004 2007/0493552, BStBl I 2007, 825 (826). Aufgehoben durch BMF vom 05. 10. 2009, IV C 4 – S 2225/07/0004 2009/0513487, BStBl I 2009, 1189.

Nichtanwendungsgesetz	Motive für Nichtanwendungsgesetz laut Gesetzesbegründung	Weitere Informationen und Sonstiges
BFH-Entscheidung: Beteiligt sich eine vermögensverwaltende Personengesellschaft (Obergesellschaft) mit Einkünften aus Vermietung und Verpachtung an einer gewerblich tätigen anderen Personengesellschaft (Untergesellschaft), so hat das nicht zur Folge, dass die gesamten Einkünfte der Obergesellschaft als Einkünfte aus Gewerbebetrieb gelten. Nichtanwendungsgesetz: § 15 Abs. 3 Nr. 1 EStG normiert, dass eine land- und forstwirtschaftlich, freiberuflich oder vermögensverwaltend tätige Personengesellschaft in vollem Umfang gewerbliche Einkünfte bezieht, wenn sie an einer gewerblich tätigen Gesellschaft beteiligt ist.	Gesetzliche Verankerung der bisherigen Rechtsprechung und Verwaltungsauffassung[2152], d. h. Motiv der Rechtskontinuität. Die Rechtsauffassung des BFH widerspricht dem Sinn und Zweck des § 15 Abs. 3 Nr. 1 EStG. Dieser ist aus Gründen der Rechtsklarheit zu normieren[2153], d. h. Motiv des rechtspolitischen Grundes. Vermeidung schwieriger Übergangsfragen, die komplizierte und umfangreiche Vertrauensschutz- und Übergangsregelungen bedingen würde[2154], d. h. Motiv der Rechtsvereinfachung. Vermeidung schwieriger Übergangsfragen, die komplizierte und umfangreiche Vertrauensschutz- und Übergangsregelungen bedingen würde[2155], d. h. Motiv der Verwaltungsvereinfachung.	Weitere Informationen: Das Nichtanwendungsgesetz besteht noch. Das Nichtanwendungsgesetz ist innerhalb von zwei bis drei Jahren nach der BFH-Entscheidung erlassen worden. Die Finanzverwaltung hat die BFH-Entscheidung vor Erlass des Nichtanwendungsgesetzes nicht allgemein angewandt. Es handelt sich um ein profiskalisches Nichtanwendungsgesetz. Sonstiges: Die Rechtsprechung des BFH wendet sich gegen die Verwaltungsauffassung (vgl. R 138 Abs. 5 Satz 4 EStR 2003). Das Nichtanwendungsgesetz schreibt die bisherige Verwaltungsauffassung gesetzlich fest.

2152 BT-Drs. 16/2712, 44.
2153 BT-Drs. 16/2712, 44 f.
2154 BT-Drs. 16/2712, 45.
2155 BT-Drs. 16/2712, 45.

Fundstelle BGBl	Datum, Aktenzeichen und Fundstelle der BFH-Entscheidung	Initiator für das Nichtanwendungsgesetz gem. Art. 76 Abs. 1 GG?	BFH-Entscheidung in Gesetzesbegründung erwähnt?	Fiskalische Auswirkungen des Nichtanwendungsgesetzes laut Gesetzesbegründung?	Enthält Nichtanwendungsgesetz Rückwirkung?	Nichtanwendungserlass vor Nichtanwendungsgesetz?
BGBl I 2006, 2878 (2880 f.); JStG 2007 vom 13. 12. 2006	06. 10. 2004, IX R 53/01, BStBl II 2005, 383	Bundesregierung[2156]	Ja[2157]	keine Angaben	Ja	Ja[2158]

Nichtanwendungsgesetz	Motive für Nichtanwendungsgesetz laut Gesetzesbegründung	Weitere Informationen und Sonstiges
BFH-Entscheidung: Leistet der Arbeitgeber im Zusammenhang mit der Schließung des Umlagesystems Sonderzahlungen an eine Zusatzversorgungskasse, fließt den Arbeitnehmern kein Arbeitslohn zu. Gleiches	Nach der BFH-Rechtsprechung bleiben Finanzierungsbeiträge, die vom Arbeitgeber zur Sicherung der Altersversorgung geleistet werden, in großem Umfang vollständig unbesteuert. Dies soll verhindert werden[2159], d. h. Motiv des fiskalischen Grundes.	Weitere Informationen: Das Nichtanwendungsgesetz besteht noch. Das Nichtanwendungsgesetz ist innerhalb von einem bis zwei Jahren

2156 BT-Drs. 16/2712, 9.
2157 BT-Drs. 16/2712, 44.
2158 BMF vom 18. 05. 2005, IV B 2 – S 2241 – 34/05, BStBl I 2005, 698.
2159 BT-Drs. 16/2712, 46.

gilt, wenn der Arbeitgeber beim Wechsel zu einer anderen umlagefinanzierten Zusatzversorgungskasse Sonderzahlungen leistet. Ebenso fließt den Arbeitnehmern kein Arbeitslohn durch die Zahlung des Gegenwerts beim Ausscheiden eines Arbeitgebers aus der Versorgungsanstalt des Bundes und der Länder zu. Nichtanwendungsgesetz: § 19 Abs. 1 Satz 1 Nr. 3 EStG wird eingeführt. Dessen Satz 2 normiert, dass auch Sonderzahlungen, die der Arbeitgeber neben den laufenden Beiträgen und Zuwendungen an eine Versorgungseinrichtung leistet grds. als Arbeitslohn und damit als Einkünfte aus nichtselbständiger Tätigkeit anzusehen sind.	Die sog. vorgelagerte Besteuerung im Bereich der umlagefinanzierten Versorgungssysteme soll aufrechterhalten bleiben[2160], d. h. Motiv der Rechtsdogmatik. Die Sonderzahlungen sind wirtschaftlich betrachtet eine Schlusszahlung in das Umlageverfahren. Sie treten im Ergebnis wirtschaftlich an die Stelle der bei regulärem Verlauf weiter zu entrichtenden und dann steuerpflichtigen laufenden Zuwendungen zur Finanzierung des Umlageverfahrens. Wegen dieser reinen Ersatzfunktion der Sonderzahlungen für die laufenden Zuwendungen wurde die Steuerbarkeit gesetzlich hergestellt[2161], d. h. Motiv der Rechtsdogmatik.	nach der BFH-Entscheidung erlassen worden. Das Nichtanwendungsgesetz ist im Laufe der parlamentarischen Beratungen geändert worden. Die Finanzverwaltung hat die BFH-Entscheidung vor Erlass des Nichtanwendungsgesetzes allgemein angewandt. Es handelt sich um ein profiskalisches Nichtanwendungsgesetz. Sonstiges: Keine Ausführungen.

2160 BT-Drs. 16/2712, 46 und BT-Drs. 16/3368, 17.
2161 BT-Drs. 16/3368, 17.

Fundstelle BGBl	Datum, Aktenzeichen und Fundstelle der BFH-Entscheidung	Initiator für das Nichtanwendungsgesetz gem. Art. 76 Abs. 1 GG?	BFH-Entscheidung in Gesetzesbegründung erwähnt?	Fiskalische Auswirkungen des Nichtanwendungsgesetzes laut Gesetzesbegründung?	Enthält Nichtanwendungsgesetz Rückwirkung?	Nichtanwendungserlass vor Nichtanwendungsgesetz?
BGBl I 2006, 2878 (2881); JStG 2007 vom 13. 12. 2006	14. 09. 2005, VI R 32/04, BStBl II 2006, 500; 14. 09. 2005, VI R 148/98, BStBl II 2006, 532; 15. 02. 2006, VI R 92/04, BStBl II 2006, 528; 15. 02. 2006, IV R 64/05, BFH/NV 2006, 1272	Bundesregierung[2162]	Ja[2163]	keine Angaben	Ja	Nein

2162 BT-Drs. 16/2712, 9.

2163 BT-Drs. 16/2712, 45 und BT-Drs. 16/3368, 17. Die BT-Drs. 16/2712, 45 zitiert mit der Angabe „VI 32/02" das falsche Aktenzeichen der BFH-Entscheidung. Das richtige Aktenzeichen lautet „VI R 32/04"

Nichtanwendungsgesetz	Motive für Nichtanwendungsgesetz laut Gesetzesbegründung	Weitere Informationen und Sonstiges
BFH-Entscheidung: Über die Verrechenbarkeit von Verlusten aus privaten Veräußerungsgeschäften i. S. d. § 23 EStG, die im Entstehungsjahr nicht ausgeglichen werden können, ist im Jahr der Verrechnung zu entscheiden; ein gesondertes Feststellungsverfahren sieht die Vorschrift nicht vor. Nichtanwendungsgesetz: § 23 Abs. 3 Satz 9 EStG bestimmt in einem 2. HS, dass § 10d Abs. 4 EStG entsprechend gilt. Damit wird ein gesondertes Feststellungsverfahren gesetzlich normiert.	Reibungslose Handhabung in der Praxis[2164], d. h. Motiv der Verwaltungsvereinfachung. Gründe der Rechtssicherheit[2165], d. h. Motiv des rechtspolitischen Grundes.	Weitere Informationen: Das Nichtanwendungsgesetz besteht noch. Es findet sich heute in § 23 Abs. 3 Satz 8 2. HS EStG. Das Nichtanwendungsgesetz ist innerhalb von einem bis zwei Jahren nach der BFH-Entscheidung erlassen worden. Das Nichtanwendungsgesetz ist erst im Laufe der parlamentarischen Beratungen im Rahmen der nach der Einbringung des Gesetzgebungsverfahrens erfolgenden Beteiligung des Bundesrates an dem Gesetzgebungsverfahren durch diesen zum Gegenstand des Gesetzes geworden. Das Nichtanwendungsgesetz ist im Laufe der parlamentarischen Beratungen geändert worden. Die Veröffentlichung der BFH-Entscheidung im BStBl II erfolgte erst nach Erlass des Nichtanwendungsgesetzes.

2164 BR-Drs. 622/06 (Beschluss), 17.
2165 BR-Drs. 622/06 (Beschluss), 17.

		Die Finanzverwaltung hat die BFH-Entscheidung vor Erlass des Nichtanwendungsgesetzes nicht allgemein angewandt. Es handelt sich um ein profiskalisches Nichtanwendungsgesetz. Sonstiges: Die Rechtsprechung des BFH wendet sich gegen die Verwaltungsauffassung (vgl. BMF vom 05. 10. 2000, IV C 3 – S 2256 – 263/00, BStBl I 2000, 1383 (1390), Tz. 42). Das Nichtanwendungsgesetz schreibt die bisherige Verwaltungsauffassung gesetzlich fest. Eine gleichlautende Regelung wurde durch das JStG 2007 auch in § 22 Nr. 3 Satz 4 2. HS EStG festgeschrieben. Das Nichtanwendungsgesetz ist auch im Kontext zum Nichtanwendungsgesetz zu § 15 Abs. 4 Satz 2 2. HS EStG zu sehen[2166].

2166 BGBl I 2013, 1809 (1816) gegen FG Düsseldorf vom 20. 04. 2010, 6 K 7145/02 K, F, EFG 2010, 2106.

Fundstelle BGBl	Datum, Aktenzeichen und Fundstelle der BFH-Entscheidung	Initiator für das Nichtanwendungsgesetz gem. Art. 76 Abs. 1 GG?	BFH-Entscheidung in Gesetzesbegründung erwähnt?	Fiskalische Auswirkungen des Nichtanwendungsgesetzes laut Gesetzesbegründung?	Enthält Nichtanwendungsgesetz Rückwirkung?	Nichtanwendungserlass vor Nichtanwendungsgesetz?
BGBl I 2006, 2878 (2882); JStG 2007 vom 13. 12. 2006	22. 09. 2005, IX R 21/04, BStBl II 2007, 158	Bundesrat[2167]	Ja[2168]	keine Angaben	Nein	Ja[2169]

Nichtanwendungsgesetz	Motive für Nichtanwendungsgesetz laut Gesetzesbegründung	Weitere Informationen und Sonstiges
BFH-Entscheidung: Bei der Ermittlung des für den Progressionsvorbehalt zu berechnenden besonderen ESt-Satzes sind die nach einem DBA steuerfreien ausländischen Einkünfte, um die das zu versteuernde Einkommen zu vermehren ist,	Gesetzliche Festschreibung der bisherigen Verwaltungsauffassung[2170], d. h. Motiv der Rechtskontinuität. Schaffung einer ausreichenden Rechtsgrundlage[2171], d. h. Motiv der Rechtsdogmatik.	Weitere Informationen Das Nichtanwendungsgesetz besteht noch. Das Nichtanwendungsgesetz ist innerhalb von zwei bis drei Jahren nach der BFH-Entscheidung erlassen worden.

2167 BR-Drs. 622/06 (Beschluss), 16.
2168 BR-Drs. 622/06 (Beschluss), 17.
2169 BMF vom 14. 02. 2007, IV C 3 – S 2256 – 12/07, BStBl I 2007, 268.
2170 BT-Drs. 16/2712, 54.
2171 BT-Drs. 16/2712, 54.

um die tatsächlich angefallenen Werbungskosten zu kürzen. Das gilt auch dann, wenn bei der Ermittlung des im Inland zu versteuernden Einkommens der sog. Arbeitnehmer-Pauschbetrag gewährt wurde. Nichtanwendungsgesetz: Durch § 32b Abs. 2 Nr. 2 Satz 2 EStG wird u. a. in lit. b) verhindert, dass steuerfreie ausländische Einkünfte auch dann um die tatsächlich angefallenen Werbungskosten zu kürzen sind, wenn bei der Ermittlung des im Inland zu versteuernden Einkommens der Arbeitnehmer-Pauschbetrag gewährt wurde.		Die Finanzverwaltung hat die BFH-Entscheidung vor Erlass des Nichtanwendungsgesetzes allgemein angewandt. Es handelt sich um ein profiskalisches Nichtanwendungsgesetz. Sonstiges: § 32b Abs. 2 Nr. 2 Satz 2 lit. a) EStG verhindert eine doppelte Berücksichtigung des Arbeitnehmer-Pauschbetrages sowohl bei den inländischen als auch bei den ausländischen Einkünften.

Fundstelle BGBl	**Datum, Aktenzeichen und Fundstelle der BFH-Entscheidung**	**Initiator für das Nichtanwendungsgesetz gem. Art. 76 Abs. 1 GG?**	**BFH-Entscheidung in Gesetzesbegründung erwähnt?**	**Fiskalische Auswirkungen des Nichtanwendungsgesetzes laut Gesetzesbegründung?**	**Enthält Nichtanwendungsgesetz Rückwirkung?**	**Nichtanwendungserlass vor Nichtanwendungsgesetz?**
BGBl I 2006, 2878 (2882 f.); JStG 2007 vom 13. 12. 2006	17. 12. 2003, I R 75/03, BStBl II 2005, 96	Bundesregierung[2172]	Ja[2173]	keine Angaben	Nein	Nein

2172 BT-Drs. 16/2712, 10 f.
2173 BT-Drs. 16/2712, 54.

Nichtanwendungsgesetz	Motive für Nichtanwendungsgesetz laut Gesetzesbegründung	Weitere Informationen und Sonstiges
BFH-Entscheidung: Mehrjährig i. S. d. § 34 Abs. 2 Nr. 4 EStG ist eine Tätigkeit, die sich über zwei Veranlagungszeiträume erstreckt, auch dann, wenn sie einen Zeitraum von weniger als zwölf Monaten umfasst. Nichtanwendungsgesetz: § 34 Abs. 2 Nr. 4 EStG normiert, dass eine mehrjährige Tätigkeit vorliegt, wenn sich diese über mindestens zwei Veranlagungszeiträume erstreckt und einen Zeitraum von mehr als zwölf Monaten umfasst.	Die Auslegung des BFH entspricht nicht dem Sinn und Zweck der Norm[2174], d. h. Motiv des rechtspolitischen Grundes.	Weitere Informationen: Das Nichtanwendungsgesetz besteht noch. Das Nichtanwendungsgesetz ist innerhalb von zwei bis drei Jahren nach der BFH-Entscheidung erlassen worden. Die Finanzverwaltung hat die BFH-Entscheidung vor Erlass des Nichtanwendungsgesetzes allgemein angewandt. Es handelt sich um ein antifiskalisches Nichtanwendungsgesetz. Sonstiges: Keine Ausführungen.

2174 BT-Drs. 16/2712, 54.

Fundstelle BGBl	Datum, Aktenzeichen und Fundstelle der BFH-Entscheidung	Initiator für das Nichtanwendungsgesetz gem. Art. 76 Abs. 1 GG?	BFH-Entscheidung in Gesetzesbegründung erwähnt?	Fiskalische Auswirkungen des Nichtanwendungsgesetzes laut Gesetzesbegründung?	Enthält Nichtanwendungsgesetz Rückwirkung?	Nichtanwendungserlass vor Nichtanwendungsgesetz?
BGBl I 2006, 2878 (2883); JStG 2007 vom 13. 12. 2006	14. 10. 2004, VI R 46/99, BStBl II 2005, 289	Bundesregierung[2175]	Ja[2176]	keine Angaben	Nein	Nein

Nichtanwendungsgesetz	Motive für Nichtanwendungsgesetz laut Gesetzesbegründung	Weitere Informationen und Sonstiges
BFH-Entscheidung: Beträgt die positive oder negative Summe der einkommensteuerpflichtigen Einkünfte, die nicht dem Steuerabzug vom Arbeitslohn zu unterwerfen waren, vermindert um die darauf entfallenden Beträge nach § 13 Abs. 3 und § 24a EStG, jeweils mehr als 410 €, ist eine Veranlagung nach § 46 Abs. 2 Nr. 1 EStG von Amts wegen durchzuführen.	Klarstellung des gesetzgeberischen Willens, dass für eine Pflichtveranlagung nach § 46 Abs. 2 Nr. 1 EStG Einkünfte aus anderen Einkunftsarten als § 19 EStG in Höhe einer positiven Summe von mehr als 410 € im jeweiligen Veranlagungszeitraum notwendig sind[2177], d. h. Motiv des rechtspolitischen Grundes.	Weitere Informationen: Das Nichtanwendungsgesetz besteht noch. Das Nichtanwendungsgesetz ist innerhalb eines Jahres nach der BFH-Entscheidung erlassen worden. Das Nichtanwendungsgesetz ist erst im Laufe der parlamentarischen Beratungen

2175 BT-Drs. 16/2712, 11.
2176 BT-Drs. 16/2712, 54.

Nichtanwendungsgesetz: In § 46 Abs. 2 Nr. 1 EStG wird jeweils vor dem Wort „Summe“ das Wort „positive“ eingefügt. Hierdurch wird klargestellt, dass eine Pflichtveranlagung unter den weiteren Voraussetzungen des § 46 Abs. 2 Nr. 1 EStG nur in Betracht kommt, wenn Einkünfte aus anderen Einkunftsarten die positive Summe von 410 € übersteigt.	Nach der durch die allgemeinen Regeln der Mathematik unterstützten wörtlichen Auslegung der Vorschrift ist die negative Summe der Einkünfte niedriger als 0 und kann damit nicht mehr als 410 € betragen[2178], d. h. Motiv der Rechtsdogmatik. Die Rechtsauffassung des BFH führt zu mehr Pflichtveranlagungen, deren Abwicklung insb. im Fall der nicht rechtzeitigen Abgabe der Steuererklärung zu erheblichem Verwaltungsaufwand führt. Dieser wäre mit dem Ziel des Bürokratieabbaus und dem Interesse der Allgemeinheit an einer effizienten und möglichst sparsam arbeitenden Steuerverwaltung unvereinbar[2179], d. h. Motiv der Verwaltungsvereinfachung.	im Rahmen der nach der Einbringung des Gesetzgebungsverfahrens erfolgenden Beteiligung des Bundesrates an dem Gesetzgebungsverfahren durch diesen zum Gegenstand des Gesetzes geworden. Die Veröffentlichung der BFH-Entscheidung im BStBl II erfolgte erst nach Erlass des Nichtanwendungsgesetzes. Die Finanzverwaltung hat die BFH-Entscheidung vor Erlass des Nichtanwendungsgesetzes nicht allgemein angewandt. Es handelt sich um ein antifiskalisches Nichtanwendungsgesetz. Sonstiges: Der Zeitraum von der BFH-Entscheidung bis zum Erlass des Nichtanwendungsgesetzes beträgt weniger als 3 Monate. Es handelt sich in zeitlicher Hinsicht um das „schnellste“ Nichtanwendungsgesetz.

2178 BR-Drs. 622/06 (Beschluss), 23.
2179 BR-Drs. 622/06 (Beschluss), 24.

Fundstelle BGBl	Datum, Aktenzeichen und Fundstelle der BFH-Entscheidung	Initiator für das Nichtanwendungsgesetz gem. Art. 76 Abs. 1 GG?	BFH-Entscheidung in Gesetzesbegründung erwähnt?	Fiskalische Auswirkungen des Nichtanwendungsgesetzes laut Gesetzesbegründung?	Enthält Nichtanwendungsgesetz Rückwirkung?	Nichtanwendungserlass vor Nichtanwendungsgesetz?
BGBl I 2006, 2878 (2885); JStG 2007 vom 13. 12. 2006	21. 09. 2006, VI R 52/04; BStBl II 2007, 45; 21. 09. 2006, VI R 47/05, BStBl II 2007, 47; 29. 11. 2006, VI R 14/06, BStBl II 2007, 129	Bundesrat[2180]	Nein[2181]	keine Angaben	Ja	Nein

2180 BR-Drs. 622/06 (Beschluss), 23.

2181 BR-Drs. 622/06 (Beschluss), 23. Die Gesetzesbegründung erwähnt zwar die höchstrichterliche Rechtsprechung, ohne diese aber durch ein Datum, Aktenzeichen oder Fundstelle näher zu präzisieren.

Nichtanwendungsgesetz	Motive für Nichtanwendungsgesetz laut Gesetzesbegründung	Weitere Informationen und Sonstiges
BFH-Entscheidung: Einer niederländischen Kapitalgesellschaft, die innerhalb eines in den Niederlanden ansässigen aktiv tätigen Konzerns dauerhaft als Holding ausgegliedert wird, steht eine Steuerentlastung nach § 50d EStG auch dann zu, wenn an ihr Personen beteiligt sind, denen die Steuerentlastung nicht zustehen würde, wenn diese die Einkünfte unmittelbar erzielen würden (sog. Hilversum II Entscheidung). Nichtanwendungsgesetz: § 50d Abs. 3 EStG gewährleistet, dass eine Erstattung von Kapitalertragsteuer an zwischengeschaltete, ausländische Kapitalgesellschaften eines Konzerns nicht erfolgt, wenn die hinter ihnen stehende Person nicht selbst erstattungsberechtigt wäre und weitere Voraussetzungen gegeben sind.	Klarstellung von Sinn und Zweck der Vorschrift als Missbrauchsregelung[2182], d. h. Motiv des rechtspolitischen Grundes. Begegnung vom Steuerplanungstechniken, mit denen die Besteuerung von Dividendenausschüttungen beim Endempfänger durch die gezielte Zwischenschaltung von spezifisch ausgestalteten ausländischen Gesellschaften umgangen werden soll[2183], d. h. Motiv der Missbrauchsbekämpfung.	Weitere Informationen: Das Nichtanwendungsgesetz besteht noch. Es wurde zwischenzeitlich durch das BeitrRLUmsG[2184] geändert. Das Nichtanwendungsgesetz ist innerhalb von einem bis zwei Jahren nach der BFH-Entscheidung erlassen worden. Das Nichtanwendungsgesetz ist im Laufe der parlamentarischen Beratungen geändert worden. Die Finanzverwaltung hat die BFH-Entscheidung vor Erlass des Nichtanwendungsgesetzes nicht allgemein angewandt. Es handelt sich um ein profiskalisches Nichtanwendungsgesetz.

2182 BT-Drs. 16/2712, 60.
2183 BT-Drs. 16/2712, 60.
2184 BGBl I 2011, 2592 (2608).

		Sonstiges: In der sog. Hilversum I Entscheidung[2185] hatte der BFH in einem vergleichbaren Sachverhalt noch einen Gestaltungsmissbrauch angenommen. Das ursprünglich in § 50d Abs. 1a EStG normierte Nichtanwendungsgesetz zur sog. Monaco-Entscheidung[2186] findet sich heute ebenfalls in § 50d Abs. 3 EStG.

Fundstelle BGBl	**Datum, Aktenzeichen und Fundstelle der BFH-Entscheidung**	**Initiator für das Nichtanwendungsgesetz gem. Art. 76 Abs. 1 GG?**	**BFH-Entscheidung in Gesetzesbegründung erwähnt?**	**Fiskalische Auswirkungen des Nichtanwendungsgesetzes laut Gesetzesbegründung?**	**Enthält Nichtanwendungsgesetz Rückwirkung?**	**Nichtanwendungserlass vor Nichtanwendungsgesetz?**
BGBl I 2006, 2878 (2885); JStG 2007 vom 13. 12. 2006	31. 05. 2005, I R 74, 88/04, BStBl II 2006, 118	Bundesregierung[2187]	Ja[2188]	keine Angaben	Nein	Ja[2189]

2185 BFH vom 20. 03. 2002, I R 38/00, BStBl II 2002, 819.
2186 BGBl I 1993, 2310 (2318) gegen BFH vom 29. 10. 1981, I R 89/80, BStBl II 1982, 150.
2187 BT-Drs. 16/2712, 13.
2188 BT-Drs. 16/2712, 60.
2189 BMF vom 30. 01. 2006, IV B 1 – S 2411 – 4/06, BStBl I 2006, 166.

Nichtanwendungsgesetz	Motive für Nichtanwendungsgesetz laut Gesetzesbegründung	Weitere Informationen und Sonstiges
BFH-Entscheidung: Auch die Übertragung von Geldvermögen, Wertpapieren, typisch stillen Beteiligungen und selbst genutztem Wohneigentum kann Gegenstand einer unentgeltlichen Vermögensübergabe gegen Versorgungsleistungen sein. Nichtanwendungsgesetz: § 10 Abs. 1 Nr. 1a EStG normiert, dass nur die Übertragung von land- und forstwirtschaftlichen Betrieben, Gewerbebetrieben, von Betriebsvermögen Selbstständiger, in der Rechtsform des Einzelunternehmens oder der Personengesellschaft und eine Übertragung von mindestens 50 % an einer GmbH Gegenstand einer unentgeltlichen Vermögensübergabe gegen Versorgungsleistungen sein kann.	Die Regelung soll zielgenauer als die bisherige wirken und Mitnahmeeffekte sowie missbräuchliche Gestaltungen verhindern[2190], d. h. Motiv der Missbrauchsbekämpfung. Erhaltung und Sicherung von Unternehmen als Garanten von Arbeitsplätzen, als Stätten produktiven Wachstums und in ihrer gesellschaftlichen Funktion als Ort beruflicher und sozialer Qualifikationen. Der Aspekt der Sicherung von Arbeitsplätzen ist bei der Übertragung von Grund- oder Wertpapiervermögen hingegen nicht gegeben[2191], d. h. Motiv des lenkungspolitischen Grundes (Sicherung von Arbeitsplätzen durch Unternehmen). Insb. in der Land- und Fortwirtschaft und bei familiär geführten Betrieben und Praxen wird der nachfolgenden Generation das Nachrücken in eine die Existenz wenigstens teilweise sichernde Wirtschaftseinheit ermöglicht, die im Unternehmen vorhandenen Arbeitsplätze können erhalten werden und die Versorgung des Übergebers ist zumindest	Weitere Informationen: Das Nichtanwendungsgesetz besteht noch. Es findet sich heute in § 10 Abs. 1a Nr. 2 EStG. Das Nichtanwendungsgesetz ist innerhalb von drei bis fünf Jahren nach der BFH-Entscheidung erlassen worden. Das Nichtanwendungsgesetz ist im Laufe der parlamentarischen Beratungen geändert worden. Das Nichtanwendungsgesetz richtet sich gegen eine Entscheidung des Großen Senats i. S. d. § 11 FGO. Die Finanzverwaltung hat die BFH-Entscheidung vor Erlass des Nichtanwendungsgesetzes allgemein angewandt.

2190 BT-Drs. 16/6290, 53.
2191 BT-Drs. 16/6290, 53.

Bei letzterer muss der Übergeber als Geschäftsführer tätig gewesen sein und der Übernehmer diese Tätigkeit fortführen.	zu einem Teil gesichert[2192], d. h. Motiv des lenkungspolitischen Grundes (Förderung der Unternehmensnachfolge). Die Regelung soll einerseits die zukünftige Versorgung des Vermögensübergebers absichern und andererseits den Fortbestand des Unternehmens nicht gefährden[2193], d. h. Motiv des lenkungspolitischen Grundes (Sicherung des Bestands von Unternehmen). Aus Vereinfachungsgründen entfällt die bisherige Unterscheidung zwischen Renten und dauernden Lasten[2194], d. h. Motiv der Verwaltungsvereinfachung. Begünstigung der Übertragung von kleinen und mittelständischen Familienunternehmen in der Rechtsform der GmbH durch einen beherrschenden Gesellschafter-Geschäftsführer[2195], d. h. Motiv des lenkungspolitischen Grundes (Begünstigte Übertragung von Familienunternehmen).	Es handelt sich um ein profiskalisches Nichtanwendungsgesetz. Sonstiges: Korrespondierend wird in § 22 Nr. 1b EStG normiert, dass Einkünfte aus Versorgungsleistungen, soweit beim Zahlungsverpflichteten die Voraussetzungen für den Sonderausgabenabzug nach § 10 Abs. 1 Nr. 1a EStG erfüllt sind, sonstige Einkünfte sind.

2192 BT-Drs. 16/6290, 53.
2193 BT-Drs. 16/6290, 53.
2194 BT-Drs. 16/6290, 54.
2195 BT-Drs. 16/7036, 11.

Fundstelle BGBl	Datum, Aktenzeichen und Fundstelle der BFH-Entscheidung	Initiator für das Nichtanwendungsgesetz gem. Art. 76 Abs. 1 GG?	BFH-Entscheidung in Gesetzesbegründung erwähnt?	Fiskalische Auswirkungen des Nichtanwendungsgesetzes laut Gesetzesbegründung?	Enthält Nichtanwendungsgesetz Rückwirkung?	Nichtanwendungserlass vor Nichtanwendungsgesetz?
BGBl I 2007, 3150 (3151); JStG 2008 vom 20. 12. 2007	12. 05. 2003, GrS 1/00, BStBl II 2004, 95	Bundesregierung[2196]	Ja[2197]	keine Angaben[2198]	Ja	Nein

Nichtanwendungsgesetz	Motive für Nichtanwendungsgesetz laut Gesetzesbegründung	Weitere Informationen und Sonstiges
BFH-Entscheidung: Bei der Ermittlung des Ermäßigungshöchstbetrags nach § 35 Abs. 1 EStG ist ein horizontaler und ein vertikaler Verlustausgleich durchzuführen. Im Rahmen des letzteren sind negative Einkünfte vorrangig mit nicht tarifbegünstigten Einkünften des Stpfl. zu verrechnen.	Die Rechtsprechung des BFH kann in den Fällen, in denen die Summe der Einkünfte kleiner ist als die gewerblichen Einkünfte, zu einer Überkompensation führen. Dies soll vermieden werden[2199], d. h. Motiv des fiskalischen Grundes.	Weitere Informationen: Das Nichtanwendungsgesetz besteht noch. Das Nichtanwendungsgesetz ist innerhalb von einem bis zwei Jahren nach der BFH-Entscheidung erlassen worden.

2196 BT-Drs. 16/6290 8.
2197 BT-Drs. 16/6290, 53.
2198 BT-Drs. 16/6290, 42.
2199 BR-Drs. 544/07 (Beschluss), 34.

Nichtanwendungsgesetz: Zur Vermeidung einer Überkompensation normiert § 35 Abs. 1 Satz 2 EStG, dass Verluste aus den jeweiligen Einkunftsarten bei der Ermittlung des Ermäßigungshöchstbetrages durch eine Verhältnisrechnung zu einer anteiligen Kürzung der nach § 35 EStG tarifbegünstigten gewerblichen Einkünfte führen.		Das Nichtanwendungsgesetz ist erst im Laufe der parlamentarischen Beratungen im Rahmen der nach der Einbringung des Gesetzgebungsverfahrens erfolgenden Beteiligung des Bundesrates an dem Gesetzgebungsverfahren durch diesen zum Gegenstand des Gesetzes geworden. Das Nichtanwendungsgesetz ist im Laufe der parlamentarischen Beratungen geändert worden. Die Finanzverwaltung hat die BFH-Entscheidung vor Erlass des Nichtanwendungsgesetzes allgemein angewandt. Es handelt sich um ein profiskalisches Nichtanwendungsgesetz. Sonstiges: Keine Ausführungen.

Fundstelle BGBl	Datum, Aktenzeichen und Fundstelle der BFH-Entscheidung	Initiator für das Nichtanwendungsgesetz gem. Art. 76 Abs. 1 GG?	BFH-Entscheidung in Gesetzesbegründung erwähnt?	Fiskalische Auswirkungen des Nichtanwendungsgesetzes laut Gesetzesbegründung?	Enthält Nichtanwendungsgesetz Rückwirkung?	Nichtanwendungserlass vor Nichtanwendungsgesetz?
BGBl I 2007, 3150 (3154); JStG 2008 vom 20. 12. 2007	27. 09. 2006, X R 25/04, BStBl II 2007, 694	Bundesrat[2200]	Ja[2201]	keine Angaben	Nein	Nein

Nichtanwendungsgesetz	Motive für Nichtanwendungsgesetz laut Gesetzesbegründung	Weitere Informationen und Sonstiges
BFH-Entscheidung: Einlagen, die zum Ausgleich eines negativen Kapitalkontos geleistet und im Wirtschaftsjahr der Einlage nicht durch ausgleichsfähige Verluste verbraucht werden, führen regelmäßig zum Ansatz eines Korrekturpostens mit der Folge, dass Verluste späterer Wirtschaftsjahre bis zum Verbrauch dieses Postens auch dann als ausgleichsfähig	Verhinderung von Steuerausfällen bzw. Sicherung des Steueraufkommens[2202], d. h. Motiv des fiskalischen Grundes. Die Regelung dient der Einschränkung von Gestaltungsspielräumen in Form willkürlicher Einlagen zur Schaffung	Weitere Informationen: Das Nichtanwendungsgesetz besteht noch. Das Nichtanwendungsgesetz ist innerhalb von fünf bis sieben Jahren nach der BFH-Entscheidung erlassen worden.

2200 BR-Drs. 544/07 (Beschluss), 32 f.
2201 BR-Drs. 544/07 (Beschluss), 34.
2202 BT-Drs. 16/10189, 31.

zu qualifizieren sind, wenn hierdurch ein negatives Kapitalkonto entsteht oder sich erhöht. Nichtanwendungsgesetz: § 15a Abs. 1a EStG normiert, dass bei einem negativen Kapitalkonto nachträgliche Einlagen nur dann zu einem Verlustausgleichsvolumen führen, wenn es sich um Verluste im Wirtschaftsjahr der Einlage handelt. Damit können durch die Einlagen weder verrechenbare Verluste der Vorjahre in ausgleichsfähige Verluste umqualifiziert werden, noch ein Verlustausgleichsvolumen für künftige Wirtschaftsjahre geschaffen werden.	von Verlustausgleichsvolumina[2203], d. h. Motiv der Missbrauchsbekämpfung.	Die Finanzverwaltung hat die BFH-Entscheidung vor Erlass des Nichtanwendungsgesetzes allgemein angewandt[2204]. Es handelt sich um ein profiskalisches Nichtanwendungsgesetz. Sonstiges: Keine Ausführungen.

2203 BT-Drs. 16/10189, 49.

2204 Mit Verweis auf die unten stehenden Ausführungen zum Nichtanwendungserlass und zur Rückwirkung zu diesem Nichtanwendungsgesetz, war die Rechtsprechung des BFH in der Zeit von der Aufhebung des Nichtanwendungserlasses am 19. 11. 2007 bis zum Inkrafttreten des Nichtanwendungsgesetzes zum 25. 12. 2008, BGBl I 2008, 2794 (2808) allgemein anzuwenden. Damit liegt ein Nichtanwendungsgesetz vor, bei dem die Finanzverwaltung die BFH-Entscheidung vor Erlass des Nichtanwendungsgesetzes allgemein angewandt hat.

Fundstelle BGBl	Datum, Aktenzeichen und Fundstelle der BFH-Entscheidung	Initiator für das Nichtanwendungsgesetz gem. Art. 76 Abs. 1 GG?	BFH-Entscheidung in Gesetzesbegründung erwähnt?	Fiskalische Auswirkungen des Nichtanwendungsgesetzes laut Gesetzesbegründung?	Enthält Nichtanwendungsgesetz Rückwirkung?	Nichtanwendungserlass vor Nichtanwendungsgesetz?
BGBl I 2008, 2794 (2797); JStG 2009 vom 19. 12. 2008	14. 10. 2003, VIII R 32/01, BStBl II 2004, 359; 26. 06. 2007, IV R 28/06, BStBl II 2007, 934	Bundesregierung[2205]	Nein[2206]	keine Angaben	Nein	Ja[2207]

Nichtanwendungsgesetz	Motive für Nichtanwendungsgesetz laut Gesetzesbegründung	Weitere Informationen und Sonstiges
BFH-Entscheidung: Künstler und Schriftsteller erzielen durch ihre Teilnahme als Interviewpartner in Talkshows sonstige Einkünfte i. S. d. § 22 Nr. 3 EStG. Diese unterliegen mit Hinweis auf § 49 Abs. 1 Nr. 9 EStG nicht der beschränkten Steuerpflicht und dem Steuerabzug.	Die Rechtsprechung des BFH führt bei unterhaltenen Darbietungen, die keine eigenschöpferische Leistung darstellen, mangels Aufzählung in § 49 Abs. 1 Nr. 9 EStG nicht zu einer Steuerpflicht, obwohl nach den DBA für solche Einkünfte dem Auftrittsstaat das Besteuerungsrecht	Weitere Informationen: Das Nichtanwendungsgesetz besteht noch. Das Nichtanwendungsgesetz ist innerhalb von sieben bis zehn Jahren nach der BFH-Entscheidung erlassen worden.

2205 BT-Drs. 16/10189, 9.

2206 BT-Drs. 16/10189, 49.

2207 BMF vom 14. 04. 2004, IV A 6 – S 2241a – 10/04, BStBl I 2004, 463. Aufgehoben durch BMF vom 19. 11. 2007, IV B 2 – S 2241-a07/0004 2007/0525511, BStBl I 2007, 823.

Nichtanwendungsgesetz: Durch die Einfügung der Worte „aus inländischen unterhaltenen Darbietungen" in § 49 Abs. 1 Nr. 9 EStG wird die vom BFH festgestellte Besteuerungslücke geschlossen.	zugewiesen ist. Die Regelung erfolgt zur Ausschöpfung dieses Besteuerungsrechts[2208], d. h. Motiv des fiskalischen Grundes.	Die Finanzverwaltung hat die BFH-Entscheidung vor Erlass des Nichtanwendungsgesetzes allgemein angewandt. Es handelt sich um ein profiskalisches Nichtanwendungsgesetz. Sonstiges: Bei der BFH-Entscheidung handelt es sich um eine Nichtzulassungsbeschwerde gem. § 116 FGO. Bereits die jetzt ergänzte Fassung des § 49 Abs. 1 Nr. 9 EStG war ein Nichtanwendungsgesetz[2209].

2208 BT-Drs. 16/10189, 59.
2209 BGBl I 1974, 1489 (1490) gegen BFH vom 04. 03. 1970, I R 140/66, BStBl II 1970, 428

Fundstelle BGBl	**Datum, Aktenzeichen und Fundstelle der BFH-Entscheidung**	**Initiator für das Nichtanwendungsgesetz gem. Art. 76 Abs. 1 GG?**	**BFH-Entscheidung in Gesetzesbegründung erwähnt?**	**Fiskalische Auswirkungen des Nichtanwendungsgesetzes laut Gesetzesbegründung?**	**Enthält Nichtanwendungsgesetz Rückwirkung?**	**Nichtanwendungserlass vor Nichtanwendungsgesetz?**
BGBl I 2008, 2794 (2804); JStG 2009 vom 19. 12. 2008	21. 04. 1999, I B 99/98, BStBl II 2000, 254	Bundesregierung[2210]	Ja[2211]	keine Angaben[2212]	Nein	Nein

Nichtanwendungsgesetz	**Motive für Nichtanwendungsgesetz laut Gesetzesbegründung**	**Weitere Informationen und Sonstiges**
BFH-Entscheidung: Erhält ein in den USA ansässiger Gesellschafter einer deutschen Personengesellschaft Zinsen für ein von ihm der Gesellschaft gewährtes Darlehen, so dürfen diese Zinsen nach dem DBA-USA in Deutschland nicht besteuert werden.	Vermeidung, dass Mitunternehmerschaften mit ausländischen Gesellschaftern Gewinne durch Gesellschafterdarlehen unversteuert ins Ausland verlagern können[2213], d. h. Motiv des fiskalischen Grundes.	Weitere Informationen: Das Nichtanwendungsgesetz besteht noch. Es wurde zwischenzeitlich durch das AmtshilfeRLUmsG[2215] geändert.

2210 BT-Drs. 16/10189, 13.

2211 BT-Drs. 16/10189, 59.

2212 BT-Drs. 16/10189, 34. Die Regelung führt zu zusätzlichen Bürokratiekosten für die Verwaltung in Höhe von 217.333 €, BT-Drs. 16/10189, 40

2213 BR-Drs 545/08 (Beschluss), 3.

2215 BGBl I 2013, 1809 (1819 f).

Nichtanwendungsgesetz: § 50d Abs. 10 Satz 1 EStG normiert, dass Vergütungen i. S. d. § 15 Abs. 1 Satz 1 Nr. 2 Satz 1 2. HS und Nr. 3 2. HS EStG für Zwecke der Anwendung eines DBA als Unternehmensgewinne gelten, wenn ein DBA anzuwenden ist und dieses keine solche Vergütungen betreffende ausdrückliche Regelung enthält. Gem. § 50d Abs. 10 Satz 2 EStG bleibt § 50d Abs. 9 Nr. 1 EStG unberührt.	Die Behandlung von Sondervergütungen als gewerbliche Einkünfte ist ein tragender Grundsatz der Besteuerung von Mitunternehmerschaften, der zur Gleichbehandlung von Einzelunternehmern und Gesellschaftern von Mitunternehmerschaften führt. Daher wird zur Wahrung der Einheitlichkeit der Besteuerung in- und ausländischer Gesellschafter, eine DBA-Anwendungsregelung getroffen, die anordnet, dass die genannten Vergütungen für Zwecke der DBA-Anwendung den Unternehmensgewinnen zuzuordnen sind[2214], d. h. Motiv der Rechtsdogmatik.	Das Nichtanwendungsgesetz ist innerhalb von einem bis zwei Jahren nach der BFH-Entscheidung erlassen worden. Das Nichtanwendungsgesetz ist erst im Laufe der parlamentarischen Beratungen im Rahmen der nach der Einbringung des Gesetzgebungsverfahrens erfolgenden Beteiligung des Bundesrates an dem Gesetzgebungsverfahren durch diesen zum Gegenstand des Gesetzes geworden. Das Nichtanwendungsgesetz ist im Laufe der parlamentarischen Beratungen geändert worden. Die Veröffentlichung der BFH-Entscheidung im BStBl II erfolgte erst nach Erlass des Nichtanwendungsgesetzes. Die Finanzverwaltung hat die BFH-Entscheidung vor Erlass des Nichtanwendungsgesetzes nicht allgemein angewandt.

2214 BT-Drs. 16/11108, 23.

		Es handelt sich um ein profiskalisches Nichtanwendungsgesetz. Sonstiges: Das Nichtanwendungsgesetz wurde durch ein weiteres Nichtanwendungsgesetz im AmtshilfeRLUmsG geändert[2216].

Fundstelle BGBl	**Datum, Aktenzeichen und Fundstelle der BFH-Entscheidung**	**Initiator für das Nichtanwendungsgesetz gem. Art. 76 Abs. 1 GG?**	**BFH-Entscheidung in Gesetzesbegründung erwähnt?**	**Fiskalische Auswirkungen des Nichtanwendungsgesetzes laut Gesetzesbegründung?**	**Enthält Nichtanwendungsgesetz Rückwirkung?**	**Nichtanwendungserlass vor Nichtanwendungsgesetz?**
BGBl I 2008, 2794 (2806); JStG 2009 vom 19. 12. 2008	17. 10. 2007, I R 5/06, BStBl II 2009, 356	Bundesrat[2217]	Ja[2218]	keine Angaben	Ja	Nein

2216 BGBl I 2013, 1809 (1819 f) gegen BFH vom 08. 09. 2010, I R 74/09, BStBl II 2014, 788.

2217 BR-Drs. 545/08 (Beschluss), 3. Der Bundesrat will eine Prüfung, ob die Zinsschrankenregelegung des § 4h EStG bzw. § 8a KStG aufgrund der BFH-Rechtsprechung angepasst werden muss. In der Beschlussempfehlung des Finanzausschusses findet sich dann die Einfügung eines Abs. 10 in § 50d EStG, ohne dass es zu einer diesbzgl. Änderung des § 4h EStG bzw. § 8a KStG gekommen ist, BT-Drs. 16/11055, 10, 32 und 45 ff.

2218 BR-Drs. 545/08 (Beschluss), 3 und BT-Drs. 16/11108, 23.

Nichtanwendungsgesetz	Motive für Nichtanwendungsgesetz laut Gesetzesbegründung	Weitere Informationen und Sonstiges
BFH-Entscheidung: Bei der Besteuerung von Finanzinnovationen gilt: Kursgewinne aus der Veräußerung von Reverse Floatern sind nicht gem. § 20 Abs. 2 Satz 1 Nr. 4 Satz 2 EStG steuerpflichtig. Die Vorschrift findet keine Anwendung auf Wertpapiere, bei denen keine Vermengung zwischen Ertrags- und Vermögensebene besteht und bei denen eine Unterscheidung zwischen Nutzungsentgelt und Kursgewinn ohne größeren Aufwand möglich ist. Der Ansatz der Marktrendite setzt nach Wortlaut und Systematik von § 20 Abs. 2 Satz 1 Nr. 4 Satz 2 EStG voraus, dass eine (vorhandene) Emissionsrendite nicht nachgewiesen ist. Der Veräußerungserlös aus Down-Rating-Anleihen ist nicht gem. § 20 Abs. 2 Satz 1 Nr. 4 Satz 1 lit. c) 2. Var., § 20 Abs. 2 Satz 1 Nr. 4 Satz 2 EStG nach Maßgabe der Marktrendite steuerbar. Der Überschuss aus der Veräußerung von Indexzertifikaten mit einer garantierten Mindestrückzahlung ist nur hinsichtlich des Teils steuerbar, der der garantierten Mindestrückzahlung zuzuordnen ist. Nichtanwendungsgesetz: In § 52a Abs. 10 Satz 7 EStG wird ein 2. HS eingefügt. Nach diesem liegen Kapitalforderungen i. S. d. § 20 Abs. 2	Die Rechtsprechung des BFH führt zu notwendigen Differenzierungen, die sich im minutengenau abgerechneten Massengeschäft der Kreditwirtschaft für Zwecke des Kapitalertragsteuerabzugs nicht darstellen lassen. Unter der Geltung der Abgeltungsteuer wäre eine Vielzahl von Veranlagungsfällen mit einer Einzelfallprüfung von mitunter sehr komplizierten Finanzinstrumenten die Folge, die den Vereinfachungseffekt der Abgeltungsteuer konterkarieren würde[2219], d. h. Motiv der Verwaltungsvereinfachung.	Weitere Informationen: Das Nichtanwendungsgesetz besteht noch. Es findet sich heute in § 52 Abs. 28 Satz 16 3. HS EStG. Das Nichtanwendungsgesetz ist innerhalb von zwei bis drei Jahren nach der BFH-Entscheidung erlassen worden. Die Finanzverwaltung hat die BFH-Entscheidung vor Erlass des Nichtanwendungsgesetzes nicht allgemein angewandt. Es handelt sich um ein profiskalisches Nichtanwendungsgesetz. Sonstiges: Keine Ausführungen.

2219 BT-Drs. 16/10189, 66.

Satz 1 Nr. 4 EStG in der am 31. 12. 2008 anzuwendenden Fassung auch vor, wenn die Rückzahlung nur teilweise garantiert ist oder wenn eine Trennung zwischen Ertrags- und Vermögensebene möglich erscheint.		

Fundstelle BGBl	**Datum, Aktenzeichen und Fundstelle der BFH-Entscheidung**	**Initiator für das Nichtanwendungsgesetz gem. Art. 76 Abs. 1 GG?**	**BFH-Entscheidung in Gesetzesbegründung erwähnt?**	**Fiskalische Auswirkungen des Nichtanwendungsgesetzes laut Gesetzesbegründung?**	**Enthält Nichtanwendungsgesetz Rückwirkung?**	**Nichtanwendungserlass vor Nichtanwendungsgesetz?**
BGBl I 2008, 2794 (2809); JStG 2009 vom 19. 12. 2008	20. 11. 2006, VIII R 97/02, BStBl II 2007, 555; 20. 11. 2006, VIII R 43/05, BStBl II 2007, 560; 13. 12. 2006, VIII R 6/05, BStBl II 2007, 571; 04. 12. 2007, VIII R 53/05, BStBl II 2008, 563	Bundesregierung[2220]	Nein[2221]	keine Angaben	Ja	Ja[2222]

2220 BT-Drs. 16/10189, 17.

2221 BT-Drs. 15/10189, 66. Die Gesetzesbegründung erwähnt zwar die höchstrichterliche Rechtsprechung, ohne diese aber durch ein Datum, Aktenzeichen oder Fundstelle näher zu präzisieren.

2222 BMF vom 18. 07. 2007, IV B 8 – S 2252/0 2007/0331067, BStBl I 2007, 548 und BMF vom 17. 06. 2008, IV C 1 – S 2252/07/0002 2008/0323200, BStBl I 2008, 715.

Nichtanwendungsgesetz	Motive für Nichtanwendungsgesetz laut Gesetzesbegründung	Weitere Informationen und Sonstiges
BFH-Entscheidung: Der Abzug von Erwerbsaufwand im Zusammenhang mit Einkünften aus § 17 Abs. 1 und 4 EStG ist jedenfalls dann nicht nach § 3c Abs. 2 Satz 1 EStG begrenzt, wenn der Stpfl. keinerlei durch seine Beteiligung vermittelte Einnahmen erzielt hat. Nichtanwendungsgesetz: § 3c Abs. 2 Satz 2 EStG normiert den Ausschluss des Abzugs von Erwerbsaufwand, wenn keinerlei Einnahmen erzielt werden. Die Absicht zur Erzielung von	Ein Verzicht auf die Änderung hätte erhebliche Steuermindereinnahmen zur Folge[2223], d. h. Motiv des fiskalischen Grundes. Das Teilabzugsverbot soll nach dem Willen des Gesetzgebers nur ein unselbstständiger Baustein innerhalb des gesamten Regelungswerks zum Teileinkünfteverfahren sein[2224], d. h. Motiv des rechtspolitischen Grundes. Die vom BFH vorgenommene Auslegung ist nicht praktikabel, da die in § 3c Abs. 2 EStG verankerte veranlagungszeitraumunabhängige Begrenzung eine laufende rückwirkende Anpassung erforderlich machen würde, wenn	Weitere Informationen: Das Nichtanwendungsgesetz besteht noch. Es findet sich heute in § 3c Abs. 2 Satz 7 EStG. Das Nichtanwendungsgesetz ist innerhalb von einem bis zwei Jahren nach der BFH-Entscheidung erlassen worden. Die Finanzverwaltung hat die BFH-Entscheidung vor Erlass des Nichtanwendungsgesetzes allgemein angewandt[2226]. Es handelt sich um ein profiskalisches Nichtanwendungsgesetz.

2223 BT-Drs. 17/2249, 50.

2224 BT-Drs. 17/2249, 50.

2226 Mit Verweis auf die unten stehenden Ausführungen zum Nichtanwendungserlass zu diesem Nichtanwendungsgesetz, war die Rechtsprechung des BFH in der Zeit von der Aufhebung des Nichtanwendungserlasses am 28. 06. 2010, IV C 6 – S 2244/09/10002 2010/0464101, BStBl I 2010, 599 bis zum Inkrafttreten des Nichtanwendungsgesetzes ab dem Veranlagungszeitraum 2011, BGBl I 2010, 1768 (1775) allgemein anzuwenden. Damit liegt ein Nichtanwendungsgesetz vor, bei dem die Finanzverwaltung die BFH-Entscheidung vor Erlass des Nichtanwendungsgesetzes allgemein angewandt hat.

Betriebsvermögensmehrungen, Einnahmen und Vergütungen reicht für den Ausschluss des Abzugs aus.	in späteren Jahren Einnahmen anfallen[2225], d. h. Motiv der Verwaltungsvereinfachung.	Sonstiges: Bei der BFH-Entscheidung vom 18. 03. 2010[2227] handelt es sich um eine Nichtzulassungsbeschwerde gem. § 116 FGO.

Fundstelle BGBl	**Datum, Aktenzeichen und Fundstelle der BFH-Entscheidung**	**Initiator für das Nichtanwendungsgesetz gem. Art. 76 Abs. 1 GG?**	**BFH-Entscheidung in Gesetzesbegründung erwähnt?**	**Fiskalische Auswirkungen des Nichtanwendungsgesetzes laut Gesetzesbegründung?**	**Enthält Nichtanwendungsgesetz Rückwirkung?**	**Nichtanwendungserlass vor Nichtanwendungsgesetz?**
BGBl I 2010, 1768 (1769); JStG 2010 vom 08. 12. 2010	25. 06. 2009, IX R 42/08, BStBl II 2010, 220; 18. 03. 2010, IX B 227/09, BStBl II 2010, 627	Bundesregierung[2228]	Ja[2229]	keine Angaben	Nein	Ja[2230]

2225 BT-Drs. 17/2249, 50.
2227 BFH vom 18. 03. 2010, IX B 227/09, BStBl II 2010, 627.
2228 BT-Drs. 17/2249, 8.
2229 BT-Drs. 17/2249, 50. Erwähnt wird die BFH-Entscheidung vom 25. 06. 2009, IX R 42/08, BStBl II 2010, 220. Die BFH-Entscheidung vom 18. 03. 2010, IX B 227/09, BStBl II 2010, 627 wird nicht erwähnt.
2230 BMF vom 15. 02. 2010, IV C 6 – S 2244/09/10002 2009/0722841, BStBl I 2010, 181. Aufgehoben durch BMF vom 28. 06. 2010, IV C 6 – S 2244/09/10002 2010/0464101, BStBl I 2010, 599.

Nichtanwendungsgesetz	Motive für Nichtanwendungsgesetz laut Gesetzesbegründung	Weitere Informationen und Sonstiges
BFH-Entscheidung: Die Überführung eines Einzelwirtschaftsguts aus einem inländischen Stammhaus in eine ausländische Betriebsstätte führt auch dann nicht zur sofortigen Gewinnrealisation, wenn die ausländischen Betriebsstättengewinne aufgrund eines DBA von der Besteuerung im Inland freigestellt sind (Aufgabe der sog. Theorie der finalen Entnahme). Nichtanwendungsgesetz: § 4 Abs. 1 Satz 4 EStG normiert, dass ein Ausschluss oder eine Beschränkung des Besteuerungsrechts hinsichtlich des Gewinns aus der Veräußerung eines Wirtschaftsguts insb. vorliegt, wenn ein bisher einer inländischen Betriebsstätte	Die Rechtsprechung des BFH widerspricht der Auffassung der Finanzverwaltung, den OECD-Grundsätzen und der internationalen Verwaltungspraxis[2231], d. h. Motiv des rechtspolitischen Grundes. Die Rechtsprechung des BFH ist nur schwer administrierbar[2232], d. h. Motiv der Verwaltungsvereinfachung. Die Rechtsprechung des BFH ist mit verfassungsrechtlich nicht hinnehmbaren Vollzugsdefiziten verbunden[2233], d. h. Motiv des rechtspolitischen Grundes. Sachgerechte und zeitlich lückenlose Regelung zur Besteuerung von Überführungsfällen[2234], d. h. Motiv des rechtspolitischen Grundes.	Weitere Informationen: Das Nichtanwendungsgesetz besteht noch. Das Nichtanwendungsgesetz ist innerhalb von zwei bis drei Jahren nach der BFH-Entscheidung erlassen worden Das Nichtanwendungsgesetz ist erst im Laufe der parlamentarischen Beratungen im Rahmen der nach der Einbringung des Gesetzgebungsverfahrens erfolgenden Beteiligung des Bundesrates an dem Gesetzgebungsverfahren durch diesen zum Gegenstand des Gesetzes geworden. Das Nichtanwendungsgesetz ist im Laufe der parlamentarischen Beratungen geändert worden. Das Nichtanwendungsgesetz richtet sich gegen eine Änderung der Rechtsprechung des BFH.

2231 BR-Drs. 318/10 (Beschluss), 8.
2232 BR-Drs. 318/10 (Beschluss), 8.
2233 BR-Drs. 318/10 (Beschluss), 8.
2234 BR-Drs. 318/10 (Beschluss), 9.

des Stpfl. zugeordnetes Wirtschaftsgut einer ausländischen Betriebsstätte zuzuordnen ist.	Im Interesse einer einheitlichen und kontinuierlichen Rechtsanwendung durch Rechtsprechung und Finanzverwaltung und im Interesse des Vertrauens der Allgemeinheit in die Kontinuität der Steuerrechtsordnung wird daher an dem jahrzehntelang praktizierten Rechtszustand festgehalten[2235], d. h. Motiv der Rechtskontinuität. Schaffung von Rechtssicherheit[2236], d. h. Motiv des rechtspolitischen Grundes. Die Aufgabe der Theorie der finalen Betriebsausgabe wäre mit einer Vielzahl bislang ungelöster Folgefragen, insb. im Zusammenhang mit der Gewinnabgrenzung verbunden. Die gesetzliche Festschreibung selbiger dient damit der Steuervereinfachung für Stpfl. und die Finanzverwaltung[2237], d. h. Motiv der Rechtsvereinfachung.	Die Finanzverwaltung hat die BFH-Entscheidung vor Erlass des Nichtanwendungsgesetzes nicht allgemein angewandt. Es handelt sich um ein profiskalisches Nichtanwendungsgesetz. Sonstiges: Die gleichzeitige Änderung von § 6 Abs. 1 Nr. 5a, Abs. 4 und Abs. 5 Satz 1, § 15 Abs. 1a Satz 1, § 52 Abs. 8b Satz 2 und 3 und Abs. 16a Satz 1 EStG ist ebenfalls im Kontext des Nichtanwendungsgesetzes zu sehen. Die Aufgabe der sog. Theorie der finalen Entnahme hat auch noch zu einem Nichtanwendungsgesetz in § 16 Abs. 3a EStG[2238] und zu einem Nichtanwendungsgesetz in § 12 Abs. 1 Satz 2 KStG[2239] geführt. Auf Basis einer BFH-Entscheidung sind zwei Nichtanwendungsgesetze erlassen worden: § 4 Abs. 1 Satz 4 EStG und § 12 Abs. 1 Satz 2 KStG.

2235 BT-Drs. 17/3549, 22.
2236 BT-Drs. 17/3549, 22.
2237 BT-Drs. 17/3549, 22.
2238 BGBl I 2010, 1768 (1770) gegen BFH vom 28. 10. 2009, I R 28/08, BFH/NV 2010, 432 und BFH vom 28. 10. 2009, I R 99/08, BStBl II 2011, 1019.
2239 BGBl I 2010, 1768 (1781) gegen BFH vom 17. 07. 2008, I R 77/06, BStBl II 2009, 464.

Fundstelle BGBl	Datum, Aktenzeichen und Fundstelle der BFH-Entscheidung	Initiator für das Nichtanwendungsgesetz gem. Art. 76 Abs. 1 GG?	BFH-Entscheidung in Gesetzesbegründung erwähnt?	Fiskalische Auswirkungen des Nichtanwendungsgesetzes laut Gesetzesbegründung?	Enthält Nichtanwendungsgesetz Rückwirkung?	Nichtanwendungserlass vor Nichtanwendungsgesetz?
BGBl I 2010, 1768 (1769); JStG 2010 vom 08. 12. 2010	17. 07. 2008, I R 77/06, BStBl II 2009, 464	Bundesrat[2240]	Ja[2241]	keine Angaben	Ja	Ja[2242]

Nichtanwendungsgesetz	Motive für Nichtanwendungsgesetz laut Gesetzesbegründung	Weitere Informationen und Sonstiges
BFH-Entscheidung: Ein verbleibender Verlustvortrag ist auch dann erstmals gem. § 10d Abs. 4 Satz 1 EStG gesondert festzustellen, wenn der Einkommensteuerbescheid für das Verlustentstehungsjahr zwar bestandskräftig ist, darin aber keine nicht ausgeglichenen negativen Einkünfte berücksichtigt worden sind.	Die Rechtsprechung des BFH widerspricht dem gesetzgeberischen Willen[2243], d. h. Motiv des rechtspolitischen Grundes. Die Rechtsprechung des BFH widerspricht der Verwaltungspraxis[2244], d. h. Motiv der Rechtskontinuität.	Weitere Informationen: Das Nichtanwendungsgesetz besteht noch. Das Nichtanwendungsgesetz ist innerhalb von zwei bis drei Jahren nach der BFH-Entscheidung erlassen worden.

2240 BR-Drs. 318/10 (Beschluss), 6.

2241 BR-Drs. 318/10 (Beschluss), 8.

2242 BMF vom 20. 05. 2009, IV C 6 – S 2134/07/10005 2009/0300414, BStBl I 2009, 671 (672).

2243 BT-Drs. 17/2249, 51.

[illegible]

Nichtanwendungsgesetz: § 10d Abs. 4 Satz 4 EStG normiert, dass bei der Feststellung des verbleibenden Verlustvortrags die Besteuerungsgrundlagen so zu berücksichtigen sind, wie sie den Steuerfestsetzungen des Veranlagungszeitraums, auf dessen Schluss der verbleibende Verlustvortrag festgestellt wird, und des Veranlagungszeitraums, in dem ein Verlustrücktrag vorgenommen werden kann, zu Grunde gelegt worden sind; § 171 Abs. 10, § 175 Abs. 1 Satz 1 Nr. 1 und § 351 Abs. 2 AO sowie § 42 FGO gelten entsprechend.	Neue Tatsachen oder Beweismittel sollen den Erlass oder die Änderung eines Feststellungsbescheids nach § 10d Abs. 4 EStG künftig nur noch dann ermöglichen, wenn sie rechtserheblich sind[2245], d. h. Motiv des rechtspolitischen Grundes. Den Stpfl. soll das Risiko eines Rechtsbehelfsverfahrens nicht dadurch abgenommen werden, dass ihnen gestattet wird, sich auf Tatsachen ggü. dem FA erst dann zu berufen, wenn etwa durch eine spätere Änderung der Rechtsprechung eine Rechtslage eintritt, die eine bisher nicht vorgetragene Tatsache nunmehr als relevant erscheinen lässt. Deshalb soll ein Feststellungsbescheid wegen nachträglich bekannt gewordener Tatsachen oder Beweismittel nicht erlassen oder geändert werden, wenn das FA bei ursprünglicher Kenntnis der Tatsachen oder Beweismittel nicht anders entschieden hätte[2246], d. h. Motiv des rechtspolitischen Grundes.	Das Nichtanwendungsgesetz richtet sich gegen eine Änderung der Rechtsprechung des BFH. Die Finanzverwaltung hat die BFH-Entscheidung vor Erlass des Nichtanwendungsgesetzes allgemein angewandt. Es handelt sich um ein profiskalisches Nichtanwendungsgesetz. Sonstiges: Die gleichzeitige Änderung von § 35b Abs. 2 Satz 2 und 3 GewStG ist ebenfalls im Kontext des Nichtanwendungsgesetzes zu sehen.

2245 BT-Drs. 17/2249, 51.
2246 BT-Drs. 17/2249, 51 f.

	Der Einkommensteuerbescheid soll wie ein Grundlagenbescheid wirken[2247], d. h. Motiv des rechtspolitischen Grundes. Sicherung des Rechtsfriedens[2248], d. h. Motiv des rechtspolitischen Grundes.	

Fundstelle BGBl	**Datum, Aktenzeichen und Fundstelle der BFH-Entscheidung**	**Initiator für das Nichtanwendungsgesetz gem. Art. 76 Abs. 1 GG?**	**BFH-Entscheidung in Gesetzesbegründung erwähnt?**	**Fiskalische Auswirkungen des Nichtanwendungsgesetzes laut Gesetzesbegründung?**	**Enthält Nichtanwendungsgesetz Rückwirkung?**	**Nichtanwendungserlass vor Nichtanwendungsgesetz?**
BGBl I 2010, 1768 (1770); JStG 2010 vom 08. 12. 2010	17. 09. 2008, IX R 70/06, BStBl II 2009, 897	Bundesregierung[2249]	Ja[2250]	keine Angaben	Nein	Nein

2247 BT-Drs. 17/2249, 52.
2248 BT-Drs. 17/2249, 52.
2249 BT-Drs. 17/2249, 8.
2250 BT-Drs. 17/2249, 51.

Nichtanwendungsgesetz	Motive für Nichtanwendungsgesetz laut Gesetzesbegründung	Weitere Informationen und Sonstiges
BFH-Entscheidung: Die Verlegung des Betriebs eines selbstständigen Erfinders in das Ausland führt auch dann nicht zur Annahme einer (fiktiven) Betriebsaufgabe, wenn die künftigen Gewinne der ausländischen festen Einrichtung (Betriebsstätte) im Inland nicht steuerbar oder aufgrund eines DBA von der Besteuerung im Inland freigestellt sind (Aufgabe der sog. Theorie der finalen Betriebsaufgabe). Nichtanwendungsgesetz: § 16 Abs. 3a EStG schreibt die sog. Theorie der finalen Betriebsaufgabe gesetzlich fest[2251]. Hiernach steht der Ausschluss oder die Beschränkung des Besteuerungsrechts der BRD hinsichtlich des Gewinns aus der Veräußerung	Sicherstellung der Besteuerung der im Inland entstandenen stillen Reserven[2252], d. h. Motiv des fiskalischen Grundes. Es wird vermieden, dass es für die deutsche Finanzverwaltung oftmals schwierig bis unmöglich ist, das weitere Schicksal des in das Ausland verlegten Betriebsvermögens zu überwachen und den tatsächlichen Realisationsakt im Ausland zu erkennen und zu erfassen[2253], d. h. Motiv der Verwaltungsvereinfachung. Steuervereinfachung für Stpfl. und Finanzverwaltung, da die Aufgabe der sog. Theorie der finalen Betriebsaufgabe mit einer Vielzahl ungelöster Folgefragen verbunden wäre[2254], d. h. Motiv der Rechtsvereinfachung.	Weitere Informationen: Das Nichtanwendungsgesetz besteht noch. Das Nichtanwendungsgesetz ist innerhalb von einem bis zwei Jahren nach der BFH-Entscheidung erlassen worden. Das Nichtanwendungsgesetz ist erst im Laufe der parlamentarischen Beratungen im Rahmen der nach der Einbringung des Gesetzgebungsverfahrens erfolgenden Beteiligung des Bundesrates an dem Gesetzgebungsverfahren durch diesen zum Gegenstand des Gesetzes geworden. Das Nichtanwendungsgesetz ist im Laufe der parlamentarischen Beratungen geändert worden.

2251 In Ergänzung zur gesetzlichen Festschreibung der sog. Theorie der finalen Betriebsaufgabe wurde durch das JStG 2010 in § 36 Abs. 5 EStG die Möglichkeit geschaffen, die aus der Betriebsaufgabe i. S. d. § 16 Abs. 3a EStG festgesetzte Steuer auf Antrag zinslos in fünf gleichen Jahresraten zu entrichten.

2252 BR-Drs. 318/10 (Beschluss), 30.

2253 BR-Drs. 318/10 (Beschluss), 30.

2254 BT-Drs. 17/3549, 17.

sämtlicher Wirtschaftsgüter des Betriebs oder eines Teilbetriebs einer Aufgabe des Gewerbebetriebs gleich und § 4 Abs. 1 Satz 4 gilt entsprechend.	Die Regelung dient der Rechtskontinuität und -sicherheit[2255], d. h. Motiv der Rechtskontinuität.	Das Nichtanwendungsgesetz richtet sich gegen eine Änderung der Rechtsprechung des BFH. Die Veröffentlichung der BFH-Entscheidung im BStBl II erfolgte erst nach Erlass des Nichtanwendungsgesetzes. Die Finanzverwaltung hat die BFH-Entscheidung vor Erlass des Nichtanwendungsgesetzes nicht allgemein angewandt. Es handelt sich um ein profiskalisches Nichtanwendungsgesetz. Sonstiges: Die Aufgabe der sog. Theorie der finalen Entnahme hat auch noch zu einem Nichtanwendungsgesetz in § 4 Abs. 1 Satz 4 EStG[2256] und zu einem Nichtanwendungsgesetz in § 12 Abs. 1 Satz 2 KStG[2257] geführt.

2255 BT-Drs. 17/3549, 17.
2256 BGBl I 2010, 1768 (1769) gegen BFH vom 17. 07. 2008, I R 77/06, BStBl II 2009, 464.
2257 BGBl I 2010, 1768 (1781) gegen BFH vom 17. 07. 2008, I R 77/06, BStBl II 2009, 464.

Fundstelle BGBl	Datum, Aktenzeichen und Fundstelle der BFH-Entscheidung	Initiator für das Nichtanwendungsgesetz gem. Art. 76 Abs. 1 GG?	BFH-Entscheidung in Gesetzesbegründung erwähnt?	Fiskalische Auswirkungen des Nichtanwendungsgesetzes laut Gesetzesbegründung?	Enthält Nichtanwendungsgesetz Rückwirkung?	Nichtanwendungserlass vor Nichtanwendungsgesetz?
BGBl I 2010, 1768 (1770); JStG 2010 vom 08. 12. 2010	28. 10. 2009, I R 28/08, BFH/NV 2010, 432; 28. 10. 2009, I R 99/08, BStBl II 2011, 1019	Bundesrat[2258]	Ja[2259]	keine Angaben	Ja	Nein

Nichtanwendungsgesetz	Motive für Nichtanwendungsgesetz laut Gesetzesbegründung	Weitere Informationen und Sonstiges
BFH-Entscheidung: Zinsen i. S. d. § 233a AO, die das FA an den Stpfl. zahlt (Erstattungszinsen), unterliegen beim Empfänger nicht der Besteuerung, soweit sie auf Steuern entfallen, die gem. § 12 Nr. 3 EStG nicht abziehbar sind.	Die Steuerpflicht der Erstattungszinsen ist sachlich zutreffend, da sonst ein Stpfl., der Erstattungszinsen von der Finanzverwaltung erhält steuerlich besser gestellt wäre als ein Stpfl., der seine vor Beginn des Zinslaufs erhaltenen Steuererstattungen Zins bringend bei seiner Bank anlegt[2260], d. h. Motiv der Rechtsdogmatik.	Weitere Informationen: Das Nichtanwendungsgesetz besteht noch. Das Nichtanwendungsgesetz ist innerhalb eines Jahres nach der BFH-Entscheidung erlassen worden.

2258 BR-Drs. 318/10 (Beschluss), 28.
2259 BR-Drs. 318/10 (Beschluss), 30.
2260 BT-Drs. 17/3549, 17.

Nichtanwendungsgesetz: § 20 Abs. 1 Nr. 7 Satz 3 EStG bestimmt, dass Erstattungszinsen i. S. d. § 233a AO als Erträge aus sonstigen Kapitalforderungen jeder Art anzusehen sind und als solche zu den Einkünften aus Kapitalvermögen gehören.	Bereits die Entstehungsgeschichte des § 233a AO zeigt, dass nach den Vorstellungen des Gesetzgebers Erstattungszinsen entsprechend den allgemeinen Grundsätzen bei den Einkünften erfasst werden sollen[2261], d. h. Motiv des rechtspolitischen Grundes.	Das Nichtanwendungsgesetz ist erst im Laufe der parlamentarischen Beratungen im Rahmen der abschließenden Beratungen des Gesetzgebungsverfahrens im Finanzausschuss des Bundestages durch diesen zum Gegenstand des Gesetzes geworden. Das Nichtanwendungsgesetz richtet sich gegen eine Änderung der Rechtsprechung des BFH. Die Veröffentlichung der BFH-Entscheidung im BStBl II erfolgte erst nach Erlass des Nichtanwendungsgesetzes. Die Finanzverwaltung hat die BFH-Entscheidung vor Erlass des Nichtanwendungsgesetzes nicht allgemein angewandt. Es handelt sich um ein profiskalisches Nichtanwendungsgesetz. Sonstiges: Keine Ausführungen.

2261 BT-Drs. 17/3549, 17.

Fundstelle BGBl	Datum, Aktenzeichen und Fundstelle der BFH-Entscheidung	Initiator für das Nichtanwendungsgesetz gem. Art. 76 Abs. 1 GG?	BFH-Entscheidung in Gesetzesbegründung erwähnt?	Fiskalische Auswirkungen des Nichtanwendungsgesetzes laut Gesetzesbegründung?	Enthält Nichtanwendungsgesetz Rückwirkung?	Nichtanwendungserlass vor Nichtanwendungsgesetz?
BGBl I 2010, 1768 (1770); JStG 2010 vom 08. 12. 2010	15. 06. 2010, VIII R 33/07, BStBl II 2011, 503	Bundestag[2262]	Ja[2263]	Vermeidung von Steuermindereinnahmen von ca. 400 Mio. € p. a., die bei allgemeiner Anwendung der BFH-Rechtsprechung entstehen würden[2264].	Ja	Nein

Nichtanwendungsgesetz	Motive für Nichtanwendungsgesetz laut Gesetzesbegründung	Weitere Informationen und Sonstiges
BFH-Entscheidung: Die Veräußerung eines Gebrauchtkraftwagens innerhalb eines Jahres nach Anschaffung ist nach § 23 Abs. 1 Satz 1 Nr. 2 EStG steuerbar.	Aus der Veräußerung von Gegenständen des täglichen Gebrauchs werden aufgrund des Wertverlustes regelmäßig Verluste erzielt. Es ist nicht sachgerecht, derartige typische	Weitere Informationen: Das Nichtanwendungsgesetz besteht noch. Das Nichtanwendungsgesetz ist innerhalb

2262 In Gestalt des Finanzausschusses auf Antrag der Koalitionsfraktionen CDU, CSU und FDP, BT-Drs. 17/3549, 8 f mit Verweis auf BT-Drs. 17/3449, 13.

2263 BT-Drs. 17/3549, 17.

2264 BT-Drs. 17/3549, 8.

Nichtanwendungsgesetz: § 23 Abs. 1 Satz 1 Nr. 2 Satz 2 EStG sieht private Veräußerungsgeschäfte über Gegenstände des täglichen Gebrauchs innerhalb einer Haltefrist von einem Jahr als nicht steuerbar an.	Verlustgeschäfte steuerrechtlich wirksam werden zu lassen[2265], d. h. Motiv des fiskalischen Grundes. Gebrauchsgegenstände werden regelmäßig mit dem Ziel der Nutzung und nicht mit dem Ziel der zeitnahen gewinnbringenden Veräußerung angeschafft, weshalb die Veräußerung derartiger Gegenstände nicht steuerbar ist[2266], d. h. Motiv des rechtspolitischen Grundes.	von zwei bis drei Jahren nach der BFH-Entscheidung erlassen worden. Die Finanzverwaltung hat die BFH-Entscheidung vor Erlass des Nichtanwendungsgesetzes allgemein angewandt. Es handelt sich um ein neutrales Nichtanwendungsgesetz. Sonstiges: Keine Ausführungen.

Fundstelle BGBl	**Datum, Aktenzeichen und Fundstelle der BFH-Entscheidung**	**Initiator für das Nichtanwendungsgesetz gem. Art. 76 Abs. 1 GG?**	**BFH-Entscheidung in Gesetzesbegründung erwähnt?**	**Fiskalische Auswirkungen des Nichtanwendungsgesetzes laut Gesetzesbegründung?**	**Enthält Nichtanwendungsgesetz Rückwirkung?**	**Nichtanwendungserlass vor Nichtanwendungsgesetz?**
BGBl I 2010, 1768 (1771); JStG 2010 vom 08. 12. 2010	22. 04. 2008, IX R 29/06, BStBl II 2009, 296	Bundesregierung[2267]	Ja[2268]	keine Angaben	Nein	Nein

2265 BT-Drs. 17/2249, 54.
2266 BT-Drs. 17/2249, 54.
2267 BT-Drs. 17/2249, 9.

Nichtanwendungsgesetz	Motive für Nichtanwendungsgesetz laut Gesetzesbegründung	Weitere Informationen und Sonstiges
BFH-Entscheidung: Transferentschädigungen für den Wechsel eines Sportlers von einem im Ausland ansässigen Verein zu einem im Inland ansässigen Verein sind nicht steuerbar. Nichtanwendungsgesetz: § 49 Abs. 1 Nr. 2 lit. g) EStG i. V. m. § 50a Abs. 1 Nr. 3 EStG normieren die Steuerbarkeit von Transferentschädigungen. Die ESt ist mittels Steuerabzug zu erheben.	Es soll der in der Vergangenheit praktizierte Rechtszustand bei der Besteuerung von Sportlertransfers wieder hergestellt werden[2269], d. h. Motiv der Rechtskontinuität.	Weitere Informationen: Das Nichtanwendungsgesetz besteht noch. Das Nichtanwendungsgesetz ist innerhalb von einem bis zwei Jahren nach der BFH-Entscheidung erlassen worden. Die Finanzverwaltung hat die BFH-Entscheidung vor Erlass des Nichtanwendungsgesetzes allgemein angewandt[2270]. Es handelt sich um ein profiskalisches Nichtanwendungsgesetz. Sonstiges: Eine Freigrenze von 10.000 € in § 49 Abs. 1 Nr. 2 lit. g) EStG soll Bagatellfälle von der Besteuerung ausnehmen.

2269 BT-Drs. 17/2249, 62.

2270 Mit Verweis auf die unten stehenden Ausführungen zum Nichtanwendungserlass zu diesem Nichtanwendungsgesetz, war die Rechtsprechung des BFH in der Zeit von der Aufhebung des Nichtanwendungserlasses am 15. 07. 2010, IV C 3 – S 2411/07/10013:002 2010/0541875, BStBl I 2010, 617 bis zum Inkrafttreten des Nichtanwendungsgesetzes ab dem 14. 12. 2010, BGBl I 2010, 1768 (1803) allgemein anzuwenden. Damit liegt ein Nichtanwendungsgesetz vor, bei dem die Finanzverwaltung die BFH-Entscheidung vor Erlass des Nichtanwendungsgesetzes allgemein angewandt hat.

Fundstelle BGBl	Datum, Aktenzeichen und Fundstelle der BFH-Entscheidung	Initiator für das Nichtanwendungsgesetz gem. Art. 76 Abs. 1 GG?	BFH-Entscheidung in Gesetzesbegründung erwähnt?	Fiskalische Auswirkungen des Nichtanwendungsgesetzes laut Gesetzesbegründung?	Enthält Nichtanwendungsgesetz Rückwirkung?	Nichtanwendungserlass vor Nichtanwendungsgesetz?
BGBl I 2010, 1768 (1774 f.); JStG 2010 vom 08. 12. 2010	27. 05. 2009, I R 86/07, BStBl II 2010, 120	Bundesregierung[2271]	Ja[2272]	keine Angaben	Nein	Ja[2273]

Nichtanwendungsgesetz	Motive für Nichtanwendungsgesetz laut Gesetzesbegründung	Weitere Informationen und Sonstiges
BFH-Entscheidung: Die Prüfung, inwieweit die tatsächlichen Aufwendungen für öffentliche Verkehrsmittel die Entfernungspauschale übersteigen, ist tageweise vorzunehmen.	Die Regelung vereinfacht durch die jahresbezogene Betrachtung die Berechnung der Entfernungspauschale in allen Fällen, in denen die Stpfl. ganz oder teilweise öffentliche Verkehrsmittel nutzen[2274], d. h. Motiv der Rechtsvereinfachung.	Weitere Informationen: Das Nichtanwendungsgesetz besteht noch. Das Nichtanwendungsgesetz ist innerhalb von fünf bis sieben Jahren nach der BFH-Entscheidung erlassen worden.

2271 BT-Drs. 17/2249, 11 f.
2272 BT-Drs. 17/2249, 62.
2273 BMF vom 07. 01. 2010, IV C 3 – S 2411/07/10013 2010/0008172, BStBl I 2010, 44. Aufgehoben durch BMF vom 15. 07. 2010, IV C 3 – S 2411/07/10013:002 2010/0541875, BStBl I 2010, 617.
2274 BT-Drs. 15/5125, 36.

Nichtanwendungsgesetz: § 9 Abs. 2 Satz 2 EStG normiert, dass die Aufwendungen für die Benutzung öffentlicher Verkehrsmittel angesetzt werden können, soweit sie den im Kalenderjahr insg. als Entfernungspauschale abziehbaren Betrag übersteigen.	Dem umweltpolitischen Lenkungsziel der Regelung wird hinreichend Rechnung getragen[2275], d. h. Motiv des lenkungspolitischen Grundes (Erleichterung umweltfreundlichen Verhaltens). Die Regelung macht die Ermittlung der abziehbaren Werbungskosten für die Stpfl. transparenter[2276], d. h. Motiv der Rechtsvereinfachung.	Die Finanzverwaltung hat die BFH-Entscheidung vor Erlass des Nichtanwendungsgesetzes allgemein angewandt. Es handelt sich um ein profiskalisches Nichtanwendungsgesetz. Sonstiges: Keine Ausführungen.

Fundstelle BGBl	**Datum, Aktenzeichen und Fundstelle der BFH-Entscheidung**	**Initiator für das Nichtanwendungsgesetz gem. Art. 76 Abs. 1 GG?**	**BFH-Entscheidung in Gesetzesbegründung erwähnt?**	**Fiskalische Auswirkungen des Nichtanwendungsgesetzes laut Gesetzesbegründung?**	**Enthält Nichtanwendungsgesetz Rückwirkung?**	**Nichtanwendungserlass vor Nichtanwendungsgesetz?**
BGBl I 2011, 2131 (2131); Steuervereinfachungsgesetz 2011 vom 01. 11. 2011	11. 05. 2005, VI R 40/04, BStBl II 2005, 712	Bundesregierung[2277]	Ja[2278]	Nicht bezifferbare geringfügige Steuermehreinnahmen[2279]	Ja	Nein

2275 BT-Drs. 15/5125, 36.
2276 BT-Drs. 15/5125, 36.
2277 BT-Drs. 17/5125, 10.
2278 BT-Drs. 17/5125, 36.
2279 BT-Drs. 17/5125, 26 und 28 mit Bezug auf Fn. 4.

Nichtanwendungsgesetz	Motive für Nichtanwendungsgesetz laut Gesetzesbegründung	Weitere Informationen und Sonstiges
BFH-Entscheidung: Beträgt der Mietzins bei einer langfristigen Vermietung mehr als 75 % der ortsüblichen Marktmiete ist grds. vom Vorliegen einer Einkünfteerzielungsabsicht auszugehen. Beträgt der Mietzins mehr als 50 % und weniger als 75 % der ortsüblichen Marktmiete, ist die Einkünfteerzielungsabsicht anhand einer Überschussprognose zu prüfen. Beträgt der Mietzins weniger als 50 % der ortsüblichen Marktmiete, sind die Werbungskosten nur insoweit abziehbar, wie sie auf den entgeltlichen Teil der Vermietung entfallen. Nichtanwendungsgesetz: § 21 Abs. 2 Satz 1 EStG normiert, dass wenn das Entgelt für die Überlassung einer Wohnung zu Wohnzwecken weniger als 66 % der ortsüblichen Marktmiete beträgt, die Nutzungsüberlassung in einen entgeltlichen	Durch die Vereinheitlichung der Prozentgrenzen auf 66 % wird die Ermittlung der Einkünfte aus § 21 EStG bei verbilligter Vermietung vereinfacht[2280], d. h. Motiv der Rechtsvereinfachung. Streitigkeiten hinsichtlich der bislang bei einem Mietzins zwischen 56 % und 75 % der ortsüblichen Miete vorzunehmenden Totalüberschussprognose werden vermieden[2281], d. h. Motiv der Verwaltungsvereinfachung.	Weitere Informationen: Das Nichtanwendungsgesetz besteht noch. Das Nichtanwendungsgesetz ist innerhalb von sieben bis zehn Jahren nach der BFH-Entscheidung erlassen worden. Die Finanzverwaltung hat die BFH-Entscheidung vor Erlass des Nichtanwendungsgesetzes allgemein angewandt. Es handelt sich um ein profiskalisches Nichtanwendungsgesetz. Sonstiges: Keine Ausführungen.

2280 BT-Drs. 17/5125, 38.
2281 BT-Drs. 17/5125, 38.

und einen unentgeltlichen Teil aufzuteilen ist. Beträgt gem. § 21 Abs. 2 Satz 2 EStG das Entgelt bei auf Dauer angelegter Vermietung mindestens 66 % der ortsüblichen Miete, gilt die Wohnungsvermietung als entgeltlich. Der bisherige Korridor von 56 % bis 75 % und die damit verbundene Totalüberschussprognose entfallen.		

Fundstelle BGBl	**Datum, Aktenzeichen und Fundstelle der BFH-Entscheidung**	**Initiator für das Nichtanwendungsgesetz gem. Art. 76 Abs. 1 GG?**	**BFH-Entscheidung in Gesetzesbegründung erwähnt?**	**Fiskalische Auswirkungen des Nichtanwendungsgesetzes laut Gesetzesbegründung?**	**Enthält Nichtanwendungsgesetz Rückwirkung?**	**Nichtanwendungserlass vor Nichtanwendungsgesetz?**
BGBl I 2011, 2131 (2132); Steuervereinfachungsgesetz 2011 vom 01. 11. 2011	05. 11. 2002, IX R 48/01, BStBl II 2003, 646	Bundesregierung[2282]	Ja[2283]	5 Mio. € Steuermehreinnahmen bei voller Jahreswirkung[2284]	Ja	Nein

2282 BT-Drs. 17/5125, 8.
2283 BT-Drs. 17/5125, 38.
2284 BT-Drs. 17/5125, 27. Für die Kassenjahre 2013 bis 2016 werden jeweils Steuermehreinnahmen von 5 Mio. € p. a. prognostiziert, BT-Drs. 17/5125, 27.

Nichtanwendungsgesetz	Motive für Nichtanwendungsgesetz laut Gesetzesbegründung	Weitere Informationen und Sonstiges
BFH-Entscheidung: In Änderung seiner Rechtsprechung sieht der BFH keine Notwendigkeit, die Zwangsläufigkeit bestimmter Krankheitskosten, die nicht stets und eindeutig nur der Heilung oder Linderung einer Krankheit dienen können, durch Vorlage eines amtsärztlichen Attests vor Beginn der Behandlung nachzuweisen. Nach dem Grundsatz der freien Beweiswürdigung sind alle geeigneten Beweismittel zum Nachweis der Krankheitskosten zugelassen. Nichtanwendungsgesetz: § 33 Abs. 4 EStG i. Vm. § 64 EStDV normiert die bisherige Verwaltungsauffassung zum Nachweis der Zwangsläufigkeit von Krankheitskosten.	Zur Vereinfachung des Besteuerungsverfahrens erfolgt die Festschreibung der bisherigen Verwaltungsauffassung (R 33.4 Abs. 1 EStR 2008), um nach der Rechtsprechung des BFH u. U. notwendige Beweissicherungsverfahren zu vermeiden[2285], d. h. Motiv der Verwaltungsvereinfachung. Schaffung von Rechtssicherheit für den Stpfl.[2286], d. h. Motiv des rechtspolitischen Grundes. Vermeidung von Rechtsbehelfen für die Finanzverwaltung bei Nichtanerkennung der Aufwendungen[2287], d. h. Motiv der Verwaltungsvereinfachung.	Weitere Informationen: Das Nichtanwendungsgesetz besteht noch. Das Nichtanwendungsgesetz ist innerhalb eines Jahres nach der BFH-Entscheidung erlassen worden. Das Nichtanwendungsgesetz ist erst im Laufe der parlamentarischen Beratungen im Rahmen der nach der Einbringung des Gesetzgebungsverfahrens erfolgenden Beteiligung des Bundesrates an dem Gesetzgebungsverfahren durch diesen zum Gegenstand des Gesetzes geworden. Das Nichtanwendungsgesetz ist im Laufe der parlamentarischen Beratungen geändert worden.

2285 BR-Drs. 54/11 (Beschluss), 13.
2286 BR-Drs. 54/11 (Beschluss), 13.
2287 BR-Drs. 54/11 (Beschluss), 13.

	Dem Stpfl. soll das Risiko einer Kostenbelastung in Folge einer falschen Beurteilung der Anspruchsvoraussetzungen erspart werden. Dies soll der der Rechtssicherheit dienen[2288], d. h. Motiv des rechtspolitischen Grundes. Dem Stpfl. soll das Risiko einer Kostenbelastung in Folge einer falschen Beurteilung der Anspruchsvoraussetzungen erspart werden. Dies soll der der Rechtsklarheit dienen und damit steuervereinfachend wirken[2289], d. h. Motiv Rechtsvereinfachung.	Das Nichtanwendungsgesetz richtet sich gegen eine Änderung der Rechtsprechung des BFH. Die Veröffentlichung der BFH-Entscheidung im BStBl II erfolgte erst nach Erlass des Nichtanwendungsgesetzes. Es kann nicht festgestellt werden, ob die Finanzverwaltung die BFH-Entscheidung vor Erlass des Nichtanwendungsgesetzes allgemein angewandt hat [2290]. Es handelt sich um ein antifiskalisches Nichtanwendungsgesetz. Sonstiges: Das Nichtanwendungsgesetz schreibt die bisherige Verwaltungsauffassung (vgl. R 33.4 Abs. 1 EStR 2008) gesetzlich fest.

2288 BT-Drs. 17/6146, 15.

2289 BT-Drs. 17/6146, 15.

2290 Das die BFH-Entscheidung enthaltende BStBl II stammt vom 29. 12. 2011. Damit erfolgte die Veröffentlichung dort nach dem Erlass des Nichtanwendungsgesetzes. Es kann aber nicht festgestellt werden, ob die Veröffentlichung in der sog. „grünen Liste“ auf der Homepage des BMF vor dem Erlass des Nichtanwendungsgesetzes erfolgt ist.

Fundstelle BGBl	Datum, Aktenzeichen und Fundstelle der BFH-Entscheidung	Initiator für das Nichtanwendungsgesetz gem. Art. 76 Abs. 1 GG?	BFH-Entscheidung in Gesetzesbegründung erwähnt?	Fiskalische Auswirkungen des Nichtanwendungsgesetzes laut Gesetzesbegründung?	Enthält Nichtanwendungsgesetz Rückwirkung?	Nichtanwendungserlass vor Nichtanwendungsgesetz?
BGBl I 2011, 2131 (2134 und 2138); Steuervereinfachungsgesetz 2011 vom 01. 11. 2011	11. 11. 2010, VI R 16/09, BStBl II 2011, 966; 11. 11. 2010, VI R 17/09, BStBl II 2011, 969	Bundesrat[2291]	Ja[2292]	keine Angaben	Ja	Nein

Nichtanwendungsgesetz	Motive für Nichtanwendungsgesetz laut Gesetzesbegründung	Weitere Informationen und Sonstiges
BFH-Entscheidung: Aufwendungen für ein im Anschluss an das Abitur durchgeführtes Studium oder eine erstmalige Berufsausbildung können auch unter Geltung des § 12 Nr. 5 EStG	Verdeutlichung der Grundentscheidung des Gesetzgebers, die Kosten der Erstausbildung oder des Erststudiums vom Werbungskosten- oder Betriebsausgabenabzug auszuschließen	Weitere Informationen: Das Nichtanwendungsgesetz besteht noch. Es ist durch Gesetz vom 22. 12. 2014[2298] neu gefasst und erweitert worden[2299].

2291 BR-Drs. 54/11 (Beschluss), 12.
2292 BR-Drs. 54/11 (Beschluss), 12.
2298 Gesetz zur Anpassung der Abgabenordnung an den Zollkodex der Union und zur Änderung weiterer steuerlicher Vorschriften.
2299 BGBl I 2014, 2417 (2422).

als vorab entstandene Werbungskosten anzuerkennen sein. § 12 Nr. 5 EStG lässt ebenso wie § 10 Abs. 1 Nr. 7 EStG den Vorrang des Werbungskosten- bzw. Betriebsausgabenabzugs unberührt. Nichtanwendungsgesetz: § 4 Abs. 9 EStG und § 9 Abs. 6 EStG stellen klar, dass Aufwendungen des Stpfl. für seine erstmalige Berufsausbildung oder für ein Erststudium, das zugleich eine Erstausbildung vermittelt keine Betriebsausgaben bzw. Werbungskosten sind. Letzteres gilt nicht, wenn die Berufsausbildung oder das Erststudium im Rahmen eines Dienstverhältnisses stattfindet.	und der privaten Lebensführung zuzuordnen[2293], d. h. Motiv des lenkungspolitischen Grundes (Erstausbildung gehört zur privaten Sphäre). Wiederherstellung der ursprünglichen Rechtslage[2294], d. h. Motiv der Rechtskontinuität. Vermeidung von erheblichem Verwaltungsaufwand[2295], d. h. Motiv der Verwaltungsvereinfachung. Vermeidung von Steuerausfällen von über 1 Mrd. €[2296], d. h. Motiv des fiskalischen Grundes. Der Abzug wird im Bereich der Sonderausgaben geregelt, weil der konkrete Veranlassungszusammenhang zwischen Erstausbildung oder -studium und späterer Berufstätigkeit typischerweise nicht hinreichend konkret ist, diesen Bereich	Das Nichtanwendungsgesetz ist innerhalb eines Jahres nach der BFH-Entscheidung erlassen worden. Das Nichtanwendungsgesetz ist erst im Laufe der parlamentarischen Beratungen im Rahmen der abschließenden Beratungen des Gesetzgebungsverfahrens im Finanzausschuss des Bundestages durch diesen zum Gegenstand des Gesetzes geworden. Die Veröffentlichung der BFH-Entscheidung im BStBl II erfolgte erst nach Erlass des Nichtanwendungsgesetzes. Die Finanzverwaltung hat die BFH-Entscheidung vor Erlass des Nichtanwendungsgesetzes nicht allgemein angewandt. Es handelt sich um ein profiskalisches Nichtanwendungsgesetz.

2293 BT-Drs. 17/7469, 2 und BT-Drs. 17/7524, 10.
2294 BT-Drs. 17/7524, 5.
2295 BT-Drs. 17/7524, 5.
2296 BT-Drs. 17/7524, 5.

	im Rahmen der Einkünfteermittlung zu regeln[2297], d. h. Motiv der Rechtsdogmatik.	Sonstiges: In § 10 Abs. 1 Nr. 7 Satz 1 EStG wurde der Sonderausgabenabzug für Aufwendungen des Stpfl. für seine Berufsausbildung von 4.000 € auf 6.000 € erhöht. § 12 Nr. 5 EStG wird dahin gehend ergänzt, dass nur ein Erststudium, das zugleich eine Erstausbildung vermittelt unter diese Norm fällt. In einem früheren Nichtanwendungsgesetz[2300] wurde durch die Einfügung von § 12 Nr. 5 EStG klargestellt, dass Aufwendungen des Stpfl. für seine erstmalige Berufsausbildung und für ein Erststudium nicht abzugsfähige Ausgaben sind, wenn diese nicht im Rahmen eines Dienstverhältnisses stattfinden. In einem späteren Nichtanwendungsgesetz[2301] wird durch Änderung von § 4 Abs. 9 EStG und § 9 Abs. 6 EStG klargestellt, dass Aufwendungen des Stpfl. für seine Berufsausbildung oder für sein Studium nur dann Werbungskosten sind,

2297 BT-Drs. 17/7524, 10.

2300 BGBl I 2004, 1753 (1753) gegen BFH vom 04. 12. 2002, VI R 120/01, BStBl II 2003, 403; BFH vom 17. 12. 2002, VI R 137/01, BStBl II 2003, 407 und BFH vom 27. 05. 2003, VI R 33/01, BStBl II 2004, 884.

2301 BGBl I 2014, 2417 (2422) gegen BFH vom 28. 02. 2013, VI R 6/12, BStBl II 2015, 180.

		wenn der Stpfl. zuvor bereits eine Erstausbildung (Berufsausbildung oder Studium) abgeschlossen hat oder wenn die Berufsausbildung oder das Studium im Rahmen eines Dienstverhältnisses stattfindet. Es wird ferner definiert, was eine Berufsausbildung als Erstausbildung ist. U. a. bedarf es einer Mindestausbildungsdauer von 12 Monaten. Der Erlass eines Nichtanwendungsgesetzes erfolgt, weil die Koalitionsfraktionen Nichtanwendungserlasse möglichst vermeiden wollen[2302].

2302 BT-Drs. 17/7524, 5. Hierdurch nehmen die Koalitionsfraktionen CDU, CSU und FDP Bezug auf entsprechende Ausführungen in ihrem Koalitionsvertrag, Koalitionsvertrag zwischen CDU, CSU und FDP für die 17. Legislaturperiode des BT 2009-2013, 13.

Fundstelle BGBl	Datum, Aktenzeichen und Fundstelle der BFH-Entscheidung	Initiator für das Nichtanwendungsgesetz gem. Art. 76 Abs. 1 GG?	BFH-Entscheidung in Gesetzesbegründung erwähnt?	Fiskalische Auswirkungen des Nichtanwendungsgesetzes laut Gesetzesbegründung?	Enthält Nichtanwendungsgesetz Rückwirkung?	Nichtanwendungserlass vor Nichtanwendungsgesetz?
BGBl I 2011, 2592 (2600); BeitrRLUmsG vom 07. 12. 2011	28. 07. 2011, VI R 7/10, BStBl II 2012, 271; 28. 07. 2011, VI R 5/10, BStBl II 2012, 553; 28. 07. 2011, VI R 38/10, BStBl II 2012, 561	Bundestag[2303]	Ja[2304]	Steuerausfälle i. H. v. über 1 Mrd. € werden vermieden[2305]	Ja	Nein

2303 In Gestalt des Finanzausschusses auf Antrag der Koalitionsfraktionen CDU, CSU und FDP, BT-Drs. 17/7524, 5.
2304 BT-Drs. 17/7524, 5 und 10.
2305 BT-Drs. 17/7524, 5. Der ebenfalls erhöhte Sonderausgabenabzug führt zu Steuermindereinnahmen von 8 Mio. €. Im Kassenjahr 2013 werden Steuermindereinnahmen von 6 Mio. € erwartet und in den Kassenjahren 2014 und 2015 von jeweils 8 Mio. €, BT-Drs. 17/7524, 6 und 25.

Nichtanwendungsgesetz	Motive für Nichtanwendungsgesetz laut Gesetzesbegründung	Weitere Informationen und Sonstiges
BFH-Entscheidung: Für Dividenden, die eine in Frankreich ansässige Kapitalgesellschaft an eine in Deutschland ansässige KGaA zahlt, ist das sog. Schachtelprivileg i. S. d. Art. 20 DBA-Frankreich auch dann in voller Höhe zu gewähren, wenn eine Personengesellschaft persönlich haftende Gesellschafterin der KGaA ist. Nichtanwendungsgesetz: § 50d Abs. 11 EStG stellt sicher, dass das sog. Schachtelprivileg nach einem DBA nur Kapitalgesellschaften gewährt wird. hierzu wird das Schachtelprivileg nicht mehr als autonomer Begriff eines DBA ohne Einbeziehung auf das nationale Steuerrecht ausgelegt.	Verhinderung von Steuerausfällen[2306], d. h. Motiv des fiskalischen Grundes. Die Notwendigkeit der gesetzlichen Regelung ergibt sich vor allem, weil die Freistellung der Dividenden aus Schachtelbeteiligungen durch entsprechende Gestaltungen gezielt eingesetzt wird, damit natürliche Personen Dividenden ohne Teileinkünftebesteuerung steuerfrei vereinnahmen können[2307], d. h. Motiv der Missbrauchsbekämpfung.	Weitere Informationen: Das Nichtanwendungsgesetz besteht noch. Das Nichtanwendungsgesetz ist innerhalb von einem bis zwei Jahren nach der BFH-Entscheidung erlassen worden. Das Nichtanwendungsgesetz ist erst im Laufe der parlamentarischen Beratungen im Rahmen der abschließenden Beratungen des Gesetzgebungsverfahrens im Finanzausschuss des Bundestages durch diesen zum Gegenstand des Gesetzes geworden. Die BFH-Entscheidung wurde nicht im BStBl II veröffentlicht. Die Finanzverwaltung hat die BFH-Entscheidung vor Erlass des Nichtanwendungsgesetzes nicht allgemein angewandt.

2306 BT-Drs. 17/8867, 8 und 13.
2307 BT-Drs. 17/8867, 8 f und 13.

		Es handelt sich um ein profiskalisches Nichtanwendungsgesetz. Sonstiges: Keine Ausführungen.

Fundstelle BGBl	Datum, Aktenzeichen und Fundstelle der BFH-Entscheidung	Initiator für das Nichtanwendungsgesetz gem. Art. 76 Abs. 1 GG?	BFH-Entscheidung in Gesetzesbegründung erwähnt?	Fiskalische Auswirkungen des Nichtanwendungsgesetzes laut Gesetzesbegründung?	Enthält Nichtanwendungsgesetz Rückwirkung?	Nichtanwendungserlass vor Nichtanwendungsgesetz?
BGBl I 2012, 1030 (1030); Gesetz[2308] vom 08. 05. 2012	19. 05. 2010, I R 62/09, BFHE 230, 18	Bundestag[2309]	Ja[2310]	keine Angaben	Ja	Nein

Nichtanwendungsgesetz	Motive für Nichtanwendungsgesetz laut Gesetzesbegründung	Weitere Informationen und Sonstiges
BFH-Entscheidung: Eine Hochschule (Universität) und eine Bildungseinrichtung sind nicht als	Nach der Rechtsprechung des BFH sind die entstandenen Aufwendungen nicht mit der Entfernungspauschale, sondern	Weitere Informationen: Das Nichtanwendungsgesetz besteht noch.

2308 Gesetz zur Änderung des Gemeindefinanzreformgesetzes und von steuerlichen Vorschriften.
2309 In Gestalt des Finanzausschusses auf Antrag der Koalitionsfraktionen CDU, CSU und FDP, BT-Drs. 17/8867, 3 und 8 f.
2310 BT-Drs. 17/8867, 13.

regelmäßige Arbeitsstätte anzusehen, auch wenn diese häufig und über einen längeren Zeitraum hinweg zum Zwecke eines Vollzeitstudiums/Vollzeitunterrichts aufgesucht werden. Nichtanwendungsgesetz: § 9 Abs. 4 Satz 8 EStG normiert, dass auch eine Bildungseinrichtung, die außerhalb eines Dienstverhältnisses zum Zwecke eines Vollzeitstudiums oder einer vollzeitigen Bildungsmaßnahme aufgesucht wird, als erste Tätigkeitsstätte gilt. Gem. § 9 Abs. 1 Satz 3 Nr. 4 EStG sind damit die Aufwendungen für die Wege zu einer ersten Tätigkeitsstätte mit dem Ansatz der Entfernungspauschale als Werbungskosten abgegolten.	in tatsächlicher Höhe als Werbungskosten zu berücksichtigen. Da der Stpfl. keinem Direktionsrecht unterliegt, sondern selbst die Entscheidung für die jeweilige Bildungseinrichtung trifft, hat er – vergleichbar einem Arbeitnehmer, der einer betrieblichen Einrichtung dauerhaft zugeordnet ist – die Möglichkeit, sich auf die ihm entstehenden Werbungskosten einzurichten und deren Höhe zu beeinflussen[2311], d. h. Motiv des rechtspolitischen Grundes.	Das Nichtanwendungsgesetz ist innerhalb von einem bis zwei Jahren nach der BFH-Entscheidung erlassen worden. Die Veröffentlichung der BFH-Entscheidung im BStBl II erfolgte erst nach Erlass des Nichtanwendungsgesetzes. Es kann nicht festgestellt werden, ob die Finanzverwaltung die BFH-Entscheidung vor Erlass des Nichtanwendungsgesetzes allgemein angewandt hat[2312]. Es handelt sich um ein profiskalisches Nichtanwendungsgesetz. Sonstiges: Keine Ausführungen.

2311 BT-Drs. 17/10774, 15.

2312 Das die BFH-Entscheidung enthaltende BStBl II stammt vom 17. 04. 2013. Damit erfolgte die Veröffentlichung dort nach dem Erlass des Nichtanwendungsgesetzes. Es kann aber nicht festgestellt werden, ob die Veröffentlichung in der sog. „grünen Liste“ auf der Homepage des BMF vor dem Erlass des Nichtanwendungsgesetzes erfolgt ist.

Fundstelle BGBl	Datum, Aktenzeichen und Fundstelle der BFH-Entscheidung	Initiator für das Nichtanwendungsgesetz gem. Art. 76 Abs. 1 GG?	BFH-Entscheidung in Gesetzesbegründung erwähnt?	Fiskalische Auswirkungen des Nichtanwendungsgesetzes laut Gesetzesbegründung?	Enthält Nichtanwendungsgesetz Rückwirkung?	Nichtanwendungserlass vor Nichtanwendungsgesetz?
BGBl I 2013, 285 (287); Gesetz[2313] vom 20. 02. 2013	09. 02. 2012, VI R 44/10, BStBl II 2013, 234; 09. 02. 2012, VI R 42/11, BStBl II 2013, 236	Bundestag[2314]	Nein[2315]	keine Angaben	Nein	Nein

Nichtanwendungsgesetz	Motive für Nichtanwendungsgesetz laut Gesetzesbegründung	Weitere Informationen und Sonstiges
BFH-Entscheidung: § 6 Abs. 1 EStG findet im Rahmen der Gewinnermittlung des § 4 Abs. 3 EStG keine Anwendung.	Die gängige Verwaltungspraxis, nach der § 6 Abs. 1 Nr. 1a EStG auch bei der Gewinnermittlung nach § 4 Abs. 3 EStG angewendet wird, soll gesetzlich abgesichert werden[2316], d. h. Motiv der Rechtskontinuität.	Weitere Informationen: Das Nichtanwendungsgesetz besteht noch. Das Nichtanwendungsgesetz ist innerhalb von sieben bis zehn Jahren nach der BFH-Entscheidung erlassen worden.

2313 Gesetz zur Änderung und Vereinfachung der Unternehmensbesteuerung und des steuerlichen Reisekostenrechts.
2314 Durch die Koalitionsfraktionen CDU, CSU und FDP, BT-Drs. 17/10774, 5.
2315 BT-Drs. 17/10774, 14 f.
2316 BR-Drs. 302/12 (Beschluss), 14.

Nichtanwendungsgesetz: § 6 Abs. 7 Nr. 2 EStG normiert, dass im Fall des § 4 Abs. 3 EStG die Bewertungsvorschriften des § 6 Abs. 1 Nr. 1a und Nr. 4 bis 7 EStG entsprechend anzuwenden sind.		Das Nichtanwendungsgesetz ist erst im Laufe der parlamentarischen Beratungen im Rahmen des Vermittlungsverfahrens durch den aus Bundestag und Bundesrat gebildeten Vermittlungsausschuss zum Gegenstand des Gesetzes geworden. Die Finanzverwaltung hat die BFH-Entscheidung vor Erlass des Nichtanwendungsgesetzes allgemein angewandt. Es handelt sich um ein profiskalisches Nichtanwendungsgesetz. Sonstiges: Das Nichtanwendungsgesetz war Gegenstand des JStG 2013. Dieses kam trotz Einschaltung des Vermittlungsausschusses nicht zustande[2317]. Das Nichtanwendungsgesetz ist daher im Rahmen des AmtshilfeRLUmsG erneut zum Gegenstand eines Gesetzgebungsverfahrens geworden[2318].

2317 BR-Drs. 33/13.

2318 Auf die Gesetzgebungsmaterialien des JStG 2013 wird daher Bezug genommen, soweit die Gesetzgebungsmaterialien des AmtshilfeRLUmsG keine Ausführungen enthalten. Im Rahmen des JStG 2013 war der Bundesrat Initiator für das Nichtanwendungsgesetz gem. Art. 76 Abs. 1 GG, BR-Drs. 302/12 (Beschluss), 14.

Fundstelle BGBl	Datum, Aktenzeichen und Fundstelle der BFH-Entscheidung	Initiator für das Nichtanwendungsgesetz gem. Art. 76 Abs. 1 GG?	BFH-Entscheidung in Gesetzesbegründung erwähnt?	Fiskalische Auswirkungen des Nichtanwendungsgesetzes laut Gesetzesbegründung?	Enthält Nichtanwendungsgesetz Rückwirkung?	Nichtanwendungserlass vor Nichtanwendungsgesetz?
BGBl I 2013, 1809 (1815); AmtshilfeRLUmsG vom 26. 06. 2013	21. 06. 2006, XI R 49/05, BStBl II 2006, 712	Bundestag und Bundesrat[2319]	Ja[2320]	keine Angaben	Ja	Nein

Nichtanwendungsgesetz	Motive für Nichtanwendungsgesetz laut Gesetzesbegründung	Weitere Informationen und Sonstiges
BFH-Entscheidung: Zivilprozesskosten können Kläger wie Beklagtem unabhängig vom Gegenstand des Prozesses aus rechtlichen Gründen zwangsläufig erwachsen. Solche Aufwendungen sind nur unausweichlich, wenn die beabsichtigte Rechtsverfolgung oder Rechtsverteidigung hinreichende Aussicht auf Erfolg bietet und nicht mutwillig erscheint.	Die generelle steuermindernde Berücksichtigung von Prozesskosten entspricht nicht den sonst bei außergewöhnlichen Belastungen geltenden Grundsätzen der Zwangsläufigkeit und Außergewöhnlichkeit, weshalb die Anwendbarkeit auf den bisherigen engen Rahmen zu beschränken ist[2321], d. h. Motiv der Rechtsdogmatik.	Weitere Informationen: Das Nichtanwendungsgesetz besteht noch. Das Nichtanwendungsgesetz ist innerhalb von zwei bis drei Jahren nach der BFH-Entscheidung erlassen worden. Das Nichtanwendungsgesetz ist erst im Laufe der parlamentarischen Beratungen im Rahmen

2319 In Gestalt des Vermittlungsausschusses, BT-Drs. 17/13722, 8.
2320 BR-Drs. 302/12 (Beschluss), 14.
2321 BR-Drs. 302/12 (Beschluss), 34.

Nichtanwendungsgesetz: § 33 Abs. 2 Satz 4 EStG normiert, dass Aufwendungen für die Führung eines Rechtsstreits (Prozesskosten) vom Abzug ausgeschlossen sind, es sei denn es handelt sich um Aufwendungen ohne die der Stpfl. Gefahr liefe, seine Existenzgrundlage zu verlieren und seine lebensnotwendigen Bedürfnisse in dem üblichen Rahmen nicht mehr befriedigen zu können.	Die generelle steuermindernde Berücksichtigung von Prozesskosten entspricht nicht den sonst bei außergewöhnlichen Belastungen geltenden Grundsätzen der Zwangsläufigkeit und Außergewöhnlichkeit, weshalb die Anwendbarkeit auf den bisherigen engen Rahmen zu beschränken ist[2322], d. h. Motiv der Rechtskontinuität.	des Vermittlungsverfahrens durch den aus Bundestag und Bundesrat gebildeten Vermittlungsausschuss zum Gegenstand des Gesetzes geworden. Das Nichtanwendungsgesetz richtet sich gegen eine Änderung der Rechtsprechung des BFH. Die Finanzverwaltung hat die BFH-Entscheidung vor Erlass des Nichtanwendungsgesetzes nicht allgemein angewandt. Es handelt sich um ein profiskalisches Nichtanwendungsgesetz. Sonstiges: Das Nichtanwendungsgesetz war Gegenstand des JStG 2013. Dieses kam trotz Einschaltung des Vermittlungsausschusses nicht zustande[2323]. Das Nichtanwendungsgesetz ist daher im Rahmen des AmtshilfeRLUmsG erneut zum Gegenstand eines Gesetzgebungsverfahrens geworden[2324].

2322 BR-Drs. 302/12 (Beschluss), 34.

2323 BR-Drs. 33/13.

2324 Auf die Gesetzgebungsmaterialien des JStG 2013 wird daher Bezug genommen, soweit die Gesetzgebungsmaterialien des AmtshilfeRLUmsG keine Ausführungen enthalten. Im Rahmen des JStG 2013 war der Bundesrat Initiator für das Nichtanwendungsgesetz gem. Art. 76 Abs. 1 GG, BR-Drs. 302/12 (Beschluss), 34.

						Mit seiner Entscheidung vom 18. 06. 2015[2325] hat der BFH entschieden, an seiner zum Nichtanwendungsgesetz führenden Rechtsauffassung vom 12. 05. 2011[2326] nicht mehr festzuhalten.
Fundstelle BGBl	**Datum, Aktenzeichen und Fundstelle der BFH-Entscheidung**	**Initiator für das Nichtanwendungsgesetz gem. Art. 76 Abs. 1 GG?**	**BFH-Entscheidung in Gesetzesbegründung erwähnt?**	**Fiskalische Auswirkungen des Nichtanwendungsgesetzes laut Gesetzesbegründung?**	**Enthält Nichtanwendungsgesetz Rückwirkung?**	**Nichtanwendungserlass vor Nichtanwendungsgesetz?**
BGBl I 2013, 1809 (1816); AmtshilfeRLUmsG vom 26. 06. 2013	12. 05. 2011, VI R 42/10, BStBl II 2011, 1015	Bundestag und Bundesrat[2327]	Ja[2328]	Steuermehreinnahmen von 220 Mio. € p. a.[2329]	Ja	Ja[2330]

2325 BFH vom 18. 06. 2015, VI R 17/14, BStBl II 2015, 800.

2326 BFH vom 12. 05. 2011, VI R 42/10, BStBl II 2011, 1015.

2327 In Gestalt des Vermittlungsausschusses, BT-Drs. 17/13722, 9.

2328 BR-Drs. 302/12 (Beschluss), 34.

2329 BT-Drs. 17/13033, 46. Für das Kassenjahr 2014 ergeben sich Steuermehreinnahmen von 110 Mio. €, für 2015 von 200 Mio. € und für 2016 bis 2017 von jeweils 220 Mio. €.

2330 BMF vom 20. 12. 2011, IV C 4 – S 2284/07/0031:002 2011/1025909, BStBl I 2011, 1286.

Nichtanwendungsgesetz	Motive für Nichtanwendungsgesetz laut Gesetzesbegründung	Weitere Informationen und Sonstiges
BFH-Entscheidung: Ein eigengenutztes Wohnhaus ist ebenso wie ein Angehörigen überlassenes Wohnhaus als Vermögen des Unterhaltsempfängers mit dem Verkehrswert zu berücksichtigen. Nichtanwendungsgesetz: § 33a Abs. 1 Satz 4 2. HS EStG normiert, dass ein angemessenes Hausgrundstück i. S. v. § 90 Abs. 2 Nr. 8 SGB XII unberücksichtigt bleibt.	Klarstellung, dass die im Sozialrecht geltende Verschonungsregelung bei der Ermittlung des eigenen Vermögens eines Unterhaltsempfängers auch im Steuerrecht Anwendung finden soll[2331], d. h. Motiv des lenkungspolitischen Grundes (Verschonung von eigengenutztem Wohnraum).	Weitere Informationen: Das Nichtanwendungsgesetz besteht noch. Das Nichtanwendungsgesetz ist innerhalb von zwei bis drei Jahren nach der BFH-Entscheidung erlassen worden. Das Nichtanwendungsgesetz ist erst im Laufe der parlamentarischen Beratungen im Rahmen des Vermittlungsverfahrens durch den aus Bundestag und Bundesrat gebildeten Vermittlungsausschuss zum Gegenstand des Gesetzes geworden. Die Finanzverwaltung hat die BFH-Entscheidung vor Erlass des Nichtanwendungsgesetzes allgemein angewandt. Es handelt sich um ein antifiskalisches Nichtanwendungsgesetz.

2331 BR-Drs. 302/12 (Beschluss), 36.

		Sonstiges: Das Nichtanwendungsgesetz war Gegenstand des JStG 2013. Dieses kam trotz Einschaltung des Vermittlungsausschusses nicht zustande[2332]. Das Nichtanwendungsgesetz ist daher im Rahmen des AmtshilfeRLUmsG erneut zum Gegenstand eines Gesetzgebungsverfahrens geworden[2333]. Das Nichtanwendungsgesetz schreibt die bisherige Verwaltungsauffassung (vgl. R 33a.1 Abs. 2 Satz 3 Nr. 2 EStR 2005) gesetzlich fest.

Fundstelle BGBl	**Datum, Aktenzeichen und Fundstelle der BFH-Entscheidung**	**Initiator für das Nichtanwendungsgesetz gem. Art. 76 Abs. 1 GG?**	**BFH-Entscheidung in Gesetzesbegründung erwähnt?**	**Fiskalische Auswirkungen des Nichtanwendungsgesetzes laut Gesetzesbegründung?**	**Enthält Nichtanwendungsgesetz Rückwirkung?**	**Nichtanwendungserlass vor Nichtanwendungsgesetz?**
BGBl I 2013, 1809 (1816 f.); AmtshilfeRLUmsG vom 26. 06. 2013	30. 06. 2010, VI R 35/09, BStBl II 2011, 267	Bundestag und Bundesrat[2334]	Ja[2335]	keine Angaben	Ja	Nein

2332 BR-Drs. 33/13.

2333 Auf die Gesetzgebungsmaterialien des JStG 2013 wird daher Bezug genommen, soweit die Gesetzgebungsmaterialien des AmtshilfeRLUmsG keine Ausführungen enthalten. Im Rahmen des JStG 2013 war der Bundesrat Initiator für das Nichtanwendungsgesetz gem. Art. 76 Abs. 1 GG, BR-Drs. 302/12 (Beschluss), 36.

2334 In Gestalt des Vermittlungsausschusses, BT-Drs. 17/13722, 9 f.

2335 BR-Drs. 302/12 (Beschluss), 36.

Nichtanwendungsgesetz	Motive für Nichtanwendungsgesetz laut Gesetzesbegründung	Weitere Informationen und Sonstiges
BFH-Entscheidung: § 50d Abs. 8 EStG steht zu § 50d Abs. 9 Satz 1 Nr. 2 EStG im Verhältnis der Spezialität. Nichtanwendungsgesetz: § 50d Abs. 9 Satz 3 EStG normiert, dass die Bestimmungen eines DBA sowie § 50d Abs. 8 EStG und § 20 Abs. 2 AStG unberührt bleiben, soweit sie jeweils die Freistellung von Einkünften in einem weitergehenden Umfang einschränken.	Wenn der andere Vertragsstaat eines DBA entsprechend § 50d Abs. 8 Satz 1 1. Var. EStG bei einem in Deutschland unbeschränkt steuerpflichtigen Arbeitnehmer die Besteuerung der betreffenden Einkünfte unterlässt, obgleich ihm das Besteuerungsrecht zusteht, führt die Rechtsprechung des BFH dazu, dass diese Einkünfte gänzlich unbesteuert bleiben. Die Einmalbesteuerung der Einkünfte eines unbeschränkt Stpfl. soll sichergestellt und so Steuermindereinnahmen vermieden werden[2336], d. h. Motiv des fiskalischen Grundes. Missbrauchsbekämpfung[2337], d. h. Motiv der Missbrauchsbekämpfung. Die Rechtsprechung des BFH entspricht nicht der gesetzgeberischen Intention eine Einmalbesteuerung sicherzustellen[2338], d. h. Motiv des rechtspolitischen Grundes.	Weitere Informationen: Das Nichtanwendungsgesetz besteht noch. Das Nichtanwendungsgesetz ist innerhalb von einem bis zwei Jahren nach der BFH-Entscheidung erlassen worden. Das Nichtanwendungsgesetz ist erst im Laufe der parlamentarischen Beratungen im Rahmen des Vermittlungsverfahrens durch den aus Bundestag und Bundesrat gebildeten Vermittlungsausschuss zum Gegenstand des Gesetzes geworden. Die BFH-Entscheidung wurde nicht im BStBl II veröffentlicht. Die Finanzverwaltung hat die BFH-Entscheidung vor Erlass des Nichtanwendungsgesetzes nicht allgemein angewandt. Es handelt sich um ein profiskalisches Nichtanwendungsgesetz.

2336 BR-Drs. 302/12 (Beschluss), 50 und BT-Drs. 17/13033, 72.
2337 BT-Drs. 17/12532, 90.
2338 BT-Drs. 17/13033, 72.

				Sonstiges: Das Nichtanwendungsgesetz war Gegenstand des JStG 2013. Dieses kam trotz Einschaltung des Vermittlungsausschusses nicht zustande[2339]. Das Nichtanwendungsgesetz ist daher im Rahmen des AmtshilfeRLUmsG erneut zum Gegenstand eines Gesetzgebungsverfahrens geworden[2340].		
Fundstelle BGBl	**Datum, Aktenzeichen und Fundstelle der BFH-Entscheidung**	**Initiator für das Nichtanwendungsgesetz gem. Art. 76 Abs. 1 GG?**	**BFH-Entscheidung in Gesetzesbegründung erwähnt?**	**Fiskalische Auswirkungen des Nichtanwendungsgesetzes laut Gesetzesbegründung?**	**Enthält Nichtanwendungsgesetz Rückwirkung?**	**Nichtanwendungserlass vor Nichtanwendungsgesetz?**
BGBl I 2013, 1809 (1819); AmtshilfeRLUmsG vom 26. 06. 2013	11. 01. 2012, I R 27/11, BFHE 236, 327	Bundestag und Bundesrat[2341]	Ja[2342]	keine Angaben	Ja	Nein

2339 BR-Drs. 33/13.

2340 Auf die Gesetzgebungsmaterialien des JStG 2013 wird daher Bezug genommen, soweit die Gesetzgebungsmaterialien des AmtshilfeRLUmsG keine Ausführungen enthalten. Im Rahmen des JStG 2013 war der Bundesrat Initiator für das Nichtanwendungsgesetz gem. Art. 76 Abs. 1 GG, BR-Drs. 302/12 (Beschluss), 49.

2341 In Gestalt des Vermittlungsausschusses, BT-Drs. 17/13722, 12.

2342 BR-Drs. 302/12 (Beschluss), 49.

Nichtanwendungsgesetz	Motive für Nichtanwendungsgesetz laut Gesetzesbegründung	Weitere Informationen und Sonstiges
BFH-Entscheidung: Erhält ein in den USA ansässiger Gesellschafter einer deutschen Personengesellschaft Lizenzvergütungen für von ihm der Gesellschaft eingeräumte Rechte, so dürfen diese Vergütungen nur in den USA und nicht in Deutschland besteuert werden. Die in § 50d Abs. 10 Satz 1 durch das JStG 2009 angeordnete Umqualifizierung von Sondervergütungen in abkommensrechtliche Unternehmensgewinne ändert daran nichts. Nichtanwendungsgesetz: Die Neufassung des § 50d Abs. 10 EStG normiert in Satz 1, 3 und 4, dass Sondervergütungen, die ein ausländischer Gesellschafter einer inländischen Personengesellschaft von dieser erhält im Inland steuerpflichtig sind. Dies gilt gem. Satz 2 auch für durch das Sonderbetriebsvermögen veranlasste Erträge und Aufwendungen.	Die Gründe[2343], die zur Einführung des § 50d Abs. 10 EStG geführt haben, sind weiterhin gegeben. Ihnen ist durch eine Anpassung des § 50d Abs. 10 EStG Rechnung zu tragen[2344], d. h. Motiv des rechtspolitischen Grundes. Missbrauchsbekämpfung[2345], d. h. Motiv der Missbrauchsbekämpfung. Klarstellung des gesetzgeberischen Willens[2346], d. h. Motiv des rechtspolitischen Grundes.	Weitere Informationen: Das Nichtanwendungsgesetz besteht noch. Das Nichtanwendungsgesetz ist innerhalb von zwei bis drei Jahren nach der BFH-Entscheidung erlassen worden. Das Nichtanwendungsgesetz ist erst im Laufe der parlamentarischen Beratungen im Rahmen des Vermittlungsverfahrens durch den aus Bundestag und Bundesrat gebildeten Vermittlungsausschuss zum Gegenstand des Gesetzes geworden. Die Veröffentlichung der BFH-Entscheidung im BStBl II erfolgte erst nach Erlass des Nichtanwendungsgesetzes. Die Finanzverwaltung hat die BFH-Entscheidung vor Erlass des Nichtanwendungsgesetzes nicht allgemein angewandt.

2343 vgl. BR-Drs. 545/08 (Beschluss), 3 und BT-Drs. 16/11108, 23.
2344 BR-Drs. 302/12 (Beschluss), 52.
2345 BT-Drs. 17/12532, 90.
2346 BT-Drs. 17/13033, 73.

Zur Vermeidung der Doppelbesteuerung soll unter den Voraussetzungen des Satz 5 die ausländische Steuer auf die deutsche Steuer angerechnet werden, wenn das DBA gem. Satz 6 für solche Einkünfte keine ausdrückliche Regelung enthält. Gem. Satz 7 Nr. 1 gilt die Vorschrift nicht für gewerbliche geprägte Personengesellschaften i. S. d. § 15 Abs. 3 Nr. 2 EStG. Gem. Satz 7 Nr. 2 gilt die Vorschrift entsprechend für Einkünfte aus selbstständiger Tätigkeit i. S. d. § 18 EStG. Gem. Satz 8 bleibt § 50d Abs. 9 Satz 1 Nr. 1 EStG unberührt.		Es handelt sich um ein profiskalisches Nichtanwendungsgesetz. Sonstiges: Das Nichtanwendungsgesetz war Gegenstand des JStG 2013. Dieses kam trotz Einschaltung des Vermittlungsausschusses nicht zustande[2347]. Das Nichtanwendungsgesetz ist daher im Rahmen des AmtshilfeRLUmsG erneut zum Gegenstand eines Gesetzgebungsverfahrens geworden[2348]. Bereits bei der vorherigen Formulierung des durch das JStG 2009 eingefügten § 50d Abs. 10 EStG handelte es sich um ein Nichtanwendungsgesetz[2349]. Die Rechtsprechung des BFH wendet sich gegen Tz. 2.2.1 und Tz. 5.1 des BMF-Schreibens vom 16. 04. 2010[2350].

2347 BR-Drs. 33/13.

2348 Auf die Gesetzgebungsmaterialien des JStG 2013 wird daher Bezug genommen, soweit die Gesetzgebungsmaterialien des AmtshilfeRLUmsG keine Ausführungen enthalten. Im Rahmen des JStG 2013 war der Bundesrat Initiator für das Nichtanwendungsgesetz gem. Art. 76 Abs. 1 GG, BR-Drs. 302/12 (Beschluss), 51 f.

2349 BGBl I 2008, 2794 (2806) gegen BFH vom 17. 10. 2007, I R 5/06, BStBl II 2009, 356.

2350 BMF vom 16. 04. 2010, IV B 2 – S 1300/09/10003 2009/0716905, BStBl I 2010, 354 (356 f und 363 f).

Fundstelle BGBl	Datum, Aktenzeichen und Fundstelle der BFH-Entscheidung	Initiator für das Nichtanwendungsgesetz gem. Art. 76 Abs. 1 GG?	BFH-Entscheidung in Gesetzesbegründung erwähnt?	Fiskalische Auswirkungen des Nichtanwendungsgesetzes laut Gesetzesbegründung?	Enthält Nichtanwendungsgesetz Rückwirkung?	Nichtanwendungserlass vor Nichtanwendungsgesetz?
BGBl I 2013, 1809 (1819 f.); AmtshilfeRLUmsG vom 26. 06. 2013	08. 09. 2010, I R 74/09, BStBl II 2014, 788	Bundestag und Bundesrat[2351]	Ja[2352]	keine Angaben	Ja	Nein

Nichtanwendungsgesetz	Motive für Nichtanwendungsgesetz laut Gesetzesbegründung	Weitere Informationen und Sonstiges
BFH-Entscheidung: Auf Einkünfte gewerblich geprägter Personengesellschaften i. S. d. § 15 Abs. 3 Nr. 2 EStG sind nicht die DBA-Vorschriften über Unternehmensgewinne (Art. 7 und Art. 13 Abs. 2 OECD-MA) anzuwenden, sondern die anderen Verteilungsartikel des DBA für die jeweiligen Einkünfte.	Verhinderung erheblicher Steuerausfälle in Milliardenhöhe[2353], d. h. Motiv des fiskalischen Grundes.	Weitere Informationen: Das Nichtanwendungsgesetz besteht noch. Es wurde durch Gesetz[2354] vom 25. 07. 2014[2355] neugefasst und ergänzt. Das Nichtanwendungsgesetz ist innerhalb von drei bis fünf Jahren nach der BFH-Entscheidung erlassen worden.

2351 In Gestalt des Vermittlungsausschusses, BT-Drs. 17/13722, 12 f.

2352 BR-Drs. 302/12 (Beschluss), 51 und BT-Drs. 17/13033, 73. Die BR-Drs. 302/12 (Beschluss), 51 zitiert mit der Angabe „I R 74/08" das falsche Aktenzeichen der BFH-Entscheidung. Das richtige Aktenzeichen lautet „I R 74/09".

2353 BR-Drs. 632/1/12 (Empfehlung), 18.

2354 Gesetz zur Anpassung des nationalen Steuerrechts an den Beitritt Kroatiens zur EU und zur Änderung weiterer steuerlicher Vorschriften.

2355 BGBl I 2014, 1266 (1271).

Nichtanwendungsgesetz: Mit der Einführung des § 50i EStG wird in Satz 1 – ungeachtet entgegenstehender DBA-Bestimmungen – ein deutsches Besteuerungsrecht für Gewinne aus der späteren Veräußerung oder Entnahme von Wirtschaftsgütern oder Anteilen i. S. d. § 17 EStG normiert, die ohne bisherige Besteuerung der stillen Reserven vor dem 29. 06. 2013 in das Betriebsvermögen einer Personengesellschaft i. S. d. § 15 Abs. 3 EStG übertragen oder überführt worden sind. Gem. Satz 2 unterliegen auch die laufenden Einkünfte aus der Beteiligung an der Personengesellschaft ungeachtet entgegenstehender DBA-Bestimmungen der deutschen Besteuerung. Gem. Satz 3 gelten die Sätze 1 und 2 sinngemäß für die Einkünfte einer vermögensverwaltenden Personengesellschaft, wenn eine Betriebsaufspaltung vorliegt.		Das Nichtanwendungsgesetz ist erst im Laufe der parlamentarischen Beratungen im Rahmen des Vermittlungsverfahrens durch den aus Bundestag und Bundesrat gebildeten Vermittlungsausschuss zum Gegenstand des Gesetzes geworden. Die Veröffentlichung der BFH-Entscheidung im BStBl II erfolgte erst nach Erlass des Nichtanwendungsgesetzes. Die Finanzverwaltung hat die BFH-Entscheidung vor Erlass des Nichtanwendungsgesetzes nicht allgemein angewandt. Es handelt sich um ein profiskalisches Nichtanwendungsgesetz. Sonstiges: Das Nichtanwendungsgesetz war Gegenstand des JStG 2013. Dieses kam trotz Einschaltung des Vermittlungsausschusses nicht zustande[2356]. Das Nichtanwendungsgesetz ist daher im Rahmen des AmtshilfeRLUmsG erneut zum Gegenstand eines Gesetzgebungsverfahrens geworden[2357].

2356 BR-Drs. 33/13.

2357 Auf die Gesetzgebungsmaterialien des JStG 2013 wird daher Bezug genommen, soweit die Gesetzgebungsmaterialien des AmtshilfeRLUmsG keine Ausführungen enthalten. Im Rahmen des JStG 2013 war der Bundesrat Initiator für das Nichtanwendungsgesetz

Fundstelle BGBl	Datum, Aktenzeichen und Fundstelle der BFH-Entscheidung	Initiator für das Nichtanwendungsgesetz gem. Art. 76 Abs. 1 GG?	BFH-Entscheidung in Gesetzesbegründung erwähnt?	Fiskalische Auswirkungen des Nichtanwendungsgesetzes laut Gesetzesbegründung?	Enthält Nichtanwendungsgesetz Rückwirkung?	Nichtanwendungserlass vor Nichtanwendungsgesetz?
BGBl I 2013, 1809 (1820); AmtshilfeRLUmsG vom 26. 06. 2013	28. 04. 2010, I R 81/09, BStBl II 2014, 754; 25. 05. 2011, I R 95/10, BStBl II 2014, 760	Bundestag und Bundesrat[2358]	Ja[2359]	Verhinderung erheblicher Steuerausfälle in Milliardenhöhe[2360]	Ja	Nein

2358 In Gestalt des Vermittlungsausschusses, BT-Drs. 17/13722, 13.
2359 BR-Drs. 632/1/12 (Empfehlung), 18 und BT-Drs. 17/13033, 73.
2360 BR-Drs. 632/1/12 (Empfehlung), 18. Eine nähere Quantifizierung kann der Gesetzesbegründung nicht entnommen werden.

Nichtanwendungsgesetz	Motive für Nichtanwendungsgesetz laut Gesetzesbegründung	Weitere Informationen und Sonstiges
BFH-Entscheidung: Unternehmen können stille Lasten (bestimmte (ungewisse) Verbindlichkeiten, die aufgrund einkommensteuerrechtlicher Passivierungsbegrenzungen in der Steuerbilanz im Vergleich zur Handelsbilanz nicht oder mit geringeren Werten anzusetzen sind) steuermindernd realisieren, wenn Dritte die Verbindlichkeiten rechtlich oder wirtschaftlich übernehmen. Der Übernehmer der Verbindlichkeit braucht die Passivierungsbegrenzungen nicht zu beachten. Nichtanwendungsgesetz: § 4 f EStG enthält Regelungen zu Verpflichtungsübernahmen, Schuldbeitritten und Erfüllungsübernahmen. In § 4 f Abs. 1 Satz 1 EStG wird normiert, dass bei der Übertragung von Verpflichtungen, die beim	Vermeidung von Steuerausfallrisiken in Milliardenhöhe[2361], d. h. Motiv des fiskalischen Grundes. Vorbeugung von Gestaltungen[2362], d. h. Motiv der Missbrauchsbekämpfung.	Weitere Informationen: Das Nichtanwendungsgesetz besteht noch. Das Nichtanwendungsgesetz ist innerhalb von fünf bis sieben Jahren nach der BFH-Entscheidung erlassen worden. Die Finanzverwaltung hat die BFH-Entscheidung vor Erlass des Nichtanwendungsgesetzes allgemein angewandt. Es handelt sich um ein profiskalisches Nichtanwendungsgesetz. Sonstiges: Die ebenfalls durch das AIFM-StAnpG vorgenomme Einführung des § 5 Abs. 7 EStG steht im Kontext zu § 4 f EStG und normiert die Behandlung beim Übernehmenden.

2361 BR-Drs. 740/13, 75.

2362 BR-Drs. 740/13, 75.

ursprünglich Verpflichteten Ansatzverboten, -beschränkungen oder Bewertungsvorbehalten unterlegen haben, der sich aus diesem Vorgang ergebende Aufwand verteilt auf 15 Jahre als Betriebsausgabe abziehbar ist. Ein sofortiger Abzug als Betriebsausgabe ist nicht möglich.		Das Nichtanwendungsgesetz ist erst nach mehreren Versuchen Gesetz geworden. Zunächst war eine Aufnahme im GemEntBG vorgesehen, dann eine Aufnahme im zunächst durch den Grundsatz der sachlichen Diskontinuität durch den Ablauf der Legislaturperiode 2009-2013 erledigten AIFM-StAnpG. Die Rechtsprechung des BFH richtet sich gegen die bisherige Verwaltungsauffassung[2363].

Fundstelle BGBl	**Datum, Aktenzeichen und Fundstelle der BFH-Entscheidung**	**Initiator für das Nichtanwendungsgesetz gem. Art. 76 Abs. 1 GG?**	**BFH-Entscheidung in Gesetzesbegründung erwähnt?**	**Fiskalische Auswirkungen des Nichtanwendungsgesetzes laut Gesetzesbegründung?**	**Enthält Nichtanwendungsgesetz Rückwirkung?**	**Nichtanwendungserlass vor Nichtanwendungsgesetz?**
BGBl I 2013, 4318 (4331 f.);	17. 10. 2007, I R 61/06,	Bundesrat[2364]	Ja[2365]	100 Mio. € Steuermehrein-	Ja	Nein

---

2363 BMF vom 16. 12. 2005, IV B 2 – S 2176 – 103/05, BStBl I 2005, 1052 und BMF vom 24. 06. 2011, IV C 6 – S 2137/0-03 2011/0501861, BStBl I 2011, 627.

2364 BR-Drs. 740/13, 24.

2365 BR-Drs. 740/13, 75. Erwähnt werden die BFH-Entscheidung vom 17. 10. 2007, I R 61/06, BStBl II 2008, 555; die BFH-Entscheidung vom 16. 12. 2009, I R 102/08, BStBl II 2011, 566; die BFH-Entscheidung vom 14. 12. 2011, I R 72/10, BFHE 236, 101 und die BFH-Entscheidung vom 26. 04. 2012, IV R 43/09, BFHE 237, 215. Die BFH-Entscheidung vom 12. 12. 2012, I R 28/11, BFHE 240, 22 und die BFH-Entscheidung vom 12. 12. 2012, I R 69/11, BFHE 240, 34 werden nicht erwähnt.

AIFM-StAnpG vom 18. 12. 2013	BStBl II 2008, 555; 16. 12. 2009, I R 102/08, BStBl II 2011, 566; 14. 12. 2011, I R 72/10, BFHE 236, 101; 26. 04. 2012, IV R 43/09, BFHE 237, 215; 12. 12. 2012, I R 28/11, BFHE 240, 22; 12. 12. 2012, I R 69/11, BFHE 240, 34			nahmen bei voller Jahreswirkung[2366]		

2366 BR-Drs. 740/13, 34. Für das Kassenjahr 2013 werden Steuermindereinnahmen von 20 Mio. €, für das Kassenjahr 2014 werden Steuermehreinnahmen von 90 Mio. €, für 2015 von 150 Mio. €, für 2016 von 160 Mio. € und für 2017 von 100 Mio. € prognostiziert, BR-Drs. 740/13, 34. Die Beträge enthalten nicht die durch die Rechtsprechung des BFH unabwendbaren Auswirkungen für Bilanzstichtage vor Verkündung des Gesetzes, BR-Drs. 710/13, 34 f mit Bezug auf Fn. 3.
Die BR-Drs. 376/1/13, 13 beziffert ein Steuerausfallrisiko in Folge der BFH-Rechtsprechung i. H. v. insg. 20 bis 30 Mrd. €. Jährlich sei zunächst von Steuerausfällen i. H. v. mindestens 1 Mrd. € auszugehen.

Nichtanwendungsgesetz	Motive für Nichtanwendungsgesetz laut Gesetzesbegründung	Weitere Informationen und Sonstiges
BFH-Entscheidung: Das in § 3 Nr. 12 Satz 1 EStG enthaltene Gebot der Ausweisung im Haushaltsplan ist aufgrund der „oder“-Verknüpfungen zwischen den sechs Möglichkeiten steuerfreier Aufwandsentschädigungen nur auf die letzte oder die beiden letzten Alternativen (Festsetzung durch die Bundes- oder Landesregierung) bezogen. Nichtanwendungsgesetz: § 3 Nr. 12 Satz 1 EStG normiert durch eine Umformulierung, dass sich das Gebot „als Aufwandsentschädigung im Haushaltsplan ausgewiesen werden“ auf alle sechs Möglichkeiten der Festsetzung steuerfreier Aufwandsentschädigungen bezieht. Damit ist für alle sechs Möglichkeiten der Ausweis im Haushaltsplan Voraussetzung für die Steuerfreiheit.	Bei der Aufstellung der jährlichen Haushaltspläne treffen die parlamentarischen Gremien mit der Ausweisung „als Aufwandsentschädigung“ bereits die Entscheidung über die Steuerfreiheit der Bezüge. Die Finanzverwaltung ist im Rahmen des Besteuerungsverfahrens daran gebunden. Nach den Vorgaben des BVerfG[2367] können nur solche Bezüge als Aufwandsentschädigungen i. S. d. § 3 Nr. 12 Satz 1 EStG festgesetzt und im Haushaltsplan ausgewiesen werden, die einkommensteuerlich absetzbare Erwerbsaufwendungen abdecken. Kommt es auf die Ausweisung als Aufwandsentschädigung im jährlichen Haushaltsplan nicht oder nicht mehr in jedem Fall der Festsetzung steuerfreier Aufwandsentschädigung an, wäre diese Kontrolle der steuerfreien Festsetzung nicht mehr gegeben[2368], d. h. Motiv der Rechtsdogmatik.	Weitere Informationen: Das Nichtanwendungsgesetz besteht noch. Das Nichtanwendungsgesetz ist innerhalb von einem bis zwei Jahren nach der BFH-Entscheidung erlassen worden. Das Nichtanwendungsgesetz ist erst im Laufe der parlamentarischen Beratungen im Rahmen der nach der Einbringung des Gesetzgebungsverfahrens erfolgenden Beteiligung des Bundesrates an dem Gesetzgebungsverfahren durch diesen zum Gegenstand des Gesetzes geworden. Die Finanzverwaltung hat die BFH-Entscheidung vor Erlass des Nichtanwendungsgesetzes allgemein angewandt. Es handelt sich um ein profiskalisches Nichtanwendungsgesetz. Sonstiges: Keine Ausführungen.

2367 BVerfG vom 11. 11. 1998, 2 BvL 10/95, BVerfGE 99, 280.
2368 BR-Drs. 184/14 (Beschluss), 5 f.

Fundstelle BGBl	Datum, Aktenzeichen und Fundstelle der BFH-Entscheidung	Initiator für das Nichtanwendungsgesetz gem. Art. 76 Abs. 1 GG?	BFH-Entscheidung in Gesetzesbegründung erwähnt?	Fiskalische Auswirkungen des Nichtanwendungsgesetzes laut Gesetzesbegründung?	Enthält Nichtanwendungsgesetz Rückwirkung?	Nichtanwendungserlass vor Nichtanwendungsgesetz?
BGBl I 2014, 1266 (1267); Gesetz[2369] vom 25. 07. 2014	17. 10. 2012, VIII R 57/09, BStBl II 2013, 799	Bundesrat[2370]	Ja[2371]	keine Angaben	Ja	Nein

Nichtanwendungsgesetz	Motive für Nichtanwendungsgesetz laut Gesetzesbegründung	Weitere Informationen und Sonstiges
BFH-Entscheidung: Der Erwerb und das Halten gebrauchter Lebensversicherungen sowie der Einzug der Versicherungssumme gehen im Regelfall nicht über den Rahmen der privaten Vermögensverwaltung hinaus, wenn diese Vorgänge den Beginn und das Ende einer in erster Linie auf Fruchtziehung gerichteten Tätigkeit darstellen.	Durch die entgeltliche Veräußerung des Versicherungsanspruchs verliert die Versicherung jedoch den Zweck der Risikovorsorge bei Eintritt des Versicherungsfalls. Denn für den Erwerber einer gebrauchten Lebensversicherung ist die Absicherung des versicherten Risikos nicht von Bedeutung. Hierauf fußende Anlagemodelle zeigen, dass	Weitere Informationen: Das Nichtanwendungsgesetz besteht noch. Das Nichtanwendungsgesetz ist innerhalb von einem bis zwei Jahren nach der BFH-Entscheidung erlassen worden. Das Nichtanwendungsgesetz ist im Laufe der parlamentarischen Beratungen geändert worden.

2369 Gesetz zur Anpassung des nationalen Steuerrechts an den Beitritt Kroatiens zur EU und zur Änderung weiterer steuerlicher Vorschriften.
2370 BR-Drs. 184/14 (Beschluss), 4 f.
[illegible]

Nichtanwendungsgesetz: § 20 Abs. 1 Nr. 6 Satz 7 EStG normiert, dass wenn der Stpfl. Ansprüche aus einem von einer anderen Person abgeschlossenen Vertrag entgeltlich erworben hat, zu den Einkünften aus Kapitalvermögen auch der Unterschiedsbetrag zwischen der Versicherungsleistung bei Eintritt eines versicherten Risikos und den Aufwendungen für den Erwerb und Erhalt des Versicherungsanspruchs gehört. Insoweit findet Satz 2 keine Anwendung. Gem. Satz 8 gilt Satz 7 nicht, wenn die versicherte Person den Versicherungsanspruch von einem Dritten erwirbt oder aus anderen Rechtsverhältnissen entstandene Abfindungs- und Ausgleichsansprüche arbeitsrechtlicher, erbrechtlicher oder familienrechtlicher Art durch Übertragung von Ansprüchen aus Versicherungsverträgen erfüllt werden.	beim entgeltlichen Erwerbe gebrauchter Versicherungen die Grundlage für den steuerfreien Bezug der Versicherungssumme entfällt, da für die Erwerber ausschließlich die Renditeerwartungen aus einer Kapitalanlage relevant sind[2372], d. h. Motiv des fiskalischen Grundes. Durch die entgeltliche Veräußerung des Versicherungsanspruchs verliert die Versicherung jedoch den Zweck der Risikovorsorge bei Eintritt des Versicherungsfalls. Denn für den Erwerber einer gebrauchten Lebensversicherung ist die Absicherung des versicherten Risikos nicht von Bedeutung. Hierauf fußende Anlagemodelle zeigen, dass beim entgeltlichen Erwerbe gebrauchter Versicherungen die Grundlage für den steuerfreien Bezug der Versicherungssumme entfällt, da für die Erwerber ausschließlich die Renditeerwartungen aus einer Kapitalanlage relevant sind[2373], d. h. Motiv der Missbrauchsbekämpfung.	Die Finanzverwaltung hat die BFH-Entscheidung vor Erlass des Nichtanwendungsgesetzes allgemein angewandt. Es handelt sich um ein profiskalisches Nichtanwendungsgesetz. Sonstiges: Die Ausnahmeregelung des § 20 Abs. 1 Nr. 6 Satz 8 EStG erfolgt, weil diese Übertragungen nicht durch die Realisierung besonderer Renditeerwartungen motiviert sind[2374].

2372 BT-Drs. 18/1529, 52 f.
2373 BT-Drs. 18/1529, 52 f.
2374 BT-Drs. 18/1995, 105.

Fundstelle BGBl	Datum, Aktenzeichen und Fundstelle der BFH-Entscheidung	Initiator für das Nichtanwendungsgesetz gem. Art. 76 Abs. 1 GG?	BFH-Entscheidung in Gesetzesbegründung erwähnt?	Fiskalische Auswirkungen des Nichtanwendungsgesetzes laut Gesetzesbegründung?	Enthält Nichtanwendungsgesetz Rückwirkung?	Nichtanwendungserlass vor Nichtanwendungsgesetz?
BGBl I 2014, 1266 (1268 f.); Gesetz[2375] vom 25. 07. 2014	11. 10. 2012, IV R 32/10, BStBl II 2013, 538	Bundesregierung[2376]	Nein[2377]	keine Angaben	Nein	Nein

Nichtanwendungsgesetz	Motive für Nichtanwendungsgesetz laut Gesetzesbegründung	Weitere Informationen und Sonstiges
BFH-Entscheidung: Substanzverluste von im Betriebsvermögen gehaltenen Gesellschafterdarlehen aufgrund von Wertminderungen, wie sie durch Teilwertabschreibungen abgebildet werden, unterliegen – unabhängig von der Frage der Fremdüblichkeit der Darlehensüberlassung und einer etwaigen Veranlassung durch das Gesellschaftsverhältnis – mangels wirtschaftlichen Zusammenhangs mit nach § 3 Nr. 40 EStG hälftig steuerbefreiten Beteiligungserträgen nicht dem	Die Auslegung des BFH widerspricht den Wertungen des Gesetzgebers zum Teileinkünfteverfahren nach § 3 Nr. 40 EStG i. V. m. § 3c Abs. 2 EStG. Deshalb soll der Anwendungsbereich des § 3c Abs. 2 EStG nunmehr durch eine gesetzliche Regelung auch auf die Fälle von Substanzverlusten auf Grund der Hingabe von Darlehen an die Körperschaft zu aus gesellschaftsrechtlichen Gründen	Weitere Informationen: Das Nichtanwendungsgesetz besteht noch. Das Nichtanwendungsgesetz ist innerhalb von zwei bis drei Jahren nach der BFH-Entscheidung erlassen worden. Die Finanzverwaltung hat die BFH-Entscheidung vor Erlass des Nichtanwendungsgesetzes allgemein angewandt.

2375 Gesetz zur Anpassung des nationalen Steuerrechts an den Beitritt Kroatiens zur EU und zur Änderung weiterer steuerlicher Vorschriften.
2376 BT-Drs. 18/1529, 9.

Abzugsverbot des § 3c Abs. 2 Satz 1 EStG. Dies gilt entsprechend für substanzbezogene Wertminderungen von Rückgriffsforderungen aus der Inanspruchnahme aus im Betriebsvermögen gehaltenen Bürgschaften eines Gesellschafters für seine Gesellschaft, für eine Rückstellungsbildung für die drohende Inanspruchnahme aus solchen Bürgschaften und im Falle des Verzichts auf ein nicht mehr werthaltiges Gesellschafterdarlehen. Nichtanwendungsgesetz: § 3c Abs. 2 Satz 2 EStG normiert, dass Satz 1 auch für Betriebsvermögensminderungen oder Betriebsausgaben im Zusammenhang mit einer Darlehensforderung oder aus der Inanspruchnahme von Sicherheiten anzuwenden ist, die für ein Darlehen hingegeben wurden, wenn das Darlehen oder die Sicherheit von einem Stpfl. gewährt wird, der zu mehr als einem Viertel unmittelbar oder mittelbar am Grund- oder Stammkapital der Körperschaft, der das Darlehen gewährt wurde, beteiligt ist oder war.	nicht fremdüblichen Konditionen ausgedehnt werden[2378], d. h. Motiv der Rechtsdogmatik.	Es handelt sich um ein profiskalisches Nichtanwendungsgesetz. Sonstiges: Die Rechtsprechung des BFH wendet sich gegen die Punkte 2. und 6. des BMF-Schreibens vom 08. 11. 2010[2379].

2378 BT-Drs. 18/3017, 38.
2379 BMF vom 08. 11. 2010, IV C 6 – S 2128/07/10001 2010/0805444, BStBl I 2010, 1292 (1292 ff).

Gem. Satz 3 ist Satz 2 insoweit nicht anzuwenden, als nachgewiesen wird, dass auch ein fremder Dritter das Darlehen bei sonst gleichen Umständen gewährt oder noch nicht zurückgefordert hätte; dabei sind nur die eigenen Sicherungsmittel der Körperschaft zu berücksichtigen. Gem. Satz 4 gelten die Sätze 2 und 3 entsprechend für Forderungen aus Rechtshandlungen, die einer Darlehensgewährung wirtschaftlich vergleichbar sind. Gem. Satz 5 bleiben Gewinne aus dem Ansatz des nach § 6 Abs. 1 Nr. 2 Satz 3 EStG maßgeblichen Werts bei der Ermittlung der Einkünfte außer Ansatz, soweit auf die vorangegangene Teilwertabschreibung Satz 2 angewendet worden ist.		

Fundstelle BGBl	**Datum, Aktenzeichen und Fundstelle der BFH-Entscheidung**	**Initiator für das Nichtanwendungsgesetz gem. Art. 76 Abs. 1 GG?**	**BFH-Entscheidung in Gesetzesbegründung erwähnt?**	**Fiskalische Auswirkungen des Nichtanwendungsgesetzes laut Gesetzesbegründung?**	**Enthält Nichtanwendungsgesetz Rückwirkung?**	**Nichtanwendungserlass vor Nichtanwendungsgesetz?**
BGBl I 2014, 2417 (2420); Gesetz[2380] vom 22. 12. 2014	18. 04. 2012, X R 5/10, BStBl II 2013, 785; 18. 04. 2012, X R 7/10, BStBl II 2013, 791	Bundesregierung[2381]	Ja[2382]	keine Angaben	Nein	Nein

2380 Gesetz zur Anpassung der Abgabenordnung an den Zollkodex der Union und zur Änderung weiterer steuerlicher Vorschriften.
2381 BT-Drs. 18/3017, 12 f.

Nichtanwendungsgesetz	Motive für Nichtanwendungsgesetz laut Gesetzesbegründung	Weitere Informationen und Sonstiges
BFH-Entscheidung: Weder die erstmalige Berufsausbildung i. S. d. § 12 Nr. 5 EStG noch die i. S. d. § 9 Abs. 6 EStG setzen ein Berufsausbildungsverhältnis nach dem Berufsbildungsgesetz oder eine bestimmte Ausbildungsdauer voraus. Nichtanwendungsgesetz: § 9 Abs. 6 Satz 1 EStG normiert, dass Aufwendungen des Stpfl. für seine Berufsausbildung oder für sein Studium nur dann Werbungskosten sind, wenn der Stpfl. zuvor bereits eine Erstausbildung (Berufsausbildung oder Studium) abgeschlossen hat oder wenn die Berufsausbildung oder das Studium im Rahmen eines Dienstverhältnisses stattfindet. In Satz 2 bis 5 wird definiert, was eine Berufsausbildung als Erstausbildung ist. U. a. bedarf es einer Mindestausbildungsdauer von 12 Monaten.	Absicherung der gesetzlichen Zielrichtung der bestehenden Regelung[2383], d. h. Motiv des rechtspolitischen Grundes. Die BFH-Rechtsprechung erschwert eine sinnvolle Abgrenzung zwischen Erst- und Zweitausbildung und führt zu vom Gesetzgeber nicht gewollten Ergebnissen[2384], d. h. Motiv des rechtspolitischen Grundes. Vermeidung von Gestaltungen auf Basis der bisherigen Rechtsprechung[2385], d. h. Motiv der Missbrauchsbekämpfung. Rechtssichere Bestimmung des Abschlusses der ersten Berufsausbildung[2386], d. h. Motiv des rechtspolitischen Grundes.	Weitere Informationen: Das Nichtanwendungsgesetz besteht noch. Das Nichtanwendungsgesetz ist innerhalb von einem bis zwei Jahren nach der BFH-Entscheidung erlassen worden. Das Nichtanwendungsgesetz ist im Laufe der parlamentarischen Beratungen geändert worden. Die Veröffentlichung der BFH-Entscheidung im BStBl II erfolgte erst nach Erlass des Nichtanwendungsgesetzes. Die Finanzverwaltung hat die BFH-Entscheidung vor Erlass des Nichtanwendungsgesetzes nicht allgemein angewandt. Es handelt sich um ein profiskalisches Nichtanwendungsgesetz.

2383 BT-Drs. 18/3017, 42.
2384 BT-Drs. 18/3017, 43.
2385 BT-Drs. 18/3017, 43.
2386 BT-Drs. 18/3017, 43.

§ 4 Abs. 9 Satz 1 EStG wird in Anlehnung an § 9 Abs. 6 Satz 1 EStG umformuliert und in Satz 2 wird normiert, dass § 9 Abs. 6 Satz 2 bis 5 EStG entsprechend gelten.	Schaffung von Bildungsanreizen[2387], d. h. Motiv des lenkungspolitischen Grundes (Schaffung von Anreizen zur Weiterbildung/Bildungsförderung).	Sonstiges: § 12 Nr. 5 EStG wird durch das Gesetz[2388] aufgehoben. Die Rechtsprechung des BFH wendet sich gegen Punkt 2. des BMF-Schreibens vom 22. 09. 2010[2389]. In einem früheren Nichtanwendungsgesetz[2390] wurde durch die Einfügung von § 12 Nr. 5 EStG klargestellt, dass Aufwendungen des Stpfl. für seine erstmalige Berufsausbildung und für ein Erststudium nicht abzugsfähige Ausgaben sind, wenn diese nicht im Rahmen eines Dienstverhältnisses stattfinden. In einem weiteren, früheren Nichtanwendungsgesetz[2391] wurde durch die Einfügung von § 4 Abs. 9 EStG und § 9 Abs. 6 EStG klargestellt, dass Aufwendungen des Stpfl. für seine erstmalige Berufsausbildung oder für ein Erststudium, das zugleich eine Erstausbildung vermittelt keine Betriebsausgaben bzw. Werbungskosten sind. Dies gilt nicht, wenn die Berufsausbildung oder das Erststudium im Rahmen eines Dienstverhältnisses stattfinden.

2387 BT-Drs. 18/3017, 44.

2388 BGBl I 2014, 2417 (2423).

2389 BMF vom 22. 09. 2010, IV C 4 – S 2227/07/10002:002 2010/0416045, BStBl I 2010, 721 (722 ff).

2390 BGBl I 2004, 1753 (1753) gegen BFH vom 04. 12. 2002, VI R 120/01, BStBl II 2003, 403; BFH vom 17. 12. 2002, VI R 137/01, BStBl

Fundstelle BGBl	Datum, Aktenzeichen und Fundstelle der BFH-Entscheidung	Initiator für das Nichtanwendungsgesetz gem. Art. 76 Abs. 1 GG?	BFH-Entscheidung in Gesetzesbegründung erwähnt?	Fiskalische Auswirkungen des Nichtanwendungsgesetzes laut Gesetzesbegründung?	Enthält Nichtanwendungsgesetz Rückwirkung?	Nichtanwendungserlass vor Nichtanwendungsgesetz?
BGBl I 2014, 2417 (2422); Gesetz[2392] vom 22. 12. 2014	28. 02. 2013, VI R 6/12, BStBl II 2015, 180	Bundesregierung[2393]	Ja[2394]	keine Angaben	Nein	Nein

2392 Gesetz zur Anpassung der Abgabenordnung an den Zollkodex der Union und zur Änderung weiterer steuerlicher Vorschriften.
2393 BT-Drs. 18/3017, 14 f.
2394 BT-Drs. 18/3017, 42.

Nichtanwendungsgesetz	Motive für Nichtanwendungsgesetz laut Gesetzesbegründung	Weitere Informationen und Sonstiges
BFH-Entscheidung: Ausgleichszahlungen, die ein zum Versorgungsausgleich verpflichteter Ehegatte aufgrund einer Vereinbarung gem. § 1587o BGB an den anderen Ehegatten leistet, um Kürzungen seiner Versorgungsbezüge zu vermeiden, sind sofort als Werbungskosten abziehbar. Dies gilt ebenso für Ausgleichszahlungen, die ein zum Versorgungsausgleich verpflichteter Beamter auf Grund einer Vereinbarung gem. § 1408 Abs. 2 BGB an seinen Ehegatten leistet. Nichtanwendungsgesetz: § 10 Abs. 1a Nr. 3 EStG normiert, dass Ausgleichsleistungen zur Vermeidung eines Versorgungsausgleichs nach § 6 Abs. 1 Satz 2 Nr. 2 und § 23 des Versorgungsausgleichsgesetzes sowie § 1408 Abs. 2 und § 1587 des BGB, soweit der Verpflichtete dies mit Zustimmung des Berechtigten beantragt, Sonderausgaben sind.	Mangels einer gesetzlichen Regelung ist die einkommensteuerliche Behandlung von Ausgleichszahlungen derzeit umstritten[2395], d. h. Motiv des rechtspolitischen Grundes. Beseitigung eines bestehenden Regelungsdefizits[2396], d. h. Motiv des rechtspolitischen Grundes. Steuerliche Gleichbehandlung aller Ausgleichszahlungen[2397], d. h. Motiv der Rechtsdogmatik.	Weitere Informationen: Das Nichtanwendungsgesetz besteht noch. Das Nichtanwendungsgesetz ist innerhalb von sieben bis zehn Jahren nach der BFH-Entscheidung erlassen worden. Das Nichtanwendungsgesetz ist erst im Laufe der parlamentarischen Beratungen im Rahmen der nach der Einbringung des Gesetzgebungsverfahrens erfolgenden Beteiligung des Bundesrates an dem Gesetzgebungsverfahren durch diesen zum Gegenstand des Gesetzes geworden. Das Nichtanwendungsgesetz ist im Laufe der parlamentarischen Beratungen geändert worden. Die Finanzverwaltung hat die BFH-Entscheidung vor Erlass des Nichtanwendungsgesetzes allgemein angewandt.

2395 BR-Drs. 432/14 (Beschluss), 19.
2396 BT-Drs. 18/3441, 56.

Gem. Satz 2 gilt § 10 Abs. 1a Nr. 1 Satz 3 bis 5 EStG entsprechend.		Es handelt sich um ein neutrales Nichtanwendungsgesetz. Sonstiges: § 22 Nr. 1a EStG wird so gefasst, dass Einkünfte aus Leistungen nach § 10 Abs. 1a EStG, soweit für diese die Voraussetzungen für den Sonderausgabenabzug beim Leistungs- oder Zahlungsverpflichteten nach § 10 Abs. 1a EStG erfüllt sind, in Erfüllung des Korrespondenzprinzips sonstige Einkünfte sind.

Fundstelle BGBl	**Datum, Aktenzeichen und Fundstelle der BFH-Entscheidung**	**Initiator für das Nichtanwendungsgesetz gem. Art. 76 Abs. 1 GG?**	**BFH-Entscheidung in Gesetzesbegründung erwähnt?**	**Fiskalische Auswirkungen des Nichtanwendungsgesetzes laut Gesetzesbegründung?**	**Enthält Nichtanwendungsgesetz Rückwirkung?**	**Nichtanwendungserlass vor Nichtanwendungsgesetz?**
BGBl I 2014, 2417 (2422 f.); Gesetz[2398] vom 22. 12. 2014	08. 03. 2006, IX R 107/00, BStBl II 2006, 446; 08. 03. 2006, IX R 78/01, BStBl II 2006, 448	Bundesrat[2399]	Ja[2400]	keine Angaben	Nein	Nein

2398 Gesetz zur Anpassung der Abgabenordnung an den Zollkodex der Union und zur Änderung weiterer steuerlicher Vorschriften.
2399 BR-Drs. 432/14 (Beschluss), 19.
2400 BT-Drs. 18/3441, 56.

Nichtanwendungsgesetz	Motive für Nichtanwendungsgesetz laut Gesetzesbegründung	Weitere Informationen und Sonstiges
BFH-Entscheidung: Bei Betriebsveranstaltungen sind in die Schätzungsgrundlage zur Bemessung des dem Arbeitnehmer zugewandten Vorteils nur solche Kosten des Arbeitgebers einzubeziehen, die geeignet sind, beim Arbeitnehmer einen geldwerten Vorteil auszulösen. Das sind nur solche Leistungen, die die Teilnehmer unmittelbar konsumieren können. Daher sind Kosten für die Ausgestaltung der Betriebsveranstaltung – insb. Mietkosten und Kosten für die organisatorischen Tätigkeiten eines Eventveranstalters – grds. nicht zu berücksichtigen. Der auf die Familienangehörigen entfallende Aufwand ist den Arbeitnehmern bei der Berechnung, ob die Freigrenze überschritten ist, grds. nicht zuzurechnen.	Die BFH-Rechtsprechung führt zu einer unklaren und komplizierten Rechtslage, weshalb eine Steuervereinfachung erfolgen soll[2401], d. h. Motiv der Rechtsvereinfachung. Gesetzliche Festschreibung der bisherigen Verwaltungsauffassung[2402], d. h. Motiv der Rechtskontinuität. Vermeidung von Steuerausfällen[2403], d. h. Motiv des fiskalischen Grundes. Ausschluss der vom BFH eröffneten Gestaltungsmöglichkeiten[2404], d. h. Motiv der Missbrauchsbekämpfung.	Weitere Informationen: Das Nichtanwendungsgesetz besteht noch. Das Nichtanwendungsgesetz ist innerhalb von einem bis zwei Jahren nach der BFH-Entscheidung erlassen worden. Das Nichtanwendungsgesetz ist im Laufe der parlamentarischen Beratungen geändert worden. Die Veröffentlichung der BFH-Entscheidung im BStBl II erfolgte erst nach Erlass des Nichtanwendungsgesetzes. Die Finanzverwaltung hat die BFH-Entscheidung vor Erlass des Nichtanwendungsgesetzes nicht allgemein angewandt.

2401 BT-Drs. 18/3017, 47.
2402 BT-Drs. 18/3017, 47.
2403 BT-Drs. 18/3017, 48.
2404 BT-Drs. 18/3017, 48.

Nichtanwendungsgesetz: § 19 Abs. 1 Satz 1 Nr. 1a EStG normiert u. a. in Satz 1, dass Zuwendungen des Arbeitgebers an seinen Arbeitnehmer und dessen Begleitpersonen anlässlich von Veranstaltungen auf betrieblicher Ebene mit gesellschaftlichem Charakter (Betriebsveranstaltung) zu den Einkünften aus nichtselbstständiger Arbeit gehören. Gem. Satz 2 sind Zuwendungen i. S. d. Satzes 1 alle Aufwendungen des Arbeitgebers einschließlich USt unabhängig davon, ob sie einzelnen Arbeitnehmern individuell zurechenbar sind oder ob es sich um einen rechnerischen Anteil an den Kosten der Betriebsveranstaltung handelt, die der Arbeitgeber ggü. Dritten für den äußeren Rahmen der Betriebsveranstaltung aufwendet.		Es handelt sich um ein profiskalisches Nichtanwendungsgesetz. Sonstiges: Das Nichtanwendungsgesetz schreibt die bisherige Verwaltungsauffassung (vgl. R 19.5 LStR 2013) gesetzlich fest.

Fundstelle BGBl	Datum, Aktenzeichen und Fundstelle der BFH-Entscheidung	Initiator für das Nichtanwendungsgesetz gem. Art. 76 Abs. 1 GG?	BFH-Entscheidung in Gesetzesbegründung erwähnt?	Fiskalische Auswirkungen des Nichtanwendungsgesetzes laut Gesetzesbegründung?	Enthält Nichtanwendungsgesetz Rückwirkung?	Nichtanwendungserlass vor Nichtanwendungsgesetz?
BGBl I 2014, 2417 (2425); Gesetz[2405] vom 22. 12. 2014	16. 05. 2013, VI R 94/10, BStBl II 2015, 186; 16. 05. 2013, VI R 7/11, BStBl II 2015, 189; 16. 05. 2013, VI R 93/10, BFH/NV 2014, 14; 16. 05. 2013, VI R 95/10, BFH/NV 2014, 16; 16. 05. 2013, VI R 96/10, BFH/NV 2014, 18	Bundesregierung[2406]	Nein[2407]	keine Angaben[2408]	Nein	Nein

2405 Gesetz zur Anpassung der Abgabenordnung an den Zollkodex der Union und zur Änderung weiterer steuerlicher Vorschriften.

2406 BT-Drs. 18/3017, 17.

2407 BT-Drs. 18/3017, 48. Es wird lediglich davon gesprochen, dass „die neueste Rechtsprechung des BFH" der Verwaltungsauffassung widerspricht. Ein Datum, Aktenzeichen oder die Fundstelle einer BFH-Entscheidung werden aber nicht genannt.

2408 Die in der BT-Drs. 18/3017, 27 genannten Steuermindereinnahmen von 70 Mio. € bei voller Jahreswirkung stehen nicht in Zusammenhang mit dem Nichtanwendungsgesetz, sondern mit der davon unabhängig beabsichtigten Anhebung der Freigrenze von 110,-€ auf 150,-€. Im weiteren Verlauf des Gesetzgebungsverfahrens wurde auf die Anhebung der Freigrenze verzichtet und stattdessen

Nichtanwendungsgesetz	Motive für Nichtanwendungsgesetz laut Gesetzesbegründung	Weitere Informationen und Sonstiges
BFH-Entscheidung: Ein Kreditinstitut muss einem sich auf Wortlaut und Zweck des Gesetzes stützenden Widerspruch eines Bankkunden Folge leisten und vom Steuerabzug Abstand nehmen, auch wenn ein BMF-Schreiben den Steuerabzug anordnet. Nichtanwendungsgesetz: In § 44 Abs. 1 Satz 3 EStG Einfügung der Wörter „unter Beachtung der im Bundessteuerblatt veröffentlichten Auslegungsvorschriften der Finanzverwaltung“ nach den Wörtern „den Steuerabzug“.	Beseitigung von in der Praxis aufgetretener Verunsicherung[2409], d. h. Motiv des rechtspolitischen Grundes. Die Systematik der Abgeltungsteuer erfordert es, dass die Kreditinstitute als Organe der Steuererhebung die Rechtsauffassung der Finanzverwaltung hinsichtlich des Kapitalertragsteuereinbehalts einheitlich anwenden, damit der Umfang der Steuererhebung nicht davon abhängig ist, bei welchem Kreditinstitut der Stpfl. sein Kapital anlegt[2410], d. h. Motiv der Rechtsdogmatik. Gesetzliche Klarstellung zur Bestätigung der bisherigen Verwaltungsauffassung[2411], d. h. Motiv der Rechtskontinuität.	Weitere Informationen: Das Nichtanwendungsgesetz besteht noch. Das Nichtanwendungsgesetz ist innerhalb von zwei bis drei Jahren nach der BFH-Entscheidung erlassen worden. Die Finanzverwaltung hat die BFH-Entscheidung vor Erlass des Nichtanwendungsgesetzes nicht allgemein angewandt. Es handelt sich um ein profiskalisches Nichtanwendungsgesetz. Sonstiges: Der Bundesrat ist der eigentliche Initiator des Nichtanwendungsgesetzes. Dieser hat im Rahmen des Gesetzgebungsverfahrens zum Gesetz zur Anpassung der Abgabenordnung an den Zollkodex der Union und zur Änderung weiterer steuerlicher

2409 BT-Drs. 18/4902, 44.
2410 BT-Drs. 18/4902, 44.
2411 BT-Drs. 18/4902, 44.

		Vorschriften[2412] eine entsprechende Ergänzung des § 44 Abs. 1 Satz 3 EStG vorgeschlagen[2413]. Die Bundesregierung hat in einer Protokollerklärung im Bundesrat[2414] zugesagt, u. a. auch diese Ergänzung zum Gegenstand eines im 1. Quartal 2015 von ihr vorzulegenden Gesetzesentwurfs zu machen[2415]. Die BFH-Entscheidung wurde erst nachträglich zur Veröffentlichung bestimmt[2416].

2412 BGBl I 2014, 2417.
2413 BR-Drs. 432/14 (Beschluss), 47 f.
2414 BMF in Person des parlamentarischen Staatssekretärs Kampeter, BR-Plenarprotokoll 929. Sitzung vom 19. 12. 2014, 429 f.
2415 Dieser Gesetzesentwurf ist die BT-Drs. 18/4902.
2416 http://juris. bundesfinanzhof. de/cgi-bin/rechtsprechung/druckvorschau. py?Gericht=bfh&Art=en&nr=28386; zuletzt aufgerufen am 31. 03. 2016.

Fundstelle BGBl	Datum, Aktenzeichen und Fundstelle der BFH-Entscheidung	Initiator für das Nichtanwendungsgesetz gem. Art. 76 Abs. 1 GG?	BFH-Entscheidung in Gesetzesbegründung erwähnt?	Fiskalische Auswirkungen des Nichtanwendungsgesetzes laut Gesetzesbegründung?	Enthält Nichtanwendungsgesetz Rückwirkung?	Nichtanwendungserlass vor Nichtanwendungsgesetz?
BGBl I 2015, 1834 (1836); StÄndG 2015[2417] vom 02. 11. 2015	12. 12. 2012, I R 27/12, BStBl II 2013, 682	Bundesregierung[2418]	Ja[2419]	keine Angaben	Nein	Ja[2420]

2417 Das Gesetz wurde erst im Rahmen der abschließenden Beratungen des Finanzausschusses in StÄndG 2015 umbenannt, BT-Drs. 18/6094, 1 und 77. Der zunächst vorgesehene Titel des Gesetzes lautete: „Gesetz zur Umsetzung der Protokollerklärung zum Gesetz zur Anpassung der Abgabenordnung an den Zollkodex der Union und zur Änderung weiterer steuerlicher Vorschriften", BT-Drs. 18/4902, 1.

2418 BT-Drs. 18/4902, 7.

2419 BT-Drs. 18/4902, 44.

2420 BMF vom 12. 09. 2013, IV C 1 – S 2252/07/0002:010 2013/0845629, BStBl I 2013, 1167. Dieser Nichtanwendungserlass wurde nach dem Erlass des Nichtanwendungsgesetzes durch die Neuveröffentlichung des BMF-Schreibens über Einzelfragen zur Abgeltungsteuer, BMF vom 18. 01. 2016, IV C 1 – S 2252/08/10004:017 2015/0468306, BStBl I 2016, 85 (131) aufgehoben.

5. *Nichtanwendungsgesetze der Außensteuer*

Nichtanwendungsgesetz	Motive für Nichtanwendungsgesetz laut Gesetzesbegründung	Weitere Informationen und Sonstiges
BFH-Entscheidung: Eine Geschäftsbeziehung i. S. d. § 1 AStG ist eine Beziehung, die ein Betrieb i. S. d. Gewinneinkünfte eingeht. Bei der Gewährung eines privaten Darlehens eines Steuerinländers an eine ausländische Kapitalgesellschaft, deren Beteiligung der Steuerinländer im Privatvermögen hält und die wesentlich ist, liegt keine Geschäftsbeziehung i. S. d. § 1 Abs. 1 AStG vor. Nichtanwendungsgesetz: § 1 Abs. 4 AStG normiert, dass Geschäftsbeziehungen vorliegen, wenn die den Einkünften zugrunde liegende Beziehung Teil einer Tätigkeit ist, auf die die §§ 13, 15, 18 oder 21 EStG anzuwenden sind oder wären, wenn die Tätigkeit im Inland vorgenommen würde.	Die Rechtsprechung des BFH entspricht nicht dem gesetzgeberischen Willen, was zu erheblichen Beeinträchtigungen der Gleichmäßigkeit der Besteuerung führen kann[2421], d. h. Motiv der Rechtsdogmatik. Der Wille des Gesetzgebers soll ausdrücklich im Gesetz verankert werden[2422], d. h. Motiv des rechtspolitischen Grundes.	Weitere Informationen: Das Nichtanwendungsgesetz besteht noch. Sein Inhalt findet sich heute mit anderen Worten in § 1 Abs. 4 AStG. Das Nichtanwendungsgesetz ist innerhalb von einem bis zwei Jahren nach der BFH-Entscheidung erlassen worden. Das Nichtanwendungsgesetz ist im Laufe der parlamentarischen Beratungen geändert worden. Die Finanzverwaltung hat die BFH-Entscheidung vor Erlass des Nichtanwendungsgesetzes allgemein angewandt. Es handelt sich um ein profiskalisches Nichtanwendungsgesetz. Sonstiges: Keine Ausführungen.

2421 BT-Drs. 12/1108, 78.

Fundstelle BGBl	Datum, Aktenzeichen und Fundstelle der BFH-Entscheidung	Initiator für das Nichtanwendungsgesetz gem. Art. 76 Abs. 1 GG?	BFH-Entscheidung in Gesetzesbegründung erwähnt?	Fiskalische Auswirkungen des Nichtanwendungsgesetzes laut Gesetzesbegründung?	Enthält Nichtanwendungsgesetz Rückwirkung?	Nichtanwendungserlass vor Nichtanwendungsgesetz?
BGBl I 1992, 297 (324); StÄndG 1992 vom 25. 02. 1992	05. 12. 1990, I R 94/88, BStBl II 1991, 287	Bundesregierung[2423] Bundestag[2424]	Nein[2425]	keine Angaben	Nein	Nein

2423 BT-Drs. 12/1368. Diese ist gleichlautend zum Gesetzesentwurf der Koalitionsfraktionen CDU, CSU und FDP, BT-Drs. 12/1108.

2424 Durch die Koalitionsfraktionen CDU, CSU und FDP, BT-Drs. 12/1108, 25. Diese ist gleichlautend zum Gesetzesentwurf der Bundesregierung, BT-Drs. 12/1368.

2425 BT-Drs. 12/1108, 78. Es wird aber erwähnt, dass der BFH in mehreren Entscheidungen eine andere Rechtsauffassung vertreten hat. Diese BFH-Entscheidungen werden aber nicht mit Datum, Aktenzeichen und Fundstelle erwähnt, BT-Drs. 12/1108, 78.

Nichtanwendungsgesetz	Motive für Nichtanwendungsgesetz laut Gesetzesbegründung	Weitere Informationen und Sonstiges
BFH-Entscheidung: § 1 AStG ist nur dann anzuwenden, wenn eine Geschäftsbeziehung vorliegt. Diese liegt mit Bezug auf eine Garantieerklärung nicht vor, wenn die begünstigte Gesellschaft mangels ausreichender Eigenkapitalausstattung ohne die Garantieerklärung ihre konzerninterne Funktion nicht erfüllen kann. Nichtanwendungsgesetz: § 1 Abs. 4 AStG normiert, dass eine Geschäftsbeziehung zwischen dem Stpfl. und einem ihm Nahestehenden immer dann anzunehmen ist, wenn es sich um eine auf schuldrechtlichen Vereinbarungen beruhende Beziehung handelt.	Klarstellung[2426], d. h. Motiv des rechtspolitischen Grundes.	Weitere Informationen: Das Nichtanwendungsgesetz besteht noch. Sein Inhalt findet sich heute mit anderen Worten in § 1 Abs. 4 AStG. Das Nichtanwendungsgesetz ist innerhalb von zwei bis drei Jahren nach der BFH-Entscheidung erlassen worden. Die Finanzverwaltung hat die BFH-Entscheidung vor Erlass des Nichtanwendungsgesetzes nicht allgemein angewandt. Es handelt sich um ein profiskalisches Nichtanwendungsgesetz. Sonstiges: Keine Ausführungen.

2426 BT-Drs. 15/119, 53.

Fundstelle BGBl	Datum, Aktenzeichen und Fundstelle der BFH-Entscheidung	Initiator für das Nichtanwendungsgesetz gem. Art. 76 Abs. 1 GG?	BFH-Entscheidung in Gesetzesbegründung erwähnt?	Fiskalische Auswirkungen des Nichtanwendungsgesetzes laut Gesetzesbegründung?	Enthält Nichtanwendungsgesetz Rückwirkung?	Nichtanwendungserlass vor Nichtanwendungsgesetz?
BGBl I 2003, 660 (666); StVergAbG vom 16. 05. 2003	29. 11. 2000, I R 85/99, BStBl II 2002, 720	Bundesregierung[2427] Bundestag[2428]	Nein[2429]	keine Angaben	Nein	Ja[2430]

Nichtanwendungsgesetz	Motive für Nichtanwendungsgesetz laut Gesetzesbegründung	Weitere Informationen und Sonstiges
BFH-Entscheidung: Im Rahmen der Anwendung des § 8 Abs. 3 AStG ist für die Feststellung der ausländischen Steuerbelastung auf die rechtlich geschuldete Steuer abzustellen.	Entsprechend dem Sinn und Zweck des § 8 Abs. 3 AStG, ist auf die tatsächlich geschuldete Steuer abzustellen[2431], d. h. Motiv des rechtspolitischen Grundes.	Weitere Informationen: Das Nichtanwendungsgesetz besteht noch. Es findet sich heute in § 8 Abs. 3 Satz 1 und 3 AStG.

2427 BT-Drs. 15/287. Diese ist gleichlautend zum Gesetzesentwurf der Koalitionsfraktionen SPD und Bündnis 90/Die Grünen, BT-Drs. 15/119.

2428 Durch die Koalitionsfraktionen SPD und Bündnis 90/Die Grünen, BT-Drs. 15/119, 16. Diese ist gleichlautend zum Gesetzesentwurf der Bundesregierung, BT-Drs. 15/287.

2429 BT-Drs. 15/119, 53.

2430 BMF vom 17. 10. 2002, IV B 4 – S 1341 – 14/02, BStBl I 2002, 1025.

2431 BT-Drs. 16/6290, 93.

Nichtanwendungsgesetz: § 8 Abs. 3 AStG legt fest, dass für die Anwendung der Hinzurechnungsbesteuerung die tatsächlich geschuldete Steuer maßgeblich ist.		Das Nichtanwendungsgesetz ist innerhalb von drei bis fünf Jahren nach der BFH-Entscheidung erlassen worden. Die Finanzverwaltung hat die BFH-Entscheidung vor Erlass des Nichtanwendungsgesetzes allgemein angewandt. Es handelt sich um ein neutrales Nichtanwendungsgesetz. Sonstiges: Keine Ausführungen.

Fundstelle BGBl	**Datum, Aktenzeichen und Fundstelle der BFH-Entscheidung**	**Initiator für das Nichtanwendungsgesetz gem. Art. 76 Abs. 1 GG?**	**BFH-Entscheidung in Gesetzesbegründung erwähnt?**	**Fiskalische Auswirkungen des Nichtanwendungsgesetzes laut Gesetzesbegründung?**	**Enthält Nichtanwendungsgesetz Rückwirkung?**	**Nichtanwendungserlass vor Nichtanwendungsgesetz?**
BGBl I 2007, 3150 (3186); JStG 2008 vom 20. 12. 2007	09. 07. 2003, I R 82/01, BStBl II 2004, 4	Bundesregierung[2432]	Ja[2433]	keine Angaben	Ja	Nein

2432 BT-Drs. 16/6290, 37.
2433 BT-Drs. 16/6290, 93.

Nichtanwendungsgesetz	Motive für Nichtanwendungsgesetz laut Gesetzesbegründung	Weitere Informationen und Sonstiges
BFH-Entscheidung: Ein Sportler unterfällt mit den der Betriebsstätte zuzurechnenden Werbeeinkünften auch dann nicht der erweitert beschränkten Steuerpflicht nach § 2 AStG, wenn er in einem Niedrigsteuerland ansässig ist. Betriebsstätte kann der Wohnsitz sein. Nichtanwendungsgesetz: § 2 Abs. 1 Satz 2 AStG bestimmt, dass Einkünfte natürlicher Personen, die weder durch deren ausländische Betriebsstätte noch durch deren in einem ausländischen Staat tätigen ständigen Vertreter erzielt werden, durch die Annahme des Bestehens einer inländischen Geschäftsleitungsbetriebsstätte der natürlichen Person, der diese Einkünfte zuzuordnen sind, in den Anwendungsbereich des AStG einbezogen werden.	Sicherstellung der Wirkung, die der Gesetzgeber dem § 2 AStG zugedacht hat[2434], d. h. Motiv des rechtspolitischen Grundes. Die Änderung will dem Gesetzesanwender eine möglichst einfach handhabbare Entscheidungsrichtschnur an die Hand geben[2435], d. h. Motiv der Rechtsvereinfachung.	Weitere Informationen: Das Nichtanwendungsgesetz besteht noch. Das Nichtanwendungsgesetz ist innerhalb eines Jahres nach der BFH-Entscheidung erlassen worden. Das Nichtanwendungsgesetz ist erst im Laufe der parlamentarischen Beratungen im Rahmen der nach der Einbringung des Gesetzgebungsverfahrens erfolgenden Beteiligung des Bundesrates an dem Gesetzgebungsverfahren durch diesen zum Gegenstand des Gesetzes geworden. Das Nichtanwendungsgesetz ist im Laufe der parlamentarischen Beratungen geändert worden. Die Veröffentlichung der BFH-Entscheidung im BStBl II erfolgte erst nach Erlass des Nichtanwendungsgesetzes.

2434 BT-Drs. 16/11108, 43.
2435 BR-Drs. 545/08 (Beschluss), 66.

		Die Finanzverwaltung hat die BFH-Entscheidung vor Erlass des Nichtanwendungsgesetzes nicht allgemein angewandt. Es handelt sich um ein profiskalisches Nichtanwendungsgesetz. Sonstiges: Die Rechtsprechung des BFH wendet sich gegen Tz. 2.5.0.1 Nr. 1 lit. a) der BMF-Schreiben vom 02. 12. 1994[2436] und 14. 05. 2004[2437].

Fundstelle BGBl	**Datum, Aktenzeichen und Fundstelle der BFH-Entscheidung**	**Initiator für das Nichtanwendungsgesetz gem. Art. 76 Abs. 1 GG?**	**BFH-Entscheidung in Gesetzesbegründung erwähnt?**	**Fiskalische Auswirkungen des Nichtanwendungsgesetzes laut Gesetzesbegründung?**	**Enthält Nichtanwendungsgesetz Rückwirkung?**	**Nichtanwendungserlass vor Nichtanwendungsgesetz?**
BGBl I 2008, 2794 (2826); JStG 2009 vom 19. 12. 2008	19. 12. 2007, I R 19/06, BStBl II 2010, 398	Bundesrat[2438]	Ja[2439]	keine Angaben	Nein	Nein

2436 BMF vom 02. 12. 1994, IV C 7 – S 1340 – 20/94, BStBl I Sondernummer 1/1995, 13 f.
2437 BMF vom 14. 05. 2004, IV B 4 – S 1340 – 11/04, BStBl I Sondernummer 1/2004, 14.
2438 BR-Drs. 545/08 (Beschluss), 65.
2439 BR-Drs. 545/08 (Beschluss), 66.

6. *Nichtanwendungsgesetze der Umwandlungsteuer*

Nichtanwendungsgesetz	**Motive für Nichtanwendungsgesetz laut Gesetzesbegründung**	**Weitere Informationen und Sonstiges**
BFH-Entscheidung: Es bleibt ohne Einfluss auf die Vergünstigung (Stundung) des § 21 Abs. 2 Satz 3 UmwStG 1977, wenn der Anteilseigner die Kapitalanteile bereits in dem Veranlagungszeitraum veräußert, der einer Besteuerung nach § 21 Abs. 2 Satz 1 UmwStG 1977 folgt. Nichtanwendungsgesetz: Durch § 21 Abs. 2 Satz 3 bis 6 UmwStG wird normiert, dass die Stundung mit dem Zeitpunkt der Veräußerung endet. Außerdem wird eine Stundung für Fälle der Liquidation oder Kapitalherabsetzung ausgeschlossen.	Nach der Rechtsprechung des BFH fehlt der bisherigen Verwaltungsauffassung[2440] eine ausreichende gesetzliche Grundlage, die nunmehr geschaffen werden soll[2441], d. h. Motiv der Rechtsdogmatik. Gesetzliche Festschreibung der bisherigen Verwaltungsauffassung[2442], d. h. Motiv der Rechtskontinuität.	Weitere Informationen: Das Nichtanwendungsgesetz besteht nicht mehr. Es wurde nicht in das UmwStG i. d. F. des SEStEG[2443] übernommen. Das Nichtanwendungsgesetz ist innerhalb von zwei bis drei Jahren nach der BFH-Entscheidung erlassen worden. Das Nichtanwendungsgesetz ist im Laufe der parlamentarischen Beratungen geändert worden. Die Finanzverwaltung hat die BFH-Entscheidung vor Erlass des Nichtanwendungsgesetzes allgemein angewandt. Es handelt sich um ein profiskalisches Nichtanwendungsgesetz.

2440 BMF vom 16. 06. 1978, IV B 2 – S 1909 – 8/78, Tz. 63-65, BStBl I 1978, 235 (244).
2441 BT-Drs. 12/5630, 80 = BT-Drs. 12/5764, 41.
2442 BT-Drs. 12/5630, 80 = BT-Drs. 12/5764, 41.
2443 BGBl I 2006, 2782 (2791 ff).

					Sonstiges: Die Rechtsprechung des BFH wendet sich gegen Tz. 63-65 des BMF-Schreibens vom 16. 06. 1978[2444].	
Fundstelle BGBl	**Datum, Aktenzeichen und Fundstelle der BFH-Entscheidung**	**Initiator für das Nichtanwendungsgesetz gem. Art. 76 Abs. 1 GG?**	**BFH-Entscheidung in Gesetzesbegründung erwähnt?**	**Fiskalische Auswirkungen des Nichtanwendungsgesetzes laut Gesetzesbegründung?**	**Enthält Nichtanwendungsgesetz Rückwirkung?**	**Nichtanwendungserlass vor Nichtanwendungsgesetz?**
BGBl I 1993, 2310 (2332); StMBG vom 21. 12. 1993	04. 12. 1991, I R 163/90, BStBl II 1993, 362	Bundesregierung[2445] Bundestag[2446]	Ja[2447]	keine Angaben	Nein	Nein

2444 BMF vom 16. 06. 1978, IV B 2 – S 1909 – 8/78, BStBl I 1978, 235 (244).

2445 BT-Drs. 12/5764. Diese ist gleichlautend zum Gesetzesentwurf der Koalitionsfraktionen CDU, CSU und FDP, BT-Drs. 12/5630.

2446 Durch die Koalitionsfraktionen CDU, CSU und FDP, BT-Drs. 12/5630, 27. Diese ist gleichlautend zum Gesetzesentwurf der Bundesregierung, BT-Drs. 12/5764.

2447 BT-Drs. 12/5630, 80 = BT-Drs. 12/5764, 41.

Nichtanwendungsgesetz	Motive für Nichtanwendungsgesetz laut Gesetzesbegründung	Weitere Informationen und Sonstiges
BFH-Entscheidung: Beantragt der Anteilseigner, die stillen Reserven einbringungsgeborener Anteile aufzudecken, so ist ihm die Stundung gem. § 21 Abs. 2 Satz 3 UmwStG 1995 auch dann zu gewähren, wenn die Kapitalgesellschaft, an der die Anteile bestehen, kurz darauf formwechselnd in eine Personengesellschaft umgewandelt wird und beim Anteilseigner dadurch gem. § 10 UmwStG 1995 ein entsprechendes Körperschaftsteuerguthaben anzurechnen ist. Nichtanwendungsgesetz: Durch die Einfügung der Wörter „oder wenn eine Umwandlung im Sinne des zweiten oder des vierten Teils des Gesetzes erfolgt ist" in § 21 Abs. 2 Satz 6 UmwStG wird normiert, dass die zunächst gewährte Stundung im Zeitpunkt der Umwandlung auf ein Personenunternehmen endet.	Die weitere Stundung ist auch im Fall der Umwandlung auf ein Personenunternehmen nicht mehr gerechtfertigt[2448], d. h. Motiv des rechtspolitischen Grundes. Der Stpfl. soll die Vorteile der Stundung nur solange erhalten, wie ihm nicht durch eine Anteilsveräußerung oder eine Kapitalrückzahlung tatsächliche Liquidität zufließt. Durch die Anrechnung des Körperschaftsteuerguthabens fließt aber Liquidität zu. Damit ist die Stundung nicht mehr gerechtfertigt[2449], d. h. Motiv des rechtspolitischen Grundes.	Weitere Informationen: Das Nichtanwendungsgesetz besteht nicht mehr. Es wurde nicht in das UmwStG i. d. F. des SEStEG[2450] übernommen. Das Nichtanwendungsgesetz ist innerhalb von einem bis zwei Jahren nach der BFH-Entscheidung erlassen worden. Das Nichtanwendungsgesetz ist erst im Laufe der parlamentarischen Beratungen im Rahmen der nach der Einbringung des Gesetzgebungsverfahrens erfolgenden Beteiligung des Bundesrates an dem Gesetzgebungsverfahren durch diesen zum Gegenstand des Gesetzes geworden. Das Nichtanwendungsgesetz ist im Laufe der parlamentarischen Beratungen geändert worden. Die Veröffentlichung der BFH-Entscheidung im BStBl II erfolgte erst nach Erlass des Nichtanwendungsgesetzes.

2448 BR-Drs. 475/99 (Beschluss), 26.
2449 BT-Drs. 14/2070, 25.
2450 BGBl I 2006, 2782 (2791 ff).

		Die Finanzverwaltung hat die BFH-Entscheidung vor Erlass des Nichtanwendungsgesetzes nicht allgemein angewandt. Es handelt sich um ein profiskalisches Nichtanwendungsgesetz. Sonstiges: Bei der BFH-Entscheidung handelt es sich um eine Nichtzulassungsbeschwerde gem. § 116 FGO.

Fundstelle BGBl	**Datum, Aktenzeichen und Fundstelle der BFH-Entscheidung**	**Initiator für das Nichtanwendungsgesetz gem. Art. 76 Abs. 1 GG?**	**BFH-Entscheidung in Gesetzesbegründung erwähnt?**	**Fiskalische Auswirkungen des Nichtanwendungsgesetzes laut Gesetzesbegründung?**	**Enthält Nichtanwendungsgesetz Rückwirkung?**	**Nichtanwendungserlass vor Nichtanwendungsgesetz?**
BGBl I 1999, 2601 (2611); StBerG 1999 vom 22. 12. 1999	05. 05. 1998, I B 24/98, BStBl II 2000, 430	Bundesrat[2451]	Ja[2452]	keine Angaben	Nein	Nein

2451 BR-Drs. 475/99 (Beschluss), 25.
2452 BR-Drs. 475/99 (Beschluss), 26

Nichtanwendungsgesetz	Motive für Nichtanwendungsgesetz laut Gesetzesbegründung	Weitere Informationen und Sonstiges
BFH-Entscheidung: Wird eine Betriebskapitalgesellschaft auf die Besitzpersonengesellschaft (KG) verschmolzen und innerhalb von fünf Jahren nach dem Vermögensübergang ein Mitunternehmeranteil an der KG veräußert, so unterliegt der Teil des Veräußerungsgewinns, der auf das Vermögen entfällt, das der KG bereits vor der Umwandlung gehörte, nicht nach § 18 Abs. 4 UmwStG 1995 der GewSt. Nichtanwendungsgesetz: § 18 Abs. 3 Satz 1 UmwStG normiert, dass ein Aufgabe- oder Veräußerungsgewinn der GewSt auch soweit unterliegt als er auf das Betriebsvermögen entfällt, das bereits vor der Umwandlung im Betrieb des aufnehmenden Rechtsträgers vorhanden war.	Gesetzliche Festschreibung der bisherigen Verwaltungsauffassung[2453], d. h. Motiv der Rechtskontinuität.	Weitere Informationen: Das Nichtanwendungsgesetz besteht noch. Das Nichtanwendungsgesetz ist innerhalb von einem bis zwei Jahren nach der BFH-Entscheidung erlassen worden. Das Nichtanwendungsgesetz ist erst im Laufe der parlamentarischen Beratungen im Rahmen der nach der Einbringung des Gesetzgebungsverfahrens erfolgenden Beteiligung des Bundesrates an dem Gesetzgebungsverfahren durch diesen zum Gegenstand des Gesetzes geworden. Die Veröffentlichung der BFH-Entscheidung im BStBl II erfolgte erst nach Erlass des Nichtanwendungsgesetzes. Die Finanzverwaltung hat die BFH-Entscheidung vor Erlass des Nichtanwendungsgesetzes nicht allgemein angewandt.

2453 BR-Drs. 544/07 (Beschluss), 58.

		Es handelt sich um ein profiskalisches Nichtanwendungsgesetz. Sonstiges: Keine Ausführungen.

Fundstelle BGBl	**Datum, Aktenzeichen und Fundstelle der BFH-Entscheidung**	**Initiator für das Nichtanwendungsgesetz gem. Art. 76 Abs. 1 GG?**	**BFH-Entscheidung in Gesetzesbegründung erwähnt?**	**Fiskalische Auswirkungen des Nichtanwendungsgesetzes laut Gesetzesbegründung?**	**Enthält Nichtanwendungsgesetz Rückwirkung?**	**Nichtanwendungserlass vor Nichtanwendungsgesetz?**
BGBl I 2007, 3150 (3168); JStG 2008 vom 20. 12. 2007	20. 11. 2006, VIII R 47/05, BStBl II 2008, 69	Bundesrat[2454]	Ja[2455]	keine Angaben	Nein	Nein

2454 BR-Drs. 544/07 (Beschluss), 57.
2455 BR-Drs. 544/07 (Beschluss), 58.

Nichtanwendungsgesetz	Motive für Nichtanwendungsgesetz laut Gesetzesbegründung	Weitere Informationen und Sonstiges
BFH-Entscheidung: Bei einer Einbringung eines Betriebs gegen ein sog. Mischentgelt – bestehend aus Gesellschaftsrechten und einer Darlehensforderung gegen die Personengesellschaft – wird bei Wahl der Buchwertfortführung dann kein Gewinn realisiert, wenn die Summe aus dem Nominalbetrag der Gutschrift auf dem Kapitalkonto des Einbringenden bei der Personengesellschaft und dem gemeinen Wert der eingeräumten Darlehensforderung den steuerlichen Buchwert des eingebrachten Einzelunternehmens nicht übersteigt. Nichtanwendungsgesetz: In § 24 Abs. 2 Satz 2 UmwStG wird normiert, dass abweichend von Satz 1 das übernommene Betriebsvermögen auf Antrag mit dem Buchwert oder einem höheren Wert, höchstens jedoch mit dem Wert i. S. d. Satzes 1, angesetzt	Schließung von Lücken zur Vermeidung von in der Praxis häufig anzutreffenden unerwünschten steuerinduzierten Gestaltungen, die unmittelbar zu Lasten der Haushalte von Bund, Ländern und Kommunen gehen[2456], d. h. Motiv des fiskalischen Grundes. Folgerichtige Ausgestaltung des UmwStG, um das gezielte Ausnutzen von Gesetzeslücken für systemwidrige steuerfreie Gestaltungen zu verhindern[2457], d. h. Motiv der Missbrauchsbekämpfung. Die Änderung des § 24 UmwStG ist erforderlich, um die Grundwertungen des UmwStG folgerichtig umzusetzen und einheitliche Voraussetzungen für sämtliche Einbringungstatbestände zu schaffen[2458], d. h. Motiv der Rechtsdogmatik.	Weitere Informationen: Das Nichtanwendungsgesetz besteht noch. Das Nichtanwendungsgesetz ist innerhalb von zwei bis drei Jahren nach der BFH-Entscheidung erlassen worden. Das Nichtanwendungsgesetz ist im Laufe der parlamentarischen Beratungen geändert worden. Die BFH-Entscheidung wurde nicht im BStBl II veröffentlicht. Die Finanzverwaltung hat die BFH-Entscheidung vor Erlass des Nichtanwendungsgesetzes nicht allgemein angewandt. Es handelt sich um ein profiskalisches Nichtanwendungsgesetz.

2456 BT-Drs. 18/4902, 36 und 48 f.
2457 BT-Drs. 18/4902, 48.
2458 BT-Drs. 18/3017, 47.

werden kann, soweit 1. das Recht der BRD hinsichtlich der Besteuerung des eingebrachten Betriebsvermögens nicht ausgeschlossen oder beschränkt wird und 2. der gemeine Wert von sonstigen Gegenleistungen, die neben den neuen Gesellschaftsanteilen gewährt werden, nicht mehr beträgt als a) 25 % des Buchwerts des eingebrachten Betriebsvermögens oder b) 500.000 Euro, höchstens jedoch den Buchwert des eingebrachten Betriebsvermögens. Erhält der Einbringende neben den neuen Gesellschaftsanteilen auch sonstige Gegenleistungen, ist gem. Satz 3 das eingebrachte Betriebsvermögen abweichend von Satz 2 mindestens mit dem gemeinen Wert der sonstigen Gegenleistungen anzusetzen, wenn dieser den sich nach Satz 2 ergebenden Wert übersteigt.		Sonstiges: Der Bundesrat ist der eigentliche Initiator des Nichtanwendungsgesetzes. Dieser hat im Rahmen des Gesetzgebungsverfahrens zum Gesetz zur Anpassung der Abgabenordnung an den Zollkodex der Union und zur Änderung weiterer steuerlicher Vorschriften[2459] eine entsprechende Ergänzung des § 24 Abs. 2 Satz 2 UmwStG vorgeschlagen[2460]. Die Bundesregierung hat in einer Protokollerklärung im Bundesrat[2461] zugesagt, u. a. auch diese Ergänzung zum Gegenstand eines im 1. Quartal 2015 von ihr vorzulegenden Gesetzesentwurfs zu machen[2462]. Die Rechtsprechung des BFH wendet sich gegen Tz. 24.07 des BMF-Schreibens vom 11. 11. 2011[2463].

2459 BGBl I 2014, 2417.

2460 BR-Drs. 432/14 (Beschluss), 47 f.

2461 BMF in Person des parlamentarischen Staatssekretärs Kampeter, BR-Plenarprotokoll 929. Sitzung vom 19. 12. 2014, 429 f.

2462 Dieser Gesetzesentwurf ist die BT-Drs. 18/4902.

2463 BMF vom 11. 11. 2011, IV C 2 – S 1978-b/08/10001 2011/0903665, BStBl I 2011, 1314 (1399).

Fundstelle BGBl	Datum, Aktenzeichen und Fundstelle der BFH-Entscheidung	Initiator für das Nichtanwendungsgesetz gem. Art. 76 Abs. 1 GG?	BFH-Entscheidung in Gesetzesbegründung erwähnt?	Fiskalische Auswirkungen des Nichtanwendungsgesetzes laut Gesetzesbegründung?	Enthält Nichtanwendungsgesetz Rückwirkung?	Nichtanwendungserlass vor Nichtanwendungsgesetz?
BGBl I 2015, 1834 (1840); StÄndG 2015[2464] vom 02. 11. 2015	18. 09. 2013, X R 42/10, BFHE 242, 489	Bundesregierung[2465]	Ja[2466]	keine Angaben	Ja	Nein

2464 Das Gesetz wurde erst im Rahmen der abschließenden Beratungen des Finanzausschusses in StÄndG 2015 umbenannt, BT-Drs. 18/6094, 1 und 77. Der zunächst vorgesehene Titel des Gesetzes lautete: „Gesetz zur Umsetzung der Protokollerklärung zum Gesetz zur Anpassung der Abgabenordnung an den Zollkodex der Union und zur Änderung weiterer steuerlicher Vorschriften", BT-Drs. 18/4902, 1.

2465 BT-Drs. 18/4902, 11 f.

2466 BT-Drs. 18/4902, 51.

7. *Nichtanwendungsgesetze der Körperschaftsteuer*

Nichtanwendungsgesetz	Motive für Nichtanwendungsgesetz laut Gesetzesbegründung	Weitere Informationen und Sonstiges
BFH-Entscheidung: Hat ein Einzelkaufmann mit einer von ihm beherrschten GmbH einen Ergebnisabführungsvertrag geschlossen, so kann ein Verlust der GmbH nicht mit steuerlicher Wirkung zu Lasten des Gewinns der Einzelfirma übernommen werden. Nichtanwendungsgesetz: Durch § 7a KStG wird die körperschaftsteuerliche Organschaft erstmals gesetzlich normiert. Hiernach ist eine Organschaft zwischen einer natürlichen Person als Organträger mit einer Kapitalgesellschaft als Organgesellschaft möglich.	Die bisherige Praxis der körperschaftsteuerlichen Organschaft soll auf einer ausreichenden gesetzlichen Grundlage fortgesetzt werden[2467], d. h. Motiv der Rechtskontinuität. Die bisherige Praxis der körperschaftsteuerlichen Organschaft soll auf einer ausreichenden gesetzlichen Grundlage fortgesetzt werden[2468], d. h. Motiv der Rechtsdogmatik. Die systematischen Gesichtspunkte der BFH-Rechtsprechung werden anerkannt. Die Rechtsprechung des BFH würde aber eine neue zusätzliche Belastung der betroffenen Unternehmen darstellen, auf die verzichtet werden kann[2469], d. h. Motiv des lenkungspolitischen Grundes (Förderung von Unternehmen).	Weitere Informationen: Das Nichtanwendungsgesetz besteht noch. In § 14 Abs. 1 Satz 1 und § 17 KStG i. V. m. § 14 Abs. 1 Satz 1 Nr. 2 Satz 1 KStG ist die Möglichkeit einer Organschaft zwischen einer natürlichen Person als Organträger und eine Kapitalgesellschaft als Organgesellschaft normiert. Das Nichtanwendungsgesetz ist innerhalb von zwei bis drei Jahren nach der BFH-Entscheidung erlassen worden. Das Nichtanwendungsgesetz ist im Laufe der parlamentarischen Beratungen geändert worden. Die Finanzverwaltung hat die BFH-Entscheidung vor Erlass des Nichtanwendungsgesetzes allgemein angewandt. Es handelt sich um ein antifiskalisches Nichtanwendungsgesetz.

2467 BT-Drs. 5/3017, 6 ff.
2468 BT-Drs. 5/3017, 6 ff.

		Sonstiges: Keine Ausführungen.

Fundstelle BGBl	Datum, Aktenzeichen und Fundstelle der BFH-Entscheidung	Initiator für das Nichtanwendungsgesetz gem. Art. 76 Abs. 1 GG?	BFH-Entscheidung in Gesetzesbegründung erwähnt?	Fiskalische Auswirkungen des Nichtanwendungsgesetzes laut Gesetzesbegründung?	Enthält Nichtanwendungsgesetz Rückwirkung?	Nichtanwendungserlass vor Nichtanwendungsgesetz?
BGBl I 1969, 1182 (1182 f.); Gesetz[2470] vom 15. 08. 1969	17. 11. 1966, I R 280/63, BStBl III 1967, 118	Bundesregierung[2471]	Ja[2472]	keine nennenswerten finanziellen Auswirkungen[2473]	Ja	Nein

Nichtanwendungsgesetz	Motive für Nichtanwendungsgesetz laut Gesetzesbegründung	Weitere Informationen und Sonstiges
BFH-Entscheidung: Es ist nicht ernstlich zweifelhaft, dass für die bei verdeckten Gewinnausschüttungen nach dem KStG 1977 herzustellende Ausschüttungsbelastung der verwendbare	Beseitigung körperschaftsteuerlicher Nachteile bei Vorabausschüttungen und verdeckten Gewinnausschüttungen[2474], d. h. Motiv des rechtspolitischen Grundes.	Weitere Informationen: Das Nichtanwendungsgesetz besteht nicht mehr. Es ist durch den im StSenkG[2477] normierten Übergang vom Anrechnungs- zum Halbeinkünfteverfahren entfallen.

2470 Gesetz zur Änderung des Körperschaftsteuergesetzes und anderer Gesetze.
2471 BT-Drs. 5/3017, 2 f und 6 f.
2472 BT-Drs. 5/3017, 7.
2473 BT-Drs. 5/4187. Diese Aussage bezieht sich auf den gesamten Gesetzesentwurf, der neben § 7a KStG noch weitere §§ enthält.
2474 BT-Drs. 10/336, 2 und 28.
2477 BGBl I 2000, 1433 (1454 f).

Teil des Eigenkapitals entscheidend ist, der sich zum Schluss des letzten vor der Gewinnausschüttung abgelaufenen Wirtschaftsjahres ergibt. Nichtanwendungsgesetz: § 28 Abs. 2 Satz 2 KStG normiert, dass andere Ausschüttungen mit dem verwendbaren Eigenkapital zu verrechnen sind, das sich zum Schluss des Wirtschaftsjahrs ergibt, in dem die Ausschüttung erfolgt.	Die Belastungswirkungen, wie sie sich durch die Zusammenrechnung der Steuer auf das Einkommen und der vollen Ausschüttungsbelastung ergeben, sind von der Systematik des körperschaftsteuerlichen Anrechnungsverfahrens her nicht zwingend. Soweit das zu versteuernde Einkommen der Körperschaft den ausgeschütteten Gewinn nicht übersteigt, reicht es aus, den Anspruch des Staates auf KSt in der Höhe materiell zu sichern, in der bei dem Anteilseigner ein Anspruch auf Anrechnung entstehen kann. Nur wenn das zu versteuernde Einkommen höher ist als der ausgeschüttete Gewinn, muss für den nicht ausgeschütteten Betrag KSt zusätzlich zu der Ausschüttungsbelastung erhoben werden. Dieses Ergebnis lässt sich dadurch erreichen, dass die Ausschüttungen mit dem verwendbaren Eigenkapital am Schluss des Wirtschaftsjahres verrechnet werden[2475], d. h. Motiv der Rechtsdogmatik.	Das Nichtanwendungsgesetz ist innerhalb von drei bis fünf Jahren nach der BFH-Entscheidung erlassen worden. Die Finanzverwaltung hat die BFH-Entscheidung vor Erlass des Nichtanwendungsgesetzes allgemein angewandt. Es handelt sich um ein antifiskalisches Nichtanwendungsgesetz. Sonstiges: Es handelt sich um eine BFH-Entscheidung im vorläufigen Rechtsschutz. Die weiteren Änderungen in den §§ 28 und 29 KStG stehen im Kontext zu dem Nichtanwendungsgesetz. Bei Rechtsbehelfsverfahren wurde im Vorfeld des Nichtanwendungsgesetzes die KSt auf Antrag nach § 222 AO gestundet und den Stpfl. der Verzicht auf Stundungszinsen nach § 234 Abs. 2 AO in Aussicht gestellt[2478].

2475 BT-Drs. 10/336, 29 f.

2478 FinMin. NRW vom 30. 07. 1982, S 2183 – 8 – V B 4, DB 1982, 1701.

Fundstelle BGBl	Datum, Aktenzeichen und Fundstelle der BFH-Entscheidung	Initiator für das Nichtanwendungsgesetz gem. Art. 76 Abs. 1 GG?	BFH-Entscheidung in Gesetzesbegründung erwähnt?	Fiskalische Auswirkungen des Nichtanwendungsgesetzes laut Gesetzesbegründung?	Enthält Nichtanwendungsgesetz Rückwirkung?	Nichtanwendungserlass vor Nichtanwendungsgesetz?
		Wesentliche Abschwächung des Liquiditätsentzugs bei der Gesellschaft[2476], d. h. Motiv des rechtspolitischen Grundes.				
Fundstelle BGBl	**Datum, Aktenzeichen und Fundstelle der BFH-Entscheidung**	**Initiator für das Nichtanwendungsgesetz gem. Art. 76 Abs. 1 GG?**	**BFH-Entscheidung in Gesetzesbegründung erwähnt?**	**Fiskalische Auswirkungen des Nichtanwendungsgesetzes laut Gesetzesbegründung?**	**Enthält Nichtanwendungsgesetz Rückwirkung?**	**Nichtanwendungserlass vor Nichtanwendungsgesetz?**
BGBl I 1983, 1583 (1588); StEntlG 1984 vom 22. 12. 1983	20. 11. 1980, I B 31/80, BStBl II 1981, 180	Bundesregierung[2479]	Ja[2480]	Jährliche Steuermindereinnahmen i. H. v. 7,67 Mio. € und einmalige Steuermindereinnahmen i. H. v. 127,82 Mio. € im Entstehungsjahr[2481]	Ja	Nein

2476 BT-Drs. 10/336, 30.
2479 BT-Drs. 10/336, 10.
2480 BT-Drs. 10/336, 29.
2481 BT-Drs. 10/336, 20 f. Für das Rechnungsjahr 1984 ergeben sich laufende Steuermindereinnahmen von 5,11 Mio. € und einmalige Steuermindereinnahmen von 97,15 Mio. €, für 1985 ergeben sich laufende Steuermindereinnahmen von 8,18 Mio. € und einmalige Steuermindereinnahmen von 20,45 Mio. €, für 1986 ergeben sich laufende Steuermindereinnahmen von 5,62 Mio. € und einmalige Steuermindereinnahmen von 10,23 Mio. € und für 1987 ergeben sich laufende Steuermindereinnahmen von 5,62 Mio. €.

Nichtanwendungsgesetz	Motive für Nichtanwendungsgesetz laut Gesetzesbegründung	Weitere Informationen und Sonstiges
BFH-Entscheidung: Einer Kapitalgesellschaft dürfen Verlustabzüge aus der Zeit vor einem grundlegenden Gesellschafterwechsel auch dann nicht versagt werden, wenn sie ihre bisherigen Vermögenswerte im Wesentlichen verloren hat und durch Zuführung von Mitteln der Neugesellschafter wirtschaftlich wiederbelebt wird. Nichtanwendungsgesetz: § 8 Abs. 4 KStG normiert, dass eine Körperschaft nur dann einen Verlustabzug in Anspruch nehmen kann, wenn sie rechtlich und wirtschaftlich mit der Körperschaft identisch ist, die den Verlust erlitten hat.	Gerechtere Besteuerung[2482], d. h. Motiv des rechtspolitischen Grundes. Die Rechtsprechung des BFH führt entgegen der Zielsetzung des § 10d EStG dazu, dass Verlustvorträge von Körperschaften veräußerbar sind (sog. Mantelkauf)[2483], d. h. Motiv der Missbrauchsbekämpfung. Gleichbehandlung der KSt mit der ESt. Dort ist der Verlustvortrag eines Einzelunternehmers nicht übertragbar. Nach der Rechtsprechung des BFH würde sich eine unterschiedliche Behandlung (KSt: Übertragbarkeit, ESt: Keine Übertragbarkeit) ergeben[2484], d. h. Motiv der Rechtsdogmatik. Einnahmeerhöhung durch Verbreiterung der steuerlichen Bemessungsgrundlage[2485], d. h. Motiv des fiskalischen Grundes.	Weitere Informationen: Das Nichtanwendungsgesetz besteht noch. Die Regelungen zum Mantelkauf finden sich heute in § 8c KStG[2486]. Das Nichtanwendungsgesetz ist innerhalb von einem bis zwei Jahren nach der BFH-Entscheidung erlassen worden. Das Nichtanwendungsgesetz richtet sich gegen eine Änderung der Rechtsprechung des BFH. Die Finanzverwaltung hat die BFH-Entscheidung vor Erlass des Nichtanwendungsgesetzes allgemein angewandt. Es handelt sich um ein profiskalisches Nichtanwendungsgesetz.

2482 BT-Drs. 11/2157, 121.
2483 BT-Drs. 11/2157, 171.
2484 BT-Drs. 11/2157, 171.
2485 BT-Drs. 11/2536, 4 f.
2486 Eingeführt durch das Unternehmensteuerreformgesetz 2008, BGBl I 2007, 1912 (1928).

		Sonstiges: In § 10a Satz 4 GewStG wurde normiert, dass auf Fehlbeträge § 8 Abs. 4 KStG entsprechend anzuwenden ist.

Fundstelle BGBl	Datum, Aktenzeichen und Fundstelle der BFH-Entscheidung	Initiator für das Nichtanwendungsgesetz gem. Art. 76 Abs. 1 GG?	BFH-Entscheidung in Gesetzesbegründung erwähnt?	Fiskalische Auswirkungen des Nichtanwendungsgesetzes laut Gesetzesbegründung?	Enthält Nichtanwendungsgesetz Rückwirkung?	Nichtanwendungserlass vor Nichtanwendungsgesetz?
BGBl I 1988, 1093 (1114); StReformG 1990 vom 25. 07. 1988	29. 10. 1986, I R 202/82, BStBl II 1987, 308; 29. 10. 1986, I R 318-319/83, BStBl II 1987, 310; 29. 10. 1986, I R 271/83, BFH/NV 1987, 266; 29. 10. 1986, I R 122/84, juris	Bundesregierung[2487] Bundestag[2488]	Ja[2489]	Vermeidung von Steuerausfällen[2490]	Ja	Nein

2487 BT-Drs. 11/2226. Diese ist gleichlautend zum Gesetzesentwurf der Koalitionsfraktionen CDU, CSU und FDP, BT-Drs. 11/2157.

2488 Durch die Koalitionsfraktionen CDU, CSU und FDP, BT-Drs. 11/2157, 25. Diese ist gleichlautend zum Gesetzesentwurf der Bundesregierung, BT-Drs. 11/2226.

2489 BT-Drs. 11/2157, 171. Erwähnt werden die BFH-Entscheidung vom 29. 10. 1986, I R 202/82, BStBl II 1987, 308 und die BFH-Entscheidung vom 29. 10. 1986, I R 318-319/83, BStBl II 1987, 310. Die BFH-Entscheidung vom 29. 10. 1986, I R 271/83, BFH/NV 1987, 266 und die BFH-Entscheidung vom 29. 10. 1986, I R 122/84, juris werden nicht erwähnt.

2490 BT-Drs. 11/2157, 131 und 124 mit Bezug auf Fn. 6.

Nichtanwendungsgesetz	Motive für Nichtanwendungsgesetz laut Gesetzesbegründung	Weitere Informationen und Sonstiges
BFH-Entscheidung: Es ist vom Ergebnis her unbefriedigend, dass Gesellschafter, die Eigenkapital zuführen steuerlich schlechter behandelt werden als diejenigen, die nur Fremdkapital zuführen. Eine steuerliche Gleichbehandlung von eigenkapitalersetzenden Darlehen mit Eigenkapital kann derzeit nicht erreicht werden, auch nicht mit Hilfe des § 42 AO. Soweit das BMF[2491] von einer anderen Rechtsauffassung ausgeht, fehlt ihm die Rechtsgrundlage. Sollte rechtspolitisch die Gleichbehandlung gewünscht sein, so ist eine ausdrücklich gesetzliche Regelung erforderlich. Nichtanwendungsgesetz: § 8a KStG normiert die Gesellschafter-Fremdfinanzierung, indem Vergütungen	Versagung der steuerlichen Anerkennung in Fällen überzogener Fremdfinanzierung, um eine Gleichbehandlung unter den Gesellschaftern von Kapitalgesellschaften sowie die Einmalbesteuerung der Gewinne inländischer Kapitalgesellschaften sicherzustellen[2492], d. h. Motiv der Rechtsdogmatik. Aufrechterhaltung der Einmalbelastung mit deutscher ESt oder KSt[2493], d. h. Motiv des fiskalischen Grundes. Eigenkapitalminderungen aufgrund vorübergehender Verluste sollen nicht zu einer Umqualifizierung in verdeckte Gewinnausschüttungen führen[2494], d. h. Motiv des rechtspolitischen Grundes.	Weitere Informationen: Das Nichtanwendungsgesetz besteht nicht mehr. Es wurde durch die Regelungen zur Zinsschranke in § 4h EStG und § 8a KStG ersetzt. Das Nichtanwendungsgesetz ist innerhalb von einem bis zwei Jahren nach der BFH-Entscheidung erlassen worden. Das Nichtanwendungsgesetz ist im Laufe der parlamentarischen Beratungen geändert worden. Die Finanzverwaltung hat die BFH-Entscheidung vor Erlass des Nichtanwendungsgesetzes allgemein angewandt. Es handelt sich um ein profiskalisches Nichtanwendungsgesetz.

2491 BMF vom 16. 03. 1987, IV B 7 – S 2742 – 3/87, BStBl I 1987, 373.
2492 BT-Drs. 12/4158, 36 = BT-Drs. 12/4487, 36.
2493 BT-Drs. 12/4158, 37 = BT-Drs. 12/4487, 37.
2494 BT-Drs. 12/5016, 84

für Fremdkapital unter bestimmten Voraussetzungen als verdeckte Gewinnausschüttungen gelten.		Sonstiges: Das Nichtanwendungsgesetz schreibt die bisherige Verwaltungsauffassung[2495] gesetzlich fest.

Fundstelle BGBl	**Datum, Aktenzeichen und Fundstelle der BFH-Entscheidung**	**Initiator für das Nichtanwendungsgesetz gem. Art. 76 Abs. 1 GG?**	**BFH-Entscheidung in Gesetzesbegründung erwähnt?**	**Fiskalische Auswirkungen des Nichtanwendungsgesetzes laut Gesetzesbegründung?**	**Enthält Nichtanwendungsgesetz Rückwirkung?**	**Nichtanwendungserlass vor Nichtanwendungsgesetz?**
BGBl I 1993, 1569 (1576); StandOG vom 13. 09. 1993	05. 02. 1992, I R 127/90, BStBl II 1992, 532	Bundesregierung[2496] Bundestag[2497]	Ja[2498]	Steuermindereinnahmen von 51,12 Mio. € p. a.[2499]	Ja	Nein

2495 BMF vom 16. 03. 1987, IV B 7 – S 2742 – 3/87, BStBl I 1987, 373.

2496 BT-Drs. 12/4487, 9. Diese ist gleichlautend zum Gesetzesentwurf der Koalitionsfraktionen CDU, CSU und FDP, BT-Drs. 12/4158.

2497 Durch die Koalitionsfraktionen CDU, CSU und FDP, BT-Drs. 12/4158, 9. Diese ist gleichlautend zum Gesetzesentwurf der Bundesregierung, BT-Drs. 12/4487.

2498 BT-Drs. 12/4158, 36 = BT-Drs. 12/4487, 36.

2499 Im Entstehungsjahr, BT-Drs. 12/5016, 111. Für das Rechnungsjahr 1994 werden Steuermindereinnahmen von 48,57 Mio. € prognostiziert und für die Rechnungsjahre 1995 und 1996 von jeweils 51,12 Mio. €, BT-Drs. 12/5016, 111. Die ursprüngliche Gesetzesfassung sah noch Steuermehreinnahmen im Entstehungsjahr von 357,9 Mio. € vor, BT-Drs. 12/4158, 27 = BT-Drs. 12/4487, 27. Für das Rechnungsjahr 1994 wurden Steuermehreinnahmen von 347,68 Mio. € prognostiziert, für das Rechnungsjahr 1995 von 355,34 Mio. € und für das Rechnungsjahr 1996 von 352,79 Mio. €, BT-Drs. 12/4158, 27 = BT-Drs. 12/4487, 27.

Nichtanwendungsgesetz	Motive für Nichtanwendungsgesetz laut Gesetzesbegründung	Weitere Informationen und Sonstiges
BFH-Entscheidung: Vororganschaftlich verursachte Mehrabführungen einer Organgesellschaft an ihren Organträger sind keine Gewinnausschüttungen, sondern Gewinnabführungen. Nichtanwendungsgesetz: § 14 Abs. 3 Satz 1 KStG normiert, dass Mehrabführungen, die ihre Ursache in vororganschaftlicher Zeit haben als Gewinnausschüttungen der Organgesellschaft an den Organträger gelten.	Klarstellung des gesetzlichen Ziels, das mit den körperschaftsteuerlichen Regelungen zur Organschaft verfolgt wird. Dies ist die Zurechnung der Ergebnisse der Organgesellschaft an den Organträger, die in organschaftlicher Zeit entstanden sind[2500], d. h. Motiv des rechtspolitischen Grundes. Klarere Abgrenzung der Sonderbestimmungen der Organschaft von den allgemeinen Bestimmungen des Halbeinkünfteverfahrens[2501], d. h. Motiv der Rechtsdogmatik.	Weitere Informationen: Das Nichtanwendungsgesetz besteht noch. Das Nichtanwendungsgesetz ist innerhalb von einem bis zwei Jahren nach der BFH-Entscheidung erlassen worden. Das Nichtanwendungsgesetz ist im Laufe der parlamentarischen Beratungen geändert worden. Die Veröffentlichung der BFH-Entscheidung im BStBl II erfolgte erst nach Erlass des Nichtanwendungsgesetzes. Die Finanzverwaltung hat die BFH-Entscheidung vor Erlass des Nichtanwendungsgesetzes nicht allgemein angewandt. Es handelt sich um ein profiskalisches Nichtanwendungsgesetz.

2500 BT-Drs. 15/3677, 36.
2501 BT-Drs. 15/3677, 36.

						Sonstiges: Das Nichtanwendungsgesetz schreibt die bisherige Verwaltungsauffassung (vgl. R 59 Abs. 4 Satz 3 KStR 1995) gesetzlich fest.
Fundstelle BGBl	**Datum, Aktenzeichen und Fundstelle der BFH-Entscheidung**	**Initiator für das Nichtanwendungsgesetz gem. Art. 76 Abs. 1 GG?**	**BFH-Entscheidung in Gesetzesbegründung erwähnt?**	**Fiskalische Auswirkungen des Nichtanwendungsgesetzes laut Gesetzesbegründung?**	**Enthält Nichtanwendungsgesetz Rückwirkung?**	**Nichtanwendungserlass vor Nichtanwendungsgesetz?**
BGBl I 2004, 3310 (3316); EURLUmsG vom 09. 12. 2004	18. 12. 2002, I R 50/01, Der Konzern 2003, 564; 18. 12. 2002, I R 51/01, BStBl II 2005, 49; 18. 12. 2002, I R 68/01, HFR 2003, 991	Bundesregierung[2502]	Ja[2503]	Steuermehreinnahmen von 950 Mio. € p. a.[2504]	Ja	Nein

---

2502 BT-Drs. 15/3677, 12.
2503 BT-Drs. 15/3677, 36.
2504 BT-Drs. 15/3677, 29. Für das Kassenjahr 2006 ergeben sich Steuermehreinnahmen von 315 Mio. €, für 2007 und 2009 von jeweils 1.265 Mio. € und für 2008 von 1.795 Mio. €.

Nichtanwendungsgesetz	Motive für Nichtanwendungsgesetz laut Gesetzesbegründung	Weitere Informationen und Sonstiges
BFH-Entscheidung: Veräußert der Organträger seine Beteiligung an der Organgesellschaft, ist ein bei ihm vorhandener besonderer passiver Ausgleichsposten erfolgsneutral aufzulösen. Nichtanwendungsgesetz: § 14 Abs. 4 KStG normiert, dass bei einer Veräußerung der Beteiligung an der Organgesellschaft durch den Organträger die Auflösung des Ausgleichspostens erfolgswirksam vorzunehmen ist.	Vermeidung von Besteuerungslücken[2505], d. h. Motiv des fiskalischen Grundes. Die BFH-Entscheidung führt zu einer systemwidrigen Ungleichbehandlung, die vermieden werden soll[2506], d. h. Motiv der Rechtsdogmatik.	Weitere Informationen: Das Nichtanwendungsgesetz besteht noch. Das Nichtanwendungsgesetz ist innerhalb eines Jahres nach der BFH-Entscheidung erlassen worden. Das Nichtanwendungsgesetz ist erst im Laufe der parlamentarischen Beratungen im Rahmen der nach der Einbringung des Gesetzgebungsverfahrens erfolgenden Beteiligung des Bundesrates an dem Gesetzgebungsverfahren durch diesen zum Gegenstand des Gesetzes geworden. Die Finanzverwaltung hat die BFH-Entscheidung vor Erlass des Nichtanwendungsgesetzes nicht allgemein angewandt. Es handelt sich um ein profiskalisches Nichtanwendungsgesetz.

2505 BR-Drs. 544/07 (Beschluss), 55.

2506 BR-Drs. 544/07 (Beschluss), 56 und BT-Drs. 16/7036, 20.

		Sonstiges: Das Nichtanwendungsgesetz schreibt die bisherige Verwaltungsauffassung (vgl. R 59 Abs. 5 KStR 1995, R 63 Abs. 3 KStR 2004) gesetzlich fest.

Fundstelle BGBl	**Datum, Aktenzeichen und Fundstelle der BFH-Entscheidung**	**Initiator für das Nichtanwendungsgesetz gem. Art. 76 Abs. 1 GG?**	**BFH-Entscheidung in Gesetzesbegründung erwähnt?**	**Fiskalische Auswirkungen des Nichtanwendungsgesetzes laut Gesetzesbegründung?**	**Enthält Nichtanwendungsgesetz Rückwirkung?**	**Nichtanwendungserlass vor Nichtanwendungsgesetz?**
BGBl I 2007, 3150 (3166); JStG 2008 vom 20. 12. 2007	07. 02. 2007, I R 5/05, BStBl II 2007, 796	Bundesrat[2507]	Ja[2508]	keine Angaben	Ja	Ja[2509]

2507 BR-Drs. 544/07 (Beschluss), 55. Der Beschluss des BR enthält noch keinen Vorschlag an welcher Stelle im KStG das Nichtanwendungsgesetz eingefügt werden soll. In der Beschlussempfehlung des Finanzausschusses findet sich das Nichtanwendungsgesetz in § 14 Abs. 4 KStG, BT-Drs. 16/6981, 40.

2508 BR-Drs. 544/07 (Beschluss), 55.

2509 BMF vom 05. 10. 2007, IV B 7 – S 2770/07/0004 2007/0449869, BStBl II 2007, 743.

Nichtanwendungsgesetz	Motive für Nichtanwendungsgesetz laut Gesetzesbegründung	Weitere Informationen und Sonstiges
BFH-Entscheidung: Das Unterhalten eines strukturell dauerdefizitären kommunalen Eigenbetriebes in der Rechtsform einer GmbH ohne Verlustausgleich und ggf. ohne angemessenen Gewinnaufschlag durch die Gesellschafterin (Trägerkörperschaft) führt regelmäßig zur Annahme einer verdeckten Gewinnausschüttung. Nichtanwendungsgesetz: § 8 Abs. 7 Satz 1 KStG normiert, dass ein Dauerverlustgeschäft nicht zu einer verdeckten Gewinnausschüttung führt. Nach § 8 Abs. 7 Satz 2 KStG liegt ein Dauerverlustgeschäft vor, soweit u. a. aus verkehrs-, umwelt-, sozial-, kultur-, bildungs-, oder gesundheitspolitischen Gründen eine wirtschaftliche Betätigung ohne kostendeckendes Entgelt unterhalten wird.	Nach der Verwaltungsauffassung kann der Betriebsverlust grds. zur Ergebnisverrechnung genutzt werden. Diese Ergebnisverrechnung ist oftmals für die Finanzierung insb. von Leistungen der Daseinsvorsorge wichtig. Die Bereithaltung von Leistungen der Daseinsvorsorge obliegt der öffentlichen Hand und es besteht eine faktische Erwartungshaltung seitens des Bürgers, dass solche Leistungen angeboten werden[2510], d. h. Motiv des lenkungspolitischen Grundes (Sicherung der Daseinsvorsorge). Die Sonderregelung zu § 8 Abs. 7 Satz 1 Nr. 2 Satz 2 KStG ist wegen der von der öffentlichen Hand vorzuhaltenden Leistungen der Daseinsvorsorge, die regelmäßig nicht kostendeckend betrieben werden können, gerechtfertigt[2511], d. h. Motiv des lenkungspolitischen Grundes (Sicherung der Daseinsvorsorge).	Weitere Informationen: Das Nichtanwendungsgesetz besteht noch. Das Nichtanwendungsgesetz ist innerhalb von einem bis zwei Jahren nach der BFH-Entscheidung erlassen worden. Das Nichtanwendungsgesetz ist im Laufe der parlamentarischen Beratungen geändert worden. Die Finanzverwaltung hat die BFH-Entscheidung vor Erlass des Nichtanwendungsgesetzes nicht allgemein angewandt. Es handelt sich um ein antifiskalisches Nichtanwendungsgesetz. Sonstiges: Im Kontext des Nichtanwendungsgesetzes stehen die ebenfalls eingeführten Abs. 8 und 9 des § 8 KStG.

2510 BT-Drs. 16/10189, 69.
2511 BT-Drs. 16/10189, 70.

Fundstelle BGBl	Datum, Aktenzeichen und Fundstelle der BFH-Entscheidung	Initiator für das Nichtanwendungsgesetz gem. Art. 76 Abs. 1 GG?	BFH-Entscheidung in Gesetzesbegründung erwähnt?	Fiskalische Auswirkungen des Nichtanwendungsgesetzes laut Gesetzesbegründung?	Enthält Nichtanwendungsgesetz Rückwirkung?	Nichtanwendungserlass vor Nichtanwendungsgesetz?
BGBl I 2008, 2794 (2812); JStG 2009 vom 19. 12. 2008	22. 08. 2007, I R 32/06, BStBl II 2007, 961	Bundesregierung[2512]	Ja[2513]	keine Angaben	Ja	Ja[2514]

Nichtanwendungsgesetz	Motive für Nichtanwendungsgesetz laut Gesetzesbegründung	Weitere Informationen und Sonstiges
BFH-Entscheidung: Die Überführung eines Einzelwirtschaftsguts aus einem inländischen Stammhaus in eine ausländische Betriebsstätte führt auch dann nicht zur sofortigen Gewinnrealisation, wenn die ausländischen Betriebsstättengewinne aufgrund eines DBA von der Besteuerung im Inland freigestellt sind (Aufgabe der sog. Theorie der finalen Entnahme).	Die Rechtsprechung des BFH widerspricht der Auffassung der Finanzverwaltung, den OECD-Grundsätzen und der internationalen Verwaltungspraxis[2515], d. h. Motiv des rechtspolitischen Grundes. Die Rechtsprechung des BFH ist nur schwer administrierbar[2516], d. h. Motiv der Verwaltungsvereinfachung.	Weitere Informationen: Das Nichtanwendungsgesetz besteht noch. Das Nichtanwendungsgesetz ist innerhalb von zwei bis drei Jahren nach der BFH-Entscheidung erlassen worden Das Nichtanwendungsgesetz ist erst im Laufe der parlamentarischen Beratungen im Rahmen

2512 BT-Drs. 16/10189, 19.
2513 BT-Drs. 16/10189, 69.
2514 BMF vom 07. 12. 2007, IV B 7 – S 2706/07/0011 2007/0570512, BStBl I 2007, 905.
2515 BR-Drs. 318/10 (Beschluss), 10.
2516 BR-Drs. 318/10 (Beschluss), 10.

Nichtanwendungsgesetz: § 12 Abs. 1 Satz 2 KStG normiert, dass ein Ausschluss oder eine Beschränkung des Besteuerungsrechts hinsichtlich des Gewinns aus der Veräußerung eines Wirtschaftsguts insb. vorliegt, wenn ein bisher einer inländischen Betriebsstätte einer Körperschaft, Personenvereinigung oder Vermögensmasse zuzuordnendes Wirtschaftsgut einer ausländischen Betriebsstätte dieser Körperschaft, Personenvereinigung oder Vermögensmasse zuzuordnen ist.	Die Rechtsprechung des BFH ist mit verfassungsrechtlich nicht hinnehmbaren Vollzugsdefiziten verbunden[2517], d. h. Motiv der Rechtsdogmatik.	der nach der Einbringung des Gesetzgebungsverfahrens erfolgenden Beteiligung des Bundesrates an dem Gesetzgebungsverfahren durch diesen zum Gegenstand des Gesetzes geworden. Das Nichtanwendungsgesetz ist im Laufe der parlamentarischen Beratungen geändert worden. Das Nichtanwendungsgesetz richtet sich gegen eine Änderung der Rechtsprechung des BFH. Die Finanzverwaltung hat die BFH-Entscheidung vor Erlass des Nichtanwendungsgesetzes nicht allgemein angewandt. Es handelt sich um ein profiskalisches Nichtanwendungsgesetz. Sonstiges: Die gleichzeitige Änderung von § 12 Abs. 1 Satz 1 2. HS und § 34 Abs. 8 Satz 2 und 3 KStG ist ebenfalls im Kontext des Nichtanwendungsgesetzes zu sehen.

2517 BR-Drs. 318/10 (Beschluss), 10.

		Die Aufgabe der sog. Theorie der finalen Entnahme hat auch noch zu einem Nichtanwendungsgesetz in § 4 Abs. 1 Satz 4 EStG[2518] und zu einem Nichtanwendungsgesetz in § 16 Abs. 3a EStG[2519] geführt. Auf Basis einer BFH-Entscheidung sind zwei Nichtanwendungsgesetze erlassen worden: § 4 Abs. 1 Satz 4 EStG und § 12 Abs. 1 Satz 2 KStG.

Fundstelle BGBl	**Datum, Aktenzeichen und Fundstelle der BFH-Entscheidung**	**Initiator für das Nichtanwendungsgesetz gem. Art. 76 Abs. 1 GG?**	**BFH-Entscheidung in Gesetzesbegründung erwähnt?**	**Fiskalische Auswirkungen des Nichtanwendungsgesetzes laut Gesetzesbegründung?**	**Enthält Nichtanwendungsgesetz Rückwirkung?**	**Nichtanwendungserlass vor Nichtanwendungsgesetz?**
BGBl I 2010, 1768 (1781); JStG 2010 vom 08. 12. 2010	17. 07. 2008, I R 77/06, BStBl II 2009, 464;	Bundesrat[2520]	Ja[2521]	keine Angaben	Ja	Ja[2522]

2518 BGBl I 2010, 1768 (1769) gegen BFH vom 17. 07. 2008, I R 77/06, BStBl II 2009, 464.

2519 BGBl I 2010, 1768 (1770) gegen BFH vom 28. 10. 2009, I R 28/08, BFH/NV 2010, 432 und BFH vom 28. 10. 2009, I R 99/08, BStBl II 2011, 1019.

2520 BR-Drs. 318/10 (Beschluss), 10.

2521 BR-Drs. 318/10 (Beschluss), 8.

2522 BMF vom 20. 05. 2009, IV C 6 – S 2134/07/10005 2009/0300414, BStBl I 2009, 671 (672).

Nichtanwendungsgesetz	**Motive für Nichtanwendungsgesetz laut Gesetzesbegründung**	**Weitere Informationen und Sonstiges**
BFH-Entscheidung: Ein ggü. der Organgesellschaft ergangener Steuerbescheid ist für den Organträger nicht bindend. Nichtanwendungsgesetz: § 14 Abs. 5 KStG normiert in Satz 1, dass das dem Organträger zuzurechnende Einkommen der Organgesellschaft und damit zusammenhängende andere Besteuerungsgrundlagen ggü. dem Organträger und der Organgesellschaft gesondert und einheitlich festgestellt werden. Gem. Satz 2 sind diese Feststellungen für die Besteuerung des Einkommens des Organträgers und der Organgesellschaft bindend.	Schaffung zusätzlicher und Verbesserung der Rechtssicherheit[2523], d. h. Motiv des rechtspolitischen Grundes. Verfahrensökonomie[2524], d. h. Motiv der Verwaltungsvereinfachung. Gleichmäßigkeit der Besteuerung[2525], d. h. Motiv der Rechtsdogmatik. Die Einführung des Feststellungsverfahrens soll im Grundsatz nicht zu einer zusätzlichen Belastung für die Beteiligten führen[2526], d. h. Motiv des rechtspolitischen Grundes.	Weitere Informationen: Das Nichtanwendungsgesetz besteht noch. Das Nichtanwendungsgesetz ist innerhalb von sieben bis zehn Jahren nach der BFH-Entscheidung erlassen worden. Das Nichtanwendungsgesetz ist im Laufe der parlamentarischen Beratungen geändert worden. Die Finanzverwaltung hat die BFH-Entscheidung vor Erlass des Nichtanwendungsgesetzes allgemein angewandt. Es handelt sich um ein profiskalisches Nichtanwendungsgesetz. Sonstiges: Keine Ausführungen.

2523 BT-Drs. 17/10774, 9 und 20.
2524 BT-Drs. 17/10774, 20.
2525 BT-Drs. 17/10774, 20.
2526 BT-Drs. 17/10774, 20 f.

Fundstelle BGBl	Datum, Aktenzeichen und Fundstelle der BFH-Entscheidung	Initiator für das Nichtanwendungsgesetz gem. Art. 76 Abs. 1 GG?	BFH-Entscheidung in Gesetzesbegründung erwähnt?	Fiskalische Auswirkungen des Nichtanwendungsgesetzes laut Gesetzesbegründung?	Enthält Nichtanwendungsgesetz Rückwirkung?	Nichtanwendungserlass vor Nichtanwendungsgesetz?
BGBl I 2013, 285 (289 f.); Gesetz[2527] vom 20. 02. 2013	28. 01. 2004, I R 84/03, BStBl II 2004, 539; 06. 03. 2008, IV R 74/05, BStBl II 2008, 663	Bundestag[2528]	Ja[2529]	keine Angaben[2530]	Nein	Nein

Nichtanwendungsgesetz	Motive für Nichtanwendungsgesetz laut Gesetzesbegründung	Weitere Informationen und Sonstiges
BFH-Entscheidung: Bei Unterstützungskassen in der Rechtsform einer Kapitalgesellschaft sind Zuwendungen des Trägerunternehmens an die Kasse bei dieser Einnahmen und Leistungen der Kasse an die Versorgungsberechtigten Betriebsausgaben.	Die BFH-Rechtsprechung führt zu einer unterschiedlichen Höhe des Einkommens von Unterstützungskassen in Abhängigkeit von deren Rechtsform, was überdotierten Kassen i. S. d. § 5 Abs. 1 Nr. 3 KStG in der Rechtsform der Kapitalgesellschaft die Möglichkeit zum	Weitere Informationen: Das Nichtanwendungsgesetz besteht noch. Das Nichtanwendungsgesetz ist innerhalb von drei bis fünf Jahren nach der BFH-Entscheidung erlassen worden.

2527 Gesetz zur Änderung und Vereinfachung der Unternehmensbesteuerung und des steuerlichen Reisekostenrechts.
2528 Durch die Koalitionsfraktionen CDU, CSU und FDP, BT-Drs. 17/10774, 7.
2529 BT-Drs. 17/10774, 20.
2530 BT-Drs. 17/10774, 11.

Nichtanwendungsgesetz: § 6 Abs. 5 Satz 2 KStG normiert, dass bei der Ermittlung des Einkommens Zuwendungen des Trägerunternehmens nicht erhöhend und Versorgungsleistungen der Kasse sowie Vermögensübertragungen an das Trägerunternehmen nicht mindernd zu berücksichtigen sind.	Betriebsausgabenabzug eröffnet, der vergleichbaren Kassen in anderer Rechtsform nicht zusteht, weshalb eine rechtsformunabhängige Besteuerung erfolgen soll[2531], d. h. Motiv der Rechtsdogmatik.	Die Finanzverwaltung hat die BFH-Entscheidung vor Erlass des Nichtanwendungsgesetzes allgemein angewandt. Es handelt sich um ein profiskalisches Nichtanwendungsgesetz. Sonstiges: Keine Ausführungen.

Fundstelle BGBl	**Datum, Aktenzeichen und Fundstelle der BFH-Entscheidung**	**Initiator für das Nichtanwendungsgesetz gem. Art. 76 Abs. 1 GG?**	**BFH-Entscheidung in Gesetzesbegründung erwähnt?**	**Fiskalische Auswirkungen des Nichtanwendungsgesetzes laut Gesetzesbegründung?**	**Enthält Nichtanwendungsgesetz Rückwirkung?**	**Nichtanwendungserlass vor Nichtanwendungsgesetz?**
BGBl I 2015, 1834 (1837); StÄndG 2015[2532] vom 02. 11. 2015	22. 12. 2010, I R 110/09, BStBl II 2014, 119	Bundesregierung[2533]	Ja[2534]	keine Angaben	Nein	Nein

2531 BT-Drs. 18/4902, 46.

2532 Das Gesetz wurde erst im Rahmen der abschließenden Beratungen des Finanzausschusses in StÄndG 2015 umbenannt, BT-Drs. 18/6094, 1 und 77. Der zunächst vorgesehene Titel des Gesetzes lautete: „Gesetz zur Umsetzung der Protokollerklärung zum Gesetz zur Anpassung der Abgabenordnung an den Zollkodex der Union und zur Änderung weiterer steuerlicher Vorschriften", BT-Drs. 18/4902, 1.

2533 BT-Drs. 18/4902, 9.

2534 BT-Drs. 18/4902, 46.

8. *Nichtanwendungsgesetze der Gewerbesteuer*

Nichtanwendungsgesetz	Motive für Nichtanwendungsgesetz laut Gesetzesbegründung	Weitere Informationen und Sonstiges
BFH-Entscheidung: Gewinnabhängige Vergütungen für die Überlassung des Gebrauchs eines Kapitals (partiarisches Darlehen) sind keine Zinsen für Dauerschulden i. S. d. § 8 Nr. 1 GewStG. Dies gilt nicht, wenn sich hinter der Vereinbarung der gewinnabhängigen Vergütung eine Vereinbarung über einen festen Zins verbirgt. Nichtanwendungsgesetz: § 8 Nr. 1 GewStG ersetzt das Wort „Zinsen" durch das Wort „Entgelte".	Gleichbehandlung verschiedener Finanzierungsvarianten einer gewerblichen Tätigkeit[2535], d. h. Motiv der Rechtsdogmatik. Einbeziehung von Entgelten, die zwar nicht als Zinsen bezeichnet werden, aber Zinscharakter haben[2536], d. h. Motiv des rechtspolitischen Grundes.	Weitere Informationen: Das Nichtanwendungsgesetz besteht noch. Der im Nichtanwendungsgesetz verwendete Begriff der „Entgelte" findet sich heute in § 8 Nr. 1 lit. a) GewStG[2537]. Das Nichtanwendungsgesetz ist innerhalb von drei bis fünf Jahren nach der BFH-Entscheidung erlassen worden. Die Finanzverwaltung hat die BFH-Entscheidung vor Erlass des Nichtanwendungsgesetzes allgemein angewandt. Es handelt sich um ein profiskalisches Nichtanwendungsgesetz. Sonstiges: Keine Ausführungen.

2535 BT-Drs. 11/2157, 175.
2536 BT-Drs. 11/2157, 175.
2537 BGBl I 2007, 1912 (1930).

Fundstelle BGBl	Datum, Aktenzeichen und Fundstelle der BFH-Entscheidung	Initiator für das Nichtanwendungsgesetz gem. Art. 76 Abs. 1 GG?	BFH-Entscheidung in Gesetzesbegründung erwähnt?	Fiskalische Auswirkungen des Nichtanwendungsgesetzes laut Gesetzesbegründung?	Enthält Nichtanwendungsgesetz Rückwirkung?	Nichtanwendungserlass vor Nichtanwendungsgesetz?
BGBl I 1988, 1093 (1116); StReformG 1990 vom 25. 07. 1988	08. 03. 1984, I R 31/80, BStBl II 1984, 623	Bundesregierung[2538] Bundestag[2539]	Ja[2540]	p. a. im Saldo von Bund, Länder und Gemeinden Steuermehreinnahmen von bis zu 30,67 Mio. €[2541]	Nein	Nein

Nichtanwendungsgesetz	Motive für Nichtanwendungsgesetz laut Gesetzesbegründung	Weitere Informationen und Sonstiges
BFH-Entscheidung: Bei einer sog. Mehrmütterorganschaft sind die Beteiligungen der lediglich zur einheitlichen Willensbildung in einer GbR	Festschreibung der bisherigen Verwaltungspraxis und Rechtslage[2542], d. h. Motiv der Rechtskontinuität.	Weitere Informationen: Das Nichtanwendungsgesetz besteht nicht mehr. Es wurde durch das StVergAbG[2547] abgeschafft.

2538 BT-Drs. 11/2226. Diese ist gleichlautend zum Gesetzesentwurf der Koalitionsfraktionen CDU, CSU und FDP, BT-Drs. 11/2157.

2539 Durch die Koalitionsfraktionen CDU, CSU und FDP, BT-Drs. 11/2157, 26 f. Diese ist gleichlautend zum Gesetzesentwurf der Bundesregierung, BT-Drs. 11/2226.

2540 BT-Drs. 11/2157, 175.

2541 BT-Drs. 11/2157, 132.

2542 BT-Drs. 14/6882, 2 und 41.

2547 BGBl I 2003, 660 (661 f).

zusammengeschlossenen Gesellschaften an der nachgeschalteten Organgesellschaft unmittelbar den Muttergesellschaften zuzurechnen (sog. Lehre von der mehrfachen Abhängigkeit). Die Organschaft besteht sonach zu den Muttergesellschaften und nicht zu der GbR. Nichtanwendungsgesetz: § 2 Abs. 2 Satz 3 GewStG normiert, dass im Fall des § 14 Abs. 2 KStG die Personengesellschaft Organträger ist. Schließen sich gem. § 14 Abs. 2 Satz 1 KStG mehrere gewerbliche Unternehmen i. S. d. Abs. 1 Nr. 2, die gemeinsam im Verhältnis zur Organgesellschaft die Voraussetzungen des Abs. 1 Nr. 1 erfüllen, in der Rechtsform einer Personengesellschaft lediglich zum Zwecke der einheitlichen Willensbildung ggü. der Organgesellschaft zusammen, ist die Personengesellschaft als gewerbliches Unternehmen anzusehen, wenn jeder Gesellschafter der Personengesellschaft ein gewerbliches Unternehmen unterhält.	Haushaltssicherung für die Gemeinden[2543], d. h. Motiv des fiskalischen Grundes. Sicherung des Aufkommens nach geänderter Rechtsprechung[2544], d. h. Motiv des fiskalischen Grundes. Vermeidung einer verfahrensrechtlich problematischen Umsetzung der BFH-Rechtsprechung für die Vergangenheit, die u. U. zu einer mehrfachen Berücksichtigung von Verlusten führen kann[2545], d. h. Motiv der Verwaltungsvereinfachung. Der Organkreis soll bei der BGB-Gesellschaft enden und die Ergebnisse der Organgesellschaft gewerbesteuerlich nicht den hinter der BGB-Gesellschaft stehenden Gesellschaftern zugerechnet werden[2546], d. h. Motiv der Rechtsdogmatik.	Das Nichtanwendungsgesetz ist innerhalb von zwei bis drei Jahren nach der BFH-Entscheidung erlassen worden. Das Nichtanwendungsgesetz ist im Laufe der parlamentarischen Beratungen geändert worden. Das Nichtanwendungsgesetz richtet sich gegen eine Änderung der Rechtsprechung des BFH. Die Finanzverwaltung hat die BFH-Entscheidung vor Erlass des Nichtanwendungsgesetzes nicht allgemein angewandt. Es handelt sich um ein profiskalisches Nichtanwendungsgesetz. Sonstiges: Die Rechtsprechung des BFH wendet sich gegen die Verwaltungsauffassung (vgl. Abschnitt 17 Abs. 6 GewStR 1984, Abschnitt 14 Abs. 6 GewStR 1998).

2543 BT-Drs. 14/6882, 24.
2544 BT-Drs. 14/6882, 30 und BT-Drs. 14/7344, 19 f mit Bezug auf Fn. 2.
2545 BT-Drs. 14/6882, 37.
2546 BT-Drs. 14/6882, 41.

Gem. § 14 Abs. 2 Satz 2 KStG ist der Personengesellschaft das Einkommen der Organgesellschaft vorbehaltlich des § 16 KStG zuzurechnen, wenn neben den Voraussetzungen nach Abs. 1 die Voraussetzungen des § 14 Abs. 2 Satz 2 Nr. 1 bis 4 KStG erfüllt sind.		Das Nichtanwendungsgesetz schreibt die bisherige Verwaltungsauffassung gesetzlich fest.

Fundstelle BGBl	**Datum, Aktenzeichen und Fundstelle der BFH-Entscheidung**	**Initiator für das Nichtanwendungsgesetz gem. Art. 76 Abs. 1 GG?**	**BFH-Entscheidung in Gesetzesbegründung erwähnt?**	**Fiskalische Auswirkungen des Nichtanwendungsgesetzes laut Gesetzesbegründung?**	**Enthält Nichtanwendungsgesetz Rückwirkung?**	**Nichtanwendungserlass vor Nichtanwendungsgesetz?**
BGBl I 2001, 3858 (3863 f und 3873); UntStFG vom 20. 12. 2001	09. 06. 1999, I R 43/97, BStBl II 2000, 695; 09. 06. 1999, I R 37/98, BFH/NV 2000, 347; 26. 04. 2001, IV R 75/99, BFHE 194, 421	Bundesregierung[2548]	Ja[2549]	keine Steuermehreinnahmen[2550]	Ja	Ja[2551]

2548 BT-Drs. 14/6882, 9 f und 17.

2549 BT-Drs. 14/6882, 37 und 41. Erwähnt werden die BFH-Entscheidung vom 09. 06. 1999, I R 43/97, BStBl II 2000, 695 und die BFH-Entscheidung vom 09. 06. 1999, I R 37/98, BFH/NV 2000, 347. Die BFH-Entscheidung vom 26. 04. 2001, IV R 75/99, BFHE 194, 421 wird nicht erwähnt.

2550 BT-Drs. 14/7344, 19 f mit Bezug auf Fn. 2.

2551 BMF vom 04. 12. 2000, IV A 2 – S 2270 – 3/00, BStBl I 2000, 1571.

Nichtanwendungsgesetz	Motive für Nichtanwendungsgesetz laut Gesetzesbegründung	Weitere Informationen und Sonstiges
BFH-Entscheidung: Die Gewinne aus Anteilen, um die der Gewinn aus Gewerbebetrieb gem. § 9 Nr. 2a GewStG zu kürzen ist, sind nicht um Beteiligungsaufwendungen zu mindern, die mit dem Erwerb der Beteiligungen in unmittelbarem Zusammenhang stehen. Nichtanwendungsgesetz: § 9 Nr. 2a Satz 3 GewStG normiert, dass im unmittelbaren Zusammenhang mit Gewinnanteilen stehende Aufwendungen den Kürzungsbetrag mindern, soweit entsprechende Beteiligungserträge zu berücksichtigen sind.	Würde der Beteiligungsaufwand nicht mindernd bei der Ermittlung des Kürzungsbetrages berücksichtigt, käme es zu einer doppelten Begünstigung. Diese ist vom Gesetzgeber nicht beabsichtigt[2552], d. h. Motiv der Rechtsdogmatik.	Weitere Informationen: Das Nichtanwendungsgesetz besteht noch. Das Nichtanwendungsgesetz ist innerhalb eines Jahres nach der BFH-Entscheidung erlassen worden. Die Finanzverwaltung hat die BFH-Entscheidung vor Erlass des Nichtanwendungsgesetzes allgemein angewandt. Es handelt sich um ein profiskalisches Nichtanwendungsgesetz. Sonstiges: Die Rechtsprechung des BFH wendet sich gegen die Verwaltungsauffassung (vgl. Abschnitt 61 Abs. 1 Satz 12 GewStR 1998). Das Nichtanwendungsgesetz schreibt die bisherige Verwaltungsauffassung gesetzlich fest. Parallel wurde die Geltung der Regelung des § 9 Nr. 2a Satz 3 GewStG gem. § 9 Nr. 7 Satz 2 und § 9 Nr. 8 Satz 2 GewStG entsprechend auch für § 9 Nr. 7 und Nr. 8 GewStG normiert.

2552 BT-Drs. 16/2712, 73.

Fundstelle BGBl	Datum, Aktenzeichen und Fundstelle der BFH-Entscheidung	Initiator für das Nichtanwendungsgesetz gem. Art. 76 Abs. 1 GG?	BFH-Entscheidung in Gesetzesbegründung erwähnt?	Fiskalische Auswirkungen des Nichtanwendungsgesetzes laut Gesetzesbegründung?	Enthält Nichtanwendungsgesetz Rückwirkung?	Nichtanwendungserlass vor Nichtanwendungsgesetz?
BGBl I 2006, 2878 (2893); JStG 2007 vom 13. 12. 2006	25. 01. 2006, I R 104/04, BStBl II 2006, 844	Bundesregierung[2553]	Ja[2554]	keine Angaben	Ja	Nein

Nichtanwendungsgesetz	Motive für Nichtanwendungsgesetz laut Gesetzesbegründung	Weitere Informationen und Sonstiges
BFH-Entscheidung: Der vortragsfähige Gewerbeverlust ist bei Gesellschafterwechsel in einer Personengesellschaft mitunternehmerbezogen zu ermitteln. Hierfür ist der Gewinnverteilungsschlüssel unter Berücksichtigung von Sonderbetriebseinnahmen und -ausgaben zu verwenden.	Die Rechtsprechung des BFH ist insb. bei Mitunternehmerschaften mit einer Vielzahl von Gesellschaftern und/oder häufigem Gesellschafterwechsel für die Praxis nicht handhabbar. Es wären umfangreichste Nebenrechnungen notwendig, die sich regelmäßig über mehrere Erhebungszeiträume erstrecken würden. Solche wären streitanfällig[2555], d. h. Motiv der Verwaltungsvereinfachung.	Weitere Informationen: Das Nichtanwendungsgesetz besteht noch. Das Nichtanwendungsgesetz ist innerhalb von zehn bis fünfzehn Jahren nach der BFH-Entscheidung erlassen worden. Das Nichtanwendungsgesetz ist erst im Laufe der parlamentarischen Beratungen

2553 BT-Drs. 16/2712, 20.
2554 BT-Drs. 16/2712, 73.
2555 BR-Drs. 622/06 (Beschluss), 32

Nichtanwendungsgesetz: § 10a Satz 4 und 5 GewStG normiert, dass der allgemeine Gewinnverteilungsschlüssel Maßstab für die Ermittlung des dem einzelnen Mitunternehmer zuzurechnenden Verlustanteils ist.	Gesetzliche Festschreibung der bisherigen Verwaltungsauffassung[2556], d. h. Motiv der Rechtskontinuität.	im Rahmen der nach der Einbringung des Gesetzgebungsverfahrens erfolgenden Beteiligung des Bundesrates an dem Gesetzgebungsverfahren durch diesen zum Gegenstand des Gesetzes geworden. Die Finanzverwaltung hat die BFH-Entscheidung vor Erlass des Nichtanwendungsgesetzes allgemein angewandt[2557]. Es handelt sich um ein neutrales Nichtanwendungsgesetz. Sonstiges: Keine Ausführungen.

2556 BR-Drs. 622/06 (Beschluss), 32.

2557 Mit Verweis auf die unten stehenden Ausführungen zum Nichtanwendungserlass zu diesem Nichtanwendungsgesetz, war die Rechtsprechung des BFH in der Zeit von der Veröffentlichung der BFH-Entscheidung im BStBl II 1994, 364 am 30. 05. 1994 bis zur Veröffentlichung des Nichtanwendungserlasses am 16. 12. 1996, BStBl I 1996, 1392 allgemein anzuwenden. Damit liegt ein Nichtanwendungsgesetz vor, bei dem die Finanzverwaltung die BFH-Entscheidung vor Erlass des Nichtanwendungsgesetzes allgemein angewandt hat.

Fundstelle BGBl	Datum, Aktenzeichen und Fundstelle der BFH-Entscheidung	Initiator für das Nichtanwendungsgesetz gem. Art. 76 Abs. 1 GG?	BFH-Entscheidung in Gesetzesbegründung erwähnt?	Fiskalische Auswirkungen des Nichtanwendungsgesetzes laut Gesetzesbegründung?	Enthält Nichtanwendungsgesetz Rückwirkung?	Nichtanwendungserlass vor Nichtanwendungsgesetz?
BGBl I 2006, 2878 (2893); JStG 2007 vom 13. 12. 2006	16. 02. 1994, XI R 50/88, BStBl II 1994, 364; 17. 01. 2006, VIII R 96/04, BFHE 213,12	Bundesrat[2558]	Ja[2559]	keine Angaben	Ja	Ja[2560]

Nichtanwendungsgesetz	Motive für Nichtanwendungsgesetz laut Gesetzesbegründung	Weitere Informationen und Sonstiges
BFH-Entscheidung: Die Zerlegung des Gewerbesteuermessbetrags für Betriebe, die Energieerzeugung aus	Aus umweltpolitischen Gründen ist es geboten, die Standortgemeinden der Windkraftanlagen in angemessener Weise am Gewerbesteueraufkommen	Weitere Informationen: Das Nichtanwendungsgesetz besteht noch. Es wurde durch Gesetz vom 25. 07. 2014[2562] redaktionell geändert.

2558 BR-Drs. 622/06 (Beschluss), 31.

2559 BR-Drs. 622/06 (Beschluss), 32.

2560 Gleichlautende Erlasse der obersten Finanzbehörden der Länder vom 16. 12. 1996, BStBl I 1996, 1392.

2562 Gesetz zur Anpassung des nationalen Steuerrechts an den Beitritt Kroatiens zur EU und zur Änderung weiterer steuerlicher Vorschriften, BGBl I 2014, 1266 (1284).

Windkraft betreiben, hat nach den allgemeinen Grundsätzen des § 29 GewStG zu erfolgen. Nichtanwendungsgesetz § 29 Abs. 1 Nr. 2 GewStG schreibt fest, dass bei Betrieben, die Energieerzeugung aus Windkraft betreiben, der Zerlegungsmaßstab Arbeitslöhne zu 30 % und der Zerlegungsmaßstab Sachanlagevermögen zu 70 % maßgeblich ist.	zu beteiligen. Hierdurch sollen diese Flächen für Eignungsgebiete von Windkraftanlagen ausweisen und die mit dem Bau und Betrieb der Anlagen verbundenen Beeinträchtigungen und Auswirkungen auf das Orts- und Landschaftsbild hinnehmen. Nach der bisherigen Rechtslage erhalten die Standortgemeinden von Windkraftanlagen im Regelfall keinen Zerlegungsanteil, da dort keine Arbeitnehmer beschäftigt sind[2561], d. h. Motiv des lenkungspolitischen Grundes (Förderung der Umwelt).	Das Nichtanwendungsgesetz ist innerhalb von einem bis zwei Jahren nach der BFH-Entscheidung erlassen worden. Das Nichtanwendungsgesetz ist erst im Laufe der parlamentarischen Beratungen im Rahmen der nach der Einbringung des Gesetzgebungsverfahrens erfolgenden Beteiligung des Bundesrates an dem Gesetzgebungsverfahren durch diesen zum Gegenstand des Gesetzes geworden. Das Nichtanwendungsgesetz ist im Laufe der parlamentarischen Beratungen geändert worden. Die Finanzverwaltung hat die BFH-Entscheidung vor Erlass des Nichtanwendungsgesetzes allgemein angewandt. Es handelt sich um ein neutrales Nichtanwendungsgesetz. Sonstiges: Keine Ausführungen.

2561 BR-Drs. 545/08 (Beschluss), 56.

Fundstelle BGBl	Datum, Aktenzeichen und Fundstelle der BFH-Entscheidung	Initiator für das Nichtanwendungsgesetz gem. Art. 76 Abs. 1 GG?	BFH-Entscheidung in Gesetzesbegründung erwähnt?	Fiskalische Auswirkungen des Nichtanwendungsgesetzes laut Gesetzesbegründung?	Enthält Nichtanwendungsgesetz Rückwirkung?	Nichtanwendungserlass vor Nichtanwendungsgesetz?
BGBl I 2008, 2794 (2816); JStG 2009 vom 19. 12. 2008	04. 04. 2007, I R 23/06, BStBl II 2007, 836	Bundesrat[2563]	Ja[2564]	keine Angaben	Nein	Nein

2563 BR-Drs. 545/08 (Beschluss), 55.
2564 BR-Drs. 548/08 (Beschluss), 55.

9. Nichtanwendungsgesetze der Erbschaftsteuer

Nichtanwendungsgesetz	Motive für Nichtanwendungsgesetz laut Gesetzesbegründung	Weitere Informationen und Sonstiges
BFH-Entscheidung: Eheleute können nach Vereinbarung von Gütertrennung auch mit erbschaftsteuerlicher Wirkung rückwirkend ab dem Tag der Eheschließung Zugewinngemeinschaft vereinbaren. Nichtanwendungsgesetz: Gem. § 5 Abs. 1 Satz 4 ErbStG ist es nicht möglich, den Güterstand der Zugewinngemeinschaft mit erbschaftsteuerlicher Rückwirkung zu vereinbaren. Maßgeblicher Zeitpunkt ist der Tag des Vertragsschlusses.	Verhinderung einer missbräuchlichen Gestaltung[2565], d. h. Motiv der Missbrauchsbekämpfung. Es erscheint steuerpolitisch nicht gerechtfertigt, auch den Teil der Ausgleichsforderung zu begünstigen, der für einen Zeitraum entsteht, für den die Zugewinngemeinschaft nur durch rückwirkende Vereinbarungen entstanden ist[2566], d. h. Motiv des rechtspolitischen Grundes.	Weitere Informationen: Das Nichtanwendungsgesetz besteht noch. Es wurde um den Lebenspartnerschaftsvertrag ergänzt. Das Nichtanwendungsgesetz ist innerhalb von drei bis fünf Jahren nach der BFH-Entscheidung erlassen worden. Das Nichtanwendungsgesetz ist erst im Laufe der parlamentarischen Beratungen im Rahmen der nach der Einbringung des Gesetzgebungsverfahrens erfolgenden Beteiligung des Bundesrates an dem Gesetzgebungsverfahren durch diesen zum Gegenstand des Gesetzes geworden. Das Nichtanwendungsgesetz ist im Laufe der parlamentarischen Beratungen geändert worden. Die Finanzverwaltung hat die BFH-Entscheidung vor Erlass des Nichtanwendungsgesetzes allgemein angewandt[2567].

2565 BR-Drs. 612/93 (Beschluss), 50.
2566 BR-Drs. 612/93 (Beschluss), 50.
2567 Mit Verweis auf die unten stehenden Ausführungen zum Nichtanwendungserlass und zur Rückwirkung zu diesem Nichtanwendungsgesetz, war die Rechtsprechung des BFH in der Zeit von der Aufhebung des Nichtanwendungserlasses am 07. 09. 1993 bis zum Inkrafttreten

				Es handelt sich um ein profiskalisches Nichtanwendungsgesetz. Sonstiges: Keine Ausführungen.		
Fundstelle BGBl	**Datum, Aktenzeichen und Fundstelle der BFH-Entscheidung**	**Initiator für das Nichtanwendungsgesetz gem. Art. 76 Abs. 1 GG?**	**BFH-Entscheidung in Gesetzesbegründung erwähnt?**	**Fiskalische Auswirkungen des Nichtanwendungsgesetzes laut Gesetzesbegründung?**	**Enthält Nichtanwendungsgesetz Rückwirkung?**	**Nichtanwendungserlass vor Nichtanwendungsgesetz?**
BGBl I 1993, 2310 (2336 f.); StMBG vom 21. 12. 1993	28. 06. 1989, II R 82/86, BStBl II 1989, 897; 12. 05. 1993, II R 37/89, BStBl II 1993, 739	Bundesrat[2568]	Ja[2569]	keine Angaben	Nein	Ja[2570]

des Nichtanwendungsgesetzes zum 01. 01. 1994, BGBl I 1993, 2310 (2337) allgemein anzuwenden. Damit liegt ein Nichtanwendungsgesetz vor, bei dem die Finanzverwaltung die BFH-Entscheidung vor Erlass des Nichtanwendungsgesetzes allgemein angewandt hat.

2568 BR-Drs 612/93 (Beschluss), 50.

2569 BR-Drs 612/93 (Beschluss), 50.

2570 Gleichlautende Erlasse der obersten Finanzbehörden der Länder vom 10. 11. 1989, BStBl I 1989, 429. Dieser Nichtanwendungserlass wurde nach der BFH-Entscheidung vom 12. 05. 1993, II R 37/89, BStBl II 1993, 739 durch die Gleichlautenden Erlasse der obersten Finanzbehörden der Länder vom 07. 09. 1993, BStBl I 1993, 804 aufgehoben.

Nichtanwendungsgesetz	Motive für Nichtanwendungsgesetz laut Gesetzesbegründung	Weitere Informationen und Sonstiges
BFH-Entscheidung: Bei der Schenkung eines Anteils an einer vermögensverwaltenden BGB-Gesellschaft ist der Erwerbsgegenstand der Gesellschaftsanteil als solcher. Nichtanwendungsgesetz: § 10 Abs. 1 Satz 3 ErbStG fingiert, dass der Erwerb von Beteiligungen an vermögensverwaltenden BGB-Gesellschaften als Erwerb der anteiligen Wirtschaftsgüter anzusehen ist.	Gesetzliche Festschreibung der bisherigen Verwaltungsauffassung[2571], d. h. Motiv der Rechtskontinuität.	Weitere Informationen: Das Nichtanwendungsgesetz besteht noch. Sein Inhalt findet sich heute in § 10 Abs. 1 Satz 4 ErbStG. Das Nichtanwendungsgesetz ist innerhalb von einem bis zwei Jahren nach der BFH-Entscheidung erlassen worden. Das Nichtanwendungsgesetz ist erst im Laufe der parlamentarischen Beratungen im Rahmen der abschließenden Beratungen des Gesetzgebungsverfahrens im Finanzausschuss des Bundestages durch diesen zum Gegenstand des Gesetzes geworden. Die Finanzverwaltung hat die BFH-Entscheidung vor Erlass des Nichtanwendungsgesetzes nicht allgemein angewandt. Es handelt sich um ein profiskalisches Nichtanwendungsgesetz. Sonstiges: Keine Ausführungen.

2571 BT-Drs. 13/5952, 42.

Fundstelle BGBl	Datum, Aktenzeichen und Fundstelle der BFH-Entscheidung	Initiator für das Nichtanwendungsgesetz gem. Art. 76 Abs. 1 GG?	BFH-Entscheidung in Gesetzesbegründung erwähnt?	Fiskalische Auswirkungen des Nichtanwendungsgesetzes laut Gesetzesbegründung?	Enthält Nichtanwendungsgesetz Rückwirkung?	Nichtanwendungserlass vor Nichtanwendungsgesetz?
BGBl I 1996, 2049 (2056); JStG 1997 vom 20. 12. 1996	14. 12. 1995, II R 79/94, BStBl II 1996, 546	Bundestag[2572]	Ja[2573]	keine Angaben	Ja	Ja[2574]

Nichtanwendungsgesetz	Motive für Nichtanwendungsgesetz laut Gesetzesbegründung	Weitere Informationen und Sonstiges
BFH-Entscheidung: Ein begünstigter Erwerb im Wege der vorweggenommenen Erbfolge liegt nur vor, wenn er dem Übergang von Betriebsvermögen durch Erbanfall vergleichbar ist. Dies ist bei der schenkweise erfolgenden Einräumung einer Unterbeteiligung an einer KG in Form einer	Das in der Unternehmenspraxis verbreitete schrittweise Hineinwachsen der Betriebsnachfolger, soll durch die Gewährung des Freibetrags des § 13a ErbStG begünstigt sein[2575], d. h. Motiv des lenkungspolitischen Grundes (Erleichterung der Unternehmensnachfolge).	Weitere Informationen: Das Nichtanwendungsgesetz besteht nicht mehr. Es ist im Zuge der Reform des ErbStG[2577] weggefallen. Das Nichtanwendungsgesetz ist innerhalb eines Jahres nach der BFH-Entscheidung erlassen worden.

2572 In Gestalt des Finanzausschusses, BT-Drs. 13/5951, 35.
2573 BT-Drs. 13/5952, 42.
2574 Gleichlautende Erlasse der obersten Finanzbehörden der Länder vom 09. 09. 1996, BStBl I 1996, 1172.
2575 BR-Drs. 399/01 (Beschluss), 39.

atypisch stillen Beteiligung, die unter dem Vorbehalt von aufschiebenden Bedingungen und Kündigungsrechten steht, nicht der Fall. Nichtanwendungsgesetz: In § 13a Abs. 1 Satz 1 Nr. 2 ErbStG werden die Wörter „im Wege der vorweggenommenen Erbfolge“ durch die Wörter „durch Schenkung unter Lebenden“ ersetzt.	Gesetzliche Festschreibung der bisherigen Verwaltungspraxis (R 56 ErbStR 1998), um das in der Unternehmenspraxis verbreitete schrittweise Hineinwachsen der Betriebsnachfolger durch die Gewährung des Freibetrags des § 13a ErbStG auch weiterhin zu begünstigen[2576], d. h. Motiv der Rechtskontinuität.	Das Nichtanwendungsgesetz ist erst im Laufe der parlamentarischen Beratungen im Rahmen der nach der Einbringung des Gesetzgebungsverfahrens erfolgenden Beteiligung des Bundesrates an dem Gesetzgebungsverfahren durch diesen zum Gegenstand des Gesetzes geworden. Das Nichtanwendungsgesetz ist im Laufe der parlamentarischen Beratungen geändert worden. Die Finanzverwaltung hat die BFH-Entscheidung vor Erlass des Nichtanwendungsgesetzes nicht allgemein angewandt. Es handelt sich um ein antifiskalisches Nichtanwendungsgesetz. Sonstiges: Keine Ausführungen.

2576 BR-Drs. 399/01 (Beschluss), 39.

Fundstelle BGBl	Datum, Aktenzeichen und Fundstelle der BFH-Entscheidung	Initiator für das Nichtanwendungsgesetz gem. Art. 76 Abs. 1 GG?	BFH-Entscheidung in Gesetzesbegründung erwähnt?	Fiskalische Auswirkungen des Nichtanwendungsgesetzes laut Gesetzesbegründung?	Enthält Nichtanwendungsgesetz Rückwirkung?	Nichtanwendungserlass vor Nichtanwendungsgesetz?
BGBl I 2001, 3794 (3810); StÄndG 2001 vom 20. 12. 2001	25. 01. 2001, II R 52/98, BStBl II 2001, 414	Bundesrat[2578]	Ja[2579]	keine Angaben	Ja	Ja[2580]

Nichtanwendungsgesetz	Motive für Nichtanwendungsgesetz laut Gesetzesbegründung	Weitere Informationen und Sonstiges
BFH-Entscheidung: Erhöht sich der Wert der GmbH-Beteiligung eines Gesellschafters dadurch, dass ein anderer Gesellschafter Vermögen in die GmbH einbringt, ohne eine dessen	Schaffung einer gleichheitsgerechten Besteuerung von Schenkungen[2581], d. h. Motiv der Rechtsdogmatik. Schließung von Besteuerungslücken[2582], d. h. Motiv des fiskalischen Grundes.	Weitere Informationen: Das Nichtanwendungsgesetz besteht noch. Das Nichtanwendungsgesetz ist innerhalb von einem bis zwei Jahren nach der BFH-Entscheidung erlassen worden.

2578 BR-Drs. 399/01 (Beschluss), 39.
2579 BR-Drs. 399/01 (Beschluss), 39.
2580 Gleichlautende Erlasse der obersten Finanzbehörden der Länder vom 15. 05. 2001, BStBl I 2001, 350.
2581 BR-Drs. 253/11 (Beschluss), 34.
2582 BR-Drs. 253/11 (Beschluss), 34.

Wert entsprechende Gegenleistung zu erhalten, liegt keine freigebige Zuwendung des einbringenden Gesellschafters an den anderen Gesellschafter vor. Nichtanwendungsgesetz: § 7 Abs. 8 Satz 1 ErbStG normiert, dass auch die Werterhöhung von Anteilen an einer Kapitalgesellschaft, die eine an der Gesellschaft unmittelbar oder mittelbar beteiligte natürliche Person oder Stiftung (Bedachte) durch die Leistung einer anderen Person (Zuwendender) an die Gesellschaft erlangt, als Schenkung gilt.	Vermeidung von Missbrauch[2583], d. h. Motiv der Missbrauchsbekämpfung.	Das Nichtanwendungsgesetz ist erst im Laufe der parlamentarischen Beratungen im Rahmen der nach der Einbringung des Gesetzgebungsverfahrens erfolgenden Beteiligung des Bundesrates an dem Gesetzgebungsverfahren durch diesen zum Gegenstand des Gesetzes geworden. Die Finanzverwaltung hat die BFH-Entscheidung vor Erlass des Nichtanwendungsgesetzes allgemein angewandt. Es handelt sich um ein profiskalisches Nichtanwendungsgesetz. Sonstiges: Die Rechtsprechung des BFH wendet sich gegen die Verwaltungsauffassung (vgl. R 18 Abs. 3 ErbStR). Das Nichtanwendungsgesetz schreibt die bisherige Verwaltungsauffassung gesetzlich fest. Die gleichzeitige Einführung von § 7 Abs. 8 Satz 2 und 3 ErbStG ist ebenfalls im Kontext des Nichtanwendungsgesetzes zu sehen.

2583 BT-Drs. 17/7524, 6.

Fundstelle BGBl	Datum, Aktenzeichen und Fundstelle der BFH-Entscheidung	Initiator für das Nichtanwendungsgesetz gem. Art. 76 Abs. 1 GG?	BFH-Entscheidung in Gesetzesbegründung erwähnt?	Fiskalische Auswirkungen des Nichtanwendungsgesetzes laut Gesetzesbegründung?	Enthält Nichtanwendungsgesetz Rückwirkung?	Nichtanwendungserlass vor Nichtanwendungsgesetz?
BGBl I 2011, 2592 (2614); BeitrRLUmsG vom 07. 12. 2011	09. 12. 2009, II R 28/08, BStBl II 2010, 566	Bundesrat[2584]	Ja[2585]	Steuermehreinnahmen, die hinsichtlich ihrer Höhe nicht zu beziffern sind[2586]	Nein	Nein

Nichtanwendungsgesetz	Motive für Nichtanwendungsgesetz laut Gesetzesbegründung	Weitere Informationen und Sonstiges
BFH-Entscheidung: Zahlt eine GmbH auf Veranlassung eines Gesellschafters einer diesem nahestehenden Person überhöhte Vergütungen, liegt regelmäßig keine freigebige Zuwendung des Gesellschafters an die nahestehende Person vor.	Schaffung einer gleichheitsgerechten Besteuerung von Schenkungen[2587], d. h. Motiv der Rechtsdogmatik. Vermeidung von Härten, die sich aus der unmittelbaren zivilrechtlichen Betrachtung einer Zuwendung durch eine Kapitalgesellschaft ergeben können[2588], d. h. Motiv des rechtspolitischen Grundes.	Weitere Informationen: Das Nichtanwendungsgesetz besteht noch. Das Nichtanwendungsgesetz ist innerhalb von drei bis fünf Jahren nach der BFH-Entscheidung erlassen worden.

2584 BR-Drs. 253/11 (Beschluss), 33.
2585 BR-Drs. 253/11 (Beschluss), 34.
2586 BT-Drs. 17/7524, 27 f mit Bezug auf Fn. 4.
2587 BR-Drs. 253/11 (Beschluss), 34.
2588 BR-Drs. 253/11 (Beschluss), 36.

Nichtanwendungsgesetz: § 15 Abs. 4 Satz 1 ErbStG normiert, dass bei einer Schenkung durch eine Kapitalgesellschaft oder Genossenschaft der Besteuerung das persönliche Verhältnis des Erwerbers zu derjenigen unmittelbar oder mittelbar beteiligten natürlichen Person oder Stiftung zugrunde zu legen ist, durch die sie veranlasst ist.	Vermeidung von Missbrauch[2589], d. h. Motiv der Missbrauchsbekämpfung.	Das Nichtanwendungsgesetz ist erst im Laufe der parlamentarischen Beratungen im Rahmen der nach der Einbringung des Gesetzgebungsverfahrens erfolgenden Beteiligung des Bundesrates an dem Gesetzgebungsverfahren durch diesen zum Gegenstand des Gesetzes geworden. Die Finanzverwaltung hat die BFH-Entscheidung vor Erlass des Nichtanwendungsgesetzes allgemein angewandt. Es handelt sich um ein antifiskalisches Nichtanwendungsgesetz[2590]. Sonstiges: Die gleichzeitige Einführung von § 15 Abs. 4 Satz 2 ErbStG ist ebenfalls im Kontext des Nichtanwendungsgesetzes zu sehen.

2589 BT-Drs. 17/7524, 6.

2590 Das Beispiel in BR-Drs. 253/11 (Beschluss), 36 zeigt, dass die Norm zu Steuermindereinnahmen führt. Nach BT-Drs. 17/7524, 27 f mit Bezug auf Fn. 4 führt die Norm zu nicht bezifferbaren Steuermehreinnahmen. Mit Bezug auf das Beispiel in BR-Drs. 253/11 (Beschluss), 36 ist von einer antifiskalischen Wirkung der Norm auszugehen.

Fundstelle BGBl	Datum, Aktenzeichen und Fundstelle der BFH-Entscheidung	Initiator für das Nichtanwendungsgesetz gem. Art. 76 Abs. 1 GG?	BFH-Entscheidung in Gesetzesbegründung erwähnt?	Fiskalische Auswirkungen des Nichtanwendungsgesetzes laut Gesetzesbegründung?	Enthält Nichtanwendungsgesetz Rückwirkung?	Nichtanwendungserlass vor Nichtanwendungsgesetz?
BGBl I 2011, 2592 (2614); BeitrRLUmsG vom 07. 12. 2011	07. 11. 2007, II R 28/06, BStBl II 2008, 258	Bundesrat[2591]	Ja[2592]	Widersprüchliche Angaben: Sowohl Steuermehr- als auch Steuermindereinnahmen[2593]	Nein	Nein

2591 BR-Drs. 253/11 (Beschluss), 33.

2592 BR-Drs. 253/11 (Beschluss), 34 und 36.

2593 Das Beispiel in BR-Drs. 253/11 (Beschluss), 36 zeigt, dass die Norm zu Steuermindereinnahmen führt. Nach BT-Drs. 17/7524, 27 f mit Bezug auf Fn. 4 führt die Norm zu nicht bezifferbaren Steuermehreinnahmen.

10. Nichtanwendungsgesetze der Bewertung

Nichtanwendungsgesetz	**Motive für Nichtanwendungsgesetz laut Gesetzesbegründung**	**Weitere Informationen und Sonstiges**
BFH-Entscheidung: Rückstellungen für Pensionsanwartschaften sind bei der Einheitsbewertung des Betriebsvermögens nur abzugsfähig, wenn bei einem gewerblichen Betrieb mindestens 100 rechtsverbindliche Pensionszusagen bestehen. Nichtanwendungsgesetz: § 62a BewG normiert den Abzug von Pensionsverpflichtungen unabhängig von der Anzahl der gewährten rechtsverbindlichen Pensionszusagen.	Die Rechtsprechung des BFH benachteiligt kleine und mittlere Unternehmen, die wegen der Mindestzahl von 100 Pensionszusagen nicht in der Lage sind, für ihre Pensionsverpflichtungen einen Schuldenabzug geltend zu machen. Dies soll aus Gründen der Gewährleistung der Gleichmäßigkeit der Besteuerung geändert werden[2594], d. h. Motiv der Rechtsdogmatik.	Weitere Informationen: Das Nichtanwendungsgesetz besteht nicht mehr. In der Neufassung des BewG 1965[2595] ist die Norm nicht mehr enthalten. Das Nichtanwendungsgesetz ist innerhalb von drei bis fünf Jahren nach der BFH-Entscheidung erlassen worden. Das Nichtanwendungsgesetz ist erst im Laufe der parlamentarischen Beratungen im Rahmen der abschließenden Beratungen des Gesetzgebungsverfahrens im Finanzausschuss des Bundestages durch diesen zum Gegenstand des Gesetzes geworden. Die Finanzverwaltung hat die BFH-Entscheidung vor Erlass des Nichtanwendungsgesetzes allgemein angewandt.

2594 BT-Drs. zu 3/2706, 8.
2595 BGBl I 1965, 1861.

		Es handelt sich um ein antifiskalisches Nichtanwendungsgesetz. Sonstiges: Keine Ausführungen.

Fundstelle BGBl	Datum, Aktenzeichen und Fundstelle der BFH-Entscheidung	Initiator für das Nichtanwendungsgesetz gem. Art. 76 Abs. 1 GG?	BFH-Entscheidung in Gesetzesbegründung erwähnt?	Fiskalische Auswirkungen des Nichtanwendungsgesetzes laut Gesetzesbegründung?	Enthält Nichtanwendungsgesetz Rückwirkung?	Nichtanwendungserlass vor Nichtanwendungsgesetz?
BGBl I 1961, 981 (987 f.); StÄndG 1961 vom 13. 07. 1961	26. 07. 1957, III 161/54 S, BStBl III 1957, 314	Bundestag[2596]	Nein[2597]	keine Angaben	Nein	Nein

Nichtanwendungsgesetz	Motive für Nichtanwendungsgesetz laut Gesetzesbegründung	Weitere Informationen und Sonstiges
BFH-Entscheidung: Ein Grundstückswert für ein unbebautes Grundstück kann für Bewertungsstichtage	Anpassung des BewG zur Vermeidung von Besteuerungslücken bei Nichtvorhandensein von	Weitere Informationen: Das Nichtanwendungsgesetz besteht noch.

2596 In Gestalt des Finanzausschusses, BT-Drs. 3/2706, 18 f.

2597 BT-Drs. zu 3/2706, 8. Die Gesetzesbegründung erwähnt zwar die „höchstrichterliche Rechtsprechung", ohne diese aber durch ein Datum, Aktenzeichen oder Fundstelle näher zu präzisieren.

vor dem 01. 01. 2007 nicht festgestellt werden, wenn der Gutachterausschuss für das Grundstück keinen Bodenrichtwert ermittelt hatte. Nichtanwendungsgesetz: Gem. § 145 Abs. 3 Satz 4 BewG ist in den Fällen, in denen von den Gutachterausschüssen kein Bodenrichtwert ermittelt worden ist, der Bodenwert aus den Werten vergleichbarer Flächen abzuleiten und um 20 % zu ermäßigen.	Bodenrichtwerten[2598], d. h. Motiv des fiskalischen Grundes. Gewährleistung der Gleichmäßigkeit der Besteuerung[2599], d. h. Motiv der Rechtsdogmatik.	Das Nichtanwendungsgesetz ist innerhalb von einem bis zwei Jahren nach der BFH-Entscheidung erlassen worden. Das Nichtanwendungsgesetz ist erst im Laufe der parlamentarischen Beratungen im Rahmen der abschließenden Beratungen des Gesetzgebungsverfahrens im Finanzausschuss des Bundestages durch diesen zum Gegenstand des Gesetzes geworden. Die Finanzverwaltung hat die BFH-Entscheidung vor Erlass des Nichtanwendungsgesetzes allgemein angewandt. Es handelt sich um ein profiskalisches Nichtanwendungsgesetz. Sonstiges: Keine Ausführungen.

2598 BT-Drs. 17/7469, 3; BT-Drs. 17/7524, 7.
2599 BT-Drs. 17/7524, 19.

Fundstelle BGBl	**Datum, Aktenzeichen und Fundstelle der BFH-Entscheidung**	**Initiator für das Nichtanwendungsgesetz gem. Art. 76 Abs. 1 GG?**	**BFH-Entscheidung in Gesetzesbegründung erwähnt?**	**Fiskalische Auswirkungen des Nichtanwendungsgesetzes laut Gesetzesbegründung?**	**Enthält Nichtanwendungsgesetz Rückwirkung?**	**Nichtanwendungserlass vor Nichtanwendungsgesetz?**
BGBl I 2011, 2592 (2614); BeitrRLUmsG vom 07. 12. 2011	25. 08. 2010, II R 42/09, BStBl II 2011, 205	Bundestag[2600]	Nein[2601]	keine Angaben	Nein	Nein

2600 In Gestalt des Finanzausschusses auf Antrag der Koalitionsfraktionen CDU, CSU und FDP, BT-Drs. 17/7524, 7 mit Verweis auf BT-Drs. 17/7469, 55.

2601 BT-Drs. 17/7524, 19. Die Gesetzesbegründung erwähnt zwar die „höchstrichterliche Rechtsprechung", ohne diese aber durch ein Datum, Aktenzeichen oder Fundstelle näher zu präzisieren.

11. Nichtanwendungsgesetze der Grundsteuer

Nichtanwendungsgesetz	Motive für Nichtanwendungsgesetz laut Gesetzesbegründung	Weitere Informationen und Sonstiges
BFH-Entscheidung: Ein von der GrSt befreites Dienstgrundstück eines Geistlichen oder Kirchendieners ist grds. nur anzunehmen, wenn der betreffende Grundbesitz unmittelbar zum Unterhalt des Stelleninhabers bestimmt ist und dieser über Nutzungsart und Erträgnisse befinden kann. Dies ist nicht der Fall, wenn der Stelleninhaber Anspruch auf eine seinen Lebensunterhalt sichernde Besoldung hat und verpflichtet ist, die Reineinnahmen der Pfründe zur Erstattung der Gehaltszahlungen zu verwenden. Nichtanwendungsgesetz: § 3 Abs. 1 Satz 1 Nr. 5 und 6 und Satz 2 GrStG normiert die Befreiung für kirchliche Dienstgrundstücke von der GrSt.	Beseitigung der Rechtsunsicherheit, die durch die Rechtsprechung des BFH entstanden ist[2602], d. h. Motiv des rechtspolitischen Grundes. Es soll unter Aufrechterhaltung des historischen Bezugs die Befreiung von der GrSt für die kirchlichen Dienstgrundstücke weiter bestehen bleiben[2603], d. h. Motiv des lenkungspolitischen Grundes (Erhalt von Privilegien der Kirche).	Weitere Informationen: Das Nichtanwendungsgesetz besteht noch. Das Nichtanwendungsgesetz ist innerhalb von fünf bis sieben Jahren nach der BFH-Entscheidung erlassen worden. Die Finanzverwaltung hat die BFH-Entscheidung vor Erlass des Nichtanwendungsgesetzes allgemein angewandt. Es handelt sich um ein antifiskalisches Nichtanwendungsgesetz. Sonstiges: Keine Ausführungen.

2602 BT-Drs. 12/4158, 46 f = BT-Drs. 12/4487, 46 f.
2603 BT-Drs. 12/4158, 47 = BT-Drs. 12/4487, 47.

Fundstelle BGBl	Datum, Aktenzeichen und Fundstelle der BFH-Entscheidung	Initiator für das Nichtanwendungsgesetz gem. Art. 76 Abs. 1 GG?	BFH-Entscheidung in Gesetzesbegründung erwähnt?	Fiskalische Auswirkungen des Nichtanwendungsgesetzes laut Gesetzesbegründung?	Enthält Nichtanwendungsgesetz Rückwirkung?	Nichtanwendungserlass vor Nichtanwendungsgesetz?
BGBl I 1993, 1569 (1589); StandOG vom 13. 09. 1993	13. 05. 1987, II R 225/82, BStBl II 1987, 722	Bundesregierung[2604] Bundestag[2605]	Ja[2606]	keine Angaben	Ja	Nein

Nichtanwendungsgesetz	Motive für Nichtanwendungsgesetz laut Gesetzesbegründung	Weitere Informationen und Sonstiges
BFH-Entscheidung: Eine Ertragsminderung, die das nach § 33 Abs. 1 Satz 1 GrStG erforderliche Ausmaß erreicht, führt auch dann zu einem Erlass der GrSt, wenn sie strukturell bedingt und nicht nur vorübergehender Natur ist.	Die BFH-Rechtsprechung führt zu einer Ausweitung der Anwendung des § 33 GrStG. Hierdurch fürchten die Gemeinden erhebliche Steuerausfälle bei der GrSt. Dies soll vermieden werden[2607], d. h. Motiv des fiskalischen Grundes.	Weitere Informationen: Das Nichtanwendungsgesetz besteht noch. Das Nichtanwendungsgesetz ist innerhalb von einem bis zwei Jahren nach der BFH-Entscheidung erlassen worden.

2604 BT-Drs. 12/4487, 19. Diese ist gleichlautend zum Gesetzesentwurf der Koalitionsfraktionen CDU, CSU und FDP, BT-Drs. 12/4158.

2605 Durch die Koalitionsfraktionen CDU, CSU und FDP, BT-Drs. 12/4158, 19. Diese ist gleichlautend zum Gesetzesentwurf der Bundesregierung, BT-Drs. 12/4487.

2606 BT-Drs. 12/4158, 47 = BT-Drs. 12/4487, 47.

2607 BT-Drs. 16/11108, 62.

Nichtanwendungsgesetz: § 33 Abs. 1 GrStG normiert einen Erlass der GrSt in zwei Stufen. Dieser ist abhängig von der Minderung des tatsächlichen im Vergleich zum normalen Rohertrag. Ferner darf der Stpfl. die Minderung des Rohertrags nicht zu vertreten haben.	Die Gesetzesänderung soll zu einer gerechteren Lastenverteilung zwischen dem Grundstückseigentümer und Gemeinde beitragen[2608], d. h. Motiv des rechtspolitischen Grundes.	Das Nichtanwendungsgesetz ist erst im Laufe der parlamentarischen Beratungen im Rahmen der nach der Einbringung des Gesetzgebungsverfahrens erfolgenden Beteiligung des Bundesrates an dem Gesetzgebungsverfahren durch diesen zum Gegenstand des Gesetzes geworden. Die Finanzverwaltung hat die BFH-Entscheidung vor Erlass des Nichtanwendungsgesetzes allgemein angewandt. Es handelt sich um ein profiskalisches Nichtanwendungsgesetz. Sonstiges: Das BVerwG hat sich der BFH-Rechtsprechung zum Erlass der GrSt bei strukturellem Leerstand angeschlossen[2609].

2608 BR-Drs. 545/08 (Beschluss), 87.
2609 BVerwG vom 24. 04. 2007, GemSOGB 1.07, ZKF 2007, 211.

Fundstelle BGBl	**Datum, Aktenzeichen und Fundstelle der BFH-Entscheidung**	**Initiator für das Nichtanwendungsgesetz gem. Art. 76 Abs. 1 GG?**	**BFH-Entscheidung in Gesetzesbegründung erwähnt?**	**Fiskalische Auswirkungen des Nichtanwendungsgesetzes laut Gesetzesbegründung?**	**Enthält Nichtanwendungsgesetz Rückwirkung?**	**Nichtanwendungserlass vor Nichtanwendungsgesetz?**
BGBl I 2008, 2794 (2844); JStG 2009 vom 19. 12. 2008	24. 10. 2007, II R 5/05, BStBl II 2008, 384	Bundesrat[2610]	Ja[2611]	Steuermehreinnahmen von 230 Mio. € p. a.[2612]	Ja	Nein

2610 BR-Drs. 545/08 (Beschluss), 86.

2611 BR-Drs. 545/08 (Beschluss), 87.

2612 BT-Drs. 16/11108, 68. Für das Kassenjahr 2009 ergeben sich Steuermehreinnahmen von 300 Mio. €, für 2010 von 260 Mio. € und für 2011 bis 2013 jeweils 230 Mio. €.

Nichtanwendungsgesetz	Motive für Nichtanwendungsgesetz laut Gesetzesbegründung	Weitere Informationen und Sonstiges
BFH-Entscheidung: Die Auffassung der Finanzverwaltung in Abschnitt 112a Abs. 1 Satz 1 UStR 1988, dass auch einzelne Personen, die als freie Mitarbeiter an Schulen, Hochschulen oder ähnlichen Bildungseinrichtungen Unterricht erteilen, zu den Unternehmern gehören können, deren Leistungen unter die Steuerbefreiung des § 4 Nr. 21 UStG 1980 fallen, hat im UStG keine Grundlage. Nichtanwendungsgesetz: Gem. § 4 Nr. 21 lit. b) UStG sind die unmittelbar dem Schul- und Bildungszweck dienenden Unterrichtsleistungen selbstständiger Lehrer an Hochschulen i. S. d. §§ 1 und 70 des Hochschulrahmengesetzes und öffentlichen allgemein- oder berufsbildenden Schulen oder an privaten Schulen und anderen allgemein bildenden oder berufsbildenden Einrichtungen, soweit diese die Voraussetzungen des Buchstabens a) erfüllen, steuerfrei.	Die Steuerbefreiung soll auch für die von selbstständigen Lehrern an anderen allgemein- oder berufsbildenden Einrichtungen erbrachten Unterrichtsleistungen gelten, soweit diese Einrichtungen die Voraussetzungen des § 4 Nr. 21 lit. a) UStG erfüllen[2613], d. h. Motiv des rechtspolitischen Grundes. Gesetzliche Festschreibung der bisherigen Verwaltungsauffassung[2614], d. h. Motiv der Rechtskontinuität.	Weitere Informationen: Das Nichtanwendungsgesetz besteht noch. Das Nichtanwendungsgesetz ist innerhalb eines Jahres nach der BFH-Entscheidung erlassen worden. Das Nichtanwendungsgesetz ist erst im Laufe der parlamentarischen Beratungen im Rahmen der Beratungen des Gesetzgebungsverfahrens im Ausschuss für Bildung, Forschung und Technikfolgenabschätzung des Bundestages durch diesen zum Gegenstand des Gesetzes geworden. Der Ausschuss für Bildung, Forschung und Technikfolgenabschätzung hat dieses Gesetzgebungsverfahren mitberaten. Die federführenden und abschließenden Ausschussberatungen des Bundestages sind durch den Finanzausschuss erfolgt.

2613 BT-Drs. 14/443, 38.
2614 BT-Drs. 14/443, 38.

Das Nichtanwendungsgesetz ist im Laufe der parlamentarischen Beratungen geändert worden. Die Veröffentlichung der BFH-Entscheidung im BStBl II erfolgte erst nach Erlass des Nichtanwendungsgesetzes. Die Finanzverwaltung hat die BFH-Entscheidung vor Erlass des Nichtanwendungsgesetzes nicht allgemein angewandt. Es handelt sich um ein antifiskalisches Nichtanwendungsgesetz. Sonstiges: Das Nichtanwendungsgesetz schreibt die bisherige Verwaltungsauffassung (vgl. Abschnitt 112a Abs. 1 Satz 1 UStR 1988) gesetzlich fest.		

Fundstelle BGBl	Datum, Aktenzeichen und Fundstelle der BFH-Entscheidung	Initiator für das Nichtanwendungsgesetz gem. Art. 76 Abs. 1 GG?	BFH-Entscheidung in Gesetzesbegründung erwähnt?	Fiskalische Auswirkungen des Nichtanwendungsgesetzes laut Gesetzesbegründung?	Enthält Nichtanwendungsgesetz Rückwirkung?	Nichtanwendungserlass vor Nichtanwendungsgesetz?
BGBl I 1999, 402 (487); StEntlG 1999/2000/2002 vom 24. 03. 1999	27. 08. 1998, V R 73/97, BStBl II 1999, 376	Bundestag[2615]	Nein[2616]	keine Auswirkungen[2617]	Nein	Nein

2615 In Gestalt des Ausschuss für Bildung, Forschung und Technikfolgenabschätzung auf Antrag der Koalitionsfraktionen SPD und Bündnis 90/Die Grünen, BT-Drs. 14/443, 11 f. Der Antrag des Ausschuss für Bildung, Forschung und Technikfolgenabschätzung wurde in die Beschlussempfehlung des Finanzausschusses übernommen, BT-Drs. 14/442, 89 f.

2616 BT-Drs. 14/443, 37 f.

2617 BT-Drs. 14/23, 129 und 160 = BT-Drs. 14/265, 130 und 161 i. V. m. BT-Drs. 14/443, 45 und 48.

Nichtanwendungsgesetz	Motive für Nichtanwendungsgesetz laut Gesetzesbegründung	Weitere Informationen und Sonstiges
BFH-Entscheidung: Bezieht ein Unternehmer Leistungen für ein Gebäude mit Wohn- und Gewerbeflächen, ist die Aufteilung der Vorsteuerbeträge durch den Unternehmer nach dem Verhältnis der Ausgangsumsätze als sachgerechte Schätzung i. S. v. § 15 Abs. 4 UStG anzuerkennen. Nichtanwendungsgesetz: Gem. § 15 Abs. 4 Satz 3 UStG ist eine Ermittlung des nicht abziehbaren Teils der Vorsteuerbeträge nach dem Verhältnis der Umsätze, die den Vorsteuerabzug ausschließen, zu den Umsätzen, die zum Vorsteuerabzug berechtigen, nur zulässig, wenn keine andere wirtschaftliche Zurechnung möglich ist.	Die Vorschrift dient der sachgerechten Aufteilung der Vorsteuern beim Bezug von Lieferungen oder sonstigen Leistungen[2618], d. h. Motiv des rechtspolitischen Grundes. Vermeidung unzutreffender Aufteilungsergebnisse, insb. bei der Herstellung von gemischt genutzten Gebäuden[2619], d. h. Motiv des rechtspolitischen Grundes. Der nach der BFH-Rechtsprechung anzuwendende Umsatzschlüssel wäre bei einer Vorsteuerberichtigung bei einem sich ändernden Umsatzschlüssel nicht praktikabel[2620], d. h. Motiv der Verwaltungsvereinfachung.	Weitere Informationen: Das Nichtanwendungsgesetz besteht noch. Das Nichtanwendungsgesetz ist innerhalb von zwei bis drei Jahren nach der BFH-Entscheidung erlassen worden. Die Finanzverwaltung hat die BFH-Entscheidung vor Erlass des Nichtanwendungsgesetzes nicht allgemein angewandt. Es handelt sich um ein profiskalisches Nichtanwendungsgesetz. Sonstiges: Keine Ausführungen.

2618 BT-Drs. 15/1562, 51.
2619 BT-Drs. 15/1562, 51.
2620 BT-Drs. 15/1562, 51.

Fundstelle BGBl	Datum, Aktenzeichen und Fundstelle der BFH-Entscheidung	Initiator für das Nichtanwendungsgesetz gem. Art. 76 Abs. 1 GG?	BFH-Entscheidung in Gesetzesbegründung erwähnt?	Fiskalische Auswirkungen des Nichtanwendungsgesetzes laut Gesetzesbegründung?	Enthält Nichtanwendungsgesetz Rückwirkung?	Nichtanwendungserlass vor Nichtanwendungsgesetz?
BGBl I 2003, 2645 (2659); StÄndG 2003 vom 15. 12. 2003	17. 08. 2001, V R 1/01, BStBl II 2002, 883	Bundesregierung[2621] Bundestag[2622]	Ja[2623]	keine Angabe mangels Daten; es wird von Steuer-mehreinnahmen ausgegangen[2624]	Nein	Ja[2625]

Nichtanwendungsgesetz	Motive für Nichtanwendungsgesetz laut Gesetzesbegründung	Weitere Informationen und Sonstiges
BFH-Entscheidung: Bei der Bescheinigung nach § 4 Nr. 21 lit. a) bb) UStG handelt es sich um einen	Die BFH-Rechtsprechung führt zu Rechtsunsicherheiten, da sie Änderungen über die Festsetzungsfrist	Weitere Informationen: Das Nichtanwendungsgesetz besteht nicht mehr.

2621 BT-Drs. 15/1621. Diese ist gleichlautend zum Gesetzesentwurf der Koalitionsfraktionen SPD und Bündnis 90/Die Grünen, BT-Drs. 15/1562.

2622 Durch die Koalitionsfraktionen SPD und Bündnis 90/Die Grünen, BT-Drs. 15/1562, 15. Diese ist gleichlautend zum Gesetzesentwurf der Bundesregierung, BT-Drs. 15/1621.

2623 BT-Drs. 15/1562, 51.

2624 BT-Drs. 15/1562, 29 f mit Bezug auf Fn. 7.

2625 BMF vom 19. 11. 2002, IV B 7 – S 7306 – 25/02, BStBl I 2002, 1368.

Grundlagenbescheid i. S. d. § 175 Abs. 1 Satz 1 Nr. 1 AO. Einer solchen Bescheinigung kann Rückwirkung zukommen, ohne dass dem der Grundsatz der Rechtssicherheit entgegensteht. Nichtanwendungsgesetz: Gem. § 4 Nr. 20 lit. a) Satz 3 UStG gelten für die Erteilung der Bescheinigung § 181 Abs. 1 und 5 AO entsprechend.	des § 169 AO hinaus ermöglicht. Diese sollen beseitigt werden[2626], d. h. Motiv des rechtspolitischen Grundes.	Es wurde durch das Gesetz zur Anpassung der Abgabenordnung an den Zollkodex der Union und zur Änderung weiterer steuerlicher Vorschriften[2627] aufgehoben. Das Nichtanwendungsgesetz ist innerhalb von einem bis zwei Jahren nach der BFH-Entscheidung erlassen worden. Die Finanzverwaltung hat die BFH-Entscheidung vor Erlass des Nichtanwendungsgesetzes allgemein angewandt. Es handelt sich um ein profiskalisches Nichtanwendungsgesetz. Sonstiges: Die Gesetzesbegründung weist daraufhin, dass die Rechtsprechung des BFH zu § 4 Nr. 21 lit. a) bb) UStG gleichermaßen für § 4 Nr. 20 lit. a) UStG Anwendung findet[2628]. § 4 Nr. 21 lit. a) bb) UStG wurde nicht geändert.

2626 BT-Drs. 17/2249, 75.
2627 BGBl I 2014, 2417 (2428).
2628 BT-Drs. 17/2249, 75.

Fundstelle BGBl	Datum, Aktenzeichen und Fundstelle der BFH-Entscheidung	Initiator für das Nichtanwendungsgesetz gem. Art. 76 Abs. 1 GG?	BFH-Entscheidung in Gesetzesbegründung erwähnt?	Fiskalische Auswirkungen des Nichtanwendungsgesetzes laut Gesetzesbegründung?	Enthält Nichtanwendungsgesetz Rückwirkung?	Nichtanwendungserlass vor Nichtanwendungsgesetz?
BGBl I 2010, 1768 (1785); JStG 2010 vom 08. 12. 2010	20. 08. 2009, V R 25/08, BStBl II 2010, 15	Bundesregierung[2629]	Ja[2630]	keine Angaben	Nein	Nein

Nichtanwendungsgesetz	Motive für Nichtanwendungsgesetz laut Gesetzesbegründung	Weitere Informationen und Sonstiges
BFH-Entscheidung: § 13b Abs. 2 Satz 2 UStG 2005 ist entgegen Abschnitt 182a Abs. 11 UStR 2005 einschränkend dahin gehend auszulegen, dass es für die Entstehung der Steuerschuld darauf ankommt, ob der Leistungsempfänger die an ihn erbrachte Werklieferung oder sonstige Leistung, die der Herstellung, Instandsetzung, Instandhaltung, Änderung oder Beseitigung von Bauwerken dient, seinerseits zur Erbringung einer derartigen Leistung verwendet.	Vermeidung von Fehleinschätzungen über den Leistungsempfänger und damit verbundene fehlerhafte Rechnungen und ggf. Risiken beim Vorsteuerabzug[2631], d. h. Motiv der Rechtsvereinfachung. Sicherstellung des vom Gesetzgeber bei der Einführung der Vorschrift gewollten Anwendungsbereichs der Regelung[2632], d. h. Motiv des rechtspolitischen Grundes.	Weitere Informationen: Das Nichtanwendungsgesetz besteht noch. Das Nichtanwendungsgesetz ist innerhalb eines Jahres nach der BFH-Entscheidung erlassen worden. Das Nichtanwendungsgesetz ist erst im Laufe der parlamentarischen Beratungen im Rahmen der nach der Einbringung

2629 BT-Drs. 17/2249, 18.
2630 BT-Drs. 17/2249, 75.
2631 BR-Drs. 184/14 (Beschluss), 33.
2632 BR-Drs. 184/14 (Beschluss), 33.

Nichtanwendungsgesetz: § 13b Abs. 5 Satz 2 UStG normiert, dass in den in Abs. 2 Nr. 4 Satz 1 genannten Fällen der Leistungsempfänger die Steuer unabhängig davon schuldet, ob er sie für eine von ihm erbrachte Leistung i. S. d. Abs. 2 Nr. 4 Satz 1 verwendet, wenn er ein Unternehmer ist, der nachhaltig entsprechende Leistungen erbringt. Davon ist auszugehen, wenn ihm das zuständige FA eine im Zeitpunkt der Ausführung des Umsatzes gültige auf längstens drei Jahre befristete Bescheinigung, die nur mit Wirkung für die Zukunft widerrufen oder zurückgenommen werden kann, darüber erteilt hat, dass er ein Unternehmer ist, der entsprechende Leistungen erbringt.	Gesetzliche Festschreibung der in Praxis bewährten Abgrenzungskriterien[2633], d. h. Motiv der Rechtskontinuität. Vermeidung der negativen Folgen der BFH-Rechtsprechung in der Praxis[2634], d. h. Motiv des rechtspolitischen Grundes.	des Gesetzgebungsverfahrens erfolgenden Beteiligung des Bundesrates an dem Gesetzgebungsverfahren durch diesen zum Gegenstand des Gesetzes geworden. Das Nichtanwendungsgesetz ist im Laufe der parlamentarischen Beratungen geändert worden. Die Finanzverwaltung hat die BFH-Entscheidung vor Erlass des Nichtanwendungsgesetzes allgemein angewandt. Es handelt sich um ein antifiskalisches Nichtanwendungsgesetz. Sonstiges: Die Rechtsprechung des BFH wendet sich gegen die Verwaltungsauffassung (vgl. Abschnitt 182a Abs. 10 und 11 UStR 2005). In § 13b Abs. 5 Satz 5 UStG wird eine Satz 2 entsprechende Regelung für das Reinigen von Gebäuden und Gebäudeteilen (§ 13b Abs. 2 Nr. 8 Satz 1 UStG) normiert.

2633 BT-Drs. 18/1995, 113.

Fundstelle BGBl	Datum, Aktenzeichen und Fundstelle der BFH-Entscheidung	Initiator für das Nichtanwendungsgesetz gem. Art. 76 Abs. 1 GG?	BFH-Entscheidung in Gesetzesbegründung erwähnt?	Fiskalische Auswirkungen des Nichtanwendungsgesetzes laut Gesetzesbegründung?	Enthält Nichtanwendungsgesetz Rückwirkung?	Nichtanwendungserlass vor Nichtanwendungsgesetz?
BGBl I 2014, 1266 (1286); Gesetz[2635] vom 25. 07. 2014	22. 08. 2013, V R 37/10, BStBl II 2014, 128	Bundesrat[2636]	Ja[2637]	keine Angaben	Nein	Nein

Nichtanwendungsgesetz	Motive für Nichtanwendungsgesetz laut Gesetzesbegründung	Weitere Informationen und Sonstiges
BFH-Entscheidung: Betriebsvorrichtungen sind keine Bauwerke i. S. v. § 13b Abs. 1 Nr. 4 Satz 1 UStG a. F.. Nichtanwendungsgesetz: In § 13b Abs. 2 Nr. 4 UStG normiert Satz 1, dass bei Bauleistungen, einschließlich	Ermöglichung einer praxisgerechten Abgrenzung[2638], d. h. Motiv der Verwaltungsvereinfachung. Die vom BFH vorgenommene Auslegung läuft dem Sinn und Zweck des Reverse-Charge-Verfahrens bei Bauleistungen	Weitere Informationen: Das Nichtanwendungsgesetz besteht noch. Das Nichtanwendungsgesetz ist innerhalb von einem bis zwei Jahren nach der BFH-Entscheidung erlassen worden.

2635 Gesetz zur Anpassung des nationalen Steuerrechts an den Beitritt Kroatiens zur EU und zur Änderung weiterer steuerlicher Vorschriften.

2636 BR-Drs. 184/14 (Beschluss), 30 f.

2637 BR-Drs. 184/14 (Beschluss), 32 und 34.

2638 BR-Drs. 121/15 (Beschluss), 31 f.

Werklieferungen und sonstigen Leistungen im Zusammenhang mit Grundstücken, die der Herstellung, Instandsetzung, Instandhaltung, Änderung oder Beseitigung von Bauwerken dienen, mit Ausnahme von Planungs- und Überwachungsleistungen, die Steuer mit Ausstellung der Rechnung, spätestens jedoch mit Ablauf des der Ausführung der Leistung folgenden Kalendermonats entsteht. Satz 2 normiert, dass als Grundstücke insb. auch Sachen, Ausstattungsgegenstände und Maschinen, die auf Dauer in einem Gebäude oder Bauwerk installiert sind und die nicht bewegt werden können, ohne das Gebäude oder Bauwerk zu zerstören oder zu verändern, gelten.	zuwider, nach dem Betrug im Bausektor bekämpft werden soll[2639], d. h. Motiv der Missbrauchsbekämpfung. Gesetzliche Festschreibung der bisherigen Verwaltungsauffassung[2640], d. h. Motiv der Rechtskontinuität. Vermeidung einer mehrfachen Rechtsänderung und den damit für die Unternehmer einhergehenden Belastungen, wie sie bei Anwendung der BFH-Rechtsprechung erforderlich wäre[2641], d. h. Motiv der Rechtsvereinfachung. Vermeidung von erheblichen, in der Praxis nicht handhabbaren Problemen bei der Abgrenzung zwischen Bauwerk und Betriebsvorrichtung, die eine Anwendung der BFH-Entscheidung mit sich brächte[2642], d. h. Motiv der Verwaltungsvereinfachung.	Das Nichtanwendungsgesetz ist erst im Laufe der parlamentarischen Beratungen im Rahmen der nach der Einbringung des Gesetzgebungsverfahrens erfolgenden Beteiligung des Bundesrates an dem Gesetzgebungsverfahren durch diesen zum Gegenstand des Gesetzes geworden. Das Nichtanwendungsgesetz ist im Laufe der parlamentarischen Beratungen geändert worden[2643]. Die Finanzverwaltung hat die BFH-Entscheidung vor Erlass des Nichtanwendungsgesetzes nicht allgemein angewandt. Es handelt sich um ein profiskalisches Nichtanwendungsgesetz. Sonstiges: Die Rechtsprechung des BFH wendet sich gegen die Verwaltungsauffassung (vgl. Abschnitt 182a

2639 BR-Drs. 121/15 (Beschluss), 31 f.

2640 BT-Drs. 18/6094, 89 f.

2641 BT-Drs. 18/6094, 90.

2642 BT-Drs. 18/6094, 90.

2643 Der Bundesrat hat seine Initiative für die Änderung des § 13b Abs. 2 Nr. 4 UStG als Prüfbitte formuliert, ohne einen Textvorschlag für den geänderten Gesetzestext zu machen, BR-Drs. 121/15 (Beschluss), 31. Ein Textvorschlag für die Änderung des § 13b Abs. 2

		Abs. 7 Nr. 2 UStR 2008, Abschnitt 13b.2 Abs. 5 Nr. 2 UStAE). Das Nichtanwendungsgesetz schreibt die bisherige Verwaltungsauffassung gesetzlich fest.

Fundstelle BGBl	**Datum, Aktenzeichen und Fundstelle der BFH-Entscheidung**	**Initiator für das Nichtanwendungsgesetz gem. Art. 76 Abs. 1 GG?**	**BFH-Entscheidung in Gesetzesbegründung erwähnt?**	**Fiskalische Auswirkungen des Nichtanwendungsgesetzes laut Gesetzesbegründung?**	**Enthält Nichtanwendungsgesetz Rückwirkung?**	**Nichtanwendungserlass vor Nichtanwendungsgesetz?**
BGBl I 2015, 1834 (1842); StÄndG 2015[2644] vom 02. 11. 2015	28. 08. 2014, V R 7/14, BStBl II 2015, 682	Bundesrat[2645]	Ja[2646]	keine Angaben	Nein	Ja[2647]

2644 Das Gesetz wurde erst im Rahmen der abschließenden Beratungen des Finanzausschusses in StÄndG 2015 umbenannt, BT-Drs. 18/6094, 1 und 77. Der zunächst vorgesehene Titel des Gesetzes lautete: „Gesetz zur Umsetzung der Protokollerklärung zum Gesetz zur Anpassung der Abgabenordnung an den Zollkodex der Union und zur Änderung weiterer steuerlicher Vorschriften", BT-Drs. 18/4902, 1.

2645 BR-Drs. 121/15 (Beschluss), 31 f.

2646 BR-Drs. 121/15 (Beschluss), 31.

2647 BMF vom 28. 07. 2015, III C 3 – S 7279/14/10003 2015/0593552, BStBl I 2015, 623.

Nichtanwendungsgesetz	Motive für Nichtanwendungsgesetz laut Gesetzesbegründung	Weitere Informationen und Sonstiges
BFH-Entscheidung: Auch eine sog. Beistandsleistung, die zwischen juristischen Personen des öffentlichen Rechts gegen Entgelt erbracht wird, ist steuerbar und bei Fehlen besonderer Befreiungstatbestände steuerpflichtig. Nichtanwendungsgesetz: In § 2b UStG wird – bei gleichzeitiger Aufhebung des § 2 Abs. 3 UStG – die Unternehmereigenschaft von juristischen Personen des öffentlichen Rechts neu normiert und der in diesem Kontext aufgrund der Vorgaben in Art. 13 Abs. 1 Unterabs. 2 Mehrwertsteuersystemrichtlinie[2648] zu beachtendene Begriff der „größeren Wettbewerbsverzerrungen" in Abs. 2 im Rahmen einer nicht abschließenden Aufzählung näher ausgeführt. Mit Bezug auf die sog. Beistandsleistungen normiert Abs. 3, dass, sofern eine Leistung an eine andere juristische Person des öffentlichen Rechts ausgeführt wird, größere	Aufgrund des demografischen Wandels und der bestehenden Notwendigkeit von Einsparungen sind juristische Personen des öffentlichen Rechts in immer größerem Umfang zur Zusammenarbeit gezwungen. Diese Zusammenarbeit erfolgt nicht marktorientiert, sondern allein im öffentlichen Intresse bei der Erfüllung hoheitlicher Aufgaben bzw. Leistungen der Daseinsvorsorge. Diese werden z. B. durch die Erzielung von Synergieeffekten und die Auslastung der im öffentlichen Bereich bereits vorhandenen sachlichen und personellen Ressourcen gefördert. Insoweit steht die Zusammenarbeit der öffentlichen Einrichtungen nicht im Wettbewerb mit Leistungen, die auf dem freien Markt angeboten werden. Eine Besteuerung der Zusammenarbeit öffentlicher Einrichtungen bei hoheitlichen Tätigkeiten kann zu	Weitere Informationen: Das Nichtanwendungsgesetz besteht noch. Das Nichtanwendungsgesetz ist innerhalb von drei bis fünf Jahren nach der BFH-Entscheidung erlassen worden. Das Nichtanwendungsgesetz ist erst im Laufe der parlamentarischen Beratungen im Rahmen der abschließenden Beratungen des Gesetzgebungsverfahrens im Finanzausschuss des Bundestages durch diesen zum Gegenstand des Gesetzes geworden. Die BFH-Entscheidung wurde nicht im BStBl II veröffentlicht.

2648 Richtlinie 2006/112/EG des Rates vom 28. 11. 2006 über das gemeinsame Mehrwertsteuersystem, ABl. EU Nr. L 347 v. 11. 12. 2006, 1 (12).

Wettbewerbsverzerrungen insb. nicht vorliegen, wenn 1. die Leistungen aufgrund gesetzlicher Bestimmungen nur von juristischen Personen des öffentlichen Rechts erbracht werden dürfen oder 2. die Zusammenarbeit durch gemeinsame spezifische öffentliche Interessen bestimmt wird. Dies ist regelmäßig der Fall, wenn a) die Leistungen auf langfristigen öffentlich-rechtlichen Vereinbarungen beruhen, b) die Leistungen dem Erhalt der öffentlichen Infrastruktur und der Wahrnehmung einer allen Beteiligten obliegenden öffentlichen Aufgabe dienen, c) die Leistungen ausschließlich gegen Kostenerstattungen erbracht werden und d) der Leistende gleichartige Leistungen im Wesentlichen an andere juristische Personen des öffentlichen Rechts erbringt.	einer Verteuerung öffentlicher Leistungen und zu unerwünschten Belastungen der Bürgerinnen und Bürger führen[2649], d. h. Motiv des lenkungspolitischen Grundes (Nichtbelastung der Zusammenarbeit von juristischen Personen des öffentlichen Rechts mit USt zur Reaktion auf den demografischen Wandel, zur Ermöglichung der Zusammenarbeit von juristischen Personen des öffentlichen Rechts und zur Vermeidung von Belastungen der Bevölkerung).	Die Finanzverwaltung hat die BFH-Entscheidung vor Erlass des Nichtanwendungsgesetzes allgemein angewandt[2650]. Es handelt sich um ein antifiskalisches Nichtanwendungsgesetz. Sonstiges: Neben der BFH-Entscheidung vom 10. 11. 2011[2651] stehen noch eine Reihe von weiteren BFH-Entscheidungen[2652] zur Unternehmereigenschaft von juristischen Personen des öffentlichen Rechts im Kontext der Einfügung des § 2b UStG.

2649 BT-Drs. 18/6094, 91.

2650 Eine Anwendung der BFH-Entscheidung durch die Finanzverwaltung ist immer dann erfolgt, wenn sich eine juristische Personen des öffentlichen Rechts auf diese BFH-Entscheidung berufen hat, OFD Niedersachsen Vfg. vom 27. 07. 2012, S 7106-283-St 171, USt-Kartei ND § 2 Abs. 3 UStG S 7106 Karte 3 und juris.

2651 BFH vom 10. 11. 2011, V R 41/10, BFHE 235, 554.

2652 BFH vom 20. 08. 2009, V R 70/05, BFHE 226, 458; BFH vom 20. 08. 2009, V R 30/06, BStBl II 2010, 863; BFH vom 17. 03. 2010, XI R 17/08, BFHE 230, 466; BFH vom 15. 04. 2010, V R 10/09, BFHE 229, 416; BFH vom 02. 03. 2011, XI R 65/07, BFHE 233, 264; BFH vom 03. 03. 2011, V R 23/10, BStBl II 2012, 74; BFH vom 01. 12. 2011, V R 1/11, BFHE 236, 235; BFH vom 14. 03. 2012, XI R 8/10, BFH/NV 2012, 1667; BFH vom 13. 02. 2014, V R 5/13, BFHE 245, 92.

Fundstelle BGBl	Datum, Aktenzeichen und Fundstelle der BFH-Entscheidung	Initiator für das Nichtanwendungsgesetz gem. Art. 76 Abs. 1 GG?	BFH-Entscheidung in Gesetzesbegründung erwähnt?	Fiskalische Auswirkungen des Nichtanwendungsgesetzes laut Gesetzesbegründung?	Enthält Nichtanwendungsgesetz Rückwirkung?	Nichtanwendungserlass vor Nichtanwendungsgesetz?
BGBl I 2015, 1834 (1843); StÄndG 2015[2653] vom 02. 11. 2015	10. 11. 2011, V R 41/10, BFHE 235, 554	Bundestag[2654]	Nein[2655]	keine Angaben	Nein	Nein

2653 Das Gesetz wurde erst im Rahmen der abschließenden Beratungen des Finanzausschusses in StÄndG 2015 umbenannt, BT-Drs. 18/6094, 1 und 77. Der zunächst vorgesehene Titel des Gesetzes lautete: „Gesetz zur Umsetzung der Protokollerklärung zum Gesetz zur Anpassung der Abgabenordnung an den Zollkodex der Union und zur Änderung weiterer steuerlicher Vorschriften", BT-Drs. 18/4902, 1.

2654 In Gestalt des Finanzausschusses, BT-Drs. 18/6094, 33 ff.

2655 BT-Drs. 18/6094, 91. Es wird lediglich davon gesprochen, dass sich der BFH in mehreren Urteilen zur Umsatzbesteuerung von Leistungen der öffentlichen Hand geäußert habe und diese Rechtsprechung es notwendig mache, die bestehende gesetzliche Regelung zu überarbeiten und an die Vorgaben des Art. 13 der Mehrwertsteuersystemrichtlinie, Richtlinie 2006/112/EG des Rates vom 28. 11. 2006 über das gemeinsame Mehrwertsteuersystem, ABl. EU Nr. L 347 v. 11. 12. 2006, 1 (12), anzupassen. Ein Datum, Aktenzeichen oder die Fundstelle einer BFH-Entscheidung werden aber nicht genannt.

13. *Nichtanwendungsgesetze der Grunderwerbsteuer*

Nichtanwendungsgesetz	Motive für Nichtanwendungsgesetz laut Gesetzesbegründung	Weitere Informationen und Sonstiges
BFH-Entscheidung: Die Anzeige eines Erwerbsvorgangs nach § 1 Abs. 2a GrEStG ist nur dann ordnungsgemäß i. S. d. § 16 Abs. 5 GrEStG, wenn ihr u. a. diejenigen Rechtsvorgänge eindeutig und vollständig entnommen werden können, die den Tatbestand nach § 1 Abs. 2a GrEStG ausgelöst oder zur Tatbestandsverwirklichung beigetragen haben. Grundstücksbezogene Angaben sind nicht erforderlich. Nichtanwendungsgesetz: Gem. § 16 Abs. 5 GrEStG gelten die Vorschriften der Abs. 1 bis 4 nicht, wenn einer der in § 1 Abs. 2 bis 3a bezeichneten Erwerbsvorgänge rückgängig gemacht wird, der nicht fristgerecht und in allen Teilen vollständig angezeigt (§§ 18 bis 20) war.	Die vollständige Verlagerung des Aufwands zur Ermittlung grundstücksbezogener Angaben auf das FA wird vermieden[2656], d. h. Motiv der Verwaltungsvereinfachung. Vermeidung, dass Grunderwerbsteuerbescheide über Ergänzungstatbestände verspätet und/oder unvollständig erlassen werden[2657], d. h. Motiv des rechtspolitischen Grundes. Der verspätete Erlass von Grunderwerbsteuerbescheiden unterliegt nicht der Vollverzinsung des § 233a AO[2658], d. h. Motiv des fiskalischen Grundes. Sicherstellung der Gleichmäßigkeit der Besteuerung, indem nicht mitwirkende Beteiligte nicht besser als mitwirkende Beteiligte gestellt werden[2659], d. h. Motiv der Rechtsdogmatik.	Weitere Informationen: Das Nichtanwendungsgesetz besteht noch. Das Nichtanwendungsgesetz ist innerhalb von zwei bis drei Jahren nach der BFH-Entscheidung erlassen worden. Das Nichtanwendungsgesetz richtet sich gegen eine Änderung der Rechtsprechung des BFH. Die Finanzverwaltung hat die BFH-Entscheidung vor Erlass des Nichtanwendungsgesetzes nicht allgemein angewandt. Es handelt sich um ein profiskalisches Nichtanwendungsgesetz.

2656 BT-Drs. 18/1529, 79.
2657 BT-Drs. 18/1529, 79.
2658 BT-Drs. 18/1529, 79.
2659 BT-Drs. 18/1529, 79.

	Festschreibung der geltenden Verwaltungspraxis[2660], d. h. Motiv der Rechtskontinuität.	Sonstiges: Keine Ausführungen.

Fundstelle BGBl	**Datum, Aktenzeichen und Fundstelle der BFH-Entscheidung**	**Initiator für das Nichtanwendungsgesetz gem. Art. 76 Abs. 1 GG?**	**BFH-Entscheidung in Gesetzesbegründung erwähnt?**	**Fiskalische Auswirkungen des Nichtanwendungsgesetzes laut Gesetzesbegründung?**	**Enthält Nichtanwendungsgesetz Rückwirkung?**	**Nichtanwendungserlass vor Nichtanwendungsgesetz?**
BGBl I 2014, 1266 (1290); Gesetz[2661] vom 25. 07. 2014	18. 04. 2012, II R 51/11, BStBl II 2013, 830	Bundesregierung[2662]	Ja[2663]	keine Angaben	Ja	Ja[2664]

Nichtanwendungsgesetz	**Motive für Nichtanwendungsgesetz laut Gesetzesbegründung**	**Weitere Informationen und Sonstiges**
BFH-Entscheidung: Das GrEStG enthält keine ausdrückliche Regelung hinsichtlich des für die Tatbestandserfüllung	Präzisierung der Vorschrift entsprechend dem ursprünglichen Willen des Gesetzgebers zur Herstellung des vom	Weitere Informationen: Das Nichtanwendungsgesetz besteht noch.

2660 BT-Drs. 18/1529, 80.
2661 Gesetz zur Anpassung des nationalen Steuerrechts an den Beitritt Kroatiens zur EU und zur Änderung weiterer steuerlicher Vorschriften.
2662 BT-Drs. 18/1529, 32.
2663 BT-Drs. 18/1529, 79.
2664 Gleichlautende Erlasse der obersten Finanzbehörden der Länder vom 04. 06. 2013, BStBl II 2013, 1277.

notwendigen Umfangs einer mittelbaren Änderung der Beteiligungsverhältnisse i. S. v. § 1 Abs. 2a Satz 1 GrEStG. Die mittelbare Änderung des Gesellschafterbestandes einer grundstücksbesitzenden Personengesellschaft i. S. d. § 1 Abs. 2a GrEStG ist daher ausschließlich nach wirtschaftlichen Maßstäben zu beurteilen. Kapital- und Personengesellschaften sind hierbei gleichermaßen als transparent zu betrachten. Nichtanwendungsgesetz: Einfügung von § 1 Abs. 2a Satz 2 bis 5 GrEStG. Gem. Satz 2 werden mittelbare Änderungen im Gesellschafterbestand von den an einer Personengesellschaft beteiligten Personengesellschaften durch Multiplikation der Vomhundertsätze der Anteile am Gesellschaftsvermögen anteilig berücksichtigt. Gem. Satz 3 gelten die Sätze 4 und 5, wenn eine	Gesetzgeber beabsichtigten Rechtszustands[2665], d. h. Motiv des rechtspolitischen Grundes. Klarstellende gesetzliche Ergänzung entsprechend der geltenden Verwaltungsauffassung, die zivilrechtlichen Unterschiede zwischen Kapital- und Personengesellschaften bei der Beurteilung und Bemessung des Quantums der mittelbaren Änderung im Gesellschafterbestand einer grundbesitzenden Personengesellschaft wieder in Abhängigkeit von der Rechtsform der die Beteiligung vermittelnden Gesellschaft zu berücksichtigen[2666], d. h. Motiv der Rechtskontinuität.	Das Nichtanwendungsgesetz ist innerhalb von zwei bis drei Jahren nach der BFH-Entscheidung erlassen worden. Das Nichtanwendungsgesetz ist im Laufe der parlamentarischen Beratungen geändert worden. Die Finanzverwaltung hat die BFH-Entscheidung vor Erlass des Nichtanwendungsgesetzes allgemein angewandt[2667]. Es handelt sich um ein profiskalisches Nichtanwendungsgesetz. Sonstiges: Der Bundesrat ist der eigentliche Initiator des Nichtanwendungsgesetzes. Dieser hat

2665 BT-Drs. 18/4902, 53.

2666 BT-Drs. 18/4902, 53.

2667 Mit Verweis auf die unten stehenden Ausführungen zum Nichtanwendungserlass und zur Rückwirkung zu diesem Nichtanwendungsgesetz, war die Rechtsprechung des BFH in der Zeit von der Aufhebung des Nichtanwendungserlasses am 16. 09. 2015 bis zum Inkrafttreten des Nichtanwendungsgesetzes zum 06. 11. 2015, BGBl I 2015, 1834 (1841) allgemein anzuwenden. Damit liegt ein Nichtanwendungsgesetz vor, bei dem die Finanzverwaltung die BFH-Entscheidung vor Erlass des Nichtanwendungsgesetzes allgemein angewandt hat.

Kapitalgesellschaft an einer Personengesellschaft unmittelbar oder mittelbar beteiligt ist. Gem. Satz 4 gilt eine unmittelbar beteiligte Kapitalgesellschaft in vollem Umfang als neue Gesellschafterin, wenn an ihr mindestens 95 vom Hundert der Anteile auf neue Gesellschafter übergehen. Gem. Satz 5 gilt bei mehrstufigen Beteiligungen Satz 4 auf der Ebene jeder mittelbar beteiligten Kapitalgesellschaft entsprechend.		im Rahmen des Gesetzgebungsverfahrens zum Gesetz zur Anpassung der Abgabenordnung an den Zollkodex der Union und zur Änderung weiterer steuerlicher Vorschriften[2668] eine entsprechende Ergänzung des § 1 Abs. 2a GrEStG um die Sätze 2 bis 4 vorgeschlagen[2669]. Die Bundesregierung hat in einer Protokollerklärung im Bundesrat[2670] zugesagt, u. a. auch diese Ergänzung zum Gegenstand eines im 1. Quartal 2015 von ihr vorzulegenden Gesetzesentwurfs zu machen[2671].

2668 BGBl I 2014, 2417.
2669 BR-Drs. 432/14 (Beschluss), 71 ff.
2670 BMF in Person des parlamentarischen Staatssekretärs Kampeter, BR-Plenarprotokoll 929. Sitzung vom 19. 12. 2014, 429 f.
2671 Dieser Gesetzesentwurf ist die BT-Drs. 18/4902.

Fundstelle BGBl	Datum, Aktenzeichen und Fundstelle der BFH-Entscheidung	Initiator für das Nichtanwendungsgesetz gem. Art. 76 Abs. 1 GG?	BFH-Entscheidung in Gesetzesbegründung erwähnt?	Fiskalische Auswirkungen des Nichtanwendungsgesetzes laut Gesetzesbegründung?	Enthält Nichtanwendungsgesetz Rückwirkung?	Nichtanwendungserlass vor Nichtanwendungsgesetz?
BGBl I 2015, 1834 (1840); StÄndG 2015[2672] vom 02. 11. 2015	24. 04. 2013, II R 17/10, BStBl II 2013, 833	Bundesregierung[2673]	Ja[2674]	keine Angaben	Nein	Ja[2675]

2672 Das Gesetz wurde erst im Rahmen der abschließenden Beratungen des Finanzausschusses in StÄndG 2015 umbenannt, BT-Drs. 18/6094, 1 und 77. Der zunächst vorgesehene Titel des Gesetzes lautete: „Gesetz zur Umsetzung der Protokollerklärung zum Gesetz zur Anpassung der Abgabenordnung an den Zollkodex der Union und zur Änderung weiterer steuerlicher Vorschriften", BT-Drs. 18/4902, 1.

2673 BT-Drs. 18/4902, 12.

2674 BT-Drs. 18/4902, 52.

2675 Gleichlautende Erlasse der obersten Finanzbehörden der Länder vom 09. 10. 2013, BStBl I 2013, 1278. Dieser Nichtanwendungserlass wurde durch die Gleichlautenden Erlasse der obersten Finanzbehörden der Länder vom 16. 09. 2015, BStBl I 2015, 822 aufgehoben.

14. *Nichtanwendungsgesetze der Versicherungsteuer*

Nichtanwendungsgesetz	Motive für Nichtanwendungsgesetz laut Gesetzesbegründung	Weitere Informationen und Sonstiges
BFH-Entscheidung: Der Haftende darf wegen einer fehlerhaften Steueranmeldung nur solange in Anspruch genommen werden, wie die Festsetzungsfrist ggü. dem Steuerschuldner noch nicht abgelaufen ist. Durch eine Außenprüfung beim Steuerentrichtungspflichtigen wird der Ablauf der Festsetzungsfrist nicht nach § 171 Abs. 4 Satz 1 AO gehemmt. Nichtanwendungsgesetz: § 7 Abs. 8 Satz 4 VersStG normiert, dass für die Bestimmung der Festsetzungsfrist nach den §§ 169 bis 171 AO bei einem Stpfl. jeweils die Umstände maßgeblich sind, die in Bezug auf seine Person vorliegen; insb. ist für die Inanspruchnahme	Weil die Festsetzungsfrist hemmende Außenprüfungen beim Steuerschulder eher die Ausnahme darstellen, wird die Rechtsprechung des BFH den tatsächlichen Verhältnissen im Bereich der VersSt nicht gerecht[2676], d. h. Motiv des rechtspolitischen Grundes. Die Ziele und Interessenlagen bei einer LSt-Außenprüfung und einer VersSt-Außenprüfung sind nicht vergleichbar. Daher trägt der vom BFH vorgenommene Vergleich zur LSt nicht, bzw. ist nicht auf den Bereich der VersSt übertragbar[2677], d. h. Motiv der Rechtsdogmatik.	Weitere Informationen: Das Nichtanwendungsgesetz besteht noch. Das Nichtanwendungsgesetz ist innerhalb eines Jahres nach der BFH-Entscheidung erlassen worden. Die Veröffentlichung der BFH-Entscheidung im BStBl II erfolgte erst nach Erlass des Nichtanwendungsgesetzes. Die Finanzverwaltung hat die BFH-Entscheidung vor Erlass des Nichtanwendungsgesetzes nicht allgemein angewandt.

2676 BT-Drs. 17/10039, 21.
2677 BT-Drs. 17/10039, 21 f.

des Steuerentrichtungsschuldners der Ablauf der Festsetzungsfrist beim Versicherungsnehmer sowie für die Inanspruchnahme des Haftenden der Ablauf der Festsetzungsfrist beim Steuerentrichtungsschuldner unbeachtlich.		Es handelt sich um ein profiskalisches Nichtanwendungsgesetz. Sonstiges: Auf Basis einer BFH-Entscheidung sind zwei Nichtanwendungsgesetze erlassen worden: § 171 Abs. 15 AO und § 7 Abs. 8 Satz 4 VersStG.

Fundstelle BGBl	**Datum, Aktenzeichen und Fundstelle der BFH-Entscheidung**	**Initiator für das Nichtanwendungsgesetz gem. Art. 76 Abs. 1 GG?**	**BFH-Entscheidung in Gesetzesbegründung erwähnt?**	**Fiskalische Auswirkungen des Nichtanwendungsgesetzes laut Gesetzesbegründung?**	**Enthält Nichtanwendungsgesetz Rückwirkung?**	**Nichtanwendungserlass vor Nichtanwendungsgesetz?**
BGBl I 2012, 2431 (2433); VerkehrStÄndG vom 05. 12. 2012	13. 12. 2011, II R 26/10, BStBl II 2013, 596 13. 12. 2011, II R 52/09, BFH/NV 2012, 695	Bundesregierung[2678]	Ja[2679]	keine Angaben	Nein	Nein

---

2678 BT-Drs. 17/10039, 10.

2679 BT-Drs. 17/10039, 21. Erwähnt wird die BFH-Entscheidung vom 13. 12. 2011, II R 52/09, BFH/NV 2012, 695. Die BFH-Entscheidung vom 13. 12. 2011, II R 26/10, BStBl II 2013, 596 wird nicht erwähnt.

II. Nichtanwendungsgesetze gegen Entscheidungen der Finanzgerichte

Nichtanwendungsgesetz	Motive für Nichtanwendungsgesetz laut Gesetzesbegründung	Weitere Informationen und Sonstiges
FG-Entscheidung: Die Aufgabe der Investitionsabsicht nach Erlass des Steuerbescheides, in dem der Investitionsabzugsbetrag berücksichtigt wurde, ist ein rückwirkendes Ereignis i. S. d. § 233a Abs. 2a AO. Der Zinslauf beginnt 15 Monate nach Ablauf des Kalenderjahres, in dem das rückwirkende Ereignis eingetreten ist. Nichtanwendungsgesetz: § 7g Abs. 3 Satz 4 EStG normiert, dass § 233 Abs. 2a AO nicht anzuwenden ist.	Die Rechtsprechung des FG hat zur Folge, dass eine Verzinsung der aus der Rückgängigmachung des Investitionsbetrags resultierenden Steuerforderungen gem. § 233a AO regelmäßig unterleibt. Dies gilt es durch eine gesetzliche Klarstellung zu verhindern[2680], d. h. Motiv des rechtspolitischen Grundes. Begrenzung möglicher Steuermindereinnahmen[2681], d. h. Motiv des fiskalischen Grundes. § 7g Abs. 4 Satz 4 EStG schließt bereits jetzt für einen vergleichbaren Sachverhalt die Anwendung des § 233a Abs. 2a AO aus. Es dient der Übersichtlichkeit der Vorschrift in § 7g Abs. 3 EStG ebenso zu verfahren[2682], d. h. Motiv der Rechtsvereinfachung. Gesetzliche Festschreibung der bislang von der Finanzverwaltung vertretenen Verwaltungsauffassung[2683], d. h. Motiv der Rechtskontinuität.	Weitere Informationen: Das Nichtanwendungsgesetz besteht noch. Das Nichtanwendungsgesetz ist innerhalb von zwei bis drei Jahren nach der FG-Entscheidung erlassen worden. Das Nichtanwendungsgesetz ist erst im Laufe der parlamentarischen Beratungen im Rahmen des Vermittlungsverfahrens durch den aus Bundestag und Bundesrat gebildeten Vermittlungsausschuss zum Gegenstand des Gesetzes geworden. Die Finanzverwaltung hat die FG-Entscheidung vor Erlass des Nichtanwendungsgesetzes nicht allgemein angewandt.

2680 BR-Drs. 302/12 (Beschluss), 14.
2681 BR-Drs. 302/12 (Beschluss), 16.
2682 BR-Drs. 302/12 (Beschluss), 17.

		Es handelt sich um ein profiskalisches Nichtanwendungsgesetz. Sonstiges: Das Nichtanwendungsgesetz war Gegenstand des JStG 2013. Dieses kam trotz Einschaltung des Vermittlungsausschusses nicht zustande[2684]. Das Nichtanwendungsgesetz ist daher im Rahmen des AmtshilfeRLUmsG erneut zum Gegenstand eines Gesetzgebungsverfahrens geworden[2685]. Der BFH hat in seiner Revisionsentscheidung die Rechtsauffassung des FG bestätigt[2686].

Fundstelle BGBl	**FG, Datum, Aktenzeichen und Fundstelle der FG-Entscheidung**	**Initiator für das Nichtanwendungsgesetz gem. Art. 76 Abs. 1 GG?**	**FG-Entscheidung in Gesetzesbegründung erwähnt?**	**Fiskalische Auswirkungen des Nichtanwendungsgesetzes laut Gesetzesbegründung?**	**Enthält Nichtanwendungsgesetz Rückwirkung?**	**Nichtanwendungserlass vor Nichtanwendungsgesetz?**
BGBl I 2013, 1809 (1815);	FG Niedersachsen, 05. 05. 2011,	Bundestag und Bundesrat[2687]	Ja[2688]	keine Angaben	Ja	Nein

2684 BR-Drs. 33/13.

2685 Auf die Gesetzgebungsmaterialien des JStG 2013 wird daher Bezug genommen, soweit die Gesetzgebungsmaterialien des AmtshilfeRLUmsG keine Ausführungen enthalten. Im Rahmen des JStG 2013 war der Bundesrat Initiator für das Nichtanwendungsgesetz gem. Art. 76 Abs. 1 GG, BR-Drs. 302/12 (Beschluss), 16.

2686 BFH vom 11. 07. 2013, IV R 9/12, BStBl II 2014, 609. Die BFH-Entscheidung ist damit nach dem Erlass des Nichtanwendungsgesetzes erfolgt.

2687 In Gestalt des Vermittlungsausschusses, BT-Drs. 17/13722, 8.

2688 BR-Drs. 302/12 (Beschluss), 16.

AmtshilfeR-LUmsG vom 26. 06. 2013	1 K 266/10, DStR 2011, 1563					

Nichtanwendungsgesetz	Motive für Nichtanwendungsgesetz laut Gesetzesbegründung	Weitere Informationen und Sonstiges
FG-Entscheidung: Für die Verrechnung nicht ausgeglichener Verluste i. S. d. § 15 Abs. 4 EStG ist ein gesondertes Feststellungsverfahren zur Feststellung nicht ausgeglichener Verluste aus gewerblicher Tierzucht oder -haltung nicht erforderlich. Nichtanwendungsgesetz: In § 15 Abs. 4 Satz 2 2. HS EStG wird für Fälle gewerblicher Tierzucht oder -haltung normiert, dass § 10d Abs. 4 EStG entsprechend gilt. Damit wird ein gesondertes Feststellungsverfahren gesetzlich normiert.	Erforderliche gesetzliche Klarstellung wie sie auch schon in § 23 Abs. 3 Satz 9 2. HS EStG (in heutiger Fassung § 23 Abs. 3 Satz 8 2. HS EStG) erfolgt ist[2689], d. h. Motiv der Rechtsdogmatik.	Weitere Informationen: Das Nichtanwendungsgesetz besteht noch. Das Nichtanwendungsgesetz ist innerhalb von drei bis fünf Jahren nach der FG-Entscheidung erlassen worden. Das Nichtanwendungsgesetz ist erst im Laufe der parlamentarischen Beratungen im Rahmen des Vermittlungsverfahrens durch den aus Bundestag und Bundesrat gebildeten Vermittlungsausschuss zum Gegenstand des Gesetzes geworden. Die Finanzverwaltung hat die FG-Entscheidung vor Erlass des Nichtanwendungsgesetzes nicht allgemein angewandt.

2689 BR-Drs. 302/12 (Beschluss), 28.

		Es handelt sich um ein profiskalisches Nichtanwendungsgesetz. Sonstiges: Das Nichtanwendungsgesetz war Gegenstand des JStG 2013. Dieses kam trotz Einschaltung des Vermittlungsausschusses nicht zustande[2690]. Das Nichtanwendungsgesetz ist daher im Rahmen des AmtshilfeRLUmsG erneut zum Gegenstand eines Gesetzgebungsverfahrens geworden[2691]. Die Revision wurde vom BFH als unzulässig verworfen[2692]. Eine gleichlautende Regelung wurde durch das AmtshilfeRLUmsG auch in § 15 Abs. 4 Satz 7 2. HS EStG festgeschrieben. Das Nichtanwendungsgesetz ist auch im Kontext zum Nichtanwendungsgesetz zu § 23 Abs. 3 Satz 9 2. HS EStG (in heutiger Fassung § 23 Abs. 3 Satz 8 2. HS EStG)[2693] zu sehen, da es die gleiche Rechtsfrage betrifft.

2690 BR-Drs. 33/13.

2691 Auf die Gesetzgebungsmaterialien des JStG 2013 wird daher Bezug genommen, soweit die Gesetzgebungsmaterialien des AmtshilfeRLUmsG keine Ausführungen enthalten. Im Rahmen des JStG 2013 war der Bundesrat Initiator für das Nichtanwendungsgesetz gem. Art. 76 Abs. 1 GG, BR-Drs. 302/12 (Beschluss), 28.

2692 BFH vom 17. 01. 2011, I R 48/10, juris.

2693 BGBl I 2006, 2878 (2882) gegen BFH vom 22. 09. 2005, IX R 21/04, BStBl II 2007, 158.

Fundstelle BGBl	FG, Datum, Aktenzeichen und Fundstelle der FG-Entscheidung	Initiator für das Nichtanwendungsgesetz gem. Art. 76 Abs. 1 GG?	FG-Entscheidung in Gesetzesbegründung erwähnt?	Fiskalische Auswirkungen des Nichtanwendungsgesetzes laut Gesetzesbegründung?	Enthält Nichtanwendungsgesetz Rückwirkung?	Nichtanwendungserlass vor Nichtanwendungsgesetz?
BGBl I 2013, 1809 (1816); AmtshilfeRLUmsG vom 26. 06. 2013	FG Düsseldorf 20. 04. 2010, 6 K 7145/02 K, F, EFG 2010, 2106	Bundestag und Bundesrat[2694]	Ja[2695]	keine Angaben	Ja	Nein

Nichtanwendungsgesetz	Motive für Nichtanwendungsgesetz laut Gesetzesbegründung	Weitere Informationen und Sonstiges
FG-Entscheidung: Die Ablehnung der Anwendung des negativen Progressionsvorbehalts bei der Ermittlung der Steuer ist zumindest im Rahmen der in diesem Verfahren gebotenen summarischen Prüfung ernstlich zweifelhaft. Die Ausführungen	Verhinderung steuerlicher Gestaltungen[2696], d. h. Motiv der Missbrauchsbekämpfung. Bessere Verwirklichung des mit dem Progressionsvorbehalt verfolgten	Weitere Informationen: Das Nichtanwendungsgesetz besteht noch. Das Nichtanwendungsgesetz ist innerhalb von zwei bis drei Jahren nach der FG-Entscheidung erlassen worden.

2694 In Gestalt des Vermittlungsausschusses, BT-Drs. 17/13722, 9.
2695 BR-Drs. 302/12 (Beschluss), 28.
2696 BR-Drs. 302/12 (Beschluss), 29.

der Antragsteller zur Gewerblichkeit, zur Anwendung des § 4 Abs. 3 EStG und zur Nichtanwendung des § 15b EStG sind jedenfalls bei vorläufiger Prüfung nicht unerheblich. Nichtanwendungsgesetz: § 32b Abs. 2 Satz 1 Nr. 2 Satz 2 lit. c) EStG normiert, dass bei der Gewinnermittlung nach § 4 Abs. 3 EStG die Anschaffungs- oder Herstellungskosten für Wirtschaftsgüter des Umlaufvermögens im Zeitpunkt des Zuflusses des Veräußerungserlöses oder bei Entnahme im Zeitpunkt der Entnahme als Betriebsausgaben zu berücksichtigen sind und § 4 Abs. 3 Satz 5 EStG entsprechend gilt.	Ziels der Besteuerung nach der wirtschaftlichen Leistungsfähigkeit[2697], d. h. Motiv des rechtspolitischen Grundes.	Das Nichtanwendungsgesetz ist erst im Laufe der parlamentarischen Beratungen im Rahmen des Vermittlungsverfahrens durch den aus Bundestag und Bundesrat gebildeten Vermittlungsausschuss zum Gegenstand des Gesetzes geworden. Das Nichtanwendungsgesetz ist im Laufe der parlamentarischen Beratungen geändert worden. Die Finanzverwaltung hat die FG-Entscheidung vor Erlass des Nichtanwendungsgesetzes nicht allgemein angewandt. Es handelt sich um ein profiskalisches Nichtanwendungsgesetz. Sonstiges: Das Nichtanwendungsgesetz war Gegenstand des JStG 2013. Dieses kam trotz Einschaltung des Vermittlungsausschusses nicht zustande[2698]. Das

2697 BT-Drs. 17/11220, 28.
2698 BR-Drs. 33/13.

		Nichtanwendungsgesetz ist daher im Rahmen des AmtshilfeRLUmsG erneut zum Gegenstand eines Gesetzgebungsverfahrens geworden[2699]. Es handelt sich um eine FG-Entscheidung im vorläufigen Rechtsschutz[2700]. Der BFH hat die Revision der Finanzverwaltung als begründet angesehen[2701]. Durch das AIFM-StAnpG vom 18. 12. 2013[2702] wurde § 15b Abs. 3a EStG eingeführt und § 32b Abs. 1 Satz 3 EStG geändert. Die Gesetzesänderungen erfolgen als Ergänzung zu § 32b Abs. 2 Satz 1 Nr. 2 Satz 2 lit. c) EStG vor dem Hintergrund einer Vielzahl finanzgerichtlicher Verfahren[2703].

2699 Auf die Gesetzgebungsmaterialien des JStG 2013 wird daher Bezug genommen, soweit die Gesetzgebungsmaterialien des AmtshilfeRLUmsG keine Ausführungen enthalten. Im Rahmen des JStG 2013 war der Bundesrat Initiator für das Nichtanwendungsgesetz gem. Art. 76 Abs. 1 GG, BR-Drs. 302/12 (Beschluss), 29 f.

2700 Die Entscheidung in der Hauptsache stammt vom 15. 11. 2012, 11 K 3175/09, EFG 2013, 503.

2701 BFH vom 10. 12. 2014, I R 3/13, BFH/NV 2015, 667.

2702 BGBl I 2013, 4318 (4332).

2703 BR-Drs. 740/13, 78. Hierbei handelt es sich u. a. um Sächsisches Finanzgericht vom 05. 05. 2010, 8 K 1853/09, DStR 2012, 2053, rkr.; FG Rheinland-Pfalz vom 30. 01. 2013, 3 K 1185/12, EFG 2013, 849, rkr.; FG Nürnberg vom 28. 02. 2013, 6 K 875/11, EFG 2013, 1018, Revision: BFH vom 25. 06. 2014, I R 24/13, BStBl II 2015, 141; FG Münster vom 11. 12. 2013, 6 K 3045/11 F, EFG 2014, 753, Revision: BFH vom 19. 01. 2017, IV R 50/14, BStBl II 2017, 456

Fundstelle BGBl	FG, Datum, Aktenzeichen und Fundstelle der FG-Entscheidung	Initiator für das Nichtanwendungsgesetz gem. Art. 76 Abs. 1 GG?	FG-Entscheidung in Gesetzesbegründung erwähnt?	Fiskalische Auswirkungen des Nichtanwendungsgesetzes laut Gesetzesbegründung?	Enthält Nichtanwendungsgesetz Rückwirkung?	Nichtanwendungserlass vor Nichtanwendungsgesetz?
BGBl I 2013, 1809 (1816); AmtshilfeRLUmsG vom 26. 06. 2013	Hessisches FG, 29. 10. 2010, 11 V 252/10, DStRE 2011, 267	Bundestag und Bundesrat[2704]	Ja[2705]	Verhinderung erheblicher Steuermindereinnahmen im mindestens dreistelligen Mio.- €- Bereich, die mittelfristig stark ansteigen dürften[2706]	Ja	Nein

2704 In Gestalt des Vermittlungsausschusses, BT-Drs. 17/13722, 9.

2705 BR-Drs. 302/12 (Beschluss), 29.

2706 BT-Drs. 17/11191, 2 und 4 mit Bezug auf Fn. 3. Die möglichen Steuerausfälle bei den bislang bekannt gewordenen Fällen belaufen sich auf ca. 300 Mio. €, BR-Drs. 302/12 (Beschluss), 29.

iteraturverzeichnis

ckermann, Günther, Der BFH und das Fachschrifttum, Festschrift 75 Jahre Reichsfinanzhof – Bundesfinanzhof, Bonn 1993

adura, Peter, Staatsrecht – Systematische Erläuterung des Grundgesetzes für die Bundesrepublik Deutschland, 6. Auflage, München 2015

all, Kurt, Beckers Reichsabgabenordnung – Zur sechsten Auflage des Kommentars, Steuer und Wirtschaft (StuW) 1929, 55–62

ecker, Enno, Die Entwicklung des Steuerrechts durch die Rechtsprechung seit 1919, Steuer und Wirtschaft (StuW) 1924, 1005–1036

ecker, Enno, Die Entwicklung des Steuerrechts durch die Rechtsprechung seit 1924, Steuer und Wirtschaft (StuW) 1926, 1357–1398

eermann, Albert, Steuerrechtsprechung und Veröffentlichung, Festschrift 75 Jahre Reichsfinanzhof – Bundesfinanzhof, Bonn 1993

eermann, Albert/ Gosch, Dietmar, Kommentar zur Abgabenordnung und Finanzgerichtsordnung mit Nebengesetzen und EuGH-Verfahrensrecht, 121. Ergänzungslieferung Jan. 2016

(Zitiert: Bearbeiter (z. B. Brandt), Beermann/Gosch, § … AO/FGO Rn. …, …. Lfg. …. 19…)

eiser, Reinhold, Steuern – Ein systematischer Grundriss, 10. Auflage, Wien 2012

ettermann, Karl August, Bindung der Verwaltung an die höchstrichterliche Rechtsprechung?, Festschrift für Heinz Meilicke, Berlin Heidelberg 1985

inding, Lothar, Diskussion in: Die Finanzverwaltung – ein Ersatzgesetzgeber?, DWS-Schriftenreihe Nr. 9, Berlin 2006

irk, Dieter, Kommentar zum BVerfG-Beschluss vom 17. 12. 2013, 1 BvL 5/08, Finanzrundschau (FR) 2014, 338–340

leschick, Sascha, Die Revisionszulassungsgründe des § 115 Abs. 2 Nr. 1 und 2 FGO im Spannungsverhältnis zwischen Individualrechtsschutz und Allgemeininteresse, Frankfurt am Main 2012

lomeyer, Wolfgang, Zur Bindung des „Arbeitsgesetzgebers" an das Richterrecht, Festschrift für Klaus Obermayer, München 1986

lum, Peter, Wege zu besserer Gesetzgebung – sachverständige Beratung, Begründung, Folgeabschätzung und Wirkungskontrolle, Verhandlungen des 65. Deutschen Juristentages, Band I Gutachten, München 2004

oethke, Zu § 19 Abs. 1c der 3. Steuernotverordnung in der Fassung v. 10.8.25 (Schuldverschreibungssteuer) – Eine wichtige Entscheidung des Reichsfinanzhofs, Deutsches Steuerblatt 1925, 588–589

Borgmann, Olaf, Mehr Rechtssicherheit im Steuerrecht und der Verlust des Prinzips der Gewaltenteilung im Steuerrecht, Die Steuerberatung (Stbg) 1989, 392–395

Brandner, Thilo, Der Bundestagsausschuß als Gesetzesinitiant? – Überlegungen aus Anlaß einiger Gesetzesbeschlüsse des 13. Deutschen Bundestages, Juristische Ausbildung (Jura) 1999, 449–455

Bryde, Brun-Otto, Geheimgesetzgebung: Zum Zustandekommen des Justizmitteilungsgesetzes und Gesetzes zur Änderung kostenrechtlicher Vorschriften und anderer Gesetze, Juristen Zeitung (JZ) 1998, 115–120

Bühler, Ottmar, Lehrbuch des Steuerrechts in zwei selbständigen Bänden, I. Band: Allgemeines Steuerrecht, Berlin 1927

Bühler, Ottmar, Die rechtsstaatlichen Forderungen auf dem Gebiet des Steuerrechts im Rahmen der dringendsten steuerpolitischen Anliegen, Steuerberater-Jahrbuch (StbJb) 1955/56

Buhs, Oliver, Die allgemeine Bindung der Finanzverwaltung an die Rechtsprechung des Bundesfinanzhofs – Zur Zulässigkeit sogenannter Nichtanwendungserlasse der Finanzverwaltung, Kiel 1986

Bundesfinanzhof, 60 Jahre Bundesfinanzhof, Eine Chronik 1950-2010, Bonn 2010

Christiansen, Alfred, Zum Grundsatz der Einzelbewertung – insbesondere zur Bildung so genannter Bewertungseinheiten, Deutsches Steuerrecht (DStR) 2003, 264–268

Christiansen, Alfred, Anmerkung zum BFH-Gerichtsbescheid vom 15. 12. 2004 I R 35/03, Deutsches Steuerrecht (DStR) 2005, 1488–1489

Crezelius, Georg, Rechtsprechungsüberholende Gesetzgebung und gesetzesüberholende Rechtsprechung, Festschrift für Günther Felix, Köln 198[illegible]

Dauner-Lieb, Barbara, Die Freistellung geringfügig beteiligter Gesellschafter von der Kapitalersatzhaftung – Ein Eingriff in die Fortbildungskompetenz der Gerichte? – Deutsches Steuerrecht (DStR) 1998, 609–617

Denninger, Erhard/Hoffmann-Riem, Wolfgang/Schneider, Hans-Peter/Stein, Ekkehart, Kommentar zum Grundgesetz für die BRD, Reihe Alternativkommentare, 3. Auflage, Neuwied und Kriftel 2001

(Zitiert: Bearbeiter (z. B. Wassermann), AK-GG, Art. … Rn. …)

Desens, Marc, Die neue Vertrauensschutzdogmatik des Bundesverfassungsgerichts für das Steuerrecht, Steuer und Wirtschaft (StuW) 2011, 113–130

Desens, Marc, Bindung der Finanzverwaltung an die Rechtsprechung – Bedingungen und Grenzen für Nichtanwendungserlasse, Tübingen 2011

Deubel, Ingolf, Steuervollzug im föderalen Rechtsstaat, Finanzrundschau (FR) 2008, 293–294

Dichgans, Hans, Recht und Politik in der Judikatur des Bundesverfassungsgerichts, Festschrift für Willi Geiger, Tübingen 1974

Djanani, Christiana/Brähler, Gernot/Krenzin, Andreas, Nichtanwendungserlasse als Ausfluss und Ursache der Komplexität im Steuerrecht – eine empirische Untersuchung der (Nicht-)Anwendung von Entscheidungen des Bundesfinanzhofs durch die deutsche Finanzverwaltung, Steuer und Wirtschaft (StuW) 2011, 323–330

Doralt, Werner/Ruppe, Hans Georg, Grundriss des österreichischen Steuerrechts Band I, 11. Auflage, Wien 2013

Dreier, Horst, Regelungsform und Regelungsinhalt des autonomen Parlamentsrechts, Juristen Zeitung (JZ) 1990, 310–321

Dreier, Horst, Grundgesetz Kommentar, Band II Art. 20-82, 2. Auflage, Tübingen 2006

(Zitiert: Bearbeiter (z. B. Stettner), Dreier GG Bd. II, 2. Aufl., Art. … Rn. …)

Dreier, Horst, Grundgesetz Kommentar, Band II Art. 20-82, 3. Auflage, Tübingen 2015

(Zitiert: Bearbeiter (z. B. Schulze-Fielitz), Dreier GG Bd. II, 3. Aufl., Art. … Rn. …)

Dreier, Horst, Grundgesetz Kommentar, Band III Art. 83-146, 2. Auflage, Tübingen 2008

(Zitiert: Bearbeiter (z. B. Schulze-Fielitz), Dreier GG Bd. III, 2. Aufl., Art. … Rn. …)

Drüen, Klaus-Dieter, Vom Steuerabzug zur Zahlungsgarantie? – Geplante Korrekturgesetzgebung zur Entrichtungsschuld, Deutsches Steuerrecht (DStR) 2012, Beihefter zu Heft 41/2012, 85–100

Drüen, Klaus-Dieter, Verfassungsrechtliche Grenzen „klarstellender“ Gesetzesänderungen – Dargestellt am Beispiel der Besteuerung von Erstattungszinsen, Die Unternehmensbesteuerung (Ubg) 2014, 683–693 und 747–758

Drüen, Klaus-Dieter, Rückwirkende Nichtanwendungsgesetze im Steuerrecht, Steuer und Wirtschaft (StuW) 2015, 210–221

Echterhölter, Rudolf, Das öffentliche Recht im nationalsozialistischen Staat, Stuttgart 1970

Eggesiecker, Fritz/Ellerbeck, Eike, Fünftelregelung und Progressionsvorbehalt, Deutsches Steuerrecht (DStR) 2007, 1281–1289

Eggesiecker, Fritz/Ellerbeck, Eike, Nichtanwendungsprophylaxe der Finanzverwaltung durchkreuzen, Deutsches Steuerrecht (DStR) 2007, 1427–1430

Eichenberger, Kurt, Gesetzgebung im Rechtsstaat, Veröffentlichungen der Vereinigung der Deutschen Staatsrechtslehrer (VVDStRL), 40. Band, Berlin 1982

Eilfort, Michael/Lang, Joachim, Strukturreform der deutschen Ertragsteuern – Bericht über die Arbeit und Entwürfe der Kommission „Steuergesetzbuch" der Stiftung Marktwirtschaft, München 2013

Felix, Günther, Zur Zulässigkeit von Verwaltungsanweisungen über die Nichtanwendung von Urteilen des Bundesfinanzhofs, Steuer und Wirtschaft (StuW) 1979, 65–76

Felix, Günther, Die Auslegung der Steuergesetze aus dem Blickwinkel der Steuerberatung, Die Steuerberatung (Stbg) 1988, 15–21

Felix, Günther, Zur steuergerichtlichen Verwerfungskompetenz steuerwidriger Steuernormen – Dargestellt am Beispiel steuerlicher Nichtanwendungsgesetze, Betriebs-Berater 1988, 1500–1502

Fellner, Karl-Werner, Wer hat das Sagen im Steuerrecht – VwGH, Österreichische Steuerzeitung (ÖStZ) 2006, 6–9

Fischer, Peter, Innere Unabhängigkeit und Fiskalinteresse, Steuer und Wirtschaft (StuW) 1992, 121–134

Fischer, Robert, Höchstrichterliche Rechtsprechung heute – am Beispiel des Bundesgerichtshofes –, Verhandlungen des 52. Deutschen Juristentages, Band II Sitzungsberichte, München 1978

Flämig, Christian, Diskussion in: Die Finanzverwaltung – ein Ersatzgesetzgeber?, DWS-Schriftenreihe Nr. 9, Berlin 2006

Fleischer, Holger/Wedemann, Frauke, Kodifikation und Derogation von Richterrecht – Zum Wechselspiel von höchstrichterlicher Rechtsprechung und Reformgesetzgebung im Gesellschaftsrecht, Archiv für die civilistische Praxis (AcP), Band 209 (2009), 597–627

Fleischer, Holger/Goette, Wulf, Münchener Kommentar zum Gesetz betreffend die Gesellschaften mit beschränkter Haftung – GmbHG, Band 1 §§ 1-34, 2. Auflage, München 2015

(Zitiert: Bearbeiter (z. B. Ekkenga), MünchKommGmbHG, § … Rn. …)

Flockermann, Paul G., Zur Umsetzung von Steuergesetzen im Bund-Länder-Verhältnis, Festschrift für Dietrich Meyding, Heidelberg 1994

Flume, Werner, Der Entwurf eines Gepräge-Rechtsprechungs-Gesetzes, Der Betrieb (DB) 1985, 1152–1155

Flume, Werner, Folgen aus dem Beschluß des Großen Senats des Bundesfinanzhofs vom 25. Juni 1984, Diskussion, Jahrbuch der Fachanwälte für Steuerrecht (JbFStR) 1985/86, 229–314

Flume, Werner, Steuerrechtsprechung und Steuerrecht, Steuerberater-Jahrbuch (StbJb) 1985/86, 277–310

Frechen, Gabriele, Die Finanzverwaltung ein Ersatzgesetzgeber? Aus Sicht des Gesetzgebers in: Die Finanzverwaltung – ein Ersatzgesetzgeber?, DWS-Schriftenreihe Nr. 9, Berlin 2006

Frenzel, Eike Michael, Das Gesetzgebungsverfahren – Grundlagen, Problemfälle und neuere Entwicklungen, Juristische Schulung (JuS) 2010, 119–124

Friauf, Heinrich/Höfling, Wolfram, Berliner Kommentar zum Grundgesetz, 49. Ergänzungslieferung Feb. 2016

(Zitiert: Bearbeiter (z. B. Leuze), Berliner Kommentar, Art. … GG Rn. …, …. Lfg. …. 20…)

Gail, Winfried, Bindung der Finanzverwaltung an die Rechtsprechung der Steuergerichte, Steuerberater-Jahrbuch (StbJb) 1978/79, 461–484

Gattermann, Hans H., Aufgaben und Arbeitsstil des Finanzausschusses, Steuer und Wirtschaft (StuW) 1988, 170–174

Gattermann, Hans H., Bundesfinanzhof und Gesetzgebung – wechselseitiger Einfluß, Festschrift 75 Jahre Reichsfinanzhof – Bundesfinanzhof, Bonn 1993

Giese, Friedrich, Zur Bindung der Finanzbehörden an Urteile der Finanzgerichte, Finanzrundschau (FR) 1955, 245–246

Goette, Wulf, Einführung in das neue GmbH-Recht, München 2008

Goette, Wulf, Aktuelle Entwicklungen im deutschen Kapitalgesellschaftsrecht im Lichte der höchstrichterlichen Rechtsprechung, Deutsches Steuerrecht (DStR) 2009, 51–57

Goette, Wulf/Habersack, Mathias, Das MoMiG in Wissenschaft und Praxis, Köln 2009

Gosch, Dietmar, Über das Nichtanwenden höchstrichterlicher Rechtsprechung – aufgezeigt am Beispiel der Spruchpraxis des I. Senats des BFH, Festschrift für Wolfgang Spindler, Köln 2011

Grigoleit, Hans Christoph/Rieder, Markus S., GmbH-Recht nach dem MoMiG – Analyse – Strategie – Gestaltung – Mit Bezügen zum Aktienrecht und zum Insolvenzrecht, München 2009

Grürmann, Harald, Die Finanzverwaltung – ein Ersatzgesetzgeber? – Aus Sicht des Steuerberaters in: Die Finanzverwaltung – ein Ersatzgesetzgeber?, DWS-Schriftenreihe Nr. 9, Berlin 2006

Grund, Walter, Steuergesetzgebung – Steuerverwaltung – Steuergerichtsbarkeit, 50 Jahre Deutsche Finanzgerichtsbarkeit – Festschrift des Bundesfinanzhofes, Bonn 1968

Häberle, Peter, Verfassungsprinzipien „im" Verwaltungsverfahrensgesetz, Festschrift zum 50-jährigen Bestehen des Richard Boorberg Verlags, Stuttgart 1977

Hanke, Gerhard, Über die Bedeutung der Rechtsprechung des Bundesfinanzhofes und der Verwaltungsrichtlinien für die Entscheidungen der Finanzverwaltung, Betriebs-Berater (BB) 1969, 145–150

Hartz, Wilhelm, Rechtsprechung und Verwaltung – Zur Nichtanwendung von Entscheidungen der Bundesfinanzhofes durch die Finanzverwaltungsbehörden, Betriebs-Berater (BB) 1955, 517–520

Haver, Rechtsprechung und Verwaltung – Zur Nichtanwendung von Entscheidungen der Bundesfinanzhofes durch die Finanzverwaltungsbehörden, Betriebs-Berater (BB) 1955, 521–523

Heilgeist, Klaus, Nichtanwendung von BFH-Urteilen – Gewaltenteilung gerät durcheinander, Deutsches Steuerrecht Kammer-Report (DStR KR) 2004, 47

Heilgeist, Klaus, Finanzpolitik gestern und in Zukunft!, Deutsches Steuerrecht (DStR) 2009, 2625–2630

Hensel, Albert, Steuerrecht, 3. Auflage, Berlin 1933

Herden, Christian, Nichtanwendung von Entscheidungen des Bundesfinanzhofs, Festschrift für Wolfgang Spindler, Köln 2011

Hergenröder, Curt Wolfgang, Zivilprozessuale Grundlagen richterlicher Rechtsfortbildung, Tübingen 1995

Herrmann, Carl/Heuer, Gerhard/Raupach, Arndt, Kommentar zum Einkommensteuer- und Körperschaftsteuergesetz, 272. Ergänzungslieferung Dez. 2015

(Zitiert: Bearbeiter (z. B. Kirchhof), HHR, Einf. … ESt Rn. …, …. Lfg. …. 20…)

Herschel, Wilhelm, Die Gefährdung der Rechtskultur, Arbeit und Recht (AuR) 1985, 265–266

Herzog, Roman, Gesetzgeber und Gerichte, Festschrift für Helmut Simon, Baden-Baden 1987

Heussner, Hermann, Die Rechtsprechung des Bundesverfassungsgerichts zum Richterrecht, Festschrift für Marie Luise Hilger und Hermann Stumpf, München 1983

Hey, Johanna, Steuerplanungssicherheit als Rechtsproblem, Köln 2002

Hey, Johanna, Rückwirkende Klarstellung und rückwirkende Nichtanwendungsgesetzgebung – Eine Bewertung in vertrauensschutzrechtlicher Hinsicht nach dem Beschluss des BVerfG vom 17. 12. 2013 – 1 BvL 5/08, Juristen Zeitung (JZ) 2014, 500–507

ley, Johanna, Steuerrecht und Staatsrecht im Dialog: Nimmt das Steuerrecht in der Judikatur des BVerfG eine Sonderrolle ein?, Steuer und Wirtschaft (StuW) 2015, 3–18

'ölzle, Gerrit, Nachruf: Wider die Überschuldungs-Dogmatik in der Krise, Zeitschrift für Wirtschaftsrecht (ZIP) 2008, 2003–2005

ömig, Dieter, Grundgesetz für die BRD, 10. Auflage, Baden-Baden 2013

(Zitiert: Bearbeiter (z. B. Hömig), Hömig, GG, Art. … Rn. …)

'offmann, Der Eiserne Bestand beim Vorratsvermögen, Betriebs-Berater (BB) 1955, 566–570

offmann-Riem, Wolfgang/Schmidt-Aßmann, Eberhard/Voßkuhle, Andreas, Grundlagen des Verwaltungsrechts Band I, 2. Auflage, München 2012

(Zitiert: Bearbeiter (z. B. Poscher), Hoffmann-Riem/Schmidt-Aßmann/ Voßkuhle, Grundlagen des Verwaltungsrechts Bd. I, § … Rn. …)

Iommelhoff, Peter, Das Gesellschafterdarlehen als Beispiel institutioneller Rechtsfortbildung, Zeitschrift für Unternehmens- und Gesellschaftsrecht (ZGR) 1988, 460–493

Iorlemann, Heinz-Gerd, Nochmals: Urteilsschelte durch Nichtanwendungsgesetze, Kölner Steuerdialog (KÖSDI) 1998, 11557–11558

Iorlemann, Heinz-Gerd, Nochmals: Finanzgerichtsbarkeit im gewaltengeteilten Verfassungsstaat – Replik auf Pezzer in DStR 2004, 525, Deutsches Steuerrecht (DStR) 2004, 1113–1114

Iorlemann, Heinz-Gerd, Nochmals: Wirkung und Bindung von Normen, Urteilen und Anweisungen, Die Steuerwarte (StW) 2012, 87–90

Iuber, Erwin, Bewirkt der Bundesfinanzhof einen Legislativeffekt? – Urteile des Bundesfinanzhofs und Reaktionen des Gesetzgebers aus steuerpolitischer Sicht, Festschrift für Klaus Offerhaus, Köln 1999

Iübschmann, Walter/Hepp, Ernst/Spitaler, Armin, Kommentar zur Abgabenordnung und Finanzgerichtsordnung, 236. Ergänzungslieferung Feb. 2016

(Zitiert: Bearbeiter (z. B. Wernsmann), HHSp, §/Einf. … AO/FGO Rn. …, …. Lfg. …. 20…)

psen, Jörn, Verfassungsrechtliche Schranken des Richterrechts, Deutsches Verwaltungsblatt (DVBl) 1984, 1102–1107

achmann, Monika, Die Rechtsprechung des Bundesfinanzhofs als Ausübung der dritten Staatsgewalt, Festschrift für Wolfgang Spindler, Köln 2011

Jakob, Wolfgang/Jüptner, Roland, Zur Problematik sogenannter Nichtanwendungsverfügungen im Steuerrecht – Ein Beitrag zum Verhältnis von Finanzgerichtsbarkeit und Finanzverwaltung –, Steuer und Wirtschaft (StuW) 1984, 148–165

Jesse, Lenhard, Der Grundsatz der Öffentlichkeit und deren Ausschluss im Steuerprozess, Der Betrieb (DB) 2008, 1994–2001

Jochum, Heike, Grundfragen des Steuerrechts – Eine verfassungsrechtliche und methodische Einführung für Lehre und Praxis, Tübingen 2012

Jochum, Heike, Gesetzmäßigkeit der Besteuerung, Festschrift für Paul Kirchhof Band II, Heidelberg 2013

Jörißen, Ann-Erika, Die verschiedenen Möglichkeiten der Veröffentlichung von Urteilen der Finanzgerichtsbarkeit und ihre Bedeutung in der Steuerpraxis, Steuer und Studium (SteuStud) 2008, 81–82

Kahl, Wolfgang/Waldhoff, Christian/Walter, Christian/Dolzer, Rudolf/Graßhof, Karin, Bonner Kommentar zum Grundgesetz, 177. Ergänzungslieferung Feb. 2016

(Zitiert: Bearbeiter (z. B. Seer), Bonner Kommentar, Art. … GG Rn. …, …. Lfg. …. 20…)

Kanzler, Hans-Joachim, Kommentar zum BFH-Beschluss vom 25. 01. 2006, IV R 14/04, Finanzrundschau (FR) 2006, 693–694

Kapp, Reinhard, Zur Veröffentlichungspraxis von steuergerichtlichen Entscheidungen – Ein Änderungsvorschlag, Betriebs-Berater (BB) 1981, 567–568

Karpen, Ulrich, Gesetzgebungs-, Verwaltungs- und Rechtsprechungslehre – Beiträge zur Entwicklung einer Regelungstheorie, Baden-Baden 1989

Kessler, Wolfgang/Eicke, Rolf, Warten auf den Wandel – Staatshaftung für Nichtanwendungserlasse im Steuerrecht, Deutsches Steuerrecht (DStR) 2006, 1913–1919

Kinzl, Ulrich-Peter, Wiedergeburt der Nichtanwendungserlasse, Neue Juristische Wochenschrift (NJW) 2012, Editorial Heft 7/2012

Kirchhof, Gregor, Drei Bereiche privaten Aufwands im Einkommensteuerrecht – Zur Trennung der Erwerbs- von der Privatsphäre unter besonderer Berücksichtigung der außergewöhnlichen Belastungen, Deutsches Steuerrecht (DStR) 2013, 1867–1872

Kirchhof, Paul, Finanzverwaltung und Grundgesetz in: Perspektiven der Finanzverwaltung – Analysen und Prognosen im Spiegel von Wissenschaft und Praxis, Köln 1992

Kirchhof, Paul, Leistungsfähigkeit und Erwerbseinkommen – Zur Rechtfertigung und gerechtfertigten Anwendung des Einkommensteuergesetzes –, Festschrift für Joachim Lang, Köln 2010

Kirchhof, Paul, Bundessteuergesetzbuch – Ein Reformentwurf zur Erneuerung des Steuerrechts, Heidelberg 2011

Kisker, Gunter, Zur Reaktion von Parlament und Exekutive auf „unerwünschte" Urteile, Neue Juristische Wochenschrift (NJW) 1981, 889–894

Klein, Franz, BFH-Rechtsprechung – Anwendung und Berücksichtigung durch die Finanzverwaltung, Deutsche Steuer-Zeitung (DStZ) 1984, 55–60

Klein, Franz, Steuerwesen und Finanzgerichtsbarkeit, Jahrbuch der Fachanwälte für Steuerrecht (JbFStR) 1989/90, 35–46

Klein, Franz, Der Einfluß der höchstrichterlichen Rechtsprechung auf die Gesetzgebung am Beispiel des Steuerrechts, Festschrift für Horst Sendler, München 1991

Kloß, R, Aus der Rechtsprechung des Reichsfinanzhofs, Deutsche Steuer-Zeitung (DStZ) 1922, 699–701

Kloß, R, Monatsrundschau, Deutsche Steuer-Zeitung (DStZ) 1923, 45–46

Knobbe-Keuk, Brigitte, Wieder ein Tritt für die Finanzrechtsprechung – Die Finanzverwaltung demoralisiert das oberste Steuergericht, Betriebs-Berater (BB) 1985, 820–821

Knobbe-Keuk, Brigitte, Zum Entwurf eines Gesetzes zur vordringlichen Regelung von Fragen der Besteuerung von Personengesellschaften, Betriebs-Berater (BB) 1985, 941–948

Knobbe-Keuk, Brigitte, Folgen aus dem Beschluß des Großen Senats des Bundesfinanzhofs vom 25. Juni 1984, Diskussion, Jahrbuch der Fachanwälte für Steuerrecht (JbFStR) 1985/86, 229–314

Knobbe-Keuk, Brigitte, Zum Verfall der Steuergesetzgebung – am Beispiel der beabsichtigten Streichung der Jubiläumsrückstellungen –, Betriebs-Berater (BB) 1988, 1086–1089

Koch, Karl, Der Einfluß der Rechtsprechung des Bundesfinanzhofs auf die Verwaltung und Gesetzgebung, Deutsche Steuer-Zeitung/Ausgabe A (DStZ/A) 1975, 370–373

Koch, Karl, Aktuelle Steuerfragen, Jahrbuch der Fachanwälte für Steuerrecht (JbFStR) 1978/79, 17–33

Koenig, Ulrich, Kommentar zur Abgabenordnung, 3. Auflage, München 2014

(Zitiert: Bearbeiter (z. B. Koenig), Koenig, § … AO Rn. …)

Koppe, Die Neuregelung der Obligationensteuer, Deutsche Steuer-Zeitung (DStZ) 1925, 794–796

Kreft, Michael, Der Nichtanwendungserlaß – Akzeptanz und Bindungswirkung der Finanzrechtsprechung in der Finanzverwaltung, Pfaffenweiler 1989

Kreile, Reinhold, Die Steuergesetzgebung in der Bundesrepublik Deutschland aus der Sicht des Parlamentariers, Steuer und Wirtschaft (StuW) 1977, 1–8

Kreile, Reinhold, Der Einfluß der BFH-Rechtsprechung auf die Steuergesetzgebung, Steuerberater-Jahrbuch (StbJb) 1984/85, 39–54

Kreile, Reinhold, Die Entscheidungen des Bundesfinanzhofes und ihre Auswirkungen auf die Tätigkeit des Finanzausschusses des Deutschen Bundestages, Festschrift für Hugo von Wallis, Bonn 1985

Kriele, Martin, Gesetzestreue und Gerechtigkeit in der richterlichen Rechtsfindung, Festschrift der Rechtswissenschaftlichen Fakultät zur 600-Jahr-Feier der Universität zu Köln, Köln 1988

Krüger, Astrid, Die Bindung der Verwaltung an die höchstrichterliche Rechtsprechung – dargestellt am Beispiel der Nichtanwendungserlasse in der Finanzverwaltung, München 1987

Kruse, Heinrich Wilhelm, Kontinuität und Fortschritt der höchstrichterlichen Rechtsprechung, Festschrift 75 Jahre Reichsfinanzhof – Bundesfinanzhof, Bonn 1993

Kruse, Heinrich Wilhelm, Der Standort der Finanzgerichtsbarkeit gegenüber der Finanzverwaltung und der Steuergesetzgebung, Der Rechtsschutz in Steuersachen – Veröffentlichungen der Deutschen Steuerjuristischen Gesellschaft e. V. (DStJG), Band 18, Köln 1995

Kübler, Friedrich, Die Autorität der Sachnähe – Beobachtungen zum Verhältnis von Richter und Gesetz am Beispiel des kapitalersetzenden Gesellschafterdarlehens, Festschrift für Walter Stimpel, Berlin 1985

Kumpf, Johann Heinrich, Kaiserreich, Weimarer Republik und „Drittes Reich". Der Reichsfinanzhof 1918-1938 aus der Sicht seines ersten Präsidenten, Festschrift 75 Jahre Reichsfinanzhof – Bundesfinanzhof, Bonn 1993

Kupfer, Gerhard, Nichtveröffentlichung steuerlich günstiger BFH-Rechtsprechung – Ein „Paradefall" der Untätigkeitsklage, Der AO-Steuer-Berater (AO-StB) 2003, 159–164

Lang, Joachim, Reaktion der Finanzverwaltung auf mißliebige Entscheidungen des Bundesfinanzhofs, Steuer und Wirtschaft (StuW) 1992, 14–24

Lang, Joachim, Reaktion der Finanzverwaltung auf mißliebige Entscheidungen des Bundesfinanzhofs, Deutsche Richterzeitung (DRiZ) 1992, 365–373

Lang, Joachim/Herzig, Norbert/Hey, Johanna/Horlemann, Heinz-Gerd/Pelka, Jürgen/Pezzer, Heinz-Jürgen/Seer, Roman/Tipke, Klaus, Kölner Entwurf eines Einkommensteuergesetzes, Köln 2005

Lange, Hans-Friedrich, Die Nichtanwendung von Urteilen des BFH durch die Finanzverwaltung – Nichtanwendungserlass und Nichtveröffentlichung, Neue Juristische Wochenschrift (NJW) 2002, 3657–3661

Lange, Hans-Friedrich, Amtshaftung der Finanzverwaltung bei Nichtanwendung neuer BFH-Rechtsprechung, Der Betrieb (DB) 2003, 360–362

Lange, Hans-Friedrich, Bundesregierung rechtfertigt Nichtanwendungserlasse im Steuerrecht, Der Betrieb (DB) 2005, 354–358

Larenz, Karl, Methodenlehre der Rechtswissenschaft, 6. Auflage, Berlin 1991

Laws, Ralf/Stahlschmidt, Michael, Die Amtshaftung der Finanzverwaltung, Der Steuerberater (StB) 2003, 180–190

Lechner, Hans/Zuck, Rüdiger, Bundesverfassungsgerichtsgesetz, 7. Auflage, München 2015

Leisner, Walter, Die allgemeine Bindung der Finanzverwaltung an die Rechtsprechung, Deutsche Steuer-Zeitung (DStZ) 1981, 375–387

Leistikow, Michael, Das neue GmbH-Recht, München 2009

Lenski, Edgar, Rechtsprechung und Verwaltung – Zur Nichtanwendung von Entscheidungen der Bundesfinanzhofes durch die Finanzverwaltungsbehörden, Betriebs-Berater (BB) 1955, 520–521

Leutheusser-Schnarrenberger, Sabine, Geleitwort der Bundesministerin der Justiz, Festschrift 75 Jahre Reichsfinanzhof – Bundesfinanzhof, Bonn 1993

List, Heinrich, Zur Veröffentlichung von Entscheidungen des BFH und zur Nichtanwendung von BFH-Entscheidungen durch die Verwaltung, Deutsches Steuerrecht (DStR) 1976, 651–655

List, Heinrich, Vom Reichsfinanzhof zum Bundesfinanzhof, Festschrift für Hugo von Wallis, Bonn 1985

Maciejewski, Tim, Kommentar zum BFH-Urteil vom 12. 11. 2013, VIII R 36/10, Finanzrundschau (FR) 2014, 432–433

Manke, Klaus, BMF-Schreiben = allgemeine Weisungen; basta? – Betrachtungen zu einem eigenartigen Gebilde, Deutsche Steuer-Zeitung (DStZ) 2002, 70–72

Martens, Joachim, Rechtsanwendung und Rechtsetzung durch Verwaltungsvorschriften, Der Rechtsschutz in Steuersachen – Veröffentlichungen der Deutschen Steuerjuristischen Gesellschaft e. V. (DStJG), Band 5, Köln 1982

Maunz, Theodor/Dürig, Günter, Kommentar zum Grundgesetz, 75. Ergänzungslieferung Sep. 2015

(Zitiert: Bearbeiter (z. B. Herzog), MD, Art. … Rn. …, …. Lfg. …. 20…)

Meister, Edgar, Zum Spannungsfeld zwischen Rechtsprechung und Steuergesetzgebung – dargestellt am Beispiel der Unternehmensbeteuerung, Deutsche Steuer-Zeitung (DStZ) 1992, 449–455

Mellinghoff, Rudolf, Verfassungsgebundenheit des Steuergesetzgebers – unter besonderer Berücksichtigung der neueren Rechtsprechung des Bundesverfassungsgerichts, Festschrift für Peter Bareis, Stuttgart 2005

Mersmann, Das Steueränderungsgesetz 1960 – Grundsätzliches zum Steueränderungsgesetz 1960, Deutsche Steuer-Zeitung/Ausgabe A (DStZ/A) 1960, 217–221

Mishra, Robin, Zulässigkeit und Grenzen der Urteilsschelte, Berlin 1997

Müller, Hanswerner, Der Anlaß zur Gesetzgebung, Die öffentliche Verwaltung (DÖV) 1964, 226–231

Nose, Dorit, Die Schreiben des Bundesministers der Finanzen (BMF-Schreiben) – Eine verfassungsrechtliche Untersuchung, Berlin 2006

Offerhaus, Klaus, Der Bundesfinanzhof und die Öffentlichkeit, Festschrift für Hugo von Wallis, Bonn 1985

Offerhaus, Klaus, Die Dreiteilung der Staatsgewalten – Reaktionen des Gesetzgebers und der Finanzverwaltung auf die Rechtsprechung des Bundesfinanzhofs, Steuerberater-Jahrbuch (StbJb) 1995/96, 7–27

Offerhaus, Klaus, Die Dreiteilung der Staatsgewalten im Steuerrecht – Zum Verhältnis von Gesetzgebung und Finanzverwaltung zur Rechtsprechung des Bundesfinanzhofs, Sächsische Steuertagung 1996, 76–88

Offerhaus, Klaus, Entscheidungswerkstatt Bundesfinanzhof und Gedanken zu gesetzlichen Veränderungen, Die Steuerberatung (Stbg) 1998, 437–443

Orlopp, Gerd L., Auftragsverwaltung im Steuerrecht – Der Streit über das Weisungsrecht des Bundesministers der Finanzen und seine pragmatische Beilegung, Festschrift für Franz Klein, Köln 1994

Ossenbühl, Fritz, Die Bindung der Verwaltung an die höchstrichterliche Rechtsprechung, Archiv des öffentlichen Rechts (AöR), Band 92 (1967), 478–495

Ossenbühl, Fritz/Cornils, Matthias, Staatshaftungsrecht, 6. Auflage, München 2013

Osterloh, Lerke, Neuere Entwicklungen zum verfassungsrechtlichen Vertrauensschutz im Steuerrecht, Steuer und Wirtschaft (StuW) 2015, 201–209 *apier, Hans-Jürgen/Peine, Franz-Joseph*, Das Anerkennungsverfahren für Kriegsdienstverweigerer – altes Rechts trotz neuen Gesetzes, Neue Zeitschrift für Verwaltungsrecht (NVwZ) 1985, 164–167

aulick, Heinz, Bindungsprobleme im Steuerrecht, Steuerberater-Jahrbuch (StbJb) 1964/65, 351–397

elka, Jürgen, Die Steuerrechtsprechung als unerwünschte Rechtsquelle für die Vertragsgestaltung, Festschrift für Klaus Tipke, Köln 1995

ezzer, Heinz-Jürgen, Finanzgerichtsbarkeit im gewaltengeteilten Verfassungsstaat, Deutsches Steuerrecht (DStR) 2004, 525–534

ezzer, Heinz-Jürgen, Kommentar zum BFH-Urteil vom 14. 03. 2006, I R 1/04, Finanzrundschau (FR) 2006, 651–653

ezzer, Heinz-Jürgen, Finanzverwaltung und Finanzgerichtsbarkeit – zwei Staatsgewalten in Konkurrenz um die Anwendung des Steuerrechts in: Die Finanzverwaltung – ein Ersatzgesetzgeber?, DWS-Schriftenreihe Nr. 9, Berlin 2006

räsident des Bundesfinanzhofes, Der Bundesfinanzhof, München 2011

au, Günter/Dürrwächter, Erich, Kommentar zum Umsatzsteuergesetz, 164. Ergänzungslieferung Dez. 2015

(Zitiert: Bearbeiter (z. B. Stadie), Rau/Dürrwächter, § … UStG Rn. …, …. Lfg. …. 20…)

edeker, Konrad, Legitimation und Grenzen richterlicher Rechtsetzung, Neue Juristische Wochenschrift (NJW) 1972, 409–415

einhardt, Fritz, Buchführung, Bilanz und Steuern, Band I, Berlin 1936

einhardt, Michael, Konsistente Jurisdiktion – Grundlegung einer verfassungsrechtlichen Theorie der rechtsgestaltenden Rechtsprechung, Tübingen 1997

enz, Roland, Zur Zulässigkeit eines Antrags auf mündliche Verhandlung nach § 90 Abs. 3 Satz 2 FGO, Deutsche Steuer-Zeitung (DStZ) 1986, 166–167

isse, Heinz, Rechtsprechung und Gesetzgebung, Betriebs-Berater (BB) 1961, 1225

üfner, Wolfgang, Verhinderung von Grundsatzentscheidungen und Nichtanwendung von Urteilen durch betroffene Verwaltungen und Verbände, Deutsche Richterzeitung (DRiZ) 1992, 457–463

zepka, Peter, Die Finanzverwaltung ein Ersatzgesetzgeber? Aus Sicht des Gesetzgebers in: Die Finanzverwaltung – ein Ersatzgesetzgeber?, DWS-Schriftenreihe Nr. 9, Berlin 2006

achs, Michael, Kommentar zum Grundgesetz, 7. Auflage, München 2014

(Zitiert: Bearbeiter (z. B. Sachs), Sachs, GG, Art. … Rn. …)

Sauerland, Thomas, Weisungsrechte des Bundes beim Vollzug der Steuergesetz durch die Länder, Deutsche Steuer-Zeitung (DStZ) 2007, 668–673

Schaumburg, Harald, Nichtanwendungserlasse, Nichtanwendungsgesetze und Bindung der Verwaltung an Recht und Gesetz, Für eine bessere Steuerrechtskultur – Erster Deutscher Finanzgerichtstag 2004, Stuttgart 200

Schaumburg, Heide/Schaumburg, Harald, Legislativer Gehorsam im Steuerrech Festschrift für Wolfgang Spindler, Köln 2011

Schenke, Ralf P., Die Rechtsfindung im Steuerrecht, Tübingen 2007

Schlenk, Axel, Bundesfinanzhof und Finanzverwaltung in Kooperation und Unabhängigkeit – Allgemeine Bindungswirkung der Rechtsprechung, Reaktionsformen der Finanzverwaltung, Reformüberlegungen, Heidelberg 201

Schlenk, Axel, Anspruch aus Amtshaftung bei Nichtanwendungserlassen der Finanzverwaltung?, Deutsches Steuerrecht (DStR) 2015, 2135–2140

Schmidt-Bleibtreu, Bruno/Klein, Franz/Hofmann, Hans/Henneke, Hans-Günter, Kommentar zum Grundgesetz, 13. Auflage, Köln 2014

(Zitiert: Bearbeiter (z. B. Hopfauf), Schmidt-Bleibtreu/Klein/Hofmann/Henneke GG, Art. … Rn. …)

Schmidt, Eckehard, Die Rolle der Länderfinanzministerien im Zusammenspiel untereinander und im Verhältnis zum Bund, Finanzrundschau (FR) 2008, 317–320

Schmidt, Eckehard, Steuergesetzgebung, Festschrift für Paul Kirchhof Band II, Heidelberg 2013

Schmidt, Eike, Normzweck und Zweckprogramm, Festgabe für Josef Esser, Kronberg im Taunus 1975

Schmidt, Georg, Anmerkung zu Eggesieker/Ellerbeck, Nichtanwendungsprophylaxe der Finanzverwaltung durchkreuzen, DStR 2007, 1427, Deutsches Steuerrecht (DStR) 2007, 1996–1998

Schmidt, Karsten, Überschuldung und Insolvenzantragspflicht nach dem Finanzmarktstabilisierungsgesetz – Geschäftsleiterpflichten im Wechselbad der Definitionen –, Der Betrieb (DB) 2008, 2467–2471

Schmidt, Karsten, Gesetzgebung und Rechtsfortbildung im Recht der GmbH und der Personengesellschaften – Zur Aufgabenteilung zwischen Gesetzgebung, Justiz und Wissenschaft, Juristen Zeitung (JZ) 2009, 10–20

Schmidt, Ludwig, Einkommensteuergesetz, 30. Auflage, München 2011

Schmitt, Michael, Steuervollzug im föderalen Staat, Steuervollzug im Rechtsstaat – Veröffentlichungen der Deutschen Steuerjuristischen Gesellschaft e. V. (DStJG), Band 31, Köln 2008

Schneider, Hans, Gesetzgebung – Ein Lehr- und Handbuch, 3. Auflage, Heidelberg 2002

Schneider, Hans-Peter/Zeh, Wolfgang, Parlamentsrecht und Parlamentspraxis in der Bundesrepublik Deutschland, Berlin 1989

(Zitiert: Bearbeiter (z. B. Kabel), Schneider/Zeh, Parlamentsrecht und Parlamentspraxis in der BRD, § … Rn. …)

Schön, Wolfgang, Vermeidbare und unvermeidbare Hindernisse der Steuervereinfachung, Steuer und Wirtschaft (StuW) 2002, 23–35

Schön, Wolfgang, Iris Ebling, Betriebs-Berater (BB) 2005, Heft 22, Die erste Seite

Schön, Wolfgang, Steuerpolitik 2008 – Das Ende der Illusion?, Deutsches Steuerrecht (DStR) 2008, Beihefter zu Heft 17/2008, 10–20

Schönfeld, Jens/Bergmann, Malte, Das Ende rückwirkend „klarstellender" Gesetze im Steuerrecht, Deutsches Steuerrecht (DStR) 2015, 257–262

Scholtz, Rolf-Detlev, Nichtanwendungserlaß – Nichtanwendungsrechtsprechung – Nichtanwendungsgesetzgebung, Festschrift für Franz Klein, Köln 1994

Schünemann, Bernd, Grundbedingungen für ein funktionsfähiges normatives Programm der Rechtsprechung, Rechtsprechungslehre – Internationales Symposium Münster 1984, Köln 1986

Schuhmann, Helmut, Zur Bindung der Verwaltung an die Entscheidungen des BFH, Finanzrundschau (FR) 1982, 344–348

Schulze-Osterloh, Joachim, Die Qualifikation der Einkünfte einer vermögensverwaltenden Personengesellschaft – Zum Beschlus des Großen Senats des BFH vom 25. Juni 1984, Deutsche Steuer-Zeitung (DStZ) 1985, 315–322

Schulze-Osterloh, Joachim, Folgen aus dem Beschluß des Großen Senats des Bundesfinanzhofs vom 25. Juni 1984, Jahrbuch der Fachanwälte für Steuerrecht (JbFStR) 1985/86, 229–314

Seer, Roman, Kooperativ-föderale Steuerverwaltung in Deutschland, Festschrift für Hans Georg Ruppe, Wien 2007

Seewald, Hans-Christoph, Nichtanwendungserlass – Keine Einigung in Sicht, Steuer Consultant (SteuerCon) 10/2009, 21–23

Sendler, Horst, Normenflut und Richter, Zeitschrift für Rechtspolitik (ZRP) 1979, 227–232

Spindler, Wolfgang, Vertrauensschutz im Steuerrecht, Deutsches Steuerrecht (DStR) 2001, 725–730

Spindler, Wolfgang, BFH-Präsidentin Dr. Iris Ebling im Ruhestand, Der Betrieb (DB) 2005, Heft 22, Seite 1

Spindler, Wolfgang, Das Steuerrecht zwischen Gesetzgebung, Verwaltung und Rechtsprechung, Festschrift für Hermann Otto Solms, Berlin 2005

Spindler, Wolfgang, Steuerrecht im Spannungsverhältnis zwischen Gesetzgebung, Verwaltung und Rechtsprechung, Die Steuerberatung (Stbg) 2006, 1–6

Spindler, Wolfgang, Der Nichtanwendungserlass im Steuerrecht, Deutsches Steuerrecht (DStR) 2007, 1061–1066

Spindler, Wolfgang, Vertrauensschutz im Steuerrecht, Die Steuerberatung (Stbg) 2010, 529–534

Spindler, Wolfgang, Das Jahressteuergesetz 2010 als mehrfaches „Nichtanwendungsgesetz“, Neue Wirtschaftsbriefe (NWB) 2010, 3929

Spitaler, Armin, Entlastung der Finanzgerichtsbarkeit, Steuerberater-Jahrbuch (StbJb) 1955/56, 483–505

Stahl, Rainer, Die Bindung der Staatsgewalten an die höchstrichterliche Rechtsprechung – Eine rechtstheoretische Untersuchung auf der Grundlage des Bonner Grundgesetzes, Frankfurt am Main 1973

Strahl, Martin, Urteilsschelte durch Nichtanwendungsgesetze, Kölner Steuerdialog (KÖSDI) 1998, 11449–11450

Strahl, Martin, Verwaltungsseitige Verhinderung der Rechtsfortbildung, Kölner Steuerdialog (KÖSDI) 2006, 15299–15300

Strahl, Martin, Steuergesetzgebung zwischen BMF und Finanzausschuss, Kölner Steuerdialog (KÖSDI) 2006, 15301

Suck, Jendrik, Zukunft von Beistandsleistungen unter umsatzsteuerlichen Aspekten – Rechtsprechung des BFH und ihre Folgen für die öffentliche Hand: Unionsrechtliche Grenzen für ein von den Kommunen gefordertes Nichtanwendungsgesetz, Umsatzsteuer-Rundschau (UR) 2013, 205–211

Thiel, R., Das Steueränderungsgesetz 1960, Finanzrundschau (FR) 1960, Beilage zu Nr. 15, 1–7

Thiemann, Christian, Rechtmäßigkeit der Besteuerung von Erstattungszinsen nach § 233a AO, Finanzrundschau (FR) 2012, 673–684

Tipke, Klaus, Über Steuergesetzgebung und Verfassungsgerichtsbarkeit – Von der Euphorie über die Resignation zu neuer Hoffnung, Steuer und Wirtschaft (StuW) 1990, 308–321

Tipke, Klaus, Die Steuerrechtsordnung Band III, 1. Auflage, Köln 1993

Tipke, Klaus, Die Steuerrechtsordnung Band III, 2. Auflage, Köln 2012

Tipke, Klaus, Warum Steuerrechtswissenschaft und Steuerpolitik nicht harmonieren, Steuer und Wirtschaft (StuW) 2013, 97–106

Tipke, Klaus/Kruse, Wilhelm, Kommentar zur Abgabenordnung und Finanzgerichtsordnung, 143. Ergänzungslieferung Feb. 2016
(Zitiert: Bearbeiter (z. B. Seer), T/K, §/Einf. … AO/FGO Rn. …, …. Lfg. …. 20…)

Tipke, Klaus/Lang, Joachim, Steuerrecht, 20. Auflage, Köln 2010
(Zitiert: Bearbeiter (z. B. Lang), T/L, 20. Aufl., § … Rn. …)

Tipke, Klaus/Lang, Joachim, Steuerrecht, 21. Auflage, Köln 2013
(Zitiert: Bearbeiter (z. B. Englisch), T/L, 21. Aufl., § … Rn. …)

Tipke, Klaus/Lang, Joachim, Steuerrecht, 22. Auflage, Köln 2015
(Zitiert: Bearbeiter (z. B. Englisch), T/L, 22. Aufl., § … Rn. …)

Uelner, Adalbert, Folgen aus dem Beschluß des Großen Senats des Bundesfinanzhofs vom 25. Juni 1984, Diskussion, Jahrbuch der Fachanwälte für Steuerrecht (JbFStR) 1985/86, 229–314

Uelner, Adalbert, Die Finanzminister im System der sogenannten Gewaltenteilung, Festschrift für Karl Heinrich Friauf, Heidelberg 1996

ufcc, Der Finanzausschuss des Deutschen Bundestages und der Grundsatz der Gewaltenteilung – zur Besteuerung nichtärztlicher Psychotherapeuten, FR 1979, 560–561

Ulmer, Peter, Das Recht der GmbH und GmbH & Co. nach 50 Jahren BGH-Rechsprechung – Schwerpunkte – Desiderate – Rechtsgestaltung, 50 Jahre Bundesgerichtshof – Festgabe aus der Wissenschaft, Band II. Handels- und Wirtschaftsrecht, Europäisches und Internationales Recht, München 2000

Ulmer, Peter, Der „Federstrich des Gesetzgebers“ und die Anforderungen der Rechtsdogmatik, Kritische Anmerkungen aus rechtssystematischer Sicht zur Ausgestaltung bestimmter Deregulierungsvorschläge im RegE MoMiG, Zeitschrift für Wirtschaftsrecht (ZIP) 2008, 45–55

Ulmer, Peter/Habersack, Mathias/ Winter, Martin, Gesetz betreffend die Gesellschaften mit beschränkter Haftung (GmbHG) Ergänzungsband MoMiG, Tübingen 2010

Vinken, Horst, Der Nichtanwendungserlass im Steuerrecht – die Finanzverwaltung als „Kontrollinstanz“ der Rechtsprechung?, Festschrift für Wolfgang Spindler, Köln 2011

Völker, Dietmar/Ardizzoni, Marco, Rechtsprechungsbrechende Nichtanwendungsgesetze im Steuerrecht – neue bedenkliche Gesetzgebungspraxis, Neue Juristische Wochenschrift (NJW) 2004, 2413–2420

Vogenauer, Stefan, Die Auslegung von Gesetzen in England und auf dem Kontinent – Eine vergleichende Untersuchung der Rechtsprechung und historischer Grundlagen, Tübingen 2001

von Bogdandy, Armin, Gubernative Rechtsetzung – Eine Neubestimmung der Rechtsetzung und des Regierungssystems unter dem Grundgesetz in der Perspektive gemeineuropäischer Dogmatik, Tübingen 2000

von Kirchmann, Julius Hermann, Die Werthlosigkeit der Jurisprudenz als Wissenschaft, Berlin 1848

von Mangoldt, Hermann/Klein, Friedrich/Starck, Christian, Kommentar zum Grundgesetz, Band 2 Art. 20-82, 6. Auflage, München 2010

(Zitiert: Bearbeiter (z. B. Masing), von Mangoldt/Klein/Starck GG Bd. II, Art. … Rn. …)

von Mangoldt, Hermann/Klein, Friedrich/Starck, Christian, Kommentar zum Grundgesetz, Band 3 Art. 83-146, 6. Auflage, München 2010

(Zitiert: Bearbeiter (z. B. Classen), von Mangoldt/Klein/Starck GG Bd. III, Art. … Rn. …)

von Staudinger, Julius, Kommentar zum Bürgerlichen Gesetzbuch, Einleitung zum Schuldrecht (§§ 241-243), Berlin 2015

(Zitiert: Bearbeiter (z. B. Looschelders/Olzen), von Staudinger BGB, § … Rn. …)

von Welck, Frauke, Zur Nichtanwendung von Urteilen des Bundesfinanzhofs – Ist die Anweisung des Bundesministers der Finanzen, ausnahmsweise eine Entscheidung des Bundesfinanzhofes über den entschiedenen Einzelfall hinaus nicht anzuwenden, verfassungsrechtlich zulässig?, Betriebs-Berater (BB) 1978, 758–759

Voß, Joachim, Ungewißheit im Steuerrecht – Formen, Konsequenzen, Maßnahmen, Wiesbaden 1992

Voß, Reimer, Bundesfinanzhof unter Kuratel des Bundesfinanzministeriums? – Finanzverwaltung verweigert und verzögert Umsetzung der BFH-Rechtsprechung, Deutsches Steuerrecht (DStR) 2003, 441–446

Wank, Rolf, Grenzen richterlicher Rechtsfortbildung, Berlin 1978

Wassermeyer, Franz, Das Änderungsgesetz zum KStG – Ein neues BFH-Rechtsprechungs-Korrekturgesetz, Der Betrieb (DB) 1988, 2531–2533

Wassermeyer, Franz, Verdeckte Gewinnausschüttung – Bundesfinanzhof versus Finanzverwaltung, GmbHRundschau (GmbHR) 2002, 1–5

Weber, Frank, Anlässe und Methoden der Rechtsrückbildung im Gesellschaftsrecht – Eine Darstellung anhand des Bezugsrechtsausschlusses bei Kapitalerhöhungen und des Rechts der eigenkapitalersetzenden Gesellschafterleistungen, Baden-Baden 2003

Weber, Jörg-Andreas, Fortsetzungsfeststellungsklage bei „Judiz-Kassation" – Eine Alternative zu Eggesieker/Ellerbeck, DStR 2007, 1427, Deutsches Steuerrecht (DStR) 2007, 2298–2304

Weber-Grellet, Heinrich, Die positive Bedeutung von Nichtanwendungserlassen – Der Nichtanwendungserlass als Element und Teil eines demokratischen Rechtsanwendungsdiskurses, Festschrift für Joachim Lang, Köln 2010

Wernsmann, Rainer/Desens, Marc, Gleichheitswidrige Gewerbesteuernachbelastung durch ein Nichtanwendungsgesetz – Zur Verfassungswidrigkeit des § 18 Abs. 3 UmwStG i. d. F. JStG 2008, Deutsches Steuerrecht (DStR) 2008, 221–228

Westermann, Harm Peter, Probleme mit der Rechtsrückbildung im Gesellschaftsrecht, Festschrift für Wolfgang Zöllner, Köln 1998

Weyand, Raimund, Amtspflichtverletzung des Finanzamts bei fehlender Kenntnis aktueller Tendenzen der Rechtsprechung? – Zugleich Anmerkung zum Urteil des OLG Koblenz vom 17.7.2002, 1 U 1588/01 –, Information für Steuerberater und Wirtschaftsprüfer (INF) 2003, 238–240

Widmann, Werner, Die Finanzverwaltung – ein Ersatzgesetzgeber? – Aus Sicht der Verwaltung in: Die Finanzverwaltung – ein Ersatzgesetzgeber?, DWS-Schriftenreihe Nr. 9, Berlin 2006

Widmann, Werner, Diskussion in: Die Finanzverwaltung – ein Ersatzgesetzgeber?, DWS-Schriftenreihe Nr. 9, Berlin 2006

Wieland, Joachim, Bedeutung der Rechtsprechung des Bundesfinanzhofs für die Finanzverwaltung, Deutsches Steuerrecht (DStR) 2004, 1–5

Wieland, Joachim, Verfassungsrechtliche Rahmenbedingungen für die Organisation des Vollzugs des SGB II, Der Landkreis 2009, 556–559

Wiese, Götz T./Berner, Hans-Joachim, Rückwirkende Gesetzesklarstellungen und ihre verfassungsrechtliche Zulässigkeit – Zugleich Anmerkung zum BVerfG vom 17. 12. 2013, 1 BvL 5/08, Deutsches Steuerrecht (DStR) 2014, 1260–1266

Wissenschaftlicher Beirat Ernst & Young Steuern, Fragen zur künftigen Entwicklung der BVerfG-Rechtsprechung zur Rückwirkung von Nichtanwendungsgesetzen – Dargestellt an drei BFH-Vorlagebeschlüssen, Der Betrieb (DB) 2015, 513–520

Woerner, Lothar, Folgen aus dem Beschluß des Großen Senats des Bundesfinanzhofs vom 25. Juni 1984, Diskussion, Jahrbuch der Fachanwälte für Steuerrecht (JbFStR) 1985/86, 229–314

Zeitler, Franz-Christoph, Bundesfinanzhof und Bundesfinanzverwaltung, Festschrift 75 Jahre Reichsfinanzhof – Bundesfinanzhof, Bonn 1993

Zitzlaff, Franz, Gesetz und Verwaltung, Steuer und Wirtschaft (StuW) 1951, 665–676

Zitzlaff, Franz, Bindung der Verwaltung an die Rechtsauffassung des BFH, Deutsche Steuer-Zeitung/Ausgabe A (DStZ/A) 1955, 113–114

Zitzlaff, Franz, Nochmals: Bindung der Verwaltung an die Rechtsauffassung de[s] BFH, Deutsche Steuer-Zeitung/Ausgabe A (DStZ/A) 1955, 264–265

Lebenslauf

Persönliche Daten

Name:	Suck
Vorname:	Jendrik
Geburtsdatum und –ort:	17. November 1981 in Dortmund

Werdegang

Juni 2001:	Abitur am Immanuel-Kant-Gymnasium in Dortmund
Juli 2001 – März 2002:	Wehrdienst beim 3. Panzerflugabwehrraketenbataillion 100 in Wuppertal
April 2002 – September 2002:	Tätigkeit in der Finanzverwaltung des Landes NRW
September 2002 – September 2005:	Studium an der Fachhochschule für Finanzen des Landes NRW in Nordkirchen; Abschluss Diplom-Finanzwirt
April 2004 – März 2010:	Studium der Wirtschaftswissenschaften an der FernUniversität in Hagen; Abschluss Diplom-Kaufmann und Diplom-Volkswirt
September 2005 – September 2011:	Tätigkeit in der Finanzverwaltung des Landes NRW; ab November 2006 in Teilzeit
Oktober 2005 – April 2010:	Studium der Rechtswissenschaften an der Ruhr-Universität in Bochum; Abschluss Erste juristische Prüfung/Diplom-Jurist
Oktober 2009 – Oktober 2010:	Weiterbildender Studiengang im Wirtschafts- und Steuerrecht an der Ruhr-Universität in Bochum; Abschluss LL. M.
Oktober 2010 – Oktober 2017:	Promotion an der Ruhr-Universität in Bochum
Oktober 2011 – November 2013:	Verwaltungsreferendariat beim Land NRW; Abschluss Verwaltungsassessor
Juli 2014 – heute:	Tätigkeit in der Finanzverwaltung des Landes NRW

Sonstiges

Oktober 2006 – April 2010:	Stipendiat der Begabtenförderung der Konrad-Adenauer- Stiftung e. V.
Dezember 2013 – Juni 2014:	Stipendiat der Promotionsförderung der Konrad-Adenauer-Stiftung e. V.

Bochumer Schriften zum Steuerrecht

Herausgegeben von Roman Seer

Band 1 Roman Seer / Burkhard Kämper (Hrsg.): Bochumer Kirchensteuertag. Grundlagen, Gestaltung und Zukunft der Kirchensteuer. 2004.

Band 2 Roman Seer (Hrsg.): Bochumer Lohnsteuertag. Die Lohnsteuer im Spannungsfeld zwischen Unternehmerfreiheit und Fiskalinteresse. 2005.

Band 3 Frank-André Mönkemöller: Die Zurechnung der Überschusseinkünfte bei Personengesellschaften. 2005.

Band 4 Kai Thulfaut: Die Besteuerung international tätiger Anwaltssozietäten. 2005.

Band 5 Jens Hoffmann: Die Besteuerung von Kapitalgesellschaften und ihren Anteilseignern in Irland im Vergleich zu Deutschland. Zugleich ein Beitrag zu den Grenzen des Steuerwettbewerbs in der Europäischen Union. 2005.

Band 6 Theresa Franz: Körperschaftsteuerliche Behandlung der grenzüberschreitenden Betätigung von Kapitalgesellschaften innerhalb der EG. Eine Betrachtung unter Berücksichtigung der Rechtsprechung des EuGH, der geplanten 14. gesellschaftsrechtlichen Richtlinie und der Societas Europaea. 2006.

Band 7 Jan Michaelis: Die territoriale Zuordnung von Beteiligungsaufwand im Europäischen Unternehmenssteuerrecht. Zugleich zur Verfassungsmäßigkeit des § 8b Abs. 5 KStG in der Fassung des ProtErklG. 2006.

Band 8 Hans Anders: Die Überschussrechnung nach § 4 Abs. 3 EStG im System der steuerlichen Einkünfteermittlung. 2007.

Band 9 Björn Kahler: Die Freistellungsmethode in deutschen Doppelbesteuerungsabkommen und ihre Vereinbarkeit mit dem EG-Vertrag. Betrachtung der Freistellungsmethode in deutschen Doppelbesteuerungsabkommen, Untersuchung ihrer Folgen im Ertragsteuerrecht und Prüfung ihrer Vereinbarkeit mit dem EG-Vertrag. 2007.

Band 10 Lars Rehfeld: Die Vereinbarkeit des Außensteuergesetzes mit den Grundfreiheiten des EG-Vertrags. 2008.

Band 11 Heike Rüping: Die Umsatzsteuer-Nachschau nach § 27b UStG. 2008.

Band 12 Marius Frederik Schumann: Das Dispensverfahren im europäischen Mehrwertsteuerrecht. Grenzen nationaler Alleingänge nach Art. 395 der Mehrwertsteuersystemrichtlinie in der Betrugsbekämpfung. 2008.

Band 13 Daniela Zuschlag: Die pauschalierte Gewerbesteueranrechnung nach § 35 EStG. 2009.

Band 14 Napoleão Dagnese: Verrechnungspreise und die Aufzeichnungspflicht im brasilianischen und deutschen Steuerrecht. 2009.

Band 15 Marcel Krumm: Steuervollzug und formelle Insolvenz. 2009.

Band 16 Martin Karl Plappert: Gemeinnützigkeits- und Spendenrecht: Ein steuersystematischer Rechtsvergleich zwischen den USA und Deutschland. 2009.

Band 17 Karina Grundmann: Das Recht auf Akteneinsicht im Besteuerungsverfahren. 2009.

Band 18 Claus Möllenbeck: Das Verhältnis der EG-Amtshilfe zu den erweiterten Mitwirkungspflichten bei internationalen Steuerfällen. 2010.

Band 19 Sibyl Tanja Rieper: Steuerverfehlungen als Tatbestandsmerkmale von AO-Vorschriften. 2010.

Band 20 Kristina Frankus: Die Verlustverrechnung von Körperschaften nach § 8 Abs. 4 KStG, § 8c KStG im Rechtsvergleich mit dem US-amerikanischen Steuerrecht. 2010.

Band 21 Timo Höller: Eine kritische Analyse der Unternehmensteuerreform 2008 im historischen Kontext. 2011.

Band 22 Björn Schüßler: Der Datenzugriff der Finanzverwaltung im Rahmen der (digitalen) Außenprüfung. 2010.

Band 23 Kristina Dudde: Die Umsatzbesteuerung gemeinnütziger Sportvereine. 2011.

Band 24 Susanne Stiewe: Die verfahrensrechtliche Umsetzung internationaler Verständigungsvereinbarungen (§ 175a AO). 2011.

Band 25 Metin Yilmaz: Das Besteuerungsverfahren der Türkei aus dem Blickwinkel des deutschen Steuerrechts. 2011.

Band 26 Sascha Bleschick: Die Revisionszulassungsgründe des § 115 Abs. 2 Nr. 1 und 2 FGO im Spannungsverhältnis zwischen Individualrechtsschutz und Allgemeininteresse. 2012.

Band 27 Thomas Blum: Bewertungsgleichmaß und Verschonungsregelungen. Gleichmäßigkeit der Besteuerung im Erbschaft- und Schenkungsteuerrecht. 2012.

Band 28 Roman Seer (Hrsg.): Steuern im historischen Kontext. Ein Ausschnitt aus der Steuergeschichte anhand ausgewählter Fragestellungen. 2014.

Band 29 Pascal Thebrath: Die Revisionszulassungsgründe gemäß § 115 Abs. 2 Nrn. 1 und 2 FGO und ihre Darlegung im Rahmen der Nichtzulassungsbeschwerde. 2015.

Band 30 Alexander Witfeld: Das Umsatzsteuerverfahren und die Insolvenz. 2016.

Band 31 Christopher Klotz: Die Abgeltungsteuer. Eine verfassungsrechtliche Analyse unter Einbeziehung rechtspolitischer, steuersystematischer und europarechtlicher Aspekte. 2017.

Band 32 Jendrik Suck: Das Nichtanwendungsgesetz als Instrument der Steuerpolitik. 2018.

Band 33 Dominik Wedel: Rechtsschutz bei überlangen steuerprozessualen Verfahren. Das Gesetz über den Rechtsschutz bei überlangen Gerichtsverfahren und strafrechtlichen Ermittlungsverfahren auf dem (steuer-) verfassungsrechtlichen Prüfstand. 2018.

www.peterlang.com